projeto
Teláris

CB128367

Caderno de Atividades

Matemática

9

Luiz Roberto Dante

Luiz Roberto Dante

- Livre-docente em Educação Matemática pela Unesp - Rio Claro, SP
- Doutor em Psicologia da Educação: Ensino da Matemática pela PUC - São Paulo
- Mestre em Matemática pela USP
- Pesquisador em Ensino e Aprendizagem da Matemática pela Unesp - Rio Claro, SP
- Ex-professor da rede estadual do Ensino Fundamental e Médio de São Paulo
- Autor de vários livros, entre os quais: *Formulação e resolução de problemas de Matemática: teoria e prática*; *Didática da Matemática na pré-escola*; *Projeto Ápis*: Natureza e Sociedade, Linguagem e Matemática (Educação Infantil - 3 volumes); *Projeto Ápis Matemática* (1º ao 5º ano); *Projeto Voaz Matemática* (Ensino Médio - volume único); *Projeto Múltiplo - Matemática* (Ensino Médio - 3 volumes).

editora ática

editora ática

Diretoria de conteúdo e inovação pedagógica
Mário Ghio Júnior
Diretoria editorial
Lidiane Vivaldini Olo
Gerência editorial
Luiz Tonolli
Editoria de Ciências Exatas
Ronaldo Rocha
Edição
Cibeli Chibante Bueno
e André Luiz Ramos de Oliveira (estag.)
Arte
Ricardo de Gan Braga (superv.),
Andréa Dellamagna (coord. de criação),
André Gomes Vitale (editor de arte),
Lourenzo Acunzo (assist.) e Avits (diagram.)
Revisão
Hélia de Jesus Gonsaga (ger.), Rosângela Muricy (coord.),
Ana Curci, Ana Paula Chabaribery Malfa,
Luís Maurício Boa Nova, Vanessa de Paula Santos
e Brenda Morais (estag.)
Iconografia
Sílvio Kligin (superv.),
Roberta Freire Lacerda (pesquisa),
Cesar Wolf e Fernanda Crevin (tratamento de imagem)
Ilustrações
Banco de imagens
Cartografia
Eric Fuzii, Marcelo Seiji Hirata, Márcio Santos de Souza
e Robson Rosendo da Rocha
Foto da capa: lassedesignen/Shutterstock/Glow Images

Direitos desta edição cedidos à Editora Ática S.A.
Avenida das Nações Unidas, 7221, 3º andar, Setor C
Pinheiros – São Paulo – SP – CEP 05425-902
Tel.: 4003-3061
www.atica.com.br / editora@atica.com.br

2017
ISBN 978 85 08 17230 6 (AL)
ISBN 978 85 08 17252 8 (PR)
Cód. da obra CL 738804
CAE 542 161 (AL) / 542 162 (PR)
2ª edição
4ª impressão
Impressão e acabamento
Log&Print Gráfica e Logística S.A.

CÓPIA NÃO AUTORIZADA É CRIME
ABDR
RESPEITE O DIREITO AUTORAL
EDITORA AFILIADA

Apresentação

Caro(a) aluno(a),

Para aprender Matemática, é necessário compreender suas ideias, seus conceitos e saber aplicá-los em situações do cotidiano.

Essas aplicações exigem também ter habilidade em resolver problemas e habilidade de cálculo.

Elaboramos este Caderno de atividades para você rever e fixar conceitos, procedimentos e habilidades já estudados no livro-texto.

Quanto mais exercitar seu raciocínio lógico e sua habilidade de fazer cálculos, mais facilidade terá com os assuntos de Matemática.

Vamos começar?

Um abraço

O autor

Sumário

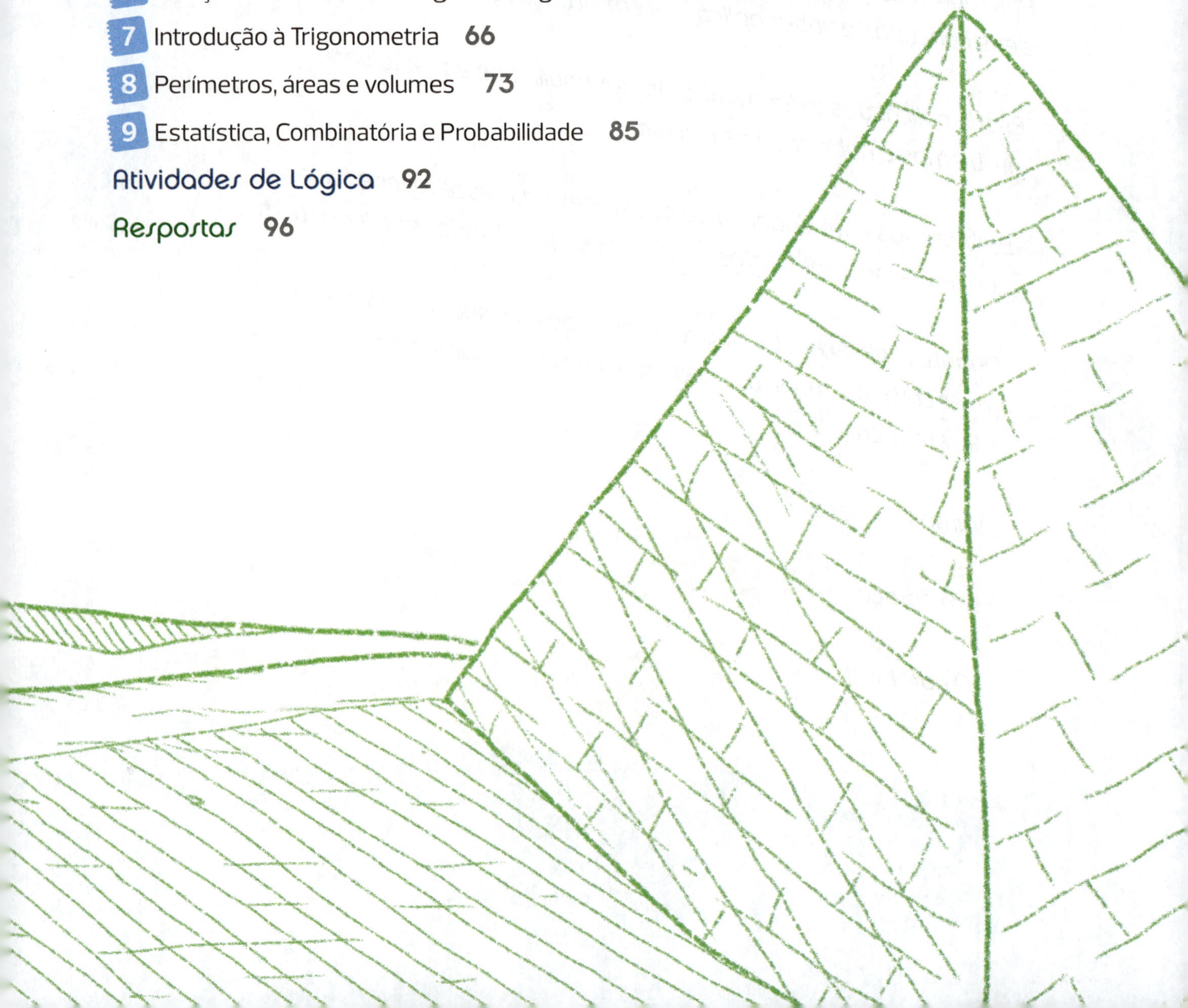

1 Números reais: potências e radicais

1. Calcule as potências quando existir o resultado em $\mathbb{R}$.

a) $7^4 =$ ______

b) $7^{-4} =$ ______

c) $7^{\frac{1}{4}} =$ ______

d) $7^{\frac{4}{5}} =$ ______

e) $(-7)^4 =$ ______

f) $(-7)^0 =$ ______

g) $2^{\frac{3}{5}} =$ ______

h) $6^{\frac{1}{2}} =$ ______

i) $(-6)^{-1} =$ ______

j) $0^{-3} =$ ______

k) $(-2)^{-1} =$ ______

l) $(-4)^{\frac{1}{2}} =$ ______

m) $(-8)^{\frac{1}{3}} =$ ______

n) $16^{-\frac{1}{2}} =$ ______

o) $10^{-3} =$ ______

p) $2^{0,3} =$ ______

q) $2^{0,333...} =$ ______

r) $2^{1\frac{1}{3}} =$ ______

2. Coloque **V** (verdadeiro) ou **F** (falso) em cada igualdade.

a) $-7^2 = (-7)^2$ ______

b) $-2^3 = (-2)^3$ ______

c) $17^7 \cdot 17^{-4} = 17^{-28}$ ______

d) $(43^4)^3 = 43^{12}$ ______

e) $(5^{-5})^5 = 5^0$ ______

f) $(3^{-2})^{\frac{1}{2}} = 3^{-1}$ ______

g) $\dfrac{4^8}{8^2} = 2^{10}$ ______

h) $3^4 \cdot 7^4 = 21^4$ ______

i) $\dfrac{10^6}{5^6} = 2^6$ ______

j) $\dfrac{6^{10}}{6^5} = 6^2$ ______

k) $(-38,77)^0 = -1$ ______

l) $(0,1333...)^{-1} = 7\dfrac{1}{2}$ ______

3. Escreva:

a) 4 096 como potência de base 4 → ______

b) 4 096 como potência de expoente 3 → ______

c) 4 096 como potência de base 8 → ______

d) 4 096 como potência de expoente 2 → ______

______

e) 36 como potência de expoente -2 → ______

______

f) 0,1 como potência de base 10 → ______

g) 9 como potência de expoente $\frac{1}{2}$ → ______

h) -32 como potência de base $-\frac{1}{2}$ → ______

i) 1 como potência de base 12 → ______

j) 3 como potência de base 81 → ______

4. Calcule o valor numérico das expressões algébricas:

a) $3x^3 - x^2 + 4x + 1$, para $x = -3$

b) $5x^2 - 2xy + y^2$, para $x = -1$ e $y = 2$

c) $a^4 - 2a^3 + 5a^2$, para $a = 10$

d) $a - a^{-1} + a^{-2}$, para $a = 4$

5. Transforme na potência indicada.

a) $2^3 \cdot 4^2$ em potência de base 2 → ______

b) $\frac{1}{81}$ em potência de base 3 → ______

c) $5^6 \cdot 4^3$ em potência de expoente 6 → ______

d) $\sqrt[8]{25 \cdot 125}$ em potência de base 5 → ______

e) $10^4 \cdot 10 \cdot 0{,}001$ em potência de base 10 → ______

f) $\frac{37 \times 29}{29 \times 37}$ em potência de base 7 → ______

6. Calcule o valor de cada expressão:

a) $\frac{4^7 \cdot 8^2 \cdot 2}{1\,024^2} =$

b) $\frac{0{,}01 \cdot 0{,}0001}{10 \cdot 0{,}001} =$

c) $\frac{2^5 \cdot 3^5}{6^2 \cdot 6} =$

7. Escreva os números na notação científica:

a) Seis milhões e duzentos mil →

____

b) Dezessete bilhões →

____

c) Quarenta e três décimos de milésimos →

____

d) 0,0008 →

____

e) 295 000 →

____

f) 83,40000000 →

____

8. Complete com >, < ou =:

a) $\sqrt[7]{3 \cdot 5}$ ________ $\sqrt[7]{3} \cdot \sqrt[7]{5}$

b) $\sqrt{25 + 16}$ ________ $\sqrt{25} + \sqrt{16}$

c) $\sqrt[3]{12 : 3}$ ________ $\sqrt[3]{12} : \sqrt[3]{3}$

d) $\sqrt{49 - 0}$ ________ $\sqrt{49} - \sqrt{0}$

e) $\sqrt{36 - 9}$ ________ $\sqrt{36} - \sqrt{9}$

f) $\frac{\sqrt{12}}{\sqrt{2}}$ ________ $\sqrt{\frac{12}{2}}$

9. Calcule as raízes; nas raízes não exatas aproxime até décimos, por falta.

a) $\sqrt[3]{729}$ ________________

b) $\sqrt[5]{16\,807}$ ________________

c) $\sqrt{194\,481}$ ________________

d) $\sqrt{5{,}76}$ ________________

e) $\sqrt{46}$ ________________

f) $\sqrt[3]{10}$ ________________

10. Escreva três raízes exatas colocando 2, 3, e 4 nos índices e 64, 81 e 36 nos radicandos.

11. Complete para que a igualdade seja verdadeira.

a) $\sqrt[3]{5^{\underline{\quad}}} = \sqrt[12]{\underline{\qquad}}$

b) $\sqrt{6 \times 7} = \sqrt{6} \times \underline{\qquad}$

c) $\sqrt[4]{11^4} = \underline{\qquad}$

d) $\dfrac{\sqrt[6]{10}}{\sqrt[6]{5}} = \sqrt[\underline{\quad}]{2}$

e) $\sqrt[15]{2^9} = \sqrt[\underline{\quad}]{2^3}$

f) $\sqrt[10]{32} = \sqrt{\underline{\qquad}}$

g) $\sqrt[3]{3} = \sqrt[6]{\underline{\qquad}}$

h) $\sqrt[3]{12} = \sqrt[3]{3} \times \underline{\qquad}$

i) $\sqrt[3]{5^2} = 5^{\underline{\quad}}$

j) $\sqrt[4]{8} = 2^{\underline{\quad}}$

k) $9^{\frac{2}{3}} = \sqrt[3]{3^{\underline{\quad}}}$

l) $5^{\frac{1}{2}} = \sqrt[6]{\underline{\qquad}}$

12. Calcule as raízes exatas e simplifique as não exatas quando possível.

a) $\sqrt{5\,184} = \underline{\qquad}$

b) $\sqrt[6]{343} = \underline{\qquad}$

c) $\sqrt[3]{250} = \underline{\qquad}$

d) $\sqrt[3]{14\,641} = \underline{\qquad}$

e) $\sqrt[4]{28\,561} = \underline{\qquad}$

f) $\sqrt[10]{64} = \underline{\qquad}$

g) $\sqrt[5]{16} = \underline{\qquad}$

h) $\sqrt[3]{91\,125} = \underline{\qquad}$

i) $\sqrt[6]{512} = \underline{\qquad}$

13. Reduza os radicais ao mesmo índice.

a) $\sqrt[6]{10}$ e $\sqrt[15]{7}$ $\rightarrow$ ______

b) $\sqrt[8]{5}$ e $\sqrt{5}$ $\rightarrow$ ______

c) $\sqrt[4]{2}$ e $\sqrt[14]{11}$ $\rightarrow$ ______

d) $\sqrt{5}$ e $\sqrt[6]{6}$ $\rightarrow$ ______

e) $\sqrt[4]{10}$, $\sqrt[6]{7}$ e $\sqrt[3]{2}$ $\rightarrow$ ______

14. Compare os radicais colocando $>$, $<$ ou $=$ entre eles.

a) $\sqrt[3]{18}$ ______ $\sqrt[3]{20}$

b) $\sqrt{11}$ ______ $\sqrt{7}$

c) $\sqrt[5]{-2}$ ______ $\sqrt[5]{-9}$

d) $\sqrt[3]{14}$ ______ $\sqrt{6}$

e) $\sqrt[10]{45}$ ______ $\sqrt[5]{7}$

f) $\sqrt[8]{3}$ ______ $\sqrt[10]{4}$

g) $\sqrt[9]{8}$ ______ $\sqrt[3]{2}$

h) $\sqrt[8]{5}$ ______ $\sqrt[6]{3}$

i) $\sqrt{10}$ ______ $\sqrt[3]{30}$

15. Coloque $\sqrt[6]{3}$, $\sqrt[10]{6}$ e $\sqrt[15]{15}$ em ordem crescente.

______

16. Coloque $\sqrt[3]{5}$, $\sqrt{3}$, $\sqrt[6]{26}$ e $\sqrt[4]{8}$ em ordem decrescente.

______

17. Descubra entre que inteiros consecutivos fica o valor expresso em cada item.

a) $\sqrt[3]{900}$

b) $\sqrt{1547}$

c) $\sqrt[5]{40}$

d) $\dfrac{\sqrt{140}}{2}$

e) $\sqrt[5]{-411}$

f) $5 + \sqrt{90}$

18. Efetue as operações com radicais. Simplifique o resultado sempre que possível.

a) $\sqrt[5]{2} \times \sqrt[5]{11} =$ ____________________

b) $\sqrt[4]{3} \times \sqrt[10]{2} =$ ____________________

c) $\sqrt[4]{27} : \sqrt[4]{3} =$ ____________________

d) $\sqrt{6} : \sqrt[8]{9} =$ ____________________

e) $3\sqrt[3]{11} + 5\sqrt[3]{11} =$ ____________________

f) $\sqrt{300} + \sqrt{243} =$ ____________________

g) $4\sqrt[5]{7} - \sqrt[5]{7} =$ ____________________

h) $\sqrt[6]{25} - \sqrt[3]{5} =$ ____________________

i) $(\sqrt[10]{2})^8 =$ ____________________

j) $(\sqrt{7})^6 =$ ____________________

k) $\sqrt[5]{\sqrt[3]{32}} =$ ____________________

l) $\sqrt{\sqrt{625}} =$ ____________________

m) $\sqrt{10} : \sqrt{5} \times \sqrt{6} =$ ____________________

n) $\sqrt{50} - \sqrt{8} + \sqrt{3} =$ ____________________

19. Calcule o valor das expressões numéricas:

a) $\sqrt[3]{5} \times \sqrt[3]{2} + \sqrt[3]{80} =$

____

b) $(\sqrt{98} - \sqrt{50})^3 =$

____

c) $\sqrt{2\sqrt{3}} : \sqrt[4]{6} =$

____

d) $(\sqrt[5]{2^3})^2 + \sqrt[15]{8} =$

____

20. Desenvolva os produtos notáveis:

a) $(\sqrt{5} + \sqrt{2})^2 =$ ____________

b) $(4 - \sqrt{3})^2 =$ ____________

c) $(2\sqrt{3} - 1)^2 =$ ____________

d) $(10 + \sqrt{5})^2 =$ ____________

e) $(\sqrt{11} + 3)(\sqrt{11} - 3) =$ ____________

f) $(\sqrt{5} + \sqrt{2})(\sqrt{5} - \sqrt{2}) =$ ____________

g) $(3\sqrt{3} + 1)(3\sqrt{3} - 1) =$ ____________

h) $(\sqrt{5} + \sqrt{3})(\sqrt{3} - \sqrt{5}) =$ ____________

21. Introduza os fatores externos nos radicandos:

a) $2\sqrt[3]{2} =$ ______

b) $7\sqrt{5} =$ ______

c) $3\sqrt[4]{2} =$ ______

d) $10\sqrt{7} =$ ______

e) $4\sqrt{2} =$ ______

f) $10\sqrt[3]{10} =$ ______

22. Faça a comparação, colocando $>$, $<$ ou $=$.

a) $3\sqrt{5}$ ______ $2\sqrt{10}$

b) $2\sqrt[3]{3}$ ______ $3\sqrt[3]{2}$

c) $2\sqrt{5}$ ______ $3\sqrt[3]{3}$

d) $2\sqrt[4]{10}$ ______ $2\sqrt{3}$

23. Escreva entre que números inteiros consecutivos ficam:

a) $7\sqrt{2} \rightarrow$ ____________

b) $3\sqrt{13} \rightarrow$ ____________

c) $2\sqrt[3]{10} \rightarrow$ ____________

d) $10\sqrt[3]{2} \rightarrow$ ____________

e) $5\sqrt{5} \rightarrow$ ____________

f) $10\sqrt{10} \rightarrow$ ____________

24. Escreva na forma de potência de base 2.

a) $128 =$ ____________

b) $\frac{1}{16} =$ ____________

c) $1 =$ ____________

d) $\sqrt{2} =$ ____________

e) $\sqrt[7]{8} =$ ____________

f) $\frac{1}{\sqrt{32}} =$ ____________

g) $\frac{\sqrt{2}}{2} =$ ____________

h) $2\sqrt{2} =$ ____________

i) $2\,048 =$ ____________

25. Racionalize os denominadores das frações:

a) $\dfrac{3}{\sqrt{10}} =$ ____________

b) $\dfrac{\sqrt[3]{5}}{\sqrt[3]{2}} =$ ____________

c) $\dfrac{4}{\sqrt[5]{7^3}} =$ ____________

d) $\dfrac{\sqrt{11}}{\sqrt{2}} =$ ____________

e) $\dfrac{6}{5\sqrt{2}} =$ ____________

f) $\dfrac{1}{\sqrt{7}} =$ ____________

g) $\dfrac{\sqrt{5}}{3\sqrt{2}} =$ ____________

h) $\dfrac{15}{2\sqrt[3]{5}} =$ ____________

i) $\dfrac{3}{4 + \sqrt{5}} =$ ____________

j) $\dfrac{\sqrt{2}}{4 - \sqrt{3}} =$ ____________

k) $\dfrac{6}{\sqrt{7} - \sqrt{2}} =$ ____________

l) $\dfrac{\sqrt{2}}{\sqrt{10} + \sqrt{3}} =$ ____________

m) $\dfrac{1}{4 + 2\sqrt{2}} =$ ____________

n) $\dfrac{\sqrt{3}}{5\sqrt{2} - 4} =$ ____________

o) $\dfrac{\sqrt{3} + 1}{\sqrt{3} - 1} =$ ____________

26. Transforme em radical e simplifique-o, se possível.

a) $5^{\frac{3}{4}} =$ ____________

b) $(-2)^{\frac{1}{3}} =$ ____________

c) $5^{1\frac{1}{3}} =$ ____________

d) $4^{0,333...} =$ ____________

e) $2^{0,7} =$ ____________

f) $(-5)^{\frac{3}{7}} =$ ____________

27. Complete os itens relativos à raiz quadrada.

a) A raiz quadrada exata de 841 = ____________.

b) A aproximação de décimos, por excesso, de $\sqrt{70}$ é ____________.

c) Simplificando $\sqrt{539}$ obtemos ____________.

d) $\sqrt{721}$ fica entre os inteiros consecutivos ____________ e ____________.

e) A raiz quadrada correspondente a $9\sqrt{2}$ é ____________.

f) O radical de índice 6 igual a $\sqrt{10}$ é ____________.

g) $\sqrt{14}$ na forma de potência é ____________.

h) $3\sqrt{3}$ na forma de potência é ____________.

i) $\sqrt{125}$ na forma de potência de base 5 é ____________.

j) Racionalizando o denominador de $\dfrac{6}{\sqrt{5}}$ obtemos ____________.

k) Racionalizando o denominador de $\dfrac{22}{6 - \sqrt{3}}$ obtemos ____________ ____________.

l) $\dfrac{8}{\sqrt{2}}$ fica entre os inteiros consecutivos ____________ e ____________.

28. Em um triângulo retângulo, o lado maior mede $3\sqrt{2}$ cm e um dos lados que formam o ângulo reto mede $\sqrt{10}$ cm. Determine o perímetro desse triângulo e a área da região triangular.

29. Um robô foi programado para caminhar na malha quadriculada, partindo do ponto *A*.

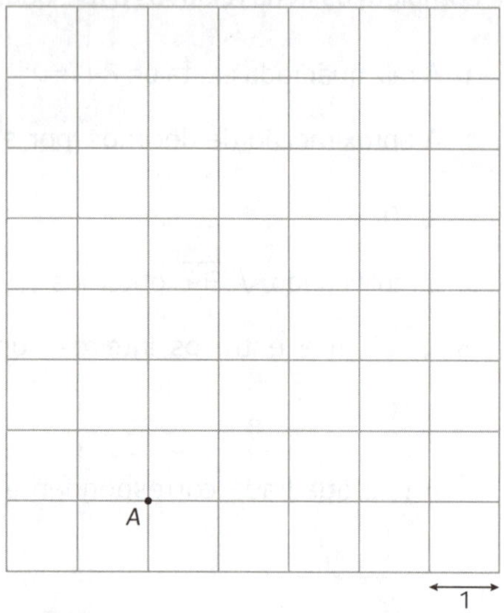

Ora ele anda sobre os lados do quadrado (a passo curto: *PC*), ora nas suas diagonais (a passo longo: *PL*). Os comandos dados ao robô foram os seguintes:

- Dê 4 passos curtos em direção ao norte.
- Gire 45° para a direita e dê 2 passos longos.
- Gire 135° para a direita e dê 2 passos curtos.
- Gire 45° para a esquerda e dê 2 passos longos.

Depois de cumprir esses comandos, o robô chega a um ponto *B*. Responda:

a) Qual é a distância percorrida pelo robô em todo o percurso?

b) Qual é a distância entre o ponto de partida *A* e o ponto de chegada *B*?

30. Efetue as operações:

a) $\sqrt{72} + \sqrt{72} =$

b) $\sqrt{98} \times \sqrt{2} =$

c) $\sqrt{50} - \sqrt{2} =$

d) $4\sqrt{3} : 2\sqrt{2} =$

e) $(\sqrt{5})^5 =$

f) $\sqrt{\sqrt{3}} =$

g) $\sqrt{5\sqrt{10}} =$

h) $(3\sqrt{5})^2 =$

31. Faça as comparações envolvendo raiz quadrada.

a) $\sqrt{19}$ ______ $\sqrt{22}$

b) $5\sqrt{7}$ ______ $7\sqrt{5}$

c) $\sqrt{180}$ ______ 13

d) 26 ______ $\sqrt{676}$

e) $\dfrac{\sqrt{10}}{\sqrt{3}}$ ______ 2

f) $\dfrac{3}{\sqrt{7}}$ ______ $3 - \sqrt{7}$

32. Determine o perímetro, a área e a medida da diagonal de cada região retangular.

a)

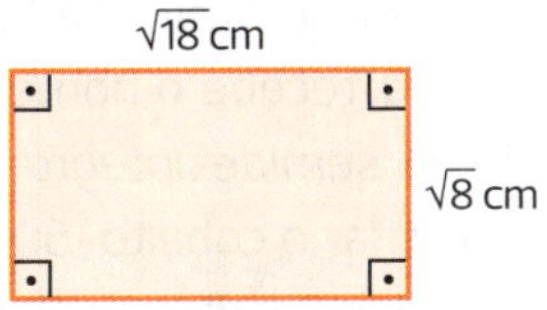

b)

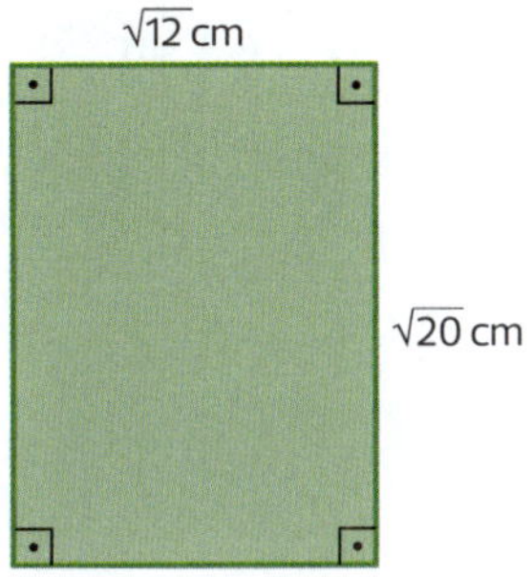

c)

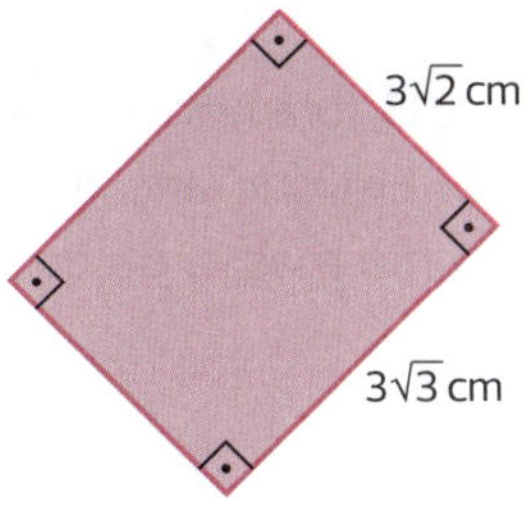

33. Em um losango, cada lado mede $5\sqrt{2}$ cm e as diagonais medem $2\sqrt{2}$ cm e $8\sqrt{3}$ cm. Calcule:

a) o perímetro desse losango;

b) a área da região plana determinada por ele.

34. (Unicamp-SP) Dados dois números positivos, $\sqrt[3]{3}$ e $\sqrt[4]{4}$, determine o maior.

35. Observe a sequência:

$$\frac{4}{5}, \frac{2}{25}, \frac{1}{125}, \frac{1}{1250}, \ldots$$

a) Qual será o quinto termo dessa sequência?

____

b) A fração $\frac{1}{12\,500\,000}$ faz parte dessa sequência. Que posição ela ocupará?

____

c) Qual será o décimo termo dessa sequência?

____

d) Qual será o centésimo termo dessa sequência? A resposta pode ser dada em forma de potência.

____

e) Você consegue estabelecer uma relação entre a fração e a posição que ela ocupa na sequência?

____

____

36. Observe a sequência:

$$\sqrt{3}\ ,\ \sqrt{12}\ ,\ \sqrt{27}\ ,\ \sqrt{48}\ ,\ \sqrt{75}\ ,...$$

a) Você consegue determinar o sexto termo dessa sequência? Explique seu raciocínio.

b) Se continuarmos, $\sqrt{300}$ pertencerá a essa sequência? Que posição essa raiz ocupará?

c) Qual será o 20º termo dessa sequência? Explique seu raciocínio.

d) Escreva uma expressão que relacione o valor obtido à sua posição na sequência.

e) Ao simplificarmos essas raízes, temos uma nova sequência. Escreva-a em sua forma simplificada.

f) Qual seria o 80º termo escrito na forma simplificada?

g) Simplifique o número 19 200 e, em seguida, indique sua posição na sequência.

h) Escreva outra expressão que estabeleça uma relação entre o valor obtido e sua posição na sequência. Verifique a veracidade da expressão encontrada.

37. O tempo necessário para a desintegração da **metade** dos átomos radioativos, inicialmente presentes em qualquer quantidade de uma substância radioativa, recebe o nome de *meia-vida* ou período de *semidesintegração*. Como exemplo, podemos citar o cobalto-60, usado na medicina, que possui meia-vida de 5 anos.

a) Sendo m_0 a massa de cobalto-60, que expressão algébrica representa a massa dessa substância radioativa daqui a 80 anos?

b) Em janeiro de 2015, foram armazenados 256 g de cobalto-60. Em que ano esse material passará a ter uma massa de apenas 16 g?

2 Equações e sistemas de equações do 2º grau

1. Descubra quais das equações abaixo são do 2º grau com uma incógnita. Escreva cada uma delas na forma geral, indique seus coeficientes e verifique se é completa ou incompleta.

a) $(x + 5)^2 = x^2 + 12x + 1$

b) $3x(x - 4) = x - 2$

c) $\dfrac{x - 5}{2} = x^2 + \dfrac{x}{3}$

d) $(x^2)^2 - 1 = 0$

e) $x^2 + x + x^{\frac{1}{2}} = 0$

f) $(x + 1)(x - 1) = x$

g) $4x(x - 2) = x^2$

h) $\dfrac{x - 2}{3} = \dfrac{x + 2}{6}$

i) $x^{\frac{3}{4}} = x^{\frac{1}{2}} + 5$

j) $(x + 4)^2 = 5x^2 + 8(x + 2)$

k) $5x^2 + 3x + 5 = x^2 + 3x - 5$

l) $(x + 1)^3 = (x - 4)^3$

2. Classifique as equações do 2º grau em completa ou incompleta:

a) $x^2 - 8 = 0 \rightarrow$ ________

b) $2x^2 - 1 = 0 \rightarrow$ ________

c) $3x^2 - x - 1 = 0 \rightarrow$ ________

d) $5x^2 = 0 \rightarrow$ ________

e) $-x^2 - 8x + 3 = 0 \rightarrow$ ________

f) $-x^2 + 4x = 0 \rightarrow$ ________

3. Chamando de *a* o coeficiente de x^2, de *b* o coeficiente de *x* e de *c* o termo independente, indique *a*, *b* e *c* nas equações do 2º grau abaixo:

a) $2x^2 - 5x + 7 = 0 \rightarrow$ ________

b) $-x^2 + 12x - 1 = 0 \rightarrow$ ________

c) $x^2 - 13 = 0 \rightarrow$ ________

d) $x^2 - 25x = 0 \rightarrow$ ________

4. Qual é o número real negativo que tem o triplo de seu quadrado igual a 135?

5. Responda:

a) 3 é raiz da equação $x^2 - 2x + 3 = 0$?

b) -5 é raiz da equação $x^2 + 25 = 0$?

c) 0 é raiz da equação $3x^2 + 4x = 0$?

d) $2x^2 - 11x + 12 = 0$ tem o 4 como raiz?

e) Dos números 3, -1 e 5, quais são raízes de $x^2 - 2x - 3 = 0$?

f) -8 é raiz da equação $x^2 + 5x - 24 = 0$?

g) 2 é raiz da equação $2x^2 - 4x + 1 = x^2 - 3x + 3$?

h) $\frac{1}{2}$ é raiz da equação $2x^2 - 3x + 1 = 0$?

i) $\sqrt{5}$ é raiz da equação $x^2 - 5 = 0$?

j) $3 + \sqrt{2}$ é raiz da equação $x^2 - 6x + 7 = 0$?

6. A região quadrada e a região retangular mostradas nas figuras abaixo têm áreas iguais. Calcule os perímetros das duas regiões, considerando que as medidas estão indicadas em metros.

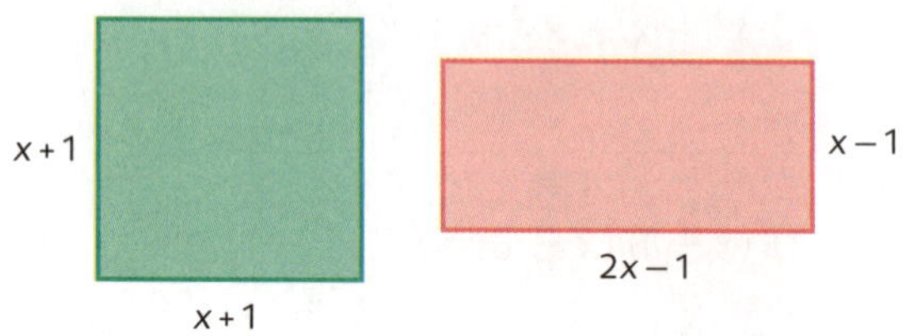

7. Resolva as equações incompletas do 2º grau em $\mathbb{R}$.

a) $8x^2 = 0$

b) $-5x^2 + 250 = 0$

c) $x^2 - 7 = 0$

d) $3x^2 + 21x = 0$

e) $-2x^2 + x = 0$

f) $-5x^2 + 7x = 0$

g) $6x^2 - 10x = 0$

h) $-2x^2 = 0$

i) $(x + 5)(x - 5) = 11$

j) $\frac{x^2}{10} - \frac{3x}{4} = x$

k) $x - 6 = (x - 2)(x + 3)$

l) $\frac{x^2 - 4}{2} = x^2 - 3$

m) $(3x + 1)^2 = 2(3x - 4)$

n) $\frac{x^2}{2} = \frac{x}{5}$

8. Determine os valores reais de x nas equações abaixo. Quando necessário, fatore o 1º membro.

a) $(3x - 1)^2 = 64$

b) $(x + 7)^2 = 81$

c) $(4x - 3)^2 = -9$

d) $(5 - 2x)^2 = 0$

e) $x^2 - 4x + 4 = 9$

f) $x^2 + 6x + 9 = 5$

9. Resolva as equações literais de incógnita x.

a) $x^2 - kx = 0$

b) $3x^2 - 12m = 0$, para $m \geqslant 0$

c) $ax^2 + bx = 0$, para $a \neq 0$

d) $5x^2 + k = x^2 + k$

e) $x^2 + 2k = 0$, para $k > 0$

f) $rx^2 + (r - 1)\,x = 0$, para $r \neq 0$

10. Resolva as equações do 2º grau em $\mathbb{R}$ usando completamento de quadrado.

a) $x^2 - 6x + 8 = 0$

b) $-x^2 - 8x - 15 = 0$

c) $4x^2 - 12x + 1 = 0$

d) $x^2 + 2x + 9 = 0$

11. Resolva as equações do 2º grau, em $\mathbb{R}$, usando a fórmula de Bháskara.

a) $2x^2 + 7x - 4 = 0$

b) $-x^2 - 15x - 50 = 0$

c) $2x^2 + 5x + 4 = 0$

d) $x^2 - 3x - 1 = 0$

e) $-4x^2 + 20x - 25 = 0$

f) $4x^2 - 3x = 0$

g) $x^2 - 2\sqrt{3}x + 2 = 0$

h) $\frac{x^2 - 1}{5} + 2 = 1 - x$

i) $2x^2 - 40 = 0$

j) $(x + 5)^2 = 16x + 17$

k) $-28x^2 - 21x + 70 = 0$

l) $(3x + 1)(3x - 1) = 2 + x(x - 2)$

m) $-5x^2 + 7x - 3 = 0$

n) $11x^2 - 66x + 99 = 0$

o) $x^2 - \sqrt{2}x - 4 = 0$

p) $45x^2 - 45x + 10 = 0$

12. A soma do quadrado de um número real negativo com o seu quádruplo dá 0. Qual é esse número?

13. Descubra quais são os três números naturais consecutivos para os quais o produto dos dois menores é igual à soma de 9 com o triplo do maior.

14. Em uma região retangular a largura mede 3 cm a menos do que o comprimento, e a área é de 108 cm^2. Qual é o perímetro dessa região retangular?

15. Quantos lados tem um polígono convexo cujo número de diagonais é igual a 44?

16. A área da região plana do desenho é de 36 m^2 e as medidas estão dadas em metros. Qual é o valor de x?

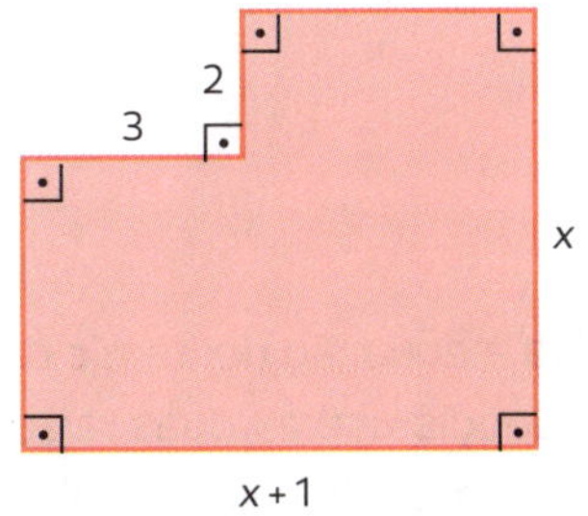

17. Quais são os números reais que têm o triplo do quadrado igual a 16?

18. Em um losango a diagonal maior mede 4 cm a mais do que a diagonal menor, e a área da região determinada por ele é de 11,52 cm^2. Qual é a medida da diagonal maior?

19. Roberto percebeu que multiplicando a idade que ele tinha há 5 anos pela idade que ele terá daqui a 3 anos o produto é 384. Qual é a idade atual de Roberto?

20. Descubra quantas raízes reais cada equação possui sem determinar as raízes.

a) $3x^2 - 4x + 1 = 0$

b) $-6x^2 + 5x - 2 = 0$

c) $9x^2 + 6x + 1 = 0$

d) $4x^2 + 5 = 0$

e) $-3x^2 + 5x = 0$

f) $8x^2 = 0$

21. Calcule o valor do parâmetro k para que $kx^2 - 5x + k = 2x^2 + x - 1$ seja uma equação do 2º grau de incógnita x.

22. Calcule o valor real de m para o qual a equação $3x^2 - 4x - (m - 1) = 0$ tenha duas raízes reais distintas.

23. Qual deve ser o valor de p para que -3 seja raiz da equação $2x^2 + px - 3 = 0$?

24. Determine o valor de k para o qual a equação $kx^2 - 6x + 1 = 0$ seja do 2º grau e tenha pelo menos uma raiz real.

25. Calcule m e n para que a equação $mx^2 - 2x + (m - n) = 0$ seja do 2º grau em x e tenha os números 1 e -3 como raízes.

26. Substitua os valores de m e n encontrados na atividade anterior, resolva a equação obtida e confira as raízes.

27. Descubra, sem resolver, se cada equação dada tem ou não raízes reais. Quando tiver, descubra a soma e o produto das raízes.

a) $4x^2 - 28x + 49 = 0$

b) $5x^2 - 3x + 1 = 0$

c) $24x^2 - 22x + 3 = 0$

d) $x^2 - 3x - 4 = 0$

e) $3x^2 - 6x = 0$

f) $9x^2 - 6x + 1 = 0$

g) $-3x^2 + x - 2 = 0$

h) $8x^2 - 8x - 5 = 0$

28. Resolva a equação do item **c** da atividade anterior e depois use as duas raízes para conferir a soma e o produto calculados.

29. Determine o valor do parâmetro k para o qual a soma das raízes da equação $2x^2 - kx - 1 = 0$ seja igual a 7.

30. Calcule o valor de m para que a equação $3x^2 - 5x + m - 2 = 0$, de incógnita x, tenha o produto de suas raízes igual a $\frac{3}{4}$.

31. A soma das raízes da equação $mx^2 + (m - 3)x - 2 = 0$, com $m \neq 0$, é igual a $\frac{1}{2}$. Calcule m.

32. A equação $2x^2 + (m + n)x + n = 0$ tem duas raízes reais cuja soma é $-\frac{1}{2}$ e cujo produto é $-\frac{1}{2}$. Calcule m e n.

33. Determine uma equação do 2º grau conhecendo suas raízes.

a) Raízes: 5 e 8.

b) Raízes: $\frac{3}{5}$ e -2.

c) Raízes: -4 e 9.

d) Raízes: $\frac{3}{5}$ e $\frac{1}{2}$.

e) Raízes: 0 e -9.

f) Raízes: -6 e 6.

34. Resolva a equação do item **b** da atividade anterior e confira com as raízes dadas.

35. Resolva as equações biquadradas em $\mathbb{R}$:

a) $x^4 - 8x^2 - 9 = 0$

b) $4x^4 - 17x^2 + 4 = 0$

c) $9x^4 - 1 = 0$

d) $3x^4 - 4x^2 + 2 = 0$

e) $x^4 - 16x^2 + 64 = 0$

f) $2x^4 - 7x^2 = 0$

g) $x^4 - 21x^2 + 80 = 0$

h) $x^2(x^2 - 6) = 3(x^4 - 2x^2)$

i) $-2x^4 + 5x^2 - 7 = 0$

j) $t^4 - 34t^2 + 225 = 0$

36. Resolva as equações irracionais em $\mathbb{R}$:

a) $\sqrt[3]{x^2 - 9} = -2$

b) $\sqrt{x^2 - 9} = -2$

c) $x + \sqrt{x + 7} = 5$

d) $2\sqrt{x + 10} = x + 7$

e) $\sqrt{x^2 + 6x} = 2x$

f) $2\sqrt{x + 4} = \sqrt{x^2 + 11}$

g) $\sqrt{2\sqrt{x + 1}} = 2$

h) $\sqrt{5x^2 - 9} = 6$

i) $\sqrt{3(x^2 - 1)} = x^2 - 1$

j) $\sqrt{7x + 8} = \sqrt{x} + 4$

37. Escreva uma equação biquadrada cujas raízes são -5, 5, $-\sqrt{3}$ e $\sqrt{3}$.

38. Quais são os dois números inteiros consecutivos cujo produto é 156?

39. Resolva os sistemas a seguir determinando os pares ordenados de números reais que são soluções de cada um.

a) $\begin{cases} xy = 6 \\ 3x - y = 7 \end{cases}$

b) $\begin{cases} x + y = 2 \\ x^2 + y^2 = 74 \end{cases}$

c) $\begin{cases} x + 2y = 1 \\ 2x - y^2 = 5 \end{cases}$

d) $\begin{cases} x^2 + y^2 = 18 \\ x^2 - y^2 = 0 \end{cases}$

e) $\begin{cases} x + y^2 = 1 \\ x - y = 5 \end{cases}$

f) $\begin{cases} 2x - y = 3 \\ x^2 - 3y = 0 \end{cases}$

g) $\begin{cases} x^2 - y^2 = 8 \\ 2x^2 - y = 17 \end{cases}$

h) $\begin{cases} x^2 - xy = 2 \\ x - y = 1 \end{cases}$

i) $\begin{cases} x - y = 3 \\ xy = 0 \end{cases}$

j) $\begin{cases} \dfrac{x^2}{4} + \dfrac{y}{6} = 2 \\ 2(x^2 - 1) = y \end{cases}$

40. **Desafio**

O sistema $\begin{cases} x^2 + 2y = 9 \\ y = x^2 + 3 \end{cases}$ é do 2º grau. Ele tem dois pares ordenados como solução. Descubra-os usando o método de substituição.

41. A soma de dois números negativos é igual a -7. Sabe-se também que o quadrado do menor menos o quíntuplo do maior dá 35. Quais são esses números?

42. A área total da figura ao lado é de 176 cm². Determine as áreas da região quadrada e da região retangular.

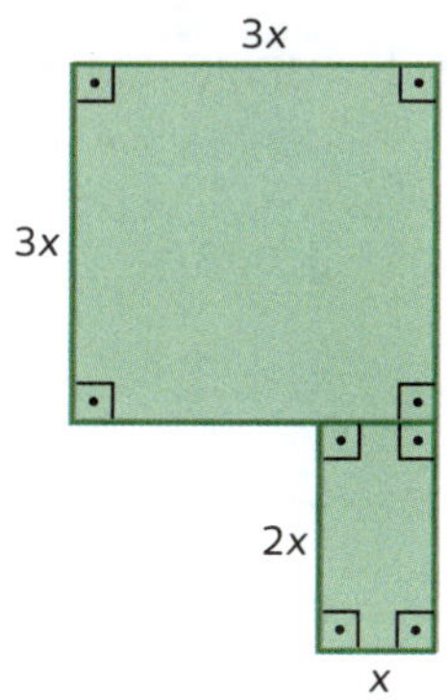

43. Dado um $\triangle ABC$ no qual $\hat{A}$ é reto, calcule as medidas de seus lados sabendo que $\overline{AB}$ tem 14 cm a menos do que $\overline{AC}$, e $\overline{BC}$ tem 2 cm a mais do que $\overline{AC}$.

44. Descubra quais são os três números pares consecutivos tal que a diferença entre o quadrado do menor e o dobro do maior é igual a 40.

45. A razão entre dois números naturais é $\frac{2}{3}$ e a diferença entre o quadrado do maior e o quadrado do menor é igual a 20. Quais são esses dois números?

46. A diferença entre um número natural e 11 é igual à raiz quadrada de seu sucessor. Qual é esse número natural?

47. O número 5 é uma das duas raízes da equação $4x^2 - 23x + c = 0$ de incógnita x. Descubra a outra raiz.

48. Um trem percorreu 200 km em certo tempo. Para percorrer essa distância em uma hora a menos, a velocidade deveria ser de 10 km/h a mais. Qual é a velocidade do trem?

49. Solange fez um bonito desenho em uma folha de papel sulfite de 22 cm por 28 cm. Ela resolveu colocar esse desenho em uma moldura de papelão de largura constante. Se a área dessa moldura era de 336 cm^2, qual foi a largura da moldura que ela colocou?

50. A área (A) em metros quadrados de uma figura projetada por um retroprojetor localizado a x metros da tela é dada por $A = \frac{1}{9}x^2$. Qual é a distância do retroprojetor até a tela quando a área projetada é de 0,25 m^2?

51. Determine o valor de m para que a equação de incógnita x tenha uma única raiz real: $x^2 - (m + 1)x + (2m - 1) = 0$. Em seguida, faça a verificação e descubra a raiz.

52. Fatore os trinômios do 2º grau:

a) $x^2 - 2x - 3 =$ ______

b) $3x^2 - 11x + 10 =$ ______

c) $6x^2 + 19x + 10 =$ ______

d) $x^2 - 8x + 12 =$ ______

e) $4x^2 - 4x - 3 =$ ______

f) $5x^2 - 8x + 3 =$ ______

g) $x^2 + 13x - 30 =$ ______

h) $8x^2 - 18x + 9 =$ ______

i) $7x^2 + 41x - 6 =$ ______

j) $y^2 - 20y + 19 =$ ______

53. (UFMG) Se a diferença das raízes da equação $-2x^2 + 4x + k = 0$ é 4, então o valor de k é:

a) −6.

b) −3.

c) 0.

d) 3.

e) 6.

54. Fatore as expressões seguintes o máximo possível.

a) $x^2 - 196 =$

b) $3x^2y - 12xy^2 + 15x^2y^2 =$

c) $x^2 - 40x + 400 =$

d) $3(x + 7) - y(x + 7) =$

e) $5a^2 + 80a + 320 =$

f) $2x^2 - 32 =$

g) $3x^3 - 4x^2 + x =$

h) $x^3 - 216 =$

i) $25x^2 - 25x + 4 =$

j) $x^2 + xy - 3x - 3y =$

k) $a^4 - 625 =$

l) $a^2 + ab - a =$

m) $\frac{3x}{7} + \frac{6a}{11} =$

n) $16x^4 - 1 =$

55. Simplifique as expressões algébricas considerando os denominadores diferentes de zero.

a) $\frac{8x^2}{20x} =$

b) $\frac{45x^2y^2}{18xy^2} =$

c) $\frac{3x}{12xy} =$

d) $\frac{4x}{10y} =$

e) $\frac{x^2 - 49}{3x + 21} =$

f) $\frac{x^2 + 10x + 25}{x^2 + 3x - 10} =$

g) $\frac{4x^2 - 10x}{6x} =$

h) $\frac{x^2 - 4}{x^2 - 3x + 2} =$

i) $\frac{x^3 - 1}{x^2 - 2x + 1} =$

j) $\frac{x^2 + 2xy + y^2}{x^2 - 3x + xy - 3y} =$

k) $\frac{x^3 - 9x}{x^3 - 6x^2 + 9x} =$

l) $\frac{x - 4}{x^2 - 2x - 8} =$

56. Responda:

a) $(x - 5)(x + 2) = (x - 1)^2$ é uma equação do 2º grau?

b) -4 é raiz da equação $-x^2 + 2x + 24 = 0$?

c) Quais são as raízes de $-2x^2 + 56 = 0$?

d) Quantas raízes reais tem a equação $31x^2 - 27x - 44 = 0$?

e) Qual deve ser o valor de k para que a equação $kx^2 + 6x - 1 = 0$ seja do 2º grau e tenha raiz real?

f) Entre que números inteiros consecutivos fica a menor das raízes da equação $3x^2 + x - 7 = 0$?

g) Quantas raízes reais tem a equação $\sqrt{x^2 - 13} = x - 1$?

h) Como ficam as raízes de $x^4 - 11x^2 + 18 = 0$ quando colocadas em ordem crescente?

i) Qual é o par ordenado de números reais positivos que satisfaz as equações $2xy = 3$ e $4x - y = -1$?

j) Qual é a soma das raízes da equação $-x^2 + 3x + 2 = 0$?

57. Uma região retangular tem 24 cm² de área. Dobrando a medida de sua largura e aumentando em 2 cm a medida do comprimento, obtém-se outra região retangular, cujo perímetro tem 8 cm a mais do que a primeira. Descubra a área da segunda região retangular.

58. Uma piscina tem dimensões internas em metros de acordo com a figura abaixo. O material usado para revestir o fundo custa R$ 20,00 o metro quadrado e o material usado para revestir as paredes laterais custa R$ 40,00 o metro quadrado.

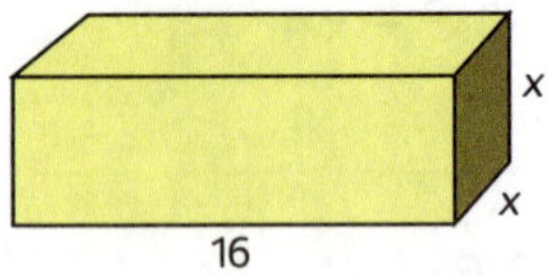

a) Expresse o custo de todo o revestimento (fundo e lateral) em função de x.

b) Se o custo de todo o revestimento foi R$ 7 680,00, qual é o valor de x?

3 Explorando a ideia de função

1. Dê as coordenadas cartesianas dos pontos assinalados na figura abaixo:

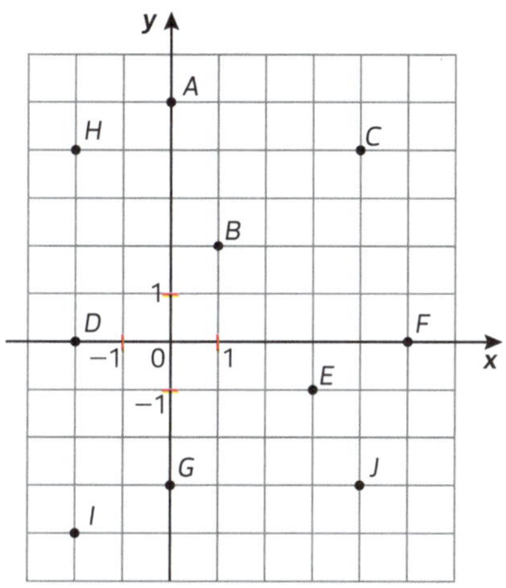

A (________)
B (________)
C (________)
D (________)
E (________)
F (________)
G (________)
H (________)
I (________)
J (________)

2. Em cada item complete a tabela. Em seguida escreva a lei da função em que y depende de x.

a) Em uma região triangular a base mede 6 unidades e a área y dada em função da altura x.

Relação entre a área e a altura de uma região triangular

Altura (x)	Área (y)
3	
5	
4	
10	
	21
	33
8	

Dados fictícios

b) O volume y de um cubo dado em função da medida x de cada aresta.

Relação entre o volume e a medida da aresta de um cubo

Aresta (x)	Volume (y)
2	
10	
4	
	125
0,2	
	343
9	

Dados fictícios

c) A área y da região retangular abaixo dada em função da medida x do comprimento.

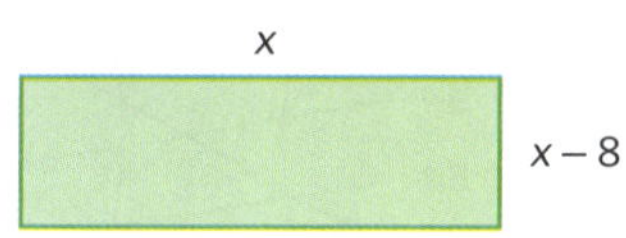

Relação entre a área e a medida do comprimento de uma região retangular

Comprimento (x)	Área (y)
12	
20	
15	
10	
	65
	9
17	

Dados fictícios

3. Uma fábrica vende um produto por R$ 1,20 a unidade. O custo total do produto é formado por uma taxa fixa de R$ 48,00 mais o custo de produção de R$ 0,40 por unidade.

a) Qual é a sentença que dá o custo total y do produto em função do número x de unidades produzidas?

b) Qual é o custo da produção de 1 000 unidades?

c) Quanto a fábrica arrecada na venda de 1 000 unidades?

d) Quantas unidades o fabricante deve vender para não ter lucro nem prejuízo?

e) Se vender 200 unidades desse produto, o comerciante terá lucro ou prejuízo? De quanto?

4. Observe o diagrama abaixo e responda:

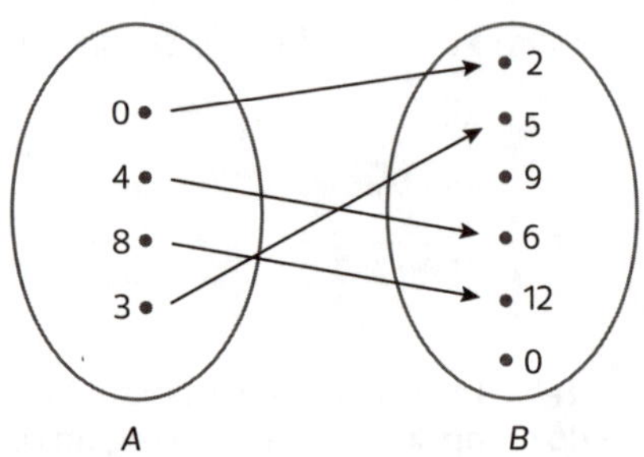

a) Essa relação é uma função de A em B?

____

Em caso afirmativo, responda aos outros itens.

b) Qual é o domínio dessa função?

____

c) Qual é o contradomínio dessa função?

____

d) Qual é o conjunto imagem dessa função?

____

5. Em quais alternativas as relações de A em B são funções?

a)

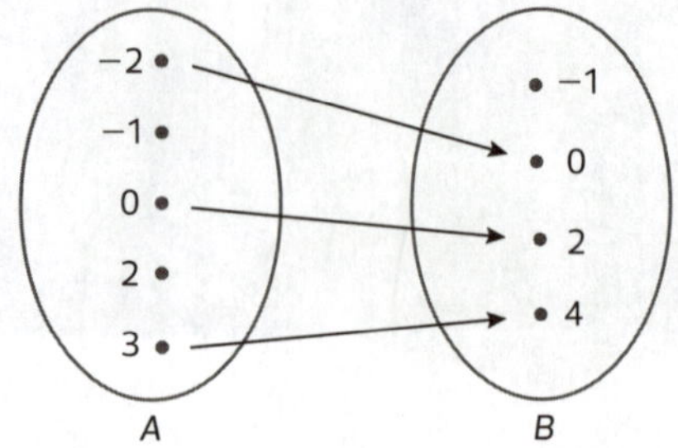

b)

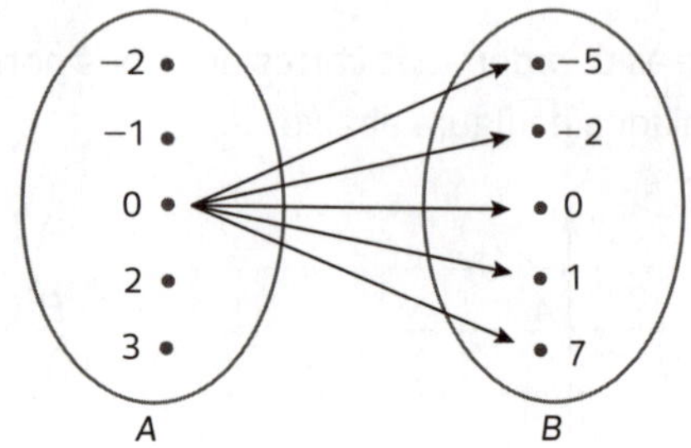

c)

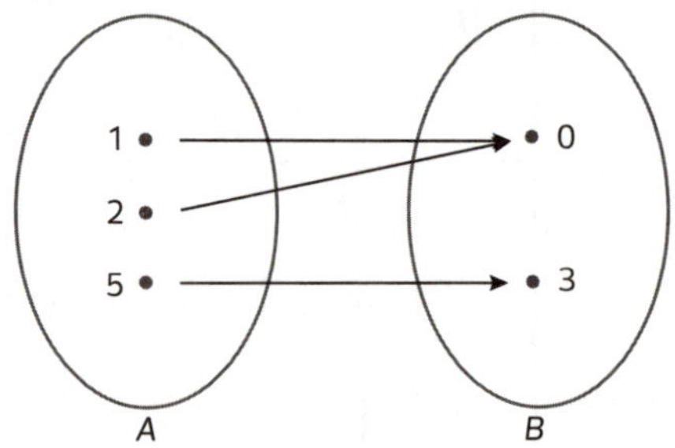

d)

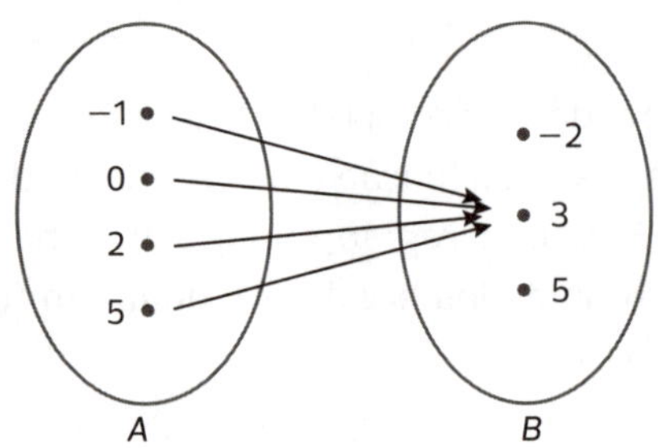

e)

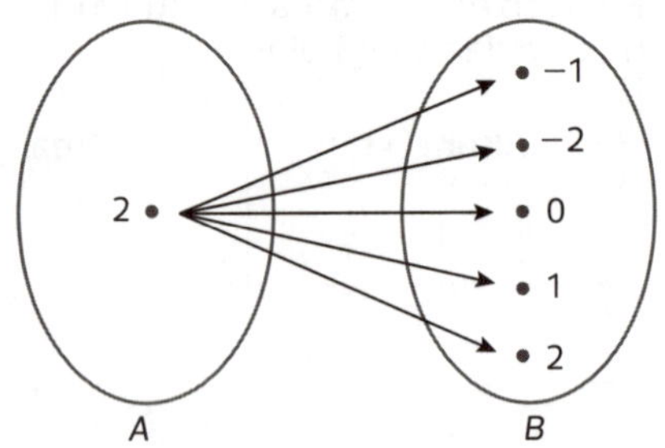

f)

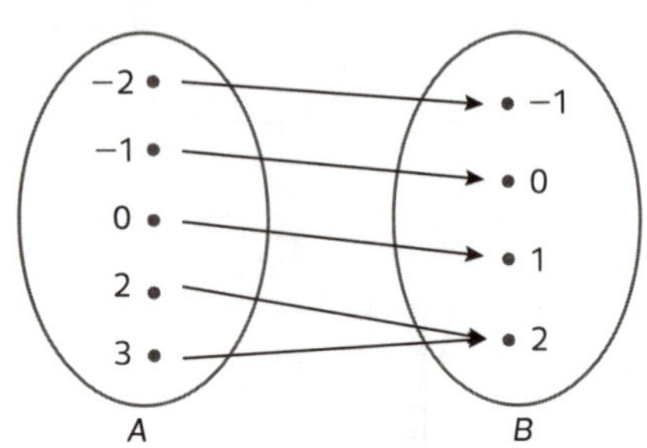

6. Determine o domínio e a imagem de cada relação. Quais delas são funções?

a)

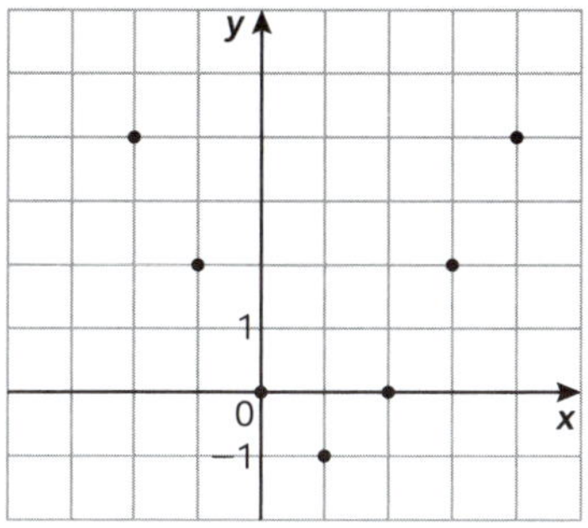

b)

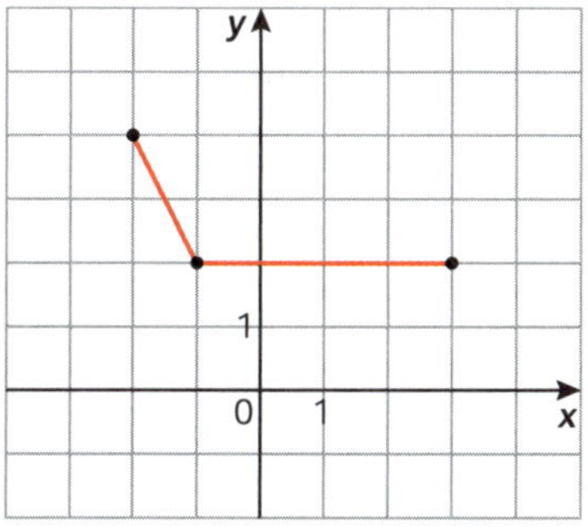

c)

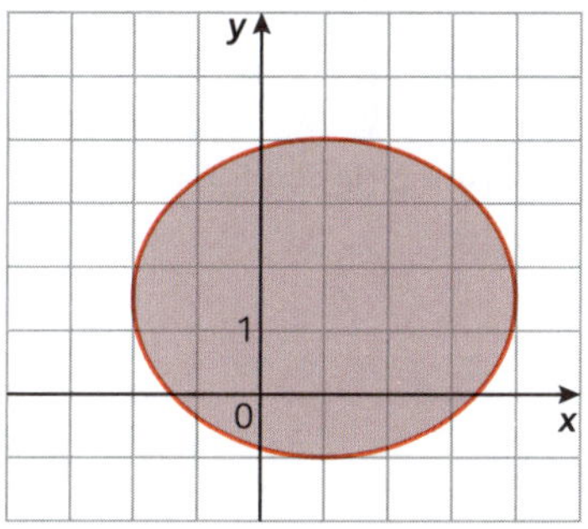

d)

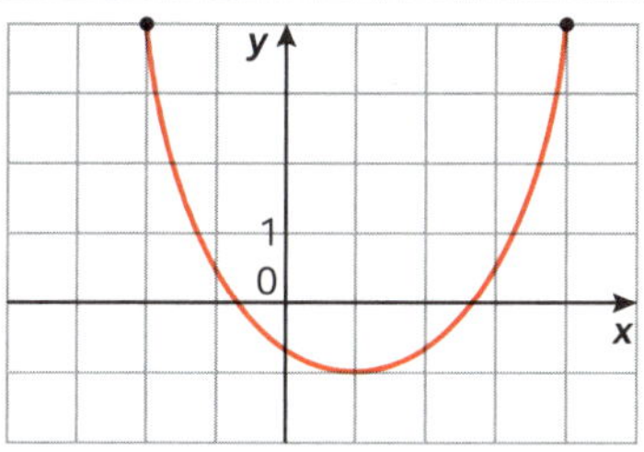

7. Dados os conjuntos $A = \{-2, -1, 0, 2, 3\}$ e $B = \{-2, -1, 0, 1, 2, 3, 4, 5\}$, determine o conjunto imagem da relação definida pela fórmula $y = x + 1$, com $x \in A$ e $y \in B$.

8. Esboce os gráficos das funções definidas pelas sentenças:

a) $y = \dfrac{x}{2} + 3$

x	y

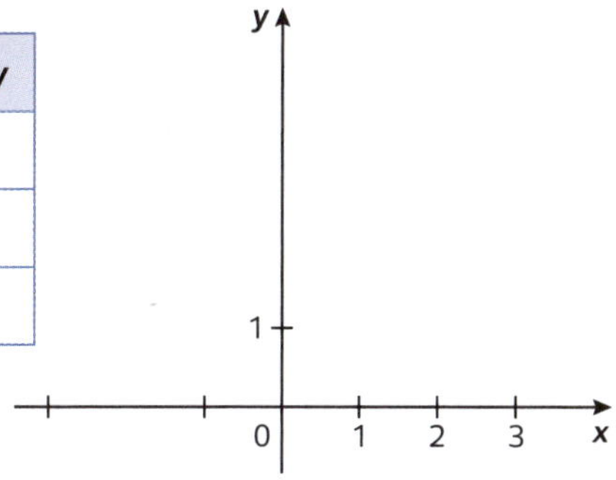

b) $y = \sqrt{2x}$, para $x \geqslant 0$

x	y

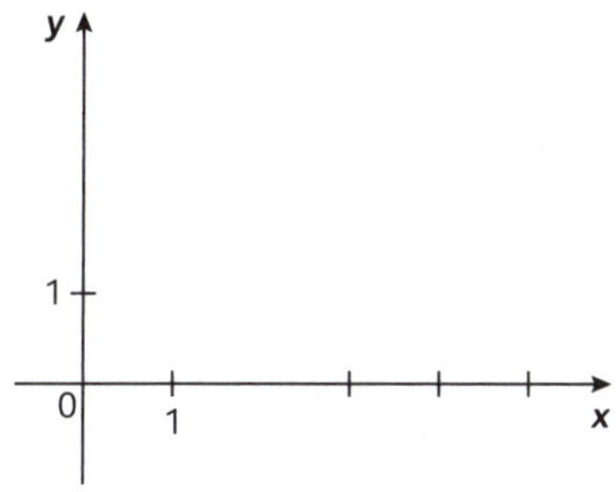

c) $y = x^2 - 2x$

x	y

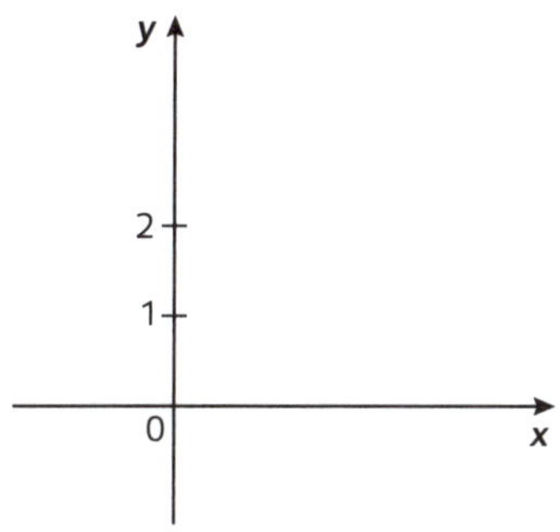

d) $y = \dfrac{x}{2}$

x	y

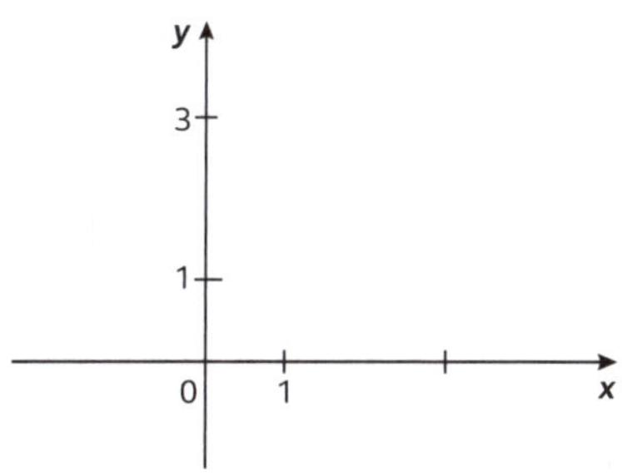

9. De acordo com as funções da atividade anterior responda:

a) Qual não é função afim nem função quadrática? ________

b) Qual é função afim mas não é função linear? ________

c) Qual é função afim e linear? ________

d) Qual é função quadrática? ________

10. O zero da função $f(x) = \frac{2x}{3} + \frac{5}{2}$ é igual a:

a) $\frac{15}{4}$

b) $-\frac{5}{2}$

c) $\frac{5}{2}$

d) $-\frac{15}{4}$

11. Observe abaixo o gráfico de uma função f de $\mathbb{R}$ em $\mathbb{R}$:

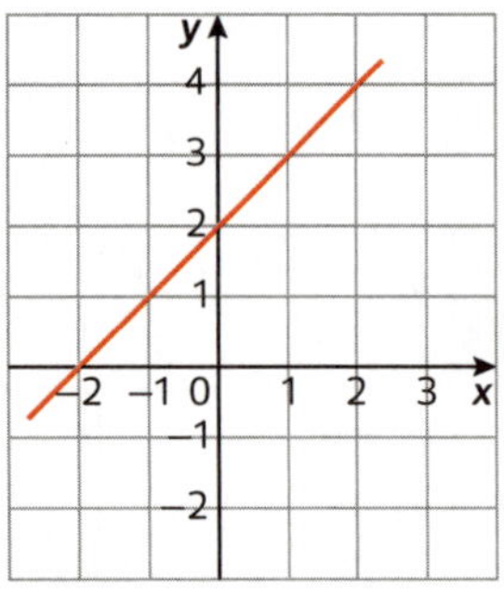

As coordenadas do zero da função e a intersecção com o eixo y são, respectivamente:

a) (0, 0) e (−2, 0)

b) (−2, 2) e (0, 0)

c) (0, −2) e (0, 2)

d) (2, 0) e (0, 2)

e) (−2, 0) e (0, 2)

12. Qual é a lei de uma função afim cujo gráfico, que é uma reta, corta os eixos em (5,0) e (0, −2)?

13. Escreva a lei da função que associa a cada número real x o número correspondente ao quadrado desse número mais seu triplo menos 4. Agora, responda:

a) Essa função é afim ou quadrática?

____

b) Quais são os zeros dessa função?

c) Seu gráfico é uma reta?

____

d) Qual é o valor de y para $x = 10$?

e) Em que pontos o seu gráfico corta os eixos?

____

Construa o gráfico dessa função.

14. A parábola de uma função quadrática tem vértice em $(2, -1)$, corta o eixo y em $(0, 3)$ e passa pelo ponto $(-1, 8)$. Determine a lei dessa função.

15. Resolva em $\mathbb{R}$ as seguintes inequações usando o processo que julgar mais conveniente.

a) $x + 10 < 15$

b) $x^2 - 136 \geqslant 8$

c) $12x + 6 < 3x - 10$

d) $\dfrac{33x}{5} - 2 \leqslant \dfrac{13x}{2}$

16. Joaquim fez uma viagem de São Paulo a Marília. Na estrada, ele verificou que a distância percorrida, a partir do ponto inicial de sua viagem, podia ser calculada por $d = 90x$, sendo d a distância percorrida em quilômetros e x o tempo do percurso em horas.

Distância de São Paulo a Marília

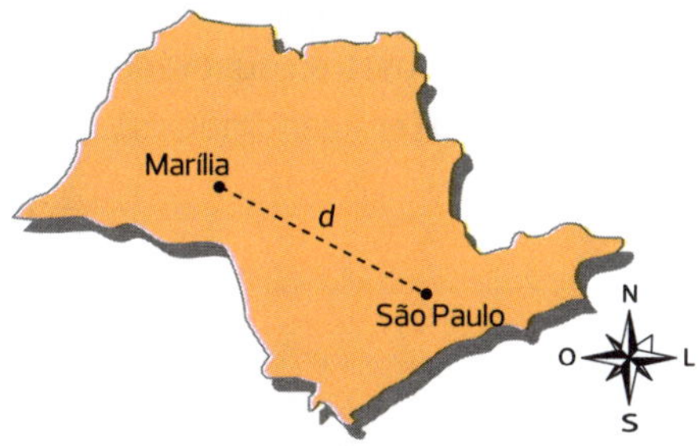

a) Construa uma tabela listando as distâncias percorridas após cada intervalo de hora desde $x = 1$ até $x = 5$, tempo total de duração da viagem.

b) Faça um gráfico que relacione d em função de x.

c) Qual foi a distância total percorrida nessa viagem?

17. Considere uma região cujo contorno é um trapézio com bases medindo 10 cm e 7 cm. A área dessa região é dada em função da medida da altura.

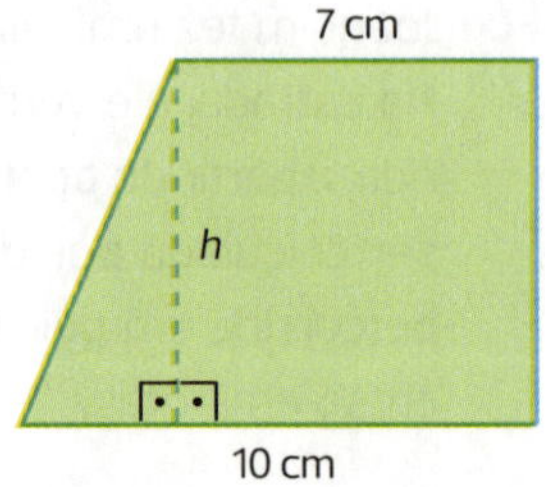

a) Escreva a sentença que indica o valor da área A (em centímetros quadrados) para a medida da altura h (em centímetros).

b) Qual é o valor de A quando $h = 6$ cm?

c) Qual é o valor de h quando $A = 42{,}5\ cm^2$?

18. Em que pontos a parábola da função quadrática $y = -2x^2 + 5x - 7$ corta os eixos x e y?

19. A energia potencial elástica E, armazenada em uma mola que foi distendida um comprimento d, pode ser calculada pela seguinte expressão: $E = \frac{kd^2}{2}$, em que k representa a chamada constante elástica dada em dyn/cm (característica da mola utilizada).

Os dados da tabela a seguir mostram a energia armazenada (E) em função da distensão (d) sofrida por uma mola.

a) Determine a constante elástica dessa mola, complete a tabela e represente graficamente a energia E (em erg) em função da distensão d (em cm).

Relação entre energia e distensão em uma mola

E (erg)	0	1		16		9
d (cm)	0	1	2		5	

b) Em seguida, responda: quanta energia está acumulada nessa mola quando ela é distendida 3,5 cm?

20. Trace em um mesmo gráfico as retas correspondentes às funções de equações $y = 2x - 3$; $y = 2x$ e $y = 2x + 5$, todas da forma $y = ax + b$, com $a = 2$.

Agora, responda: qual é a posição relativa das três retas, tomadas duas a duas?

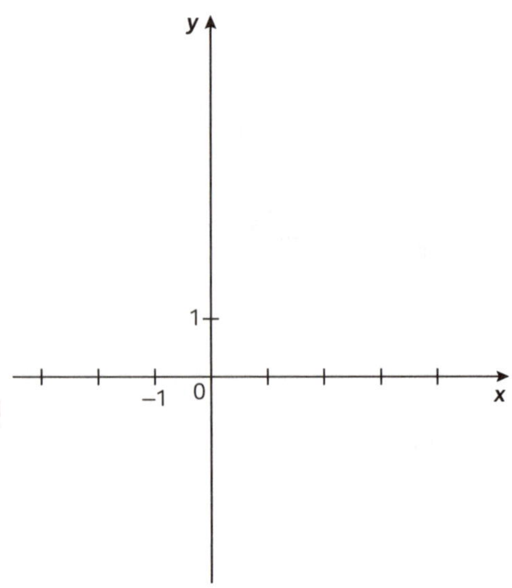

21. Faça um gráfico para cada item e nele trace as duas retas das equações indicadas.

a) $y = -2x + 5$ e $y = -2x - 1$

b) $y = 4x$ e $y = 4x + 3$

c) $y = x - 5$ e $y = x - 1$

d) $y = -3x + 3$ e $y = -3x$

22. O que você verificou nas duas atividades anteriores acontece sempre:

> Se as equações de duas funções afins (na forma $y = ax + b$) têm o coeficiente a igual e o coeficiente b diferente, então suas duas retas são distintas e paralelas.

Determine a equação de uma função afim cuja reta passa pelo ponto (3, 16) e é paralela à reta da função de equação $y = 5x - 9$.

23. Dada a função $y = x^2 + 2x - 3$, determine:

a) os coeficientes a, b e c →

b) os zeros dessa função →

c) o vértice da parábola →

d) o valor máximo ou mínimo →

24. Determine o vértice da parábola nas seguintes funções quadráticas:

a) $y = 6x^2 - 12x + 5$

b) $y = -3x^2 - 24x + 2$

c) $y = 8x^2$

d) $y = -x^2 + 10x - 9$

e) $y = 3x^2 + 9x$

f) $y = -4x^2 + 11$

25. Dada a função $y = -x^2 + 4x - 3$, determine:

a) os zeros dessa função →

b) o vértice da parábola →

c) o valor máximo ou mínimo →

26. Cada vez que vai ao posto de gasolina, Juliano abastece seu carro e lava-o com uma ducha. Observe os preços do posto e responda:

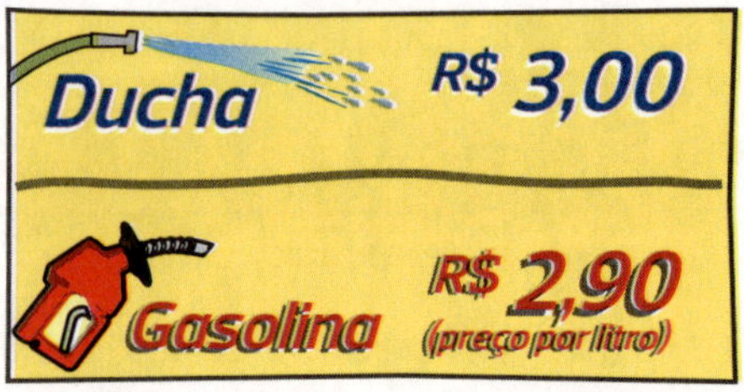

a) Quanto Juliano gasta no total quando coloca 20 L de gasolina?

b) A correspondência que associa a quantia de y reais pagos para x litros de gasolina colocados é um exemplo de função?

c) Escreva a sentença que dá o valor de y em função de x.

27. Sem construir o gráfico, descubra o ponto de intersecção da reta r que passa pelos pontos $(1, 5)$ e $(-1, -3)$ com a reta de equação $y = 3x$.

28. A intensidade da força de atração F_M, existente entre um ímã e um clipe de papel, separados a uma distância d, varia com o inverso do quadrado da distância e pode ser calculada usando-se a seguinte expressão: $F_M = \frac{14}{d^2}$. Utilizando os valores apresentados na tabela seguinte, represente a curva que mostra como essa força magnética, F_M, varia em função da distância d.

Força magnética entre um ímã e um clipe de papel

F_M (dyn)	d (cm)
14	1
6,2	1,5
3,5	2
2,2	2,5

Dados fictícios

29. Considere as seguintes funções:

f_1: $y = 8x$ $\quad$ f_3: $y = \frac{8}{x}$, para $x \neq 0$

f_2: $y = x + 8$ $\quad$ f_4: $y = 2x^2$

Dessas quatro funções:

a) quais podem ser chamadas de função afim?

____

b) quais são funções lineares? __________

c) quais são funções quadráticas? __________

d) em quais delas x e y têm valores diretamente proporcionais? __________

e) em quais delas x e y têm valores inversamente proporcionais? __________

30. Associe cada item (**I**, **II**, **III**, **IV**) ao gráfico correspondente (**A**, **B**, **C**, **D**) considerando os gráficos de função afim da forma $y = ax + b$, com $a \neq 0$.

I) $a > 0$ e $b > 0$ $\quad$ **III)** $a < 0$ e $b > 0$

II) $a < 0$ e $b = 0$ $\quad$ **IV)** $a > 0$ e $b < 0$

A)

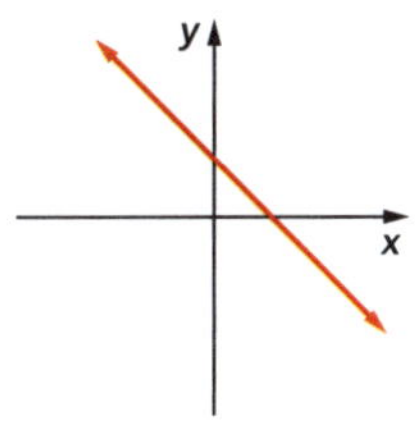

B)

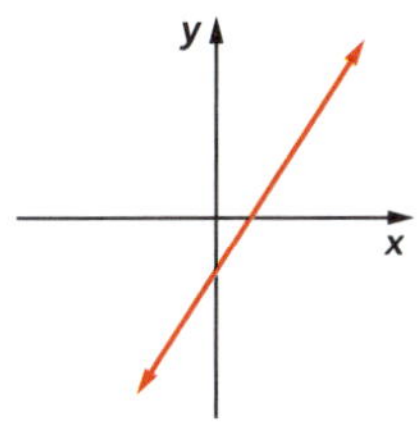

C)

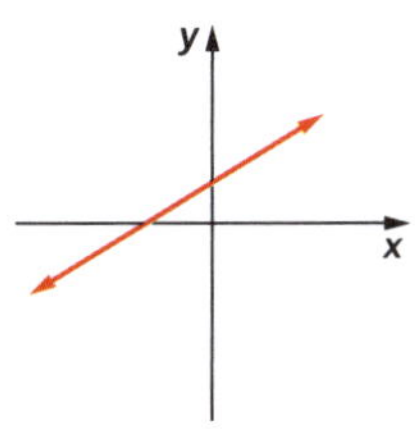

D)

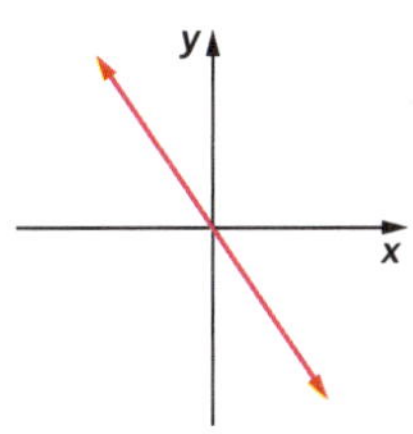

31. Considere o seguinte esboço de uma função do tipo $y = ax^2 + bx + c$.

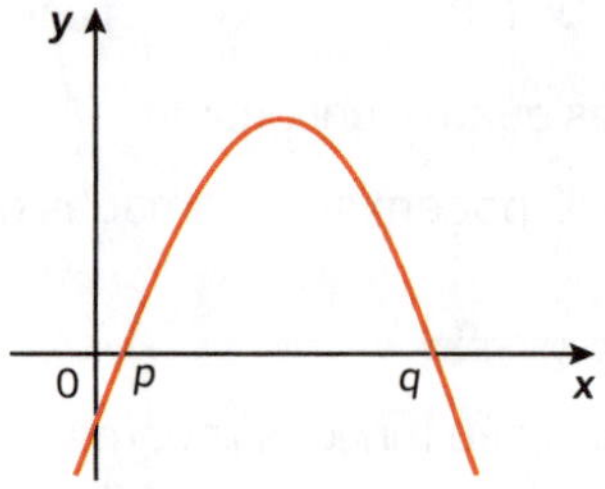

Indique se y é positivo, negativo ou nulo quando:

a) $x < p \rightarrow$ ____________________

b) $x > q \rightarrow$ ____________________

c) x está entre p e $q \rightarrow$ ____________________

d) $x = p$ ou $x = q \rightarrow$ ____________________

32. Faça o estudo dos sinais das funções abaixo:

a) $y = x^2 - 10x + 25 \rightarrow$

b) $y = x^2 + 8x + 16 \rightarrow$

c) $y = -2x^2 + 4x - 5 \rightarrow$

d) $y = -x^2 - 6x - 9 \rightarrow$

33. Analisando o gráfico abaixo, que representa a taxa média mensal de desemprego em determinada região, é *incorreto* afirmar que:

a) a taxa de desemprego não cresceu entre janeiro e abril;

b) a menor taxa de desemprego ocorreu em dezembro;

c) durante o ano considerado, a taxa de desemprego não excedeu 5%;

d) a média anual de desemprego foi superior a 3%;

e) a média anual de desemprego foi inferior a 7%.

Taxa mensal de desemprego

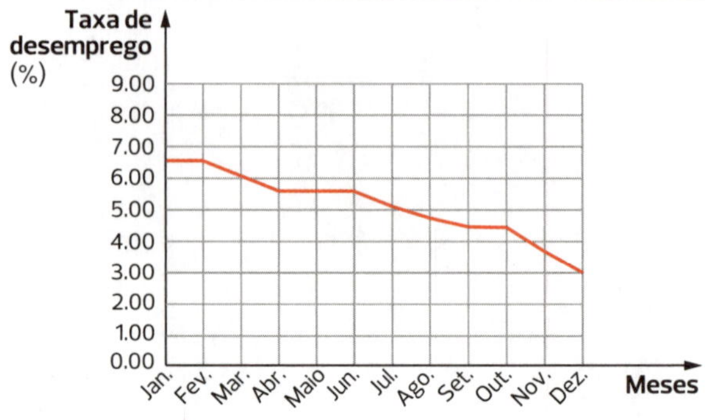

Dados fictícios

34. Resolva as seguintes inequações do 2º grau em ℝ:

a) $2x^2 - x - 10 \leq 0$

b) $-x^2 - 8x + 9 > 0$

e) os possíveis valores de x nessa função →

f) os possíveis valores de y nessa função →

- Construa o gráfico dessa função.

35. Considere a função que associa a cada número real x o número real $y = |x|$, sendo $|x|$ o módulo ou valor absoluto de x.

- Calcule:

a) o valor de y para $x = -3$ →

b) o valor de y para $x = 3$ →

c) o valor de x para $y = 5$ →

d) o valor de x para $y = -5$ →

36. Lucas fez uma caminhada das 7h às 8h em certo dia. O gráfico abaixo registra a distância percorrida (em metros) em função do tempo (em minutos).

Caminhadas de Lucas

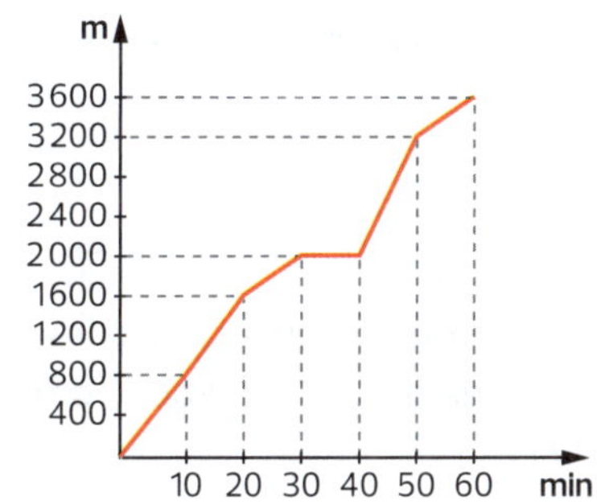

Dados fictícios

Responda:

a) Quantos metros Lucas percorreu nos primeiros 20 minutos? ______

b) Qual foi a velocidade média nos últimos 20 minutos? ______

c) Quantos metros ele percorreu do 30º ao 40º minuto? ______

d) E do 40º ao 50º minuto, quanto Lucas percorreu? ______

4 Proporcionalidade em Geometria

1. Calcule a razão entre:

a) a medida de um lado e o perímetro de um triângulo equilátero →

b) a medida de um lado e a medida da diagonal de um quadrado →

c) a medida do raio e a medida do diâmetro de qualquer circunferência →

d) a área de um quadrado com lado de 6 cm e a área de um quadrado com perímetro de 12 cm →

e) a medida do raio de um círculo e seu perímetro →

2. Sejam $\overline{AB}$ e $\overline{CD}$ dois segmentos tais que $AB = 2$ cm e $\frac{AB}{CD} = \frac{1}{3}$. Qual é a medida de $\overline{CD}$?

3. Observe os retângulos abaixo e, em cada um, determine a razão entre o comprimento e a largura, considerando todas as medidas na mesma unidade.

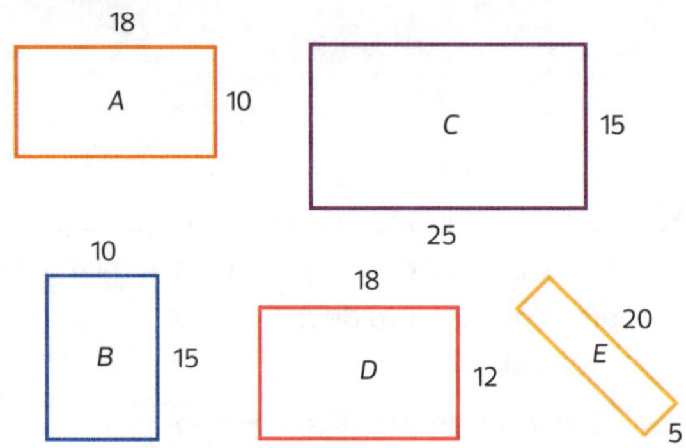

Agora, responda e justifique: entre esses retângulos, quais são os dois que têm as dimensões proporcionais?

4. $\triangle ABC$ e $\triangle EFG$ têm as medidas dos lados proporcionais.
Os lados do $\triangle ABC$ medem 18 cm, 20 cm e 12 cm.
O lado menor do $\triangle EFG$ mede 30 cm.
Qual é a medida do lado maior do $\triangle EFG$?

5. Analise a figura e as medidas indicadas, todas na mesma unidade:

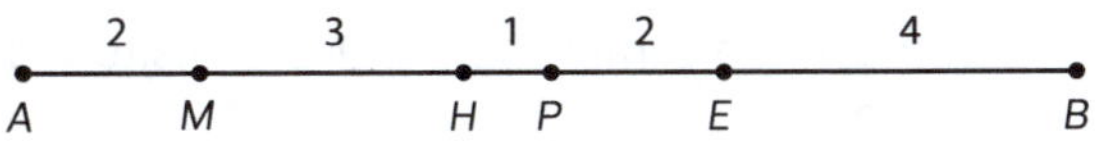

Complete as proporções:

a) $\frac{EB}{AE} = \frac{AP}{\_\_\_}$

b) $\frac{AM}{ME} = \frac{\_\_\_}{MH}$

c) $\frac{ME}{EH} = \frac{EB}{\_\_\_}$

d) $\frac{HP}{PM} = \frac{PE}{\_\_\_}$

6. Observe a figura e calcule as razões indicadas.

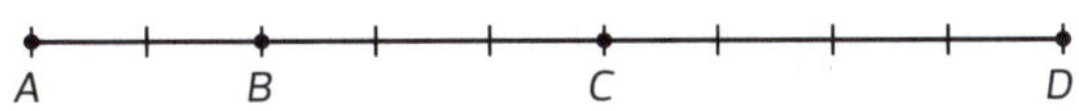

a) $\frac{AB}{BC} =$ ________________

b) $\frac{AB}{CD} =$ ________________

c) $\frac{AB}{AD} =$ ________________

d) $\frac{BD}{AD} =$ ________________

7. Em um mapa com escala de 1:1 000 000, Marisa traçou um quadrado com lados de 2,5 cm. A área real da região correspondente é de quantos quilômetros quadrados?

8. Em um $\triangle ABC$, o $\hat{A}$ é reto e $\hat{B}$ mede o dobro do $\hat{C}$. Se o lado $\overline{CA}$ mede $3\sqrt{3}$, descubra as medidas de $\overline{AB}$ e $\overline{BC}$.

9. As regiões retangulares R_1 e R_2 têm as dimensões proporcionais.
R_1 tem comprimento de 4,5 cm e perímetro de 15 cm.
R_2 tem largura de 7 cm.
Complete o quadro abaixo.

Região	R_1	R_2
Comprimento		
Largura		
Perímetro		
Área		

10. Uma sala retangular que tem 6 m de comprimento aparece na planta da casa com 7,5 cm de comprimento por 3 cm de largura.
Calcule:

a) a escala utilizada no desenho da planta da casa →

b) a largura real da sala →

c) O perímetro real da sala →

d) a área real da sala →

11. Em um mapa desenhado na escala 1 : 1 000 000, a distância entre duas cidades A e B é de 12 cm.

a) Se o mesmo mapa for desenhado na escala 1 : 800 000, qual será, no mapa, a distância entre essas duas cidades?

b) Calcule a distância real entre as duas cidades usando a segunda escala.

12. Em determinada hora do dia Elias notou que o tamanho de uma vassoura era o mesmo da sombra de sua casa.
Então, colocou a vassoura na posição vertical, apoiada no chão, e mediu sua sombra. Verificou que essa sombra era de 45 cm e tinha 75 cm a menos do que a vassoura. Determine a altura da casa.

13. Calcule os valores de x, y e z na figura abaixo.

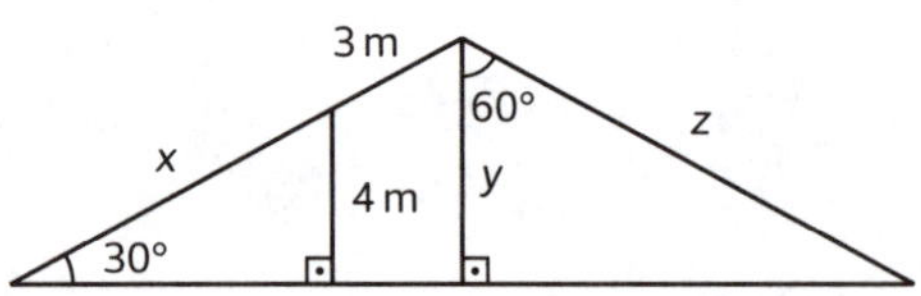

14. À tardinha, a sombra de uma árvore foi medida, obtendo-se 10 m, ao mesmo tempo que Pedro, que mede 1,70 m de altura, tinha uma sombra com 2 m de comprimento. Qual é a altura da árvore?

Modelo matemático

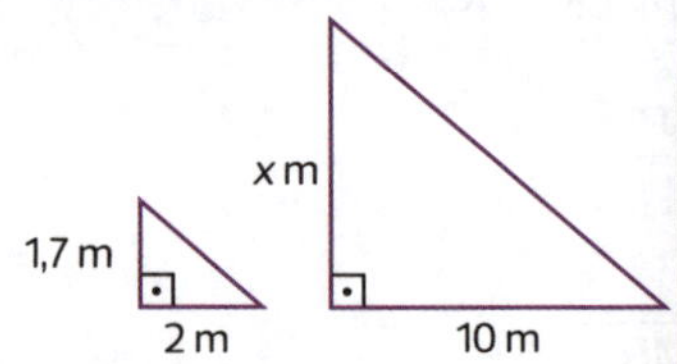

15. Calcule o valor de x, y e t, na figura abaixo, sabendo que $r \parallel s \parallel v \parallel u$.

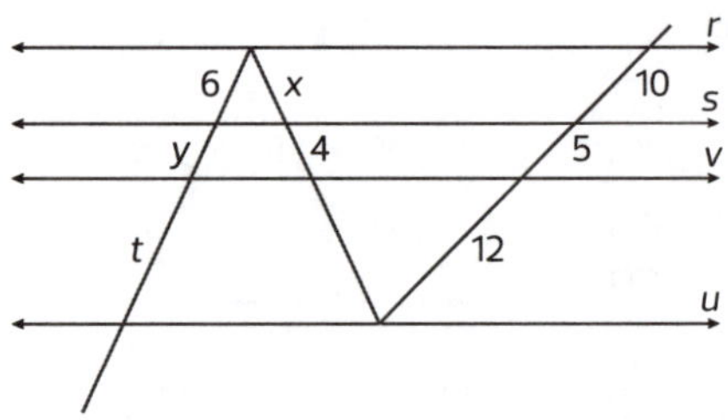

16. Na figura abaixo temos $a \parallel b \parallel c$. Sabe-se também que: $\overline{BC} \cong \overline{DE}$; $\overline{AB}$ mede 3 cm a menos do que $\overline{BC}$; $\overline{EF}$ mede 4 cm a mais do que $\overline{DE}$. Calcule AB, BC, DE e EF.

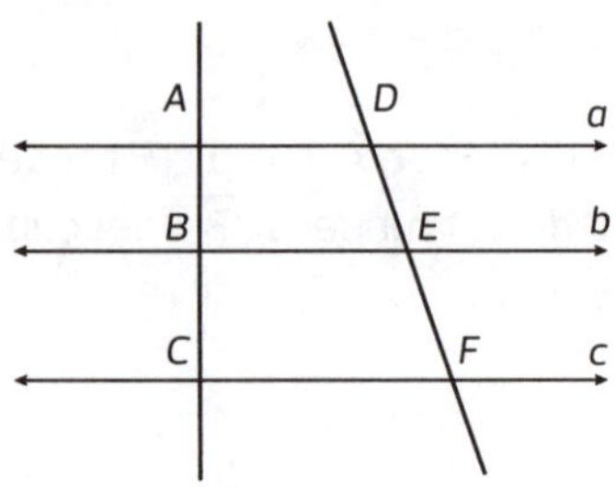

17. Determine o valor das letras (x ou x e y) nos feixes de retas paralelas cortados pelas transversais r e s.

a)

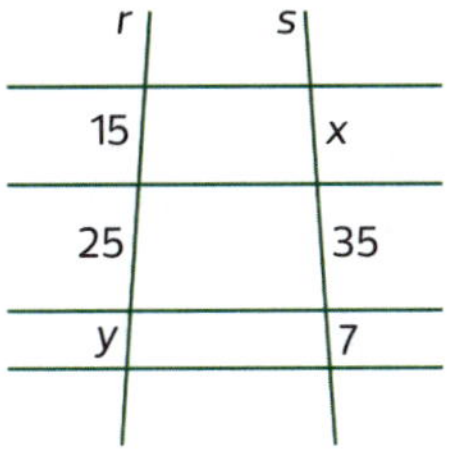

b)

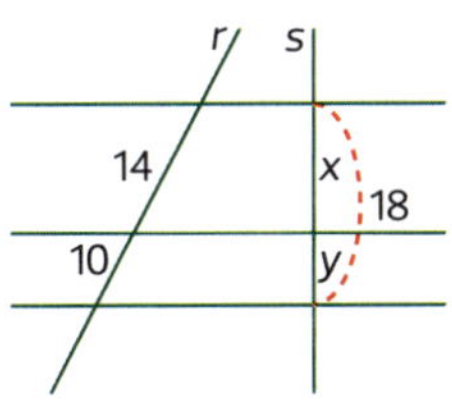

c)

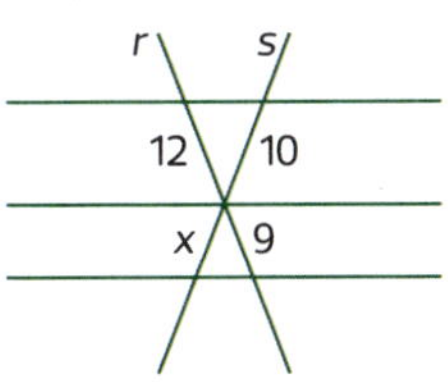

d)

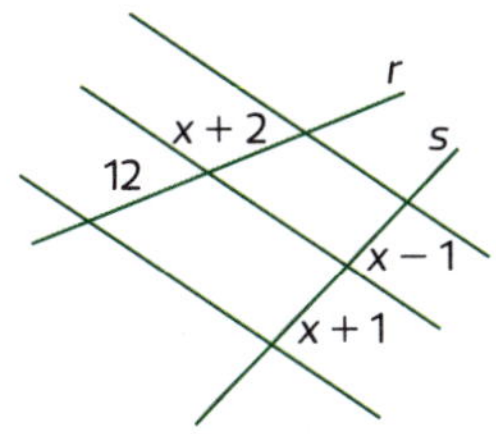

e)

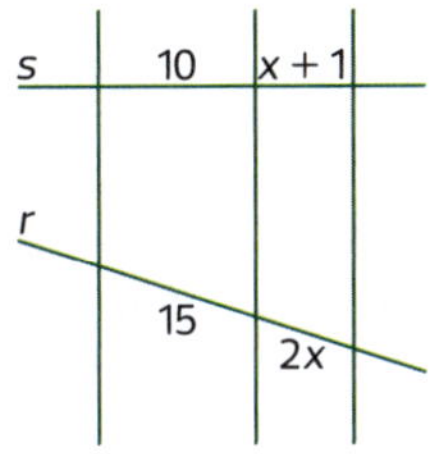

f)

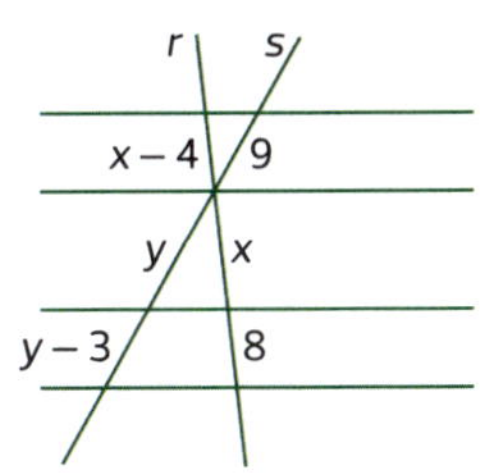

18. Na figura abaixo, temos $r \parallel s \parallel t$. Sabendo que $AC = 40$ m, $DE = 35$ m e $EF = 21$ m, calcule AB e BC.

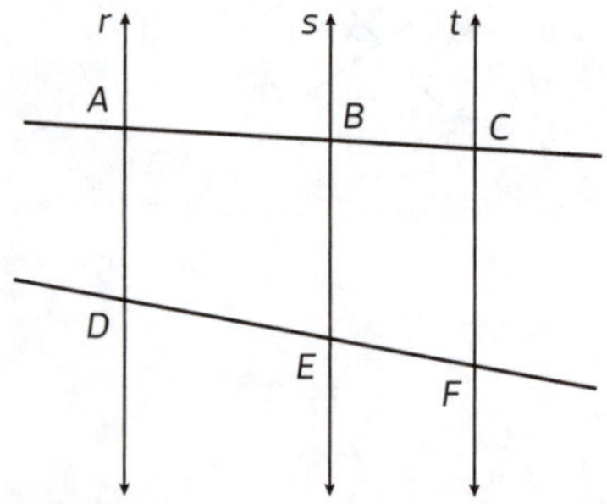

19. Na figura abaixo, $\overline{EF}$ e $\overline{BC}$ são paralelos e os valores estão dados na mesma unidade. Calcule as medidas de $\overline{AF}$ e de $\overline{AC}$.

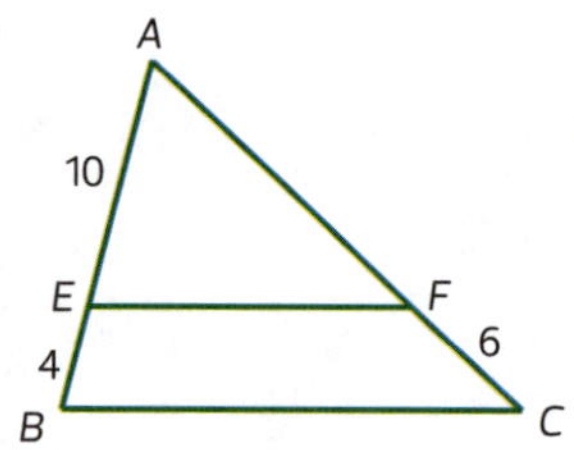

20. Na figura $\overline{MN} \parallel \overline{RS}$,
$RT = 35$ m, $RM = 14$ m e $SN = 10$ m.
Calcule NT.

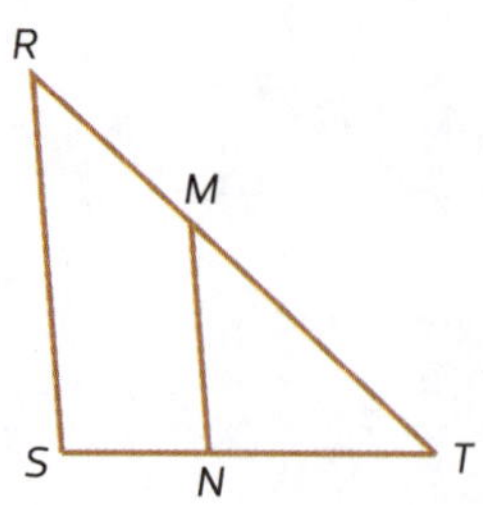

21. Na figura abaixo, $\overline{BE} \parallel \overline{CD}$. Calcule os perímetros do $\triangle ABE$ e do $\triangle ACD$ considerando que todos os valores dados estão na mesma unidade.

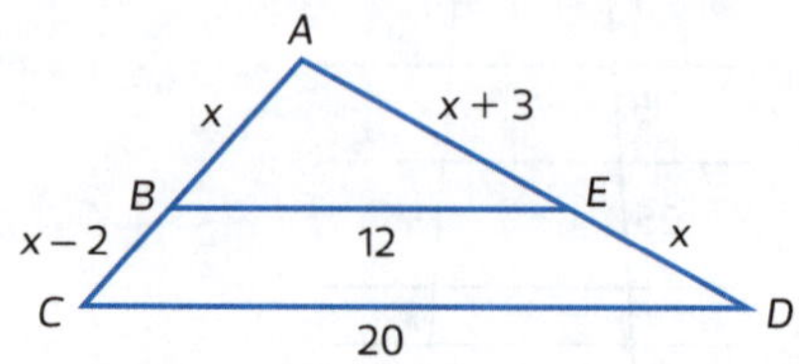

22. Use uma régua não graduada e um compasso e divida $\overline{AB}$ em 3 partes iguais.

23. Transporte o segmento $\overline{XY}$ abaixo uma vez. Faça a divisão desse segmento em 4 partes iguais usando dois processos diferentes, com régua e compasso.

24. Na figura abaixo, $\overline{AS}$ é bissetriz do $\triangle ABC$. Calcule a medida do lado $\overline{BC}$.

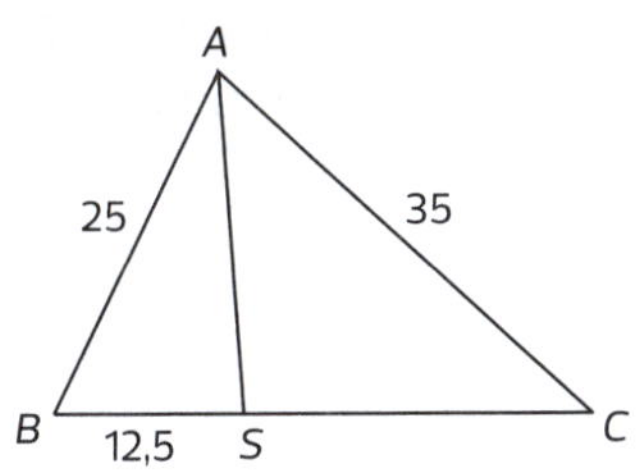

25. Os lados $\overline{AB}$, $\overline{BC}$ e $\overline{AC}$ do $\triangle ABC$ medem 24 cm, 40 cm e 54 cm, respectivamente. Calcule as medidas de $\overline{AR}$ e $\overline{CR}$ sabendo que $\overline{BR}$ é bissetriz do $\triangle ABC$.

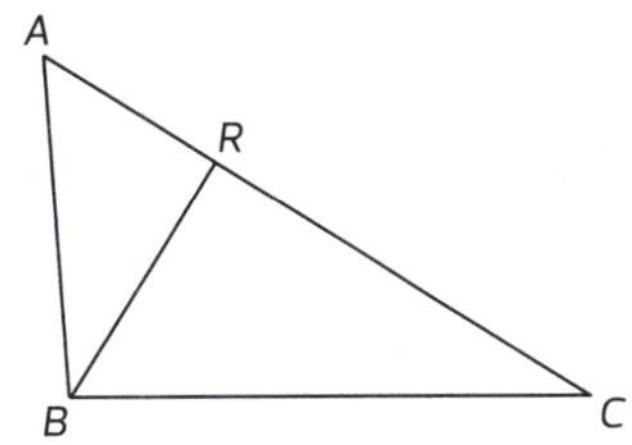

26. No $\triangle EFG$, uma das bissetrizes é $\overline{GM}$. Calcule o perímetro e a área do $\triangle EFG$. (Para o cálculo da área use a fórmula de Heron, estudada no 8º ano.)

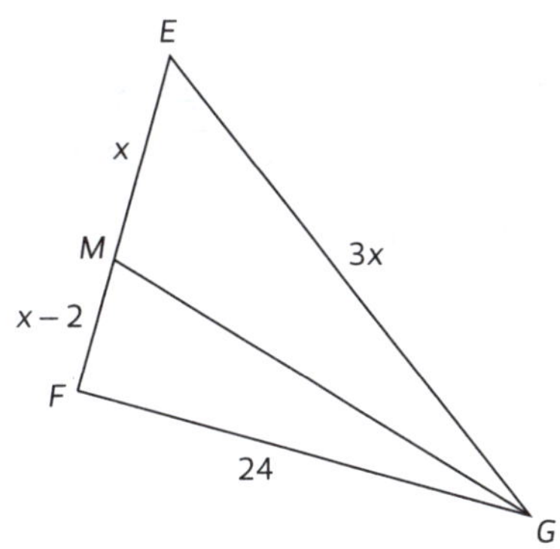

27. (UCSAL-BA) Na figura abaixo, as medidas assinaladas são dadas em centímetros, e $\overline{AB} \parallel \overline{DE}$. Se $BD = 7$ cm, então x é igual a:

a) 1,2
b) 1,8
c) 2,1
d) 2,4
e) 2,8

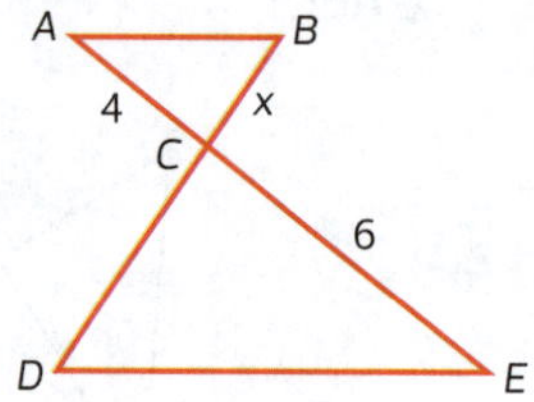

28. Na figura abaixo, $\overline{BD}$ é bissetriz do $\triangle ABC$, $AD = 8$ cm, $CD = 10$ cm. Sendo $AB = 3x$ e $BC = 4x - 3$, então o valor do perímetro desse triângulo é igual a:

a) 99 cm.
b) 67 cm.
c) 50 cm.
d) 18 cm.
e) 32 cm.

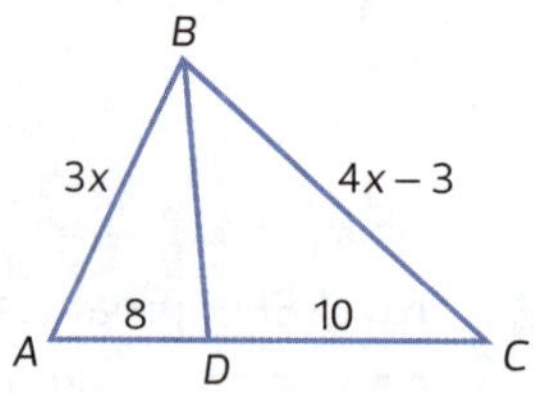

29. (PUC-SP) O segmento $\overline{AB}$ mede 10. Chama-se segmento áureo de $\overline{AB}$ o segmento $\overline{AP}$, P em $\overline{AB}$, de medida x, tal que $\frac{AB}{AP} = \frac{AP}{PB}$. O valor de x é:

a) $5\sqrt{5} - 5$.
b) $5\sqrt{3} - 5$.
c) $5\sqrt{5} + 5$.
d) $5\sqrt{3} + 5$.
e) 5.

30. (Saresp-SP) No desenho abaixo estão representados os terrenos I, II e III.

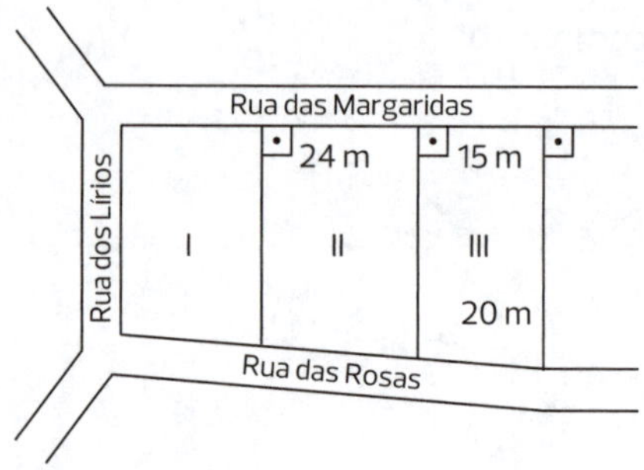

Quantos metros de comprimento deverá ter o muro que o proprietário do terreno II construirá para fechar o lado que faz frente com a rua das Rosas?

a) 20 m
b) 24 m
c) 32 m
d) 35 m

31. (Saresp-SP) Um prédio projeta uma sombra de 40 m ao mesmo tempo que um poste de 2 m projeta uma sombra de 5 m. Então, a altura do prédio é de:

a) 10 m.
b) 12 m.
c) 14 m.
d) 16 m.

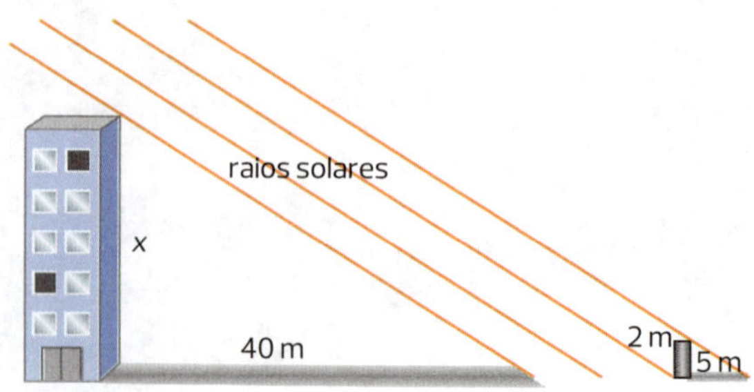

5 Semelhança

1. Escreva em cada item se são semelhantes *sempre*, *nunca* ou *às vezes*.

a) Dois triângulos equiláteros → ____________

b) Dois triângulos retângulos → ____________

c) Um triângulo acutângulo e um triângulo obtusângulo → ____________

d) Dois polígonos com o mesmo número de lados → ____________

e) Um triângulo e um quadrilátero → ____________

f) Dois polígonos regulares → ____________

g) Dois polígonos regulares com o mesmo número de lados → ____________

h) Duas circunferências → ____________

i) Dois polígonos congruentes → ____________

j) Dois triângulos isósceles → ____________

k) Dois retângulos → ____________

l) Um triângulo escaleno e um triângulo isósceles → ____________

m) Dois triângulos retângulos isósceles → ____________

2. Observe a figura **I** abaixo e construa na mesma malha quadriculada:

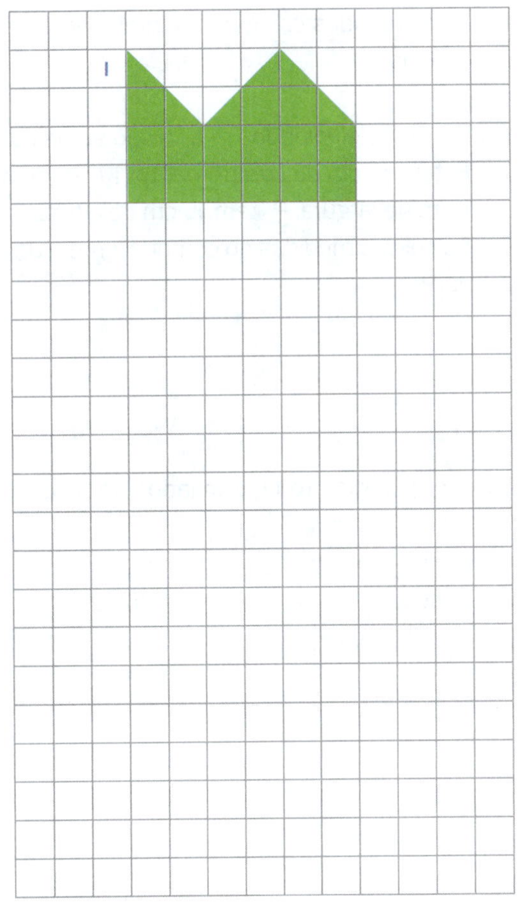

a) uma figura **II**, semelhante à figura **I**, com razão de semelhança $\frac{1}{2}$ de **II** para **I**.

b) uma figura **III**, semelhante à figura **I**, com razão de semelhança 2 de **III** para **I**.

Em seguida responda:

- As figuras **II** e **III** são semelhantes? ____________
- Em caso positivo, qual é a razão de semelhança de **II** para **III**? ____________

3. Classifique as sentenças em verdadeiras ou falsas:

a) ( ) Dois quadrados são sempre semelhantes.

b) ( ) Dois polígonos são semelhantes quando seus lados correspondentes são proporcionais e seus ângulos correspondentes são congruentes.

c) ( ) Dois polígonos são semelhantes quando seus lados correspondentes são congruentes.

d) ( ) Dois losangos são sempre semelhantes.

e) ( ) Dois polígonos são semelhantes quando seus lados correspondentes são proporcionais.

4. Dois paralelepípedos P_1 e P_2 são semelhantes. P_1 tem 12 cm de comprimento, 10 cm de altura e 7 cm de largura. P_2 tem 15 cm de altura.
Calcule as medidas do comprimento e da largura de P_2.

5. Um quadrilátero Q_1 tem lados de 18 cm, 15 cm, 30 cm e 21 cm.
Um quadrilátero Q_2 tem perímetro de 105 cm.
Descubra as medidas dos lados de Q_2 sabendo que $Q_1 \sim Q_2$.

6. Em um losango *ABCD* temos $\hat{A}$ de 70° e $\overline{AB}$ de 8 cm. Em um losango *EFGH* temos $\hat{E}$ de 110° e $\overline{GH}$ de 10 cm.

Esses losangos são semelhantes?

7. Os pares de polígonos são semelhantes. Calcule *x* em cada caso.

a)

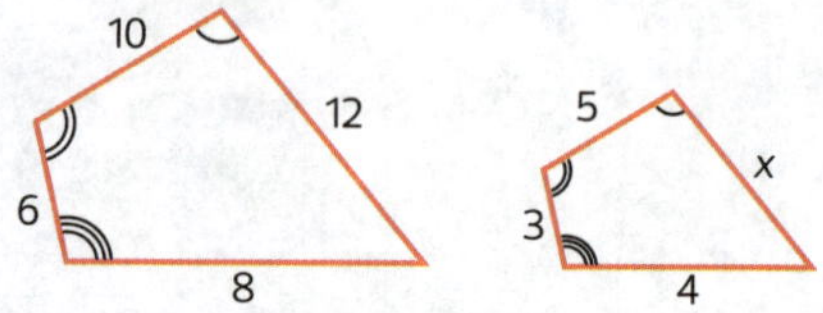

b)

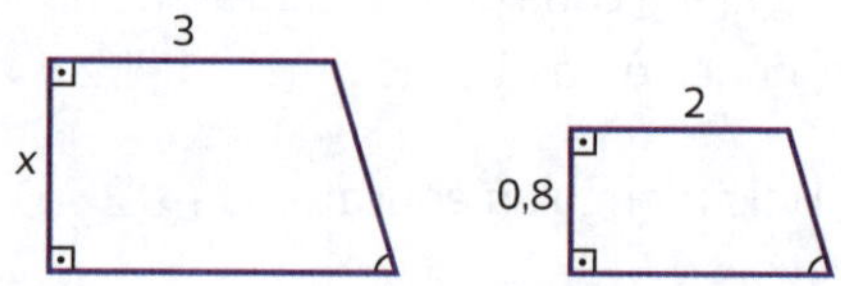

8. Os trapézios abaixo são semelhantes.

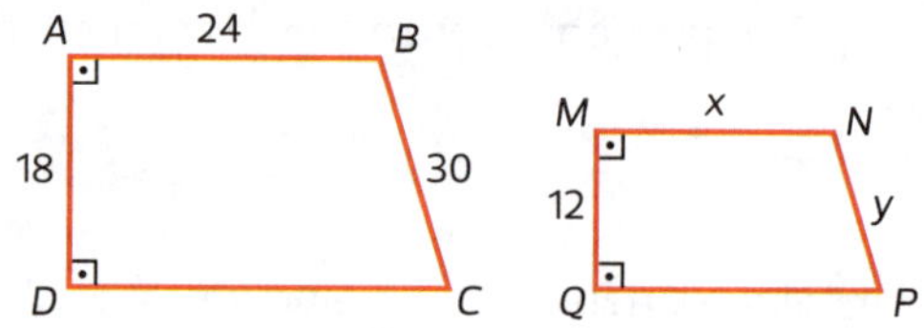

a) Qual é a razão de semelhança entre os trapézios *ABCD* e *MNPQ*?

b) Calcule as medidas de *x* e *y* indicadas.

9. Em um mapa com escala de 1 : 500 000 foi desenhada uma circunferência com raio de 4 cm. Use $\pi = 3$ e calcule o comprimento aproximado dessa circunferência, no mapa e na realidade.

10. A figura abaixo representa a planta de uma casa e o terreno onde ela está localizada.

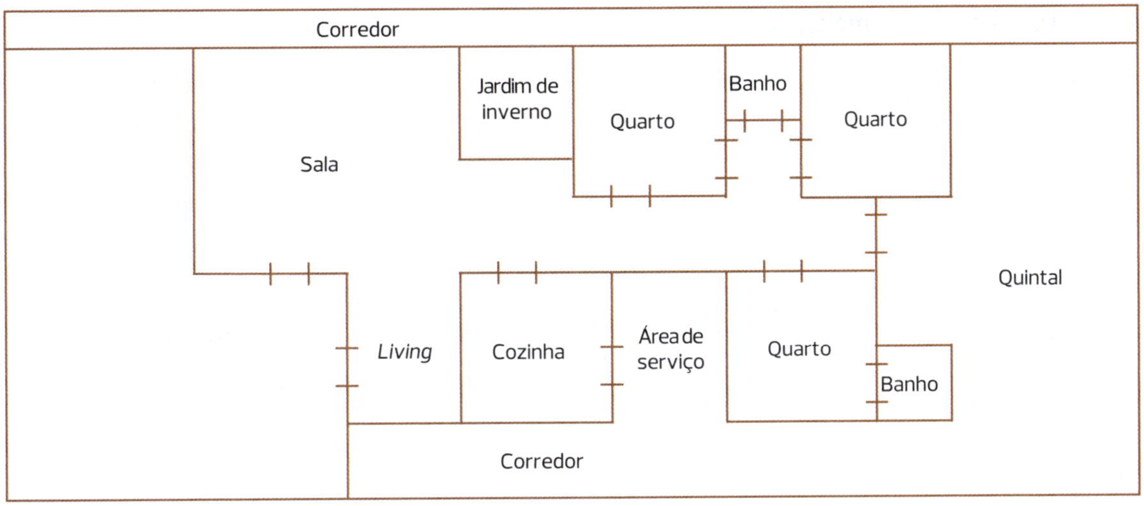

Escala: 1 : 200

Responda:

a) Quais são as medidas reais de um dos quartos?

b) Qual é o perímetro real do terreno?

11. A planta de uma casa foi feita na escala $\frac{1}{50}$ (razão de semelhança), o que significa que cada 1 cm no desenho representa 50 cm na realidade. Uma dependência retangular dessa casa tem, na planta, dimensões de 8 cm e 14 cm. Quais são as dimensões reais dessa dependência da casa?

12. Duas regiões retangulares R_1 e R_2 são semelhantes e têm áreas de 96 cm^2 e 294 cm^2, respectivamente. O comprimento de R_1 tem 9 cm a menos do que o comprimento de R_2.
Descubra os perímetros e R_1 e de R_2.

13. Verifique, sem fazer medições, se os pares de triângulos são semelhantes ou não. Nos que forem, indique os lados homólogos.

a) ____

____

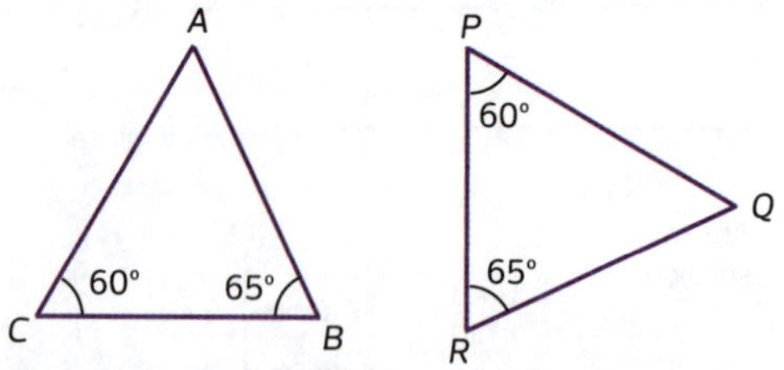

b) ____

____

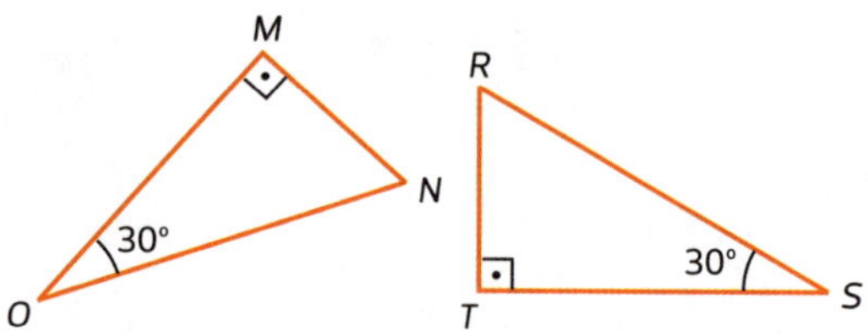

c) ____

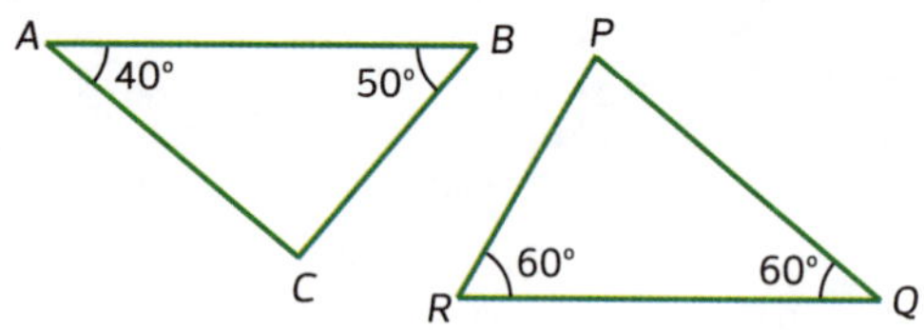

d) ____

____

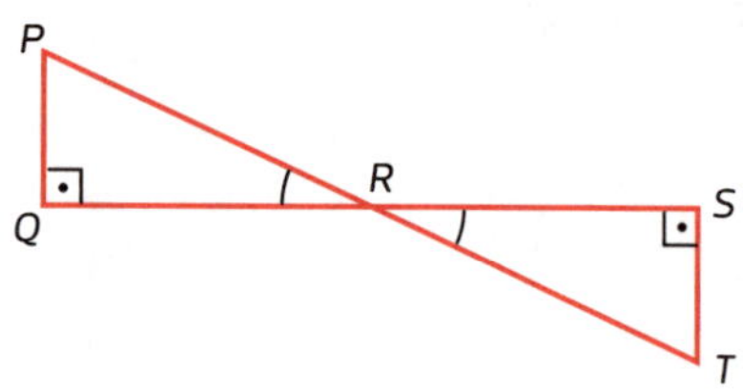

e) ____

____

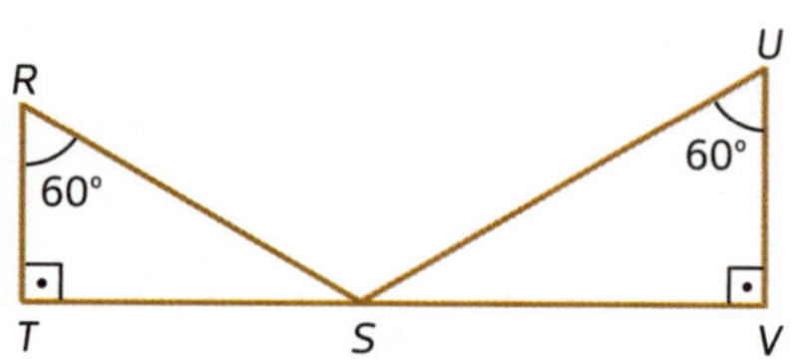

f) ____

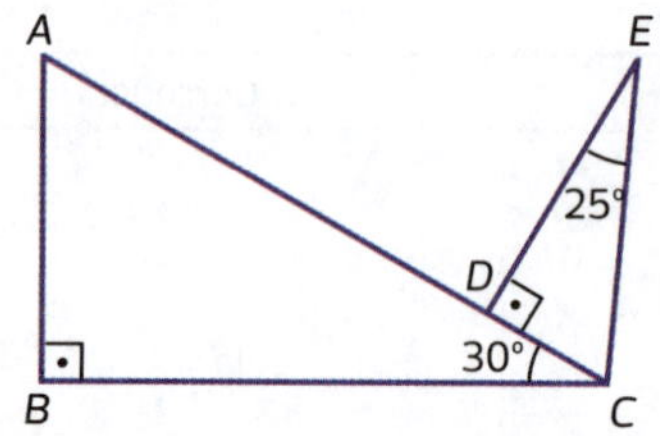

14. Dois pentágonos regulares P_1 e P_2 têm perímetros de 40 cm e 30 cm, respectivamente. Calcule:

a) a medida de cada ângulo interno de $P_1 \rightarrow$

b) a medida de cada ângulo interno de $P_2 \rightarrow$

c) a medida de cada lado de $P_1 \rightarrow$

d) a medida de cada lado de $P_2 \rightarrow$

e) a razão entre os perímetros de P_1 e P_2, nessa ordem $\rightarrow$

f) a razão entre as áreas das regiões planas determinadas por P_1 e P_2, nessa ordem $\rightarrow$

15. Sabendo que $\triangle ABC \sim \triangle PQR$, determine o valor de x em centímetros.

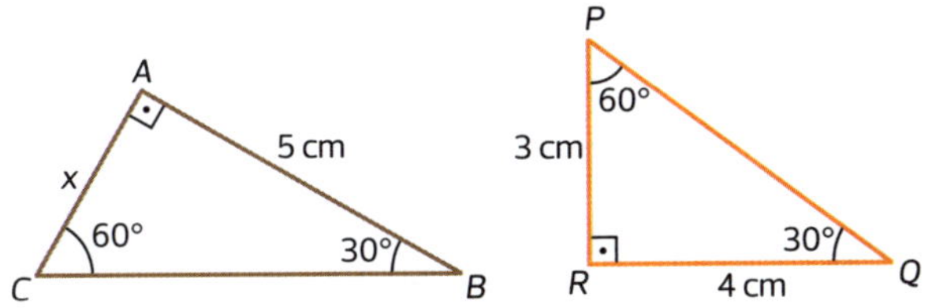

16. Sabendo $\triangle ABC \sim \triangle CDE$ e que m $(\overline{AD}) = 10$ cm, determine o valor de x em centímetros.

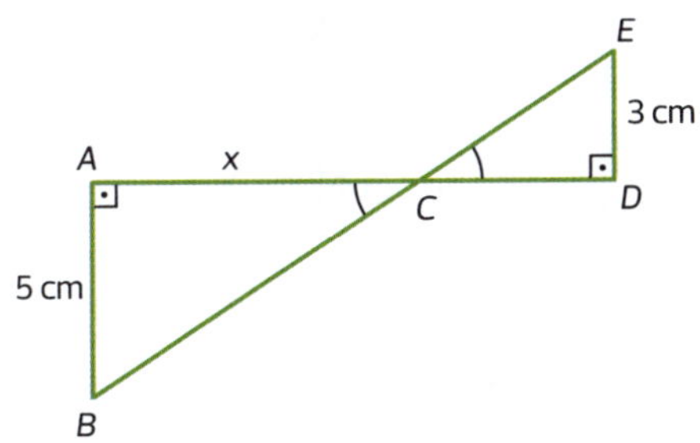

17. Sabendo que $\overline{MN} /\!/ \overline{BC}$, determine o valor de x em centímetros:

a)

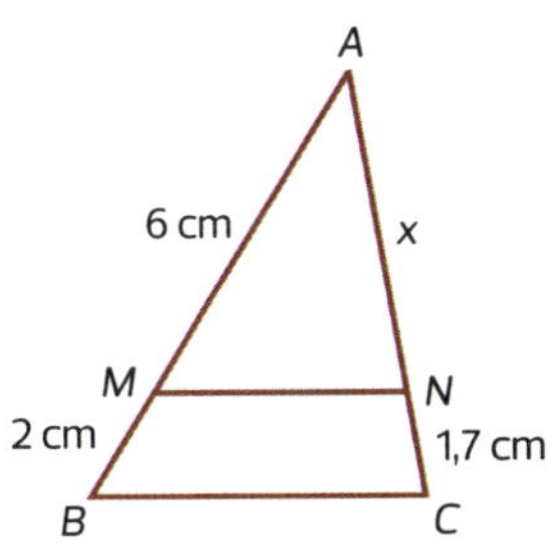

b)

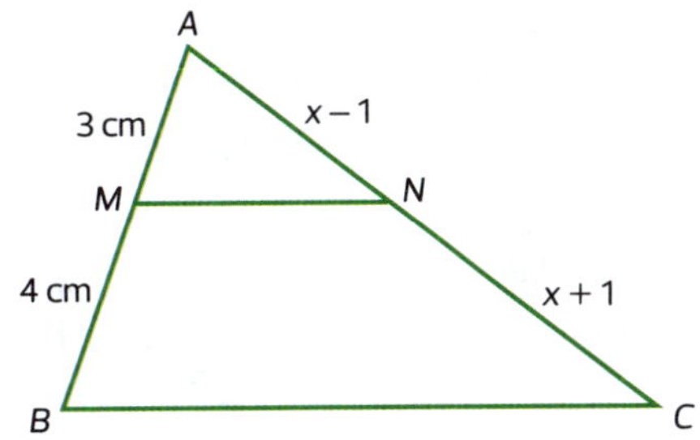

c)

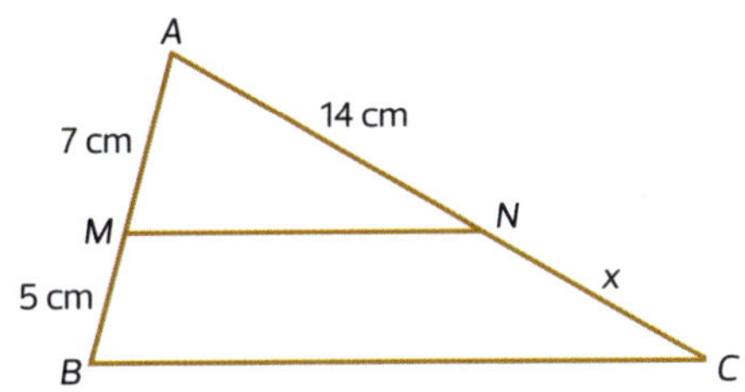

d)

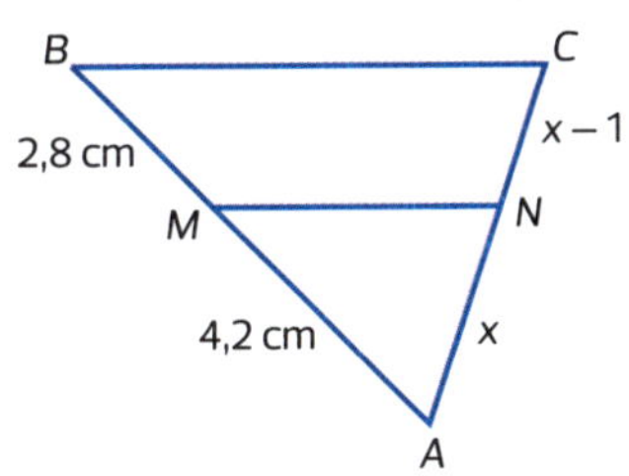

18. (Fuvest-SP) No papel quadriculado da figura, adota-se como unidade de comprimento o lado do quadrado pintado. $\overline{DE}$ é paralelo a $\overline{BC}$.

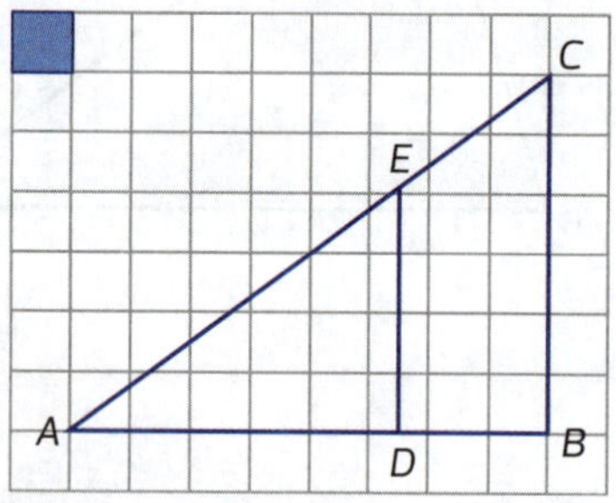

Para que a área do triângulo *ADE* seja a metade da área $\triangle ABC$, a medida de *AD*, na unidade adotada, é:

a) $4\sqrt{2}$.

b) 4.

c) $3\sqrt{3}$.

d) $\dfrac{8\sqrt{3}}{3}$.

e) $\dfrac{7\sqrt{3}}{2}$.

19. Constate, sem fazer medições, que os triângulos desenhados em cada item são semelhantes. Em seguida, determine os valores desconhecidos em centímetros.

a) $\overline{AB} \parallel \overline{QR}$

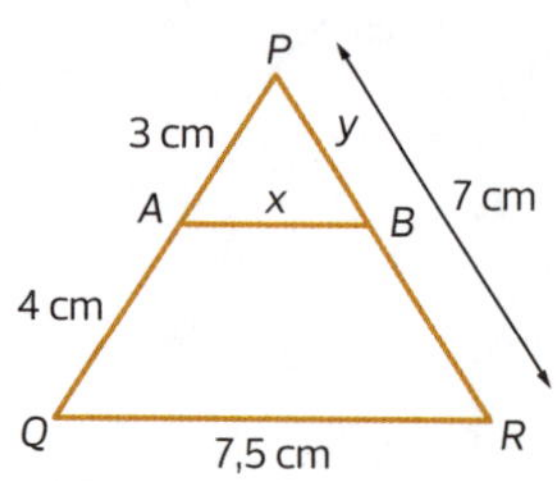

b)

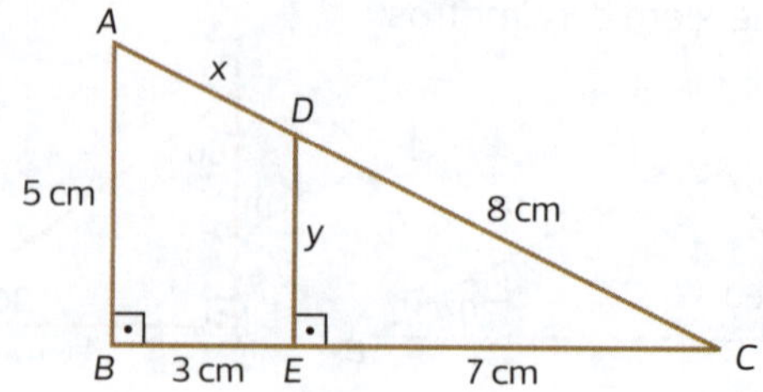

c) $\overline{AB} \parallel \overline{DE}$

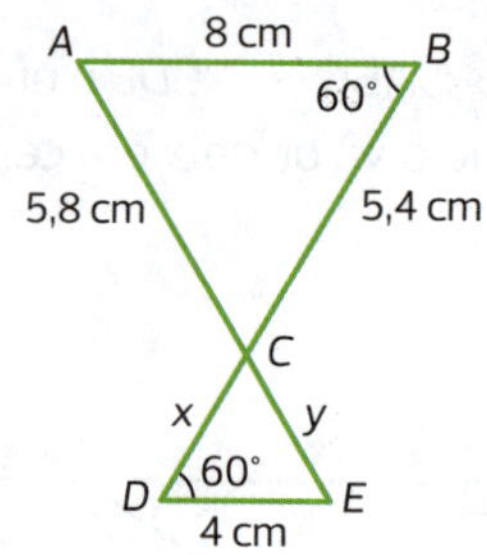

d)

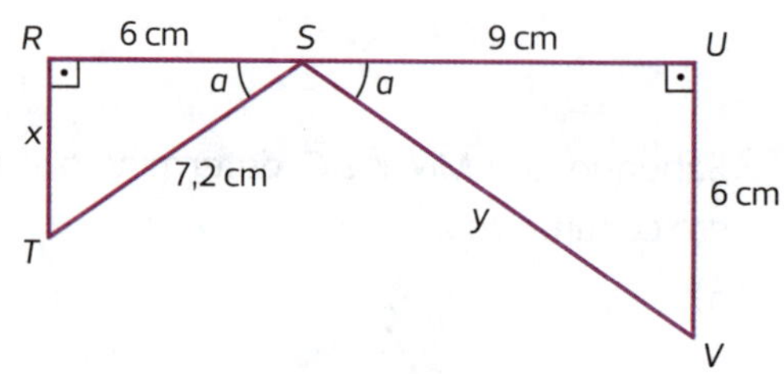

20. Descubra a medida da altura de um prédio sabendo que a medida do comprimento da sua sombra é igual a 15 m no mesmo instante em que a medida do comprimento da sombra de um poste de 5 m é de 1,5 m.

21. Um poste projeta uma sombra de 3 m. No mesmo instante um cabo de vassoura de 1,5 m colocado perpendicularmente ao plano do chão projeta uma sombra de 60 cm.
Determine a altura do poste.

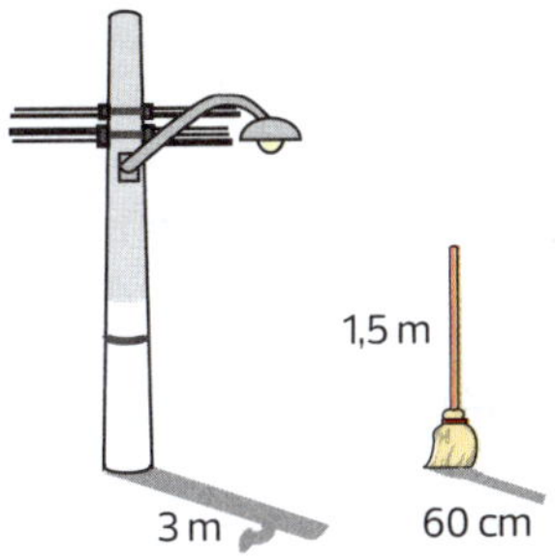

22. A altura $\overline{AH}$ de um triângulo retângulo *ABC* separa-o em dois triângulos semelhantes: *ACH* e *BHA*. Determine *x* e *y*, em centímetros.

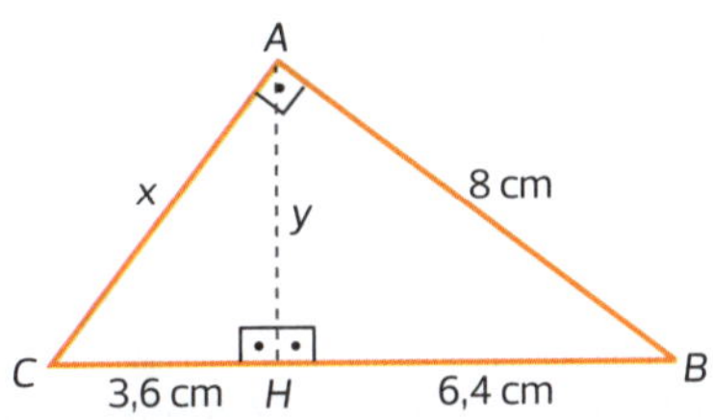

23. Descubra a medida *x* (em metros) da largura do rio da figura abaixo.

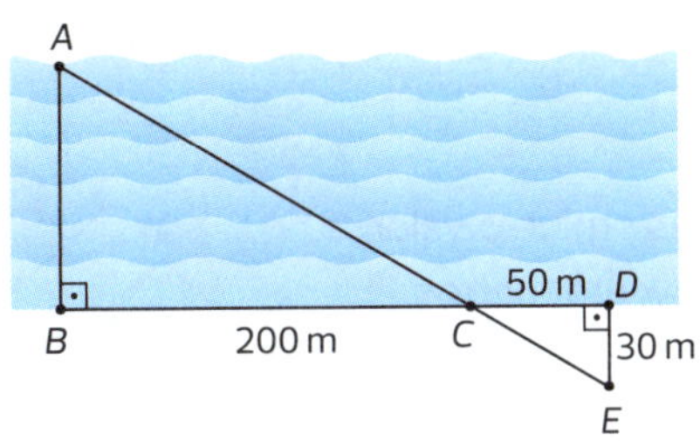

24. (Unirio-RJ) Consideremos um ponto de luz no chão a 12 m de um edifício. Numa posição entre a luz e o edifício, encontra-se um homem de 2 m de altura, cuja sombra projetada no edifício, pela mesma luz, mede 8 m. Diante do exposto, calcule a distância entre o homem e o edifício.

25. Na figura abaixo sabe-se que a medida da altura da árvore é 10 m, a distância entre ela e o observador é de 50 m e a distância da árvore ao ponto *M* é 70 m. Considerando que o olho do observador, o topo da árvore e o topo da torre estão alinhados, qual é, aproximadamente, a medida da altura da torre?

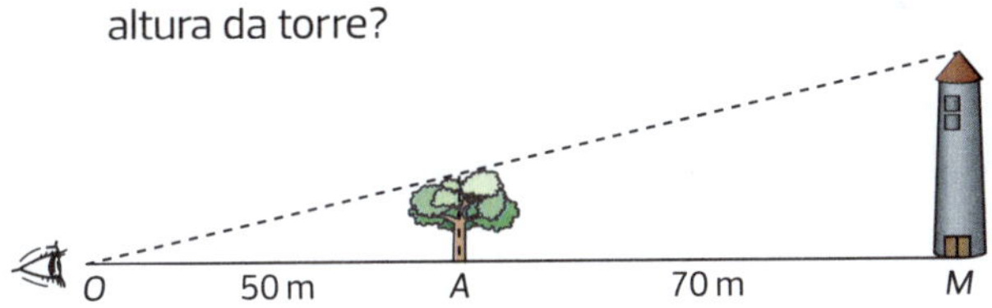

26. Calcule os perímetros dos dois triângulos da figura sabendo que $\overline{AB}$ e $\overline{ED}$ são paralelos.

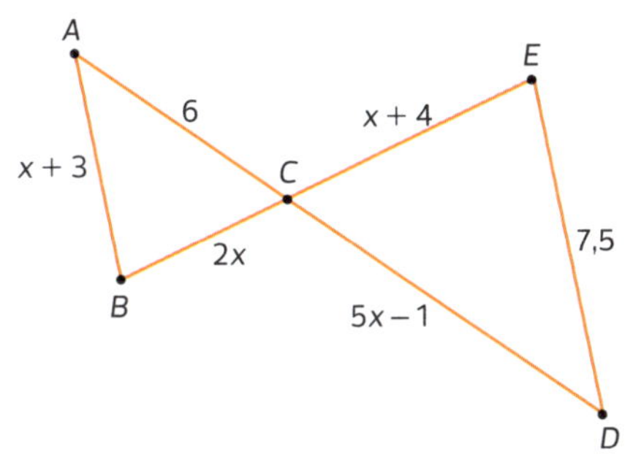

27. Pelas informações dadas em cada item, podemos fazer uma destas três afirmações:

- $\triangle ABC$ e $\triangle EFG$ são semelhantes.
- $\triangle ABC$ e $\triangle EFG$ não são semelhantes.
- $\triangle ABC$ e $\triangle EFG$ podem ser ou não semelhantes.

a) $\triangle ABC$ tem lados de 10 cm, 15 cm e 20 cm.
$\triangle EFG$ tem lados de 18 cm, 24 cm e 12 cm.

b) $\triangle ABC$ tem $AB = 14$ cm e $BC = 12$ cm.
$\triangle EFG$ tem $EF = 7$ cm e $FG = 6$ cm.

c) $\triangle ABC$ tem $\hat{A}$ de 40° e $\hat{B}$ de 60°.
$\triangle EFG$ tem $\hat{E}$ de 40° e $\hat{G}$ de 80°.

d) $\triangle ABC$ é equilátero.
$\triangle EFG$ é escaleno.

e) $\triangle ABC$ é isósceles.
$\triangle EFG$ é isósceles.

f) $\triangle ABC$ tem lados de 24 cm, 28 cm e 8 cm.
$\triangle EFG$ tem lados de 6 cm, 18 cm e 20 cm.

g) $\triangle ABC$ é triângulo retângulo com um ângulo de 20°.
$\triangle EFG$ é triângulo retângulo com um ângulo de 30°.

28. Em cada item, observe a figura dada na malha quadriculada.

a) Obtenha $\triangle A'B'C' \sim \triangle ABC$ por uma homotetia $H_1(O, 2)$.

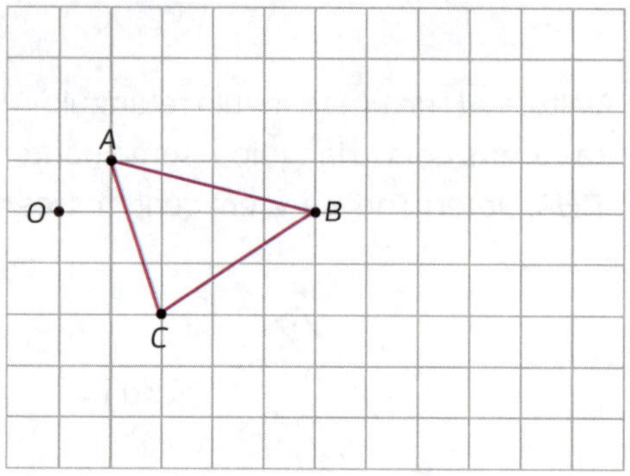

b) Obtenha $\triangle E'F'G' \sim \triangle EFG$ por uma homotetia $H_2\left(Q, \frac{1}{2}\right)$.

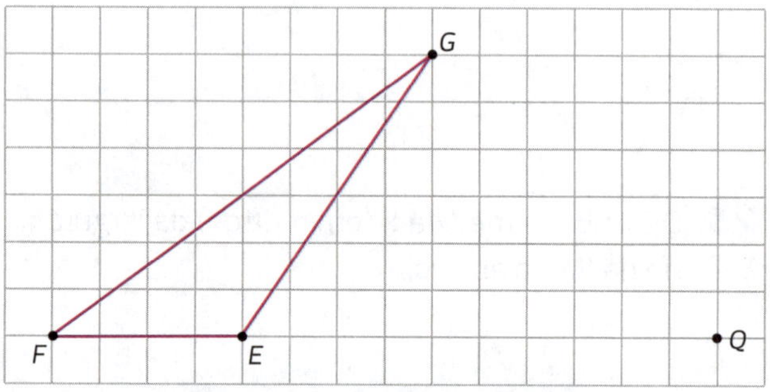

29. Determine o valor de x em metros.

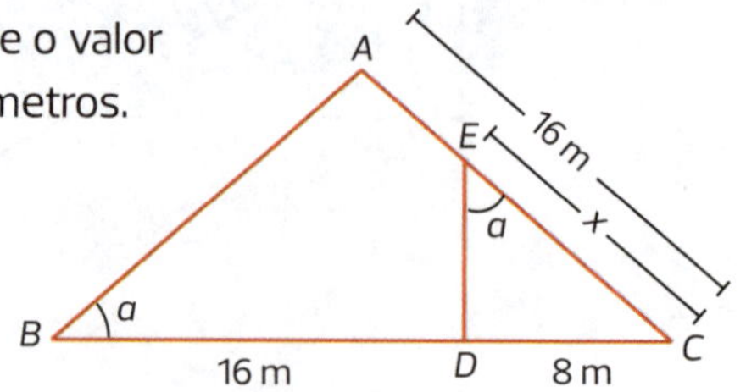

30. Se a razão entre duas arestas correspondentes de dois prismas semelhantes é igual a $\frac{4}{7}$, responda, considerando sempre a ordem do 1º para o 2º:

a) Qual é a razão entre os perímetros de duas faces correspondentes?

b) Qual é a razão entre as medidas das diagonais de duas faces correspondentes?

c) Qual é a razão entre as áreas de duas faces correspondentes?

d) Qual é a razão entre os volumes dos dois prismas?

31. Na figura abaixo, $\overline{BC} \parallel \overline{DE}$. Determine m($\overline{BC}$) e m($\overline{DE}$).

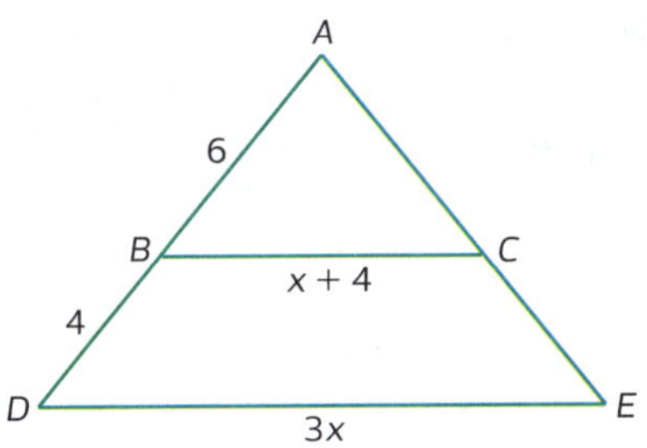

32. Dois triângulos são semelhantes. O primeiro tem 60 cm de perímetro e 120 cm² de área. O segundo tem 90 cm de perímetro. Responda:

a) Qual é a área do segundo triângulo?

b) Se o lado maior do segundo triângulo mede 39 cm, qual é a medida do lado maior do primeiro triângulo?

____

____

33. (Fuvest-SP) Na figura, o triângulo *ABC* é retângulo em *A*, o quadrilátero *ADEF* é um quadrado, $AB = 1$ e $AC = 3$. Quanto mede o lado do quadrado?

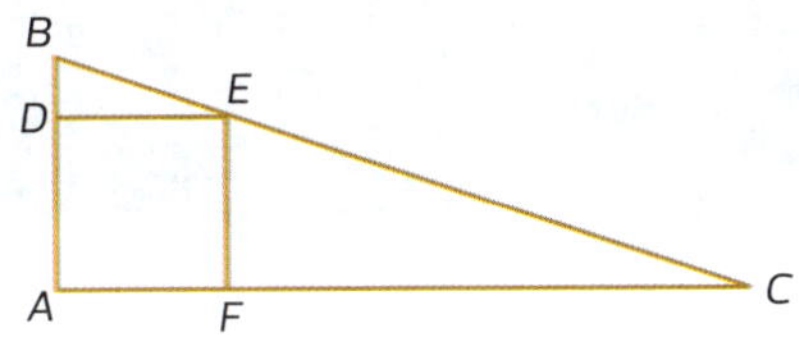

34. Uma indústria vende seus produtos em três tipos de embalagens, grande, média e pequena, todas na forma de bloco retangular. A razão de semelhança entre as dimensões correspondentes das embalagens média e grande é $\frac{3}{4}$. Entre as embalagens pequena e média é $\frac{2}{3}$. Descubra, dentre as alternativas apresentadas abaixo, quais são as dimensões das três embalagens citadas acima.

Grande

( ) 20 cm por 15 cm por 10 cm
( ) 20 cm por 16 cm por 12 cm
( ) 24 cm por 16 cm por 12 cm

Média

( ) 15 cm por 12 cm por 9 cm
( ) 12 cm por 9 cm por 6 cm
( ) 18 cm por 10 cm por 8 cm

Pequena

( ) 8 cm por 6 cm por 4 cm
( ) 10 cm por 9 cm por 6 cm
( ) 10 cm por 8 cm por 6 cm

6 Relações métricas no triângulo retângulo e na circunferência

1. Atividade com a classe

Em cada item, um aluno observa as figuras e diz se a relação indicada é verdadeira ou falsa. Os demais colegas conferem a resposta. Quando for verdadeira, outro colega descreve seu significado.

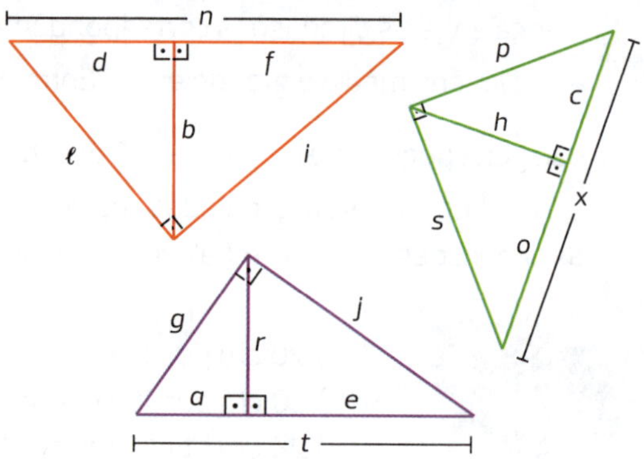

a) $b^2 = d \cdot f$

b) $x = o + c$

c) $n = d \cdot f$

d) $b^2 + f^2 = i^2$

e) $h^2 = c^2 + p^2$

f) $t^2 = g^2 + j^2$

g) $a + e = t$

h) $x \cdot h = s \cdot p$

i) $a \cdot e = g \cdot j$

j) $\ell^2 = n \cdot d$

k) $x^2 = s^2 \cdot p^2$

l) $\ell \cdot i = n \cdot b$

m) $p^2 = x \cdot c$

n) $i = b + f$

o) $r^2 = a \cdot e$

p) $x^2 = p^2 + s^2$

2. Ainda utilizando as figuras da atividade anterior, complete as sentenças.

a) Se $d = 3$ cm e $f = 5$ cm, então $b =$ ________

____

b) Se $g = 6$ cm, $j = 8$ cm e $t = 10$ cm, então $r =$ ________________________________

c) Se $o = 6$ cm e $x = 18$ cm, então $c =$ ________

____

d) Se $g = 10$ cm e $a = 4$ cm, então $t =$ ________

____

3. Use calculadora e determine os valores de AB, AC, BD, BC, do perímetro do $\triangle ABC$ e da área da região triangular determinada pelo $\triangle ABD$.

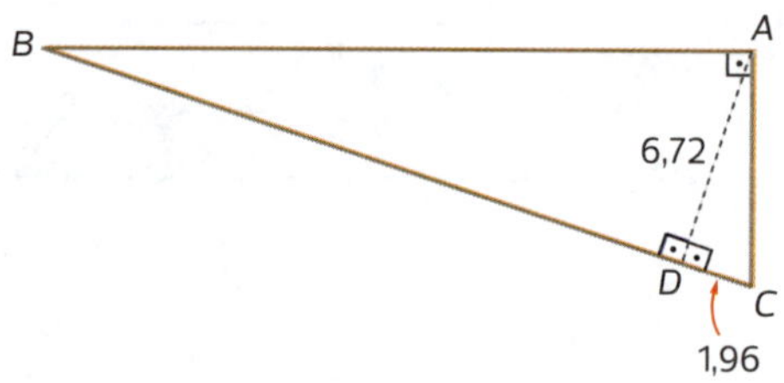

4. Na figura tem-se que $\overline{AB} \cong \overline{BC}$ e F é ponto médio do lado $\overline{BE}$ do retângulo $BCDE$.

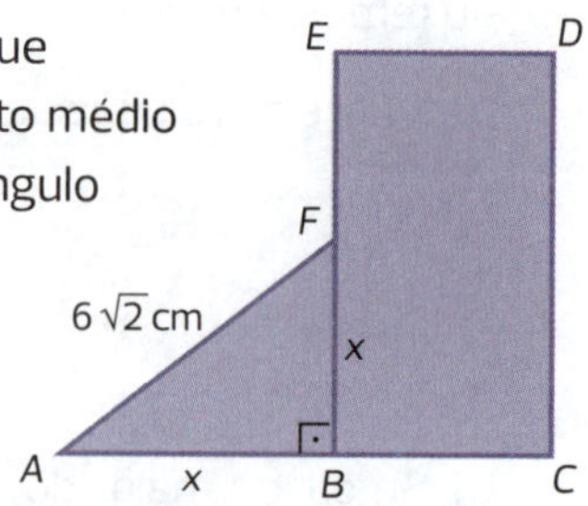

Determine:

a) a medida x indicada na figura:

____

b) a área do retângulo $BCDE$: ________________

____

5. Um retângulo tem dimensões de 12 cm por 6 cm. Calcule o perímetro do quadrilátero que tem como vértices os pontos médios dos lados desse retângulo.

6. Em um triângulo retângulo, um dos ângulos mede 30° e o cateto maior mede 6 cm. Descubra as medidas da altura relativa à hipotenusa e das projeções dos catetos sobre a hipotenusa.

7. Descubra a medida do cateto maior em um triângulo retângulo no qual a hipotenusa mede 26 cm e a altura relativa à hipotenusa mede 12 cm.

8. Determine a medida da projeção do cateto menor sobre a hipotenusa em um triângulo retângulo cuja altura relativa à hipotenusa mede 5 cm e cuja projeção do cateto maior sobre a hipotenusa mede 6,25 cm.

9. Demonstre que em todo triângulo retângulo isósceles de catetos com medida x a medida da altura relativa à hipotenusa é $\frac{x\sqrt{2}}{2}$.

10. Calcule o perímetro do polígono *ABCDE*, em centímetros, e a área aproximada da região pintada, em centímetros quadrados. (Use $\sqrt{2} \simeq 1,4$ e $\sqrt{3} \simeq 1,7$.)

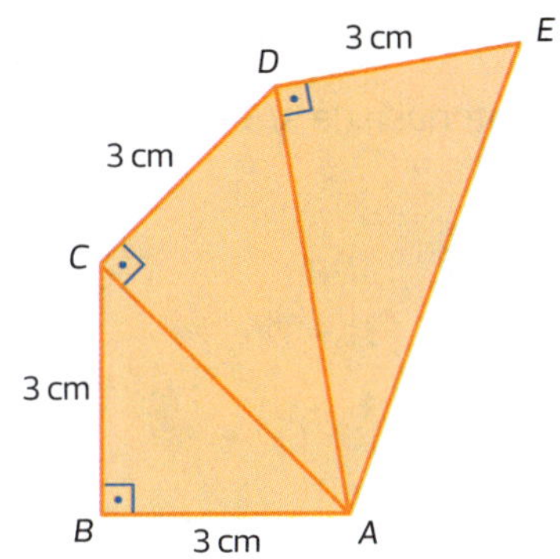

11. Na figura abaixo, $\hat{A}$ é reto, $\overline{DE} \parallel \overline{AB}$ e temos as seguintes medidas: $AD = 3$ m; $BC = 20$ m e $AB = 16$ m. Calcule a medida DE.

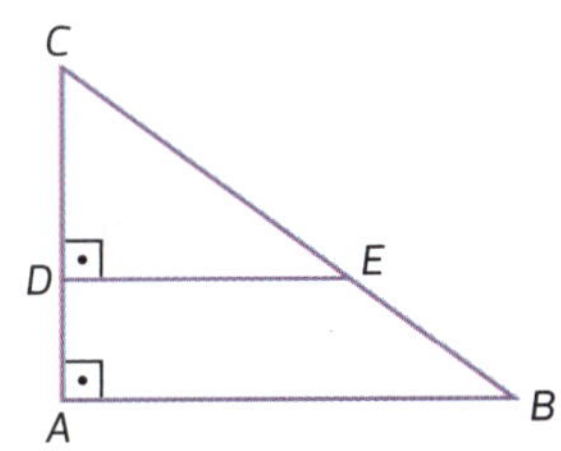

12. Determine a medida da hipotenusa de um triângulo retângulo sabendo que a medida do cateto menor é 4 cm e a projeção desse cateto sobre a hipotenusa mede 1,6 cm.

13. Determine o perímetro e a área das regiões planas que têm como contorno um:

a) quadrado com diagonal de 8 cm →

b) triângulo retângulo com um cateto de 5 cm e hipotenusa de $\sqrt{34}$ cm →

c) triângulo equilátero com 6 cm de altura →

d) triângulo isósceles com lados de 13 cm, 10 cm e 13 cm →

e) losango com diagonais de $6\sqrt{2}$ cm e $2\sqrt{7}$ cm →

f) retângulo com largura de 4 cm e diagonal de $4\sqrt{5}$ cm →

g) triângulo retângulo em que a altura relativa à hipotenusa mede 12 cm e um dos catetos mede 15 cm →

14. No $\triangle ABC$, a altura $\overline{AH}$ mede 12 cm e divide a base $\overline{BC}$ em segmentos de 5 cm e 16 cm. Responda:

a) $\hat{A}$ é reto?

____

b) Qual é a área do $\triangle ABC$?

____

____

c) Qual é o perímetro do $\triangle ABC$?

15. Em um triângulo retângulo, um dos catetos mede $3\sqrt{5}$ cm e o outro cateto mede 3 cm a menos do que a hipotenusa. Determine a medida da projeção do cateto menor sobre a hipotenusa.

16. Considere as medidas dadas no triângulo retângulo abaixo e determine:

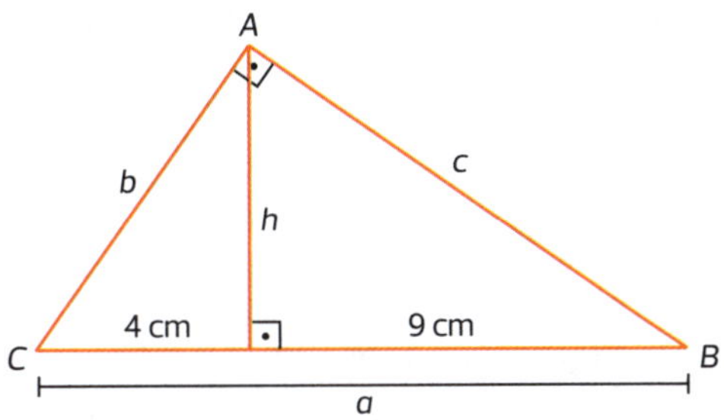

a) a, h, b e c;

b) a área dessa região triangular.

17. A diagonal de um quadrado mede $8\sqrt{2}$ cm. Determine a medida do lado desse quadrado:

a) aplicando o teorema de Pitágoras;

b) usando a fórmula $d = \ell\sqrt{2}$.

18. A medida da altura do triângulo equilátero ao lado é 15 dm.

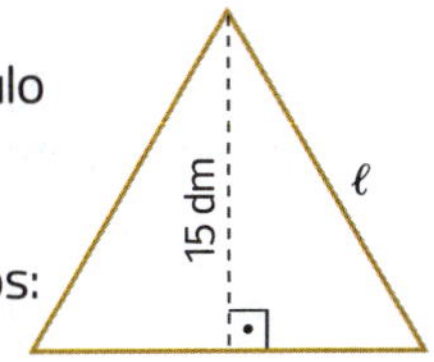

Determine a medida dos lados:

a) usando o teorema de Pitágoras;

b) aplicando a fórmula $h = \dfrac{\ell\sqrt{3}}{2}$.

19. As medidas das arestas do bloco retangular abaixo medem 12 cm, 16 cm e $\sqrt{129}$ cm. Determine as medidas:

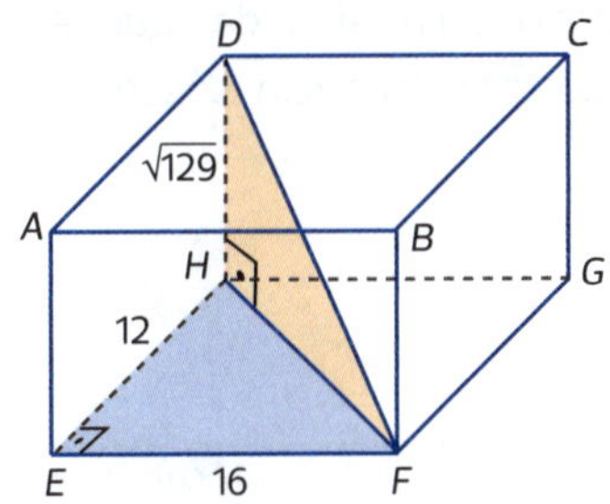

a) da diagonal $\overline{HF}$ da face $EFGH$;

b) da diagonal $\overline{DF}$ do bloco retangular.

20. Um cubo tem 64 cm^3 de volume. Determine as medidas:

a) da diagonal de uma face;

b) da diagonal do cubo.

21. Em um triângulo isósceles a altura relativa à base coincide com a mediana. Determine a medida da altura de um triângulo isósceles cuja base mede 28 mm e os lados congruentes medem 50 mm.

22. Em um triângulo isósceles a medida da altura relativa à base é igual a $\frac{2}{3}$ da medida da base e os lados congruentes medem 10 cm. Qual é a medida da altura e da base?

23. Determine a medida da altura e a área da região limitada pelo trapézio isósceles abaixo.

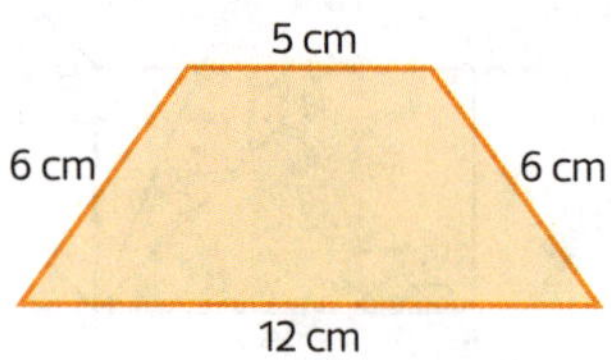

24. A medida da diagonal maior de um losango é igual a 8 cm e seus lados medem 5 cm. Qual é a medida da diagonal menor?

25. A medida da diagonal de um retângulo é 10 cm e a diferença entre as medidas de dois lados consecutivos é 2 cm. Determine as medidas da largura e do comprimento desse retângulo.

26. Considerando o ponto de partida, um ciclista percorre 4 km na direção norte e, em seguida, 6 km na direção leste. Depois disso, a que distância está do ponto partida?

27. Constate que o triângulo *ABC*, que tem como vértices os pontos *A*(1, 6), *B*(1, 1) e *C*(6, 1), é isósceles.

28. Um triângulo está inscrito em uma semicircunferência cujo raio mede 6 cm. A projeção do cateto maior sobre a hipotenusa mede 7 cm. Determine a medida aproximada da altura relativa à hipotenusa.

29. Um ciclista acrobático vai atravessar de um prédio a outro com sua bicicleta especial. A altura de um dos prédios é 25 m e a do outro é 15 m. A distância entre eles é de 40 m. Qual é a medida mínima do comprimento do cabo no qual a bicicleta se apoia?

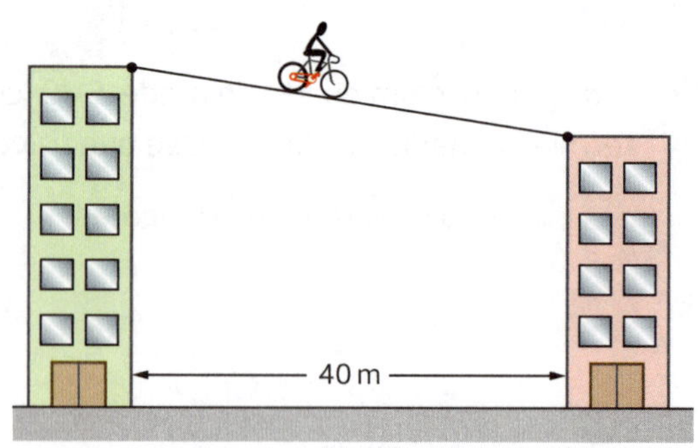

30. As bases de um trapézio retângulo medem 8 dm e 12 dm, e a altura mede 5 dm. Determine a medida do lado oblíquo às bases.

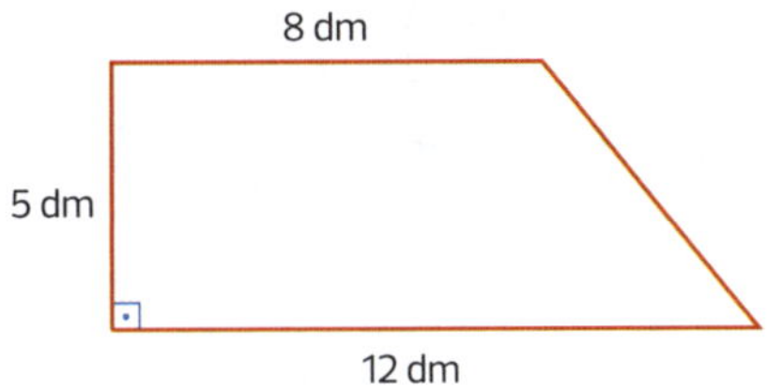

31. Calcule a área da região determinada por um triângulo equilátero cujo lado mede $10\sqrt{3}$ cm.

32. Assinale a alternativa correta para cada item.

I) Observando a figura, a relação que a representa é:

a) $ab = xy$
b) $a(a + b) = x(x + y)$
c) $(a + b)b = (x + y)x$
d) $(a + b)b = (x + y)y$

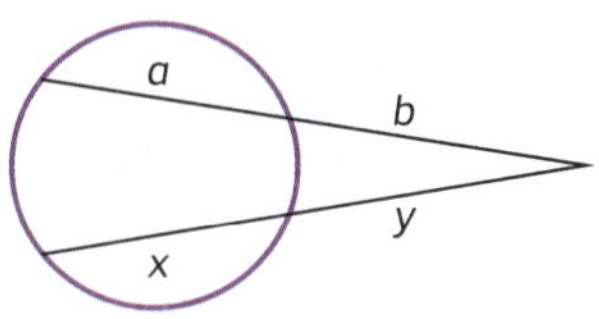

II) Na figura seguinte, vale a relação:

a) $x = ab$
b) $x^2 = ab$
c) $x = (a + b)a$
d) $x^2 = (a + b)b$

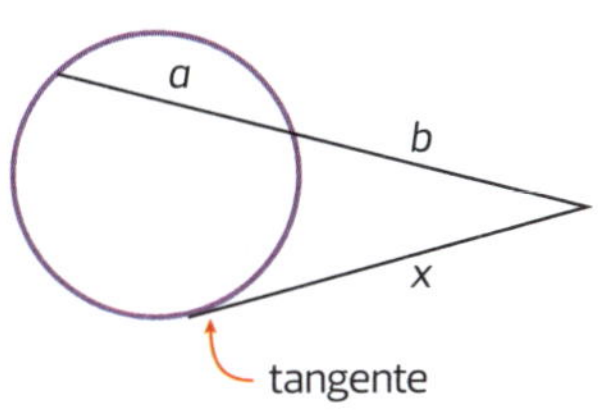

III) Quanto às cordas, a relação válida é:

a) $ab = xy$
b) $a + b = x + y$
c) $a(a + b) = x(x + y)$
d) $ax = by$

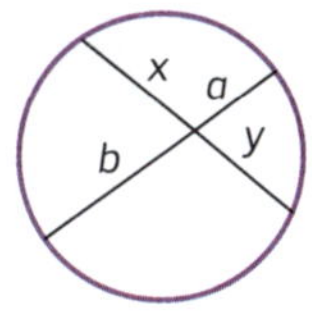

33. Na figura abaixo, temos:

- O: centro da circunferência;
- $AB = 20$ cm e $DE = 12$ cm, com $\overline{AB} \perp \overline{BC}$.

Calcule OC e BC.

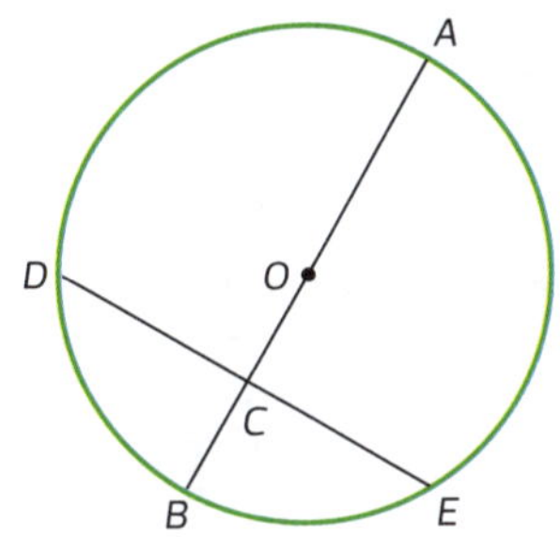

34. Na circunferência abaixo, $AB = 35$, $CD = 30$ e $AR = 27$.

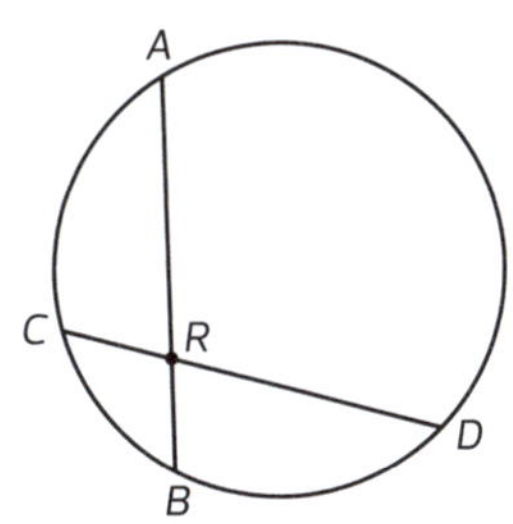

Determine CR e RD, com $CR < RD$.

35. Calcule o valor de x em cada uma das figuras.

a)

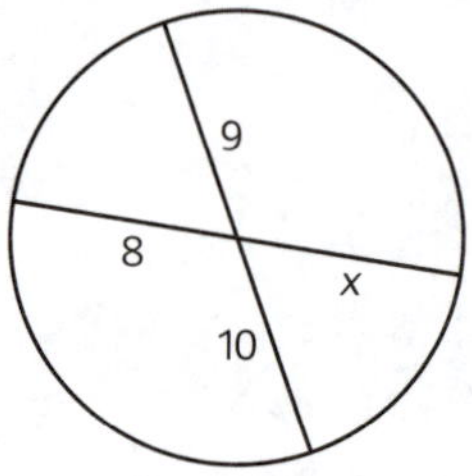

b)

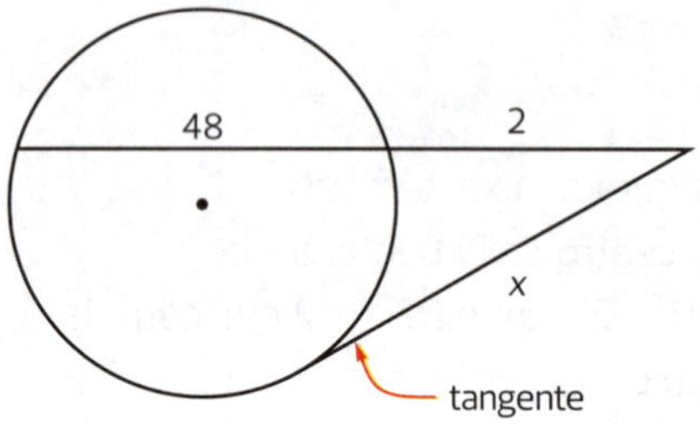

c)

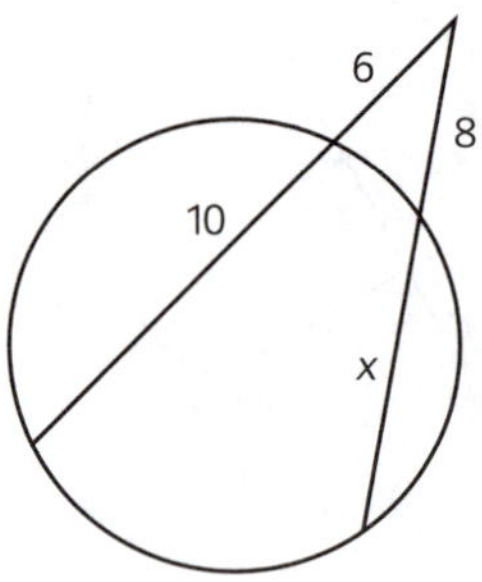

d)

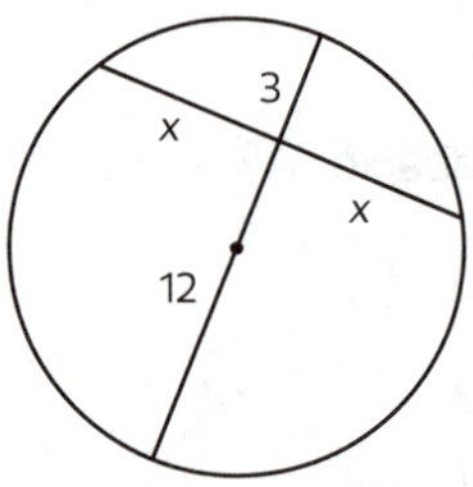

e)

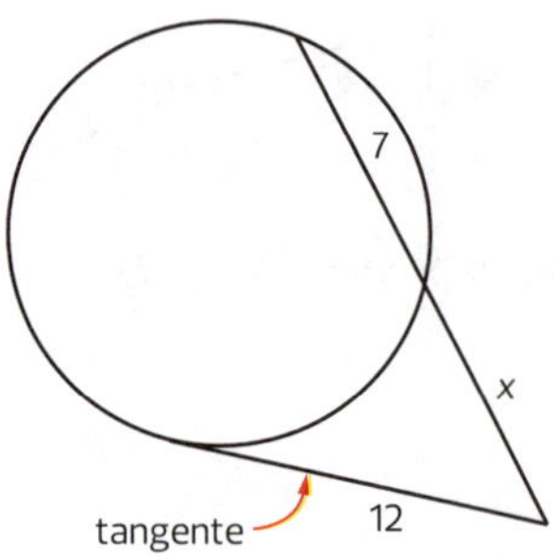

f)

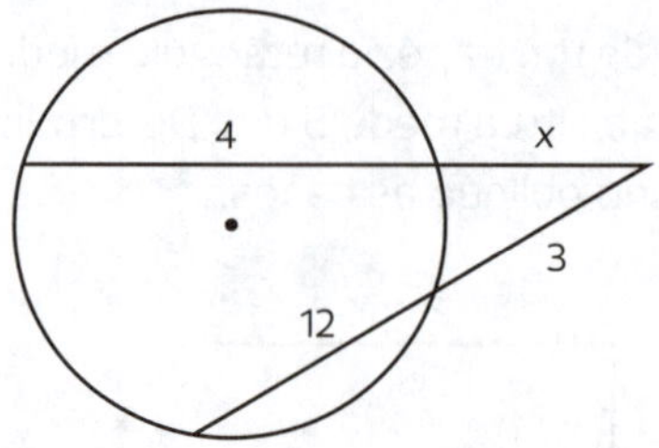

36. Examine a figura abaixo.

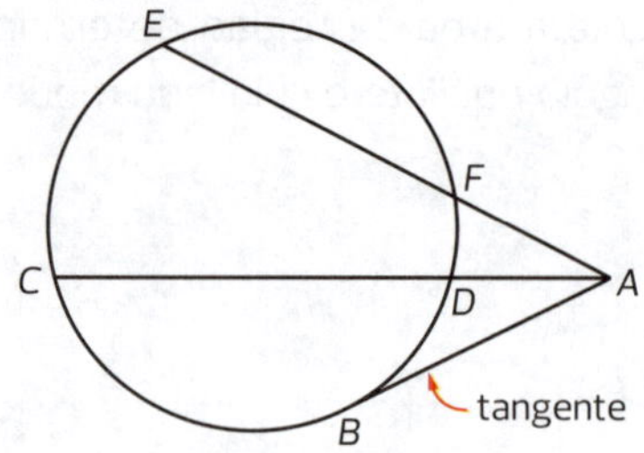

- $\overline{EF}$ mede 5 cm.
- $\overline{AB}$ mede o dobro de $\overline{AD}$.
- $\overline{CD}$ mede o triplo de $\overline{AD}$.
- $\overline{AF}$ mede 5 cm a menos do que $\overline{CD}$.

Calcule AB, AD, AC, CD, AF e AE.

37. (PUC-SP) No esquema, a reta $\overleftrightarrow{AB}$ representa a trajetória de um navio, e no ponto I localiza-se uma ilha. Quando o navio se encontra no ponto A, $AI = 60$ km e quando o navio está em B, $BI = 48$ km. Se $\overline{BI}$ é a menor das distâncias do navio à ilha, quando o navio estiver em C, a distância dele à ilha será, em quilômetros:

a) 40.

b) 60.

c) 80.

d) 100.

e) 120.

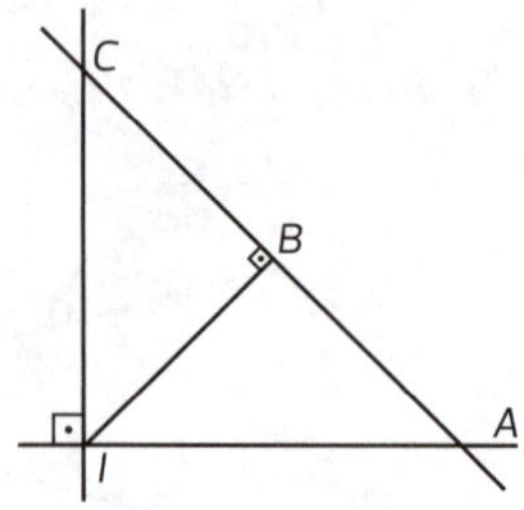

38. P é um ponto externo a uma circunferência de 12 cm de raio. A distância de P ao centro é de 15 cm. Descubra a medida de um segmento tangente de P a essa circunferência.

39. (UFGO) O perímetro de um triângulo isósceles de 3 cm de altura é 18 cm. Os lados deste triângulo, em cm, são:

a) 7, 7, 4

b) 5, 5, 8

c) 6, 6, 6

d) 4, 4, 10

e) 3, 3, 12

40.

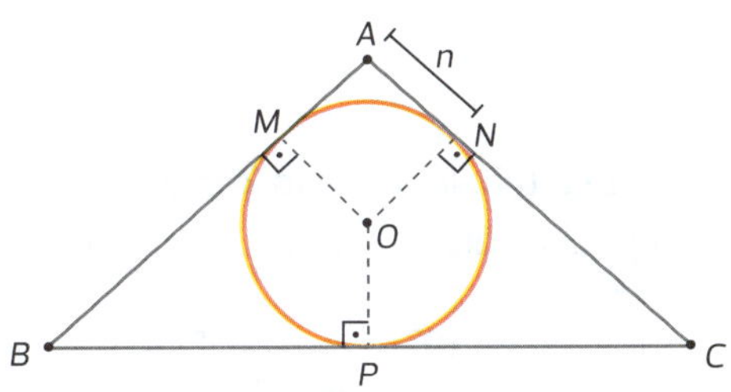

Determine a medida n do segmento $\overline{AN}$ sabendo que:

- $\overline{AB}$ mede 8 cm;
- $\overline{BC}$ mede 12 cm;
- $\triangle ABC$ o é isósceles de base $\overline{BC}$.

41. (PUC-SP) Na circunferência da figura de centro O e raio igual a 9 m, sabe-se que a tangente $\overline{PB} = 2\overline{PA}$. A distância do ponto P à circunferência é:

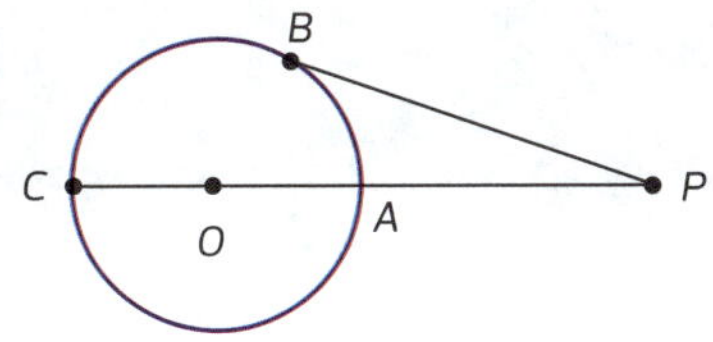

a) 12 m.

b) 24 m.

c) 6 m.

d) 3 m.

e) nra.

42. A faixa retangular $ABDC$ foi obtida da lateral de uma superfície cilíndrica de raio igual a 16 cm. Com ela, construiu-se uma faixa de Moebius. Isso é possível dando um meio giro numa das extremidades da faixa e juntando-se os pontos A e D, B e C.

Faixa retangular *ABDC*

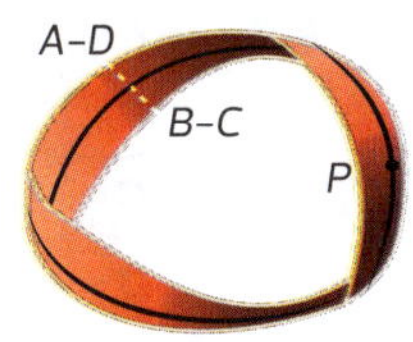

Faixa de Moebius

Observe a indicação do ponto P na faixa de Moebius e responda: que distância percorre uma formiga que, caminhando sempre sobre a linha escura no meio da faixa, sai do ponto P e retorna a ele? Adote $\pi = 3{,}14$.

7 Introdução à Trigonometria

1. Desenhe uma rampa com índice de subida igual a 1. Depois, meça o ângulo de subida e escreva uma conclusão relacionando o ângulo que você mediu com o respectivo índice de subida.

2. Desenhe uma rampa correspondente aos seguintes valores para as medidas de altura e afastamento:

Ponto	Afastamento	Altura
A	3 m	1 m
B	6 m	2 m
C	9 m	3 m
D	12 m	4 m
E	15 m	5 m

Qual é índice de subida nesse caso?

3. Que subida é menos íngreme: uma com índice de subida 1 ou uma com índice de subida $\frac{1}{3}$?

4. Complete as frases dizendo se a subida é mais íngreme ou é menos íngreme.

a) Quanto maior o angulo de subida,

b) Quanto menor o índice de subida,

5. Examine as subidas abaixo. Relacione com os símbolos >, < ou = as medidas dos ângulos $\widehat{\alpha}$ e $\widehat{\beta}$ e as razões $\frac{h_1}{a_1}$ e $\frac{h_2}{a_2}$.

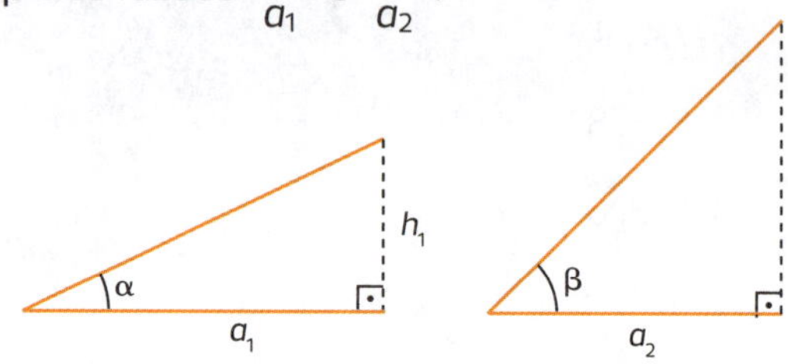

6. Complete a tabela do seno, cosseno e tangente dos ângulos mais usados 30°, 45° e 60°:

	30°	45°	60°
Seno			
Cosseno			
Tangente			

7. Um arame de 120 m de comprimento é esticado do topo de um prédio até o solo. Calcule a altura do prédio sabendo que o arame forma com o solo um ângulo de 25°. (Dados: sen 25° = = 0,42; cos 25° = 0,91 e tg 25° = 0,47.)

8. $\triangle ABC$ é retângulo em A. O cateto $\overline{AB}$ mede 4 cm e o sen $\hat{B} = 2$sen $\hat{C}$. Determine as medidas do outro cateto e da hipotenusa.

9. No triângulo retângulo da figura a hipotenusa mede 4 cm a mais do que o cateto $\overline{AB}$ e o sen $\hat{C} = 0{,}6$. Calcule o perímetro e a área da região determinada por esse triângulo.

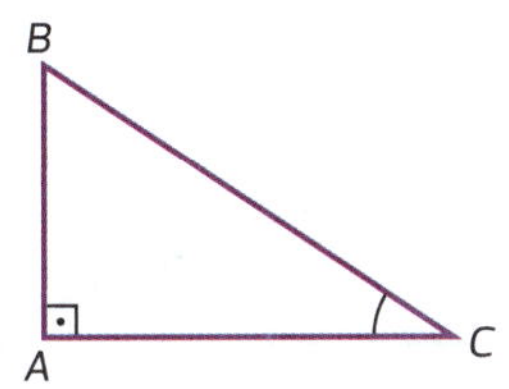

10. As ruas Canário e Tico-Tico são perpendiculares. A distância entre os pontos A e B é de 50 m. As ruas Canário e Sabiá cruzam-se em B formando um ângulo de 60°. Qual é o perímetro do triângulo ABC determinado pelos cruzamentos dessas três ruas? (Use $\sqrt{3} = 1{,}7$.)

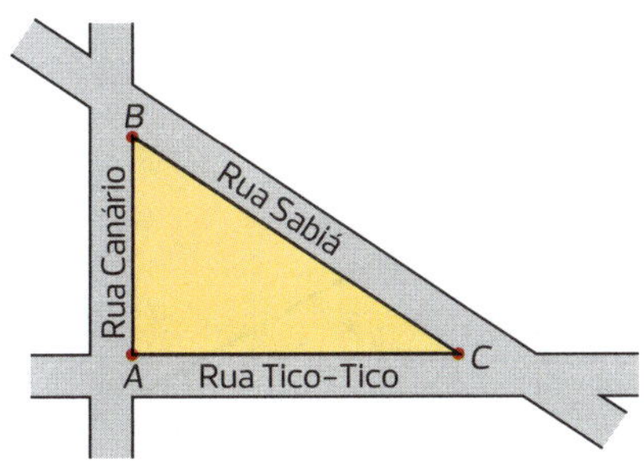

11. $\triangle ABC$ é retângulo em $\hat{A}$. Nele temos $AB = 2\sqrt{15}$ cm e $AC = 2$ cm. Determine sen $\hat{B}$, cos $\hat{B}$, tg $\hat{B}$, sen $\hat{C}$, cos $\hat{C}$ e tg $\hat{C}$.

Responda:

a) Qual ângulo tem medida maior: $\hat{B}$ ou $\hat{C}$?

b) Se $\triangle RSP \sim \triangle ABC$ e $\triangle RSP$ tem hipotenusa de 10 cm, quanto mede o cateto menor do $\triangle RSP$?

12. Do ponto A um observador vê o topo de uma torre sob um ângulo de 45°. Se avançar 21 m em direção à torre, o ângulo passa a ser de 60°. Qual é a altura da torre?

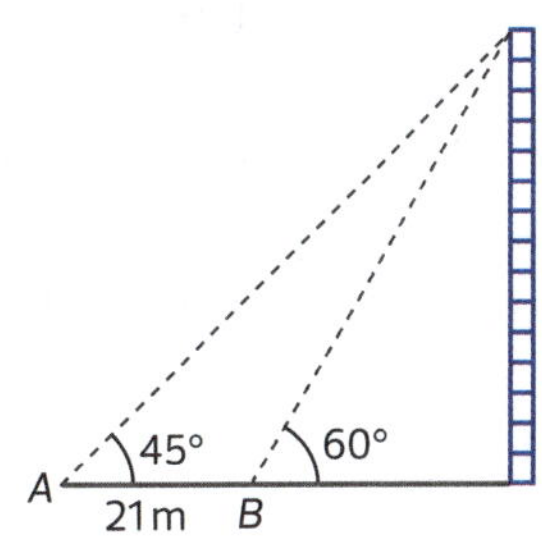

13. Uma rampa tem 30 m de comprimento e forma com o plano horizontal um ângulo de 12°. O ponto mais alto da rampa está a que altura do plano horizontal? (Dados: sen 12° = 0,2; cos 12° = 0,98; tg 12° = 0,21.)

14. **Cálculo mental (atividade com toda a classe)**

Em cada item, um colega escolhe a alternativa mais próxima do valor real e justifica a resposta. Os demais conferem a justificativa e podem completá-la.

a) tg 85° — 1,32 / 0,10 / 11,4

b) cos 42° — 0,74 / 0,14 / 0,93

c) sen 14° — 0,95 / 0,24 / 0,49

d) tg 50° — 0,07 / 1,20 / 20,3

e) sen 80° — 0,98 / 0,21 / 0,52

f) cos 10° — 0,11 / 0,44 / 0,99

15. Em um $\triangle ABC$, retângulo em A, a altura relativa à hipotenusa determina sobre ela os segmentos $\overline{BH}$ de 4 cm e $\overline{CH}$ de 9 cm. Use a tabela de razões trigonométricas e determine o valor aproximado de m($H\hat{A}C$).

16. Considere:

sen 40° = 0,64 cos 40° = 0,77 tg 40° = 0,84

sen 70° = 0,94 cos 70° = 0,34 tg 70° = 2,75

Com base nesses valores, determine o valor de x em cada figura. (Use a calculadora.)

a)

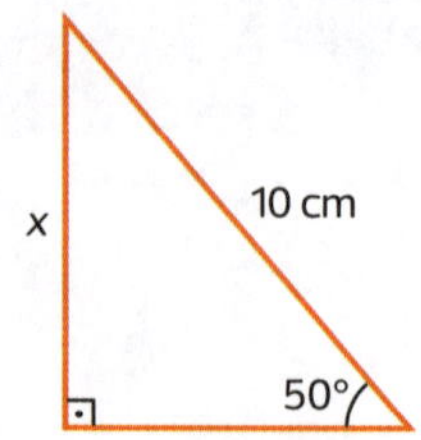

b)

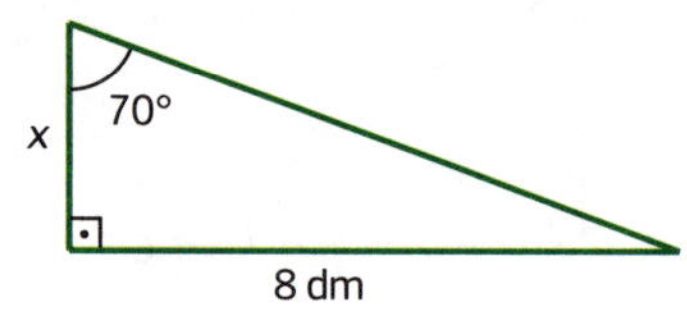

c)

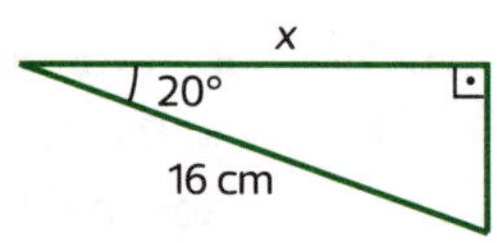

d)

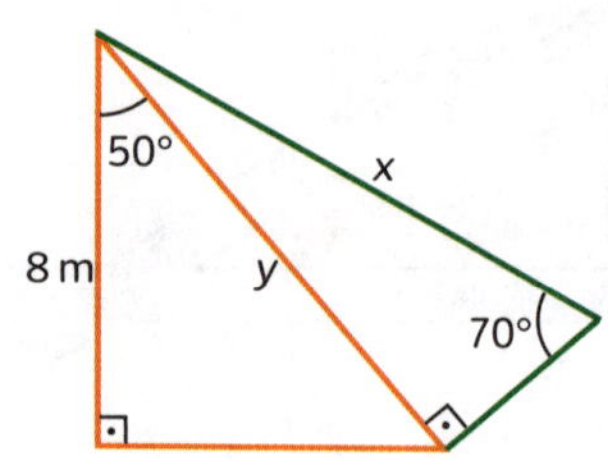

17. Na praça retangular de 60 m por 45 m foram construídas duas passarelas em suas diagonais. Observe o modelo matemático abaixo, use uma tabela trigonométrica e descubra os valores aproximados de x e y.

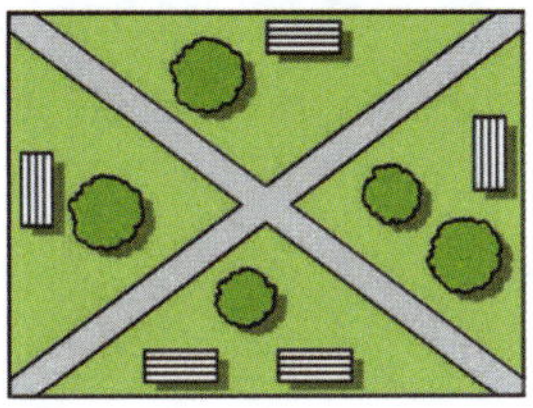

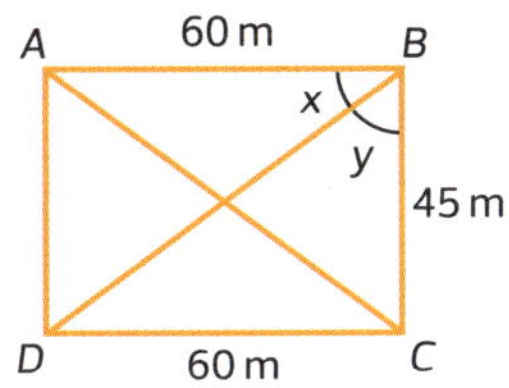

18. Calcule a área da região triangular determinada pelo $\triangle ABC$.

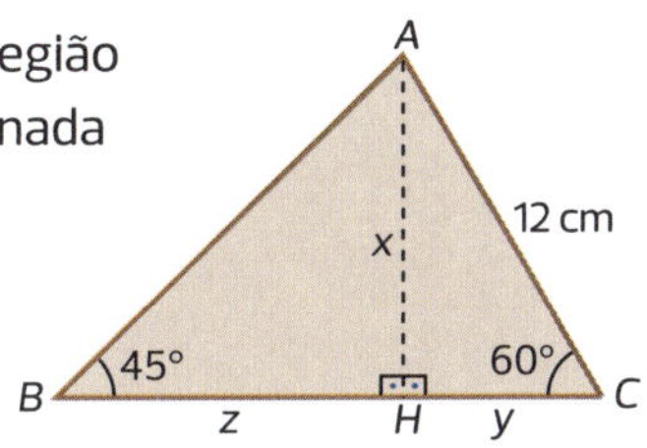

19. Em uma circunferência está inscrito um triângulo equilátero cujo apótema mede 3 cm. A medida do diâmetro dessa circunferência é:

a) 6 cm.
b) 10 cm.
c) 12 cm.
d) 42 cm.
e) 36 cm.

20. Você já viu quais são os valores das medidas do lado e do apótema em função da medida do raio nos triângulos equiláteros, nos quadrados e nos hexágonos regulares.

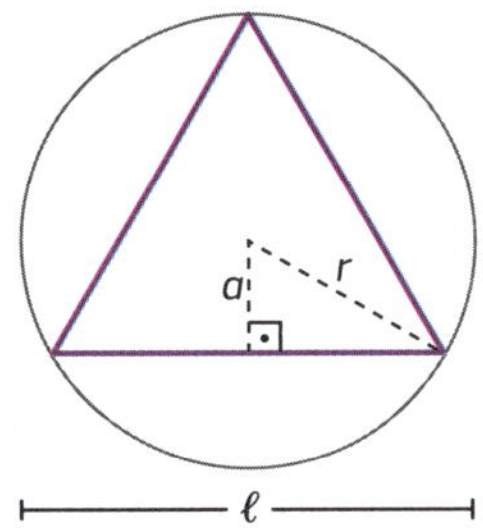

$\ell = r\sqrt{3}$

$a = \dfrac{r}{2}$

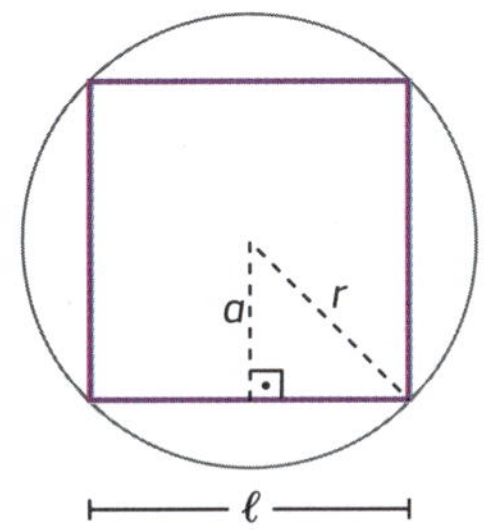

$\ell = r\sqrt{2}$

$a = \dfrac{r\sqrt{2}}{2}$

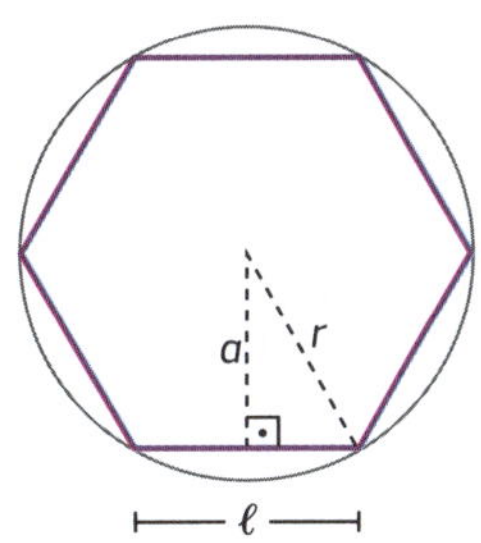

$\ell = r$

$a = \dfrac{r\sqrt{3}}{2}$

Agora determine em cada um deles o valor de ℓ em função de a e o valor de a em função de ℓ.

21. Complete o quadro dos polígonos inscritos em uma circunferência:

	Triângulo equilátero	Quadrado	Hexágono regular
Lado			
Apótema			

22. Determine as medidas do lado e do apótema de cada um dos polígonos regulares abaixo:

a)

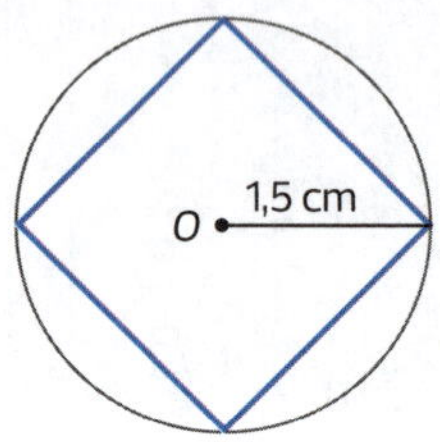

b)

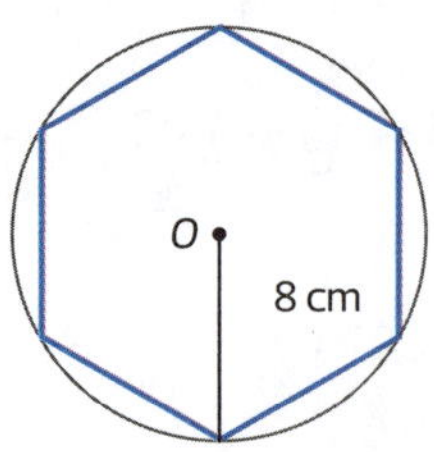

c)

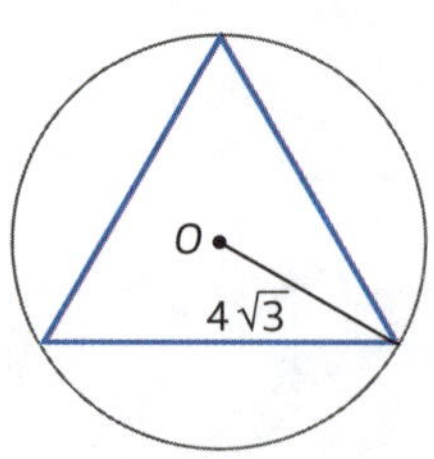

23. (PUC-RS) De um ponto A no solo, visam-se a base B e o topo C de um bastão colocado verticalmente no alto de uma colina, sob ângulos de 30° e 45°, respectivamente. Se o bastão mede 4 m de comprimento, a altura da colina, em metros, é igual a:

a) $\sqrt{3}$.

b) 2.

c) $2\sqrt{3}$.

d) $2(\sqrt{3} + 1)$.

e) $2(\sqrt{3} + 3)$.

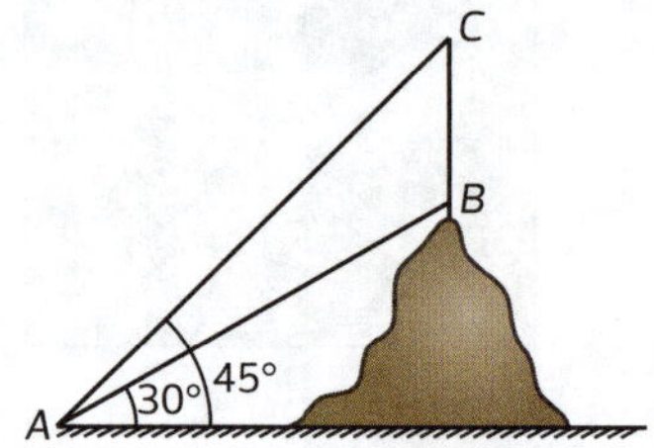

24. Determine a medida, em centímetros, da diagonal maior do losango abaixo.

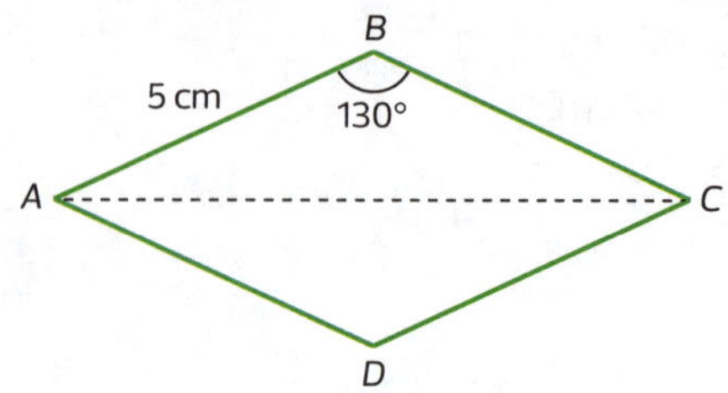

25. No triângulo isósceles abaixo determine a medida, em centímetros, da base $\overline{AB}$.

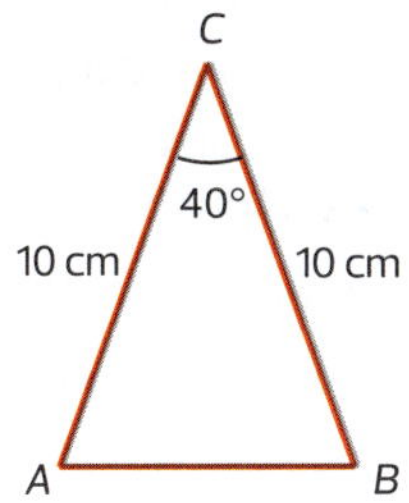

26. Determine a medida x em cada triângulo abaixo supondo que as medidas de comprimento estão em centímetros:

a)

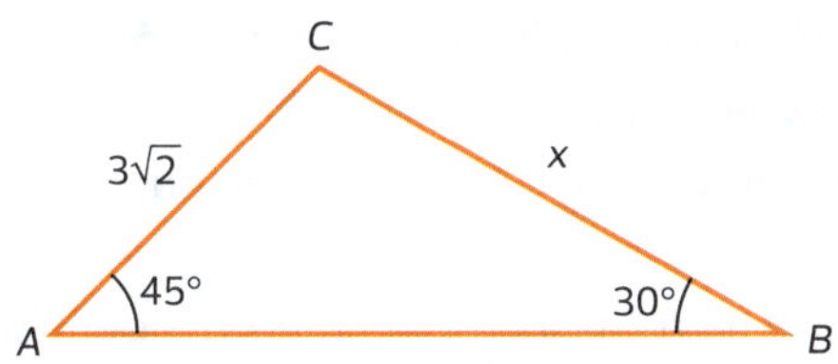

b)

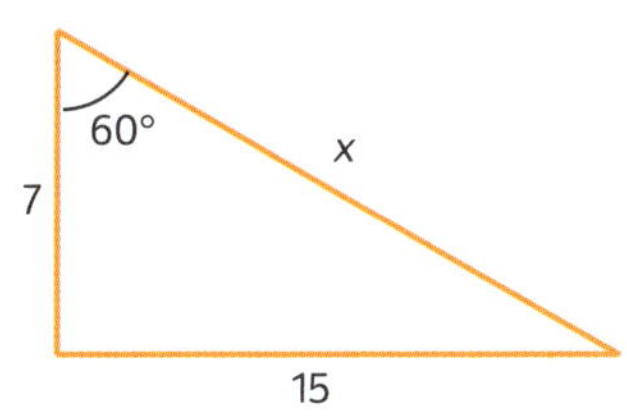

27. Determine a medida, em centímetros, da diagonal maior do paralelogramo abaixo.

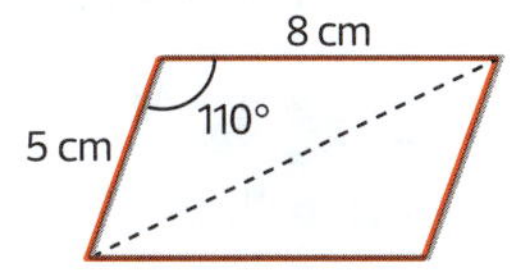

28. Qual é o valor aproximado da medida do ângulo $\hat{A}$ no triângulo abaixo?

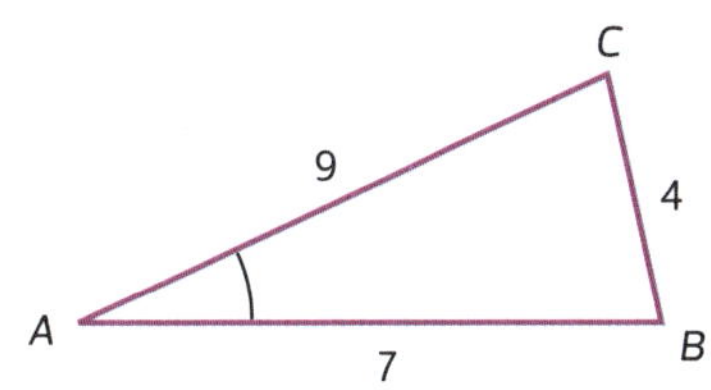

29. Determine as medidas x e y no triângulo abaixo, considerando as medidas de comprimento em centímetros.

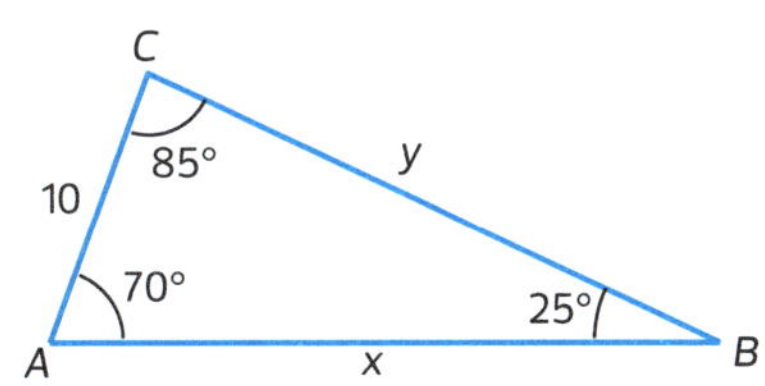

30. Qual é a distância de A a P, sabendo que a distância de A a B é 1,5 km, a medida do ângulo $B\hat{A}P$ é 115° e a medida do ângulo $A\hat{B}P$ é 35°?

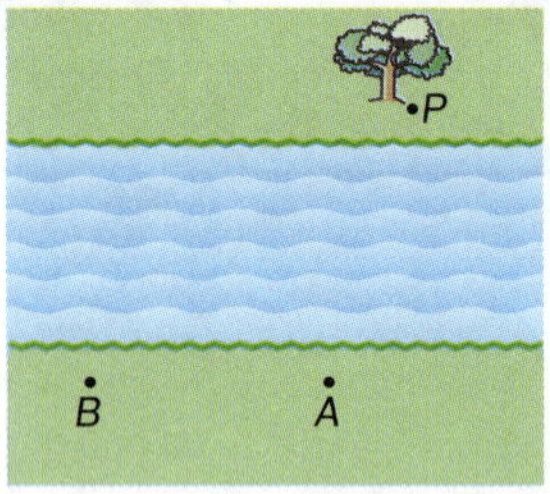

31. Qual é a distância entre os postes P e Q conhecendo-se a medida do ângulo $P\hat{O}Q$ (115°), a medida do ângulo $O\hat{P}Q$ (50°) e a distância de O a Q (150m)?

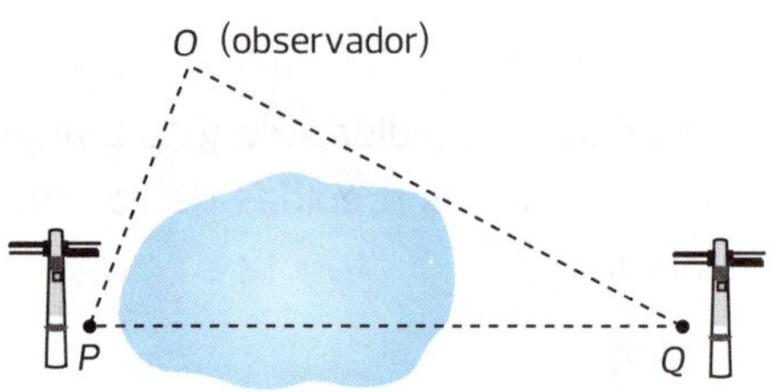

32. (Unicamp-SP) A água utilizada na casa de um sítio é captada e bombeada do rio para uma caixa-d'água a 50 m de distância. A casa está a 80 m de distância da caixa-d'água, e o ângulo formado pelas direções caixa-d'água-bomba e caixa-d'água-casa é de 60°. Se se pretende bombear água do mesmo ponto de captação até a casa, quantos metros de encanamento serão necessários?

33. (Vunesp-SP) Para calcular a distância entre duas árvores situadas nas margens opostas de um rio, nos pontos A e B, um observador que se encontra junto a A afasta-se 20 m da margem, na direção da reta AB, até o ponto C e depois caminha em linha reta até o ponto D, a 40 m de C, do qual ainda pode ver as árvores. Tendo verificado que os ângulos $B\hat{C}D$ e $B\hat{D}C$ medem, respectivamente, cerca de 15° e 120°, que valor ele encontrou para a distância entre as árvores, se usou a aproximação $\sqrt{6} \simeq 2,4$?

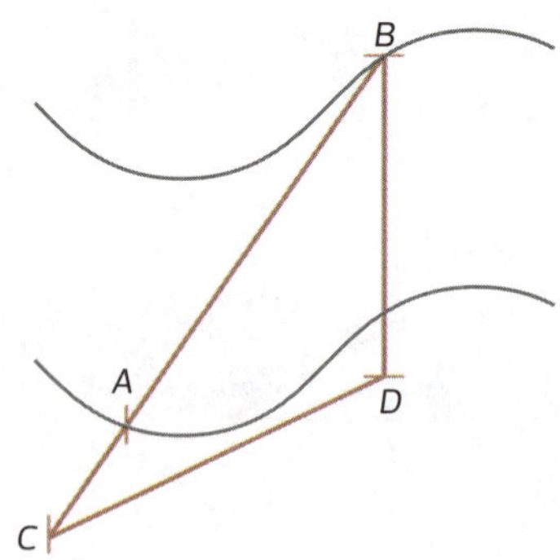

8 Perímetros, áreas e volumes

1. Analise as fórmulas seguintes:

$C = 2\pi r$	(C é o comprimento da circunferência de raio r.)	
$A = \pi r^2$	(A é área do círculo de raio r.)	
$S = 4\pi r^2$	(S é a área da superfície da esfera.)	
$V = \dfrac{4\pi r^3}{3}$	(V = é o volume da esfera de raio r.)	

Calcule usando $\pi = 3{,}1$.

a) o comprimento da circunferência de raio de 5 cm → ______

b) a área de um círculo com raio de 5 cm → ______

c) a área da superfície de uma esfera com raio de 5 cm → ______

d) o volume de uma esfera com raio de 5 cm → ______

e) o raio de uma circunferência com 55,8 cm de comprimento → ______

f) o raio de um círculo cuja área é de 198,4 cm^2 → ______

2. Determine a área das regiões planas abaixo:

a)

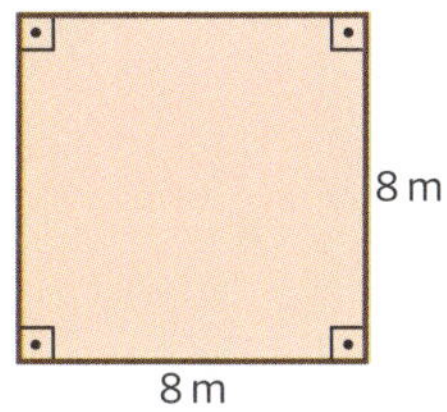

b)

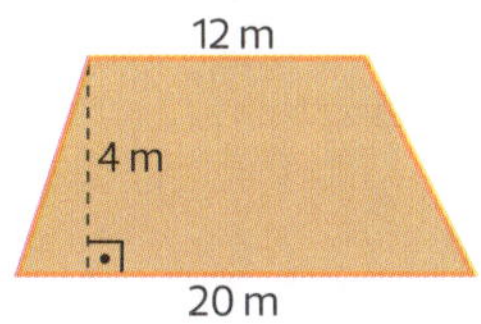

c)

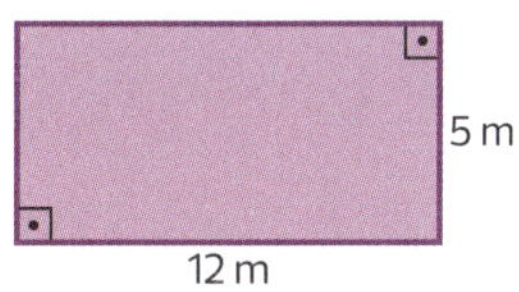

d)

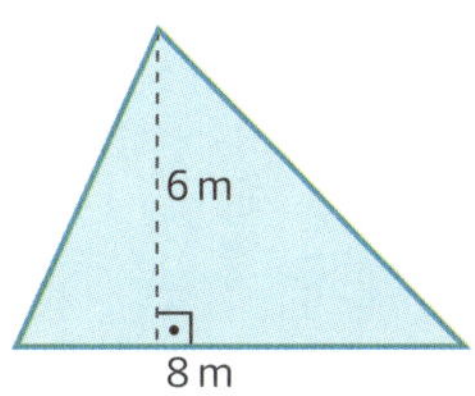

3. Considere as regiões poligonais abaixo sabendo que as medidas estão indicadas em metros. Para cada uma delas, escreva a fórmula do perímetro (em metros) e da área (em metros quadrados).

a) 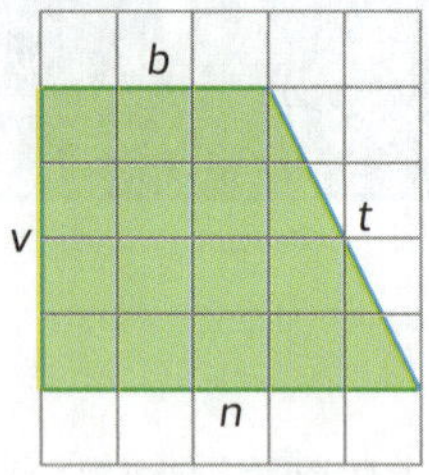

b) 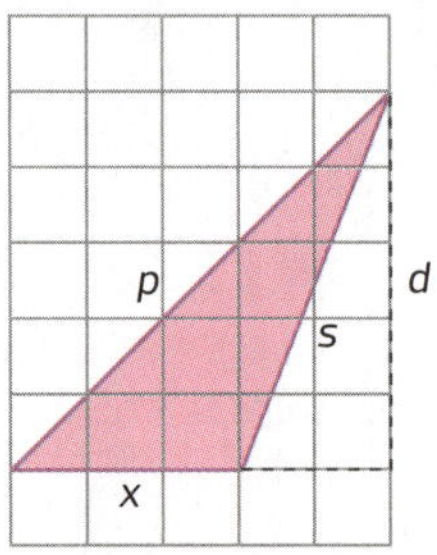

c) 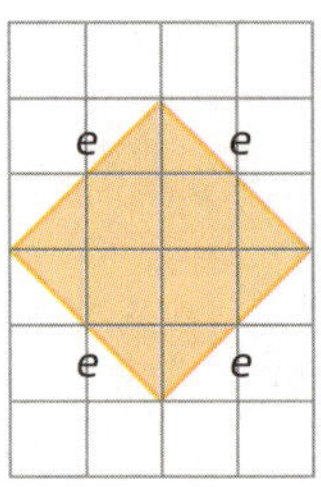

d) 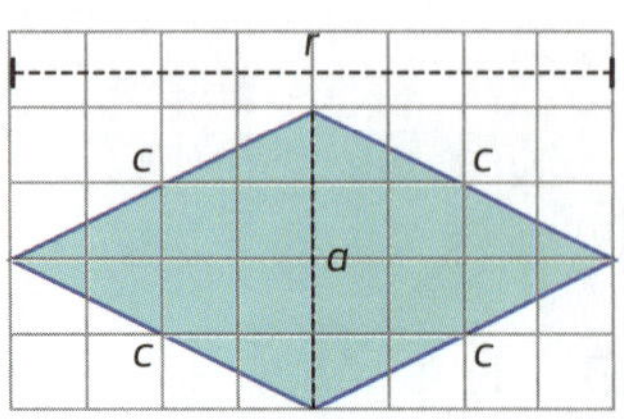

e) 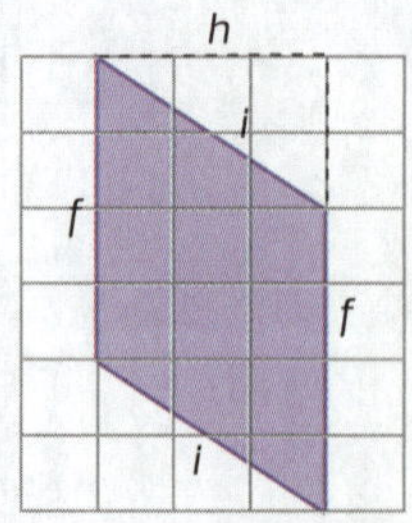

4. Faça o mesmo da atividade anterior com as figuras abaixo:

a) 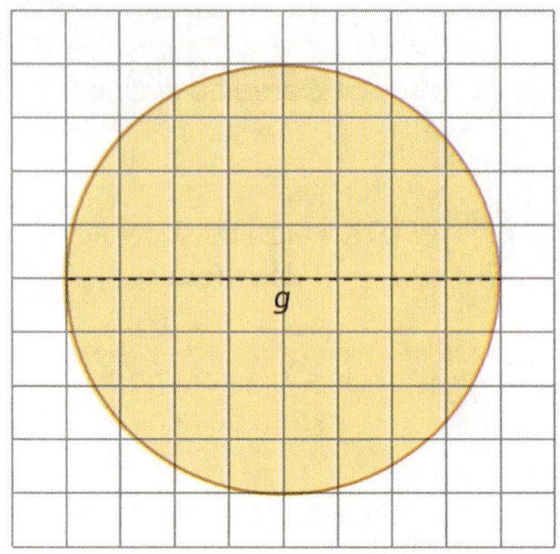

b) 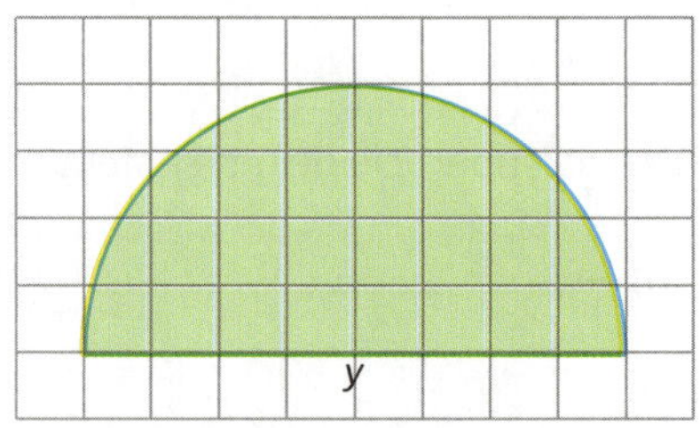

5. Em um retângulo o perímetro é de 30 cm e a medida de sua largura corresponde a $\frac{2}{3}$ da medida de seu comprimento. Determine a medida da diagonal desse retângulo.

6. Uma circunferência tem 8 cm de raio. Responda:

a) Qual é o comprimento dessa circunferência?

b) Qual é o comprimento do arco dessa circunferência associado ao ângulo central cuja medida é 30°?

7. O comprimento da circunferência ao lado é aproximadamente 37,68 cm. Qual é o perímetro do quadrado *PQRS*?

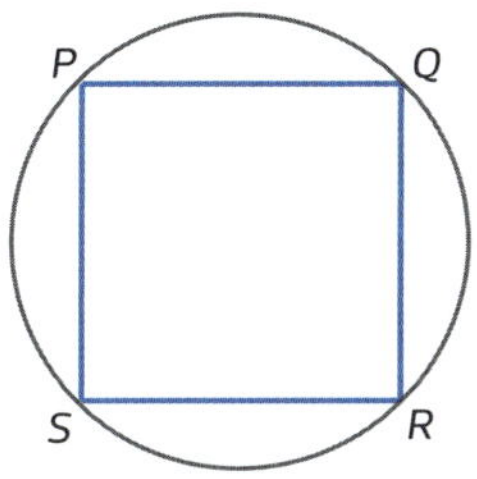

8. Determine a medida do comprimento de uma circunferência sabendo que a medida do seu raio é igual à medida da diagonal de um quadrado cujo lado mede 10 cm.

9. Determine o comprimento de um arco de 45° em uma circunferência de 8 m de raio.

10. A aresta de um cubo mede 5 cm. Determine a área total da superfície desse cubo.

11. Determine a medida da diagonal de uma região quadrada cuja área é 256 cm^2.

12. A diagonal de uma região retangular mede 50 m e as medidas dos lados estão na razão 4 : 3. Determine a área dessa região retangular.

13. Determine a área de uma região retangular cujo perímetro vale 62 m e a diagonal mede 25 m.

14. Uma região retangular tem área de 1 440 m^2 e a diferença entre as medidas do comprimento e da largura é de 62 m. Qual é a medida do comprimento e da largura?

15. Determine a área da região limitada por um paralelogramo *ABCD* sabendo que a medida de $\overline{AB}$ é 12 cm, a medida de $\overline{AD}$ é 5 cm e a medida da projeção do lado $\overline{AD}$ sobre o lado $\overline{AB}$ é igual a 4 cm.

16. Determine a área da região limitada por um paralelogramo cuja diagonal maior mede 11 m e tem lados de 5 m e 8 m.

17. Em um losango um dos ângulos internos mede 120° e o perímetro é de 32 cm. Encontre a área da região determinada por esse losango.

18. Uma região retangular tem a diagonal com medida de 15 cm e a largura mede 75% da medida do comprimento. Descubra o perímetro e a área dessa região retangular.

19. Aumentando 2 cm a medida do comprimento e dobrando a medida da largura de uma região retangular, o perímetro aumenta 10 cm e a área aumenta 42 cm^2. Calcule o perímetro e a área dessa região retangular.

20. Determine a área aproximada da região retangular em cada um dos casos:

a)

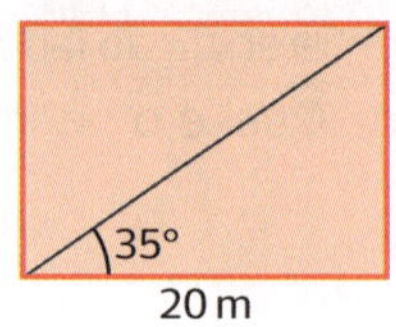

b)

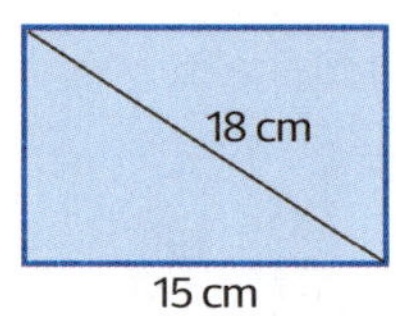

c)

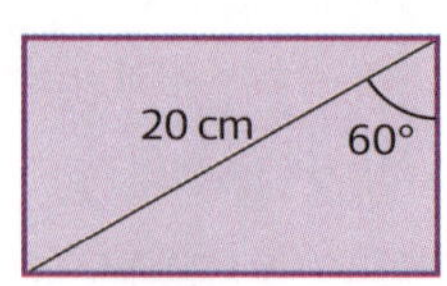

21. Determine a área da região limitada pelos paralelogramos em cada um dos casos:

a)

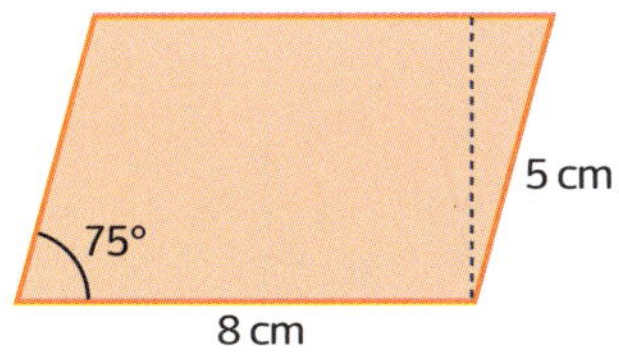

b)

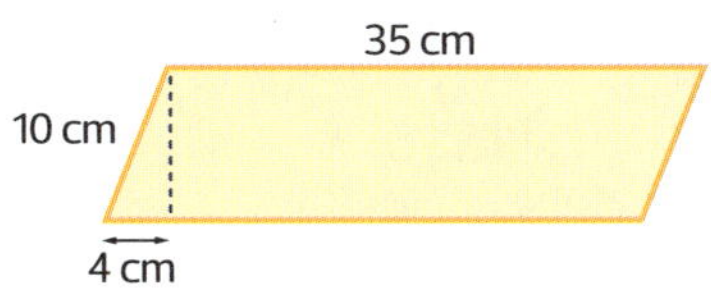

22. Qual é a área de uma região triangular equilátera cuja medida do lado é 20 m?

23. As bases de um trapézio medem 50 cm e 20 cm e os outros lados medem 30 cm e 15 cm. Sabendo que a projeção do lado de 30 cm sobre a base maior é igual a 28 cm, determine a área limitada por esse trapézio.

24. Determine a área das seguintes regiões triangulares:

a)

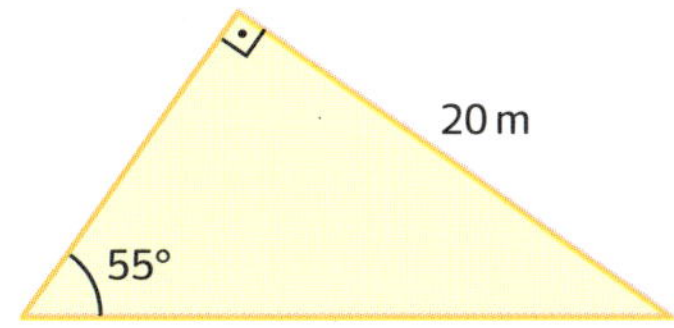

b)

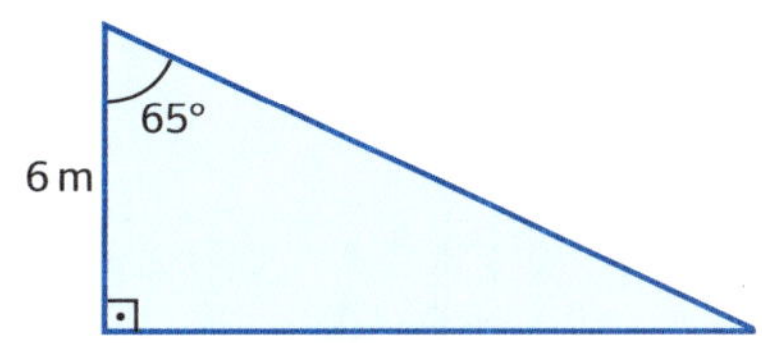

c)

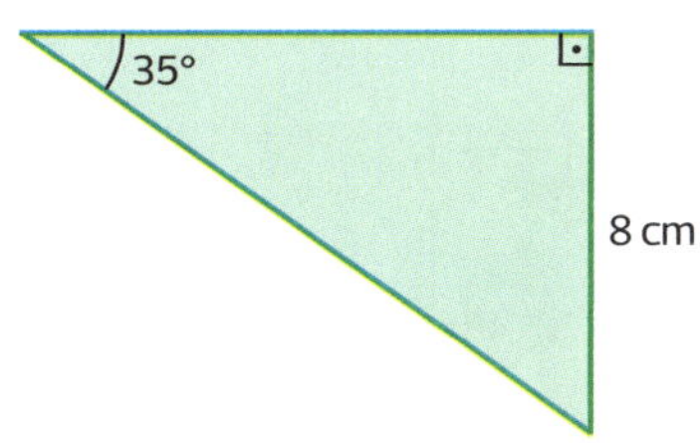

25. Determine a área da região limitada pelo trapézio em cada caso:

a)

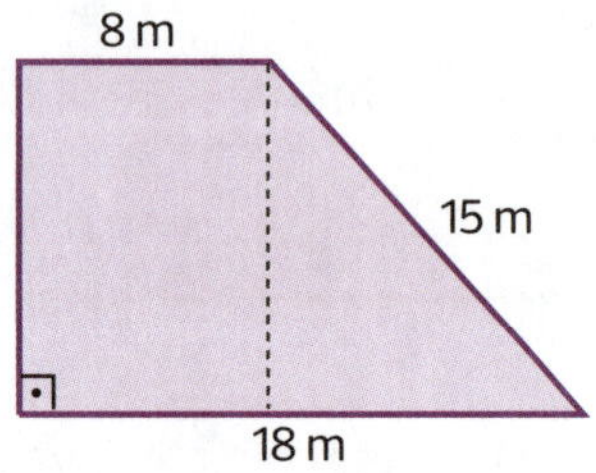

b)

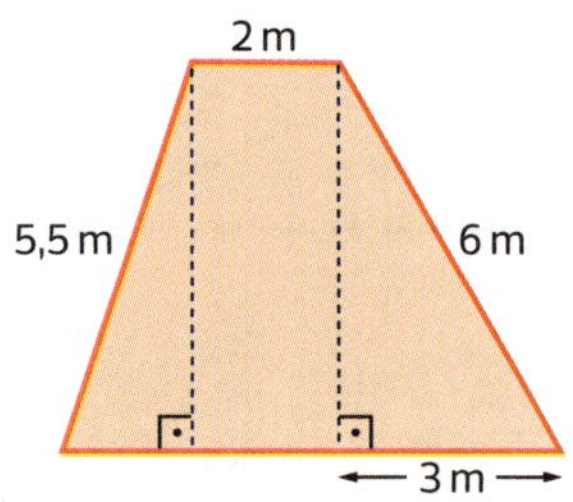

c)

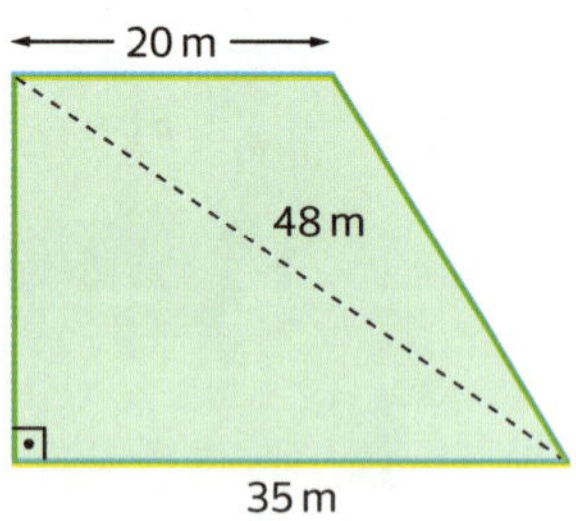

26. Determine a área aproximada da região limitada pelo losango em cada caso:

a)

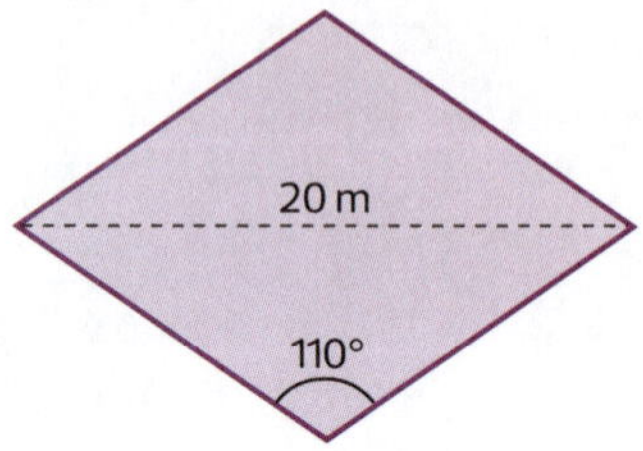

b)

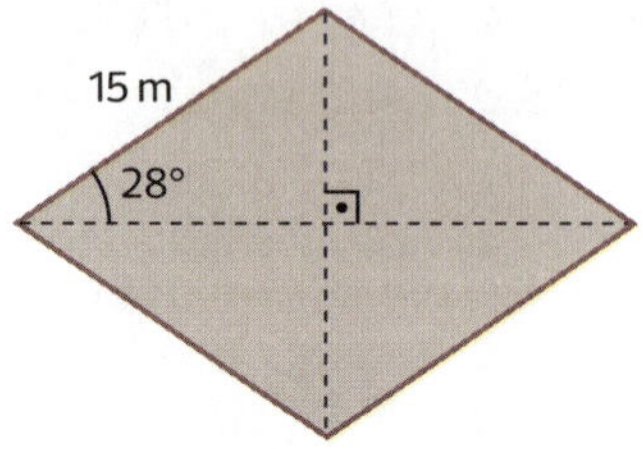

27. Determine a área aproximada da região limitada por um:

a) decágono regular cuja medida do lado é 20 m;

b) dodecágono regular cuja medida do lado é 15 cm.

28. Determine a área de uma praça circular cuja circunferência mede 376,80 m.

29. Um setor circular tem área igual a 45,40 m^2 e o seu ângulo é de 36°. Qual é a medida do seu raio?

30. As três circunferências da figura são tangentes duas a duas. $\overline{AB}$ é tangente às duas circunferências menores e $m(\overline{AB}) = 12$ cm. Calcule a área da região pintada.

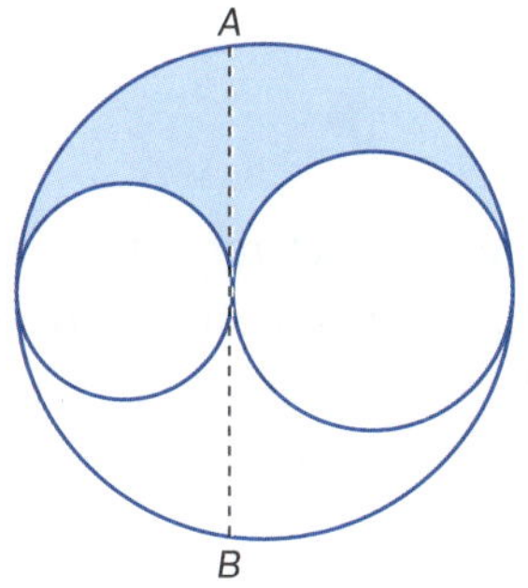

31. Calcule a área da região triangular determinada por um triângulo retângulo no qual as projeções dos catetos sobre a hipotenusa medem 9 cm e 4 cm.

32. Dois retângulos são semelhantes. O primeiro tem dimensões de 5 cm por 4 cm. O segundo determina uma região com área de 45 cm^2. Quais são as dimensões do segundo retângulo?

33. $\triangle ABC \sim \triangle EFG$.

Os lados do $\triangle ABC$ medem 12 m, 16 m e 24 m.

O perímetro do $\triangle EFG$ é de 39 m.

Determine a medida do lado maior do $\triangle EFG$.

34. Os dois blocos retangulares das figuras são semelhantes. O volume do segundo é de 80 cm^3. Calcule a, b e c ($a < b < c$).

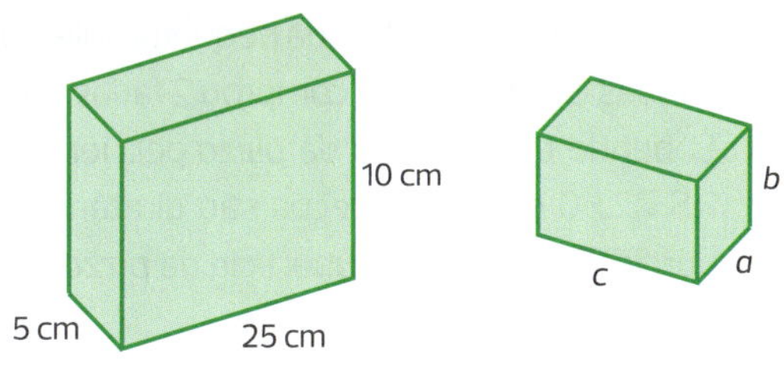

35. Qual é a medida aproximada do comprimento da corda enrolada desta figura?

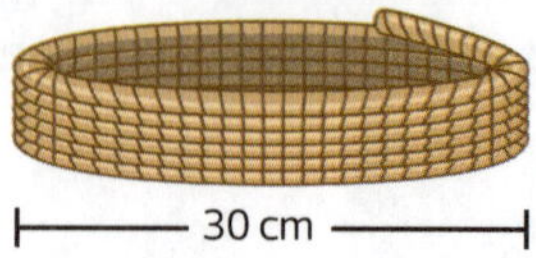

36. Um CD (*compact disc*) tem 12 cm de diâmetro e seu "furo" tem 1,5 cm de diâmetro. Qual é a área da face do CD?

37. A pizzaria Itália vende *pizzas* inteiras ou em porções (fatias). A tabela abaixo apresenta o número de fatias e o diâmetro de acordo com o tipo da *pizza*.

***Pizzas* na Pizzaria Itália**

Pizza	Número de fatias	Diâmetro (cm)
Pequena	6	30
Média	8	36
Grande	8	40

Dados fictícios

Pedro comprou 4 fatias da pequena, Júlia comprou 3 fatias da média, Ana comprou 2 fatias da grande. Sabendo que o preço da *pizza* pequena inteira é R\$ 22,50 e que os preços são diretamente proporcionais à área da superfície da *pizza*, descubra quanto cada um deles gastou.

38. O aquário da figura foi construído com 5 placas de vidro com as medidas indicadas. As placas foram ligadas com peças de metal e a água colocada ocupou 80% da capacidade do aquário.

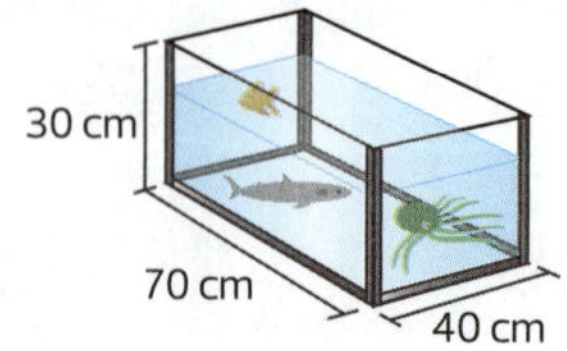

Responda:

a) Quantos centímetros quadrados de vidro foram utilizados?

b) Quantos centímetros de metal?

c) Quantos litros de água?

39. Na figura abaixo temos um hexágono regular inscrito em uma circunferência de 4 cm de raio. Calcule a área aproximada da região pintada. (Use $\sqrt{3} = 1,7$ e $\pi = 3,1$.)

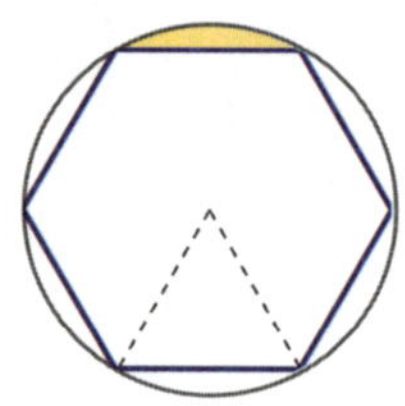

40. Considere as figuras desenhadas.

O prisma tem 5 cm de altura e sua base é uma região triangular equilátera com lados medindo 8 cm. A pirâmide tem 8 cm de altura e sua base é uma região hexagonal regular com lados medindo 4 cm. Calcule:

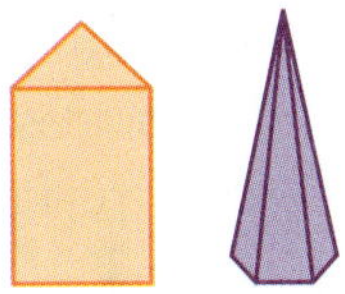

a) a razão entre as medidas das alturas do prisma e da pirâmide, nessa ordem;

b) a razão entre as áreas das bases do prisma e da pirâmide, nessa ordem;

c) a razão entre os volumes do prisma e da pirâmide, também nessa ordem.

41. Indique a área da região pintada na figura abaixo. Considere $\pi = 3{,}14$.

a) 15 cm^2.
b) 21,5 cm^2.
c) 12,25 cm^2.
d) 25 cm^2.

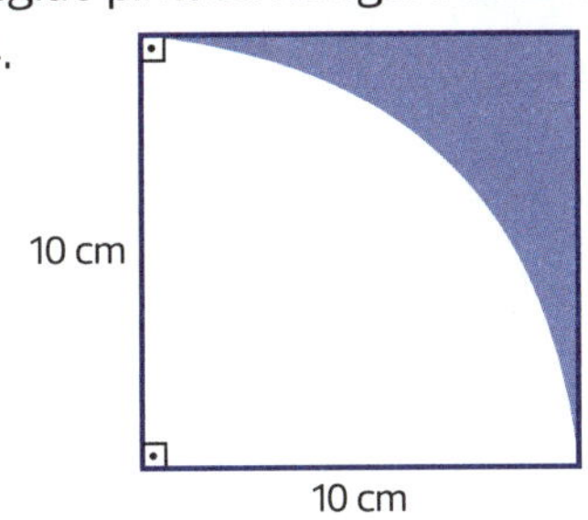

42. Determine a área da figura (toda) formada abaixo:

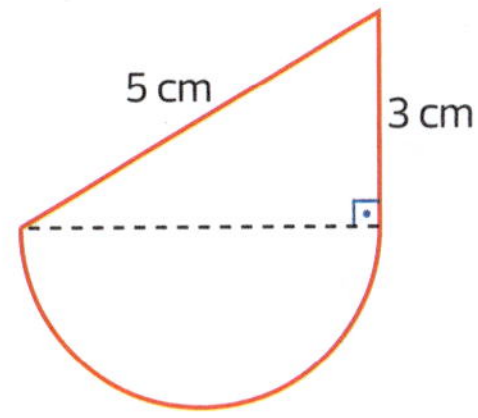

43. O volume de um cone com 5 cm de altura é de 60π cm^3. Determine a medida do diâmetro da base.

44. Calcule o volume de um cubo no qual o perímetro de cada face é de 36 cm.

____

____

45. Calcule o volume de um cubo no qual a área de cada face é de 36 cm^2.

____

____

46. O retângulo abaixo está desenhado na escala 1 : 20.

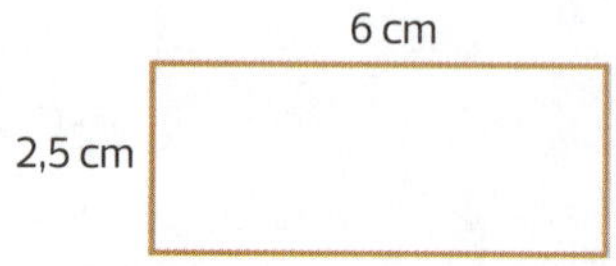

a) Determine as medidas do comprimento, da largura e da diagonal no retângulo original.

b) Por qual número devemos multiplicar a área da região retangular determinada por esse retângulo para obter a área da região retangular original?

---

47. Qual é a medida da capacidade (em litros) de um reservatório com a forma e as medidas indicadas na figura?

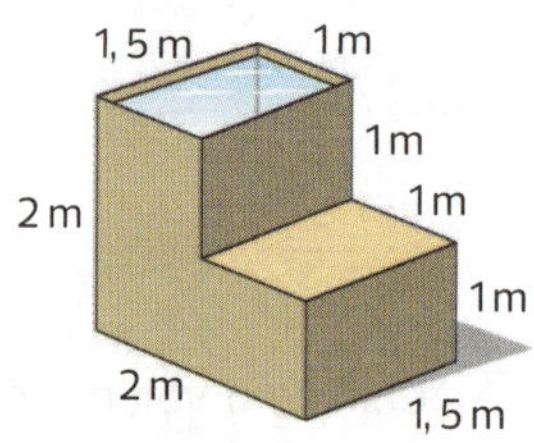

48. Com uma calculadora, determine o valor aproximado da medida do volume do baú indicado na figura. (Use $\pi = 3{,}14$.)

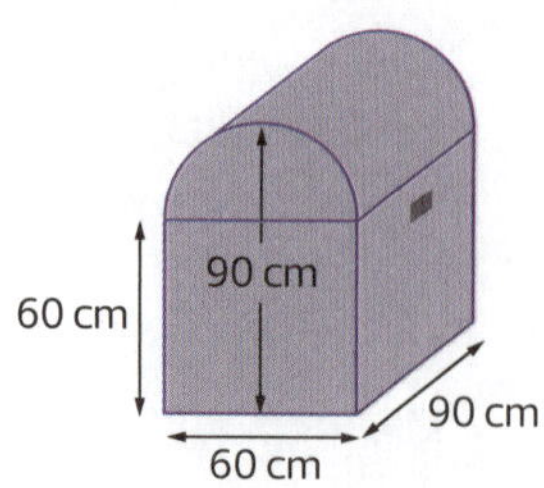

49. (Epcar-SP) De um ponto P, traça-se uma tangente e uma secante a um círculo. Se o segmento $\overline{PT}$ da tangente mede 8 m e o segmento $\overline{PB}$ da secante mede 16 m, qual deve ser, em metros quadrados, a área do círculo, se a secante contém o diâmetro do mesmo?

a) 12π

b) 18π

c) 24π

d) 30π

e) 36π

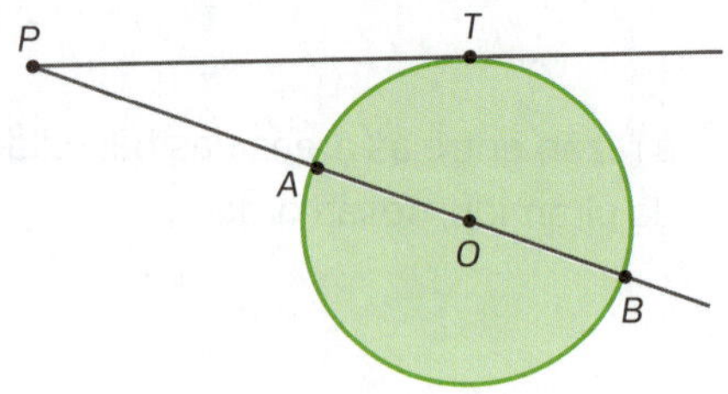

50. (PUC-SP) Uma janela de ferro tem a forma do desenho abaixo. As linhas curvas são arcos de circunferência. Qual é o comprimento total do ferro empregado?

a) $120(1 + 2\pi + \sqrt{2})$

b) $240(1 + \pi + \sqrt{2})$

c) $120(2 + \pi + \sqrt{2})$

d) $240(2 + \pi + 2\sqrt{2})$

e) $120(2 + 2\pi + \sqrt{2})$

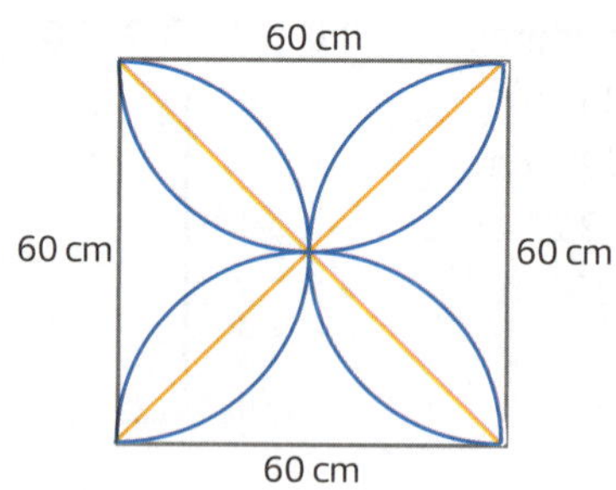

51. Observe a sequência:

a) Considerando que cada lado da figura 1 tem um segmento com medida 1, qual é seu perímetro? ______

b) A figura 2 tem todos os lados congruentes e a medida de cada lado representa a terça parte da medida de cada lado da figura 1. Qual é seu perímetro? ______

c) Na figura 3, qual será o perímetro se cada lado representa $\frac{1}{9}$ do lado da figura 1? ______

d) Complete o quadro abaixo, sobre as curvas de Koch:

Figura	**1**	**2**	**3**	**4**	**5**	**10**	***n***
Medida do lado							
Número de lados							
Perímetro da figura							

e) Explique o raciocínio utilizado para determinar o número de lados da figura 4.

f) Quantos lados terá a figura 8? Qual é a medida de cada lado? Explique seu raciocínio.

g) Qual será o perímetro da figura 8? Qual raciocínio você utilizou para responder a essa questão?

h) Qual será a ordem da figura que tem $\frac{1}{729}$ como medida do lado? Quantos lados tem essa figura? Qual será seu perímetro? Descreva o raciocínio utilizado para responder a cada item.

52. O desenho abaixo representa um tanque utilizado para armazenar petróleo em uma refinaria. A escala utilizada para esse desenho foi de 1 : 1000.

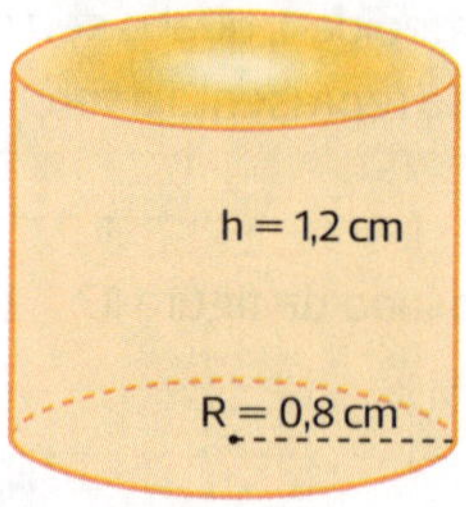

Com base nessas informações, responda:

a) Qual é a altura real desse tanque?

b) Qual é a medida real do diâmetro de sua base?

c) Se a altura do desenho fosse de 4,3 cm, qual seria sua altura original? Explique seu raciocínio.

d) Você consegue estabelecer uma relação entre a medida utilizada no desenho e a medida original? Explique.

e) Para calcularmos o volume de um tanque em forma cilíndrica, fazemos o produto da área da base por sua altura. Baseando-se nessa informação, determine a medida aproximada do volume desse cilindro. Considere $\pi = 3{,}14$.

f) Qual seria o volume do tanque original?

g) Você poderá utilizar a mesma relação do item **d** para responder à questão do item **f**? Justifique sua resposta.

h) Qual seria a relação entre o volume obtido pelas dimensões do desenho e o volume do tanque original?

9 Estatística, Combinatória e Probabilidade

1. Considere pesquisas feitas a partir das questões abaixo. Em cada uma, escreva o tipo da variável e dois de seus possíveis valores.

a) Quantas vezes você foi ao cinema no mês passado?

____

____

b) Qual é sua cor predileta?

____

____

c) Qual é a distância de sua casa à escola?

____

____

d) Que medalha olímpica o atleta conquistou na prova?

____

____

e) Quantos estados do Brasil você já visitou?

____

____

f) Em que estado do Brasil você mora?

____

____

g) Quantos livros você possui?

____

____

h) Que tamanho de camiseta você usa: P, M, G ou GG?

____

____

2. Foi feito o levantamento dos salários dos funcionários de uma empresa e, em seguida, foi elaborada a tabela de frequências com os valores da variável em classes. Complete a tabela.

Salários dos funcionários

Salário (R$)	FA	FR
⊢——		10%
⊢——	15	
⊢——	30	50%
⊢——	6	
1 960 ⊢—— 2 050		
Total		

Dados fictícios

3. Em uma classe foi aplicada uma prova com cinco testes. No gráfico abaixo estão registrados os acertos dos alunos.

Número de acertos dos alunos

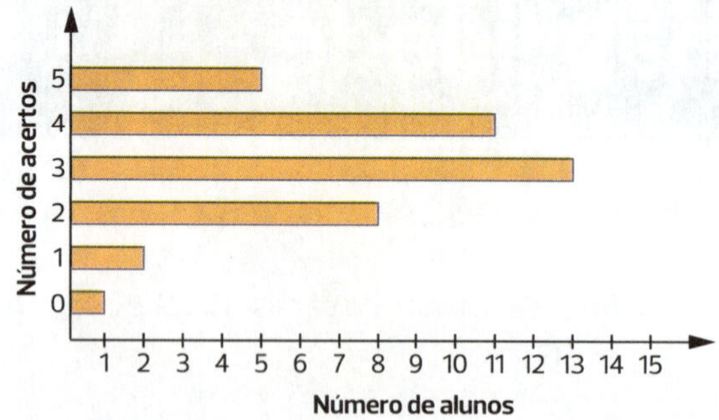

Dados fictícios

Com base no gráfico, responda:

a) Que tipo de variável está envolvida nessa situação?

b) Qual é o número de alunos dessa classe?

c) Qual é a porcentagem dos alunos que acertaram os 5 testes?

d) Qual é a porcentagem dos alunos que acertaram menos do que 3 testes?

e) Qual é a média de acertos por aluno? E a moda? E a mediana?

4. Em uma escola foi feita uma pesquisa com alunos de 9º ano. A pergunta formulada foi a seguinte: "Entre futebol, vôlei e basquete, qual esporte você prefere?"

Complete o gráfico de setores, o gráfico de colunas e a tabela com os resultados da pesquisa e depois responda: quantos alunos foram consultados?

Esporte preferido

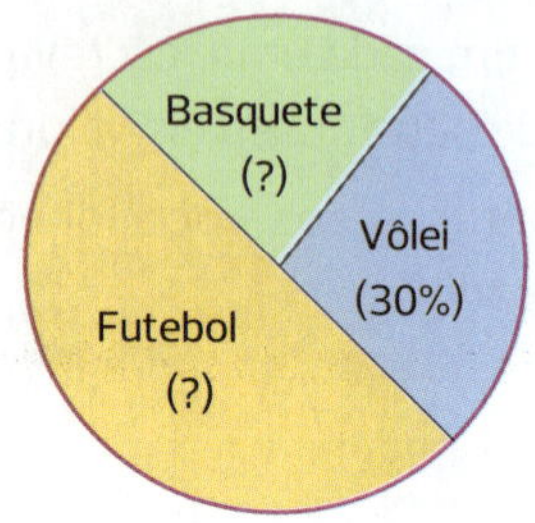

Dados fictícios

Esporte preferido

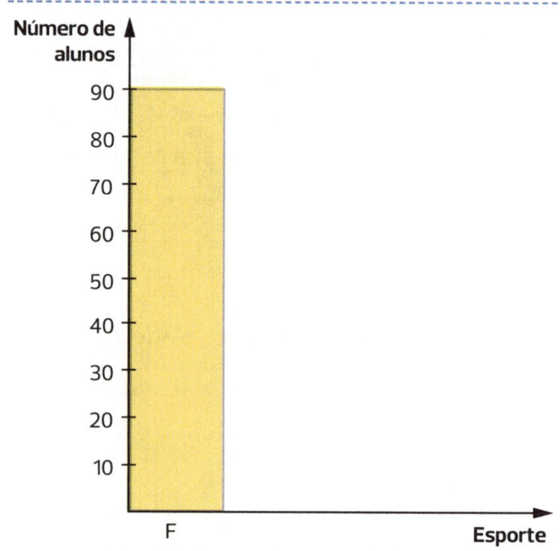

Dados fictícios

Esporte preferido

	Frequência absoluta	Frequência relativa (em%)
Futebol		
Vôlei		
Basquete		
Total		

Dados fictícios

5. Uma empresa tem 20 funcionários, cujos salários estão relacionados abaixo:

R$ 1520,00	R$ 1620,00	R$ 1530,00	R$ 1700,00	R$ 1580,00
R$ 1450,00	R$ 1740,00	R$ 1500,00	R$ 1450,00	R$ 1600,00
R$ 1530,00	R$ 1700,00	R$ 1660,00	R$ 1540,00	R$ 1730,00
R$ 1650,00	R$ 1550,00	R$ 1580,00	R$ 1630,00	R$ 1560,00

Faça uma tabela e registre as frequências em quatro faixas salariais (classes) com amplitude de R$ 75,00 cada uma. Em seguida, construa um histograma relacionando cada classe com sua respectiva porcentagem. Use calculadora e determine também a média salarial dos funcionários dessa empresa. Finalmente, formule duas ou mais questões sobre o assunto e dê as respectivas respostas.

6. A temperatura máxima do dia em uma cidade foi anotada durante vinte dias e apresentou os seguintes dados:

30 °C; 32 °C; 31°C; 31 °C; 33 °C; 28,5 °C; 33,5 °C; 27 °C; 30 °C; 34 °C; 30,5 °C; 28 °C; 30,5 °C; 29,5 °C; 26 °C; 31 °C; 31 °C; 29 °C; 32 °C; 31,5 °C.

Construa o histograma correspondente com os valores da variável em 5 intervalos.

7. Os quarenta alunos de uma classe optaram pelo estudo de uma língua estrangeira, entre espanhol, francês, inglês e italiano. Veja o gráfico de barras abaixo, que registra a escolha, e, a partir dele, construa a tabela de frequências e o gráfico de setores.

Língua estrangeira escolhida

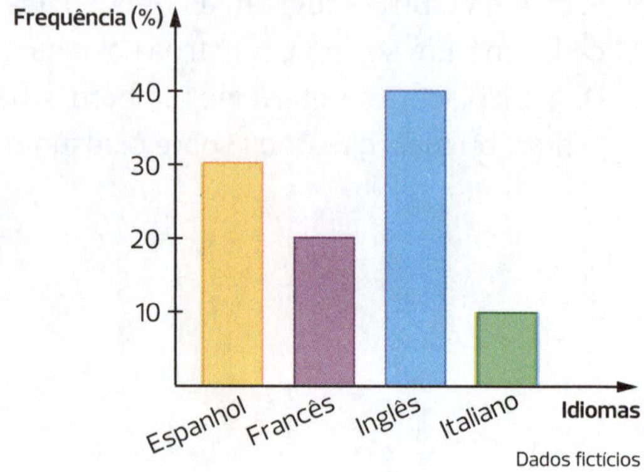

Dados fictícios

8. Foi feita uma pesquisa com 4 000 pessoas sobre preferência por cinema, teatro ou concertos musicais. Cada participante só podia ter uma opção de resposta. Tabulados os dados, veja o resultado da pesquisa representado no gráfico ao lado.

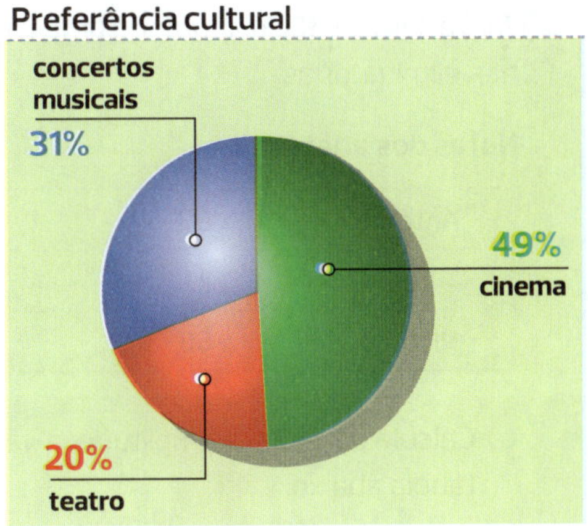

Dados fictícios

Com base nos dados do gráfico, responda:

a) Quantas pessoas escolheram cinema?

b) Quantas pessoas optaram por teatro?

c) Quantas pessoas preferiram concertos musicais?

d) Quais são os ângulos dos setores correspondentes a cada percentual?

9. 180 jovens de um bairro foram consultados para saber se praticam algum destes esportes: futebol e *skate*. Cem jovens afirmaram que jogam futebol, 65 andam de *skate* e 25 não praticam nenhum deles. Escolheu-se um dos jovens e constatou-se que ele joga futebol. Complete o diagrama abaixo com os valores correspondentes. Depois, responda:

Qual é a probabilidade de que esse jovem também ande de *skate*?

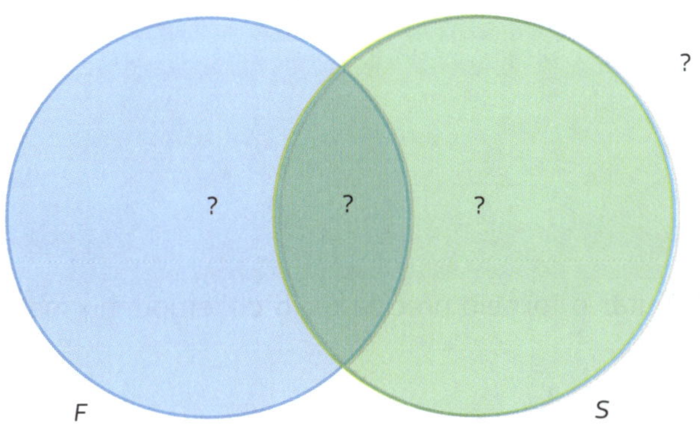

10. Três atletas estão disputando uma vaga no torneio de atletismo. Observe na tabela as notas obtidas por eles nas eliminatórias.

Notas dos atletas

Antônio	93	84	81	83	86	70
Luís	85	86	76	84	83	85
Ricardo	88	78	79	84	96	60

Dados fictícios

a) Calcule a média, a amplitude, a variância e o desvio padrão dos valores de cada um deles e preencha a tabela abaixo.

Resultados dos atletas

Atleta	Média	Amplitude	Variância	Desvio padrão
Antônio				
Luís				
Ricardo				

Dados fictícios

b) O atleta que vai disputar o torneio precisa ter o desempenho mais homogêneo. Qual dos três foi escolhido?

11. Observe o esquema ao lado.

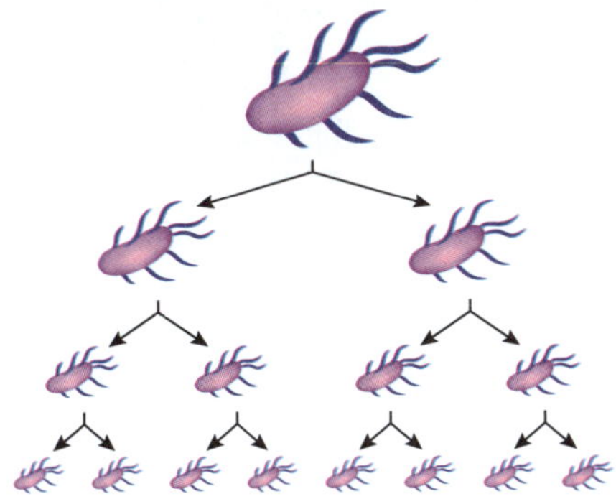

a) Com base no esquema, quantas bactérias serão originadas na 5ª geração? E na 6ª?

b) Alguma geração produzirá 256 bactérias? Se sim, em que geração ocorrerá esse fato?

c) A partir de que geração serão produzidas mais de 1 000 bactérias? Justifique seu raciocínio.

d) Até a 5ª geração, qual será o total de bactérias produzidas? E até a 10ª geração?

e) Complete a tabela abaixo:

Reprodução de bactérias

Geração	1	2	3	4	5	10	20	*n*
Número de bactérias produzidas na geração (*b*)								
Total de bactérias até a geração (I)								

Dados fictícios

f) Qual foi a relação estabelecida entre a geração e o número de bactérias produzidas nessa geração? Verifique sua veracidade.

g) Qual foi a relação estabelecida entre a geração e o total de bactérias produzidas? Verifique sua veracidade.

Atividades de Lógica

1. (Vunesp-SP) Um jantar reúne 13 pessoas de uma mesma família. Das afirmações a seguir, referentes às pessoas reunidas, a única necessariamente verdadeira é:
   a) pelo menos uma delas tem altura superior a 1,90 m.
   b) pelo menos duas delas são do sexo feminino.
   c) pelo menos duas delas fazem aniversário no mesmo mês.
   d) pelo menos uma delas nasceu num dia par.
   e) pelo menos uma delas nasceu em janeiro ou fevereiro.

2. (UFRJ) João não estudou para a prova de Matemática. Por conta disso, não entendeu o enunciado da primeira questão. A questão era de múltipla escolha e tinha as seguintes opções:
   a) O problema tem duas soluções, ambas positivas.
   b) O problema tem duas soluções, uma positiva e outra negativa.
   c) O problema tem mais de uma solução.
   d) O problema tem pelo menos uma solução.
   e) O problema tem, exatamente, uma solução positiva.

   João sabia que só havia uma opção correta. Ele pensou um pouco e cravou a resposta certa. Determine a escolha feita por João. Justifique sua resposta.

3. (UFPB) Em uma calculadora, a tecla *A* transforma o número *x* em $\frac{1}{x}$, sendo $x > 0$, e a tecla *B* multiplica por 2 o número que está no visor. Sobre esta situação, afirma-se:
   I. Se o número *x* está no visor, então, após digitar-se *ABAB*, obtém-se *x* no visor.
   II. Se o número *x* é ímpar e está no visor, então, após digitar-se *ABBA*, obtém-se um número inteiro no visor.
   III. Se o número *x* é inteiro e está no visor, então, após digitar-se *BAAB*, obtém-se um número não inteiro no visor.
   IV. Se o número *x* é inteiro, é possível encontrar um outro inteiro *y*, de modo que, partindo-se de *y* e digitando-se as teclas *A* e *B*, convenientemente, isto é, sem impor quantidade de vezes nem sequência, se chegará ao número *x*.

   São verdadeiras as afirmações:
   a) **I** e **III**.
   b) **I** e **II**.
   c) **I** e **IV**.
   d) **II** e **III**.
   e) **III** e **IV**.

4. (FCC-SP) A figura abaixo representa um certo corpo sólido vazado. O número de faces desse sólido é:

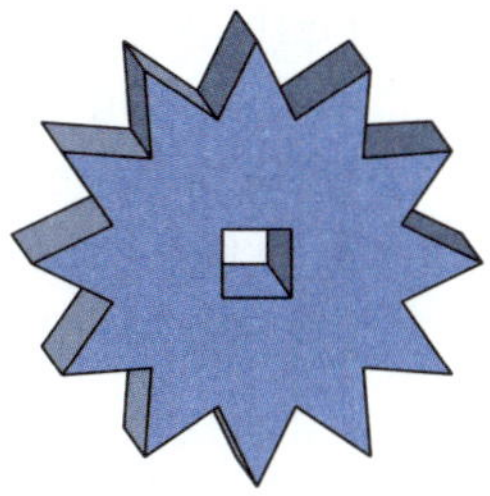

a) 24.
b) 26.
c) 28.
d) 30.
e) 32.

5. (UFRJ) Um saco contém 13 bolinhas amarelas, 17 rosa e 19 roxas. Uma pessoa de olhos vendados retirará do saco *n* bolinhas de uma só vez. Qual é o menor valor de *n* de forma que se possa garantir que será retirado pelo menos um par de bolinhas de cores diferentes? Justifique.

6. (UEL-PR) Em um supermercado, as latas de certos produtos são expostas em pilhas, encostadas em uma parede, com 1 lata na primeira fileira (a superior), 2 latas na segunda fileira, 3 latas na terceira e assim por diante. Observe na figura a seguir uma dessas pilhas, com 5 fileiras.

Se uma pilha tem um número ímpar de fileiras e a fileira do meio tem 7 latas, o total de fileiras é:

a) 11.
b) 12.
c) 13.
d) 14.
e) 15.

7. (Enem) Os alunos de uma escola organizaram um torneio individual de pingue-pongue nos horários dos recreios, disputado por 16 participantes, segundo o esquema abaixo:

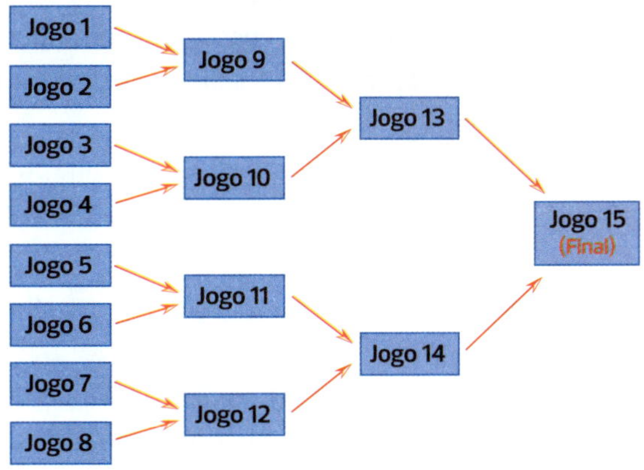

Foram estabelecidas as seguintes regras:

- Em todos os jogos, o perdedor será eliminado.
- Ninguém poderá jogar duas vezes no mesmo dia.
- Como há cinco mesas, serão realizados, no máximo, 5 jogos por dia.

Com base nesses dados, é correto afirmar que o número mínimo de dias necessário para se chegar ao campeão do torneio é:

a) 8.
b) 7.
c) 6.
d) 5.
e) 4.

8. (UFRJ) Maria deseja saber o significado da palavra ESCRUTAR. Abriu o dicionário e verificou que o primeiro verbete da página 558 é ESCRUTÍNIO e o último é ESCUTAR. Indique qual das três alternativas a seguir é a correta.

I) A palavra procurada encontra-se na página 558.

II) A palavra procurada encontra-se em uma página anterior à 558.

III) A palavra encontra-se em uma página posterior à 558.

9. (FGV-SP) Em relação a um código de 5 letras, sabe-se que:

- o código CLAVE não possui letras em comum;
- o código LUVRA possui uma letra em comum, que está na posição correta;
- o código TUVCA possui duas letras em comum, uma na posição correta e a outra não;
- o código LUTRE possui duas letras em comum, ambas na posição correta.

Numerando, da esquerda para a direita, as letras do código com 1, 2, 3, 4 e 5, as informações dadas são suficientes para determinar, no máximo, as letras em:

a) 1 e 2.

b) 2 e 3.

c) 1, 2 e 3.

d) 1, 3 e 4.

e) 2, 3 e 4.

10. (UFF-RJ) As três filhas de seu Anselmo, Ana, Regina e Helô, vão para o colégio usando, cada uma, seu meio de transporte preferido: bicicleta, ônibus ou moto. Uma delas estuda no Colégio Santo Antônio, outra no São João e outra no São Pedro. Seu Anselmo está confuso em relação ao meio de transporte usado e ao colégio em que cada filha estuda. Lembra-se, entretanto, de alguns detalhes:

- Helô é a filha que anda de bicicleta;
- a filha que anda de ônibus não estuda no Colégio Santo Antônio;
- Ana não estuda no Colégio São João e Regina estuda no Colégio São Pedro.

Pretendendo ajudar seu Anselmo, sua mulher junta essas informações e afirma:

I) Regina vai de ônibus para o Colégio São Pedro.

II) Ana vai de moto.

III) Helô estuda no Colégio Santo Antônio.

Com relação a estas afirmativas, conclui-se:

a) Apenas a **I** é verdadeira.

b) Apenas a **I** e a **II** são verdadeiras.

c) Apenas a **II** é verdadeira.

d) Apenas a **III** é verdadeira.

e) Todas são verdadeiras.

11. (OBM) Quantos quadrados têm como vértices os pontos do reticulado abaixo?

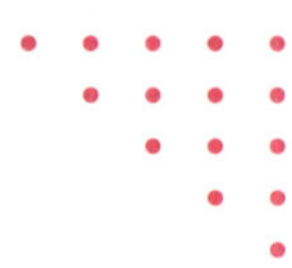

a) 6

b) 7

c) 8

d) 9

e) 10

12. (Cesgranrio-RJ) Um dado é dito "normal" quando faces opostas somam sete. Desse modo, num dado normal, o 1 opõe-se ao 6, o 2 opõe-se ao 5 e o 3 opõe-se ao 4. Dez dados normais são lançados sobre uma mesa e observa-se que a soma dos números de todas as faces superiores é 30. O valor da soma dos números de todas as faces que estão em contato com a mesa é:

a) 38.
b) 39.
c) 40.
d) 41.
e) 42.

13. (UFPE) Júnior intercala períodos em que está acordado, cada um de 19 horas, com períodos em que está dormindo, cada um de 6 horas. Se no dia 1º de dezembro Júnior foi dormir à 1h da manhã, temos que:

( ) em algum dia de dezembro, Júnior começará a dormir às 15h.
( ) em algum dia de dezembro, Júnior acordará às 17h.
( ) existem dois dias de dezembro em que Júnior acordará ao meio-dia.
( ) existem dois dias de dezembro em que Júnior começará a dormir à meia-noite.
( ) em 25 de dezembro Júnior acordará às 6h.

14. (UFC-CE) Um garoto brinca de arrumar palitos, fazendo uma sequência de quadrados, cada um com uma diagonal, como na figura:

O número de palitos que ele utilizará para fazer 100 quadrados, tendo em cada um uma diagonal, é igual a:

a) 401.
b) 411.
c) 421.
d) 431.
e) 441.

15. (OBM) Na multiplicação abaixo, alguns algarismos, não necessariamente iguais, foram substituídos pelo sinal *. Qual é a soma dos valores desses algarismos?

```
    * * *
  ×   * 7
  -------
    * * *
  * * *
  -------
  6 1 5 7
```

a) 17
b) 27
c) 37
d) 47
e) 57

16. (Cesgranrio-RJ) João sabia ter, em sua gaveta, 18 pés (9 pares) de meias: 10 meias brancas, todas iguais, e 8 meias pretas, todas iguais. Pegando, aleatoriamente, algumas meias da gaveta, quantos pés de meia, no mínimo, ele deve retirar para ter certeza de que pegou um par de meias da mesma cor?

a) 9
b) 8
c) 5
d) 4
e) 3

Respostas

1 Números reais: potências e radicais

1. a) 2 401

b) $\frac{1}{2\,401}$

c) $\sqrt[4]{7}$

d) $\sqrt[5]{2\,401}$

e) 2 401

f) 1

g) $\sqrt[5]{8}$

h) $\sqrt{6}$

i) $-\frac{1}{6}$

j) Não existe em $\mathbb{R}$.

k) $-\frac{1}{2}$

l) Não existe em $\mathbb{R}$.

m) -2

n) $\frac{1}{4}$

o) 0,001 ou $\frac{1}{1\,000}$

p) $\sqrt[10]{8}$

q) $\sqrt[3]{2}$

r) $2\sqrt[3]{2}$

2. a) F

b) V

c) F

d) V

e) F

f) V

g) V

h) V

i) V

j) F

k) F

l) V

3. a) 4^6

b) 16^3

c) 8^4

d) 64^2 ou $(-64)^2$

e) $\left(\frac{1}{6}\right)^{-2}$ ou $\left(-\frac{1}{6}\right)^{-2}$

f) 10^{-1}

g) $81^{\frac{1}{2}}$

h) $\left(-\frac{1}{2}\right)^{-5}$

i) 12^0

j) $81^{\frac{1}{4}}$

4. a) -101

b) 13

c) 8 500

d) $\frac{61}{16}$ ou $3\frac{13}{16}$

5. a) 2^7

b) 3^{-4}

c) 10^6

d) $5^{\frac{5}{8}}$

e) 10^2

f) 7^0

6. a) 2

b) 0,0001

c) 36

7. a) $6{,}2 \cdot 10^6$

b) $1{,}7 \cdot 10^{10}$

c) $4{,}3 \cdot 10^{-3}$

d) $8 \cdot 10^{-4}$

e) $2{,}95 \cdot 10^5$

f) $8{,}34 \cdot 10$

8. a) $=$

b) $<$

c) $=$

d) $=$

e) $>$

f) $=$

9. a) 9

b) 7

c) 441

d) 2,4

e) Aproximadamente 6,7

f) Aproximadamente 2,1

10. $\sqrt[2]{36} = 6$;

$\sqrt[3]{64} = 4$;

$\sqrt[4]{81} = 3$.

11. a) 625 ou 5^4

b) $\sqrt{7}$

c) 11

d) 6

e) 5

f) 2

g) 9

h) $\sqrt[3]{4}$

i) $\frac{2}{3}$

j) $\frac{3}{4}$

k) 4

l) 5^3 ou 125

12. a) 72

b) $\sqrt{7}$

c) $5\sqrt[3]{2}$

d) $11\sqrt[3]{11}$

e) 13

f) $\sqrt[5]{2^3}$ ou $\sqrt[5]{8}$

g) Não é exata e não pode ser simplificada ($\sqrt[5]{2^4}$).

h) 45

i) $2\sqrt{2}$

13. a) $\sqrt[30]{100\,000}$ e $\sqrt[30]{49}$

b) $\sqrt[8]{5}$ e $\sqrt[8]{625}$

c) $\sqrt[28]{128}$ e $\sqrt[28]{121}$

d) $\sqrt[6]{125}$ e $\sqrt[6]{6}$

e) $\sqrt[12]{1000}$, $\sqrt[12]{49}$ e $\sqrt[12]{16}$.

14. a) $<$

b) $>$

c) $>$

d) $<$

e) $<$

f) $<$

g) $=$

h) $>$

i) $>$

15. $\sqrt[10]{6}$, $\sqrt[15]{15}$ e $\sqrt[6]{3}$.

16. $\sqrt{3}$, $\sqrt[6]{26}$, $\sqrt[3]{5}$ e $\sqrt[4]{8}$.

17. a) Entre 9 e 10
b) Entre 39 e 40
c) Entre 2 e 3
d) Entre 5 e 6
e) Entre −4 e −3
f) Entre 14 e 15

18. a) $\sqrt[5]{22}$
b) $\sqrt[20]{972}$
c) $\sqrt{3}$
d) $\sqrt[4]{12}$
e) $8\sqrt[3]{11}$
f) $19\sqrt{3}$
g) $3\sqrt[5]{7}$
h) 0
i) $\sqrt[5]{16}$
j) 343
k) $\sqrt[3]{2}$
l) 5
m) $2\sqrt{3}$
n) $3\sqrt{2} + \sqrt{3}$

19. a) $3\sqrt[3]{10}$
b) $16\sqrt{2}$
c) $\sqrt[4]{2}$
d) $3\sqrt[5]{2}$

20. a) $7 + 2\sqrt{10}$
b) $19 - 8\sqrt{3}$
c) $13 - 4\sqrt{3}$
d) $105 + 20\sqrt{5}$
e) 2
f) 3
g) 26
h) −2

21. a) $\sqrt[3]{16}$
b) $\sqrt{245}$
c) $\sqrt[4]{162}$
d) $\sqrt{700}$
e) $\sqrt{32}$
f) $\sqrt[3]{10\,000}$

22. a) $>$
b) $<$
c) $>$
d) $>$

23. a) Entre 9 e 10
b) Entre 10 e 11
c) Entre 4 e 5
d) Entre 12 e 13
e) Entre 11 e 12
f) Entre 31 e 32

24. a) 2^7
b) 2^{-4}
c) 2^0
d) $2^{\frac{1}{2}}$
e) $2^{\frac{3}{7}}$
f) $2^{-\frac{5}{2}}$
g) $2^{-\frac{1}{2}}$
h) $2^{\frac{3}{2}}$
i) 2^{11}

25. a) $\frac{3\sqrt{10}}{10}$
b) $\frac{\sqrt[3]{20}}{2}$
c) $\frac{4\sqrt[5]{49}}{7}$
d) $\frac{\sqrt{22}}{2}$
e) $\frac{3\sqrt{2}}{5}$
f) $\frac{\sqrt{7}}{7}$
g) $\frac{\sqrt{10}}{6}$
h) $\frac{3\sqrt[3]{25}}{2}$
i) $\frac{12 - 3\sqrt{5}}{11}$
j) $\frac{4\sqrt{2} + \sqrt{6}}{13}$
k) $\frac{6\sqrt{7} + 6\sqrt{2}}{5}$
l) $\frac{2\sqrt{5} - \sqrt{6}}{7}$
m) $\frac{2 - \sqrt{2}}{4}$
n) $\frac{5\sqrt{6} + 4\sqrt{3}}{34}$
o) $2 + \sqrt{3}$

26. a) $\sqrt[4]{125}$
b) $\sqrt[3]{-2}$
c) $5\sqrt[3]{5}$
d) $\sqrt[3]{4}$
e) $\sqrt[10]{128}$
f) $\sqrt[7]{-125}$

27. a) 29
b) 8,4
c) $7\sqrt{11}$
d) 26; 27
e) $\sqrt{162}$
f) $\sqrt[6]{1\,000}$
g) $14^{\frac{1}{2}}$
h) $27^{\frac{1}{2}}$
i) $5^{\frac{3}{2}}$
j) $\frac{6\sqrt{5}}{5}$
k) $\frac{132 + 22\sqrt{3}}{33}$ ou $\frac{12 + 2\sqrt{3}}{3}$
l) 5; 6

28. Perímetro: $(\sqrt{10} + 5\sqrt{2})$ cm; área: $2\sqrt{5}$ cm².

29. a) $6 + 4\sqrt{2}$
b) $d = 2\sqrt{5}$

30. a) $12\sqrt{2}$
b) 14
c) $4\sqrt{2}$
d) $\sqrt{6}$
e) $25\sqrt{5}$
f) $\sqrt[4]{3}$
g) $\sqrt[4]{250}$
h) 45

31. a) $<$
b) $<$
c) $>$
d) $=$
e) $<$
f) $>$

32. a) Perímetro: $10\sqrt{2}$ cm; área: 12 cm²; diagonal: $\sqrt{26}$ cm.
b) Perímetro: $(4\sqrt{3} + 4\sqrt{5})$ cm; área: $4\sqrt{15}$ cm²; diagonal: $4\sqrt{2}$ cm.
c) Perímetro: $(6\sqrt{2} + 6\sqrt{3})$ cm; área: $9\sqrt{6}$ cm²; diagonal: $3\sqrt{5}$ cm.

33. a) $20\sqrt{2}$ cm
b) $8\sqrt{6}$ cm²

34. $\sqrt[3]{3}$

35. a) $\frac{1}{12\,500}$

b) A 8ª posição.

c) $\frac{1}{1\,250\,000\,000}$

d) $\frac{8}{10^{100}}$

e) $f = \frac{8}{10^n}$

36. a) $\sqrt{108}$

b) A 10ª posição.

c) $\sqrt{1200}$

d) $\sqrt{3n^2}$

e) $\sqrt{3}$, $2\sqrt{3}$, $3\sqrt{3}$, $4\sqrt{3}$, $5\sqrt{3}$,...

f) $80\sqrt{3}$

g) $80\sqrt{3}$; 80ª posição.

h) $n\sqrt{3}$

37. a) $\frac{1}{2^{16}}m_0$

b) Em janeiro de 2035

2 Equações e sistemas de equações do 2º grau

1. b) $3x^2 - 13x + 2 = 0$; $a = 3$, $b = -13$ e $c = 2$; completa.

c) $-6x^2 + x - 15 = 0$; $a = -6$, $b = 1$ e $c = -15$; completa.

f) $x^2 - x - 1 = 0$; $a = 1$, $b = -1$ e $c = -1$; completa.

g) $3x^2 - 8x = 0$; $a = 3$, $b = -8$ e $c = 0$; incompleta.

j) $-4x^2 = 0$; $a = -4$, $b = 0$ e $c = 0$; incompleta.

k) $4x^2 + 10 = 0$; $a = 4$, $b = 0$ e $c = 10$; incompleta.

l) $x^3 + 3x^2 + 3x + 1 = x^3 - 12x^2 + 48x - 64 \rightarrow 15x^2 - 45x + 65 = 0$; $a = 15$, $b = -45$ e $c = 65$; completa.

2. a) Incompleta

b) Incompleta

c) Completa

d) Incompleta

e) Completa

f) Incompleta

3. a) $a = 2$; $b = -5$; $c = 7$

b) $a = -1$; $b = 12$; $c = -1$

c) $a = 1$; $b = 0$; $c = -13$

d) $a = 1$; $b = -25$; $c = 0$

4. $-3\sqrt{5}$

5. a) Não

b) Não

c) Sim

d) Sim

e) 3 e −1

f) Sim

g) Sim

h) Sim

i) Sim

j) Sim

6. Perímetro da região quadrada: 24 m; perímetro da região retangular: 26 m.

7. a) $x = 0$

b) $x = \pm 5\sqrt{2}$

c) $x = \pm\sqrt{7}$

d) $x = 0$ ou $x = -7$

e) $x = 0$ ou $x = \frac{1}{2}$

f) $x = 0$ ou $x = 1\frac{2}{5}$

g) $x = 0$ ou $x = 1\frac{2}{3}$

h) $x = 0$

i) $x = \pm 6$

j) $x = 0$ ou $x = 17\frac{1}{2}$

k) $x = 0$

l) $x = \pm\sqrt{2}$

m) Impossível em $\mathbb{R}$

n) $x = 0$ ou $x = \frac{2}{5}$

8. a) $x = 3$ ou $x = -\frac{7}{3}$

b) $x = 2$ ou $x = -16$

c) Não existe valor real para x.

d) $x = \frac{5}{2}$

e) $x = 5$ ou $x = -1$

f) $x = -3 + \sqrt{5}$ ou $x = -3 - \sqrt{5}$

9. a) $x = 0$ ou $x = k$

b) $x = \pm 2\sqrt{m}$

c) $x = 0$ ou $x = -\frac{b}{a}$

d) $x = 0$

e) Impossível em $\mathbb{R}$

f) $x = 0$ ou $x = \frac{1-r}{r}$

10. a) $x = 4$ ou $x = 2$

b) $x = -3$ ou $x = -5$

c) $x = \frac{3 + 2\sqrt{2}}{2}$ ou $x = \frac{3 - 2\sqrt{2}}{2}$

d) Impossível em $\mathbb{R}$

11. a) $x' = -4$ e $x'' = \frac{1}{2}$

b) $x' = -5$ e $x'' = -10$

c) Não possui raízes reais.

d) $x' = \frac{3 + \sqrt{13}}{2}$ e $x'' = \frac{3 - \sqrt{13}}{2}$

e) $x' = x'' = 2\frac{1}{2}$

f) $x' = \frac{3}{4}$ e $x'' = 0$

g) $x' = \sqrt{3} + 1$ e $x'' = \sqrt{3} - 1$

h) $x' = -1$ e $x'' = -4$

i) $x' = 2\sqrt{5}$ e $x'' = -2\sqrt{5}$

j) $x' = 4$ e $x'' = 2$

k) $x' = 1\frac{1}{4}$ e $x'' = -2$

l) $x' = \frac{1}{2}$ e $x'' = -\frac{3}{4}$

m) Não possui raízes reais.

n) $x' = x'' = 3$

o) $x' = 2\sqrt{2}$ e $x'' = -\sqrt{2}$

p) $x' = \frac{2}{3}$ e $x'' = \frac{1}{3}$

12. −4

13. 5, 6 e 7

14. 42 cm

15. 11 lados

16. $x = 6$

17. $\frac{-4\sqrt{3}}{3}$ e $\frac{4\sqrt{3}}{3}$

18. 7,2 cm

19. 21 anos

20. a) Duas raízes reais distintas

b) Nenhuma raiz real

c) Uma única raiz real

d) Nenhuma raiz real

e) Duas raízes reais distintas

f) Uma única raiz real

21. $k \in \mathbb{R}, k \neq 2$

22. $m \in \mathbb{R}, m > -\frac{1}{3}$

23. $p = 5$

24. $k \in \mathbb{R}, k \leqslant 9$ e $k \neq 0$

25. $m = -1$ e $n = -4$

26. $x' = 1$ e $x'' = -3$

27. a) Duas raízes reais iguais;
$S = 7$ e $P = \frac{49}{4}$.
b) Não tem raízes reais.
c) Duas raízes reais distintas;
$S = \frac{11}{12}$ e $P = \frac{1}{8}$.
d) Duas raízes reais distintas;
$S = 3$ e $P = -4$.
e) Duas raízes reais distintas;
$S = 2$ e $P = 0$.
f) Duas raízes reais iguais;
$S = \frac{2}{3}$ e $P = \frac{1}{9}$.
g) Não tem raízes reais.
h) Duas raízes reais distintas;
$S = 1$ e $P = -\frac{5}{8}$.

28. $x' = \frac{3}{4}$ e $x'' = \frac{1}{6}$

29. $k = 14$

30. $m = 4\frac{1}{4}$

31. $m = 2$

32. $m = 2$ e $n = -1$

33. a) $x^2 - 13x + 40 = 0$
b) $5x^2 + 7x - 6 = 0$
c) $x^2 - 5x - 36 = 0$
d) $10x^2 - 11x + 3 = 0$
e) $x^2 + 9x = 0$
f) $x^2 - 36 = 0$

34. $x' = \frac{3}{5}$ e $x' = -2$

35. a) Raízes: 3 e −3.
b) Raízes: $-2, -\frac{1}{2}, \frac{1}{2}$ e 2.
c) Raízes: $-\frac{\sqrt{3}}{3}$ e $\frac{\sqrt{3}}{3}$.
d) Não possui raízes reais.
e) Raízes: $-2\sqrt{2}$ e $2\sqrt{2}$.
f) Raízes: $-\frac{\sqrt{14}}{2}$, 0 e $\frac{\sqrt{14}}{2}$.
g) Raízes: $-4, -\sqrt{5}, \sqrt{5}$ e 4.
h) Única raiz: 0.
i) Não possui raízes reais.
j) Raízes: −5, −3, 3 e 5.

36. a) $x = -1$ ou $x = 1$
b) Não existe valor real para x.
c) $x = 2$
d) $x = -1$
e) $x = 0$ ou $x = 2$
f) $x = -1$ ou $x = 5$
g) $x = 3$
h) $x = -3$ ou $x = 3$
i) $x = -2$ ou $x = -1$ ou $x = 1$ ou $x = 2$
j) $x = 4$

37. $x^4 - 28x^2 + 75 = 0$

38. 12 e 13 ou −13 e −12

39. a) $(3, 2)$ e $\left(-\frac{2}{3}, -9\right)$
b) $(7, -5)$ e $(-5, 7)$
c) $(3, -1)$ e $(7, -3)$
d) $(3, 3), (3, -3), (-3, 3)$ e $(-3, -3)$
e) Não existe par ordenado de números reais que seja solução do sistema.
f) Única solução: $(3, 3)$.
g) $(3, 1), (-3, 1), \left(\frac{\sqrt{33}}{2}, -\frac{1}{2}\right)$ e $\left(-\frac{\sqrt{33}}{2}, -\frac{1}{2}\right)$
h) Única solução: $(2, 1)$.
i) $(3, 0)$ e $(0, -3)$
j) $(2, 6)$ e $(-2, 6)$

40. $(1, 4)$ e $(-1, 4)$

41. −5 e −2

42. Região quadrada: 144 cm^2; região retangular: 32 cm^2.

43. $\overline{AC}$: 24 cm; $\overline{AB}$: 10 cm; $\overline{BC}$: 26 cm.

44. 8, 10 e 12 ou −6, −4 e −2

45. 6 e 4

46. 15

47. $\frac{3}{4}$

48. 40 km/h

49. 3 cm

50. 1,5 m

51. $m = 1$ (raiz 1) ou $m = 5$ (raiz 3)

52. a) $(x - 3)(x + 1)$
b) $(3x - 5)(x - 2)$
c) $(2x + 5)(3x + 2)$
d) $(x - 6)(x - 2)$
e) $(2x - 3)(2x + 1)$
f) $(5x - 3)(x - 1)$
g) $(x + 15)(x - 2)$
h) $(4x - 3)(2x - 3)$
i) $(x + 6)(7x - 1)$
j) $(y - 19)(y - 1)$

53. e

54. a) $(x + 14)(x - 14)$
b) $3xy(x - 4y + 5xy)$
c) $(x - 20)^2$
d) $(x + 7)(3 - y)$
e) $5(a^2 + 16a + 64) = 5(a + 8)^2$
f) $2(x + 4)(x - 4)$
g) $x(3x - 1)(x - 1)$
h) $(x - 6)(x^2 + 6x + 36)$
i) $(5x - 4)(5x - 1)$
j) $x(x + y) - 3(x + y) = (x - 3)(x + y)$
k) $(a^2 + 25)(a^2 - 25) = (a^2 + 25)(a + 5)(a - 5)$
l) $a(a + b - 1)$
m) $3\left(\frac{x}{7} + \frac{2a}{11}\right)$
n) $(4x^2 + 1)(2x + 1)(2x - 1)$

55. a) $\frac{2x}{5}$
b) $\frac{5x}{2}$
c) $\frac{1}{4y}$
d) $\frac{2x}{5y}$
e) $\frac{x - 7}{3}$
f) $\frac{x + 5}{x - 2}$
g) $\frac{2x - 5}{3}$
h) $\frac{x + 2}{x - 1}$
i) $\frac{x^2 + x + 1}{x - 1}$

j) $\frac{x+y}{x-3}$

k) $\frac{x+3}{x-3}$

l) $\frac{1}{x+2}$

56. a) Não
b) Sim
c) $x' = 2\sqrt{7}$ e $x'' = -2\sqrt{7}$
d) Duas raízes reais distintas
e) $k \geqslant -9$ e $k \ \ 0$
f) -2 e -1
g) Uma (7)
h) $-3, -\sqrt{2}, \sqrt{2}$ e 3
i) $\left(\frac{1}{2}, 3\right)$
j) 3

57. 56 cm^2

58. a) $80x^2 + 1600x$
b) $x = 4$

3 Explorando a ideia de função

1. $A(0, 5), B(1, 2), C(4, 4), D(-2, 0), E(3, -1), F(5, 0), G(0, -3), H(-2, 4), I(-2, -4), J(4, -3)$

2. a) $y = 3x$
b) $y = x^2$
c) $y = x^2 - 8x$

3. a) $y = 48 + 0{,}4x$
b) R$ 484,00
c) R$ 1 200,00
d) 60 unidades
e) Lucro de R$ 112,00

4. a) Sim
b) $D(f) = \{0, 3, 4, 8\}$
c) $CD(f) = \{0, 2, 5, 6, 9, 12\}$
d) $Im(f) = \{2, 5, 6, 12\}$

5. c, d, f.

6. a) $D = \{-2, -1, 0, 1, 2, 3, 4\}$, $Im = \{-1, 0, 2, 4\}$; é função.
b) $D = [-2, 3]$, $Im = [2, 4]$; é função.
c) $D = [-2, 4]$, $Im = [-1, 4]$; não é função.
d) $D = [-2, 4]$, $Im = [-1, 4]$; é função.

7. $Im = \{-1, 0, 1, 3, 4\}$

9. a) **b**
b) **a**
c) **d**
d) **c**

10. **d**

11. **e**

12. $y = \frac{2}{5}x - 2$

13. $y = x^2 + 3x - 4$
a) Quadrática
b) 1 e -4
c) Não
d) 126
e) Eixo x em $(1, 0)$ e $(-4, 0)$; eixo y em $(0, -4)$.

14. $y = x^2 - 4x + 3$

15. a) $S = \{x \in \mathbb{R} \mid x < 5$ ou $x \leqslant -12\}$
b) $S = \{x \in \mathbb{R} \mid x \geqslant 12\}$
c) $S = \left\{x \in \mathbb{R} \mid x < -\frac{16}{9}\right\}$
d) $S = \{x \in \mathbb{R} \mid x \leqslant 20\}$

16. c) 450 km

17. a) $A = \frac{17h}{2}$
b) 51 cm^2
c) 5 cm

18. Eixo x: não corta; eixo y: $(0, -7)$.

19. a) 2 dyn/cm
b) 12,25 erg

20. São paralelas.

22. $y = 5x + 1$

23. a) $a = 1$; $b = 2$; $c = -3$
b) -3 e 1
c) $V = (-1, -4)$
d) -4

24. a) $(1, -1)$
b) $(-4, 50)$
c) $(0, 0)$
d) $(5, 16)$
e) $\left(-\frac{3}{2}, -\frac{27}{4}\right)$
f) $(0, 11)$

25. a) 3 e 1
b) $V = (2, 1)$
c) 1

26. a) R$ 61,00
b) Sim
c) $y = 3 + 2{,}9x$ ou $y = 2{,}9x + 3$

27. $(-1, -3)$

29. a) f_1 e f_2
b) Só f_1
c) Só f_4
d) Só em f_1
e) Só em f_3

30. I-C; II-D; III-A; IV-B

31. a) Negativo
b) Negativo
c) Positivo
d) Nulo

32. a) $x = 5 \rightarrow f(x) = 0$; $x \ \ 5 \rightarrow f(x) > 0$
b) $x = -4 \rightarrow f(x) = 0$; $x \ \ -4 \rightarrow f(x) > 0$
c) $\forall x \in \mathbb{R}, f(x) < 0$
d) $x = -3 \rightarrow f(x) = 0$; $x \ \ -3 \rightarrow f(x) < 0$

33. **c**

34. a) $S = \left\{x \in \mathbb{R} \mid -2 \leqslant x \leqslant \frac{5}{2}\right\}$
b) $S = \{x \in \mathbb{R} \mid -9 < x < 1\}$

35. a) $y = 3$
b) $y = 3$
c) $x = 5$ ou $x = -5$
d) Não existe valor real para x.
e) Qualquer número real
f) Os números reais maiores do que ou igual a 0 ($y \in \mathbb{R}$, $y \geqslant 0$).

36. a) 1 600 m
b) 80 m/min
c) 0
d) 1 200 m

4 Proporcionalidade em Geometria

1. a) $\frac{1}{3}$
b) $\frac{\sqrt{2}}{2}$
c) $\frac{1}{2}$
d) 4
e) $\frac{1}{2\pi}$

2. 6 cm

3. $A: \frac{9}{5}$, $B: \frac{3}{2}$, $C: \frac{5}{3}$,
$D: \frac{3}{2}$, E: 4; B e D.

4. 50 cm

5. a) AB
b) HP
c) AM ou PE
d) AE

6. a) $\frac{2}{3}$
b) $\frac{2}{4} = \frac{1}{2}$
c) $\frac{2}{9}$
d) $\frac{7}{9}$

7. 625 km^2

8. $AB = 3$ e $BC = 6$

9. De cima para baixo: 4,5 cm e 10,5 cm; 3 cm e 7 cm; 15 cm e 35 cm; 13,5 cm^2 e 73,5 cm^2

10. a) 1 : 80
b) 2,4 m
c) 16,8 m
d) 14,4 m^2

11. a) 15 cm
b) 120 km

12. 3,20 m

13. $x = 8$ m; $y = 5{,}5$ m; $z = 11$ m

14. 8,5 m

15. $x = 8$, $y = 3$ e $t = 7{,}2$

16. $AB = 9$ cm; $BC = 12$ cm; $DE = 12$ cm; $EF = 16$ cm.

17. a) $x = 21$ e $y = 5$
b) $x = 10{,}5$ e $y = 7{,}5$
c) $x = 7{,}5$
d) $x = 7$ ou $x = 2$
e) $x = 3$
f) $x = 10$ e $y = 15$

18. $AB = 25$ m e $BC = 15$ m

19. $AF = 15$ e $AC = 21$

20. 15 m

21. Perímetro do $\triangle ABE$: 27; perímetro do $\triangle ACD$: 45.

24. $BC = 30$

25. $AR = 20{,}25$ cm e $CR = 33{,}75$ cm

26. Perímetro: 72; área: 216.

27. **e**

28. **a**

29. **a**

30. **c**

31. **d**

5 Semelhança

1. a) Sempre
b) Às vezes
c) Nunca
d) Às vezes
e) Nunca
f) Às vezes
g) Sempre
h) Sempre
i) Sempre
j) Às vezes
k) Às vezes
l) Nunca
m) Sempre

2. Sim; $\frac{1}{4}$.

3. Verdadeiras: **a**, **b**; falsas: **c**, **d**; **e**.

4. Comprimento: 18 cm; e largura: 10,5 cm.

5. 22,5 cm; 18,75 cm; 37,5 cm; 26,25 cm.

6. Sim

7. a) $x = 6$
b) $x = 1{,}2$

8. a) $\frac{3}{2}$
b) $x = 16$ e $y = 20$

9. 24 cm e 120 km

10. a) 400 cm por 400 cm ou 4 m por 4 m
b) 8 600 cm ou 86 m

11. 400 cm e 700 cm ou 4 m e 7 m.

12. R_1: 40 cm; R_2: 70 cm

13. a) Sim (caso AA); lados homólogos: $\overline{CB}$ e $\overline{PR}$; $\overline{AC}$ e $\overline{PQ}$; $\overline{AB}$ e $\overline{QR}$.
b) Sim (caso AA); lados homólogos: $\overline{MO}$ e $\overline{TS}$; $\overline{MN}$ e $\overline{TR}$; $\overline{NO}$ e $\overline{RS}$.
c) Não
d) Sim (caso AA); lados homólogos: $\overline{PQ}$ e $\overline{TS}$; $\overline{QR}$ e $\overline{SR}$; $\overline{PR}$ e $\overline{TR}$.
e) Sim (caso AA); lados homólogos: $\overline{RT}$ e $\overline{UV}$; $\overline{TS}$ e $\overline{VS}$; $\overline{RS}$ e $\overline{US}$.
f) Não

14. a) 108°
b) 108°
c) 8 cm
d) 6 cm
e) $\frac{4}{3}$
f) $\frac{16}{9}$

15. 3,75 cm

16. 6,25 cm

17. a) 5,1 cm
b) 7 cm
c) 10 cm
d) 3 cm

18. **a**

19. a) $x \simeq 3{,}2$ cm e $y = 3$ cm
b) $x \simeq 3{,}4$ cm e $y \simeq 3{,}5$ cm
c) $x = 2{,}7$ cm e $y = 2{,}9$ cm
d) $x = 4$ cm e $y = 10{,}8$ cm

20. 50 m

21. 7,5 m

22. $x = 6$ cm e $y = 4{,}8$ cm

23. 120 m

24. 9 m

25. 24 m

26. Perímetro do $\triangle ABC$: 15 cm; perímetro do $\triangle DEC$: 22,5 cm

27. a) $\triangle ABC$ e $\triangle EFG$ são semelhantes.

b) $\triangle ABC$ e $\triangle EFG$ podem ser ou não semelhantes.

c) $\triangle ABC$ e $\triangle EFG$ são semelhantes.

d) $\triangle ABC$ e $\triangle EFG$ não são semelhantes.

e) $\triangle ABC$ e $\triangle EFG$ podem ser ou não semelhantes.

f) $\triangle ABC$ e $\triangle EFG$ não são semelhantes.

g) $\triangle ABC$ e $\triangle EFG$ não são semelhantes.

29. 12 m

30. a) $\frac{4}{7}$

b) $\frac{4}{7}$

c) $\frac{16}{49}$

d) $\frac{64}{343}$

31. $m(\overline{BC}) = 9$ e $m(\overline{DE}) = 15$

32. a) 270 cm^2 b) 26 cm

33. 0,75

34. Grande: 20 cm por 16 cm por 12 cm; média: 15 cm por 12 cm por 9 cm; pequena: 10 cm por 8 cm por 6 cm.

6 Relações métricas no triângulo retângulo e na circunferência

1. Verdadeiras: **a**, **b**, **d**, **f**, **g**, **h**, **j**, **l**, **m**, **o**, **p**; falsas: **c**, **e**, **i**, **k**, **n**.

2. a) $\sqrt{15}$ cm

b) 4,8 cm

c) 12 cm

d) 25 cm

3. $AB = 24$; $AC = 7$; $BD = 23{,}04$; $BC = 25$; perímetro do $\triangle ABC$: 56, área da região determinada pelo $\triangle ABD$: 77, 4144.

4. a) $x = 6$ cm

b) $A = 72$ cm^2

5. $12\sqrt{5}$ cm

6. $h = 3$ cm; $m = \sqrt{3}$ cm; $n = 3\sqrt{3}$ cm.

7. $6\sqrt{13}$ cm

8. 4 cm

10. Perímetro: 18 cm; área: 18,45 cm^2.

11. 12 m

12. 10 cm

13. a) Perímetro: $16\sqrt{2}$ cm; área: 32 cm^2.

b) Perímetro: $(8 + \sqrt{34})$ cm; área: 7,5 cm^2.

c) Perímetro: $12\sqrt{3}$ cm; área: $12\sqrt{3}$ cm^2.

d) Perímetro: 36 cm; área: 60 cm^2.

e) Perímetro: 20 cm; área: $6\sqrt{14}$ cm^2.

f) Perímetro: 24 cm; área: 32 cm^2.

g) Perímetro: 60 cm; área: 150 cm^2.

14. a) Não

b) 126 cm^2

c) 54 cm

15. 4 cm

16. a) $a = 13$ cm; $h = 6$ cm; $b = 2\sqrt{13}$ cm $\simeq 7{,}2$ cm; $c = 3\sqrt{13}$ cm $\simeq 10{,}8$ cm

b) 39 m^2

17. a) 8 cm

b) 8 cm

18. a) Aproximadamente 17,3 dm

b) Aproximadamente 17,3 dm

19. a) 20 cm

b) 23 cm

20. a) Aproximadamente 5,7 cm

b) Aproximadamente 6,9 cm

21. 48 mm

22. 8 cm e 12 cm

23. $h \simeq 4{,}9$ cm e $A \simeq 41{,}7$ cm^2.

24. 6 cm

25. Largura: 6 cm; comprimento: 8 cm

26. $2\sqrt{13}$ km $\simeq 7{,}2$ km

27. $AB = 5$ e $BC = 5$

28. $\sqrt{35}$ cm $\simeq 5{,}9$ cm

29. Aproximadamente 41,2 m

30. Aproximadamente 6,4 dm

31. $75\sqrt{3}$ cm^2

32. I) **d**

II) **d**

III) **a**

33. $OC = 8$ cm e $BC = 2$ cm

34. $CR = 12$ e $RD = 18$

35. a) 11,25

b) 10

c) 4

d) 6

e) 9

f) 5

36. $AB = 6$ cm; $AD = 3$ cm; $AC = 12$ cm; $CD = 9$ cm; $AF = 4$ cm; $AE = 9$ cm.

37. **c**

38. 9 cm

39. **b**

40. 2 cm

41. **c**

42. 200,96 cm

7 Introdução à Trigonometria

2. $\frac{1}{3}$

3. A de índice $\frac{1}{3}$

4. a) A subida é mais íngreme.

b) A subida é menos íngreme.

5. $\widehat{\alpha} < \widehat{\beta}$; $\frac{h_1}{a_1} < \frac{h_2}{a_2}$.

7. 50,4 m

8. 8 cm e $4\sqrt{5}$ cm

9. Perímetro: 24 cm; área: 24 cm^2.

10. Aproximadamente 235 m

11. $\text{sen } \hat{B} = \frac{1}{4}$;

$\cos \hat{B} = \frac{\sqrt{15}}{4}$;

$\text{tg } \hat{B} = \frac{\sqrt{15}}{15}$;

$\text{sen } \hat{C} = \frac{\sqrt{15}}{4}$;

$\cos \hat{C} = \frac{1}{4}$; $\text{tg } \hat{C} = \sqrt{15}$.

a) $\hat{C}$

b) 2,5 cm

12. 51 m

13. 6 m

14. a) 11,4
b) 0,74
c) 0,24
d) 1,20
e) 0,98
f) 0,99

15. Aproximadamente 56°

16. a) 7,7 cm
b) Aproximadamente 2,9 dm
c) 15,04 cm
d) Aproximadamente 13,3 m

17. $x \simeq 37°$ e $y \simeq 53°$

18. $(54 + 18\sqrt{3})$ cm²

19. c

20. Triângulo equilátero:
$\ell = 2a\sqrt{3}$ e $a = \frac{\ell\sqrt{3}}{6}$;
quadrado: $\ell = 2a$ e
$a = \frac{\ell}{2}$; hexágono regular:
$\ell = \frac{2a\sqrt{3}}{3}$ e $a = \frac{\ell\sqrt{3}}{2}$.

22. a) $\ell = 1{,}5\sqrt{2}$; $a = 1{,}5\frac{\sqrt{2}}{2}$
b) $\ell = 8$; $a = 4\sqrt{3}$
c) $\ell = 12$; $a = 2\sqrt{3}$

23. d

24. Aproximadamente 9,05 cm

25. Aproximadamente 6,84 cm

26. a) Aproximadamente 6 cm
b) Aproximadamente 17,2 cm

27. Aproximadamente 10,79 cm

28. Aproximadamente 25°

29. $x \simeq 23{,}55$ cm e
$y \simeq 22{,}22$ cm.

30. Aproximadamente 1,7 km

31. Aproximadamente 177,4 m

32. 70 m

33. Aproximadamente 28 m

8 Perímetros, áreas e volumes

1. a) 31 cm
b) 77,5 cm²
c) 310 cm²
d) Aproximadamente 516,7 cm³
e) 9 cm
f) 8 cm

2. a) $A = 64$ m²
b) $A = 64$ m²
c) $A = 60$ m²
d) $A = 24$ m²

3. a) Perímetro: $n + v + b + t$;
área: $\frac{(n + b)v}{2}$.
b) Perímetro: $x + p + s$;
área: $\frac{x \cdot d}{2}$.
c) Perímetro: $4e$; área: e^2.
d) Perímetro: $4c$; área: $\frac{r \cdot a}{2}$.
e) Perímetro: $2i + 2f$; área: $f \cdot h$.

4. a) Perímetro: $g\pi$;
área: $\pi \cdot \left(\frac{g}{2}\right)^2$ ou $\frac{\pi g^2}{4}$
b) Perímetro: $y + \frac{y\pi}{2}$;
área: $\left[\pi \cdot \left(\frac{y}{2}\right)^2\right] : 2$ ou $\frac{\pi y^2}{8}$.

5. Aproximadamente 10,8 cm

6. a) 50,24 cm
b) Aproximadamente 4,19 cm

7. Aproximadamente 33,96 cm

8. Aproximadamente 88,5 cm

9. Aproximadamente 6,3 m

10. 150 cm²

11. Aproximadamente 22,6 cm

12. 1 200 m²

13. 168 m²

14. Comprimento: 80 m;
largura: 18 m.

15. 36 cm²

16. Aproximadamente 36,80 m²

17. $32\sqrt{3}$ cm²

18. Perímetro: 42 cm;
área: 108 cm².

19. Perímetro: 26 cm;
área: 30 cm².

20. a) Aproximadamente 280 m²
b) Aproximadamente 148,5 cm²
c) Aproximadamente 173 cm²

21. a) Aproximadamente 38,4 cm²
b) Aproximadamente 322 cm²

22. Aproximadamente 173 m²

23. Aproximadamente 378 cm²

24. a) Aproximadamente 140 m²
b) Aproximadamente 38,61 m²
c) Aproximadamente 45,6 cm²

25. a) Aproximadamente 145,6 m²
b) Aproximadamente 22,9 m²
c) Aproximadamente 902 m²

26. a) 140 m²
b) Aproximadamente 186,2 m²

27. a) Aproximadamente 3 080 m²
b) Aproximadamente 2 520 cm²

28. Aproximadamente 11 304 m²

29. 12 m

30. 9π cm²

31. 39 cm²

32. 7,5 cm por 6 cm

33. 18 m

34. $a = 2$ cm, $b = 4$ cm e
$c = 10$ cm.

35. Aproximadamente 565,2 cm
ou 5,652 m

36. Aproximadamente 111,27 cm²

37. Pedro: R$ 15,00;
Júlia: R$ 12,15;
Ana: R$ 10,00.

38. a) 9 400 cm²
b) 340 cm
c) 67,2 L

39. Aproximadamente 1,47 cm²

40. a) $\frac{5}{8}$

b) $\frac{2}{3}$

c) $\frac{5}{4}$

41. b

42. $A = 12{,}28$ cm²

43. 12 cm

44. 729 cm³

45. 216 cm³

46. a) Comprimento: 120 cm; largura: 50 cm; diagonal: 130 cm.

b) Por 400

47. 4 500 L

48. 451 170 cm³

49. e

50. c

51. a) 3

b) 4

c) $\frac{48}{9}$

f) 49 152; $\frac{1}{2187}$

g) $\frac{49152}{2187}$

h) Sétima; 12 288; $\frac{12288}{729}$ ou $\frac{4096}{243}$

52. a) 1 200 cm ou 12 m

b) 1 600 cm ou 16 m

c) 4 300 cm ou 43 m

d) $o = 1000d$ (em cm) e $o = 10d$ (em m)

e) $V \simeq 2{,}41$ cm³

f) 2 410 000 000 cm³ ou 2 410 m³

g) Não

h) $V_o = 1000000000 V_d$

9 Estatística, Combinatória e Probabilidade

1. a) Variável qualitativa discreta (1; 5).

b) Variável qualitativa nominal (verde; azul).

c) Variável qualitativa contínua (1 km; 2,5 km).

d) Variável qualitativa ordinal (prata; ouro).

e) Variável qualitativa discreta (2; 5).

f) Variável qualitativa nominal (Pará; Maranhão).

g) Variável qualitativa discreta (30; 45).

h) Variável qualitativa ordinal (P; M).

3. a) Variável quantitativa discreta (número de acertos).

b) 40 alunos

c) 12,5%

d) 27,5%

e) MA = 3,15 acertos por aluno; Mo = 3; Me = 3.

4. 180 alunos

5. Média salarial: R$ 1 592,25

8. a) 1 960 pessoas

b) 800 pessoas

c) 1 240 pessoas

d) Cinema: 176,4°; concertos musicais: 111,6°; teatro: 72°.

9. $\frac{10}{100} = \frac{1}{10}$

10. b) Luís

11. a) 16; 32

b) Sim; 9ª

c) A partir da 11ª geração

d) 31; 1 023

f) $b = 2^{n-1}$

g) $T = 2^n - 1$

Atividades de Lógica

1. c

2. d

3. c

4. d

5. 20

6. c

7. d

8. II

9. b

10. b

11. b

12. c

13. V, V, V, F, F.

14. a

15. c

16. e

STEVE DEBENPORT/E+/GETTY IMAGES

FRANCESCO CHINAZZO/SHUTTERSTOCK/GLOW IMAGES, WWW.FOOTSTATS.COM.BR/ARQUIVO DA EDITORA

SIANC/SHUTTERSTOCK/GLOW IMAGES

No 9º ano, entre outros assuntos, você vai continuar seus estudos sobre Estatística, bem como sobre Probabilidade e Combinatória. Assim, você vai conseguir analisar e compreender diferentes tipos de informação, além de ser capaz de aceitar (ou não) e apresentar argumentos com base em dados, o que é extremamente importante no dia a dia.

Bons estudos!

projeto

Teláris

estudar MATEMÁTICA

DANIEL ALMEIDA/ARQUIVO DA EDITORA

A Estatística está por toda parte.

NOSSAS MUITAS INTELIGÊNCIAS!

O ser humano tem capacidades variadas. As capacidades verbal e matemática são as mais lembradas, mas há muitas outras, como as habilidades para os esportes ou para a música. Todas igualmente válidas. Ou seja, todos nós temos muitas ***inteligências****.*
Elas funcionam combinadas e muitas vezes uma, ou mais de uma, se destaca em relação às outras.
Saiba quais são essas inteligências. Isso vai ajudá-lo a se conhecer melhor e a descobrir suas aptidões.

INTELIGÊNCIA MUSICAL
Ouvir músicas, tocar instrumentos, interpretar sons e cantar são as aptidões que mais se destacam nesse tipo de inteligência.

INTELIGÊNCIA CORPORAL
Interagir com o mundo por meio do contato manual e corporal, ter habilidade para o esporte, a dança e a construção de objetos são as aptidões que predominam.

INTELIGÊNCIA LÓGICO-MATEMÁTICA
Contar e classificar objetos, criar tabelas e gostar de solucionar problemas complexos são habilidades que se destacam.

INTELIGÊNCIA LINGUÍSTICA
A aptidão para atividades de comunicação centradas no uso da palavra falada ou escrita é própria desse tipo de inteligência.

ÍCONES E INFOGRÁFICO: BRUNO ALGARVE/ARQUIVO DA EDITORA

INTELIGÊNCIA ESPACIAL
Habilidade especial para orientar-se no espaço, usar mapas e visualizar um objeto de um ângulo diferente, como no jogo de xadrez, bem como aptidão para as artes visuais e artes gráficas são características da inteligência espacial.

INTELIGÊNCIA INTERPESSOAL
Perceber mudanças de humor, de motivação e de intenções nas pessoas e ter facilidade de interação com os outros seres humanos são habilidades que sobressaem.

INTELIGÊNCIA INTRAPESSOAL
Habilidade de perceber os aspectos mentais e emocionais das pessoas e aptidão para a autorreflexão e para atividades que requerem escrita ou pesquisa, em projetos individuais e independentes, são características predominantes na inteligência intrapessoal.

A grande maioria dos meios de comunicação, como jornais, revistas, televisão e internet, faz uso de gráficos, tabelas e termos estatísticos para enriquecer e auxiliar a divulgação de informações.

DANIEL ALMEIDA/ ARQUIVO DA EDITORA

O uso das estatísticas nos esportes

O uso de estatísticas nos esportes está se tornando cada vez mais comum. Por exemplo, nas notícias, é comum aparecer informações sobre **média aritmética** para comparar o desempenho dos competidores.

No futebol, fala-se da média de gols marcados ou sofridos, do tempo médio de posse de bola por partida. No voleibol, fala-se da média de pontos por partida, da média de bloqueios, etc.

Outra medida de tendência central que você já estudou é a **moda**.

Em um conjunto de dados, o valor que se repete mais vezes é chamado de moda.

Se um time marcou mais vezes 2 gols por jogo nas partidas que disputou, a moda foi 2. Se marcou mais vezes 1 gol por jogo, a moda foi 1.

ISSO MESMO, MODA! VOCÊ SE LEMBRA? MODA NÃO É O QUE ESTÁ EM EVIDÊNCIA, O QUE TODO MUNDO ESTÁ USANDO, O QUE APARECE MAIS? POIS ENTÃO, A MODA DA MATEMÁTICA SEGUE O MESMO PRINCÍPIO!

E POR FALAR EM MODA, ULTIMAMENTE, O QUE ESTÁ MAIS NA MODA NO MUNDO DO FUTEBOL É FALAR DO JOGADOR NEYMAR, NÃO É MESMO? NÃO APENAS POR CAUSA DA MODA LANÇADA COM O CORTE DE CABELO, MAS PRINCIPALMENTE PELO EXCELENTE DESEMPENHO DELE.

TASSH/SHUTTERSTOCK/GLOW IMAGES

Que moda é essa?

PAUL GILHAM/GETTY IMAGES/ AGÊNCIA FRANCE-PRESSE

Se mantiver a média de gols, Neymar pode superar Pelé em 2020.
A média de gols de Pelé é de 0,83 gol por partida; até abril de 2015, a média de Neymar era de 0,7 gol por partida.
Fonte: Globo Esporte. Disponível em: <http://globoesporte.globo.com/futebol/selecao-brasileira/noticia/2015/03/se-mantiver-media-de-gols-neymar-pode-superar-pele-no-brasil-em-2020.html>. Acesso em: 27 abr. 2015.

PHIL DATE/SHUTTERSTOCK/GLOW IMAGES

O nome do Projeto Teláris se inspira na forma latina telarium, que significa "tecelão", para evocar o entrelaçamento dos saberes na construção do conhecimento.

Use esse QR Code para acessar o *site* exclusivo do Projeto Teláris. Basta fazer o *download* de um leitor de QR Code no seu celular ou *tablet* e posicionar a câmera como se fosse fotografar a imagem acima.

projeto Teláris

Luiz Roberto Dante

Matemática 9

Luiz Roberto Dante

- Livre-docente em Educação Matemática pela Unesp – Rio Claro, SP
- Doutor em Psicologia da Educação: Ensino da Matemática pela PUC – São Paulo
- Mestre em Matemática pela USP
- Pesquisador em Ensino e Aprendizagem da Matemática pela Unesp – Rio Claro, SP
- Ex-professor da rede estadual do Ensino Fundamental e Médio de São Paulo
- Autor de vários livros, entre os quais: *Formulação e resolução de problemas de Matemática: teoria e prática*; *Didática da Matemática na pré-escola*; *Projeto Ápis*: Natureza e Sociedade, Linguagem e Matemática (Educação Infantil – 3 volumes); *Projeto Ápis Matemática* (1º ao 5º ano); *Projeto Voaz Matemática* (Ensino Médio – volume único); *Projeto Múltiplo – Matemática* (Ensino Médio – 3 volumes).

editora ática

editora ática

Diretoria de conteúdo e inovação pedagógica
Mário Ghio Júnior
Diretoria editorial
Lidiane Vivaldini Olo
Gerência editorial
Luiz Tonolli
Editoria de Ciências Exatas
Ronaldo Rocha
Edição
Cibeli Chibante Bueno
e André Luiz Ramos de Oliveira (estag.)
Arte
Ricardo de Gan Braga (superv.),
Andréa Dellamagna (coord. de criação),
André Gomes Vitale (editor de arte),
Lourenzo Acunzo (assist.) e DIGKIDS (diagram.)
Revisão
Hélia de Jesus Gonsaga (ger.), Rosângela Muricy (coord.),
Ana Curci, Ana Paula Chabaribery Malfa, Claudia Virgilio,
Vanessa de Paula Santos e Brenda Morais (estag.)
Iconografia
Sílvio Kligin (superv.),
Roberta Freire Lacerda (pesquisa),
Cesar Wolf e Fernanda Crevin (tratamento de imagem)
Ilustrações
Casa de Tipos, Mauro Souza,
Paulo Manzi e Suryara Bernardi
Cartografia
Eric Fuzii, Marcelo Seiji Hirata, Márcio Santos de Souza,
Robson Rosendo da Rocha e Allmaps
Foto da capa: lassedesignen/Shutterstock/Glow Images

Direitos desta edição cedidos à Editora Ática S.A.
Avenida das Nações Unidas, 7221, 3º andar, Setor C
Pinheiros – São Paulo – SP – CEP 05425-902
Tel.: 4003-3061
www.atica.com.br / editora@atica.com.br

Dados Internacionais de Catalogação na Publicação (CIP)
(Câmara Brasileira do Livro, SP, Brasil)

Dante, Luiz Roberto
Projeto Teláris : matemática : ensino fundamental 2 / Luiz Roberto Dante. – 2.ed. – São Paulo : Ática, 2015. – (Projeto Teláris : matemática)

Obra em 4 v. para alunos do 6º ao 9º ano.

1. Matemática (Ensino fundamental) I. Título. II. Série.

15-02979 CDD-372.7

Índice para catálogo sistemático:
1. Matemática : Ensino fundamental 372.7

2017

ISBN 978 85 08 17267 2 (AL)
ISBN 978 85 08 17266 5 (PR)
Cód. da obra CL 738804
CAE 542 451 (AL) / 542 439 (PR)

2ª edição
4ª impressão

Impressão e acabamento
Log&Print Gráfica e Logística S.A.

ABDR
ASSOCIAÇÃO BRASILEIRA DE DIREITOS REPROGRÁFICOS
CÓPIA NÃO AUTORIZADA É CRIME
RESPEITE O DIREITO AUTORAL
EDITORA AFILIADA

Apresentação

Caro aluno

Bem-vindo a esta nova etapa de estudos e aprendizagens.

Como você já sabe, a Matemática é uma parte importante de sua vida. Ela está presente em todos os lugares e em todas as situações de seu cotidiano: na escola, no lazer, nas brincadeiras, em casa, etc.

Escrevi este livro para você compreender as ideias matemáticas e aplicá-las em seu dia a dia. Estou certo de que fará isso de maneira prazerosa, agradável, participativa e sem aborrecimentos. Sabe por quê? Porque ao longo deste livro você será convidado a pensar, a resolver problemas e desafios, a trocar ideias com os colegas, a observar ao seu redor, a ler sobre a evolução histórica da Matemática, a trabalhar em equipe, a conhecer curiosidades, a brincar, a pesquisar, a argumentar, a redigir e a divertir-se.

Gostaria muito de que aceitasse este convite com entusiasmo e dedicação, participando ativamente de todas as atividades propostas.

Vamos começar?

Um abraço

O autor

Conheça seu livro de Matemática

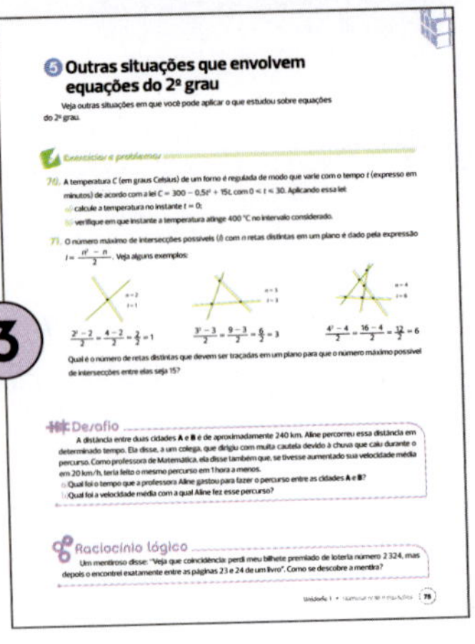

① Abertura da Unidade

Apresenta uma imagem e um breve texto de introdução.

Os ícones que aparecem em destaque nesta página e se repetem na borda de todas as páginas ímpares, indicam o número e o tema de cada Unidade para que você possa se localizar com mais facilidade.

Ponto de partida

Nesta seção há algumas questões sobre os assuntos que serão desenvolvidos na Unidade.

② Introdução dos capítulos

Todos os capítulos se iniciam com uma ou mais imagens e um texto de introdução que vão prepará-lo para as descobertas que você fará no decorrer do trabalho proposto.

③ Seções

Ao longo dos capítulos, há várias seções especiais que vão contribuir para a construção de seus conhecimentos matemáticos. ***Exercícios e problemas.*** Diferentes atividades para você resolver, desenvolvendo os conceitos abordados. ***Desafios.*** Atividades instigantes que exigem maior perspicácia. ***Bate-papo.*** Atividades orais. ***Você sabia?*** Curiosidades relacionadas aos tópicos estudados. ***Oficina de Matemática.*** Atividades de experimentação, verificação e sistematização dos conteúdos apresentados. ***Curiosidade matemática.*** Interessantes curiosidades relacionadas especificamente à Matemática. ***Leitura.*** Textos adicionais que complementam e contextualizam a aprendizagem. ***Raciocínio lógico.*** Atividades voltadas para a aplicação de noções de Lógica na resolução de problemas.

Estudando Matemática, você vai adquirir conhecimentos que vão auxiliá-lo a compreender o mundo à sua volta, estimulando também seu interesse, sua curiosidade, seu espírito investigativo e sua capacidade de resolver problemas. Assim, você terá uma participação mais ativa e esclarecida na sociedade. Veja como os livros desta coleção foram organizados.

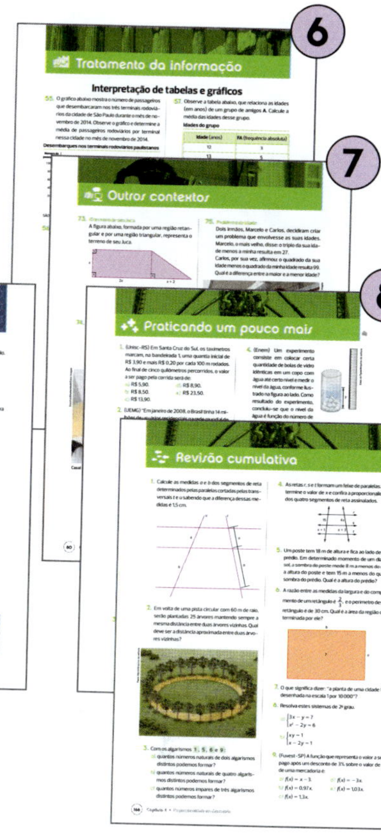

6

7

8

9

4

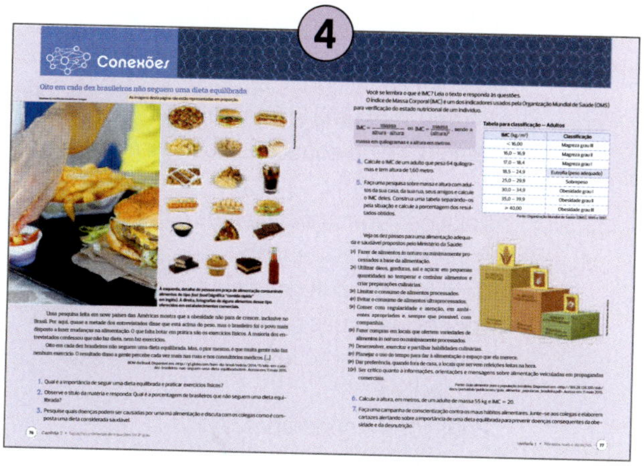

5

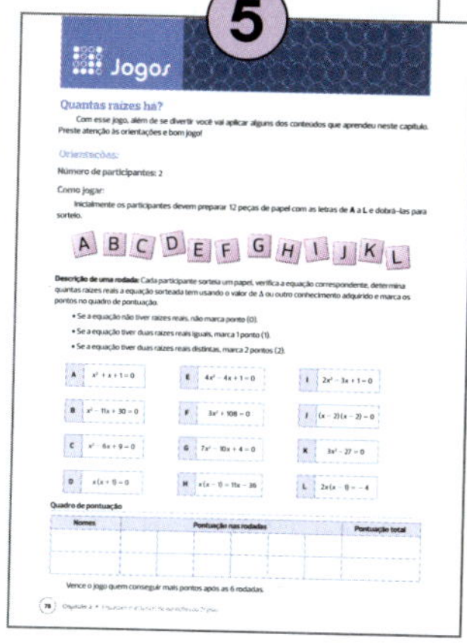

10

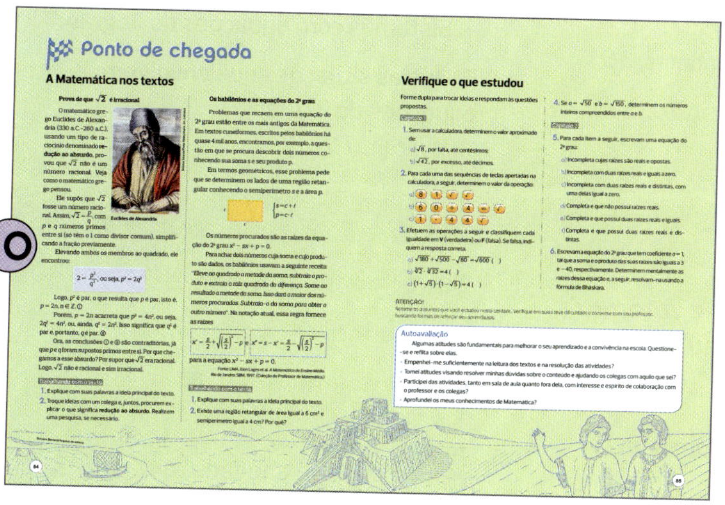

CONTEÚDO DIGITAL

Este ícone indica que há conteúdo digital disponível em: www.projetotelaris.com.br

④ Conexões

Seção interdisciplinar que prioriza a abordagem de temas, como ética, saúde e meio ambiente. Os textos são acompanhados de questões que evidenciam a Matemática em diferentes contextos.

⑤ Jogos

Seção de jogos relacionados aos conteúdos que estão sendo estudados nos capítulos.

⑥ Tratamento da informação

Atividades que envolvem Estatística e exploram gráficos e tabelas.

⑦ Outros contextos

Atividades adicionais que envolvem situações-problema contextualizadas.

⑧ Praticando um pouco mais

Testes e questões, a maioria extraída de avaliações oficiais, para fixar e ampliar seu aprendizado.

⑨ Revisão cumulativa

Atividades, problemas e testes que revisam contínua e cumulativamente os conceitos e procedimentos fundamentais estudados nos capítulos e nos anos anteriores.

⑩ Ponto de chegada

Seção de encerramento de cada Unidade, composta de três momentos especiais: ***A Matemática nos textos***, que apresenta leituras interessantes, geralmente relacionadas à história da Matemática; ***Verifique o que estudou***, revisão de alguns dos temas abordados ao longo da Unidade, por meio de exercícios; ***Autoavaliação***, momento para você refletir sobre seu processo de aprendizagem e sobre atitudes que tomou em relação a seus estudos, ao professor e aos colegas.

Sumário

Unidade 1 — Números reais e equações

Evgeny Karandaev/Shutterstock/Glow Images

Sumário

Unidade 2: Função e Geometria

INSADCO Photography/Alamy

Sumário

Unidade 3 Geometria e Trigonometria

Scott & Michel/Arquivo da editora

Sumário

Unidade 4: Grandezas e medidas e Estatística

Jocic/Shutterstock/Glow Images

Stillfx /Shutterstock/ Glow Images

Unidade 1

Jae C. Hong/Ap Photo/Glow Images

Bob Burnquist, do Brasil, na final *Skateboarding* Big Air no X Games em Los Angeles, 29 de julho de 2011.

Números reais e equações

Custodio Coimbra/Agência O Globo

Skate Park Jorge Luiz Souza "Tatu" (Pista Madureira). A pista, localizada no bairro de Madureira, na cidade do Rio de Janeiro, é a segunda maior do país, com 3 850 m^2. Foto de 2013.

A fotografia da página ao lado mostra o esqueitista brasileiro Bob Burnquist (Robert Dean Silva Burnquist), considerado um dos maiores esqueitistas do mundo. Bob é o maior medalhista da história do X Games (com um total de 25 medalhas), a mais importante competição internacional de esportes radicais. Até 2014, foi doze vezes campeão dessa competição.

O esqueite é um esporte no qual o atleta equilibra-se sobre uma prancha com quatro pequenas rodas, deslocando-se e saltando sobre o solo. Em muitos locais, como parques e praças, há pistas apropriadas para a prática do esqueite.*

(*) Essa palavra é, ao mesmo tempo, nome do esporte e da prancha com a qual ele é praticado. Origina-se do termo skateboard, *da língua inglesa.*

Ponto de partida

Sob a orientação do professor, converse com os colegas e responda:

1. Suponha que a pista acima seja construída em um terreno quadrado com área de 3 850 m^2. Quanto mede cada lado desse terreno? Resolva usando raiz quadrada.
2. Suponha que uma pista de *skate* em formato retangular tenha $3x$ metros de largura, $6x$ metros de comprimento e a área ocupada pela pista seja de 288 m^2. Qual é a equação que permite calcular x? Resolva-a e determine a largura e o comprimento dessa pista.
3. O que é uma equação? Como são chamados os números desconhecidos de uma equação?

Capítulo 1

Números reais: potências e radicais

Carlos Luvizari/Acervo do fotógrafo

Aquário de Santos (SP). Foto de 2014.

1 Introdução

Você já visitou um aquário?

Várias cidades ao redor do mundo possuem aquários magníficos, com diversas espécies aquáticas: peixes (incluindo enguias, arraias e tubarões); moluscos (como polvos e lulas); e aves e mamíferos (como pinguins, baleias, focas, leões-marinhos); entre outros animais.

Acompanhe a situação a seguir.

No aquário de uma cidade, foi instalado um tanque com forma cúbica para abrigar alguns peixes. Sabendo que a capacidade do tanque é de 10 000 litros, quanto mede cada uma de suas arestas? Lembre-se de que 10 000 L é a capacidade quando o volume é de 10 metros cúbicos.

Paulo Manzi/Arquivo da editora

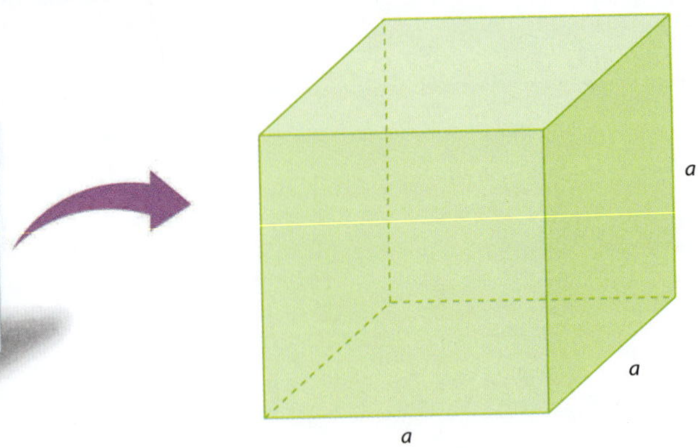

Para resolver essa situação, precisamos determinar o número que elevado ao cubo resulta 10. Esse número é conhecido por **raiz cúbica de 10** e é indicado assim: $\sqrt[3]{10}$.

Neste capítulo, vamos retomar e aprofundar o que você estudou sobre potenciação e raiz quadrada. Vamos abordar outras raízes e também ampliar o estudo da potenciação.

2 Potenciação

Você já estudou a operação **potenciação**. Aqui vamos ampliar seus conhecimentos sobre essa operação.

Potenciação com número real na base e número natural no expoente

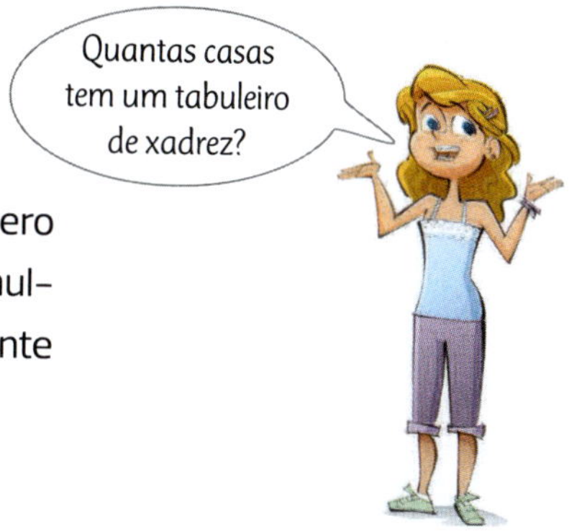

Você já estudou: se o expoente em uma potenciação é um número natural diferente de zero, para descobrir o resultado (potência), basta multiplicar a base por ela mesma, usando tantos fatores quantos o expoente indicar.

$8 \cdot 8 = 8^2 = 64$, ou seja, 64 casas.

Em $8^2 = 64$, temos:

8: base   2: expoente   64: potência

Saiko3p/Shutterstock/Glow Images

Leitura: 8 elevado ao quadrado é igual a 64

ou

8 ao quadrado é igual a 64

ou

8 elevado à segunda potência é igual a 64.

De um modo geral, podemos escrever:

Se a é um número real e n é um número natural, $n \neq 0$, temos:

$$a^n = \underbrace{a \cdot a \cdot a \cdot ... \cdot a}_{n \text{ fatores}}$$

a: base

n: expoente

Exemplos:

a) $2^4 = 2 \cdot 2 \cdot 2 \cdot 2 = 16$

b) $(-5)^2 = (-5) \cdot (-5) = +25$

c) $\left(-\frac{1}{3}\right)^3 = \left(-\frac{1}{3}\right) \cdot \left(-\frac{1}{3}\right) \cdot \left(-\frac{1}{3}\right) = -\frac{1}{27}$

d) $(-0{,}2)^5 = (-0{,}2) \cdot (-0{,}2) \cdot (-0{,}2) \cdot (-0{,}2) \cdot (-0{,}2) = -0{,}00032$

e) $7^1 = 7$

f) $0^6 = 0$

g) $\left(\sqrt{5}\right)^1 = \sqrt{5}$

Observe que:

$(-3)^2 = (-3) \cdot (-3) = +9$ e $-3^2 = -(3 \cdot 3) = -9$

Logo, $(-3)^2 \neq -3^2$.

Exercícios

1. Efetue as potenciações com número natural diferente de zero no expoente.

a) 3^4
b) $(-4)^2$
c) $(-3)^3$
d) $\left(\frac{5}{8}\right)^2$
e) $(3{,}1)^3$
f) 18^1
g) $\left(1\frac{1}{2}\right)^4$
h) $(-2)^6$
i) 0^7
j) $(-0{,}2)^4$
k) $\left(-\frac{1}{3}\right)^5$
l) 23^2

2. Represente e efetue as potenciações correspondentes.

a) Base 4 e expoente 5.
b) Base 5 e expoente 4.
c) -3 elevado à sexta potência.
d) $\frac{2}{7}$ elevado ao cubo.
e) $-0{,}3$ elevado ao quadrado.
f) Base e expoente iguais e como resultado um número natural de dois algarismos.

3. Efetue as potenciações com número natural no expoente e depois responda às questões propostas.

a) 6^4
b) $(+2)^5$
c) $(+3{,}4)^2$
d) $(+10)^7$
e) 1^9
f) $\left(+\frac{2}{3}\right)^3$
g) $(-2)^3$
h) $(-5)^1$
i) $(-1)^9$
j) $\left(-\frac{1}{2}\right)^5$
k) $(-0{,}7)^3$
l) $(-10)^7$
m) $(-5)^2$
n) $(-3{,}9)^2$
o) $\left(-\frac{1}{2}\right)^4$
p) $(-10)^6$
q) $(-3)^4$
r) $(-2{,}5)^2$

- Se a base é positiva, a potência é positiva ou negativa?
- Se a base é negativa, a potência é positiva ou negativa?

4. Compare as potências.

a) 5^2 ________ $(-5)^2$
b) $(-2)^2$ ________ -2^2
c) $(-3)^3$ ________ -3^3
d) $(-4)^5$ ________ -4^5

5. Determine o valor das expressões numéricas.

a) $(-1)^3 - (-2)^2 + (-3)^2 - (+2)^4 - (-1)^2$
b) $(-3)^2 - \left(-\frac{1}{2}\right)^2 \cdot (+2)^2 + \left(+\frac{1}{2}\right)^2$

6. Verifique se (-3) é solução da equação $x^2 + 5x + 6 = 0$.

7. Determine o valor de:

a) $(-1)^n + (-1)^m - (-1)^n$, para n par e m ímpar;
b) $(-1)^m - (-1)^n - (-1)^n + (-1)^m$, para n ímpar e m par.

Leitura

Economizar água é fundamental!

A água doce que usamos é muito rara e por isso devemos economizá-la sempre.

Estima-se que haja $1,3 \cdot 10^{21}$ litros de água salgada sobre a superfície da Terra. Isso corresponde a 97% do total de água sobre a Terra. Os 3% restantes correspondem às águas glaciais (das geleiras), às águas subterrâneas (do subsolo) e à água de superfície (dos rios).

Diante disso, devemos estar atentos a tudo o que possa colaborar para a economia da água de que dispomos: desde a não poluição dos rios até as situações do nosso cotidiano, como na escovação dos dentes, no banho, na faxina da casa, etc.

Danilo Verpa/Folhapress

Represa do Sistema Cantareira, em Joanópolis, São Paulo, 2014.

Agora é com você!

Estima-se que a quantidade de água doce da superfície da Terra seja de $1,34 \cdot 10^{18}$ litros. Em relação ao total de água sobre a Terra, a quanto corresponde em porcentagem esse tipo de água?

Propriedades da potenciação

1ª propriedade: Multiplicação de potências de mesma base

Observe:

$2^3 \cdot 2^2 = 2 \cdot 2 \cdot 2 \cdot 2 \cdot 2 = 2^5 = 2^{3+2}$

Ou seja: $2^3 \cdot 2^2 = 2^{3+2}$.

De modo geral, dizemos que:

> Se a é um número real não nulo e m e n são números naturais, então, temos:
>
> $$a^m \cdot a^n = a^{m+n}$$

Exemplos:

a) $(-3)^2 \cdot (-3)^4 = (-3)^{2+4} = (-3)^6$

b) $\left(\frac{1}{3}\right)^3 \cdot \left(\frac{1}{3}\right) = \left(\frac{1}{3}\right)^{3+1} = \left(\frac{1}{3}\right)^4$

c) $(-0,1)^5 \cdot (-0,1) \cdot (-0,1)^2 = (-0,1)^{5+1+2} = (-0,1)^8$

2ª propriedade: Divisão de potências de mesma base

Observe:

$$5^7 : 5^4 = \frac{\cancel{5} \cdot \cancel{5} \cdot \cancel{5} \cdot \cancel{5} \cdot 5 \cdot 5 \cdot 5}{\cancel{5} \cdot \cancel{5} \cdot \cancel{5} \cdot \cancel{5}} = 5 \cdot 5 \cdot 5 = 5^3 = 5^{7-4}$$

Ou seja: $5^7 : 5^4 = 5^{7-4}$.

De modo geral, podemos escrever:

> Se a é um número real não nulo e m e n são números naturais, então, temos:
> $$a^m : a^n = a^{m-n}$$

Exemplos:

a) $(0,2)^7 : (0,2)^5 = (0,2)^{7-5} = (0,2)^2$

b) $\left(-\frac{1}{3}\right)^5 : \left(-\frac{1}{3}\right)^3 = \left(-\frac{1}{3}\right)^{5-3} = \left(-\frac{1}{3}\right)^2$

3ª propriedade: Potência de potência

Veja:

$(3^4)^2 = 3^4 \cdot 3^4 = 3^{4+4} = 3^8 = 3^{4 \cdot 2}$

Ou seja: $(3^4)^2 = 3^{4 \cdot 2}$.

De maneira geral, dizemos que:

> Se a é um número real não nulo e m e n são números naturais, então, temos:
> $$(a^m)^n = a^{m \cdot n}$$

Exemplos:

a) $[(-0,1)^3]^2 = (-0,1)^{3 \cdot 2} = (-0,1)^6$

b) $\left[\left(\frac{1}{2}\right)^2\right]^4 = \left(\frac{1}{2}\right)^{2 \cdot 4} = \left(\frac{1}{2}\right)^8$

4ª propriedade: Potência de um produto ou de um quociente

Acompanhe:

a) $(2 \cdot 3)^3 = (2 \cdot 3) \cdot (2 \cdot 3) \cdot (2 \cdot 3) = (2 \cdot 2 \cdot 2) \cdot (3 \cdot 3 \cdot 3) = 2^3 \cdot 3^3$

b) $(5 : 2)^2 = \left(\frac{5}{2}\right)^2 = \frac{5}{2} \cdot \frac{5}{2} = \frac{5 \cdot 5}{2 \cdot 2} = \frac{5^2}{2^2} = 5^2 : 2^2$

De modo geral, dizemos que:

> Se a e b são números reais não nulos e n é um número natural diferente de zero, então, temos:
> $$(a \cdot b)^n = a^n \cdot b^n$$
> ou
> $$\left(\frac{a}{b}\right)^n = (a : b)^n = a^n : b^n = \frac{a^n}{b^n}$$

Expoente zero

2^4	2^3	2^2	2^1	2^0
↓	↓	↓	↓	↓
16	8	4	2	1

O padrão dessa sequência é sempre dividir o termo anterior pela base 2. Assim, temos:

- $16 : 2 = 8$
- $8 : 2 = 4$
- $4 : 2 = 2$

Consequentemente, o próximo passo é efetuar $2 : 2 = 1$, ou seja, $2^0 = 1$.

De modo geral, escrevemos:

> Se a é um número real diferente de zero, temos:
> $a^0 = 1$

Exercícios

8. Escreva na forma de uma única potência.

a) $3^4 \cdot 3^2$

b) $2^7 : 2^3$

c) $2 \cdot 2^2 \cdot 2^3$

d) $(2^3)^4$

e) $[(-1{,}2)^2]^3$

f) $[(5^2)^3]^2$

9. Escreva na forma de um produto de potências.

a) $(2 \cdot 3)^2$

b) $(3 \cdot 4 \cdot 5)^3$

c) $(a \cdot b)^3$

d) $(x^2 \cdot y^3)^2$

10. Determine o valor de:

a) 3^0

b) $(-1)^0$

c) -3^0

d) $5^0 + (-1)^0$

11.

a) $-2^0 - 3^0 - (-6)^0 + 1$

b) $\dfrac{3^0 + \dfrac{1}{3}}{\dfrac{1}{2} - 2^0}$

c) $(3^0 : 3^0) : (2^0 + (-1)^0)$

d) $\dfrac{-2^4 + 0^3 + 2^0 + (-1)^0}{(-1)^0 + \left(-\dfrac{1}{2}\right)^0}$

Potenciação com número inteiro negativo no expoente

Analise este exemplo:

$$3^5 : 3^6 = \frac{3^5}{3^6} = \frac{\cancel{3} \cdot \cancel{3} \cdot \cancel{3} \cdot \cancel{3} \cdot \cancel{3}}{\cancel{3} \cdot \cancel{3} \cdot \cancel{3} \cdot \cancel{3} \cdot \cancel{3} \cdot 3} = \frac{1}{3} \quad \text{(I)}$$

Recorrendo à propriedade da divisão de potências de mesma base, temos:

$$3^5 : 3^6 = 3^{5-6} = 3^{-1} \quad \text{(II)}$$

Comparando (I) e (II) vemos que:

$$3^{-1} = \frac{1}{3}$$

Da mesma forma, podemos obter:

a) $2^{-1} = \frac{1}{2}$

b) $4^{-1} = \frac{1}{4}$

c) $7^{-1} = \frac{1}{7}$

De modo geral, escrevemos:

> Se a é um número real diferente de zero, então, temos:
>
> $$a^{-1} = \frac{1}{a}$$

Analise agora a sequência abaixo e seu padrão:

2^4	2^3	2^2	2^1	2^0	2^{-1}	2^{-2}	2^{-3}
↓	↓	↓	↓	↓			
16	8	4	2	1			

O valor de cada termo a partir do segundo é obtido dividindo o anterior por 2, base das potenciações.

2^4	2^3	2^2	2^1	2^0	2^{-1}	2^{-2}	2^{-3}
↓	↓	↓	↓	↓	↓	↓	↓
16	8	4	2	1	$\frac{1}{2}$	$\frac{1}{4}$	$\frac{1}{8}$

Observe:

- $2^{-1} = \frac{1}{2}$
- $2^{-2} = \frac{1}{4} = \frac{1}{2^2}$
- $2^{-3} = \frac{1}{8} = \frac{1}{2^3}$

De modo geral, podemos escrever:

Se a é um número real diferente de zero e n é um número natural também diferente de zero, então, temos:

$$a^{-n} = \frac{1}{a^n} = \left(\frac{1}{a}\right)^n$$

Outros exemplos:

a) $3^{-2} = \frac{1}{3^2} = \frac{1}{9}$ ou $3^{-2} = \left(\frac{1}{3}\right)^2 = \frac{1}{9}$

b) $\left(\frac{2}{3}\right)^{-3} = \frac{1}{\left(\frac{2}{3}\right)^3} = \frac{1}{\frac{8}{27}} = \frac{27}{8} = 3\frac{3}{8}$ ou $\left(\frac{2}{3}\right)^{-3} = \left(\frac{3}{2}\right)^3 = \frac{27}{8} = 3\frac{3}{8}$

c) $2^{-1} + 3^{-2} - (-5)^0 + (+1)^{-1} =$

$= \frac{1}{2} + \left(\frac{1}{3}\right)^2 - 1 + \left(\frac{1}{(+1)^1}\right) =$

$= \frac{1}{2} + \frac{1}{9} - \cancel{1} + \cancel{1} =$

$= \frac{9}{18} + \frac{2}{18} = \frac{11}{18}$

Notação científica

Uma aplicação importante da potenciação é a **notação científica**.

- No corpo de um recém-nascido há cerca de 26 bilhões de células, e no corpo de um adulto há cerca de 50 trilhões de células.
- O comprimento de uma célula do olho é de, aproximadamente, 0,0045 cm.

Veja como são escritos na notação científica os números que aparecem nas informações acima:

$26\,000\,000\,000 = 2{,}6 \cdot 10^{10}$

$50\,000\,000\,000\,000 = 5 \cdot 10^{13}$

$0{,}0045 = 4{,}5 \cdot 10^{-3}$

Eye of Science/Science Photo Library/LatinStock

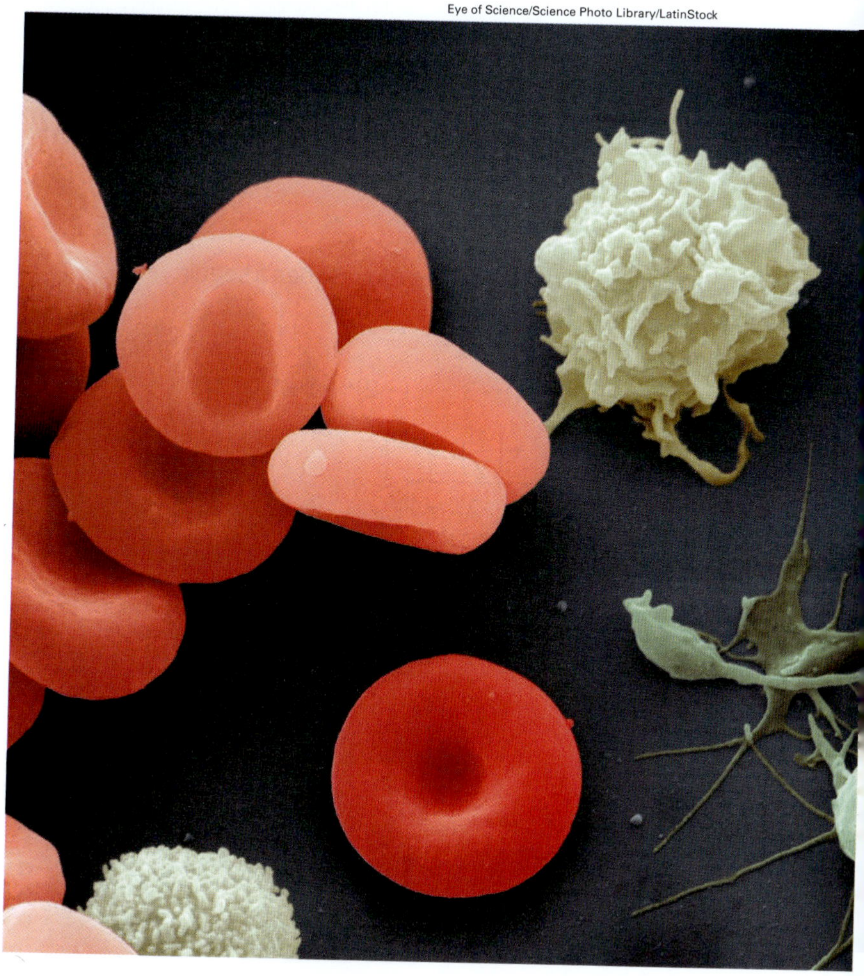

Hemácias (células sanguíneas) vistas no microscópio.

Exercícios

12. Efetue as potenciações com expoentes inteiros negativos.

a) 4^{-2}

b) $(-5)^{-2}$

c) $\left(\frac{3}{4}\right)^{-2}$

d) $(0,7)^{-2}$

e) $(-0,222...)^{-3}$

13. Calcule o valor das expressões numéricas.

a) $3^{-2} + 2^{-3}$

b) $5^2 + 2^4 \cdot 4^{-1}$

c) $(3,1)^{-1} \cdot 3\frac{1}{10}$

d) $2^{-1} + 2^0 + 2^1$

e) $\frac{3^{-1}}{2^{-4}}$

f) $10^{-1} : 2^{-5} \cdot 5^{-1}$

14. Escreva na forma de número decimal.

a) 10^{-2}

b) 10^{-5}

c) 10^{-6}

d) 10^{-1}

e) 10^{-8}

f) 10^{-11}

15. Escreva na forma de potência de base 10.

a) 0,001

b) 0,000000001

c) 0,0001

d) 0,0000001

16. Determine o valor das expressões a seguir.

a) $(2^{-1} + 3^{-2})^{-1}$

b) $3^0 + (-3)^2 \cdot 3^{-2} + (-2)^2 + (-1)^2$

c) $\dfrac{-3^2 + \left(\frac{1}{2}\right)^{-2}}{(-3)^2 + (-2)^0 + 1}$

d) $\dfrac{(-2)^0 + (-1)^2 + \left(\frac{1}{3}\right)^{-2}}{(-2)^2 + (-3)^2 - (-1)^0}$

17. Simplifique as expressões.

a) $\left(\dfrac{x^2y}{z}\right)^3 \cdot \left(\dfrac{z}{x^3}\right)^2 \cdot y^{-2}$

b) $\left(\dfrac{ab}{2}\right)^3 \cdot \left(\dfrac{ab^2}{3}\right)^{-2}$

18. Qual é a forma mais simples de se escrever as expressões abaixo?

a) $\dfrac{(0,1) \cdot (10^{-2}) \cdot (0,01)}{100 \cdot (0,001)}$

b) $\dfrac{(0,01)^2 \cdot 10^5 \cdot 10^{-2}}{10 \cdot (0,01)}$

19. Qual é a forma mais simples de se escrever estas expressões?

a) $\dfrac{2a^{-1} \cdot b^{-1}}{b^{-1} + 2a^{-1}}$

b) $\dfrac{x \cdot y^{-2}(x^{-1} \cdot y)^2 \cdot (x \cdot y^{-1})^3}{x^2 \cdot y \cdot x \cdot y^{-1} \cdot x^{-1} \cdot y^{-2}}$

20. Determine o valor numérico das expressões para $x = 1$, $y = -1$ e $z = 2$.

a) $\dfrac{1}{x^{-2}} + \dfrac{2}{(y^{-2})^3} + \dfrac{1}{z^{-1}}$

b) $\dfrac{x^{-1} \cdot y^{-2} \cdot z^{-1} \cdot x^2}{x^3 \cdot y^{-1}}$

21. Qual é a metade de 4^{62}?

a) 2^{31}

b) 2^{62}

c) 4^{31}

d) 2^{123}

e) 2^{120}

Desafio

(FEI-SP) Se a e b são quantidades de algarismos dos números $x = 4^{12} \cdot 5^{20}$ e $y = 4^{14} \cdot 5^{18}$, então:

a) $a = b$.

b) $a = b + 1$.

c) $a = b - 1$.

d) $a = b + 2$.

e) $a = b - 2$.

3 Radiciação

Vamos estudar agora a **radiciação**, operação que inclui a raiz quadrada (que será aprofundada) e outras raízes.

Raiz quadrada

A ideia de raiz quadrada

Você já estudou **raízes quadradas**. Vejamos algumas.

a) **Quatro ao quadrado** é igual a dezesseis: $4^2 = 16$.
b) **Raiz quadrada** de 16 é 4: $\sqrt[2]{16} = 4$ ou $\sqrt{16} = 4$.
c) $\sqrt[2]{81} = 9$ ou $\sqrt{81} = 9$, pois $9^2 = 9 \cdot 9 = 81$.
d) $\sqrt[2]{2{,}25} = 1{,}5$ ou $\sqrt{2{,}25} = 1{,}5$, pois $(1{,}5)^2 = 1{,}5 \cdot 1{,}5 = 2{,}25$.
e) $\sqrt{0} = 0$, pois $0^2 = 0$.
f) $\sqrt{-9}$ é impossível em $\mathbb{R}$.

Em $\sqrt[2]{16} = 4$, o 16 é o radicando, o 2 é o índice, o 4 é a raiz e $\sqrt[2]{16}$ é um radical.
Atenção!
$\sqrt[2]{}$ e $\sqrt{}$ são a mesma coisa.
Não há necessidade de colocar o 2 no índice.

Tenho uma dúvida: $\sqrt{16} = +4$ ou $\sqrt{16} = -4$?
Não é verdade que $(+4)^2 = 16$ e $(-4)^2 = 16$?

Definimos como **raiz quadrada** de um número positivo *a* o **número positivo** que elevado ao quadrado resulte *a*.

Assim, $\sqrt{16} = 4$.

Exercícios

22. Escreva usando potências e calcule a área das regiões quadradas que têm:

a) lados de 3 cm;
b) lados de 8 dm;
c) lados de 2,5 mm;
d) lados de *x* m.

23. Agora a situação é inversa. Escreva a medida do lado, em centímetros, conhecendo a área da região quadrada, em centímetros quadrados.

a) Área de 16 cm².
b) Área de 81 cm².
c) Área de 2,25 cm².
d) Área de ℓ^2 cm².

24. Calcule e justifique o valor de:

a) $\sqrt{49}$
b) $\sqrt{100}$
c) $\sqrt{64}$
d) $\sqrt{12{,}25}$

Bate-papo

Verifique com um colega se existe algum número dos que vocês conhecem até agora que elevado ao quadrado resulte −9. Conversem sobre isso e justifiquem suas respostas

25. Você já conhece os números reais. Com eles, é impossível extrair a raiz quadrada de um número negativo. Calcule as raízes abaixo, sempre que possível, justificando sua resposta.

a) $\sqrt{121}$
b) $\sqrt{-36}$
c) $\sqrt{1}$
d) $\sqrt{-1}$

Raiz quadrada exata

Quando a raiz quadrada de um número real resulta um número racional, dizemos que a **raiz quadrada** é **exata**.

Por exemplo, $\sqrt{49}$, $\sqrt{256}$, $\sqrt{\frac{1}{9}}$ e $\sqrt{2{,}25}$ são raízes exatas. Veja:

- $\sqrt{49} = 7$, pois 7 é positivo e $7^2 = 49$.

- $\sqrt{256} = 16$, pois $16^2 = 256$.

$$\begin{array}{r|l}
256 & 2 \\
128 & 2 \\
64 & 2 \\
32 & 2 \\
16 & 2 \\
8 & 2 \\
4 & 2 \\
2 & 2 \\
1 &
\end{array}
\quad
\begin{array}{l}
2 \cdot 2 \cdot 2 \cdot 2 = 16 \\
2 \cdot 2 \cdot 2 \cdot 2 = 16
\end{array}$$

- $\sqrt{\frac{1}{9}} = \frac{1}{3}$, pois $\left(\frac{1}{3}\right)^2 = \frac{1}{9}$.

- $\sqrt{2{,}25} = \sqrt{\frac{225}{100}} = \frac{15}{10} = 1{,}5$, pois $(1{,}5)^2 = 2{,}25$.

$$\begin{array}{r|l}
225 & 3 \\
75 & 3 \\
25 & 5 \\
5 & 5 \\
1 &
\end{array}
\quad
\begin{array}{l}
3 \cdot 5 = 15 \\
3 \cdot 5 = 15
\end{array}$$

Exercício

26. Efetue as raízes quadradas exatas.

a) $\sqrt{100}$

b) $\sqrt{0{,}64}$

c) $\sqrt{729}$

d) $\sqrt{1\frac{9}{16}}$

Raiz quadrada não exata

Toda raiz quadrada de um número real positivo que não é exata corresponde a um número irracional. Por exemplo, $\sqrt{18}$. Com o uso de uma calculadora, você pode encontrar imediatamente o valor aproximado da raiz quadrada de 18.

Apertando as teclas [1] [8] [$\sqrt{\ }$], aparecerá o valor aproximado [4,2426406].

Indicamos assim: $\sqrt{18} \simeq 4{,}2426406$ ou $\sqrt{18} = 4{,}2426406...$

Lembre-se de que podemos encontrar um valor aproximado para $\sqrt{18}$, fazendo aproximações sucessivas. Veja:

- É maior do que 4, porque $4^2 = 16$ e $16 < 18$.
- É menor do que 5, porque $5^2 = 25$ e $25 > 18$.

Portanto, $\sqrt{18}$ fica entre 4 e 5, ou seja, $4 < \sqrt{18} < 5$.

Como $(4{,}1)^2 = 16{,}81$; $(4{,}2)^2 = 17{,}64$; $(4{,}3)^2 = 18{,}49$; então, $\sqrt{18}$ está entre 4,2 e 4,3, ou seja, $4{,}2 < \sqrt{18} < 4{,}3$ (aproximação até décimos: 4,2 **por falta** e 4,3 **por excesso**).

Como $(4{,}21)^2 \simeq 17{,}72$; $(4{,}22)^2 \simeq 17{,}81$; $(4{,}23)^2 \simeq 17{,}89$; $(4{,}24)^2 \simeq 17{,}98$; $(4{,}25)^2 \simeq 18{,}06$; então, $\sqrt{18}$ está entre 4,24 e 4,25, ou seja, $4{,}24 < \sqrt{18} < 4{,}25$ (aproximação até centésimos: 4,24 por falta e 4,25 por excesso). Indicamos $\sqrt{18} \simeq 4{,}24$ (por falta) e $\sqrt{18} \simeq 4{,}25$ (por excesso).

Você sabia?

Dependendo da calculadora, podem aparecer mais ou menos casas decimais, mas os valores indicados são sempre valores aproximados.

Evgeny Karandaev/Shutterstock/Glow Images

Calculadora

Exercícios

27. Use a calculadora e determine o valor de cada raiz quadrada não exata. Não se esqueça de colocar as reticências.

a) $\sqrt{2}$ b) $\sqrt{10}$ c) $\sqrt{1000}$

28. Sem usar calculadora, determine o valor aproximado de cada raiz quadrada não exata, por falta, até décimos.

a) $\sqrt{21}$ b) $\sqrt{105}$ c) $\sqrt{3}$

29. O gráfico ao lado mostra o quadrado dos números reais de 0 a 10. Analise-o e determine, por meio dele, o mais precisamente possível:

a) os valores de 5^2; $(8{,}5)^2$; $(7{,}2)^2$; e $(8{,}9)^2$;

b) os números cujos quadrados são 36; 30; 19; e 84;

c) $\sqrt{15}$; $\sqrt{81}$; $\sqrt{69}$; e $\sqrt{54}$.

Quadrados dos números reais de 0 a 10

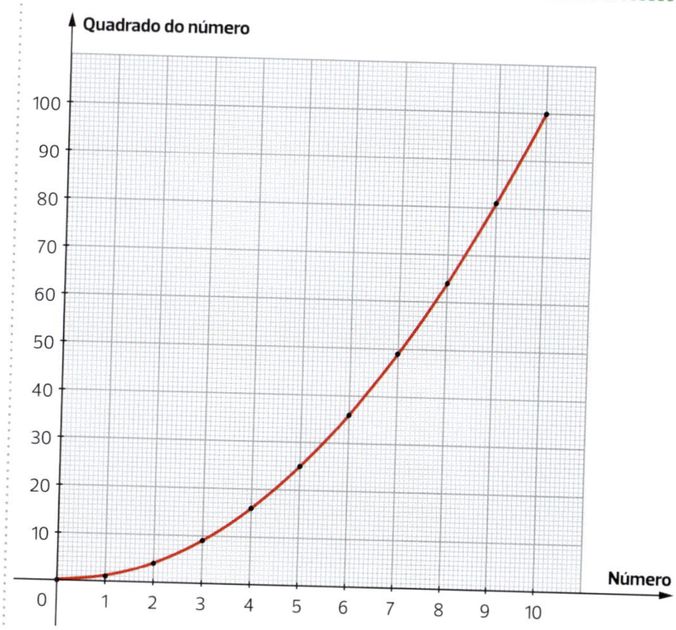

Raiz cúbica

Você se lembra de como se determina a medida do volume de um cubo?

Vamos recordar usando um exemplo:

Se a aresta do cubo mede 6 cm, a medida do volume é dada por:

$$V = 6^3 = 6 \cdot 6 \cdot 6 = 216 \text{ cm}^3$$

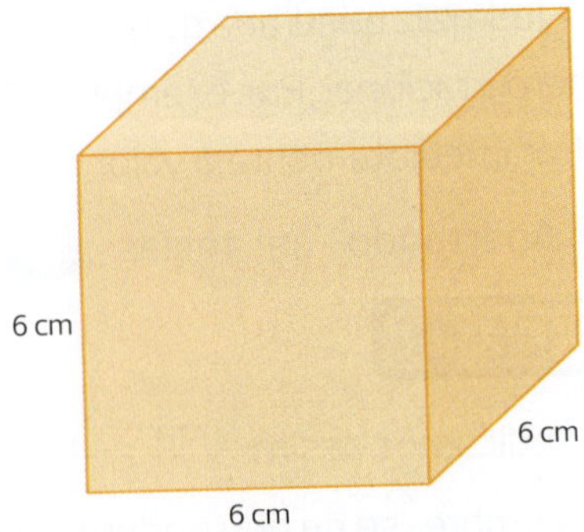

Veja agora a situação inversa. Se o volume de um cubo é 8 m³, qual é a medida da sua aresta?

Procuramos aqui a **raiz cúbica** de 8, que indicamos e justificamos assim:

$\sqrt[3]{8} = 2$, pois $2 \cdot 2 \cdot 2 = 8$ ou $\sqrt[3]{8} = 2$, pois $2^3 = 8$

Quando escrevemos $\sqrt[3]{8} = 2$, chamamos:

8: radicando 3: índice 2: raiz $\sqrt[3]{8}$: radical

Observe outros exemplos:

a) $\sqrt[3]{64} = 4$, pois $4^3 = 4 \cdot 4 \cdot 4 = 64$.

b) $\sqrt[3]{8\,000} = 20$, pois $20^3 = 8\,000$.

c) $\sqrt[3]{-8} = -2$, pois $(-2)^3 = -8$.

d) $\sqrt[3]{\frac{1}{64}} = \frac{1}{4}$, pois $\left(\frac{1}{4}\right)^3 = \frac{1}{64}$.

Raízes cúbicas exatas e não exatas

$\sqrt[3]{125}$ é raiz cúbica exata.

Veja:

125	5
25	5
5	5
1	

$125 = 5^3$

$\sqrt[3]{125} = 5$

$\sqrt[3]{2\,744}$ é raiz cúbica exata.

2 744	2
1 372	2
686	2
343	7
49	7
7	7
1	

$2\,744 = 2^3 \cdot 7^3 = 14^3$

$\sqrt[3]{2\,744} = 14$

$\sqrt[3]{45}$ não é raiz cúbica exata.

45	3
15	3
5	5
1	

$3^3 = 27$ e $4^3 = 64$

$(3,5)^3 = 42,875$ e

$(3,6)^3 = 46,656$

$\sqrt[3]{45} \simeq 3,5$ (por falta)

$\sqrt[3]{45} \simeq 3,6$ (por excesso)

Exercícios

30. Determine o valor das raízes cúbicas abaixo e justifique a resposta.

a) $\sqrt[3]{27}$

b) $\sqrt[3]{0}$

c) $\sqrt[3]{343}$

d) $\sqrt[3]{-64}$

e) $\sqrt[3]{1}$

f) $\sqrt[3]{1000}$

31. Determine entre que números inteiros consecutivos fica cada uma destas raízes cúbicas não exatas.

a) $\sqrt[3]{10}$

b) $\sqrt[3]{70}$

c) $\sqrt[3]{7}$

d) $\sqrt[3]{130}$

e) $\sqrt[3]{-30}$

f) $\sqrt[3]{1253}$

32. Escreva as raízes quadradas e as raízes cúbicas exatas de números naturais até 100.

Outras raízes — raiz enésima de um número real

a) $\sqrt[4]{81} = 3$, pois 3 é positivo e $3^4 = 81$.

(Leitura de $\sqrt[4]{81} = 3$: raiz quarta de oitenta e um é igual a três.)

b) $\sqrt[4]{-16}$ não existe em $\mathbb{R}$, pois nenhum número real elevado à quarta potência resulta número negativo.

c) $\sqrt[5]{32} = 2$, pois $2^5 = 32$. (Leitura de $\sqrt[5]{32} = 2$: raiz quinta de trinta e dois é igual a dois.)

d) $\sqrt[5]{-100\,000} = -10$, pois $(-10)^5 = -100\,000$.

e) $\sqrt[4]{8}$ é uma raiz quarta não exata: $\sqrt[4]{8} = 1{,}681792831...$

(Usando a calculadora, teclamos 8 √ √.)

Generalizando, temos:

Para a e b reais não negativos e n natural maior do que 1, as afirmações $a^n = b$ e $\sqrt[n]{b} = a$ são equivalentes e indicamos assim:

$$a^n = b \Leftrightarrow \sqrt[n]{b} = a$$

Quando n é ímpar, a e b podem ser negativos.

Observação: $\sqrt[n]{b}$ lê-se: **raiz enésima** de b.

Exercícios

33. Indique e calcule quando possível, usando números reais.

a) A raiz sexta de 729.
b) A raiz quarta de -625.
c) A raiz quinta de -1.
d) A raiz quinta de 1024.
e) A raiz quarta de $\frac{1}{16}$.
f) A raiz sétima de 0.

34. Passe da potenciação para a radiciação correspondente, ou vice-versa.

a) $7^3 = 343$
b) $\sqrt[3]{-8} = -2$
c) $0^9 = 0$
d) $\sqrt[5]{100\,000} = 10$
e) $\sqrt[10]{1024} = 2$
f) $(-3)^3 = -27$

35. Determine o valor de:

a) $\sqrt{81}$
b) $-\sqrt{169}$
c) $\sqrt[3]{-216}$
d) $-\sqrt{(-3)^2}$
e) $\sqrt[5]{-1}$
f) $\sqrt[3]{-125}$

36. Determine o valor das expressões numéricas.

a) $\sqrt[3]{27} + \sqrt[5]{-32}$
b) $\sqrt[3]{-8} - 2\sqrt{4} + \sqrt{(-5)^2}$

37. Determine o valor de A sabendo-se que:

$$A = \sqrt[3]{23 + \sqrt{14 + \sqrt{4}}}$$

Propriedades dos radicais

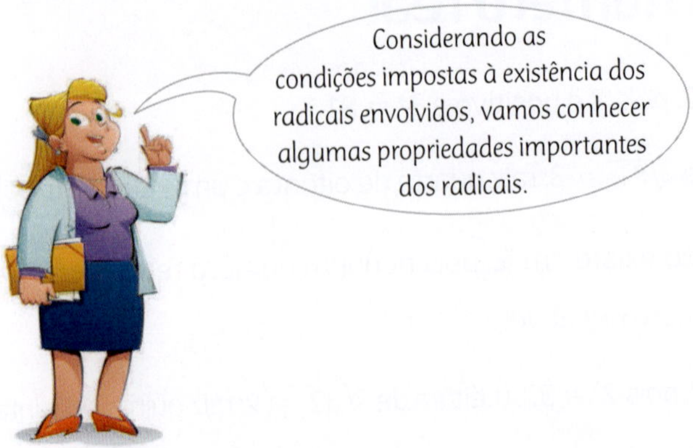

1ª propriedade

Observe:

a) $\sqrt[5]{32} = 2$ e $32 = 2^5$

Assim, temos:

$\sqrt[5]{32} = \sqrt[5]{2^5} = 2$

b) $\sqrt[3]{-8} = -2$ e $-8 = (-2)^3$

Assim, temos:

$\sqrt[3]{-8} = \sqrt[3]{(-2)^3} = -2$

De modo geral, dizemos que:

$$\sqrt[n]{a^n} = a \qquad \text{sendo} \begin{cases} n \text{ natural maior do que 1} \\ a \text{ real não negativo, se } n \text{ é par} \\ a \text{ real qualquer, se } n \text{ é ímpar} \end{cases}$$

Outros exemplos:

c) $\sqrt[4]{3^4} = 3$

d) $\sqrt[5]{-32} = \sqrt[5]{(-2)^5} = -2$

Se um radical tem o índice igual ao expoente do radicando, seu valor é igual à base do radicando, desde que estejam garantidas as condições de existência do radical.

Observação: Não se esqueça das condições impostas à existência dos radicais envolvidos. Por exemplo, $\sqrt[4]{(-1)^4}$ não é igual a -1, pois, quando o índice é par, o radicando a^n só é considerado para $a \geq 0$. Na realidade, $\sqrt[4]{(-1)^4} = 1$, pois $\sqrt[4]{(-1)^4} = \sqrt[4]{1} = 1$.

2ª propriedade

Vejamos mais uma propriedade. Acompanhe os exemplos abaixo.

a) $\sqrt[4]{2^8} = \sqrt[4]{256} = 4$

$\sqrt[4:2]{2^{8:2}} = \sqrt[2]{2^4} = \sqrt[2]{16} = 4$

Comparando, temos: $\sqrt[4:2]{2^{8:2}} = \sqrt[2]{2^4}$ (dividimos o índice e o expoente do radicando pelo mesmo número).

b) $\sqrt[2]{9^1} = \sqrt{9} = 3$

$\sqrt[2\times 3]{9^{1\times 3}} = \sqrt[6]{9^3} = \sqrt[6]{729} = 3$

Comparando, temos: $\sqrt[2]{9^1} = \sqrt[2\times 3]{9^{1\times 3}}$ (multiplicamos o índice e o expoente do radicando pelo mesmo número).

De modo geral, podemos escrever:

O valor de um radical não se altera quando multiplicamos ou dividimos o índice e o expoente do radicando pelo mesmo número, ou seja:

$$\sqrt[n]{a^m} = \sqrt[n \cdot p]{a^{m \cdot p}} \text{ e } \sqrt[n]{a^m} = \sqrt[n:r]{a^{m:r}}$$

sendo $\begin{cases} n, p \text{ e } r \text{ naturais maiores do que 1} \\ r \text{ divisor comum de } n \text{ e } m \end{cases}$

Outros exemplos:

c) $\sqrt[7]{a^3} = \sqrt[7\cdot 2]{a^{3\cdot 2}} = \sqrt[14]{a^6}$ d) $\sqrt{x^7} = \sqrt[2\cdot 2]{x^{2\cdot 7}} = \sqrt[4]{x^{14}}$ e) $\sqrt[4]{x^6} = \sqrt[4:2]{x^{6:2}} = \sqrt{x^3}$

3ª propriedade

Observe os cálculos abaixo.

a) $\sqrt[3]{8\cdot 1000} = \sqrt[3]{8\,000} = 20$

$\sqrt[3]{8} \cdot \sqrt[3]{1000} = 2 \cdot 10 = 20$

Comparando, temos: $\sqrt[3]{8\cdot 1000} = \sqrt[3]{8} \cdot \sqrt[3]{1000}$.

b) $\sqrt{9\cdot 4} = \sqrt{36} = 6$

$\sqrt{9} \cdot \sqrt{4} = 3 \cdot 2 = 6$

$\Rightarrow \sqrt{9\cdot 4} = \sqrt{9} \cdot \sqrt{4}$

De modo geral, escrevemos:

Um radical que tem um produto no radicando pode ser decomposto em um produto de radicais de mesmo índice, com cada fator do primeiro produto em um radical. Sempre atendendo às condições de existência dos radicais envolvidos, ou seja:

$$\sqrt[n]{a \cdot b} = \sqrt[n]{a} \cdot \sqrt[n]{b}$$

sendo $\begin{cases} n \text{ natural maior do que 1} \\ a \text{ e } b \text{ reais não negativos, se } n \text{ é par} \\ a \text{ e } b \text{ reais quaisquer, se } n \text{ é ímpar} \end{cases}$

Outros exemplos:

c) $\sqrt{2\cdot 10} = \sqrt{2} \cdot \sqrt{10}$ d) $\sqrt[5]{3 \cdot 7} = \sqrt[5]{3} \cdot \sqrt[5]{7}$ e) $\sqrt[3]{2ab} = \sqrt[3]{2} \cdot \sqrt[3]{a} \cdot \sqrt[3]{b}$

4ª propriedade

Observe:

a) $\sqrt[3]{\dfrac{1000}{8}} = \sqrt[3]{125} = 5$

$\dfrac{\sqrt[3]{1000}}{\sqrt[3]{8}} = \dfrac{10}{2} = 5$

Logo, $\sqrt[3]{\dfrac{1000}{8}} = \dfrac{\sqrt[3]{1000}}{\sqrt[3]{8}}$.

b) $\sqrt{64:16} = \sqrt{4} = 2$

$\sqrt{64} : \sqrt{16} = 8 : 4 = 2$

Logo, $\sqrt{64:16} = \sqrt{64} : \sqrt{16}$

Portanto, de modo geral, podemos escrever:

Se um radical tem um quociente em seu radicando, ele pode ser decomposto em um quociente de dois radicais com o mesmo índice. Tudo isso considerando as condições de existência dos radicais envolvidos, ou seja:

$$\sqrt[n]{\frac{a}{b}} = \frac{\sqrt[n]{a}}{\sqrt[n]{b}} \text{ ou } \sqrt[n]{a:b} = \sqrt[n]{a} : \sqrt[n]{b}$$

sendo $\begin{cases} n \text{ natural maior do que 1} \\ a \text{ real não negativo e } b \text{ real positivo, se } n \text{ é par} \\ a \text{ real qualquer e } b \text{ real não nulo, se } n \text{ é ímpar} \end{cases}$

Outros exemplos:

c) $\sqrt{\dfrac{2}{5}} = \dfrac{\sqrt{2}}{\sqrt{5}}$

d) $\sqrt[3]{\dfrac{x}{2}} = \dfrac{\sqrt[3]{x}}{\sqrt[3]{2}}$

5ª propriedade

Observe:

a) $\sqrt[3]{\sqrt{64}} = \sqrt[3]{8} = 2$ e $\sqrt[6]{64} = 2$

Logo, $\sqrt[3]{\sqrt[2]{64}} = \sqrt[6]{64}$. (6 = 3 · 2)

b) $\sqrt{\sqrt{81}} = \sqrt{9} = 3$ e $\sqrt[4]{81} = 3$

Logo, $\sqrt[2]{\sqrt[2]{81}} = \sqrt[4]{81}$. (4 = 2 · 2)

De modo geral, satisfeitas as condições de existência dos radicais envolvidos, podemos escrever:

$$\sqrt[n]{\sqrt[m]{a}} = \sqrt[mn]{a}$$

Outros exemplos:

c) $\sqrt[3]{\sqrt{5}} = \sqrt[3 \cdot 2]{5} = \sqrt[6]{5}$

d) $\sqrt{\sqrt[3]{\sqrt[4]{7}}} = \sqrt[6]{\sqrt[4]{7}} = \sqrt[24]{7}$

e) $\sqrt[5]{\sqrt[3]{11}} = \sqrt[15]{11}$

Exercícios

38. Complete.

a) $\sqrt{11^2} =$ ______

b) $\sqrt[3]{(0,7)^3} =$ ______

c) $\sqrt[7]{(-1)^7} =$ ______

d) $\sqrt[6]{\left(\dfrac{3}{8}\right)^6} =$ ______

39. Determine o valor de x em cada caso.

a) $\sqrt{7} = \sqrt[8]{x}$

b) $\sqrt[12]{36} = \sqrt[x]{6}$

40. Decomponha o radicando em fatores primos e calcule o valor de:

a) $\sqrt[3]{27}$

b) $\sqrt{169}$

c) $\sqrt[5]{32}$

d) $\sqrt[4]{625}$

41. Faça a decomposição dos radicais abaixo em um produto de radicais todos de mesmo índice.

a) $\sqrt[4]{7 \cdot 6}$

b) $\sqrt{11 \cdot 8}$

c) $\sqrt[3]{a \cdot b \cdot c}$

42. Transforme cada radical em um quociente de radicais de mesmo índice.

a) $\sqrt[4]{\dfrac{17}{3}}$

b) $\sqrt[3]{(-10):(-2)}$

c) $\sqrt{\dfrac{21}{5}}$

43. Simplifique os radicais, dividindo o índice do radical e o expoente do radicando por um mesmo número.

a) $\sqrt[3]{7^{12}}$

b) $\sqrt[10]{5^{15}}$

c) $\sqrt[4]{a^2b^2}$

d) $\sqrt[6]{5^3}$

44. Decomponha os radicandos em fatores primos e, depois, simplifique-os.

a) $\sqrt[10]{32}$

b) $\sqrt[12]{64}$

c) $\sqrt[5]{243}$

d) $\sqrt[9]{343}$

45. Transforme em um único radical.

a) $\sqrt[3]{\sqrt[4]{7}}$

b) $\sqrt{\sqrt[5]{11}}$

c) $\sqrt{\sqrt{18}}$

d) $\sqrt[3]{\sqrt[3]{2}}$

e) $\sqrt[4]{\sqrt{3}}$

f) $\sqrt{\sqrt{\sqrt{10}}}$

46. Determine o valor de x em cada uma das igualdades.

a) $\sqrt[8]{3^4} = \sqrt{3^x}$

b) $\sqrt[6]{7^9} = \sqrt{7^x}$

c) $\sqrt[9]{5^{12}} = \sqrt[3]{5^x}$

d) $\sqrt[x]{\sqrt{7}} = \sqrt[6]{7}$

47. Considerando a e b dois números reais positivos, transforme os produtos em um único radical e simplifique-o.

a) $\sqrt[6]{a^5} \cdot \sqrt[6]{a}$

b) $\sqrt[12]{b^3} \cdot \sqrt[12]{b}$

c) $\sqrt[10]{a^3b^2} \cdot \sqrt[10]{a^2b^3}$

d) $\sqrt[20]{a^4} \cdot \sqrt[20]{a^6}$

48. Transforme em um único radical: $\dfrac{\sqrt[8]{12} \cdot \sqrt[4]{\sqrt{10}}}{\sqrt{\sqrt{\sqrt{3}}}}$.

Aplicações das propriedades dos radicais

Cálculo de raízes exatas

Observe os exemplos e verifique que propriedades foram utilizadas.

a) $\sqrt[3]{21952} = ?$

$$\begin{array}{r|l} 21952 & 2 \\ 10976 & 2 \\ 5488 & 2 \\ 2744 & 2 \\ 1372 & 2 \\ 686 & 2 \\ 343 & 7 \\ 49 & 7 \\ 7 & 7 \\ 1 & \end{array}$$

$$\sqrt[3]{21952} = \sqrt[3]{2^3 \cdot 2^3 \cdot 7^3} = \sqrt[3]{2^3} \cdot \sqrt[3]{2^3} \cdot \sqrt[3]{7^3} = 2 \cdot 2 \cdot 7 = 28$$

ou

$$\sqrt[3]{21952} = \sqrt[3]{2^3 \cdot 2^3 \cdot 7^3} = \sqrt[3]{(2 \cdot 2 \cdot 7)^3} = 2 \cdot 2 \cdot 7 = 28$$

Logo, $\sqrt[3]{21952} = 28$.

b) $\sqrt{20\,449} = ?$

$$\begin{array}{r|l} 20\,449 & 11 \\ 1859 & 11 \\ 169 & 13 \\ 13 & 13 \\ 1 & \end{array}$$

$$\sqrt{20\,449} = \sqrt{11^2 \cdot 13^2} = \sqrt{11^2} \cdot \sqrt{13^2} = 11 \cdot 13 = 143$$

ou

$$\sqrt{20\,449} = \sqrt{11^2 \cdot 13^2} = \sqrt{(11 \cdot 13)^2} = 11 \cdot 13 = 143$$

Logo, $\sqrt{20\,449} = 143$.

Simplificação de radicais

Observe os exemplos com atenção.

a) $\sqrt[6]{125} = \sqrt[6]{5^3} = \sqrt[6:3]{5^{3:3}} = \sqrt[2]{5^1}$. Logo, $\sqrt[6]{125} = \sqrt{5}$.

b) $\sqrt[10]{81} = \sqrt[10]{3^4} = \sqrt[10:2]{3^{4:2}} = \sqrt[5]{3^2}$. Logo, $\sqrt[10]{81} = \sqrt[5]{9}$.

Nos próximos exemplos, **extrairemos fatores do radicando**.

c) $\sqrt{50} = \sqrt{2 \cdot 5^2} = \sqrt{2} \cdot \sqrt{5^2} = \sqrt{2} \cdot 5$. Logo, $\sqrt{50} = 5\sqrt{2}$.

d) $\sqrt[3]{112} = \sqrt[3]{2^3 \cdot 2 \cdot 7} = \sqrt[3]{2^3} \cdot \sqrt[3]{2 \cdot 7} = 2 \cdot \sqrt[3]{14}$. Logo, $\sqrt[3]{112} = 2\sqrt[3]{14}$.

$$\begin{array}{r|l} 112 & 2 \\ 56 & 2 \\ 28 & 2 \\ 14 & 2 \\ 7 & 7 \\ 1 & \end{array}$$

e) $\sqrt[3]{32x^5y^7} = \sqrt[3]{2^5 \cdot x^5 \cdot y^7} = \sqrt[3]{2^3 \cdot 2^2 \cdot x^3 \cdot x^2 \cdot y^3 \cdot y^3 \cdot y} = 2xyy\sqrt[3]{2^2 \cdot x^2 \cdot y} =$

$= 2xy^2\sqrt[3]{4x^2y}$

Logo, $\sqrt[3]{32x^5y^7} = 2xy^2\sqrt[3]{4x^2y}$.

Redução de radicais ao mesmo índice

Dados os radicais $\sqrt[6]{2}$ e $\sqrt[4]{5}$, reduzi-los ao mesmo índice significa determinar dois radicais, de mesmo índice, o primeiro equivalente a $\sqrt[6]{2}$ e o segundo equivalente a $\sqrt[4]{5}$.

Como o mmc(6, 4) = 12, fazemos:

$$\sqrt[6 \times 2]{2^{1 \times 2}} \text{ e } \sqrt[4 \times 3]{5^{1 \times 3}} \Rightarrow \sqrt[12]{2^2} \text{ e } \sqrt[12]{5^3} \Rightarrow \sqrt[12]{4} \text{ e } \sqrt[12]{125}$$

Outros exemplos de redução ao mesmo índice:

a) $\sqrt{3}$ e $\sqrt[5]{20}$

mmc(2, 5) = 10

$\sqrt[10]{3^5}$ e $\sqrt[10]{20^2} \Rightarrow \sqrt[10]{243}$ e $\sqrt[10]{400}$

(expoente 5: $10 : 2 \times 1$; expoente 2: $10 : 5 \times 1$)

b) $\sqrt[6]{11}$, $\sqrt{10}$ e $\sqrt[3]{3}$

mmc(6, 2, 3) = 6

$\sqrt[6]{11}$, $\sqrt[6]{10^3}$ e $\sqrt[6]{3^2} \Rightarrow \sqrt[6]{11}$, $\sqrt[6]{1000}$ e $\sqrt[6]{9}$

Exercícios

49. Simplifique os radicais.

a) $\sqrt[18]{36}$

b) $\sqrt{12}$

c) $\sqrt[4]{32}$

d) $\sqrt[9]{64}$

e) $\sqrt[3]{80}$

f) $\sqrt[5]{128}$

g) $\sqrt{180}$

h) $\sqrt[15]{729}$

50. Reduza ao mesmo índice.

a) $\sqrt[8]{2}$ e $\sqrt[10]{5}$

b) $\sqrt[3]{3}$ e $\sqrt[5]{2}$

c) $\sqrt{7}$ e $\sqrt[4]{5}$

d) $\sqrt[6]{3}$ e $\sqrt[8]{7}$

e) $\sqrt{3}$ e $\sqrt[3]{2}$

f) $\sqrt[6]{2}$, $\sqrt[4]{3}$ e $\sqrt[10]{5}$

51. Calcule o valor de:

a) $\sqrt{\sqrt{625}}$

b) $\sqrt{\sqrt{\sqrt[3]{729}}}$

52. Calcule as raízes exatas.

a) $\sqrt[3]{3\,375}$

b) $\sqrt{5\,625}$

c) $\sqrt[4]{1296}$

d) $\sqrt[3]{-19\,683}$

53. Simplifique.

a) $\sqrt{a^2b^3}$

b) $\sqrt[3]{x^4y^3z^5}$

c) $\sqrt{\dfrac{25x^6y^4}{xy}}$

d) $\sqrt[3]{16x^4y^6}$

54. Fatore e simplifique.

a) $\sqrt{a^2+2ab+b^2}$

b) $\sqrt{\dfrac{a^2-6a+9}{a^2}}$

Potências com expoente fracionário

Usando as propriedades de potências e de radicais, podemos ampliar o conceito de potência, agora com frações no expoente.

Veja estes exemplos e procure perceber o significado de potência com expoente fracionário.

a) $\sqrt{3}=\sqrt{3^1}=\sqrt{3^{\frac{1}{2}+\frac{1}{2}}}=\sqrt{3^{\frac{1}{2}}\cdot 3^{\frac{1}{2}}}=\sqrt{\left(3^{\frac{1}{2}}\right)^2}=3^{\frac{1}{2}}$

Então, $3^{\frac{1}{2}}=\sqrt{3}$ ou $\boxed{3^{\frac{1}{2}}=\sqrt[2]{3^1}=\sqrt{3}}$.

b) Se $3^{\frac{1}{2}}=\sqrt{3}$, temos:

$3^{\frac{5}{2}}=\left(3^{\frac{1}{2}}\right)^5=\left(\sqrt{3}\right)^5=\sqrt{3^5}$

Então, $\boxed{3^{\frac{5}{2}}=\sqrt[2]{3^5}=\sqrt{3^5}}$.

c) $\sqrt[3]{5}=\sqrt[3]{5^1}=\sqrt[3]{5^{\frac{1}{3}+\frac{1}{3}+\frac{1}{3}}}=\sqrt[3]{5^{\frac{1}{3}}\cdot 5^{\frac{1}{3}}\cdot 5^{\frac{1}{3}}}=\sqrt[3]{\left(5^{\frac{1}{3}}\right)^3}=5^{\frac{1}{3}}$

Então, $\boxed{5^{\frac{1}{3}}=\sqrt[3]{5^1}=\sqrt[3]{5}}$.

d) $5^{\frac{2}{3}}=\left(5^{\frac{1}{3}}\right)^2=\left(\sqrt[3]{5}\right)^2=\sqrt[3]{5^2}$

Então, $\boxed{5^{\frac{2}{3}}=\sqrt[3]{5^2}}$.

Generalizando:

> Para todo número real $a>0$ e $\dfrac{m}{n}$, com m e n inteiros e $n>1$, temos: $a^{\frac{m}{n}}=\sqrt[n]{a^m}$

Observação: Se $\dfrac{m}{n}$ for uma fração irredutível de denominador ímpar, podemos ter a negativo.

Por exemplo: $(-8)^{\frac{1}{3}}=\sqrt[3]{-8}=-2$.

Exercícios

55. Determine o radical correspondente a cada potência.

a) $6^{\frac{1}{4}}$

b) $3^{1\frac{1}{2}}$

c) $11^{0,222...}$

d) $3^{-\frac{1}{2}}$

56. Escreva $\sqrt[3]{64}$ na forma de potência:

a) de base 64;

b) de base 2;

c) de base 8;

d) de base 4.

57. Escreva na forma de potência de base 10.

a) 100 000

b) 0,001

c) $\frac{1}{100}$

d) $\sqrt[3]{10}$

e) $\sqrt{1000}$

f) $\sqrt[5]{0,01}$

"Introdução" de um fator no radicando

Analise os exemplos.

a) Se temos $\sqrt{3^2 \cdot 7} = 3\sqrt{7}$, então, podemos escrever: $3\sqrt{7} = \sqrt{3^2 \cdot 7}$.

b) Se $\sqrt[5]{3x^5} = x\sqrt[5]{3}$, então, temos: $x\sqrt[5]{3} = \sqrt[5]{3x^5}$.

c) Se $\sqrt{28} = \sqrt{2^2 \cdot 7} = 2\sqrt{7}$, então, temos: $2\sqrt{7} = \sqrt{2^2 \cdot 7} = \sqrt{28}$.

De modo geral, escrevemos:

> Para introduzir um fator externo no radicando, basta escrevê-lo com um expoente igual ao produto do índice do radical pelo seu expoente.

Outros exemplos:

d) $3\sqrt{5} = \sqrt{3^2 \cdot 5} = \sqrt{45}$

e) $2\sqrt[5]{13} = \sqrt[5]{2^5 \cdot 13}$

f) $x^2y\sqrt[3]{z^2} = \sqrt[3]{x^6y^3z^2}$

g) $2xy\sqrt[4]{xy} = \sqrt[4]{2^4x^4xy^4y} = \sqrt[4]{16x^5y^5}$

Vamos transformar a expressão abaixo em um único radical:

$$\sqrt[3]{x\sqrt{x}} = \sqrt[3]{\sqrt{x^2 \cdot x}} = \sqrt[3]{\sqrt{x^3}} = \sqrt[6]{x^3} = \sqrt{x}$$

Exercícios

58. Introduza o fator externo nos radicandos.

a) $2\sqrt{8}$

b) $3\sqrt{10}$

c) $3b\sqrt[3]{a^2}$

d) $y\sqrt[8]{y^3}$

e) $3x^2y\sqrt[3]{xy}$

f) $4a^2b^3\sqrt[5]{ab^2}$

59. Transforme cada uma das expressões em um só radical.

a) $\sqrt[7]{y\sqrt[3]{y^2}}$

b) $\sqrt[4]{x\sqrt{x^3y}}$

Comparação de radicais

Observe os dois casos:

1º) Radicais de mesmo índice: basta comparar os radicandos.

2º) Radicais de índices diferentes: fazemos a redução ao mesmo índice e depois aplicamos o 1º caso.

Casa de Tipos/Arquivo da editora

Exercícios

60. Faça a comparação dos radicais e complete com $>$, $<$ ou $=$.

a) $\sqrt[4]{11}$ ________ $\sqrt[4]{17}$

b) $\sqrt{39}$ ________ $\sqrt{53}$

c) $\sqrt[4]{10}$ ________ $\sqrt[10]{200}$

d) $\sqrt[6]{9}$ ________ $\sqrt[3]{3}$

e) $\sqrt[9]{-2}$ ________ $\sqrt[15]{-3}$

f) $\sqrt[3]{30}$ ________ $\sqrt{20}$

61. Coloque os radicais $\sqrt[6]{5}$, $\sqrt[15]{30}$, $\sqrt[10]{10}$, $\sqrt[5]{3}$ e $\sqrt[3]{2}$ em ordem crescente.

Operações com radicais

Multiplicação e divisão

Se os índices forem iguais, basta usar as propriedades dos radicais.

Exemplos:

a) $\sqrt[3]{7} \cdot \sqrt[3]{2} = \sqrt[3]{7 \cdot 2} = \sqrt[3]{14}$

b) $\sqrt{18} : \sqrt{3} = \sqrt{18 : 3} = \sqrt{6}$

Se os índices forem diferentes, devemos inicialmente reduzir os radicais ao mesmo índice para depois efetuar as operações.

Outros exemplos:

c) $\sqrt[4]{2} \cdot \sqrt[6]{3} = \sqrt[12]{8} \cdot \sqrt[12]{9} = \sqrt[12]{72}$

d) $\sqrt{10} : \sqrt[6]{5} = \sqrt[6]{1000} : \sqrt[6]{5} = \sqrt[6]{200}$

Em alguns casos usamos a propriedade distributiva.

e) $\sqrt{2} \cdot (\sqrt{5} + \sqrt{3}) = \sqrt{2} \cdot \sqrt{5} + \sqrt{2} \cdot \sqrt{3} = \sqrt{2 \cdot 5} + \sqrt{2 \cdot 3} = \sqrt{10} + \sqrt{6}$

f) $(\sqrt{3} + \sqrt{2}) \cdot (2\sqrt{5} - \sqrt{2}) = \sqrt{3} \cdot 2\sqrt{5} - \sqrt{3} \cdot \sqrt{2} + \sqrt{2} \cdot 2 \cdot \sqrt{5} - \sqrt{2} \cdot \sqrt{2} =$

$= 2\sqrt{15} - \sqrt{6} + 2\sqrt{10} - 2$

Exercícios

62. Efetue as multiplicações e divisões seguintes.

a) $\sqrt[7]{5} \cdot \sqrt[7]{2}$

b) $\sqrt[3]{-8} : \sqrt[3]{4}$

c) $\dfrac{\sqrt{10}}{\sqrt{2}}$

d) $\sqrt[10]{5} \cdot \sqrt[4]{2}$

e) $\sqrt[3]{6} : \sqrt[9]{9}$

f) $\dfrac{\sqrt{7}}{\sqrt[3]{7}}$

g) $\sqrt[5]{10} \cdot \sqrt{3}$

h) $\sqrt[6]{4} : \sqrt[10]{8}$

i) $\sqrt[4]{6} : \sqrt[6]{3} \cdot \sqrt[3]{10}$

63. Efetue as multiplicações.

a) $2\sqrt{3} \cdot 3\sqrt{2} \cdot \sqrt{5}$

b) $2\sqrt{2} \cdot 3\sqrt{3} \cdot \sqrt[3]{3}$

c) $\sqrt[4]{a^3} \cdot \sqrt[4]{a^2} \cdot \sqrt{a}$

d) $\sqrt[9]{a^7b^6} \cdot \sqrt[6]{a^2b^3}$

64. Calcule o valor das expressões abaixo.

a) $\sqrt{8} \cdot (2\sqrt{5} - \sqrt{2})$

b) $(\sqrt{5} + \sqrt{2}) \cdot (\sqrt{5} + 2\sqrt{2})$

65. Efetue as divisões.

a) $\sqrt{10} : \sqrt{2}$

b) $\sqrt[3]{x^2y} : \sqrt[3]{xy}$

c) $6\sqrt{12a^7} : 3\sqrt{4a^3}$

d) $\sqrt[12]{x^7y^6} : \sqrt[6]{x^3y^2}$

Adição e subtração

Dizemos que $9\sqrt{3}$ e $2\sqrt{3}$ são **radicais semelhantes**: o índice e o radicando são iguais e os coeficientes podem ser ou não iguais.

Na adição e subtração só podemos escrever o resultado em um só radical se os termos forem semelhantes.

Veja os exemplos.

a) $9\sqrt{3} + 2\sqrt{3} = \sqrt{3}(9+2) = 11\sqrt{3}$

b) $9\sqrt{3} - 2\sqrt{3} = \sqrt{3}(9-2) = 7\sqrt{3}$

c) $4\sqrt[3]{5} + \sqrt[3]{5} = (4+1)\sqrt[3]{5} = 5\sqrt[3]{5}$

d) $5\sqrt{2} - 4\sqrt{2} = (5-4)\sqrt{2} = \sqrt{2}$

e) $3\sqrt[5]{6} + 2\sqrt[5]{6} = 5\sqrt[5]{6}$

f) $\sqrt{7} + \sqrt{7} + \sqrt{7} = 3\sqrt{7}$

Veja agora exemplos em que os radicais podem ser transformados em radicais semelhantes, para depois ser efetuada a adição ou a subtração.

a) $\sqrt{12} + \sqrt{27} = \sqrt{2^2 \cdot 3} + \sqrt{3^2 \cdot 3} = 2\sqrt{3} + 3\sqrt{3} = 5\sqrt{3}$

b) $\sqrt[3]{250} - \sqrt[3]{16} = \sqrt[3]{2 \cdot 5^3} - \sqrt[3]{2^3 \cdot 2} = 5\sqrt[3]{2} - 2\sqrt[3]{2} = 3\sqrt[3]{2}$

c) $\sqrt{7} + \sqrt[4]{49} = \sqrt{7} + \sqrt[4:2]{7^{2:2}} = \sqrt{7} + \sqrt{7} = 2\sqrt{7}$

d) $\sqrt[5]{64} - \sqrt[15]{8} = \sqrt[5]{2^5 \cdot 2} - \sqrt[15:3]{2^{3:3}} = 2\sqrt[5]{2} - \sqrt[5]{2} = \sqrt[5]{2}$

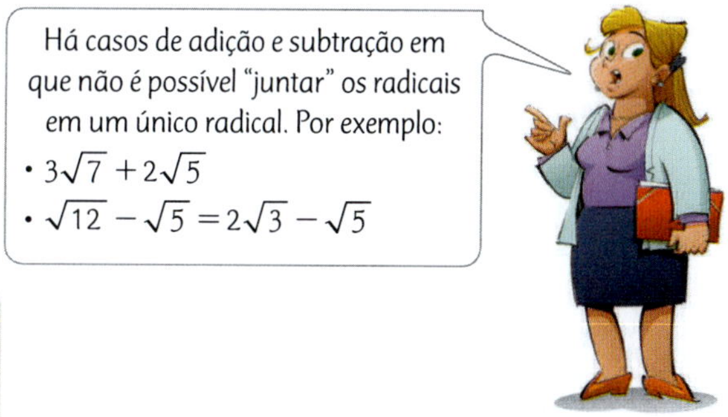

Atenção! De modo geral, para $a > 0$, $b > 0$ e $a \neq b$, temos:

$$\sqrt{a} + \sqrt{b} \neq \sqrt{a+b}$$

$$\sqrt{a} - \sqrt{b} \neq \sqrt{a-b}$$

Exercícios

66. Efetue as adições e as subtrações.

a) $9\sqrt{11} + 4\sqrt{11}$

b) $10\sqrt[3]{5} - 3\sqrt[3]{5}$

c) $3\sqrt{5} + 4\sqrt{5} - \sqrt{5}$

d) $\sqrt{24} + \sqrt{54}$

e) $\sqrt[3]{625} - \sqrt[3]{5}$

f) $\sqrt{343} - \sqrt{28}$

g) $\sqrt{50} + \sqrt{27}$

h) $3\sqrt{7} - \sqrt[4]{49}$

i) $\sqrt{75} - \sqrt[9]{27}$

67. Calcule.

a) $\sqrt{25a} + \sqrt{4a} - \sqrt{16a}$

b) $2\sqrt[3]{x^4y^4} + 3x\sqrt[3]{x^4y} + y\sqrt[3]{x^4y}$

68. Qual destas adições está com o resultado correto?

a) $\sqrt{50} + \sqrt{8} = \sqrt{58}$

b) $\sqrt{50} + \sqrt{8} = \sqrt{98}$

c) $\sqrt{50} + \sqrt{8} = \sqrt{96}$

69. Determine o valor das expressões envolvendo radicais.

a) $2 \cdot \sqrt{\dfrac{1}{9}} + \sqrt{\dfrac{16}{36}}$

b) $3 \cdot \sqrt{\dfrac{1}{49}} - \sqrt{\dfrac{4}{49}}$

c) $\dfrac{2\sqrt[3]{27}}{\sqrt{64}} - \sqrt[3]{\dfrac{8}{64}}$

d) $\sqrt{\dfrac{1}{4} \cdot \dfrac{1}{9}} - \sqrt{\dfrac{4}{49}}$

Racionalização de denominadores

No conjunto dos números reais, existem frações que apresentam um radical no denominador. Por exemplo, $\frac{1}{\sqrt{3}}$.

$\frac{1}{\sqrt{3}}$ é aproximadamente $\frac{1}{1{,}7320508}$ ou 1 : 1,7320508, um quociente difícil de calcular.

Multiplicando por $\sqrt{3}$ o numerador e o denominador de $\frac{1}{\sqrt{3}}$, encontraremos uma fração equivalente a $\frac{1}{\sqrt{3}}$, que vai facilitar o cálculo. Veja:

$$\frac{1}{\sqrt{3}} = \frac{1 \cdot \sqrt{3}}{\sqrt{3} \cdot \sqrt{3}} = \frac{\sqrt{3}}{\sqrt{3^2}} = \frac{\sqrt{3}}{3}$$

Lembre-se de que uma expressão em forma de fração **não** se altera quando multiplicamos ou dividimos o numerador e o denominador pelo mesmo número diferente de zero.

Então, $\frac{1}{\sqrt{3}} = \frac{\sqrt{3}}{3}$. A segunda fração **não** apresenta número irracional no denominador. Esse procedimento é chamado de **racionalização do denominador**, ou seja, transformamos uma fração com denominador irracional em uma fração com denominador racional, sem alterar o valor da fração. Veja que é mais simples e mais rápido efetuar $\frac{\sqrt{3}}{3} \simeq \frac{1{,}7320508}{3} = 1{,}7320508 : 3$ do que calcular 1 : 1,7320508. Experimente... sem a calculadora!

Os principais casos de fatoração são:

1º caso: O denominador contém radical de índice 2

Examine os exemplos.

a) $\frac{2}{\sqrt{7}} = \frac{2 \cdot \sqrt{7}}{\sqrt{7} \cdot \sqrt{7}} = \frac{2\sqrt{7}}{\sqrt{7^2}} = \frac{2\sqrt{7}}{7}$

b) $\frac{\sqrt{6}}{2\sqrt{3}} = \frac{\sqrt{6} \cdot \sqrt{3}}{2\sqrt{3} \cdot \sqrt{3}} = \frac{\sqrt{18}}{2 \cdot 3} = \frac{\sqrt{18}}{6} = \frac{3\sqrt{2}}{6} = \frac{\sqrt{2}}{2}$

c) $\sqrt{\frac{9}{15}} = \frac{\sqrt{9}}{\sqrt{15}} = \frac{3}{\sqrt{15}} = \frac{3 \cdot \sqrt{15}}{\sqrt{15} \cdot \sqrt{15}} = \frac{3\sqrt{15}}{\sqrt{15^2}} = \frac{3\sqrt{15}}{15} = \frac{\sqrt{15}}{5}$

2º caso: O denominador contém radical com índice diferente de 2

Examine os exemplos.

a) $\frac{5}{\sqrt[3]{2}} = \frac{5 \cdot \sqrt[3]{2^2}}{\sqrt[3]{2} \cdot \sqrt[3]{2^2}} = \frac{5\sqrt[3]{4}}{\sqrt[3]{2^3}} = \frac{5\sqrt[3]{4}}{2}$

b) $\frac{2}{\sqrt[5]{2^2}} = \frac{2 \cdot \sqrt[5]{2^3}}{\sqrt[5]{2^2} \cdot \sqrt[5]{2^3}} = \frac{2\sqrt[5]{2^3}}{\sqrt[5]{2^5}} = \frac{2\sqrt[5]{2^3}}{2} = \sqrt[5]{2^3} = \sqrt[5]{8}$

c) $\frac{15}{\sqrt[7]{5^5}} = \frac{15 \cdot \sqrt[7]{5^2}}{\sqrt[7]{5^5} \cdot \sqrt[7]{5^2}} = \frac{15\sqrt[7]{5^2}}{\sqrt[7]{5^7}} = \frac{15\sqrt[7]{5^2}}{5} = 3\sqrt[7]{5^2} = 3\sqrt[7]{25}$

3º caso: O denominador contém uma soma ou uma diferença envolvendo raiz quadrada

Analise os exemplos e procure descobrir o processo.

Vamos usar aqui o produto da soma pela diferença dos mesmos termos, ou seja, $(a + b) \cdot (a - b) = a^2 - b^2$.

a) $\dfrac{8}{4+\sqrt{5}} = \dfrac{8(4-\sqrt{5})}{(4+\sqrt{5})(4-\sqrt{5})} = \dfrac{32-8\sqrt{5}}{16-5} = \dfrac{32-8\sqrt{5}}{11}$

b) $\dfrac{\sqrt{3}}{\sqrt{7}-\sqrt{2}} = \dfrac{\sqrt{3}(\sqrt{7}+\sqrt{2})}{(\sqrt{7}-\sqrt{2})(\sqrt{7}+\sqrt{2})} = \dfrac{\sqrt{21}+\sqrt{6}}{7-2} = \dfrac{\sqrt{21}+\sqrt{6}}{5}$

c) $\dfrac{1}{3-2\sqrt{2}} = \dfrac{1(3+2\sqrt{2})}{(3-2\sqrt{2})(3+2\sqrt{2})} = \dfrac{3+2\sqrt{2}}{9-8} = \dfrac{3+2\sqrt{2}}{1} = 3 + 2\sqrt{2}$

d) $\dfrac{9}{\sqrt{10}-2} = \dfrac{9(\sqrt{10}+2)}{(\sqrt{10}-2)(\sqrt{10}+2)} = \dfrac{9\sqrt{10}+18}{10-4} = \dfrac{9\sqrt{10}+18}{6} =$

$= \dfrac{3(3\sqrt{10}+6)}{6} = \dfrac{3\sqrt{10}+6}{2}$

Quadro-resumo

Número real: todo número racional ou irracional.

Número real racional: corresponde a um quociente de dois números inteiros, com o segundo número diferente de zero.

Número real irracional: aquele que tem a forma de número decimal infinito e não periódico.

Exemplos:

a) $16^{\frac{1}{2}} = \sqrt{16} = 4$ é número real racional $\left(4 = \dfrac{4}{1}\right)$.

b) $3^{\frac{1}{2}} = \sqrt{3} = 1{,}73205...$ é número real irracional.

c) $(-9)^{\frac{1}{2}}$ não é número real $(\sqrt{-9})$.

d) 0^{-1} não é número real $\left(\dfrac{1}{0}\right)$.

e) $3^{-2} = \dfrac{1}{9} = 0{,}111...$ é número real racional.

f) $2^{-\frac{1}{2}} = \dfrac{1}{\sqrt{2}} = \dfrac{\sqrt{2}}{2} = 0{,}7071067...$ é número real irracional.

CONTEÚDO DIGITAL

Exercícios

70. Racionalize os denominadores de cada uma destas frações.

a) $\frac{1}{\sqrt{5}}$

b) $\frac{7}{\sqrt{7}}$

c) $\frac{3}{\sqrt{11}}$

d) $\frac{1}{\sqrt{a}}$, $a > 0$

e) $\frac{p}{\sqrt{p}}$, $p > 0$

f) $\frac{10}{3\sqrt{5}}$

g) $\frac{1}{\sqrt[3]{2}}$

h) $\frac{3}{\sqrt[9]{2^5}}$

i) $\frac{5}{\sqrt[8]{10^3}}$

j) $\frac{2}{3\sqrt[10]{2^5}}$

k) $\frac{1}{2\sqrt[7]{3^4}}$

l) $\frac{a}{\sqrt[10]{a^6}}$

71. Racionalize os denominadores de mais estas expressões.

a) $\frac{\sqrt{2}}{5-\sqrt{3}}$

b) $\frac{2\sqrt{3}}{\sqrt{5}-1}$

c) $\frac{10}{\sqrt{11}+\sqrt{3}}$

d) $\frac{\sqrt{2}}{\sqrt{3}+\sqrt{2}}$

e) $\frac{11}{3\sqrt{5}+2\sqrt{3}}$

f) $\frac{\sqrt{5}-2}{3+\sqrt{2}}$

72. Efetue as operações.

a) $\frac{1}{\sqrt{2}}+\frac{\sqrt{5}}{\sqrt{10}}$

b) $\frac{3}{2-\sqrt{2}}-\frac{1}{\sqrt{2}+1}$

73. Faça a comparação, colocando $>$, $<$ ou $=$.

a) $\frac{3}{\sqrt{2}}$ ______ $\frac{5}{\sqrt{5}}$

b) $\frac{3}{3+\sqrt{5}}$ ______ $\frac{2}{\sqrt{5}-1}$

74. Sabendo que $\sqrt{2} \simeq 1{,}41$, $\sqrt{3} \simeq 1{,}73$ e $\sqrt{5} \simeq 2{,}24$, racionalize os denominadores e depois determine o valor aproximado de:

a) $\frac{2}{\sqrt{3}}$

b) $\frac{3}{\sqrt{2}}$

c) $\frac{1}{\sqrt{5}}+\frac{2}{\sqrt{2}}$

d) $2\sqrt{5}-\frac{1}{\sqrt{3}}$

75. Qual das expressões tem valor maior:

$\frac{3}{\sqrt{5}}$ ou $\frac{4}{\sqrt{6}}$?

76. Racionalize o denominador da fração $\frac{4}{3-\sqrt{2}}$.

77. **Projeto em equipe: procurando raízes e potências**

Montem uma exposição de cartazes. Em cada um, coloquem quatro ou cinco recortes de jornais e revistas que tenham números relacionados ao assunto deste capítulo.

Sugestões para o título:

- Números de dois ou mais algarismos que têm raiz quadrada exata
- Números que elevados ao cubo resultam em uma potência entre 500 e 1000
- Números que são potências de 10
- Números escritos na notação científica

Raciocínio lógico

Use os algarismos 1, 2, 3, 4 e 5 de modo que um número formado por dois deles vezes o número formado por um deles resulte um número formado pelos outros dois.

Tratamento da informação

Questões de vestibulares e Enem

CONTEÚDO DIGITAL

78. (FGV-RJ) O gráfico seguinte apresenta os lucros (em milhares de reais) de uma empresa ao longo de 10 anos (ano 1, ano 2, até ano 10).

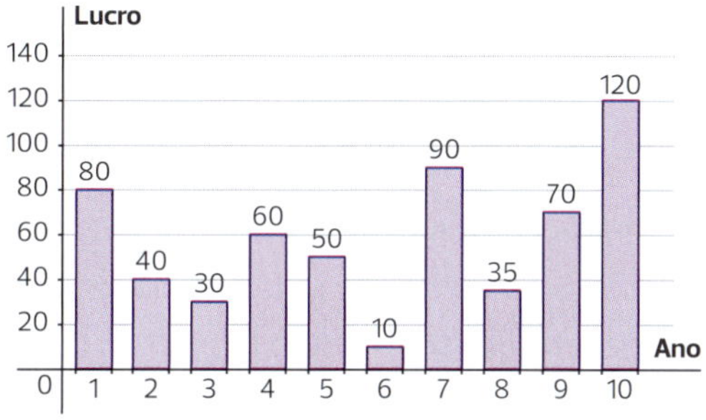

O ano em que o lucro ficou mais próximo da média aritmética dos 10 lucros anuais foi:

a) ano 2.

b) ano 3.

c) ano 4.

d) ano 5.

e) ano 9.

79. (Enem) Uma enquete, realizada em março de 2010, perguntava aos internautas se eles acreditavam que as atividades humanas provocam o aquecimento global. Eram três as alternativas possíveis e 279 internautas responderam à enquete, como mostra o gráfico.

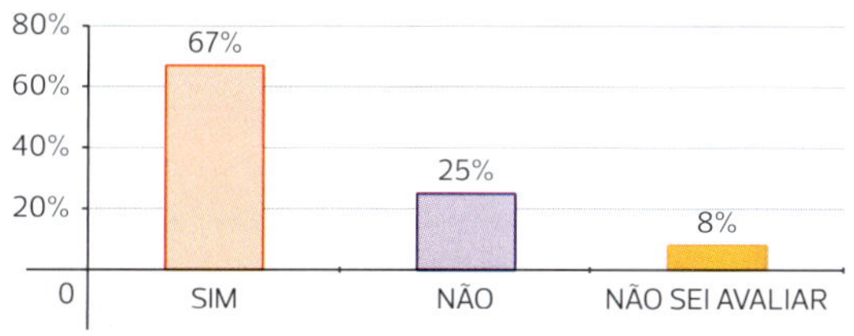

Época. Ed. 619, 29 mar. 2010 (adaptado).

Analisando os dados do gráfico, quantos internautas responderam "NÃO" à enquete?

a) Menos de 23.

b) Mais de 23 e menos de 25.

c) Mais de 50 e menos de 75.

d) Mais de 100 e menos de 190.

e) Mais de 200.

80. (Enem) Uma equipe de especialistas do centro meteorológico de uma cidade mediu a temperatura do ambiente, sempre no mesmo horário, durante 15 dias intercalados, a partir do primeiro dia de um mês. Esse tipo de procedimento é frequente, uma vez que os dados coletados servem de referência para estudos e verificação de tendências climáticas ao longo dos meses e anos.

As medições ocorridas nesse período estão indicadas no quadro:

Dia do mês	Temperatura (em °C)
1	15,5
3	14
5	13,5
7	18
9	19,5
11	20
13	13,5
15	13,5
17	18
19	20
21	18,5
23	13,5
25	21,5
27	20
29	16

Em relação à temperatura, os valores da média, mediana e moda são, respectivamente, iguais a:

a) 17 °C, 17 °C e 13,5 °C.

b) 17 °C, 18 °C e 13,5 °C.

c) 17 °C, 13,5 °C e 18 °C.

d) 17 °C, 18 °C e 21,5 °C.

e) 17 °C, 13,5 °C e 21,5 °C.

Outros contextos

81. Dois números muito "grandes"!

Dois dos maiores números que têm nome são o googol e o googolplex. Um googol vale 10^{100} e um googolplex vale 10^{googol}. São números incrivelmente "grandes", já que o googol é o 1 seguido de 100 zeros, e o googolplex é o 1 seguido de 1 googol de zeros.

Em 1938, o matemático norte-americano Edward Kasner (1878-1955) perguntou a seu sobrinho Milton Sirotta (1929-1981), na época com 9 anos, qual nome ele daria a um número muito "grande" – por exemplo, o 10^{100}. O pequeno Milton grunhiu uma resposta que Kasner interpretou como "googol". Kasner queria mostrar a seu sobrinho que mesmo números grandes admitem números maiores do que eles. Por isso, assim que Milton deu nome ao 10^{100}, Kasner disse: "Pois eu conheço um número maior do que esse, o googolplex; ele vale 10^{googol}".

Autoria desconhecida/Arquivo da editora

Edward Kasner

Agora, resolva as questões propostas.

a) Se alguém no mundo tivesse um googol de centavos de dólar, quantos milhões de dólares ele possuiria? Indique sua resposta na forma de potência.

b) Que número equivale à raiz quadrada de um googol?

c) Em muitos países, inclusive no Brasil, um centilhão é o nome do número 10^{303}. Que número é maior: a raiz cúbica de um centilhão ou um googol?

d) Associe os valores correspondentes:

A) meio googol
B) 1% de googol
C) $\sqrt[5]{googol}$
D) 2 googols
E) 20% de googol

I) 10^{98}
II) $2^{101} \cdot 5^{100}$
III) $2^{99} \cdot 5^{100}$
IV) $2^{100} \cdot 5^{99}$
V) 10^{20}

e) Qual deve ser o valor de n para que $\sqrt[n]{googol}$ seja igual a 10 000?

82. Notação científica

Laura estava lendo uma enciclopédia quando se deparou com o número $N = 8^{16} \cdot 5^{39}$. Como havia acabado de estudar notação científica na aula de Matemática, pensou: "Como será esse número escrito em notação científica?".

Piotr Marcinski/Shutterstock/Glow Images

Adolescente lendo

Como você já estudou em anos anteriores, números "muito grandes" e números "muito pequenos" costumam ser escritos em notação científica, ou seja, na notação $a \cdot 10^n$, em que $1 \leqslant a < 10$ e n é um número inteiro.

Considerando essa informação, resolva as questões a seguir.

a) Qual é a notação científica do número $N = 8^{16} \cdot 5^{39}$?

b) Descreva como é o número N escrito na notação usual, ou seja, com todos os seus algarismos.

c) Calcule $\sqrt[3]{N}$.

83. Índice de Desenvolvimento Humano (IDH)

O IDH (Índice de Desenvolvimento Humano) é um critério que o Pnud (Programa das Nações Unidas para o Desenvolvimento), órgão da ONU, utiliza para medir o nível de desenvolvimento dos países. É representado por um valor numérico que varia de 0 a 1. Quanto mais próximo de 1, mais desenvolvido é o país.

Para calcular esse índice, são levadas em conta três condições básicas do desenvolvimento humano: uma vida longa e saudável (longevidade, que corresponde à expectativa de vida ao nascer), acesso ao conhecimento (educação) e um padrão de vida digno (baseado na renda *per capita*).

Leonard Zhukovky/Shutterstock/Glow Images

Edifício-sede das Nações Unidas, em Manhattan, Nova York. Foto de 2014.

Até 2009, o Pnud calculava o IDH pela média aritmética dos três índices, dada pela fórmula $IDH = \frac{L + E + R}{3}$ em que L corresponde ao índice de longevidade, E ao índice de educação e R ao índice de renda. Os valores são normalizados para que sejam todos compatíveis com uma escala de 0 a 1.

Após rever algumas variáveis e conceitos, a partir de 2010 o Pnud passou a utilizar outra fórmula para calcular o IDH dos países: $IDH = \sqrt[3]{L \cdot E \cdot R}$.

O Brasil, por exemplo, que em 2009 ocupava a 75ª posição no *ranking* (entre 169 países), com IDH de 0,813, passou, em 2010, a ocupar a 73ª posição, com IDH de 0,699. No *ranking* IDH Global 2013, a Noruega liderava, com IDH de 0,944, enquanto o último país da lista era o Níger, com IDH de 0,337.

Veja alguns países e seus respectivos IDHs e posições no *ranking* nesse ano.

Ranking do IDH

Posição	País	IDH 2013
2º	Austrália	0,933
3º	Suíça	0,917
5º	Estados Unidos	0,914
41º	Chile	0,822
41º	Portugal	0,822
49º	Argentina	0,808
79º	Brasil	0,744
111º	Paraguai	0,676

Fonte: *Ranking* IDH Global 2013. Disponível em: <www.pnud.org.br/atlas/ranking/Ranking-IDH-Global-2013.aspx>. Acesso em: 12 maio 2015.

I) Considere determinado país A que apresente os seguintes índices:
- longevidade: 0,800;
- educação: 1,000;
- renda: 0,640.

Calcule o IDH desse país utilizando o método:

a) anterior a 2010;

b) a partir de 2010.

II) Desafio! Um país B possuía, em 2013, um IDH de 0,338, e seu índice de educação era o dobro do índice de longevidade e o quádruplo do índice de renda. Determine os índices de educação, longevidade e renda desse país.

Praticando um pouco mais

1. (Cesgranrio-RJ) A representação decimal de $0{,}01^3$ é:

a) 0,03.
b) 0,001.
c) 0,0001.
d) 0,000001.
e) 0,0000001.

2. (UnB-DF – Adaptado) O valor de (5^{-5}) é:

a) 5^{-25}.
b) $-\frac{1}{125}$.
c) $(-25)^5$.
d) $\frac{1}{3125}$.
e) 3 125.

3. (UFV-MG) O valor da expressão numérica $\left(\frac{2}{3}\right)^2 - \sqrt[3]{-8}$ é uma fração cujo numerador é:

a) 26
b) 22
c) 18
d) 14

4. (UFV-MG) Numa Gincana de Matemática foi proposto aos alunos Anselmo e Gabriela determinar o valor da expressão numérica $P(n) = 2 + (-1)^n + (-2)^n + (-3)^n$ para certos valores de n. Para $n = -1$, Anselmo obteve 8 como resposta, e, para $n = 2$, Gabriela obteve 16. Segundo a comissão avaliadora:

a) ambos erraram.
b) apenas Anselmo acertou.
c) ambos acertaram.
d) apenas Gabriela acertou.

5. (PUC-MG) A expressão $\dfrac{0{,}3 - \frac{1}{4}}{\sqrt[3]{-1}} + 0{,}036 : 0{,}04$ é igual a:

a) 0,45
b) 0,65
c) 0,75
d) 0,85

6. (Uespi) O valor da expressão $\sqrt{7 + 4\sqrt{3}} \cdot \sqrt{7 - 4\sqrt{3}}$ é:

a) um irracional negativo.
b) um irracional positivo.
c) um racional negativo.
d) igual a 1.
e) um inteiro positivo, maior que 1.

7. (UFPE) Simplificando $\sqrt[3]{\dfrac{2^{31} + 2^{33}}{10}}$ obtemos:

a) 2^7
b) 2^8
c) 2^9
d) 2^{10}
e) 2^{11}

8. (Unifor-CE – Adaptado) Um número expresso na notação científica é escrito como o produto de dois números reais: um deles, um número decimal de 1 a 10, excluído o 10, e o outro, uma potência de 10. Assim, por exemplo, a notação científica do número 0,000714 é $7{,}14 \cdot 10^{-4}$. De acordo com essa informação, a notação científica do número

$$N = \frac{0{,}000243 \cdot 0{,}0050}{0{,}036 \cdot 7{,}5} \text{ é:}$$

a) $40{,}5 \cdot 10^{-5}$
b) $45 \cdot 10^{-5}$
c) $4{,}05 \cdot 10^{-6}$
d) $4{,}5 \cdot 10^{-6}$
e) $4{,}05 \cdot 10^{-7}$

9. (PUCC-SP) A capacidade de processar dados na internet aumenta vertiginosamente. O Google processa um *petabyte* de informações digitais a cada 72 minutos. Trata-se de um volume descomunal de dados. Cada *petabyte* contém um quatrilhão de *bytes*. Muita coisa? Nem tanto. Não chegamos ao *exabyte* (10^{18} *bytes*), *zettabyte* (10^{21} *bytes*), *yottabyte* (10^{24} *bytes*)... ainda.

Adaptado: *Veja Especial – Tecnologia*, Ano 41 (2078), Setembro/2008. São Paulo: Abril. p. 27.

Com base nas informações do texto, é correto afirmar que:

a) a centésima parte de 1 *exabyte* é igual a 1 *petabyte*.
b) 1 *zettabyte* é igual a 100 000 *petabytes*.
c) 1 *yottabyte* é igual a 10 000 *zettabytes*.
d) 1 *yottabyte* é igual a 1 bilhão de *petabytes*.
e) 1 *exabyte* é igual a milésima parte de 1 *yottabyte*.

10. (Unimontes-MG – Adaptado) Considere dois números naturais $x = 2^a \cdot 3^b$ e $y = 2^a \cdot 3^c$. Podemos afirmar:

a) $x \cdot y$ é sempre um número ímpar.
b) se x e y possuem o mesmo número de divisores, então $b = c$.
c) $x + y$ é sempre um número ímpar.
d) mesmo que $x \neq y$, eles podem possuir o mesmo número de divisores.

Revisão cumulativa

1. Qual é a relação correta que envolve os conjuntos numéricos?

a) $\mathbb{Z} \subset \mathbb{Q} \subset \mathbb{N} \subset \mathbb{R}$
b) $\mathbb{N} \subset \mathbb{Z} \subset \mathbb{Q} \subset \mathbb{R}$
c) $\mathbb{R} \subset \mathbb{Q} \subset \mathbb{Z} \subset \mathbb{N}$
d) $\mathbb{N} \subset \mathbb{Q} \subset \mathbb{Z} \subset \mathbb{R}$

2. A expressão $\dfrac{3^{x+1}-3^{x}}{3^{x-1}}$ tem valor igual a:

a) 5
b) 6
c) 8
d) 9

3. (Fuvest-SP) $\sqrt[3]{\dfrac{2^{28}+2^{30}}{10}}$ é igual a:

a) $\dfrac{2^{8}}{5}$
b) $\dfrac{2^{9}}{5}$
c) 2^{8}
d) 2^{9}
e) $\left(\dfrac{2^{58}}{10}\right)^{\frac{1}{3}}$

4. Cada item indicado com letra minúscula tem um correspondente com letra maiúscula. Determine os correspondentes.

a) $\sqrt{12}+\sqrt{243}$
b) $\sqrt{8}+\sqrt{8}$
c) $\dfrac{6}{\sqrt{6}}$
d) $\sqrt{6}\cdot\sqrt{10}$

A) $\sqrt{6}$
B) $2\sqrt{15}$
C) $\sqrt{32}$
D) $11\sqrt{3}$

5. Se forem usados os números 2, 5 e 6 para o numerador e o denominador de uma fração, repetidos ou não, responda:

a) Quantas e quais frações podem ser formadas?
b) Sorteando uma dessas frações, qual é a probabilidade de ser:
- menor do que 1?
- fração aparente?
- fração com valor entre 1 e 2?

6. Verifique qual é a alternativa que não é válida para todos os losangos.

a) As diagonais são perpendiculares.
b) As diagonais se cortam ao meio.
c) As diagonais são congruentes.
d) As diagonais estão sobre as bissetrizes dos ângulos internos.

7. **Arredondamentos, cálculo mental e resultado aproximado**

Se a medida do volume de um cubo é aproximadamente 26,97 cm^3, então qual destes é o valor mais próximo da área de cada face desse cubo: 7 cm^2, 9 cm^2 ou 11 cm^2?

8. Observe o gráfico e responda ao que se pede.

Distribuição da área total do Brasil por regiões – 2012

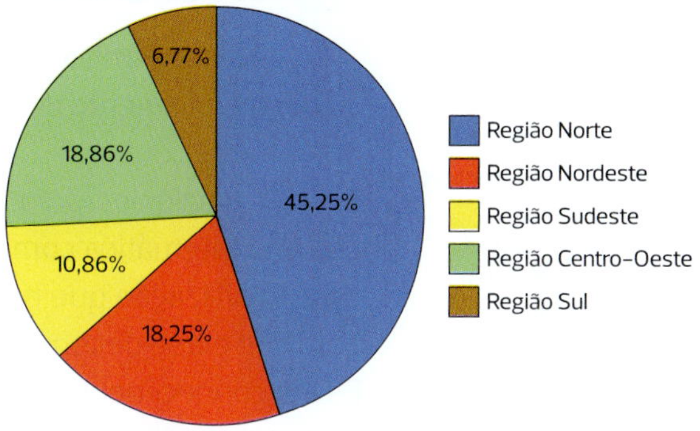

Fonte: Brasil em números. IBGE. Vol. 22. 2014. Disponível em: <http://biblioteca.ibge.gov.br/visualizacao/periodicos/2/bn_2014_v22.pdf>. Acesso em: 12 maio 2015.

a) Que tipo de gráfico é esse?
b) A que assunto se refere?
c) Qual é a fonte dessa pesquisa?
d) Segundo os dados da pesquisa realizada, qual região apresentava maior área no Brasil em 2012?

9. Analise as afirmações.

- $3^{\frac{2}{3}}=\sqrt[3]{9}$
- $4^{0,222...}=\sqrt[9]{16}$
- $5^{-\frac{1}{2}}=\dfrac{\sqrt{5}}{5}$
- $(-25)^{\frac{1}{2}}=-5$

Entre elas, quantas são verdadeiras?

a) As quatro.
b) Somente três.
c) Somente duas.
d) Nenhuma.

10. O resultado de $2-4^{-1}$ fica entre:

a) -1 e 0.
b) 0 e 1.
c) 1 e 2.
d) 2 e 3.

Capítulo 2

Equações e sistemas de equações do 2º grau

1 Introdução

Ao longo da história da Matemática, vários povos deram importantes contribuições ao desenvolvimento dessa ciência: egípcios, babilônios, gregos, romanos, hindus, árabes e muitos outros.

Os babilônios, por exemplo, tiveram um importante papel na construção de campos da Matemática como a Álgebra e a Geometria. Os conhecimentos matemáticos dessa civilização que habitou a antiga Mesopotâmia foram extremamente valiosos para que ela se desenvolvesse e prosperasse na agricultura, arquitetura e astronomia. Esses conhecimentos eram aplicados em várias situações, desde o cálculo dos dias, meses e anos até a construção de templos e palácios.

Reconstrução do Portal de Ishtar, no Museu de Pérgamo, em Berlim, Alemanha. Uma das maravilhas arquitetônicas do povo babilônio, construída em 600 a.C. em homenagem à deusa Ishtar. Essa construção revela o domínio de vários conhecimentos matemáticos. Foto de 2013.

Villorejo/Shutterstock/Glow Images

Entre os vários documentos que os babilônios deixaram, há um antigo texto de problemas matemáticos, escrito em argila (veja fotografia abaixo), que apresenta o seguinte problema:

Quanto mede o lado de uma região quadrada se a área dessa região menos a medida do lado é igual a 870?

Passando da linguagem usual para a linguagem algébrica, a solução desse problema equivale a resolver a equação $x^2 - x = 870$, que também pode ser escrita da seguinte forma:

$$x^2 - x - 870 = 0$$

Mauro Souza/Arquivo da editora

Ilustração artística representando homem babilônico.

Neste capítulo você vai resolver situações em que aparecem equações ou sistemas com equações do 2º grau.

Curadores do Museu Britânico, Londres, Inglaterra

Placa de argila 13 901, guardada no Museu Britânico, em Londres, Inglaterra. O primeiro problema dessa placa, registrado em escrita cuneiforme, corresponde ao problema citado no texto.

2 Grau de uma equação com uma incógnita

Você já estudou: equação é toda **igualdade** que contém **letras que representam números desconhecidos**, chamados de **incógnitas**.

Por exemplo:

- $3x - 1 = 14$ é uma equação de incógnita x.
- $x^2 + y = 5$ é uma equação de incógnitas x e y.
- $2x + 5 < 3$ não é equação, é uma inequação. Nela aparece uma desigualdade, e não uma igualdade.
- $1 + 1 = 2$ não é equação. É uma igualdade que não contém incógnita.

Depois de reduzidos os termos semelhantes, quando todos os expoentes da incógnita forem números naturais, o maior desses expoentes é que determinará o grau de uma equação com uma incógnita.

Examine estas equações com uma incógnita e seus respectivos nomes:

a) $2x + 5 = 13$ e $\frac{x}{2} + 5 = \frac{x}{3}$ são equações do 1º grau.

b) $x^2 + 1 = 10$ e $x^2 - 2x + 1 = 0$ são equações do 2º grau.

c) $2x^3 = 16$ e $x^3 + x^2 + 2x - 3 = 0$ são equações do 3º grau.

Exercícios

1. Marque apenas as equações. Em cada uma delas, indique as incógnitas.

a) $x + 3 = y - 1$
b) $4 + 2 = 5 + 1$
c) $3x - 1 \leq y$
d) $x^2 + x = 7$
e) $\frac{1}{x} = \frac{3}{x - 1}$
f) $2(y - 1) = y$

2. Indique o grau de cada equação abaixo (inicialmente reduza os termos semelhantes).

a) $x(x - 8) = x^2 - 4x$
b) $5x^3 + 3x^2 - 7x + 8 = 0$
c) $(3x - 2)^2 = x^2 - 12x$
d) $x^4 - 6x^2 = 10$
e) $5x^2 - 6x + 4 = 2(2 - 3x)$
f) $(3x - 5)(3x + 5) = (x + 1)(x - 3)$

3 Equações do 2º grau

Examine a seguinte situação-problema.

Um terreno de forma retangular será dividido em dois terrenos quadrados iguais. Se a área do terreno retangular é de 162 m^2, qual será a medida do lado de cada terreno quadrado?

Observe as indicações:

- Medida do lado de cada quadrado: x.
- Área de cada uma das regiões quadradas: x^2.
- Área do terreno retangular: $2x^2 = 162$.

$2x^2 = 162$ é um exemplo de equação do 2º grau com uma incógnita. Sua resolução nos fornece o valor de x, que indica a medida do lado de cada terreno quadrado.

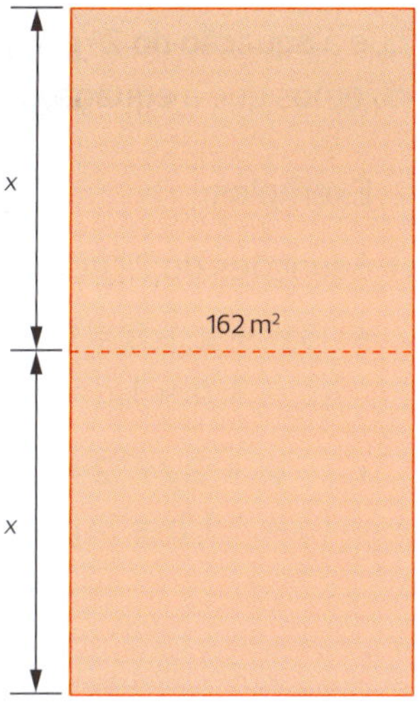

Modelo matemático

Forma da equação do 2º grau

Toda equação com uma incógnita que pode ser escrita na forma $\boldsymbol{ax^2 + bx + c = 0}$, com a, b e c números reais e $a \neq 0$, é chamada de **equação do 2º grau**.

A igualdade $ax^2 + bx + c = 0$ é chamada de **forma geral** ou **forma reduzida** da equação do 2º grau, em que os números a, b e c são os **coeficientes** da equação, e x é a **incógnita**.

Nos exemplos vistos, temos:

- $x^2 - x - 870 = 0$ é uma equação do 2º grau com incógnita x.

  Seus coeficientes são $a = 1$, $b = -1$ e $c = -870$.

- $2x^2 = 162$ é equação do 2º grau, pois pode ser escrita na forma geral $2x^2 - 162 = 0$ ou, ainda, $2x^2 + 0x - 162 = 0$.

  Seus coeficientes são $a = 2$, $b = 0$ e $c = -162$.

Observação: o coeficiente a é diferente de zero para garantir a presença do termo ax^2, que é do 2º grau.

Outros exemplos de equação do 2º grau:

a) $3x^2 + x + 15 = 0$; $a = 3$, $b = 1$ e $c = 15$.

b) $y^2 - 3y + 7 = 0$; $a = 1$, $b = -3$ e $c = 7$.

c) $4x^2 - x = 0$; $a = 4$, $b = -1$ e $c = 0$.

d) $x^2 - 25 = 0$; $a = 1$, $b = 0$ e $c = -25$.

e) $8 + x^2 - 6x = 0$; $a = 1$, $b = -6$ e $c = 8$.

Equações completas e equações incompletas

Na equação $ax^2 + bx + c = 0$, quando, além de $a \neq 0$, temos $b \neq 0$ e $c \neq 0$, dizemos que a **equação do 2º grau é completa**. Se pelo menos um dos coeficientes b e c é nulo, dizemos que a **equação do 2º grau é incompleta**.

Exemplos:

a) Equações do 2º grau completas:

- $3x^2 + x + 8 = 0$
  $(a = 3; b = 1; c = 8)$
- $-y^2 + 3y - 2 = 0$
  $(a = -1; b = 3; c = -2)$

b) Equações do 2º grau incompletas:

- $5x^2 = 0$
  $(a = 5; b = 0; c = 0)$
- $3x^2 - 2x = 0$
  $(a = 3; b = -2; c = 0)$
- $-4x^2 + 10 = 0$
  $(a = -4; b = 0; c = 10)$

Exercícios

3. Identifique as equações do 2º grau.

a) $3x^2 - 5x + 8 = 0$

b) $0x^2 - 5x + 6 = 0$

c) $2x + 10 = 0$

d) $-2x - 5 + x^2 = 0$

e) $3x^2 - 1 = 0$

f) $x^2 + 5x = 0$

g) $\frac{x}{4} - \frac{x-5}{6} = 1 + \frac{2(x-5)}{3}$

h) $(y + 3)(y - 1) = 4$

i) $3t^2 = 81$

j) $(x - 2)^2 = 49$

k) $kx^2 + k = 0\ (k \neq 0)$

l) $mx + 3 = 0\ (m \neq 0)$

4. Das equações abaixo, há cinco que são do 2º grau. Verifique quais são, indique seus coeficientes quando escritas na forma geral e escreva se são completas ou incompletas.

a) $(x + 3)(x - 3) = 5x - 9$

b) $x^2(x + 2) = 0$

c) $3t^2 - 3t = -1$

d) $\frac{z}{3} - \frac{z(z-1)}{2} = 1$

e) $(y - 2)(y - 4) = (3y - 1)^2$

f) $x^2 + x(1 - x) + 5 = 0$

g) $kx^2 = -2kx - 1\ (k \neq 0)$

5. Qual deve ser o valor de m para que a equação $mx^2 - 3x + 4 = 0$ seja do 2º grau?

6. Examine a região retangular abaixo. O perímetro do retângulo é de 16 cm e a área da região retangular é de 15 cm².

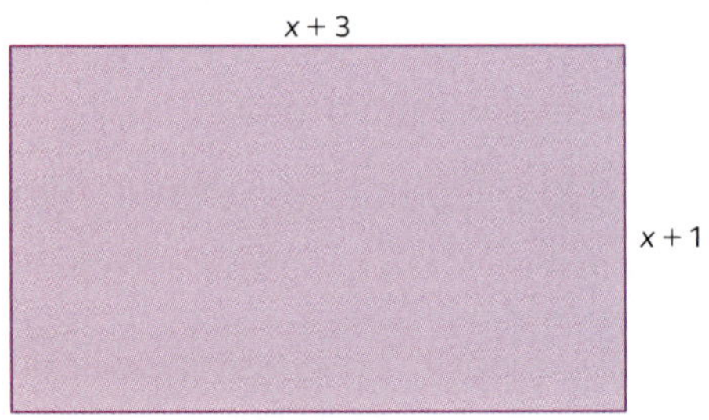

Faça o que se pede a seguir.

a) Escreva uma equação tomando como base o perímetro.

b) Agora, escreva uma equação tendo por base a área da região retangular.

c) Qual das equações é do 2º grau? Por quê?

d) Resolva a equação do 1º grau e determine a medida das dimensões desse retângulo.

7. Escreva as equações do 2º grau de cada item na forma geral $ax^2 + bx + c = 0$, sabendo que:

a) $a = 1$, $b = 5$ e $c = -4$;

b) $a = 3$, $b = 0$ e $c = 0$;

c) $a = \frac{1}{3}$, $b = \sqrt{3}$ e $c = -1$.

Raízes ou soluções de uma equação do 2º grau

Lembra-se? Resolver uma equação é encontrar as suas raízes ou soluções.

Raiz ou **solução** de uma equação com uma incógnita é o valor que, atribuído à incógnita, torna a sentença matemática verdadeira.

Por exemplo, as raízes ou soluções da equação do 2º grau $x^2 - 5x + 6 = 0$ são 2 e 3, pois esses valores são os números que tornam a sentença verdadeira. Indicamos as raízes assim: $x' = 2$ e $x'' = 3$.

Veja:

- Substituindo x por 2:

$$2^2 - 5 \cdot 2 + 6 = 0$$
$$4 - 10 + 6 = 0$$
$$0 = 0$$

Logo, $x = 2$ é solução da equação $x^2 - 5x + 6 = 0$.

- Substituindo x por 3:

$$3^2 - 5 \cdot 3 + 6 = 0$$
$$9 - 15 + 6 = 0$$
$$0 = 0$$

Portanto, $x = 3$ é solução da equação $x^2 - 5x + 6 = 0$.

Já $x = 4$, por exemplo, não é solução ou raiz da equação $x^2 - 2x + 1 = 0$, pois $4^2 - 2 \cdot 4 + 1 = 16 - 8 + 1 = 9$. E, é claro, $9 \neq 0$.

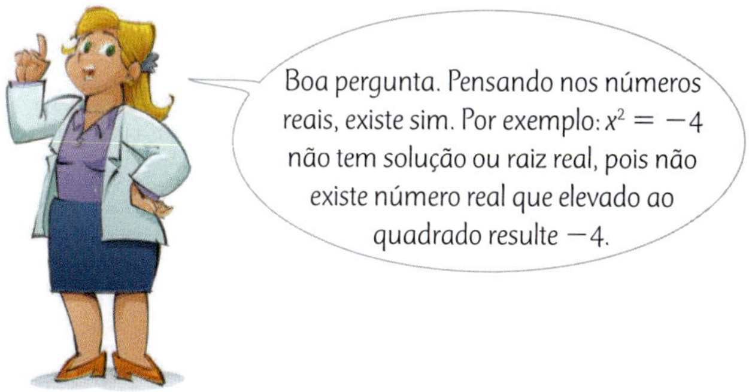

Observação: Números como $\sqrt{-4}$ fazem parte do conjunto dos números complexos, $\mathbb{C}$, que é uma extensão do conjunto dos números reais, $\mathbb{R}$, e que será estudado no Ensino Médio.

Exercícios

8. Verifique e responda.

a) 2 é raiz da equação $t^2 - 2t + 1 = 0$?

b) Existe raiz real da equação $y^2 + 9 = 0$?

c) $\frac{4}{5}$ é raiz da equação $5x^2 = 8x - \frac{16}{5}$?

d) -4 e 4 são raízes da equação $p^2 = 16$?

9. Invente uma equação do 2º grau que tenha o número 10 como raiz ou solução. Passe para um colega conferir enquanto você confere a dele.

10. Associe cada equação do 2º grau às suas respectivas raízes.

a) $x^2 - 3x + 2 = 0$ — I) raízes 3 e 4

b) $y^2 - 7y + 12 = 0$ — II) raízes -1 e 6

c) $x^2 - 5x - 6 = 0$ — III) raízes -2 e -4

d) $t^2 + 6t + 8 = 0$ — IV) raízes 1 e 2

11. Verifique se $x = 3$ e $x = \sqrt{5}$ são raízes da equação $x^2 - (3 + \sqrt{5})x + 3\sqrt{5} = 0$.

Resolução de equações incompletas do 2º grau com uma incógnita

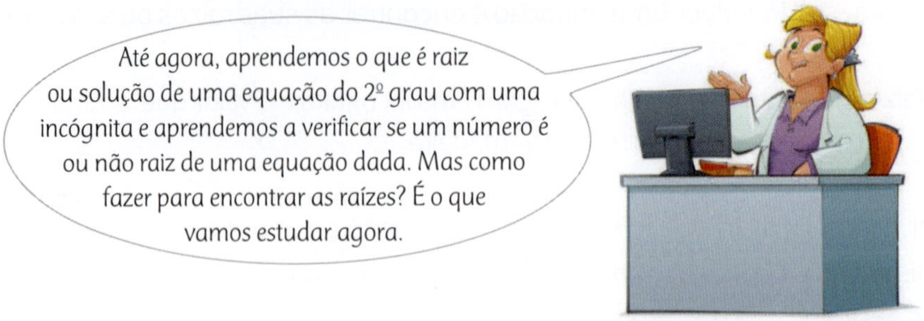

Vamos estudar métodos de resolução de equações do 2º grau incompletas separando em casos, de acordo com os coeficientes nulos que a equação tiver.

1º caso: equações do tipo $ax^2 + c = 0$, com $a \neq 0$ e $c \neq 0$

Neste caso, temos $ax^2 + bx + c = 0$, com $a \neq 0$, $b = 0$ e $c \neq 0$, ou seja, $ax^2 + c = 0$.

Considere a seguinte situação:

Qual é a medida de cada lado de uma região quadrada com área de 144 cm²?

Observe a figura à esquerda, na qual ℓ indica a medida do lado.

Podemos escrever $\ell^2 = 144$, que é uma equação do 2º grau incompleta com $b = 0$ e $c \neq 0$, pois corresponde a $\ell^2 - 144 = 0$ ($a = 1$, $b = 0$ e $c = -144$).

Veja sua resolução:

$$\ell^2 - 144 = 0$$
$$\ell^2 = 144$$
$$\ell = \pm\sqrt{144}$$
$$\ell = \pm 12$$

Há outra maneira de resolver a equação $\ell^2 - 144 = 0$. Podemos fatorar essa expressão $\ell^2 - 144$, que é uma diferença entre dois quadrados:

$$(\ell - 12)(\ell + 12) = 0$$

Para que o produto seja zero, um dos fatores precisa ser zero:

- se $\ell - 12 = 0$, então $\ell = 12$;
- se $\ell + 12 = 0$, então $\ell = -12$.

Assim, $\ell = 12$ ou $\ell = -12$.

Esteja atento na utilização do **ou** e do **e** na resposta.

Podemos dizer $\ell = +12$ **ou** $\ell = -12$, e podemos também dizer que as raízes são $\ell' = +12$ **e** $\ell'' = -12$.

Como ℓ indica medida de comprimento, desprezamos o valor negativo e ficamos apenas com o valor $\ell = 12$.

Então, cada lado dessa região quadrada mede 12 cm.

Veja mais alguns exemplos de resolução de equações do 2º grau incompletas:

$3x^2 - 36 = 0$
$3x^2 = 36$
$x^2 = \frac{36}{3}$
$x^2 = 12$
$x = \pm\sqrt{12}$
$x = \pm\sqrt{2^2 \cdot 3}$
$x = \pm 2\sqrt{3}$
Raízes: $x' = -2\sqrt{3}$ e $x'' = 2\sqrt{3}$.

$5x^2 + 45 = 0$
$5x^2 = -45$
$x^2 = -\frac{45}{5}$
$x^2 = -9$
$x = \pm\sqrt{-9}$
Não existe número real para x, ou seja, a equação dada não tem raiz real.

Acompanhe como resolver a seguinte situação de duas maneiras diferentes.
O dobro do quadrado de um número menos 98 é igual a zero. Qual é esse número?

1ª maneira
$2x^2 - 98 = 0$
$2x^2 = 98$
$x^2 = \frac{98}{2}$
$x^2 = 49$
$x = \pm\sqrt{49}$
$x = \pm 7$
$x = -7$ ou $x = 7$
Raízes: $x' = -7$ e $x'' = 7$.

2ª maneira
$2x^2 - 98 = 0$
Dividindo ambos os membros por 2:
$x^2 - 49 = 0$
Fatorando:
$(x + 7)(x - 7) = 0$
Se $x + 7 = 0$, temos $x = -7$.
Se $x - 7 = 0$, temos $x = 7$.
Assim, $x' = -7$ e $x'' = 7$.

Logo, o número é 7 ou -7.

Bate-papo
Converse com um colega e, levando em conta o que foi estudado sobre as equações incompletas do tipo $ax^2 + c = 0$ ($a \neq 0$ e $c \neq 0$), respondam:
a) Elas sempre têm raízes reais?
b) Quando têm, quantas são e como são?

Exercícios

12. Resolva as equações incompletas abaixo usando números reais.

a) $4x^2 - 100 = 0$
b) $3x^2 + 48 = 0$
c) $-2x^2 + 64 = 0$
d) $x(x - 2) = 1 - 2x$
e) $\frac{3x^2}{4} = \frac{x^2 + 7}{6}$
f) $2x^2 - 2\,450 = 0$

13. Resolva mais estas equações.

a) $4x^2 - 25 = 0$
b) $\frac{2x^2 + 5}{2} + \frac{1}{6} = \frac{5x^2 - 1}{3}$
c) $3y^2 + \frac{1}{8} = 5x^2 - \frac{3}{4}$
d) $(x + 1)^2 + (x - 1)^2 = 10$

$2^{\underline{o}}$ caso: equações do tipo $ax^2 = 0$, com $a \neq 0$

Neste caso, temos $ax^2 + bx + c = 0$, com $a \neq 0$, $b = 0$ e $c = 0$.

Aqui, a ideia para a resolução é a mesma do caso anterior: determinar o valor de x^2 e depois o de x. Mas a conclusão será um pouco diferente. Veja:

a) $3x^2 = 0$

$$x^2 = \frac{0}{3}$$

$$x^2 = 0$$

$$x = \pm\sqrt{0}$$

$$x' = x'' = 0$$

b) $-5x^2 = 0$

$$x^2 = \frac{0}{-5}$$

$$x^2 = 0$$

$$x = \pm\sqrt{0}$$

$$x' = x'' = 0$$

> Como $+0$ e -0 indicam o mesmo número, podemos concluir que esse tipo de equação sempre tem duas raízes reais e iguais a zero.

Veja este outro exemplo, em que temos uma equação do $2^{\underline{o}}$ grau completa, mas que podemos resolvê-la usando o $1^{\underline{o}}$ ou o $2^{\underline{o}}$ caso das incompletas.

Para resolver a equação $(x - 1)^2 = 4$, Andreia viu que, se fizesse a eliminação dos parênteses, chegaria a uma equação do $2^{\underline{o}}$ grau completa, que ela ainda não havia estudado:

$$x^2 - 2x + 1 = 4 \Rightarrow x^2 - 2x - 3 = 0$$

Veja, então, como ela resolveu a equação:

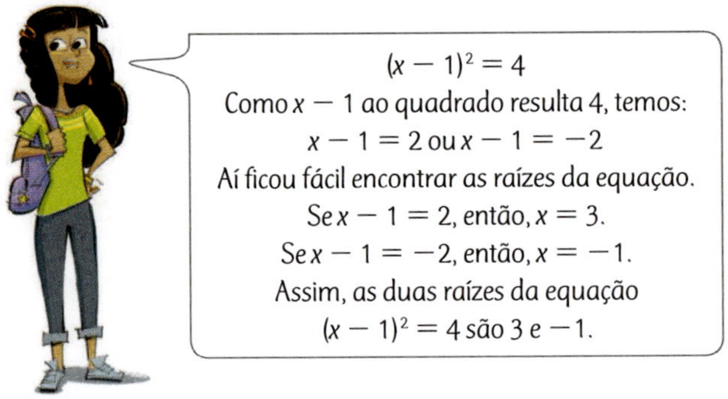

Bate-papo

Converse com um colega e escrevam como são as raízes reais das equações incompletas do $2^{\underline{o}}$ grau da forma $ax^2 = 0$ $(a \neq 0)$.

Exercícios

14. Resolva.

a) $9x^2 = 0$

b) $\frac{3x^2}{5} = 0$

c) $-x^2 = 0$

d) $3x(x + 2) = 6x$

15. Um canteiro quadrado tinha 2 m de lado e foi ampliado em x metros em cada lado, mantendo o formato quadrado. Sabendo que a nova área é de 9 m^2:

a) represente essa situação por meio de uma equação do $2^{\underline{o}}$ grau;

b) determine em quantos metros foi aumentado o lado do quadrado.

16. Resolva estas equações usando o mesmo raciocínio de Andreia e escreva suas raízes.

a) $(x + 5)^2 = 9$

b) $(x - 1)^2 = -16$

c) $(x - 5)^2 = 0$

d) $(2x - 1)^2 = 9$

e) $(y - 3)^2 = 36$

f) $(7a - 2)^2 = 0$

17. Determine o valor de x sabendo que a área da maior região quadrada abaixo é 1 156 cm^2.

$3^{\underline{o}}$ caso: equações do tipo $ax^2 + bx = 0$, com $a \neq 0$ e $b \neq 0$

Neste caso, temos $ax^2 + bx + c = 0$, com $a \neq 0$, $b \neq 0$ e $c = 0$.

Veja a questão proposta no quadro abaixo e analise a resolução por meio de uma equação do 2º grau incompleta com $b \neq 0$ e $c = 0$.

> Qual é o número que tem o dobro de seu quadrado igual a seu quádruplo?

- x: número procurado
- x^2: quadrado do número
- $4x$: quádruplo do número

Agora, montamos a equação e resolvemos:

$$2x^2 = 4x$$
$$2x^2 - 4x = 0$$
$$x \cdot (2x - 4) = 0$$
$$x = 0 \quad \text{ou} \quad 2x - 4 = 0$$
$$2x = 4$$
$$x = 2$$

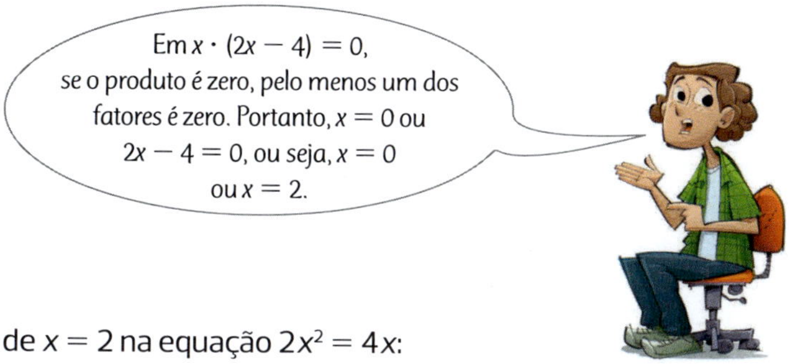

Verificação:

Vamos fazer a verificação de $x = 0$ e de $x = 2$ na equação $2x^2 = 4x$:

- Para $x = 0$:

$$2x^2 = 4x$$
$$2 \cdot 0^2 = 4 \cdot 0$$
$$0 = 0$$

- Para $x = 2$:

$$2x^2 = 4x$$
$$2 \cdot 2^2 = 4 \cdot 2$$
$$8 = 8$$

Então, existem dois números que satisfazem as condições da questão: 0 e 2.

Examine, agora, este outro exemplo em que usamos a fatoração para resolver uma equação do 2º grau:

> Quais são as raízes da equação $-4x^2 + 12x = 0$?

$$-4x^2 + 12x = 0 \quad \cdot(-1)$$
$$4x^2 - 12x = 0$$
$$x(4x - 12) = 0 \quad \text{(fatoramos o 1º membro)}$$
$$x = 0 \quad \text{ou} \quad 4x - 12 = 0$$
$$4x = 12$$
$$x = \frac{12}{4} \Rightarrow x = 3$$

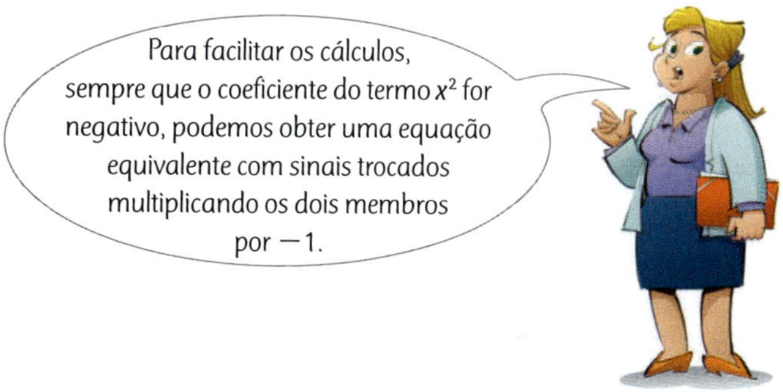

Verificação:

- Para $x = 0$:

$$-4x^2 + 12x = 0$$
$$-4 \cdot 0^2 + 12 \cdot 0 = 0$$
$$0 + 0 = 0$$
$$0 = 0$$

- Para $x = 3$:

$$-4x^2 + 12x = 0$$
$$-4 \cdot 3^2 + 12 \cdot 3 = 0$$
$$-36 + 36 = 0$$
$$0 = 0$$

Portanto, as raízes são 0 e 3 e indicamos assim: $x' = 0$ e $x'' = 3$.

Exercícios

18. Determine os valores reais das incógnitas em cada uma das equações.

a) $5y^2 - 3y = 0$

b) $7x^2 - 35x = 0$

c) $\frac{4x^2}{3} + 5x = 0$

d) $\frac{7(t + 2)^2}{2} = 14$

e) $(x - 6)^2 = 2(x + 18)$

f) $\sqrt{5}x^2 - x = 0$

Bate-papo

Converse com um colega e descubram quantas e como são as raízes reais das equações do 2º grau da forma $ax^2 + bx = 0$ ($a \neq 0$ e $b \neq 0$).

19. As regiões retangulares representadas abaixo têm a mesma área em metros quadrados. Determine a medida x em metros.

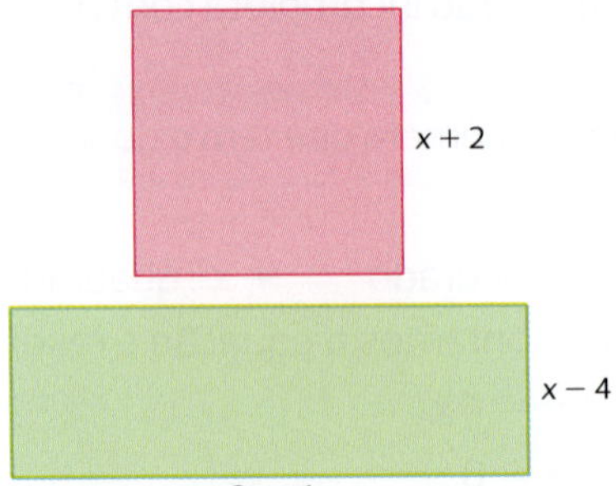

Quadro-resumo

Resolução de equações incompletas do 2º grau em $\mathbb{R}$

$ax^2 + bx + c = 0$, com a, b e c reais e $a \neq 0$

- $b = 0$ e $c \neq 0 \rightarrow$ $ax^2 + c = 0$: a equação não tem raiz real ou tem duas raízes reais distintas e opostas.
- $b = 0$ e $c = 0 \rightarrow$ $ax^2 = 0$: a equação tem sempre duas raízes reais iguais a zero.
- $b \neq 0$ e $c = 0 \rightarrow$ $ax^2 + bx = 0$: a equação tem sempre duas raízes reais distintas, e uma delas é o zero.

Exercícios e problemas

20. Maria Joaquina pegou uma folha retangular de 30 cm por 20 cm e recortou, de seus quatro cantos, regiões quadradas de lados que medem x cm. Com isso, a área que sobrou da folha é de 404 cm². Qual é o valor de x?

21. Resolva em $\mathbb{R}$ mais estas equações do 2º grau incompletas.

a) $x^2 - 15 = 0$

b) $8x^2 = 0$

c) $3x^2 + 12 = 0$

d) $-2x^2 + 10x = 0$

e) $4y^2 - 5y + 1 = 3y^2 - 2y + 1$

f) $9x^2 - 1 = 0$

22. Você se lembra da **fatoração** de um **trinômio quadrado perfeito**? Ela será usada no assunto que virá a seguir. Vamos recordar?

Por exemplo: a expressão

$$9x^2 - 30x + 25$$

($9x^2$: quadrado de $3x$; $-30x$: oposto do dobro de $3x \cdot 5$; 25: quadrado de 5)

pode ser fatorada em $(3x - 5)^2$.

Fatore mais estes trinômios quadrados perfeitos.

a) $4x^2 + 4x + 1$

b) $y^2 - 14y + 49$

c) $100x^2 - 80x + 16$

d) $x^2 + x + \frac{1}{4}$

Resolução de equações do 2º grau completas

Equações do tipo $ax^2 + bx + c = 0$ cujo primeiro membro é trinômio quadrado perfeito

Analise o exemplo com atenção e justifique cada passagem.

$$9x^2 - 30x + 25 = 0$$
$$\underset{(3x)^2}{\downarrow} \quad \underset{2 \cdot 3x \cdot 5}{\downarrow} \quad \underset{5^2}{\downarrow}$$
$$(3x - 5)^2 = 0$$
$$3x - 5 = 0$$
$$3x = 5$$
$$x = \frac{5}{3}$$

Veja outros exemplos:

$$x^2 + 8x + 16 = 0$$
$$(x + 4)^2 = 0$$
$$x + 4 = 0$$
$$x = -4$$

$$16x^2 - 8x + 1 = 0$$
$$(4x - 1)^2 = 0$$
$$4x - 1 = 0$$
$$4x = 1$$
$$x = \frac{1}{4}$$

$$(x - 5)(x + 6) = 13x - 66$$
$$x^2 + 6x - 5x - 30 - 13x + 66 = 0$$
$$x^2 - 12x + 36 = 0$$
$$(x - 6)^2 = 0$$
$$x - 6 = 0$$
$$x = 6$$

Exercícios

23. Resolva estas equações do 2º grau completas. Escritas na forma geral, elas têm um trinômio quadrado perfeito em seu primeiro membro.

a) $x^2 + 14x + 49 = 0$

b) $36x^2 - 12x + 1 = 0$

c) $y^2 - 22y + 121 = 0$

d) $4x^2 = 5(4x - 5)$

24. Escreva uma equação do 2º grau completa, na forma geral, que tem o número -5 como única raiz.

25. Identifique entre as equações abaixo a que tem um quadrado perfeito no primeiro membro e resolva essa equação.

$x^2 + 9x + 9 = 0$ $\quad$ $x^2 + 4x + 4 = 0$ $\quad$ $x^2 + 6x + 6 = 0$

26. O quadrado de um número é igual à diferença entre o dobro desse mesmo número e 1. Qual é esse número?

Desafio

Resolva a equação $16x^2 + 24x + 9 = 100$.

Método de completar quadrados

Neste caso, vamos resolver equações do 2º grau completas, que são da forma $ax^2 + bx + c = 0$ com todos os coeficientes não nulos, cujo primeiro membro não é um trinômio quadrado perfeito.

Por exemplo, a equação $x^2 + 6x - 7 = 0$:

$$x^2 + 6x - 7 = 0 \Rightarrow x^2 + 6x = +7 \Rightarrow x^2 + 6x + 9 = +7 + 9$$

quadrado de x — $2 \cdot x \cdot 3$ — quadrado de 3

$x^2 + 6x - 7$ não é trinômio quadrado perfeito.

Para obter um trinômio quadrado perfeito, foi somado 9 a $x^2 + 6x$.

Para manter a igualdade, foi somado 9 também a $+7$, chegando a $x^2 + 6x + 9 = 16$.

Acompanhe a interpretação geométrica do "completamento de quadrado" de $x^2 + 6x$:

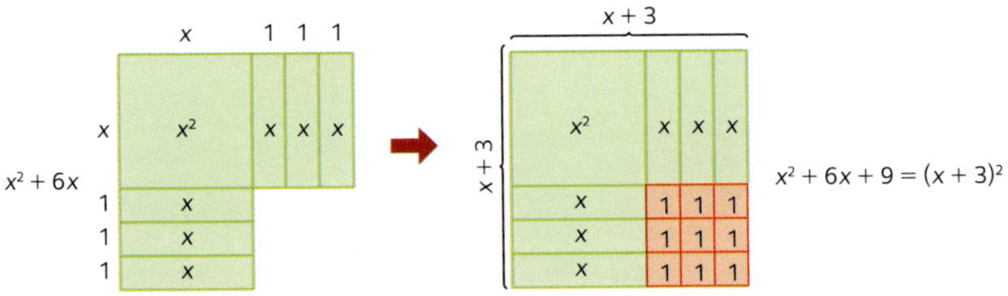

Com o "completamento de quadrado", podemos resolver a equação inicial. Veja o procedimento todo:

$$x^2 + 6x - 7 = 0$$
$$x^2 + 6x = 7$$
$$x^2 + 6x + 9 = 7 + 9$$
$$(x + 3)^2 = 16$$
$$x + 3 = \pm\sqrt{16}$$
$$x + 3 = \pm 4$$

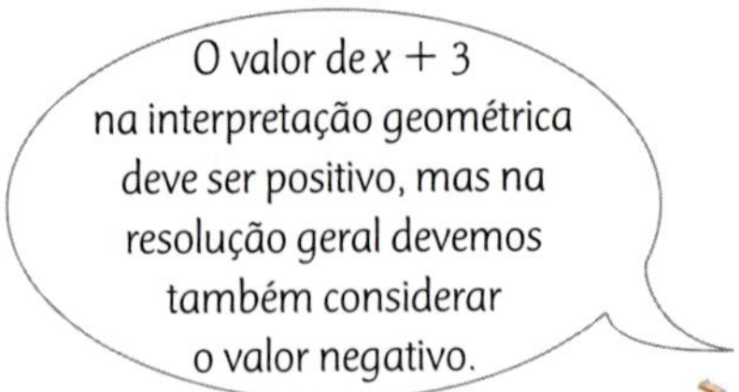

$x + 3 = 4$ ou $x + 3 = -4$

$x = 4 - 3$ $\quad$ $x = -4 - 3$

$x = 1$ $\quad$ $x = -7$

Logo, as raízes da equação $x^2 + 6x - 7 = 0$ são $x' = -7$ e $x'' = 1$.

Outros exemplos:

a) Quais são as raízes da equação $x^2 + 4x - 12 = 0$?

$x^2 + 4x = 12$ (Somamos 4 a ambos os membros para que o 1º membro se torne um trinômio quadrado perfeito.)

$x^2 + 4x + \mathbf{4} = 12 + \mathbf{4}$

- x^2: quadrado de x
- $4x$: o dobro do produto de x por 2
- 4: quadrado de 2

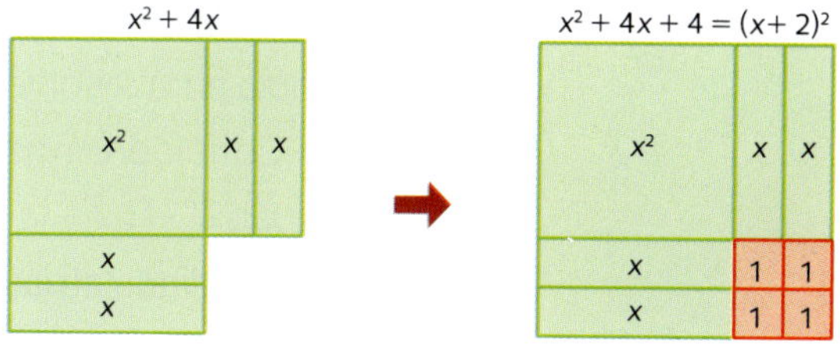

$(x + 2)^2 = 16$ (Fatoramos o trinômio quadrado perfeito.)

$x + 2 = \pm\sqrt{16} \Rightarrow x + 2 = \pm 4 \Rightarrow x + 2 = 4$ ou $x + 2 = -4 \Rightarrow x = 2$ ou $x = -6$

Assim, as raízes da equação $x^2 + 4x - 12 = 0$ são 2 e -6.

b) Vamos resolver a equação $9x^2 - 6x - 24 = 0$.

$9x^2 - 6x = 24 \Rightarrow 9x^2 - 6x + \mathbf{1} = 24 + \mathbf{1} \Rightarrow (3x - 1)^2 = 25 \Rightarrow 3x - 1 = \pm\sqrt{25} \Rightarrow$

$\Rightarrow 3x - 1 = \pm 5 \Rightarrow 3x - 1 = 5$ ou $3x - 1 = -5 \Rightarrow x = 2$ ou $x = -1\frac{1}{3}$

Portanto, as raízes da equação $9x^2 - 6x - 24 = 0$ são 2 e $-1\frac{1}{3}$.

c) Vamos resolver a equação $x^2 - 8x + 18 = 0$.

$x^2 - 8x + 18 = 0$

$x^2 - 8x = -18$

$x^2 - 8x + \mathbf{16} = -18 + \mathbf{16}$

$(x - 4)^2 = -2$

Neste caso, não existe valor real para x.

Exercícios e problemas

27. Determine as raízes reais das equações abaixo usando o método de completamento de quadrado.

a) $x^2 + 6x + 8 = 0$
b) $x^2 - 10x - 11 = 0$
c) $9x^2 + 6x - 48 = 0$
d) $x^2 + 8x + 15 = 0$
e) $y^2 - 2y - 3 = 0$
f) $x^2 - 14x + 50 = 0$

28. O dobro de um número natural somado ao quadrado de seu sucessor resulta 166. Qual é esse número?

29. Analise as equações do 2º grau e determine suas raízes da forma mais conveniente.

a) $3x^2 - 8x = 0$
b) $-2y^2 + 32 = 0$
c) $8t^2 = 0$
d) $x^2 - 16x + 64 = 0$
e) $z^2 + 12z - 13 = 0$
f) $5x^2 - 45 = 0$

30. O reservatório representado na figura abaixo tem forma de bloco retangular e capacidade de 400 000 L. O comprimento da base mede o dobro da largura. Determine o perímetro da base e a área da base.

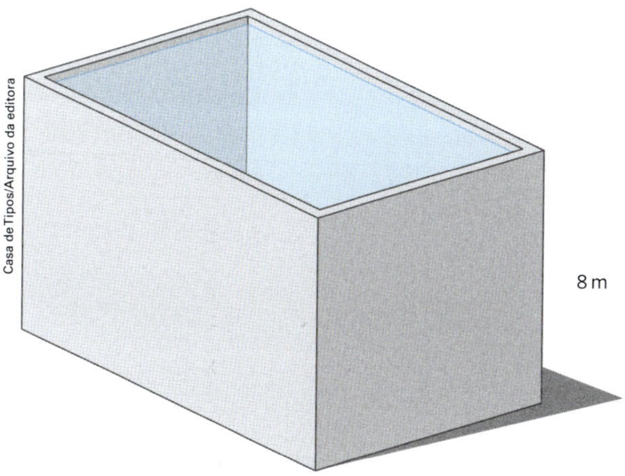

Casa de Tipos/Arquivo da editora

A fórmula de resolução de uma equação do 2º grau

Generalizando a ideia de completamento de quadrado, podemos chegar a uma fórmula para resolver equações do 2º grau.

Consideremos a equação genérica do 2º grau com coeficientes a, b e c, com $a \neq 0$: $ax^2 + bx + c = 0$.

Dividindo ambos os membros dessa igualdade por a, temos:

$$x^2 + \frac{b}{a}x + \frac{c}{a} = 0 \qquad x^2 + \frac{b}{a}x = -\frac{c}{a}$$

Completamos o quadrado do primeiro membro somando $\frac{b^2}{4a^2}$ a ambos os membros:

$$x^2 + \frac{b}{a}x + \frac{b^2}{4a^2} = \frac{b^2}{4a^2} - \frac{c}{a}$$

quadrado de x

$2 \cdot x \cdot \frac{b}{2a}$

quadrado de $\frac{b}{2a}$

Fatorando o trinômio quadrado perfeito, obtemos: $\left(x + \frac{b}{2a}\right)^2 = \frac{b^2 - 4ac}{4a^2}$

Extraindo a raiz quadrada: $x + \frac{b}{2a} = \pm\frac{\sqrt{b^2 - 4ac}}{2a}$

Finalmente, obtemos a fórmula: $\boxed{x = \frac{-b \pm \sqrt{b^2 - 4ac}}{2a}}$

Podemos indicar o valor da expressão $b^2 - 4ac$ pela letra grega Δ (delta).

Assim: $\boxed{\Delta = b^2 - 4ac}$

Substituindo na fórmula da resolução de equações do 2º grau, obtemos:

$$\boxed{x = \frac{-b \pm \sqrt{\Delta}}{2a}}$$

Exemplos de resolução com essa fórmula:

a) $x^2 - 4x - 32 = 0$

$a = 1$, $b = -4$ e $c = -32$

$\Delta = b^2 - 4ac = (-4)^2 - 4 \cdot 1 \cdot (-32) = 16 + 128 = 144$

Portanto, $\Delta > 0$.

$$x = \frac{-b \pm \sqrt{\Delta}}{2a} = \frac{-(-4) \pm \sqrt{144}}{2 \cdot 1} = \frac{4 \pm 12}{2}$$

$$x' = \frac{4 + 12}{2} = \frac{16}{2} = 8$$

$$x'' = \frac{4 - 12}{2} = -\frac{8}{2} = -4$$

Portanto, as raízes da equação são $x' = 8$ e $x'' = -4$.

b) $4x^2 - 12x + 9 = 0$

$a = 4, b = -12$ e $c = 9$

$\Delta = b^2 - 4ac = (-12)^2 - 4 \cdot 4 \cdot 9 = 144 - 144 = 0$

Portanto, $\Delta = 0$.

$$x = \frac{-b \pm \sqrt{\Delta}}{2a} = \frac{-(-12) \pm \sqrt{0}}{2 \cdot 4} = \frac{12 \pm 0}{8} = \frac{12}{8} = \frac{3}{2}$$

$x' = x'' = \frac{3}{2}$

c) $5x^2 - 3x + 1 = 0$

$a = 5, b = -3$ e $c = 1$

$\Delta = (-3)^2 - 4 \cdot 5 \cdot 1 = 9 - 20 = -11$

$$x = \frac{-(-3) \pm \sqrt{-11}}{2 \cdot 5} = \frac{3 \pm \sqrt{-11}}{10}$$

Impossível em $\mathbb{R}$.

Leitura

Quem foi Bháskara e por que "fórmula de Bháskara"

Bháskara (1114-1185) foi um matemático e astrônomo indiano, considerado um dos mais importantes matemáticos do século XII. Porém, curiosamente, a fórmula de resolução de equações do 2º grau, que leva seu nome, não foi escrita por ele!

Mauro Souza/Arquivo da editora

Ilustração fictícia do matemático indiano Bháskara.

Na verdade, o hábito de dar o nome de Bháskara para essa fórmula se estabeleceu no Brasil por volta de 1960. Esse costume, aparentemente, é apenas brasileiro, pois não se encontra o nome de Bháskara para a fórmula em outros países.

Os fatos apresentados a seguir contribuem para indicar que Bháskara provavelmente não é o autor da fórmula.

- Problemas que recaem em uma equação de 2º grau já apareciam, há quase 4 mil anos, em textos escritos pelos babilônios (como foi visto na introdução do capítulo). Nesses textos, o que se tinha era uma "receita" (escrita em prosa, sem uso de símbolos) que ensinava como determinar as raízes em exemplos concretos com coeficientes numéricos (leia o texto "Os babilônios e as equações do 2º grau", na seção *Ponto de chegada*).
- As duas obras mais conhecidas de Bháskara, *Lilavati* e *Vijaganita*, que tratam de Aritmética e Álgebra, respectivamente, contêm numerosos problemas sobre equações de 1º e 2º graus, porém resolvidas também com receitas em prosa.
- Até o fim do século XVI, não se usava uma fórmula para obter as raízes de uma equação do 2º grau, simplesmente porque não se representavam por letras os coeficientes de uma equação. Isso começou a ser feito a partir de François Viète, matemático francês que viveu de 1540 a 1603.

Logo, embora não devam ser negadas a importância e a riqueza da obra de Bháskara, não é adequado atribuir a ele a fórmula de resolução da equação do 2º grau.

Fonte: *Revista do Professor de Matemática*, n. 6 e n. 39.

Exercícios

31.

a) Identifique os coeficientes a, b e c dessa equação.

b) Calcule o valor de $\Delta = b^2 - 4ac$.

c) Determine o valor de $x' = \dfrac{-b + \sqrt{\Delta}}{2a}$.

d) Calcule o valor de $x'' = \dfrac{-b - \sqrt{\Delta}}{2a}$.

e) Quais são as raízes da equação $x^2 - x - 6 = 0$?

f) Faça a verificação para constatar se realmente as raízes que você encontrou estão corretas.

32.

a) Identifique os coeficientes a, b e c dessa equação.

b) Calcule o valor de $\Delta = b^2 - 4ac$.

c) Determine os valores de $x = \dfrac{-b \pm \sqrt{\Delta}}{2a}$.

d) Quais são as raízes da equação $9x^2 + 9x + 2 = 0$?

e) Verifique se as raízes que você encontrou estão corretas.

33. Resolva as equações a seguir:

a) $3x^2 - 2x - 1 = 0$

b) $y^2 - 7y + 6 = 0$

c) $16x^2 + 8x + 1 = 0$

d) $5x^2 - 4x + 2 = 0$

34. Resolva a equação $x^2 - 3x - 18 = 0$ usando a fórmula.

35. Resolva mais estas equações utilizando a fórmula. Procure relacionar o valor de Δ com o número de raízes reais.
Veja algumas dicas.

a) $4x^2 - 7x + 3 = 0$

b) $x(x - 1) = 11x - 36$

c) $-x^2 - 2x + 15 = 0$

d) $3y^2 - 4y + 2 = 0$

e) $5m^2 - 13m + 6 = 0$

f) $7x^2 + 28x + 21 = 0$

36. As medidas dos lados de um terreno retangular estão indicadas na figura abaixo. Sabendo que sua área é de 240 m², calcule o seu perímetro.

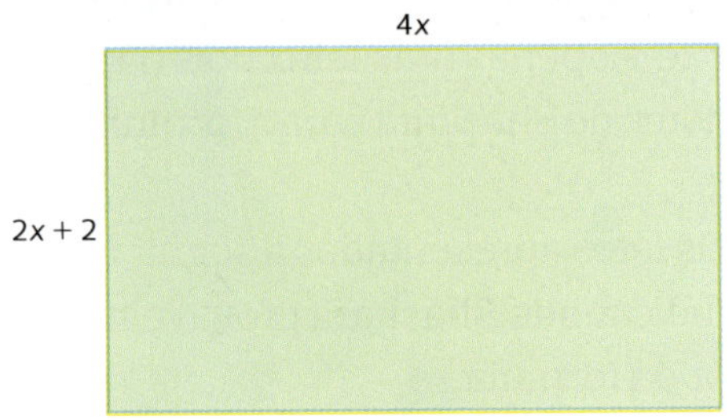

Discriminante de uma equação do 2º grau

O número $\Delta = b^2 - 4ac$ é chamado de **discriminante** da equação do 2º grau $ax^2 + bx + c = 0$.

O valor de Δ (positivo, negativo ou nulo) é que determina quantas raízes reais a equação tem quando seus coeficientes são números reais.

Quando $\Delta > 0$, a equação tem duas raízes reais distintas.
Quando $\Delta = 0$, a equação tem duas raízes reais iguais.
Quando $\Delta < 0$, a equação não tem raízes reais.

Vamos determinar o número de raízes reais distintas de equações sem resolvê-las.

a) Equação: $x^2 - 5x + 6 = 0$

$\Delta = (-5)^2 - 4 \cdot 1 \cdot 6 = 25 - 24 = 1 > 0$

Como $\Delta > 0$, a equação tem duas raízes reais distintas.

b) Equação: $12x^2 - 9x + 7 = 0$

$\Delta = (-9)^2 - 4 \cdot 12 \cdot 7 = 81 - 336 < 0$

Como $\Delta < 0$, a equação não tem raízes reais, ou seja, o número de raízes reais é zero.

c) Equação: $x^2 + 2x + 1 = 0$

$\Delta = 2^2 - 4 \cdot 1 \cdot 1 = 4 - 4 = 0$

Como $\Delta = 0$, a equação tem duas raízes reais e iguais, ou seja, uma única raiz real.

Observações:

1ª) Todas as equações do 2º grau (incompletas e completas) que você resolveu anteriormente por fatoração podem ser solucionadas pela fórmula. Examine estes exemplos:

$9x^2 - 4x = 0$

Por fatoração:

$x(9x - 4) = 0$

$x = 0$ ou $9x - 4 = 0$

$9x = 4$

$x = \frac{4}{9}$

ou

Pela fórmula:

$a = 9, b = -4, c = 0$

$\Delta = (-4)^2 - 4 \cdot 9 \cdot 0 = 16 - 0 = 16$

$$x = \frac{-(-4) \pm \sqrt{16}}{2 \cdot 9} = \frac{4 \pm 4}{18}$$

$$x' = \frac{4 + 4}{18} = \frac{8}{18} = \frac{4}{9}$$

$$x'' = \frac{4 - 4}{18} = \frac{0}{18} = 0$$

Duas raízes reais distintas: 0 e $\frac{4}{9}$.

$$x^2 - 6x + 9 = 0$$

$$(x - 3)^2 = 0$$
$$x - 3 = 0$$
$$x = 3$$

ou

$a = 1, b = -6, c = 9$

$\Delta = 36 - 36 = 0$

$$x = \frac{6 \pm \sqrt{0}}{2} = \frac{6}{2} = 3$$

Duas raízes iguais a 3.

$$4x^2 - 8x + 3 = 0$$

Por completamento de quadrado:

$4x^2 - 8x = -3$

$4x^2 - 8x + 4 = -3 + 4$

$(2x - 2)^2 = 1$

$2x - 2 = -1$ ou $2x - 2 = 1$

$2x = 1$ $\quad$ $2x = 3$

$x = \frac{1}{2}$ $\quad$ $x = \frac{3}{2} = 1\frac{1}{2}$

ou

Pela fórmula:

$a = 4, b = -8, c = 3$

$\Delta = 64 - 48 = 16$

$$x = \frac{-(-8) \pm \sqrt{16}}{8}$$

$$x = \frac{8 \pm 4}{8} \quad x' = \frac{12}{8} = \frac{3}{2} = 1\frac{1}{2} \quad x'' = \frac{4}{8} = \frac{1}{2}$$

Duas raízes reais distintas: $\frac{1}{2}$ e $1\frac{1}{2}$.

2ª) Na resolução de uma equação do 2º grau pela fórmula, nem sempre o discriminante (Δ) é um número quadrado perfeito.

Veja nos exemplos abaixo como podemos indicar as raízes da equação. Nesse caso, deixamos os radicais apenas indicados.

a) $x^2 - 3x + 1 = 0$

$\Delta = 9 - 4 = 5$

$$x = \frac{3 \pm \sqrt{5}}{2} \quad x' = \frac{3 + \sqrt{5}}{2} \quad x'' = \frac{3 - \sqrt{5}}{2}$$

b) $x^2 + 6x + 7 = 0$

$\Delta = 36 - 28 = 8$

$$x = \frac{-6 \pm \sqrt{8}}{2} = \frac{-6 \pm 2\sqrt{2}}{2} \quad x' = \frac{-6 + 2\sqrt{2}}{2} = -3 + \sqrt{2} \quad x'' = \frac{-6 - 2\sqrt{2}}{2} = -3 - \sqrt{2}$$

Quadro-resumo

Resolução de equações do 2º grau pela fórmula

Equação: $ax^2 + bx + c = 0$, com a, b, c reais e $a \neq 0$

Coeficientes: a, b e c

Discriminante: $\Delta = b^2 - 4ac$

Raízes reais (se existirem): $x' = \dfrac{-b + \sqrt{\Delta}}{2a}$ e $x'' = \dfrac{-b - \sqrt{\Delta}}{2a}$

Valor do discriminante
- $\Delta > 0$ (positivo): duas raízes reais distintas
- $\Delta = 0$ (nulo): duas raízes reais iguais a $\dfrac{-b}{2a}$
- $\Delta < 0$ (negativo): nenhuma raiz real

Leitura

Proporção áurea e número de ouro

O retângulo áureo ou de ouro dos gregos é um retângulo especial em que valem as relações entre o comprimento (c) e a largura (ℓ):

$$\frac{c}{\ell} = \frac{\ell}{c - \ell} \leftarrow \text{proporção áurea}$$

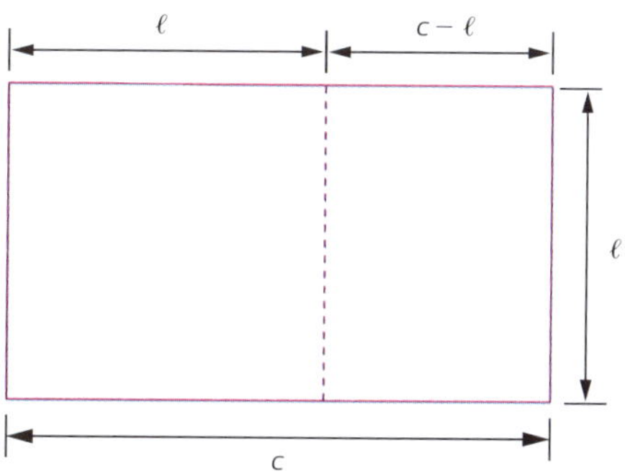

A proporção áurea pode ser observada em inúmeras situações. O templo grego Partenon, por exemplo, tem suas medidas apoiadas na proporção áurea.

Victor Maschek/Shutterstock/Glow Images

Partenon, na acrópole ateniense (Grécia). Foto de 2014.

Se considerarmos $c = 1$, a proporção será:

$$\frac{1}{\ell} = \frac{\ell}{1 - \ell} \rightarrow \ell^2 + \ell - 1 = 0$$

O valor $\dfrac{1}{\ell}$, inverso da raiz positiva dessa equação, é chamado **número de ouro**.

a) A partir da informação dada acima, determine o número de ouro dos gregos.

b) Considerando $\sqrt{5} = 2{,}2$, calcule o valor aproximado do número de ouro.

Exercícios e problemas

37. Descubra pelo discriminante quantas raízes reais tem cada equação.

a) $3x^2 - 5x + 3 = 0$

b) $-x^2 + 10x - 25 = 0$

c) $5x^2 - x - 1 = 0$

38. Resolva de duas formas diferentes a equação $2x^2 - 50 = 0$.

39. Resolva em $\mathbb{R}$, pela fórmula de Bháskara, a equação $x^2 - 12x + 40 = 0$.

40. Determine as soluções reais das equações (quando existirem).

a) $2x^2 - 3x + 1 = 0$

b) $x^2 - 2x - 3 = 0$

c) $-3x^2 + 10x - 3 = 0$

d) $x^2 + x + 2 = 0$

e) $x^2 - 0{,}6x + 0{,}08 = 0$

f) $y(y + 2) + (y - 1)^2 = 9$

g) $(t - 1)^2 + (t + 2)^2 - 9 = 0$

h) $\frac{x-1}{2} - \frac{3x - x^2}{3} = x + \frac{1}{3}$

41. Retome a página 45, na introdução do capítulo, e resolva a questão formulada usando equação do 2º grau: quanto mede o lado de uma região quadrada se a área dessa região menos a medida do lado é igual a 870? Dê a resposta em unidades de comprimento.

42. Em um trapézio, a base menor mede 6 cm, a base maior mede o dobro da altura, e a área da região plana correspondente é de 28 cm². Calcule a medida da base maior.

43. O nível N de óleo em um reservatório varia com o tempo t, contado em horas, conforme a lei: $N = -0{,}6t^2 + 0{,}25t + 0{,}70$. Em quanto tempo o nível de óleo chegará a zero?

44. Em um triângulo retângulo, as medidas dos 3 lados, em centímetros, são números pares consecutivos. Quais são essas medidas?

45. Uma caixa sem tampa tem a base quadrada com lado de medida x dm, e altura 1 dm. Sabendo que a área total de sua superfície é de 5 dm², calcule a medida x.

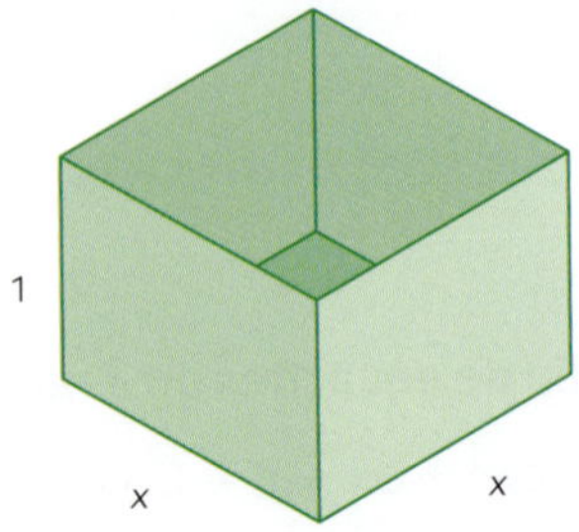

46. Em uma indústria, o custo em reais para a produção de x toneladas de vigas de metal é dado pela fórmula: $C = 20 + 60x - 0{,}75x^2$. Calcule o custo para que sejam produzidas 10 toneladas.

Rodho/Shutterstock/Glow Images

Vigas de metal

47. Renata tem 18 anos e Lígia tem 15. Daqui a quantos anos o produto de suas idades será igual a 378?

48. Os 180 alunos de uma escola estão dispostos de forma retangular, em filas, de tal modo que o número de alunos de cada fila supera em 8 o número de filas. Quantos alunos há em cada fila?

49. Entre quais números inteiros consecutivos fica a maior das raízes da equação $x^2 - x - 7 = 0$?

Desafio

Use a fatoração para resolver a equação $x^3 - 2x^2 - 8x = 0$.

Relações entre coeficientes e raízes de uma equação do 2º grau

Observe os valores das raízes e dos coeficientes a, b e c nestas duas equações do 2º grau e o que acontece com a soma e o produto das raízes:

1ª) $3x^2 - 5x + 2 = 0$

$\Delta = 25 - 24 = 1$

$x = \dfrac{5 \pm 1}{6}$ ⟨ $x' = \dfrac{6}{6} = 1$; $x'' = \dfrac{4}{6} = \dfrac{2}{3}$

Coeficientes: $a = 3$, $b = -5$ e $c = 2$

Raízes: $x' = 1$ e $x'' = \dfrac{2}{3}$

$$\begin{cases} \text{Soma das raízes: } S = x' + x'' = 1 + \dfrac{2}{3} = 1\dfrac{2}{3} = \dfrac{5}{3} \\ \dfrac{\text{Oposto de } b}{a} = \dfrac{-(-5)}{3} = \dfrac{5}{3} \end{cases}$$

$$\begin{cases} \text{Produto das raízes: } P = x' \cdot x'' = 1 \cdot \dfrac{2}{3} = \dfrac{2}{3} \\ \dfrac{c}{a} = \dfrac{2}{3} \end{cases}$$

2ª) $x^2 + 6x + 9 = 0$

$(x + 3)^2 = 0$

$x + 3 = 0$

$x = -3$

Lembre-se: como $\Delta = 0$, esta equação tem duas raízes reais e iguais.

Coeficientes: $a = 1$, $b = 6$ e $c = 9$

Raízes: $x' = -3$ e $x'' = -3$

$$\begin{cases} \text{Soma das raízes: } S = x' + x'' = -3 - 3 = -6 \\ \dfrac{\text{Oposto de } b}{a} = \dfrac{-6}{1} = -6 \end{cases}$$

$$\begin{cases} \text{Produto das raízes: } P = x' \cdot x'' = (-3)(-3) = 9 \\ \dfrac{c}{a} = \dfrac{9}{1} = 9 \end{cases}$$

Demonstrações

Nos exemplos analisados acima, duas relações entre coeficientes e raízes repetiram-se:

1ª) a **soma** das raízes foi igual ao quociente do oposto de b por a, ou seja:

$$S = x' + x'' = \frac{-b}{a}$$

2ª) o **produto** das raízes foi igual ao quociente de c por a, ou seja:

$$P = x' \cdot x'' = \frac{c}{a}$$

Para **provar** que essas relações **valem para todas** as equações do 2º grau com raízes reais, devemos usar a equação geral $ax^2 + bx + c = 0$, com $a \neq 0$.
Seus coeficientes são a, b e c; suas raízes são
$x' = \dfrac{-b + \sqrt{\Delta}}{2a}$ e $x'' = \dfrac{-b - \sqrt{\Delta}}{2a}$, com $\Delta = b^2 - 4ac$.

1ª relação: soma das raízes (*S*)

$$S = x' + x'' = \frac{-b+\sqrt{\Delta}}{2a} + \frac{-b-\sqrt{\Delta}}{2a} = \frac{-b+\cancel{\sqrt{\Delta}}-b-\cancel{\sqrt{\Delta}}}{2a} = \frac{-\cancel{2}b}{\cancel{2}a} = \frac{-b}{a}$$

Portanto, demonstramos que $S = x' + x'' = \dfrac{-b}{a}$

2ª relação: produto das raízes (*P*)

$$P = x' \cdot x'' = \frac{-b+\sqrt{\Delta}}{2a} \cdot \frac{-b-\sqrt{\Delta}}{2a} = \frac{(-b+\sqrt{\Delta})(-b-\sqrt{\Delta})}{4a^2} =$$

$$= \frac{(-b)^2-(\sqrt{\Delta})^2}{4a^2} = \frac{b^2-\Delta}{4a^2} = \frac{b^2-(b^2-4ac)}{4a^2} = \frac{\cancel{b^2}-\cancel{b^2}+4ac}{4a^2} =$$

$$= \frac{\cancel{4}\cancel{a}c}{\cancel{4}a^{\cancel{2}}} = \frac{c}{a}$$

Portanto, demonstramos que $P = x' \cdot x'' = \dfrac{c}{a}$

Exemplos de aplicações:

a) Vamos determinar *m* na equação $x^2 - mx + 36 = 0$, de modo que uma das raízes seja igual a 4.

$x' + x'' = \dfrac{-(-m)}{1} = \dfrac{m}{1} = m$

$x' \cdot x'' = \dfrac{36}{1} = 36$

Como $x' = 4$, então $x'' = 9$, pois $x' \cdot x'' = 36$.

$x' + x'' = m \Rightarrow 4 + 9 = m \Rightarrow m = 13$

Assim, o valor de *m* é 13.

b) Vamos determinar *p* para a equação $x^2 - 9x + p = 0$, de modo que uma das raízes seja o dobro da outra.

$x' = 2x''$ (I)

$x' + x'' = 9$ (II)

$x' \cdot x'' = p$

Substituindo (I) em (II), temos:

$2x'' + x'' = 9 \Rightarrow 3x'' = 9 \Rightarrow x'' = \dfrac{9}{3} \Rightarrow x'' = 3$

Logo:

$x' = 2x'' = 2 \cdot 3 = 6 \Rightarrow x' = 6$

$x' \cdot x'' = p \Rightarrow 6 \cdot 3 = p \Rightarrow p = 18$

Portanto, o valor de *p* é 18.

Exercícios

50. Sem resolver a equação $3x^2 + 10x - 8 = 0$, responda:

a) Qual é a soma de suas raízes reais, se existirem?

b) Qual é o produto dessas raízes?

Agora, determine as raízes, calcule a soma e o produto delas e confira as respostas dadas nos itens **a** e **b**.

51. Determine o valor de *m* para que a equação $x^2 - (m + 1)x - 28 = 0$ tenha duas raízes cuja soma seja igual a -3.

Em seguida, substitua o valor de *m* na equação dada, resolva-a e calcule a soma das raízes.

Cálculo mental: determinação das raízes de algumas equações do 2º grau

Aplicando as relações entre coeficientes e raízes, ou seja, $S = \frac{-b}{a}$ e $P = \frac{c}{a}$, podemos resolver mentalmente as equações do 2º grau com uma incógnita que têm o coeficiente $a = 1$ e raízes inteiras. Veja alguns exemplos:

a) $x^2 + 5x + 6 = 0$

Possíveis raízes inteiras → -1 e -6; -2 e -3 (soma -5)

As raízes são -2 e -3.

b) $x^2 - 2x - 8 = 0$

Possíveis raízes inteiras → 4 e -2 → soma 2; 8 e -1

As raízes são 4 e -2.

c) $x^2 - 12x + 36 = 0$

Possíveis raízes inteiras:

1 e 36   2 e 18   3 e 12   4 e 9   6 e 6 (soma 12)

A única raiz é o número 6 (raízes iguais: 6 e 6).

Exercícios

52. Atividade em equipe

Em cada item, um de vocês determina as raízes mentalmente e justifica a resposta. Os demais colegas conferem para verificar se ela está correta.

a) $x^2 + 3x - 10 = 0$

b) $x^2 - 5x + 4 = 0$

c) $x^2 + 4x + 4 = 0$

d) $x^2 - x - 6 = 0$

e) $x^2 + 8x + 12 = 0$

f) $x^2 + x - 20 = 0$

53. Faça os cálculos mentalmente e escreva uma equação do 2º grau cujas raízes são 2 e 7. Depois, resolva a equação usando a fórmula para conferir suas raízes.

Determinação de uma equação do 2º grau conhecidas suas raízes

Dada a equação do 2º grau $ax^2 + bx + c = 0$, com $a \neq 0$, podemos dividir todos os termos por a: $x^2 + \frac{b}{a}x + \frac{c}{a} = 0$

Como a soma das raízes (S) é dada por $\frac{-b}{a}$, e o produto das raízes (P) é dado por $\frac{c}{a}$, temos:

$$x^2 - Sx + P = 0$$

Usando essa equação, podemos escrever uma equação do 2º grau conhecidas as suas raízes.

Por exemplo, vamos determinar a equação do 2º grau cujas raízes são $-\frac{1}{4}$ e $\frac{3}{10}$.

$$S = -\frac{1}{4} + \frac{3}{10} = -\frac{5}{20} + \frac{6}{20} = \frac{1}{20} = \frac{2}{40}$$ ← oposto de b

$$P = \left(-\frac{1}{4}\right) \cdot \frac{3}{10} = \frac{-3}{40}$$ ← c

(denominador 40 ← a)

Assim, $x^2 - \frac{2}{40}x - \frac{3}{40} = 0$ ou $40x^2 - 2x - 3 = 0$ é uma equação que tem $-\frac{1}{4}$ e $\frac{3}{10}$ como raízes.

Verificação:

$\Delta = b^2 - 4ac = 4 + 480 = 484$

$$x = \frac{2 \pm 22}{80} \begin{cases} x' = \frac{24}{80} = \frac{3}{10} \\ x'' = \frac{-20}{80} = -\frac{1}{4} \end{cases}$$

Exercícios

54. Escreva as equações do 2º grau conhecidas suas raízes.

a) 5 e 6

b) 0 e $-1\frac{1}{2}$

55. Faça a verificação dos dois itens do exercício anterior.

56. Determine, em cada item, uma equação que tenha as raízes dadas.

a) 3 e −8

b) −5 e 5

c) $-\frac{1}{2}$ e $-\frac{3}{4}$

d) 2 e $\frac{3}{5}$

e) $\frac{2}{3}$ (única raiz)

f) $3 + \sqrt{2}$ e $3 - \sqrt{2}$

57. Faça a verificação dos itens **c**, **d** e **f** do exercício anterior.

Um novo caso de fatoração: trinômio do 2º grau

Lembre-se de que **fatorar** significa transformar em multiplicação. Por exemplo:

- $40 = 4 \cdot 10$ é uma fatoração do número 40;
- $3 \cdot (x - 2)$ é uma fatoração da expressão $3x - 6$.

Você já estudou vários casos de fatoração de expressões algébricas.

- Fator comum em evidência: $ab + a = a(b + 1)$
- Diferença de dois quadrados: $a^2 - b^2 = (a + b)(a - b)$
- Trinômio quadrado perfeito: $a^2 + 2ab + b^2 = (a + b)^2$

  e

  $a^2 - 2ab + b^2 = (a - b)^2$

Vejamos outro caso de fatoração no qual aplicamos a equação do 2º grau.

Uma expressão do tipo $ax^2 + bx + c$ com a, b, c reais e $a \neq 0$ pode ser fatorada assim:

$$ax^2 + bx + c = a(x - x')(x - x'')$$

sempre que a equação $ax^2 + bx + c = 0$ tiver raízes reais (x' e x'' distintas ou iguais).

Acompanhe os exemplos de fatoração a seguir.

a) Fatoração de $x^2 - 3x - 10$:

Consideramos $x^2 - 3x - 10 = 0$ e resolvemos a equação.

$\Delta = 9 + 40 = 49$

$$x = \frac{3 \pm 7}{2} \begin{cases} x' = \dfrac{10}{2} = 5 \\ x'' = \dfrac{-4}{2} = -2 \end{cases}$$

A fatoração é $x^2 - 3x - 10 = 1 \cdot (x - 5)(x + 2) = (x - 5)(x + 2)$.

b) Fatoração de $4x^2 - 11x + 6$:

Resolvendo $4x^2 - 11x + 6 = 0$, obtemos $x' = 2$ e $x'' = \frac{3}{4}$.

A fatoração é $4x^2 - 11x + 6 = 4(x - 2)\left(x - \frac{3}{4}\right) = (x - 2)(4x - 3)$.

c) Fatoração de $6y^2 + y - 2$:

Resolvendo $6y^2 + y - 2 = 0$, obtemos $y' = \frac{1}{2}$ e $y'' = -\frac{2}{3}$.

A fatoração é $6y^2 + y - 2 = \mathbf{6}\left(y - \frac{1}{2}\right)\left(y + \frac{2}{3}\right) = \underbrace{\mathbf{2} \cdot \left(y - \frac{1}{2}\right)}_{(2y - 1)} \cdot \underbrace{\mathbf{3} \cdot \left(y + \frac{2}{3}\right)}_{(3y + 2)} = (2y - 1)(3y + 2)$.

Exercícios

58. Use os casos revistos e faça a fatoração das expressões seguintes.

a) $8x^2 - 10x$

b) $x^2 - 12x + 36$

c) $25x^2 - 9y^2$

d) $4a^2 + 20ab + 25b^2$

59. Faça a fatoração dos trinômios do 2º grau.

a) $x^2 + 5x + 4$

b) $10x^2 - 7x - 12$

c) $3x^2 - 10x + 3$

d) $y^2 + y - 30$

60. Simplifique a expressão $\frac{3x^2 + 30x + 75}{x^2 - 25}$ para $x \neq \pm 5$.

Equações biquadradas

Toda equação do 4º grau que pode ser escrita na forma $ax^4 + bx^2 + c = 0$, com a, b e c reais e $a \neq 0$, é chamada de **equação biquadrada**.

Sua resolução é feita por meio de equações do 2º grau. Veja o procedimento:

- substitua x^2 por y e, consequentemente, x^4 por y^2;
- resolva a equação do 2º grau obtida, determinando y;
- como y corresponde a x^2, determine os valores de x usando novamente equações do 2º grau.

Acompanhe os exemplos a seguir.

$4x^4 - 13x^2 + 3 = 0$

Fazemos $x^2 = y$ e $x^4 = y^2$.

$4y^2 - 13y + 3 = 0$

$\Delta = 169 - 48 = 121$

$$y = \frac{13 \pm 11}{8} \begin{cases} y' = \frac{24}{8} = 3 \\ y'' = \frac{2}{8} = \frac{1}{4} \end{cases}$$

Como $y = x^2$, temos:

$x^2 = 3 \Rightarrow x = \pm\sqrt{3}$

$x^2 = \frac{1}{4} \Rightarrow x = \pm\sqrt{\frac{1}{4}} = \pm\frac{1}{2}$

As raízes reais da equação biquadrada $4x^4 - 13x^2 + 3 = 0$ são $-\sqrt{3}$, $-\frac{1}{2}$, $\frac{1}{2}$ e $\sqrt{3}$.

$x^4 - 5x^2 - 36 = 0$

Fazemos $x^2 = y$ e $x^4 = y^2$.

$y^2 - 5y - 36 = 0$

$\Delta = 25 + 144 = 169$

$$y = \frac{5 \pm 13}{2} \begin{cases} y' = \frac{18}{2} = 9 \\ y'' = \frac{-8}{2} = -4 \end{cases}$$

- $x^2 = 9 \Rightarrow x = \pm\sqrt{9} = \pm 3$
- $x^2 = -4$ (Não existe x real.)

As raízes da equação biquadrada $x^4 - 5x^2 - 36 = 0$ são -3 e $+3$.

$5x^4 + 25x^2 = 0$

Fazemos $x^2 = y$ e $x^4 = y^2$.

$5y^2 + 25y = 0$

$y(5y + 25) = 0$

$y = 0$ ou $5y + 25 = 0$

$5y = -25$

$y = -5$

- $x^2 = 0 \Rightarrow x = 0$
- $x^2 = -5$ (Não existe x real.)

A única raiz real da equação $5x^4 + 25x^2 = 0$ é 0.

Exercícios e problemas

61. Resolva as equações biquadradas em $\mathbb{R}$.

a) $9x^4 - 13x^2 + 4 = 0$

b) $x^4 + 6x^2 + 8 = 0$

c) $-x^4 - x^2 + 6 = 0$

d) $\frac{x^4}{2} - \frac{x^2 - 1}{3} = 7$

e) $(x^2 - 3)^2 = (x + 1)(x - 1)$

f) $35x^4 - 42x^2 + 14 = 0$

62. Rosana pensou em um número irracional negativo. Em seguida, elevou esse número ao quadrado, subtraiu 12, elevou a diferença ao quadrado e obteve 9. Em que número Rosana pensou?

63. Resolva as equações em $\mathbb{R}$.

a) $25x^2 + \frac{12}{5x^2} = \frac{47}{3}$ $(x \neq 0)$

Sugestão: multiplicar os dois membros por $15x^2$.

b) $\frac{x^2}{x^2 - 9} + \frac{x^2}{x^2 - 16} = 1$ $(x \neq \pm 3, x \neq \pm 4)$

Sugestão: multiplicar os dois membros por $(x^2 - 9)(x^2 - 16)$.

Equações irracionais

Equação irracional é uma equação em que há incógnita em um ou mais radicais.

Exemplos de equações irracionais:

- $\sqrt{x + 1} = 2$
- $\sqrt[3]{x - 2} = 1$
- $\sqrt{x} - x = 4$
- $\sqrt{x^2 - 5x + 6} = 0$

Para resolver uma equação irracional, precisamos eliminar os radicais. Para isso, usamos algumas estratégias.

Acompanhe a resolução das equações nos exemplos a seguir.

a) $7 + \sqrt{x - 1} = x$

Veja as etapas de sua resolução.

- "Isolar" o radical no 1º membro: $\sqrt{x - 1} = x - 7$.
- Elevar ambos os membros ao quadrado, para eliminar a raiz quadrada:

  $(\sqrt{x - 1})^2 = (x - 7)^2 \Rightarrow x - 1 = x^2 - 14x + 49 \Rightarrow x^2 - 15x + 50 = 0$
- Resolver a equação obtida: $x^2 - 15x + 50 = 0 \Rightarrow x' = 10$ e $x'' = 5$
- Testar as raízes obtidas na equação inicial, pois a segunda passagem pode produzir "raízes estranhas" a ela:

  $x = 10 \Rightarrow 7 + \sqrt{9} = 10$ (**V**) e $x = 5 \Rightarrow 7 + \sqrt{4} = 5$ (**F**)

Logo, a equação irracional dada tem apenas 10 como raiz.

b) $2\sqrt{x+3} = x$

Elevamos ambos os membros ao quadrado:

$(2\sqrt{x+3})^2 = x^2$

$4(x+3) = x^2$

$-x^2 + 4x + 12 = 0$

$x^2 - 4x - 12 = 0$

$\Delta = 16 + 48 = 64$

$x = \dfrac{4 \pm 8}{2}$ ⟨ $x' = \dfrac{12}{2} = 6$; $x'' = \dfrac{-4}{2} = -2$

Verificação das raízes:

Para $x = 6$, temos:

$2\sqrt{6+3} = 6$

$2\sqrt{9} = 6$

$2 \cdot 3 = 6$ (**V**)

Para $x = -2$, temos:

$2\sqrt{-2+3} = -2$

$2\sqrt{1} = -2$

$2 \cdot 1 = -2$ (**F**)

A única solução da equação inicial é 6.

c) $2 + \sqrt{3x^2 - 2x + 4} = 5$

$\sqrt{3x^2 - 2x + 4} = 3$

$3x^2 - 2x + 4 = 9$

$3x^2 - 2x - 5 = 0$

$\Delta = 4 + 60 = 64$

$x = \dfrac{2 \pm 8}{6}$ ⟨ $x' = \dfrac{10}{6} = \dfrac{5}{3}$; $x'' = \dfrac{-6}{6} = -1$

Verificação das raízes:

Para $x = \dfrac{5}{3}$, temos:

$2 + \sqrt{3 \cdot \dfrac{25}{9} - 2 \cdot \dfrac{5}{3} + 4} = 5$

$2 + \sqrt{\dfrac{75}{9} - \dfrac{30}{9} + \dfrac{36}{9}} = 5$

$2 + \sqrt{\dfrac{81}{9}} = 5$

$2 + \sqrt{9} = 5$

$2 + 3 = 5$ (**V**)

Para $x = -1$, temos:

$2 + \sqrt{3(-1)^2 - 2(-1) + 4} = 5$

$2 + \sqrt{3 + 2 + 4} = 5$

$2 + \sqrt{9} = 5$

$2 + 3 = 5$ (**V**)

Logo, $\dfrac{5}{3}$ e -1 são raízes da equação dada.

Exercícios

64. Resolva as equações irracionais em $\mathbb{R}$.

a) $1 = x - \sqrt{x^2 - 11}$

b) $\sqrt{x^2 + 2x + 1} = \sqrt{7x + 1}$

c) $\sqrt{\sqrt{7x^2 + 18}} = x$

d) $\sqrt[3]{5x^2 + 7} = 3$

65. Sabendo que a raiz quadrada da diferença de um número e 1 é igual à diferença entre 3 e esse mesmo número, determine esse número.

66. Qual é o valor real de x que torna a expressão $\sqrt{4x^2 + 7x - 2}$ igual a $x + 2$?

4 Sistemas com equações do 2º grau

Examine este exemplo:

A diferença entre dois números é 10, e o produto deles é -16.
Quais são esses números?

Chamando esses números de x e y, temos: $x - y = 10$ e $x \cdot y = -16$.

Para determinar x e y, devemos resolver o **sistema de equações** $\begin{cases} x - y = 10 \\ xy = -16 \end{cases}$.

1ª) Isolamos o x na 1ª equação:

$$x - y = 10$$
$$x = 10 + y$$

2ª) Substituímos na 2ª equação esse valor obtido e resolvemos:

$$xy = -16$$
$$(10 + y)y = -16$$
$$y^2 + 10y + 16 = 0$$
$$\Delta = 100 - 64 = 36$$
$$y = \frac{-10 \pm 6}{2} \quad y' = -\frac{4}{2} = -2 \quad y'' = -\frac{16}{2} = -8$$

3ª) Com os valores obtidos para y, determinamos x, lembrando que $x = 10 + y$.

- Para $y = -2$:
  $x = 10 + (-2) = 10 - 2 = 8 \rightarrow$ solução $(x, y) : (8, -2)$
- Para $y = -8$:
  $x = 10 + (-8) = 10 - 8 = 2 \rightarrow$ solução $(x, y) : (2, -8)$

Portanto, podemos ter: $x = 8$ e $y = -2$ ou $x = 2$ e $y = -8$

Verificação:

	Diferença	Produto
$x = 8$ e $y = -2$	$x - y = 10$ $8 - (-2) = 10$ $10 = 10$	$xy = -16$ $8(-2) = -16$ $-16 = -16$
$x = 2$ e $y = -8$	$x - y = 10$ $2 - (-8) = 10$ $10 = 10$	$xy = -16$ $2(-8) = -16$ $-16 = -16$

Veja mais uma situação que pode ser resolvida por meio de um sistema com equações do 2º grau.

A diferença entre dois números é 5, e a soma de seus quadrados é 13. Quais são esses números?

Números: x e y.

Sistema: $\begin{cases} x - y = 5 \\ x^2 + y^2 = 13 \end{cases}$

- $x - y = 5 \Rightarrow x = 5 + y$
- $x^2 + y^2 = 13 \Rightarrow (5 + y)^2 + y^2 = 13 \Rightarrow 25 + 10y + y^2 + y^2 - 13 = 0 \Rightarrow$
  $\Rightarrow 2y^2 + 10y + 12 = 0 \overset{(:2)}{\Rightarrow} y^2 + 5y + 6 = 0$
  $\Delta = 25 - 24 = 1$

$$y = \frac{-5 \pm 1}{2} \begin{cases} y' = \dfrac{-4}{2} = -2 \\ y'' = \dfrac{-6}{2} = -3 \end{cases}$$

- $y = -2 \rightarrow x = 5 + (-2) = 3 \rightarrow$ Solução $(x, y) : (3, -2)$
- $y = -3 \rightarrow x = 5 + (-3) = 2 \rightarrow$ Solução $(x, y) : (2, -3)$

Os números procurados são 3 e -2 ou 2 e -3.

Verificação:

$$3 \text{ e } -2 \begin{cases} 3 - (-2) = 3 + 2 = 5 \\ 3^2 + (-2)^2 = 9 + 4 = 13 \end{cases} \qquad 2 \text{ e } -3 \begin{cases} 2 - (-3) = 2 + 3 = 5 \\ 2^2 + (-3)^2 = 4 + 9 = 13 \end{cases}$$

Exercícios

67. Resolva os sistemas abaixo determinando os pares ordenados que os satisfazem.

a) $\begin{cases} 2x + y = 5 \\ x^2 - y^2 = 8 \end{cases}$

b) $\begin{cases} x - 2y = 6 \\ xy = 8 \end{cases}$

c) $\begin{cases} 2x - y = 3 \\ 5x + y^2 = 1 \end{cases}$

d) $\begin{cases} 3x - y^2 = 4 \\ 3x + 2y = 3 \end{cases}$

e) $\begin{cases} 2x + y^2 = 4 \\ 3x - y = 2 \end{cases}$

f) $\begin{cases} 3x + 2y = 1 \\ 3x^2 + 2y^2 = 5 \end{cases}$

68. Descubra a área da região triangular ao lado, sabendo que seu perímetro é de 30 cm e que $x < y$. Dica: use a relação de Pitágoras que você deve ter estudado no 8º ano.

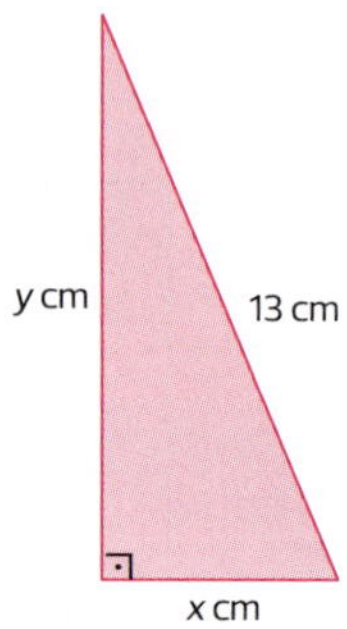

69. Existem apenas dois números naturais tais que:
- a diferença entre um deles e o triplo do outro é igual a 3;
- o produto dos dois é igual a 36.

Quais são esses números?

5 Outras situações que envolvem equações do 2º grau

Veja outras situações em que você pode aplicar o que estudou sobre equações do 2º grau.

Exercícios e problemas

70. A temperatura C (em graus Celsius) de um forno é regulada de modo que varie com o tempo t (expresso em minutos) de acordo com a lei $C = 300 - 0{,}5t^2 + 15t$, com $0 \leqslant t \leqslant 30$. Aplicando essa lei:

a) calcule a temperatura no instante $t = 0$;

b) verifique em que instante a temperatura atinge 400 °C no intervalo considerado.

71. O número máximo de intersecções possíveis (I) com n retas distintas em um plano é dado pela expressão $I = \dfrac{n^2 - n}{2}$. Veja alguns exemplos:

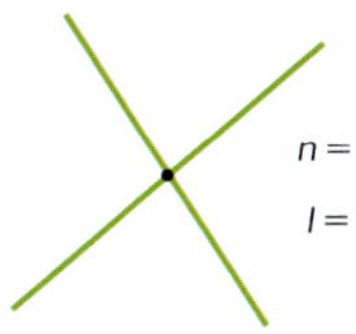

$$\frac{2^2 - 2}{2} = \frac{4 - 2}{2} = \frac{2}{2} = 1$$

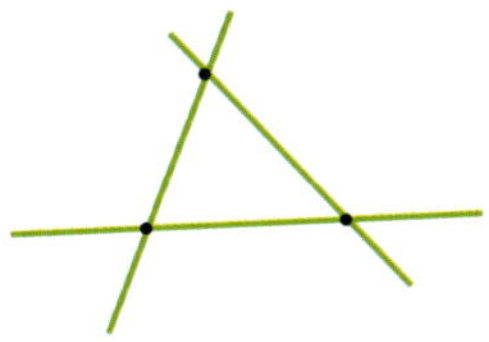

$$\frac{3^2 - 3}{2} = \frac{9 - 3}{2} = \frac{6}{2} = 3$$

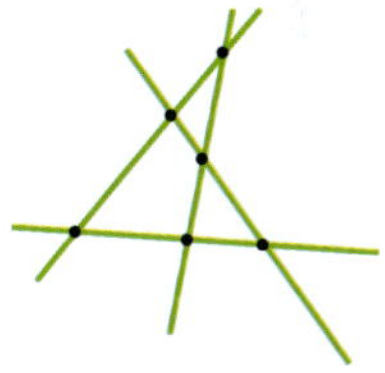

$$\frac{4^2 - 4}{2} = \frac{16 - 4}{2} = \frac{12}{2} = 6$$

Qual é o número de retas distintas que devem ser traçadas em um plano para que o número máximo possível de intersecções entre elas seja 15?

Desafio

A distância entre duas cidades **A** e **B** é de aproximadamente 240 km. Aline percorreu essa distância em determinado tempo. Ela disse, a um colega, que dirigiu com muita cautela devido à chuva que caiu durante o percurso. Como professora de Matemática, ela disse também que, se tivesse aumentado sua velocidade média em 20 km/h, teria feito o mesmo percurso em 1 hora a menos.

a) Qual foi o tempo que a professora Aline gastou para fazer o percurso entre as cidades **A** e **B**?

b) Qual foi a velocidade média com a qual Aline fez esse percurso?

Raciocínio lógico

Um mentiroso disse: "Veja que coincidência: perdi meu bilhete premiado de loteria número 2 324, mas depois o encontrei exatamente entre as páginas 23 e 24 de um livro". Como se descobre a mentira?

Conexões

Oito em cada dez brasileiros não seguem uma dieta equilibrada

As imagens desta página não estão representadas em proporção.

Matthew Ennis/Shutterstock/Glow Images

Photka/Shutterstock/Glow Images

À esquerda, detalhe de pessoa em praça de alimentação consumindo alimentos do tipo *fast food* (significa "comida rápida" em inglês). À direita, fotografias de alguns alimentos desse tipo oferecidos em estabelecimentos comerciais.

Uma pesquisa feita em nove países das Américas mostra que a obesidade não para de crescer, inclusive no Brasil. Por aqui, quase a metade dos entrevistados disse que está acima do peso, mas o brasileiro foi o povo mais disposto a fazer mudanças na alimentação. O que falta botar em prática são os exercícios físicos. A maioria dos entrevistados confessou que não faz dieta, nem faz exercícios.

Oito em cada dez brasileiros não seguem uma dieta equilibrada. Mas, o pior mesmo, é que muita gente não faz nenhum exercício. O resultado disso a gente percebe cada vez mais nas ruas e nos consultórios médicos. [...]

BOM dia Brasil. Disponível em: ‹http://g1.globo.com/bom-dia-brasil/noticia/2014/11/oito-em-cada-dez-brasileiros-nao-seguem-uma-dieta-equilibrada.html›. Acesso em: 11 maio 2015.

1. Qual é a importância de seguir uma dieta equilibrada e praticar exercícios físicos?
2. Observe o título da matéria e responda: Qual é a porcentagem de brasileiros que não seguem uma dieta equilibrada?
3. Pesquise quais doenças podem ser causadas por uma má alimentação e discuta com os colegas como é composta uma dieta considerada saudável.

Você se lembra o que é IMC? Leia o texto e responda às questões.

O Índice de Massa Corporal (IMC) é um dos indicadores usados pela Organização Mundial de Saúde (OMS) para verificação do estado nutricional de um indivíduo.

$\text{IMC} = \dfrac{\text{massa}}{\text{altura} \cdot \text{altura}}$ ou $\text{IMC} = \dfrac{\text{massa}}{(\text{altura})^2}$, sendo a massa em quilogramas e a altura em metros.

Tabela para classificação – Adultos

IMC (kg/m²)	Classificação
< 16,00	Magreza grau III
16,0 – 16,9	Magreza grau II
17,0 – 18,4	Magreza grau I
18,5 – 24,9	Eutrofia (peso adequado)
25,0 – 29,9	Sobrepeso
30,0 – 34,9	Obesidade grau I
35,0 – 39,9	Obesidade grau II
⩾ 40,00	Obesidade grau III

Fonte: Organização Mundial de Saúde (OMS), 1995 e 1997.

4. Calcule o IMC de um adulto que pesa 64 quilogramas e tem altura de 1,60 metro.

5. Faça uma pesquisa sobre massa e altura com adultos da sua casa, da sua rua, seus amigos e calcule o IMC deles. Construa uma tabela separando-os pela situação e calcule a porcentagem dos resultados obtidos.

Veja os dez passos para uma alimentação adequada e saudável propostos pelo Ministério da Saúde:

1º) Fazer de alimentos *in natura* ou minimamente processados a base da alimentação.

2º) Utilizar óleos, gorduras, sal e açúcar em pequenas quantidades ao temperar e cozinhar alimentos e criar preparações culinárias.

3º) Limitar o consumo de alimentos processados.

4º) Evitar o consumo de alimentos ultraprocessados.

5º) Comer com regularidade e atenção, em ambientes apropriados e, sempre que possível, com companhia.

6º) Fazer compras em locais que ofertem variedades de alimentos *in natura* ou minimamente processados.

Paulo Manzi/Arquivo da editora

7º) Desenvolver, exercitar e partilhar habilidades culinárias.

8º) Planejar o uso do tempo para dar à alimentação o espaço que ela merece.

9º) Dar preferência, quando fora de casa, a locais que servem refeições feitas na hora.

10º) Ser crítico quanto a informações, orientações e mensagens sobre alimentação veiculadas em propagandas comerciais.

Fonte: *Guia alimentar para a população brasileira*. Disponível em: <http://189.28.128.100/dab/docs/portaldab/publicacoes/guia_alimentar_populacao_brasileira.pdf>. Acesso em: 11 maio 2015.

6. Calcule a altura, em metros, de um adulto de massa 55 kg e IMC = 20.

7. Faça uma campanha de conscientização contra os maus hábitos alimentares. Junte-se aos colegas e elaborem cartazes alertando sobre a importância de uma dieta equilibrada para prevenir doenças consequentes da obesidade e da desnutrição.

Jogos

Quantas raízes há?

Com esse jogo, além de se divertir você vai aplicar alguns dos conteúdos que aprendeu neste capítulo. Preste atenção às orientações e bom jogo!

Orientações:

Número de participantes: 2

Como jogar:

Inicialmente os participantes devem preparar 12 peças de papel com as letras de **A** a **L** e dobrá-las para sorteio.

Descrição de uma rodada: Cada participante sorteia um papel, verifica a equação correspondente, determina quantas raízes reais a equação sorteada tem usando o valor de Δ ou outro conhecimento adquirido e marca os pontos no quadro de pontuação.

- Se a equação não tiver raízes reais, não marca ponto (0).
- Se a equação tiver duas raízes reais iguais, marca 1 ponto (1).
- Se a equação tiver duas raízes reais distintas, marca 2 pontos (2).

A	$x^2 + x + 1 = 0$	**E**	$4x^2 - 4x + 1 = 0$	**I**	$2x^2 - 3x + 1 = 0$
B	$x^2 - 11x + 30 = 0$	**F**	$3x^2 + 108 = 0$	**J**	$(x - 2)(x - 2) = 0$
C	$x^2 - 6x + 9 = 0$	**G**	$7x^2 - 10x + 4 = 0$	**K**	$3x^2 - 27 = 0$
D	$x(x + 1) = 0$	**H**	$x(x - 1) = 11x - 36$	**L**	$2x(x - 1) = -4$

Quadro de pontuação

Nomes	Pontuação nas rodadas						Pontuação total

Vence o jogo quem conseguir mais pontos após as 6 rodadas.

Tratamento da informação

72. Produção de pescado no Brasil

Christian Tragni/Folhapress

Pescadores na Baía de Guanabara, Rio de Janeiro (RJ). Foto de 2013.

A produção de pescado (que envolve peixes, crustáceos, moluscos, etc.) é uma importante atividade socioeconômica no Brasil. Milhares de brasileiros retiram seu sustento dessa atividade, seja no mar, seja na água doce. A produção de pescado envolve tanto a pesca extrativista quanto a aquicultura, ou seja, o cultivo em cativeiro (por exemplo, em tanques e piscinas).

No entanto, apesar da importância econômica da produção de pescado e dos benefícios à saúde de se comer frutos do mar, principalmente peixes, é importante lembrar que se trata de uma atividade que pode agredir o meio ambiente. Uma das mais graves ameaças é a sobrepesca, ou seja, a pesca exagerada, que ultrapassa os limites sustentáveis para a captura de pescado. No Brasil, o Ibama (Instituto Brasileiro do Meio Ambiente e dos Recursos Naturais Renováveis) estabelece cotas de captura específicas para cada unidade da federação, que devem ser respeitadas para evitar a extinção das espécies. Além da sobrepesca, também deve-se tomar cuidado no cultivo de pescado, para não se destruir mangues e outras formas de vegetação nativa para a instalação de tanques e criadouros.

Agora, observe o gráfico ao lado, relacionado à produção de pescado no Brasil.

Produção de pescado no Brasil, por modalidade, 1999-2011

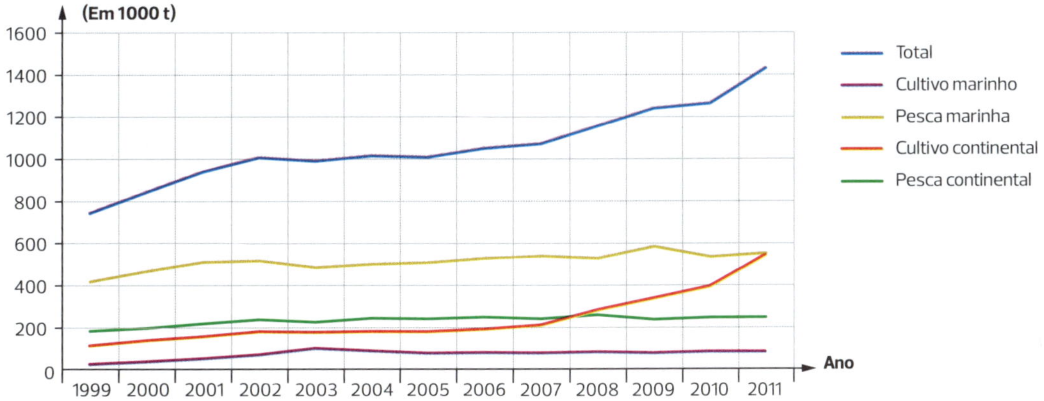

Banco de imagens/Arquivo da editora

Fonte: IBGE - Indicadores de Desenvolvimento Sustentável 2010. Disponível em: <http://ibge.gov.br/home/geociencias/recursosnaturais/ids/ids2010.pdf>; MPA - Boletim Estatístico da Pesca e Aquicultura 2008-2009. Disponível em: <www.sepaq.pa.gov.br/files/u1/anuario_da_pesca_completo.pdf>; MPA - Boletim Estatístico da Pesca e Aquicultura 2011. Disponível em: <www.mpa.gov.br/images/Docs/Informacoes_e_Estatisticas/Boletim%20MPA%202011FINAL.pdf>. Acesso em: 12 maio 2015.

Analise o gráfico e responda às questões a seguir.

a) De que tipo é esse gráfico?

b) A que se refere o gráfico?

c) Qual é a fonte desse gráfico?

d) Quais modalidades de atividade pesqueira o gráfico descreve?

e) Em qual modalidade há maior produção de pescado?

f) Qual foi a produção total aproximada de pescado em 2011?

g) Em que ano começou a haver declínio na produção de pescado por cultivo marinho? O que ocorreu com a produção dessa modalidade de 2005 a 2011?

Outros contextos

73. O terreno de seu Juca

A figura abaixo, formada por uma região retangular e por uma região triangular, representa o terreno de seu Juca.

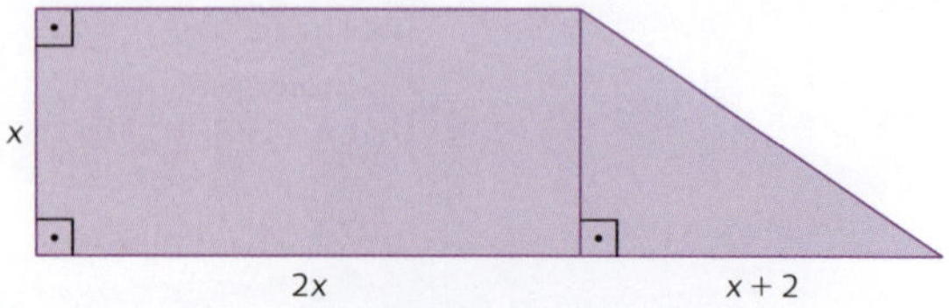

Sabe-se que a área da região retangular é o triplo da área da região triangular.

Qual é a área total do terreno?

As medidas estão indicadas em metros.

74. Matemática financeira

Bianca e Gustavo aplicaram a quantia de R$ 1 500,00, no início de um ano, para rendimento em um banco. No final de cada ano, o banco incorpora, na conta de Bianca e Gustavo, *x* por cento da quantia aplicada no início do ano.

Goodluz/Shutterstock/Glow Images

Casal realizando investimento em banco.

a) Qual é a expressão que indica a quantia com que Bianca e Gustavo ficaram no final de dois anos?

b) Qual deve ser a quantia no final de dois anos, quando a taxa é de 12% ao ano?

c) Qual deve ser a taxa anual para que, aplicando R$ 1 500,00, Bianca e Gustavo tenham R$ 1 815,00 no final de dois anos?

75. Problema de idade

Dois irmãos, Marcelo e Carlos, decidiram criar um problema que envolvesse as suas idades. Marcelo, o mais velho, disse: o triplo da sua idade menos a minha resulta em 27.

Carlos, por sua vez, afirmou: o quadrado da sua idade menos o quadrado da minha idade resulta 99.

Qual é a diferença entre a maior e a menor idade?

Goodluz/Shutterstock/Glow Images

Irmãos utilizando um *notebook*.

76. A piscina de Laura

Na casa de Laura, há uma piscina retangular, de 6 m por 12 m, contornada por uma superfície ladrilhada de *x* metros de largura. Sabendo que, juntas, a piscina e a superfície ladrilhada ocupam uma área de 160 m^2, determine a medida *x*.

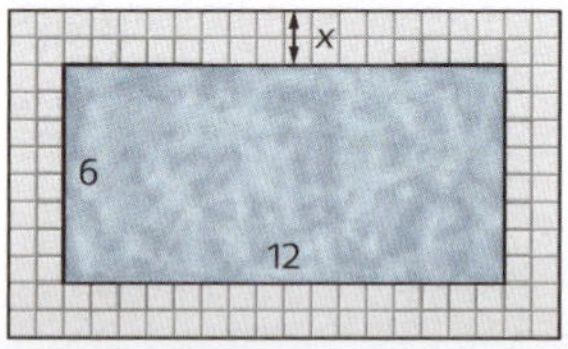

Pics721/Shutterstock/Glow Images

Piscina

77. Marcenaria

Muitos brinquedos educativos são feitos de madeira. Veja alguns belos exemplos.

Carlos Moura/Shutterstock/Glow Images

Oriori/Shutterstock/Glow Images

John Kasawa/Shutterstock/Glow Images

Brinquedos educativos feitos de madeira

Como se pode ver, fazer brinquedos de madeira é mais do que um ofício. É uma arte.

Em sua casa de campo, vovô Raul, que é marceneiro, construiu uma casinha para seus netos brincarem. Ele pintou toda a parte frontal, inclusive a porta, de uma mesma cor. Veja a representação da vista frontal dessa casa:

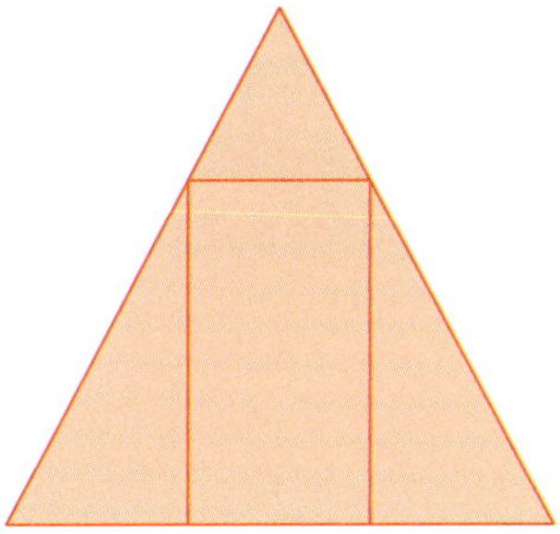

I) Após efetuar as medições, vovô Raul percebeu que a vista frontal da casa tinha uma área de 2,4 m². Sabendo disso, analise o esquema abaixo para resolver o que se pede.

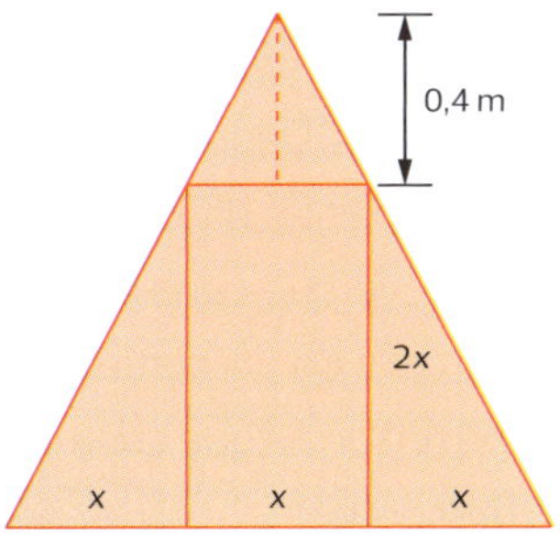

Considerando que todas as medidas estão em metros, encontre a medida:

a) da altura da porta;
b) da largura da porta;
c) da altura da casinha.

II) Pensando em fazer mais três casinhas, vovô Raul resolveu esboçar outro projeto usando o mesmo formato anterior, mas mudando a cor e diminuindo as dimensões, fazendo dessa vez o seguinte esquema:

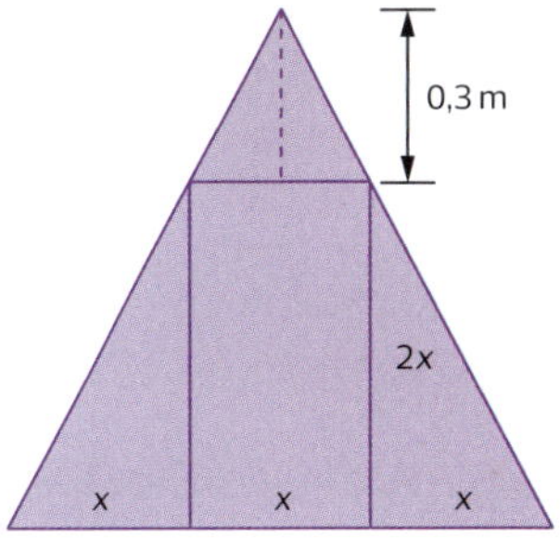

Os itens abaixo indicam a área total da região frontal de cada casinha. Calcule as dimensões da porta de cada uma delas. Se necessário, use valores aproximados e calculadora.

a) 2 m²

b) 0,975 m²

c) 0,5 m²

III) Retome as respostas obtidas anteriormente e faça o que se pede.

a) Essas medidas são apropriadas para uma casinha de crianças?

b) Justifique suas escolhas.

78. Engenharia

Um reservatório de água tem as dimensões internas em metros indicadas na figura abaixo. O material usado para revestir o fundo custa R$ 20,00 o metro quadrado, e o material usado para revestir as paredes laterais custa R$ 40,00 o metro quadrado.

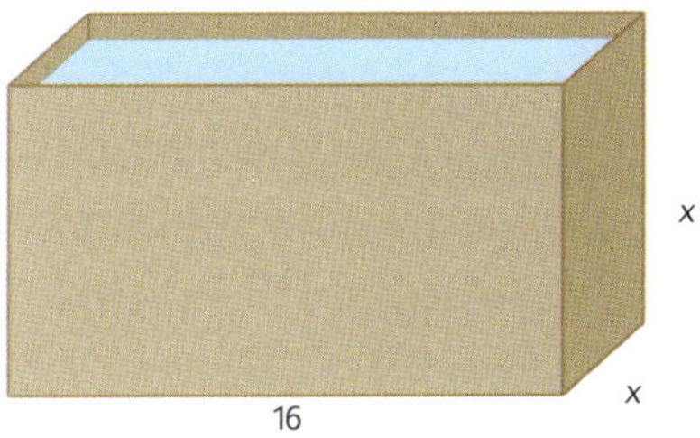

a) Encontre uma fórmula que expresse o custo de todo revestimento (fundo e lateral).

b) Se o custo de todo o revestimento foi R$ 7 680,00, qual é o valor de x?

Praticando um pouco mais

1. (PUC-MG) Os valores de x que verificam a equação $0{,}01x^2 + 0{,}05x = 2{,}50 - 0{,}10x$ pertencem ao conjunto:

a) $\{-25, -17, 10, 16\}$.
b) $\{-23, -14, 11, 12\}$.
c) $\{-17, -10, 14, 25\}$.
d) $\{-23, -16, 17, 21\}$.

2. (UFG-GO – Adaptado) Para que a soma das raízes da equação $(k - 2)x^2 - 3kx + 1 = 0$, com $k \neq 2$, seja igual ao seu produto devemos ter:

a) $k = \frac{1}{3}$.
b) $k = -\frac{1}{3}$.
c) $k = \frac{1}{4}$.
d) $k = \sqrt{3}$.
e) $k = \frac{\sqrt{3}}{3}$.

3. (PUC-MG) Os números reais p e q são as raízes da equação $15x^2 - 11x + 2 = 0$. Então o valor de $\frac{1}{p} + \frac{1}{q}$ é:

a) 4,5.
b) 5,0.
c) 5,5.
d) 6,0.

4. (UFV-MG) A soma das raízes das equações $3x^2 - 5x - 2 = 0$ e $5x - 2 = 2x - 1$ é:

a) 0.
b) 1.
c) 2.
d) 3.

5. (Unimontes-MG) Considere a equação $ax^2 + bx + a = 0$, em que $a > 0$, $a, b \in \mathbb{Z}$. Se essa equação possui duas raízes reais iguais, então:

a) $b < a$.
b) b é um número ímpar.
c) b é um número par.
d) $b = a$.

6. (Ufam) As raízes da equação $x^2 + 7x + m = 0$, em que m é uma constante real, são os números x_1 e x_2. Se $x_1 - 2x_2 = 5$, o valor da constante m é:

a) 7.
b) 10.
c) −1.
d) −7.
e) 12.

7. (UFPE) A soma dos quadrados das raízes reais da equação $x^4 + 36 = 13x^2$ resulta:

a) 0.
b) 5.
c) 10.
d) 26.
e) 40.

8. (PUCC-SP) Se v e w são as raízes da equação $x^2 + ax + b = 0$, em que a e b são coeficientes reais, então $v^2 + w^2$ é igual a:

a) $a^2 - 2b$.
b) $a^2 + 2b$.
c) $a^2 - 2b^2$.
d) $a^2 + 2b^2$.
e) $a^2 - b^2$.

9. (UFPA) Um pai tinha 36 anos quando nasceu seu filho. Multiplicando-se as idades que possuem hoje, obtém-se um produto que é igual a 4 vezes o quadrado da idade do filho. Hoje, as idades do pai e do filho são, respectivamente:

a) 44 e 11.
b) 48 e 12.
c) 52 e 13.
d) 60 e 15.
e) 56 e 14.

10. (UFPE) Os alunos de uma turma resolveram comprar um presente custando R$ 48,00 para o professor de Matemática, dividindo igualmente o gasto entre eles. Depois que 6 alunos recusaram-se a participar da divisão, cada um dos alunos restantes teve que contribuir com mais R$ 0,40 para a compra do presente. Qual a percentagem de alunos da turma que contribuíram para a compra do presente?

a) 85%
b) 65%
c) 60%
d) 80%
e) 75%

Revisão cumulativa

1. Multiplicando a idade que Marta terá daqui a 3 anos com sua idade de 2 anos atrás, o número obtido é 84. Qual das três mulheres da figura você acha que é a Marta? Calcule a idade de Marta e confira sua resposta.

Mauro Souza/Arquivo da editora

2. Um fogão custa, à vista, R$ 720,00. Se for pago em 5 prestações iguais, o preço total tem um acréscimo de 8%. Qual é o valor de cada prestação?

3. Aumentando em 2 m os lados de um salão de forma quadrada, a área do piso do novo salão, aumentado, é de 121 m². Qual é a área do piso do salão original?

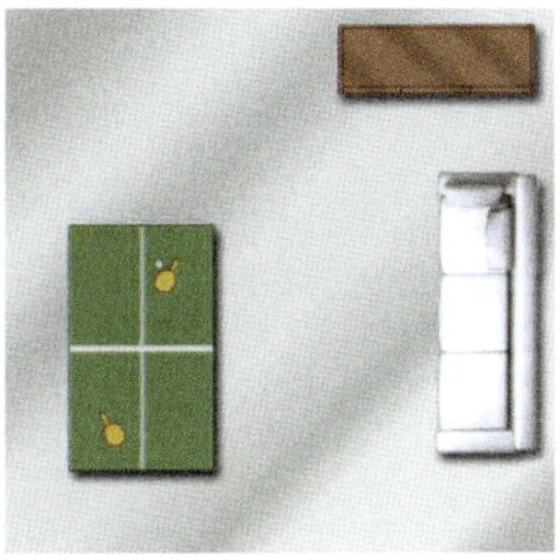

Paulo Manzi/Arquivo da editora

4. São dados dois números negativos a e b, tal que $a - 2b = 4$ e $a + b^2 = 7$. Então:
   a) $ab = 12$.
   b) $a^2 + b^2 = 13$.
   c) $a^2b = -18$.
   d) $a^2 - b^2 = 5$.

5. Uma região retangular tem 36 m² de área. Aumentando 1 m no comprimento e 1 m na largura, a nova região retangular passa a ter 50 m² de área. O perímetro da primeira região é de:
   a) 26 m.
   b) 28 m.
   c) 24 m.
   d) 30 m.

6. (Mack-SP) A soma das idades de n pessoas é 468 anos. Se aumentarmos 3 anos à idade de cada pessoa, a nova soma será 573 anos. Então n vale:
   a) 27.
   b) 29.
   c) 31.
   d) 33.
   e) 35.

7. A soma de dois números é 62. A diferença entre eles é 8. Quais são esses números?

8. Quais os números que podem substituir o x no esquema?

$$x \xrightarrow{\cdot x} ? \xrightarrow{-5x} x$$

9. Determine quais são as raízes da equação $x^2 + \frac{2}{3}x + \frac{1}{9} = \frac{4}{25}$.

10. Resolva as equações:
    a) $\frac{x^2}{4} - \frac{x+4}{10} = 8$
    b) $-2x^2 + 800 = 0$

11. Em um losango, a diagonal menor mede x, e a diagonal maior mede $x + 3$, em centímetros. Se a área da região determinada por esse losango é de 45 cm², qual das equações abaixo define essa situação?
    a) $x^2 + 6x - 90 = 0$
    b) $x^2 + 3x + 90 = 0$
    c) $x^2 + 3x - 90 = 0$
    d) $x^2 + 6x + 90 = 0$

12. Assinale a equação abaixo que tem -48 e 10 como raízes.
    a) $x^2 - 38x + 480 = 0$
    b) $x^2 + 38x + 480 = 0$
    c) $x^2 + 38x - 480 = 0$
    d) $x^2 - 38x - 480 = 0$

Ponto de chegada

A Matemática nos textos

Prova de que $\sqrt{2}$ é irracional

O matemático grego Euclides de Alexandria (330 a.C.-260 a.C.), usando um tipo de raciocínio denominado **redução ao absurdo**, provou que $\sqrt{2}$ não é um número racional. Veja como o matemático grego pensou.

Science Source/Photo Researchers, Inc. Latinstock

Euclides de Alexandria

Ele supôs que $\sqrt{2}$ fosse um número racional. Assim, $\sqrt{2} = \frac{p}{q}$, com p e q números primos entre si (só têm o 1 como divisor comum), simplificando a fração previamente.

Elevando ambos os membros ao quadrado, ele encontrou:

$$2 = \frac{p^2}{q^2}, \text{ ou seja, } p^2 = 2q^2$$

Logo, p^2 é par, o que resulta que p é par, isto é, $p = 2n, n \in \mathbb{Z}$. Ⓘ

Porém, $p = 2n$ acarreta que $p^2 = 4n^2$, ou seja, $2q^2 = 4n^2$, ou, ainda, $q^2 = 2n^2$. Isso significa que q^2 é par e, portanto, q é par. Ⓘⓘ

Ora, as conclusões Ⓘ e Ⓘⓘ são contraditórias, já que p e q foram supostos primos entre si. Por que chegamos a esse absurdo? Por supor que $\sqrt{2}$ era racional. Logo, $\sqrt{2}$ não é racional e sim irracional.

Trabalhando com o texto

1. Explique com suas palavras a ideia principal do texto.
2. Troque ideias com um colega e, juntos, procurem explicar o que significa **redução ao absurdo**. Realizem uma pesquisa, se necessário.

Os babilônios e as equações do 2º grau

Problemas que recaem em uma equação do 2º grau estão entre os mais antigos da Matemática. Em textos cuneiformes, escritos pelos babilônios há quase 4 mil anos, encontramos, por exemplo, a questão em que se procura descobrir dois números conhecendo sua soma s e seu produto p.

Em termos geométricos, esse problema pede que se determinem os lados de uma região retangular conhecendo o semiperímetro s e a área p.

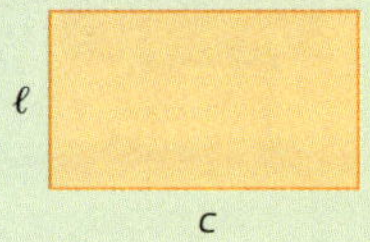

$$\begin{cases} s = c + \ell \\ p = c \cdot \ell \end{cases}$$

Os números procurados são as raízes da equação do 2º grau $x^2 - sx + p = 0$.

Para achar dois números cuja soma e cujo produto são dados, os babilônios usavam a seguinte receita: "*Eleve ao quadrado a metade da soma, subtraia o produto e extraia a raiz quadrada da diferença. Some ao resultado a metade da soma. Isso dará o maior dos números procurados. Subtraia-o da soma para obter o outro número*". Na notação atual, essa regra fornece as raízes

$$x' = \frac{s}{2} + \sqrt{\left(\frac{s}{2}\right)^2 - p} \quad \text{e} \quad x'' = s - x' = \frac{s}{2} - \sqrt{\left(\frac{s}{2}\right)^2 - p}$$

para a equação $x^2 - sx + p = 0$.

Fonte: LIMA, Elon Lages et al. *A Matemática do Ensino Médio*. Rio de Janeiro: SBM, 1997. (Coleção do Professor de Matemática.)

Trabalhando com o texto

1. Explique com suas palavras a ideia principal do texto.
2. Existe uma região retangular de área igual a 6 cm² e semiperímetro igual a 4 cm? Por quê?

Suryara Bernardi/Arquivo da editora

Verifique o que estudou

Forme dupla para trocar ideias e respondam às questões propostas.

Capítulo 1

1. Sem usar a calculadora, determinem o valor aproximado de:

a) $\sqrt{8}$, por falta, até centésimos;

b) $\sqrt{42}$, por excesso, até décimos.

2. Para cada uma das sequências de teclas apertadas na calculadora, a seguir, determinem o valor da operação:

a) [8] [1] [√] [√]

b) [6] [0] [+] [4] [=] [√]

c) [1] [·] [4] [4] [√]

3. Efetuem as operações a seguir e classifiquem cada igualdade em **V** (verdadeira) ou **F** (falsa). Se falsa, indiquem a resposta correta.

a) $\sqrt{180}+\sqrt{500}-\sqrt{80}=\sqrt{600}$ ( )

b) $\sqrt[3]{2}\cdot\sqrt[3]{32}=4$ ( )

c) $(1+\sqrt{5})\cdot(1-\sqrt{5})=4$ ( )

4. Se $a = \sqrt{50}$ e $b = \sqrt{150}$, determinem os números inteiros compreendidos entre a e b.

Capítulo 2

5. Para cada item a seguir, escrevam uma equação do 2º grau.

a) Incompleta cujas raízes são reais e opostas.

b) Incompleta com duas raízes reais e iguais a zero.

c) Incompleta com duas raízes reais e distintas, com uma delas igual a zero.

d) Completa e que não possui raízes reais.

e) Completa e que possui duas raízes reais e iguais.

f) Completa e que possui duas raízes reais e distintas.

6. Escrevam a equação do 2º grau que tem coeficiente $a = 1$, tal que a soma e o produto das suas raízes são iguais a 3 e -40, respectivamente. Determinem mentalmente as raízes dessa equação e, a seguir, resolvam-na usando a fórmula de Bháskara.

ATENÇÃO!

Retome os assuntos que você estudou nesta Unidade. Verifique em quais teve dificuldade e converse com seu professor, buscando formas de reforçar seu aprendizado.

Autoavaliação

Algumas atitudes são fundamentais para melhorar o seu aprendizado e a convivência na escola. Questione-se e reflita sobre elas.

- Empenhei-me suficientemente na leitura dos textos e na resolução das atividades?
- Tomei atitudes visando resolver minhas dúvidas sobre o conteúdo e ajudando os colegas com aquilo que sei?
- Participei das atividades, tanto em sala de aula quanto fora dela, com interesse e espírito de colaboração com o professor e os colegas?
- Aprofundei os meus conhecimentos de Matemática?

Unidade 2

Noah K. Murray/Star Ledger/Corbis/Latinstock

Kingda Ka (Nova Jérsei – EUA), até 2015 era a montanha-russa mais alta do mundo, com 139 metros (a altura de um prédio de 40 andares), e a segunda mais rápida, chegando a uma velocidade de 206 km/h. Foto de 2015.

Função e Geometria

A montanha-russa, uma das atrações mais populares dos parques de diversão, destaca-se por seu tamanho e pelas emoções que provoca, divertindo alguns e aterrorizando outros. Projetada para dar a sensação de desafio à lei da gravidade, materializa-se nas formas curvas, nas íngremes quedas e elevações, nas grandes alturas e em altas velocidades. As inclinações dependem da forma geométrica de suas curvas, que pode ser a de um arco de parábola.

Paulo Manzi/Arquivo da editora

Ponto de partida

Sob a orientação do professor, converse com os colegas e responda às seguintes questões:

1. Com R$ 160,00, Alice comprou 4 ingressos para um parque de diversões. Quanto ela pagaria por 9 ingressos? (O preço do ingresso é único.)
2. Considerando o preço do ingresso obtido na questão anterior, escreva uma equação que permita calcular a quantia total que x pessoas pagarão pelos ingressos.
3. Para entrar nesse parque, o preço total a ser pago por um grupo de pessoas varia em função de quê?
4. A ilustração acima representa a vista lateral de um parque de diversões, com escala 1 : 2 000.
   a) O que significa essa escala?
   b) Qual é a altura real da curva mais alta da montanha-russa?

Capítulo

3 Explorando a ideia de função

1 Introdução

Muitas vezes, em situações do cotidiano, identificamos os assuntos que estudamos em Matemática.

Assim aconteceu com Gabriela. Certo dia, ela e sua mãe foram ao supermercado comprar algumas caixas de suco. Na hora de pagar, enquanto a atendente registrava o preço de cada caixa de suco, Gabriela ficou observando os números que apareciam na tela do computador.

De repente, teve um estalo. Toda a aula de Matemática daquele dia passou por sua cabeça. Ali estava uma situação envolvendo a ideia de **função**.

Mãe e filha fazendo compra em uma mercearia.

Sérgio Dotta Jr./Arquivo da editora

Gabriela foi associando os números e mentalmente montou esta tabela:

Relação entre o número de caixas de suco e o preço a pagar

Número de caixas de suco	**Preço a pagar** (em R$)
1	2,80
2	5,60
⋮	⋮
5	14,00
⋮	⋮
10	28,00
⋮	⋮
15	42,00
⋮	⋮
20	56,00

Dados fictícios.

O que podemos observar nessa tabela?

Que o **preço a pagar** é dado **em função** da **quantidade de caixas** de suco **adquiridas**, ou seja, o preço a pagar **depende** de quantas caixas foram compradas.

$$\underbrace{\text{Preço a pagar}}_{P} = \underbrace{\text{número de caixas compradas}}_{x} \cdot 2{,}80\$$$

Indicamos assim: $P = 2{,}80 \cdot x$

Os dados da tabela de Gabriela também podem ser representados por um gráfico.

Relação entre o número de caixas de suco e o preço a pagar

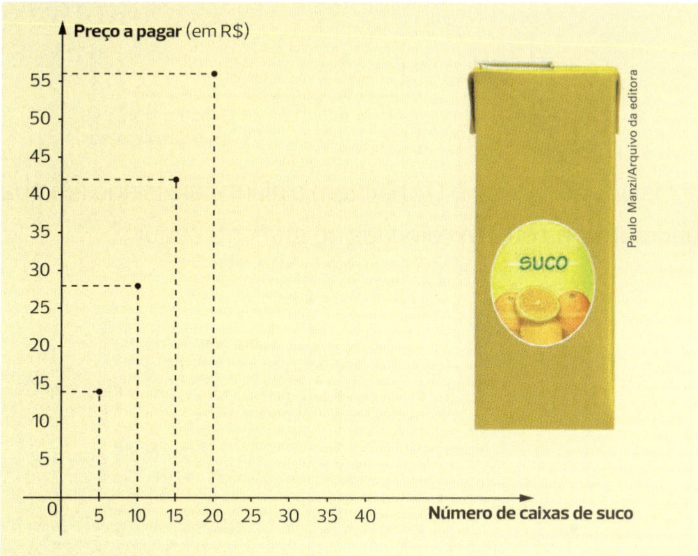

Dados fictícios.

A correspondência entre a quantidade de caixas de suco adquiridas e o preço a pagar é um exemplo de função: o preço a pagar varia de acordo com a quantidade de caixas de suco que foram compradas. Para cada quantidade de caixas, há um e só um preço determinado a pagar.

A fórmula $P = 2{,}80 \cdot x$ é a **lei da função**.

Neste capítulo, você estudará a ideia de função, uma das mais importantes da Matemática, e associará essa ideia a tabelas, fórmulas e gráficos.

Musée du Louvre, Paris, France

René Descartes

2 Coordenadas cartesianas

Para localizar pontos em um plano, usamos o **referencial cartesiano**, criado pelo matemático e filósofo francês René Descartes (1596-1650). O nome Descartes, em latim, era Cartesius. Daí o nome **cartesiano**.

A notação (a, b) é usada para indicar o **par ordenado** de números reais a e b, no qual o número a é a primeira coordenada, e o número b é a segunda coordenada. Observe que os pares ordenados (3, 4) e (4, 3) são diferentes, pois a primeira coordenada de (3, 4) é 3, enquanto a primeira coordenada de (4, 3) é 4.

Sistema de eixos ortogonais

Um **sistema de eixos ortogonais** é constituído por dois eixos perpendiculares, Ox e Oy, que têm a mesma origem O.

Damos o nome de **plano cartesiano** a um plano munido de um sistema de eixos ortogonais.

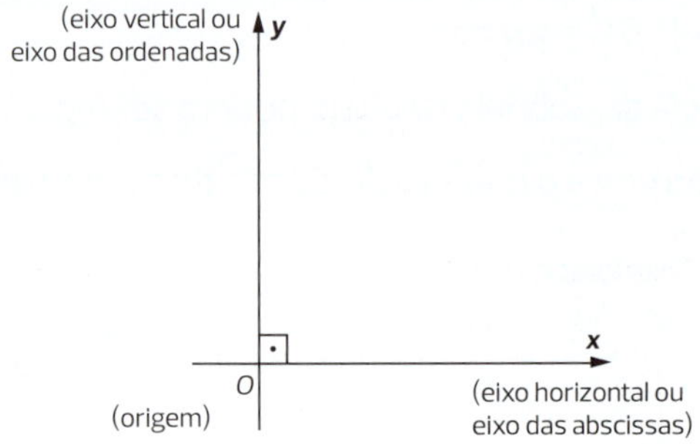

Os eixos ortogonais Ox e Oy dividem o plano cartesiano em quatro regiões chamadas **quadrantes**, na ordem colocada no gráfico a seguir.

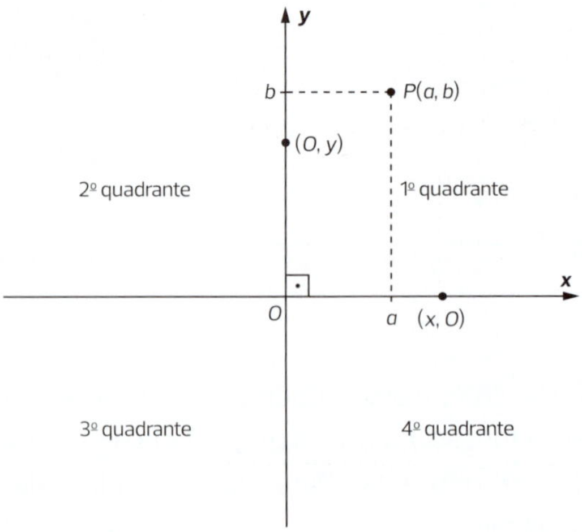

Usamos esse sistema para localizar pontos no plano. Dado um ponto P desse plano, dizemos que os números a e b são as **coordenadas cartesianas** do ponto P, em que a é a **abscissa** e b é a **ordenada**.

Observe que cada par ordenado de números reais corresponde a um ponto do plano cartesiano e, reciprocamente, a cada ponto do plano corresponde um par ordenado de números reais. Essa **correspondência biunívoca** entre pares de números reais e pontos do plano permite escrever conceitos e propriedades geométricas em uma linguagem algébrica e, reciprocamente, interpretar geometricamente relações entre números reais.

Por exemplo, vamos localizar em um plano cartesiano os pontos $A(4, 1)$; $B(1, 4)$; $C(-2, -3)$; $D(2, -2)$; $E(-1, 0)$; $F(0, 3)$; $O(0, 0)$.

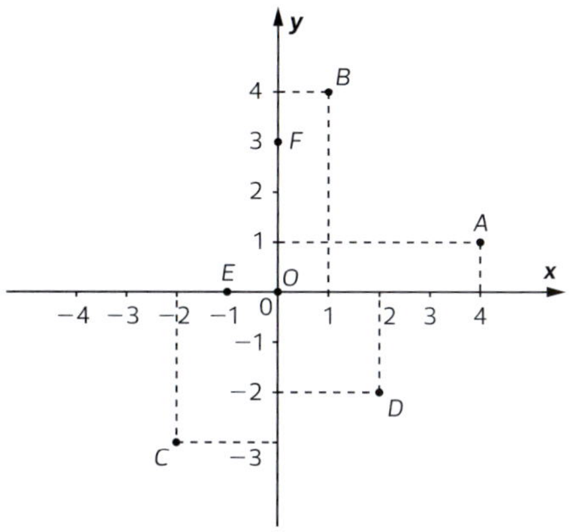

Ponto $A(4, 1) \rightarrow$ ponto A de coordenadas cartesianas 4 e 1

$$\begin{cases} \text{a abscissa é } 4 \\ \text{a ordenada é } 1 \end{cases}$$

Ponto $B(1, 4) \rightarrow$ ponto B de coordenadas cartesianas 1 e 4

$$\begin{cases} \text{a abscissa é } 1 \\ \text{a ordenada é } 4 \end{cases}$$

Exercícios

1. Dê as coordenadas cartesianas de cada ponto indicado com letra no plano cartesiano abaixo.

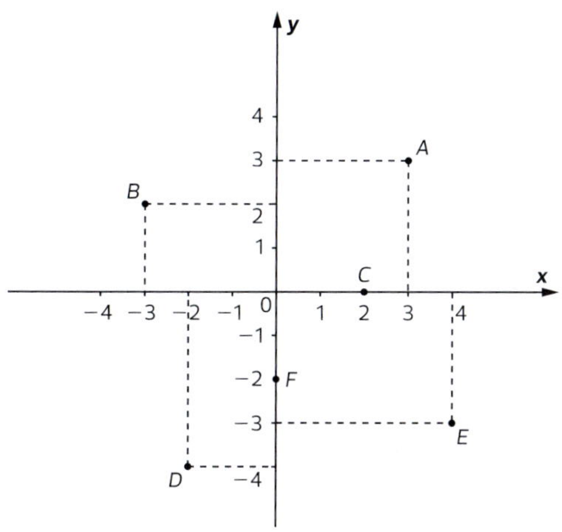

2. Assinale, em um plano cartesiano, os seguintes pontos:

a) $A(-1, 3)$;

b) $D(4, 0)$;

c) $B(0, -2)$;

d) $E(3, -1)$;

e) $C\left(\frac{3}{2}, 4\right)$;

f) $F\left(\frac{1}{2}, -2\right)$.

3. Um ponto P tem coordenadas $(2x - 6, 7)$ e pertence ao eixo das ordenadas. Determine x.

4. Os pares ordenados $(2x, y)$ e $(3y - 9, 8 - x)$ são iguais. Determine x e y.

③ Explorando intuitivamente a noção de função

O conceito de função é um dos mais importantes da Matemática e ocupa lugar de destaque em vários de seus tópicos, bem como em outras áreas do conhecimento. É muito comum e conveniente expressar fenômenos físicos, biológicos, sociais, etc., por meio de funções.

A ideia de função está presente quando relacionamos **duas grandezas variáveis**. Vejamos alguns exemplos.

1º) **Número de litros de gasolina** e **preço a pagar**

Considere a tabela abaixo, que relaciona o número de litros de gasolina comprados e o preço a pagar por eles (em janeiro de 2015).

Observe que **o preço a pagar é dado em função do número de litros comprados**, ou seja, o preço a pagar **depende** do número de litros comprados.

Alf Ribeiro/Folhapress

Detalhe de bomba de combustível.

Relação entre o número de litros de gasolina e o preço a pagar

Número de litros	Preço a pagar (R$)
1	2,90
2	5,80
3	8,70
4	11,60
⋮	⋮
40	116,00
x	$2{,}90x$

Preço (p) a pagar = 2,90 vezes o número de litros comprados,

ou seja,

$p = 2{,}90x$ → **lei da função** ou **fórmula matemática da função** ou **regra da função**.

2º) **Medida do comprimento do lado do quadrado** e **perímetro**

Veja agora a tabela que relaciona as grandezas medida do comprimento do lado (ℓ) de um quadrado e seu perímetro (P).

Relação entre a medida do lado de um quadrado e seu perímetro

Medida do lado (ℓ)	Perímetro (P)
1	4
2	8
2,5	10
3	12
⋮	⋮
ℓ	4ℓ

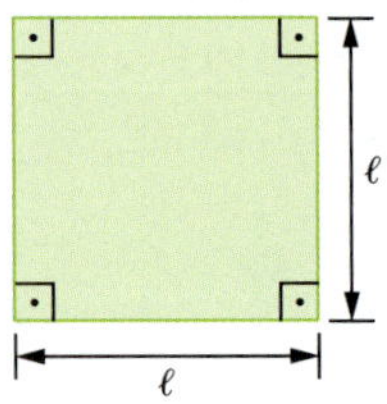

Quando variamos a medida do lado de um quadrado, seu perímetro também varia. Dizemos que o perímetro de um quadrado é dado **em função** da medida de seu lado, isto é, o perímetro **depende** da medida do lado.

Para cada valor da medida do lado corresponde **um único valor** para o perímetro.

A **fórmula** que fornece o perímetro P em função da medida do lado ℓ de um quadrado é dada por: $P = 4\ell$

Essa fórmula também é conhecida como **lei da função**.

No exemplo dado, temos duas grandezas **variáveis**: o perímetro P e a medida do lado do quadrado ℓ.

Como **depende** da medida do lado, o perímetro P é a **variável dependente**; a medida do lado, como é de livre escolha dentre os números reais positivos, é chamada **variável independente**.

3º) **A máquina de dobrar**

Observe ao lado o desenho de uma máquina imaginária de dobrar números.

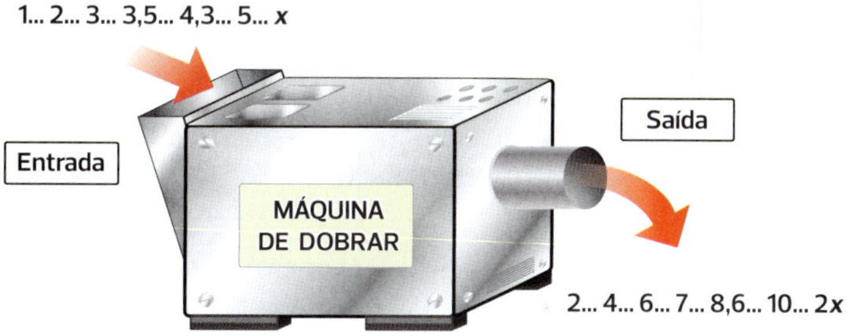

Veja que os números que saem são dados **em função** dos números que entram na máquina, ou seja, os números que saem **dependem** dos números que entram. Assim, a **variável dependente** é o número de saída, e a **variável independente** é o número de entrada.

Neste caso, temos:

número de saída (n) é igual a duas vezes o número de entrada (x), ou seja,

$n = 2x$ → **regra da função** ou **lei da função** ou, ainda, **fórmula matemática da função**.

4º) Em uma rodovia, um carro mantém velocidade constante de 90 km/h. Veja a tabela que relaciona o tempo t (em horas) e a distância d (em quilômetros):

Relação entre o tempo e a distância percorrida por um carro

Tempo (h)	0,5	1	1,5	2	3	4	t
Distância (km)	45	90	135	180	270	360	$90t$

Observe que **a distância percorrida é dada em função do tempo**, isto é, **a distância percorrida depende do intervalo de tempo**. Cada intervalo de tempo considerado corresponde a um único valor para a distância percorrida. Dizemos, então, que a distância é função do tempo e escrevemos:

distância = 90 · tempo

$d = 90t$

(d: variável dependente; t: variável independente)

Oficina de Matemática

Palitos, regularidades e funções

Em equipe, usem palitos de fósforo usados, canetas ou lápis.

Façam construções como as representadas abaixo:

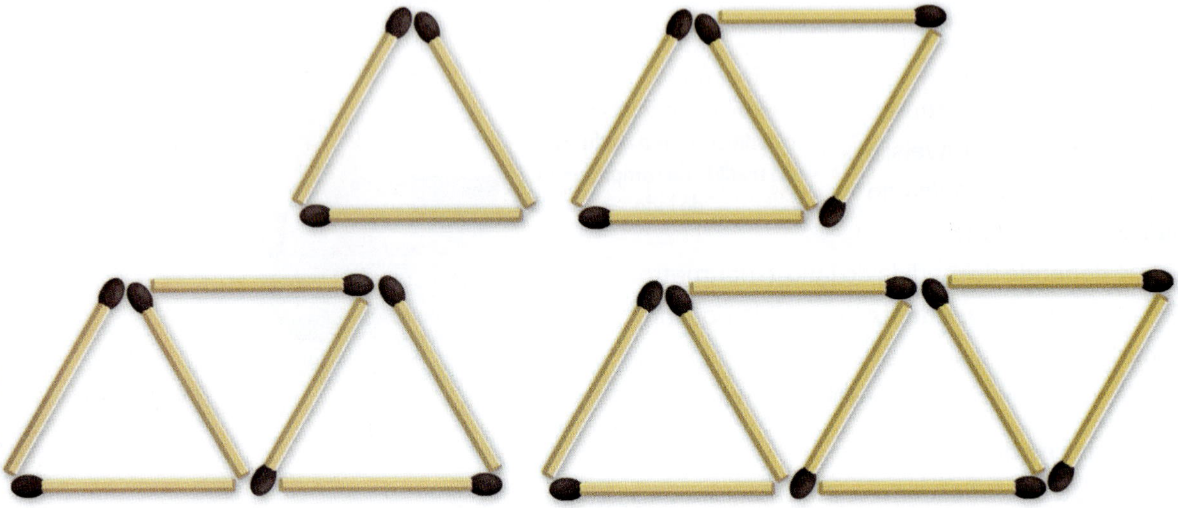

Paulo Manzi/Arquivo da editora

Contem o número de triângulos e o número de palitos em cada construção. Em seguida, completem o diagrama abaixo.

Número de triângulos		Número de palitos
1	⟶	3
2	⟶	
3	⟶	
4	⟶	

Antes de fazer a próxima construção, respondam: quantos palitos serão necessários para a construção com cinco triângulos?

Agora, façam a construção com cinco triângulos e verifiquem a resposta que vocês deram.

Observem o padrão (ou seja, a regularidade) e escrevam a lei que associa o número de palitos (P) em função do número de triângulos (t) construídos.

Usem a lei que vocês escreveram para encontrar o número de palitos necessários para construir:

- com 10 triângulos;
- com 15 triângulos;
- com 25 triângulos.

Exercícios e problemas

5. Qual é a variável dependente e qual é a variável independente no exemplo da função da página de introdução do capítulo?

6. Rosângela estava brincando de inventar "máquinas matemáticas". Ela inventou uma máquina programada para **dobrar o número de entrada** e **subtrair uma unidade do resultado**. Por exemplo, se entrar o número 8, sairá o número 15 $(2 \cdot 8 - 1)$. Se entrar o 20, sairá o 39. Note que o número de saída é obtido **em função** do número de entrada, isto é, o número que sai **depende** do número que entra. Note também que, para cada número real de entrada, sai um único número real.

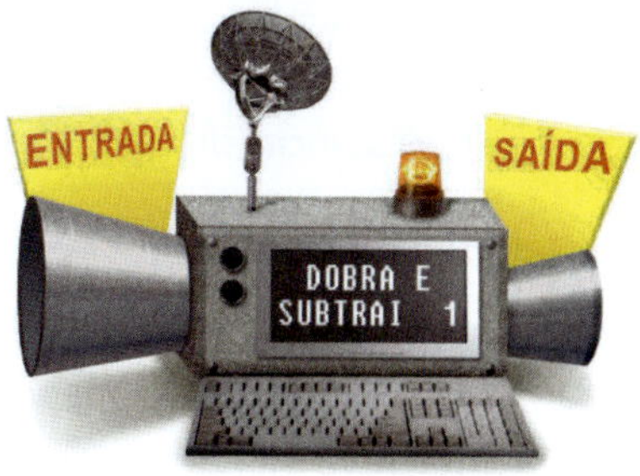

Paulo Manzi/Arquivo da editora

Esta tabela indica alguns números reais de entrada e de saída da máquina inventada por Rosângela.

Números de entrada e de saída da máquina de Rosângela

Número de entrada	Número de saída
−1	−3
0	−1
1	
2	
3	
4	
5	
6	
$\frac{1}{2}$	
$-\frac{1}{2}$	
1,5	

Dados fictícios.

a) Complete a tabela com os números que faltam.

b) Se x representa a variável **número de entrada**, e y representa a variável **número de saída**, qual é a **fórmula** ou **lei da função** que fornece y em função de x?

c) Nesse caso, qual é a variável dependente?

d) Se o número de entrada for 10, qual será o número de saída?

e) Se o número de saída for 29, qual será o número de entrada?

f) O número de saída varia de forma diretamente proporcional ao número de entrada?

g) Use os dados da tabela e, em uma folha de papel quadriculado, construa o gráfico correspondente a essa situação.

7. Desenhe uma máquina que transforme um número x de entrada em um número y de saída, tal que $y = 4x - 3$ $(x \rightarrow y = 4x - 3)$. Depois, responda às questões.

a) A cada x corresponde um único y?

b) Qual é a lei dessa função?

c) Qual é o valor de y para $x = 7$?

d) Qual deve ser o número de entrada para que o número de saída seja 77?

8. Em uma rodovia, um carro mantém velocidade constante de 100 km/h. Faça o que se pede.

a) Complete esta tabela, que relaciona o tempo *t* (em horas) e a distância *d* (em quilômetros) percorrida nesse tempo.

Relação entre o tempo e a distância percorrida por um carro

Tempo (t) (em horas)	0,5	1	1,5	2	2,5	3
Distância (d) (em quilômetros)	50	100				

Dados fictícios.

b) Que grandeza foi calculada em função da outra?

c) A cada instante de tempo corresponde uma única distância percorrida?

d) Qual é a variável dependente?

e) Escreva a lei dessa função ou a equação que fornece d em função de t.

9. Gustavo é representante comercial. Ele recebe mensalmente um salário composto de duas partes: uma fixa, no valor de R$ 1200,00, e uma variável, que corresponde a uma comissão de 7% (0,07) sobre o total de vendas que ele faz durante o mês.

Considere S o salário mensal e x o total das vendas do mês. Responda:

a) Qual é a variável dependente?

b) Qual é a lei da função ou a equação que associa S a x?

c) Se o total de vendas no mês de setembro foi de R$ 10 000,00, quanto Gustavo recebeu nesse mês?

d) O salário de Gustavo varia de forma diretamente proporcional ao total de vendas que ele faz durante o mês?

10. A tabela abaixo relaciona a medida do comprimento do lado (x) de uma região quadrada com sua área (A).

Relação entre a medida do lado e a área de um quadrado

Lado (cm)	1	2	3	4
Área (cm^2)				

Dados fictícios.

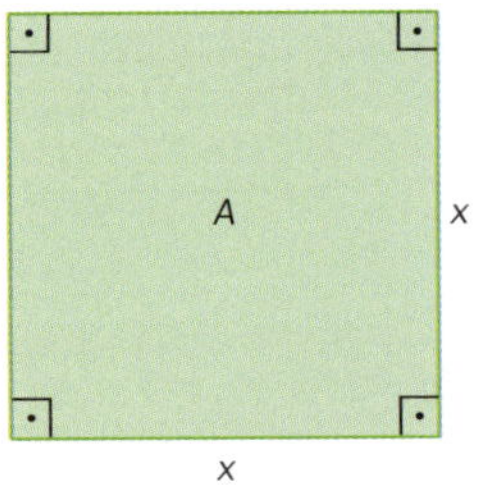

a) Examine essa tabela e complete-a.

b) Observe os dados da tabela, descubra o padrão e escreva a equação que fornece a área A em função da medida x.

c) A área de uma região quadrada varia de forma diretamente proporcional à medida de seu lado? Explique sua resposta.

d) Use só os dados da tabela e construa um gráfico.

e) Se atribuirmos a x qualquer valor real positivo (pois x é a medida do lado da região quadrada), como será o gráfico dessa função?

11. Um fabricante vende parafusos por R$ 0,80 cada um. O custo total de um lote de parafusos é formado por uma taxa fixa de R$ 40,00 mais o custo de produção de R$ 0,30 por parafuso.

a) Que sentença fornece o custo total y de um lote em relação ao número x de parafusos?

b) Qual é o custo da produção de um lote de 1000 parafusos?

c) Quanto o comerciante arrecada na venda de um lote de 1000 parafusos?

d) Qual é o número de parafusos de um lote para que, na venda, o fabricante não tenha lucro nem prejuízo?

e) Se vender um lote de 200 parafusos, o comerciante terá lucro ou prejuízo? De quanto?

A noção de função por meio de conjuntos

Vamos, agora, estudar essa mesma noção de função usando a nomenclatura de conjuntos. Considere os exemplos a seguir.

a) Observe os conjuntos A e B relacionados da seguinte forma: em A estão alguns números inteiros e em B estão outros. Devemos associar cada elemento de A a seu triplo em B.

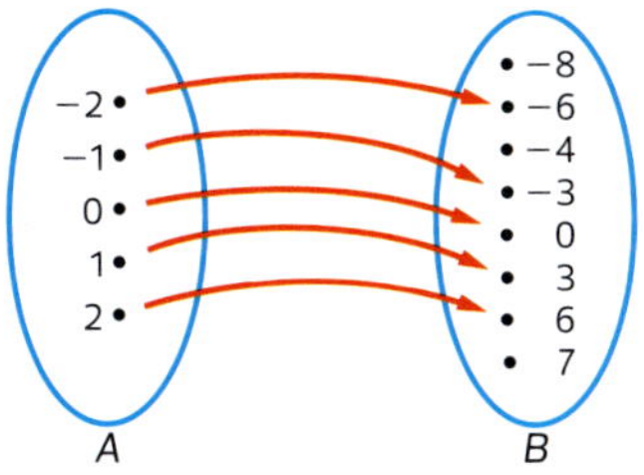

$x \in A$	$y \in B$
−2	−6
−1	−3
0	0
1	3
2	6

Note que:

- todos os elementos de A têm correspondente em B;
- cada elemento de A corresponde a um único elemento de B.

Neste caso, **temos uma função de *A* em *B***, expressa pela fórmula $y = 3x$.

b) Dados $A = \{0, 4\}$ e $B = \{2, 3, 5\}$, relacionamos A e B da seguinte forma: cada elemento de A é menor do que um elemento de B.

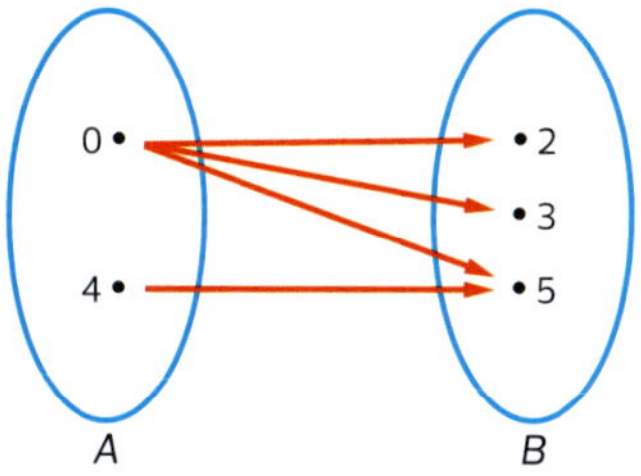

Neste caso, **não temos uma função de *A* em *B***, pois ao elemento 0 de A correspondem três elementos de B (2, 3 e 5, pois $0 < 2$, $0 < 3$ e $0 < 5$), e não apenas um único elemento de B.

c) Dados $A = \{-4, -2, 0, 2, 4\}$ e $B = \{0, 2, 4, 6, 8\}$, associamos os elementos de A aos elementos de igual valor em B:

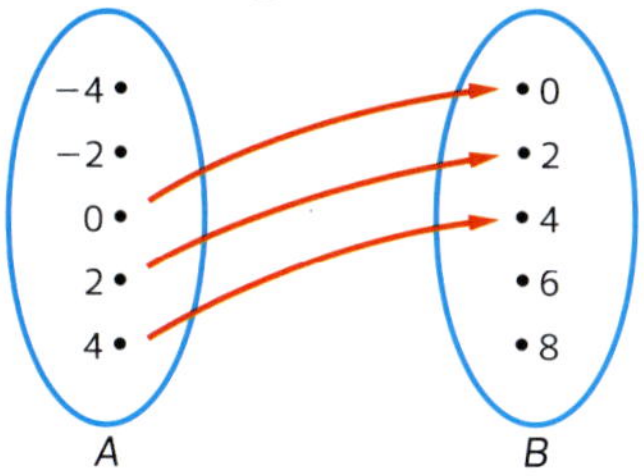

Observe que há elementos em A (os números −4 e −2) que não têm correspondente em B. Neste caso, **não temos uma função de *A* em *B***.

d) Dados $A = \{-2, -1, 0, 1, 2\}$ e $B = \{0, 1, 4, 8, 16\}$ e a correspondência entre A e B dada pela fórmula $y = x^4$, com $x \in A$ e $y \in B$, temos:

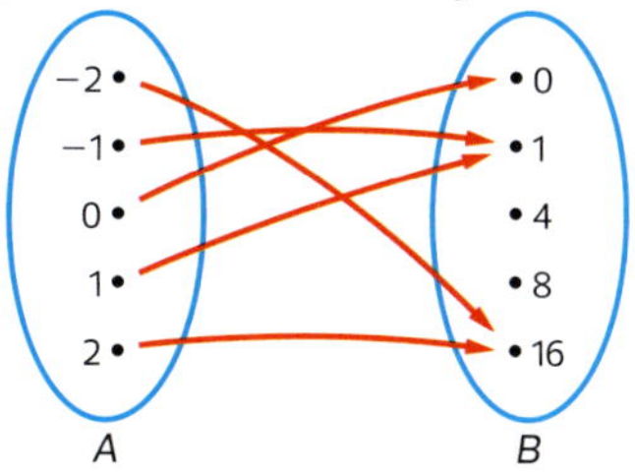

$(-2)^4 = 16$

$(-1)^4 = 1$

$0^4 = 0$

$1^4 = 1$

$2^4 = 16$

Note que:

- todos os elementos de A têm correspondente em B;
- cada elemento de A corresponde a um único elemento de B.

Assim, a correspondência expressa pela fórmula $y = x^4$ **é uma função de *A* em *B***.

Definição e notação

> Dados dois conjuntos não vazios A e B, uma função de A em B é uma regra que indica como associar cada elemento $x \in A$ a um único elemento $y \in B$.

Usamos a seguinte notação:

$f: A \rightarrow B$ ou $A \xrightarrow{f} B$ (lê-se: ***f* é uma função de *A* em *B***)

A função f **transforma** x de A em y de B.

Escrevemos isso assim:

$y = f(x)$ (lê-se y é igual a f de x)

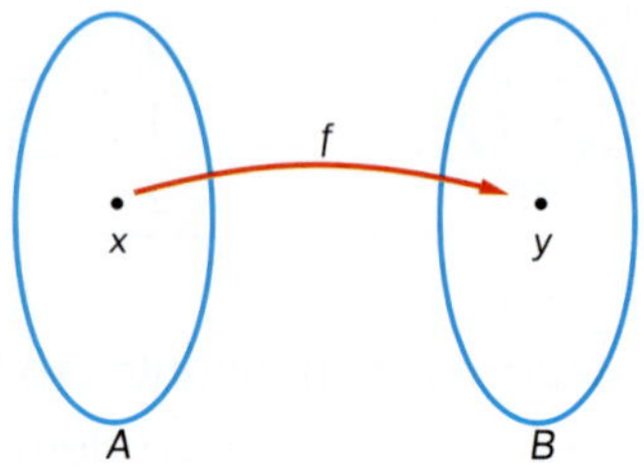

No item **a** da página anterior, escrevemos $y = 3x$ ou $f(x) = 3x$ e, no quarto exemplo, escrevemos $y = x^4$ ou $f(x) = x^4$.

Exercícios

12. Quais dos seguintes conjuntos representam uma função de A em B?

a)

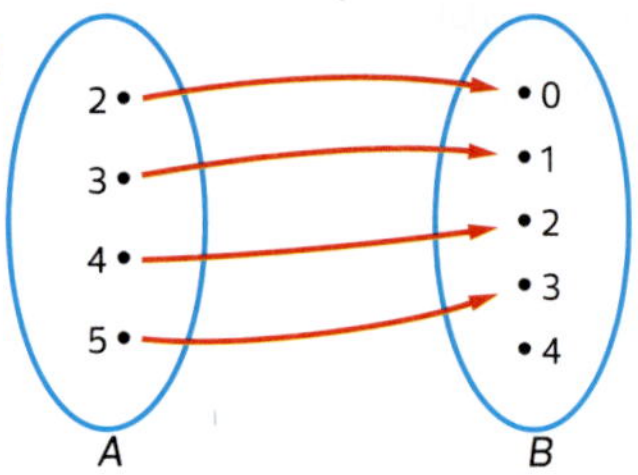

d)

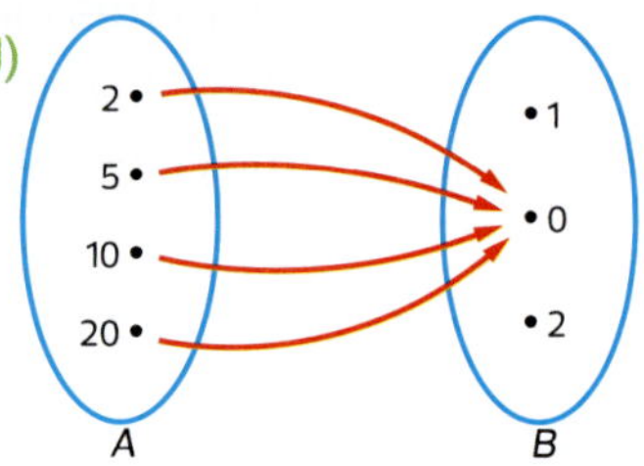

b)

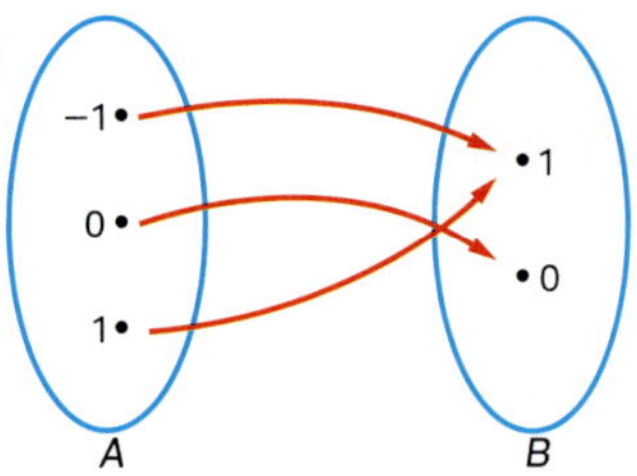

e)

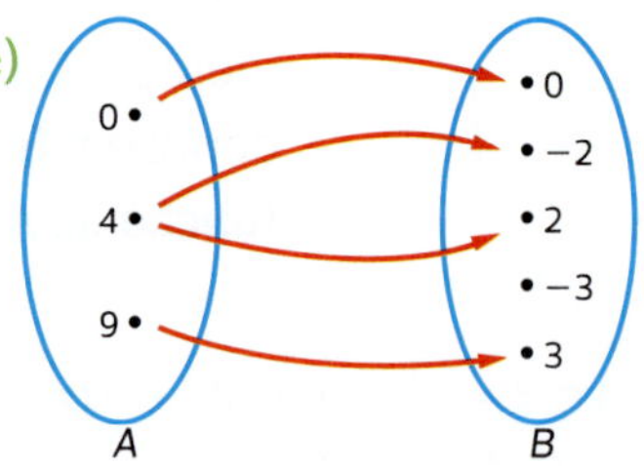

c)

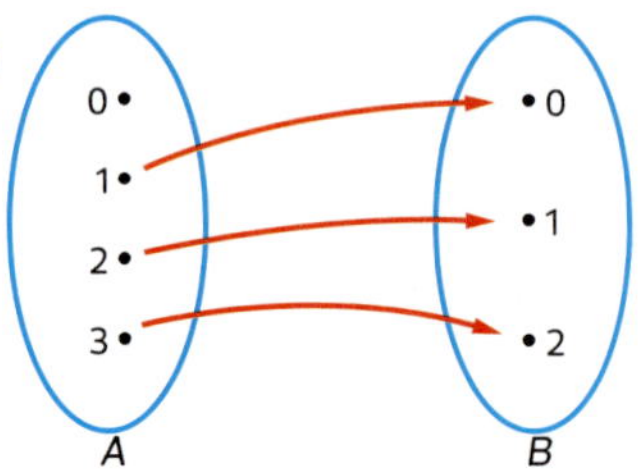

f)

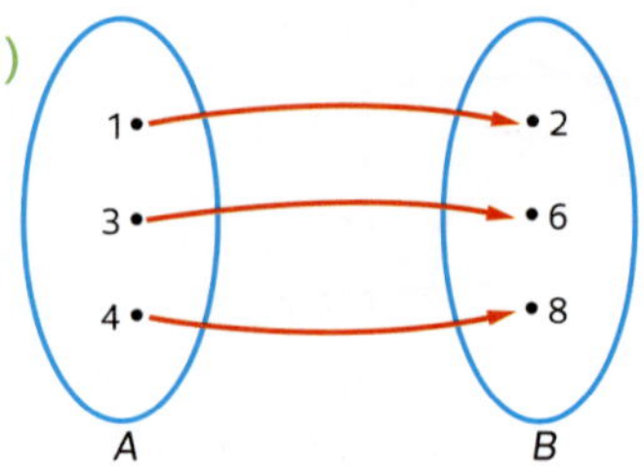

13. Dados $A = \{-2, -1, 0, 1, 2\}$, $B = \{-1, 0, 1, 3, 4\}$ e a correspondência entre A e B dada por $y = x^2$, com $x \in A$ e $y \in B$, faça a representação desses conjuntos e diga se f é uma função de A em B.

Domínio, contradomínio e conjunto imagem de uma função

Dada uma função f de A em B, o conjunto A chama-se **domínio (D) da função**, e o conjunto B chama-se **contradomínio (CD) da função**. Para cada $x \in A$, o elemento $y \in B$ chama-se **imagem de x pela função f** ou **o valor assumido pela função f para $x \in A$**, e o representamos por $f(x)$. Assim, $y = f(x)$.

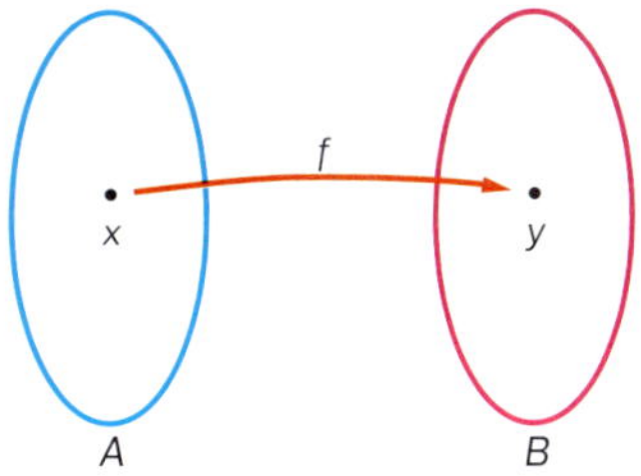

O conjunto de todos os y assim obtidos é chamado **conjunto imagem da função f** e é indicado por **Im(f)**.

Exemplos:

a) Dados os conjuntos $A = \eta 0, 1, 2, 3\xi$ e $B = \eta 0, 1, 2, 3, 4, 5, 6\xi$, vamos considerar a função $f: A \to B$ que transforma $x \varnothing A$ em $2x \varnothing B$.

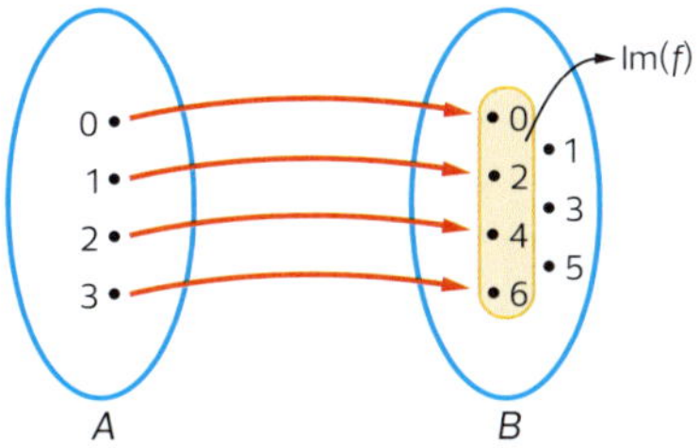

Dizemos que $f: A \to B$ é definida por $f(x) = 2x$ ou por $y = 2x$. A indicação $x \xrightarrow{f} 2x$ significa que x é transformado pela função f em $2x$.

Veja que para caracterizar uma função é necessário conhecer seus três componentes: o domínio (A), o contradomínio (B) e uma regra que associa cada elemento de A a um único elemento $y = f(x)$ de B. Neste exemplo, o domínio é $A = \{0, 1, 2, 3\}$, o contradomínio é $B = \{0, 1, 2, 3, 4, 5, 6\}$, a regra é dada por $y = 2x$ e o conjunto imagem é dado por $\text{Im}(f) = \{0, 2, 4, 6\}$.

Observação: Em toda função f de A em B, o conjunto Im(f) está contido em B.

b) Vamos considerar a função $f: \mathbb{N} \to \mathbb{N}$ definida por $f(x) = x + 1$.
Neste caso, a função f transforma todo número natural x em outro número natural y que é sucessor de x, indicado por $x + 1$

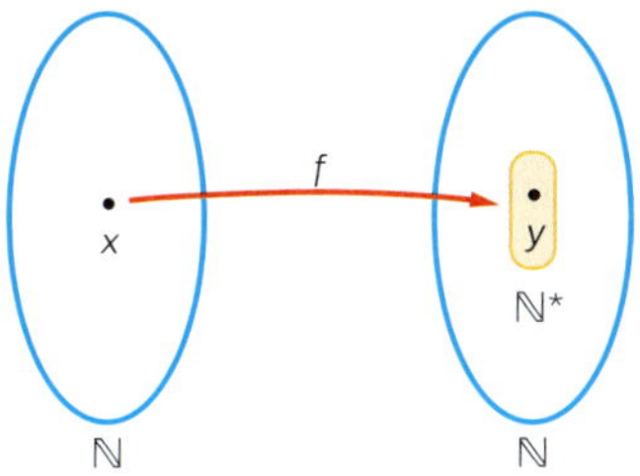

- a imagem de $x = 0$ é $f(0) = 0 + 1 = 1$
- a imagem de $x = 1$ é $f(1) = 1 + 1 = 2$
- a imagem de $x = 2$ é $f(2) = 2 + 1 = 3$ e assim por diante.

Portanto, o domínio é $\mathbb{N}$ ($D = \mathbb{N}$), o contradomínio é $\mathbb{N}$ ($CD = \mathbb{N}$), a regra é $y = x + 1$ e o conjunto imagem é $\mathbb{N}^* = \mathbb{N} - \{0\}$, isto é, $\text{Im}(f) = \mathbb{N}^*$.

c) Dada uma função f de A em B, representada a seguir, vamos determinar:

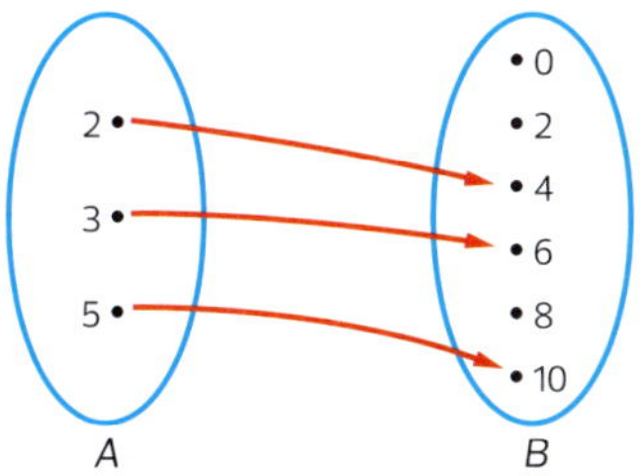

- o domínio de $f \to D(f) = \{2, 3, 5\}$ ou $D(f) = A$;
- o contradomínio de $f \to CD(f) = \{0, 2, 4, 6, 8, 10\}$ ou $CD(f) = B$;
- a imagem de $f \to \text{Im}(f) = \{4, 6, 10\}$;
- $f(3) = 6$;
- $f(5) = 10$;
- x para $f(x) = 4 \to x = 2$.

Exercícios

14. Considere a função $A \xrightarrow{f} B$ dada pelo diagrama e determine:

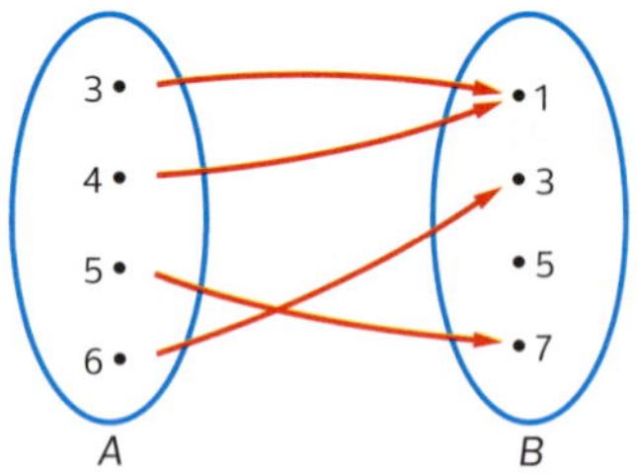

a) $D(f)$;
b) $Im(f)$;
c) $f(4)$;
d) y, quando $x = 5$;
e) x, quando $y = 3$;
f) x, quando $f(x) = 1$;
g) $f(x)$, quando $x = 6$;
h) y, quando $x = 3$;
i) x, quando $y = 7$.

15. Considere $A \xrightarrow{g} B$ a função para a qual $A = \{1, 3, 4\}$, $B = \{3, 9, 12\}$ e $g(x)$ é o triplo de x, para todo $x \in A$.

a) Construa a representação dessa função.
b) Determine $D(g)$, $CD(g)$ e $Im(g)$.
c) Determine $g(3)$.
d) Determine x para o qual $g(x) = 12$.

Leitura

Um pouco da história da função

"Será possível traçar uma figura ou gráfico mostrando a maneira pela qual as coisas variam?"

Essa foi a dúvida que ocorreu ao filósofo e matemático francês Nicole Oresme (1323-1382). Para esclarecê-la, ele construiu aquilo que talvez tenha sido a primeira manifestação da atual representação gráfica de uma função.

Ele traçou um gráfico relacionando valores de velocidade de um corpo que se move com aceleração constante com os tempos decorridos, e percebeu que esse gráfico é uma reta. Porém, como os instrumentos de análise eram inadequados e faltavam aos matemáticos da época técnicas algébricas e geométricas, o estudo das funções não avançou muito nesse período.

www.nicole-oresme.com/Arquivo da editora

Reprodução de pintura com Nicole Oresme em sua mesa.

Coube a Gottfried Wilhelm von Leibniz (1646-1716), matemático alemão, o primeiro uso da palavra **função** com sentido quase igual ao que ela tem atualmente. Nessa mesma época, o matemático francês Jean Bernoulli (1667-1748) criou algumas notações para representar uma função de x. Foi, porém, com o matemático suíço Leonhard Euler (1707-1783) que a ideia de função se tornou fundamental no estudo dos processos infinitos, em um campo da Matemática conhecido como Análise Matemática, consolidando a forma de notação de função.

A teoria das funções de uma variável real foi desenvolvida por Joseph Louis Lagrange (1736-1813).

Hoje, função é uma das ideias essenciais em Matemática e nas ciências em geral.

1. Considere o pensamento do filósofo e matemático francês Nicole Oresme e pense em aplicações da ideia de função no seu dia a dia.

2. Reúna-se com seus colegas e, juntos, construam uma linha do tempo com os principais fatos relacionados à história da função. Pesquisem imagens dos principais matemáticos citados e elaborem um cartaz.

Gráficos de funções

O gráfico de uma função ajuda a analisar a variação das grandezas, uma dependendo da outra. Examine as situações seguintes.

Exercícios e problemas

16. O gráfico abaixo mostra a população brasileira, de 10 em 10 anos, de 1940 a 2010, variando com o tempo (em anos).

População nos Censos demográficos 1940-2010

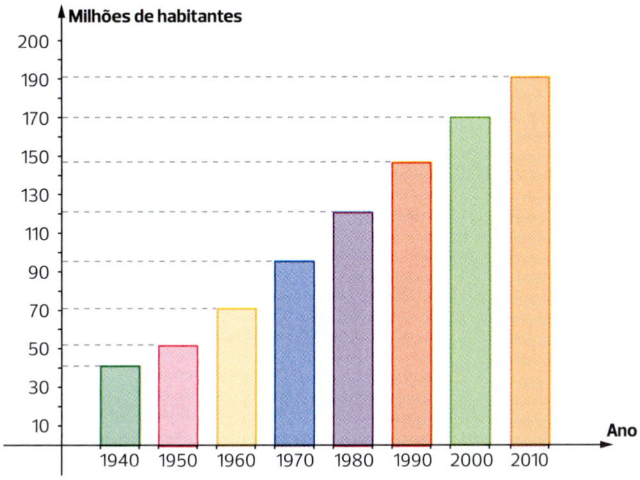

Fonte: Censo 2010 – IBGE (Instituto Brasileiro de Geografia e Estatística). Disponível em: <www.censo2010.ibge.gov.br/sinopse/index.php?dados=4&uf=00>. Acesso em: 12 maio 2015.

Analisando o gráfico, notamos o aumento da população brasileira em função do tempo (dado em anos). Com relação a esses dados, responda:

a) Qual era a população aproximada no Brasil em 1970?

b) Em quanto aumentou a população brasileira de 1970 a 2010, aproximadamente?

17. O gráfico abaixo mostra como as grandezas volume e tempo variam, uma dependendo da outra, em um tanque de água que estava cheio e foi se esvaziando. Vemos que o volume de água foi diminuindo em função do tempo; quanto maior o tempo (de 0 a 35 minutos), menor o volume de água no reservatório (de 600 a 0 litros).

Variação entre as grandezas volume e tempo em um tanque de água que estava cheio

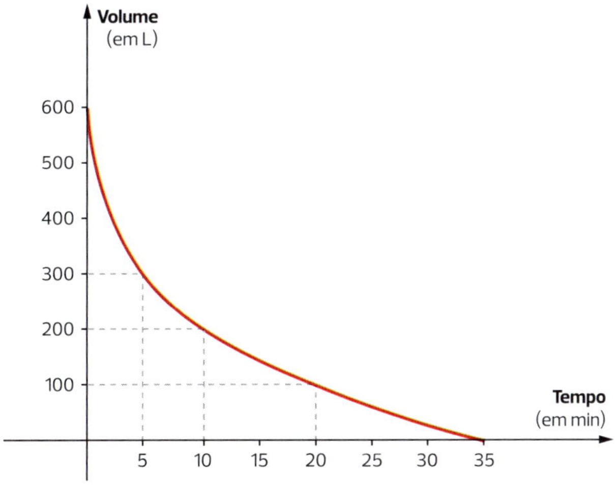

Dados fictícios.

Responda.

a) Qual é o volume total desse tanque?

b) Após 20 minutos de esvaziamento, quantos litros de água ainda havia no tanque?

c) O tempo e o volume variam de forma proporcional?

Construção de gráficos de funções

Quais são os dados necessários e como devemos proceder para construir o gráfico de uma função? Pense e depois confira.

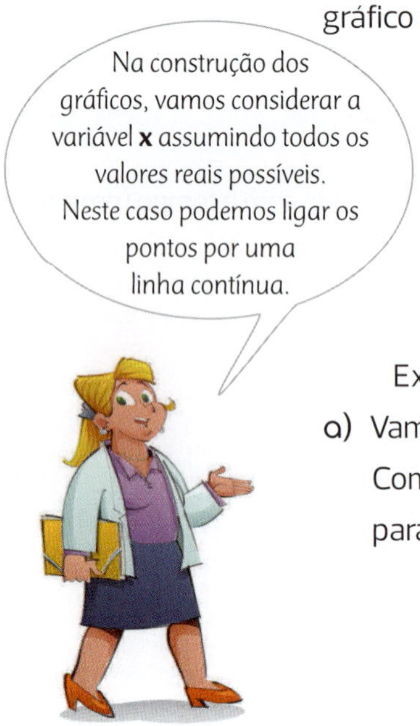

1º) Construir uma tabela com valores x escolhidos convenientemente e seus respectivos correspondentes y.

2º) A cada par ordenado (x, y) da tabela, associar um ponto do plano determinado pelos eixos x e y.

3º) Marcar um número suficiente de pontos até que seja possível esboçar o gráfico da função.

Examine estes dois exemplos.

a) Vamos construir o gráfico da função dada pela equação $y = 2x + 1$, com x real.

Como x varia no conjunto dos números reais, escolhemos alguns valores arbitrários para x e obtemos os valores reais correspondentes para y.

x	$y = 2x + 1$	(x, y)
−2	−3	(−2, −3)
−1	−1	(−1, −1)
0	1	(0, 1)
1	3	(1, 3)
2	5	(2, 5)

O gráfico é o conjunto de todos os pontos correspondentes aos pares ordenados (x, y), com x e y reais e $y = 2x + 1$, o que nos fornece a **reta** da figura abaixo.

Gráfico da função $y = 2x + 1$

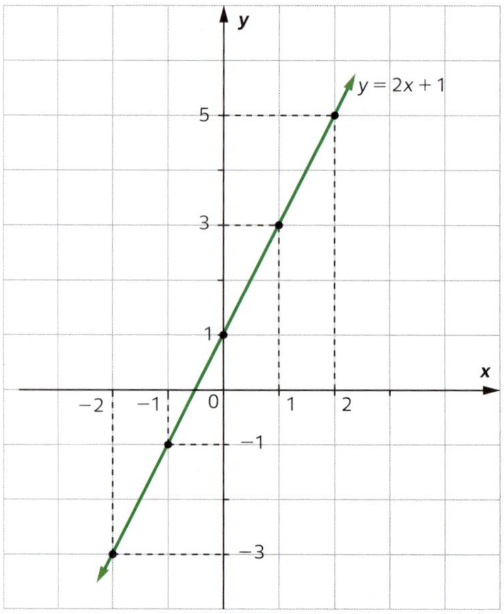

b) Vamos agora construir o gráfico da função dada pela fórmula $y = x^2 - 4$, com x real.

Quanto mais valores escolhermos para x, mais clara a ideia que teremos de como ficará o gráfico.

Vamos escolher alguns valores para x e montar uma tabela. Em seguida, colocamos os pontos correspondentes aos pares ordenados (x, y) no plano determinado pelo sistema de eixos. Assim:

x	$y = x^2 - 4$
−3	5
−2	0
−1	−3
0	−4
1	−3
2	0
3	5

Gráfico da função dada pela fórmula y = 2x + 1

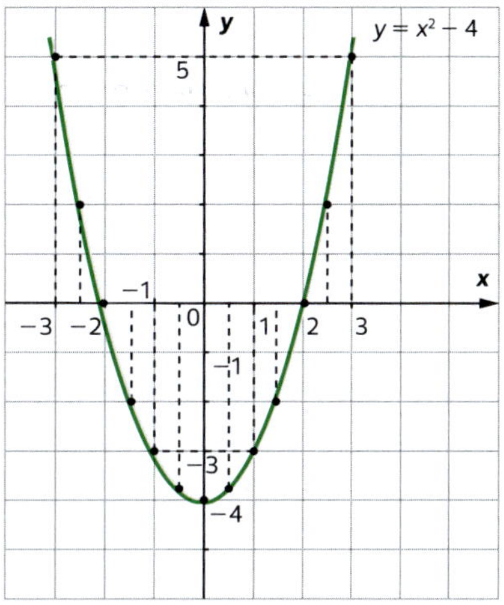

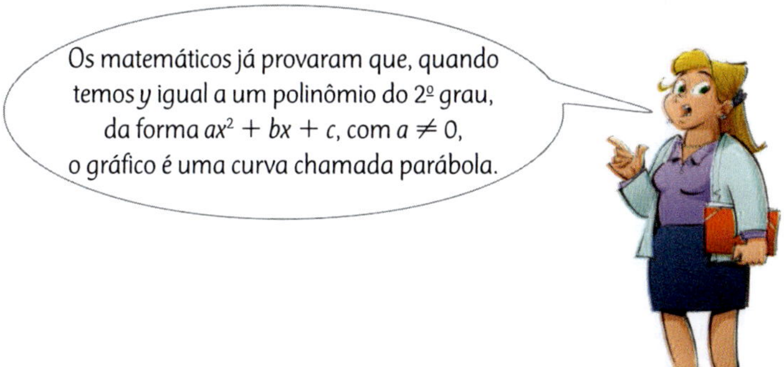

Neste exemplo, o eixo y é o eixo de simetria da parábola.

Exercício

18. Use uma folha de papel quadriculado e construa o gráfico de cada uma das funções dadas pelas fórmulas, para todo x real.

a) $y = x + 1$ b) $y = -x + 2$ c) $y = -x^2$ d) $y = 3^x$ e) $y = x^3$

Reconhecendo se um gráfico é de uma função

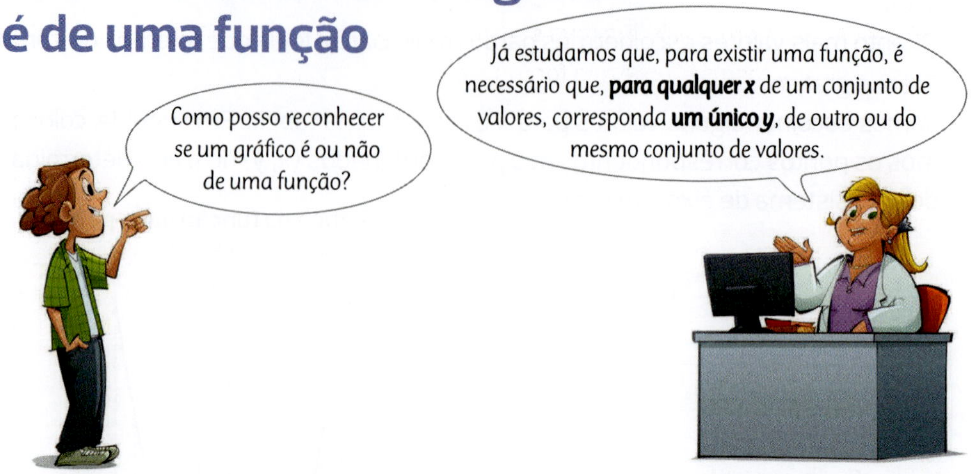

Geometricamente, se esses dois conjuntos de valores são os dos números reais, significa que **qualquer reta perpendicular ao eixo *x* deve intersectar o gráfico sempre em um único ponto**. Assim, se a reta não intersectar o gráfico ou intersectar em mais de um ponto, esse gráfico não é gráfico de uma função.

Examine estes gráficos para que esse conceito fique mais claro.

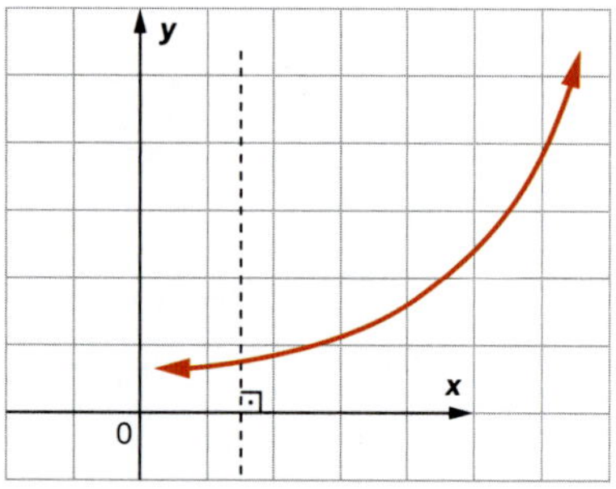

O gráfico ao lado é de uma função, pois qualquer reta perpendicular ao eixo *x* intersecta o gráfico em um único ponto.

Para todo *x* real, existe um único *y*.

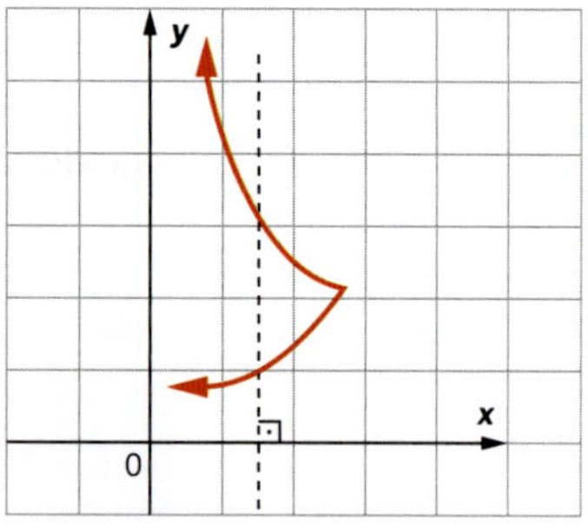

Este gráfico **não** é de uma função, pois existem retas perpendiculares ao eixo *x* intersectando o gráfico em mais de um ponto. Ou seja, há valores de *x* com mais de um correspondente.

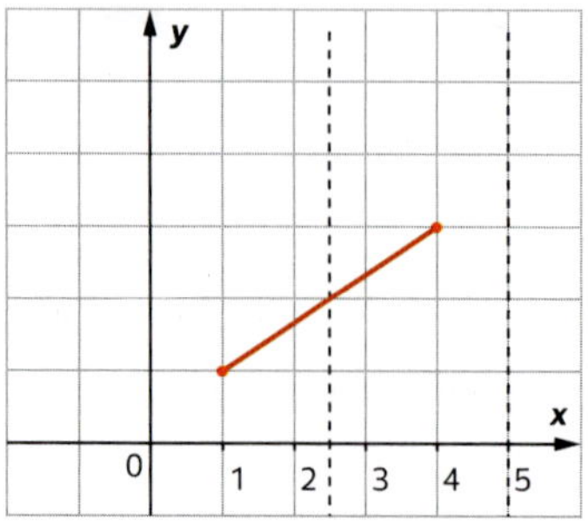

Considerando *x* um número real qualquer, este gráfico não define uma função, pois, para $x = 5$, por exemplo, não existe *y* correspondente.

Mas, considerando *x* real de 1 a 4, este gráfico indica uma função, pois, para todo *x* real do intervalo $1 \leqslant x \leqslant 4$, existe sempre um único *y*.

Exercícios

19. Para x e y números reais, escreva **sim** se o gráfico for de uma função e **não** em caso contrário. Justifique sua resposta nos casos em que não for função.

a)

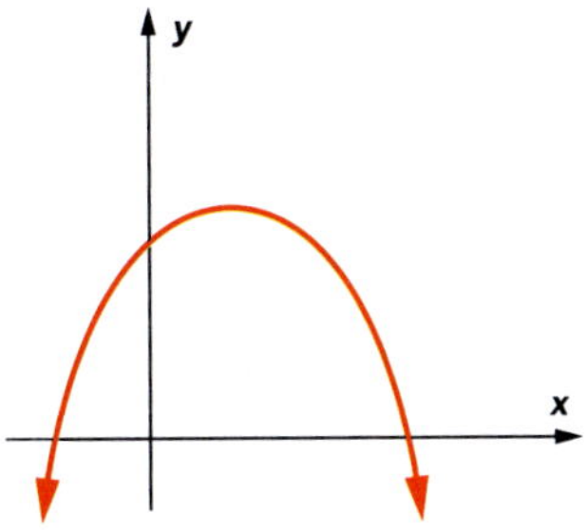

b)

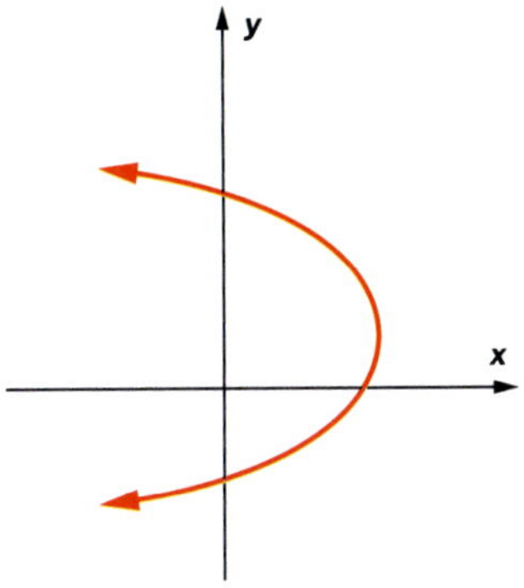

c)

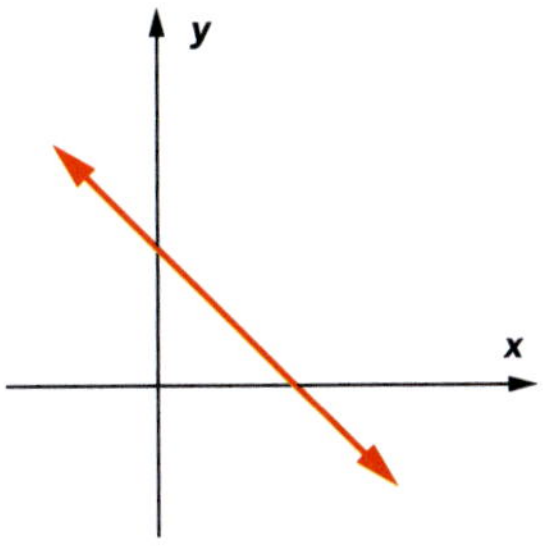

d)

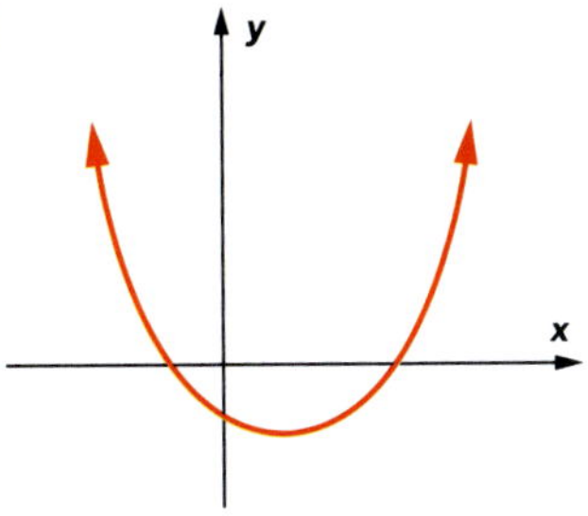

e)

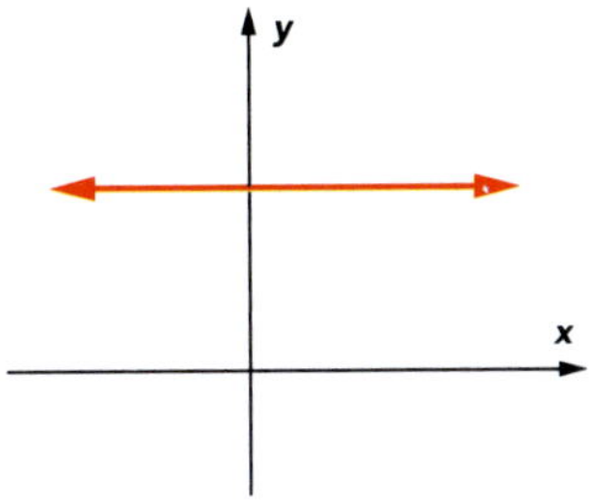

f)

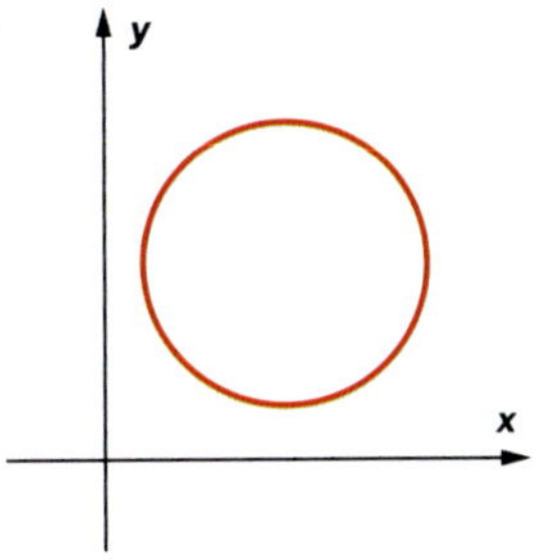

g)

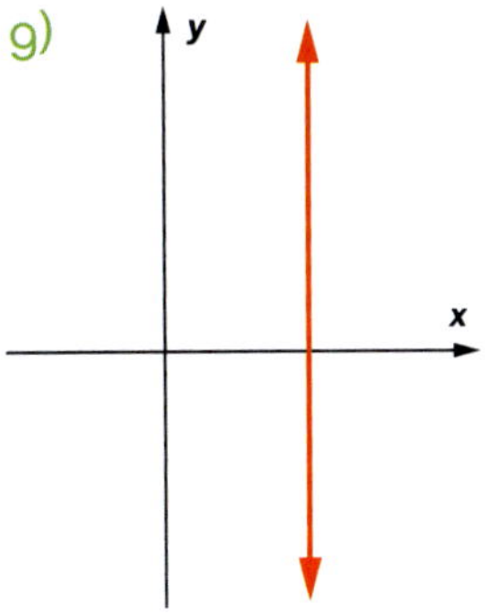

h)

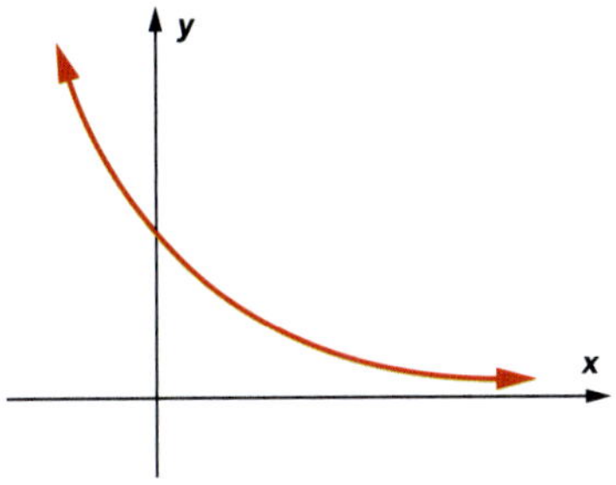

i)

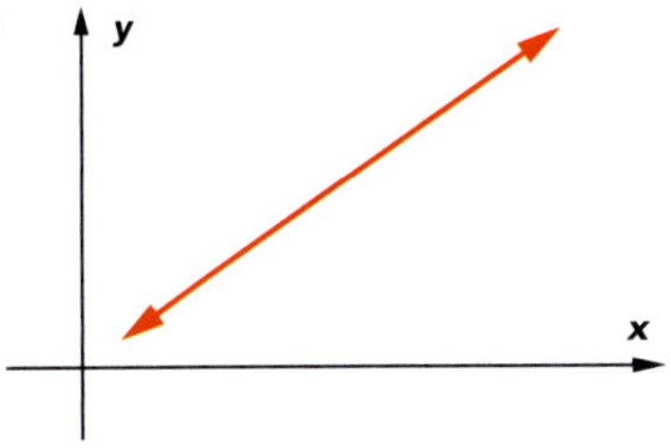

20. Desenhe dois sistemas de eixos cartesianos. Em um deles, faça um gráfico de uma função e, no outro, um que não seja gráfico de uma função.

21. Observe o gráfico abaixo e responda.

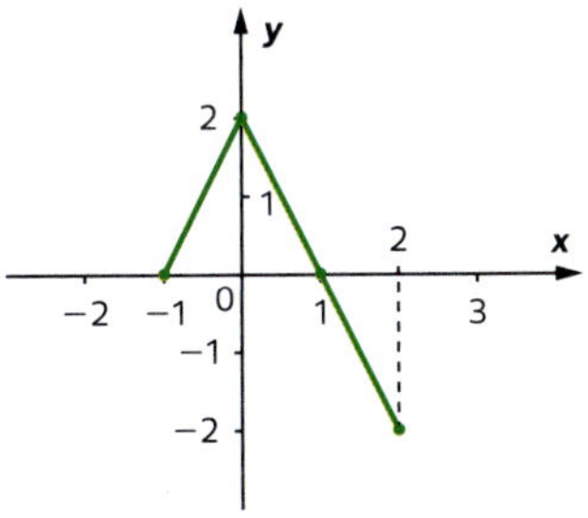

a) Considerando x um número real qualquer, esse gráfico indica uma função? Por quê?

b) Para quais valores de x esse gráfico indica uma função?

c) Qual deve ser o valor de x para que se tenha $y = 0$?

d) Qual é o valor de y quando $x = 0$?

Resolução de problemas que envolvem o conceito de função

Agora, você vai aplicar o que estudou até aqui em mais algumas situações.

Exercícios e problemas

22. A grandeza física **densidade** d de um material é definida como o **quociente entre a massa** (m) **e o volume** (V) desse material $\left(d = \frac{m}{V}\right)$. Disso conclui-se que a massa e o volume estão relacionados por meio da fórmula $m = dV$. Observe a tabela que relaciona m com V de determinado material.

a) Qual é a densidade desse material?

b) Complete a tabela com os valores que faltam.

c) Represente graficamente m em função de V.

d) No gráfico, é possível ligar os pontos? Por quê?

Relação entre volume e massa

V (cm³)	10	30			25
m (g)	80		480	720	

23. Tomando decisões

Leonor vai escolher um plano de aulas de violão entre duas opções: A e B.

O plano A cobra R$ 100,00 de inscrição e R$ 50,00 por aula em certo período.

O plano B cobra R$ 180,00 de inscrição e R$ 40,00 por aula no mesmo período.

O gasto total de cada plano é dado em função do número x de aulas.

a) Escreva a fórmula da função correspondente a cada plano considerando x um número natural.

b) Determine em que condições:

- o plano A é mais econômico;
- o plano B é mais econômico;
- os dois planos são equivalentes.

24. Um rapaz desafiou seu pai para uma corrida de 100 m. O pai permitiu que o filho começasse a corrida 30 m à sua frente. Um gráfico simplificado do desenvolvimento dessa corrida é dado ao lado.

a) Pelo gráfico, como é possível dizer quem ganhou a corrida e qual foi a diferença de tempo?

b) A que distância do início o pai alcançou seu filho?

c) Em que momento depois do início da corrida ocorreu a ultrapassagem?

Desenvolvimento da corrida entre pai e filho

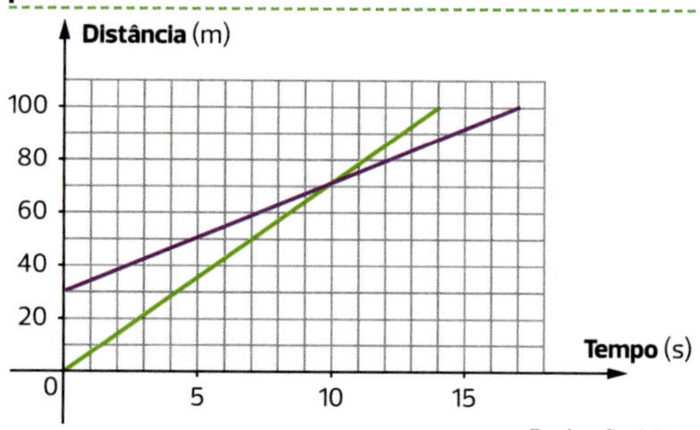

Dados fictícios.

25. Observe a sequência abaixo e depois determine o que se pede.

1 quadrado
4 palitos

2 quadrados
7 palitos

3 quadrados
10 palitos

Ilustrações: Paulo Manzi/Arquivo da editora

a) A fórmula que indica o número P de palitos em função do número x de quadrados formados, com x pertencente ao conjunto dos números naturais diferentes de zero.

b) Quantos palitos são necessários para formar 9 quadrados?

c) Quantos quadrados são formados com 16 palitos?

d) A fórmula que indica x em função de P.

4 Função afim

Definição de função afim

Andresr/Shutterstock/Glow Images

Atendimento em loja

Um vendedor recebe mensalmente um salário composto de duas partes: uma parte fixa no valor de R$ 1600,00 e uma parte variável, que corresponde a uma comissão de 5% (0,05) sobre o total de vendas que ele faz durante o mês.

Nessas condições, podemos dizer que:

salário mensal = 1600 + 0,05 · (total de vendas do mês)

Assim, o salário mensal (s) desse vendedor é dado **em função** do total de vendas (x) que ele faz durante o mês, ou seja:

$s(x) = 1600 + 0{,}05x$ ou $s(x) = 0{,}05x + 1600$ ou $y = 0{,}05x + 1600$

Esse é um exemplo cuja equação dá ideia de **função afim**.

Função afim é toda função de $\mathbb{R}$ em $\mathbb{R}$ cuja lei de formação pode ser indicada por $y = ax + b$, com a e b reais.

Exemplos de equações de função afim:

a) $y = -x + 6$ ($a = -1$ e $b = 6$)

b) $y = 4x$ ($a = 4$ e $b = 0$)

c) $y = \frac{2x-1}{7}$ $\left(y = \frac{2}{7}x - \frac{1}{7};\ a = \frac{2}{7} \text{ e } b = -\frac{1}{7}\right)$

d) $y = -2$ ($a = 0$ e $b = -2$)

Não são equações de funções afins:

- $y = x^2 + 5$, pois aparece um termo de 2º grau (termo com x^2);
- $y = \frac{1}{3x}$, pois aparece a variável no denominador;
- $y = 2^x$, pois aparece a variável no expoente.

Exercícios e problemas

26. Quais igualdades indicam exemplos de equações de função afim?

a) $y = -3x + 5$
b) $y = 9x^2 + 4$
c) $y = x$
d) $y = 7(x - 2)$
e) $y = x^3$
f) $y = \frac{x}{3}$
g) $y = 3$
h) $y = \frac{2x - 15}{3}$

27. A produção de peças em uma indústria tem um custo fixo de R$ 8,00 mais um custo variável de R$ 0,50 por unidade produzida. Considerando x o número de unidades produzidas (neste caso, x é um número natural):

a) registre a lei da função que fornece o custo total y de x peças;
b) verifique se a lei dessa função corresponde à de uma função afim;
c) calcule o custo de 100 peças;
d) determine o preço de venda das 100 peças se a empresa vende cada peça com um lucro de 40%;
e) determine o número máximo de peças que podem ser fabricadas com R$ 95,20.

28. Em um reservatório com capacidade de 800 litros, havia 300 litros de água quando foi aberta uma torneira que despeja dentro dele 25 litros de água por minuto. A quantidade de água (y) no reservatório é dada em função do número (x) de minutos em que a torneira fica aberta. Considere x variando de 0 a 20 minutos.

a) Escreva a lei da função que relaciona essas duas grandezas.
b) Quantos litros de água haverá no reservatório 5 minutos depois de a torneira ter sido aberta?

Gráfico de uma função afim

Na página 102, você estudou a construção do gráfico da função dada por $y = 2x + 1$, para todo x real. Agora você sabe que esse gráfico corresponde ao de uma função afim. Veja mais dois exemplos de gráfico de função afim.

a) $y = -3x + 4$

x	y
0	4
1	1
2	−2
−1	7
3	−5

$a = -3$ (negativo)

À medida que x cresce, y decresce, ou seja, é uma função decrescente.

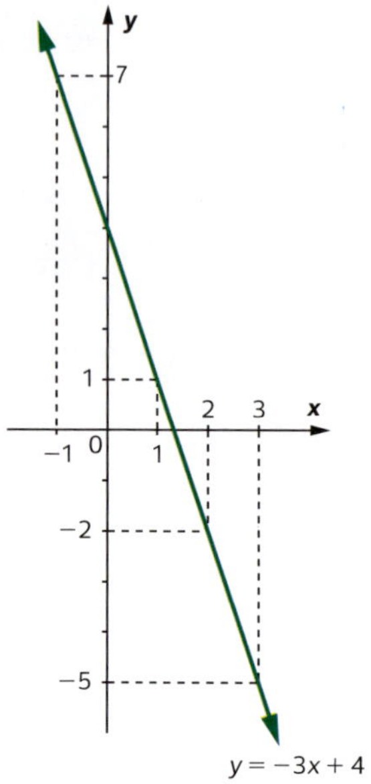

b) $y = 3x$

x	y
0	0
1	3
−1	−3
2	6
−2	−6
$\frac{1}{3}$	1
$-\frac{1}{3}$	−1
$\frac{2}{3}$	2

$a = 3$ (positivo)

À medida que x cresce, y também cresce, ou seja, é uma função crescente.

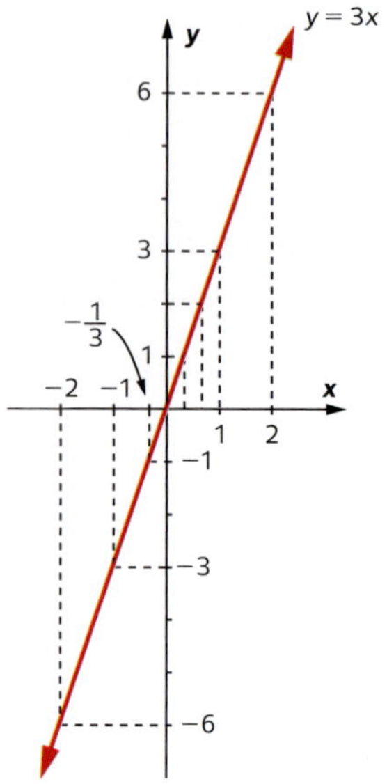

Os matemáticos já provaram que:

O gráfico de uma função afim é sempre uma reta não perpendicular ao eixo x.

Como dois pontos determinam uma reta, basta encontrar apenas dois de seus pontos para traçá-la.

Veja um exemplo:

Função afim: $y = 5x - 6$

x	y
1	−1
2	4

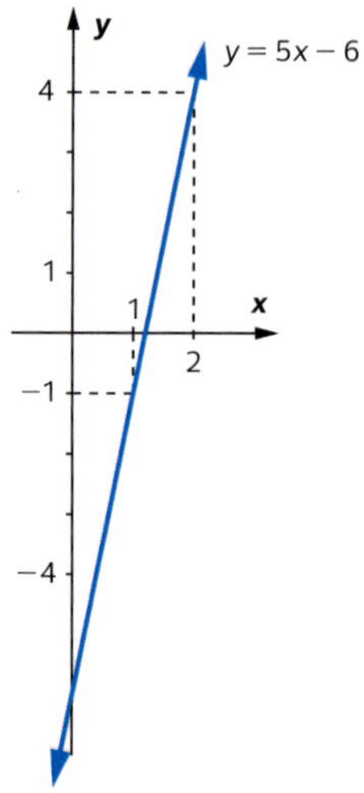

Observe que:

- o gráfico (a reta) "corta" o eixo x no ponto $\left(1\frac{1}{5}, 0\right)$, pois, para:

  $y = 0 \rightarrow 5x - 6 = 0 \Rightarrow x = \frac{6}{5} = 1\frac{1}{5}$

- o gráfico "corta" o eixo y no ponto $(0, -6)$, pois, para:

  $x = 0 \rightarrow y = 5 \cdot 0 - 6 = 0 - 6 = -6$

Ângulo de declive da reta de uma função afim

O ângulo correspondente a um giro no sentido anti-horário, partindo do eixo x até a reta que corresponde ao gráfico de uma função afim, é chamado de **ângulo de declive da reta**.

Nas figuras abaixo, esse ângulo está indicado por α.

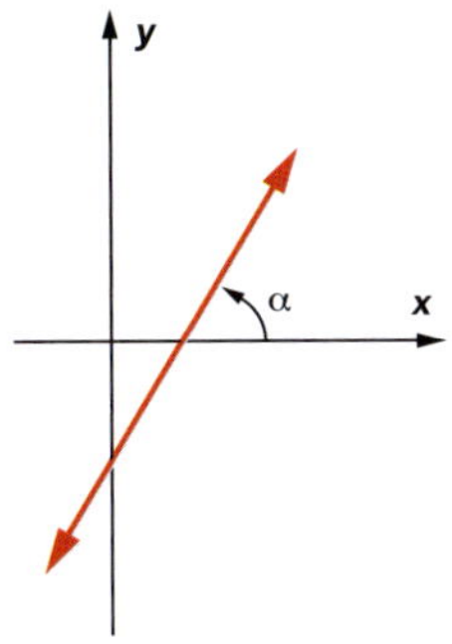

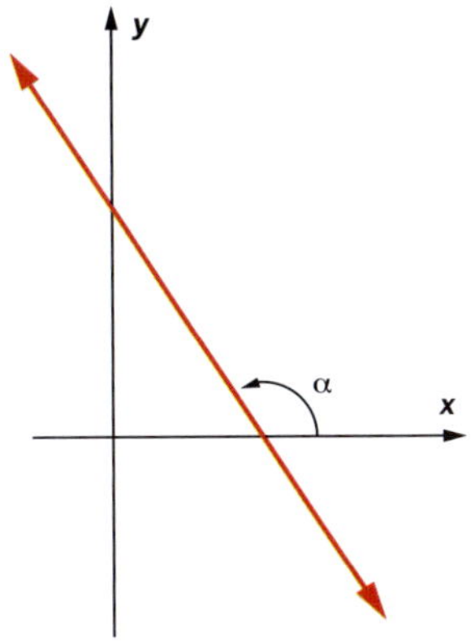

> Quando a é positivo em $y = ax + b$, α é um ângulo agudo e a função afim é crescente.
> Quando a é negativo, α é um ângulo obtuso e a função afim é decrescente.

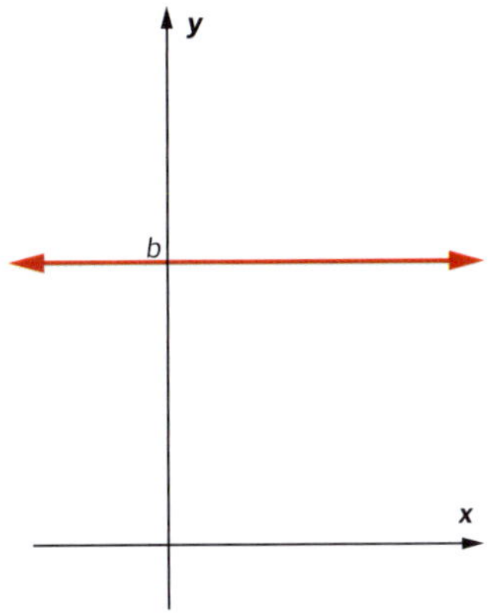

$y = ax + b$, $a = 0$

Exercícios

29. Em uma folha de papel quadriculado, determine, para cada item, dois pares ordenados da função definida para x real, marque-os em um sistema de eixos cartesianos, trace a reta correspondente e, depois, determine os pontos nos quais a reta corta os eixos x e y.

a) $y = -x + 3$

b) $y = \dfrac{2x - 1}{2}$

30. Construa em papel quadriculado os gráficos das funções determinadas por:

a) $y = x + 2$

b) $y = -2x$

31. Para cada item, registre se o ângulo de declividade da reta (gráfico da função afim) é agudo ou obtuso.

a) $y = 2x + 3$

b) $y = -3x + 4$

c) $y = -x - 8$

d) $y = x - 6$

Um caso particular de função afim: a função linear

Uma função, definida em $\mathbb{R}$ e com valores em $\mathbb{R}$, com lei de formação do tipo $y = ax$, com a real e $a \neq 0$, é chamada de **função linear**.

A função linear é um **caso particular da função afim**, pois $y = ax$ equivale a $y = ax + b$, com $a \neq 0$ e $b = 0$.

Veja, por exemplo, que $y = 3x$ indica uma função afim que é função linear. Já $y = 2x + 5$ indica uma função afim, mas que não é função linear.

Exercícios e problemas

32. Qual das igualdades indicam função linear, com $x \in \mathbb{R}$?

a) $y = -4x$

b) $y = x - 4$

c) $y = \frac{3x}{5}$

d) $y = x^3$

e) $y = -x$

f) $y = x^2 + 3x - 1$

g) $y = \sqrt{3} \cdot x$

h) $y = \sqrt{3x}$

i) $y = \frac{x}{9}$

33. Escreva a fórmula matemática que expresse a lei de cada função. Em cada uma escreva se é ou não do tipo que define função afim e nestas identifique as que definem função linear.

a) Uma empresa que conserta refrigeradores cobra uma taxa fixa de R$ 50,00 de visita mais R$ 20,00 por hora de mão de obra. O preço y que se deve cobrar pelo conserto é dado em função do número x de horas de trabalho (mão de obra).

b) A soma (S) das medidas dos ângulos internos de um polígono convexo é dada em função do número de lados (n) desse polígono.

c) Um triângulo tem base fixa de 6 cm e altura variável de x cm. A área y cm² é dada em função de x.

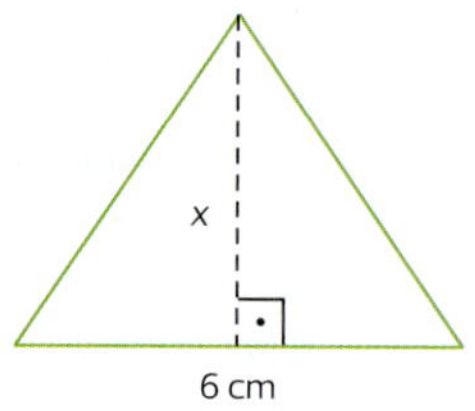

d) A fórmula $C = 2\pi r$ permite-nos calcular o comprimento C de uma circunferência em função da medida r do raio. A medida r pode ser dada em função de C.

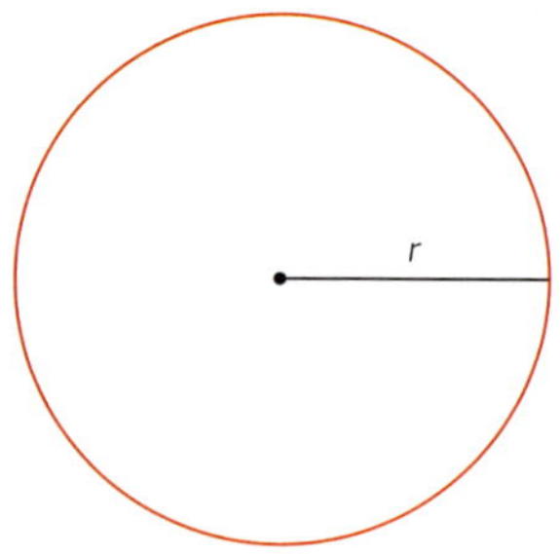

e) Seu Bartolomeu produz bolos de festa a um custo de R$ 12,00 e vende-os a R$ 20,00 (cada bolo).
O lucro L de seu Bartolomeu é dado em função do número x de bolos produzidos e vendidos.

f) O volume V de um cubo é dado em função da medida x de sua aresta.

Gráfico de uma função linear

Já estudamos que toda função afim, quando x assume qualquer valor real, possui como gráfico uma reta. Como a função linear é um caso particular de função afim, seu gráfico também é uma reta, mas com uma característica própria: o ponto onde a reta corta os eixos.

Observe os exemplos de gráficos de duas funções lineares:

a) $y = 2x$

x	y
1	2
−1	−2

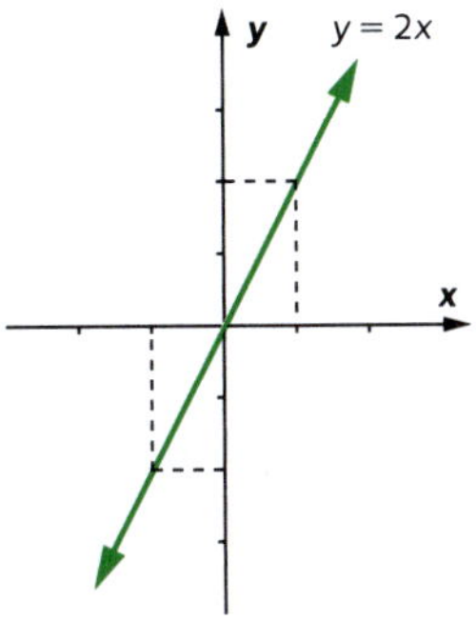

b) $y = -3x$

x	y
0	0
1	−3

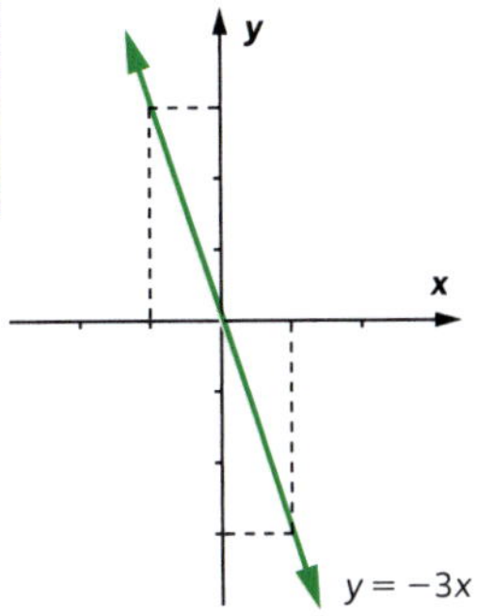

O **gráfico de uma função linear** dada por $y = ax$, com $a \neq 0$, **é uma reta que passa pela origem** $(0, 0)$.

Função identidade

A função linear que faz corresponder a cada x (real) um y tal que $y = x$ é chamada de **função identidade**.

Pela função identidade, cada número real corresponde a ele próprio.

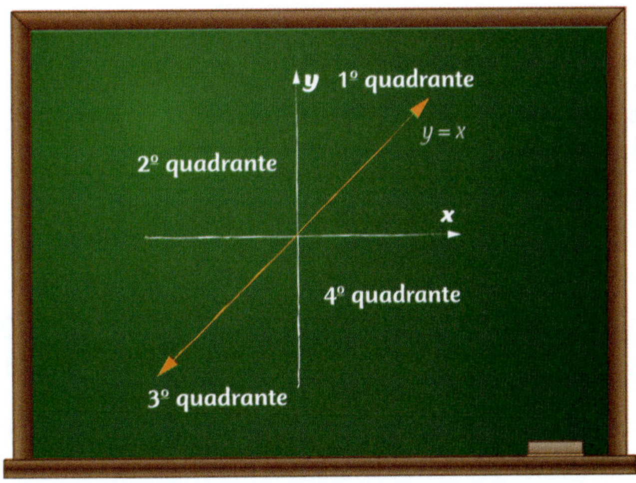

Casa de Tipos/Arquivo da editora

Exercícios

34. Construa em papel quadriculado o gráfico de cada função linear definida abaixo.

a) $y = -2x$

b) $y = \frac{x}{2}$

c) $y = x$

35. **Atividade em dupla**

Em $y = ax + b$, determinem os valores de a e b para o caso da função identidade.
Agora, analisem os gráficos de função linear construídos, construam mais alguns e justifiquem o fato de todas as retas correspondentes às funções lineares passarem pelo ponto (0, 0).

36. Considere as três funções dadas pelas equações, com x e y reais, e registre o que se pede.

- f_1: dada por $y = 2x + 1$
- f_2: $y = x^2 + 1$
- f_3: $y = 2x$

a) uma função que não é função afim;

b) uma função afim que não é função linear;

c) uma função afim que é função linear.

37. Determine a lei da função linear cuja reta passa pelo ponto (4, 8).

38. Identifique as funções definidas em $\mathbb{R}$ e com valores em $\mathbb{R}$ cujos gráficos são retas que passam pela origem:

a) $y = 3x$

b) $y = 2x + 5$

c) $y = 8x$

d) $y = \frac{1}{2}x + 3$

e) $y = 3$

f) $y = -\sqrt{2} \cdot x$

39. Escreva a fórmula correspondente a cada item e indique qual delas tem a característica de uma função linear ($y = ax$, com $a \neq 0$).

a) Comprimento da circunferência (y) em função da medida do raio (x).

b) Área do círculo (y) em função da medida do lado.

c) Perímetro (y) de um triângulo equilátero em função da medida de um lado (x).

d) Medida do lado (y) de um hexágono regular inscrito em uma circunferência em função da medida do raio (x) dessa circunferência.

e) Perímetro (y) de um retângulo de comprimento medindo 5 e largura medindo x.

40. Responda às questões abaixo sem construir gráficos. Considere x e y reais.

a) O ponto (5, 3) pertence ou não à reta correspondente à função afim de equação $y = 2x - 5$?

b) Se $(-2, m)$ pertence à reta de $y = -3x + 4$, qual é o valor de m?

c) Em que ponto a reta da função $y = \frac{2x-1}{3}$ corta o eixo y?

d) Qual é o ponto de encontro das retas correspondentes às funções dadas por $y = 2x - 4$ e $y = 3x$?

e) Em que ponto a reta da função afim $y = -3x + 2$ corta o eixo x?

f) Qual é o valor de x para o qual a função afim dada por $y = -6x + 4$ se anula?

41. Determine a lei da função afim cuja reta corta os eixos x e y nos pontos $(-3, 0)$ e $(0, 4)$.

Função linear e proporcionalidade

Considere esta situação:
Um automóvel faz um percurso com velocidade média de 80 km/h.

- Escreva a fórmula que indica o número y de quilômetros percorridos em relação ao número x de horas.
- Construa uma tabela relacionando x e y para os seguintes valores: $x = 3$; $x = \frac{1}{2}$; $x = 3{,}5$; $x = 0{,}25$; $x = 2\frac{1}{2}$.
- Faça um gráfico para x real e $x \geq 0$.

Essa situação mostra-nos um exemplo de função na qual os valores de x (tempo) e os correspondentes de y (distância) são diretamente proporcionais.

Por exemplo, o gráfico de $y = 80x$, dando a x qualquer valor real não negativo, pois indica o tempo em horas.

Gráfico de $y = 80x$

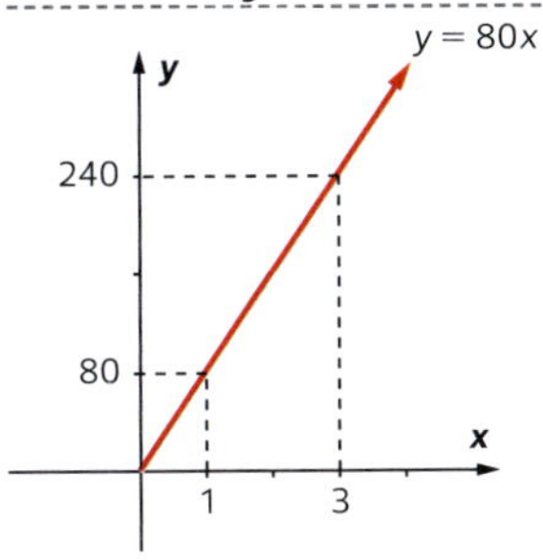

Exercícios

42. Em uma loja, certo tipo de tecido está sendo vendido a R$ 8,00 o metro.

a) Escreva a equação que indica o preço y a pagar na compra de x metros de tecido, ou seja, y em função de x, sendo x e y reais com $x \geq 0$.

b) Construa uma tabela relacionando x e y para $x = 5$; $x = \frac{1}{2}$; $x = 3{,}5$; $x = 1{,}25$.

c) Faça o gráfico correspondente para x real e $x \geq 0$.

43. Considere três regiões retangulares nas quais a base, constante, mede 3 cm, e as alturas têm, respectivamente, 1 cm, 2 cm e 3 cm.

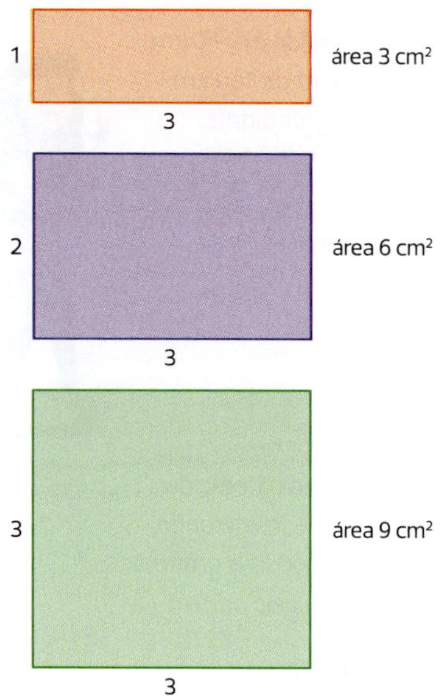

Construa um gráfico relacionando a área de uma região retangular de base 3 cm em função da medida da altura e responda:

a) Trata-se de função linear? Por quê?

b) As grandezas medida da altura e área são diretamente proporcionais quando a base é constante?

44. (Unicamp-SP) O preço a ser pago por uma corrida de táxi inclui uma parcela fixa, denominada **bandeirada**, e uma parcela que depende da distância percorrida. Se a bandeirada custa R$ 3,44 e cada quilômetro rodado custa R$ 0,86, calcule:

a) o preço de uma corrida de 11 km.

b) a distância percorrida por um passageiro que pagou R$ 21,50 pela corrida.

45. Observe o gráfico abaixo de uma função e responda às questões propostas.

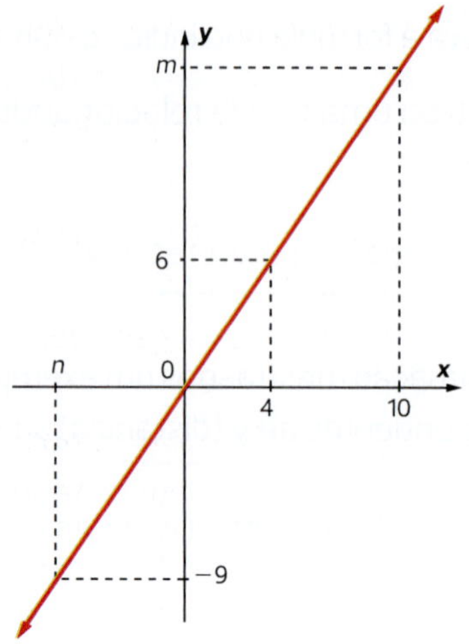

a) Essa função é linear?

b) Qual é o valor de m?

c) Qual é o valor de n?

d) Qual é a equação que define y em função de x?

e) Qual desses pontos pertence à reta dessa função: (21, 14) ou (14, 21)?

Complete os pares ordenados para que seus pontos pertençam à reta dessa função:

(−4, ____) (18, ____) (____, 18) (____, −12)

46. Existe uma correspondência entre o volume de um recipiente (em metros cúbicos) e sua capacidade (em litros).

Complete a tabela com valores correspondentes.

Correspondência entre o volume e a capacidade de um recipiente

Volume (m^3)	5	3,8			20
Capacidade (L)			500	7 200	

a) Escreva a lei que indica o valor da medida da capacidade C (em litros) em função do volume V (em metros cúbicos).

b) Escreva V (em metros cúbicos) em função de C (em litros).

c) Os valores de V e C são proporcionais?

d) Mostre com um exemplo que dobrando o valor de C o valor de V também dobra.

Estudo do sinal da função afim

Um comerciante gastou R$ 300,00 na compra de um lote de maçãs. Como cada maçã será vendida a R$ 2,00 ele deseja saber quantas maçãs devem ser vendidas para que haja lucro final na venda.

Observe que o resultado final (receita menos despesa) é dado em função do número x de maçãs vendidas, e a lei da função é $f(x) = 2x - 300$.

- Vendendo 150 maçãs não haverá lucro nem prejuízo.
  Para $x = 150$, temos $f(x) = 0$.
- Vendendo mais de 150 maçãs haverá lucro.
  Para $x > 150$, temos $f(x) > 0$.
- Vendendo menos de 150 maçãs haverá prejuízo.
  Para $x < 0$, temos $f(x) < 0$.

Em situações como essa, dizemos que foi feito o **estudo do sinal da função**, que consiste em **determinar os valores de x do domínio para os quais $f(x) = 0$, $f(x) > 0$ e $f(x) < 0$**.

Zero da função afim

O valor de x para o qual a função $f(x) = ax + b$, $a \neq 0$, se anula, ou seja, para o qual $f(x) = 0$, denomina-se **zero** da função afim.

Para determinar o zero de uma função afim, basta resolver a equação $ax + b = 0$.

$$f(x) = 0 \Rightarrow ax + b = 0 \Rightarrow ax = -b \Rightarrow x = -\frac{b}{a}$$

Exemplos:

a) O zero da função $f(x) = 2x + 5$ é $-\frac{5}{2}$.

b) O zero de $f(x) = 2x - 4$ é 2.

c) O zero da função $y = x - 8$ é 8.

Interpretação geométrica

Geometricamente, o **zero da função afim** $f(x) = ax + b$, $a \neq 0$, é a **abscissa** do ponto de intersecção do gráfico da função com o eixo x.

Por exemplo, dada a função afim definida por $f(x) = 2x - 5$, temos:

$2x - 5 = 0 \Rightarrow 2x = 5 \Rightarrow x = \frac{5}{2}$ (zero da função)

x	y
1	-3
3	1

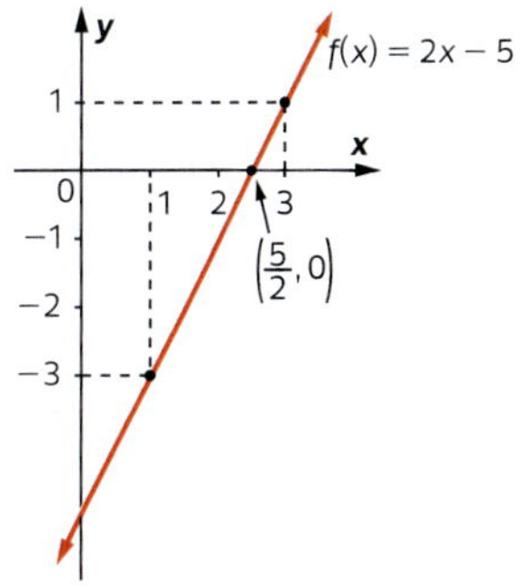

Logo, a reta dessa função intercepta o eixo x no ponto $\left(\frac{5}{2}, 0\right)$.

Para $x > \frac{5}{2}$, $f(x)$ é **positiva**. Para $x < \frac{5}{2}$, $f(x)$ é **negativa**.

O coeficiente b em $y = ax + b$

Consideremos a função afim $y = ax + b$. Para $x = 0$, temos $y = b$, ou seja, b é o valor da função quando $x = 0$.

Assim, o gráfico da função $y = ax + b$ contém o ponto de coordenadas $(0, b)$. Ou seja, o gráfico de $y = ax + b$ intersecta o eixo do y no ponto de ordenada b.

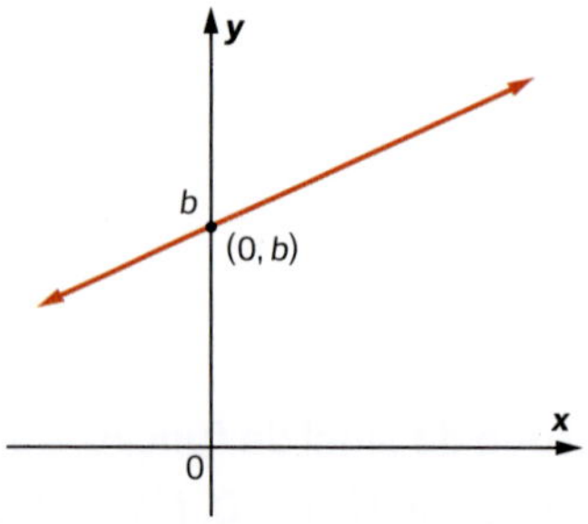

Portanto, na função afim $y = ax + b$, temos:

- b é o valor da função para $x = 0$;
- o gráfico, que é uma reta, intersecta o eixo y no ponto de coordenadas $(0, b)$.

Estudo do sinal da função pela análise do gráfico

Vejamos agora como fazer o estudo do sinal da função analisando o gráfico.

- $a > 0$ (função crescente)

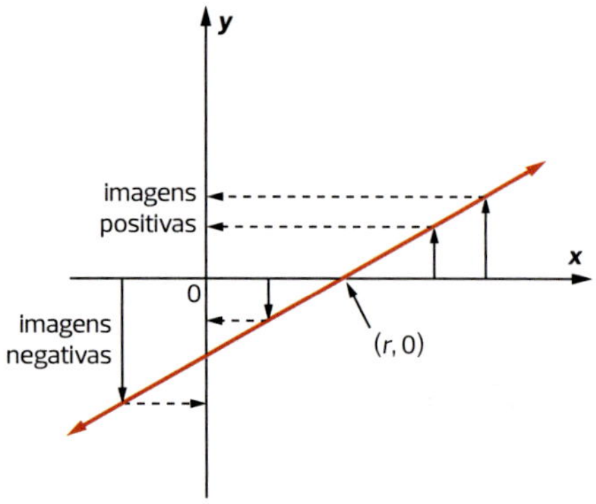

Dispositivo prático:

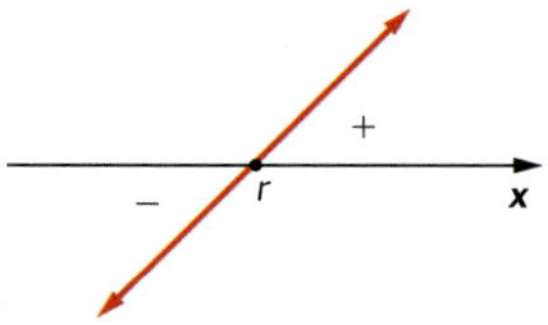

$x = r \rightarrow f(x) = 0$

$x > r \rightarrow f(x) > 0$

$x < r \rightarrow f(x) < 0$

- $a < 0$ (função decrescente)

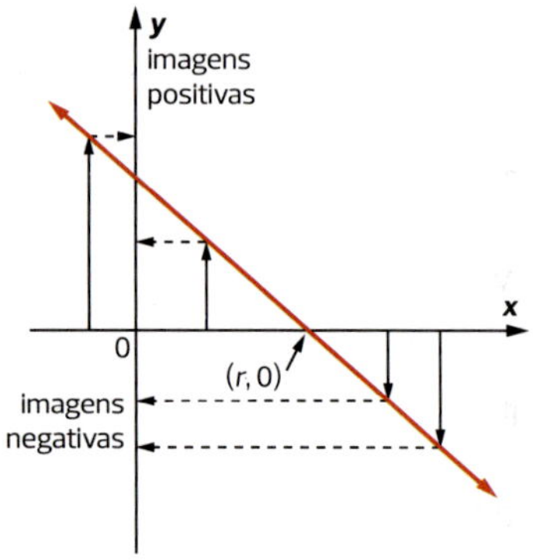

Dispositivo prático:

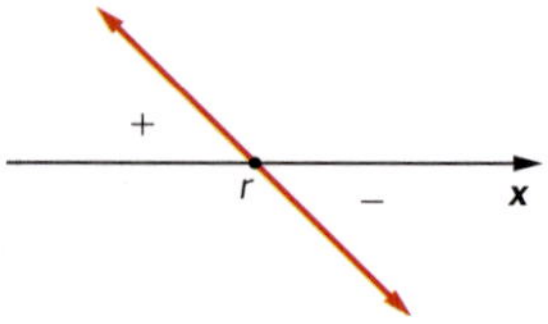

$x = r \rightarrow f(x) = 0$

$x > r \rightarrow f(x) < 0$

$x < r \rightarrow f(x) > 0$

Exemplos:

a) Dada a função $f: \mathbb{R} \to \mathbb{R}$ tal que $f(x) = -4x + 1$:

- cálculo do zero dessa função e significado geométrico:

  $-4x + 1 = 0 \Rightarrow -4x = -1 \Rightarrow 4x = 1 \Rightarrow x = \frac{1}{4}$ (raiz de f)

  Se $\frac{1}{4}$ é o zero de f, então o gráfico de f intersecta o eixo x em $\left(\frac{1}{4}, 0\right)$.

- construção do gráfico de f:

x	y
0	1
1	−3

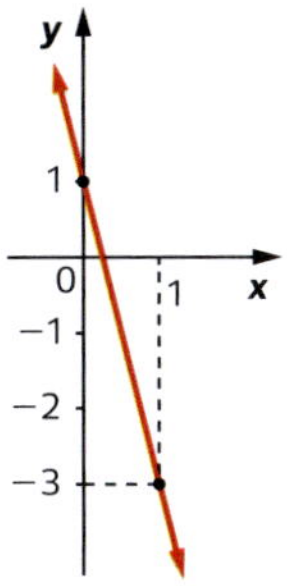

- estudo do sinal da função f:

  $f(x) = -4x + 1$

  $a = -4 < 0$ (função decrescente)

  $x = \frac{1}{4} \to f(x) = 0$

  $x > \frac{1}{4} \to f(x) < 0$

  $x < \frac{1}{4} \to f(x) > 0$

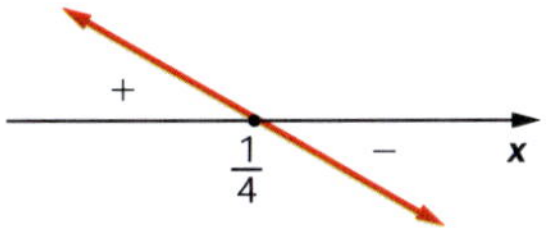

b) Vamos estudar o sinal da função $f(x) = 3x - 1$.

Zero da função: $3x - 1 = 0 \Rightarrow 3x = 1 \Rightarrow x = \frac{1}{3}$

$a = 3 > 0 \to f(x)$ é crescente

$f(x) = 0$ para $x = \frac{1}{3}$

$f(x) > 0$ para $x > \frac{1}{3}$

$f(x) < 0$ para $x < \frac{1}{3}$

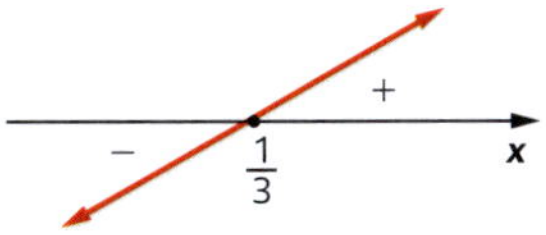

c) Vamos calcular para quais valores de x a expressão $4 - 19x$ é positiva.

$-19x + 4 = 0 \Rightarrow -19x = -4 \Rightarrow x = \frac{4}{19}$ (zero da função)

$a = -19 < 0$ (função decrescente)

$4 - 19x > 0$ quando $x < \frac{4}{19}$

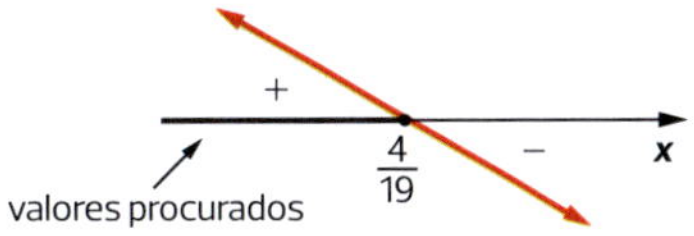

Exercícios

47. Sem construir gráficos, descubra os pontos em que as retas, gráficos das funções abaixo, cortam os eixos x e y:

a) $f(x) = x - 5$

b) $f(x) = -x + 4$

c) $f(x) = 1 + 4x$

d) $f(x) = 2 - \frac{1}{3}x$

48. Estude a variação do sinal das seguintes funções afins:

a) $f(x) = x + 4$

b) $f(x) = -2x + 1$

c) $f(x) = -1 + \frac{1}{2}x$

d) $f(x) = 2 - 6x$

49. Para quais valores reais de x a função:

a) $f(x) = 1 - x$ é positiva?

b) $f(x) = 3x + 12$ é negativa?

50. Determine os valores reais de x para que as funções $f(x) = -2x + 8$ e $g(x) = 3x - 6$ sejam simultaneamente negativas.

51. Qual é o zero da função afim cujo gráfico, que é uma reta, passa pelos pontos $(2, 5)$ e $(-1, 6)$?

Resolução de inequações do 1º grau

Nos anos anteriores estudamos como resolver inequações do 1º grau. Vamos rever esse conteúdo com alguns exemplos e exercícios.

Exemplos:

1º) $2x - 5 > 0$ em $\mathbb{R}$

$2x > 5 \Rightarrow x > \frac{5}{2}$

$S = \left\{x \in \mathbb{R} \mid x > \frac{5}{2}\right\}$

Podemos também resolver essa inequação por meio do estudo do sinal da função afim.

$\underbrace{2x - 5}_{f(x)} > 0$, em $\mathbb{R}$ $\quad 2x - 5 = 0 \Rightarrow 2x = 5 \Rightarrow x = \frac{5}{2}$ (zero)

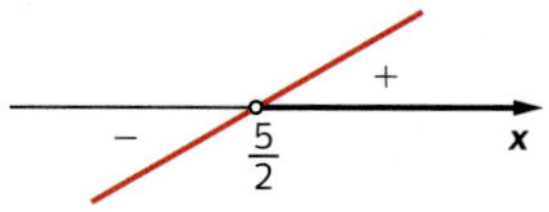

$x > \frac{5}{2} \rightarrow f(x) > 0$

$S = \left\{x \in \mathbb{R} \mid x > \frac{5}{2}\right\}$

2º) Observe a seguinte inequação também resolvida de dois modos:

- $3 - 2x \geqslant x - 12$, em $\mathbb{R}$

  $-2x - x \geqslant -12 - 3 \Rightarrow -3x \geqslant -15 \Rightarrow 3x \leqslant 15 \Rightarrow x \leqslant \frac{15}{3} \Rightarrow x \leqslant 5$

  $S = \{x \in \mathbb{R} \mid x \leqslant 5\}$

  ou

- $3 - 2x \geqslant x - 12 \Rightarrow -2x - x + 3 + 12 \geqslant 0 \Rightarrow \underbrace{-3x + 15}_{f(x)} \geqslant 0$

  $-3x + 15 = 0 \Rightarrow -3x = -15 \Rightarrow 3x = 15 \Rightarrow x = 5$ (zero)

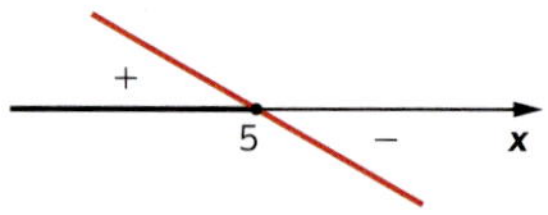

$x \leqslant 5 \rightarrow f(x) \geqslant 0$

$S = \{x \in \mathbb{R} \mid x \leqslant 5\}$

Exercício

52. Resolva em $\mathbb{R}$ as seguintes inequações usando o processo que julgar mais conveniente:

a) $3x - 4 \geqslant 0$

b) $8 - 2x < 0$

c) $3 - 4x > x - 7$

d) $\frac{x}{4} - \frac{3(x-1)}{10} \leqslant 1$

5 Função quadrática

Os diretores de um centro esportivo desejam cercar com tela o espaço em volta de uma quadra de basquete retangular. Tendo recebido 200 metros de tela, os diretores desejam saber quais devem ser as dimensões do terreno a cercar com tela para que a área seja a maior possível.

Podemos ilustrar o problema com o retângulo $ABCD$, com dimensões x por $100 - x$, pois o perímetro é de 200 m.

Observe que a área do terreno a cercar é dada em função da medida x, ou seja:

$f(x) = (100 - x)x = 100x - x^2$ ou $f(x) = -x^2 + 100x \rightarrow$ lei da função

Esse é um caso particular de **função quadrática**.

L.Watcharapol/Shutterstock/Glow Images

Realidade

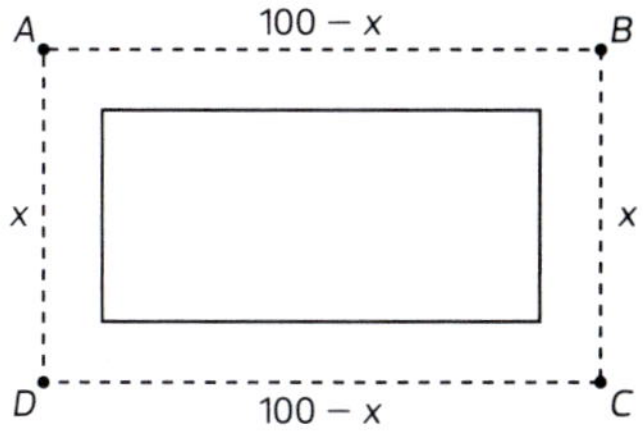

Modelo matemático

Definição de função quadrática

Função quadrática é toda função de $\mathbb{R}$ em $\mathbb{R}$ cuja lei de formação pode ser indicada por $y = ax^2 + bx + c$, com a, b e c reais e $a \neq 0$.

Exemplos de equações de funções quadráticas com x e y reais:

a) $y = 3x^2 - 2x + 5$ ($a = 3$, $b = -2$ e $c = 5$)

b) $y = -x^2 + 5x + 6$ ($a = -1$, $b = 5$ e $c = 6$)

c) $y = -x^2 + 9$ ($a = -1$, $b = 0$ e $c = 9$)

d) $y = -6x^2$ ($a = -6$, $b = 0$ e $c = 0$)

e) $y = -4x^2 - 3x$ ($a = -4$, $b = -3$ e $c = 0$)

f) $y = x^2$ ($a = 1$, $b = 0$ e $c = 0$)

Não são equações de funções quadráticas:

- $y = 2x$, pois não aparece um termo de 2º grau (termo com x^2);
- $y = \frac{1}{3x^2}$, pois aparece a variável no denominador;
- $y = 2^x$, pois aparece a variável no expoente;
- $y = x^3 + 2x^2 + x + 1$, pois aparece termo com grau maior do que 2 (3º grau).

Exercícios

53. Quais sentenças abaixo indicam funções quadráticas que associam a cada $x \in \mathbb{R}$ um único $y \in \mathbb{R}$ (para x e y números reais)?

a) $y = x^2 - 6x + 10$

b) $y = 4x^2$

c) $y = 5x - 7$

d) $y = x(3x - 2)$

e) $y = x^3 + 4x^2 - x$

f) $y = (5x - 6)(x + 4)$

g) $y = 5 - x^2$

h) $y = \frac{x^2 + x}{4} - 1$

i) $y = 9(x^2 - 5x) + x - 3$

54. O número de diagonais (d) de um polígono convexo é dado em função do número de lados (n) desse polígono para d e n números naturais com $n \geq 3$.

a) Qual é a equação matemática que indica essa relação?

b) Essa equação indica função quadrática para x e y reais? Justifique.

c) Calcule o número de diagonais em um decágono convexo.

d) Calcule o número de lados de um polígono convexo que tem 77 diagonais.

Valor de uma função quadrática em um ponto

Dada a função quadrática $y = ax^2 + bx + c$, dois problemas são importantes:

- conhecido um valor de x, determinar o valor de y;
- conhecido um valor de y, determinar o valor de x.

Acompanhe os exemplos que mostram como podemos resolver esses problemas.

a) Considere a função quadrática dada por $y = x^2 - 5x + 6$.

- Vamos calcular o valor de y para $x = 2$.

  Para achar y quando $x = 2$, substituímos o valor de x por 2 na lei da função e efetuamos os cálculos:

  $y = 2^2 - 5 \cdot 2 + 6 = 4 - 10 + 6 = 0$

- Dado $y = 0$, vamos calcular o valor de x correspondente.

  Neste caso, substituímos o valor de y por zero na lei da função:

  $0 = x^2 - 5x + 6$ ou $x^2 - 5x + 6 = 0$

  Note que obtivemos uma equação do 2º grau, que você já estudou. Resolvendo essa equação, encontramos os valores de x procurados: $x' = 3$ e $x'' = 2$.

b) Dada a função quadrática $y = x^2 - 7x + 12$, vamos determinar:

- y para $x = \frac{1}{2}$;

  $y = \left(\frac{1}{2}\right)^2 - 7 \cdot \frac{1}{2} + 12 = \frac{1}{4} - \frac{7}{2} + 12 = 0{,}25 - 3{,}5 + 12 = 8{,}75$

- x para $y = 2$, se existir.

  $x^2 - 7x + 12 = 2 \Rightarrow x^2 - 7x + 10 = 0 \Rightarrow x' = 5$ e $x'' = 2$

Existem dois valores para x: 5 e 2.

Zeros de uma função quadrática

Damos o nome de **zeros** de uma função dada por $y = ax^2 + bx + c$ ($a \neq 0$) os valores reais de x que anulam y, quando existirem.

Exemplo:

Vamos calcular os zeros da função quadrática cuja lei é dada por $y = x^2 - 9x + 20$.

Fazemos $y = 0$, ou seja, $x^2 - 9x + 20 = 0$ e determinamos os valores reais de x que satisfazem a equação do 2º grau obtida.

$$\Delta = b^2 - 4ac = (-9)^2 - 4 \cdot 1 \cdot 20 = 81 - 80 = 1$$

$$x = \frac{-(-9) \pm \sqrt{1}}{2 \cdot 1} = \frac{9 \pm 1}{2} \begin{cases} x' = 5 \\ x'' = 4 \end{cases}$$

Observações:

1ª) O número $\Delta = b^2 - 4ac$ é o **discriminante** da equação $y = ax^2 + bx + c$.

2ª) A quantidade de zeros de uma função quadrática pode ser encontrada pelo estudo do sinal do discriminante da equação do 2º grau associada.

- Quando $\Delta > 0$, a função $y = ax^2 + bx + c$ tem dois zeros diferentes.
- Quando $\Delta = 0$, a função $y = ax^2 + bx + c$ tem um único zero (ou um zero duplo).
- Quando $\Delta < 0$, a função $y = ax^2 + bx + c$ não tem zeros.

Exercícios

55. Na função quadrática definida pela lei $y = 3x^2 - 4x + 1$, determine:

a) os coeficientes a, b e c;

b) y para $x = 0$, $x = 1$, $x = -1$ e $x = \frac{1}{3}$;

c) x para $y = 0$, se existir;

d) x para $y = 1$, se existir.

56. Considere a função definida pela lei $y = x^2 - 6x + 9$, sendo x e y reais.

a) Essa função é quadrática?

b) Determine os coeficientes a, b e c para essa função.

c) Determine o valor de y para $x = 0$ e $x = -0{,}5$.

d) Encontre os valores correspondentes de x para $y = 0$, se existirem.

57. Determine os zeros de cada uma das funções quadráticas definidas por:

a) $y = x^2 - 6x + 8$

b) $y = x^2 - \frac{5}{6}x + \frac{1}{6}$

c) $y = -x^2 + 6x - 9$

d) $y = 3x^2 + 2x + 1$

Gráfico de uma função quadrática

Kenny Tong/Shutterstock/Glow Images

Monumento em forma de parábola. Erguido em homenagem à expansão para o Oeste, alcança 192 m de altura. Um elevador em cada "perna" leva o visitante ao topo. Gateway Arch, na cidade de Saint Louis, Estados Unidos. Foto de 2012.

Os matemáticos já provaram que o gráfico de uma função quadrática, ou seja, com y igual a um polinômio do 2º grau da forma $ax^2 + bx + c$, com $a \neq 0$, x e y reais, é sempre uma curva chamada **parábola**.

Vamos esboçar o gráfico da função quadrática definida por $y = x^2 - 2x - 3$ com x real. Atribuímos alguns valores reais para x e calculamos os respectivos valores reais para y.

Como os matemáticos já provaram que o gráfico de uma função quadrática é uma parábola, marcamos os pontos obtidos até que possamos esboçar o desenho de uma parábola passando por eles.

x	4	3	2	1	0	−1	−2
y	5	0	−3	−4	−3	0	5

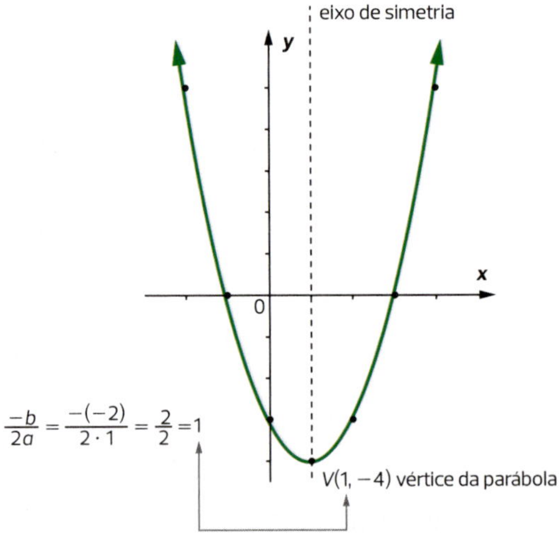

Se você traçar vários gráficos de funções quadráticas, poderá observar as seguintes características:

1ª) A parábola é uma figura que apresenta simetria.

2ª) No gráfico da função quadrática, o eixo de simetria da parábola é sempre perpendicular ao eixo x.

3ª) O encontro da parábola com seu eixo de simetria é o **vértice** da parábola.

4ª) Se (x_V, y_V) é o vértice da parábola correspondente a $y = ax^2 + bx + c$, então $x_V = \frac{-b}{2a}$.

Outros exemplos de gráficos de função quadrática:

$y = 2x^2$

$\frac{-b}{2a} = \frac{-0}{4} = 0$

↓

x	y
2	8
1	2
0	0
−1	2
−2	8

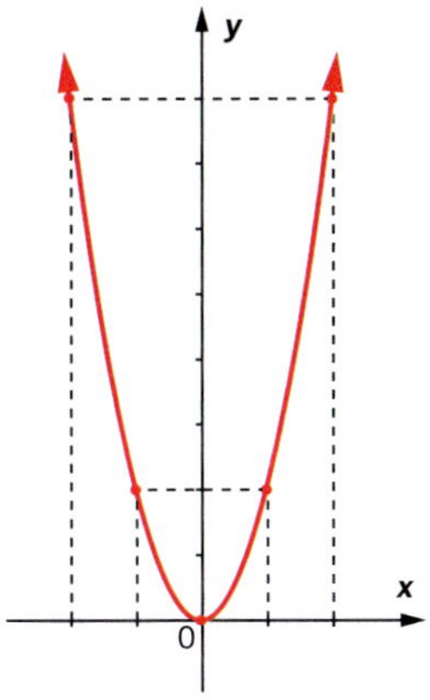

$y = -x^2 + 4x$

$\frac{-b}{2a} = \frac{-4}{-2} = 2$

↓

x	y
0	0
1	3
2	4
3	3
4	0

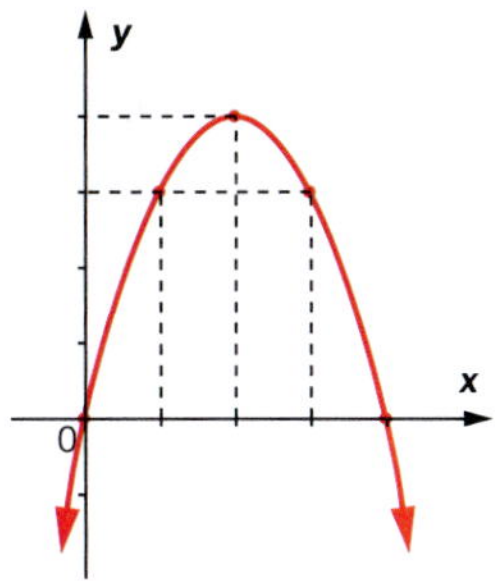

Observe nesses gráficos as características citadas na página anterior.

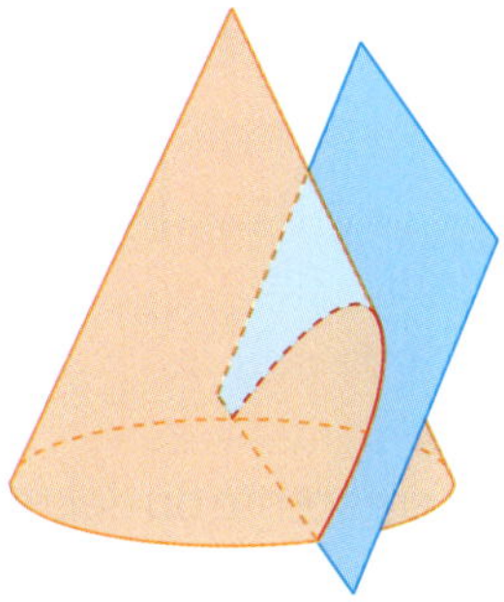

Cone sendo seccionado.

Vichvie/Shutterstock/Glow Images

Antena parabólica

Você sabia?

É da palavra **parábola** que vem o nome **antena parabólica**.
Essa curva aparece quando fazemos, de determinada maneira, a secção de um cone por um plano.

Exercícios

58. Use papel quadriculado e construa os gráficos das funções quadráticas correspondentes às leis dadas. Em cada uma, descubra os pares necessários até identificar a parábola. (Uma dica: comece descobrindo o vértice (x_V, y_V), calculando $x_V = \frac{-b}{2a}$ e depois use para x dois valores maiores do que x_V e dois menores.)

a) $y = -2x^2 - 4x + 1$

b) $y = 2x^2 + 1$

c) $y = -x^2 + 2x$

d) $y = -x^2$

59. Considere a função definida por $y = 3x^2 - 2x - 1$ para x e y com valores reais. Responda:

a) Essa função é afim ou quadrática?

b) Como é seu gráfico?

c) Ele corta o eixo x? Em que pontos?

d) Ele corta o eixo y? Em que pontos?

e) O ponto $(-1, 4)$ pertence ao gráfico?

f) Qual é o vértice da parábola?

60. Considere a função dada pela fórmula $y = x^2 - 6x + 5$, para x e y reais. Faça o que se pede.

a) Complete esta tabela.

$y = x^2 - 6x + 5$

x	y
−1	
0	
1	
2	
3	
4	
5	
6	
7	

b) Construa o gráfico dessa função.

c) Qual é o eixo de simetria desse gráfico?

d) Para qual valor de x o valor de y é mínimo (o menor possível)?

e) Quais são os zeros da função $y = x^2 - 6x + 5$?

Gráfico da função quadrática e os coeficientes *a*, *b*, *c*

Coeficiente *a*

É o responsável pela concavidade e abertura da parábola.

- Se $a > 0$, a concavidade é para cima: 
- Se $a < 0$, a concavidade é para baixo: 

Além disso, quanto maior o valor absoluto de *a*, menor será a abertura da parábola (parábola mais "fechada"), independentemente da concavidade.

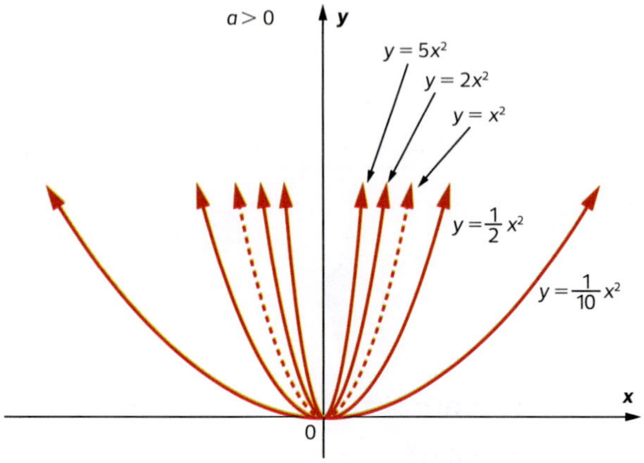

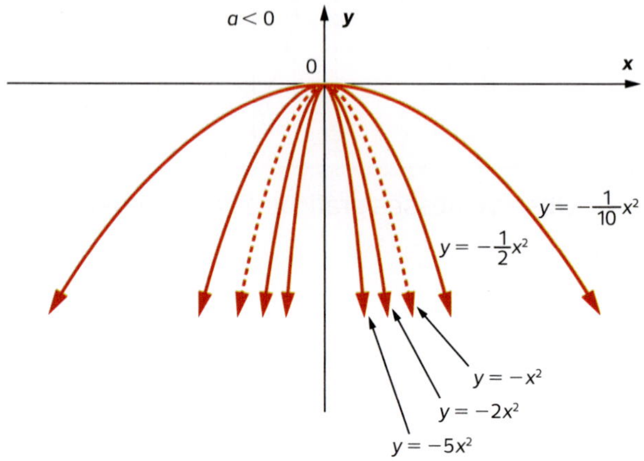

Coeficiente *b*

Indica se a parábola cruza o eixo *y* no ramo crescente ou decrescente da parábola, no sentido da esquerda para a direita.

- Se $b > 0$, a parábola cruza o eixo *y* no ramo crescente.

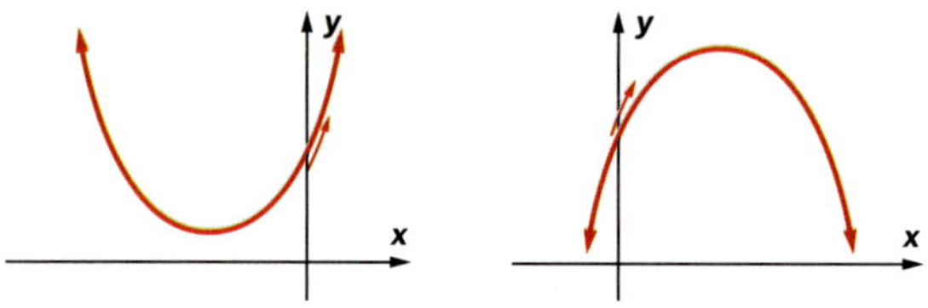

- Se $b < 0$, a parábola cruza o eixo *y* no ramo decrescente.

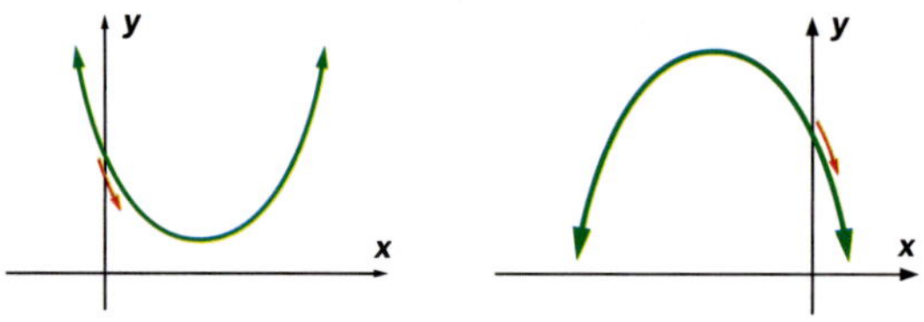

- Se $b = 0$, a parábola cruza o eixo *y* no vértice.

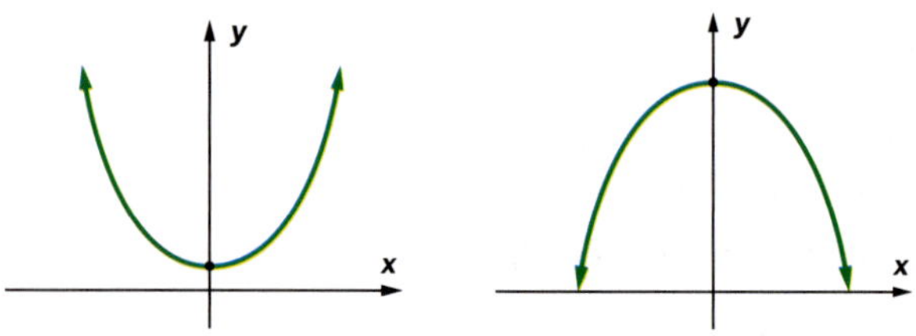

Coeficiente *c*

Indica o ponto onde a parábola cruza o eixo *y*.

A parábola cruza o eixo *y* no ponto $(0, c)$.

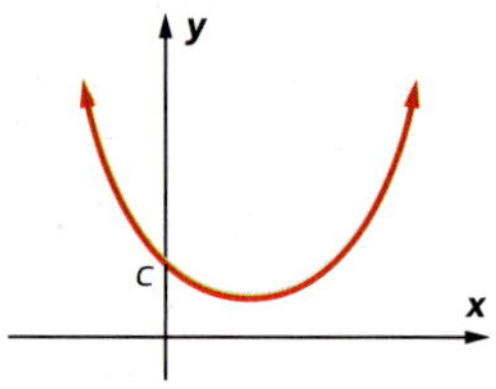

A parábola e suas intersecções com os eixos

Nos gráficos seguintes estão indicados os pontos de intersecção da parábola com os eixos. Veja como são determinados algebricamente esses pontos de intersecção a partir da lei da função quadrática.

Exemplos:

a) $y = x^2 - 2x + 1$

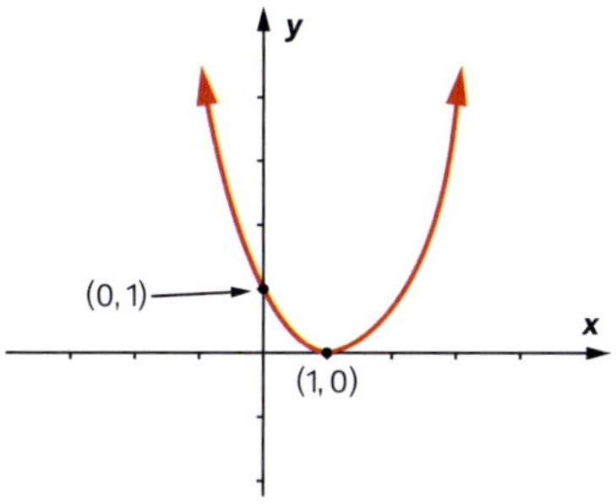

- **Intersecção com o eixo *y*:**

  $x = 0 \rightarrow y = 0^2 - 2 \cdot 0 + 1 = 1$

  A parábola intersecta o eixo y em $(0, 1)$.

- **Intersecção com o eixo *x*:**

  $y = 0 \rightarrow x^2 - 2x + 1 = 0$

  $\Delta = 4 - 4 = 0 \Rightarrow \Delta = 0$ (a equação admite uma raiz real dupla)

  $x = \dfrac{2 \pm 0}{2} = 1$

  A parábola intersecta o eixo x em um só ponto: $(1, 0)$. Isso significa que a função definida por $y = x^2 - 2x + 1$ possui um zero duplo: 1.

b) $y = -4x^2 + 1$

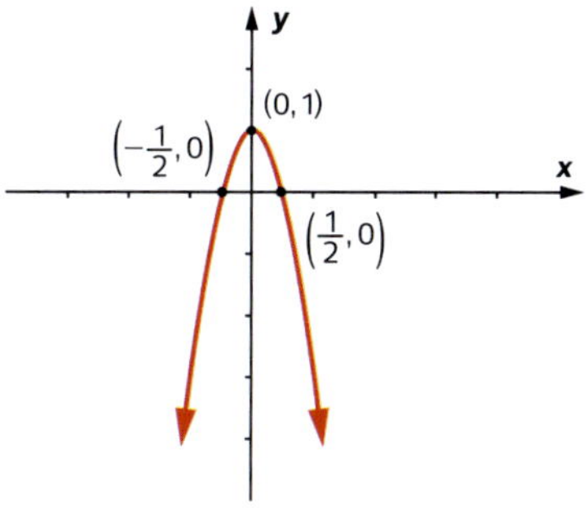

- **Intersecção com o eixo *y*:**

  $x = 0 \rightarrow y = -4 \cdot 0^2 + 1 = 1$

  A parábola intersecta o eixo y em $(0, 1)$.

- **Intersecção com o eixo *x*:**

  $y = 0 \rightarrow -4x^2 + 1 = 0 \Rightarrow -4x^2 = -1 \Rightarrow 4x^2 = 1 \Rightarrow$

  $\Rightarrow x^2 = \dfrac{1}{4} \Rightarrow x = \pm\dfrac{1}{2}$ (a equação admite duas raízes reais distintas)

  Observe que, nesse caso, $\Delta = 0 + 16 = 16$, ou seja, $\Delta > 0$.

  A parábola intersecta o eixo x em dois pontos: $\left(\dfrac{1}{2}, 0\right)$ e $\left(-\dfrac{1}{2}, 0\right)$.

  Isso significa que os zeros da função $y = -4x^2 + 1$ são $-\dfrac{1}{2}$ e $\dfrac{1}{2}$.

c) $y = x^2 + 2x + 3$

- **Intersecção com o eixo *y*:**

  $x = 0 \rightarrow y = 0^2 + 2 \cdot 0 + 3 = 3$

  A parábola intersecta o eixo y em $(0, 3)$.

- **Intersecção com o eixo *x*:**

  $y = 0 \rightarrow x^2 + 2x + 3 = 0$

  $\Delta = 4 - 12 = -8$ ou $\Delta < 0$ (a equação não tem raízes reais)

  A parábola não intersecta o eixo x.

  A função $y = x^2 + 2x + 3$ não admite zeros.

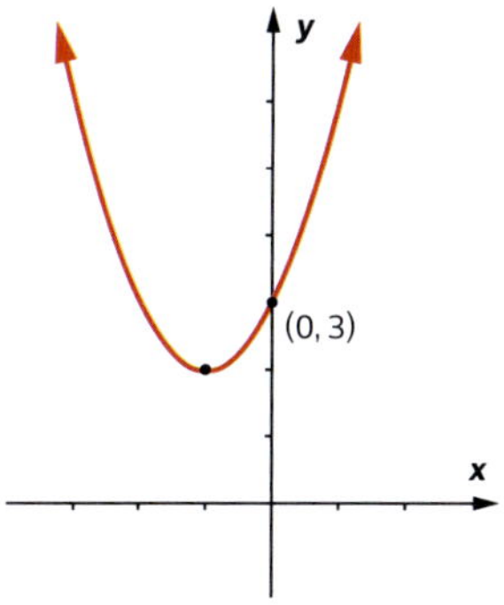

Quadro-resumo

- A parábola da função quadrática $y = ax^2 + bx + c$ intersecta o eixo y sempre no ponto (0, c), pois para $x = 0$ temos:

$$y = a \cdot 0^2 + b \cdot 0 + c = c$$

- Essa parábola pode intersectar o eixo x em um ou dois pontos ou pode não intersectar o eixo x, dependendo do valor de $\Delta = b^2 - 4ac$ da equação correspondente. Veja:

$$y = 0 \rightarrow ax^2 + bx + c = 0$$

$\Delta = 0 \rightarrow$ uma raiz real dupla (a parábola intersecta o eixo x em um só ponto)
$\Delta > 0 \rightarrow$ duas raízes reais distintas (a parábola intersecta o eixo x em dois pontos)
$\Delta < 0 \rightarrow$ nenhuma raiz real (a parábola não intersecta o eixo x)
Graficamente, temos:

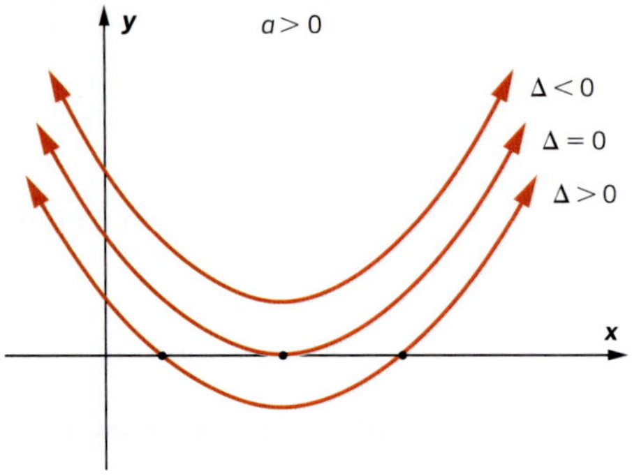

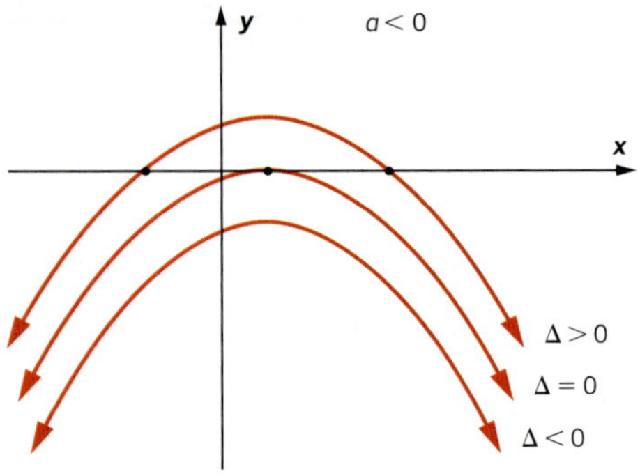

Vértice da parábola, valor máximo ou valor mínimo da função quadrática

A determinação do vértice da parábola ajuda na construção do gráfico e dá o **valor máximo** ou **valor mínimo** de uma função quadrática.

O **vértice de uma parábola** dada por $y = ax^2 + bx + c \; (a \neq 0)$ é determinado por:

$$V\left(-\frac{b}{2a}, -\frac{\Delta}{4a}\right)$$

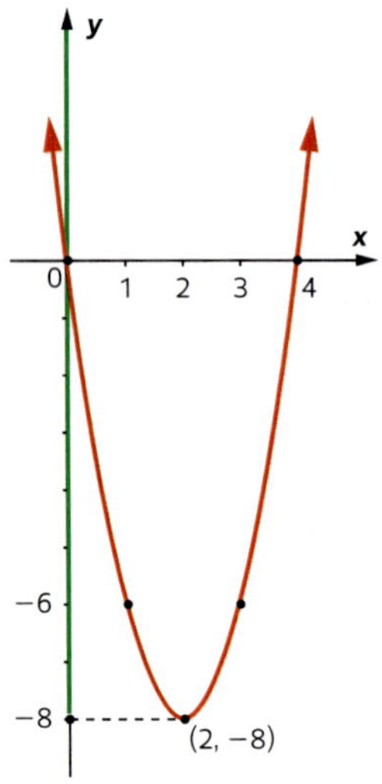

Exemplos

a) Vamos determinar o vértice da parábola $y = 2x^2 - 8x$ e o valor máximo ou valor mínimo da função.

Como $V\left(-\frac{b}{2a}, -\frac{\Delta}{4a}\right)$, vamos calcular o valor de Δ para essa função:

$$\Delta = b^2 - 4ac = (-8)^2 - 4 \cdot 2 \cdot 0 = 64$$

Então:

$$V\left(-\frac{(-8)}{4}, -\frac{64}{8}\right) \Rightarrow V(2, -8)$$

A função quadrática $y = 2x^2 - 8x$ assume valor mínimo -8, quando $x = 2$. Todos os outros valores de y nessa função são maiores do que -8.

b) Vamos agora determinar o vértice da parábola $y = -4x^2 + 4x + 5$ e o valor máximo ou valor mínimo da função.

$\Delta = b^2 - 4ac = 4^2 - 4 \cdot (-4) \cdot 5 = 16 + 80 = 96$

$$x_v = -\frac{b}{2a} = -\frac{4}{-8} = \frac{1}{2}$$

$$y_v = -\frac{\Delta}{4a} = -\frac{96}{-16} = 6$$

Assim, temos $V\left(\frac{1}{2}, 6\right)$.

A função $y = -4x^2 + 4x + 5$ tem valor máximo 6 quando $x = \frac{1}{2}$.

Todos os outros valores de y nessa função são menores do que 6.

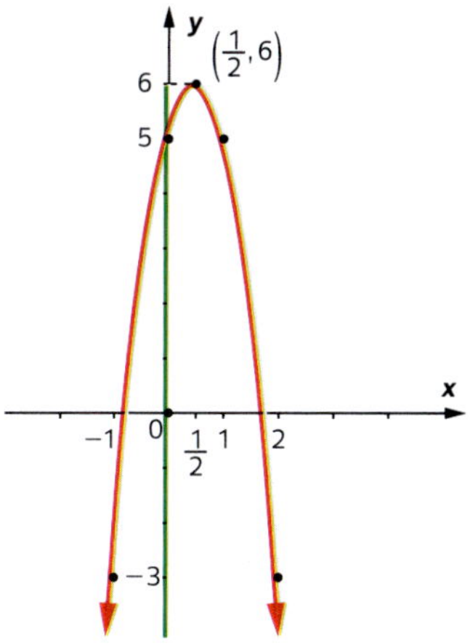

Exercícios e problemas

61. Sem fazer o gráfico, registre se a parábola cruza o eixo x em um único ponto, em dois pontos ou se não cruza o eixo x.

a) $y = -2x^2 + 8x - 8$

b) $y = 2x^2 - 1$

c) $y = x^2 + 1$

d) $y = -3x^2 + 5x$

- Agora verifique para cada função se ela tem valor máximo ou valor mínimo. O que você deve analisar para fazer essa verificação, sem construir o gráfico?

62. A área de uma região em forma de trapézio é dada por $A = \frac{(B + b)h}{2}$ em que B é a medida da base maior, b é a medida da base menor e h é a altura. No trapézio abaixo, a área pode ser dada em função da base menor por uma lei do tipo $A = ax^2 + bx + c$, com a, b e c números reais e $a \neq 0$. Determine a lei dessa função.

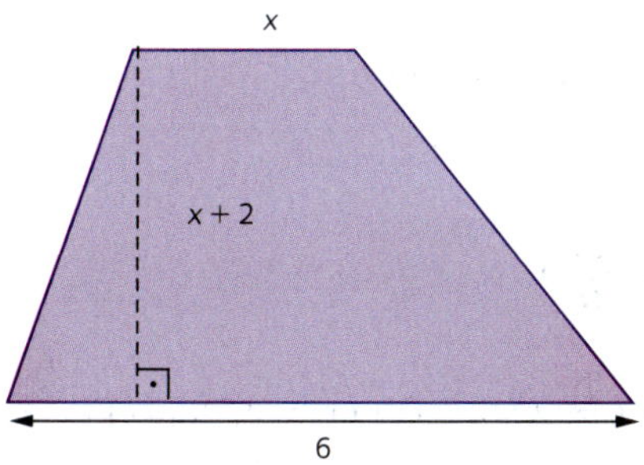

63. Determine o vértice da parábola bem como o valor máximo ou valor mínimo de cada função dada abaixo.

a) $y = x^2 + 4x - 2$

b) $y = x^2 - 6x + 9$

c) $y = -x^2 + 4x - 4$

d) $y = -x^2 - 6x - 8$

64. Algumas vezes, a trajetória da bola em um chute pode descrever uma parábola. Supondo que a altura h (em metros) em que a bola se encontra, t segundos após o chute, seja dada pela fórmula $h = -t^2 + 6t$, responda:

Mauro Souza/Arquivo da editora

a) Como é o gráfico dessa função? Desenhe-o usando papel quadriculado.

b) Qual é o eixo de simetria do gráfico?

c) Em que instante a bola atinge a altura máxima?

d) Qual é a altura máxima atingida pela bola?

e) Qual é o par ordenado que representa o ponto de altura máxima dessa trajetória?

65. Sabendo que a área assume o valor máximo no vértice da parábola, retome e resolva a situação do início da página 119.

Estudo do sinal da função quadrática

Estudar o sinal da função quadrática $f(x) = ax^2 + bx + x$, $a \neq 0$, significa determinar os valores reais de x para os quais $f(x)$ se anula ($f(x) = 0$), $f(x)$ é positiva ($f(x) > 0$) e $f(x)$ é negativa ($f(x) < 0$).

O estudo do sinal da função quadrática vai depender do discriminante $\Delta = b^2 - 4ac$, da equação do 2º grau correspondente $ax^2 + bx + c = 0$, do coeficiente a e dos zeros da função (se existirem).

Dependendo do discriminante, podem ocorrer três casos e, em cada caso, de acordo com o coeficiente a, podem ocorrer duas situações:

1º caso: $\Delta > 0$

Neste caso:

- a função admite dois zeros reais diferentes, x' e x'';
- a parábola que representa a função intersecta o eixo x em dois pontos.

$a > 0$

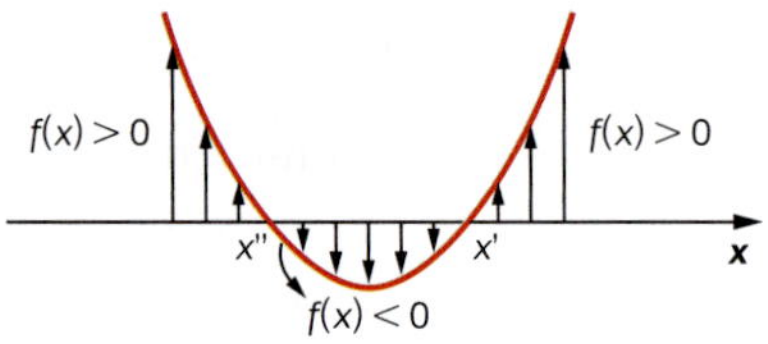

$f(x) = 0$ para $x = x''$ ou $x = x'$

$f(x) > 0$ para $x < x''$ ou $x > x'$

$f(x) < 0$ para $x'' < x < x'$

$a < 0$

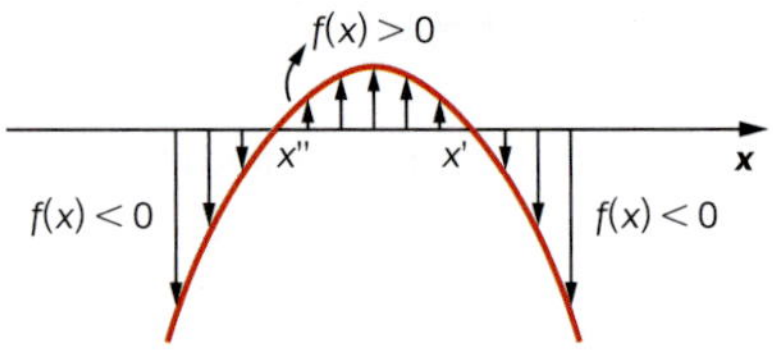

$f(x) = 0$ para $x = x''$ ou $x = x'$

$f(x) > 0$ para $x'' < x < x'$

$f(x) < 0$ para $x < x''$ ou $x > x'$

Dispositivo prático:

$\Delta > 0$ e $a > 0$

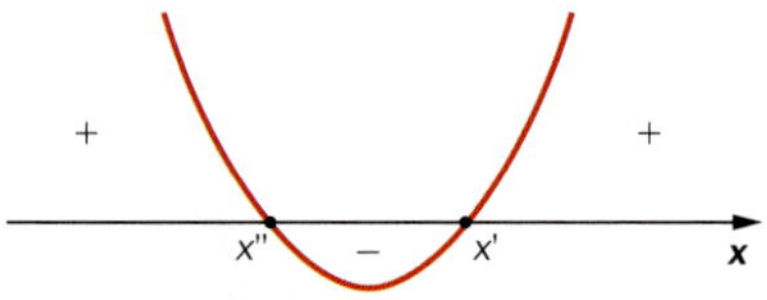

$\Delta > 0$ e $a < 0$

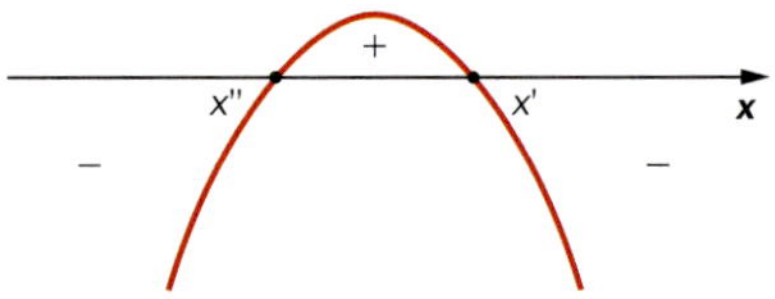

Assim, quando $\Delta > 0$, $f(x)$ tem o sinal oposto ao de a quando x está entre as raízes da equação e tem o sinal de a quando x está fora do intervalo das raízes.

2º caso: $\Delta = 0$

Neste caso:

- a função admite um zero real duplo $x' = x''$;
- a parábola que representa a função tangencia o eixo x.

$a > 0$

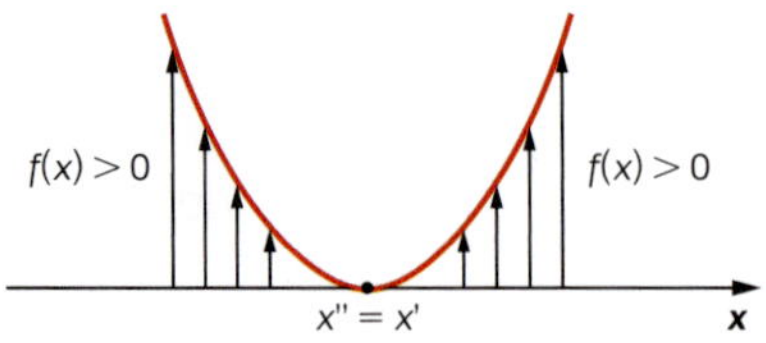

$f(x) = 0$ para $x = x' = x''$

$f(x) > 0$ para $x \neq x'$

$a < 0$

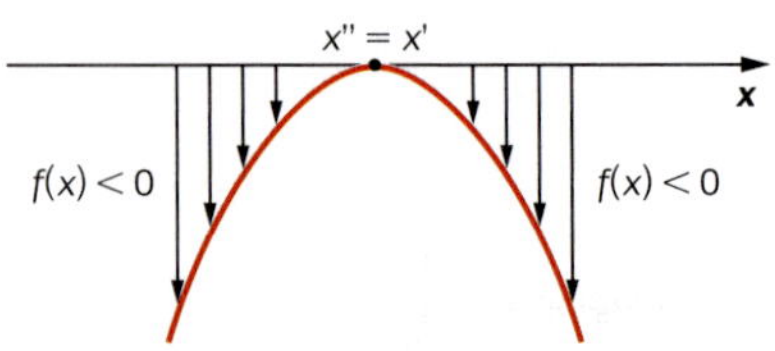

$f(x) = 0$ para $x = x' = x''$

$f(x) < 0$ para $x \neq x'$

Dispositivo prático:

$\Delta = 0$ e $a > 0$

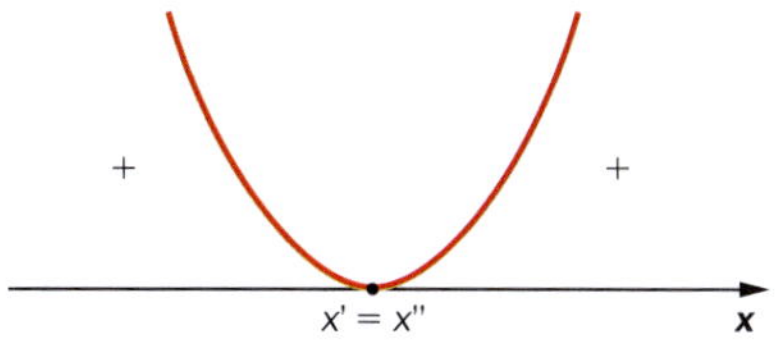

$\Delta = 0$ e $a < 0$

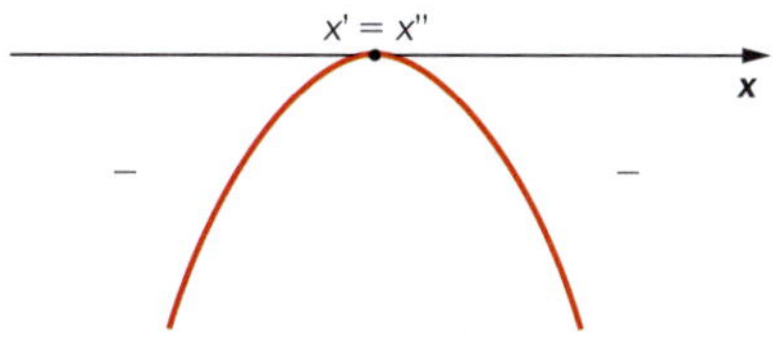

Assim, quando $\Delta = 0$, $f(x)$ tem o sinal de a para x diferente da raiz da equação.

3º caso: $\Delta < 0$

Neste caso:

- a função não admite zeros reais;
- a parábola que representa a função não intersecta o eixo x.

$a > 0$

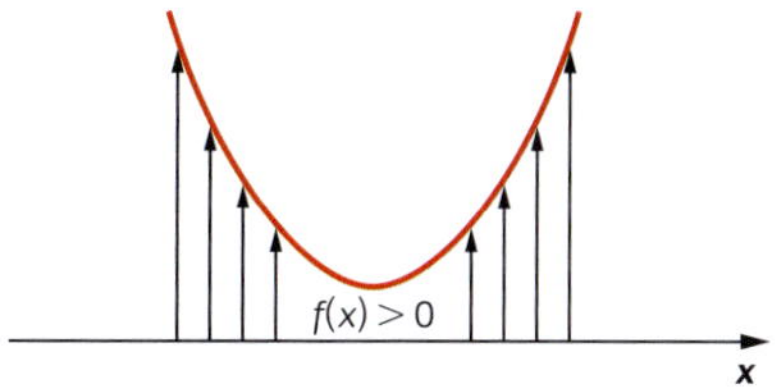

$f(x) > 0$ para todo x real

$a < 0$

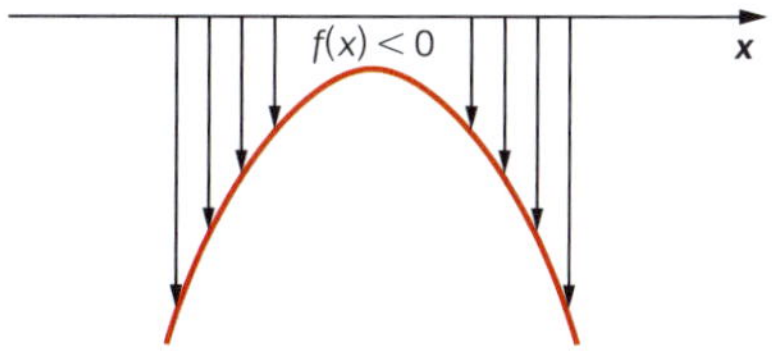

$f(x) < 0$ para todo x real

Dispositivo prático:

$\Delta < 0$ e $a > 0$

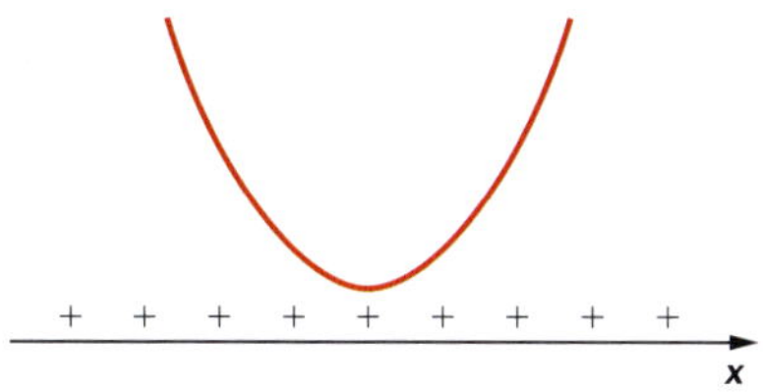

$\Delta < 0$ e $a < 0$

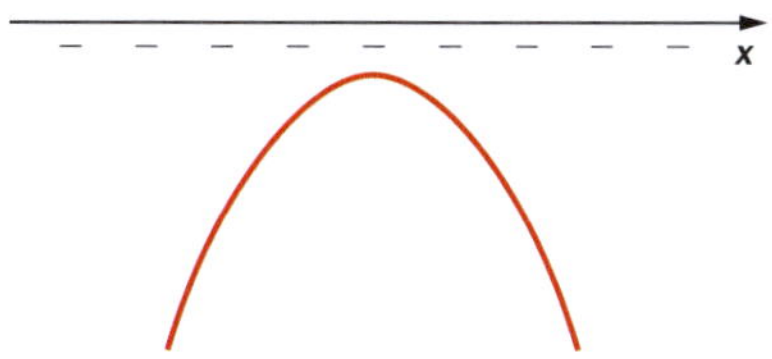

Assim, quando $\Delta < 0$, $f(x)$ tem o sinal de a para qualquer valor real de x.

Quadro-resumo

No estudo do sinal da função quadrática $f(x) = ax^2 + bx + c$, com $a \neq 0$, devemos:

- observar o sinal de a e calcular o valor de Δ;
- determinar os zeros da função, se houver;
- indicar os valores de x para os quais $f(x) = 0$, $f(x) > 0$ e $f(x) < 0$.

Exemplos:

a) Vamos estudar o sinal da função $f(x) = x^2 - 7x + 6$.

$a = 1 > 0$

$\Delta = (-7)^2 - 4 \cdot 1 \cdot 6 = 25 > 0$

zeros da função: $x' = 6$ e $x'' = 1$

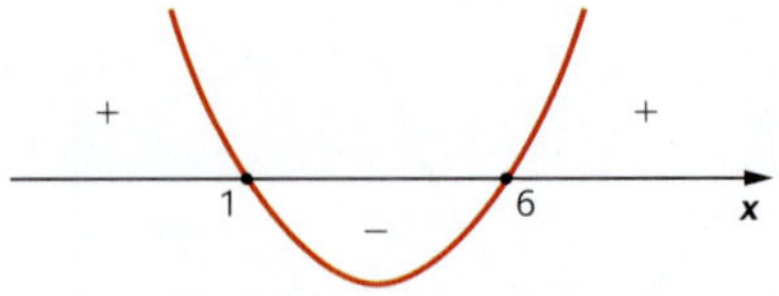

Então:

$f(x) = 0$ para $x = 1$ ou $x = 6$

$f(x) > 0$ para $x < 1$ ou $x > 6$

$f(x) < 0$ para $1 < x < 6$

Portanto, $f(x)$ é positiva para x fora do intervalo $[1, 6]$, é nula para $x = 1$ ou $x = 6$ e negativa para x entre 1 e 6.

b) Vamos estudar o sinal da função $f(x) = 9x^2 + 6x + 1$.

$a = 9 > 0$

$\Delta = 6^2 - 4 \cdot 9 \cdot 1 = 0$

zero da função: $x = -\dfrac{1}{3}$

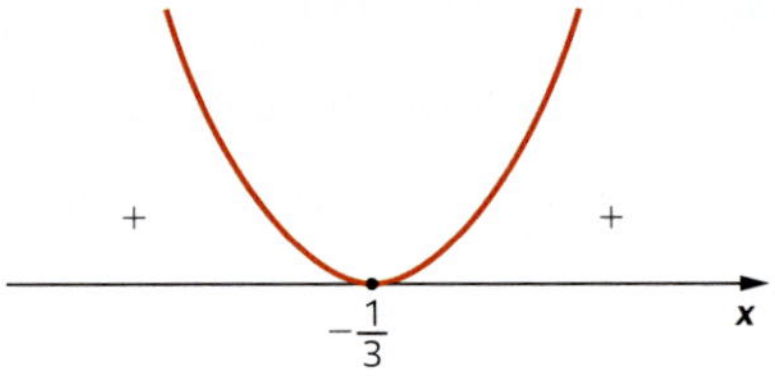

Logo,

$f(x) = 0$ para $x = -\dfrac{1}{3}$

$f(x) > 0$ para todo $x \neq -\dfrac{1}{3}$

Ou seja, $f(x)$ é positiva para todo $x \neq -\dfrac{1}{3}$ e se anula em $x = -\dfrac{1}{3}$.

c) Vamos estudar o sinal da função $f(x) = -2x^2 + 3x - 4$.

$a = -2 < 0$

$\Delta = 3^2 - 4 \cdot (-2) \cdot (-4) = -23 < 0$

A função não tem zeros reais.

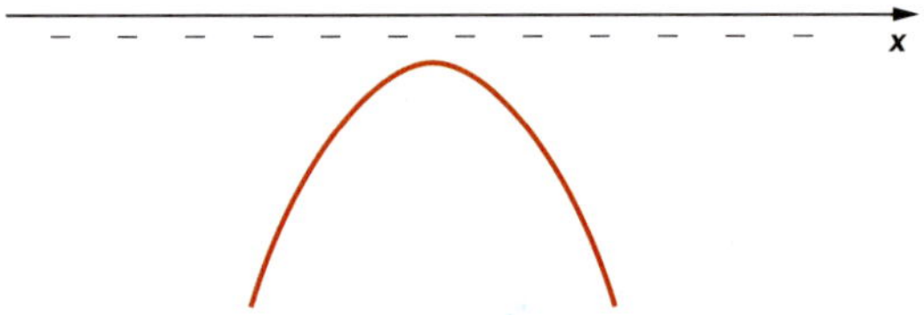

Logo, $f(x) < 0$ para todo x real, ou seja, $f(x)$ é sempre negativa.

Exercícios

66. Estude o sinal das seguintes funções quadráticas:

a) $f(x) = x^2 - 3x - 4$

b) $f(x) = -3x^2 + 2x + 1$

c) $f(x) = x^2 + 4x + 4$

67. Para quais valores reais de x a função $f(x) = x^2 + 7x + 10$ é positiva?

Inequações do 2º grau

Desigualdades como estas:

- $x^2 - 5x + 6 > 0$
- $-3x^2 + 2x - 1 < 0$
- $3x^2 < 0$
- $3x^2 - 4 \geq x + 3$
- $x^2 - 4 \leq 0$
- $-2x^2 + 5x \geq 0$
- $x^2 + 7x + 10 > 0$
- $(x - 3)(x + 3) < 0$

denominam-se **inequações do 2º grau**.

Vejamos como encontrar a solução de inequações do 2º grau usando o estudo do sinal da função quadrática.

Exemplos:

a) Vamos resolver a inequação $x^2 - 3x + 2 < 0$.

Resolver essa inequação significa determinar os valores reais de x para os quais a função $f(x) = x^2 - 3x + 2$ assume valores negativos.

$a = 1 > 0; a > 0$

$\Delta = (-3)^2 - 4 \cdot 1 \cdot 2 = 9 - 8 = 1 > 0; \Delta > 0$

As raízes da equação $x^2 - 3x + 2 = 0$ são $x' = 1$ e $x'' = 2$.

Como devemos ter $f(x) < 0$, então $S = \{x \in \mathbb{R} \mid 1 < x < 2\}$ é a solução da inequação.

Dispositivo prático:

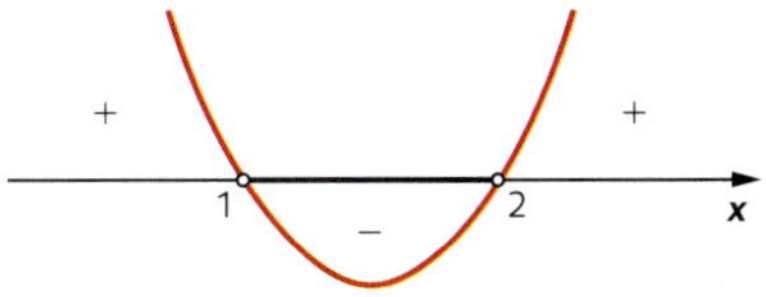

b) Vamos resolver a inequação $-x^2 + 9 \geq 0$ em $\mathbb{R}$.

$a = -1 < 0; a < 0$

$\Delta = 0^2 - 4 \cdot (-1) \cdot 9 = 36 > 0; \Delta > 0$

As raízes da equação $x^2 - 9 = 0$ são $x' = -3$ e $x'' = 3$.

Como devemos ter $f(x) \geq 0$, então $S = \{x \in \mathbb{R} \mid -3 \leq x \leq 3\}$ é a solução da inequação.

Dispositivo prático:

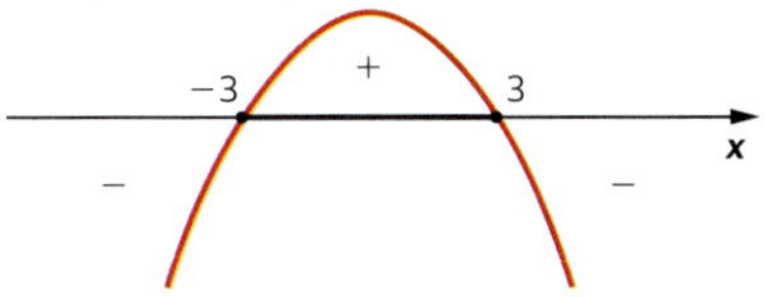

c) Vamos resolver a inequação $2x^2 - 2x + 5 > 0$ em $\mathbb{R}$.

$a = 2 > 0; a > 0$

$\Delta = (-2)^2 - 4 \cdot 2 \cdot 5 = 4 - 40 = -36 < 0; \Delta < 0$

A equação $2x^2 - 2x + 5 = 0$ não tem raízes reais.

Como devemos ter $f(x) > 0$, então $S = \mathbb{R}$.

Dispositivo prático:

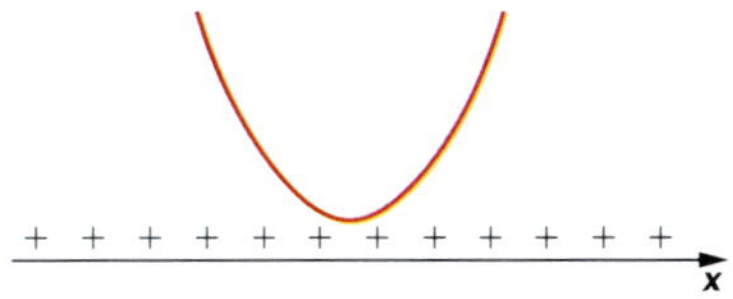

Exercícios

68. Resolva as seguintes inequações do 2º grau em $\mathbb{R}$:

a) $3x^2 - 10x + 7 < 0$

b) $-2x^2 - x + 1 \leq 0$

c) $x^2 - 5x + 10 < 0$

d) $-4x^2 + 9 \geq 0$

69. Resolva as seguintes inequações do 2º grau em $\mathbb{R}$:

a) $-x^2 + 6x - 9 > 0$

b) $(x - 1)^2 \geq 3 - x$

Leitura

A Ponte JK

Em 2002, foi inaugurada em Brasília (Distrito Federal) a Ponte Juscelino Kubitschek, também conhecida como Ponte JK. Essa ponte lembra partes de três parábolas.

Alexandre Comphell/Tyba

Vista da Ponte Juscelino Kubitschek, Brasília (DF), 2013.

Por dentro da ponte

Conheça as curiosidades da Ponte JK:

- A ponte tem 1 200 m de comprimento e 24 m de largura, com seis pistas.
- Toda a ponte é sustentada por doze pilares submersos.
- Três arcos metálicos estão apoiados em quatro pilares de concreto, com estacas de até 50 m sob a água.
- Os arcos sustentam um tabuleiro de 720 m.
- O tabuleiro fica a 18 m do nível da água, suspenso por cabos presos aos arcos.
- São 48 cabos, 16 em cada arco.
- Cada arco forma um vão de 240 m. O topo do arco fica a 44,7 m de altura da pista e a 62,7 m do espelho--d'água.
- Ao longo da ponte estão distribuídos 203 postes de iluminação.
- A Ponte JK consumiu duas vezes mais aço que a Torre Eiffel de Paris.
- Para montar cada arco de 800 toneladas, foi construída uma estrutura de 450 toneladas de aço.
- A obra foi realizada em 910 dias e empregou 1 300 pessoas. Além de profissionais brasileiros, participaram consultores italianos, dinamarqueses e alemães.
- A obra custou R$ 160 milhões, com custo de 2 035 euros/m^2, abaixo da média mundial: 3 500 euros/m^2.
- Cerca de 30 mil veículos transitam pela ponte diariamente.
- A velocidade média na ponte é de aproximadamente 70 km/h em dias sem trânsito.

Responda:

a) O que corresponde ao vértice da parábola?

b) Qual é a área total das seis pistas da ponte?

c) Quantos veículos transitam pela ponte em um ano?

d) E se a ponte tivesse que ser concluída em 2 anos (730 dias), quantas pessoas aproximadamente seriam necessárias trabalhando no mesmo ritmo?

e) Quanto tempo um carro demora para atravessar a ponte em um dia sem trânsito?

f) Supondo que, na época da construção, o euro equivalia a R$ 3,30, quantos metros quadrados teve a obra?

Leitura

Graduação do termômetro

Dentre as escalas usadas para a graduação de um termômetro, as mais utilizadas são: a escala Fahrenheit, adotada principalmente nos países de língua inglesa (Estados Unidos, Inglaterra, etc.), e a escala Celsius, no restante do mundo.

Para graduar um termômetro na escala Celsius, escolhem-se duas temperaturas determinadas: a da fusão do gelo, à qual se atribui o valor zero, e a da ebulição da água, à qual se atribui o valor 100. Dividindo-se o intervalo entre os dois pontos fixos (0 e 100) em 100 partes iguais, obtém-se o termômetro graduado na escala Celsius, que é uma escala centesimal.

Ethan Miller/Getty Images

O maior termômetro do mundo, em Baker, Estados Unidos. Foto de 2014.

Na escala Fahrenheit, divide-se o intervalo entre os pontos fixos em 180 partes iguais. Atribui-se ao nível inferior o valor 32 e ao superior, o valor 212; então, o zero dessa escala está 32 graus Fahrenheit abaixo da temperatura de fusão do gelo.

Observando a figura ao lado, pode-se estabelecer entre as duas escalas a seguinte relação:

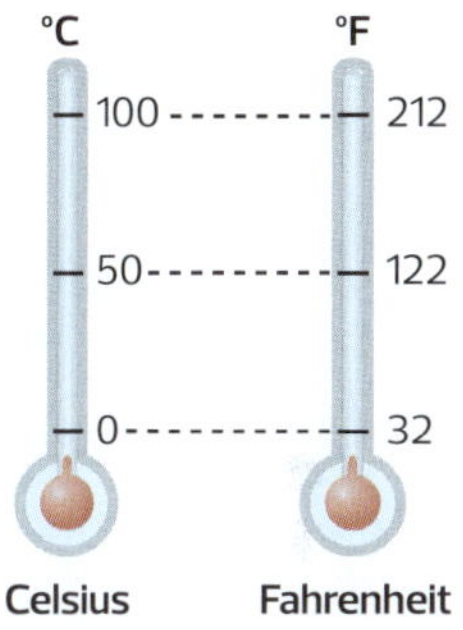

Paulo Manzi/Arquivo da editora

$$\frac{C}{100} = \frac{F-32}{180} \Rightarrow \frac{C}{5} = \frac{F-32}{9} \Rightarrow 5F - 160 = 9C \Rightarrow 5F = 9C + 160 \Rightarrow$$

$$\Rightarrow F = \frac{9}{5}C + 32$$

Observa-se então que a transformação entre as escalas Fahrenheit (F) e Celsius (C) é um importante exemplo de função afim, em que F e C têm como valores máximos e mínimos os números citados no texto.

$$F = \frac{9}{5}C + 32 \Rightarrow y = \frac{9}{5}x + 32$$

Exercícios

70. O preço do aluguel de um carro é dado pelo quadro abaixo, mais uma taxa extra.

Até 100 km	taxa fixa de R$ 50,00
Entre 100 e 300 km	taxa fixa de R$ 63,00
De 300 a 500 km	taxa fixa de R$ 75,00
Mais de 500 km	taxa fixa de R$ 80,00

A taxa extra em todos os casos é R$ 0,37 por quilômetro rodado. Escreva a lei da função para cada caso, chamando de x o número de quilômetros rodados.

71. Projeto em equipe: funções no cotidiano

- Procurem informações sobre preços de alimentos e verifiquem, por meio de uma tabela, qual é a variação entre as grandezas **quantidade consumida** e **preço a pagar**. Procurem os casos em que há função linear.
- Pesquisem o preço de uma corrida de táxi em seu município. Quanto se paga pela bandeirada e pelo quilômetro rodado? Em seguida, escrevam a lei dessa função e façam a tabela e o gráfico correspondentes.
- Tirem fotografias de situações em que fica aparente a variação entre consumo e preço a pagar, como bomba de gasolina, taxímetro, etc.

Raciocínio lógico

Os 12 palitos determinam uma região plana com área de 9 unidades. Mude a posição de 4 palitos de modo que a área da região determinada seja de 7 unidades.

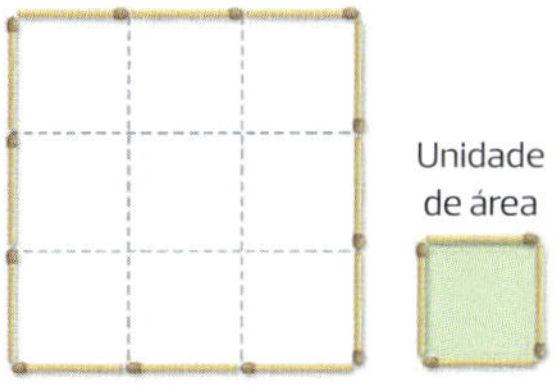

Paulo Manzi/Arquivo da editora

Conexões

Educação é a chave para prevenir a gravidez na adolescência

Quavondo/iStock/Getty Images

Mãe adolescente segurando seu bebê.

A menina de 14 anos com a criança no colo caminha pela casa na tentativa de fazer a bebê de seis meses parar de chorar. A manha de recém-nascida só para com o leite quente na mamadeira. Depois da comida vem a hora de trocar a fralda, colocar roupas limpas e retomar o fôlego, afinal, o ciclo começará novamente em poucas horas. Essa não é a rotina de uma irmã mais velha que toma conta da mais nova. É a vida da adolescente [...] que aos 13 anos ganhou uma responsabilidade a mais: a de ser mãe [...].

[...] todos os dias 20 mil meninas com menos de 18 anos transformam-se em mães, segundo uma estimativa da ONU (Organização das Nações Unidas). Destas, 200 morrem em decorrência de complicações da gravidez e do parto.[...]

MAGRI, Keli. *Notícias do dia.* Disponível em: <http://ndonline.com.br/florianopolis/noticias/118053-de-repente-maes-ou-adolescencia-interrompida.html>. Acesso em: 13 maio 2015.

1. Em sua opinião, quais são os problemas que uma gravidez indesejada na adolescência pode trazer?

2. Você conhece alguém que teve filhos na adolescência? Se sim, como isso interferiu na vida dessa pessoa?

3. Quais atitudes são importantes para evitar uma gravidez indesejada e precoce?

4. Pesquise dados sobre o índice de gravidez de adolescentes no Brasil no último ano. Organize os dados em uma tabela e faça um gráfico que demonstre o resultado da sua pesquisa.

5. Pesquise os cuidados que se deve ter durante uma gestação e os tipos de parto.

Governo cria regras para que saúde privada reduza cesarianas

Operadoras terão 180 dias para se adaptarem às novas resoluções.

Medidas serão publicadas no Diário Oficial desta quarta-feira (7).

O Ministério da Saúde e a Agência Nacional de Saúde Suplementar (ANS) anunciaram nesta terça-feira (6), em Brasília, uma nova resolução que irá pressionar as operadoras a fiscalizarem mais hospitais e médicos para diminuir a quantidade de partos cesáreos feitos por planos de saúde no Brasil.

O governo busca estimular o parto normal e reduzir as cesarianas, quando possível, pois o índice de nascimentos por meio cirúrgico chega a 84,6% do total realizado via planos de saúde. O índice é extremamente alto se comparado ao recomendado pela Organização Mundial da Saúde (OMS): 15%

Outra medida é que as operadoras orientem os médicos a utilizarem partogramas, espécie de documento com registros do trabalho de parto, com dados estabelecidos pela OMS.

AMARAL, Luciana. *G1*. 6 jan. 2015. Disponível em: <http://g1.globo.com/bemestar/noticia/201501/governo-anuncia-regras-para-diminuir-o-numero-de-cesareas-feitas-no-pais.html>. Acesso em: 13 maio 2015.

6. O partograma é um gráfico que demonstra a evolução do parto (dilatação dada em centímetros e tempo em horas). Observe o gráfico e responda às questões.

a) Com o passar do tempo a dilatação aumentou ou diminuiu?

b) Depois de 5 horas de trabalho de parto qual era a dilatação verificada?

c) Considerando que o bebê nasceu quando a dilatação da mãe chegou a 10cm, quanto tempo durou esse parto?

Curva de evolução da cérvico-dilatação (Schwarez et al. 1996)

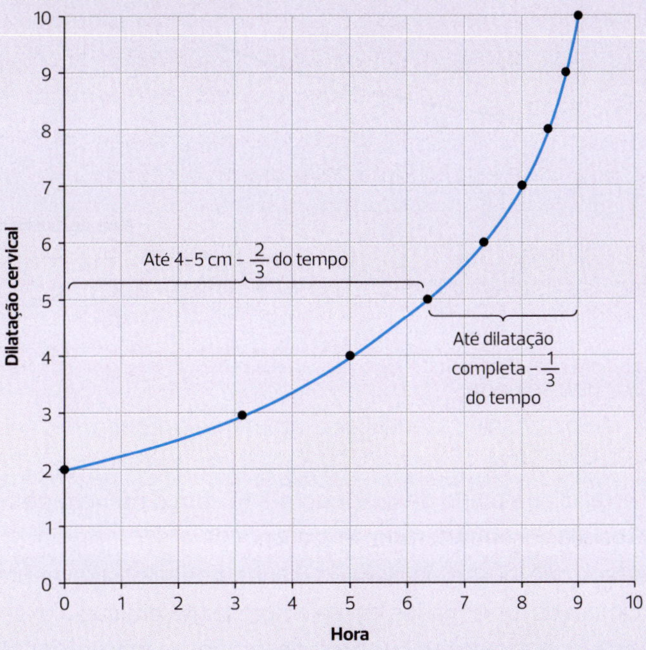

MINISTÉRIO DA SAÚDE. Parto, aborto e puerpério - Assistência Humanizada à Mulher. Disponível em: <http://bvsms.saude.gov.br/bvs/publicacoes/cd04_13.pdf>. Acesso em 13 maio 2015.

7. Pesquise sobre métodos contraceptivos e problemas causados por uma gravidez precoce. Depois, com seus colegas, faça uma campanha de prevenção à gravidez na adolescência.

Tratamento da informação

Interpretação de gráficos relacionados a funções

72. O conhecimento sobre gráficos é muito importante na área de negócios e administração de empresas. Informações apresentadas na forma de gráficos são úteis por permitirem uma assimilação clara e rápida, possibilitando ter uma visão panorâmica de diferentes dados estatísticos, como os resultados de uma pesquisa de satisfação de clientes, das principais preferências de marca com relação a determinado produto no mercado, do acompanhamento da produção e do lucro de uma empresa, entre outros tópicos.

Dmitriy Shironosov/Shutterstock/Glow Images

Detalhe de pessoas analisando gráficos.

Vejamos a seguir um tipo de situação que envolve administração de empresas e interpretação de gráficos, relacionada ao assunto estudado neste capítulo.

Uma empresa do setor educacional completou 6 anos de funcionamento e registrou, nesse período, crescimento no quadro de funcionários, conforme mostra o gráfico:

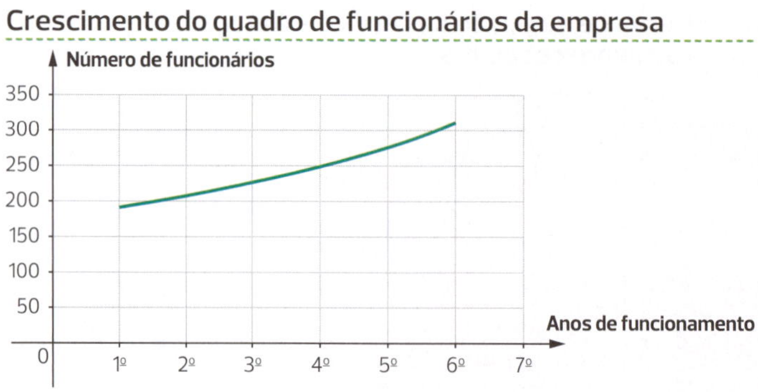

Dados fictícios.

Utilizando esses dados, faça o que se pede.

a) Em que ano de funcionamento é possível identificar exatamente o número de funcionários por meio desse gráfico?

b) Construa uma tabela que relacione o ano de funcionamento com o número de funcionários e registre os valores exatos ou aproximados encontrados nesse gráfico.

c) O dono da empresa observou que, nesse intervalo de 6 anos, poderia escrever uma relação entre o ano de funcionamento (A) e o número de funcionários dessa empresa (N), em que a expressão representaria uma função quadrática. Entre as funções abaixo, qual se relaciona a essa situação? Justifique sua resposta.

- $N = 2A^2 + 2A + 200$
- $N = 3A^2 + A + 180$
- $N = 3A^2 + 3A + 190$

d) Utilizando a função encontrada no item **c** e considerando que o primeiro ano de funcionamento da empresa foi 2005, responda:

- Se o crescimento continuar nesse ritmo, quantos funcionários a empresa terá em 2019?
- Em que ano o número de funcionários será igual a 736?

Outros contextos

73. Alugando vídeos

A locadora *Boa Vista* acaba de lançar uma promoção:

> Compre nossa carteira de sócio por R$ 15,00 e, durante um ano, pague apenas R$ 1,00 por DVD locado.

A locação normal de um DVD custa R$ 1,50. Faça os cálculos necessários e verifique se a compra da carteira de sócio é vantajosa.

74. Cortando o cabelo

Uma cabeleireira cobra R$ 45,00 pelo corte de cabelo para clientes com hora marcada e R$ 40,00 para clientes sem hora marcada. Ela atende por dia um número fixo de 5 clientes com hora marcada e um número variável x de clientes sem hora marcada e, com isso, arrecada a quantia Q, em reais.

Gemenacom/Shutterstock/Glow Images

Cabeleireira cortando cabelo de cliente.

Faça o que se pede.

a) Que grandeza é dada em função de outra?

b) Escreva a lei da função que fornece a quantia Q arrecadada por dia em função do número x.

c) Qual foi a quantia arrecadada em um dia em que foram atendidos 15 clientes?

d) Qual foi o número de clientes atendidos em um dia em que foram arrecadados R$ 1025,00?

e) Qual é a fórmula que indica o número C de clientes atendidos por dia em função de x?

75. Operadora de telefonia celular

Uma operadora de telefonia celular oferece aos seus clientes várias opções de planos pós-pagos com tarifas reduzidas ou elevadas de acordo com as condições de seus clientes.

Raygun/Glow Images

Pessoa comprando aparelho de celular.

As opções de planos variam de acordo com o tempo a ser contratado, em minutos. Caso o cliente exceda o tempo contratado, as ligações excedentes são cobradas adicionalmente, por minuto.

Veja a tabela abaixo com as descrições das tarifas:

Descrição das tarifas de acordo com o plano

Planos	Valor mensal a ser pago	Valor das ligações excedentes por minuto*
45 minutos	R$ 48,00	R$ 1,08
60 minutos	R$ 63,00	R$ 0,94
100 minutos	R$ 91,00	R$ 0,74
200 minutos	R$ 142,00	R$ 0,63

* **Valor estipulado para ligações locais, ou seja, realizadas dentro do município.**

Dados fictícios.

Faça o que se pede.

a) Pedro possui o plano de 45 minutos e utilizou 52 minutos em um mês. Qual foi o valor da conta de Pedro no final desse mês?

b) Escreva a lei da função que estabelece o valor mensal (v) de uma pessoa que possui o plano de 100 minutos e utilizou x minutos em determinado mês, considerando que $100 < x < 199$ minutos.

c) Qual plano é mais vantajoso para um consumidor que usa, em média, 92 minutos de ligações mensais: o plano de 60 minutos ou o de 100 minutos?

d) A partir de quantos minutos de ligações o plano de 200 minutos passa a ser mais barato para o consumidor do que o plano de 100 minutos?

76. Urbanismo

Um espaço retangular para piquenique será construído à beira de um lago. O terreno desse espaço tem área de 7 200 m² e será cercado nos três lados que não dão para o lago, de acordo com a figura.

Paulo Manzi/Arquivo da editora

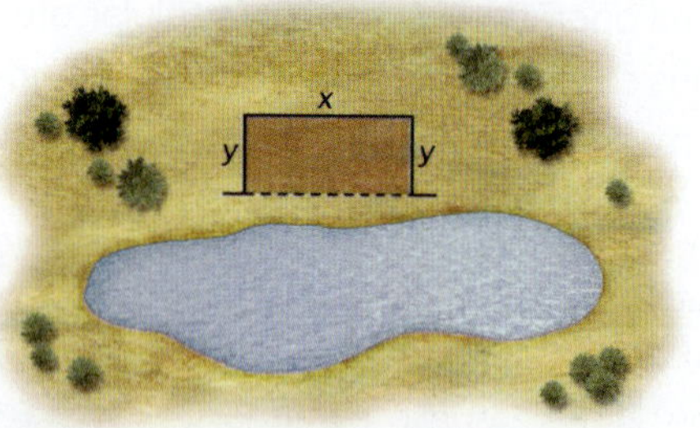

a) Qual é a fórmula que dá o comprimento C da cerca em função do comprimento x do lado que dá para o lago?

b) Qual será o comprimento da cerca se a frente voltada para o lago tiver 40 m? Descubra por dois caminhos diferentes.

c) Qual será o comprimento da frente que dá para o lago, no caso de a cerca ter comprimento de 246 m?

d) Se o comprimento y for a metade de x, qual será o comprimento da cerca?

77. Curiosidade histórica: catapultas e a Matemática

As catapultas eram equipamentos de guerra muito utilizados na Antiguidade e na Idade Média. Eram mecanismos, geralmente feitos de madeira, que utilizavam uma espécie de braço para lançar projéteis pesados como pedras ou dardos de grande tamanho contra tropas e fortificações inimigas. Durante séculos, as catapultas foram muito úteis para os exércitos, pois, como a trajetória do projétil lançado podia descrever uma parábola, era possível transpor grandes alturas (como as muralhas de castelos e fortalezas) com bastante facilidade.

Danita Delimont/Getty Images

Catapulta

Paulo Manzi/Arquivo da editora

Suponha que uma catapulta lance uma pedra para cima com determinada força e velocidade inicial de 40 m/s. Devido à aceleração da gravidade (g) da Terra, aproximadamente 10 m/s², a pedra sobe, diminui a sua velocidade até 0 m/s (ou seja, ela para) e depois desce, aumentando a velocidade até atingir novamente a sua velocidade inicial.

Despreze a altura da catapulta e a resistência do ar. Sabe-se que a fórmula $h = v_0 t - \frac{1}{2}gt^2$ (em que v_0 corresponde à velocidade inicial, ou seja, à velocidade com que a pedra é lançada) determina a altura (h) que a pedra atinge em relação ao tempo (t) que ela gasta para fazer o percurso de subida e descida.

a) Observe que, nessa situação, a velocidade inicial é $v_0 = 40$ m/s e a aceleração da gravidade é $g = 10$ m/s². Substitua os valores de v_0 e g na fórmula $h = v_0 t - \frac{1}{2}gt^2$ e simplifique a fórmula da altura (h), em metros, em função do tempo (t), em segundos.

b) Para calcular a altura (h) da pedra, complete a tabela ao lado de acordo com os valores já informados para o tempo (t).

t (s)	**h** (m)
1	
2	
3	
4	
5	

c) Suponha que a pedra foi lançada em direção ao muro de um castelo. Se a altura do muro desse castelo mede 60 m, podemos afirmar que a pedra atinge o topo do muro? Em quais instantes a pedra poderá atingir o topo do muro? Explique sua resposta.

d) Qual é a altura máxima atingida pela pedra?

e) Use papel quadriculado e construa o gráfico dessa função.

Praticando um pouco mais

1. (Unisc-RS) Em Santa Cruz do Sul, os taxímetros marcam, na bandeirada 1, uma quantia inicial de R$ 3,90 e mais R$ 0,20 por cada 100 m rodados. Ao final de cinco quilômetros percorridos, o valor a ser pago pela corrida será de:

a) R$ 5,90.
b) R$ 8,50.
c) R$ 13,90.
d) R$ 8,90.
e) R$ 23,50.

2. (UEMG) "Em janeiro de 2008, o Brasil tinha 14 milhões de usuários residenciais na rede mundial de computadores. Em fevereiro de 2008, esses internautas somavam 22 milhões de pessoas — 8 milhões, ou 57% a mais. Deste total de usuários, 42% ainda não usam banda larga (internet mais rápida e estável). Só são atendidos pela rede discada". (*Atualidade e Vestibular* 2009, 1º semestre, Ed. Abril.)

Baseando-se nessa informação, observe o gráfico a seguir:

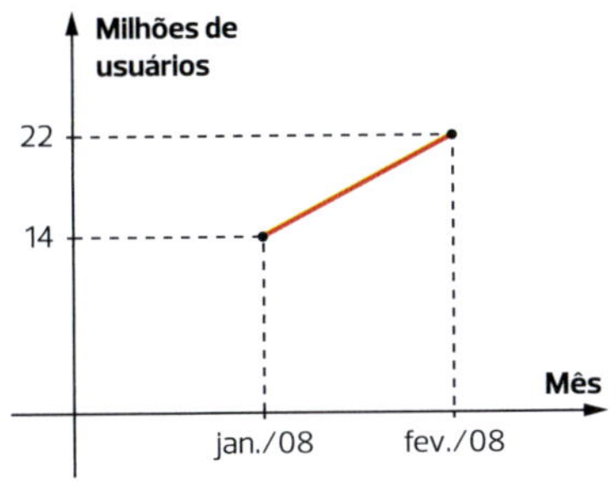

Se mantida, pelos próximos meses, a tendência de crescimento linear, mostrada no gráfico acima, o número de usuários residenciais de computadores, em dezembro de 2009, será igual a:

a) 178×10^6.
b) 174×10^5.
c) 182×10^7.
d) 198×10^6.

3. (UFRR) A trajetória de uma pedra, ao ser atirada no ar, é dada pela função $f(x) = -x^2 + 10x$. A altura máxima atingida pela pedra, na unidade de medida de x, é:

a) 5.
b) 25.
c) 10.
d) 15.
e) 20.

4. (Enem) Um experimento consiste em colocar certa quantidade de bolas de vidro idênticas em um copo com água até certo nível e medir o nível da água, conforme ilustrado na figura ao lado. Como resultado do experimento, concluiu-se que o nível da água é função do número de bolas de vidro que são colocadas dentro do copo.

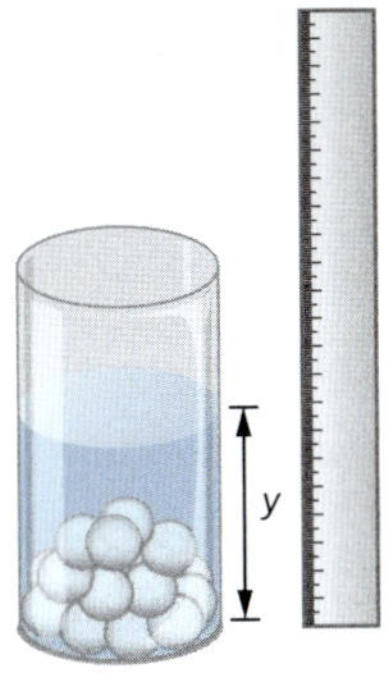

Casa de Tipos/Arquivo da editora

O quadro a seguir mostra alguns resultados do experimento realizado.

Número de bolas (x)	Nível da água (y)
5	6,35 cm
10	6,70 cm
15	7,05 cm

Disponível em: <www.penta.ufrgs.br>. Acesso em: 13 jan. 2009 (adaptado).

Qual a expressão algébrica que permite calcular o nível da água (y) em função do número de bolas (x)?

a) $y = 30x$
b) $y = 25x + 20,2$
c) $y = 1,27x$
d) $y = 0,7x$
e) $y = 0,07x + 6$

5. (UFPE) O gráfico a seguir ilustra o peso p, em gramas, de uma carta, incluindo o peso do envelope, em termos do número x de folhas utilizadas. O gráfico é parte de uma reta e passa pelo ponto com abscissa 0 e ordenada 10,2 e pelo ponto com abscissa 4 e ordenada 29,4.

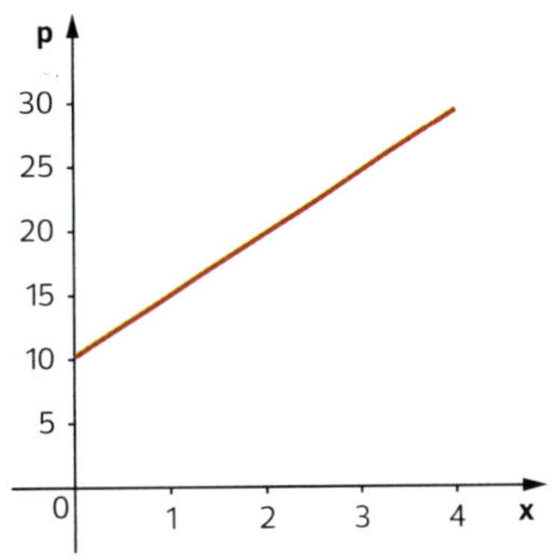

Qual o peso de uma folha?

a) 4,2 g
b) 4,4 g
c) 4,6 g
d) 4,8 g
e) 5,0 g

Revisão cumulativa

1. Um comerciante comprou uma mercadoria por R$ 120,00 e vendeu-a por R$ 126,00. Seu lucro foi de:

a) 4%.
b) 5%.
c) 6%.
d) 8%.

2. Considere todos os segmentos cujas extremidades são vértices de um hexágono convexo. Escolhendo-se um deles ao acaso, a probabilidade de ele ser uma diagonal é de:

a) $\frac{1}{2}$.
b) $\frac{5}{6}$.
c) $\frac{3}{5}$.
d) $\frac{2}{3}$.

3. (FCC-RJ) Simplificando-se a expressão $\sqrt{\frac{9}{2}} - \sqrt{\frac{2}{9}}$, obtém-se:

a) $\frac{3-\sqrt{2}}{2-\sqrt{3}}$.
b) $\sqrt{\frac{77}{18}}$.
c) $\frac{7\sqrt{2}}{3}$.
d) $\frac{7\sqrt{2}}{6}$.
e) $\frac{\sqrt{2}}{18}$.

4. (Unisinos-RS) O consumo de combustível de um automóvel é medido pelo número de quilômetros que percorre, gastando 1 L de combustível. O consumo depende, entre outros fatores, da velocidade desenvolvida. O gráfico (da revista *Quatro Rodas*) a seguir indica o consumo na dependência da velocidade, de certo automóvel.

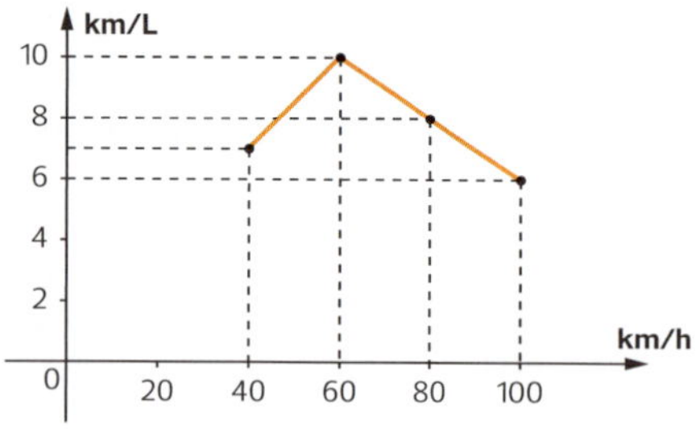

A análise do gráfico mostra que:

a) o maior consumo se dá aos 60 km/h.
b) a partir de 40 km/h, quanto maior a velocidade, maior é o consumo.
c) o consumo é diretamente proporcional à velocidade.
d) o menor consumo se dá aos 60 km/h.
e) o consumo é inversamente proporcional à velocidade.

5. Maurício gastou a quarta parte de seu salário com aluguel e a terça parte com alimentação, água e energia elétrica. Restaram, ainda, R$ 400,00. Qual é o salário de Maurício?

6. Para encher um reservatório que estava vazio, foram usadas torneiras que despejam 20 L de água por minuto da seguinte forma: durante os quatro primeiros minutos, ficou aberta apenas uma torneira; nos três minutos seguintes, três torneiras ficaram abertas e, nos três minutos finais, duas torneiras.

Copie em seu caderno e complete a tabela que relaciona o tempo (em minutos) com a quantidade de água no reservatório (em litros).

Relação entre o tempo e a quantidade de água

min	0	1	2	3	4	5	6	7	8	9	10
L											

Copie também o gráfico que melhor expressa essa situação.

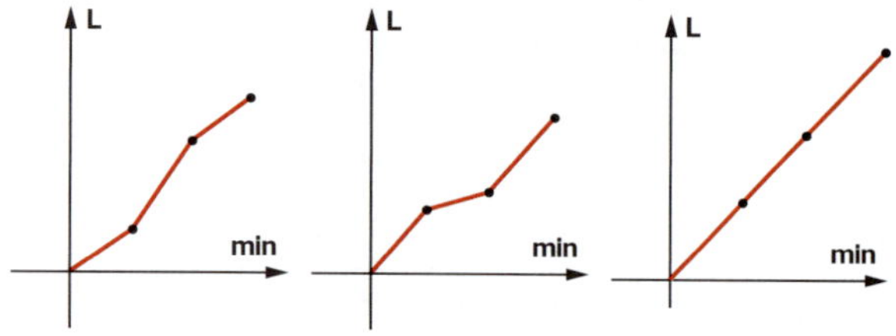

7. Em um paralelogramo, o perímetro é de 23 cm, um dos lados mede 4 cm, e um dos ângulos internos mede 72°. Quais são as medidas dos quatro lados e dos quatro ângulos internos?

8. (Unimep-SP) Qual o maior inteiro que podemos somar ao dividendo da divisão de 487 por 23, sem alterar o quociente?

a) 21 b) 19 c) 20 d) 18 e) nda

9. O produto de 0,75 por 0,666... é igual a:

a) 0,5. b) 0,555... c) 0,6. d) 0,5666.

10. A média aritmética das duas provas de Matemática feitas por Elisângela foi 7. Na primeira prova, ela tirou *x* e, na segunda, 2 pontos a mais do que na primeira. Qual foi a nota da primeira prova?

Capítulo 4

Proporcionalidade em Geometria

1 Introdução

A planta abaixo representa o cruzamento de algumas ruas em certa cidade. Sabendo que as três avenidas principais (das Aves, dos Besouros e dos Coelhos) são paralelas e considerando as medidas, em metros, indicadas abaixo, como podemos determinar a medida x?

Paulo Manzi/Arquivo da editora

Planta de parte de certa cidade.

Durante o estudo deste capítulo, você vai encontrar a solução deste problema, utilizando um importante teorema, conhecido como **teorema de Tales**.

Além do teorema mencionado, vai estudar outros assuntos, com suas aplicações, todos relacionados à proporcionalidade em Geometria.

2 Retomando as ideias de razão e de proporção

As ideias de razão e de proporção são fundamentais para o assunto deste capítulo, que é proporcionalidade. Por isso, vamos retomá-las.

Razão

Em uma classe, há 15 meninos e 20 meninas em um total de 35 alunos.

A **razão** entre o número de meninos e o número total de alunos da classe é indicada por 15 : 35 ou por $\frac{15}{35}$. Seu valor na forma de fração irredutível é $\frac{3}{7}$.

Veja:

15 em 35 ou $\frac{15}{35} = \frac{3}{7}$.

A razão entre dois números, com o segundo diferente de zero, é o quociente do primeiro pelo segundo.

Outros exemplos:

a) A razão entre 5 e 8 é $\frac{5}{8}$.

b) A razão entre 10 e 15 é $\frac{10}{15}$ ou $\frac{2}{3}$.

c) A razão entre 6 e 2 é $\frac{6}{2}$ ou 3.

d) A razão entre 0 e 9 é $\frac{0}{9}$ ou 0.

Exercícios

1. Considerando a situação do exemplo acima, calcule:

a) a razão entre o número de meninas e o total de alunos da classe;

b) a razão entre o número de meninos e o número de meninas;

c) a razão entre o número de meninas e o número de meninos.

As razões dos itens **b** e **c** são razões inversas. Qual é o produto das duas?

2. Indique e dê o valor na forma de fração irredutível da:

a) razão entre 10 e 25;

b) razão entre 12 e 20;

c) razão entre 6 e 15.

Agora responda:

Destas três razões $\left(\frac{10}{25}, \frac{12}{20} \text{ e } \frac{6}{15}\right)$, quais têm o mesmo valor?

Proporção

No exercício 2, você viu que a razão entre 10 e 25 $\left(\frac{10}{25}\right)$ é igual à razão entre 6 e 15 $\left(\frac{6}{15}\right)$. Ambas são equivalentes a $\frac{2}{5}$.

Dizemos que as razões $\frac{10}{25}$ e $\frac{6}{15}$ formam uma **proporção**.

Duas razões de mesmo valor formam uma proporção.

Indicamos a proporção do exemplo acima assim: $\frac{10}{25} = \frac{6}{15}$.

10 e 15 são os **extremos** dessa proporção.

25 e 6 são os **meios** dessa proporção.

Observe que $10 \times 15 = 150$ (produto dos extremos) e $25 \times 6 = 150$ (produto dos meios). Esse fato se repete em todas as proporções e é conhecido como **propriedade fundamental das proporções**.

Em toda proporção, o produto dos extremos é igual ao produto dos meios (propriedade fundamental das proporções).

$$\frac{a}{b} = \frac{c}{d} \Rightarrow a \cdot d = b \cdot c$$

No exemplo dado acima, $\frac{2}{5}$ é o **coeficiente de proporcionalidade**.

Exercícios

3. Você já estudou que, a partir de uma proporção, podemos obter outras fazendo alterações na posição de seus termos. Por exemplo:

$\frac{4}{10} = \frac{6}{15}$ é uma proporção, pois $4 \times 15 = 6 \times 10$.

- Trocando seus meios, temos outra proporção: $\frac{4}{6} = \frac{10}{15}$.
- Invertendo suas razões, temos mais uma proporção: $\frac{10}{4} = \frac{15}{6}$.

Considerando essas três proporções, formadas com os números 4, 10, 6 e 15, encontre todas as demais possíveis (são oito no total). Lembre-se de que a propriedade fundamental $(4 \times 15 = 10 \times 6)$ deve valer em todas.

4. Sempre a partir da proporção $\frac{21}{30} = \frac{14}{20}$, obtenha outra proporção nos seguintes casos:

a) trocando os extremos;

b) trocando a posição das razões;

c) invertendo as razões;

d) trocando os meios.

5. **Outras propriedades das proporções**

Considere a proporção $\frac{a}{b} = \frac{c}{d}$. A partir dela, podemos obter outras proporções como estas:

- $\frac{a+b}{a} = \frac{c+d}{c}$
- $\frac{a+c}{b+d} = \frac{a}{b}$
- $\frac{a-b}{b} = \frac{c-d}{d}$
- $\frac{a-c}{b-d} = \frac{c}{d}$

Comprove essas propriedades a partir da proporção $\frac{6}{4} = \frac{15}{10}$.

❸ Razão entre segmentos de reta e segmentos de reta proporcionais

Observe os segmentos de reta e suas medidas:

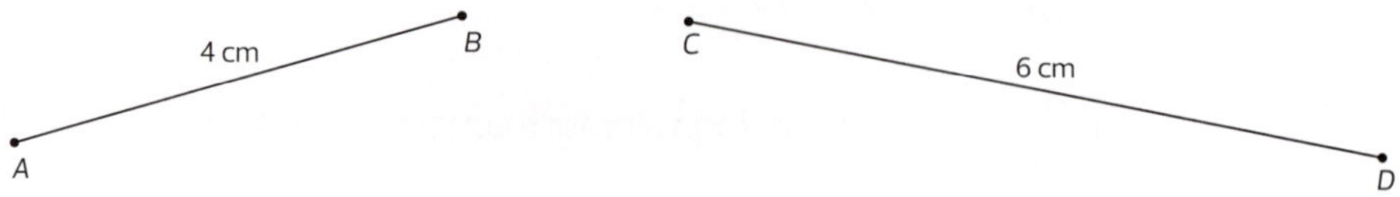

A razão entre os segmentos de reta $\overline{AB}$ e $\overline{CD}$ é obtida calculando-se a razão entre suas medidas de comprimento em uma mesma unidade.

Veja como indicamos:

Razão entre $\overline{AB}$ e $\overline{CD}$: $\frac{AB}{CD} = \frac{4}{6} = \frac{2}{3}$

> Estamos usando AB como medida do comprimento de $\overline{AB}$.

Imagine agora outros dois segmentos de reta: $\overline{EF}$ de 10 cm e $\overline{GH}$ de 15 cm. A razão entre eles é $\frac{EF}{GH} = \frac{10}{15}$, que também é igual a $\frac{2}{3}$.

Dizemos que $\overline{AB}$, $\overline{CD}$, $\overline{EF}$ e $\overline{GH}$, nessa ordem, são segmentos de reta proporcionais, pois $\frac{AB}{CD} = \frac{EF}{GH}$, e que $\frac{2}{3}$ é o **coeficiente de proporcionalidade**.

Exercícios

6. Analise a medida dos lados dos dois triângulos dadas na mesma unidade.

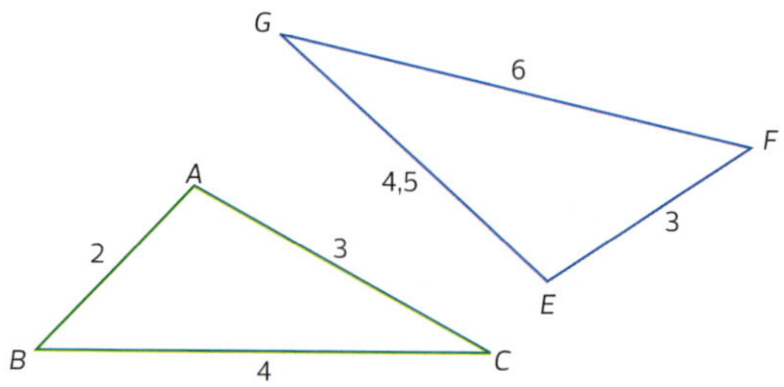

Calcule a razão entre:

a) o lado maior do $\triangle ABC$ e o lado maior do $\triangle EFG$;

b) o lado menor do $\triangle ABC$ e o lado menor do $\triangle EFG$;

c) o 3º lado do $\triangle ABC$ e o 3º lado do $\triangle EFG$.

7. Calcule a razão entre os perímetros do $\triangle ABC$ e do $\triangle EFG$ do exercício anterior e responda: ela é igual à razão entre os lados correspondentes?

8. Considere a figura abaixo e indique o valor de cada razão na forma de fração irredutível.

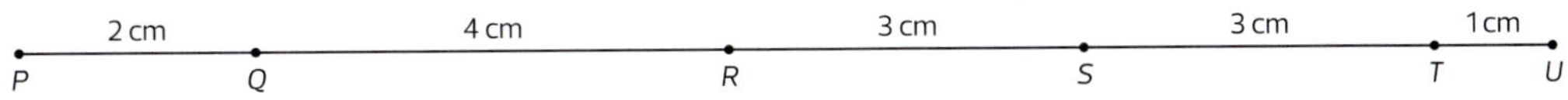

a) Razão entre $\overline{PQ}$ e $\overline{ST}$.

b) Razão entre $\overline{QR}$ e $\overline{RT}$.

c) $\frac{RS}{ST}$

d) $\frac{UT}{PR}$

e) $\frac{SU}{PQ}$

f) $\frac{PR}{QT}$

9. Agora, considerando a figura do exercício anterior, responda e justifique.

a) $\overline{RS}$, $\overline{ST}$, $\overline{QR}$ e $\overline{SU}$, nessa ordem, são proporcionais?

b) $\overline{PQ}$, $\overline{RQ}$, $\overline{TU}$ e $\overline{ST}$, nessa ordem, são proporcionais?

c) $\overline{QS}$, $\overline{RS}$, $\overline{UR}$ e $\overline{ST}$, nessa ordem, são proporcionais?

10. Qual é a razão entre um segmento de reta de 14 cm e um segmento de reta de 0,3 m?

11. $\overline{AB}$, $\overline{CD}$, $\overline{CD}$ e $\overline{EF}$, nessa ordem, são segmentos de reta proporcionais. Calcule a medida de $\overline{CD}$ sabendo que $AB = 9$ cm e $EF = 40$ mm.

12. Examine estes quadriláteros dois a dois e responda às perguntas a seguir.

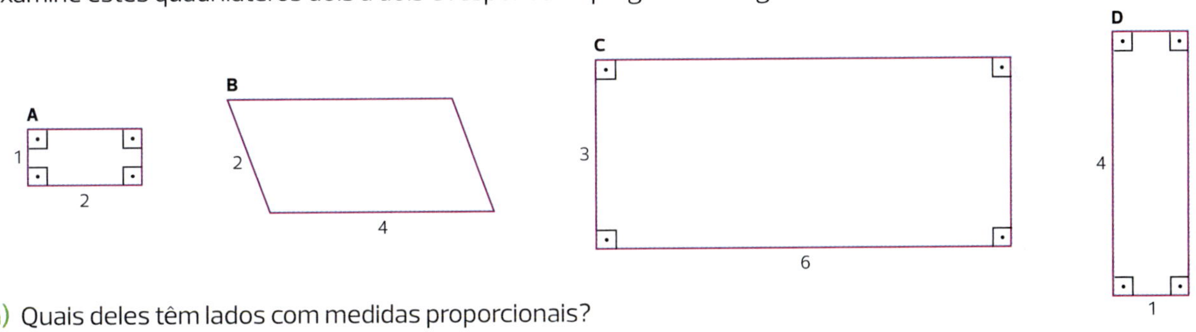

a) Quais deles têm lados com medidas proporcionais?

b) Dos quadriláteros que têm os lados proporcionais, quais apresentam os ângulos correspondentes congruentes?

13. Complete o quadro abaixo. A figura $A'B'C'D'E'$ é uma ampliação da figura $ABCDE$.

Figura $ABCDE$	Figura $A'B'C'D'E'$
$AE = 1$	$A'E' = 2$
$BC =$ _______	$B'C' = 4$
$AB = 3$	$A'B' =$ _______

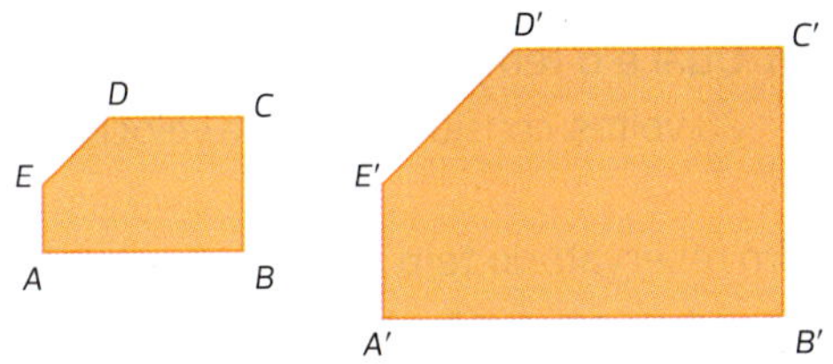

Responda:

a) As medidas dos lados da figura ampliada são diretamente proporcionais às medidas dos lados correspondentes da figura original? Explique.

b) Que relação existe entre os ângulos $A\hat{E}D$ e $A'\hat{E}'D'$? E entre os demais ângulos correspondentes?

14. Construa as seguintes regiões quadradas:

- **A** com lados de 2 cm;
- **B** com lados de 4 cm;
- **C** com lados de 6 cm.

Em seguida, calcule:

a) a razão entre os lados, a razão entre os perímetros e a razão entre as áreas de **A** e **B**, nessa ordem;

b) a razão entre os lados, a razão entre os perímetros e a razão entre as áreas de **A** e **C**, nessa ordem;

c) a razão entre os lados, a razão entre os perímetros e a razão entre as áreas de **B** e **C**, nessa ordem.

Proporcionalidade na circunferência: o número pi (π)

Considerando duas ou mais circunferências, a razão entre a medida do comprimento da circunferência e a medida do comprimento do diâmetro em quaisquer delas é sempre a mesma.

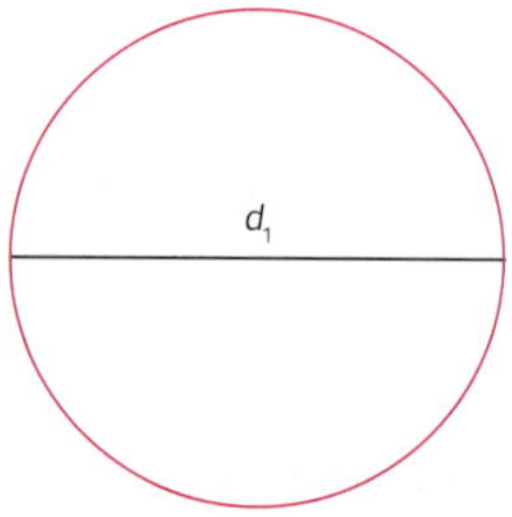

Comprimento: C_1
Diâmetro: d_1

$$\frac{C_1}{d_1} = \frac{C_2}{d_2} = \pi$$

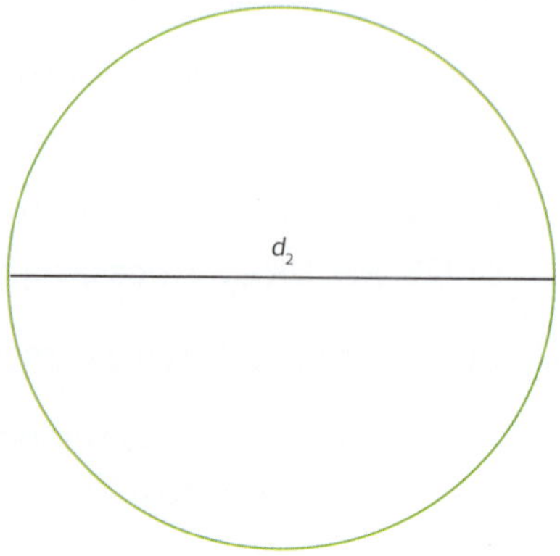

Comprimento: C_2
Diâmetro: d_2

Esse fato você já estudou: o valor da razão é um número irracional conhecido por pi ($\pi = 3{,}141592...$).

Observação: Nos cálculos em que aparece o número π, usamos sempre um valor racional aproximado para ele, por exemplo, $\pi = 3{,}1$ ou $\pi = 3{,}14$.

Problemas

15. Uma pista circular tem 80 m de raio (figura ao lado). Considere $\pi = 3{,}14$, utilize uma calculadora e responda às questões a seguir.

a) Qual é a distância aproximada percorrida por um ciclista que dá 20 voltas nessa pista?

b) Qual é o tempo aproximado que ele vai gastar para dar 20 voltas, considerando sua velocidade média de 25 km/h?

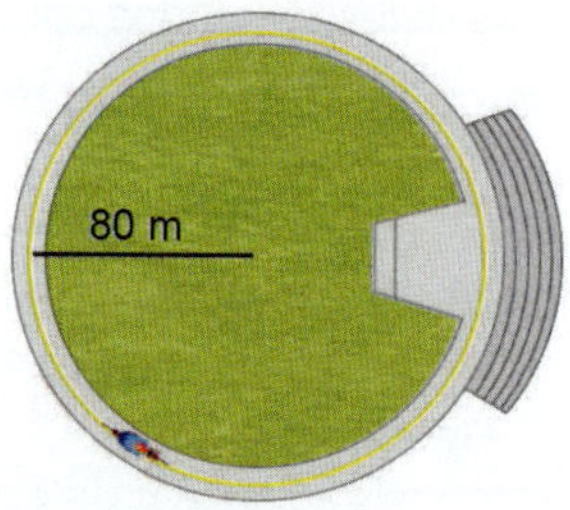

16. Um reservatório tem a forma de um cilindro (figura ao lado). Leandro usou um barbante, contornou a base desse reservatório e verificou que a circunferência tem 15,5 m. Calcule a medida aproximada do raio da base desse reservatório. (Use $\pi = 3{,}1$.)

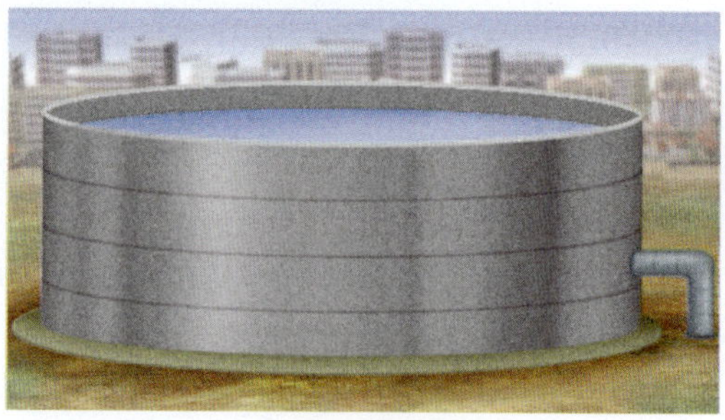

Ilustrações: Paulo Manzi/Arquivo da editora

17. Um gráfico de setores foi construído com 6 partes iguais, conforme a figura ao lado. Qual é o comprimento de cada um dos 6 arcos desse gráfico se o raio da circunferência é igual a 3 cm? Use $\pi = 3{,}14$.

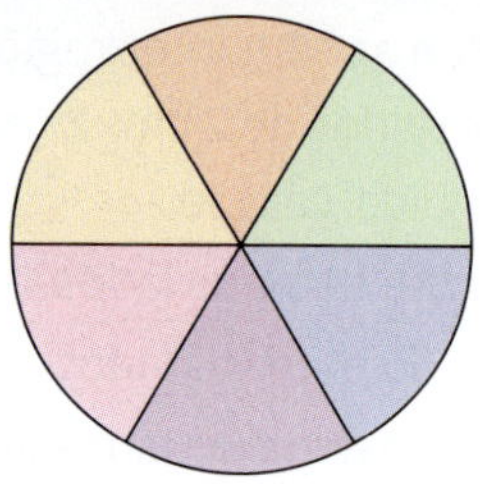

A divina proporção: o número de ouro

Você acredita que pode existir um número com propriedades mágicas, que represente beleza, perfeição e harmonia? Que teria sido utilizado ao longo dos séculos por matemáticos, cientistas, artistas e, por incrível que pareça, estaria presente na natureza? Pois esse número existe e você já o conhece dos anos anteriores. Vamos retomá-lo.

Considere um segmento de reta AB cuja medida AB é de 1 unidade de comprimento.

Nele, podemos localizar um ponto C, de tal modo que C divide $\overline{AB}$ na seguinte proporção: a razão entre o segmento todo e a parte maior é igual à razão entre a parte maior e a parte menor. Assim:

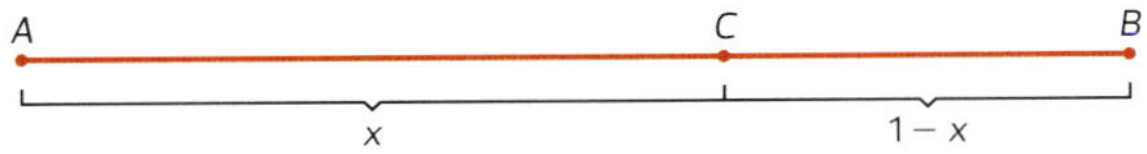

$$\frac{AB}{AC} = \frac{AC}{CB}\text{, ou seja: } \frac{1}{x} = \frac{x}{1-x} \Rightarrow x^2 = 1 - x \Rightarrow x^2 + x - 1 = 0$$

Resolvendo essa equação, o valor positivo de x é $\frac{\sqrt{5}-1}{2}$. Consideremos a razão $\frac{1}{x} = \frac{2}{\sqrt{5}-1} = \frac{2(\sqrt{5}+1)}{5-1} = \frac{1+\sqrt{5}}{2}$.

Este número irracional $\frac{1+\sqrt{5}}{2}$, cujo valor aproximado é 1,618034, é conhecido por **número de ouro** ou **razão de ouro** ou, ainda, **razão áurea**.

Para os gregos, o número de ouro representava harmonia, equilíbrio e beleza. Por esse motivo, muitas construções gregas tinham como base esse número. Mas foi no século XIII que o matemático Leonardo de Pisa (c.1170-c.1240), cujo apelido era Fibonacci, constatou que o número de ouro está presente também na natureza. No Renascimento, a revalorização dos conceitos estéticos gregos levou grandes artistas, como Leonardo da Vinci, a utilizar o número de ouro em suas obras.

Veja os exemplos a seguir. Em ambos há a razão $\frac{a}{b} \simeq 1{,}6$.

As imagens desta página não estão representadas em proporção.

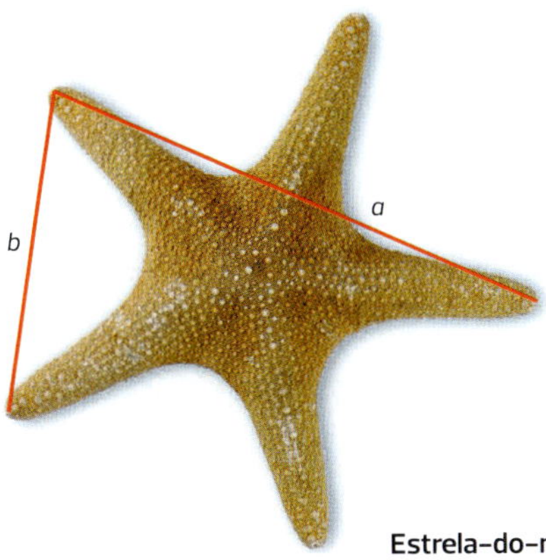

Dusan Jankovic/Shutterstock/Glow Images

Estrela-do-mar

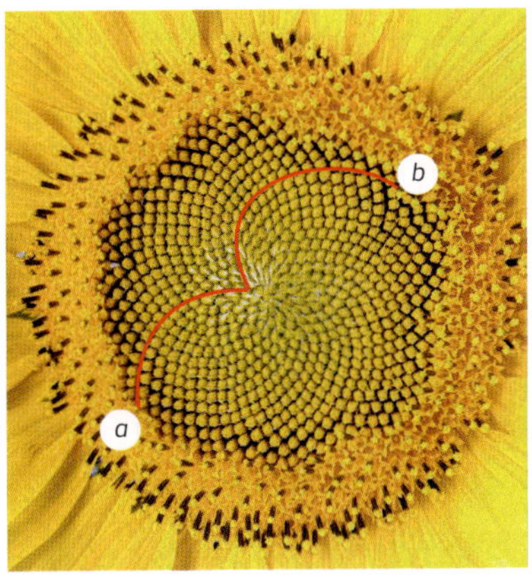

Loskutnikov/Shutterstock/Glow Images

Miolo de um girassol.
a: número de espirais no sentido anti-horário (aproximadamente 34);
b: número de espirais no sentido horário (aproximadamente 21).

Exercícios

18. **Retângulo de ouro ou retângulo áureo**

Atividade em dupla

Examinem estes retângulos.

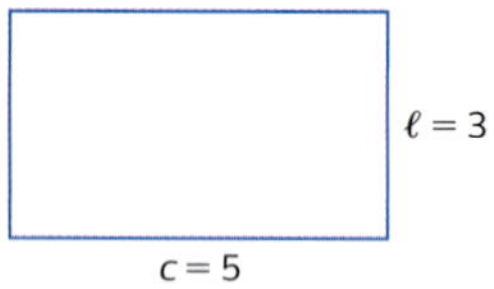

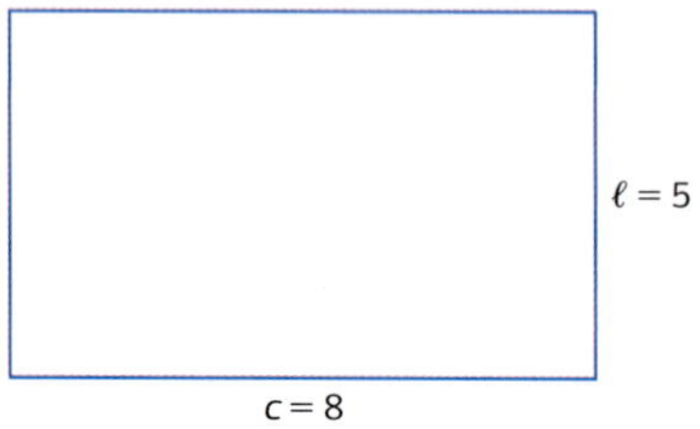

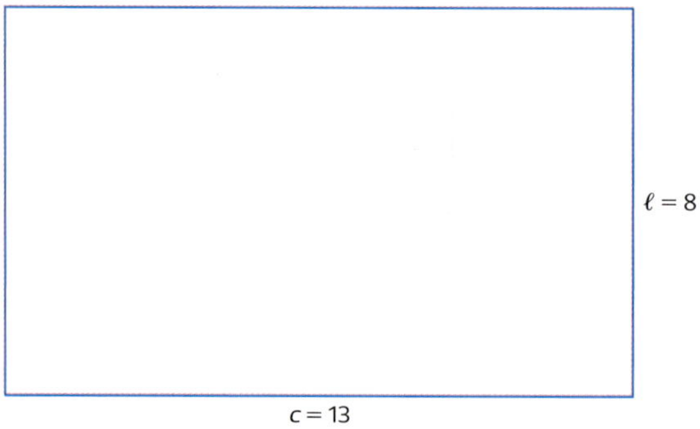

a) Qual é a razão aproximada entre as medidas do comprimento e da largura de cada retângulo? (Considerem apenas uma casa decimal.)

b) Escrevam as dimensões dos próximos três retângulos dessa sequência.

c) Qual é a razão aproximada entre a medida do comprimento e a medida da largura de cada um dos três novos retângulos?

d) Descubram como começou a sequência que vem a seguir e completem-na com mais três números:
1, 1, 2, 3, 5, 8, 13, 21, 34, 55, ______, ______, ______.

e) Essa sequência é conhecida como sequência de Fibonacci (leia mais a respeito disso no texto "A sequência de Fibonacci e a criação de coelhos", da seção *Leitura*, página 151). Comparem os números da sequência de Fibonacci a partir do quarto termo com as dimensões dos seis retângulos anteriores. O que vocês descobriram?

f) Usem a calculadora e dividam cada termo da sequência de Fibonacci pelo seu precedente. Por exemplo, 233 : 144; 144 : 89; etc. O que vocês descobriram?

Todo retângulo que tem a razão entre a medida de seu comprimento e a medida de sua largura igual ao número de ouro $\frac{\sqrt{5}+1}{2} \simeq 1{,}6$ é chamado de **retângulo de ouro**.

O número 1,6 é uma aproximação racional do número irracional 1,61803399..., valor de $\frac{\sqrt{5}+1}{2}$.

Por isso, consideramos retângulo de ouro todo retângulo no qual essa razão é aproximadamente 1,6.

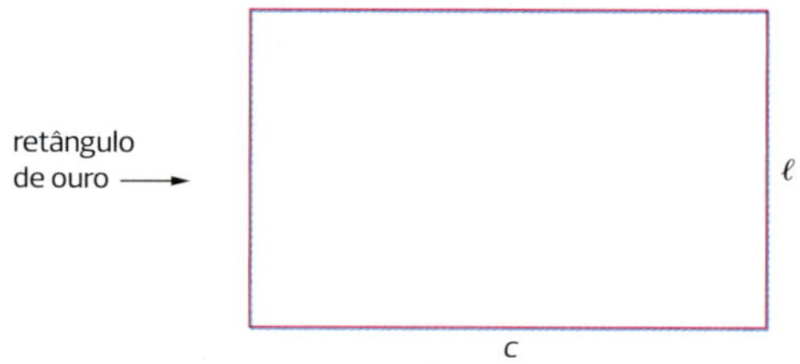

$$\frac{c}{\ell} = c : \ell = \frac{\sqrt{5}+1}{2} \simeq 1{,}6$$

Segundo os gregos, esse retângulo é o mais agradável aos olhos humanos, é o mais perfeito, o mais equilibrado, o mais harmonioso.

19. Construção de um retângulo de ouro

A construção de um retângulo de ouro é bem simples. Veja como devemos proceder.

Iniciamos com um quadrado $ABCD$.

Determinamos os pontos médios M de $\overline{DC}$ e N de $\overline{AB}$.

Com o compasso, traçamos dois arcos: um com centro em M e raio $\overline{MB}$ e outro com centro em N e raio $\overline{NC}$. Prolongamos os lados $\overline{AB}$ e $\overline{DC}$ até intersectarem esses arcos em E e F. Traçamos o segmento $\overline{EF}$.

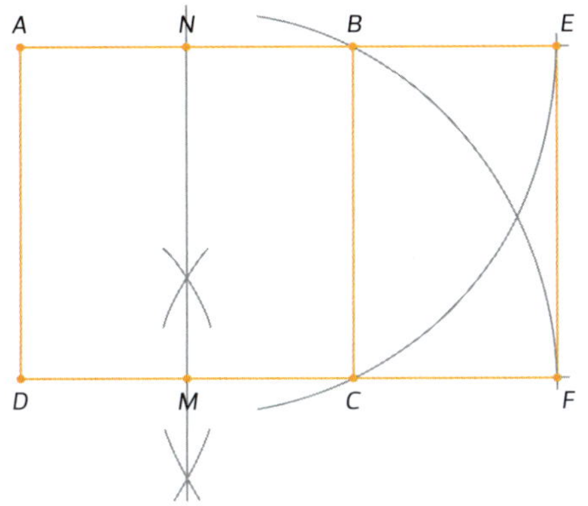

a) Confira se a razão entre as medidas do comprimento e da largura é de aproximadamente 1,6.

b) Você também pode construir um retângulo de ouro. Siga os passos acima e desenhe um retângulo de ouro com largura de 2 cm.

Você sabia?

É possível desenhar vários retângulos de ouro um dentro do outro e, com eles, traçar uma **espiral**, modelo matemático da concha do molusco náutilo.

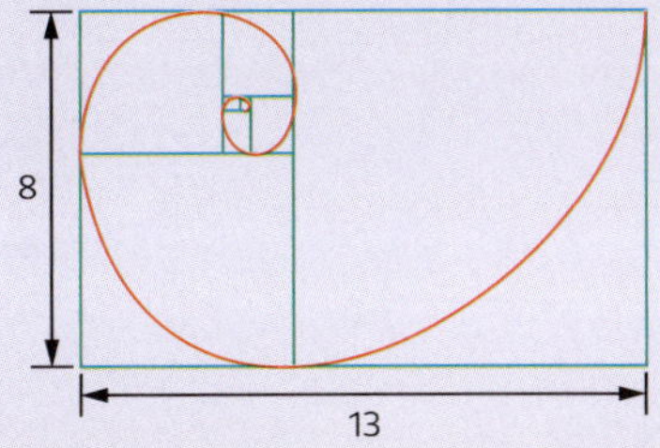

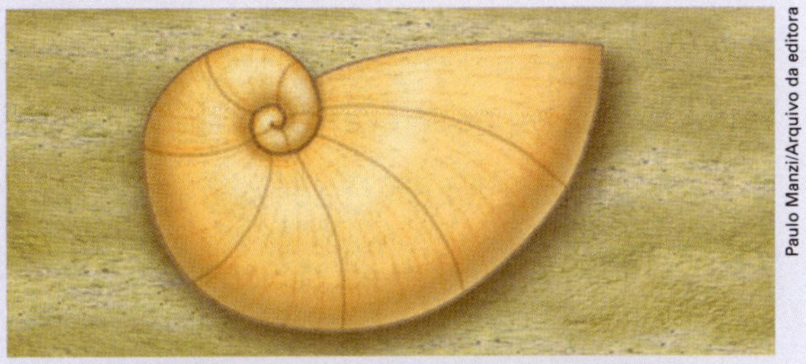

Representação artística da concha do molusco náutilo.

Concha do molusco náutilo em corte. Esse molusco mede cerca de 20 cm.

20. Considere o valor aproximado 1,6 para o número de ouro e complete as afirmações.

a) Em um retângulo de ouro, se o comprimento mede 5,6 cm, a largura mede aproximadamente ____________.

b) Se a largura de um retângulo de ouro é de 5,6 cm, a medida do comprimento é aproximadamente ____________.

c) Se o perímetro de um retângulo de ouro é de 104 cm, esse retângulo tem dimensões de aproximadamente ____________ por ____________.

21. Examine com atenção cada um destes três triângulos isósceles.

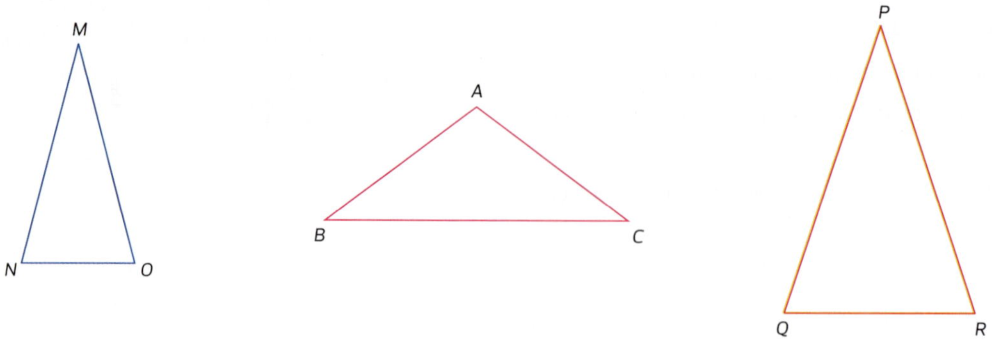

Agora, faça o que se pede.

a) Qual deles lhe parece mais equilibrado, mais harmonioso, mais bonito?

b) Use uma régua e meça os segmentos de reta $\overline{AB}$ e $\overline{BC}$; $\overline{MN}$ e $\overline{NO}$; $\overline{PQ}$ e $\overline{QR}$.

c) Com uma calculadora, determine o valor das razões $\frac{AB}{BC}$, $\frac{MN}{NO}$ e $\frac{PQ}{QR}$.

22. **Triângulo de ouro ou triângulo sublime**

Os gregos chamavam de **triângulo de ouro** ou **triângulo sublime** todo triângulo isósceles, como o da figura ao lado, que tem a razão $\frac{x}{a}$ com valor aproximado de 1,6 (aproximação de 1,618033989...). Segundo eles, esse triângulo era o mais belo, o mais equilibrado e o mais harmonioso aos nossos olhos.

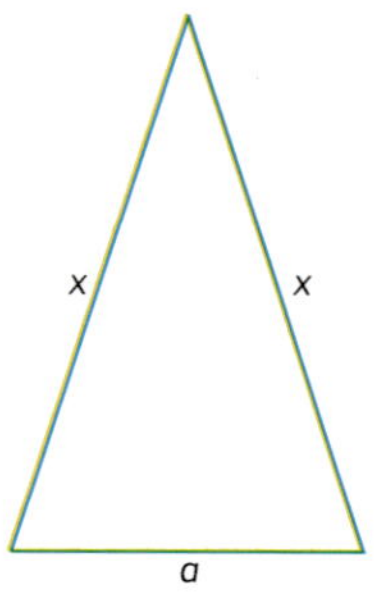

Responda:

a) No exercício anterior, qual dos triângulos é um triângulo de ouro?

b) E você, escolheu esse triângulo como o mais bonito?

23. Use 1,6 para o número de ouro e construa um triângulo de ouro com base de 2 cm.

24. Faça as medições necessárias e verifique, no pentágono regular desenhado abaixo, o valor aproximado da razão entre d (medida de uma diagonal) e ℓ (medida de um lado).

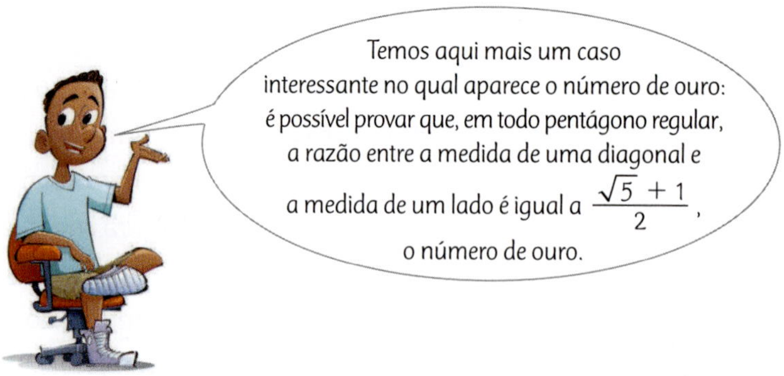

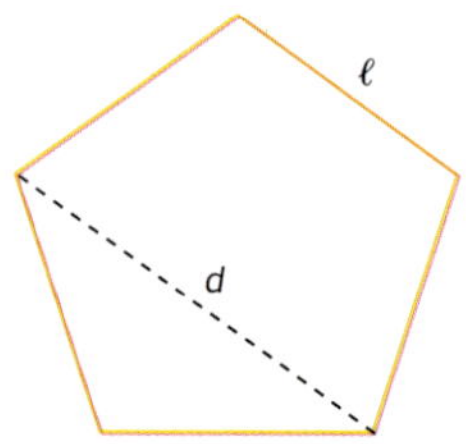

$$\frac{d}{\ell} = \frac{\sqrt{5}+1}{2}$$

Use essa propriedade e calcule a medida exata da diagonal de um pentágono regular cujo perímetro é de 30 cm.

Você sabia?

Há inúmeras aplicações do retângulo de ouro na arte, como na obra *O nascimento de Vênus*. Nela, o pintor italiano Sandro Botticelli (1445-1510), um dos mais importantes artistas do Renascimento, procurou representar o corpo de Vênus, deusa romana da beleza. A razão entre as dimensões do quadro (172,5 cm × 278,5 cm) é uma razão áurea. Verifique com uma calculadora.

Sandro Botticelli/Galeria Degli Uffizi, Florença, Itália

***O nascimento de Vênus*, 1485, têmpera sobre a tela, 172,5 cm × 278,5 cm, obra de Sandro Botticelli.**

Leitura

A sequência de Fibonacci e a criação de coelhos

No século XIII, o matemático Leonardo de Pisa visitou uma fazenda onde havia uma criação de coelhos e pôs-se a refletir sobre a reprodução rápida desses animais.

Supondo que cada casal gere um novo casal depois de dois meses e que, a partir daí, gere um casal todo mês, fica formada uma sequência especial com números naturais. Supondo que os coelhos tivessem vida eterna, a sequência seria infinita.

Esquematicamente, temos:

Mês	Casais	Número de casais	Casais que dão cria
1º	*A*	1	
2º	*A*	1	*A*
3º	*A*, *B*	2	*A*
4º	*A*, *B*, *C*	3	*A* e *B*
5º	*A*, *B*, *C*, *D*, *E*	5	*A*, *B* e *C*
6º	*A*, *B*, *C*, *D*, *E*, *F*, *G*, *H*	8	*A*, *B*, *C*, *D* e *E*
7º	*A*, *B*, *C*, *D*, *E*, *F*, *G*, *H*, *I*, *J*, *K*, *L*, *M*	13	*A*, *B*, *C*, *D*, *E*, *F*, *G* e *H*
etc.			

Stefano Bianchetti/Corbis/Latinstock

Fibonacci (Leonardo de Pisa)

Istvan Csak/ShutterStock/Glow Images

Casal de coelhos

Essa sequência, em que cada termo nos dá o número de casais de coelhos, é a **sequência de Fibonacci**, que você viu na página 148.

(1, 1, 2, 3, 5, 8, 13, 21, 34, 55, 89, 144, 233, ...)

Observe que obtemos um termo qualquer dessa sequência, a partir do 3º, somando os dois termos imediatamente anteriores a ele. Por exemplo: $3 = 2 + 1$; $34 = 21 + 13$; etc.

Além disso, a partir do 5º termo, a razão entre cada termo e seu precedente está sempre próxima de 1,6 (valor aproximado do número de ouro): $\frac{5}{3} = 1{,}666...$; $\frac{8}{5} = 1{,}6$; $\frac{13}{8} = 1{,}625$; e assim por diante.

Use uma calculadora e verifique com mais alguns termos.

Proporcionalidade e escala

Nos mapas, nas maquetes e nas plantas de construções, as dimensões no desenho e na realidade mantêm uma proporcionalidade que é definida por uma **escala**.

No mapa abaixo, a escala utilizada é de 1 : 1 000 000. Você se lembra do que é escala? Veja a explicação dada por Alterson.

Região metropolitana de Belém – PA

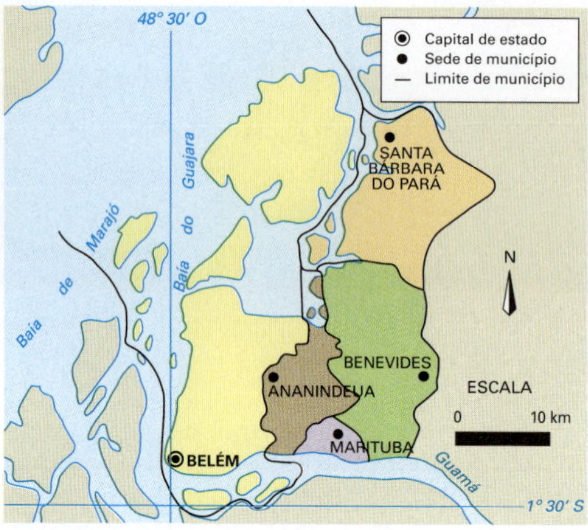

Alimaps/Arquivo da editora

Adaptado de: IBGE. *Atlas geográfico escolar*. 6. ed. Rio de Janeiro, 2012.

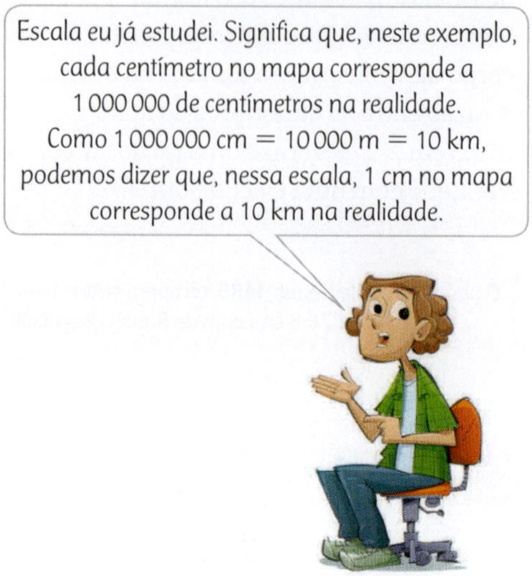

Exercícios e problemas

25. Com base na escala do mapa acima (1 : 1 000 000), calcule:

a) a distância real de duas cidades que estão separadas 1,7 cm no mapa;

b) a distância no mapa de duas cidades que estão afastadas 400 km uma da outra.

26. Na figura abaixo, estão representados dois cômodos da planta de uma casa. A sala real é quadrada com lados de 6 m.

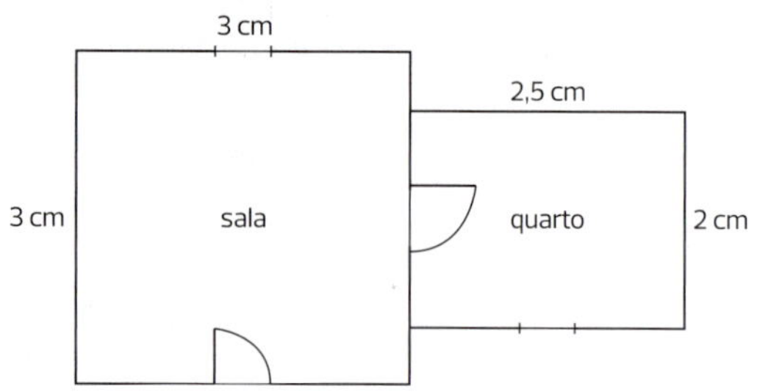

Determine:

a) a escala em que está desenhada esta planta;

b) as dimensões reais do quarto da figura.

Agora, faça o desenho, nessa escala, da cozinha dessa casa, que tem 4,8 m por 3,6 m, uma porta e uma janela.

27. A maquete de um prédio é uma redução, em escala, em três dimensões. Na maquete, todas as medidas de comprimento são proporcionais às medidas reais correspondentes.

Examine as fotografias abaixo.

Zhao Jian Kang/Shutterstock/Glow Images

Centro Financeiro Mundial de Xangai, 4º edifício mais alto do mundo em 2014.

Zhu Gang/Imaginechina/Getty Images

Maquete do edifício

O edifício da fotografia, de 492 m de altura, está representado na maquete com escala 1 : 500.

a) Qual é a altura do edifício na maquete?

b) Se a porta da frente do edifício tem, na maquete, 3,9 mm de altura, qual é a altura real da porta?

c) Se a largura real das portas é de 75 cm, qual é a largura das portas na maquete?

Proporcionalidade em triângulos retângulos com ângulo de 30°

Realize as atividades a seguir para descobrir um novo caso de proporcionalidade em Geometria e aplicá-lo na resolução de problemas.

Exercícios e problemas

28. Com régua e transferidor, construa os três triângulos retângulos indicados abaixo.

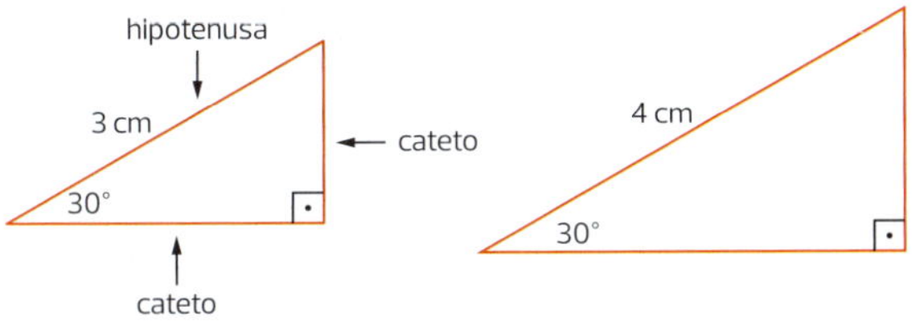

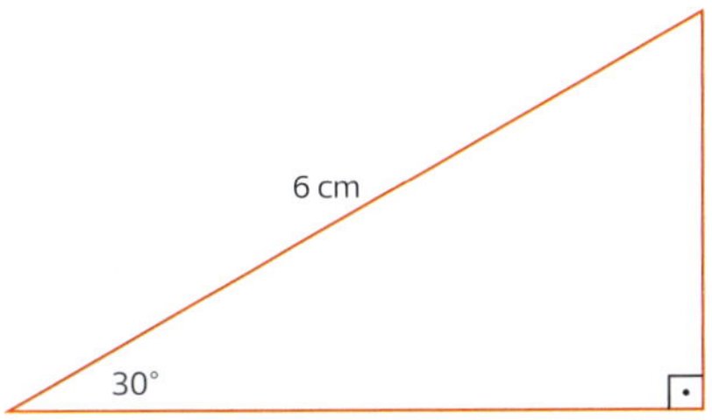

Temos aqui mais um caso de proporcionalidade na Geometria.

Faça o que se pede.

a) Quais são as medidas dos três ângulos em cada triângulo?

b) Meça o lado menor de cada triângulo.

c) Calcule em cada triângulo a razão entre a medida do lado menor (oposto ao ângulo de 30°) e a medida do lado maior (oposto ao ângulo de 90°).

Você sabia?

Em todos os triângulos retângulos que têm um ângulo de 30°, a razão

$$\frac{\text{medida do cateto oposto ao ângulo de 30°}}{\text{medida da hipotenusa}}$$

é igual a $\frac{1}{2}$.

Essa razão constante é denominada seno de 30°.

29. Qual é a altura do avião em relação ao chão na figura abaixo?

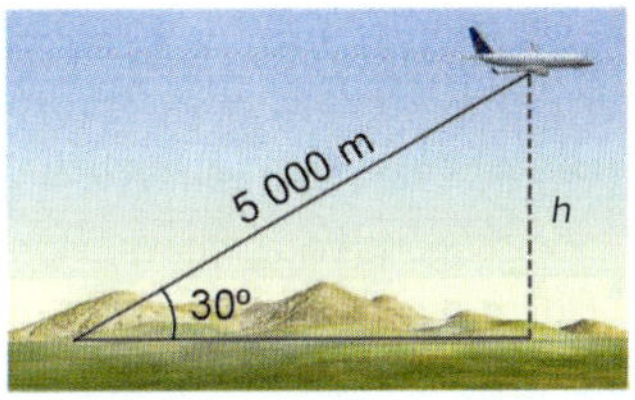

Ilustrações: Paulo Manzi/ Arquivo da editora

30. Na figura abaixo, as medidas de comprimento são dadas em metros. Determine o perímetro e a área da região retangular *ABCD*.

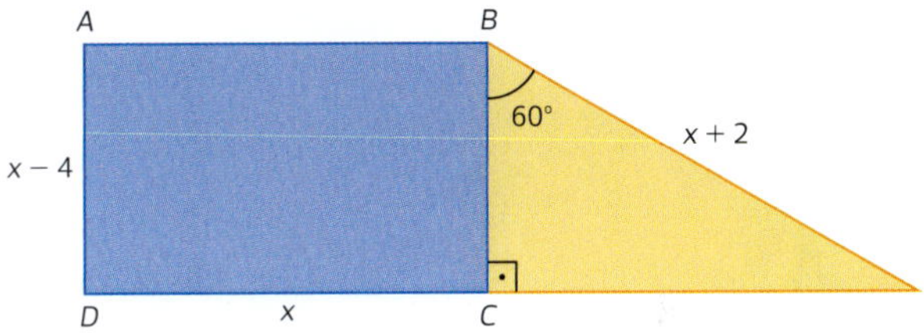

31. A 50 metros da base de uma encosta, encontra-se uma árvore cuja base do tronco forma um ângulo de elevação de 60° até o topo da encosta. Que medida deve ter um cabo para ligar a base do tronco da árvore ao topo da encosta?

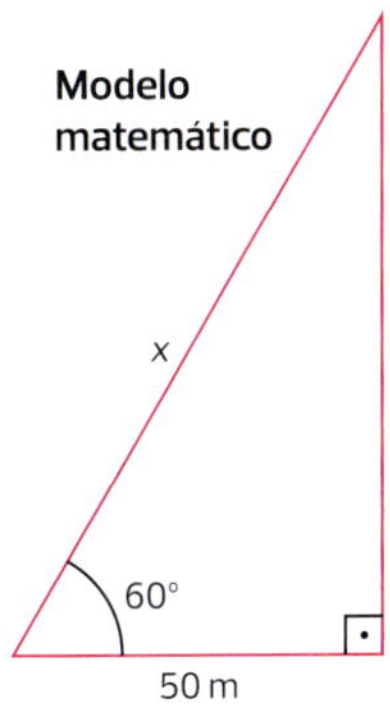

4 Feixe de retas paralelas e o teorema de Tales

Duas ou mais retas de um mesmo plano formam um **feixe de retas paralelas** quando, tomadas duas a duas, são sempre paralelas. Na figura ao lado, as retas *r*, *s* e *t* formam um feixe de retas paralelas ($r // s$, $r // t$ e $s // t$). Indicamos assim: $r // s // t$.

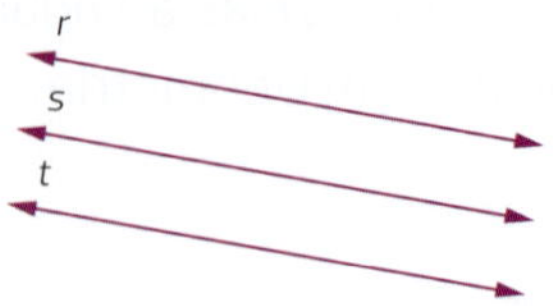

Se uma reta corta uma das retas de um feixe de paralelas, então ela corta também as demais. Dizemos que essa reta é **transversal ao feixe de paralelas**. Na figura ao lado, as retas *a*, *b*, *c* e *d* formam um feixe de paralelas e a reta *t* é uma transversal a esse feixe.

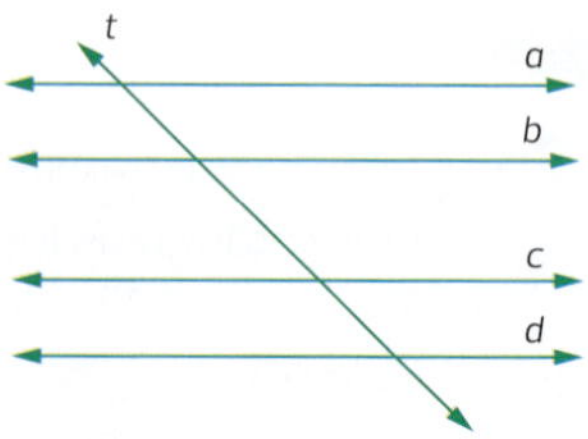

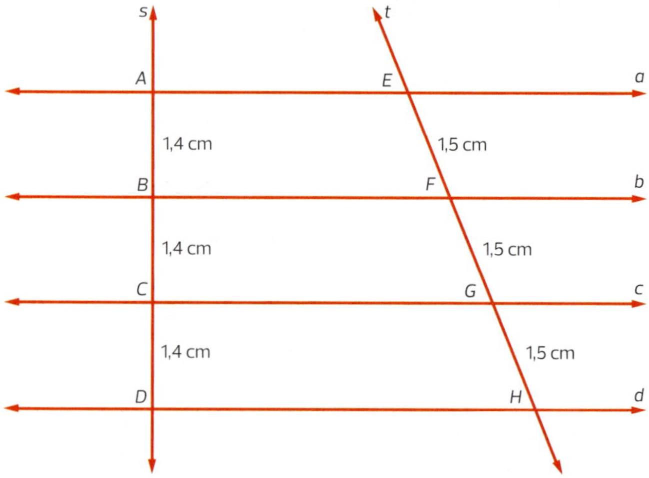

Em seguida, Ana mediu cuidadosamente o comprimento dos segmentos de reta *EF*, *FG* e *GH* e constatou que eles também tinham a mesma medida, que era de 1,5 cm. Assim, ela pôde escrever:

$$\frac{AB}{BC} = \frac{EF}{FG} = 1, \text{ pois } \frac{1,4}{1,4} = \frac{1,5}{1,5} = 1$$

Faça o mesmo

Trace uma reta *r* e marque nela quatro pontos, *P*, *Q*, *R* e *S*, distantes um do outro 2 cm. Trace retas paralelas entre si passando por esses pontos. Depois, trace uma reta transversal *v* ao feixe de paralelas formado, obtendo os pontos *X*, *Y*, *Z* e *W*. Meça cuidadosamente os comprimentos dos segmentos de reta $\overline{XY}$, $\overline{YZ}$ e $\overline{ZW}$. O que ocorreu?

Repita essa experiência algumas vezes com medidas diferentes e escreva uma conjectura, ou seja, uma hipótese, sobre os resultados obtidos.

Na atividade acima, você fez uma constatação empírica, ou seja, concreta, de uma importante propriedade. Agora, vamos demonstrar essa propriedade, mostrando que ela vale sempre.

Propriedade de um feixe de paralelas

Vamos considerar um feixe de retas paralelas em que todas as retas são equidistantes entre si e uma reta t transversal que corta esse feixe de paralelas.

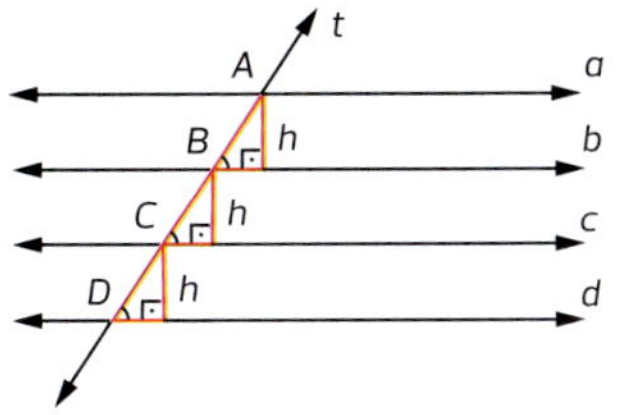

Nesse caso, $\overline{AB}$, $\overline{BC}$ e $\overline{CD}$ são congruentes, ou seja, $AB = BC = CD$ (AB indica a medida de $\overline{AB}$), uma vez que os triângulos destacados são todos congruentes entre si (caso LAA_o).

Logo, $\frac{AB}{BC} = \frac{BC}{CD} = 1$ (I)

Agora, traçamos outra reta transversal s ao mesmo feixe de paralelas. Vamos demonstrar que $\overline{EF}$, $\overline{FG}$ e $\overline{GH}$ são também congruentes, ou seja, $EF = FG = GH$.

Para isso, devemos provar que $EF = FG$ e $FG = GH$.

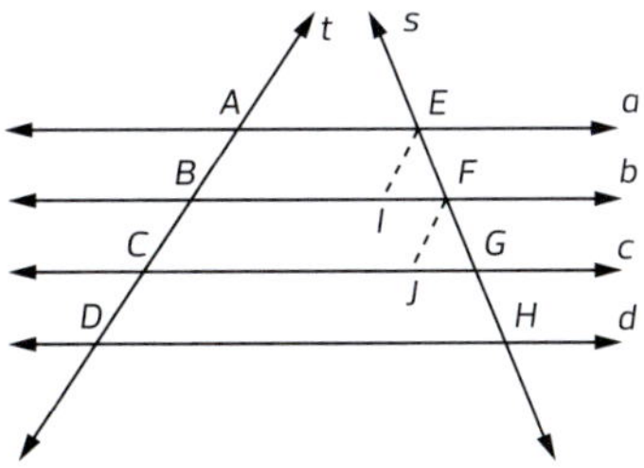

Isso acarreta que $AB = EI$ e $BC = FJ$. Como $AB = BC$, então, $EI = FJ$.

Observe que:

- $EI = FJ$ (**L**);
- $I\hat{E}F = J\hat{F}G$ (**A**) (ângulos correspondentes);
- $I\hat{F}E = J\hat{G}F$ ($\mathbf{A_o}$) (ângulos correspondentes).

Assim, os triângulos EIF e FJG são congruentes pelo caso LAA_o. Portanto, $\overline{EF}$ e $\overline{FG}$ são congruentes.

Usando o mesmo raciocínio, podemos demonstrar que $\overline{FG}$ e $\overline{GH}$ são congruentes.

Assim, $\overline{EF}$, $\overline{FG}$ e $\overline{GH}$ são congruentes e podemos escrever:

$\frac{EF}{FG} = \frac{FG}{GH} = 1$ (II)

Comparando (I) e (II), concluímos que:

$$\frac{AB}{BC} = \frac{EF}{FG}$$

Dessa forma, fica demonstrada a propriedade:

Se um feixe de retas paralelas determina segmentos de reta congruentes sobre uma transversal, também determina segmentos de reta congruentes sobre qualquer outra reta transversal.

Teorema de Tales

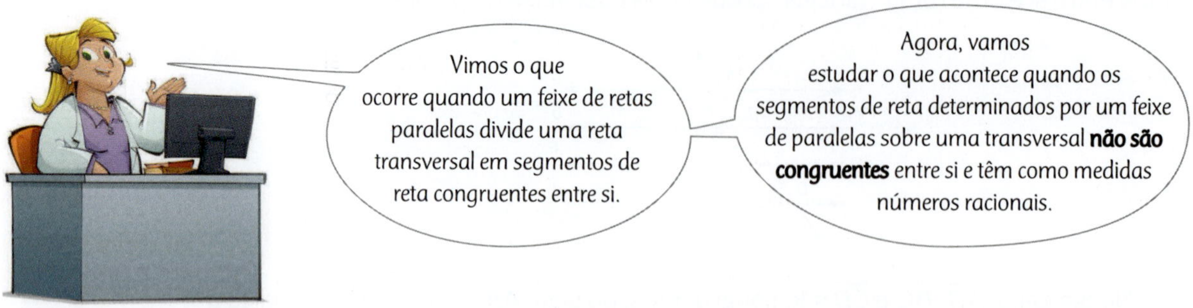

Considere um feixe de três retas paralelas *r*, *s* e *v* cortado por uma transversal *t*. Traçamos outra transversal qualquer *u*.

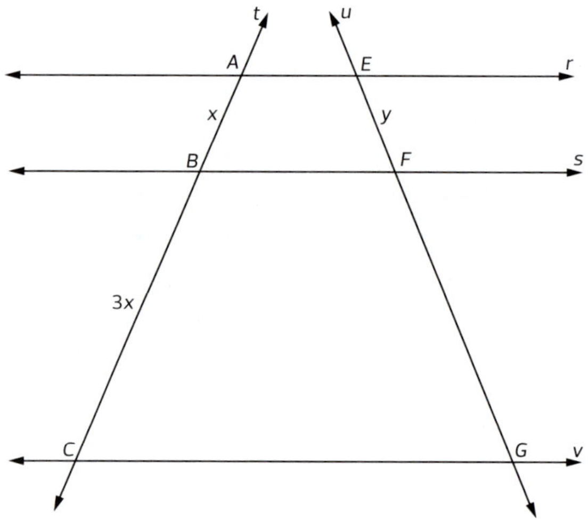

Nesse caso particular, $AB = x$ cm, $BC = 3x$ cm e $\frac{AB}{BC} = \frac{1x}{3x} = \frac{1}{3}$. (I)

Se você medir os segmentos de reta $\overline{EF}$ e $\overline{FG}$, poderá constatar (salvo pequenos erros de medição) que $EF = y$ cm e $FG = 3y$ cm, ou seja, $\frac{EF}{FG} = \frac{1y}{3y} = \frac{1}{3}$. (II)

De (I) e (II), é possível concluir que $\frac{AB}{BC} = \frac{EF}{FG}$, ou seja, *AB*, *BC*, *EF* e *FG* formam uma proporção.

Repita esse procedimento algumas vezes para você constatar empiricamente que isso sempre ocorre.

Demonstração

Agora, vamos demonstrar, ou seja, deduzir essa propriedade mostrando que ela vale sempre para qualquer feixe de retas paralelas cortado por duas retas transversais quaisquer.

Consideremos as retas $a // b // c$, que determinam, sobre a transversal t, os segmentos de reta $\overline{AB}$ e $\overline{BC}$, e, sobre a transversal s, os segmentos de reta $\overline{A'B'}$ e $\overline{B'C'}$.

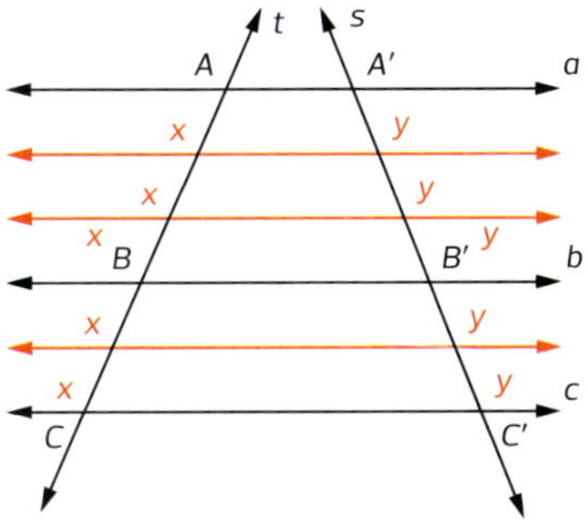

Vamos mostrar que os segmentos de reta $\overline{AB}$ e $\overline{BC}$, que possuem medidas racionais, são proporcionais aos segmentos de reta $\overline{A'B'}$ e $\overline{B'C'}$, ou seja:

$$\frac{AB}{BC} = \frac{A'B'}{B'C'}$$

Dividimos o segmento de reta AB em p partes e o segmento de reta BC em q partes, todas de medida x. No exemplo dado, $p = 3$ e $q = 2$.

Pelo que vimos na propriedade anterior, ao traçarmos as paralelas indicadas em vermelho, elas determinam, em s, segmentos de reta de mesma medida. Nesse caso, indicamos essa medida por y.

Assim, temos:

$$\frac{AB}{BC} = \frac{p \cdot x}{q \cdot x} = \frac{p}{q} \quad \text{(I)} \qquad \frac{A'B'}{B'C'} = \frac{p \cdot y}{q \cdot y} = \frac{p}{q} \quad \text{(II)}$$

Comparando as igualdades (I) e (II), podemos escrever a proporção:

$$\frac{AB}{BC} = \frac{A'B'}{B'C'}$$

Este é, portanto, o **teorema de Tales**:

Um feixe de retas paralelas determina, sobre duas transversais, segmentos de reta proporcionais.

Observações:

1ª) A demonstração pode ser estendida para feixes com mais de três retas paralelas.

2ª) Os matemáticos já provaram que a proporção $\frac{AB}{BC} = \frac{A'B'}{B'C'}$ vale também para quando as medidas AB, BC, $A'B'$, $B'C'$ são dadas por números irracionais.

32. Use o teorema de Tales e determine o valor de x em cada figura, considerando os valores de cada item dados na mesma unidade de medida.

a) $a // b // c$

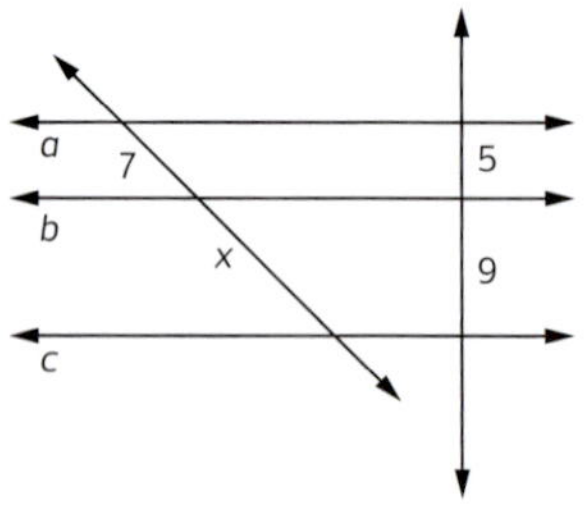

b) $a // b // c$ e $x + y = 15$

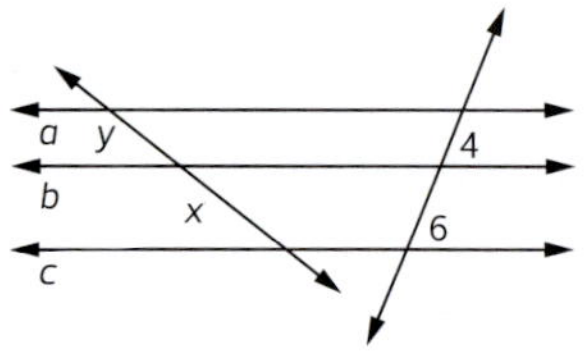

33. Observe a figura abaixo, que tem um feixe de retas paralelas cortado por duas transversais.

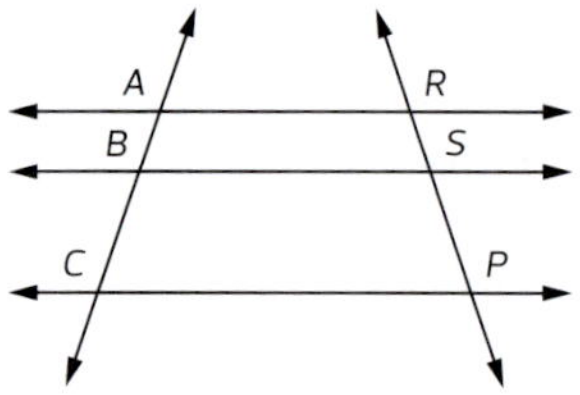

Assinale somente as afirmações verdadeiras entre as que seguem abaixo.

a) $\frac{AB}{BC} = \frac{RS}{SP}$

b) $\frac{BC}{SP} = \frac{AB}{RS}$

c) $\frac{RP}{RS} = \frac{AC}{AB}$

d) $\frac{AC}{RP} = \frac{BC}{SP}$

e) $\frac{AB}{RS} = \frac{SP}{BC}$

f) $\frac{AC}{BC} = \frac{RP}{SP}$

g) $\frac{BC - AB}{AB} = \frac{SP - RS}{RS}$

h) $\frac{AB}{BC} = \frac{SP}{RS}$

34. Retome e resolva a situação-problema da introdução do capítulo, na página 141.

35. Avaliação de resultados

Os alunos de uma classe calcularam o valor de x e de y na figura abaixo, em que $a // b // c$ e $x + y = 14$.

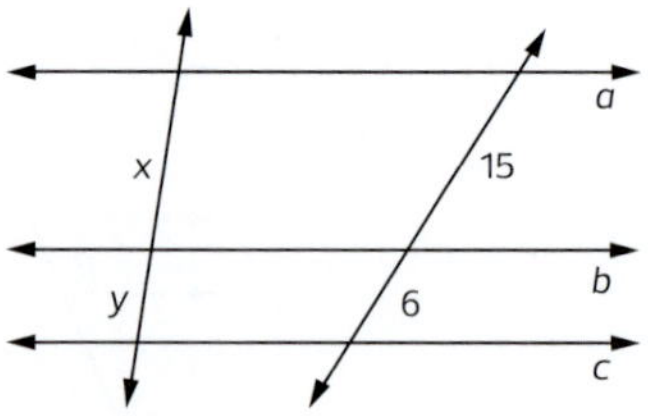

Após a resolução eles fizeram algumas afirmações sobre os resultados obtidos.

Resolva você também em seu caderno copiando apenas as afirmações corretas.

a) x é maior do que y

b) x é o dobro de y

c) $x = \frac{2y}{5}$

d) $y = \frac{2x}{5}$

e) $x - y = 6$

36. Um feixe de quatro retas paralelas determina, sobre uma transversal r, segmentos de reta de medidas 2 cm, 3 cm e 4 cm, e, sobre uma transversal s, determina segmentos de reta de medidas x, y e z, cuja soma é igual a 27 cm. Calcule a medida de cada um dos segmentos de reta x, y e z determinados sobre s.

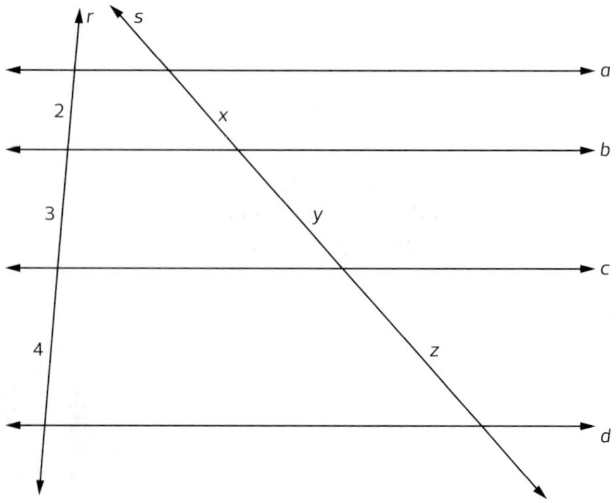

Aplicações do teorema de Tales

Divisão de um segmento de reta em partes iguais

Observe na construção abaixo como o segmento de reta *AB* foi dividido em três partes iguais.

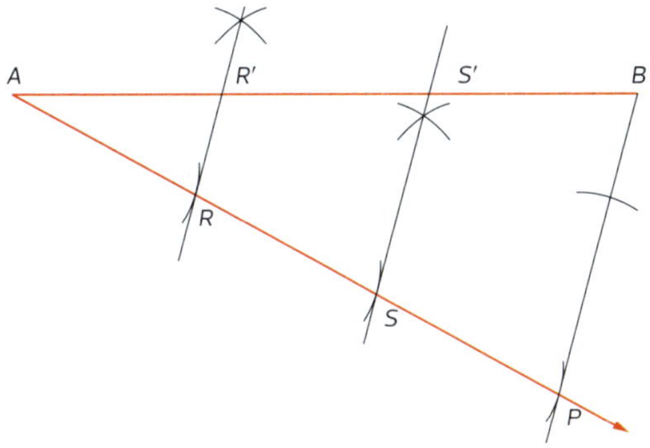

1º) Traçamos uma semirreta com origem em *A* e que forma um ângulo agudo com $\overline{AB}$.

2º) Com uma abertura qualquer do compasso, obtemos os pontos *R*, *S* e *P*, de modo que $AR = RS = SP$.

3º) Ligamos *P* com *B*.

4º) Traçamos a reta que passa por *S* e é paralela a $\overline{PB}$, obtendo S'.

5º) Traçamos a reta que passa por *R* e é paralela a $\overline{SS'}$, obtendo R'.

O teorema de Tales garante que $\overline{AR'}$, $\overline{R'S'}$ e $\overline{S'B}$ são congruentes, pois $\overline{AB}$ e $\overline{AP}$ são duas transversais de um feixe de paralelas.

Teorema da bissetriz de um ângulo interno em um triângulo

Em todo triângulo, a bissetriz de qualquer ângulo interno divide o lado oposto a ele em duas partes proporcionais aos lados que formam esse ângulo.

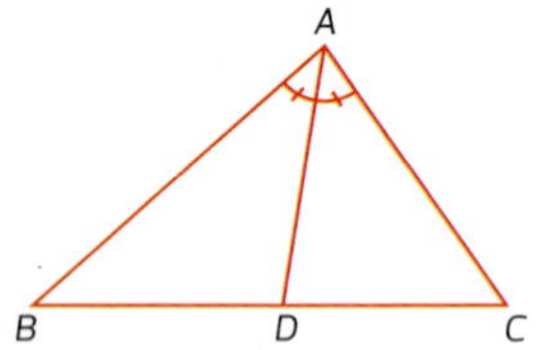

Vamos demonstrar esse teorema considerando a bissetriz $\overline{AD}$ no $\triangle ABC$ ao lado e mostrando que $\dfrac{BD}{DC} = \dfrac{AB}{AC}$.

Para isso, prolongamos $\overline{BA}$ e traçamos a semirreta de origem em C e paralela à bissetriz $\overline{AD}$, obtendo o ponto E.

No $\triangle BEC$, temos $\overline{AD} \,//\, \overline{EC}$; logo, usando o teorema de Tales, temos: $\dfrac{BD}{DC} = \dfrac{AB}{AE}$. (I)

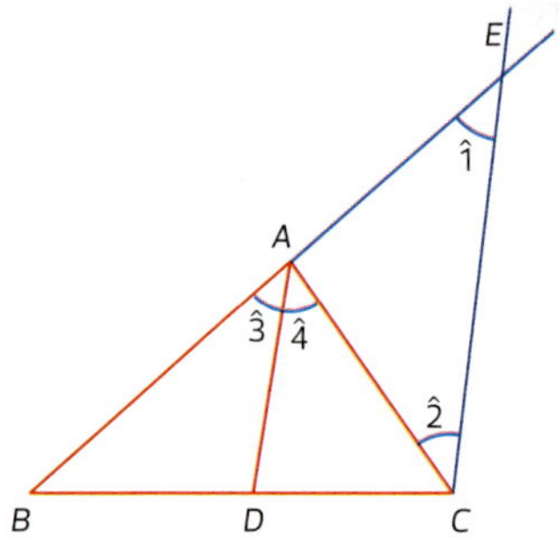

Analisando a figura, vemos que:

- $\hat{3} \cong \hat{4}$, pois $\overline{AD}$ é bissetriz do $\hat{A}$.
- $\hat{3} \cong \hat{1}$, pois são correspondentes de paralelas cortadas por transversal.
- $\hat{4} \cong \hat{2}$, pois são alternos internos de paralelas cortadas por transversal.

Então, $\hat{1} \cong \hat{2}$. Daí, podemos afirmar que o $\triangle ACE$ é isósceles de base $\overline{EC}$. Desse modo, temos que $AE = AC$. (II)

Comparando (II) e (I), chegamos à proporção que queríamos mostrar: $\dfrac{BD}{DC} = \dfrac{AB}{AC}$.

Exercícios

37. Usando régua não graduada e compasso:

a) trace um segmento de reta qualquer EF na posição vertical e divida-o em três partes iguais;

b) trace um segmento de reta qualquer AB e divida-o em 5 partes iguais.

38. Em um $\triangle PQR$, temos $PQ = 10$ cm, $QR = 20$ cm e $RP = 15$ cm. O ponto X pertence a $\overline{PQ}$, o ponto Y pertence a $\overline{PR}$, e $\overline{XY}$ é paralelo a $\overline{QR}$. Sabendo que PX = 6 cm, calcule XQ, PY e YR.

39. Calcule o valor de x em cada item abaixo.

a) 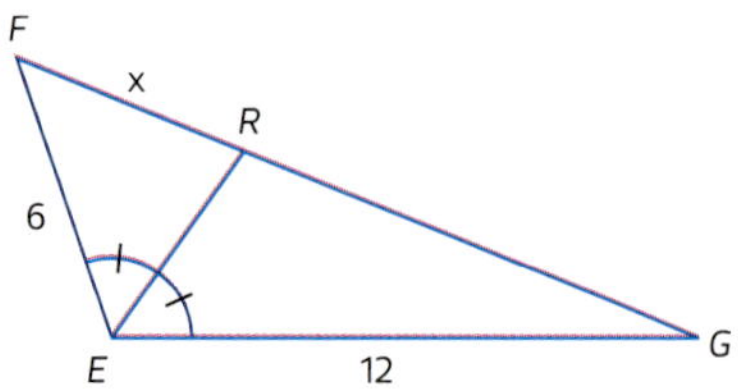

$\overline{ER}$ é bissetriz do $\triangle FEG$. $\overline{FG}$ mede 15.

b) 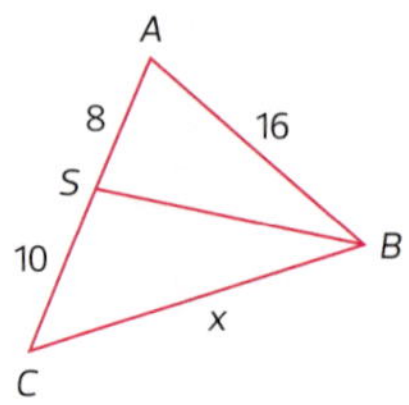

$\overline{BS}$ é bissetriz do $\triangle ABC$.

c) 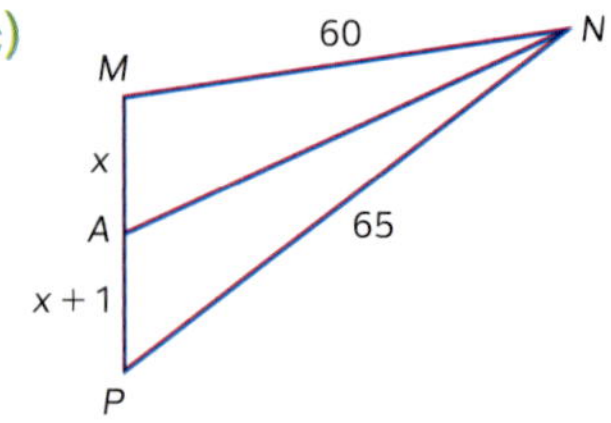

$\overline{NA}$ é bissetriz do $\triangle MNP$.

5 Outras situações que envolvem proporcionalidade em Geometria

Agora, você vai aplicar o que estudou em mais algumas situações.

Exercícios e problemas

40. A maquete de um prédio foi feita na escala 1 : 40. Nessa maquete a janela tem base de 4 cm e altura de 3 cm.
Quais são as medidas reais da janela?

Paulo Manzi/Arquivo da editora

41. Calcule o perímetro do triângulo *ABC* sabendo que $\overline{BC} \,//\, \overline{DE}$. Admita todas as medidas em centímetros.

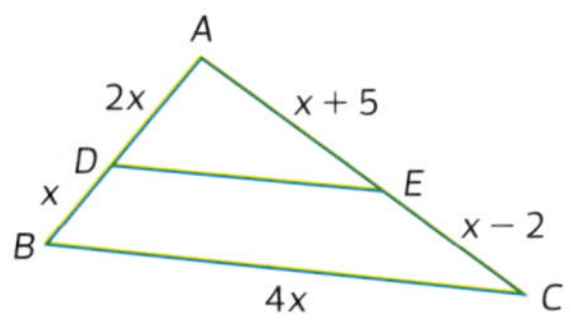

42. Se as retas *a*, *b*, *c* e *d* são paralelas, use o que você estudou sobre feixe de paralelas cortado por transversais para calcular *x* e *y*.

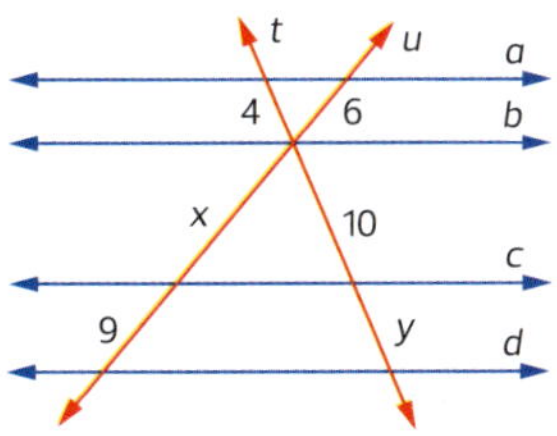

43. Projeto em equipe: descobrindo a altura da escola
Você e seus colegas vão determinar a altura aproximada do prédio de sua escola. Para isso, vão precisar de uma fita métrica e escolher determinado horário em um belo dia de sol.
Etapas do trabalho:
1ª) Escolham um dia de sol e vão todos para o pátio.
2ª) Meçam o comprimento da sombra do prédio da escola.
3ª) Meçam a altura de um aluno e sua respectiva sombra.
4ª) Estabeleçam uma proporção adequada e calculem o valor procurado.

Mauro Souza/Arquivo da editora

Raciocínio lógico

Uma peça de tecido tinha 20 m de comprimento. A cada dia, um vendedor corta um pedaço de 2 m. Em que dia ele fará o último corte, se fez o primeiro no dia 1º?

Tratamento da informação

Interpretação de tabelas e construção de gráficos

44. Um pouco da história do automobilismo

O automobilismo foi criado poucos anos após o engenheiro mecânico alemão Karl Benz (1844-1929) patentear o primeiro automóvel movido a motor de combustão interna, em 1886.

A primeira corrida oficial de automóveis ficou conhecida como Paris-Rouen e foi realizada em 22 de julho de 1894, na França. O percurso ia da capital Paris até a cidade de Rouen, abrangendo 126 km. O primeiro a completar essa distância foi o francês Jules Albert de Dion, que não recebeu o prêmio por terem considerado que seu carro não atendia às especificações técnicas do campeonato. O prêmio oficial foi concedido, então, ao francês George Lemaître.

Ao longo dos anos, o automobilismo foi evoluindo. Os carros foram se modernizando e apresentando cada vez mais inovações tecnológicas.

Atualmente, o automobilismo é um dos esportes mais populares do mundo, englobando várias modalidades, desde as corridas de *kart*, passando pelas corridas de *Stock Car*, Fórmula 3, Fórmula 3 000, até a modalidade mais famosa, a Fórmula 1.

Nessa modalidade, por exemplo, destacaram-se vários pilotos brasileiros, entre eles, Ayrton Senna (1960-1994), Nelson Piquet (1952-), Emerson Fittipaldi (1946-), Rubens Barrichello (1972-) e Felipe Massa (1981-).

Mike Hewitt/Getty Images

Ayrton Senna ergue o troféu após vencer o Grande Prêmio da Europa de Fórmula 1, em 1993.

Observe o quadro abaixo, que mostra os maiores vencedores da Fórmula 1, até 2014.

Os maiores vencedores da Fórmula 1

Ranking	Nome do piloto	País de origem	Número de vitórias
1º	Michael Schumacher	Alemanha	91
2º	Alain Prost	França	51
3º	Ayrton Senna	Brasil	41
4º	Sebastian Vettel	Alemanha	39
5º	Lewis Hamilton	Inglaterra	33
6º	Fernando Alonso	Espanha	32
7º	Nigel Mansell	Inglaterra	31
8º	Jackie Stewart	Escócia	27
9º	Niki Lauda	Áustria	25
9º	Jim Clark	Escócia	25
10º	Juan Manuel Fangio	Argentina	24

Fonte: Corrida F1. Disponível em: <www.corridadeformula1.com> Acesso em: 14 maio 2015.

a) Há quantos anos ocorreu a primeira corrida oficial de automóveis?

b) Qual é a média aritmética do número de vitórias dos quatro maiores vencedores da Fórmula 1?

c) Qual é a moda do número de vitórias dos maiores vencedores da Fórmula 1?

d) Construa um gráfico de colunas com os quatro maiores vencedores da Fórmula 1 e seus respectivos números de vitórias.

Outros contextos

45. Área gráfica

Entre os padrões de tamanho de papel, o *sistema internacional* (A4 e derivados) é o mais adotado na maioria dos países. O formato-base desse sistema é uma folha de papel com 1 m^2 de área (tamanho A0). A grande vantagem desse sistema é a proporção entre os lados do papel, que é a mesma em todos os tamanhos do padrão. A razão entre os dois lados é sempre igual a $\sqrt{2}$.

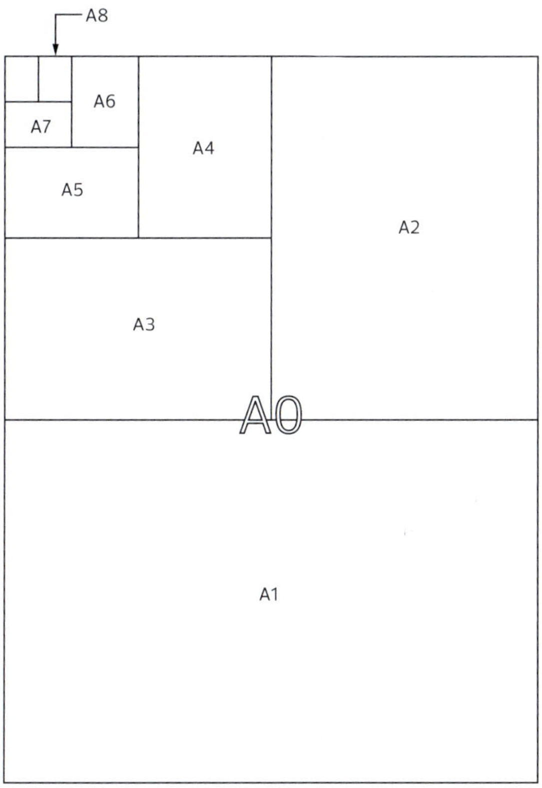

46. Arquitetura e Engenharia civil

No projeto para a construção de uma casa, foi planejada a colocação de uma porta e de uma janela em uma parede com base de 8 m e altura de 4,8 m.

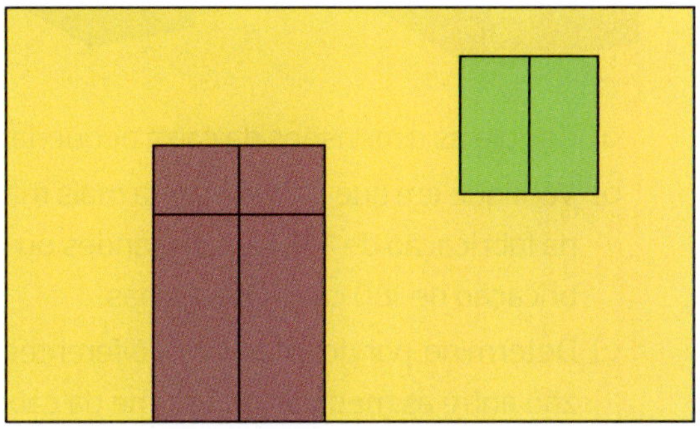

a) Calcule as medidas da porta e da janela considerando as seguintes informações:
- a razão entre a medida da base da porta e a medida da base da parede é $\frac{1}{4}$;
- a razão entre a medida da altura da porta e a medida da altura da parede é $\frac{2}{3}$;
- a janela tem a forma quadrada e cada um de seus lados mede $\frac{4}{5}$ da medida da base da porta.

b) Faça um desenho da parede com a porta e a janela, na escala 1 : 160. Você escolhe a posição da porta e da janela.

47. Localização de cidades

Use o mapa abaixo e descubra qual é a distância real entre as cidades **A** e **B**.

Brasil – Minas Gerais e Paraná

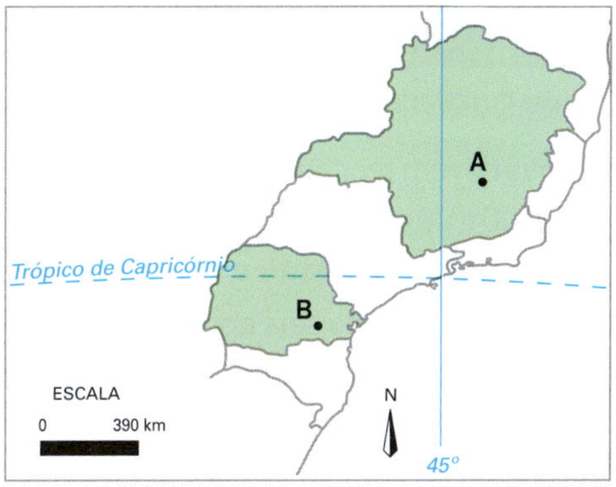

Adaptado de: IBGE. *Atlas geográfico escolar*. 6. ed. Rio de Janeiro, 2012.

48. Produção industrial

Uma indústria de embalagens fabrica dois tipos de caixa para presentes: grande e pequena. A razão entre as dimensões correspondentes da caixa pequena para a caixa grande é de 5 para 7.

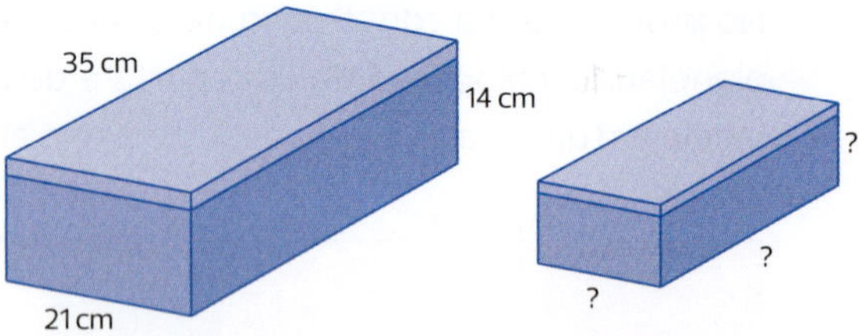

a) Calcule as dimensões da caixa pequena.

b) Verifique em que caso se gasta mais material: na fabricação de 100 caixas grandes ou na fabricação de 180 caixas pequenas.

c) Determine, por dois caminhos diferentes, a razão entre as medidas do volume da caixa pequena e do volume da caixa grande, nessa ordem.

49. Espaço empresarial

Em uma empresa de *telemarketing*, há um salão retangular de 10 m por 11 m, no qual devem ser montadas três salas para os operadores receberem e realizarem ligações.

Jackson Romanelli/EM/D.A Press

Empresa de *telemarketing*

As salas devem ter capacidade, respectivamente, para 15, 10 e 20 cabines, além de um escritório para a supervisão, com 20 m^2.

a) Se a área de cada sala deve ser proporcional à quantidade de cabines, qual deve ser a área de cada sala?

b) Faça um desenho na escala de 1 cm para cada metro que satisfaça as condições do problema.

50. Miniaturas

As imagens desta página não estão representadas em proporção.

Muitas pessoas têm o hábito de colecionar miniaturas de automóveis, uma paixão que atrai desde crianças e jovens até os mais velhos. Muitas empresas, inclusive, acabam se especializando nessa prática, reproduzindo miniaturas de veículos reais e até mesmo daqueles retirados de filmes e desenhos animados.

Acompanhe a situação a seguir.

Uma empresa fabricante de miniaturas de automóveis deseja construir uma réplica de um modelo como o da fotografia abaixo.

Phil Talbot/Alamy/Glow Images

Veículo original

Insadco Photography/Alamy

Miniatura

Considere que as escalas de fabricação dessa empresa são:

- 2 : 25
- 1 : 16
- 1 : 18
- 1 : 20
- 1 : 24

a) Se a miniatura do veículo da fotografia está na escala de 1 : 18 e mede 25 cm de comprimento, qual é a medida do comprimento:
- do veículo original?
- da miniatura na escala 1 : 20?
- da miniatura na escala 2 : 25 ?

b) Entre as escalas 1 : 16 e 1 : 20, qual resulta em uma miniatura de comprimento maior? Justifique sua resposta.

Praticando um pouco mais

1. (Cesgranrio-RJ) As retas *r* e *s* da figura são paralelas cortadas pela transversal *t*. Se o ângulo $\hat{B}$ é o triplo de $\hat{A}$, então quanto vale $B - A$?

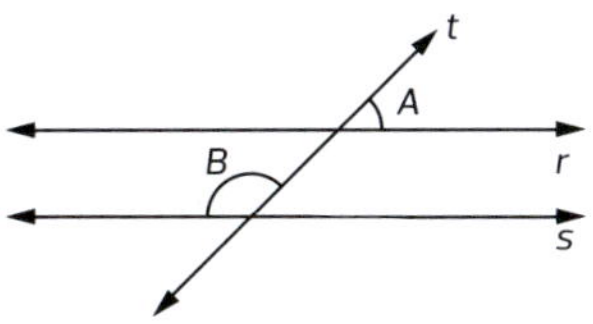

2. (PUC-MG) Em um mapa, o parque turístico **P** e as cidades **A**, **B**, **C** e **D** estão dispostos conforme a figura abaixo, sendo $\overline{AB}$ paralelo a $\overline{CD}$.

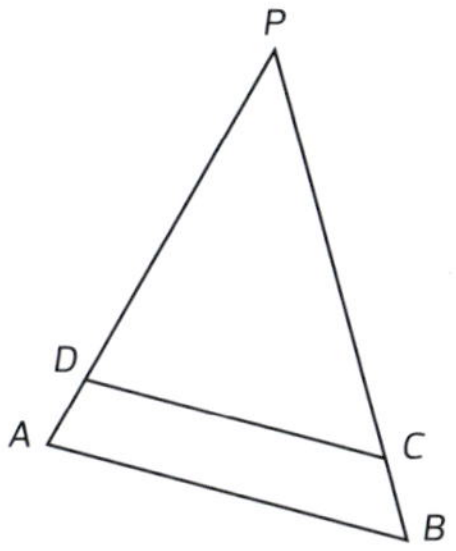

Sabendo-se que, na realidade, $AB = 40$ km, $AD = 30$ km e $DC = 25$ km, a distância da cidade **A** até o parque **P**, em quilômetro, é:

a) 65.
b) 70.
c) 75.
d) 80.

3. (Vunesp – Adaptado) Considere três retas paralelas, *r*, *s* e *t*, cortadas por duas outras retas, conforme a figura.

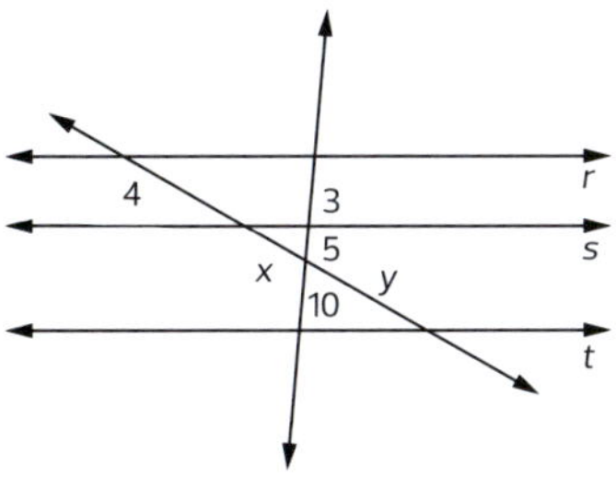

As medidas dos segmentos identificados por *x* e *y* são, respectivamente:

a) $\frac{3}{20}$ e $\frac{3}{40}$.
b) 6 e 11.
c) 9 e 13.
d) 11 e 6.
e) $\frac{20}{3}$ e $\frac{40}{3}$.

4. (Ufac) Na figura a seguir, *ABC* é um triângulo, e os segmentos de reta *BC* e *MN* são paralelos. Dado que $BC = 10$, $MN = 5$ e $MB = 6$, a medida do segmento *AM* é:

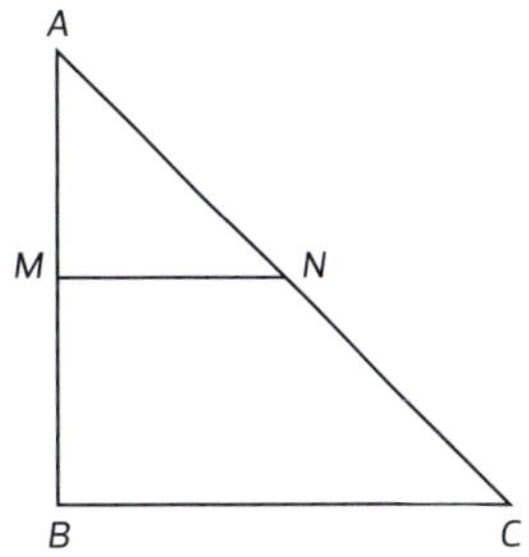

a) 9.
b) 6.
c) 5.
d) 7.
e) 10.

5. (UFRRJ - adaptado) Pedro está construindo uma fogueira representada pela figura abaixo. Ele sabe que a soma de *x* com *y* é 42 e que as retas *r*, *s* e *t* são paralelas.

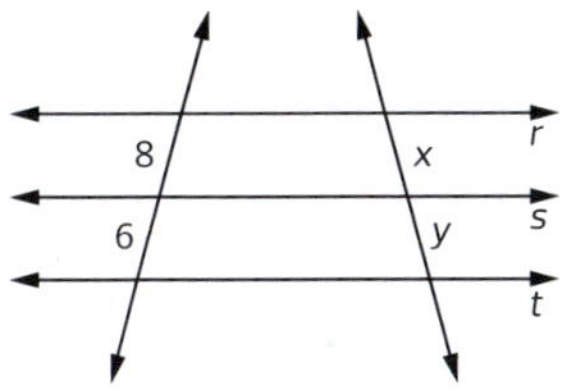

A diferença $x - y$ é:

a) 2.
b) 4.
c) 6.
d) 10.
e) 12.

6. O circuito triangular *PRT* de uma corrida está esquematizado na figura a seguir. As ruas *TP* e *SQ* são paralelas. Partindo de *S*, cada corredor deve percorrer o circuito passando, sucessivamente, por *R*, *Q*, *P*, *T*, retornando, finalmente, a *S*. Assinale a opção que indica o perímetro do circuito.

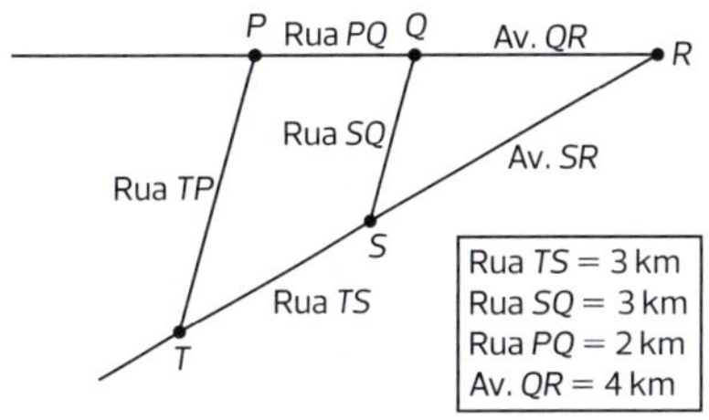

a) 4,5 km
b) 19,5 km
c) 20,0 km
d) 22,5 km
e) 24,0 km

Revisão cumulativa

1. Calcule as medidas *a* e *b* dos segmentos de reta determinados pelas paralelas cortadas pelas transversais *t* e *u* sabendo que a diferença dessas medidas é 1,5 cm.

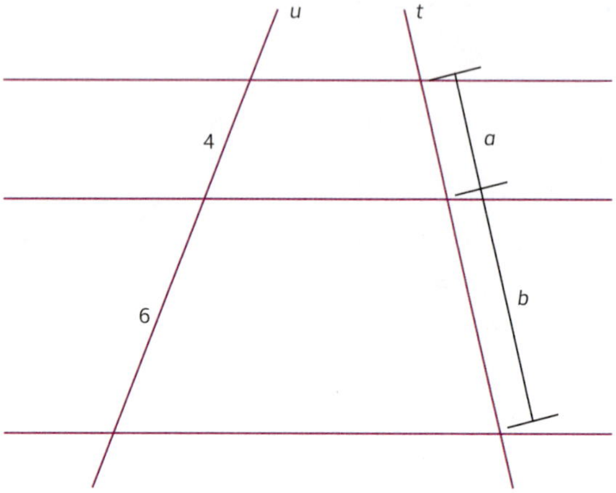

2. Em volta de uma pista circular com 60 m de raio, serão plantadas 25 árvores mantendo sempre a mesma distância entre duas árvores vizinhas. Qual deve ser a distância aproximada entre duas árvores vizinhas?

Paulo Manzi/Arquivo da editora

3. Com os algarismos 1, 5, 6 e 9:

a) quantos números naturais de dois algarismos distintos podemos formar?

b) quantos números naturais de quatro algarismos distintos podemos formar?

c) quantos números ímpares de três algarismos distintos podemos formar?

4. As retas *r*, *s* e *t* formam um feixe de paralelas. Determine o valor de *x* e confira a proporcionalidade dos quatro segmentos de reta assinalados.

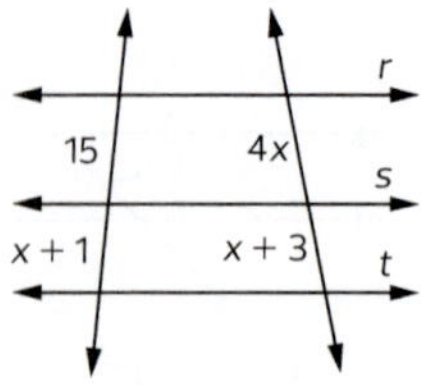

5. Um poste tem 18 m de altura e fica ao lado de um prédio. Em determinado momento de um dia de sol, a sombra do poste mede 8 m a menos do que a altura do poste e tem 15 m a menos do que a sombra do prédio. Qual é a altura do prédio?

6. A razão entre as medidas da largura e do comprimento de um retângulo é $\frac{2}{3}$, e o perímetro desse retângulo é de 30 cm. Qual é a área da região determinada por ele?

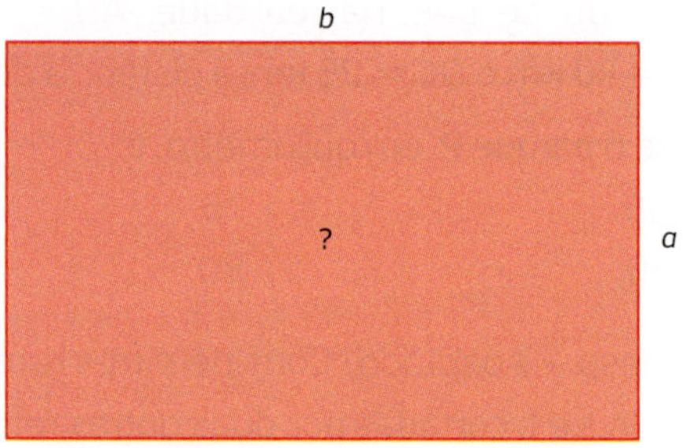

7. O que significa dizer: "a planta de uma cidade foi desenhada na escala 1 por 10 000"?

8. Resolva estes sistemas de 2º grau.

a) $\begin{cases} 3x - y = 7 \\ x^2 - 2y = 6 \end{cases}$

b) $\begin{cases} xy = 1 \\ x - 2y = 1 \end{cases}$

9. (Fuvest-SP) A função que representa o valor a ser pago após um desconto de 3% sobre o valor de *x* de uma mercadoria é:

a) $f(x) = x - 3$.

b) $f(x) = 0{,}97x$.

c) $f(x) = 1{,}3x$.

d) $f(x) = -3x$.

e) $f(x) = 1{,}03x$.

Capítulo 5

Semelhança

1 Introdução

No dia a dia dizemos que duas "coisas" são semelhantes quando são "parecidas", quando têm algumas propriedades comuns. Assim, frequentemente dizemos que pessoas, animais, plantas, prédios, automóveis e muitos outros objetos e figuras são semelhantes.

Em Matemática não é a mesma coisa, já que usamos o termo **semelhante** em um sentido mais específico, mais restrito, pois estamos interessados nos objetos ou nas figuras que têm a mesma forma, podendo ou não ter o mesmo tamanho.

Essa ideia matemática tem aplicações nas mais diversas áreas do conhecimento. Veja, por exemplo, a obra de arte ao lado. Nela, o artista holandês Maurits Cornelis Escher (1898-1970) utilizou, com espetacular genialidade, figuras semelhantes para realizar essa composição artística. Para isso, ele aplicou conceitos como os de **translação** e **homotetia**, que são dois exemplos de transformações geométricas.

Neste capítulo, vamos estudar semelhança entre figuras, abordando, entre outros assuntos, ampliações e reduções, semelhança de polígonos (mais especificamente de triângulos) e as transformações geométricas.

Círculo Limite III, de M. C. Escher, 1959.

M.C.Escher/Cordon Art B.V., Baarn, Países Baixos

② Figuras semelhantes

Quando ampliamos, reduzimos ou reproduzimos uma fotografia, as medidas dos seus ângulos correspondentes não mudam, e as medidas dos seus lados mantêm proporcionalidade com as medidas dos lados correspondentes da fotografia ampliada, reduzida ou reproduzida.

Observe as fotografias abaixo, nas quais houve uma ampliação de **A** para **B**:

4 cm

3 cm

A

6 cm

4,5 cm

B

Fotos: IKO/Shutterstock/Glow Images

- $\frac{4}{6} = \frac{3}{4{,}5}$, pois $4 \cdot 4{,}5 = 6 \cdot 3$. Simplificando $\frac{4}{6}$, obtemos $\frac{2}{3}$.
- $\frac{2}{3}$ é a razão de proporcionalidade entre **A** e **B**.

Logicamente, a razão de proporcionalidade entre **B** e **A** é $\frac{3}{2}$.

Em casos como esse, de ampliação de fotografias, assim como de redução ou de reprodução, dizemos que a fotografia original e a fotografia obtida são figuras semelhantes: nelas, os comprimentos correspondentes são proporcionais e os ângulos correspondentes são congruentes.

Exercícios

1. Sem efetuar medições e considerando as fotografias anteriores, responda:

a) Como são os ângulos nos "cantos" da fotografia **A**? E da fotografia **B**?

b) Se a altura da menina na fotografia **A** é de 1,8 cm, qual é essa medida na fotografia **B**?

c) Se o ângulo formado pelos braços da menina mede 80° na fotografia **A**, quanto ele mede na fotografia **B**?

2. Veja agora a redução da mesma fotografia **A** para uma fotografia **C**. Sem medir, calcule e responda:

a) Qual é o comprimento da fotografia **C**?

b) Como são as medidas de dois ângulos correspondentes nas duas fotografias?

c) Os dois retângulos dos contornos dessas fotografias são figuras semelhantes?

4 cm

3 cm

A

?

1,5 cm

C

Ampliação e redução de figuras

A ampliação de fotografias, a figura ampliada ou reduzida em uma copiadora, as imagens na tela do cinema, a representação gráfica de continentes, países ou cidades por meio de mapas, a representação gráfica de casas e prédios por meio de plantas, os aeromodelos, as maquetes de edifícios, as miniaturas, etc. são exemplos concretos de figuras semelhantes em nosso cotidiano.

Lens Travel/Shutterstock/Glow Images

Mpanch/Shutterstock/Glow Images

Torre *Eiffel*, Paris, França. Foto de 2014.

Jan van Eyck/Galeria Nacional, Londres, Inglaterra

Detalhe ampliado do espelho que aparece ao fundo, no quadro.

O casal Arnolfini, de Jan van Eyck, 1434.

Ampliar ou reduzir uma figura significa conservar a sua forma e modificar proporcionalmente seu tamanho.

Nas figuras de cada item abaixo, dizemos que **b** e **c** são ampliações de **a** ou que **a** e **b** são reduções de **c**.

I) a)  b)  c) 

II) a)  b)  c) 

Você já tentou ampliar ou reduzir figuras? Desenhe uma figura qualquer em uma folha de papel sulfite e procure ampliá-la ou reduzi-la.

Processos para ampliar e reduzir figuras

Examine estes exemplos:

a)

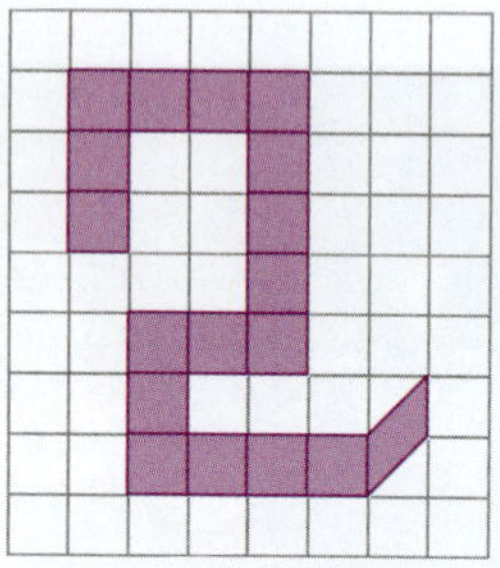

Figura original

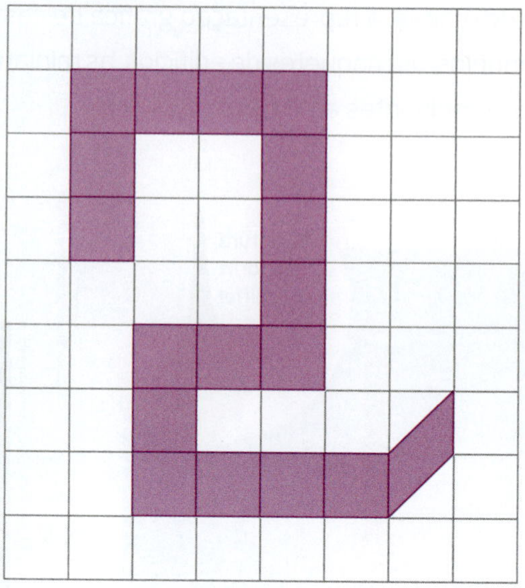

Figura ampliada

b)

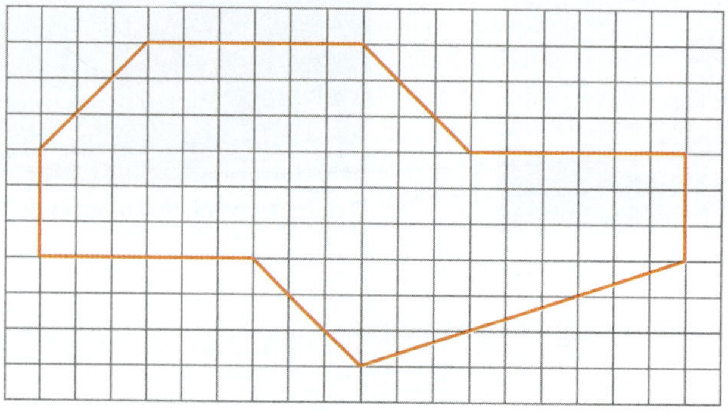

Figura original

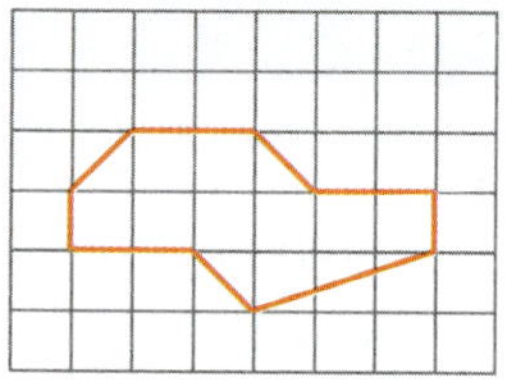

Figura reduzida

Exercícios

3. Descreva o processo que foi usado para ampliar e reduzir as figuras acima.

4. Copie as figuras abaixo em um papel quadriculado. Reduza as medidas dos lados da primeira figura (**a**) pela metade. Amplie as medidas dos lados da segunda (**b**) em três vezes.

a)

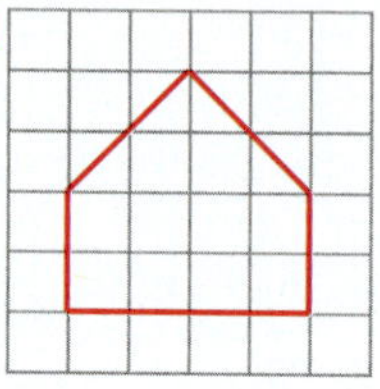

b)

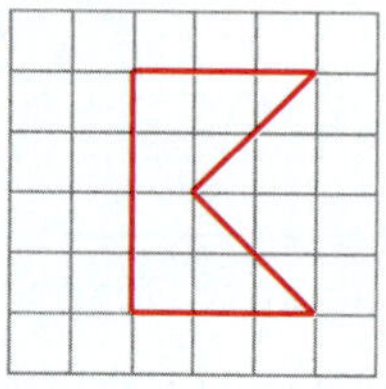

5. Use sua criatividade e desenhe algumas figuras em papel quadriculado. Depois, faça ampliações ou reduções delas.

6. Considere uma figura qualquer. Faça uma cópia dela.

7. Veja as figuras na malha quadriculada abaixo:

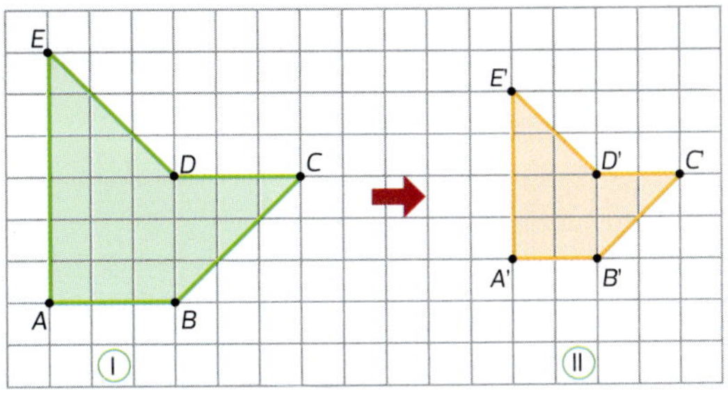

Observe que as regiões planas (I) e (II) são semelhantes. (II) é uma redução de (I).

- Cada segmento de reta da figura (II) mede $\frac{2}{3}$ de seu correspondente na figura (I). Por exemplo: $A'B' = \frac{2}{3}$ de AB; $B'C' = \frac{2}{3}$ de BC.
- Cada ângulo da figura (II) é congruente ao seu correspondente na figura (I). Por exemplo: $\hat{A}' \cong \hat{A}$, $\hat{B}' \cong \hat{B}$.

Agora, em cada item a seguir, use papel quadriculado, reproduza a figura dada e faça o que é solicitado. Depois, verifique se a figura original e a figura obtida são semelhantes.

a) A partir da figura (III), obtenha a figura (IV), dobrando a medida de todos os segmentos de reta da (III) e mantendo as medidas dos ângulos.

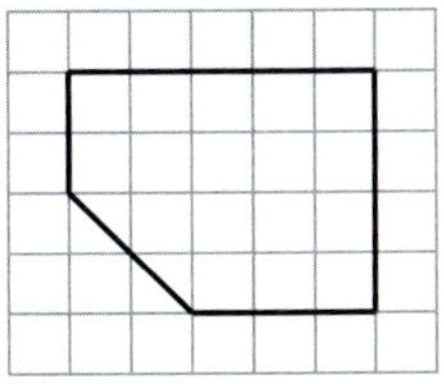

(III)

b) A partir da figura (V), obtenha a figura (VI), considerando sempre a terça parte das medidas de todos os segmentos de reta da (V) e as mesmas medidas dos ângulos.

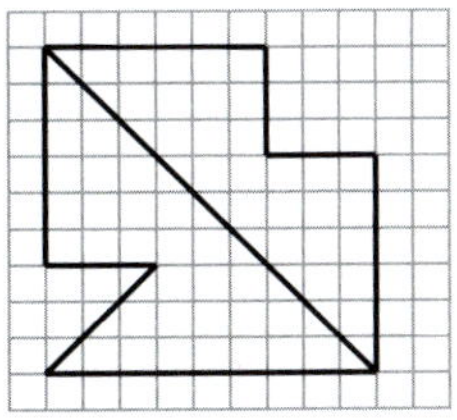

(V)

8. Analise os três retângulos em vermelho (ao lado) e verifique se, entre eles, há dois que são semelhantes.

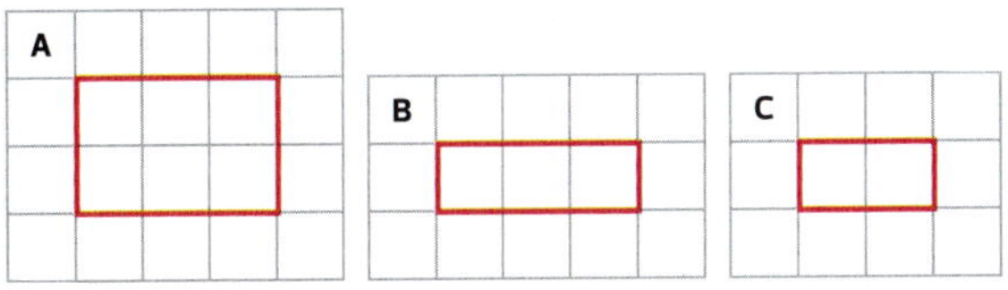

Figuras semelhantes e figuras congruentes

Quando reproduzimos, ampliamos ou reduzimos uma figura de acordo com os processos anteriores, dizemos que as figuras obtidas são **semelhantes** à figura original.

Você pode notar que as figuras **b**, **c** e **d** abaixo são semelhantes à figura **a**.

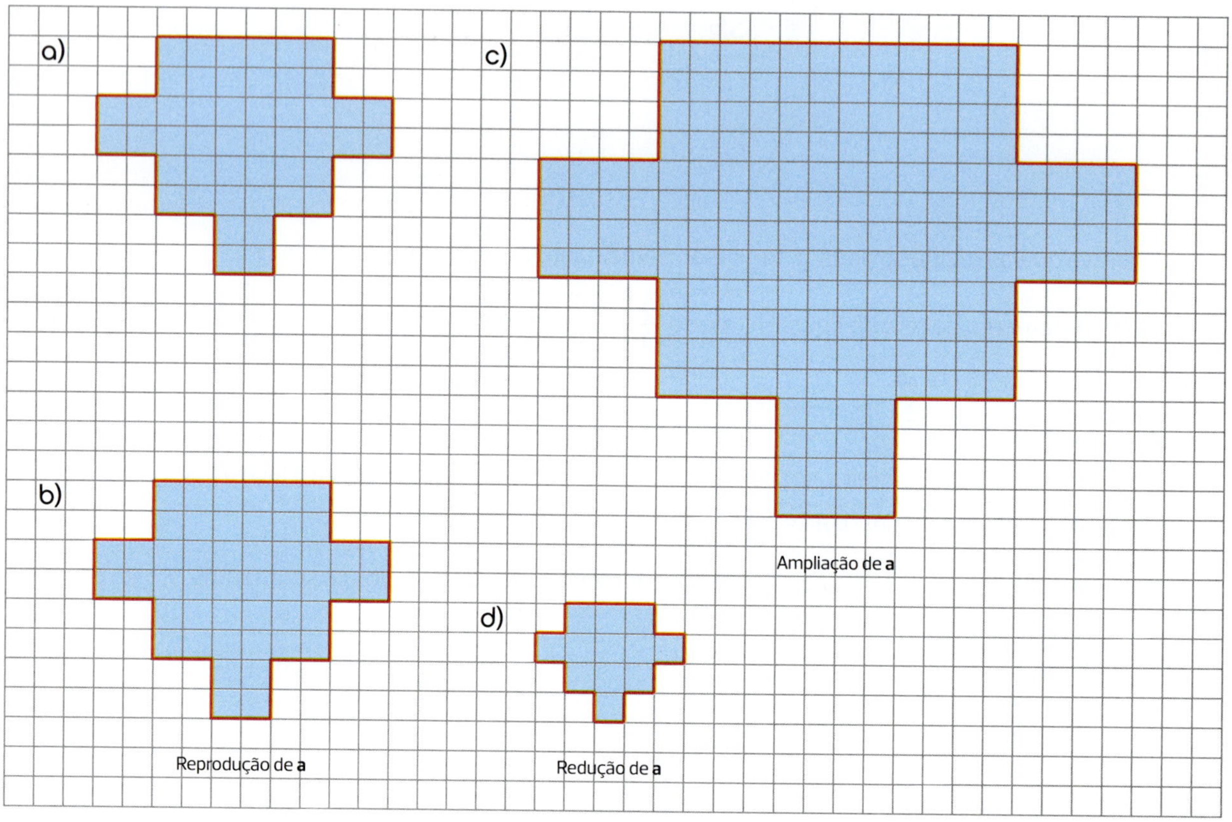

É claro que a reprodução, além de ter a mesma forma que a figura original, tem também o mesmo tamanho. Por isso, original e cópia recebem o nome de **figuras congruentes**. Assim, todas as figuras congruentes entre si, isto é, figuras que têm a mesma forma e o mesmo tamanho, são também semelhantes. A congruência é, portanto, um caso particular de semelhança.

Os diagramas abaixo ilustram essa situação:

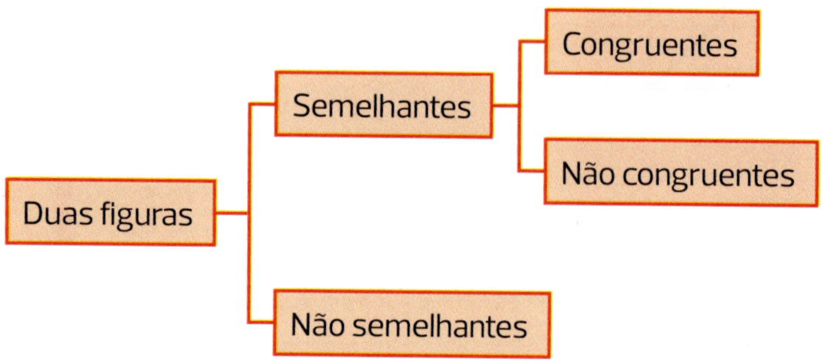

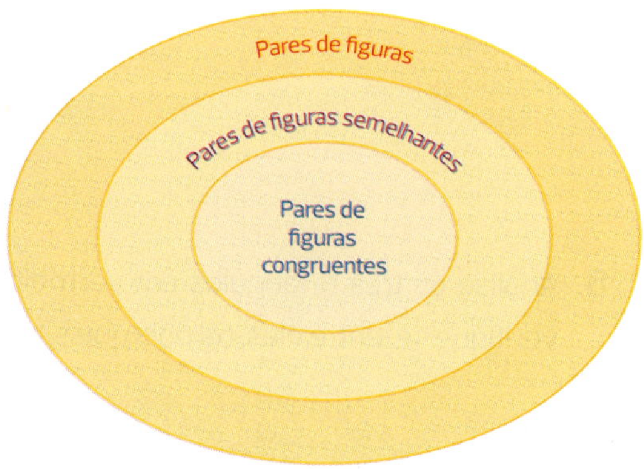

Exercícios

9. Analise os três cilindros abaixo e identifique os dois que são figuras semelhantes.

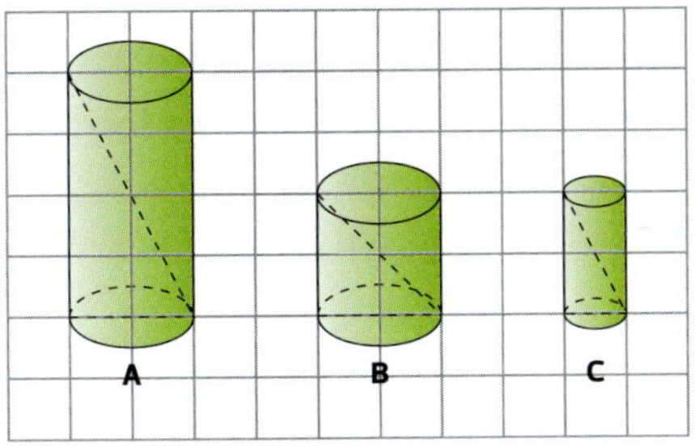

10.

a) 

b) 

c) 

d) 

e) 

f) 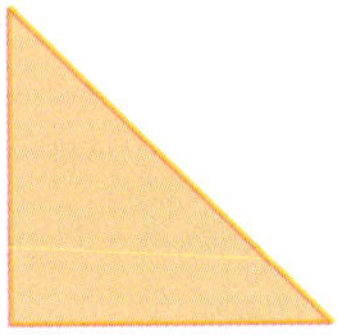

g) 

h) 

i) 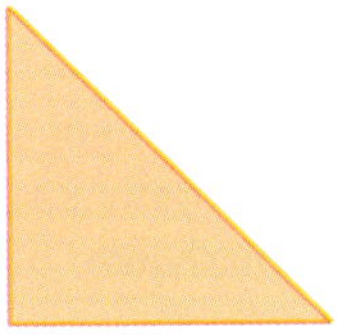

j) 

k) 

l) 

m) 

Semelhança de polígonos

No exercício 8 da página 171, apesar de as figuras **A**, **B** e **C** serem retângulos, nenhuma delas é reprodução, ampliação ou redução de outra.

Vamos, então, tornar mais precisa essa ideia intuitiva de semelhança explicando o que queremos dizer com **ter a mesma forma**.

O triângulo $A'B'C'$ abaixo é uma ampliação do triângulo ABC.

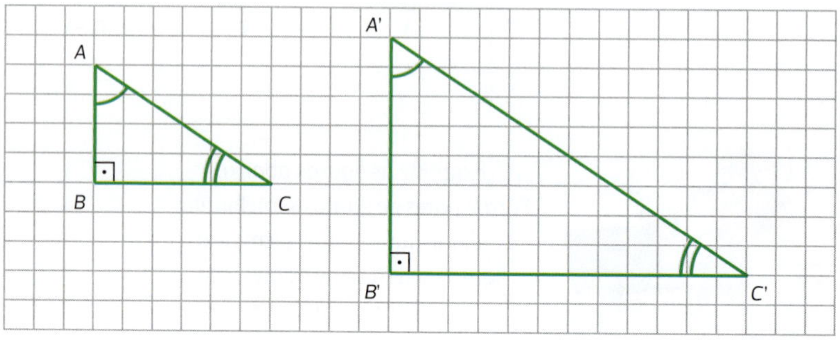

a) Analise as aberturas dos ângulos $\hat{A}$ e $\hat{A}'$, $\hat{B}$ e $\hat{B}'$, $\hat{C}$ e $\hat{C}'$. O que você concluiu sobre elas em cada par de ângulos?

b) Observe agora os lados $\overline{A'B'}$ e $\overline{AB}$, $\overline{B'C'}$ e $\overline{BC}$, $\overline{A'C'}$ e $\overline{AC}$. Que relação você encontrou entre as medidas, em cada par de lados?

Lembre-se de que AB representa a medida de um segmento de reta AB, e $m(\hat{A})$ representa a medida de um ângulo $\hat{A}$. Analise as medidas nos triângulos ABC e $A'B'C'$ na atividade acima e observe que:

$m(\hat{A}) = m(\hat{A}')$

$m(\hat{B}) = m(\hat{B}')$

$m(\hat{C}) = m(\hat{C}')$

e também que:

$$\frac{A'B'}{AB} = 2;\ \frac{B'C'}{BC} = 2;\ \frac{A'C'}{AC} = 2 \quad \text{ou} \quad \frac{A'B'}{AB} = \frac{B'C'}{BC} = \frac{A'C'}{AC} = 2$$

Os ângulos correspondentes têm a mesma medida, e os segmentos de reta correspondentes têm medidas proporcionais. Podemos dizer, então, que o $\triangle ABC$ e o $\triangle A'B'C'$ são semelhantes e indicamos assim: $\triangle ABC \sim \triangle A'B'C'$.

Exercícios

11. Volte à atividade 10 da página 173. Examine novamente as regiões retangulares **b**, **d** e **j** e verifique se existe algum par entre elas que satisfaça, ao mesmo tempo, as duas condições vistas na página anterior.

12. Examine as duas figuras de cada item e verifique se elas são semelhantes. Em caso afirmativo, determine o coeficiente de proporcionalidade da segunda figura em relação à primeira. Em caso negativo, explique o porquê.

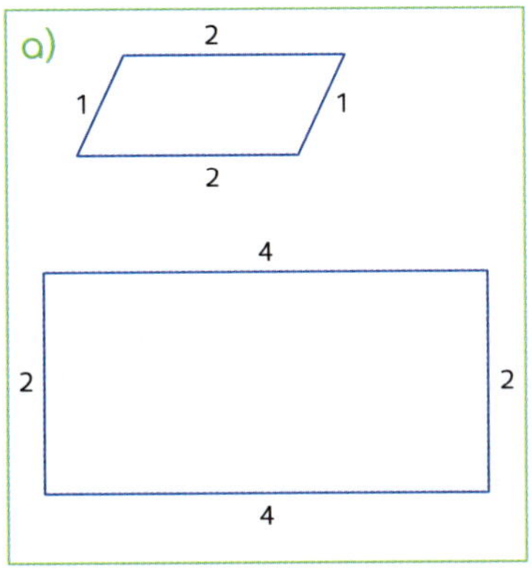

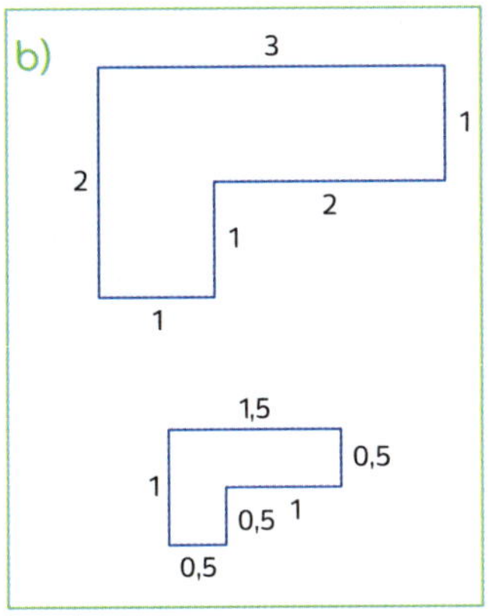

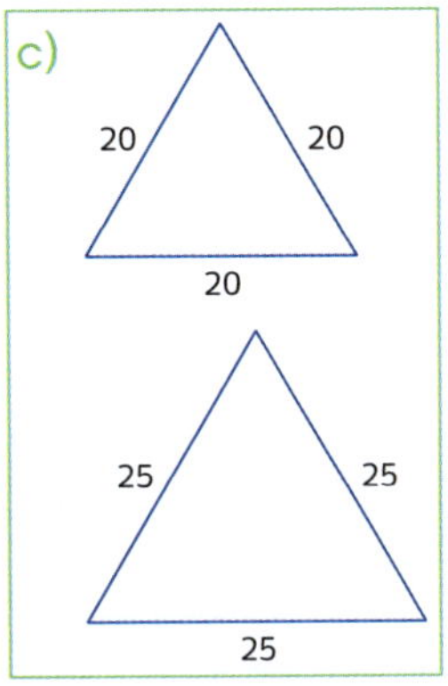

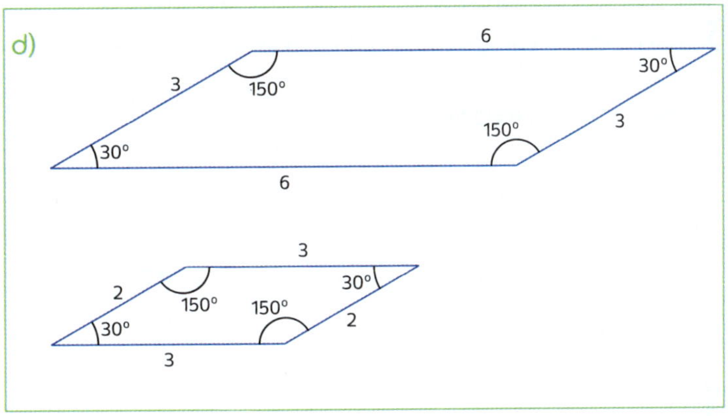

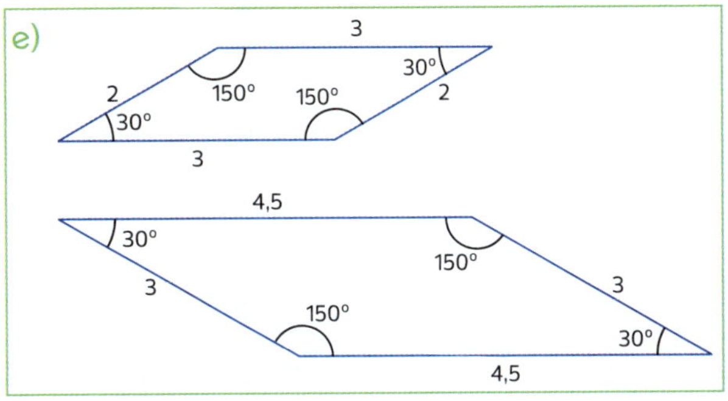

13. Verifique se os retângulos *ABCD* e *MNOP* são semelhantes. Justifique sua resposta.

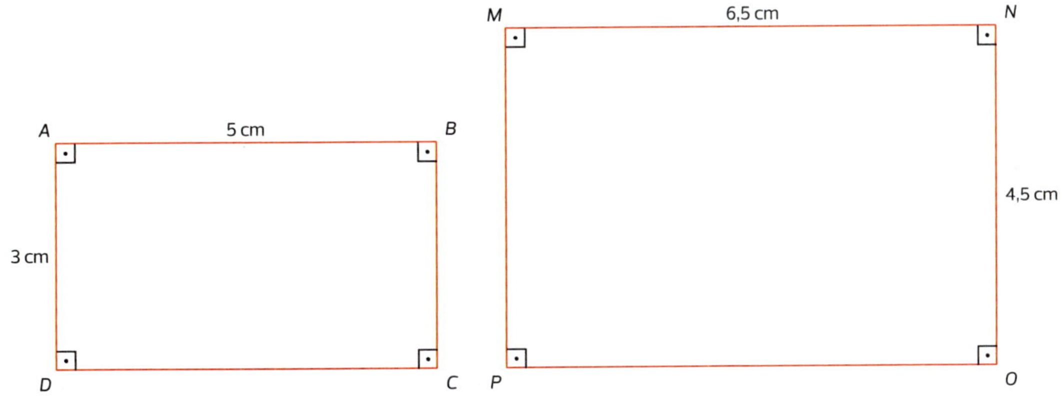

14. **Verdadeira ou falsa?**

Verifique se cada uma das frases abaixo é verdadeira ou falsa e justifique sua resposta.

a) Todos os quadrados são semelhantes.

b) Todos os retângulos são semelhantes.

15. Dois retângulos são semelhantes. Um deles tem dimensões de 8 cm (largura) por 20 cm (comprimento), e o outro tem comprimento de 22,5 cm. Quanto mede a largura do segundo retângulo?

16. Um retângulo **A** tem dimensões de 35 cm por 28 cm. Outro retângulo **B** tem dimensões de 30 cm por 24 cm. Os retângulos **A** e **B** são semelhantes?

17. Entre os polígonos abaixo, há dois semelhantes. Quais são eles?

a)

c)

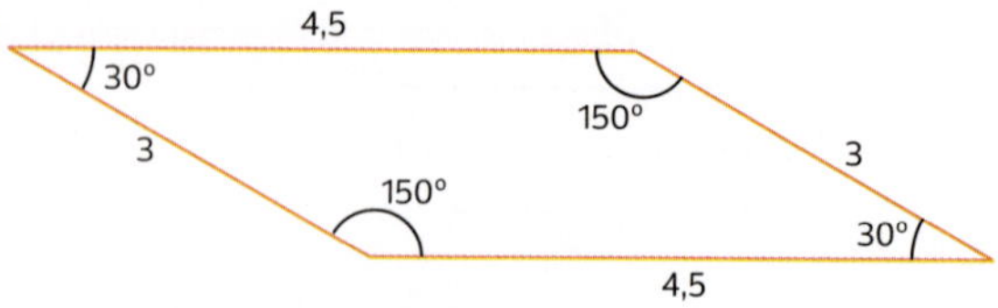

b)

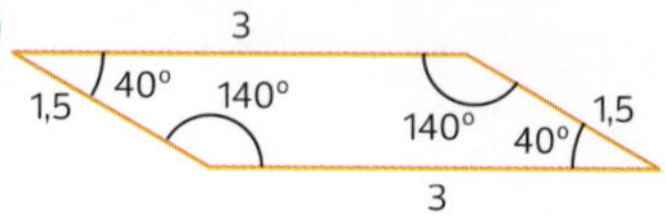

d)

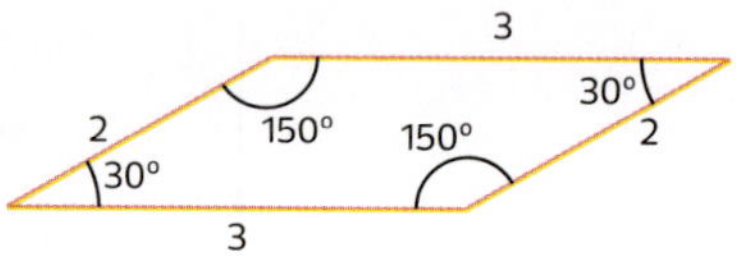

Ainda considerando os quatro polígonos representados acima, responda:

- Quais têm os lados proporcionais, mas não têm os ângulos congruentes?
- Quais têm os ângulos congruentes, mas não têm os lados proporcionais?

18. Um hexágono regular foi ampliado na razão $\frac{5}{2}$.

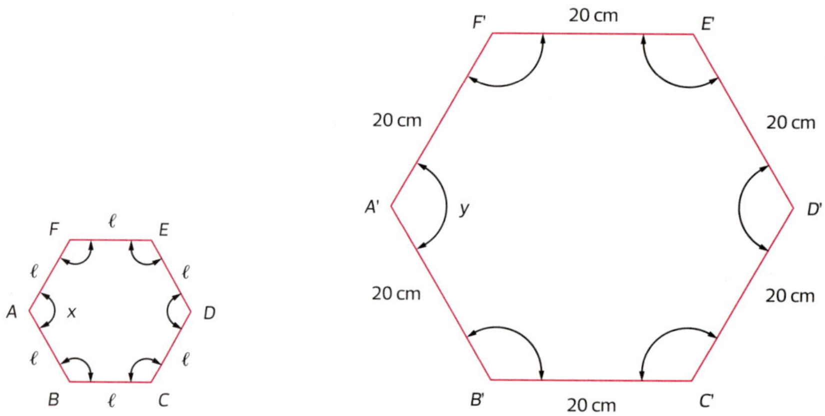

Calcule:

a) a medida x do ângulo interno do hexágono regular $ABCDEF$;

b) a medida y do ângulo interno do hexágono regular $A'B'C'D'E'F'$;

c) a medida ℓ do lado do hexágono $ABCDEF$.

19. Dois pentágonos regulares são semelhantes ($ABCDE$ e $A'B'C'D'E'$). A razão de semelhança é dada por $\frac{AB}{A'B'} = \frac{3}{5}$, e o perímetro de $ABCDE$ é de 30 u. Calcule $m(\overline{A'B'})$, o perímetro de $A'B'C'D'E'$ e a razão entre os perímetros.

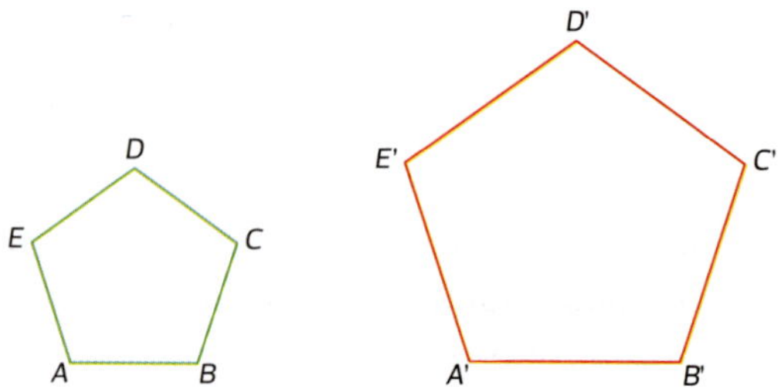

20. Examine com atenção as figuras ao lado. Responda: todos os triângulos retângulos e isósceles são semelhantes? Por quê?

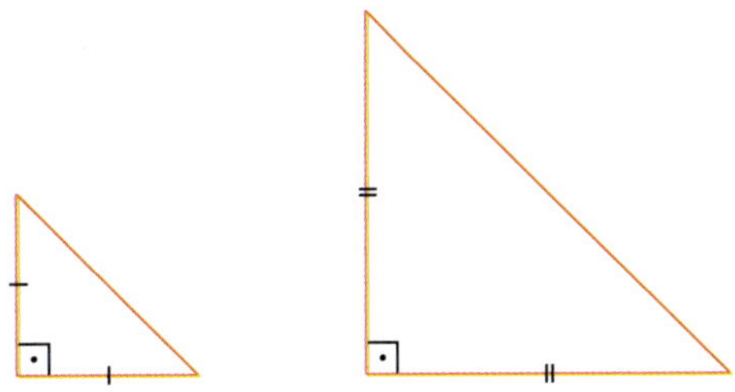

21. Desenhe vários pares de figuras semelhantes, variando a razão de proporcionalidade.

22. As duas figuras do quadriculado ao lado são semelhantes. De quanto por cento foi a redução da primeira para a segunda?

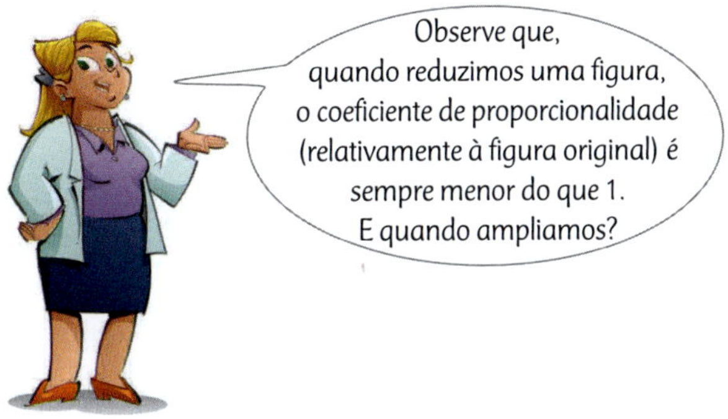

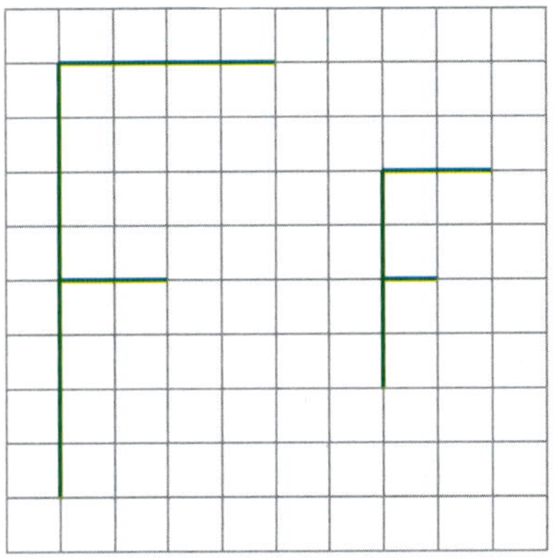

23. Examine cada par de figuras abaixo e responda às questões. Justifique cada resposta.

a) Dois círculos são sempre semelhantes?

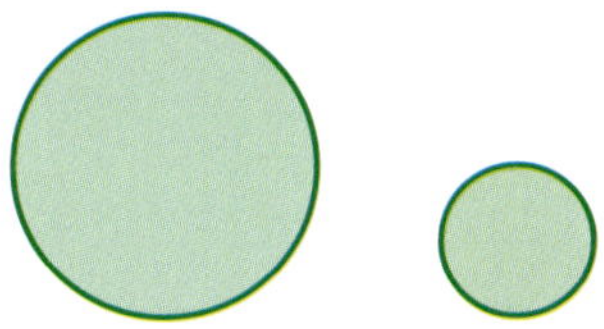

b) Dois triângulos são sempre semelhantes?

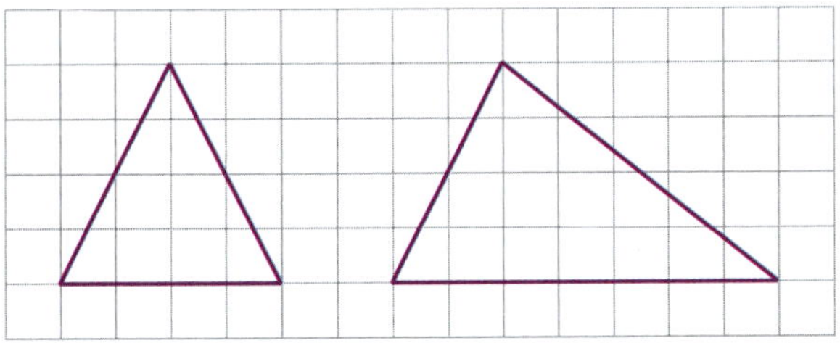

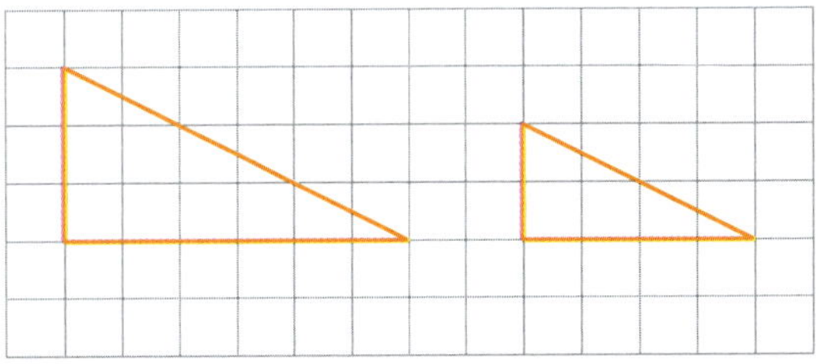

24. Responda:

a) Duas figuras congruentes são sempre semelhantes?

b) Duas figuras semelhantes são sempre congruentes?

25. **Ampliando e reduzindo**

Construa duas figuras semelhantes a esta ao lado, uma **ampliada** e outra **reduzida**, usando malhas quadriculadas que você pode colar ou desenhar em seu caderno.

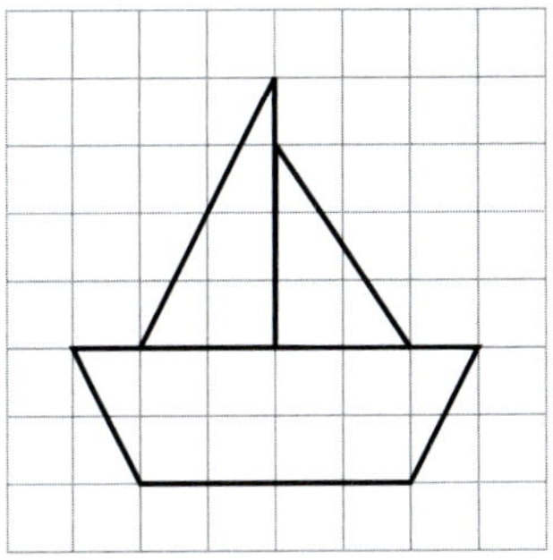

Razão entre perímetros de polígonos semelhantes

Analise as duas situações seguintes envolvendo polígonos semelhantes.

1ª) Observe os dois retângulos abaixo:

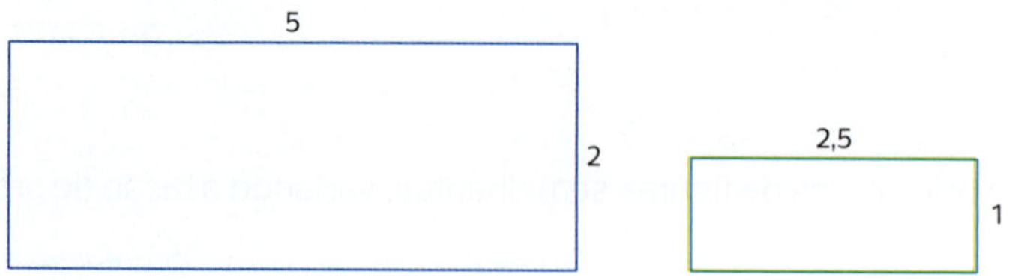

- Eles têm os ângulos congruentes (todos retos).
- Razão entre os comprimentos: $\frac{5}{2,5} = 2$
- Razão entre as larguras: $\frac{2}{1} = 2$

Então, esses retângulos são semelhantes.

Veja agora a razão entre os perímetros: $\frac{5 + 5 + 2 + 2}{2,5 + 2,5 + 1 + 1} = \frac{14}{7} = 2$ (igual à razão entre os lados).

2ª) Os triângulos abaixo foram construídos no papel quadriculado.

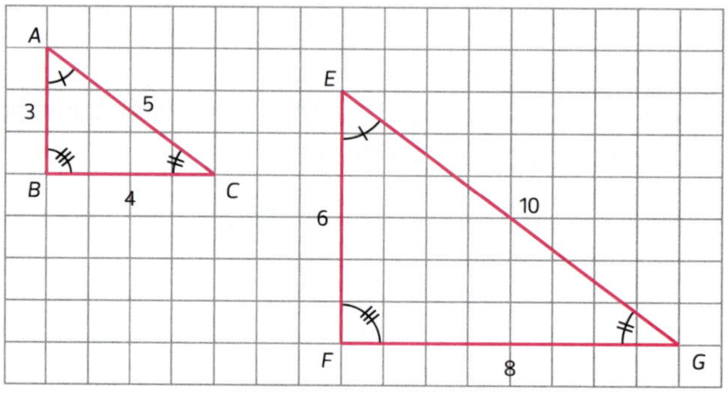

Observe que eles têm os ângulos correspondentes congruentes.

Veja a razão entre os lados correspondentes:

$$\frac{5}{10} = \frac{1}{2} \qquad \frac{4}{8} = \frac{1}{2} \qquad \frac{3}{6} = \frac{1}{2}$$

Diante do que foi visto, os dois triângulos são semelhantes ($\triangle ABC \sim \triangle EFG$).

Vamos agora calcular a razão entre os perímetros desses polígonos semelhantes:

$$\frac{3 + 4 + 5}{6 + 8 + 10} = \frac{12}{24} = \frac{1}{2}$$ (igual à razão entre os lados)

O que ocorreu nas duas situações anteriores é uma propriedade dos polígonos semelhantes.

Se dois polígonos são semelhantes, a razão entre seus perímetros é igual à razão entre quaisquer dois lados correspondentes, assim como é igual à razão entre outros dois elementos lineares correspondentes, como diagonais.

Exercícios

26. Observe as dimensões das duas regiões retangulares semelhantes e calcule a razão entre os elementos do 1º pelo 2º, conforme indicado:

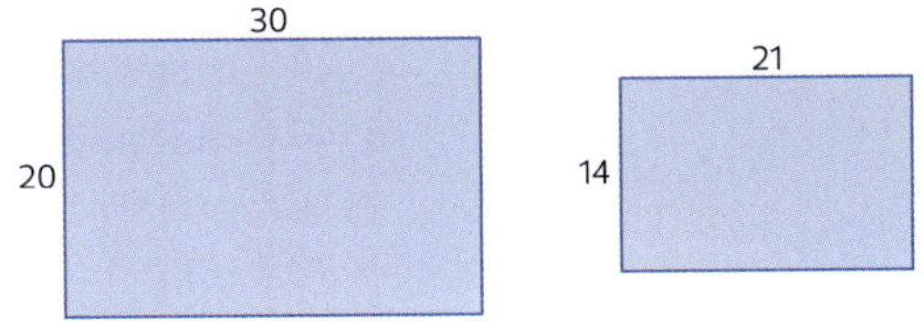

a) razão entre os comprimentos;

b) razão entre as larguras;

c) razão entre os perímetros;

d) razão entre as áreas.

27. Sabendo que $\triangle ABC \sim \triangle A'B'C'$, calcule as razões:

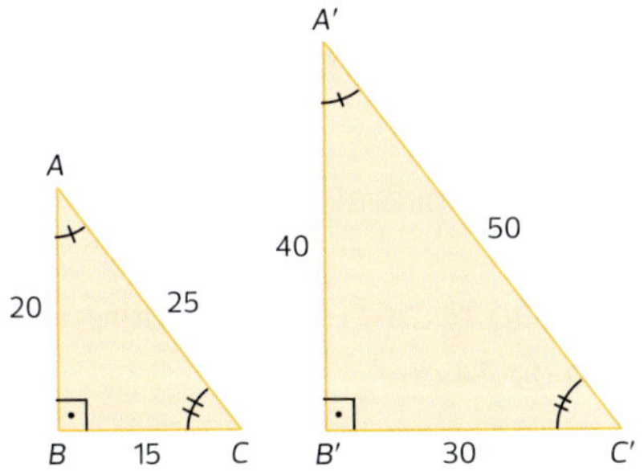

a) $\frac{AB}{A'B'}$, $\frac{AC}{A'C'}$ e $\frac{BC}{B'C'}$

b) $\frac{\text{perímetro do } \triangle ABC}{\text{perímetro do } \triangle A'B'C'}$

c) $\frac{\text{área da região determinada pelo } \triangle AB}{\text{área da região determinada pelo } \triangle A'B'}$

Razão entre áreas de regiões poligonais semelhantes

No exercício 26, a razão entre as medidas dos lados correspondentes é igual a $\frac{10}{7}$ e a razão entre os perímetros é igual a $\frac{10}{7}$. Já a razão entre as áreas é $\frac{100}{49} = \left(\frac{10}{7}\right)^2$.

No exercício 27, a razão entre os elementos lineares correspondentes (lados e perímetros) é $\frac{1}{2}$. Já a razão entre as áreas é $\frac{1}{4} = \left(\frac{1}{2}\right)^2$.

O que ocorreu nesses dois exercícios acontece com todos os polígonos e todas as regiões poligonais semelhantes.

> Se duas regiões poligonais são semelhantes, a razão entre suas áreas é igual ao quadrado da razão entre seus elementos correspondentes lineares (lados, perímetros, diagonais, etc.).

Observação: No caso de dois sólidos geométricos que têm os ângulos das faces correspondentes congruentes e os elementos lineares correspondentes proporcionais, a razão entre os volumes é igual ao cubo da razão entre os elementos lineares correspondentes.

Exercícios

28. Analise as dimensões dos paralelepípedos abaixo.

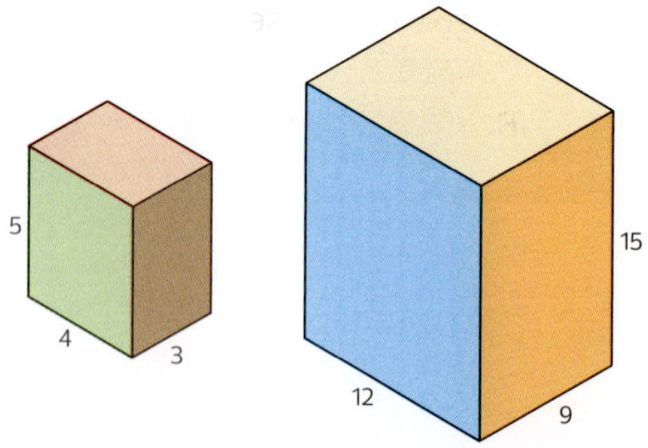

Calcule e confira as conclusões da página anterior:

a) a razão entre os comprimentos das arestas correspondentes;

b) a razão entre as áreas das faces correspondentes;

c) a razão entre os volumes.

29. Duas regiões poligonais são semelhantes. O lado menor de uma tem 8 cm, e o lado menor da outra tem 10 cm. Calcule a área da segunda região, sabendo que a área da primeira é de 80 cm².

30.

- $A \sim B$
- O lado menor de *A* tem 8 cm.
- O lado menor de *B* tem 10 cm.
- O lado maior de *A* tem 20 cm.
- O perímetro de *B* é de 55 cm.

Determine:

a) o perímetro de *A*;

b) o lado desconhecido de *A*;

c) os dois lados desconhecidos de *B*;

d) a razão entre as áreas das regiões determinadas por *A* e *B*.

31. Dois quadriláteros são semelhantes. O perímetro do primeiro tem 26 cm a menos do que o perímetro do segundo, o lado menor do primeiro mede 8 cm, e o lado menor do segundo mede 12 cm. Determine os perímetros dos dois quadriláteros e a razão entre as áreas determinadas pelo primeiro e pelo segundo, nessa ordem.

32. Duas pirâmides de base quadrada têm arestas correspondentes proporcionais e ângulos das faces correspondentes congruentes. O lado da base em uma delas mede 6 cm e na outra mede 10 cm. Calcule a razão entre:

a) as medidas das arestas correspondentes dessas duas pirâmides;

b) os perímetros das bases;

c) as áreas das bases;

d) os volumes das pirâmides.

33. R_1 é uma região retangular com perímetro de 20 cm e área de 24 cm².

R_2 é uma região retangular com perímetro de 28 cm e área de 45 cm².

R_1 e R_2 são ou não semelhantes?

34. O $\triangle ABC$ determina uma região plana com área de 120 cm². O $\triangle DEC$ determina uma região plana com área de 270 cm². Calcule *AB*, *CD* e *DE*, sabendo que $\triangle ABC \sim \triangle DEC$.

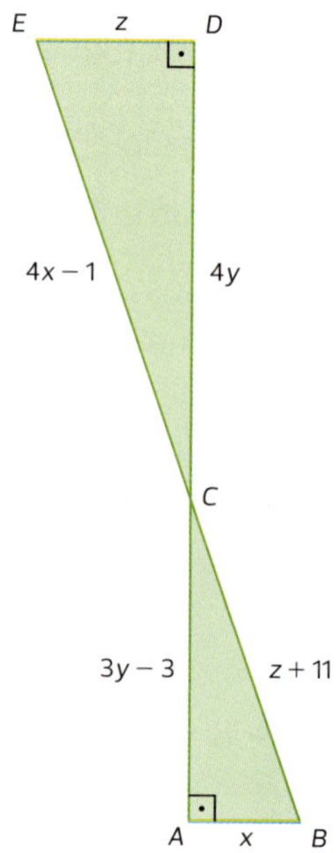

Semelhança de triângulos

Triângulos são polígonos.
Desse modo, o que estudamos para polígonos em geral vale também para os triângulos.
Dois triângulos são semelhantes quando satisfazem ao mesmo tempo às duas condições: **os lados correspondentes têm medidas proporcionais e os ângulos correspondentes são congruentes**.

Vale também a recíproca: as duas condições estarão satisfeitas quando os triângulos forem semelhantes.

Observe, por exemplo, os triângulos *ABC* e *A′B′C′*, em que os vértices *A*, *B* e *C* do primeiro correspondem, respectivamente, aos vértices *A′*, *B′* e *C′* do segundo.

Eles são semelhantes quando e somente quando tivermos:

$$m(\hat{A'}) = m(\hat{A}),\ m(\hat{B'}) = m(\hat{B}),\ m(\hat{C'}) = m(\hat{C})$$

e

$$\frac{A'B'}{AB} = \frac{B'C'}{BC} = \frac{A'C'}{AC}$$

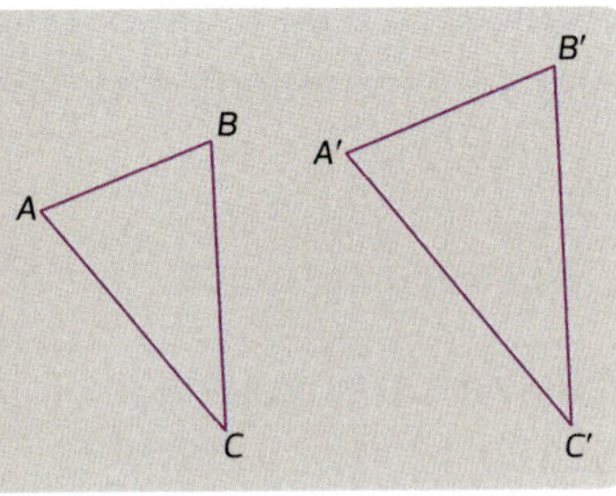

Indicamos que o $\triangle ABC$ é semelhante ao $\triangle A'B'C'$ por $\triangle ABC \sim \triangle A'B'C'$.

Exercícios

35. Examine os pares de triângulos abaixo e escreva quais deles são semelhantes. Justifique sua resposta.

a)

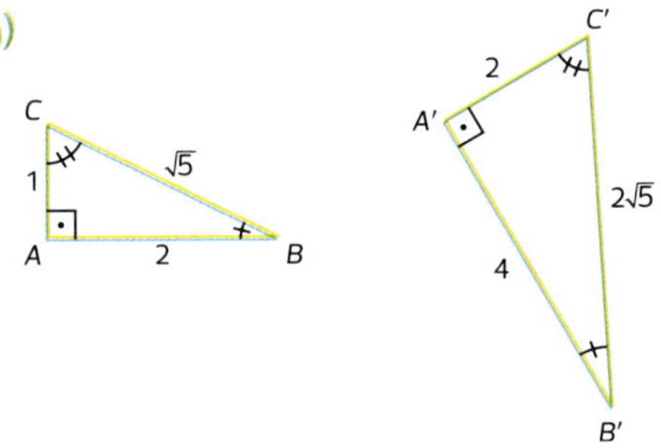

b)

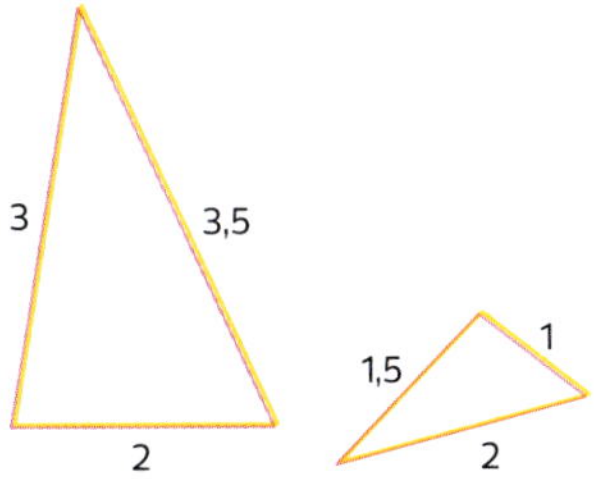

c)

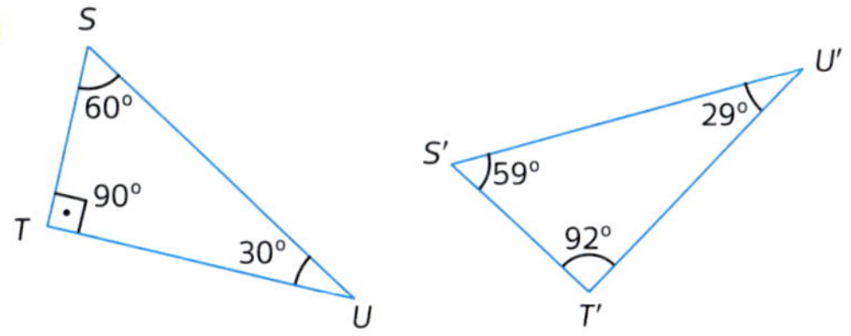

d)

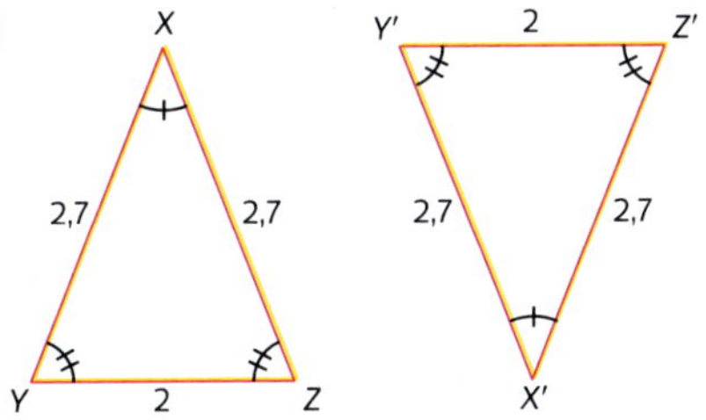

36. Desenhe em seu caderno dois triângulos que sejam semelhantes e dois que não sejam.

37. Os triângulos *ABE* e *DCE* são semelhantes.
Calcule $m(\hat{C})$, $m(\hat{D})$, $m(\hat{A})$, $m(\hat{B})$ e $m(A\hat{E}B)$.

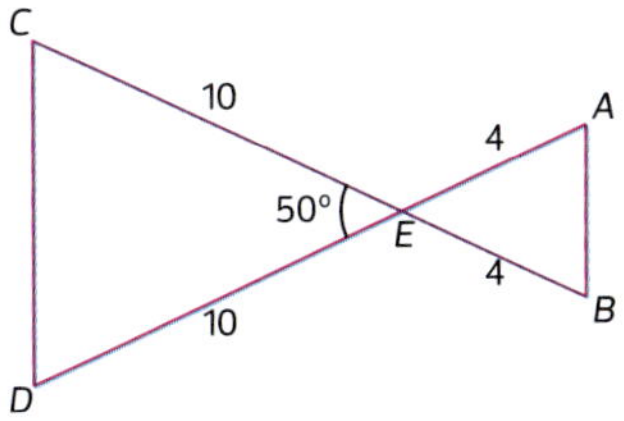

Propriedade fundamental da semelhança de triângulos

Há uma propriedade muito importante no estudo da semelhança de triângulos:

> Se traçarmos um segmento de reta paralelo a qualquer um dos lados de um triângulo e ficar determinado outro triângulo, este será semelhante ao primeiro.

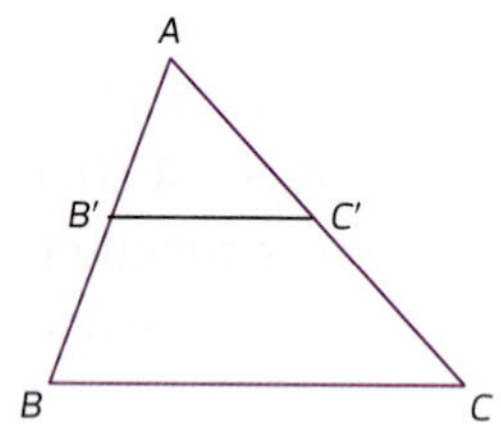

Vamos demonstrar essa propriedade no $\triangle ABC$ ao lado, que tem $\overline{B'C'} // \overline{BC}$.
Devemos provar que $\triangle AB'C' \sim \triangle ABC$.

Considerando $\overline{B'C'} // \overline{BC}$ e as transversais $\overline{AB}$ e $\overline{AC}$, pelo teorema de Tales, podemos escrever:

$$\frac{AB'}{AB} = \frac{AC'}{AC} = k \quad \text{(I)}$$

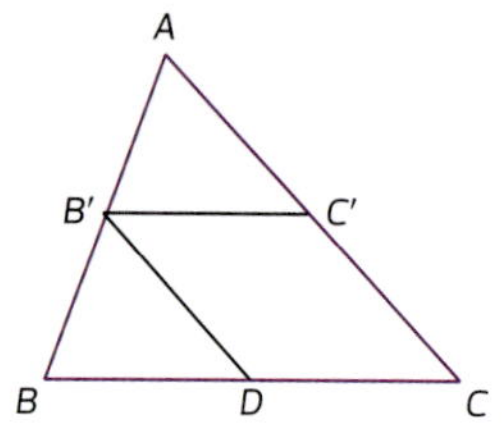

Traçando a partir de B' o segmento de reta $B'D$ paralelo ao lado $\overline{AC}$, conforme mostra a figura, podemos também aplicar o teorema de Tales considerando as transversais $\overline{AB}$ e $\overline{BC}$.

Nesse caso, temos: $\frac{BB'}{AB} = \frac{BD}{BC} = k'$ (II)

Tomando a igualdade (II) e usando uma das propriedades das proporções, temos:

$$\frac{AB - BB'}{AB} = \frac{BC - BD}{BC}$$

Feitos os cálculos, ficamos com:

$$\frac{AB'}{AB} = \frac{DC}{BC} \quad \text{(III)}$$

Comparando (I) e (III), temos:

$$\frac{AB'}{AB} = \frac{AC'}{AC} = \frac{DC}{BC} \quad \text{(IV)}$$

Observando a figura acima, vemos que $B'C'CD$ é um paralelogramo ($\overline{B'C'}$ paralelo a $\overline{BC}$ e $\overline{B'D}$ paralelo a $\overline{C'C}$ e, portanto, $DC = B'C'$). Substituindo DC por $B'C'$ em (IV), fica:

$$\frac{AB'}{AB} = \frac{AC'}{AC} = \frac{B'C'}{BC}$$

que satisfaz uma das condições de semelhança de triângulos, ou seja, lados correspondentes proporcionais.

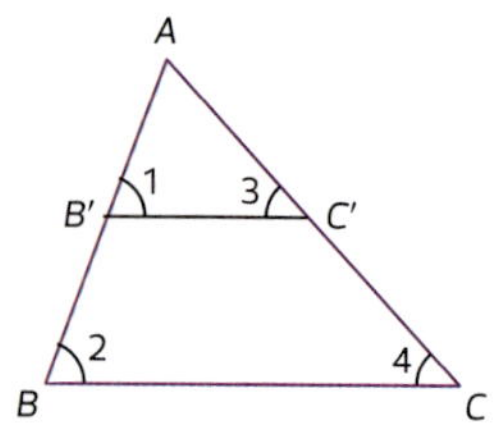

A outra condição, congruência dos ângulos, é imediata, pois: $\hat{A} \cong \hat{A}$ (comum).

$\left.\begin{matrix}\hat{1} \cong \hat{2} \\ \hat{3} \cong \hat{4}\end{matrix}\right\}$ ângulos correspondentes formados por duas paralelas e uma transversal

Desse modo, temos:

$m(\hat{A}) = m(\hat{A})$

$m(\hat{1}) = m(\hat{2})$ e $\frac{AB'}{AB} = \frac{AC'}{AC} = \frac{B'C'}{BC}$

$m(\hat{3}) = m(\hat{4})$

Então, $\triangle AB'C' \sim \triangle ABC$ e fica, portanto, demonstrada a propriedade fundamental da semelhança de triângulos.

Aplicação da propriedade fundamental

Como podemos, experimentalmente, usar a propriedade fundamental para saber se dois triângulos são semelhantes?

Vejamos uma situação em que podemos aplicar essa propriedade com $\triangle ABC$ e $\triangle MNP$.

Podemos proceder da seguinte maneira:

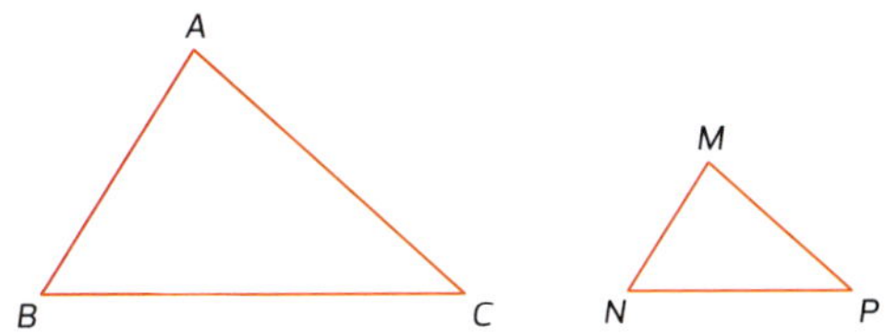

1ª) Em uma folha de papel de seda, decalcamos um dos triângulos. Por exemplo, o triângulo *MNP*.

2ª) Em seguida, movimentamos esse desenho sobre o triângulo *ABC* até que um dos ângulos do triângulo *MNP* coincida com um dos ângulos do triângulo *ABC*.

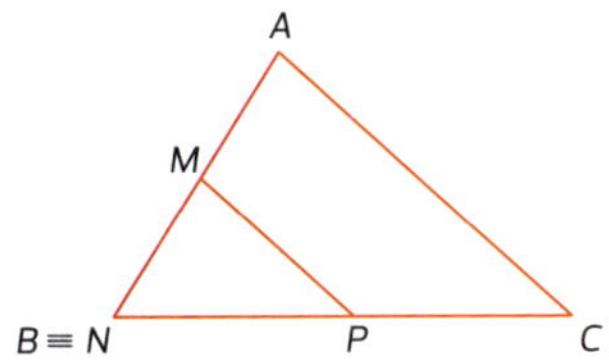

Se você escolher o ângulo $\hat{N}$ do $\triangle MNP$, ele só coincidirá com o ângulo $\hat{B}$ do $\triangle ABC$, e a figura, depois da superposição, ficará como mostrado ao lado.

Então, $\hat{N} \cong \hat{B}$ ($\hat{N}$ congruente a $\hat{B}$) e $\overline{MP} \mathbin{/\!/} \overline{AC}$ ($\overline{MP}$ paralelo a $\overline{AC}$). Confira.

Se isso ocorrer, usamos a propriedade fundamental e podemos afirmar que os triângulos *ABC* e *MNP* são semelhantes.

Oficina de Matemática

Fazendo a gente aprende

Verifique, usando esse mesmo procedimento, se os triângulos abaixo são semelhantes (I com II e III com IV).

Desenhe, recorte, sobreponha os triângulos e, em seguida, cole-os em seu caderno e registre suas conclusões.

Em vez de usar papel de seda, você pode usar cartolina para desenhar e recortar os triângulos.

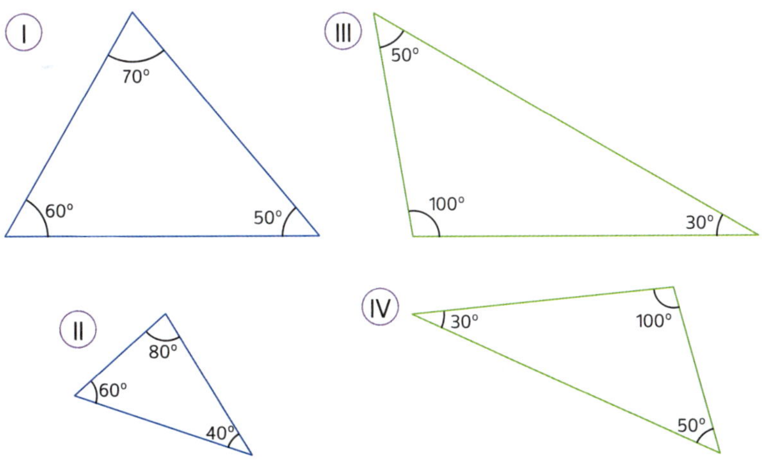

Sérgio Dotta Jr./Arquivo da editora

Depois de desenhar o triângulo, recorte-o com cuidado.

Casos de semelhança de triângulos

Observe estes pares de polígonos:

a)

Estes retângulos têm ângulos de medidas iguais, mas não são semelhantes, pois as medidas dos seus lados não são proporcionais: $\frac{2}{3} \neq \frac{1}{0,5}$.

b)

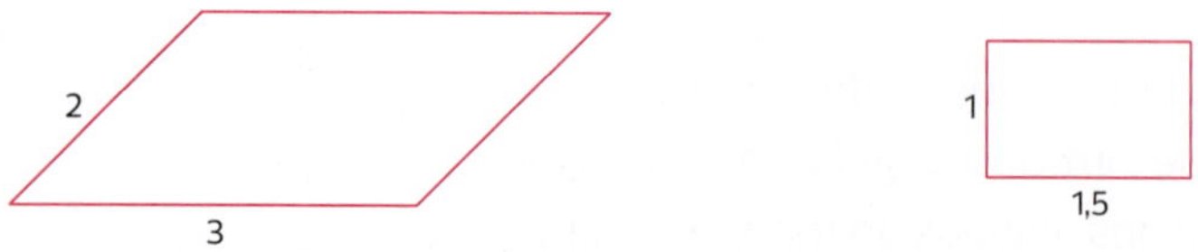

Esses quadriláteros têm as medidas dos lados proporcionais $\left(\frac{2}{1} = \frac{3}{1,5}\right)$, mas não são semelhantes, pois seus ângulos não são congruentes.

O primeiro exemplo mostra que só a congruência dos ângulos não garante a semelhança dos polígonos. O segundo exemplo mostra que só a proporcionalidade dos lados também nada garante.

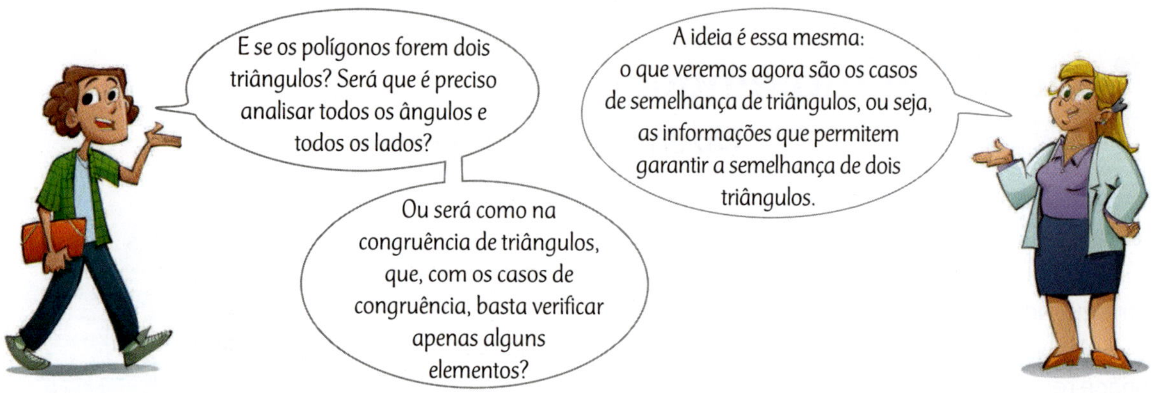

Caso AA: Se dois triângulos têm dois ângulos correspondentes respectivamente congruentes, eles são semelhantes.

Vamos demonstrar o seguinte:

Se $\triangle ABC$ e $\triangle NMP$ têm $\hat{A} \cong \hat{N}$ e $\hat{B} \cong \hat{M}$, então $\triangle ABC \sim \triangle NMP$.

Demonstração:

Se $\overline{AB} \cong \overline{NM}$, pelo caso ALA de congruência de triângulos, temos que $\triangle ABC \cong \triangle NMP$ e daí que $\triangle ABC \sim \triangle NMP$, pois dois triângulos congruentes são semelhantes com razão de semelhança 1.

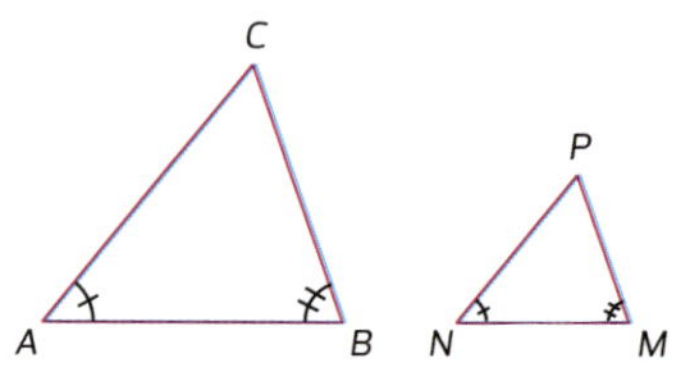

Se $AB \neq NM$, vamos analisar o caso de $AB > NM$.

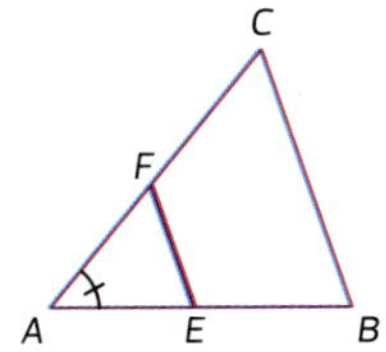

- Marcamos o ponto E em $\overline{AB}$, de modo que $AE = NM$, e traçamos $\overline{EF} \,//\, \overline{BC}$.
- Podemos afirmar que $A\hat{E}F \cong A\hat{B}C$ (ângulos correspondentes de paralelas cortadas por transversal) e, como $\hat{B} \cong \hat{M}$, então, $A\hat{E}F \cong \hat{M}$.
- De $\hat{A} \cong \hat{N}$, $\overline{AE} \cong \overline{NM}$ e $A\hat{E}F \cong \hat{M}$, pelo caso ALA, temos $\triangle AEF \cong \triangle NMP$. (I)
- Pela propriedade fundamental da semelhança de triângulos, temos $\triangle ABC \sim \triangle AEF$. (II)
- De (I) e (II), chegamos ao que queríamos provar: $\triangle ABC \sim \triangle NMP$.

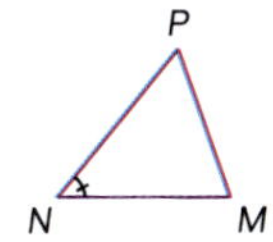

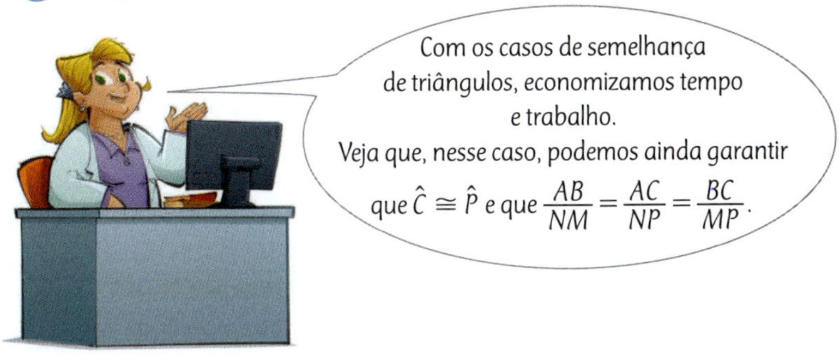

Acompanhe agora, por meio de exemplos (sem demonstração), mais dois casos de semelhança de triângulos.

> **Caso LAL**: Se dois triângulos têm dois lados correspondentes com medidas proporcionais, e o ângulo por eles compreendido com a mesma medida, eles são semelhantes.

$$\left.\begin{array}{l} \frac{10}{5} = \frac{8}{4} = 2 \\ m(\hat{C}) = m(\hat{R}) = 53° \end{array}\right\} \rightarrow \triangle ABC \sim \triangle SPR$$

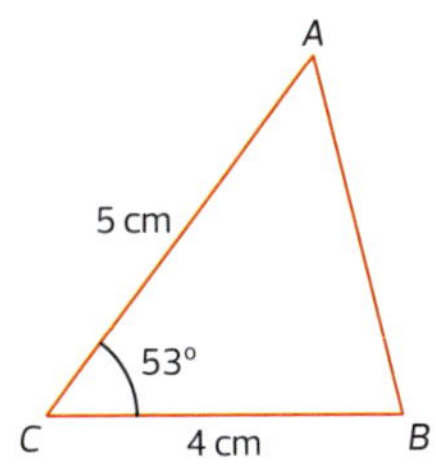

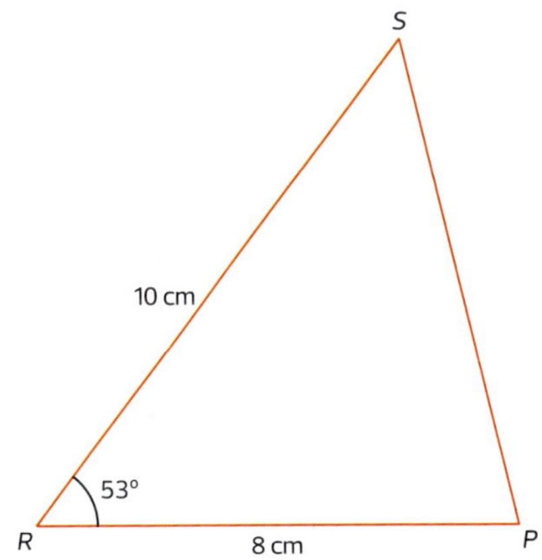

Da semelhança de $\triangle ABC$ e $\triangle SPR$, podemos afirmar que $\hat{A} \cong \hat{S}$, $\hat{B} \cong \hat{P}$ e $\frac{SP}{AB} = 2$.

> **Caso LLL**: Se dois triângulos têm os três lados correspondentes com medidas proporcionais, eles são semelhantes.

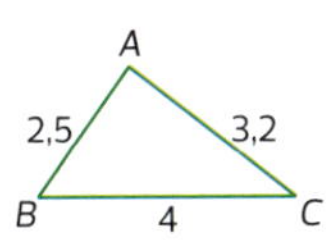

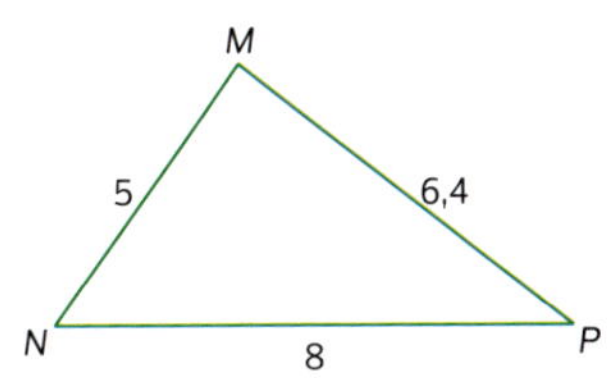

$$\frac{8}{4} = \frac{6{,}4}{3{,}2} = \frac{5}{2{,}5} = 2 \rightarrow \triangle ABC \sim \triangle MNP \rightarrow \hat{A} \cong \hat{M}, \hat{B} \cong \hat{N} \text{ e } \hat{C} \cong \hat{P}$$

Exercícios e problemas

38. Calcule x e y na figura abaixo, sabendo que $\overline{AB} // \overline{FG}$.

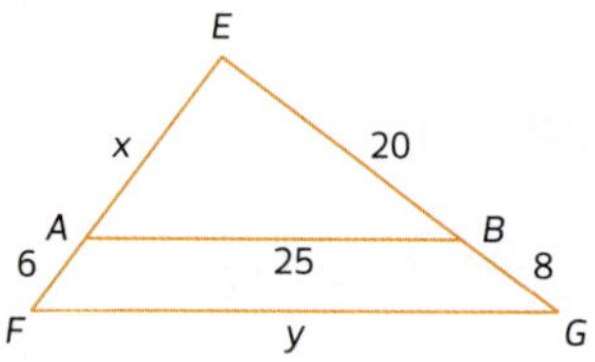

39. Em um $\triangle ABC$, temos:

- $R \in \overline{AB}$
- $S \in \overline{AC}$
- $\overline{RS} // \overline{BC}$

Se $AB = 25$, $AS = 44$, $RS = 36$ e $BC = 45$, calcule RB, SC e AC.

40. Na figura ao lado, $\triangle BMF$ e $\triangle RMS$ são semelhantes ou não?

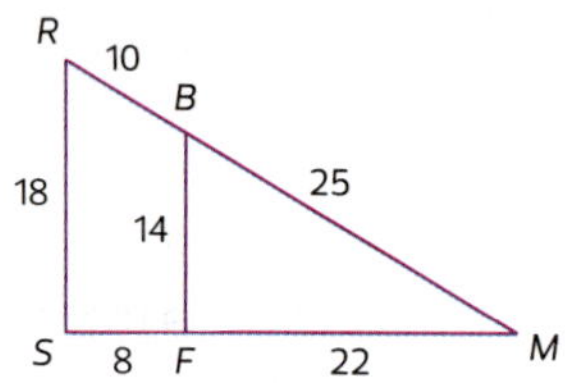

41. Na figura abaixo, o homem tem 1,75 m de altura. $AB = 4{,}2$ m e $BC = 8{,}4$ m. Calcule a altura da torre.

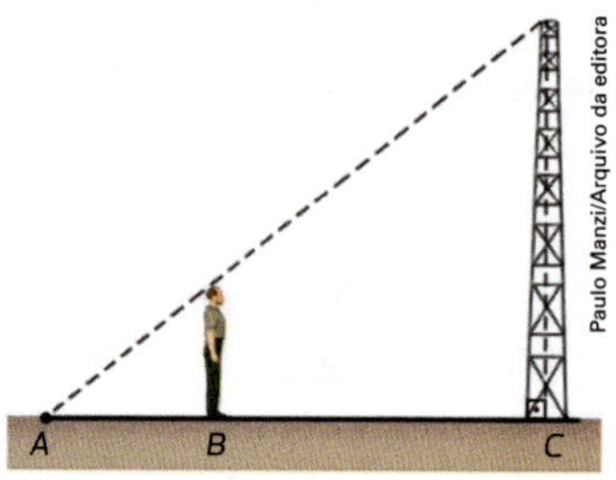

42. Na figura abaixo, temos $\overline{AR} // \overline{FH}$.

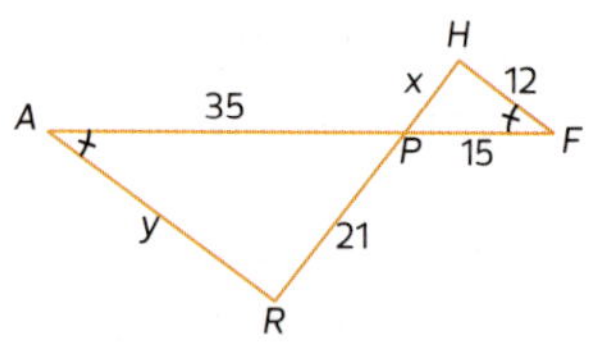

a) Mostre que $\triangle ARP \sim \triangle FHP$.

b) Calcule x e y.

43. Na figura, ABC é um triângulo retângulo cujos catetos medem 3 cm e 4 cm. $MNPB$ é um quadrado cujo lado mede x. O perímetro do triângulo retângulo ABC é de 12 cm. Verifique se é verdade que o perímetro do quadrado $MNPB$ é a metade do perímetro do triângulo ABC.

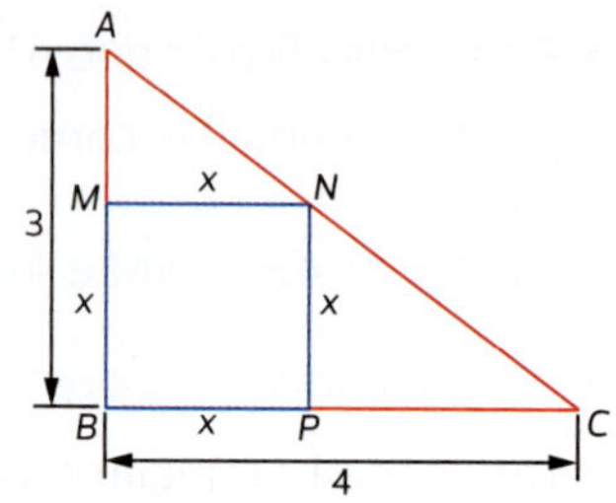

44. Na figura a seguir, $\overline{AB} // \overline{CD}$. Sabendo que o perímetro do triângulo ABE é 72 cm, determine as medidas x, y e m.

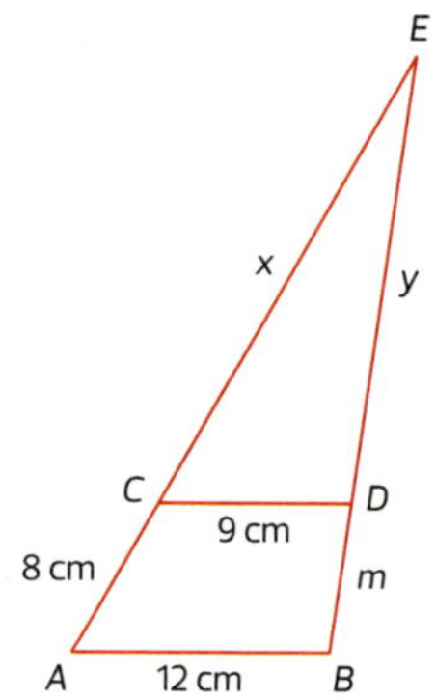

45. Sem fazer medições, identifique o par de triângulos semelhantes.

a)

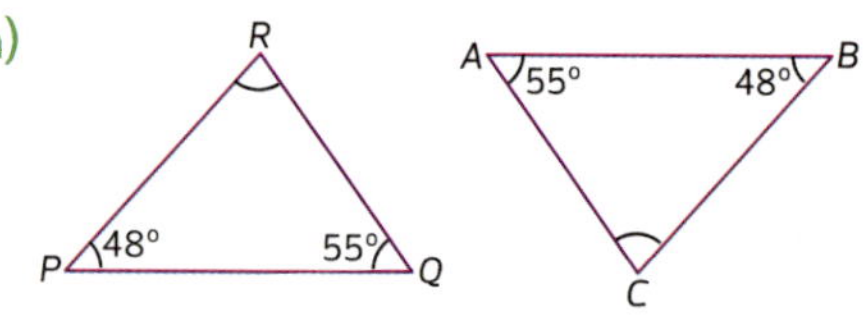

b)

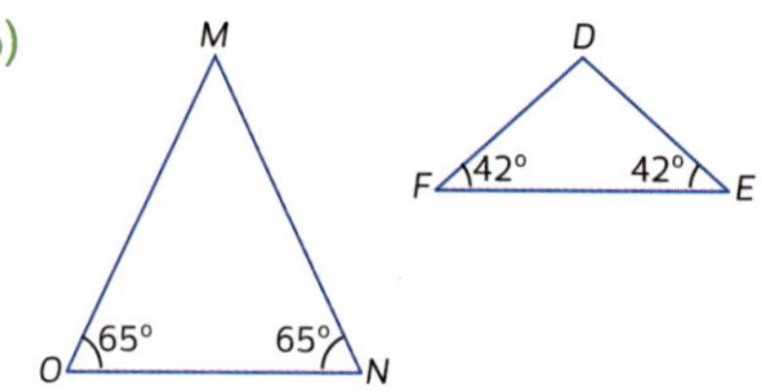

Desafio

(FEI-SP) Na figura ao lado, $ABCD$ é um retângulo e M é o ponto médio de $\overline{AD}$. Considerando-se x a medida da área do triângulo AEM e y a medida da área do triângulo AEB, é válido afirmar-se que:

a) $2x = y$

b) $3x = y$

c) $4x = y$

d) $x = y$

e) $3x = 2y$

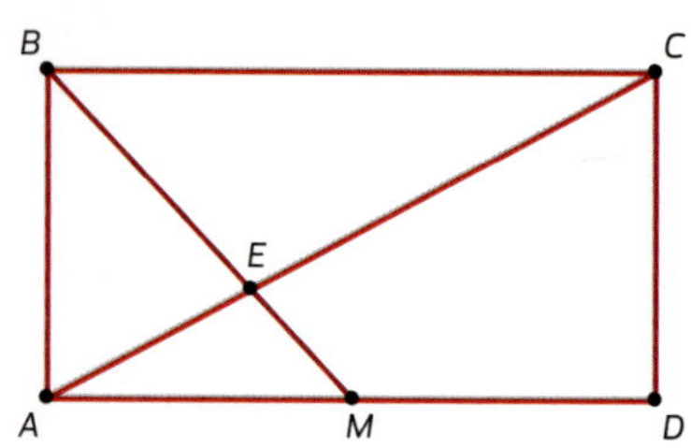

Aplicações de semelhança de triângulos

Agora, realize os exercícios a seguir para aplicar o que você acabou de estudar sobre semelhança de triângulos.

Exercícios

46. Em que itens podemos afirmar que os dois triângulos são semelhantes? Justifique sua resposta.

a)

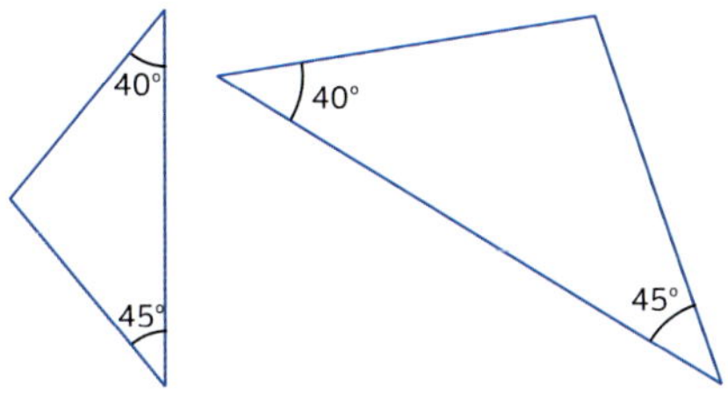

b)

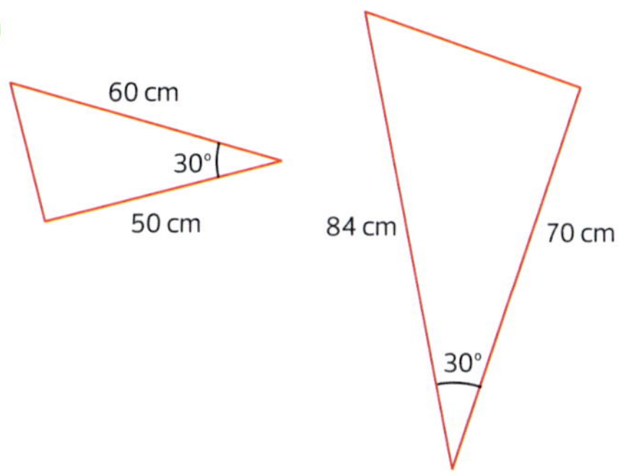

c)

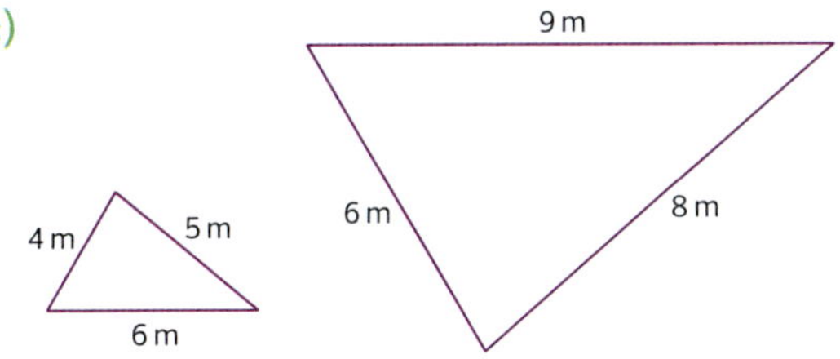

d)

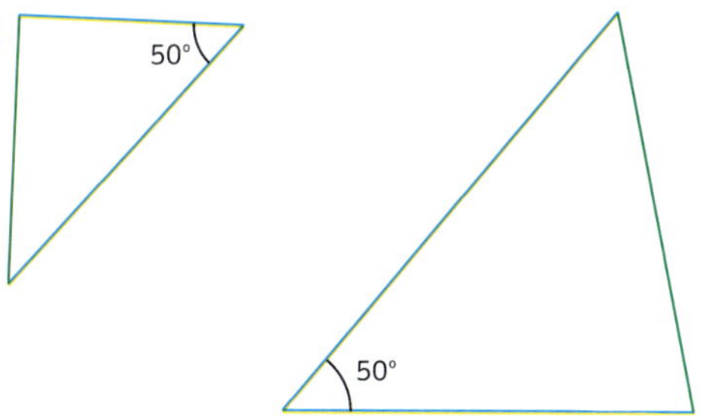

e)

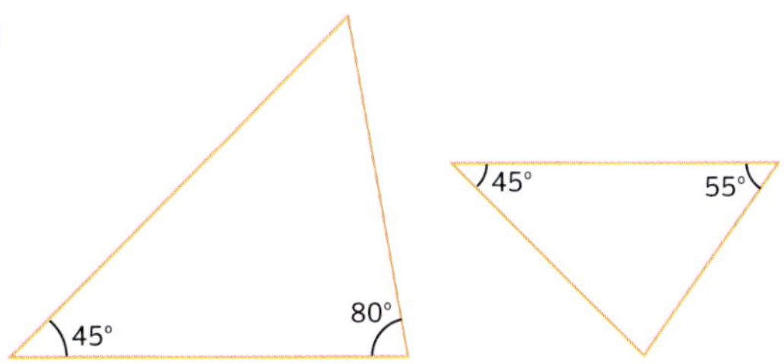

47. Na figura abaixo, temos $\overline{BC} // \overline{DE}$.

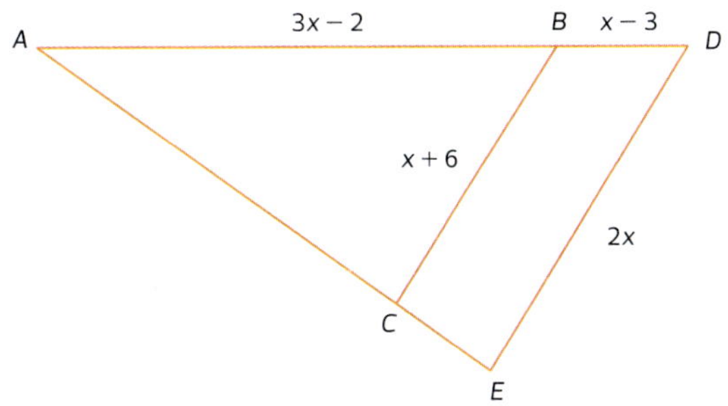

a) Calcule o valor de x.

b) Calcule a razão entre as áreas do $\triangle ABC$ e do $\triangle ADE$, nessa ordem.

48. **Atividade em dupla**

Para cada um dos itens abaixo, escreva uma das seguintes afirmações:

- Os triângulos são semelhantes.
- Os triângulos não são semelhantes.
- Os triângulos podem ser ou não semelhantes.

a) O $\triangle ABC$ tem lados de 10 cm, 15 cm e 20 cm, e o $\triangle EFG$ tem lados de 12 cm, 16 cm e 8 cm.

b) O $\triangle PQR$ tem $\hat{P}$ de 60° e $\hat{Q}$ de 30°, e o $\triangle XYZ$ tem $\hat{X}$ de 60° e $\hat{Y}$ de 50°.

c) O $\triangle MNO$ tem $\hat{M}$ de 70° e $\hat{N}$ de 30°, e o $\triangle RST$ tem $\hat{R}$ de 70° e $\hat{S}$ de 80°.

d) O $\triangle DHL$ tem um lado de 3 cm e um lado de 4 cm, e o $\triangle IJD$ tem um lado de 6 cm e um lado de 8 cm.

e) Dois triângulos equiláteros.

f) Dois triângulos isósceles.

g) Um triângulo retângulo e um triângulo acutângulo.

h) Dois triângulos retângulos com um ângulo agudo congruente.

Converse com um colega e justifiquem a afirmação feita em cada item.

49. É possível afirmar que dois triângulos são semelhantes se dois ângulos de um deles medem 45° e 75°, enquanto dois ângulos do outro medem 45° e 60°?

50. Os triângulos abaixo são semelhantes? Explique sua resposta.

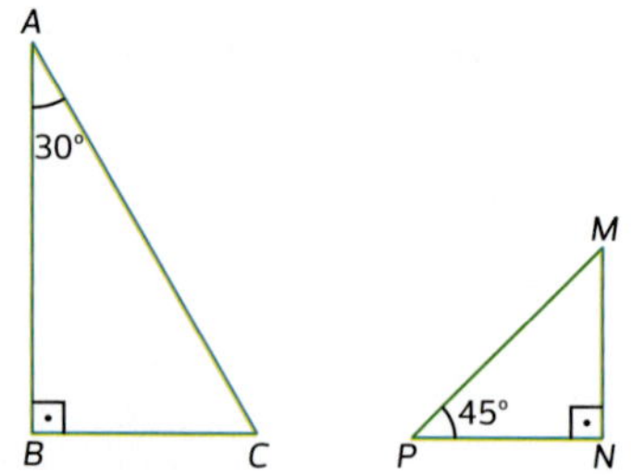

51. Justifique a semelhança dos triângulos *ABC* e *DEC*.

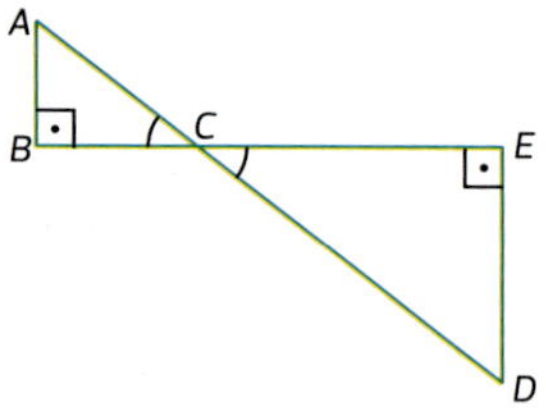

52. Dos três triângulos da figura abaixo ($\triangle ABC$, $\triangle CDB$ e $\triangle ADB$), há dois que são semelhantes. Quais são eles?

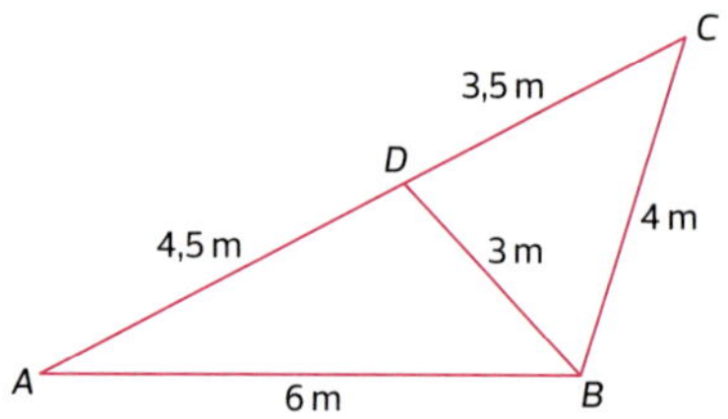

53. **Atividade em dupla**

Converse com um colega, indiquem qual das afirmações abaixo é verdadeira.

- Dois triângulos semelhantes são congruentes.
- Dois triângulos congruentes são semelhantes.

54. Dois triângulos são semelhantes. O perímetro de um dos triângulos é de 35 cm, e o do outro é de 105 cm. Qual é a razão de semelhança entre os triângulos? E a razão entre suas áreas?

55. Observe os triângulos da figura.

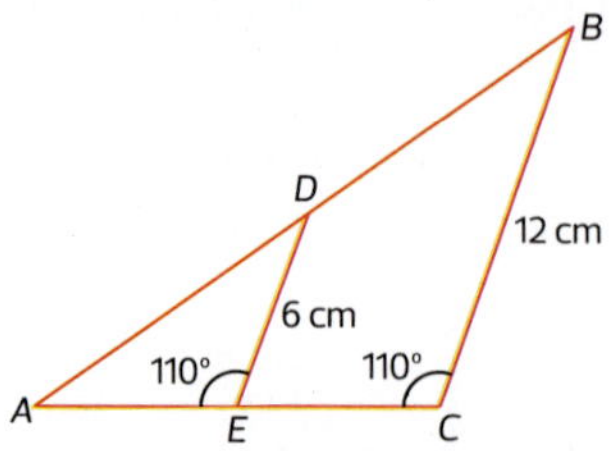

a) Mostre que $\triangle ABC \sim \triangle ADE$.

b) Se $EC = 5$ cm, calcule a medida de $\overline{AE}$.

56. Na figura, $\overline{BC} \parallel \overline{DE}$.

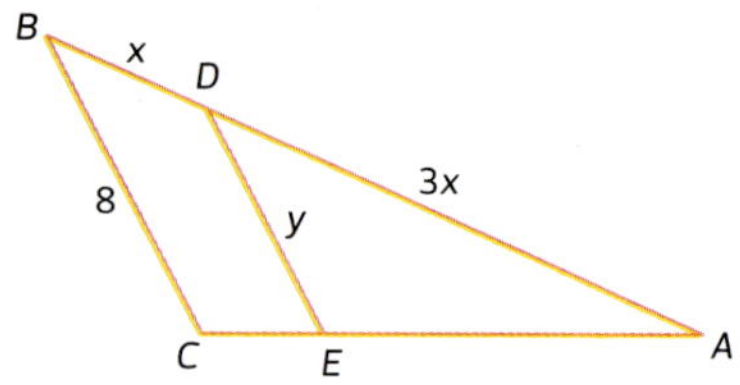

Calcule:

a) a razão de semelhança $\left(\frac{AB}{AD}\right)$;

b) a razão entre os perímetros dos triângulos *ABC* e *ADE*;

c) a medida de *y*.

57. Na figura abaixo, *L* é uma lâmpada, *D* é um disco cujo diâmetro mede 20 cm, *P* é uma parede e *S* é a sombra do disco projetada na parede. Considere as medidas dadas na figura e calcule a área da sombra projetada.

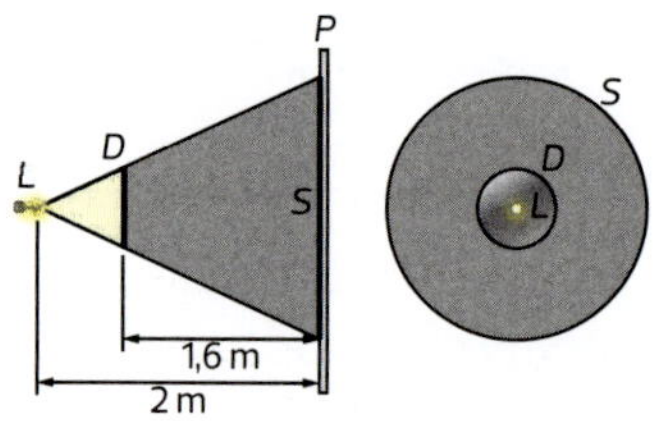

Desafios

1. É possível dois triângulos serem semelhantes se um deles tem um ângulo de medida 50° e dois lados de comprimento 7 cm, enquanto o outro tem um ângulo que mede 70° e dois lados com comprimento de 9 cm cada um?

2. Verifique se é possível serem semelhantes dois triângulos isósceles sabendo que um dos ângulos do primeiro triângulo mede 30° e os lados congruentes medem 4 cm; e um dos ângulos do segundo triângulo tem 75° e os lados congruentes medem 7 cm.

Uso da semelhança para medir distâncias inacessíveis

Imagine que a prova de uma gincana feita pelo colégio fosse medir a altura de um prédio ou de um mastro de bandeira.

Como você faria isso? Usaria régua, fita métrica, trena? Não seria possível, não é mesmo?

O que você poderia utilizar no lugar desses instrumentos, aplicando o que já aprendeu?

Uma ideia seria medir essas alturas indiretamente usando semelhança de triângulos e proporção.

Examine este exemplo: medir a altura aproximada de uma cesta de basquete.

Para isso, usaremos a metade de uma folha de papel quadrada, obtida como mostram as figuras abaixo:

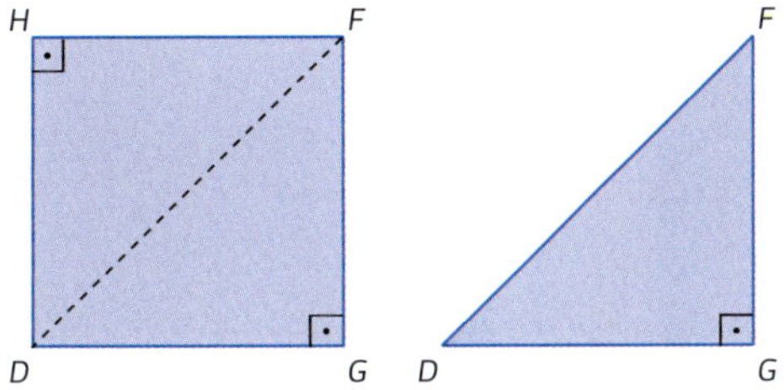

$DG = FG$

Sérgio Dotta Jr./Arquivo da editora

Crianças observando um mastro de bandeira.

Siga estes procedimentos considerando as medidas do exemplo abaixo:

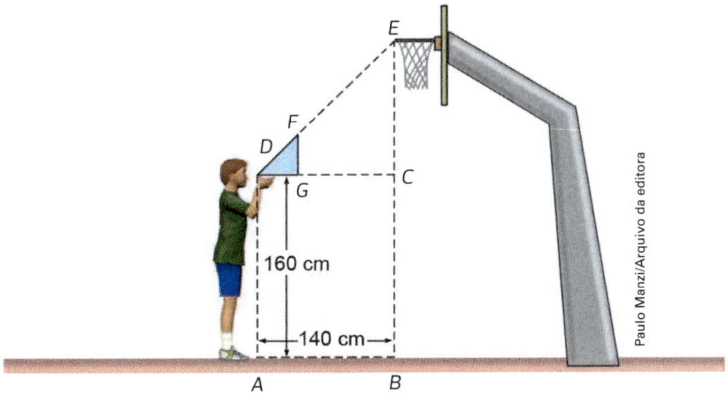

1º) Mire o topo da cesta conservando a parte inferior da folha ($\overline{DG}$) paralela ao chão. Talvez você precise afastar-se ou aproximar-se da cesta para que isso ocorra.

2º) Meça a distância entre você e a perpendicular ao chão que passa pela cesta: ($AB = 140$ cm). Observe que $AB = DC$ (logo, $DC = 140$ cm).

3º) Meça agora a distância do chão aos seus olhos ($AD = 160$ cm). Veja que $AD = BC$ (logo, $BC = 160$ cm).

Como $\triangle DCE \sim \triangle DGF$ (dois ângulos correspondentes congruentes), concluímos que:

$$\frac{DE}{DF} = \frac{DC}{DG} = \frac{EC}{FG}$$

Observando a última igualdade, $\frac{DC}{DG} = \frac{EC}{FG}$, e sabendo que $DG = FG$, concluímos que $DC = EC$.

Assim, a altura da cesta de basquete é dada por $BC + CE$ ou $AD + AB$.

No exemplo acima: $BC + CE = 160 \text{ cm} + 140 \text{ cm} = 300 \text{ cm} = 3 \text{ m}$.

Exercícios e problemas

58. Use o mesmo processo e determine a altura do mastro da bandeira representado abaixo.

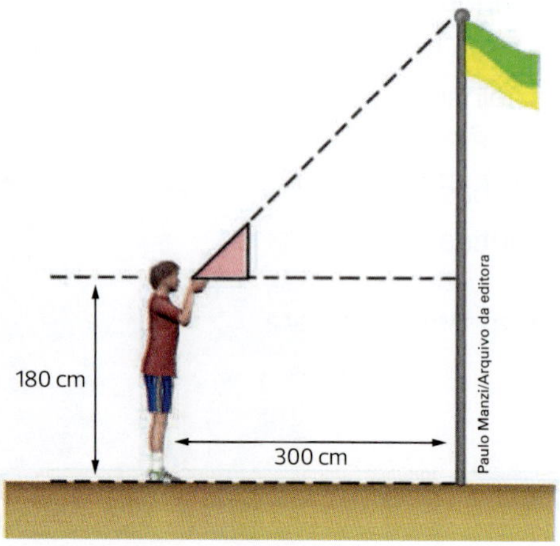

59. Atividade em dupla

Usem o método da folha de papel quadrada e determinem as medidas de algumas alturas (casa, edifício, poste, árvore, etc.). Em seguida, completem este quadro:

Objeto	Distância até o objeto	Distância do chão aos olhos	Altura do objeto

60. Arredondamentos, cálculo mental e resultados aproximados

Observe a figura abaixo:

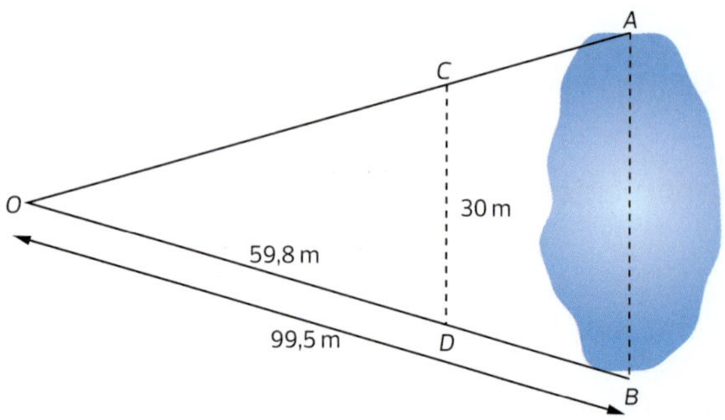

A medida do comprimento do lago (AB) está mais próxima de 60,2 m; 50,1 m ou 45,9 m?

Calcule mentalmente e confira com os colegas.

61. Calculando a altura do Obelisco

Na cidade de São Paulo, no Parque do Ibirapuera, encontra-se o Obelisco, monumento de mármore projetado pelo escultor italiano Galileu Emendabile. Ele foi construído para homenagear os heróis que lutaram na Revolução Constitucionalista de 1932 e foi inaugurado oficialmente em 9 de julho de 1955.

Obelisco, Parque do Ibirapuera, São Paulo (SP). Foto de 2015.

Antônio viajou a São Paulo e ficou impressionado com o Obelisco no Parque do Ibirapuera.

Ele logo pensou em perguntar a alguém a altura do monumento, mas, como ninguém por perto sabia informar, resolveu usar um pouco das ideias sobre semelhança para medir alturas inacessíveis, assunto que havia estudado na escola. Responda:

a) Como deveria estar o clima em São Paulo para que Antônio pudesse calcular a medida da altura do Obelisco usando a sombra do Obelisco e a ideia de semelhança?

b) Qual(is) o(s) instrumento(s) necessário(s) para fazer a medição?

c) O que ele deveria medir?

d) Se Antônio tem 1,80 m e sua sombra em determinado instante do dia era 1,20 m, qual é a altura da Obelisco se, nesse mesmo instante, ele fazia uma sombra de 48 m?

3 Transformações geométricas

É possível fazermos certos movimentos ou transformações com figuras do plano de modo que suas formas e às vezes seus tamanhos sejam conservados. A seguir veremos algumas delas.

CONTEÚDO DIGITAL

Translação

Podemos deslocar (ou transladar ou transportar) uma figura no plano, de modo que a figura obtida seja congruente à original, por meio de um movimento chamado **translação**.

Veja um exemplo.

O $\triangle ABC$ do plano desta página foi transportado, por meio de uma translação, para uma posição ocupada pelo $\triangle A'B'C'$.

O $\triangle A'B'C'$ é congruente ao $\triangle ABC$ inicial.

Acompanhe a seguir como devemos proceder para efetuar a translação de uma figura no plano.

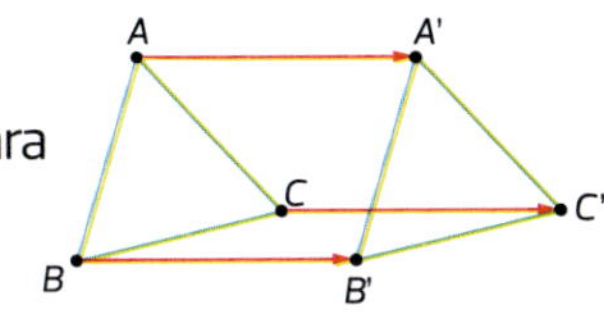

Figura 1

Representação de uma translação

A translação que leva A até A' é representada pelo **segmento orientado** (ou **vetor**) $\overrightarrow{AA'}$, com origem em A e término em A'.

No diagrama abaixo, $\overrightarrow{AA'} = \overrightarrow{BB'}$, pois a medida do segmento orientado $\overrightarrow{AA'}$ é igual à medida do segmento orientado $\overrightarrow{BB'}$ e o sentido de A para A' é o mesmo que o sentido de B para B'.

A palavra **vetor** vem do latim *vehere*, que significa **transportar**.

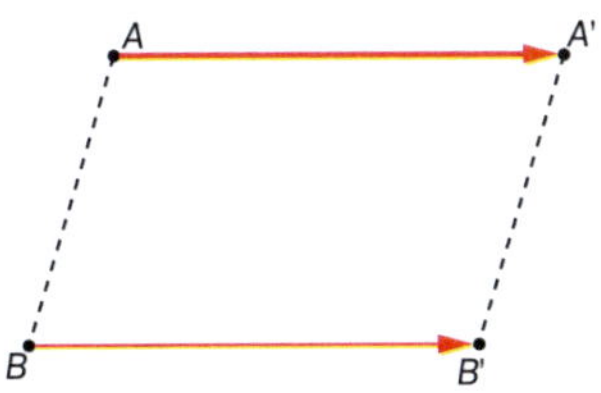

Figura 2

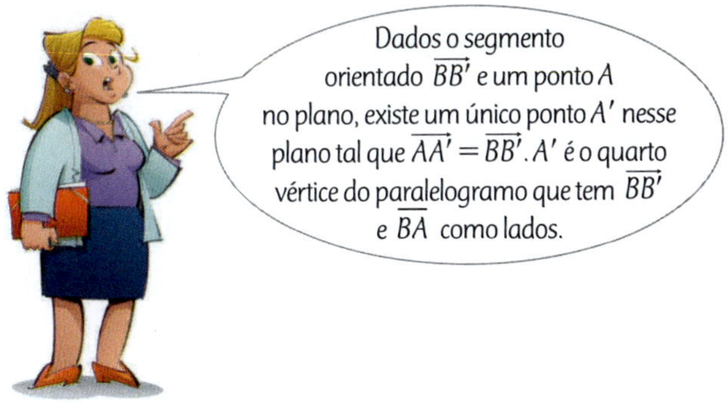

Exercícios

62. Observe a figura 1 e indique três paralelogramos nela.

63. Examine a figura 2 e indique apenas as igualdades verdadeiras.

a) $\overrightarrow{AB} = \overrightarrow{A'B'}$

b) $\overrightarrow{AA'} = \overrightarrow{B'B}$

c) $\overrightarrow{A'A} = \overrightarrow{B'B}$

d) $\overrightarrow{A'B'} = \overrightarrow{BA}$

64. Observe a figura azul, obtida da figura verde por uma translação.
Indique o segmento orientado correspondente a essa translação.

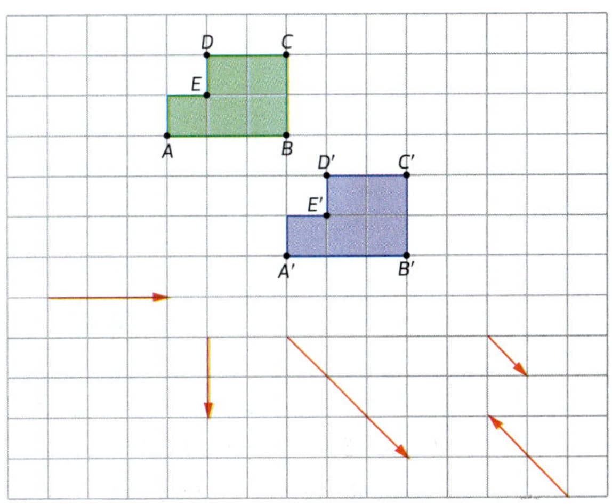

Figuras transladadas

A figura *PQRS* foi transladada dando origem à figura *P'Q'R'S'*. A figura *P'Q'R'S'* é chamada **imagem** da figura *PQRS*. Cada ponto de *PQRS* está ligado a uma imagem por meio de um segmento orientado.

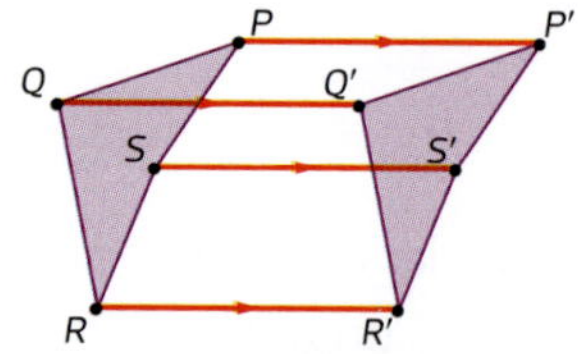

Figura 1

Examine mais este exemplo. Vamos transladar a figura *ABCD* no sentido do segmento orientado e a uma distância igual à medida do comprimento desse segmento orientado.

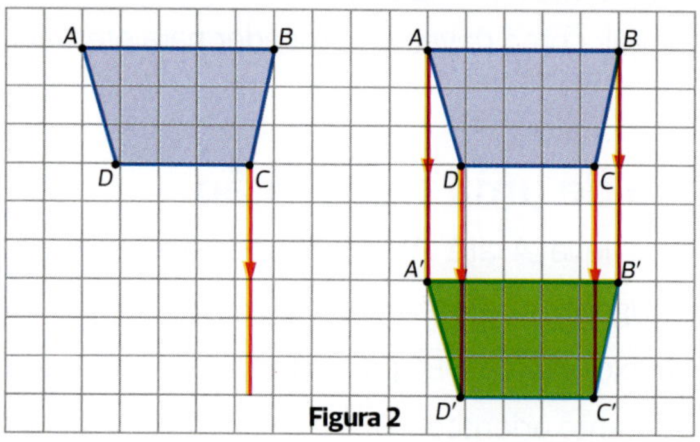

Figura 2

A'B'C'D' é a imagem de *ABCD* pela translação dada.

Exercícios

65. Escreva dois fatos a respeito dos segmentos orientados que aparecem na figura 1.

66. Considerando ainda a figura 1, responda: qual é a figura geométrica formada por:

a) *PQQ'P'*? b) *PSS'P'*? c) *QRR'Q'*? d) *SRR'S'*?

67. Usando papel quadriculado, translade cada figura no sentido apontado pelo segmento orientado e a uma distância igual à medida do comprimento desse segmento orientado.

a)

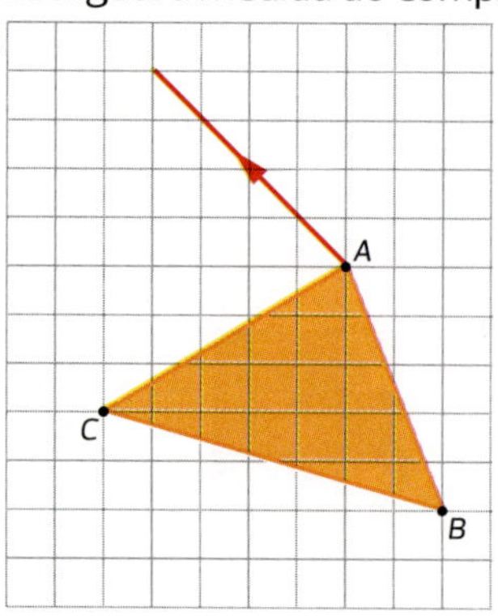

b)

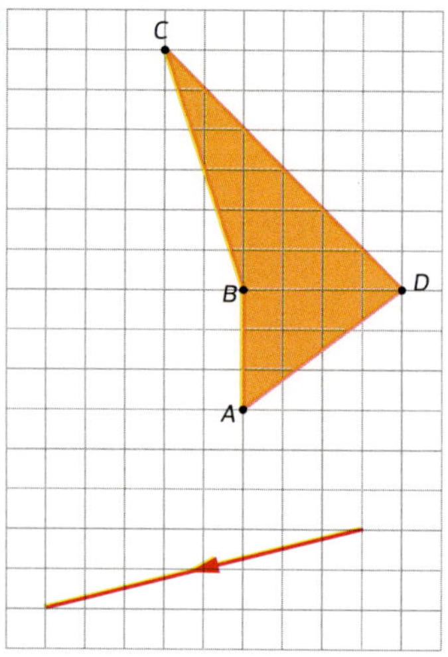

c)

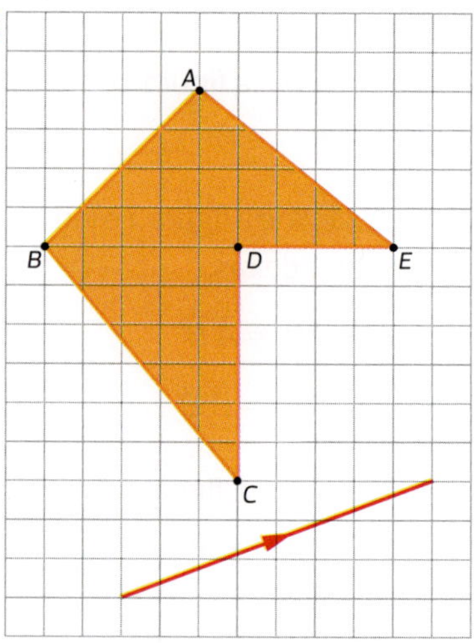

Translações sucessivas

Examine a figura abaixo. Foram feitas duas translações em sequência.

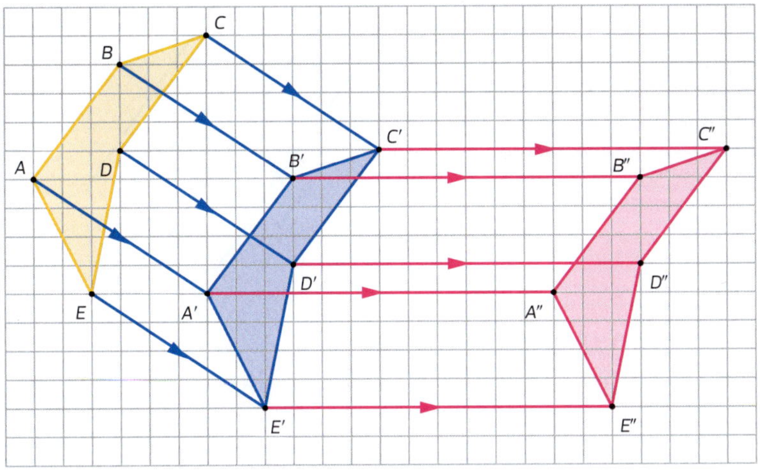

Outro exemplo:

Observe como fazer, em uma malha quadriculada, uma translação indicada pelo segmento orientado azul e, em seguida, uma translação indicada pelo segmento orientado rosa. Com isso, levamos a figura *ABCDE* até *A′B′C′D′E′* e esta até *A″B″C″D″E″*.

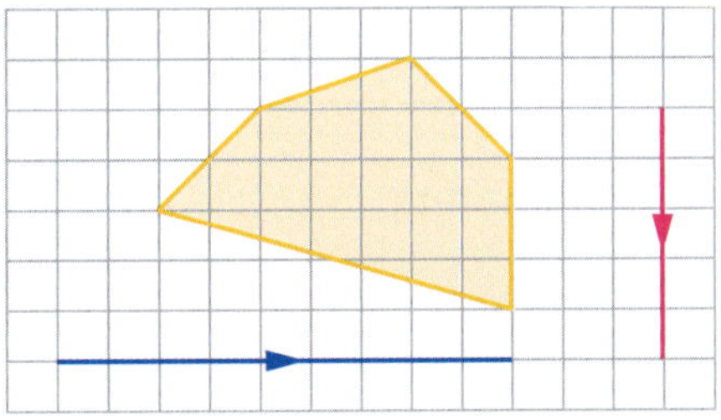

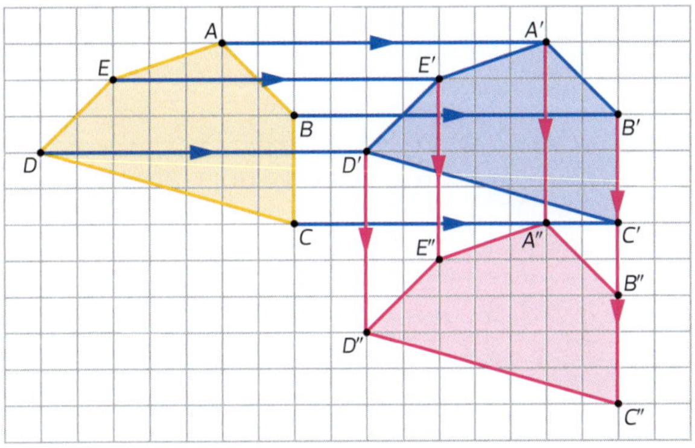

Exercício

68. Use papel quadriculado e translade cada figura no sentido apontado pelo segmento orientado azul e, em seguida, faça uma translação indicada pelo segmento orientado rosa.

a) 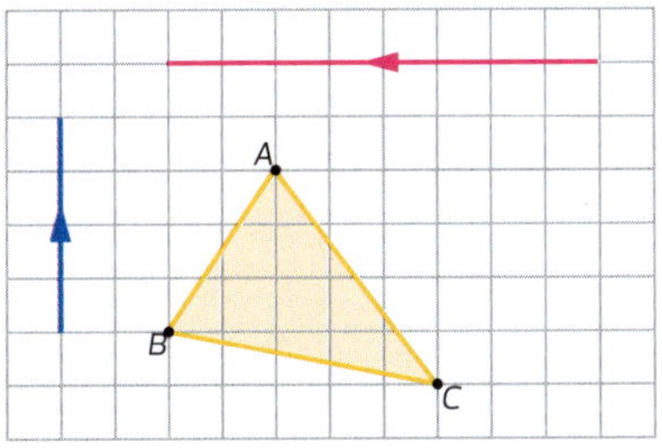

b) 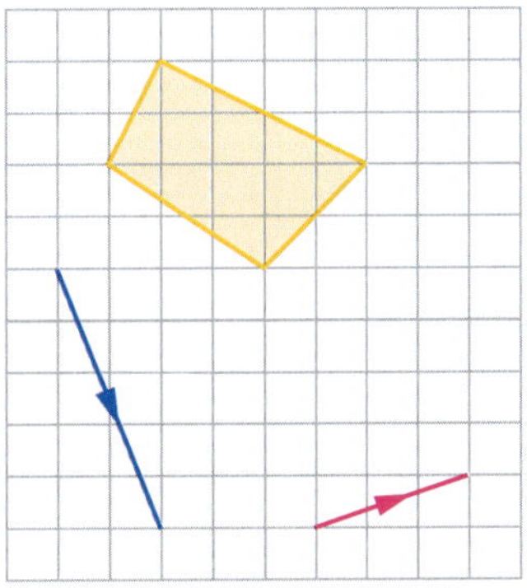

Reflexão em relação a uma reta

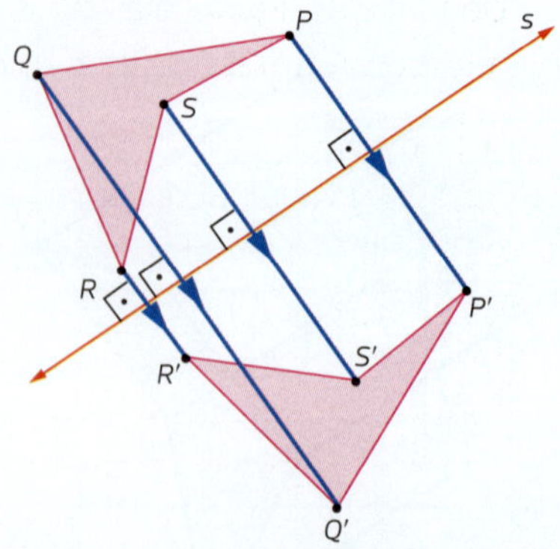

A figura *PQRS* foi levada à figura *P'Q'R'S'* (sua imagem) por uma reflexão em relação à reta indicada por *s* (eixo de reflexão). Alguns pontos foram ligados às suas imagens por segmentos orientados azuis. Observe que a reta *s* é a mediatriz dos segmentos orientados $\overrightarrow{PP'}$, $\overrightarrow{SS'}$, $\overrightarrow{RR'}$ e $\overrightarrow{QQ'}$.

Observe também que o sentido do deslocamento $P' \rightarrow Q' \rightarrow R' \rightarrow S'$ é o oposto do sentido do deslocamento $P \rightarrow Q \rightarrow R \rightarrow S$.

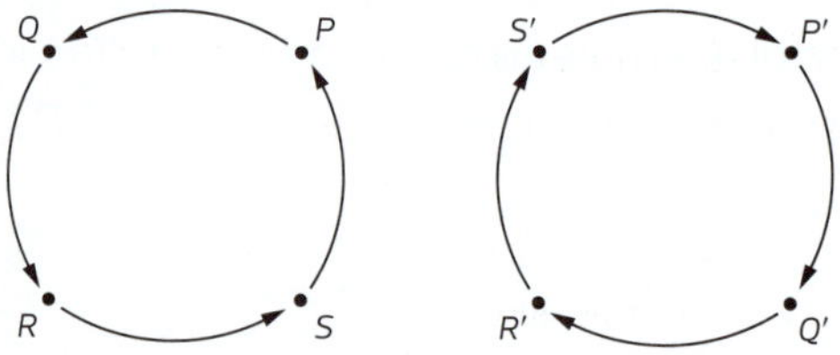

Escreva dois fatos a respeito dos segmentos orientados azuis e da reta *s*.

Veja outro exemplo. Vamos desenhar uma figura e uma reta.

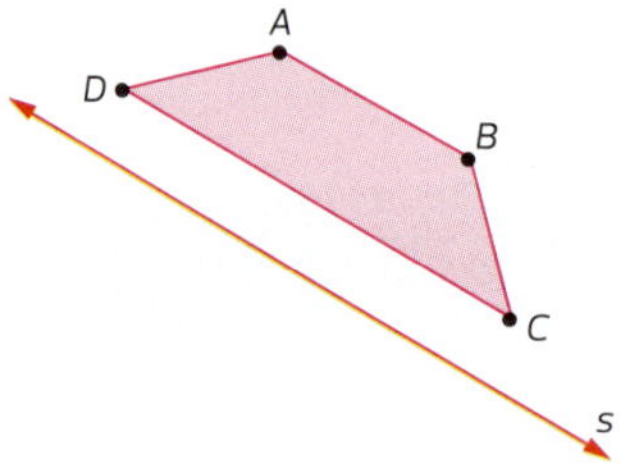

Em seguida, vamos construir a imagem da figura após a reflexão em relação à reta.

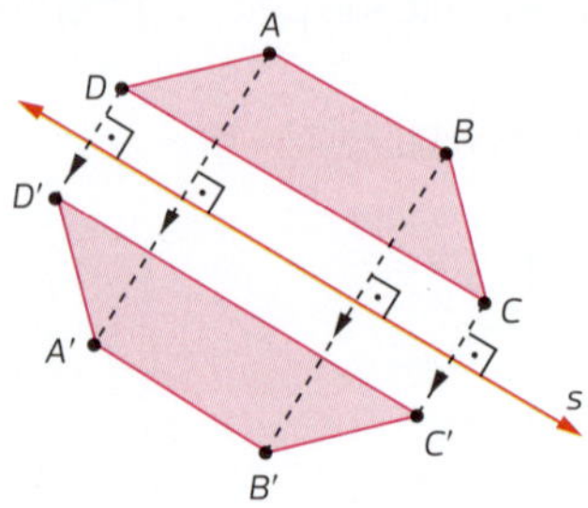

A reta *s* é a mediatriz dos segmentos orientados $\overline{AA'}$, $\overline{BB'}$, $\overline{CC'}$ e $\overline{DD'}$. O sentido do deslocamento $A' \rightarrow B' \rightarrow C' \rightarrow D'$ é o oposto do sentido de $A \rightarrow B \rightarrow C \rightarrow D$.

Exercício

69. Desenhe as figuras e as retas em papel quadriculado. Construa a imagem de cada figura após a reflexão em relação à reta, recorte tudo e cole em seu caderno.

a) 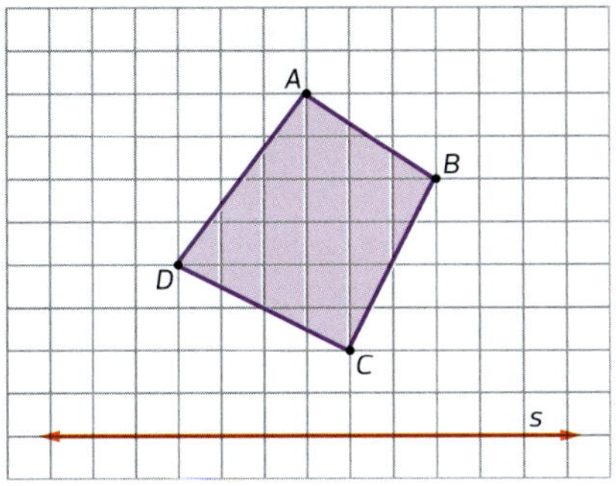

b) 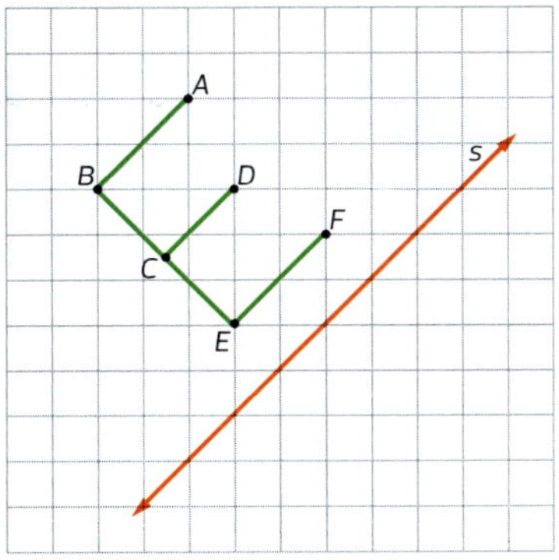

c) 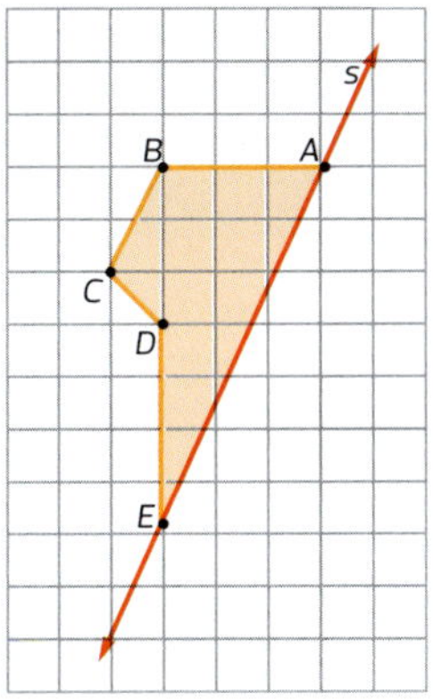

Um caso particular de reflexão

O quadrado *ABCD* foi refletido dando origem ao quadrado *A′B′C′D′* por uma reflexão em relação à reta *s*.

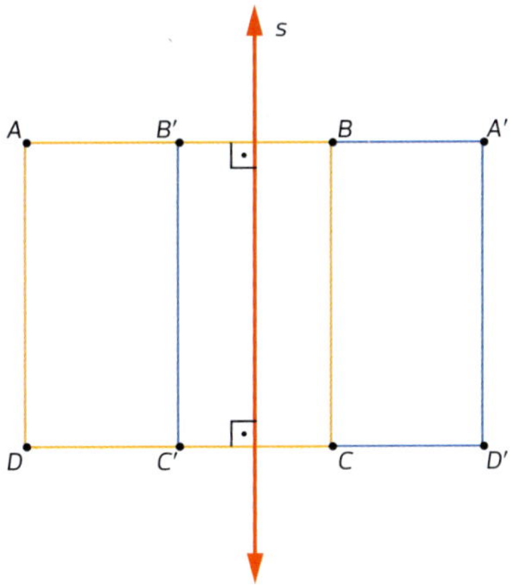

Exercício

70. Faça a reflexão de cada uma das figuras em relação à reta.

a) 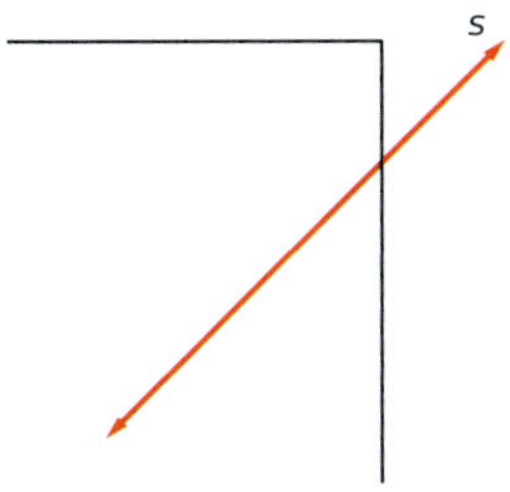

b) 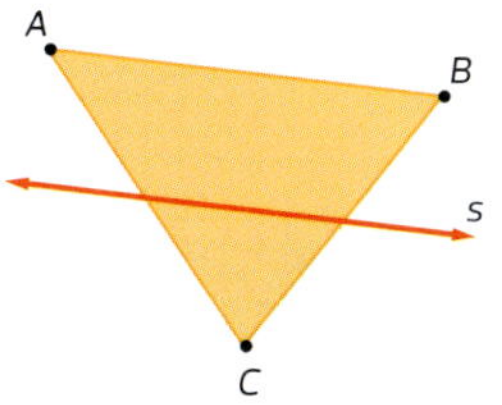

c) 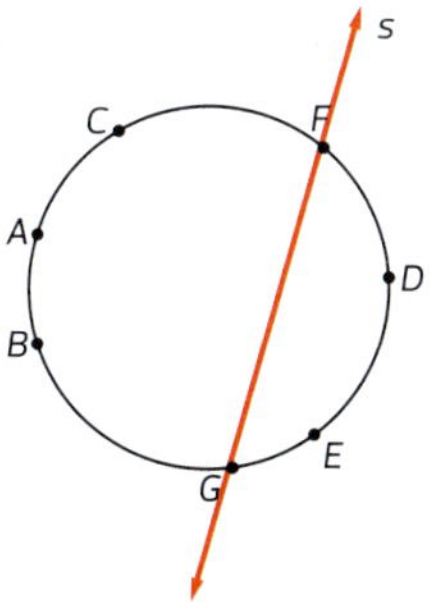

Eixo de simetria

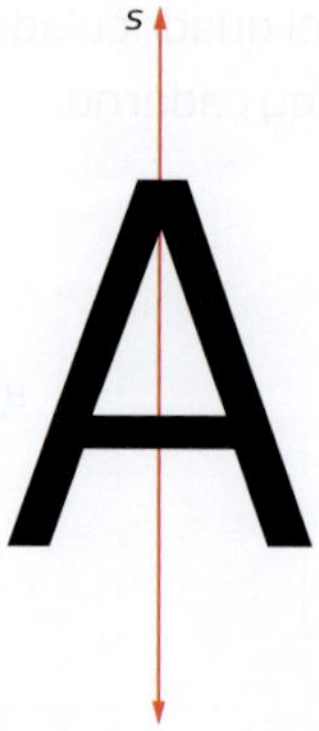

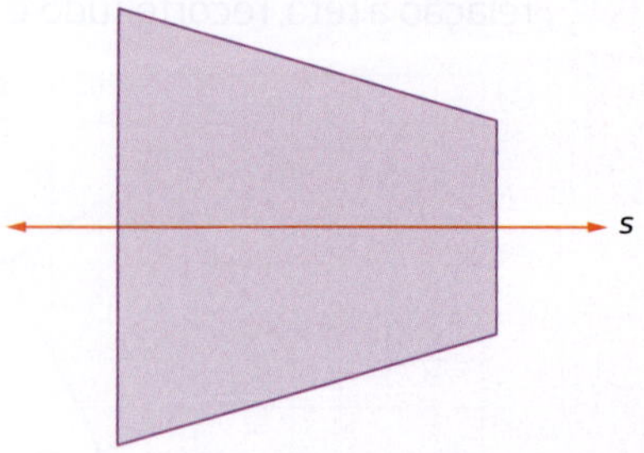

Ao se refletir cada uma delas em relação ao eixo de reflexão *s*, a figura obtida corresponde à figura original. Quando isso ocorre, o **eixo de reflexão** é chamado de **eixo de simetria** da figura.

Exercícios

71. Trace o(s) eixo(s) de simetria de cada figura.

a)

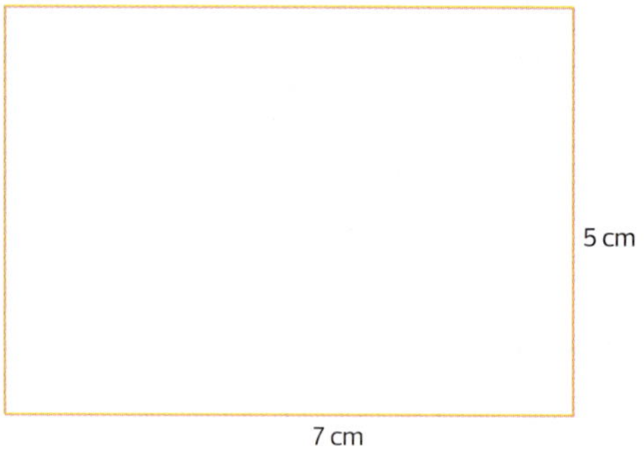

b)

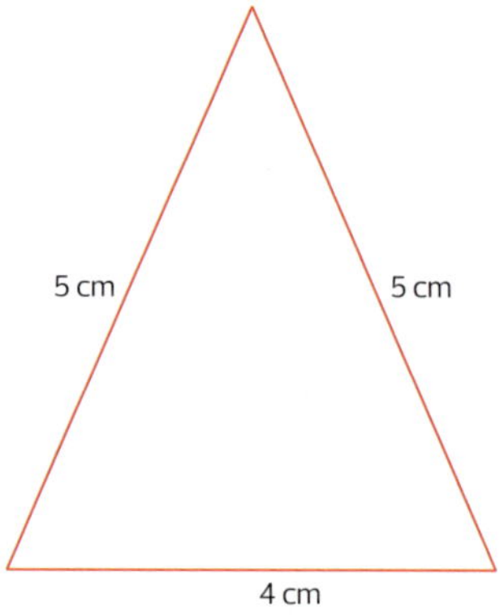

72. Em seu caderno desenhe um quadrado cujo lado mede 6,5 cm, depois trace o(s) eixo(s) de simetria.

73. O paralelogramo desenhado abaixo tem algum eixo de simetria? Se sim, desenhe-o.

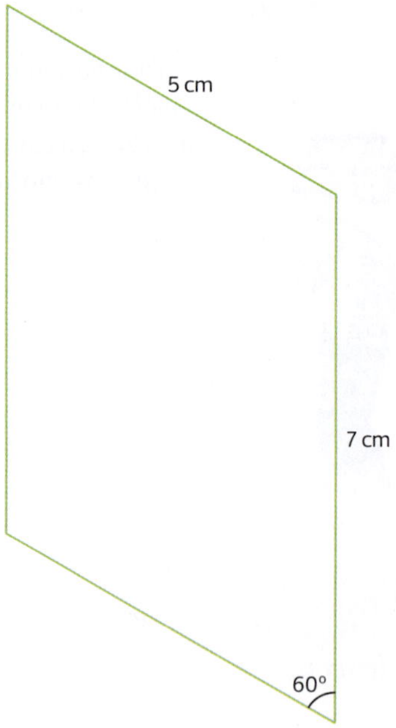

74.

Rotação

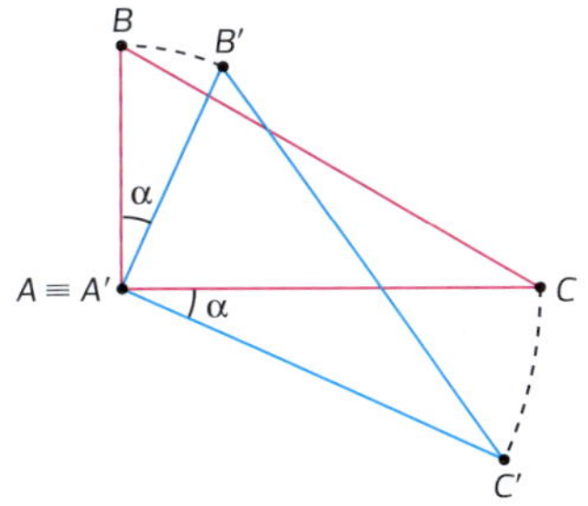

O $\triangle ABC$ sofreu uma rotação em torno do ponto A de um ângulo α no sentido horário (sentido dos ponteiros do relógio) e deu origem ao $\triangle A'B'C'$.

O ponto A é chamado de **centro da rotação** e o ângulo α de **ângulo de rotação**. O $\triangle A'B'C'$ é chamado de **imagem do $\triangle ABC$ pela rotação**. O sentido do deslocamento $A \rightarrow B \rightarrow C$ é o mesmo do deslocamento $A' \rightarrow B' \rightarrow C'$.

Construção de uma rotação

Vejamos como construir uma rotação de uma figura em torno de um ponto dado, segundo determinado ângulo, em determinado sentido.

Vamos encontrar a imagem do $\triangle ABC$ após uma rotação, em torno do ponto P, de 90° no sentido horário. Desenhamos o $\triangle ABC$, marcamos um ponto P e ligamos o vértice A ao ponto P.

Com a ajuda de um transferidor, traçamos uma reta que forma 90° com $\overline{AP}$. Medimos o ângulo no sentido horário.

Marcamos um ponto A' sobre essa reta de tal modo que $\overline{PA'}$ tenha a mesma medida que $\overline{PA}$. Fazemos o mesmo com o ponto B e com o ponto C, marcando B' e C'. Por fim, ligamos os pontos, obtendo o $\triangle A'B'C'$.

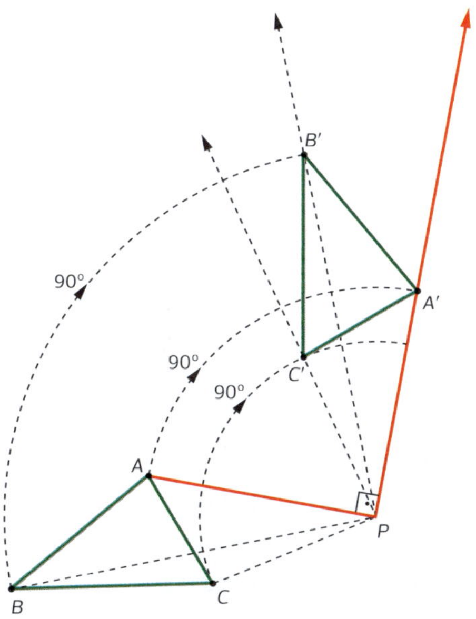

Exercícios

75. Faça as rotações.

Determine o ponto A' e o segmento de reta $R'S'$ fazendo rotações de centro em P e ângulo de 90° no sentido horário.

a)

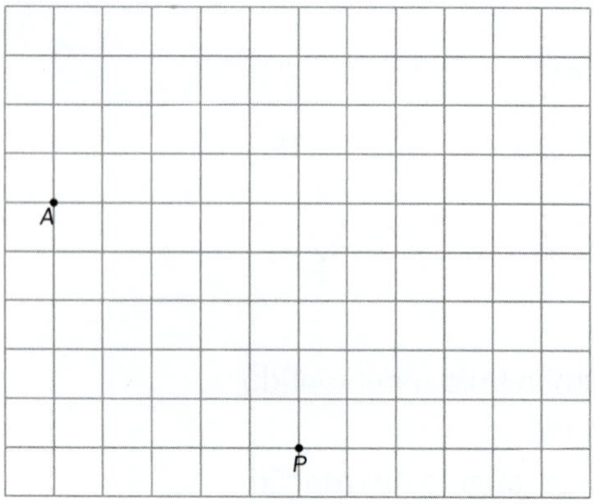

b)

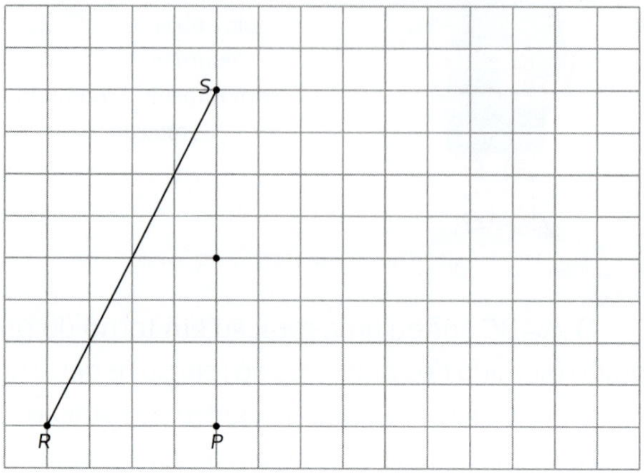

76. Use papel quadriculado para fazer as rotações. Depois, recorte e cole no caderno. Desenhe a imagem de cada figura após uma rotação de 180° no sentido horário em torno do ponto P.

a)

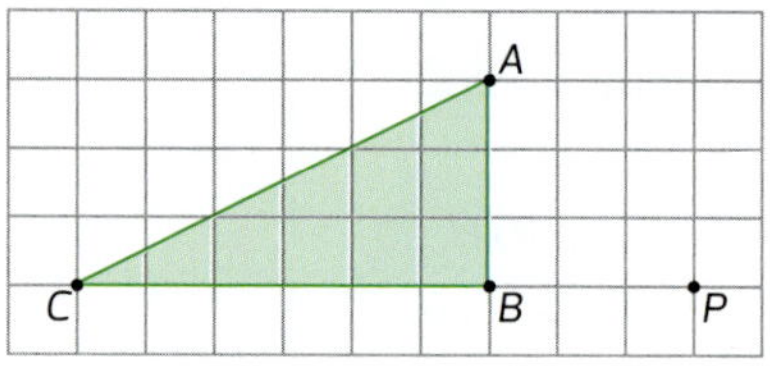

c)

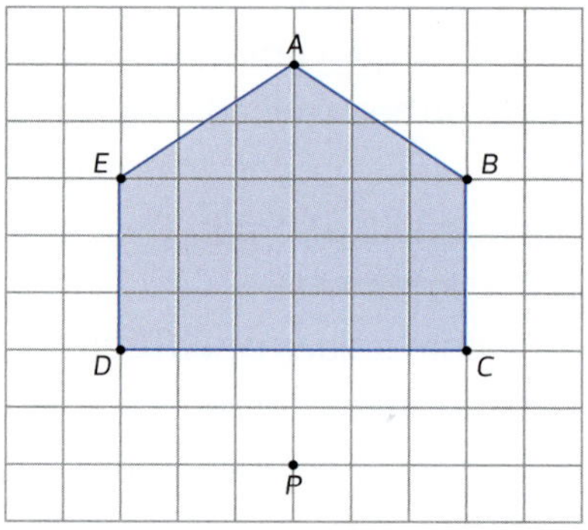

b)

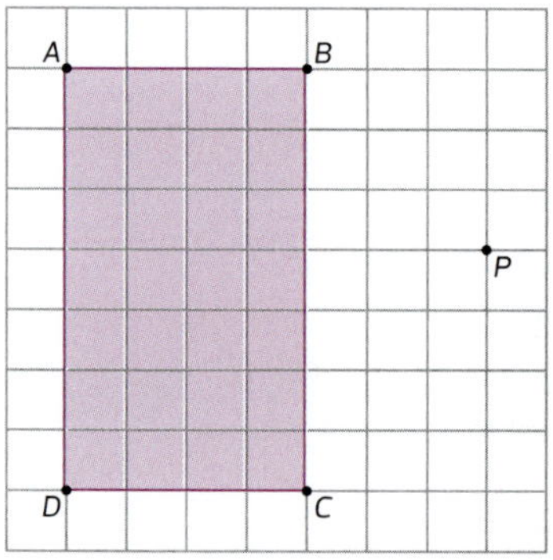

d)

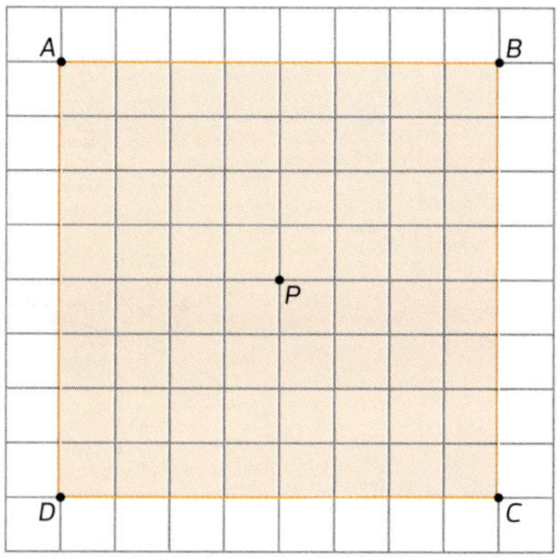

Observação: Dizemos que translação, reflexão e rotação são movimentos ou transformações geométricas que **preservam a congruência**. Nelas, a figura transformada é sempre congruente à figura original. Esses movimentos são fundamentais em Geometria. Por não deformar a figura original, esses três movimentos são chamados de **movimentos rígidos** ou de **isometrias** (*iso* = mesma; *metria* = medida).

Outro tipo de transformação: a homotetia

Estudaremos agora uma transformação geométrica que, em geral, **não preserva a congruência** e está muito relacionada com o que fizemos ao longo deste capítulo. Veja dois exemplos:

a) Vamos considerar um ponto O, uma semirreta OP com o ponto P distinto de O, e uma constante, por exemplo, igual a 3 (razão):

A correspondência estabelecida entre o ponto P e o ponto P', ambos sobre a semirreta OP, é tal que: $OP' = 3 \cdot OP$ ou $\frac{OP'}{OP} = 3$.

b) Se a razão fosse $\frac{1}{2}$, teríamos o ponto P' colocado entre O e P, no ponto médio de $\overline{OP}$.

Neste caso, $OP' = \frac{1}{2} \cdot OP$ ou $\frac{OP'}{OP} = \frac{1}{2}$.

Determine as imagens dos pontos Q, R e S pelas transformações de centro e razão dados abaixo.

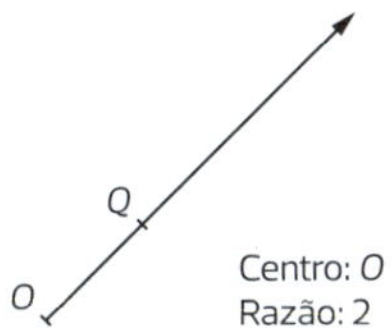

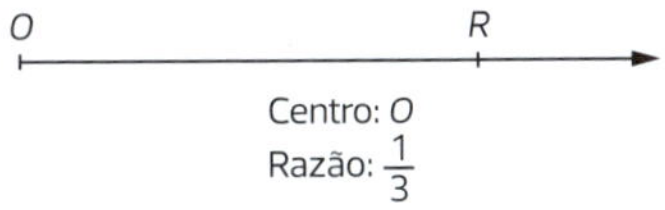

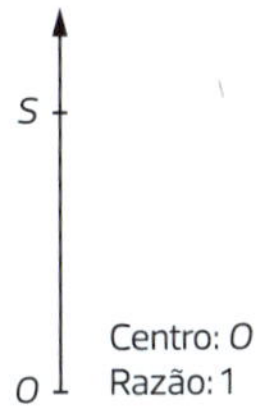

Crie outras transformações desse tipo e desenhe-as em seu caderno.

Agora, estamos prontos para definir o que é homotetia:

> Chamaremos de **homotetia** de centro O e razão k positiva toda transformação que leva o ponto P (distinto de O) a um único ponto P' da semirreta OP, de modo que $OP' = k \cdot OP$. Ao ponto P' damos o nome de **imagem** (ou **homotético**) do ponto P segundo essa homotetia.
>
> 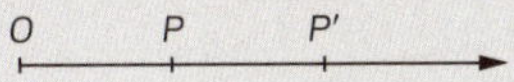
>

Abreviaremos a expressão "homotetia com centro O e razão k" por H (O, k).

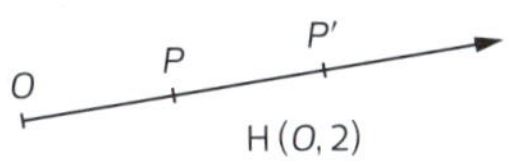

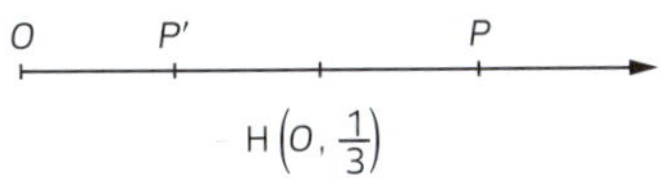

Exercício

77. Fixe pontos em uma folha de papel sulfite para representar os centros das homotetias abaixo. Em cada uma, marque um ponto P e localize seu correspondente P'.

a) H $(O, 3)$ b) H $\left(O, \frac{1}{4}\right)$ c) H $\left(O, \frac{5}{2}\right)$ d) H $\left(O, \frac{3}{4}\right)$ e) H $(O, 6)$ f) H $(O, 1)$

Propriedades importantes de uma homotetia

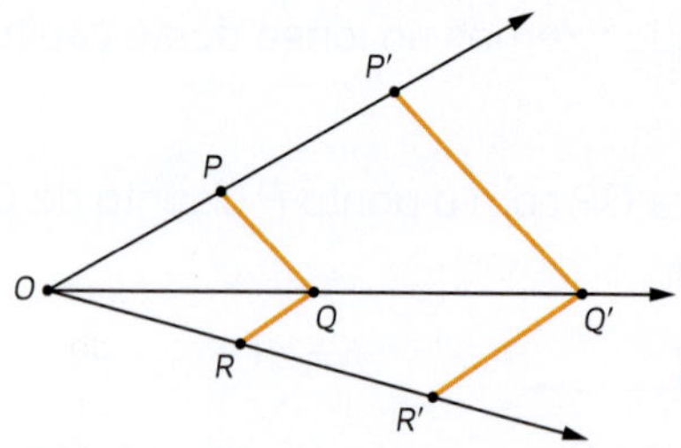

$\overline{P'Q'} \mathbin{/\!/} \overline{PQ}$

$\overline{Q'R'} \mathbin{/\!/} \overline{QR}$

Em uma homotetia, um segmento de reta é levado a outro segmento de reta paralelo ao primeiro.

A imagem de um ângulo por meio de uma homotetia é outro ângulo congruente ao original.

$$Q'\hat{P}'R' \cong Q\hat{P}R$$

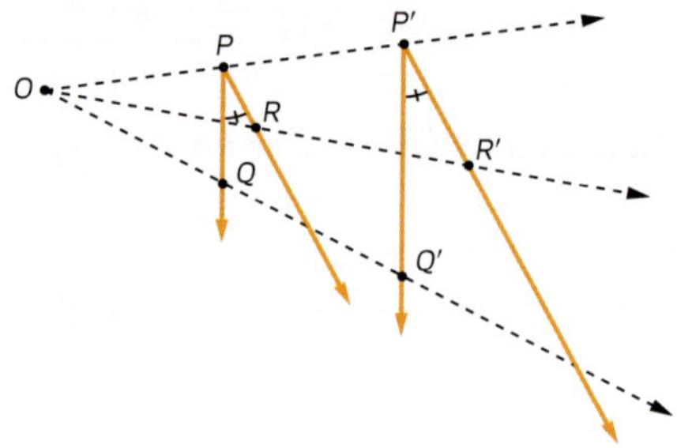

Em uma homotetia com centro *O* e razão *k*, a razão entre a medida do homotético de um segmento de reta e a medida do próprio segmento de reta é sempre igual a *k*, razão da homotetia.

A homotetia abaixo tem centro *O* e razão $k = 3$, pois $OP' = 3 \cdot OP$, $OR' = 3 \cdot OR$, e assim por diante.

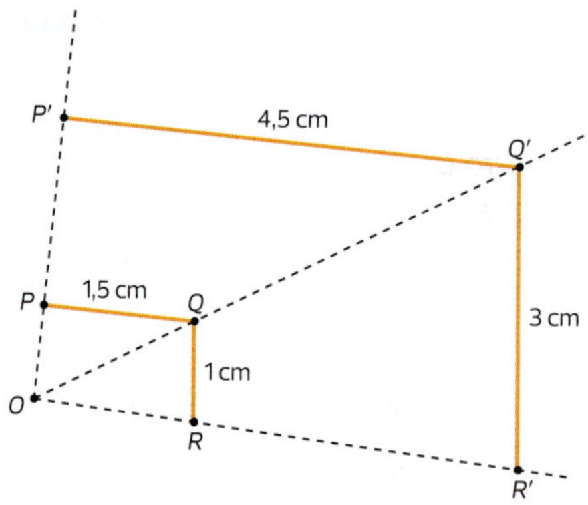

Veja agora as razões:

$$\frac{P'Q'}{PQ} = \frac{4{,}5}{1{,}5} = 3 \qquad \frac{Q'R'}{QR} = \frac{3}{1} = 3$$

Acompanhe as propriedades vistas da homotetia:

Em duas figuras homotéticas, os ângulos correspondentes são congruentes, os segmentos de reta correspondentes são paralelos, e a razão entre suas medidas é sempre a mesma e igual à razão da homotetia.

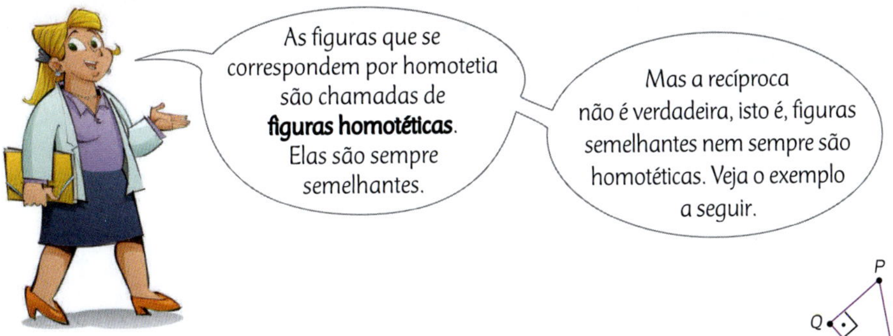

Os triângulos ao lado são semelhantes, mas não existe nenhum ponto *O* do plano (do papel) e nenhuma razão *k* de modo que uma homotetia leve o triângulo *PQR* ao triângulo *P'Q'R'*. Ou seja, eles não são homotéticos.

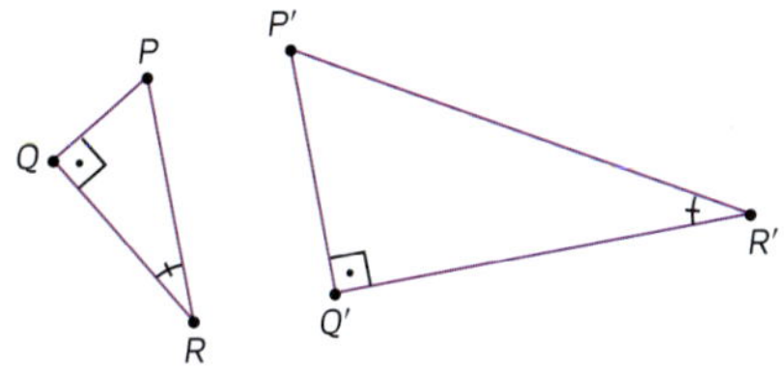

Se duas figuras são semelhantes, é sempre possível que uma chegue à outra fazendo um ou mais movimentos rígidos (rotação, translação ou reflexão), seguidos de uma homotetia.

Veja o exemplo acima. Para chegar do $\triangle PQR$ ao $\triangle P'Q'R'$ semelhante a ele, podemos fazer uma rotação chegando ao $\triangle P''Q''R''$ e depois uma homotetia.

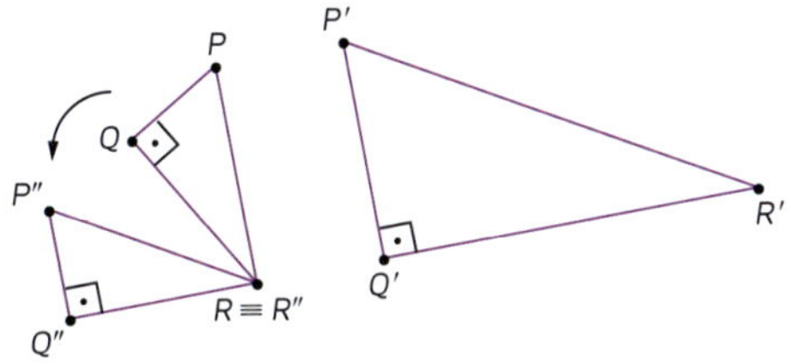

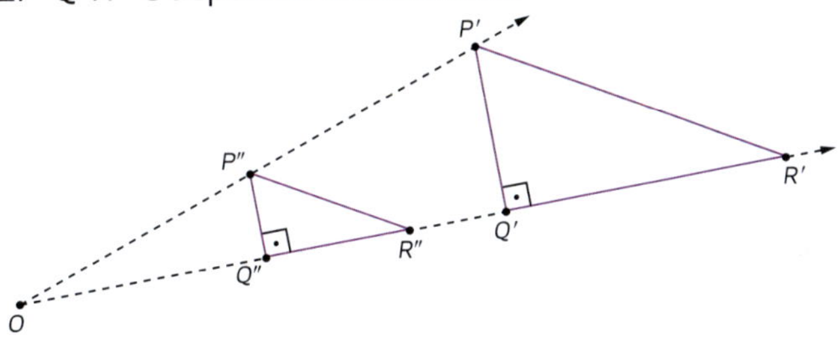

Exercícios

78. Observe o polígono *ABCDE* reduzido ao polígono *A'B'C'D'E'* por uma homotetia com centro *O* e razão *k*.

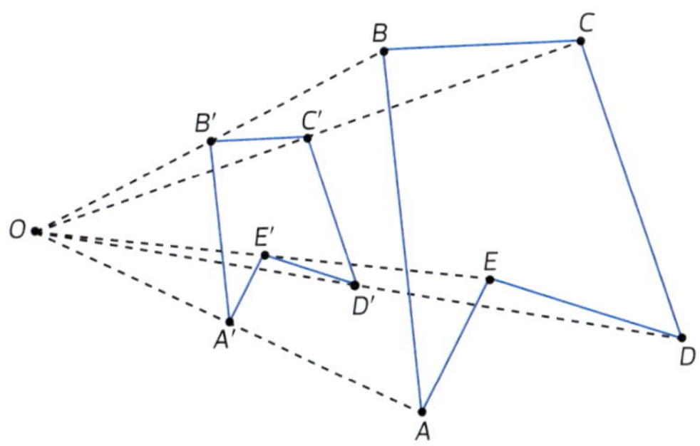

Responda, considerando *k* positivo:

a) Qual é o valor de *k* nessa homotetia?

b) Quais são os valores de *k* para que uma homotetia com centro *O* e razão *k* reduza uma figura?

c) Quais são os valores de *k* para que uma homotetia com centro *O* e razão *k* amplie uma figura?

d) Qual é o valor de *k* para que uma homotetia com centro *O* e razão *k* reproduza uma figura?

79. Desenhe um retângulo com 5 cm de comprimento por 3 cm de largura. Em seguida, por uma homotetia de centro *O*, construa um retângulo semelhante ao primeiro, cuja razão de semelhança seja 1,5. Responda:

a) Trata-se de uma ampliação ou de uma redução? Por quê?

b) Qual é o perímetro do retângulo homotético?

Transformações geométricas, correspondência biunívoca, congruência e semelhança

Neste capítulo, você estudou quatro transformações geométricas, movimentos que levam uma figura do plano a outra.

Veja um exemplo de cada uma delas, em que a figura verde é levada à figura laranja.

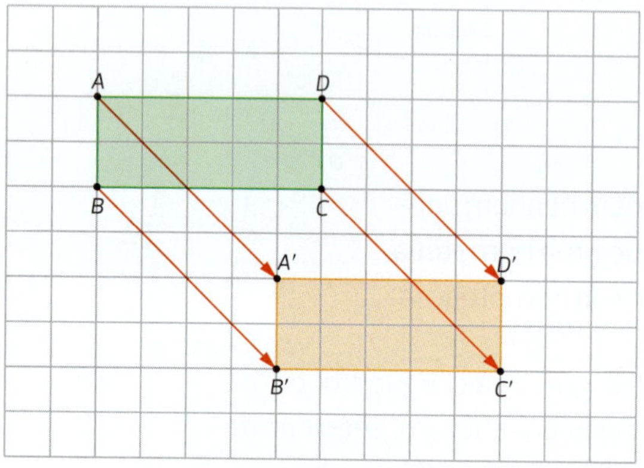

Translação produzida pelos segmentos orientados vermelhos

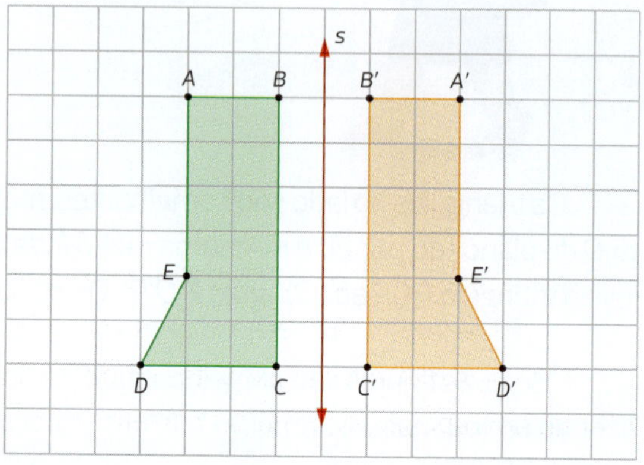

Reflexão em relação à reta *s* (eixo)

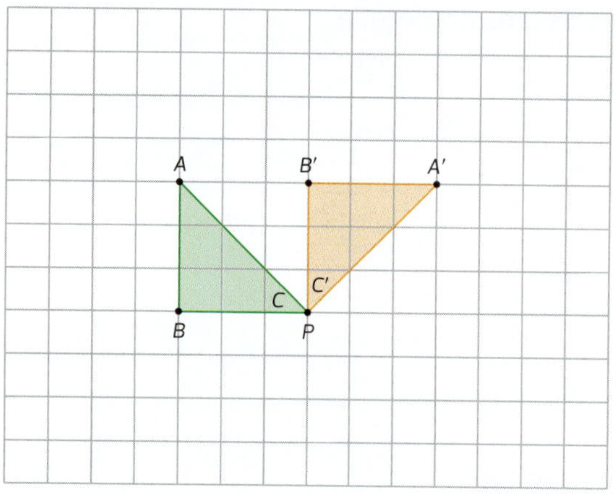

Rotação de centro *P* e ângulo de 90° no sentido horário

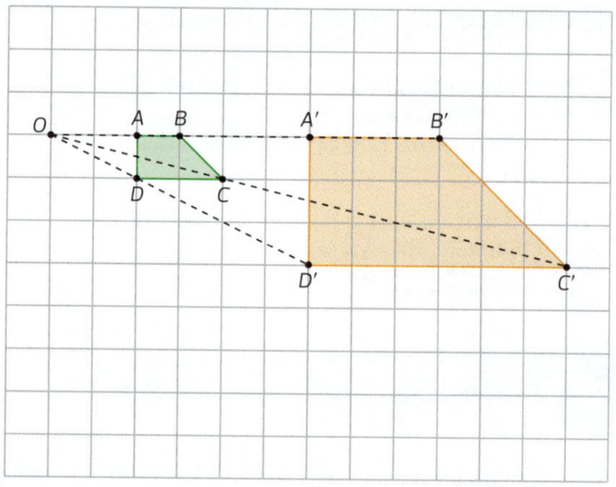

Homotetia de centro *O* e razão 3

Observações:

1ª) Em todas essas transformações, há uma correspondência biunívoca entre os pontos da figura inicial e os da figura obtida. Isso significa que cada ponto da figura inicial tem sempre um correspondente na figura obtida e vice-versa.

Então, se P e Q são pontos distintos da 1ª figura, seus correspondentes P' e Q' na 2ª figura também são pontos distintos.

2ª) Translação, rotação e reflexão são chamadas de isometrias. A figura obtida com elas é congruente à figura inicial.

3ª) Uma homotetia ou um movimento rígido seguido de uma homotetia leva uma figura a outra semelhante a ela.

Exercícios

80. Responda:

a) Em que caso duas figuras homotéticas são congruentes?

b) Duas figuras homotéticas são sempre semelhantes?

c) Duas figuras semelhantes são sempre homotéticas?

81. Avaliação de resultados

Veja o que três alunos afirmaram ao observar as figuras abaixo.

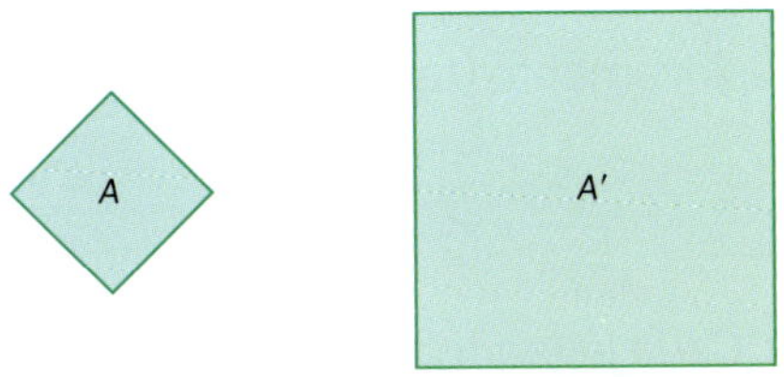

Carla → *A* e *A'* não são semelhantes.

Lucas → *A* e *A'* são semelhantes, mas não são homotéticas.

Raul → *A* e *A'* são semelhantes e homotéticas.

Indique apenas a afirmação correta.

82. Indique que movimentos devemos fazer para que da região quadrada *A* do exercício anterior possamos chegar à região quadrada *A'*.

- Uma translação e uma reflexão.
- Uma reflexão e uma homotetia.
- Uma rotação e uma homotetia.

83. Que movimentos foram feitos para, da figura verde, se chegar à azul e da azul se chegar à amarela?

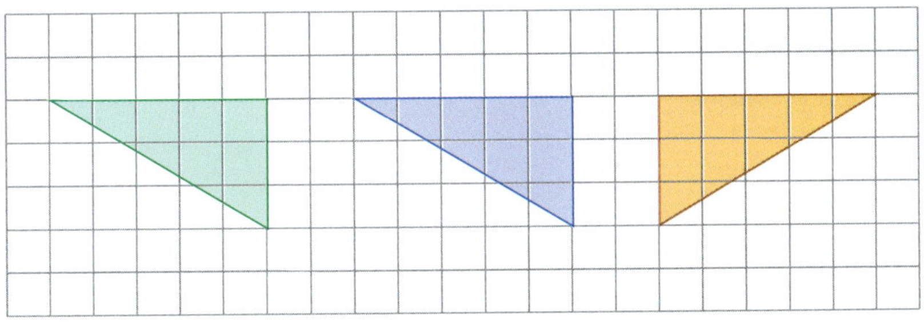

84. Desenhe em seu caderno um retângulo R_1, levado a um retângulo R_2 por uma homotetia de centro *P* e razão $\frac{1}{2}$.

85. Os triângulos *ABC* e *A'B'C'* abaixo são semelhantes? Justifique sua resposta de duas maneiras diferentes.

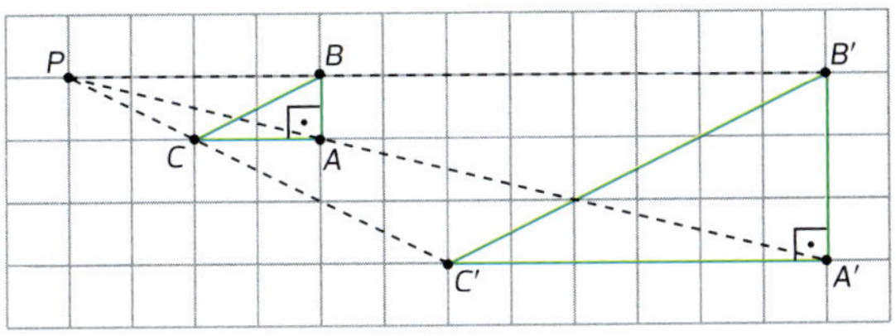

Jogos

Trilha da semelhança

Com este jogo você aplicará alguns dos conhecimentos estudados até agora.

Orientações:

Número de participantes: 2

Material necessário: 1 dado e 2 objetos diferentes para marcar o deslocamento (tampinhas, botões, bolinhas de papel, etc.)

Como jogar:

Os dois participantes lançam o dado para decidir quem começa. Cada jogador, na sua vez, lança o dado e "anda" a quantidade de casas correspondente aos pontos sorteados. As casas com os números destacados contêm uma jogada extra. Quando o participante parar em uma dessas casas, deve localizar o par de figuras na relação abaixo e verificar se elas são semelhantes. Caso sejam, deve calcular a razão de semelhança (1, 2 ou 3) entre elas e avançar a mesma quantidade de casas. Se as figuras não forem semelhantes, o participante deve voltar 2 casas.

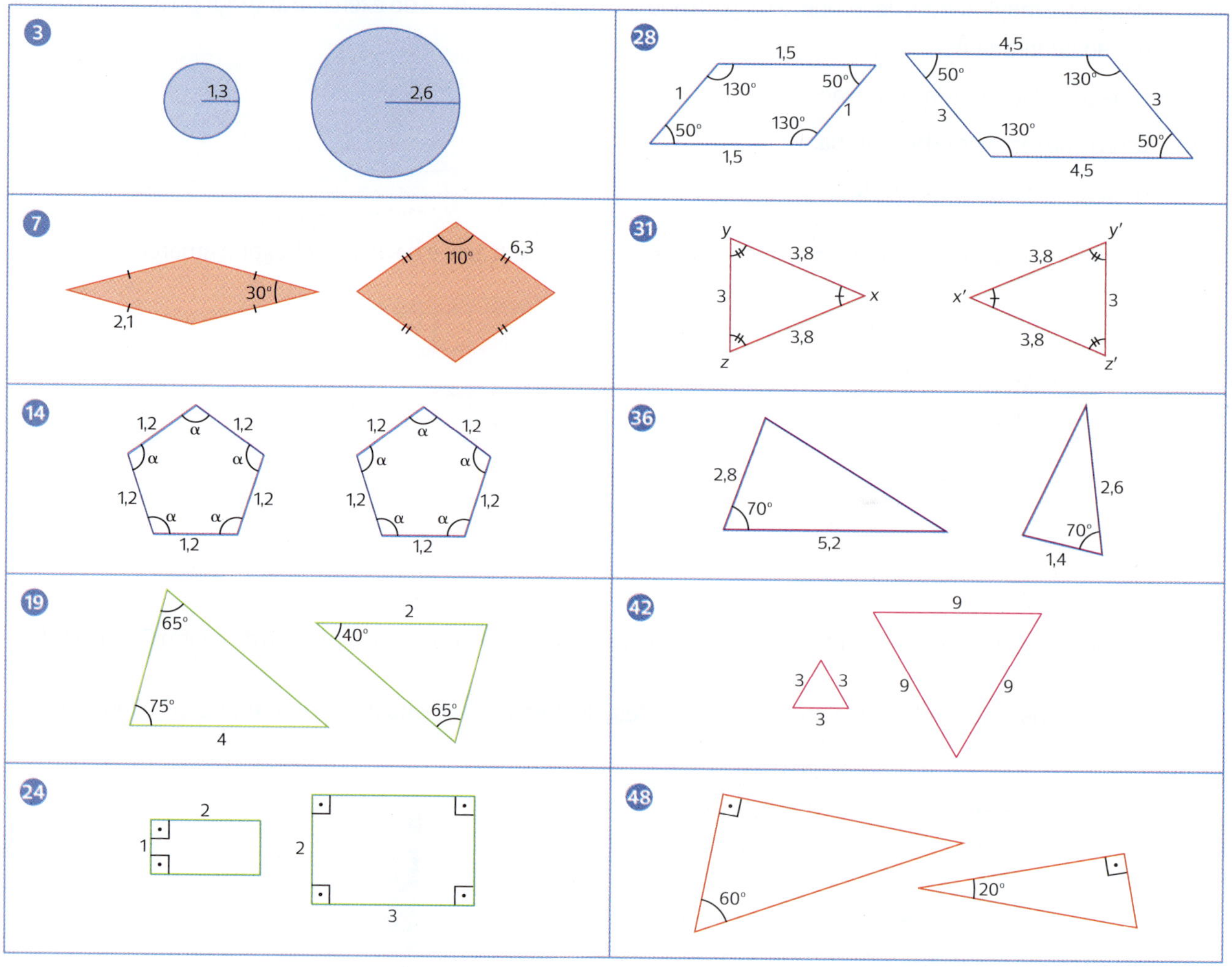

Giz de Cera/Arquivo da editora

④ Outras situações que envolvem semelhança

Resolva mais estas situações em que você pode aplicar o que estudou sobre semelhança.

Exercícios e problemas

86. Dois terrenos retangulares são semelhantes, e a razão de semelhança entre eles é $\frac{3}{5}$. Se o terreno maior tem 60 m de largura e 150 m de comprimento, quais são as dimensões do terreno menor?

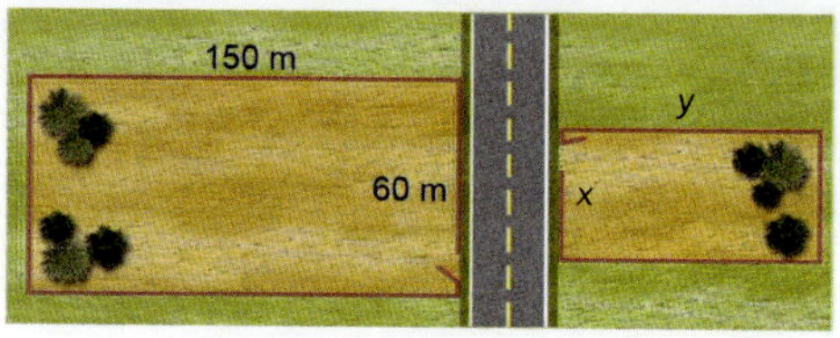

Paulo Manzi/ Arquivo da editora

87. Use uma folha de papel quadriculado para copiar a figura a seguir e faça a sua redução na razão 2 : 3. Depois, responda à questão seguinte e justifique sua resposta: a figura inicial e a figura construída são semelhantes?

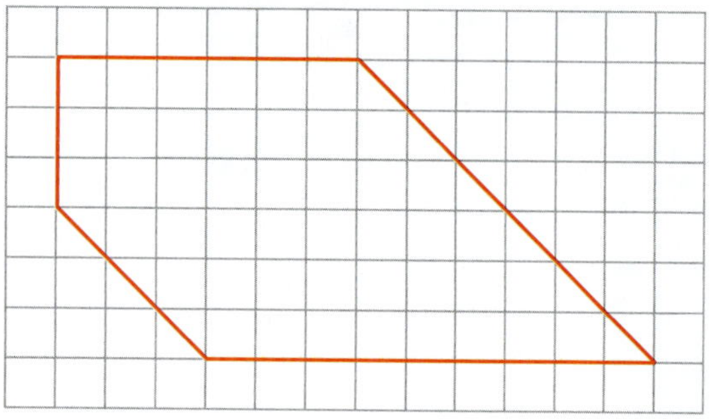

88. R_1 e R_2 são dois retângulos semelhantes. R_1 tem comprimento de 16 cm e largura de 6 cm. Se o comprimento de R_2 mede 24 cm a mais do que o de R_1, a largura de R_2 mede mais ou menos do que a de R_1? Quanto a mais ou quanto a menos?

89. Desenhe um sistema de eixos cartesianos com vários triângulos retângulos isósceles conforme a figura. Depois, responda: os triângulos retângulos isósceles são sempre semelhantes? Por quê?

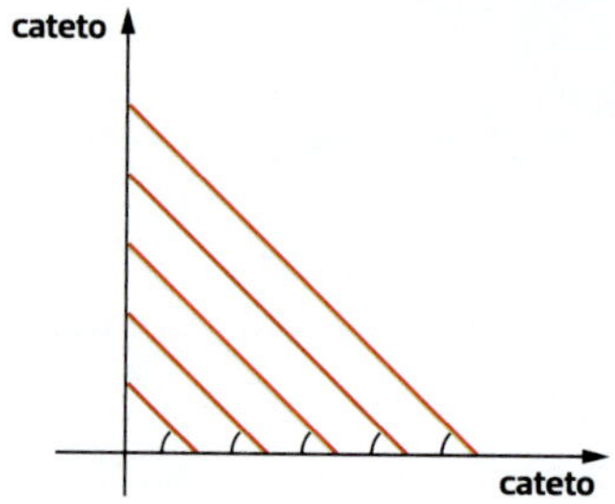

90. **Projeto em equipe: ampliando e reduzindo figuras**

Escolham figuras em jornais ou revistas e façam quadriculados sobre elas, como no exemplo abaixo.

Casa de Tipos/Arquivo da editora

Depois, estabeleçam razões de semelhança para obter ampliações e reduções das figuras.

Raciocínio lógico

Felipe está no degrau do meio de uma escada. Se subir 5 degraus, descer 7, voltar a subir 4 e depois mais 9, chegará ao último degrau. Quantos degraus tem a escada?

Tratamento da informação

Trabalhando com porcentagem

91. O Suriname é um dos 13 países da América do Sul, mas geralmente poucos conhecem a respeito dessa nação.

Banco de imagens/Arquivo da editora

Bandeira do Suriname

O Suriname foi dominado pelos espanhóis, ingleses e, predominantemente, a partir do século XVII, pelos holandeses, o que fez com que o idioma oficial do Suriname acabasse se tornando o holandês. A independência em relação à Holanda só foi alcançada na segunda metade do século XX, em 1975.

A capital do Suriname é Paramaribo. A área territorial do país é de 163 820 km². A moeda corrente é o dólar do Suriname e, em 2012, o PIB surinamês totalizou 5,012 bilhões de dólares norte-americanos. Em 2013, apresentava um IDH de 0,705, ocupando o 100º lugar no *ranking* da ONU.

Anton_Ivanov/Shutterstock/Glow Images

Paramaribo, Suriname. Foto de 2013.

Localização do Suriname

Banco de imagens/Arquivo da editora

Adaptado de: IBGE. *Atlas geográfico escolar*. 6. ed. Rio de Janeiro, 2012.

Em 2014, o Suriname possuía 573 311 habitantes. A população do país apresentava uma taxa de crescimento anual de aproximadamente 1,12%.

A composição étnica da população surinamesa é bastante diversificada, abrangendo diversos grupos. O gráfico abaixo mostra essa composição.

Composição étnica da população do Suriname

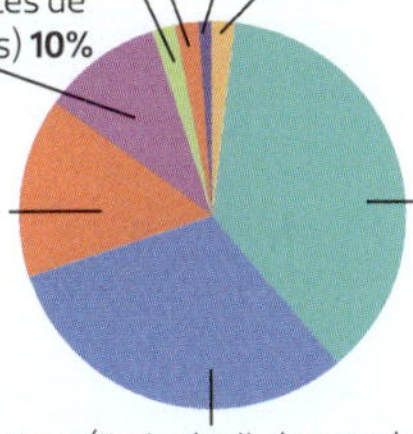

Fonte: CIA – The World Factbook. Disponível em: <https://www.cia.gov/library/publications/the-world-factbook/geos/ns.html>. Acesso em: 14 maio 2015.

Analise o gráfico e faça o que se pede.

a) Qual é o assunto tratado no gráfico?

b) Quais grupos étnicos têm maior e menor predominância na população do Suriname?

c) Qual é a quantidade aproximada de habitantes do Suriname descendentes de indígenas? Use calculadora.

d) Determine a medida do ângulo central dos setores do gráfico correspondentes às populações de *maroons* e javaneses.

e) Considerando a taxa de crescimento da população do Suriname, qual era a população esperada para 2015? E para 2016? Use calculadora.

Outros contextos

92. Fazendo uma bandeira...

Para torcer no próximo jogo da seleção brasileira, Sérgio vai fazer uma bandeira estilizada, com as quatro cores da bandeira nacional, como mostra a figura ao lado.

Nessa bandeira, a região retangular foi dividida por dois segmentos de reta: um deles é a diagonal do retângulo e o outro liga um vértice à metade do lado maior. Se é necessário meio metro quadrado de tecido para fazer a parte verde, quanto será preciso para fazer a parte amarela?

93. As viagens de Paulo

Na figura abaixo, estão representadas cinco cidades (**A**, **B**, **C**, **D** e **E**), algumas rodovias ligando essas cidades e a extensão de alguns trechos. A rodovia que liga a cidade **B** à cidade **C** é paralela à rodovia que liga a cidade **D** à cidade **E**.

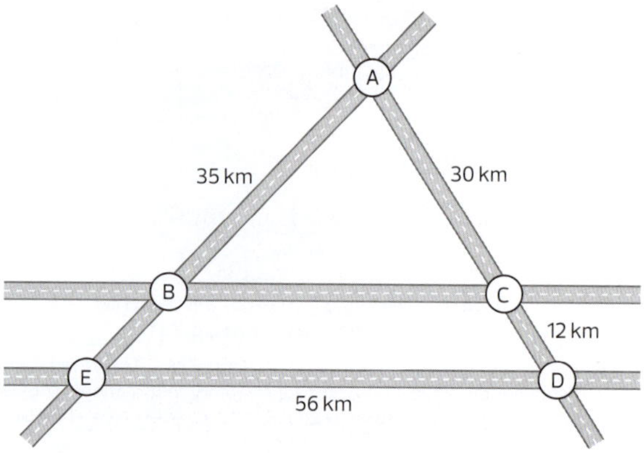

Paulo é representante comercial, mora em **A** e viaja por essas cidades a trabalho. Em uma segunda-feira, ele foi de **A** para **B**, depois de **B** para **C** e, em seguida, de **C** para **D**. No retorno foi de **D** para **E**, de **E** para **B** e, finalmente, de **B** para **A**. Considere o consumo de 1 L de combustível para 14 km rodados e o preço de R$ 2,50 para cada litro de combustível. Além do deslocamento nas estradas, considere ainda um deslocamento de 25 km dentro das cidades e calcule em seu caderno quanto Paulo gastou em combustível nesse dia de trabalho.

94. Ronaldo

No dia 14 de fevereiro de 2011, foi anunciada a aposentadoria de um dos melhores jogadores de futebol de todos os tempos [...], Ronaldo Nazário de Lima, o Fenômeno. Eleito três vezes o melhor jogador do mundo pela Fifa, marcou centenas de gols e atuou em 7 clubes, 2 do Brasil e 5 do exterior. Teve também uma brilhante passagem pela seleção brasileira.

O gráfico abaixo mostra uma enquete a respeito da aposentadoria de Ronaldo.

Fernando Vergara/AP Photo

Fonte: VEJA. São Paulo: Abril, 23 fev. 2011. p. 38.

Analise o gráfico e realize as atividades a seguir.

a) Qual pergunta foi feita nessa enquete?

b) Determine, aproximadamente, a medida do ângulo central de cada setor do gráfico.

c) Considerando que foram entrevistadas 5 800 pessoas, quantas responderam sim e quantas responderam não?

d) Suponha que a revista que realizou a enquete vá premiar ao acaso um dos participantes. Qual é a probabilidade de ser uma pessoa que respondeu sim?

e) Qual é a razão entre o número de entrevistados que responderam sim e o número de entrevistados que responderam não?

95. Tecnologia em aviões

B-2 Spirit ou *Stealth B-2* é um bombardeiro norte-americano projetado com base no conceito antigo sobre "asas voadoras" e uma inovadora técnica de desenho por computador de "asa unida em W". Ele é um avião quase invisível ao radar e, embora seja extremamente fino, consegue carregar toneladas de mísseis e bombas.

O avião é única e exclusivamente feito para a Força Aérea dos Estados Unidos (USAF) e não pode ser adquirido de maneira alguma por qualquer outro governo, mesmo que aliado.

Informações técnicas:

Tipo: bombardeiro estratégico

Velocidade máxima: 764 km/h

Dimensões: envergadura → 52,40 m
comprimento → 21 m
altura → 5,20 m

Área (asas): 464,5 m²

Peso: 45 360 kg (vazio)/181 437 kg (peso máximo para decolagem)

Armamento: 22 680 kg de bombas convencionais ou bombas termonucleares

www.rowdystyle.blogspot.com/Arquivo da editora

Bombardeiro *B-2 Spirit* e sua sombra

a) A fotografia acima mostra o B-2 em um voo rasante e paralelo ao solo e sua sombra formada pelos raios solares projetada na pista do aeroporto. Podemos afirmar que a sombra e a superfície superior do avião formam figuras semelhantes? Justifique sua resposta.

b) Um governo não aliado deseja fabricar um avião semelhante ao *B-2 Spirit*, conservando as mesmas formas e com medidas maiores e proporcionais ao original. Observando abaixo o valor informado do comprimento do novo avião, calcule as razões (irredutíveis) de semelhança e complete os valores técnicos seguintes.

Comprimento: 25,2 m

Envergadura: ________

Altura: ________

Área (asas): ________

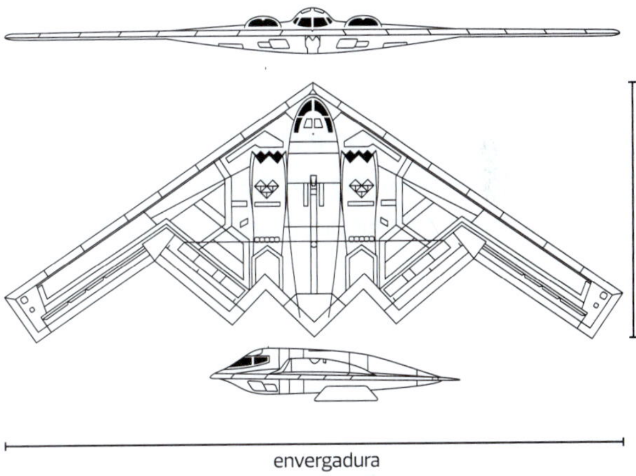

Esquema do *B-2 Spirit*

c) No item **b**, qual é o percentual de aumento nas medidas unidimensionais? E nas medidas bidimensionais?

96. Terreno

O retângulo *ABCD* representa um terreno no qual foi construído um jardim *BCEF* de formato semelhante ao do terreno. Se a largura *AD* do terreno é igual a $\frac{2}{5}$ do comprimento *AB*, qual é a porcentagem da área do terreno ocupada pelo jardim?

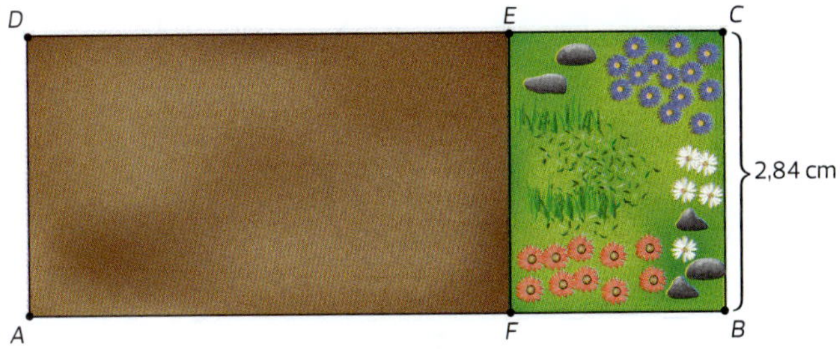

Praticando um pouco mais

1. (Vunesp – Adaptado) A figura representa um triângulo retângulo de vértices *A*, *B* e *C* em que o segmento de reta *DE* é paralelo ao lado *AB* do triângulo. Se $AB = 15$ cm, $AC = 20$ cm e $AD = 8$ cm, determine a medida *DE*.

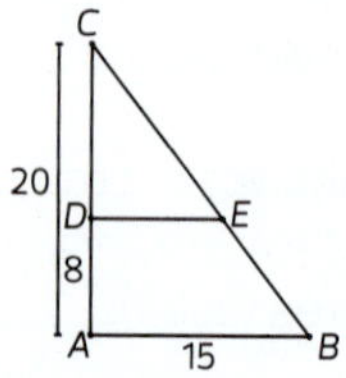

a) 12 cm.
b) 11 cm.
c) 10 cm.
d) 9 cm.
e) 8 cm.

2. (Enem) A rampa de um hospital tem na sua parte mais elevada uma altura de 2,2 metros. Um paciente ao caminhar sobre a rampa percebe que se deslocou 3,2 metros e alcançou uma altura de 0,8 metro. A distância em metros que o paciente ainda deve caminhar para atingir o ponto mais alto da rampa é:

a) 1,16 metro.
b) 3,0 metros.
c) 5,4 metros.
d) 5,6 metros.
e) 7,04 metros.

3. (Vunesp) A sombra de um prédio, num terreno plano, numa determinada hora do dia, mede 15 m. Nesse mesmo instante, próximo ao prédio, a sombra de um poste de altura 5 m mede 3 m.

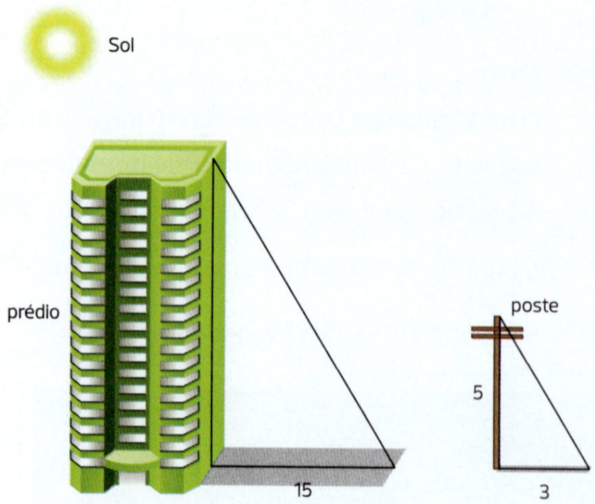

A altura do prédio, em metros, é:

a) 25.
b) 29.
c) 30.
d) 45.
e) 75.

4. (Ufop-MG) Uma pessoa, após caminhar 10,5 metros sobre uma rampa plana com inclinação de θ radianos, em relação a um piso horizontal, e altura de *h* metros na sua parte mais alta, está a 1,5 metro de altura em relação ao piso e a 17,5 metros do ponto mais alto da rampa.

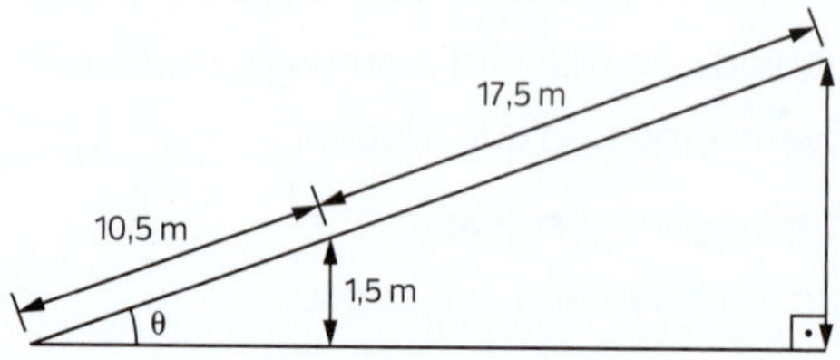

Sendo assim, a altura *h* da rampa, em metros, é de:

a) 7,0.
b) 8,5.
c) 2,5.
d) 4,0.

5. (UEL-PR) Para medir a altura de um edifício, um engenheiro utilizou o seguinte procedimento: mediu a sombra do prédio obtendo 10,0 metros. Em seguida, mediu sua própria sombra que resultou em 0,5 metro. Sabendo que sua altura é de 1,8 metro, ele pôde calcular a altura do prédio, obtendo:

a) 4,5 metros.
b) 10,0 metros.
c) 18,0 metros.
d) 36,0 metros.
e) 45,0 metros.

6. (Integrado-RJ) Numa cidade do interior, à noite, surgiu um objeto voador não identificado, em forma de disco, que estacionou a 50 m do solo, aproximadamente. Um helicóptero do exército, situado a aproximadamente 30 m acima do objeto, iluminou-o com um holofote, conforme mostra a figura abaixo.

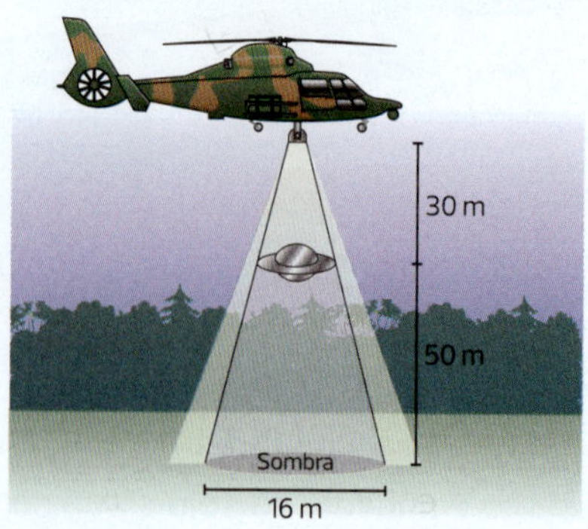

Sendo assim, pode-se afirmar que o raio do disco-voador mede, em m, aproximadamente:

a) 3,0.
b) 3,5.
c) 4,0.
d) 4,5.
e) 5,0.

Revisão cumulativa

1. Que transformações devemos fazer em cada item para, de A, chegar a B, sabendo que $A \sim B$?

a)

b)

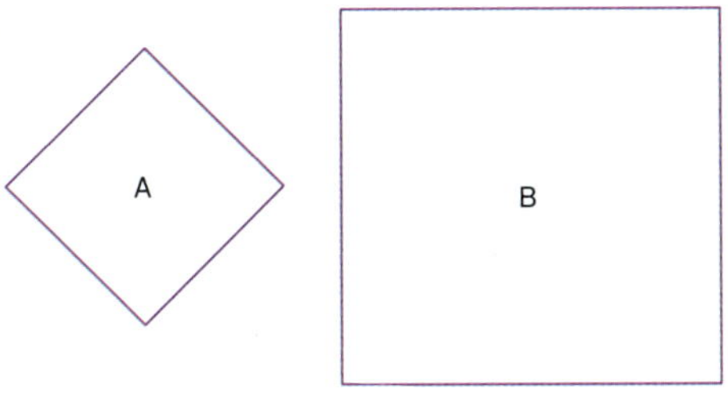

2. Se x é um número real, tal que $2 \leqslant x < 7$, então podemos afirmar que:

a) $x \leqslant 2$.
b) $x < 6$.
c) $x > 1$.
d) $x \geqslant 3$.

3. A expressão $\dfrac{\sqrt{32} - \sqrt{8}}{2}$ equivale a:

a) $\sqrt{2}$.　b) $\sqrt{6}$.　c) 2.　d) $2\sqrt{2}$.

4. A soma dos quadrados de dois números naturais é igual a 520. Dividindo o maior deles pelo menor, o quociente é 3 e o resto é 4. O produto desses dois números naturais é igual a:

a) 122.　b) 132.　c) 142.　d) 152.

5. (FEI-SP) Na figura, x mede:

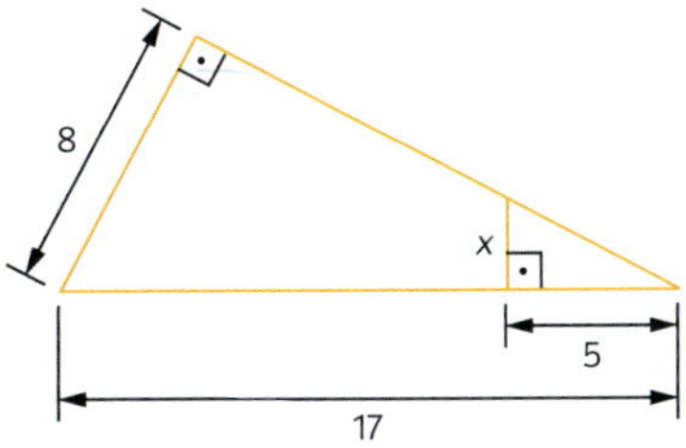

a) 3.
b) $2\frac{10}{15}$.
c) faltam dados para calcular x.
d) $3 + 2\frac{10}{15}$
e) N. R. A.

6. (Fuvest-SP) A equação do 2º grau $ax^2 - 4x - 16 = 0$ tem uma raiz cujo valor é 4. A outra raiz é:

a) 1.
b) 2.
c) 3.
d) -1.
e) -2.

7. Na figura ao lado, temos $\overline{AB} // \overline{DE}$. O valor de x é:

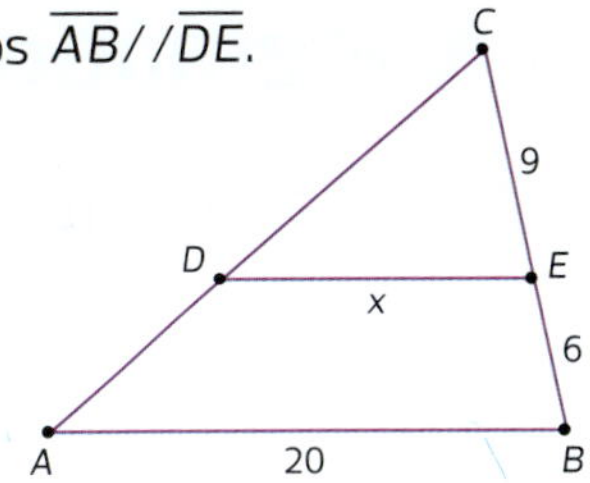

a) 30.
b) 12.
c) 15.
d) 18.

8. Leia as informações abaixo e faça o que se pede.

- Em um $\triangle PQR$, temos $PQ = 12$ cm, $PR = 15$ cm e $\hat{P}$ de 40°.
- Em um $\triangle MNO$, temos $MN = 35$ cm, $MO = 28$ cm e $\hat{M}$ de 40°.

a) Mostre que $\triangle PQR \sim \triangle MNO$.
b) Calcule QR no caso de $NO = 49$ cm.

9. Qual destas equações não tem raiz real?

a) $40x^2 - 100x + 20 = 0$
b) $37x^2 - 98x - 68 = 0$
c) $30x^2 - 80x + 90 = 0$
d) $50x^2 + 200x + 200 = 0$

10. Dois quadriláteros são semelhantes. O lado maior do primeiro mede 12 cm, e o lado maior do segundo mede 8 cm. A área da região determinada pelo primeiro tem 60 cm² a mais do que a área da região determinada pelo segundo. Determine essas duas áreas.

11. (Unimontes-MG) O quadrado $MNPQ$ está inscrito no triângulo ABC. A área do triângulo PBQ assinalado na figura abaixo é:

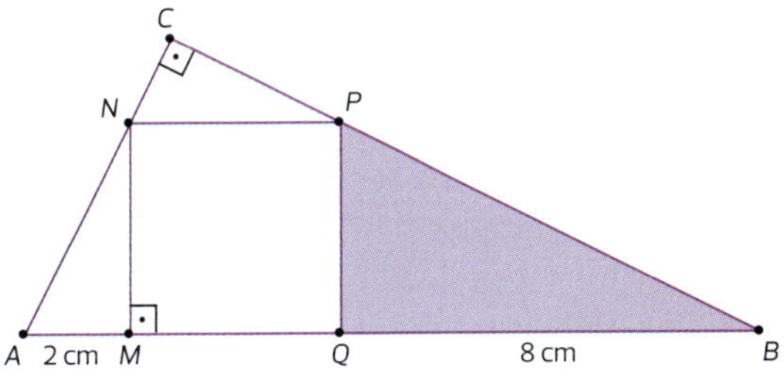

a) 16.
b) 18.
c) 12.
d) 14.

Ponto de chegada

A Matemática nos textos

Tales e a altura de uma pirâmide

O grande filósofo, astrônomo e matemático grego Tales, que viveu por volta de 500 anos antes de Cristo, usou sua criatividade e seus conhecimentos sobre Geometria e proporcionalidade para calcular a altura de uma pirâmide. Ele utilizou um processo que você estudou ao longo desta unidade.

Will & Deni McIntyre/Getty Images

Vista aérea da pirâmide de Miquerinos. Foto de 2005.

Veja o que Tales observou:

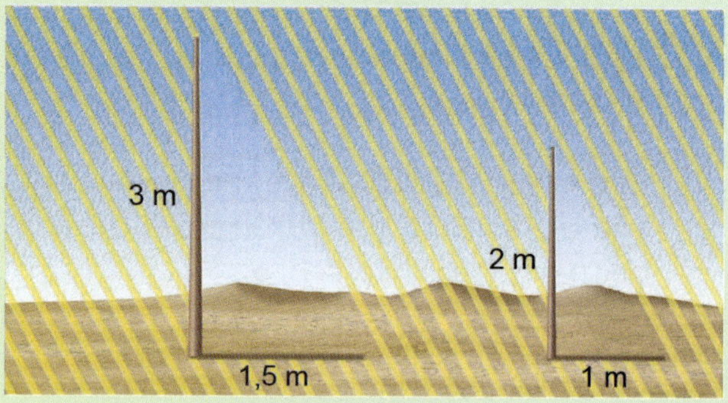

Paulo Manzi/Arquivo da editora

Como os raios de sol podem ser considerados paralelos, as medidas das sombras são proporcionais às medidas das alturas que as determinam. Nas figuras acima, por exemplo, temos: $\frac{3}{1,5} = \frac{2}{1}$.

Para descobrir a altura da pirâmide, Tales fincou uma estaca na areia, mediu as sombras respectivas da pirâmide e da estaca em determinada hora do dia e estabeleceu uma proporção:

$$\frac{\text{altura da pirâmide}}{\text{sombra da pirâmide}} = \frac{\text{altura da estaca}}{\text{sombra da estaca}}$$

Paulo Manzi/Arquivo da editora

Simples e preciso.

Hoje, com a ideia de proporcionalidade (estudo dos capítulos 4 e 5), resolvemos muitas situações do dia a dia, como determinar a altura de postes, casas, prédios, árvores, monumentos, etc.

Trabalhando com o texto

1. Explique com suas palavras a ideia principal do texto.

2. (Enem) A sombra de uma pessoa que tem 1,80 m de altura mede 60 cm. No mesmo momento, a seu lado, a sombra projetada de um poste mede 2,00 m. Se, mais tarde, a sombra do poste diminui 50 cm, a sombra da pessoa passou a medir:

a) 30 cm.
b) 45 cm.
c) 50 cm.
d) 80 cm.
e) 90 cm.

Verifique o que estudou

Capítulo 3

1. Observe o gráfico da função.

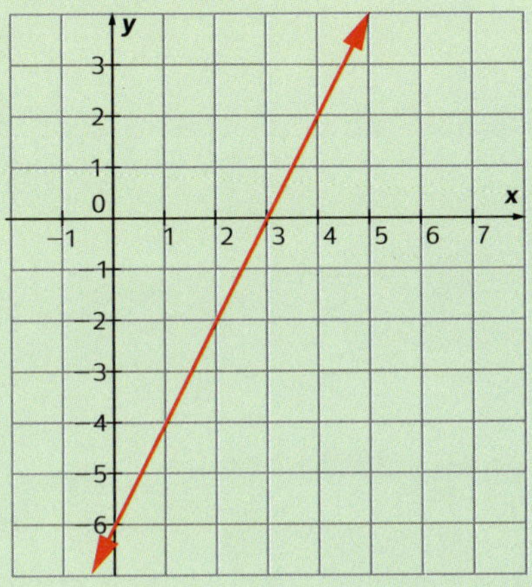

a) Esse gráfico corresponde ao gráfico de uma função afim? Justifique sua resposta.

b) O ponto (4, 1) pertence a esse gráfico? Justifique sua resposta.

c) Quais são as coordenadas dos pontos em que o gráfico corta os eixos x e y?

d) Qual é a lei dessa função?

Capítulo 4

2. Desenhe dois segmentos de reta, $\overline{AB}$ e $\overline{CD}$, tais que $\frac{AB}{CD} = \frac{3}{4}$.

3. As figuras 1 e 2 são semelhantes? Se sim, qual é o coeficiente de proporcionalidade?

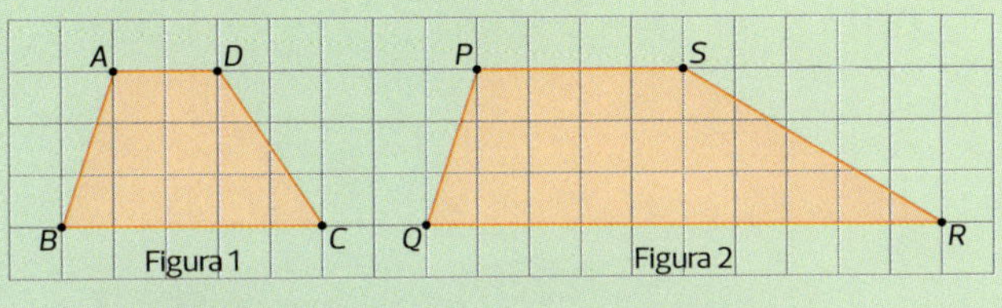

4. Desenhe uma figura semelhante à figura 1.

Capítulo 5

5. Dois retângulos, *ABCD* e *MNPQ*, são semelhantes, e a razão de semelhança do primeiro para o segundo é igual a $\frac{1}{3}$. Se as dimensões do retângulo *ABCD* são 5 cm por 7 cm, determine:

a) a razão de semelhança entre as áreas desses retângulos;

b) o perímetro do retângulo *MNPQ*.

ATENÇÃO!

Retome os assuntos que você estudou nesta Unidade. Verifique em quais teve dificuldade e converse com seu professor, buscando formas de reforçar seu aprendizado.

Autoavaliação

Algumas atitudes são fundamentais para melhorar o seu aprendizado e a convivência na escola. Questione-se e reflita sobre elas.

- Resolvi todas as atividades propostas pelo professor?
- Tomei atitudes a fim de resolver minhas dúvidas sobre o conteúdo?
- Colaborei com o professor durante as aulas e procurei ajudar os colegas com aquilo que sei?
- Concluí o estudo da unidade com nível satisfatório de aprendizagem?
- Ampliei meus conhecimentos de Matemática?

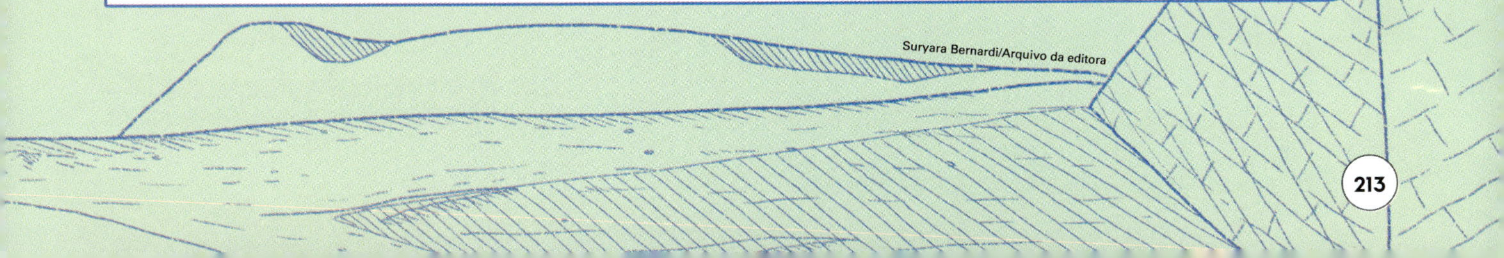

Suryara Bernardi/Arquivo da editora

Unidade 3

Partenon, Atenas, Grécia. Foto de 2014.

Victor Maschek/Shutterstock/Glow Images

Geometria e Trigonometria

Importantes estudos de Geometria foram feitos por povos da Antiguidade e aplicados em agrimensura, astronomia e magníficas obras de arquitetura, como o Partenon, da fotografia ao lado. Trata-se de um templo dedicado à deusa grega Atena e foi construído no século V a.C., na acrópole (colina mais alta) da cidade de Atenas, na Grécia. Os gregos são considerados os pais da Geometria e, entre seus maiores matemáticos, está Pitágoras de Samos (c. 570 a.C.-c. 495 a.C.), que estudou uma interessante regularidade sobre as medidas dos lados de um triângulo retângulo.

Scott & Michel/Arquivo da editora

Selo publicado na Grécia em 1955 em homenagem a Pitágoras.

Ponto de partida

Sob a orientação do professor, converse com seus colegas e faça o que se pede.

1. Descreva o selo acima, especialmente as figuras geométricas.
2. A relação de Pitágoras diz: "Em todo triângulo retângulo, o quadrado da medida do lado maior é igual à soma dos quadrados das medidas dos outros dois lados". Verifique se isso ocorre com o triângulo central do selo.
3. O Partenon assenta-se sobre três patamares de mármore que outrora formavam uma escada que os gregos usavam para entrar no templo; hoje, ela está quase totalmente destruída. Uma medida interessante para os degraus de uma escada é a razão entre a altura (medida vertical) e o comprimento do passo que a pessoa dá (medida horizontal). Considere duas escadas, com razões $\frac{1}{2}$ e $\frac{1}{3}$ respectivamente. Qual delas é mais íngreme?

Capítulo 6

Relações métricas no triângulo retângulo e na circunferência

1 Introdução

Você já ouviu falar dos "harpedonaptas" ou "estiradores de corda" do antigo Egito? Leia a história.

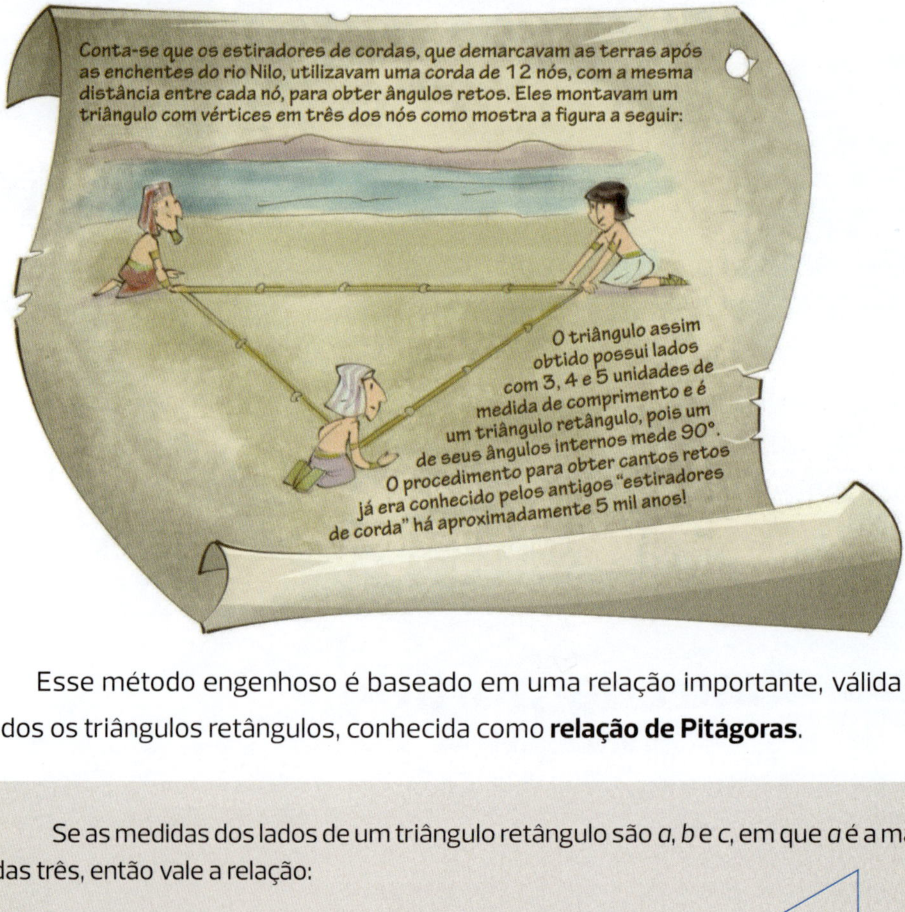

Mauro Souza/Arquivo da editora

Esse método engenhoso é baseado em uma relação importante, válida para todos os triângulos retângulos, conhecida como **relação de Pitágoras**.

Se as medidas dos lados de um triângulo retângulo são *a*, *b* e *c*, em que *a* é a maior das três, então vale a relação:

$$a^2 = b^2 + c^2$$

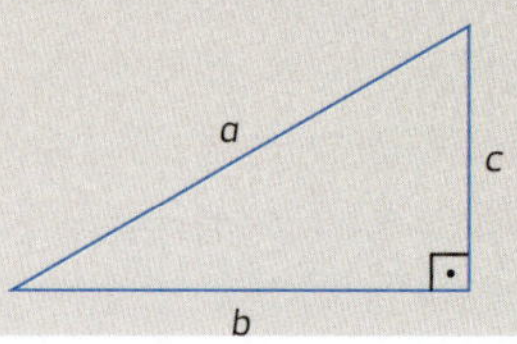

Neste capítulo, você vai retomar essa relação métrica e vai conhecer outras, algumas válidas para os triângulos retângulos e algumas para as circunferências.

2 Elementos de um triângulo retângulo

O triângulo *ABC* da figura abaixo representa um triângulo retângulo em A ($\hat{A}$ é reto), no qual:

- o lado $\overline{BC}$, oposto ao ângulo $\hat{A}$, é a **hipotenusa** ("o que foi esticado contra"); representamos sua medida por *a*;

- os lados $\overline{AC}$ e $\overline{AB}$, opostos respectivamente aos ângulos $\hat{B}$ e $\hat{C}$, são os **catetos**; representamos suas respectivas medidas por *b* e *c*.

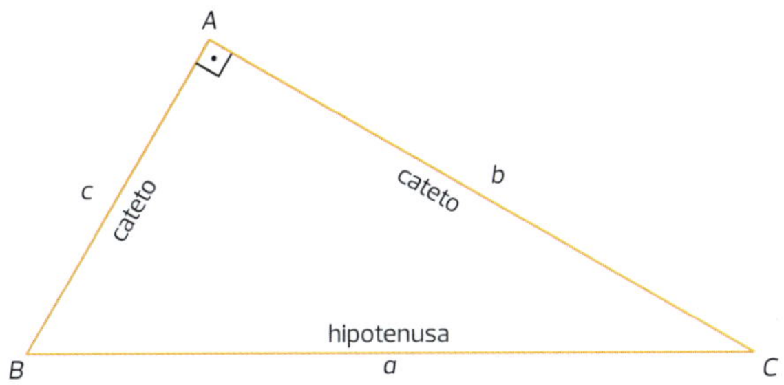

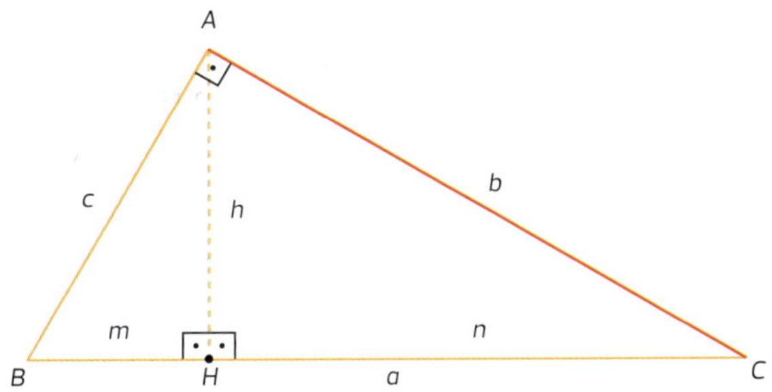

- *h*: medida da altura relativa à hipotenusa;

- *m*: medida da projeção do cateto $\overline{AB}$ sobre a hipotenusa;

- *n*: medida da projeção do cateto $\overline{AC}$ sobre a hipotenusa.

3 Teorema ou relação de Pitágoras

Vamos exemplificar a relação de Pitágoras, que você provavelmente estudou no ano anterior, para o caso particular do triângulo cujos lados medem 3, 4 e 5 unidades de medida de comprimento:

Você sabia?
Os babilônios eram um povo que habitava a Mesopotâmia, região entre os rios Tigre e Eufrates, onde hoje fica o Iraque.

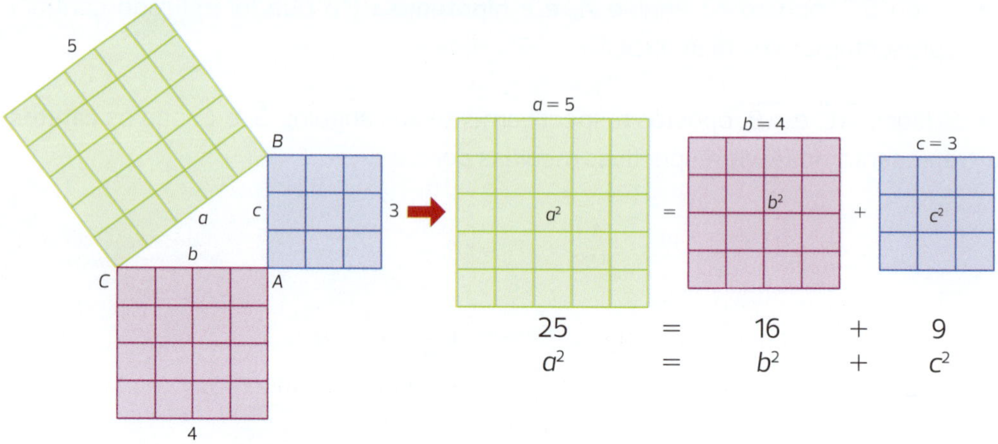

Por volta de 2000 a.C. a 1700 a.C., os babilônios já tinham conhecimento empírico (ou seja, baseado na experiência) dessa relação. Eles se expressavam por enigmas. Por exemplo, uma tabuinha de argila continha o seguinte enigma:

Mauro Souza/Arquivo da editora

Quatro é o comprimento e cinco, a diagonal. Qual é a largura? O seu tamanho não é conhecido. Quatro vezes quatro é dezesseis. Cinco vezes cinco é vinte e cinco. Você tira dezesseis de vinte e cinco e sobram nove. Qual número eu devo multiplicar para obter nove? Três vezes três é nove. Três é a largura.

Hoje esse enigma pode ser representado assim: $x^2 = 5^2 - 4^2$.

Embora egípcios e babilônios usassem empiricamente essa regra que envolve o 3, o 4 e o 5, não cogitaram a sua generalização. Isso só ocorreu com os gregos no século VI a.C., quando chegaram à expressão geral $a^2 = b^2 + c^2$, válida para qualquer triângulo retângulo.

Desse modo, a **relação** ou **teorema de Pitágoras** é enunciada assim:

Em todo triângulo retângulo, o quadrado da medida da hipotenusa (a) é igual à soma dos quadrados das medidas dos catetos (b e c):

$$a^2 = b^2 + c^2$$

Demonstração do teorema de Pitágoras

Na história da Matemática, muitas foram as demonstrações do teorema de Pitágoras. Vejamos uma delas, baseada na semelhança de triângulos.

Consideremos o seguinte triângulo *ABC*, retângulo em *A*, com a altura $\overline{AH}$ relativa à hipotenusa.

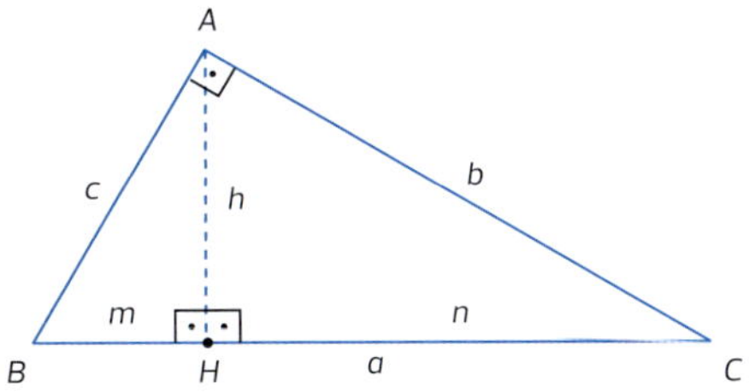

Nele, temos: $a = m + n$ (1)

Vamos considerar os triângulos retângulos *HBA* e *ABC*.

Colocando esses dois triângulos na mesma posição, podemos perceber melhor os ângulos e os lados correspondentes (lados homólogos).

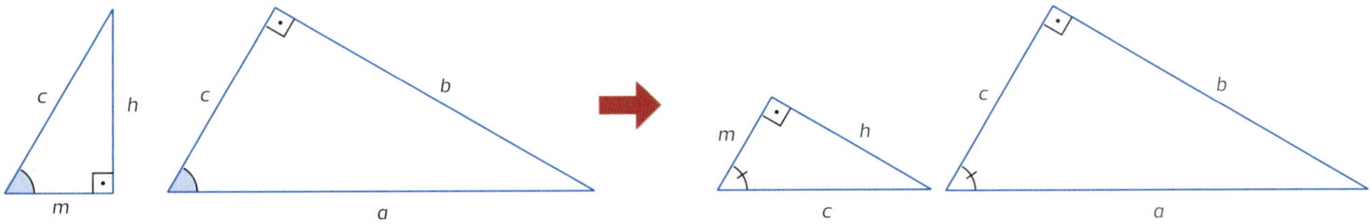

Os dois triângulos têm um ângulo reto (são triângulos retângulos) e têm o ângulo $\hat{B}$ comum; logo, pelo caso AA de semelhança de triângulos, temos $\triangle ABC \sim \triangle HBA$.

Se os triângulos são semelhantes, os lados homólogos têm medidas proporcionais, o que nos permite escrever:

$$\frac{a}{c} = \frac{b}{h} = \frac{c}{m}$$

Dessas proporções, tiramos a relação: $c^2 = am$ (2)

Vamos, agora, considerar os triângulos *ABC* e *HAC* da figura inicial:

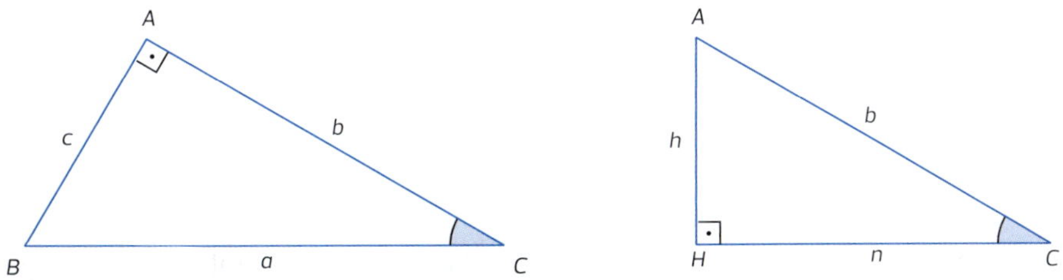

Esses dois triângulos têm um ângulo reto, e o ângulo $\hat{C}$ é comum; portanto, são semelhantes: $\triangle ABC \sim \triangle HAC$.

Como os lados homólogos são proporcionais, escrevemos as proporções e delas obtemos as relações:

$$\frac{a}{b} = \frac{b}{n} = \frac{c}{h}$$

E delas obtemos: $b^2 = an$ ③

Adicionando-se os dois membros das igualdades demonstradas, ③ e ②, temos:

$$\left.\begin{array}{l} b^2 = an \\ c^2 = am \end{array}\right\} b^2 + c^2 = an + am \Rightarrow b^2 + c^2 = a(n + m)$$

Como $a = m + n$ ①, temos:

$$b^2 + c^2 = a \cdot a \Rightarrow b^2 + c^2 = a^2$$

Essa é uma das demonstrações do teorema de Pitágoras, mas há muitas outras maneiras de prová-lo.

Exercícios e problemas

1. Use o teorema de Pitágoras e determine o valor de x em cada triângulo retângulo. (Considere as medidas em cada triângulo na mesma unidade.)

a)

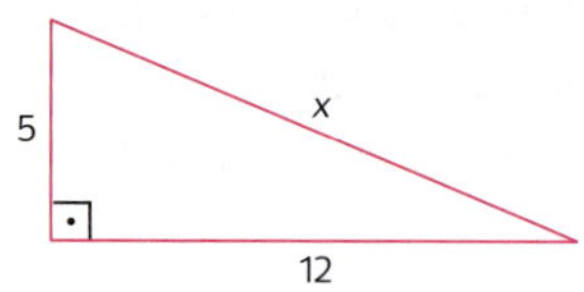

b)

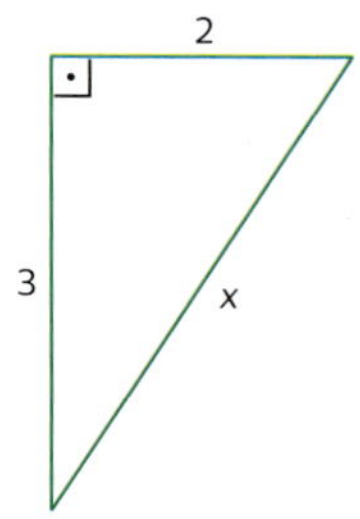

c)

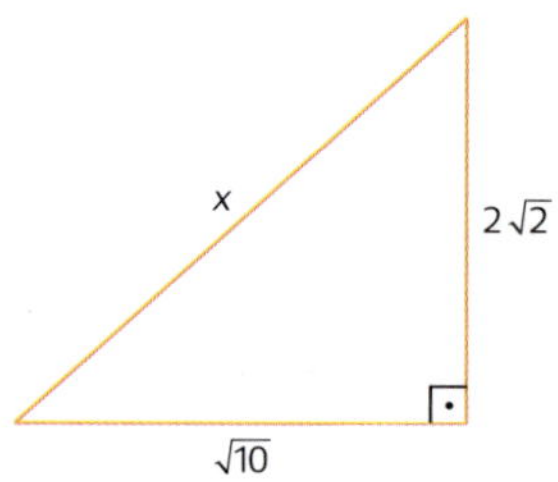

d)

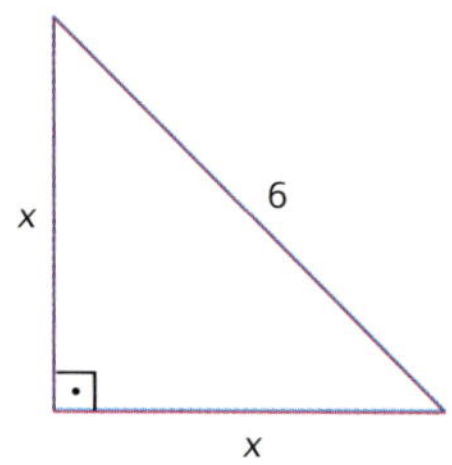

e)

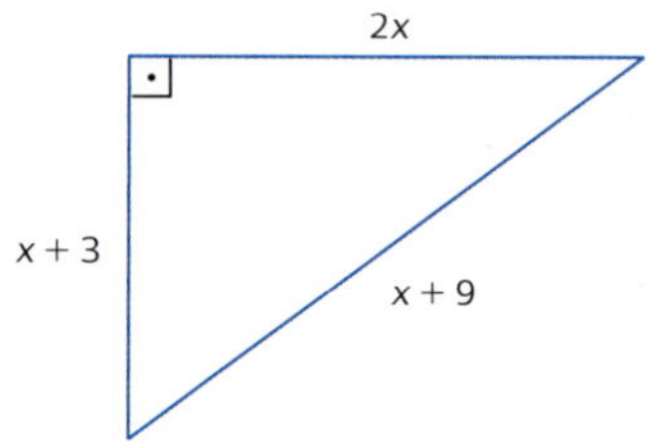

f)

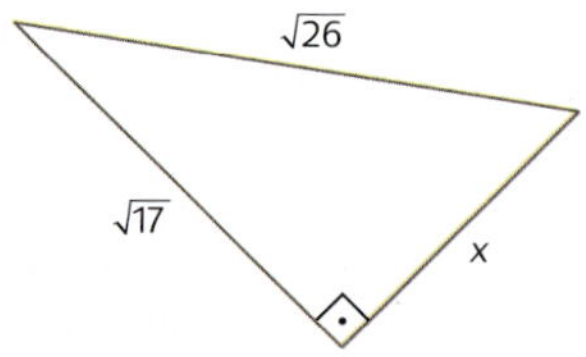

2. Um fio foi esticado do topo de um prédio até a base de outro, conforme indica a figura.
O valor mais próximo da medida do comprimento do fio é:

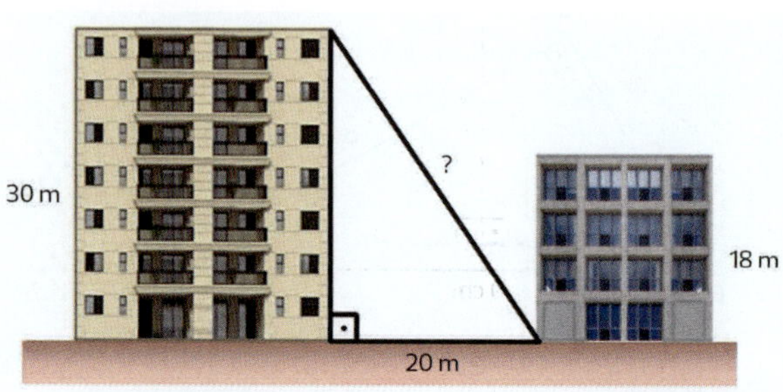

Paulo Manzi/Arquivo da editora

a) 34 m.   b) 35 m.   c) 36 m.   d) 37 m.

3. Em um triângulo retângulo, a hipotenusa mede $3\sqrt{5}$ cm e um dos catetos mede 3 cm a menos do que o outro. Qual é a área da região triangular correspondente?

4. Determine a medida da diagonal de um retângulo que tem 10 cm de largura e 24 cm de comprimento.

5. Use a relação de Pitágoras e determine o valor de *x* em cada item. Simplifique o radical obtido.

a)

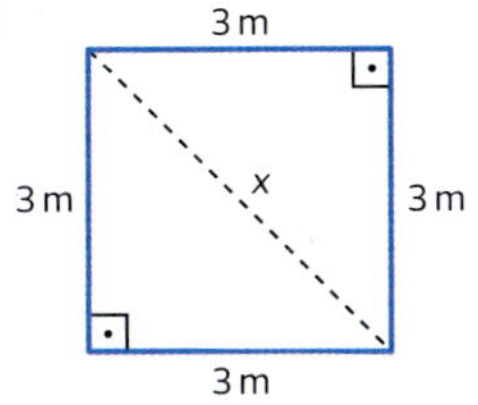

b)

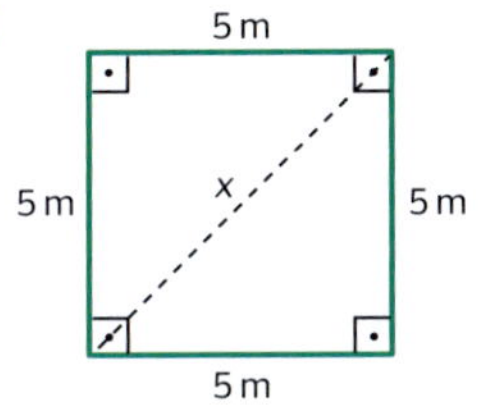

c)

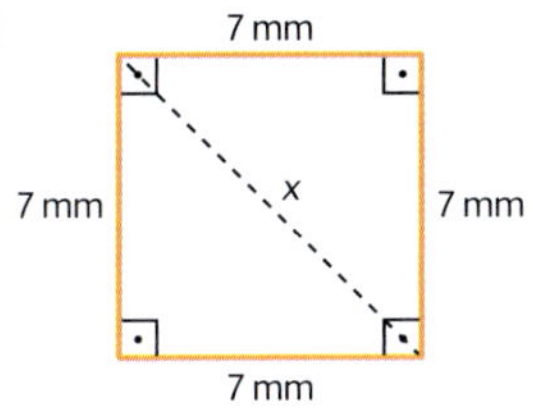

d)

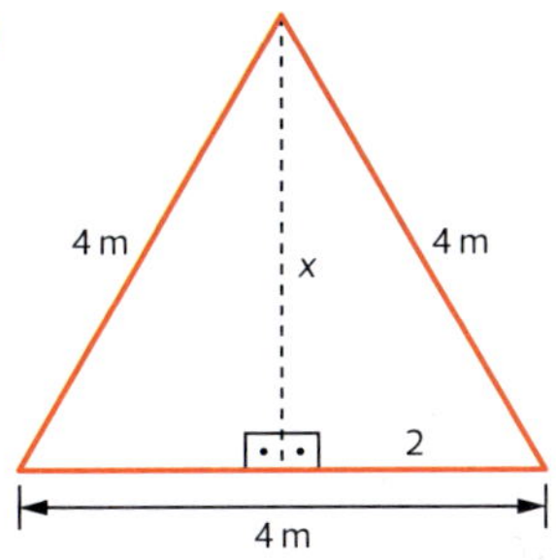

e)

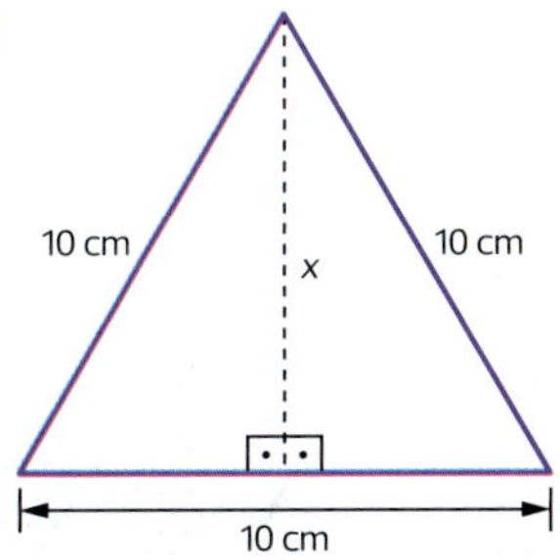

Discuta com seus colegas e comparem as dimensões de cada figura com o resultado final obtido.

6. Um caminhão sobe uma rampa inclinada em relação ao plano horizontal. Se a rampa tem 30 m de comprimento e seu ponto mais alto está a 5 m de altura, qual é a distância do início da rampa (*A*) até o ponto *B*? Desenhe um modelo matemático, calcule o que se pede e dê a resposta em metros e centímetros.

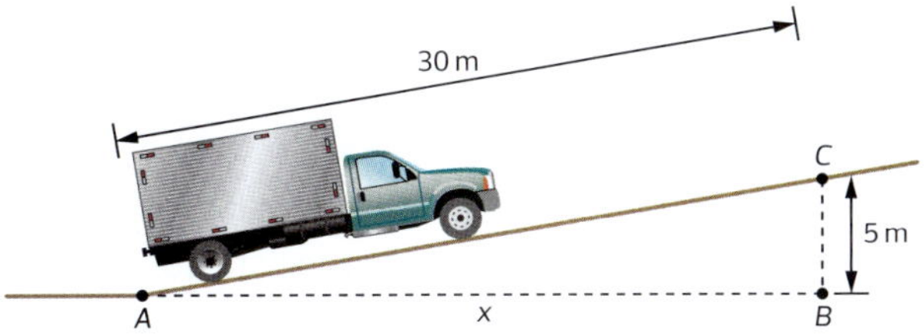

7. Determine o perímetro e a medida da diagonal do retângulo que determina a região abaixo. Calcule também a área da região retangular por ele determinada.

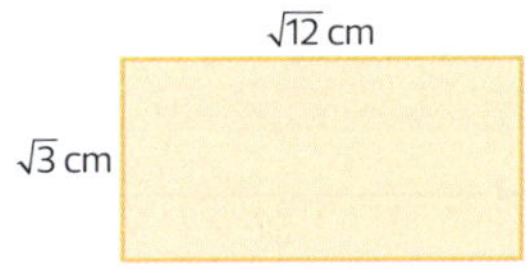

8. Calcule a medida do lado $\overline{BC}$ e depois o perímetro, a área e as medidas das duas diagonais da região plana determinada pelo trapézio retângulo da figura dada.

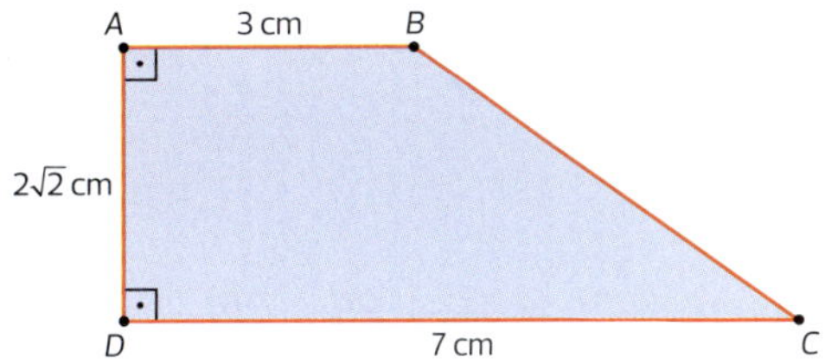

9. Para ir de *A* até *C*, há dois caminhos: o caminho direto ou o que passa por *B*. Calcule a extensão de cada um. Qual deles é o mais longo? Aproximadamente quantos metros o caminho mais longo tem a mais do que o outro? Use calculadora para descobrir.

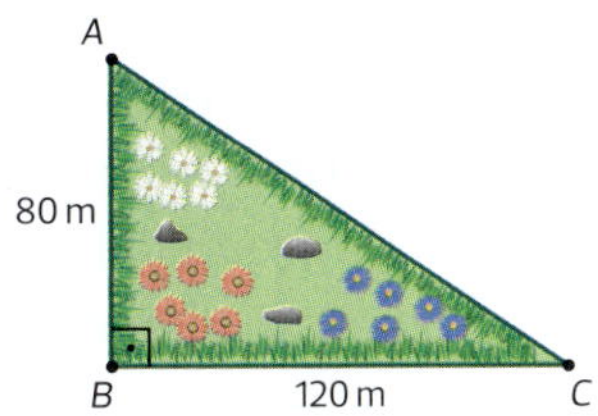

Leitura

Outras demonstrações do teorema de Pitágoras

Examine mais algumas demonstrações do teorema de Pitágoras:

1ª) Vamos determinar a área da região limitada pelo trapézio abaixo de duas maneiras: pela fórmula $A = \frac{(B+b) \cdot h}{2}$ e pelo cálculo das áreas das três regiões triangulares.

Esta demonstração é atribuída a James Garfield (1831-1881), na época, congressista norte-americano e, mais tarde, 20º presidente dos Estados Unidos.

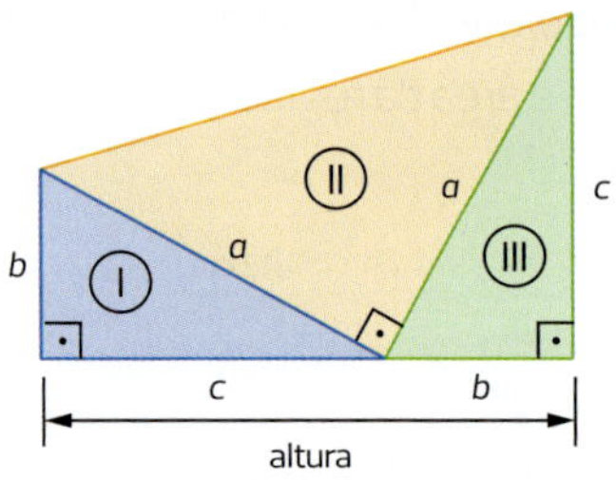

- $A_{\text{região trapezoidal}} = \frac{(b+c) \cdot (b+c)}{2} =$
$= \frac{b^2 + 2bc + c^2}{2}$ (1)

- $A_{\text{região trapezoidal}} = A_{\text{região triangular I}} + A_{\text{região triangular II}} +$
$+ A_{\text{região triangular III}}$

- $A_{\text{região trapezoidal}} = \frac{cb}{2} + \frac{aa}{2} + \frac{cb}{2} =$
$= \frac{2bc + a^2}{2}$ (2)

Igualando os resultados de (2) e (1), temos:

$$\frac{2bc + a^2}{2} = \frac{b^2 + 2bc + c^2}{2} \Rightarrow a^2 = b^2 + c^2$$

2ª) Uma demonstração bastante curiosa do teorema de Pitágoras foi apresentada pelo matemático hindu Bháskara (1114-1185), que elaborou a figura representada a seguir e escreveu embaixo "Aqui está". Um verdadeiro enigma que a Álgebra nos ajuda a solucionar.

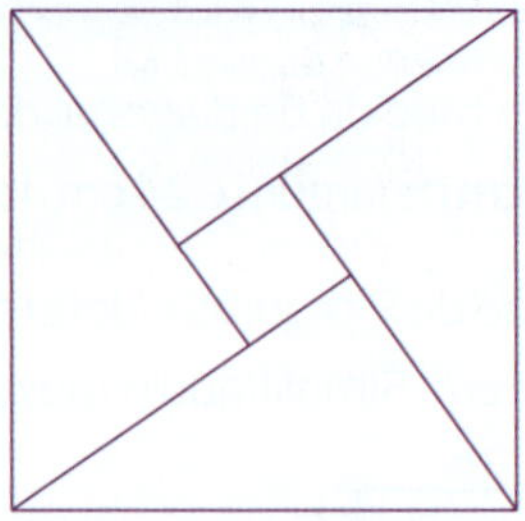

Traçamos 4 triângulos retângulos com hipotenusa de medida a e catetos de medidas b e c. A área da região quadrada maior (a^2) é igual à soma das áreas das 4 regiões triangulares $\left(4 \cdot \frac{bc}{2}\right)$ com a área da região quadrada menor $(b - c)^2$.

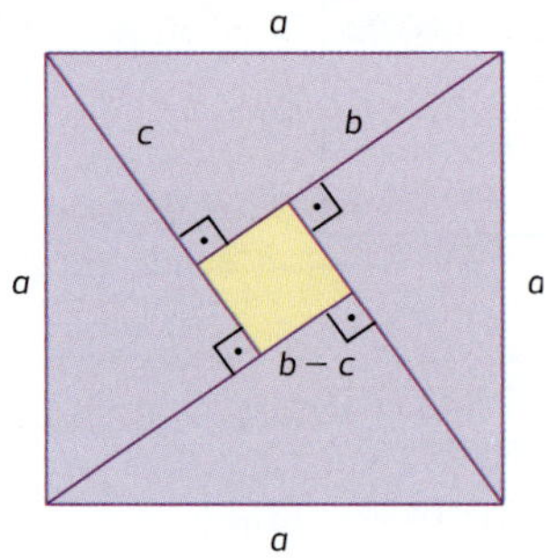

Assim:

$$a^2 = 4 \cdot \frac{bc}{2} + (b - c)^2 \Rightarrow$$

$$\Rightarrow a^2 = \cancel{2bc} + b^2 - \cancel{2bc} + c^2 \Rightarrow a^2 = b^2 + c^2$$

3ª) Uma terceira demonstração é obtida comparando-se áreas (segundo os historiadores, a demonstração de Pitágoras deve ter sido uma demonstração geométrica semelhante à que segue).

As duas regiões quadradas têm lados $(b + c)$. Logo, têm a mesma área. Retirando das duas as quatro regiões triangulares congruentes, o que sobra na primeira (a^2) é igual ao que sobra na segunda ($b^2 + c^2$). Então:

$$a^2 = b^2 + c^2$$

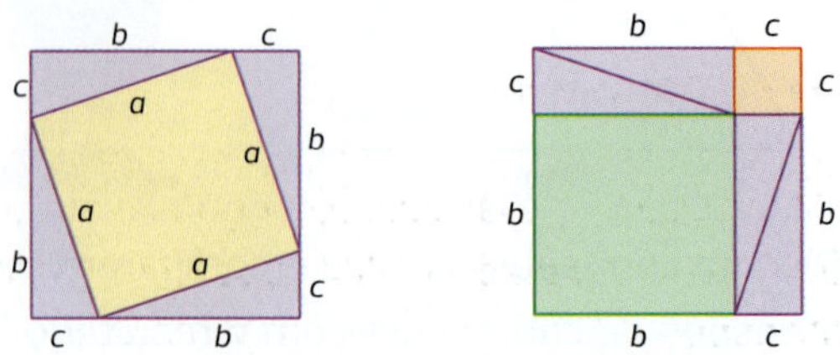

❹ Outras relações métricas importantes no triângulo retângulo

Observe o $\triangle ABC$, retângulo em A, com a altura $\overline{AH}$ traçada. Nesta figura temos mais dois triângulos retângulos, $\triangle HBA$ e $\triangle HAC$.

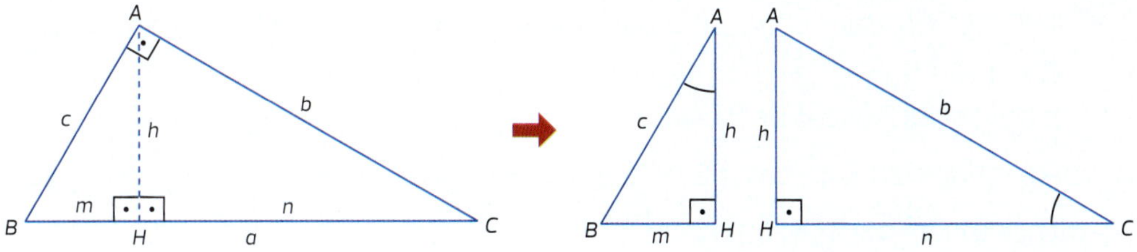

Estudamos nas páginas 219 e 220 que $\triangle ABC \sim \triangle HBA$ e $\triangle ABC \sim \triangle HAC$:

Se dois triângulos são semelhantes a um terceiro, eles são semelhantes entre si, logo, podemos escrever também $\triangle HBA \sim \triangle HAC$.

Dessas três semelhanças tiramos, pela ordem:

$$\frac{a}{c} = \frac{b}{h} = \frac{c}{m} \qquad \frac{a}{b} = \frac{b}{n} = \frac{c}{h} \qquad \frac{m}{h} = \frac{h}{n} = \frac{c}{b}$$

Observando as figuras e usando essas proporções podemos escrever algumas relações estudadas anteriormente e outras, com seus significados, considerando o $\triangle ABC$, retângulo em A.

- $a = m + n$

> Em qualquer triângulo retângulo, a medida da hipotenusa é igual à soma das medidas das projeções dos catetos sobre ela.

- $b^2 = an$ e $c^2 = am$

> Em qualquer triângulo retângulo, o quadrado da medida de um cateto é igual ao produto da medida da hipotenusa pela medida da projeção desse cateto sobre a hipotenusa.

- $a^2 = b^2 + c^2$ (Relação de Pitágoras)

> Em qualquer triângulo retângulo, o quadrado da medida da hiponenusa é igual à soma dos quadrados das medidas dos catetos.

- Nova relação: $h^2 = mn$

> Em qualquer triângulo retângulo, o quadrado da medida da altura relativa à hipotenusa é igual ao produto das medidas das projeções dos catetos sobre a hipotenusa.

- Outra nova relação: $bc = ah$

> Em qualquer triângulo retângulo, o produto das medidas dos catetos é igual ao produto da medida da hipotenusa pela medida da altura relativa à hipotenusa.

Observações:

1ª) Com as relações estudadas, dos seis valores a, b, c, h, m e n indicados na figura do $\triangle ABC$, sempre que conhecemos dois deles, podemos descobrir os outros quatro.

2ª) A recíproca da Relação de Pitágoras também é verdadeira, ou seja, se a, b e c são as medidas dos lados de um triângulo, sendo a a maior delas e $a^2 = b^2 + c^2$, então o triângulo é um triângulo retângulo.

Exercícios

10. Determine o valor de x em cada triângulo.

a)

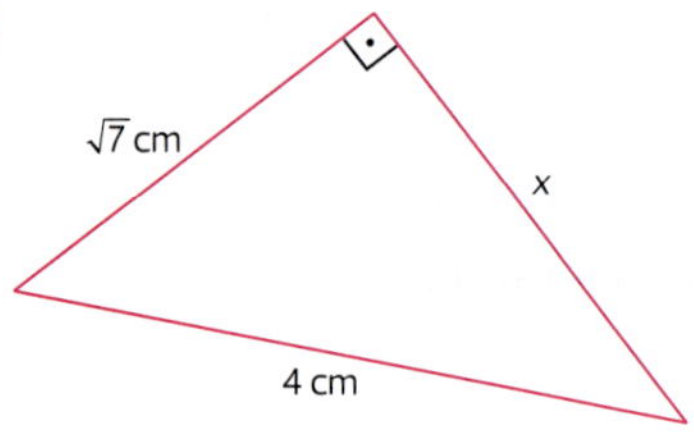

b)

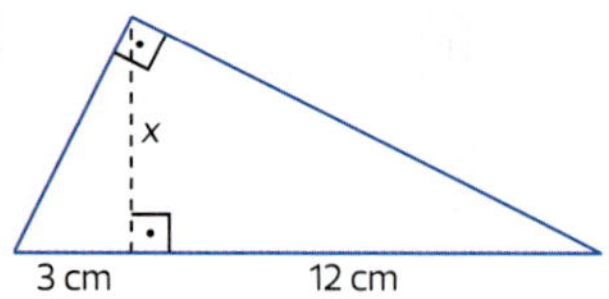

c)

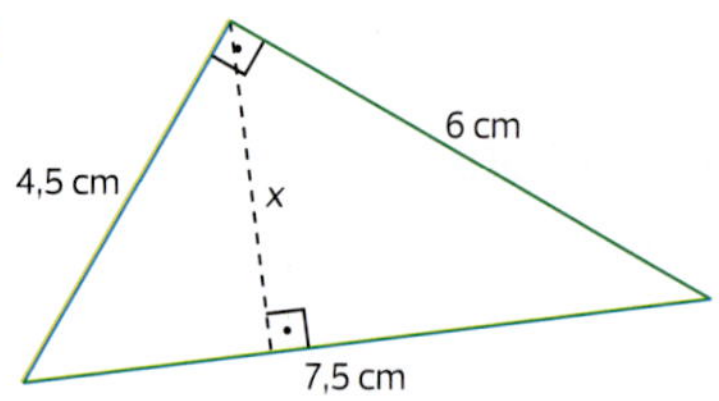

d)

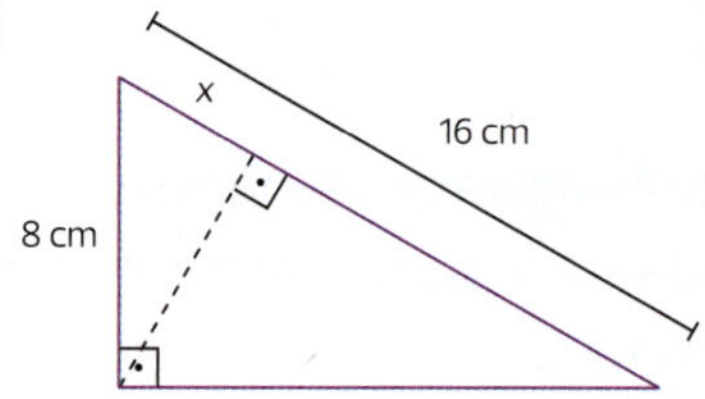

e)

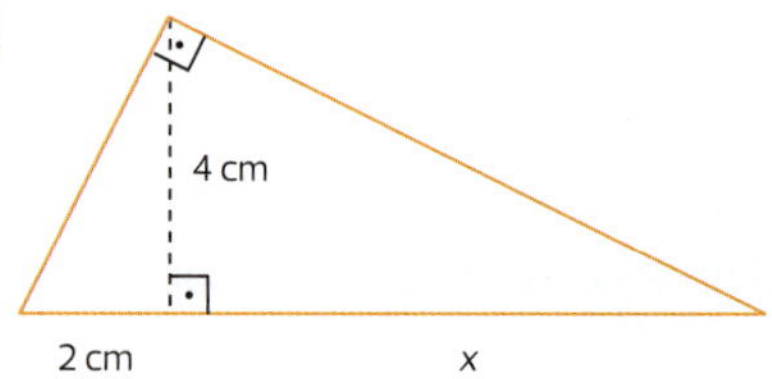

f)

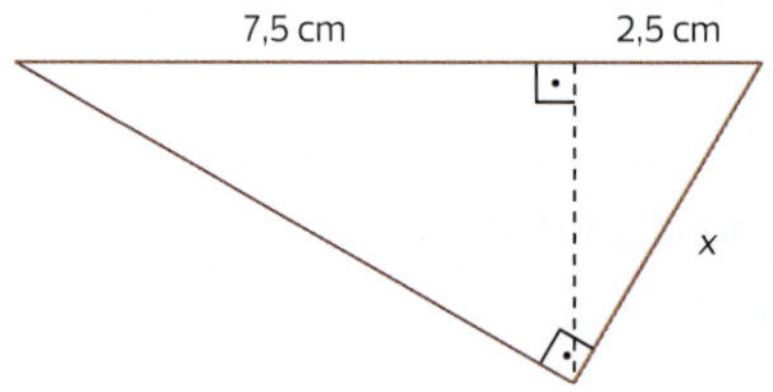

11. Calcule as medidas x, e, p e q.

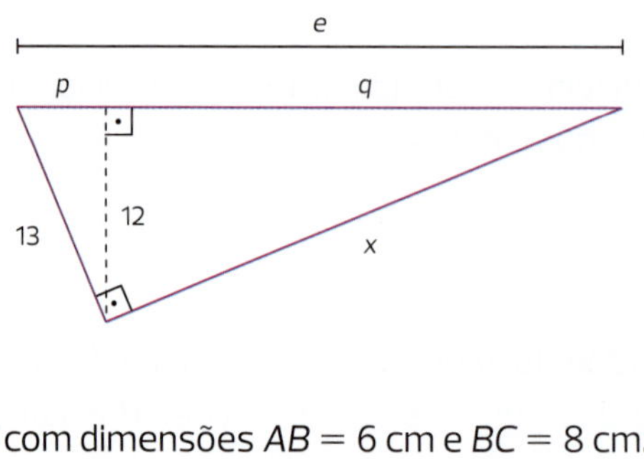

12. Márcia traçou um retângulo $ABCD$ com dimensões $AB = 6$ cm e $BC = 8$ cm. Depois, traçou a diagonal $\overline{AC}$ e o segmento de reta mais curto possível ligando D a um ponto de $\overline{AC}$. Qual é a medida desse segmento de reta?

13. Determine o valor de x em cada figura:

a)

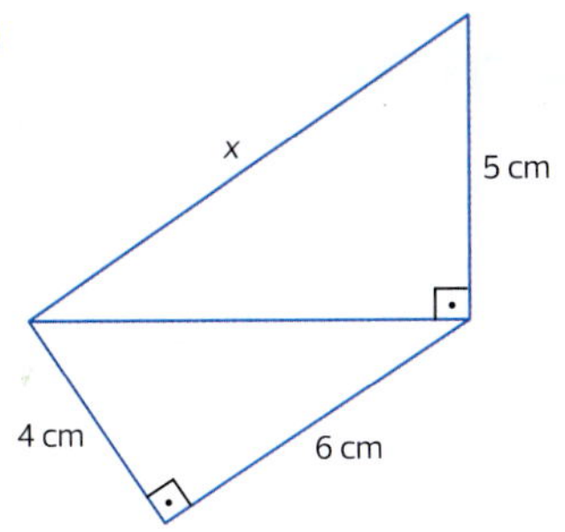

b)

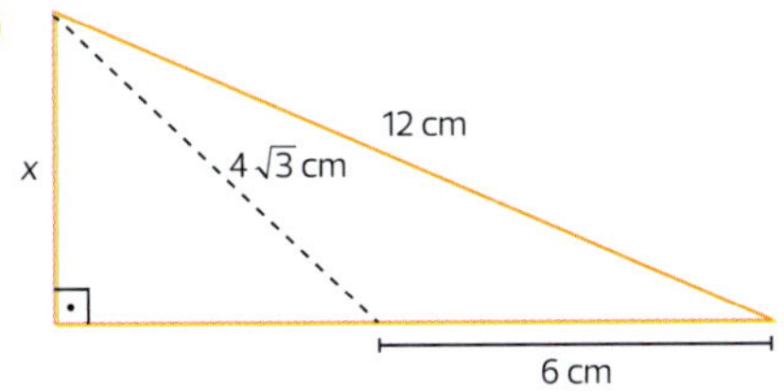

14. Considere as medidas da região triangular determinada pelo triângulo retângulo ao lado e determine:

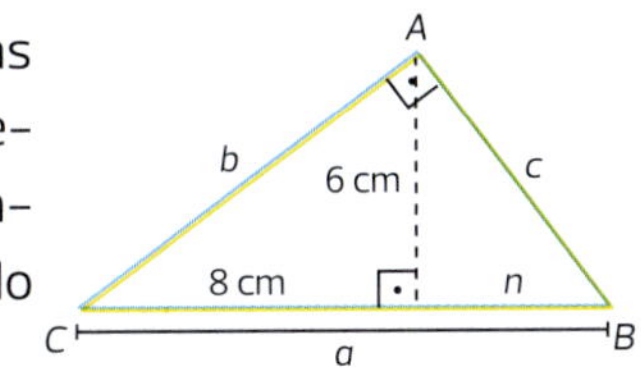

a) a, b, c e n;

b) a área da região triangular ABC.

15. Em um triângulo retângulo, as medidas das projeções dos catetos sobre a hipotenusa são 36 mm e 64 mm. Determine:

a) a medida da altura relativa à hipotenusa;

b) as medidas dos catetos;

c) a área da região triangular correspondente.

16. A que altura uma escada de 6 m toca uma parede se o pé da escada está a 3 m da parede?

17. (Cefet-RJ) As retas φ e λ são paralelas. No triângulo retângulo ABC, o cateto $\overline{AC}$ mede 8 cm e a hipotenusa $\overline{AB}$ mede 17 cm. A área do triângulo escaleno ACD, cujo lado $\overline{DC}$ mede 20 cm, é:

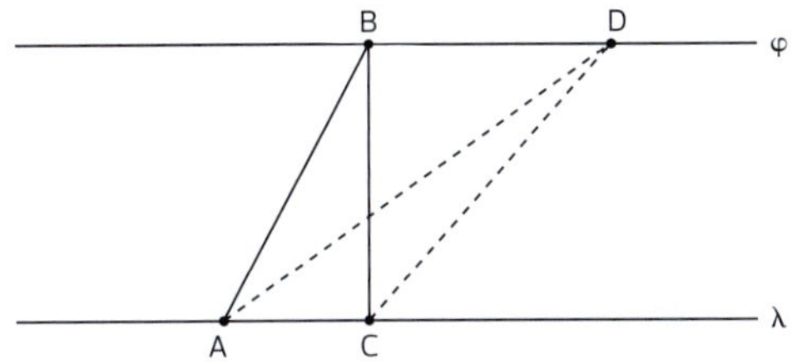

a) 60 cm^2.

b) 80 cm^2.

c) 120 cm^2.

d) 186 cm^2.

e) 340 cm^2.

Desafios

1. Determine m e n na figura ao lado, com $m < n$. (Sugestão: montar um sistema de incógnitas m e n e resolvê-lo.)

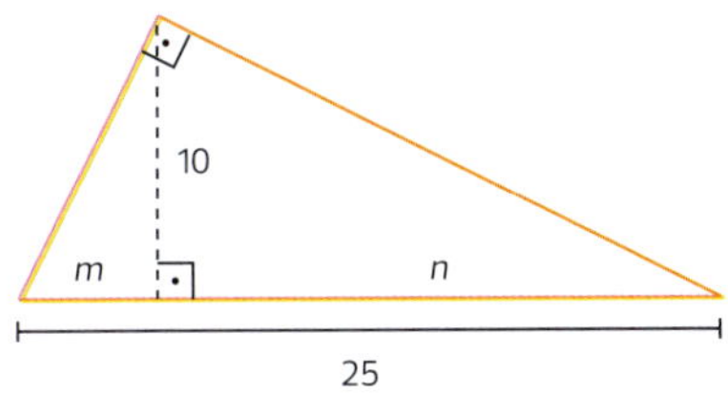

2. (Fatec-SP) Na figura, $ABCD$ é um retângulo. A medida do segmento $\overline{EF}$ é igual a:

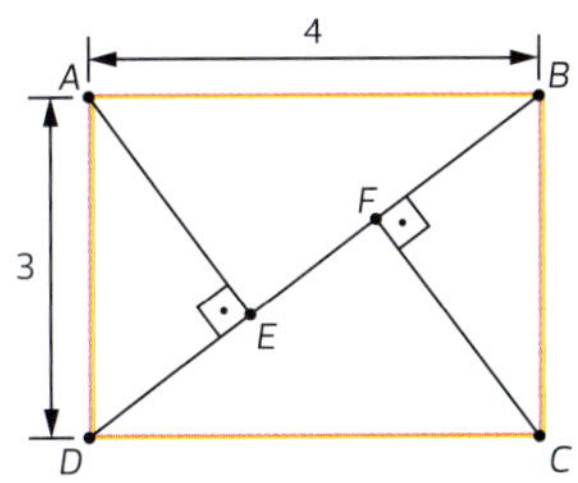

a) 0,8.

b) 1,4.

c) 2,6.

d) 3,2.

e) 3,8.

3. (Fatec-SP) Na figura ao lado, o triângulo ABC é retângulo e isósceles, e o retângulo nele inscrito tem lados que medem 4 cm e 2 cm. O perímetro do triângulo MBN é:

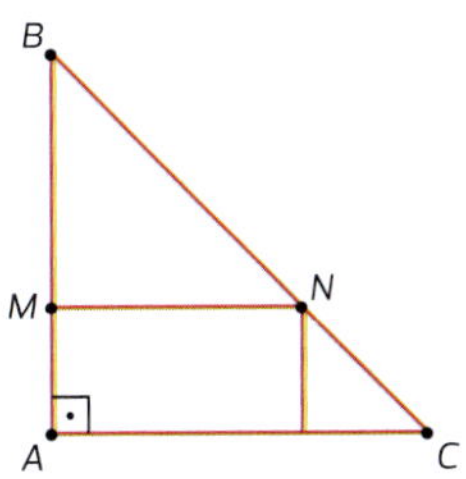

a) 8 cm.

b) 12 cm.

c) $(8+\sqrt{2})$ cm.

d) $(8+2\sqrt{2})$ cm.

e) $4(2+\sqrt{2})$ cm.

5 Aplicações importantes do teorema de Pitágoras

Diagonal de um quadrado

Consideremos o quadrado *ABCD* representado abaixo, cujo lado mede ℓ.

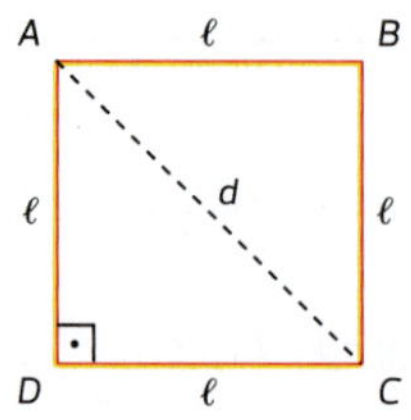

Vamos determinar a medida (d) da diagonal desse quadrado em função de ℓ, com d e ℓ na mesma unidade de medida.

O $\triangle ADC$ é retângulo em D. Aplicando o teorema de Pitágoras, temos:

$$d^2 = \ell^2 + \ell^2$$

$$d^2 = 2\ell^2$$

$$d = \sqrt{2\ell^2}$$

$$d = \ell\sqrt{2}$$

Portanto, $d = \ell\sqrt{2}$.

Exercícios

18. Determine quanto mede a diagonal de um quadrado nos seguintes casos.

a) lado de 5 cm;

b) lado de $5\sqrt{2}$ cm;

c) perímetro de 60 cm.

19. Calcule quanto mede cada lado de um quadrado nos seguintes casos.

a) a diagonal mede $4\sqrt{2}$ cm;

b) a diagonal mede 5 cm.

20. A área de uma região quadrada é igual a 128 cm^2. Quanto mede sua diagonal?

Altura de um triângulo equilátero

Consideremos o triângulo equilátero *ABC* representado abaixo, cujo lado mede ℓ.

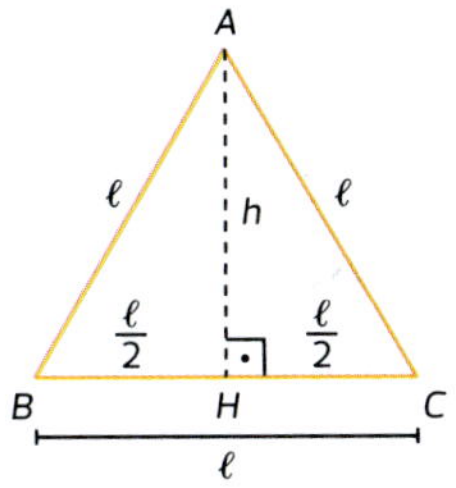

Vamos determinar a medida (h) da altura desse triângulo em função de ℓ, com h e ℓ na mesma unidade de medida.

O triângulo *ABH* é retângulo em *H*. Aplicando o teorema de Pitágoras, temos:

$$h^2 + \left(\frac{\ell}{2}\right)^2 = \ell^2$$

$$h^2 = \ell^2 - \frac{\ell^2}{4}$$

$$h^2 = \frac{3\ell^2}{4}$$

Portanto, $h = \sqrt{\frac{3\ell^2}{4}}$ ou $h = \frac{\ell\sqrt{3}}{2}$ ou $h = \frac{\ell}{2} \cdot \sqrt{3}$.

Exercícios

21. Determine a medida da altura h de um triângulo equilátero nos seguintes casos.

a) lado de 8 cm;

b) lado de $\sqrt{3}$ cm;

c) lado de $6\sqrt{3}$ cm;

d) lado de 9 cm.

22. O perímetro de um triângulo equilátero é de 15 cm. Calcule a medida da altura desse triângulo.

23. Prove que a área de uma região triangular equilátera de lado ℓ é dada por $A = \frac{\ell^2\sqrt{3}}{4}$.

24. Use $\sqrt{3} = 1{,}73$. Calcule a área aproximada da região determinada por um triângulo equilátero que tem:

a) lado de 1,5 cm;

b) lado de 4 cm;

c) lado de $\frac{3\sqrt{3}}{2}$ cm.

25. Calcule a medida dos lados e da altura de um triângulo equilátero sabendo-se que sua área é igual a $16\sqrt{3}$ cm^2.

Diagonal de um bloco retangular

Consideremos um bloco retangular cujas dimensões medem a, b e c e cuja diagonal de uma face mede d; considere também que a diagonal do bloco retangular mede D.

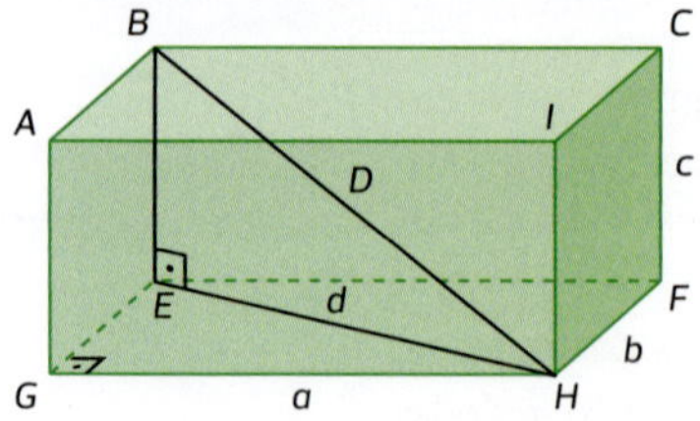

O $\triangle BEH$ é retângulo em E, e sua hipotenusa é $\overline{BH}$. Para calcular D (medida de $\overline{BH}$), precisamos conhecer antes o valor de d (medida da hipotenusa do $\triangle EGH$, retângulo em G).

Assim, aplicando o teorema de Pitágoras, temos:

$$d^2 = a^2 + b^2 \quad (1) \qquad\qquad D^2 = d^2 + c^2 \quad (2)$$

Substituindo (1) em (2), temos:

$$D^2 = a^2 + b^2 + c^2 \Rightarrow \boxed{D = \sqrt{a^2 + b^2 + c^2}}$$

Caso particular: diagonal do cubo

Como o cubo é um caso particular do bloco retangular em que $a = b = c = \ell$, a fórmula fica:

$$D = \sqrt{\ell^2 + \ell^2 + \ell^2} = \sqrt{3\ell^2} = \ell\sqrt{3}, \text{ ou seja: } \boxed{D = \ell\sqrt{3}}$$

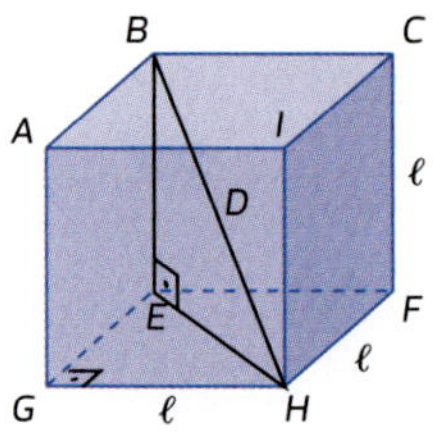

Exercícios

26. Determine a medida da diagonal do bloco retangular representado abaixo.

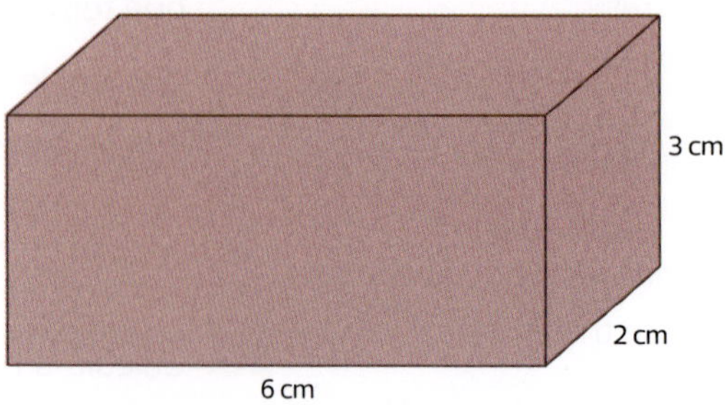

27. Determine a medida da diagonal de um cubo cuja aresta mede 5 cm.

6 Triângulo inscrito em uma semicircunferência

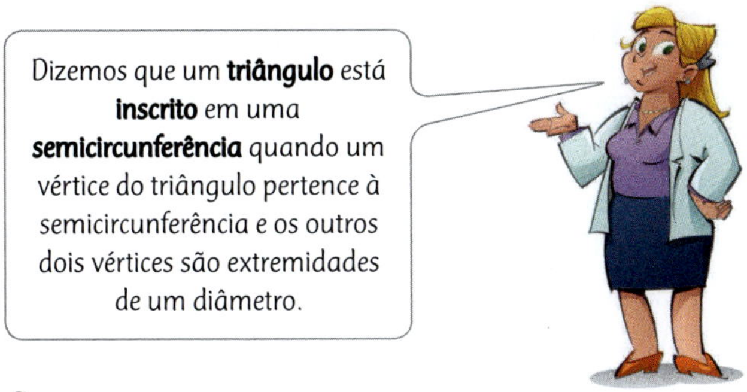

Observe as figuras:

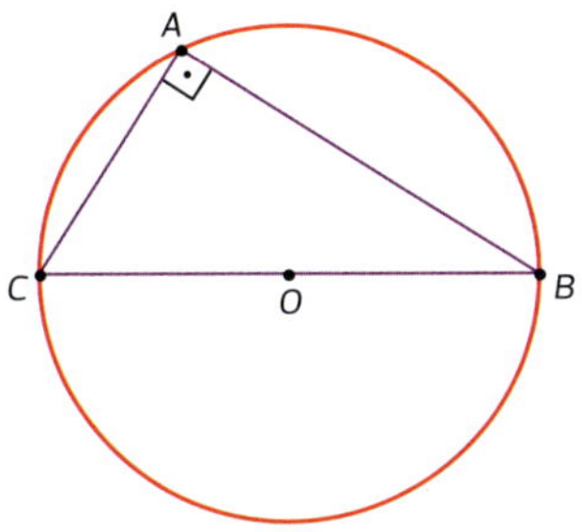

Triângulo inscrito em uma circunferência

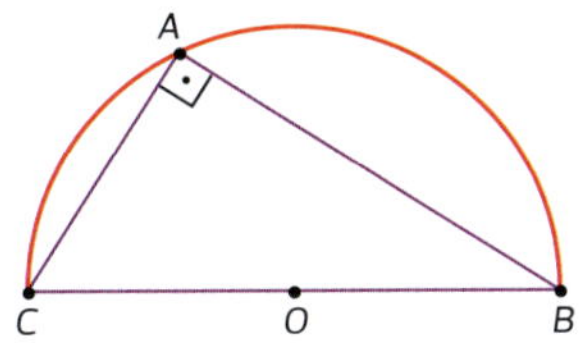

Triângulo inscrito em uma semicircunferência

Demonstração:

- $B\hat{O}C$ é ângulo raso (mede 180°) e é um ângulo central na circunferência.
- $B\hat{A}C$ é ângulo inscrito de mesmo arco, logo mede a metade de $B\hat{O}C$, ou seja, $180° : 2 = 90°$.
- Se $B\hat{A}C$ é reto, $\triangle ABC$ é retângulo em A.

Conclusão:

Todo triângulo inscrito em uma semicircunferência é triângulo retângulo.

Exercícios

28. Um triângulo está inscrito em uma semicircunferência cujo diâmetro mede 10 dm. A projeção do cateto menor sobre a hipotenusa mede 4 dm. Determine a medida aproximada da altura relativa à hipotenusa.

29. Determine a medida da altura relativa à hipotenusa do triângulo retângulo representado abaixo sabendo que o raio da circunferência mede 5 m.

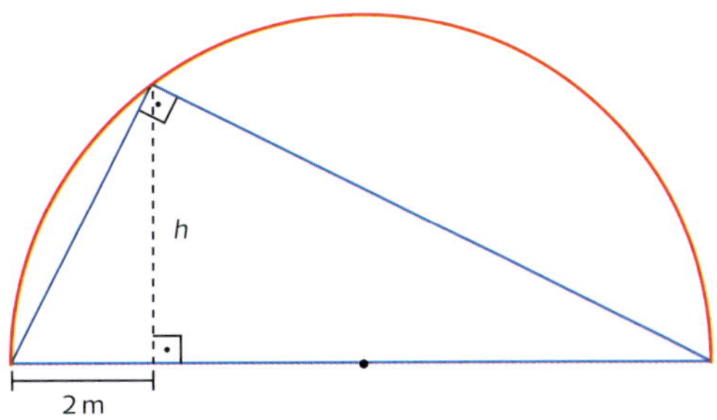

7 Outras situações que envolvem as relações métricas no triângulo retângulo

Agora, você vai aplicar, em mais algumas situações, as relações métricas estudadas.

Exercícios e problemas

30. Quanto medem os lados de um losango cujas diagonais têm 6 cm e 8 cm?

31. Na figura abaixo, $\overline{AB}$ é uma corda da circunferência. Sabendo que a medida de $\overline{AB}$ é 8 cm e o diâmetro da circunferência mede 10 cm, calcule a distância do centro *O* da circunferência à corda $\overline{AB}$.

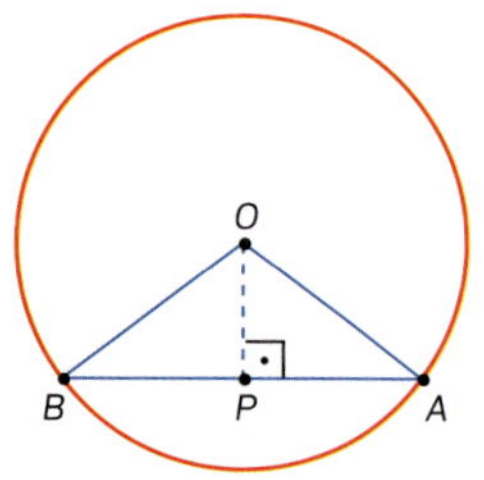

32. Use a relação de Pitágoras para determinar a área e o perímetro deste canteiro em forma de triângulo retângulo com as medidas indicadas em metros.

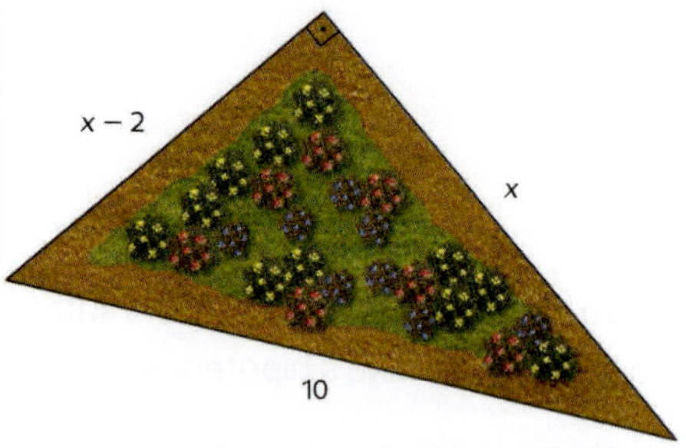

Paulo Manzi/Arquivo da editora

33. As dimensões de um retângulo têm por medidas, em centímetros, dois números inteiros consecutivos. A diagonal desse retângulo mede 29 cm. Qual é o perímetro desse retângulo?

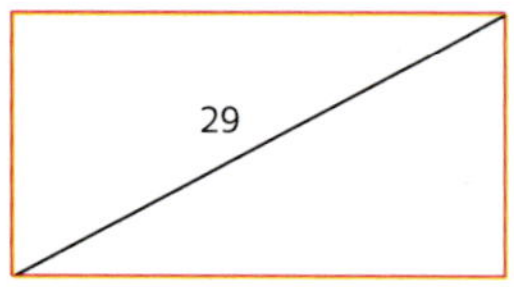

34. Na figura abaixo, a que altura se encontra o avião em relação ao chão?

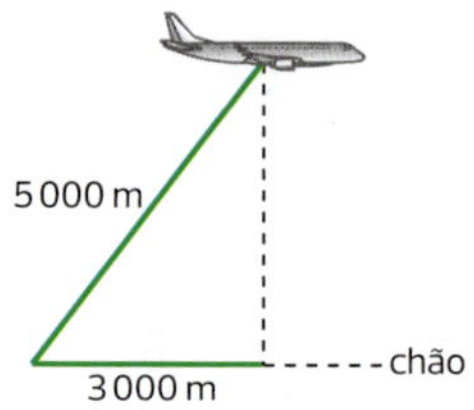

35. É comum encontrarmos uma ripa na diagonal de porteiras de madeira como essa da fotografia abaixo. Isso se deve à rigidez dos triângulos, que não se deformam.

A porteira de uma fazenda mede 1,20 m de comprimento, e a ripa, que forma a diagonal, mede 1,36 m. Qual é a altura dessa porteira?

Rogério Reis/Pulsar Imagens

Porteira de madeira

36. O triângulo *ABC* é retângulo, pois está inscrito na semicircunferência, e sua hipotenusa coincide com o diâmetro. As projeções das cordas $\overline{AB}$ e $\overline{AC}$ sobre a hipotenusa medem, respectivamente, 2 cm e 8 cm. Qual é a medida dessas cordas?

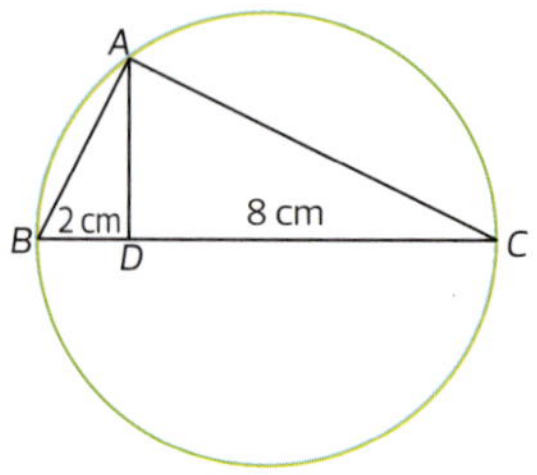

37. Um motorista foi da cidade A até a cidade E passando pela cidade B, conforme mostra a figura. Quantos quilômetros esse motorista percorreu?

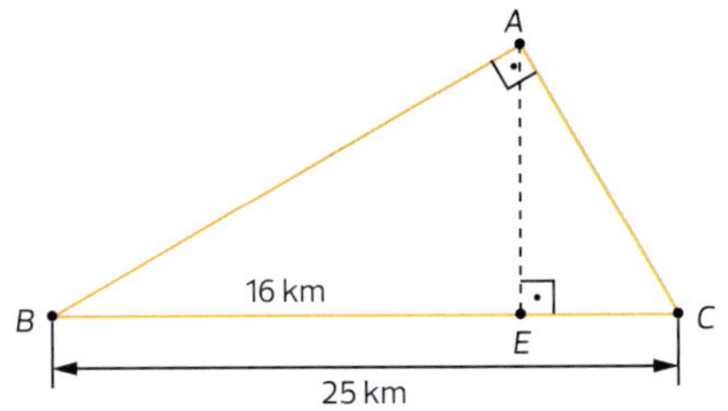

38. Calcule o perímetro e a área da região determinada pelo trapézio desta figura. As medidas estão dadas em metros.

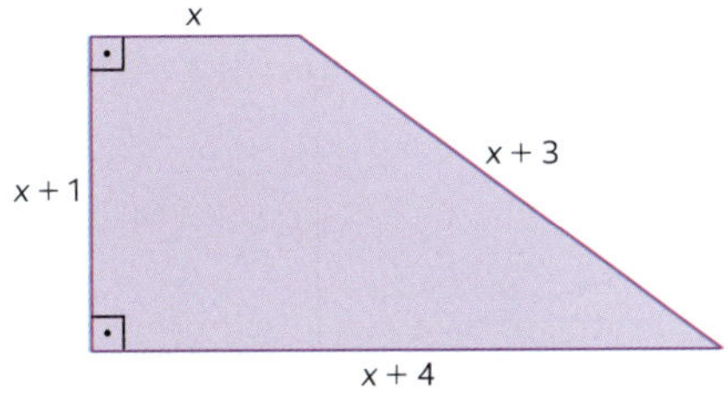

39. Uma torre é sustentada por três cabos de aço de mesma medida, como mostra a figura abaixo. Calcule a altura aproximada da torre, sabendo que a medida de cada cabo é de 30 m e os ganchos que prendem os cabos estão a 15 m do centro da base da torre (T).

Paulo Manzi/Arquivo da editora

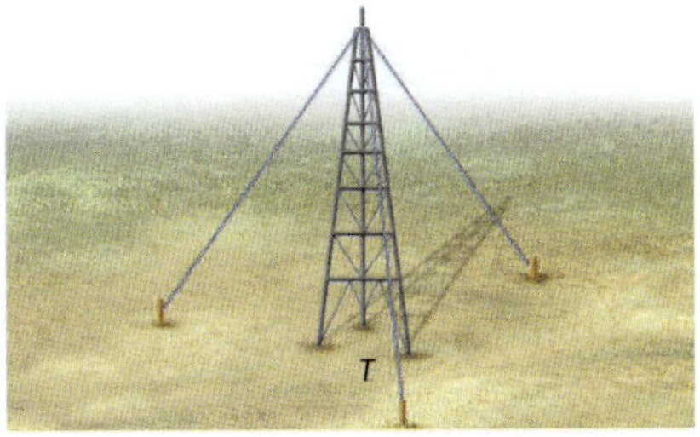

40. As rodovias R_1 e R_2 são perpendiculares e cruzam-se no ponto O. As distâncias $\overline{OA}$ e $\overline{OB}$ têm, respectivamente, 60 km e 80 km. Calcule a menor distância possível de O até um ponto da rodovia R_3.

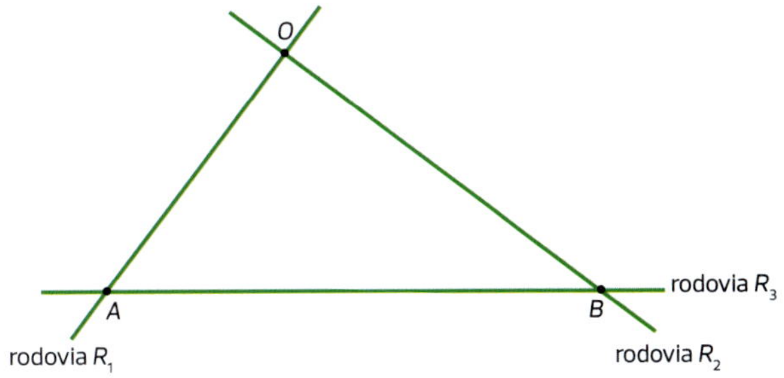

41. Calcule o valor de x na figura abaixo.

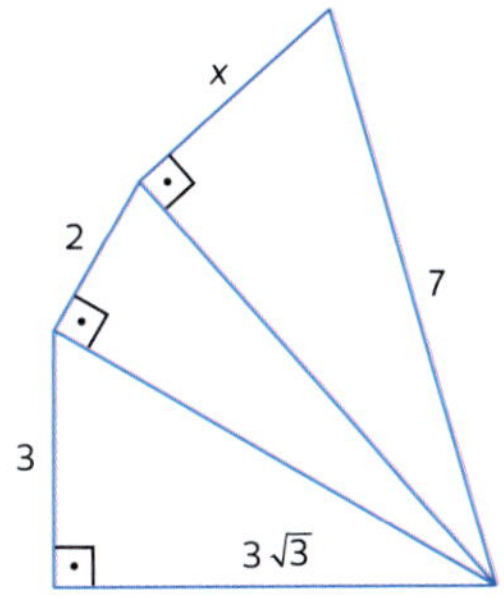

42. Na figura abaixo, temos $RF = 75$ e $AP = 36$. Calcule:

a) a medida de $\overline{AR}$ e de $\overline{AF}$;

b) o perímetro do $\triangle APR$;

c) a área da região determinada pelo $\triangle RPF$.

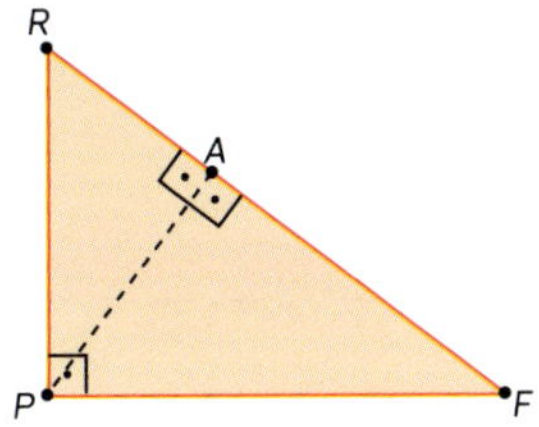

Desafio

Calcule a área da região triangular ABC por quatro caminhos diferentes.

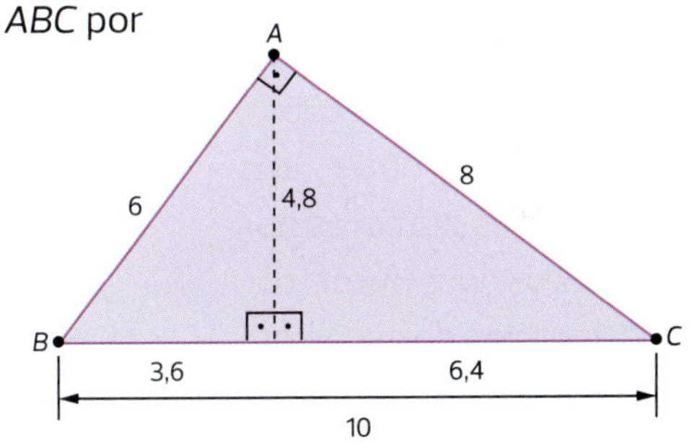

Os ternos pitagóricos

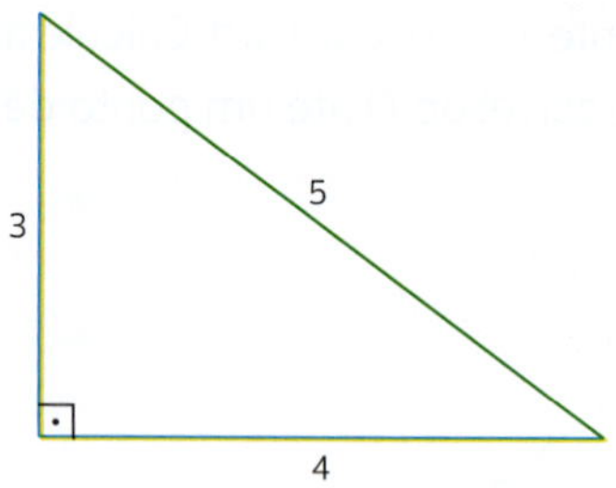

Ternos de números inteiros positivos a, b e c que obedecem à relação $a^2 = b^2 + c^2$ são chamados **ternos pitagóricos**.

Um terno pitagórico você já conhece: 3, 4 e 5, pois $5^2 = 4^2 + 3^2$.

Veja ao lado o triângulo retângulo representado por ele, com os valores em centímetros.

Exercícios

43. Conheça outros ternos pitagóricos calculando o valor do lado desconhecido em cada um destes triângulos retângulos.

a)

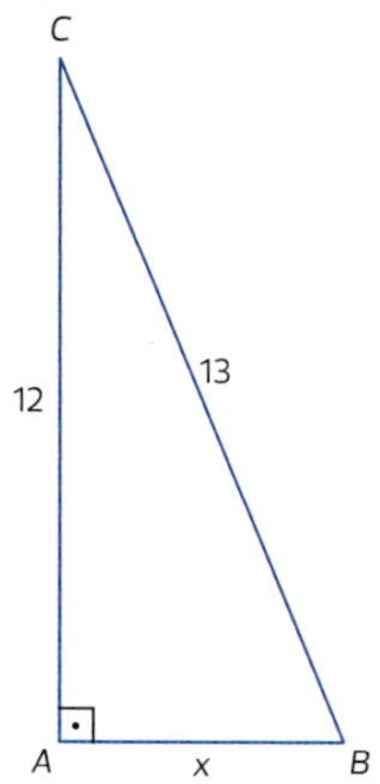

b)

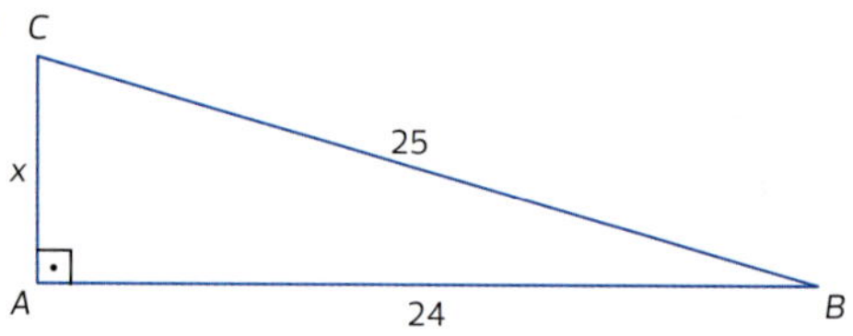

c)

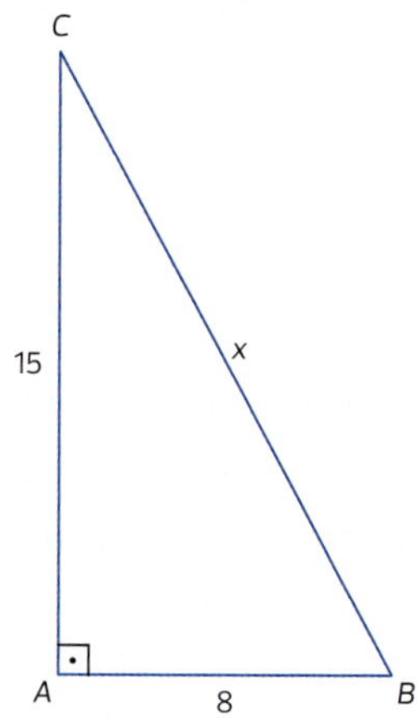

44. Dos ternos que aparecem indicados abaixo, qual é terno pitagórico? Justifique sua resposta.

9, 10 e 15 — 11, 60 e 61 — 7, 10 e 11

Leitura

Os babilônios já conheciam os ternos pitagóricos

Os escribas babilônios encheram suas tabuinhas de argila com tabelas impressionantes de sequências de ternos exibindo a relação de Pitágoras. Eles registraram ternos como 3, 4, 5 ou 5, 12, 13, mas também outros como 3 456, 3 367, 4 825.

São pequenas as chances de se obter um terno que funcione, verificando três números ao acaso. Por exemplo, nos primeiros doze números 1, 2, 3, ..., 12, há centenas de maneiras de escolher ternos diferentes; de todos eles, somente os ternos 3, 4, 5 e 6, 8, 10 satisfazem o teorema de Pitágoras.

A menos que os babilônios tenham empregado um exército de calculadores, que passaram toda a sua carreira fazendo tais cálculos, podemos concluir que eles conheciam, pelo menos, o suficiente da teoria dos números para gerar esses ternos.

Fonte: MLODINOW, Leonard. *A janela de Euclides*. 2. ed. São Paulo: Geração Editorial, 2004.

- Descubra mais ternos pitagóricos. Desafie seus colegas para saber quem consegue descobrir um maior número de ternos. Vale usar calculadora.

8 Classificação dos triângulos quanto aos ângulos conhecendo-se as medidas de seus três lados

Considere a, b e c as medidas dos três lados de um triângulo, na mesma unidade de medida, sabendo que a é a medida do lado maior. Podemos comparar os valores de a^2 e $b^2 + c^2$, colocando $>$, $<$ ou $=$ entre eles.

Com essa comparação, podemos classificar o triângulo com relação a seus ângulos internos:

- Se $a^2 = b^2 + c^2$, temos um **triângulo retângulo** (recíproca da relação de Pitágoras citada na página 218).
- Se $a^2 > b^2 + c^2$, temos um **triângulo obtusângulo**. Veja um exemplo:

  Triângulo com lados de 5 cm, 3 cm, 7 cm.

  $a = 7, b = 5, c = 3 \rightarrow a^2 = 49, b^2 = 25, c^2 = 9$

  Como $49 > \underbrace{25 + 9}_{34}$, então $a^2 > b^2 + c^2$.

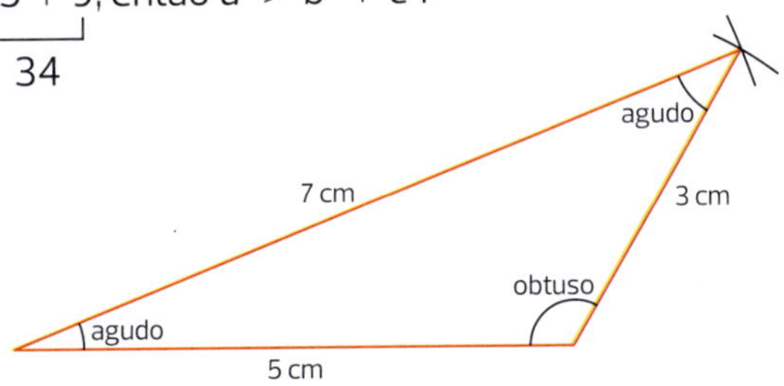

Triângulo obtusângulo

- Se $a^2 < b^2 + c^2$, temos um **triângulo acutângulo**.

Exercício

45. Considere os itens abaixo e classifique os triângulos de acordo com seus ângulos internos. Em seguida, construa cada triângulo com régua e compasso e confirme sua resposta, observando o tipo de triângulo formado.

a) Triângulo com lados de 6 cm, 8 cm e 10 cm.

b) Triângulo com lados de 6 cm, 4 cm e 3 cm.

c) Triângulo com lados de 6 cm, 5 cm e 4 cm.

d) Triângulo com lados de 5 cm, 5 cm e 3 cm.

e) Triângulo com lados de 6,5 cm, 6 cm e 2,5 cm.

f) Triângulo com lados de 6 cm, 4 cm e 4 cm.

Desafio

Para existir um triângulo com lados de medidas x, y e z, em que x é a medida do lado maior, devemos ter $x < y + z$. Para que esse triângulo seja obtusângulo, devemos ter $x^2 > y^2 + z^2$. Determine as possíveis medidas do lado maior de um triângulo escaleno e obtusângulo quando os dois lados menores medem 6 cm e 8 cm.

Jogos

Tipos de triângulo quanto aos ângulos

Com este jogo você vai aplicar o que acabou de estudar: como descobrir o tipo de triângulo, quanto aos ângulos, a partir das medidas de seus lados.

Orientações:

Número de participantes: 2 ou 3

Como jogar:

Inicialmente, os participantes preparam e dobram 12 papéis com as letras de **A** até **L** para sorteios. Em uma rodada, cada participante tira um papel, localiza as medidas dos lados do triângulo correspondente, verifica o tipo do triângulo quanto aos ângulos e anota os pontos obtidos em uma folha de papel.

Vence o jogo quem conseguir mais pontos depois de retirados todos os papéis.

Triângulo acutângulo
1 ponto

Triângulo retângulo
2 pontos

Triângulo obtusângulo
3 pontos

A	6 cm, 8 cm e 10 cm	G	6 cm, 5 cm e 4 cm
B	4 cm, 5 cm e 7 cm	H	$\sqrt{11}$ cm, $\sqrt{11}$ cm e $\sqrt{11}$ cm
C	10 cm, 9 cm e 5 cm	I	8 cm, 5 cm e 5 cm
D	$\sqrt{7}$ cm, 3 cm e 5 cm	J	5 cm, 12 cm e 13 cm
E	4 cm, $\sqrt{5}$ m e $\sqrt{11}$ m	K	8 cm, 6 cm e 6 cm
F	$3\sqrt{2}$ cm, 3 cm e 3 cm	L	30 mm, 40 mm e 50 mm

9 Relações métricas na circunferência

Giovana, Alterson e Andreia estavam navegando pela internet à procura de jogos matemáticos.

A certa altura, eles encontraram alguns dados sobre círculos e circunferências, temas que estavam estudando no 9º ano.

A página do *site* mostrava a situação abaixo.

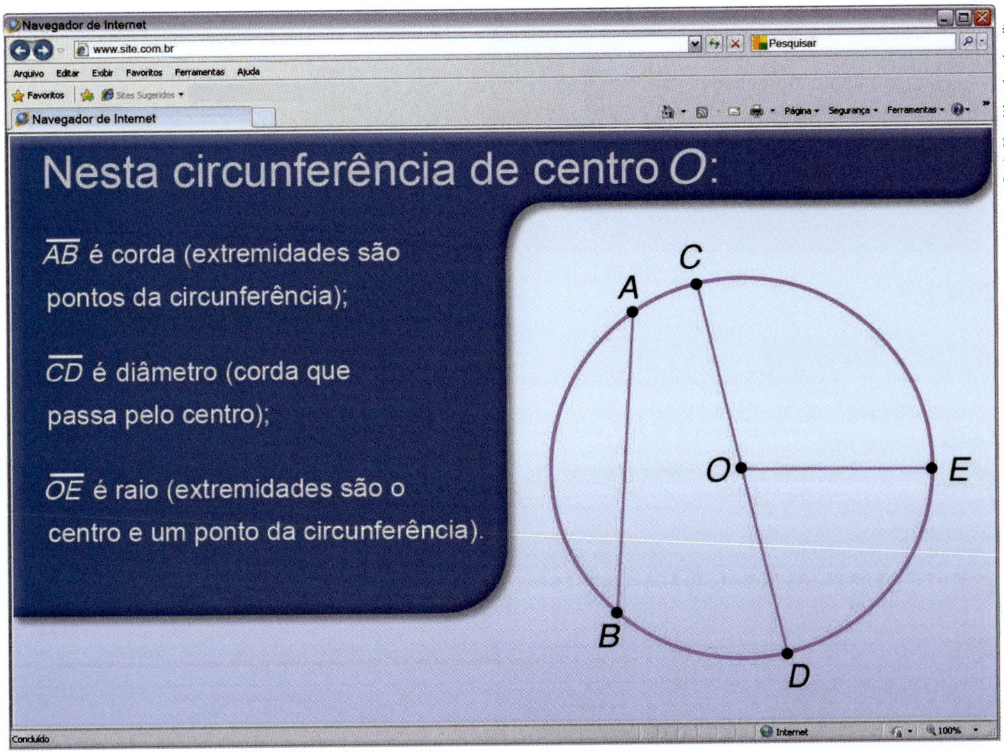

Paulo Manzi/Arquivo da editora

Corda, diâmetro e raio são segmentos de reta relacionados à circunferência, que eles já conheciam.

Veja do que eles se lembraram:

Havia informações sobre mais dois segmentos de reta relacionados à circunferência:

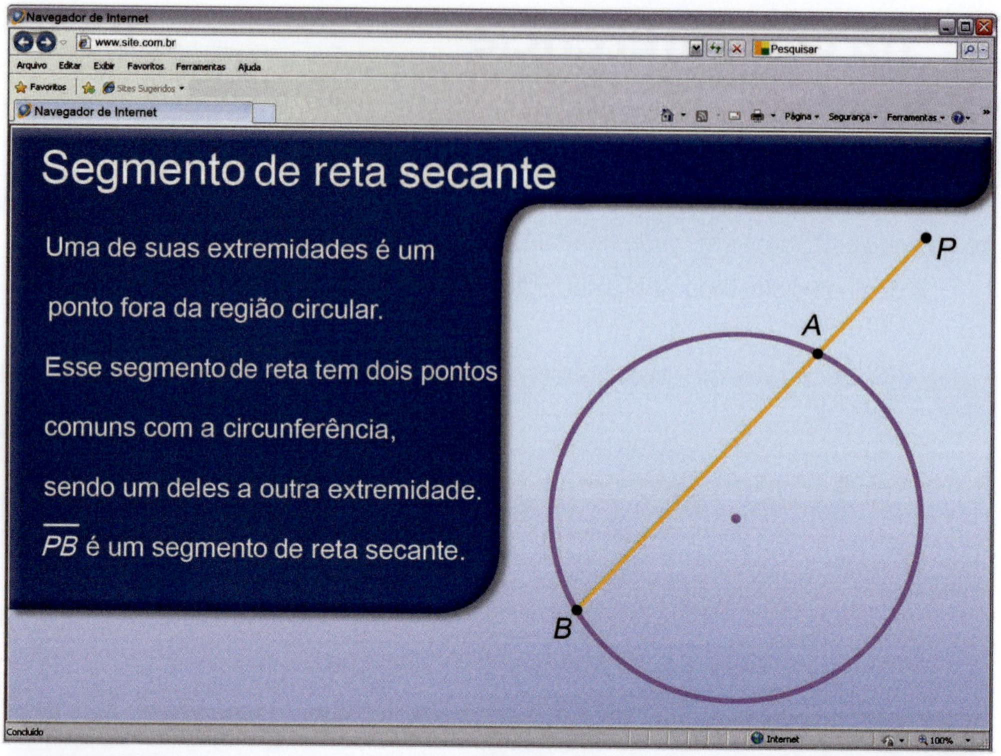

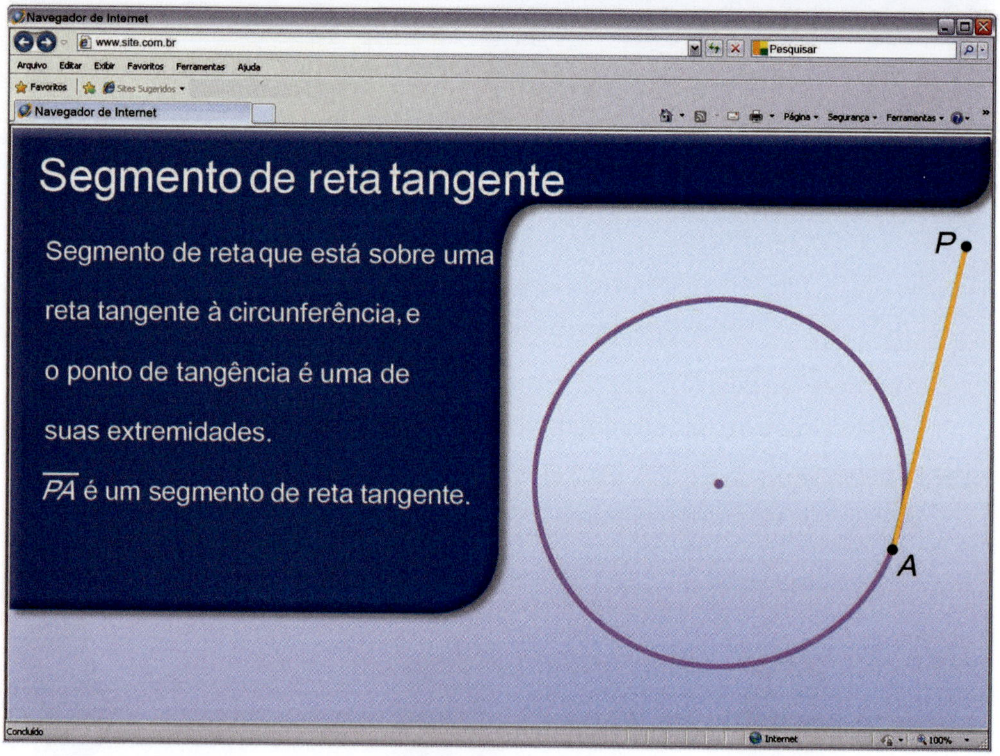

Ilustrações: Paulo Manzi/Arquivo da editora

E você, já tinha ouvido falar de segmento de reta secante e de segmento de reta tangente?

Assim como os triângulos, a circunferência também apresenta relações métricas entre seus elementos.

Vamos estudar três relações: entre duas cordas; entre dois segmentos de reta secantes; e entre um segmento de reta secante e um segmento de reta tangente.

Exercícios

46. Considere esta circunferência de centro O.

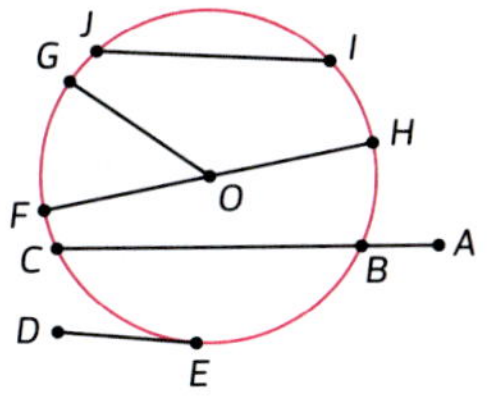

Determine, entre os segmentos de reta traçados:

a) uma corda;

b) um raio;

c) um diâmetro;

d) um segmento de reta tangente;

e) um segmento de reta secante;

f) a parte externa do segmento de reta secante.

47. Lembre-se que o ângulo formado por uma reta tangente à circunferência e pelo raio que liga o centro ao ponto de tangência é um ângulo reto, como na figura (I).

Se, na figura (II), $\overline{PQ}$ é um segmento de reta tangente de 12 cm e o raio da circunferência é de 5 cm, qual é a distância de P até O?

(I)

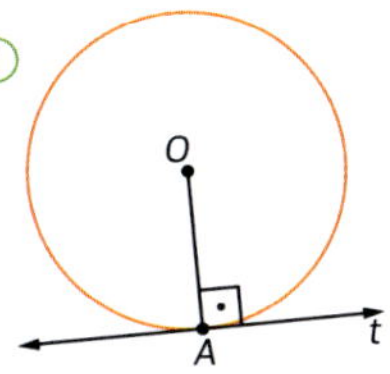

(II)

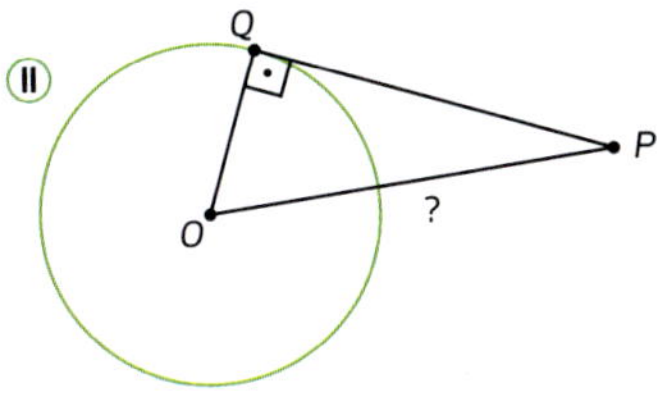

Relação entre duas cordas concorrentes em uma circunferência

Na circunferência abaixo, $\overline{AB}$ e $\overline{CD}$ são duas cordas que se cruzam no ponto P.

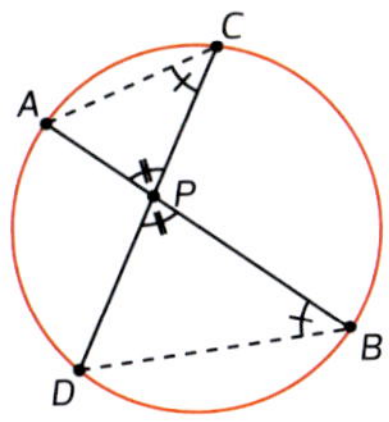

Considerando os triângulos APC e DPB, temos:

- $A\hat{C}D \cong \widehat{D\hat{B}A}$ (ângulos inscritos de mesmo arco)
- $A\hat{P}C \cong D\hat{P}B$ (ângulos opostos pelo vértice)

Da congruência dos dois ângulos, podemos concluir que $\triangle APC$ e $\triangle DPB$ são semelhantes. Eles têm, portanto, lados homólogos proporcionais, ou seja:

$$\frac{AP}{DP} = \frac{CP}{BP} = \frac{AC}{DB}$$

Da primeira igualdade, tiramos:

$$AP \cdot BP = CP \cdot DP$$

Assim, demonstramos que:

Em toda circunferência, quando duas cordas se cruzam, o produto das medidas das duas partes de uma é igual ao produto das medidas das duas partes de outra.

Relação entre dois segmentos de reta secantes a uma circunferência

Em toda circunferência, se traçamos dois segmentos de reta secantes a partir de um mesmo ponto, o produto da medida de um deles pela medida da sua parte externa é igual ao produto da medida do outro pela medida da sua parte externa.

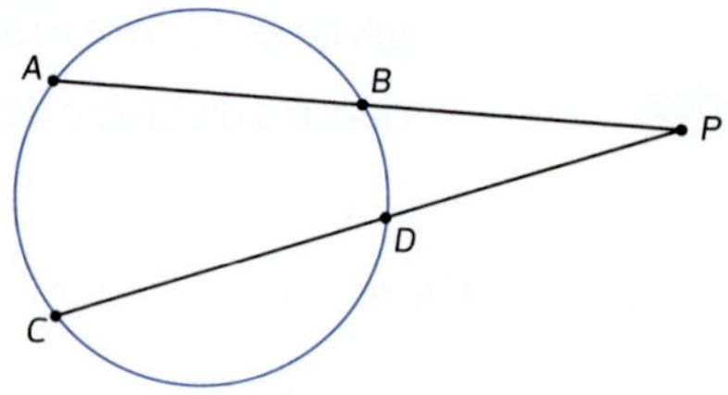

Em símbolos: $PA \cdot PB = PC \cdot PD$

Desafio

Demonstre essa relação entre dois segmentos de reta secantes a uma circunferência.

Exercícios

48. Use a relação entre duas cordas e determine o valor de x nestas figuras.

a)

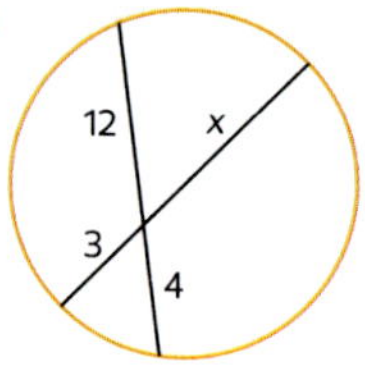

b)

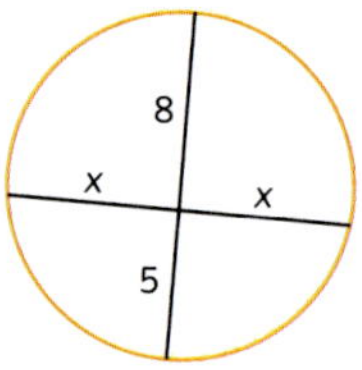

c)

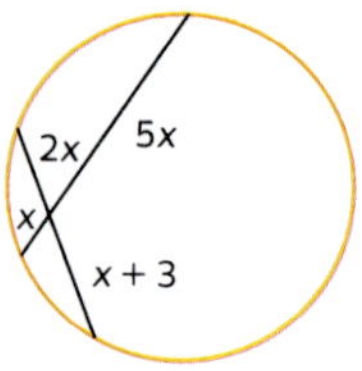

d)

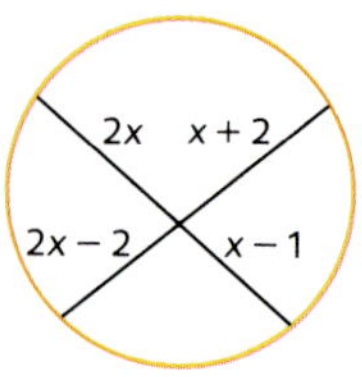

49. Use a relação entre segmentos de reta secantes para calcular o valor de x em cada figura.

a)

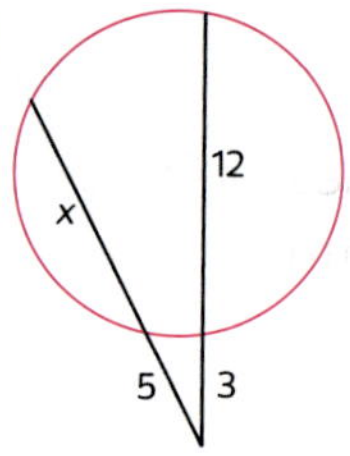

b)

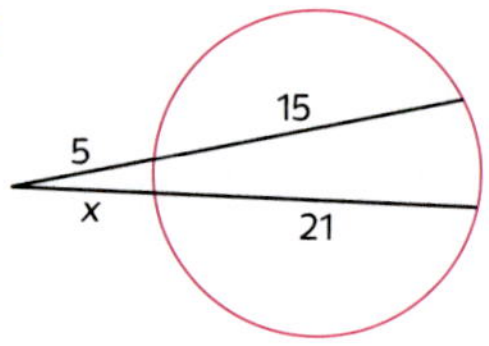

c)

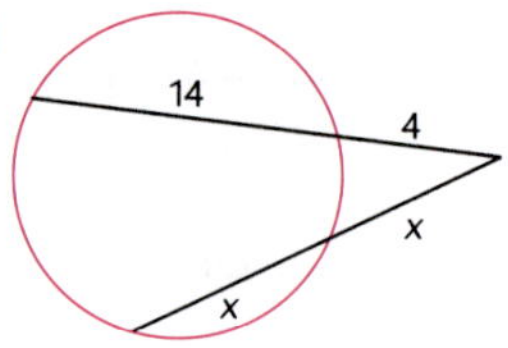

d)

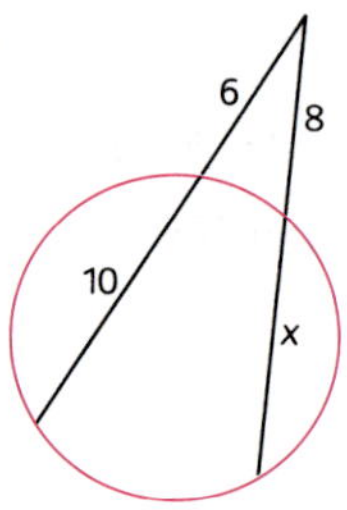

Relação entre um segmento de reta secante e um segmento de reta tangente a uma circunferência

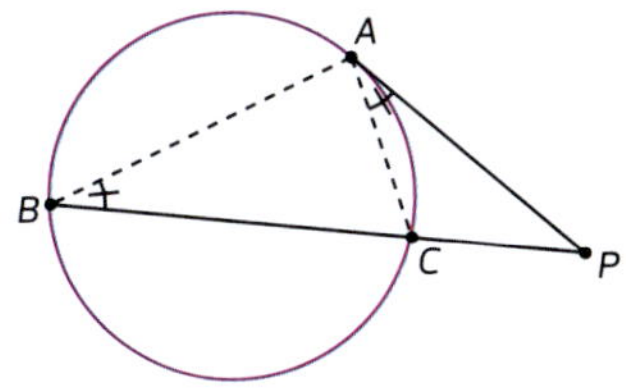

Na figura ao lado, a partir do ponto P, temos um segmento de reta tangente $\overline{PA}$ e um segmento de reta secante $\overline{PB}$.

Analisando $\triangle PAC$ e $\triangle PBA$, temos:

- $\hat{P} \cong \hat{P}$ (ângulo comum)
- $P\hat{A}C \cong P\hat{B}A$ (ângulo de segmento e ângulo inscrito de mesmo arco)

Pelo caso AA, temos $\triangle PAC \sim \triangle PBA$. Portanto, os lados homólogos têm medidas proporcionais: $\frac{PA}{PB} = \frac{PC}{PA} = \frac{AC}{BA}$

Da primeira igualdade, tiramos $PA \cdot PA = PB \cdot PC$ ou $(PA)^2 = PB \cdot PC$.

Assim, fica demonstrado que:

> Em toda circunferência, se traçamos, a partir de um mesmo ponto, um segmento de reta tangente e um segmento de reta secante, o quadrado da medida do segmento de reta tangente é igual ao produto da medida do segmento de reta secante pela medida da sua parte externa.

Exercícios

50. Determine o valor de x nestas figuras, que têm traçados um segmento de reta tangente e um segmento de reta secante a partir de um mesmo ponto.

a)

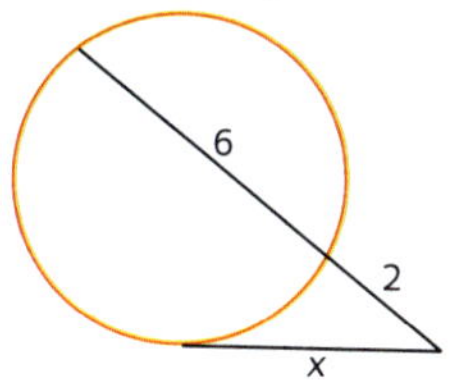

b)

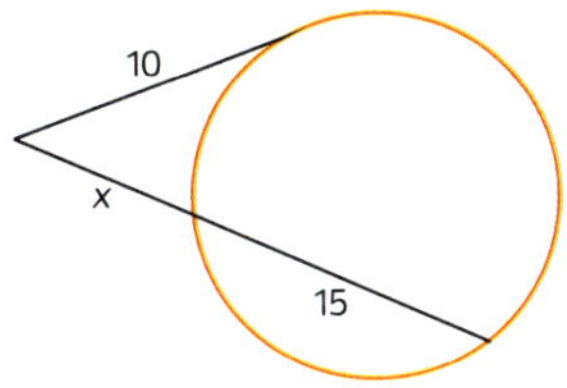

c)

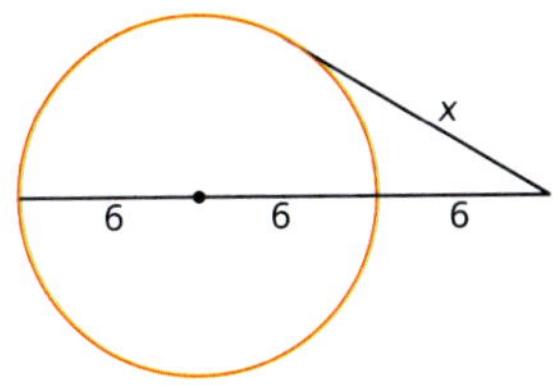

51. A partir de um ponto P, fora de uma região circular com 5 cm de raio, traça-se um segmento de reta tangente $\overline{PA}$ e um segmento de reta secante $\overline{PB}$ que passa pelo centro e tem sua parte externa à circunferência medindo 6 cm. Calcule $m(\overline{PA})$.

52. A partir de um ponto P, são traçados um segmento de reta tangente e um segmento de reta secante a uma circunferência com raio de 6 cm. Calcule a medida do segmento de reta tangente sabendo que ele mede o dobro da medida da parte externa do segmento de reta secante e este passa pelo centro da circunferência.

53. Na figura ao lado, r é o raio da circunferência, O é o centro e T é um ponto de tangência. Determine o valor de r.

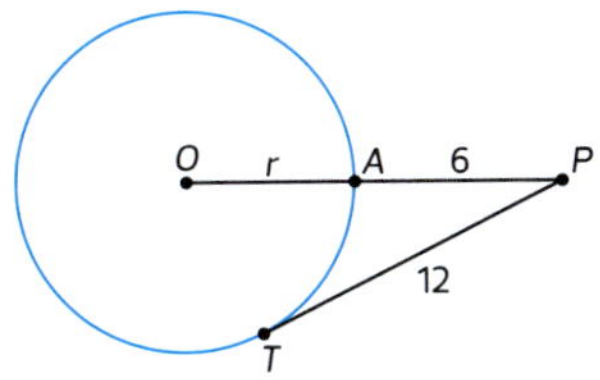

Leitura

A espiral pitagórica

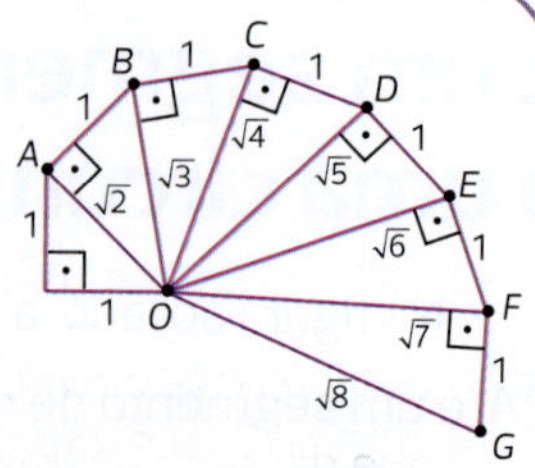

Você já ouviu falar em espiral pitagórica?

A partir dessa espiral, é possível localizar, com precisão razoável, os números irracionais $\sqrt{2}, \sqrt{3}, \sqrt{5}, \sqrt{6}, \sqrt{7}, \sqrt{8}$, etc., na reta numerada, com o auxílio de um compasso. Veja como fazer:

Primeiro, considere uma unidade de comprimento na reta numerada. A partir dessa unidade, localize $\sqrt{2}$, com abertura do compasso $OA = \sqrt{2}$:

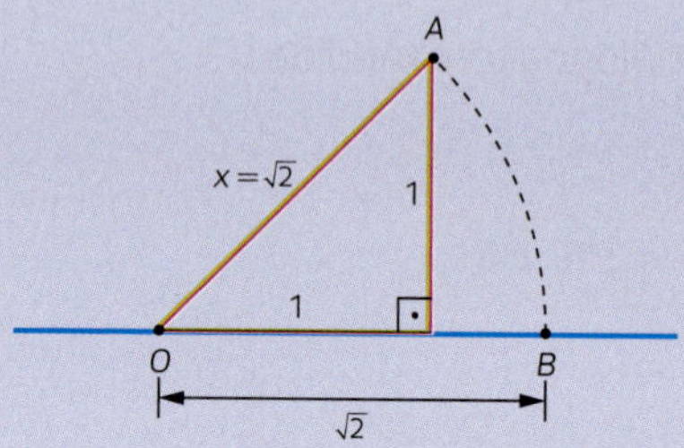

A partir da medida $\sqrt{2}$ obtida, pode-se localizar $\sqrt{3}$. Veja:

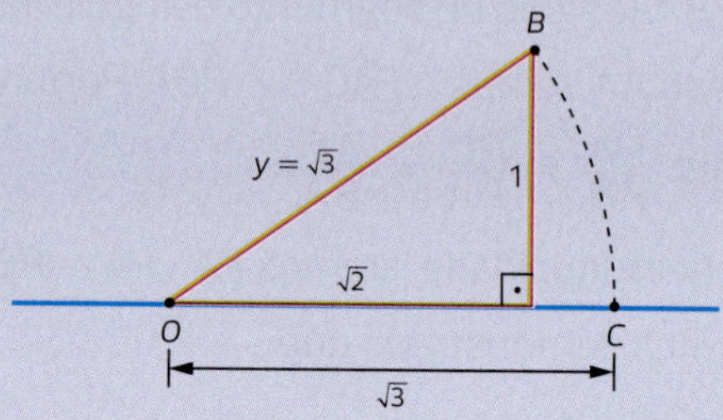

E assim por diante. Esse processo permite-nos localizar na reta numerada números irracionais na forma $\sqrt{n}$, com n natural.

Determine a medida do segmento de reta *OM* desta espiral pitagórica.

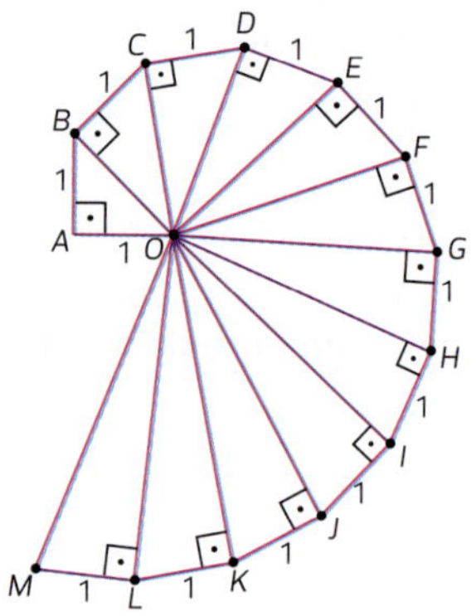

Concha em forma espiralada

Exercício

54. Projeto em equipe: teorema de Pitágoras

- Procurem descobrir mais sobre os "harpedonaptas" ou "estiradores de corda" do antigo Egito e o ângulo reto que formavam com a corda de 12 nós.
- Neste capítulo, aparecem algumas demonstrações do teorema de Pitágoras. Procurem outras demonstrações (há mais de 300!).
- Criem situações-problema do cotidiano que possam ser resolvidas por meio das relações métricas dos triângulos retângulos.
- Construam uma espiral pitagórica para localizar, na reta numerada, números irracionais da forma $\sqrt{n}$, com n natural.

Raciocínio lógico

Que critério foi adotado para escrever os dez primeiros números naturais desta forma: 5, 2, 9, 8, 4, 6, 7, 3, 1 e 0?

Tratamento da informação

Interpretação de tabelas e gráficos

55. O gráfico abaixo mostra o número de passageiros que desembarcaram nos três terminais rodoviários da cidade de São Paulo durante o mês de novembro de 2014. Observe o gráfico e determine a média de passageiros rodoviários por terminal nessa cidade no mês de novembro de 2014.

Desembarques nos terminais rodoviários paulistanos

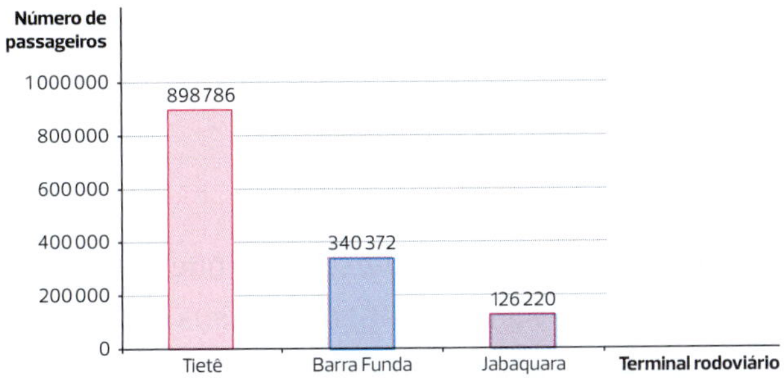

Fonte: Observatório de Turismo e Eventos da Cidade de São Paulo. SÃO PAULO TURISMO. Disponível em: <www.observatoriodoturismo.com.br/pdf/RODOVIARIAS_NOVEMBRO_2014.pdf>. Acesso em: 13 maio 2015.

56. Uma prova com cinco testes foi aplicada em duas classes (**A** e **B**). Os resultados obtidos por **A** foram registrados em uma tabela de frequência; os obtidos por **B**, em um gráfico de barras. Determine a média de cada classe.

Classe A

Número de acertos	Frequência absoluta
0	2
1	3
2	4
3	13
4	5
5	3

Dados fictícios.

Classe B

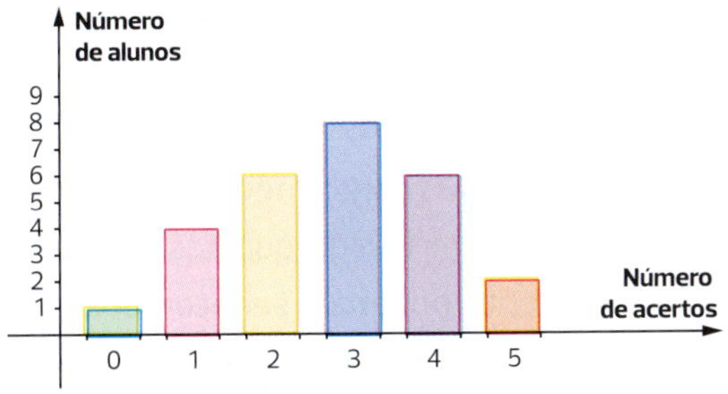

Dados fictícios.

57. Observe a tabela abaixo, que relaciona as idades (em anos) de um grupo de amigos **A**. Calcule a média das idades desse grupo.

Idades do grupo

Idade (anos)	**FA** (frequência absoluta)
12	3
13	5
14	8
15	4
16	1

Dados fictícios.

58. Uma revista de entretenimento realizou uma pesquisa nas salas de cinema de um *shopping*, em um fim de semana muito movimentado, para saber a qual tipo de filme as pessoas haviam assistido. Os resultados estão apresentados no gráfico abaixo.

Filmes assistidos no fim de semana

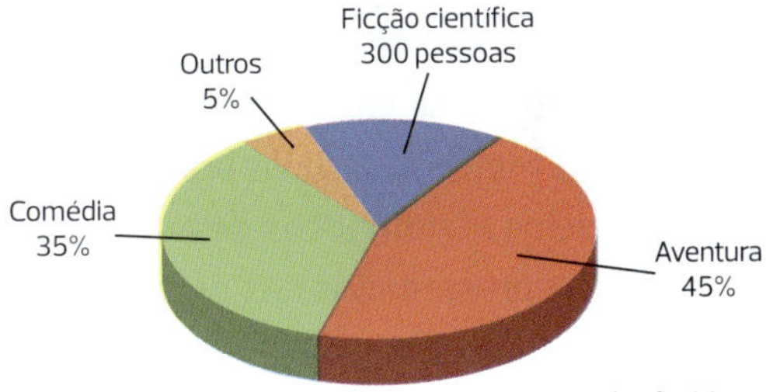

Dados fictícios

a) Qual é o percentual de pessoas que assistiram a filmes de ficção científica?

b) Determine a quantidade de pessoas que foram ao cinema nesse fim de semana.

c) Quantas pessoas assistiram a filmes de aventura?

d) Quantas pessoas assistiram a filmes de comédia?

e) Se mais 1000 pessoas tivessem assistido a filmes de aventura, qual teria sido o percentual das pessoas que assistiram a filmes de ficção científica?

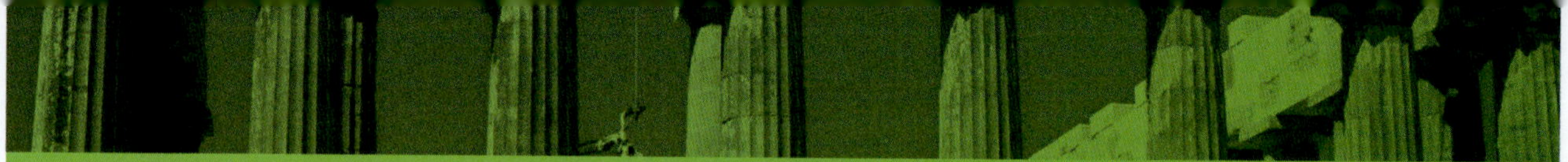

Outros contextos

59. Construindo praças

Em uma cidade, foram projetadas e serão construídas duas praças, uma de forma triangular e outra de forma circular, conforme representado abaixo.

Ilustrações: Paulo Manzi/Arquivo da editora

As partes que aparecem na cor cinza correspondem a caminhos, todos com 2 m de largura, sobre os quais será colocado um piso. Considere R$ 23,00 o preço do metro quadrado do piso e calcule quanto se vai gastar, aproximadamente, com esse material nas duas praças. Para isso, use os modelos matemáticos dessas praças vistas de cima, apresentados nas duas figuras abaixo. Considere $\pi = 3,1$.

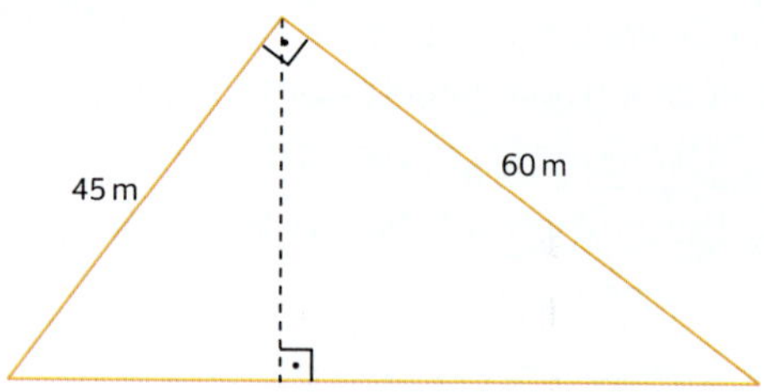

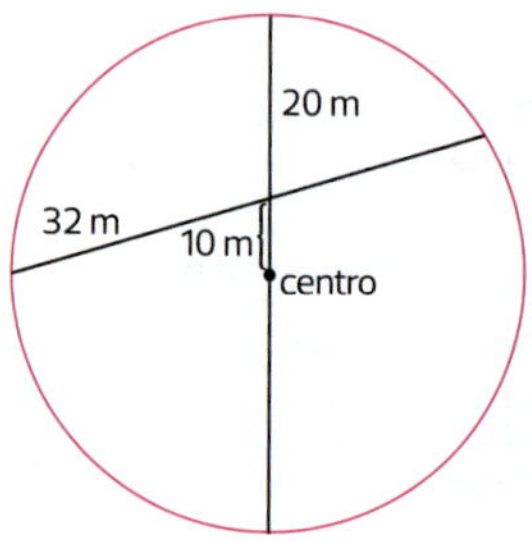

60. Calculando a altura de uma rampa

Jorge deixou um pneu com 80 cm de diâmetro rolar na rampa, como mostra a figura abaixo.

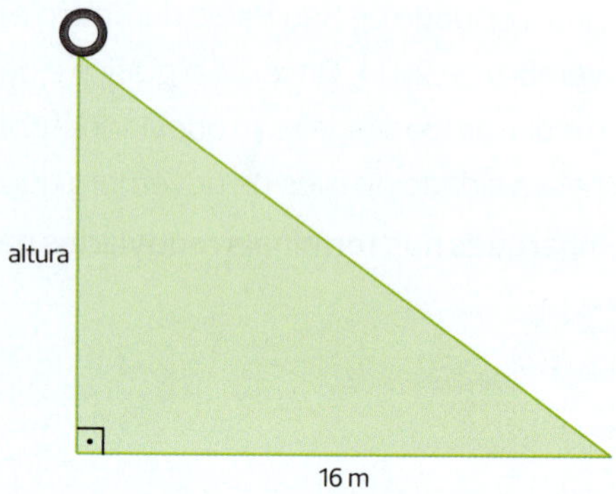

Qual é a altura da rampa, sabendo que o pneu deu exatamente 8 voltas até chegar à sua extremidade? Adote $\pi = 3,14$.

61. Arqueologia

Um arqueólogo encontrou parte de uma construção arquitetônica de um povo da Antiguidade. A figura abaixo é um esquema que representa essa parte da construção vista de cima.

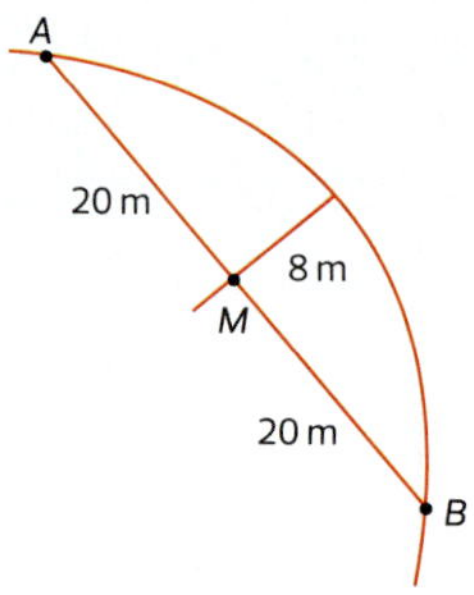

Estudos indicam tratar-se de restos de um templo que tinha a forma de um círculo. Para avaliar as dimensões desse templo, o arqueólogo utilizou instrumentos de medição e constatou que a distância entre os pontos A e B é de 40 m, e a distância do ponto M (ponto médio de $\overline{AB}$) à parede circular é de 8 m. Calcule quantas pessoas, aproximadamente, poderiam ser acomodadas no interior do templo se em um metro quadrado cabem, em média, 6 pessoas.

62. Arte

Muitos artistas elaboram belas obras de arte utilizando diferentes formas e cores. Veja um exemplo.

Coleção particular/Tarsila do Amaral Empreendimentos

A Gare **(1925), pintura de Tarsila do Amaral (1886-1973).**

As figuras a seguir são de um projeto para a construção de um painel artístico no qual aparece parte de uma parábola com um losango em seu interior. No planejamento da compra de material para construir esse painel, é preciso calcular o perímetro e a área da região limitada pelo losango. Faça isso, considerando que a parábola tem equação $y = 4 - x^2$ no sistema de eixos cartesianos e que as medidas de comprimento são dadas em metros.

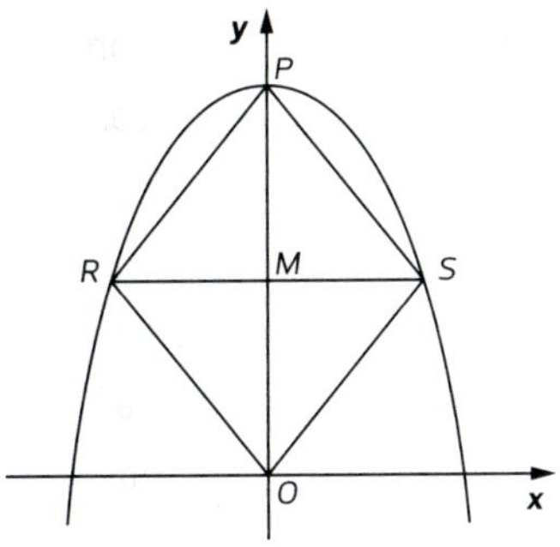

63. Aplicando as relações métricas no triângulo retângulo na aviação

Boeing/Acervo da editora

Avião birreator em pleno voo.

A aviação é uma atividade humana que utiliza amplamente conhecimentos matemáticos, abrangendo operações numéricas, Álgebra, Geometria, entre outros assuntos.

Um conhecimento extremamente importante na aviação é o teorema de Pitágoras.

Ele é utilizado, por exemplo, pelo GPS (*Global Positioning System*, ou Sistema de Posicionamento Global) para determinar a altitude do avião em relação ao solo e sua distância em relação a determinados pontos da superfície terrestre.

Na aviação, a altitude dos aviões geralmente é medida em pés. Um pé corresponde a 30,48 cm. Sabendo disso, considere a seguinte situação: um avião decolou do aeroporto sob um ângulo de 45°, perfazendo uma distância em linha reta de 15 km a partir da cabeceira da pista. A distância terrestre da cabeceira da pista até o ponto no solo imediatamente abaixo do avião é de 12 km, como mostra a figura abaixo. Qual era sua altitude nesse momento, em quilômetros? E em pés?

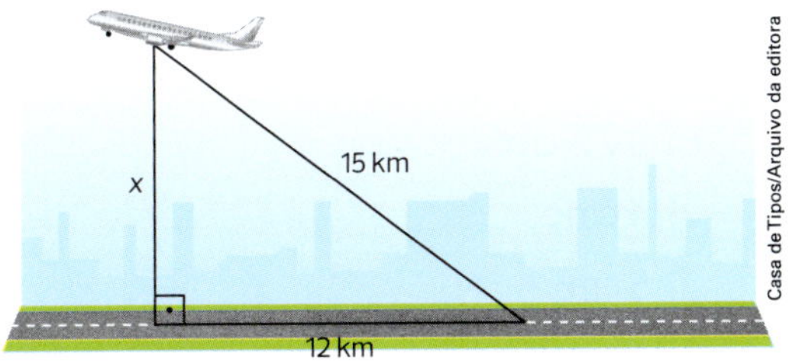

Casa de Tipos/Arquivo da editora

Praticando um pouco mais

1. Considere o triângulo retângulo ABC da figura abaixo. Se $AB = 1$ cm e $AC = 2$ cm, determine o valor da altura relativa à hipotenusa $\overline{BC}$.

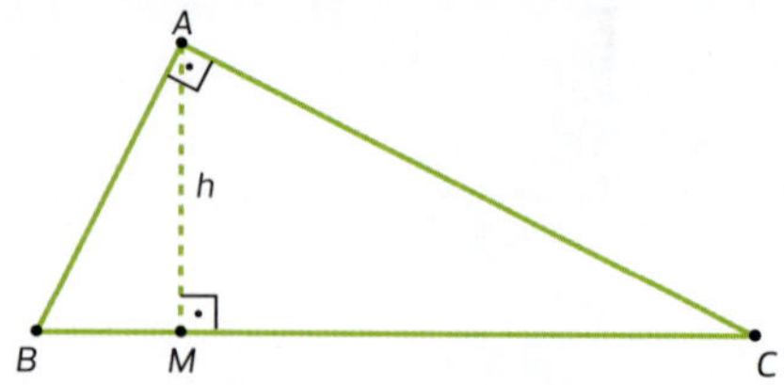

a) $\frac{2\sqrt{5}}{5}$

b) $\frac{5\sqrt{3}}{3}$

c) $\frac{5}{3}$

d) $\frac{2}{5}$

e) $\frac{3}{5}$

2. (UFT-TO) Observe esta figura.

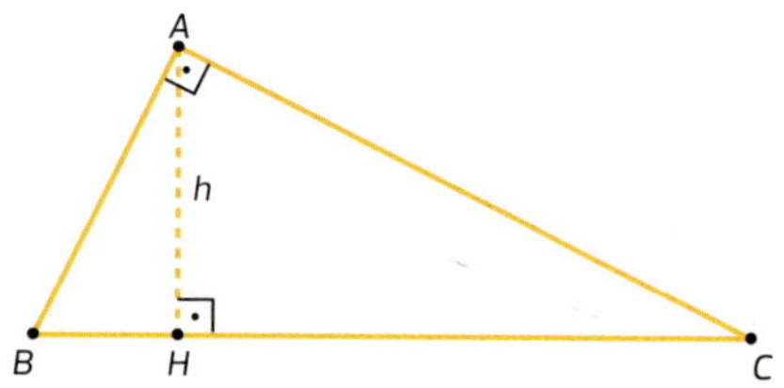

Nessa figura, o triângulo BAC é retângulo em $\hat{A}$; o segmento $\overline{AH}$ corresponde à altura relativa à hipotenusa $\overline{BC}$; $\overline{BH}$ mede 1 cm e $\overline{HC}$ mede 4 cm. Considerando-se essas informações, é correto afirmar que o cateto $\overline{AC}$ mede:

a) $2\sqrt{5}$ cm.

b) $3\sqrt{5}$ cm.

c) $4\sqrt{5}$ cm.

d) 5 cm.

3. (UFMA) Num triângulo retângulo, as projeções dos catetos sobre a hipotenusa medem 4 cm e 1 cm respectivamente. A área desse triângulo mede:

a) 2 cm^2.

b) $5\sqrt{2}$ cm^2.

c) 4 cm^2.

d) 5 cm^2.

e) 10 cm^2.

4. (UFPE) A figura a seguir ilustra uma praça circular com dois caminhos retilíneos, $\overline{AB}$ e $\overline{CD}$, que se interceptam no ponto P. O caminho $\overline{AB}$ divide-se em duas partes com medidas $AP = 45$ m e $BP = 24$ m. Se $DP = 40$ m, qual a medida do caminho $\overline{CD}$?

a) 63 m

b) 64 m

c) 65 m

d) 66 m

e) 67 m

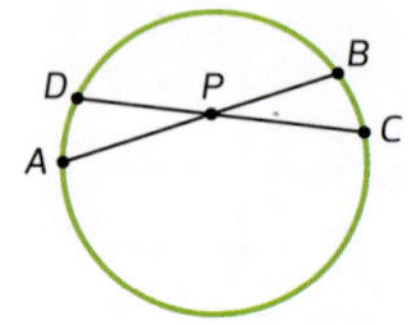

5. (FEI-SP) Na figura abaixo, $\overline{AB}$ é tangente à circunferência no ponto B e mede 8 cm. Se $\overline{AC}$ e $\overline{CD}$ têm a mesma medida x, o valor de x, em cm, é:

a) 4.

b) $4\sqrt{3}$.

c) 8.

d) $3\sqrt{2}$.

e) $4\sqrt{2}$.

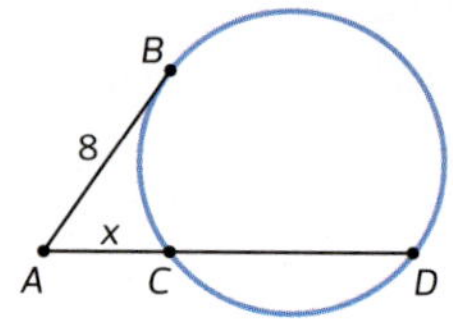

6. (Fuvest-SP) Um lateral L faz um lançamento para um atacante A, situado 32 m à sua frente em uma linha paralela à lateral do campo de futebol. A bola, entretanto, segue uma trajetória retilínea, mas não paralela à lateral e quando passa pela linha de meio do campo está a uma distância de 12 m da linha que une o lateral ao atacante. Sabendo-se que a linha de meio do campo está à mesma distância dos dois jogadores, a distância mínima que o atacante terá de percorrer para encontrar a trajetória da bola será de:

a) 18,8 m.

b) 19,2 m.

c) 19,6 m.

d) 20 m.

e) 20,4 m.

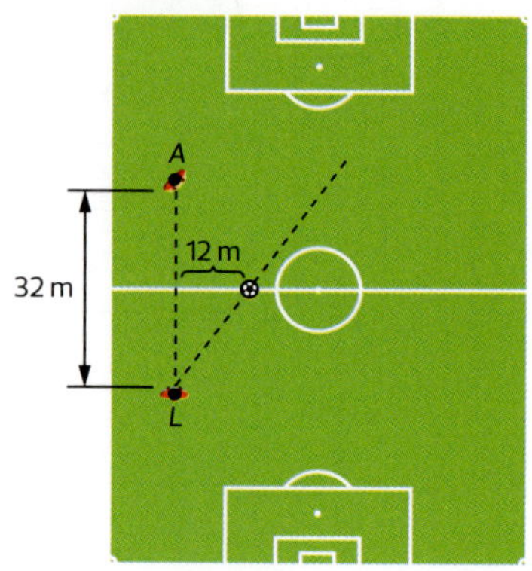

Revisão cumulativa

1. Considere o triângulo retângulo da figura abaixo.

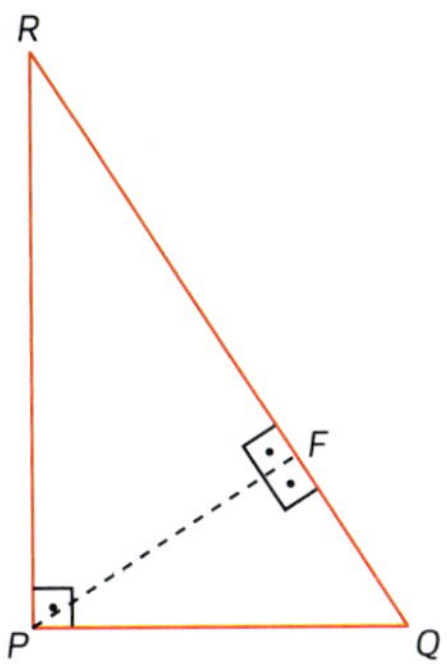

A única afirmação que **não** vale para ele é:

a) $(PF)^2 = (RF) \cdot (QF)$.

b) $(FQ)^2 + (PF)^2 = (PQ)^2$.

c) $(RF)^2 = (RQ) \cdot (PR)$.

d) $(RQ) \cdot (PF) = (RP) \cdot (PQ)$.

e) $(RF) + (FQ) = QR$.

2. O produto de dois números naturais primos:

a) nunca é primo.

b) nunca é par.

c) nunca é ímpar.

d) nunca é múltiplo de 5.

3. A equação $x^2 + (m - n)x - 2(m + n) = 0$, de incógnita x, tem -2 e 4 como raízes. Então:

a) $m = 3$ e $n = 1$.

b) $m = -3$ e $n = -1$.

c) $m = 1$ e $n = 3$.

d) $m = -1$ e $n = -3$.

4. Se x é um número real tal que $5 < x \leq 9$ e $x < 7$, então podemos afirmar que:

a) $7 < x \leq 9$.

b) $5 < x < 7$.

c) $x < 5$.

d) $x > 7$.

5. Em um triângulo retângulo, o perímetro é de 48 cm e um dos catetos mede 12 cm. A altura relativa à hipotenusa mede:

a) 8,4 cm.

b) 9,6 cm.

c) 15 cm.

d) 7,2 cm.

6. (UFRGS-RS) O lampião representado na figura está suspenso por duas cordas perpendiculares presas ao teto.

Paulo Manzi/Arquivo da editora

Sabendo-se que essas cordas medem $\frac{1}{2}$ e $\frac{6}{5}$, a distância do lampião ao teto é:

a) 1,69. b) 1,3. c) 0,6. d) $\frac{1}{2}$. e) $\frac{6}{13}$.

7. (UFMG) Nesta figura, $\overline{AB}$ contém os centros O e O' das circunferências que se tangenciam no ponto T.

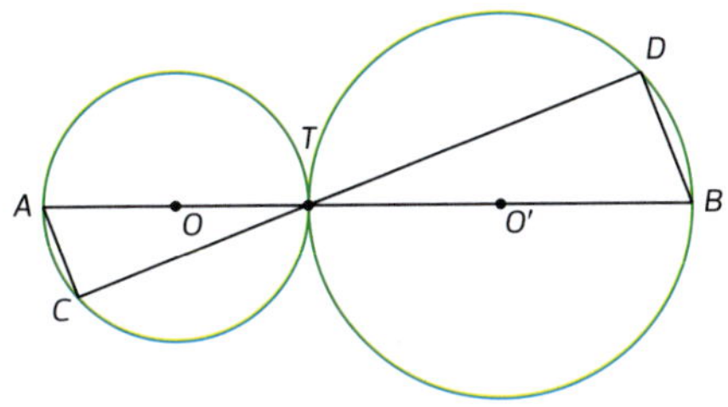

Se $AB = 44$, $O'B = 16$ e $AC = 6$, a medida TD é:

a) $8\sqrt{2}$. b) 15. c) $6\sqrt{3}$. d) 20. e) $16\sqrt{3}$.

8. Na figura abaixo, o $\triangle ABC$ é retângulo em B, e $\overline{BH}$ é a altura relativa à hipotenusa.

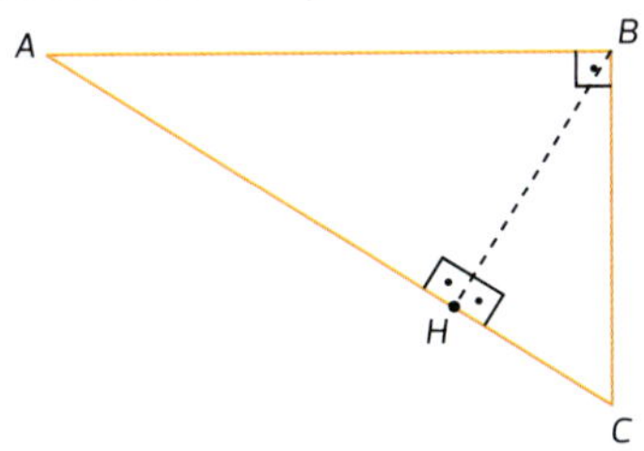

Se $AC = 8$ cm e $BH = 2\sqrt{3}$ cm, então a única afirmação **falsa** é:

a) $AH = 6$ cm.

b) $AB = 4\sqrt{3}$ cm.

c) $HC = 2$ cm.

d) $BC = 3$ cm.

9. Se $x - y = 6$ e $xy = -9$, então $x + y$ é igual a:

a) 0. b) -1. c) 1. d) 2.

Capítulo 7

Introdução à Trigonometria

1 Introdução

A palavra **Trigonometria** é formada por três radicais gregos:

tri: três	*gonos*: ângulos	*metron*: medir

Daí seu significado: **medida dos triângulos**.

Inicialmente, a Trigonometria era considerada a parte da Matemática que tinha como objetivo o cálculo das medidas dos elementos de um triângulo (lados e ângulos).

Como a Trigonometria estabelece relações entre as medidas dos ângulos e dos segmentos de reta, foi originalmente considerada uma extensão da Geometria.

O estudo da Trigonometria originou-se há muito tempo, com a finalidade de resolver problemas práticos relacionados à navegação e à Astronomia, principalmente entre os gregos e os egípcios.

Até hoje os conceitos trigonométricos são muito utilizados, em especial por astrônomos e agrimensores, para medir distâncias muito grandes ou nas situações em que há dificuldade de fazer medições, como determinar a largura de um rio, a altura de uma montanha, etc.

Hiparco de Niceia (190 a.C.-125 a.C.)

Album/AKG-Images/Latinstock

Sabe-se que foi o astrônomo grego Hiparco de Niceia, considerado o pai da Astronomia, quem empregou pela primeira vez relações entre lados e ângulos de um triângulo retângulo, por volta de 140 a.C. Por isso ele é considerado o precursor da Trigonometria.

Atualmente, a Trigonometria não estuda somente triângulos. Ela está presente em muitos outros campos da Matemática, bem como em outras ciências, como você verá no Ensino Médio.

Neste capítulo, você vai estudar a Trigonometria nos triângulos retângulos e suas aplicações.

② Índice de subida

Você já percebeu como é difícil subir ladeiras muito inclinadas? Observe pessoas subindo ladeiras com inclinações diferentes.

Philip and Karen Smith/Iconica/Getty Images

Casal subindo ladeira.

David J. Spurdens/Getty Images

Pessoa subindo montanha.

Agora, considere as figuras a seguir. Em cada subida, um ponto P é obtido a partir de um percurso, que determina uma altura e um afastamento.

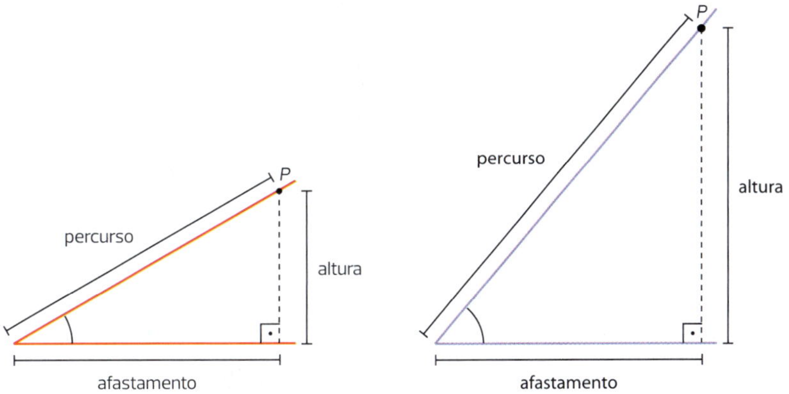

Examine a rampa desenhada ao lado.

Para cada um dos pontos, A, B, C e D, calcule a razão $\frac{\text{altura}}{\text{afastamento}}$ correspondente.

Agora, responda: o que você observou em relação às razões que calculou?

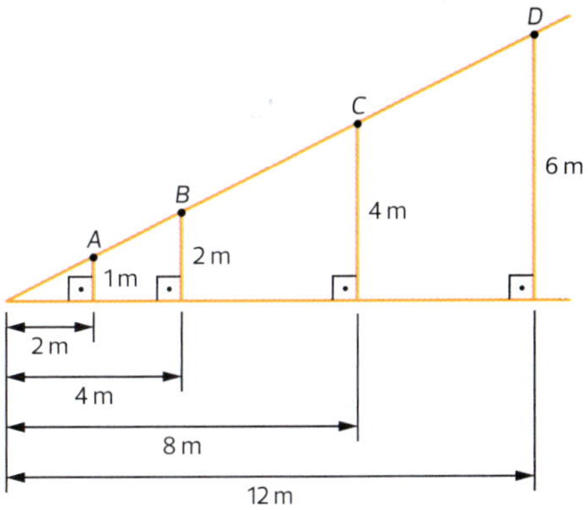

A razão entre as medidas da altura e do respectivo afastamento em uma subida chama-se **índice de subida**.

$$\text{índice de subida} = \frac{\text{altura}}{\text{afastamento}}$$

Exercícios

1. Examine a rampa desenhada abaixo. Calcule a razão $\dfrac{\text{altura}}{\text{afastamento}}$ nos pontos indicados (*A*, *B* e *C*) e encontre o índice de subida desta rampa.

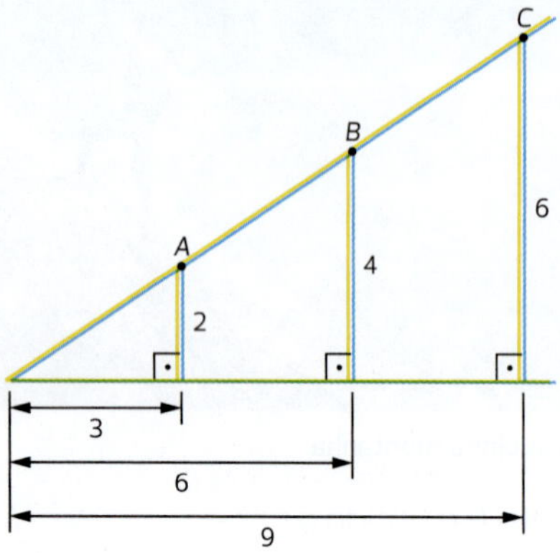

2.

a) Uma rampa com altura de 6 cm e índice de subida $\frac{3}{4}$.

b) Uma rampa com afastamento de 6 cm e índice de subida $\frac{3}{4}$.

3. Calcule o valor de *x* em cada uma das rampas abaixo.

a)

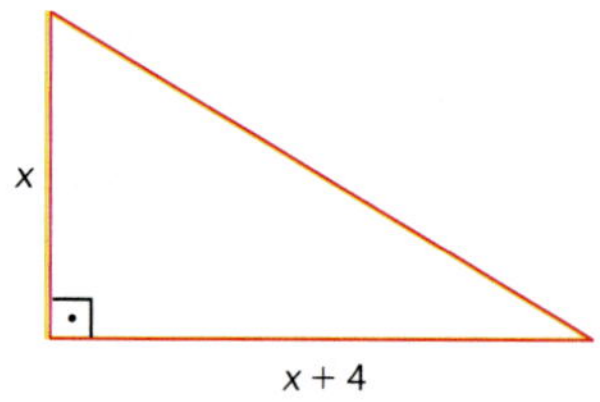

Índice de subida: $\frac{3}{5}$

b)

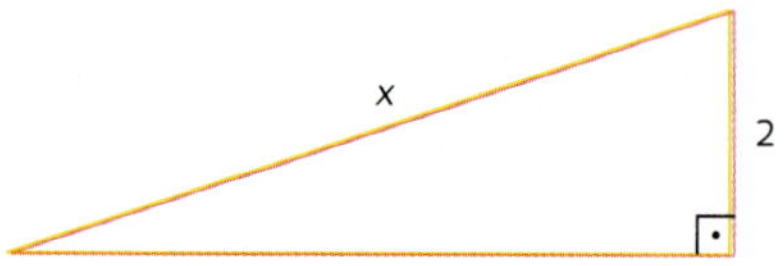

Índice de subida: $\frac{1}{3}$

4. Que subida é mais íngreme: uma com índice de subida 1 ou uma com índice $\frac{1}{3}$? Justifique sua resposta.

5. Em uma subida de índice igual a $\frac{1}{3}$, se nos afastarmos 45 m, a quantos metros nos elevaremos do chão?

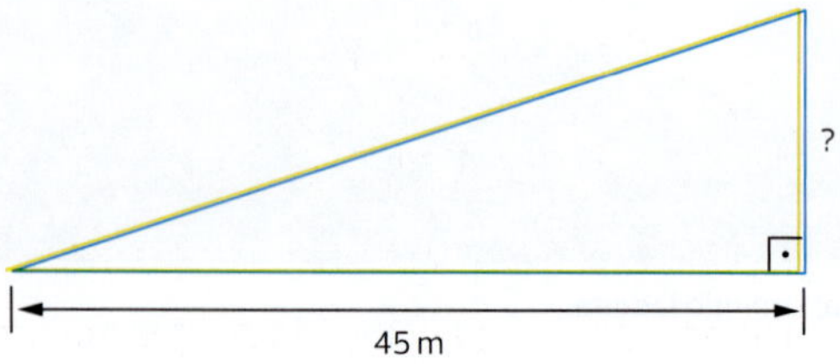

6. Para determinada rampa, temos os dados da tabela abaixo. Complete-a e calcule o índice de subida.

Dados de uma rampa

Ponto	Afastamento	Altura
A	4 m	8 m
B		4 m
C	1 m	
D		6 m
E	5 m	
F	10 m	

Dados fictícios.

7. Em uma rampa de índice de subida igual a $\frac{1}{2}$, se nos elevarmos a uma altura de 5 m, qual será o afastamento correspondente?

Bate-papo

Converse com um colega sobre esta frase: a proporcionalidade nas medidas do afastamento e da altura é decorrente da semelhança dos triângulos retângulos.

3 As razões trigonométricas

A ideia de tangente

Observe estas duas representações de ladeiras.

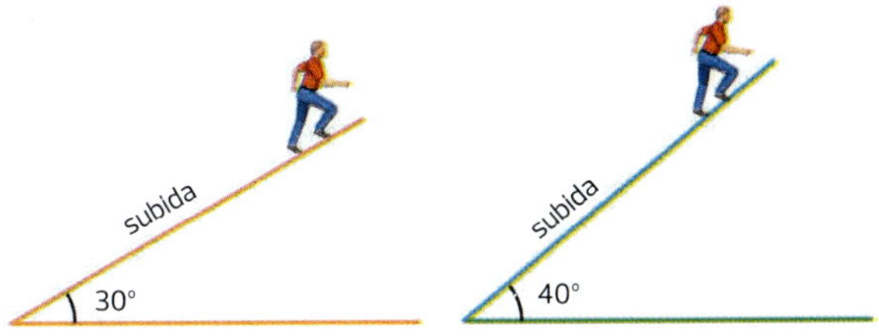

Ilustrações: Paulo Manzi/ Arquivo da editora

Dizemos que a segunda ladeira é mais íngreme do que a primeira, ou que tem um aclive mais acentuado, pois seu ângulo de subida é maior: 40° > 30°.

Usaremos a palavra **tangente** para associar a medida do ângulo de subida com o índice na mesma subida. A tangente do ângulo de subida é igual ao índice de subida a ele associado.

Representamos a tangente de um ângulo de subida por tg α.

$$\text{tg}\,\alpha = \frac{\text{altura}}{\text{afastamento}} = \text{índice de subida}$$

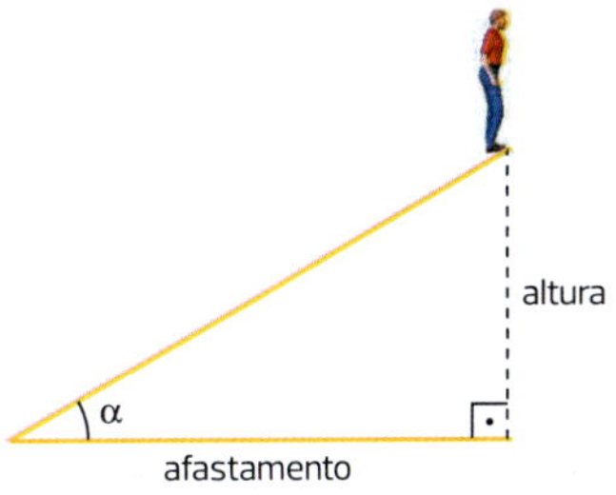

Sem conhecer os ângulos de subida, como saber qual, entre duas subidas, é mais íngreme?

Vamos construir os modelos matemáticos de duas subidas, como mostram as figuras do exemplo abaixo.

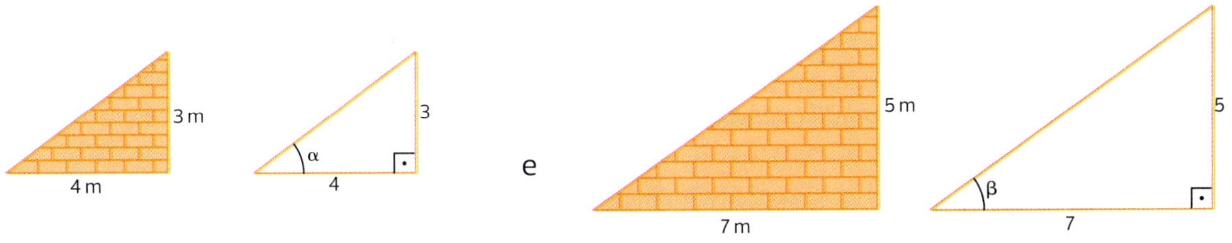

Índice de subida do primeiro triângulo ou tg $\alpha = \frac{3}{4}$.

Índice de subida do segundo triângulo ou tg $\beta = \frac{5}{7}$.

Mesmo sem conhecer os ângulos, podemos concluir que a primeira subida é a mais íngreme, pois:

$$\frac{3}{4} > \frac{5}{7} \left(\frac{21}{28} > \frac{20}{28}\right)$$

Exercícios e problemas

8. A diagonal de um quadrado é também a bissetriz do ângulo interno.

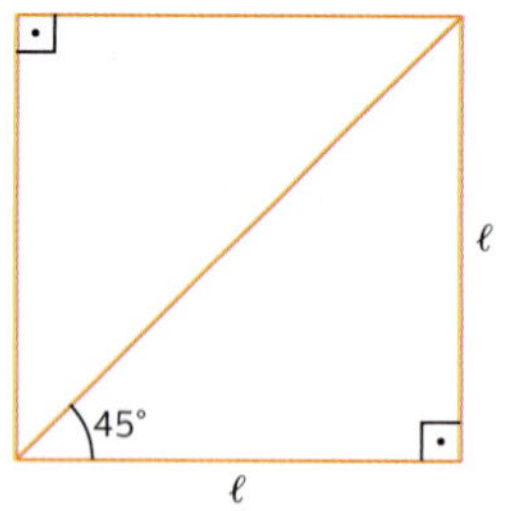

Sabendo disso, responda à pergunta da professora.

9. Considere, no triângulo retângulo abaixo, $a = 5$ cm e $b = 4$ cm. Calcule a tangente do ângulo de medida α.

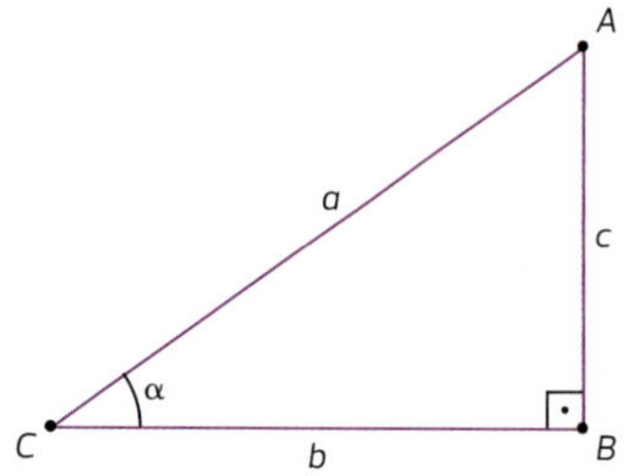

Agora, responda: α é maior do que, menor do que ou igual a 45°?

10. Observe as medidas do triângulo *ABC* e responda:

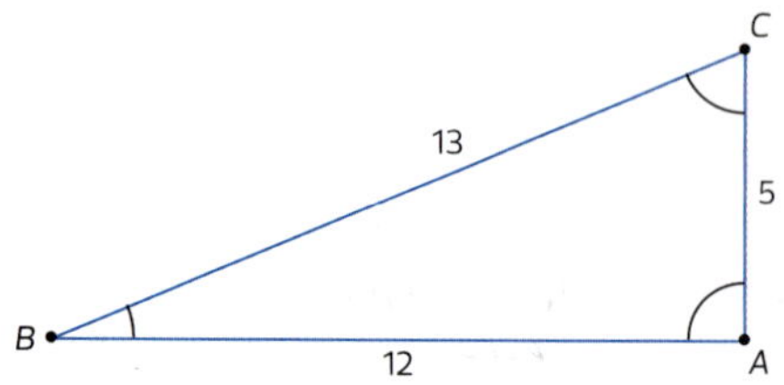

a) O triângulo *ABC* é retângulo? Por quê? Se a resposta for afirmativa, identifique o ângulo reto.

b) Qual é o valor de tg $\hat{B}$?

11. Dada uma reta em um sistema de eixos, a tangente do ângulo que a reta faz com o eixo *x*, partindo do eixo *x*, no sentido anti-horário, nos fornece a **inclinação da reta**. Observe a figura e responda: qual a medida α do ângulo de inclinação da reta?

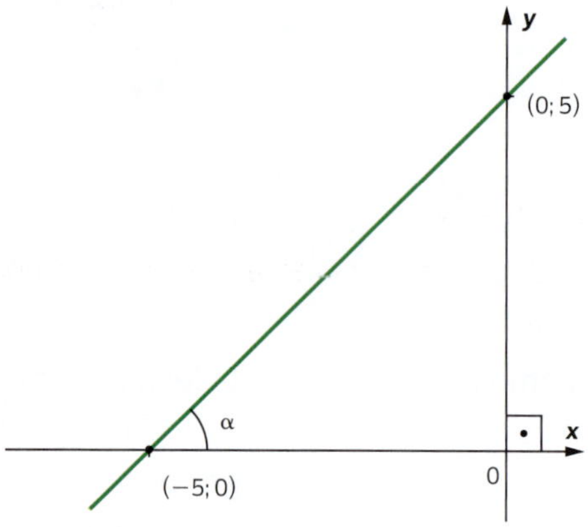

12. Em um momento em que o Sol estava a 45° em relação ao ponto *A*, representado na figura abaixo, mediu-se a sombra $(\overline{AB})$ de um prédio. Qual é a altura desse prédio sabendo que sua sombra mediu 28 m?

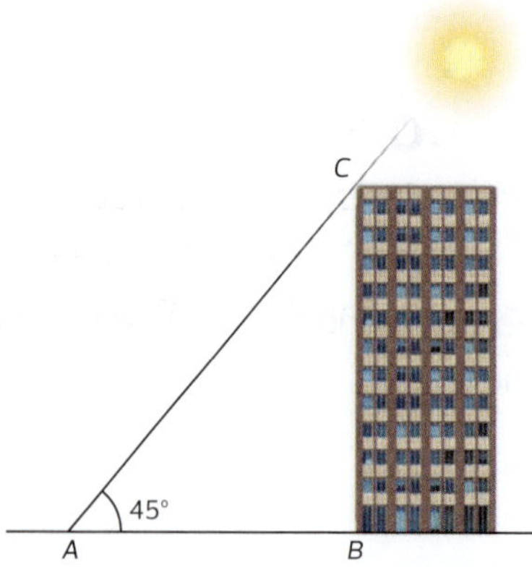

Paulo Manzi/Arquivo da editora

As ideias de seno e de cosseno

Vimos que, para cada subida com ângulo de inclinação de medida α, ficam determinados o percurso, a altura e o afastamento.

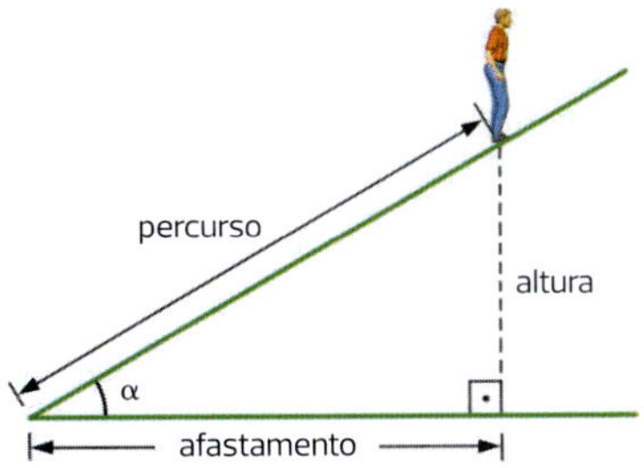

Paulo Manzi/Arquivo da editora

Estudamos também que existe um valor constante obtido pela razão entre as medidas da altura e do afastamento, que é conhecido por **índice de subida** ou por **tangente** de α.

$$\text{tg}\,\alpha = \frac{\text{altura}}{\text{afastamento}}$$

Além desse valor, podemos determinar o **seno** de α (sen α) e o **cosseno** de α (cos α). Assim como a tg α, também o sen α e o cos α indicam quanto a subida é íngreme.

$$\text{sen}\,\alpha = \frac{\text{altura}}{\text{percurso}} \qquad \cos\alpha = \frac{\text{afastamento}}{\text{percurso}}$$

Exercício

13. Atividade em equipe

Discuta com seus colegas sobre estas subidas com percursos iguais e com diferentes ângulos de inclinação. Depois, respondam às questões a seguir.

a) Em qual das subidas se alcança maior altura?

b) Qual é maior: sen α ou sen β?

c) Qual das subidas tem maior afastamento?

d) Qual é maior: cos α ou cos β?

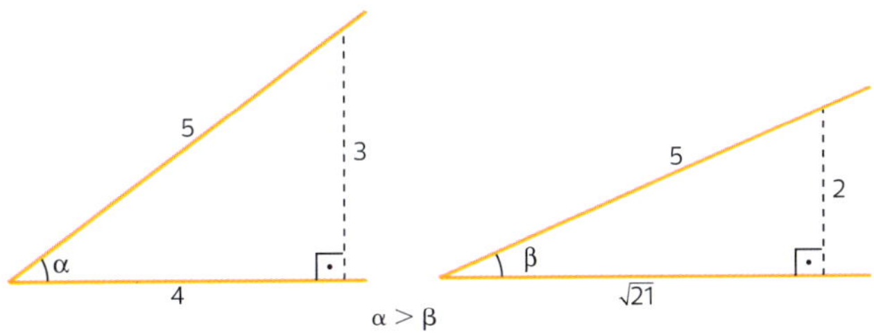

Desafio

Calcule tg 60°, sen 60° e cos 60°.

Uma dica: você pode usar um triângulo equilátero e considerar parte dele como uma "rampa" com ângulo de 60°, percurso ℓ, afastamento $\frac{\ell}{2}$ e altura $h = \frac{\ell\sqrt{3}}{2}$.

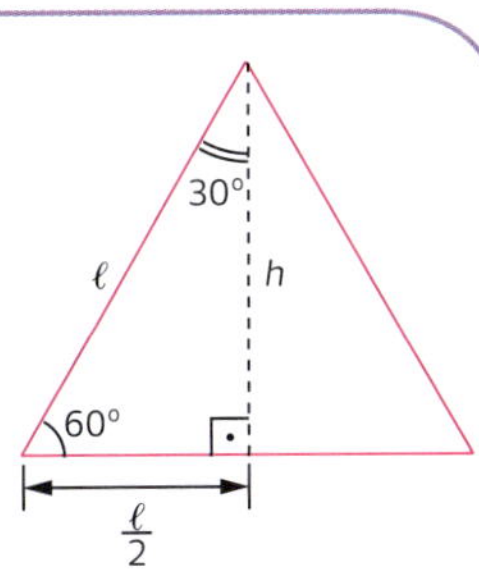

Definição de seno, cosseno e tangente para ângulos agudos, usando semelhança de triângulos

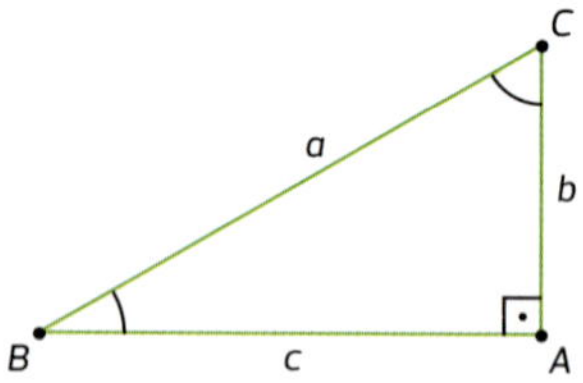

Sabemos que, se ABC é um triângulo retângulo em A, temos:

- a é a medida da hipotenusa (lado oposto ao ângulo reto);
- b e c são as medidas dos catetos (lados que formam o ângulo reto);
- $\hat{B}$ e $\hat{C}$ são ângulos agudos;
- $\overline{AC}$ é o cateto oposto ao ângulo $\hat{B}$;
- $\overline{AB}$ é o cateto adjacente ao ângulo $\hat{B}$.

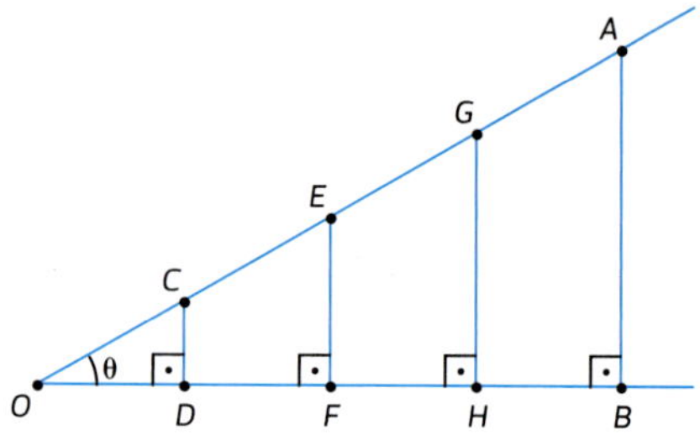

Consideremos agora um ângulo $A\hat{O}B$ de medida θ, com $0° < \theta < 90°$, e, a partir dos pontos C, E, G, etc. da semirreta OA, tracemos as perpendiculares $\overline{CD}$, $\overline{EF}$, $\overline{GH}$, etc. à semirreta OB.

Os triângulos OCD, OEF, OGH, etc. são semelhantes por terem os mesmos ângulos internos. Podemos, portanto, escrever:

$$\frac{CD}{OC} = \frac{EF}{OE} = \frac{GH}{OG} = \text{... (constante)}$$

Essa relação depende apenas de θ (e não do tamanho do triângulo retângulo do qual θ é a medida de um dos ângulos agudos) e é chamada **seno do ângulo θ**. Assim, escrevemos:

$$\text{sen}\,\theta = \frac{CD}{OC} = \frac{\text{medida do cateto oposto ao ângulo }\theta}{\text{medida da hipotenusa}} \quad (0° < \theta < 90°)$$

De modo análogo, da semelhança dos triângulos, obtemos as relações:

- $\frac{OD}{OC} = \frac{OF}{OE} = \frac{OH}{OG} = \text{... (constante)}$
- $\frac{CD}{OD} = \frac{EF}{OF} = \frac{GH}{OH} = \text{... (constante)}$

que também dependem apenas do ângulo θ e definimos como **cosseno de θ** e **tangente de θ**, respectivamente:

$$\cos\theta = \frac{OD}{OC} = \frac{\text{medida do cateto adjacente ao ângulo }\theta}{\text{medida da hipotenusa}} \quad (0° < \theta < 90°)$$

e

$$\text{tg}\,\theta = \frac{CD}{OD} = \frac{\text{medida do cateto oposto ao ângulo }\theta}{\text{medida do cateto adjacente ao ângulo }\theta} \quad (0° < \theta < 90°)$$

As razões $\text{sen}\,\theta = \frac{CD}{OC}$, $\cos\theta = \frac{OD}{OC}$ e $\text{tg}\,\theta = \frac{CD}{OD}$ são chamadas de **razões trigonométricas** em relação ao ângulo agudo de medida θ.

Observações:

1ª) Compare essas definições com as relações dadas na página anterior envolvendo afastamento, percurso e altura em uma subida.

2ª) Como vimos, a semelhança de triângulos é que fundamenta as razões trigonométricas.

Exercícios

14. **Atividade em dupla**

Justifiquem as afirmações a seguir.

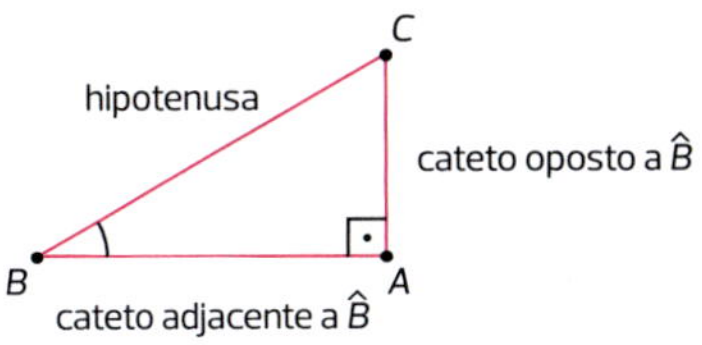

Se $\hat{B}$ é um dos ângulos agudos de um triângulo retângulo, então:

- sen $\hat{B}$ é um número entre 0 e 1;
- cos $\hat{B}$ é um número entre 0 e 1;
- tg $\hat{B}$ é um número maior do que 0 e pode ser menor do que, igual a ou maior do que 1.

15. Examine o triângulo retângulo da figura abaixo e calcule o valor destas razões:

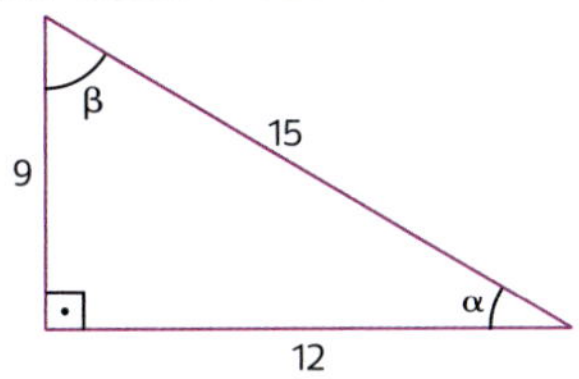

a) sen α
b) cos α
c) tg α
d) sen β
e) cos β
f) tg β

16. Os resultados do exercício anterior estão coerentes com as afirmações do exercício 14?

17. Calcule o valor de x em cada item a partir dos valores dados.

a)

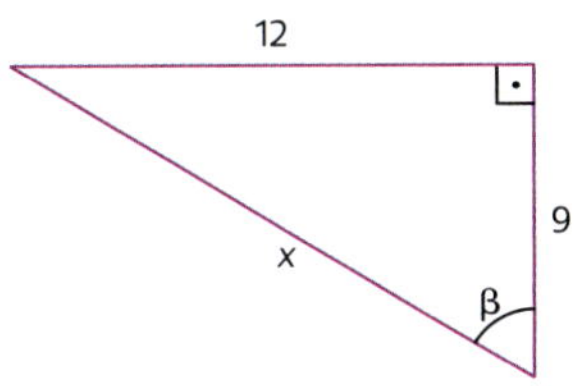

$\cos \beta = 0{,}6$

b)

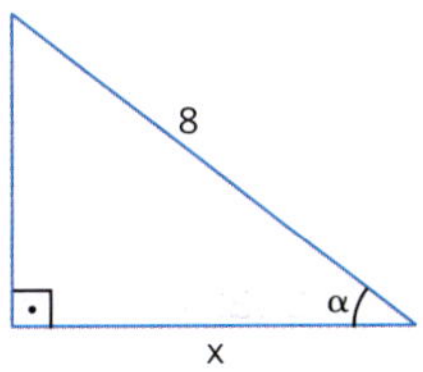

$\text{sen}\,\alpha = \frac{3}{5}$

$\cos \alpha = \frac{4}{5}$

$\text{tg}\,\alpha = \frac{3}{4}$

c)

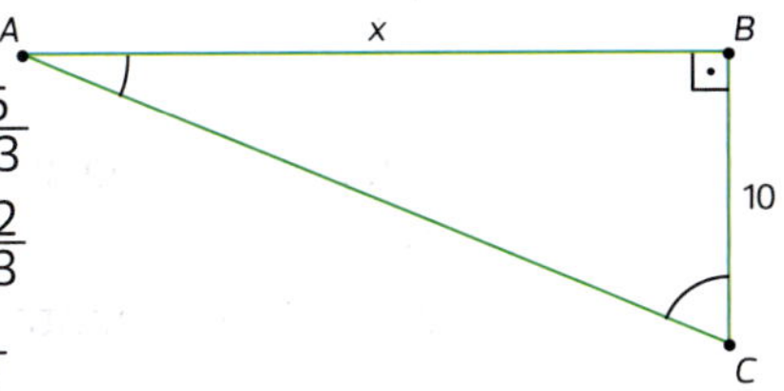

$\text{sen}\,\hat{A} = \frac{5}{13}$

$\cos \hat{A} = \frac{12}{13}$

$\text{tg}\,\hat{A} = \frac{5}{12}$

d)

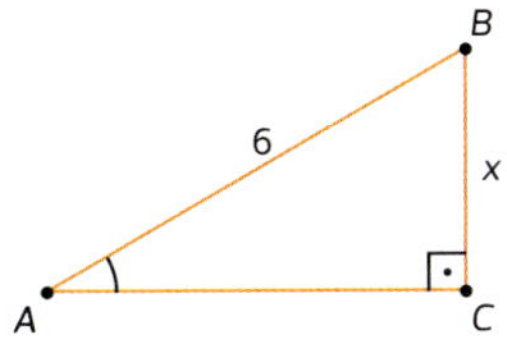

$\cos \hat{A} = \frac{\sqrt{3}}{2}$

18. Em um triângulo EFG, retângulo em E, temos $\text{sen}\,\hat{F} = \frac{5}{6}$; $\cos \hat{F} = \frac{\sqrt{11}}{6}$ e $\text{tg}\,\hat{F} = \frac{5\sqrt{11}}{11}$.

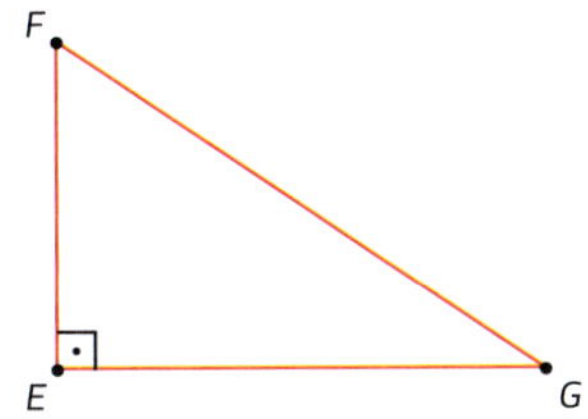

a) Se a hipotenusa do $\triangle EFG$ mede 30 cm, quanto medem os catetos?

b) Calcule sen $\hat{G}$, cos $\hat{G}$ e tg $\hat{G}$.

c) Calcule o valor das expressões:

- $(\text{sen}\,\hat{F})^2 + (\cos \hat{F})^2$
- $\dfrac{\text{sen}\,\hat{F}}{\cos \hat{F}}$
- $\dfrac{\text{sen}\,\hat{G}}{\cos \hat{G}}$
- $\text{sen}^2\,\hat{G} + \cos^2 \hat{G}$

d) Compare sen $\hat{F}$ com cos $\hat{G}$ e cos $\hat{F}$ com sen $\hat{G}$.

e) Como são os valores de tg $\hat{F}$ e tg $\hat{G}$?

f) Compare os valores encontrados para $\dfrac{\text{sen}\,\hat{F}}{\cos \hat{F}}$ e tg $\hat{F}$. Faça o mesmo para o ângulo $\hat{G}$.

Observação: Os fatos verificados com os ângulos agudos do $\triangle EFG$ neste exercício acontecem sempre com os dois ângulos agudos de um triângulo retângulo. As demonstrações virão a seguir.

4 Relações entre seno, cosseno e tangente

As razões trigonométricas seno, cosseno e tangente se relacionam de várias formas, como estudaremos a seguir, considerando ângulos agudos.

1ª) **Relação trigonométrica fundamental**

$$\text{sen}^2\,\alpha + \cos^2\alpha = 1$$

Demonstração:

Consideremos um ângulo de medida α, de vértice C em um triângulo CAB, retângulo em A, como mostra a figura.

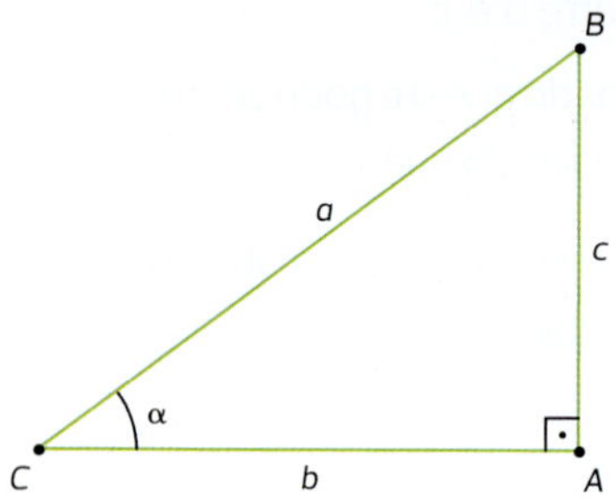

Lembrando o teorema de Pitágoras, $a^2 = b^2 + c^2$, podemos usá-lo em:

$$\text{sen}^2\,\alpha + \cos^2\alpha = \left(\frac{c}{a}\right)^2 + \left(\frac{b}{a}\right)^2 = \frac{c^2 + b^2}{a^2} = \frac{a^2}{a^2} = 1$$

Portanto, $\text{sen}^2\,\alpha + \cos^2\alpha = 1\,(0° < \alpha < 90°)$.

2ª) $$\text{tg}\,\alpha = \frac{\text{sen}\,\alpha}{\cos\alpha}\quad (0° < \alpha < 90°)$$

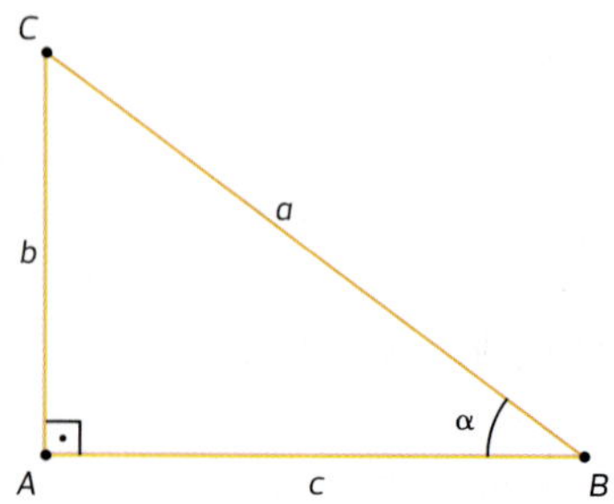

Demonstração:

$$\frac{\text{sen}\,\alpha}{\cos\alpha} = \frac{\frac{b}{a}}{\frac{c}{a}} = \frac{b}{a} : \frac{c}{a} = \frac{b}{\cancel{a}} \cdot \frac{\cancel{a}}{c} = \frac{b}{c} = \text{tg}\,\alpha$$

ou

$$\text{tg}\,\alpha = \frac{b}{c} = \frac{\frac{b}{a}}{\frac{c}{a}} = \frac{\text{sen}\,\alpha}{\cos\alpha}$$ (dividimos os termos da razão $\frac{b}{c}$ por $a \neq 0$)

Portanto, $\text{tg}\,\alpha = \dfrac{\text{sen}\,\alpha}{\cos\alpha}\ (0° < \alpha < 90°)$.

3ª) Se dois ângulos agudos de medidas α e β são complementares ($\alpha + \beta = 90°$), então sen α = cos β e cos α = sen β (o seno de um ângulo agudo é igual ao cosseno de seu complemento). Além disso, $\text{tg}\ \alpha = \frac{1}{\text{tg}\ \beta}$.

Demonstração:

α e β são medidas de ângulos complementares, isto é, $\alpha + \beta = 90°$.

Aplicando as definições de seno, cosseno e tangente no triângulo ao lado, temos:

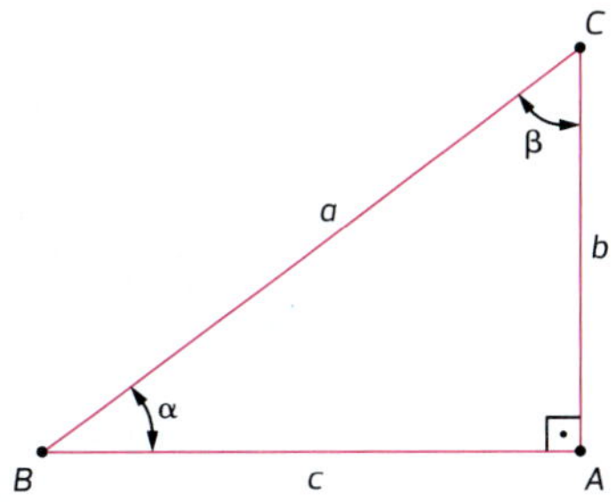

$\text{sen}\ \alpha = \frac{b}{a} = \cos \beta$; portanto, $\text{sen}\ \alpha = \cos \beta$

$\cos \alpha = \frac{c}{a} = \text{sen}\ \beta$; portanto, $\cos \alpha = \text{sen}\ \beta$

$\text{tg}\ \alpha = \frac{b}{c} = \frac{1}{\frac{c}{b}} = \frac{1}{\text{tg}\ \beta}$; portanto, $\text{tg}\ \alpha = \frac{1}{\text{tg}\ \beta}$

Observação: Com essas três propriedades, sempre que conhecemos o seno, o cosseno ou a tangente de um ângulo agudo, podemos saber o seno, o cosseno e a tangente desse ângulo e também de seu complemento.

Exercícios e problemas

19. Usando dois caminhos diferentes, calcule o valor de x na figura ao lado, sabendo que $\text{sen}\ \alpha = \frac{4}{5}$.

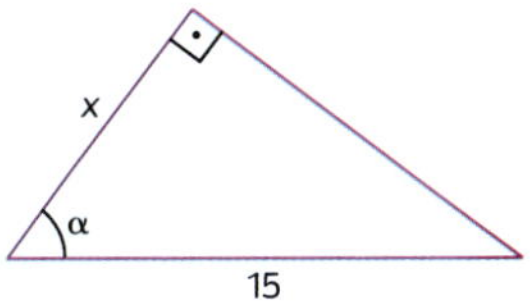

20. Complete, para α e β agudos:

a) Se $\text{sen}\ \alpha = \frac{\sqrt{3}}{5}$, então cos α = ________ e tg α = ________.

b) Se $\text{tg}\ \alpha = \frac{3}{8}$, então tg $(90° - \alpha)$ = ________.

c) Se tg β = 0,75 e cos β = 0,8, então sen β = ________.

21. Veja como Ana descobriu os valores aproximados de sen 40°, cos 40° e tg 40°.

Com régua e transferidor, Ana construiu um triângulo retângulo no qual um dos ângulos tem 40° e escolheu 5 cm para a medida da hipotenusa.

Mediu os dois catetos e obteve os valores aproximados 3,2 cm e 3,8 cm. Em seguida, efetuou alguns cálculos e obteve os valores desejados. Use os procedimentos desenvolvidos por Ana, efetue os cálculos e determine os valores aproximados de sen 40°, cos 40° e tg 40°.

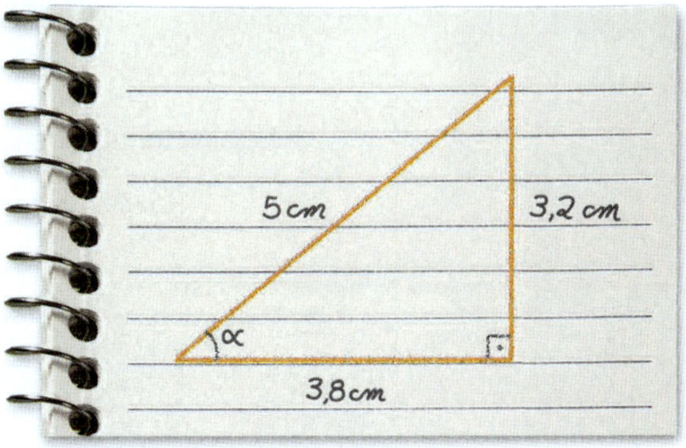

Paulo Manzi/Arquivo da editora

22. Com os valores obtidos no exercício anterior, você pode descobrir o valor do seno, do cosseno e da tangente de outro ângulo. Que ângulo é esse e quais são esses valores?

23. No triângulo retângulo ao lado, temos $\cos \alpha = \frac{12}{13}$.

a) Calcule sen α e tg α.

b) Determine a medida da hipotenusa.

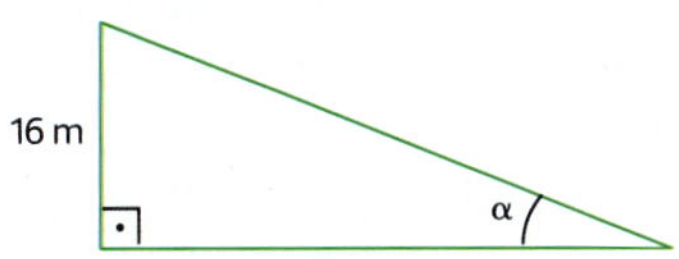

5 Razões trigonométricas para ângulos de 30°, 45° e 60°

Você estudou que, em todo triângulo equilátero, cada um dos três ângulos internos mede 60°.

Se ℓ é a medida de cada lado, a altura mede $\frac{\ell\sqrt{3}}{2}$.

Quando traçamos uma das alturas de um triângulo equilátero, obtemos dois triângulos retângulos com lados de medidas ℓ, $\frac{\ell}{2}$ e $\frac{\ell\sqrt{3}}{2}$, e ângulos de medidas 90°, 60° e 30°.

Usando o triângulo da direita, podemos obter as razões trigonométricas para os ângulos de 30° e 60°.

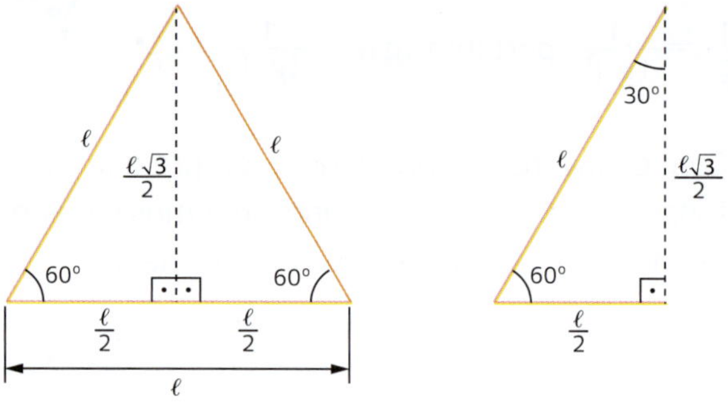

Escolhendo outro triângulo retângulo conveniente, também podemos determinar as razões trigonométricas para os ângulos de 45°. Observe a figura abaixo.

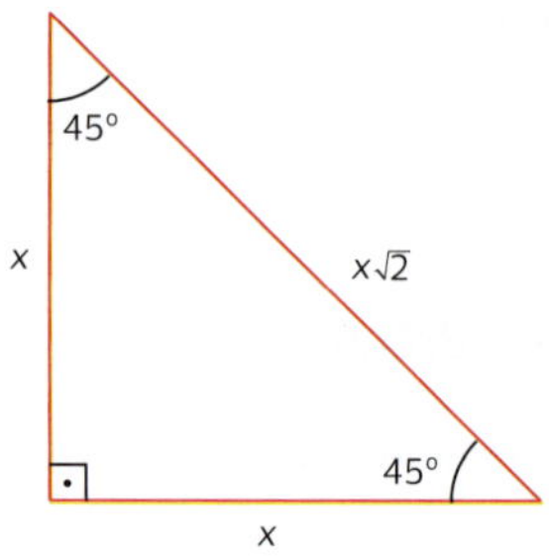

Veja na tabela abaixo os valores que são obtidos:

Razões trigonométricas para ângulos de 30°, 45° e 60°

	sen	cos	tg
30°	$\frac{1}{2}$	$\frac{\sqrt{3}}{2}$	$\frac{\sqrt{3}}{3}$
45°	$\frac{\sqrt{2}}{2}$	$\frac{\sqrt{2}}{2}$	1
60°	$\frac{\sqrt{3}}{2}$	$\frac{1}{2}$	$\sqrt{3}$

Exercícios

24. Use os triângulos retângulos a seguir, calcule seno, cosseno e tangente de 30°, 60° e 45° e confira com os valores da tabela dada na página anterior.

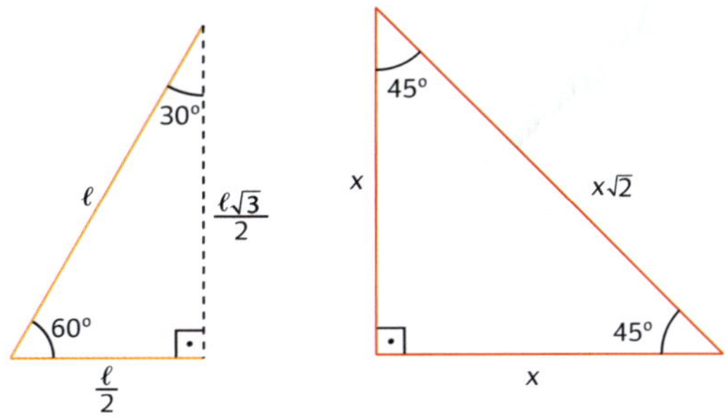

25. Observe o triângulo retângulo abaixo:

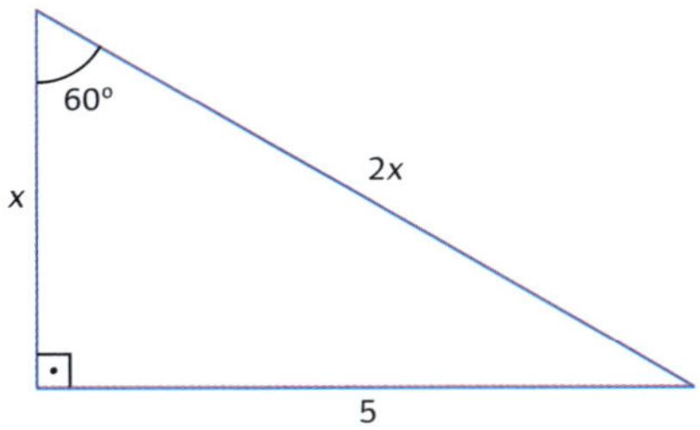

Veja que podemos calcular o valor de x por dois caminhos diferentes:

$\text{tg } 60° = \sqrt{3} = \frac{5}{x} \Rightarrow x = \frac{5}{\sqrt{3}} = \frac{5\sqrt{3}}{3}$

ou

$(2x)^2 = x^2 + 5^2 \Rightarrow x^2 = \frac{25}{3}\ (x > 0) \Rightarrow x = \frac{5}{\sqrt{3}} = \frac{5\sqrt{3}}{3}$

Faça o mesmo no triângulo abaixo e calcule o valor de x por dois caminhos diferentes.

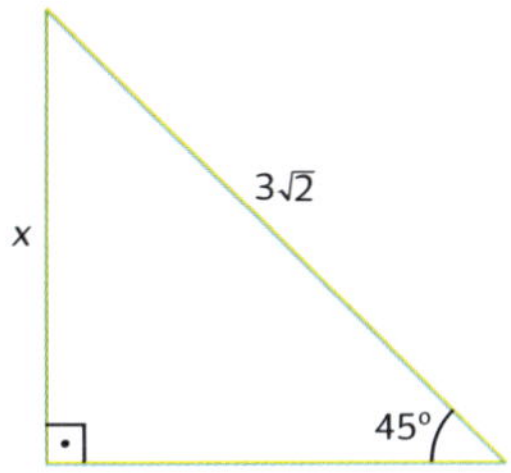

26. Copie a tabela da página anterior, mas preencha-a com os valores aproximados na forma de número decimal. Use calculadora.

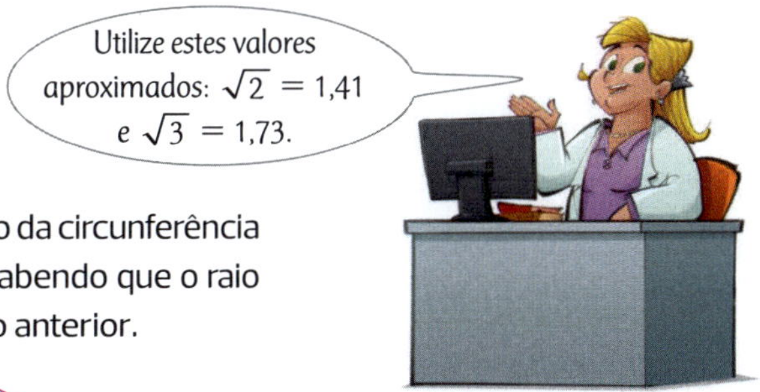

27. Uma corda $\overline{BC}$ forma um ângulo de 30° com um diâmetro da circunferência representada abaixo. Qual é o comprimento da corda, sabendo que o raio da circunferência mede 1,5 cm? Use a tabela do exercício anterior.

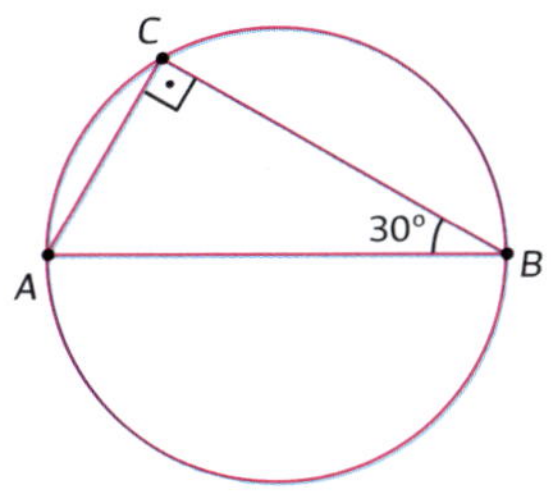

Conexões

Visitantes do Cristo Redentor geram energia para iluminar o cartão-postal

Zé Martinusso/Opção Brasil Imagens

Cristo Redentor, Rio de Janeiro, RJ. Foto de 2014.

Um dos maiores cartões-postais do país agora usa energia limpa e sustentável na sua iluminação. A iluminação do Cristo Redentor está sendo gerada por meio de piso especial, em que a energia do movimento de pessoas é convertida em energia elétrica.

A tecnologia aplicada no Cristo é conhecida como EcoPiso, os nove módulos instalados geram 250 watts-hora, o suficiente para carregar 50 celulares ou quatro televisores de 32 polegadas por hora ou, ainda, uma lâmpada fluorescente por 25 horas. A energia é armazenada em baterias de lítio especiais. A instalação é resistente à chuva e suporta veículos de todos os portes, podendo ser utilizada em estacionamentos, estradas e praças de pedágio.

A iluminação gerada deixa a estátua na cor verde, com um coração pulsante, incentivando o uso de energia limpa e em homenagem às pessoas que passaram por lá e transformaram seu movimento em luz.

LAET, João. Ambiente Energia. Disponível em: <www.ambienteenergia.com.br/index.php/2014/11/visitantes-cristo-redentor-geram-energia-para-iluminar-o-cartao-postal/24874>. Acesso em: 15 maio 2015.

1. Você considera importante o uso de energia sustentável? Por quê? Discuta com seus colegas.

2. Pesquise sobre fontes de energia limpa e em seguida escreva em seu caderno uma redação sobre esse assunto.

Cristo Redentor – histórico da construção

Uma visão deslumbrante encanta turistas e cariocas, ao chegar na cidade do Rio. Lá do alto, ainda no avião, ou mesmo do chão, é possível avistar uma estátua, no topo do morro do Corcovado, em meio ao Parque Nacional da Tijuca. [...] Esse "jovem" monumento [...] situado a 710 metros acima do mar, que surpreende por sua exuberância e pela visão panorâmica da cidade [...]. Inaugurado no dia 12 de outubro de 1931, esse que se tornou um dos principais cartões-postais do Rio de Janeiro, e um dos símbolos do turismo brasileiro, agora figura entre as Sete Novas Maravilhas do Mundo. A ideia da construção da estátua veio muito antes da década de trinta. Data do século XIX, quando em 1859, numa visita à cidade, o padre Pedro Maria Boss sugeriu que fosse erguido no topo do morro do Corcovado – à época Pináculo da Tentação – um monumento religioso. [...] Em 1923, através de um concurso, foi escolhido o projeto do engenheiro Heitor da Silva Costa. A estátua foi desenhada pelo artista plástico Carlos Oswald e projetada pelo arquiteto francês Paul Landowsky, trazido da Europa especialmente para a execução do projeto, em particular para a construção da cabeça e das mãos [...]. Para a estrutura foi decidido utilizar cimento armado, ao invés de armação metálica, e para o revestimento foi escolhido pedra-sabão, material muito resistente às variações climáticas. [...] Toda a montagem durou cinco anos. [...] Em 12 de outubro de 1931 finalmente é inaugurado o monumento do Cristo Redentor, que anos depois se consagrou como símbolo do turismo brasileiro. [...]

Empresa de Turismo do Município do Rio de Janeiro – RIOTUR.
Disponível em: <www.rio.rj.gov.br/web/riotur/exibeconteudo?id=157317>. Acesso em: 15 maio 2015.

3. Pesquise quem era presidente do Brasil na época da inauguração da estátua do Cristo Redentor.

4. Considere que um observador está localizado a aproximadamente 22 metros de distância da base do Cristo Redentor. Trace um triângulo retângulo imaginário, formando um ângulo de 60° dos pés do observador até o ponto mais alto da estátua, e calcule a altura do Cristo Redentor. Posteriormente, faça uma pesquisa e verifique se seu resultado está correto. Amplie sua pesquisa e procure alguma curiosidade sobre o Cristo e o Corcovado.

Paulo Manzi/Arquivo da editora

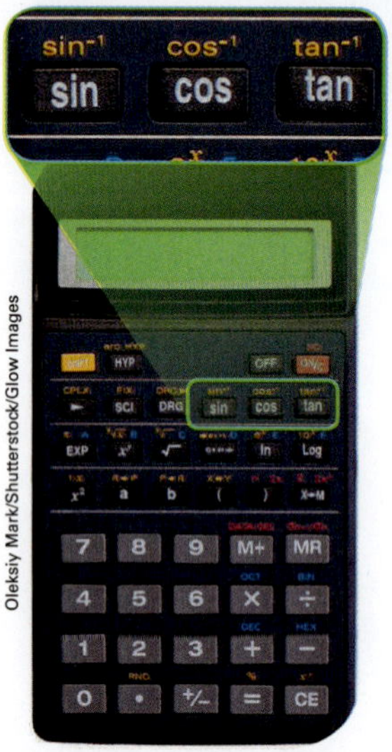

Oleksiy Mark/Shutterstock/Glow Images

Nas calculadoras científicas, geralmente as teclas de seno, cosseno e tangente são indicadas por *sin*, *cos* e *tan*.

6 A tabela das razões trigonométricas

Para resolver alguns problemas com triângulos retângulos, é preciso conhecer as razões trigonométricas dos ângulos agudos desse triângulo. Para facilitar os cálculos, há alguns séculos foi montada uma tabela que fornece os **valores aproximados** do seno, do cosseno e da tangente de ângulos de 1° a 89°, na forma de número decimal. Veja abaixo como é essa tabela.

Tabela de razões trigonométricas

Ângulo	sen	cos	tg	Ângulo	sen	cos	tg
1°	0,017	1,000	0,017	46°	0,719	0,695	1,036
2°	0,035	0,999	0,035	47°	0,731	0,682	1,072
3°	0,052	0,999	0,052	48°	0,743	0,669	1,111
4°	0,070	0,998	0,070	49°	0,755	0,656	1,150
5°	0,087	0,996	0,087	50°	0,766	0,643	1,192
6°	0,105	0,995	0,105	51°	0,777	0,629	1,235
7°	0,122	0,993	0,123	52°	0,788	0,616	1,280
8°	0,139	0,990	0,141	53°	0,799	0,602	1,327
9°	0,156	0,988	0,158	54°	0,809	0,588	1,376
10°	0,174	0,985	0,176	55°	0,819	0,574	1,428
11°	0,191	0,982	0,194	56°	0,829	0,559	1,483
12°	0,208	0,978	0,213	57°	0,839	0,545	1,540
13°	0,225	0,974	0,231	58°	0,848	0,530	1,600
14°	0,242	0,970	0,249	59°	0,857	0,515	1,664
15°	0,259	0,966	0,268	60°	0,866	0,500	1,732
16°	0,276	0,961	0,287	61°	0,875	0,485	1,804
17°	0,292	0,956	0,306	62°	0,883	0,469	1,881
18°	0,309	0,951	0,325	63°	0,891	0,454	1,963
19°	0,326	0,946	0,344	64°	0,899	0,438	2,050
20°	0,342	0,940	0,364	65°	0,906	0,423	2,145
21°	0,358	0,934	0,384	66°	0,914	0,407	2,246
22°	0,375	0,927	0,404	67°	0,921	0,391	2,356
23°	0,391	0,921	0,424	68°	0,927	0,375	2,475
24°	0,407	0,914	0,445	69°	0,934	0,358	2,605
25°	0,423	0,906	0,466	70°	0,940	0,342	2,747
26°	0,438	0,899	0,488	71°	0,946	0,326	2,904
27°	0,454	0,891	0,510	72°	0,951	0,309	3,078
28°	0,469	0,883	0,532	73°	0,956	0,292	3,271
29°	0,485	0,875	0,554	74°	0,961	0,276	3,487
30°	0,500	0,866	0,577	75°	0,966	0,259	3,732
31°	0,515	0,857	0,601	76°	0,970	0,242	4,011
32°	0,530	0,848	0,625	77°	0,974	0,225	4,332
33°	0,545	0,839	0,649	78°	0,978	0,208	4,705
34°	0,559	0,829	0,675	79°	0,982	0,191	5,145
35°	0,574	0,819	0,700	80°	0,985	0,174	5,671
36°	0,588	0,809	0,727	81°	0,988	0,156	6,314
37°	0,602	0,799	0,754	82°	0,990	0,139	7,115
38°	0,616	0,788	0,781	83°	0,993	0,122	8,144
39°	0,629	0,777	0,810	84°	0,995	0,105	9,514
40°	0,643	0,766	0,839	85°	0,996	0,087	11,430
41°	0,656	0,755	0,869	86°	0,998	0,070	14,301
42°	0,669	0,743	0,900	87°	0,999	0,052	19,081
43°	0,682	0,731	0,933	88°	0,999	0,035	28,636
44°	0,695	0,719	0,966	89°	1,000	0,017	57,290
45°	0,707	0,707	1,000				

Exercícios e problemas

Sempre que necessário, utilize a tabela de razões trigonométricas da página anterior.

28. Calcule o valor de x em cada triângulo. Use calculadora para efetuar as operações.

a)

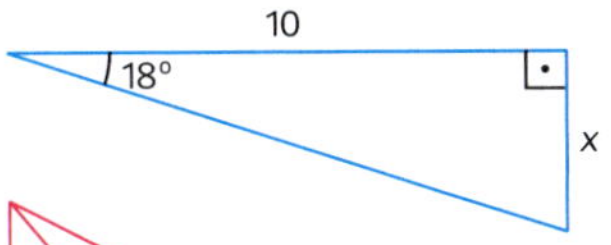

b)

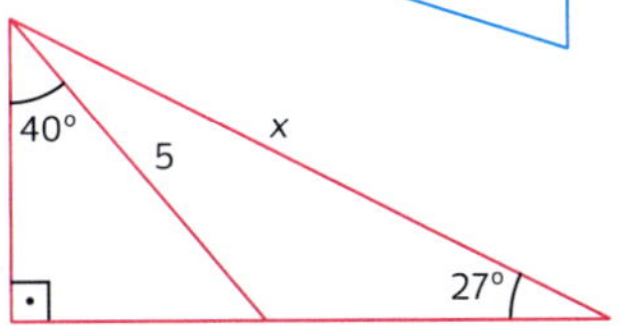

29. Uma rampa faz um ângulo α com a horizontal. Um carro percorreu 6 m na rampa e atingiu uma altura de 3,27 m. Qual é a medida do ângulo α?

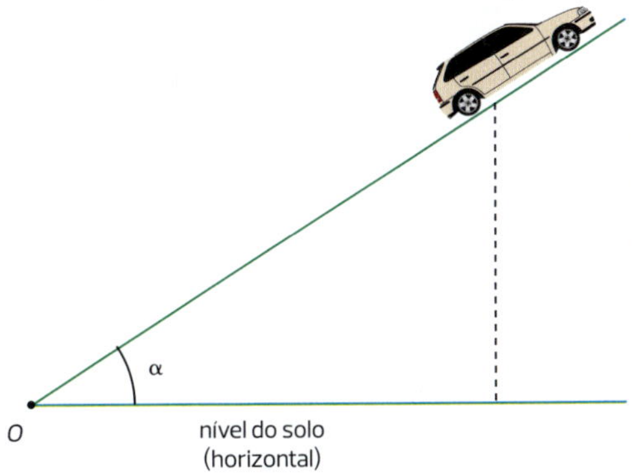

Casa de Tipos/Arquivo da editora

30. Você estudou que um triângulo com os lados medindo 3, 4 e 5 unidades é triângulo retângulo, pois vale a relação $5^2 = 3^2 + 4^2$.

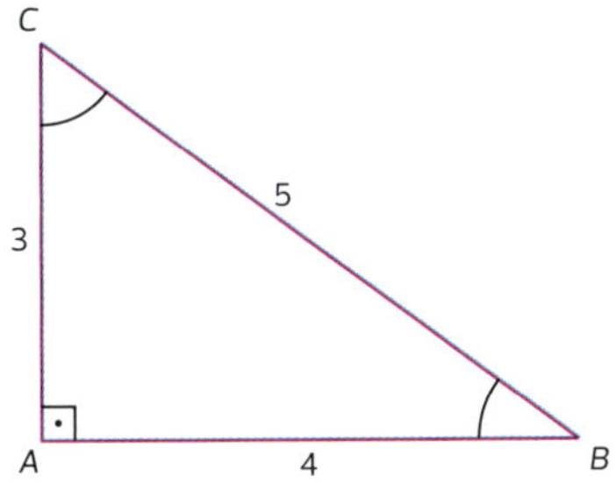

Calcule a medida aproximada dos ângulos agudos desse triângulo.

31. Um caminhão sobe uma rampa inclinada de 10° em relação ao plano horizontal. Se a rampa tem 30 m de comprimento, a quantos metros o caminhão se eleva, verticalmente, após percorrer toda a rampa?

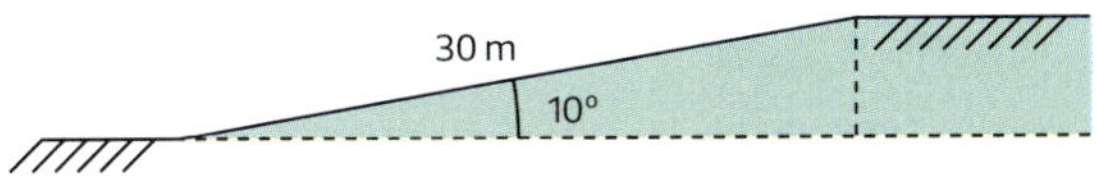

32. Na figura abaixo, temos $\alpha = 28°$, $\beta = 62°$ e $h = 10$.

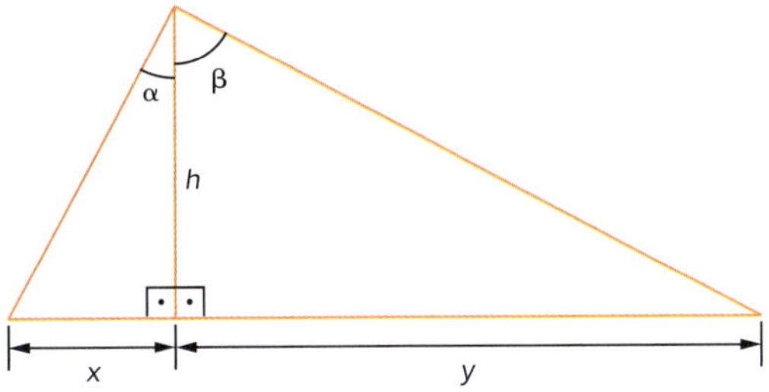

Calcule o valor de $x + y$.

33. Na construção de um telhado, foram usadas telhas francesas como as mostradas na fotografia abaixo.

Lusoimages/Shutterstock/Glow Images

Trecho de um telhado

O "caimento" do telhado é de 20° em relação ao plano horizontal. Sabendo que em cada lado da casa foram construídos 6 m de telhado e, até a laje do teto, a casa tem 3 m de altura, determine a que altura se encontra o ponto mais alto do telhado dessa casa.

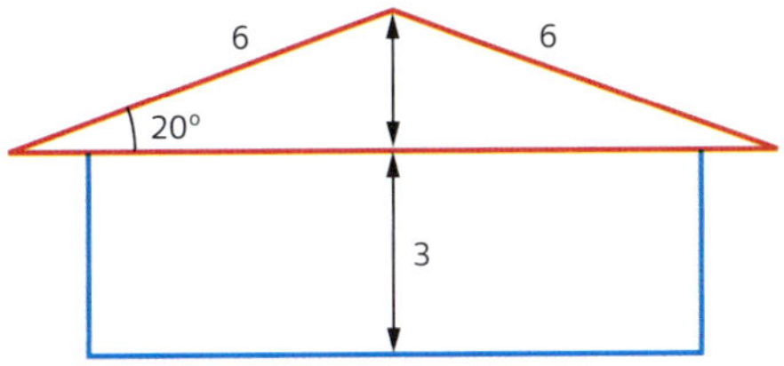

34. Em um triângulo retângulo, a altura relativa à hipotenusa determina sobre ela segmentos de reta de 4 cm e 9 cm (projeções dos catetos sobre a hipotenusa). Determine a medida aproximada do ângulo formado pela altura e pelo cateto menor desse triângulo.

35. De um ponto O situado no chão, avista-se o topo de um prédio sob um ângulo de 60°. Calcule a altura desse prédio sabendo que a distância que o separa do ponto O é de 20 m. Use calculadora.

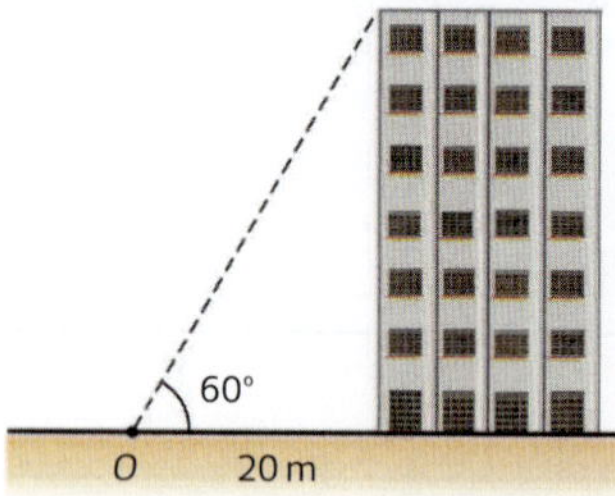

Ilustrações: Paulo Manzi/Arquivo da editora

36. Em uma circunferência, um segmento de reta tangente que mede 5 cm e um segmento de reta secante que passa pelo centro formam um ângulo de 58°. Determine o raio dessa circunferência e o comprimento do segmento de reta secante.

37. Para determinar a altura de uma torre, um topógrafo colocou o teodolito (aparelho de medir ângulos) a 100 m da base e obteve um ângulo de 30°, conforme mostra a figura. Sabendo que a luneta do teodolito estava a 1,70 m do solo, qual era aproximadamente a altura da torre?

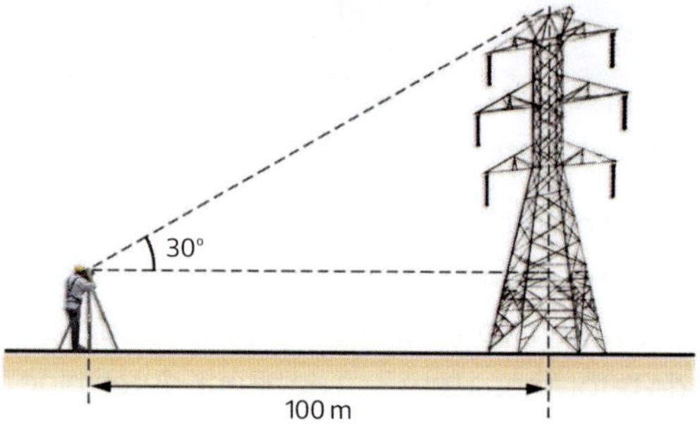

38. Um avião decola do aeroporto (A) e sobe segundo um ângulo constante de 15° com a horizontal. Na direção do percurso do avião, a 2 km do aeroporto, existe uma torre retransmissora de televisão de 40 m de altura. Verifique se existe a possibilidade de o avião se chocar com a torre. (Nesse caso, ele deveria desviar-se da rota.)

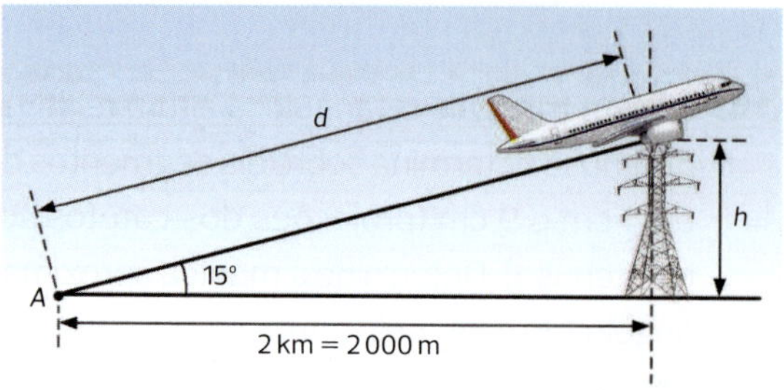

39. Miguel é topógrafo e quer saber a distância ℓ de A até B, conforme a figura abaixo. Para isso, adotou o seguinte processo:

- considerou dois pontos, A (uma estaca) e B (uma árvore), um em cada margem do rio;
- determinou um ponto C, distante 8 m de A, onde fixou o teodolito, de tal modo que o ângulo no ponto A fosse reto;
- obteve uma medida de 70° para o ângulo $A\hat{C}B$.

Calcule a distância ℓ.

Desafio

Um carro andou 9 km em linha reta de B até A. A seguir, virou 90° à esquerda e andou mais 10 km em linha reta de A até C. Qual é o ângulo que o carro deve girar, à esquerda, para voltar pela estrada que liga C e B?

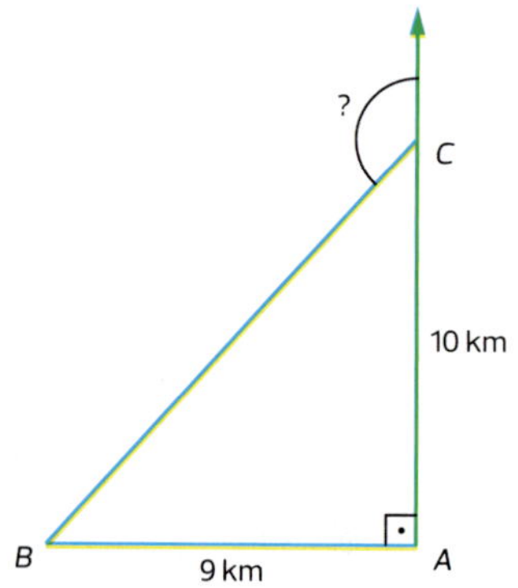

7 Relações trigonométricas em um triângulo qualquer

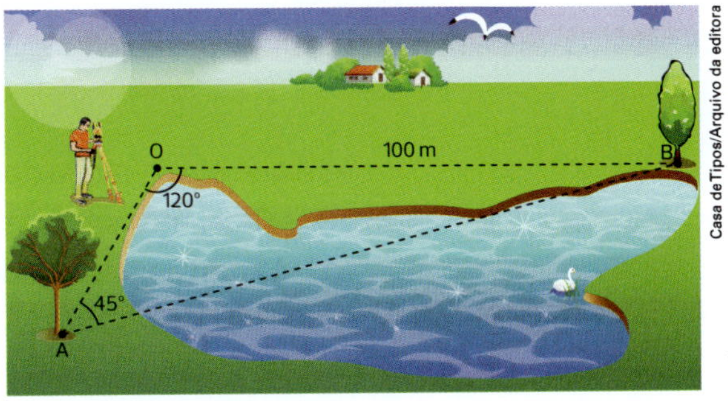

Examine a seguinte situação:

Como medir a distância entre as árvores *A* e *B*?

Não é possível fazer a medida direta de *A* e *B*, dada a existência da lagoa entre elas.

Um topógrafo mediu dois ângulos (120° e 45°) e a distância de 100 m, medidas que estão indicadas na figura e possíveis de serem feitas.

O triângulo *AOB* é obtusângulo, e a solução deste problema está em encontrar a medida do lado $\overline{AB}$. Como o triângulo **não** é retângulo, não podemos usar as relações trigonométricas já estudadas. Para casos como esse, precisamos conhecer o que se chama **lei dos senos** e **lei dos cossenos**.

Seno e cosseno de ângulos obtusos

Neste item precisaremos, em alguns momentos, obter os valores de senos e cossenos de ângulos obtusos. Como esse assunto ainda não foi estudado — não existem ângulos obtusos nos triângulos retângulos —, aprenderemos neste momento apenas como lidar com eles na prática. No Ensino Médio você estudará a parte teórica que fundamenta o que faremos agora.

Usaremos as seguintes propriedades:

- $\text{sen } 90° = 1$ e $\cos 90° = 0$
- senos de ângulos obtusos são exatamente iguais aos senos dos suplementos desses ângulos, ou seja: $\text{sen } x = \text{sen } (180° - x)$
- cossenos de ângulos obtusos são opostos aos cossenos dos suplementos desses ângulos, ou seja: $\cos x = -\cos (180° - x)$

Exemplo:

Vamos obter o valor de:

a) sen 120°;
b) cos 120°.

O suplemento de 120° é 60° (180° − 120° = 60°). Assim:

$$\text{sen } 120° = \text{sen } 60° = \frac{\sqrt{3}}{2} \qquad \cos 120° = -\cos 60° = -\frac{1}{2}$$

Exercícios

40. Obtenha o valor de:

a) sen 135°;
b) cos 135°;
c) sen 150°;
d) cos 150°.

41. Use a tabela da página 260 e determine:

a) cos 130°
b) sen 110°
c) sen 175°
d) cos 138°
e) sen 151°
f) cos 100°

42. Sem usar a tabela, determine o valor de *x* em:

a) $x = \text{sen } 20° - \text{sen } 160° + \cos 44° + \cos 136°$
b) $x = \text{sen } 10° \cdot \cos 50° + \cos 130° \cdot \text{sen } 170°$

Lei dos cossenos

Consideremos um triângulo ABC qualquer com lados cujas medidas são a, b e c. Vamos demonstrar a relação abaixo, conhecida como **lei dos cossenos**:

$$a^2 = b^2 + c^2 - 2bc \cdot \cos \hat{A}$$

em que é $\hat{A}$ o ângulo oposto ao lado de medida a.

Traçamos sempre a altura $\overline{BH}$ e consideramos os seguintes casos:

a) **$\hat{A}$ é um ângulo agudo**

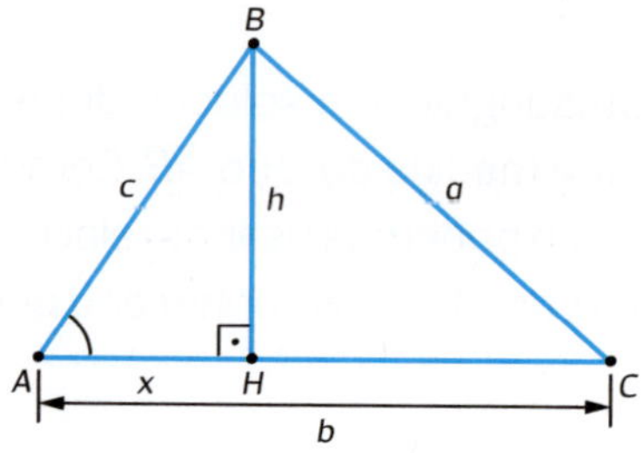

O $\triangle BHC$ é retângulo. Aplicando o teorema de Pitágoras, temos:

$a^2 = h^2 + (b - x)^2 \Rightarrow a^2 = h^2 + b^2 - 2bx + x^2$ (I)

O $\triangle BHA$ também é retângulo e temos:

$c^2 = h^2 + x^2$ ou $h^2 = c^2 - x^2$ (II)

Substituindo h^2 de (II) em (I), temos:

$a^2 = c^2 - x^2 + b^2 - 2bx + x^2 \Rightarrow a^2 = b^2 + c^2 - 2bx$

Como $x = c \cdot \cos \hat{A}$, temos: $a^2 = b^2 + c^2 - 2bc \cdot \cos \hat{A}$.

b) **$\hat{A}$ é um ângulo obtuso**

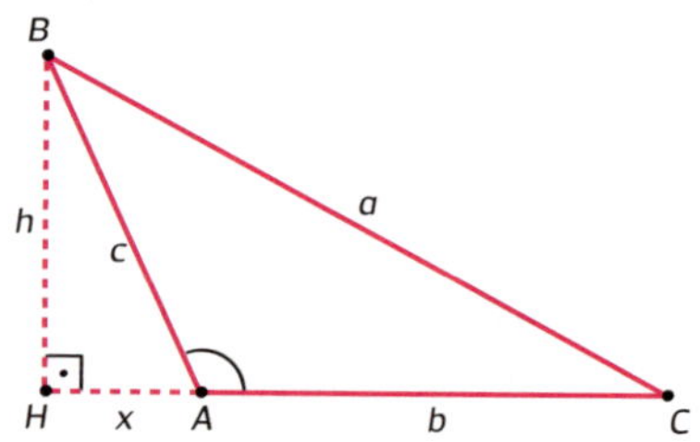

O $\triangle BHC$ é retângulo. Aplicando o teorema de Pitágoras, temos:

$a^2 = h^2 + (b + x)^2 \Rightarrow a^2 = h^2 + b^2 + 2bx + x^2$ (I)

O $\triangle BHA$ também é retângulo e temos:

$c^2 = h^2 + x^2$ ou $h^2 = c^2 - x^2$ (II)

Substituindo h^2 de (II) em (I), temos:

$a^2 = c^2 - x^2 + b^2 + 2bx + x^2 \Rightarrow a^2 = b^2 + c^2 + 2bx$

Como $x = c \cdot \cos B\hat{A}H$, e o cosseno de um ângulo é igual ao oposto do cosseno do seu suplemento ($\cos \hat{A} = -\cos (180° - \hat{A})$), temos:

$a^2 = b^2 + c^2 + 2b \cdot c \cdot \cos B\hat{A}H$, ou $a^2 = b^2 + c^2 - 2bc \cdot \cos \hat{A}$

Observações:

1ª) O teorema de Pitágoras é um caso particular da lei dos cossenos, que ocorre quando $\hat{A}$ é ângulo reto, pois $\cos 90° = 0$.

$a^2 = b^2 + c^2 - 2bc \cdot \underbrace{\cos \hat{A}}_{0} \Rightarrow a^2 = b^2 + c^2$

2ª) De forma análoga ao que foi feito com a e $\hat{A}$, é possível demonstrar também que:

$b^2 = a^2 + c^2 - 2ac \cdot \cos \hat{B}$ $\qquad$ $c^2 = a^2 + b^2 - 2ab \cdot \cos \hat{C}$

3ª) A lei dos cossenos possui muitas aplicações em Geometria. Por exemplo, conhecendo os lados de um triângulo, podemos calcular seus ângulos (por meio de seus cossenos), alturas, etc.

Veja um exemplo em que é aplicada a lei dos cossenos.

Vamos determinar a medida do lado $\overline{AB}$ do triângulo abaixo.

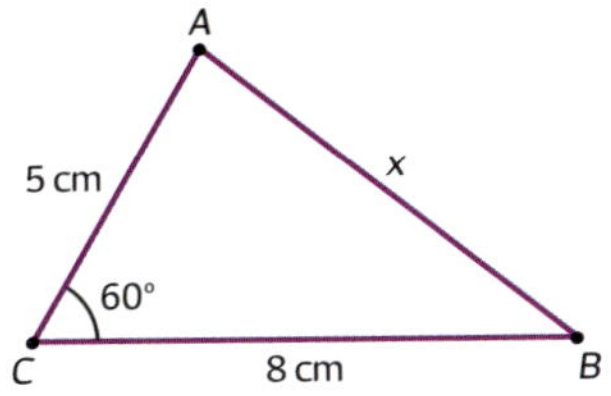

Pela lei dos cossenos, temos:

$x^2 = 8^2 + 5^2 - 2 \cdot 5 \cdot 8 \cdot \cos 60° \Rightarrow x^2 = 64 + 25 - 80 \cdot \dfrac{1}{2} \Rightarrow$

$\Rightarrow x^2 = 89 - 40 = 49 \Rightarrow x^2 = 49 \Rightarrow x = \pm\sqrt{49} \Rightarrow x = \pm 7$

Como se trata de medida de um segmento de reta, a raiz negativa é desprezada. Logo, $x = 7$ cm.

Lei dos senos

Consideremos um triângulo ABC qualquer com lados de medidas a, b e c opostos, respectivamente, a $\hat{A}$, $\hat{B}$ e $\hat{C}$.

Vamos demonstrar a relação dada abaixo, conhecida como **lei dos senos**.

$$\frac{a}{\text{sen}\,\hat{A}} = \frac{b}{\text{sen}\,\hat{B}} = \frac{c}{\text{sen}\,\hat{C}}$$

Faremos essa demonstração considerando os tipos de triângulo separadamente.

a) **$\triangle ABC$ é acutângulo**

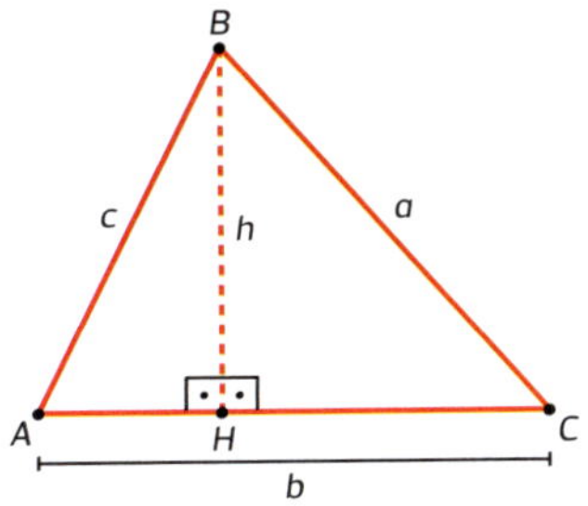

Traçamos a altura relativa a um dos ângulos, $\hat{B}$ por exemplo.

No $\triangle AHB$ temos $\text{sen}\,\hat{A} = \dfrac{h}{c}$ ou $h = c \cdot \text{sen}\,\hat{A}$

No $\triangle CHB$ temos $\text{sen}\,\hat{C} = \dfrac{h}{a}$ ou $h = a \cdot \text{sen}\,\hat{C}$

Então $c \cdot \text{sen}\,\hat{A} = a \cdot \text{sen}\,\hat{C}$ e daí tiramos $\dfrac{a}{\text{sen}\,\hat{A}} = \dfrac{c}{\text{sen}\,\hat{C}}$ (I)

Se a altura traçada for relativa ao ângulo $\hat{C}$, obteremos a igualdade $\dfrac{a}{\text{sen}\,\hat{A}} = \dfrac{b}{\text{sen}\,\hat{B}}$ (II).

De (I) e (II) concluímos que $\dfrac{a}{\text{sen}\,\hat{A}} = \dfrac{b}{\text{sen}\,\hat{B}} = \dfrac{c}{\text{sen}\,\hat{C}}$ em todo triângulo acutângulo ABC.

b) $\triangle ABC$ **é obtusângulo**

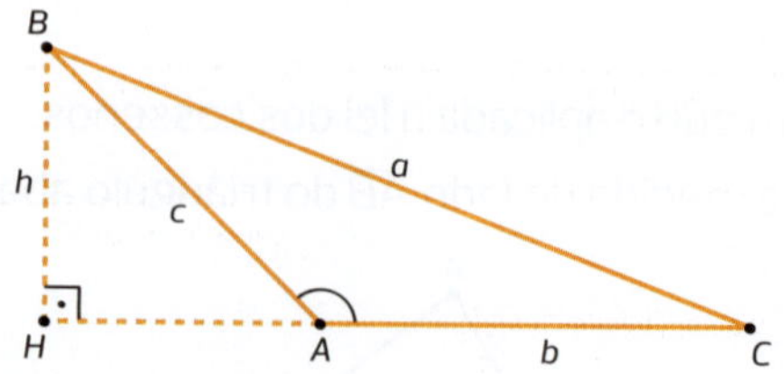

Neste caso, consideramos inicialmente a altura relativa ao ângulo $\hat{B}$.

No $\triangle BHC$, sen $\hat{C} = \frac{h}{a}$ ou $h = a \cdot \text{sen}\,\hat{C}$.

No $\triangle BHA$, sen $(180° - \hat{A}) = \frac{h}{c}$; como sen $(180° - \hat{A}) = \text{sen}\,\hat{A}$, então sen $\hat{A} = \frac{h}{c}$ ou $h = c \cdot \text{sen}\,\hat{A}$.

Se $h = a \cdot \text{sen}\,\hat{C}$ e $h = c \cdot \text{sen}\,\hat{A}$, então $a \cdot \text{sen}\,\hat{C} = c \cdot \text{sen}\,\hat{A}$, e daí tiramos $\frac{a}{\text{sen}\,\hat{A}} = \frac{c}{\text{sen}\,\hat{C}}$ (III)

Considerando a altura relativa ao ângulo $\hat{A}$, chegamos a $\frac{b}{\text{sen}\,\hat{B}} = \frac{c}{\text{sen}\,\hat{C}}$ (IV).

De (III) e (IV) concluímos que em todo triângulo obtusângulo ABC temos $\frac{a}{\text{sen}\,\hat{A}} = \frac{b}{\text{sen}\,\hat{B}} = \frac{c}{\text{sen}\,\hat{C}}$.

Essa relação também é válida para os triângulos retângulos (veja exercício 46 da página seguinte). Podemos então enunciar a lei dos senos:

> Em qualquer triângulo ABC a razão entre a medida de um lado e o seno do ângulo oposto a ele é constante, ou seja, $\frac{a}{\text{sen}\,\hat{A}} = \frac{b}{\text{sen}\,\hat{B}} = \frac{c}{\text{sen}\,\hat{C}}$, sendo a, b e c medidas dos lados opostos a $\hat{A}$, $\hat{B}$ e $\hat{C}$, respectivamente.

Exemplos de aplicação da lei dos senos:

a) Vamos determinar o valor de x no triângulo abaixo usando a lei dos senos e a tabela da página 260.

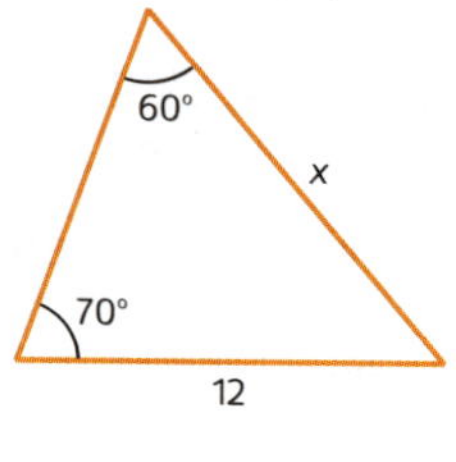

$$\frac{12}{\text{sen}\,60°} = \frac{x}{\text{sen}\,70°} \Rightarrow \frac{12}{0{,}866} = \frac{x}{0{,}94} \Rightarrow x \simeq 13$$

b) Vamos determinar o valor aproximado da medida do $\hat{A}$ em um $\triangle ABC$ sabendo que $AB = 7$ cm, $BC = 3$ cm e $\hat{C}$ mede $100°$.

$$\frac{AB}{\text{sen}\,\hat{C}} = \frac{BC}{\text{sen}\,\hat{A}} \Rightarrow \frac{7}{\text{sen}\,100°} = \frac{3}{\text{sen}\,\hat{A}} \Rightarrow \frac{7}{0{,}985} = \frac{3}{\text{sen}\,\hat{A}} \Rightarrow$$

na tabela procuramos sen 80° = sen 100°

$$\Rightarrow \text{sen}\,\hat{A} \simeq 0{,}422 \Rightarrow m(\hat{A}) \simeq 25°$$

na tabela sen 25° = 0,423

CONTEÚDO DIGITAL

Exercícios

43. Determine a medida x do lado $\overline{BC}$ do triângulo abaixo.

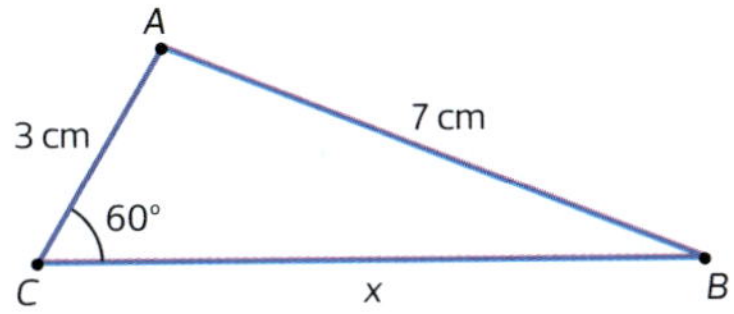

44. Em um $\triangle ABC$, temos $AB = 6$ cm, $AC = 5$ cm e $BC = 7$ cm. A medida do ângulo $\hat{A}$ está mais próxima de 58°, 68° ou 78°? (Consulte a tabela da página 260.)

45. Determine a medida da diagonal maior do paralelogramo da figura a seguir.

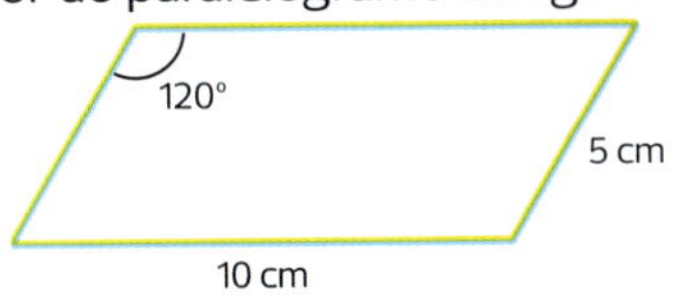

46. Mostre que, se um $\triangle ABC$ é retângulo, também temos $\dfrac{a}{\text{sen}\,\hat{A}} = \dfrac{b}{\text{sen}\,\hat{B}} = \dfrac{c}{\text{sen}\,\hat{C}}$. Lembre-se: sen 90° = 1.

47. Determine o valor de x na figura abaixo.

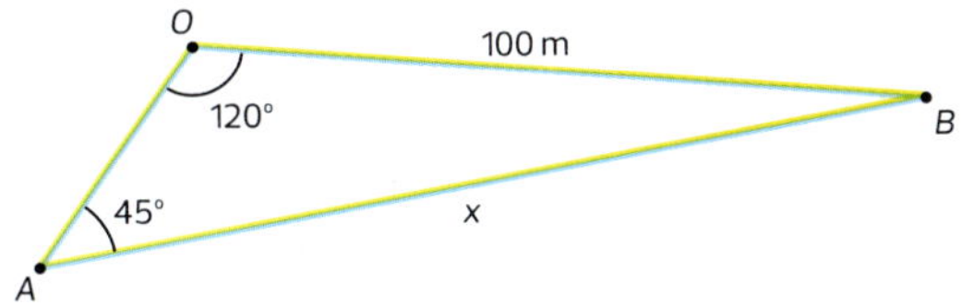

48. No triângulo ao lado, determine as medidas x e y.

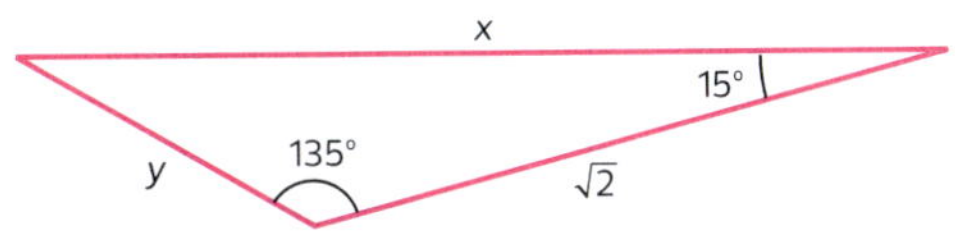

49. Determine a medida aproximada da diagonal menor do losango da figura a seguir.

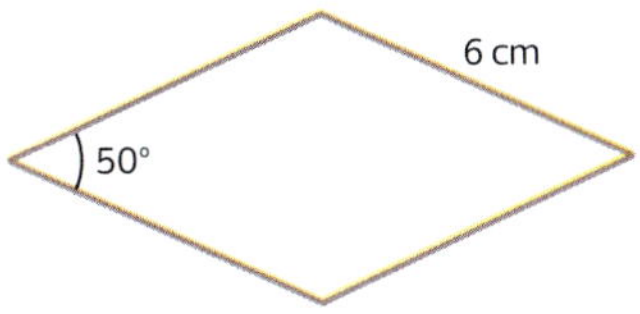

50. Considerando a figura dada, calcule o valor da expressão $x^2 + 5y$.

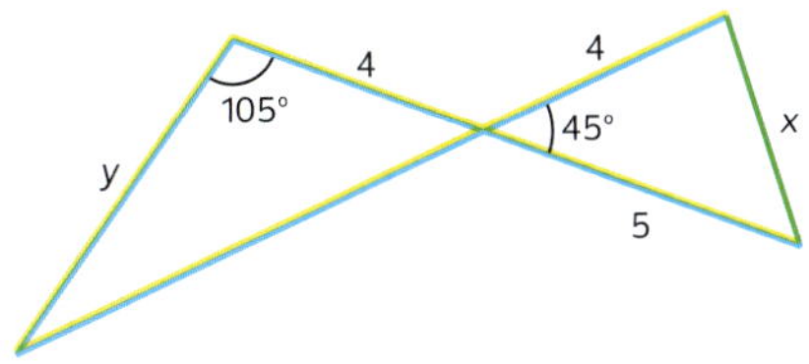

Outras situações envolvendo a lei dos cossenos e a lei dos senos

Vejamos um exemplo de aplicação da lei dos senos:

Medida da distância de um ponto *A* (onde está o observador) a um ponto *P* inacessível

Vamos supor que um observador esteja no ponto *A* e quer saber a distância de *A* a *P*, que é o ponto onde se localiza uma árvore do outro lado de um rio, conforme representado na figura ao lado.

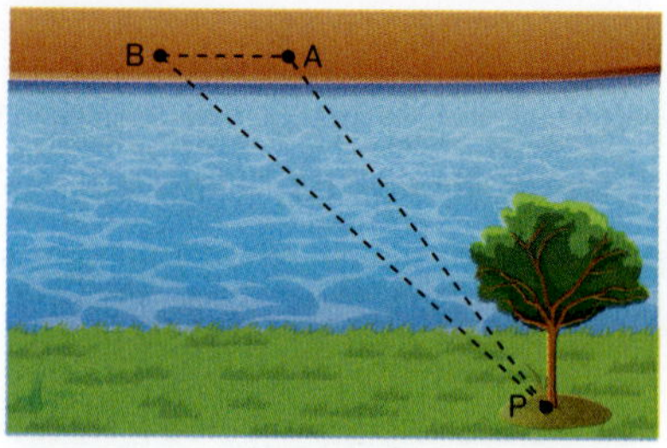

Casa de Tipos/Arquivo da editora

O observador se locomove de *A* para *B*, de onde pode ver também o ponto *P*.

Vejamos, então, como pode ser achada a distância de *A* até *P*, sabendo que a distância de *A* até *B* é 1 km, a medida do ângulo $B\hat{A}P$ é igual a 130° e a medida do ângulo $A\hat{B}P$ é igual a 40°.

Aplicando a lei dos senos no triângulo *ABP* e indicando a distância de *A* até *P* por *x*, temos:

$$\frac{1}{\text{sen } 10^\circ} = \frac{x}{\text{sen } 40^\circ} \Rightarrow \frac{1}{0{,}174} = \frac{x}{0{,}643} \Rightarrow 0{,}174x = 0{,}643 \Rightarrow x \simeq 3{,}7 \text{ km}$$

Assim, a distância do observador até a árvore do outro lado da margem é de aproximadamente 3,7 km.

Agora, aplique as leis estudadas em mais algumas situações.

Exercícios e problemas

51. Determine a medida (α) aproximada do ângulo $\hat{A}$ no triângulo abaixo.

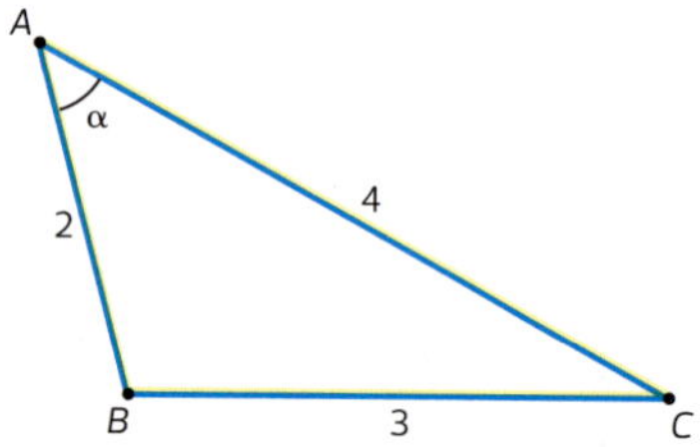

52. "Resolver um triângulo" é determinar as medidas dos seus três lados e dos seus três ângulos internos. "Resolva o triângulo" abaixo.

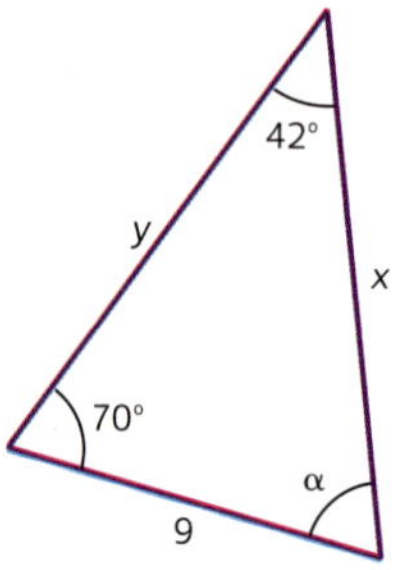

53. No triângulo abaixo, determine o valor da medida *x*.

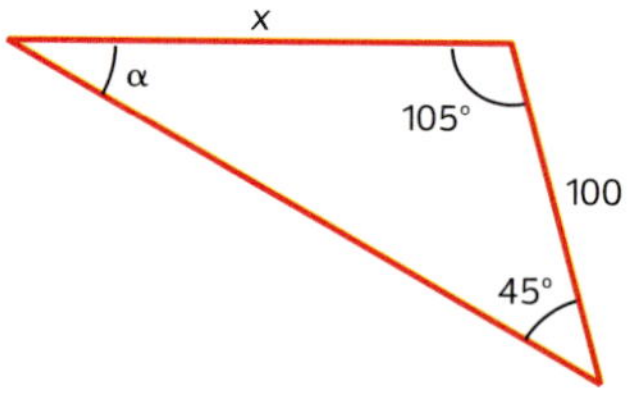

54. No triângulo da figura abaixo são dados $a = 4$, $b = 3\sqrt{2}$ e $m(\hat{C}) = 45°$. Determine *c*.

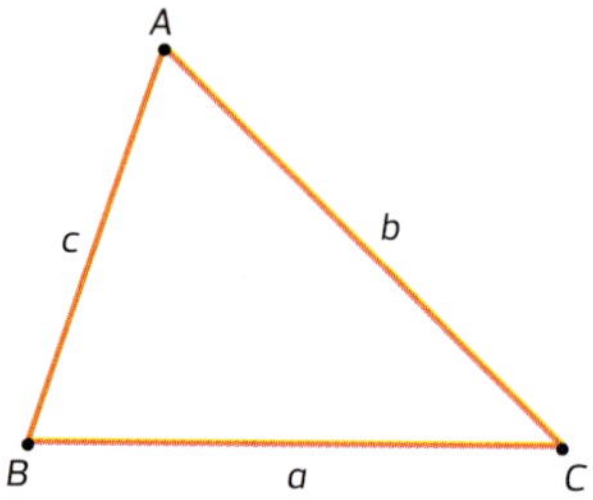

55. Dois lados de um triângulo medem 10 cm e 6 cm e formam entre si um ângulo de 120°. Determine a medida do terceiro lado.

8 Uso das relações trigonométricas em polígonos regulares inscritos em uma circunferência

Observe na figura um pentágono regular com lados de medida ℓ, inscrito em uma circunferência de centro O e raio de medida r.

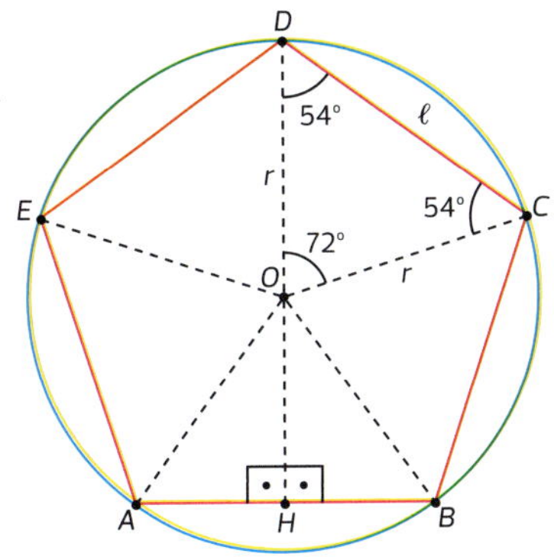

Analise algumas características desse polígono:

- Ligando o centro O a todos os vértices, obtemos cinco triângulos (por exemplo: $\triangle AOB$).
- Cada ângulo central mede 72°, medida que se obtém fazendo 360° : 5 (por exemplo: $A\hat{O}B$ mede 72°).
- Cada um dos cinco triângulos obtidos é isósceles, com lados medindo r, r e ℓ (por exemplo: $\triangle COD$).
- Cada um desses triângulos isósceles tem ângulos de 72°, 54° $\left(\frac{180° - 72°}{2}\right)$ e 54°.
- A altura de cada um desses triângulos isósceles é chamada de **apótema** do polígono regular (por exemplo: $\overline{OH}$ no $\triangle AOB$).
- O apótema é também mediana e bissetriz, pois os triângulos são isósceles (por exemplo: no $\triangle AOB$, temos $O\hat{H}B$ reto, $\overline{AH} \cong \overline{HB}$ e $A\hat{O}H \cong B\hat{O}H$).

Bate-papo

Converse com um colega e analisem cada uma das seis afirmações relacionadas à figura do pentágono regular acima.

Exercícios

56. Considerando a figura do octógono regular abaixo, determine:

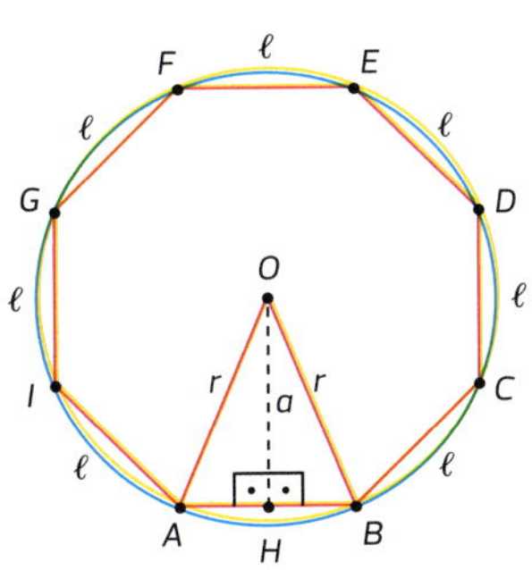

a) m($A\hat{O}B$);

b) m($O\hat{A}B$);

c) m($H\hat{O}B$);

d) m($O\hat{H}B$).

57. Complete a tabela abaixo referente a ângulos de polígonos regulares de 3, 4 e 6 lados, inscritos em uma circunferência de centro O. Considere $\overline{OH}$ um apótema.

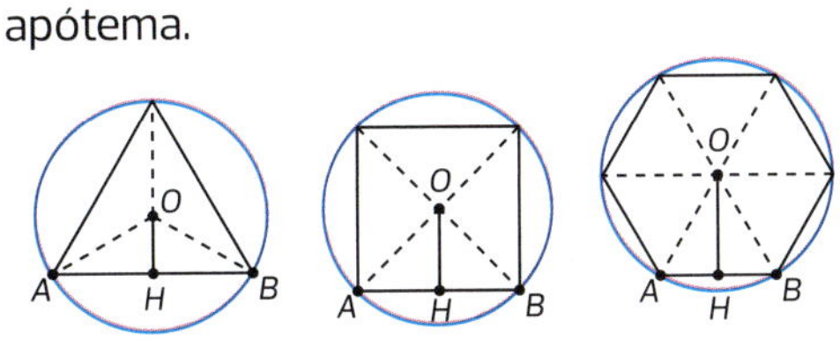

Ângulos de polígonos regulares

Polígono regular	m($A\hat{O}B$)	m($O\hat{A}B$)	m($H\hat{O}B$)	m($O\hat{H}B$)
Triângulo (equilátero)				
Quadrilátero (quadrado)				
Hexágono				

Medidas do raio (r), do lado (ℓ) e do apótema (a) em um polígono regular

Quando consideramos a medida r do raio da circunferência em que o polígono regular está inscrito, a medida ℓ do lado do polígono e a medida a do apótema desse polígono, podemos estabelecer várias relações entre essas medidas.

Como devemos realizar os cálculos?

Analise o exemplo no qual temos um hexágono regular inscrito em uma circunferência cujo raio mede 8 cm.

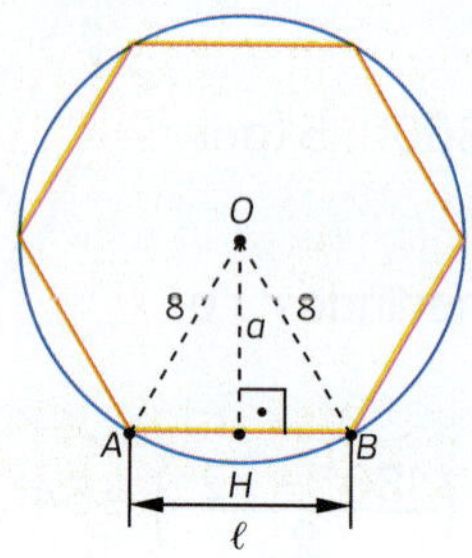

$r = 8$
$\ell = ?$
$a = ?$

No $\triangle HOB$, retângulo em H, temos $m(H\hat{O}B) = 30°$; $m(H\hat{B}O) = 60°$ e $m(\overline{OB}) = 8$ cm. Então:

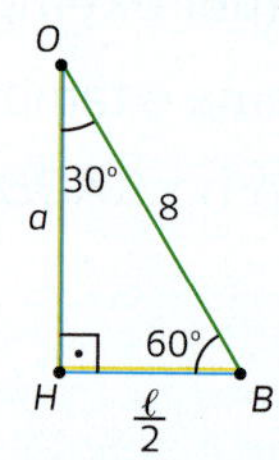

$$\text{sen } 30° = \frac{1}{2} = \frac{\frac{\ell}{2}}{8} \Rightarrow \cancel{2} \cdot \frac{\ell}{\cancel{2}} = 8 \Rightarrow \ell = 8 \text{ cm}$$

$$\cos 30° = \frac{\sqrt{3}}{2} = \frac{a}{8} \Rightarrow 2a = 8\sqrt{3} \Rightarrow a = 4\sqrt{3} \text{ cm}$$

Esse é um dos caminhos que podemos seguir.

Veja, agora, esta outra forma de resolução: o $\triangle AOB$ é isósceles e equilátero, pois seus três ângulos medem 60°. Então, $\ell = r = 8$ cm.

Aplicando o teorema de Pitágoras no $\triangle HOB$, escrevemos:

$$a^2 + \left(\frac{\ell}{2}\right)^2 = r^2 \Rightarrow a^2 + 4^2 = 8^2 \Rightarrow a^2 = 64 - 16 = 48 \ (a > 0) \Rightarrow a = \sqrt{48} \Rightarrow$$
$$\Rightarrow a = 4\sqrt{3} \text{ cm}$$

Exercícios

58. Determine a medida do lado (ℓ) e do raio (r) em um hexágono regular inscrito na circunferência sabendo que seu apótema mede $a = 6$ cm.

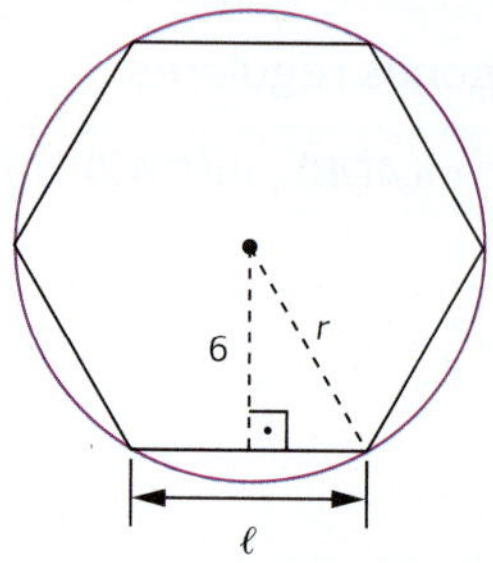

59. Em um quadrado inscrito em uma circunferência de raio r, a medida do lado é $\ell = 12$ cm. Calcule as medidas do raio (r) e do apótema (a).

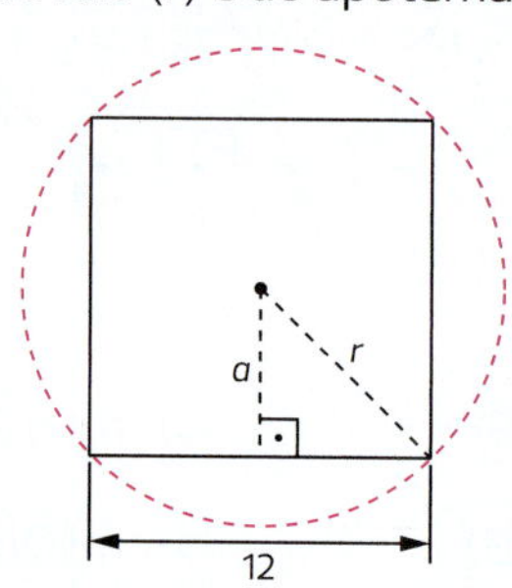

Generalizações

Você percebeu que podemos estabelecer importantes relações em polígonos regulares inscritos em uma circunferência com base nas medidas do lado, do apótema e do raio.

Vamos ver algumas dessas relações válidas nos hexágonos regulares, nos quadrados e nos triângulos equiláteros.

Como esses três polígonos são regulares, para diferenciá-los, neste estudo, vamos indicar a medida de seus lados destacando o número de lados de cada polígono.

- medida do lado do hexágono regular: ℓ_6
- medida do lado do quadrado: ℓ_4
- medida do lado do triângulo equilátero: ℓ_3

Da mesma forma, indicaremos as medidas dos respectivos apótemas: a_6 para o hexágono, a_4 para o quadrado e a_3 para o triângulo equilátero.

Hexágono regular

Em um hexágono regular de lado com medida ℓ_6, inscrito em uma circunferência de raio com medida *r* e apótema com medida a_6, podemos fazer algumas afirmações que valem para todos os hexágonos regulares.

$\ell_6 = r$, pois ℓ_6, *r* e *r* são as medidas dos lados de um triângulo equilátero.

$a_6 = \frac{r\sqrt{3}}{2}$, pois $\cos 30° = \frac{\sqrt{3}}{2} = \frac{a_6}{r} \Rightarrow 2a_6 = r\sqrt{3} \Rightarrow a_6 = \frac{r\sqrt{3}}{2}$.

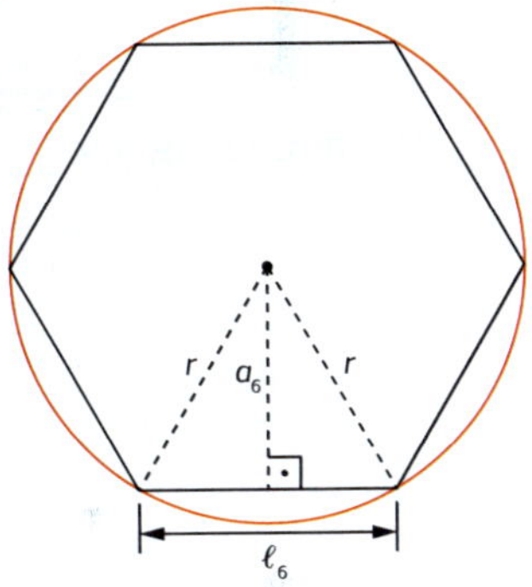

Observação: nas igualdades $\ell_6 = r$ e $a_6 = \frac{r\sqrt{3}}{2}$, dizemos que os valores ℓ_6 e a_6 estão escritos em função de *r*.

Quadrado e triângulo equilátero

Da mesma forma como foi feito para o hexágono regular, podemos expressar os valores de ℓ_4 e a_4, para o quadrado, e de ℓ_3 e a_3, para o triângulo equilátero, em função de *r* (medida do raio da circunferência em que esses polígonos estão inscritos).

As relações obtidas aparecem abaixo e serão demonstradas nos exercícios a seguir.

Quadrado

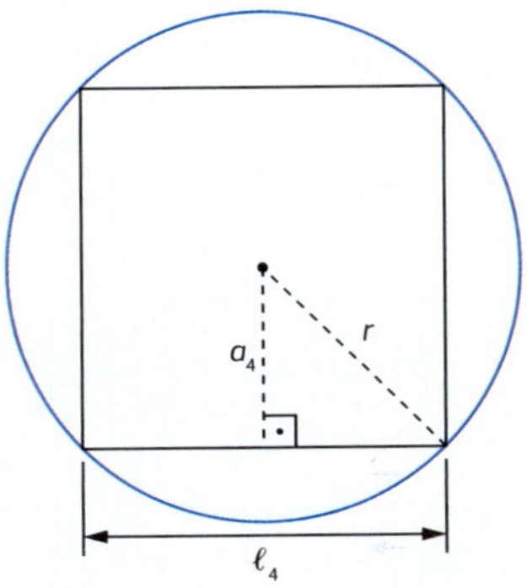

$\ell_4 = r\sqrt{2}$

$a_4 = \frac{\ell_4}{2} = \frac{r\sqrt{2}}{2}$

Triângulo equilátero

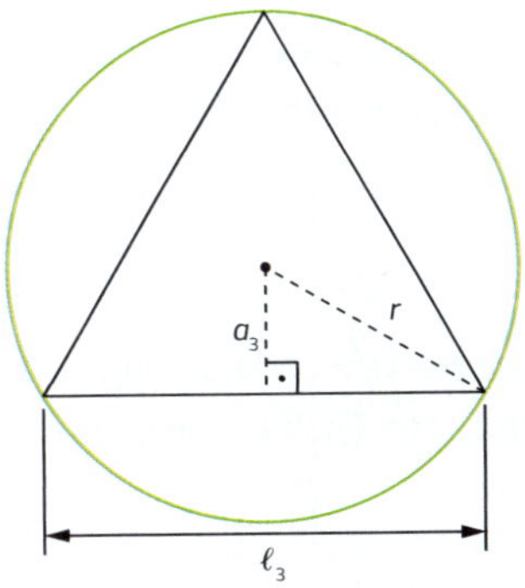

$\ell_3 = r\sqrt{3}$

$a_3 = \frac{r}{2}$

Exercícios

60. Demonstre as relações dadas para as medidas do lado e do apótema em função de *r* em um quadrado e em um triângulo equilátero inscritos em uma circunferência de raio *r*.

61. Complete estas tabelas. Use as relações estudadas anteriormente.

Triângulo equilátero

ℓ	r	a
	10	
10		
		10

Quadrado

ℓ	r	a
	10	
10		
		10

Hexágono regular

ℓ	r	a
	10	
10		
		10

62. Veja como as relações estudadas facilitam os cálculos, determinando as medidas pedidas abaixo.

a) a_3 e ℓ_3 de um triângulo equilátero de medida de raio $r = 16$ cm.

b) r e ℓ_6 de um hexágono regular de apótema com medida $a_6 = 12$ dm.

c) a_4 e r de um quadrado com lado medindo $\ell_4 = 18$ cm.

63. Use a tabela de razões trigonométricas e calcule os valores aproximados das medidas do apótema e do lado de um polígono regular de 9 lados inscrito em uma circunferência com raio que mede 10 cm.

64. Na figura a seguir, temos um quadrado circunscrito a uma circunferência e um triângulo equilátero inscrito na mesma circunferência. Se o lado do triângulo tem $6\sqrt{3}$ cm, quanto mede o lado do quadrado?

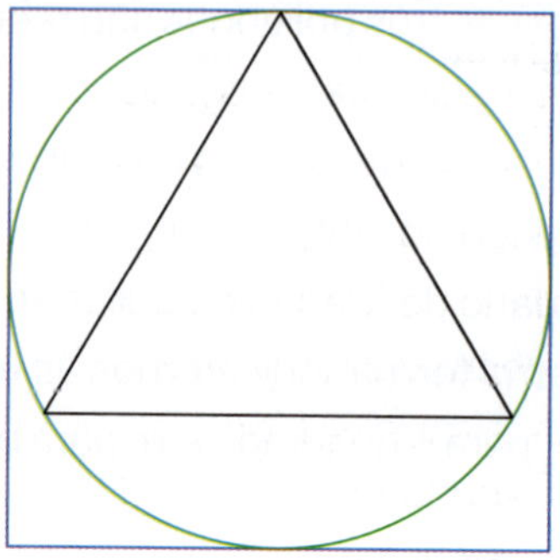

65. Em um octógono regular inscrito em uma circunferência de centro *O*, um dos lados é $\overline{PQ}$, e $\overline{OA}$ é um apótema, para $A \in \overline{PQ}$.

a) Qual é a medida de cada ângulo interno desse polígono?

b) Calcule as medidas dos ângulos $P\hat{O}Q$, $O\hat{A}Q$, $P\hat{Q}O$ e $A\hat{O}P$.

c) Use a tabela de razões trigonométricas da página 260 do livro e determine as medidas aproximadas do lado e do apótema quando o raio mede 10 cm.

d) Determine a medida do raio quando o lado mede 20 cm.

66. **Projeto em equipe: trabalhando com a Trigonometria**

Reúna-se com seus colegas e:

- pesquisem mais sobre a história da Trigonometria. Com essa pesquisa, é possível descobrir novos fatos interessantes;
- usem a Trigonometria para resolver algum problema de ordem prática, como medir a altura de uma árvore bem alta nas proximidades de sua escola.

Raciocínio lógico

Uma folha de papel quadrada é cortada ao meio. Cada região retangular resultante tem perímetro de 12 cm. Qual é a área da região quadrada original?

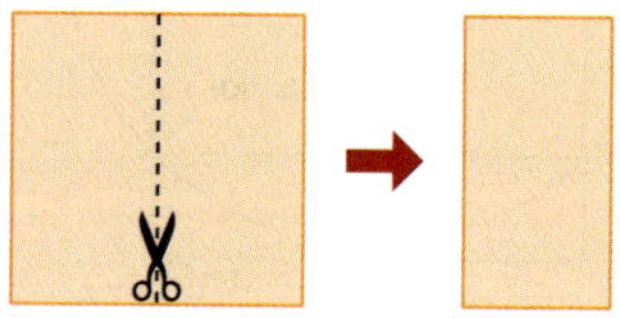

Tratamento da informação

67. Pecuária no Brasil e no mundo

O Brasil é um dos países que mais se destacam na pecuária. Segundo dados do USDA (sigla em inglês para Departamento de Agricultura dos Estados Unidos), em 2012, o país possuía o segundo maior rebanho de gado bovino do mundo, com 197,5 milhões de cabeças de gado, atrás apenas da Índia, que apresentava um rebanho de 323,7 milhões de cabeças.

Na pecuária de corte (para produção de carne, aproveitando-se também outras partes do boi, como o couro), o Brasil também ganha destaque na economia mundial. Em 2012, era o segundo maior produtor de carne bovina do mundo (9,2 milhões de toneladas), antecedido pelos Estados Unidos, que lideravam a produção com 11,7 milhões de toneladas.

A pecuária leiteira (destinada à produção de leite e derivados) é bastante desenvolvida, colocando o Brasil entre os dez maiores produtores mundiais em 2012, como mostra a tabela abaixo.

Luis Salvatore/Pulsar Imagens

Gado para produção de leite.

Principais países produtores de leite no mundo em 2012

Posição no *ranking*	País	Quantidade produzida (em toneladas)	Porcentagem do total
1º	Estados Unidos	90 865 000	14,6%
2º	Índia	54 000 000	8,7%
3º	China	37 767 991	6,1%
4º	Brasil	32 304 421	5,2%
5º	Rússia	31 576 047	5,1%
6º	Alemanha	30 506 929	4,9%
7º	França	23 983 197	3,9%
8º	Nova Zelândia	20 053 000	3,2%
9º	Turquia	15 977 837	2,6%
10º	Reino Unido	15 884 000	2,2%
Total dos países selecionados		352 918 422	56,6%
Total mundial		620 361 802	100%

Fonte: DairyCo. Disponível em: <www.dairyco.org.uk/market-information/supply-production/milk-production/world-milk-production/>. Acesso em: 15 maio 2015.

Veja, agora, na tabela abaixo, como evoluiu a produção de leite no Brasil de 1997 a 2012.

Produção de leite, vacas ordenhadas e produtividade animal no Brasil – 1997 a 2012

Ano	Quantidade de leite produzida (em litros)	Vacas ordenhadas	Produtividade anual (em litros por vaca)
1997	18 666 000	17 048	1 095
1998	18 694 000	17 281	1 082
1999	19 070 000	17 396	1 096
2000	19 767 000	17 885	1 105
2001	20 510 000	18 194	1 127
2002	21 643 000	18 793	1 152
2003	22 254 000	19 256	1 156
2004	23 475 000	20 023	1 172
2005	24 621 000	20 820	1 183
2006	25 398 000	20 943	1 213
2007	26 134 000	21 122	1 237
2008	27 585 000	21 599	1 277
2009	29 105 000	22 435	1 297
2010	30 715 000	22 924	1 340
2011	32 091 000	23 227	1 381
2012	32 304 000	22 803	1 416

Fonte: IBGE e SEAB/DERAL. Disponível em: <www.agricultura.pr.gov.br/>. Acesso em: 25 jan. 2015.

Considerando o texto e os dados das tabelas da página anterior e acima, faça o que se pede a seguir. Use calculadora quando necessário.

a) Em 2012, quantas cabeças de gado a Índia possuía a mais do que o Brasil?

b) Sabendo que a população brasileira em 2012 era de 199 242 462 habitantes, se fosse distribuída toda a carne produzida no país nesse ano para toda a população, qual seria a quantidade aproximada de carne, em média, para cada pessoa?

c) Qual é a média anual de litros de leite produzidos no Brasil de 2008 a 2012? Qual é a mediana? Qual é a moda?

d) Qual é a porcentagem aproximada de vacas ordenhadas em 2012 em relação ao rebanho total do Brasil nesse ano?

Rogério Reis/Pulsar Imagens

Ordenha mecânica de vacas.

e) Construa, em papel quadriculado, um gráfico de barras sobre a quantidade de leite produzida (em toneladas) pelos 10 principais produtores mundiais em 2012.

f) Elabore em seu caderno um gráfico de setores com as porcentagens dos 10 maiores produtores mundiais de leite de 2012 em relação à produção mundial total. Utilize "Outros" para os países que não foram selecionados para compor a tabela.

g) Construa, em papel quadriculado, um gráfico de segmentos sobre a produtividade de leite anual brasileira (em litros por vaca) de 2001 a 2012.

Outros contextos

68. A formiga e as varetas

A distância entre duas varetas fincadas verticalmente em um terreno é de 70 cm. Uma dessas varetas mede 10 cm e a outra mede 4 cm. Uma formiga está situada no ponto *P* e vê as duas varetas com a mesma altura por conta de uma ilusão de óptica.

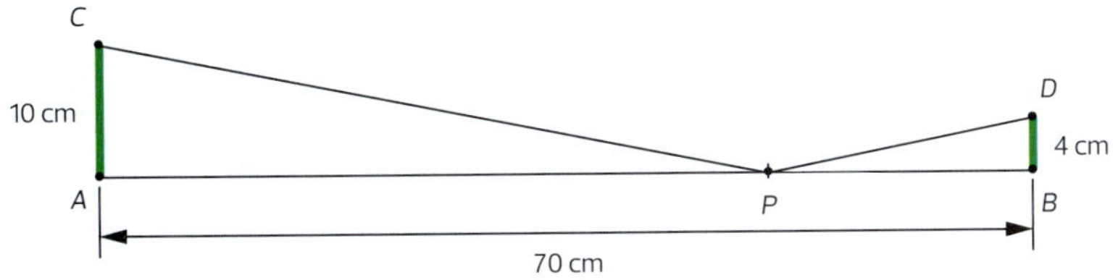

Observação: dois objetos aparentam ter o mesmo formato (altura) para certo observador, quando os ângulos de visão desse observador são iguais para ambos os objetos.

a) Qual é a distância entre a formiga e a vareta menor?

b) Existe outro ponto sobre a reta *AB* em que ocorre esse mesmo fenômeno. Localize esse ponto no desenho. Depois, determine sua distância em relação à vareta maior.

69. A bandeira de Israel

Israel é um país situado no continente asiático, no Oriente Médio.

A bandeira desse país foi oficialmente adotada em 28 de outubro de 1948, cinco meses após a formação do Estado de Israel (14 de maio de 1948).

No centro da bandeira, em um fundo branco e entre duas faixas azuis, está um hexagrama, figura também conhecida como Estrela de Davi.

O hexagrama é uma figura geométrica que lembra uma estrela de seis pontas. Observe, nas figuras a seguir, que ela é formada a partir de um triângulo equilátero. Com esse triângulo original, construímos outro triângulo, congruente ao primeiro. Para obter o segundo triângulo, aplicamos uma reflexão ou uma rotação. Logo em seguida, sobrepomos os triângulos, obtendo o hexagrama.

Fabian von Poser/Easypix Brasil

Bandeira de Israel

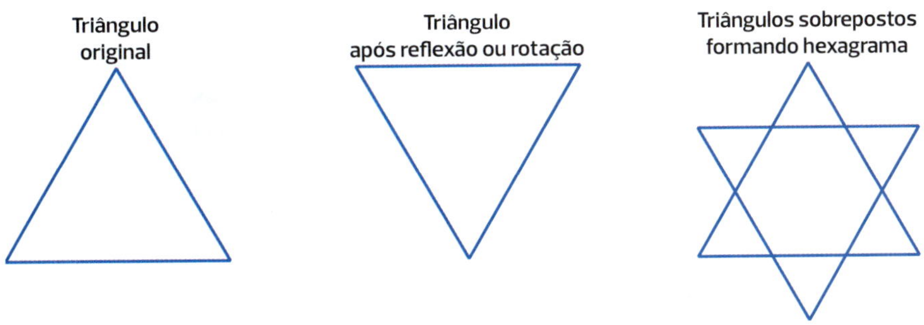

Observe que as pontas do hexagrama correspondem aos vértices de seis triângulos equiláteros e que, no interior, há um hexágono regular. Se o apótema desse hexágono regular mede $5\sqrt{3}$ cm, qual é o perímetro (externo) do hexagrama?

70. Aterrissagem de aviões

Um avião se encontra em voo a 1 200 m de altitude (em relação ao ponto *O*), próximo ao aeroporto, e se prepara para aterrissar. Na descida em linha reta em direção à pista de pouso, ele forma um ângulo de descida de 30° em relação à linha do horizonte artificial, como mostra a figura.

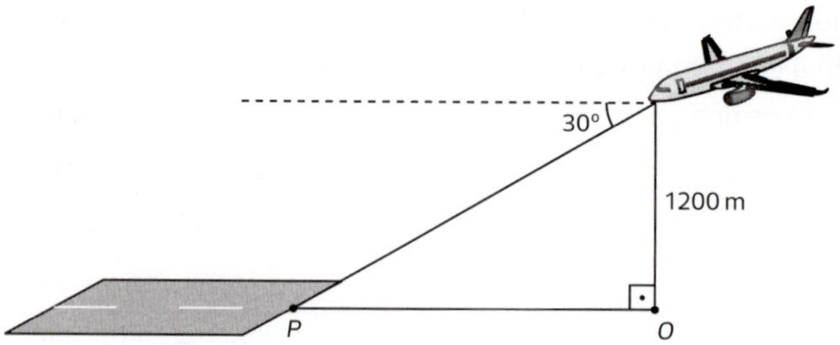

Casa de Tipos/ Arquivo da editora

a) Qual é a distância entre o avião e o início da pista de pouso (ponto *P*)?

b) Qual é a distância entre o ponto *O* e o início da pista de pouso?

71. O terreno de seu Antônio

Seu Antônio tem um terreno cujo desenho aparece abaixo, com algumas medidas indicadas.

Ele pretende anexar mais uma parte a esse terreno, conforme indicado abaixo.

Quanto seu Antônio vai pagar pela parte a ser anexada, se o metro quadrado está sendo vendido a R$ 180,00? Use calculadora e as razões trigonométricas indicadas abaixo. Registre os cálculos com duas casas decimais.

sen 15° = 0,26	sen 40° = 0,64	sen 55° = 0,82
cos 15° = 0,97	cos 40° = 0,77	cos 55° = 0,57
tg 15° = 0,27	tg 40° = 0,84	tg 55° = 1,43

72. Experimento de Física

Luís Paulo, um jovem estudante de Física, decidiu fazer um experimento e, para isso, construiu uma maquete formada por um triângulo retângulo e um quarto de circunferência, como mostra a figura a seguir. O principal objetivo desse experimento era avaliar o impulso que deve ser dado à bola no ponto de partida *P* para que ela inicie o movimento sobre o arco de circunferência com velocidade praticamente nula, ou seja, em queda livre. Entre outros cálculos, Luís Paulo pretendia, também, avaliar a velocidade média da bola durante o percurso *PQT* e, para tanto, necessitava calcular a distância a ser percorrida pela bola. Calcule essa distância. Adote $\pi = 3{,}14$.

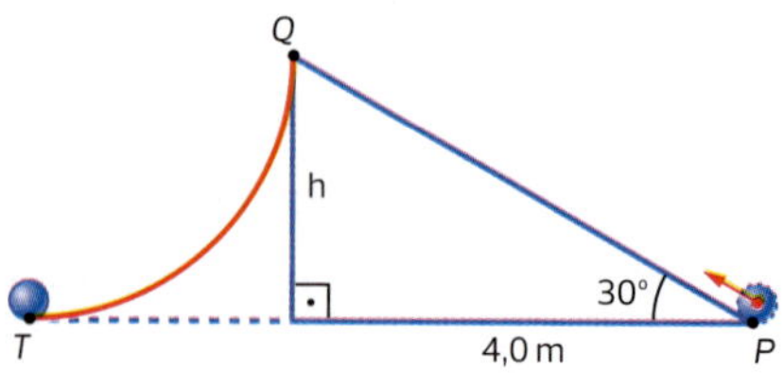

Praticando um pouco mais

1. (UFSM-RS) Um avião levanta voo sob um ângulo de 30°.

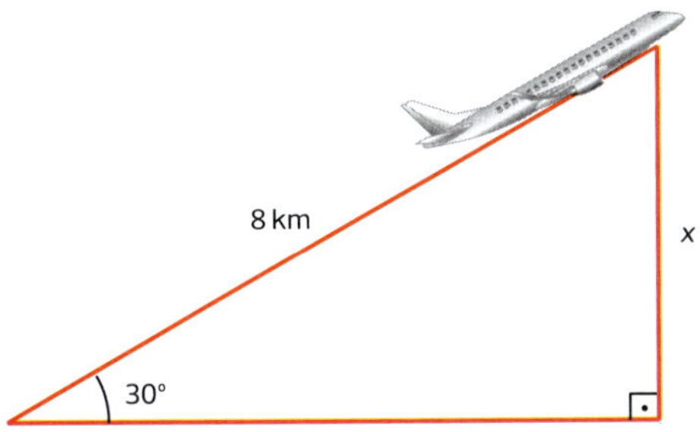

Depois de percorrer 8 km, o avião se encontra a uma altura de:

a) 2 km.
b) 3 km.
c) 4 km.
d) 5 km.
e) 6 km.

2. (Unifor-CE – Adaptado) O Edifício Joelma tornou--se conhecido nacional e internacionalmente quando, em fevereiro de 1974, um incêndio provocou a morte de 188 pessoas. Foi inaugurado em 1971 e continha vinte e cinco andares, sendo dez de garagens. Hoje é denominado Edifício Praça da Bandeira. Suponha que cada andar tem 2 metros de altura e um carro de bombeiro tenha se posicionado em frente ao prédio incendiado. Se a inclinação máxima da escada é 45° e o seu tamanho máximo é 60 m, qual será o último andar atendido pela escada? Considere $\sqrt{2} \simeq 1,4$.

Ilustrações: Casa de Tipos/Arquivo da editora

a) 5º andar
b) 7º andar
c) 8º andar
d) 15º andar
e) 22º andar

3. (UEL-PR) Um engenheiro fez um projeto para a construção de um prédio (andar térreo e mais 6 andares), no qual a diferença de altura entre o piso de um andar e o piso do andar imediatamente superior é de 3,5 m. Durante a construção, foi necessária a utilização de rampas para transporte de material do chão do andar térreo até os andares superiores. Uma rampa lisa de 21 m de comprimento, fazendo ângulo de 30° com o plano horizontal, foi utilizada. Uma pessoa que subir essa rampa inteira transportará material, no máximo, até o piso do:

a) 2º andar.
b) 3º andar.
c) 4º andar.
d) 5º andar.
e) 6º andar.

4. (PUCC-SP) Em uma rua plana, uma torre *AT* é vista por dois observadores *X* e *Y* sob ângulos de 30° e 60° com a horizontal, como mostra a figura abaixo:

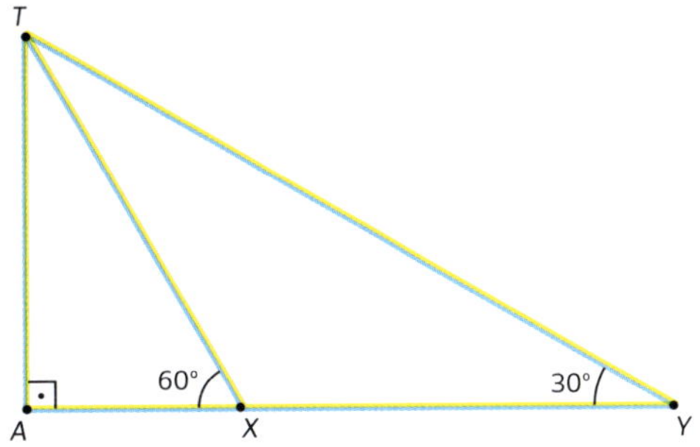

Se a distância entre os observadores é de 40 m, qual é aproximadamente a altura da torre? (Se necessário, utilize $\sqrt{2} = 1,4$ e $\sqrt{3} = 1,7$.)

a) 30 m
b) 32 m
c) 34 m
d) 36 m
e) 38 m

5. (Fuvest-SP) Na figura abaixo, a reta s passa pelo ponto P e pelo centro da circunferência de raio R, interceptando-a no ponto Q, entre P e o centro. Além disso, a reta t passa por P, é tangente à circunferência e forma um ângulo α com a reta s.

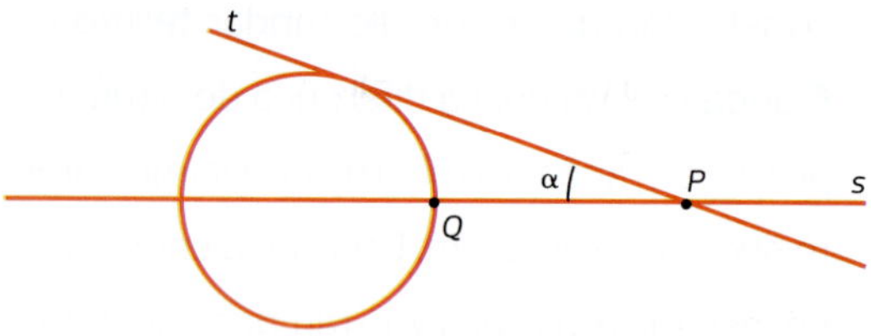

Se $PQ = 2R$, então $\cos \alpha$ vale:

a) $\frac{\sqrt{2}}{6}$.

b) $\frac{\sqrt{2}}{3}$.

c) $\frac{\sqrt{2}}{2}$.

d) $\frac{2\sqrt{2}}{3}$.

e) $\frac{3\sqrt{2}}{5}$.

6. (Furg-RS) Na figura abaixo, as retas r e s representam duas estradas que se cruzam em C, segundo um ângulo de 30°. Um automóvel estacionado em A dista 80 m de um outro estacionado em B.

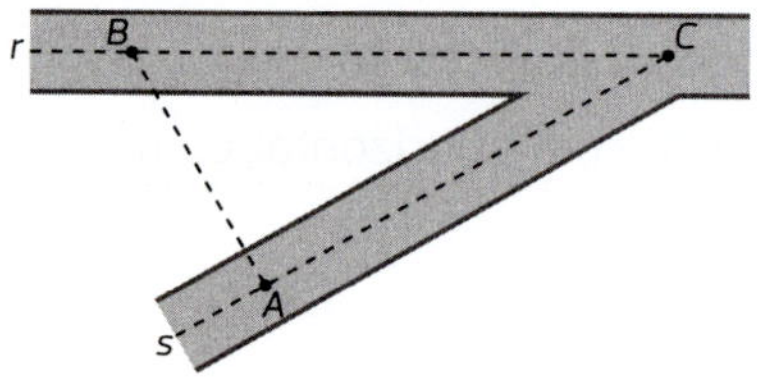

Sabendo que o ângulo $B\hat{A}C$ é 90°, a distância mínima que o automóvel em A deve percorrer até atingir o ponto B seguindo por s e r é:

a) 80 m.

b) 160 m.

c) $80(1+\sqrt{3})$ m.

d) $80(2+\sqrt{3})$ m.

e) $240\sqrt{3}$ m.

7. (Mack-SP – Adaptado) Num retângulo de lados 1 cm e 3 cm, o seno do menor ângulo formado por uma diagonal e a base é:

a) $\frac{4\sqrt{10}}{5}$.

b) $\frac{3\sqrt{10}}{5}$.

c) $\frac{\sqrt{10}}{10}$.

d) $\frac{\sqrt{10}}{3}$.

e) $\frac{2\sqrt{10}}{3}$.

8. (Enem-Inep) Uma empresa precisa comprar uma tampa para o seu reservatório, que tem a forma de um tronco de cone circular reto, conforme mostrado na figura. Considere que a base do reservatório tenha raio $r = 2\sqrt{3}$ m e que sua lateral faça um ângulo de 60° com o solo. Se a altura do reservatório é 12 m, a tampa a ser comprada deverá cobrir uma área de:

a) 12π m².

b) 108π m².

c) $(12 + 2\sqrt{3})^2\pi$ m².

d) 300π m².

e) $(24 + 2\sqrt{3})^2\pi$ m².

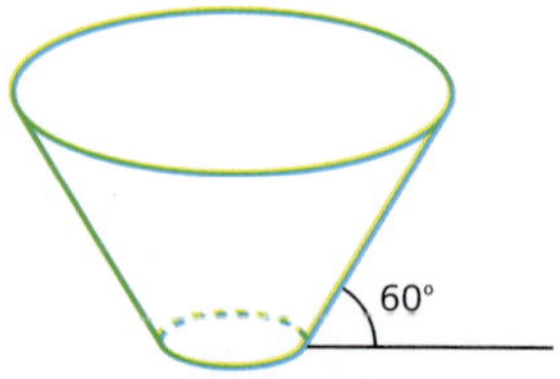

9. (Unifor-CE) Na figura abaixo têm-se os triângulos retângulos ABC, BCD e BDE.

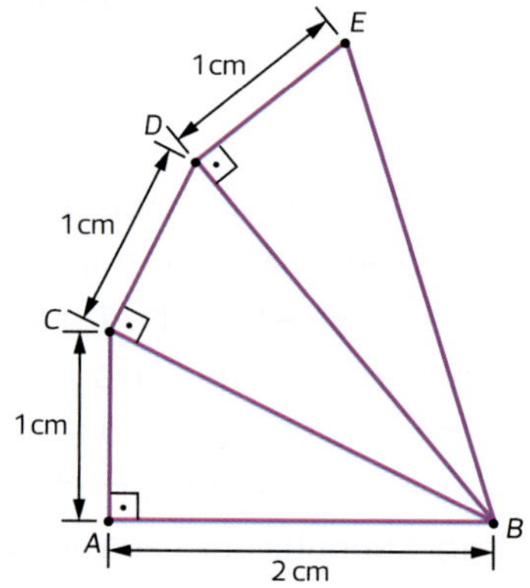

Se os lados têm as medidas indicadas, então a medida do lado $\overline{BE}$, em centímetros, é:

a) $\sqrt{7}$.

b) $\sqrt{6}$.

c) $\sqrt{5}$.

d) 2.

e) $\sqrt{3}$.

10. (Mack-SP) Na figura, se $A = (m, 0)$; $B = (n, 0)$ e $C = (4, 0)$, então $3n - m$ é igual a:

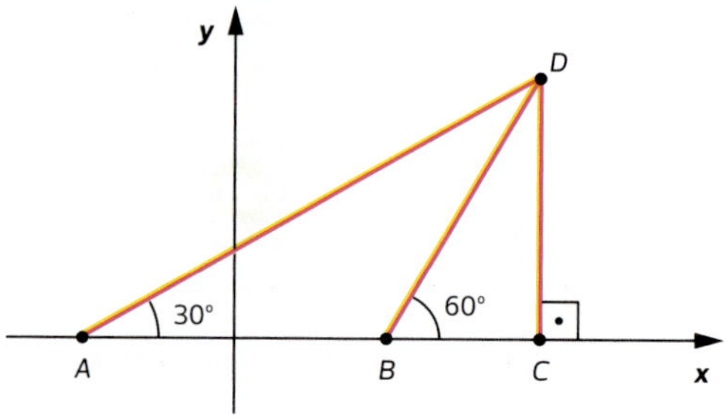

a) $\frac{15}{2}$.

b) 8.

c) $5\sqrt{3}$.

d) 9.

e) $\frac{25}{3}$.

Revisão cumulativa

1. Usando a tabela abaixo, calcule o valor de x em cada caso.

Razões trigonométricas

	sen	cos	tg
30°	$\frac{1}{2}$	$\frac{\sqrt{3}}{2}$	$\frac{\sqrt{3}}{3}$
45°	$\frac{\sqrt{2}}{2}$	$\frac{\sqrt{2}}{2}$	1
60°	$\frac{\sqrt{3}}{2}$	$\frac{1}{2}$	$\sqrt{3}$

a) 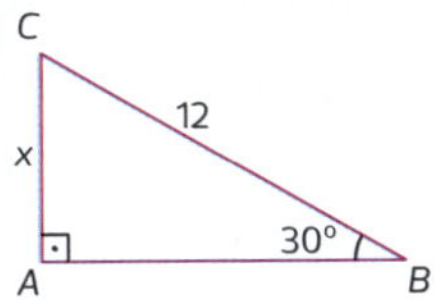

c) 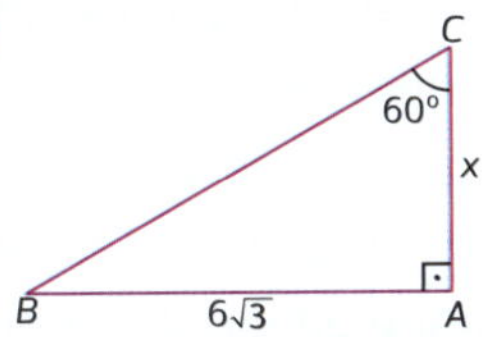

b) 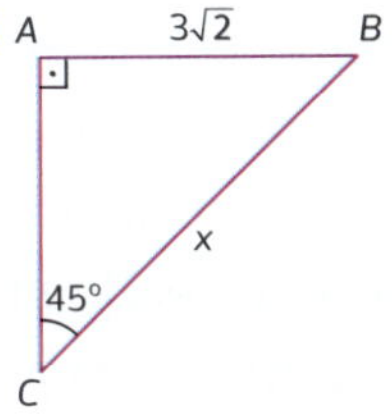

d) 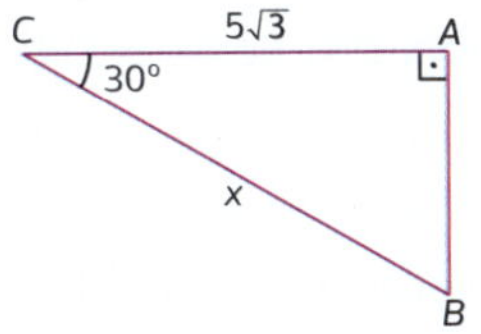

2. O $\triangle ABC$ é retângulo com lados de 10 cm, 24 cm e 26 cm. O $\triangle EFG$ tem área de 270 cm² e é semelhante ao $\triangle ABC$. O perímetro do $\triangle EFG$ é de:

a) 90 cm.
b) 135 cm.
c) 40 cm.
d) 120 cm.

3. No bloco retangular da figura, a medida de $\overline{FC}$ é:

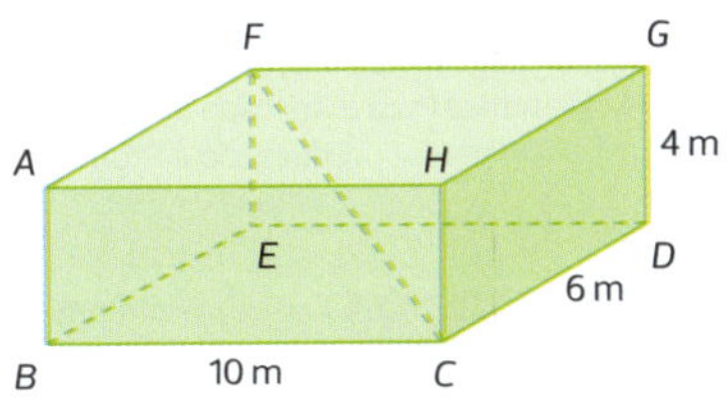

a) $2\sqrt{38}$ cm.
c) $3\sqrt{10}$ cm.
b) $5\sqrt{4}$ cm.
d) $10\sqrt{3}$ cm.

4. (Fuvest-SP) Os vértices de um triângulo ABC no plano cartesiano são: $A(1, 0)$, $B(0, 1)$ e $C(0, \sqrt{3})$. Então, o ângulo $B\hat{A}C$ mede:

a) 60°. b) 45°. c) 30°. d) 18°. e) 15°.

5. Um triângulo equilátero está inscrito em uma circunferência cujo comprimento mede 6π cm. O perímetro desse triângulo é de:

a) $3\sqrt{3}$ cm.
c) $9\sqrt{3}$ cm.
b) $6\sqrt{3}$ cm.
d) $12\sqrt{3}$ cm.

6. (Unifor-CE) O numeral $512^{0,555...}$ é equivalente a:

a) 32.
c) 2.
e) $\sqrt[5]{2}$.
b) $16\sqrt{2}$.
d) $\sqrt{2}$.

7. A equação $4x^2 + bx + c = 0$ tem como raízes os números -5 e 2. Então, o valor de $b + c$ é igual a:

a) 28.
c) 14.
b) -28.
d) -14.

8. (Vunesp) A figura abaixo representa o perfil de uma escada cujos degraus têm todos a mesma extensão, além de mesma altura.

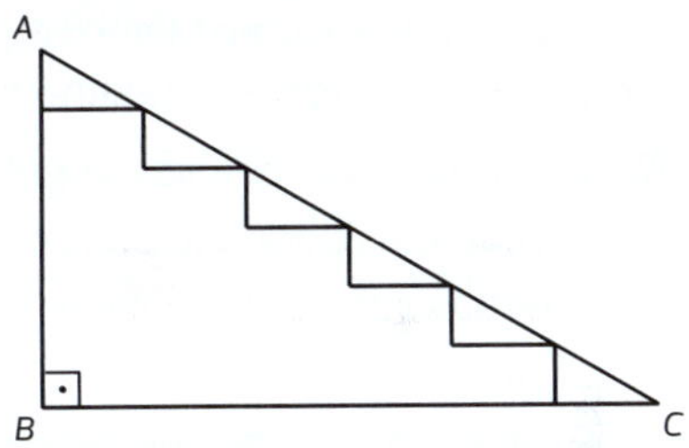

Se $AB = 2$ m e $B\hat{C}A$ mede 30°, então a medida da extensão de cada degrau é:

a) $\frac{2\sqrt{3}}{3}$ m.
c) $\frac{\sqrt{3}}{6}$ m.
e) $\frac{\sqrt{3}}{3}$ m.
b) $\frac{\sqrt{2}}{3}$ m.
d) $\frac{\sqrt{3}}{2}$ m.

9. Resolva este problema consultando a tabela de razões trigonométricas. De um ponto O, vê-se o topo de uma torre sob um ângulo de 35°. Avançando 10 m em direção à torre, o ângulo passa a ser de 58°. Determine a altura da torre.

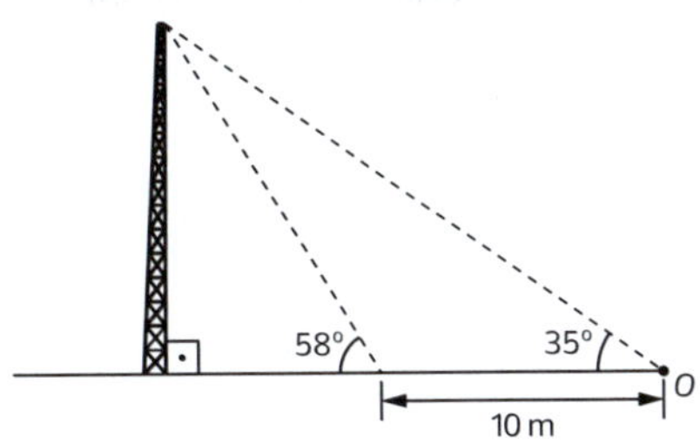

Ponto de chegada

A Matemática nos textos

O último teorema de Fermat

Por volta de 1637, a partir de problemas e soluções relacionados ao teorema de Pitágoras, o jurista francês Pierre de Fermat, matemático nas horas de lazer, presumiu que não existia um trio de números inteiros que satisfizesse a equação $x^n + y^n = z^n$, sendo n maior do que 2. E anotou, na margem do livro *Aritmética*, de Diofante: "É impossível separar um cubo em dois, ou um biquadrado em dois, ou, de um modo geral, qualquer potência, exceto o quadrado, em duas potências com o mesmo expoente. Eu descobri uma demonstração maravilhosa, mas a margem deste papel é muito estreita para contê-la".

Durante mais de 350 anos, matemáticos do mundo todo tentaram em vão demonstrar esse teorema, que ficou conhecido como o Último Teorema de Fermat e influenciou praticamente toda a Matemática.

Finalmente, em 1995, o matemático inglês Andrew Wiles demonstrou definitivamente o Último Teorema de Fermat, mas para isso usou técnicas matemáticas modernas, em um trabalho que ocupou mais de 200 páginas.

Bettmann/Corbis/Latinstock

Pierre de Fermat (1601-1665)

Charles Rex Arbogast/Associated Press

Andrew Wiles (1953-)

Trabalhando com o texto

1. Explique com suas palavras a ideia principal do texto.

2. A equação na forma $x^n + y^n = z^n$, para $n = 2$, representa qual relação matemática?

De onde vem o nome *seno*?

Quando estudei Trigonometria no colégio, meu professor ensinou que *seno* vem do latim, *sinus*, que significa 'seio', 'volta', 'curva', 'cavidade' (como nas palavras *enseada, sinuosidade*). E usou o gráfico da função, que é realmente bastante sinuoso, para justificar o nome.

Mais tarde, vim a aprender que não é bem assim. *Sinus* é a tradução latina da palavra árabe *jaib*, que significa 'dobra', 'bolso' ou 'prega de uma vestimenta'. Isso não tem nada a ver com o conceito matemático de seno. Trata-se de uma tradução defeituosa, que infelizmente durou até hoje. A palavra árabe adequada, a que deveria ser traduzida, seria *jiba*, em vez de *jaib*. *Jiba* refere-se à corda de um arco (de caça ou de guerra). Uma explicação para esse erro é proposta por A. Aaboe (*Episódios da história antiga da Matemática*, p. 139): em árabe, como em hebraico, é frequente escreverem-se apenas as consoantes das palavras; o leitor se encarrega de completar as vogais. Além de *jiba* e *jaib* terem as mesmas consoantes, a primeira dessas palavras era pouco comum, pois tinha sido trazida da Índia e pertencia ao idioma sânscrito.

Evidentemente, quando se buscam as origens das palavras, é quase inevitável que se considerem várias hipóteses e dificilmente se pode ter certeza absoluta sobre a conclusão

Fonte: LIMA, Elon Lages. *Meu Professor de Matemática*. Rio de Janeiro: Instituto de Matemática Pura e Aplicada (Impa)/Vitae – Apoio à Cultura, Educação e Promoção Social, 1991. p. 187.

Trabalhando com o texto

1. Explique com suas palavras a ideia principal do texto.

2. Segundo o autor do texto, por que a palavra seno tem origem em uma tradução defeituosa?

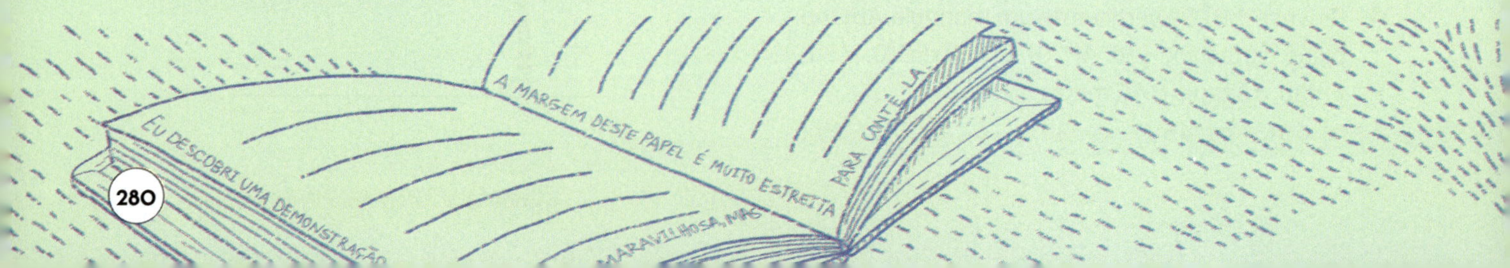

Verifique o que estudou

Forme dupla com um colega para trocar ideias e solucionar todas as questões propostas.

Capítulo 6

1. Duas retas, *r* e *s*, interceptam-se perpendicularmente em um ponto *A*. Um ponto *B*, pertencente à reta *r*, está situado a 60 cm de *A*, e um ponto *C*, pertencente à reta *s*, está situado a 80 cm de *A*. Um ponto *D* pertence ao segmento de reta *BC* de tal modo que $\overline{AD}$ e $\overline{BC}$ são perpendiculares. Calculem a medida de $\overline{AD}$.

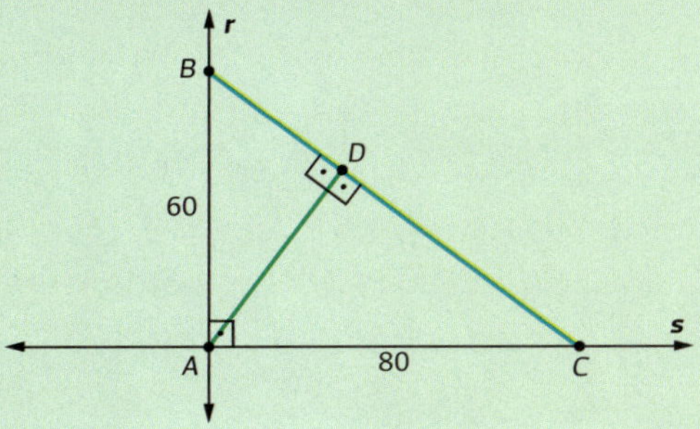

Capítulo 7

2. Apesar de sua grande resistência, um tronco de bambu perpendicular ao solo quebrou-se durante um vendaval, assumindo a forma mostrada na figura. Sua extremidade mais alta passou a tocar o solo, a $4\sqrt{3}$ m de sua raiz, formando com ele um ângulo de 60°. Calculem a altura do bambu antes de quebrar.

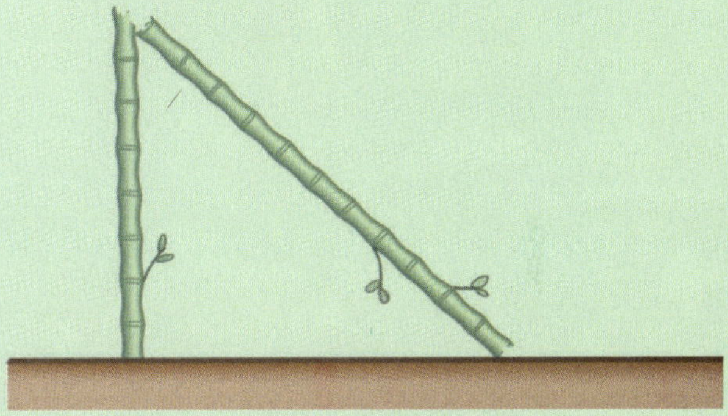

Paulo Manzi/Arquivo da Editora

ATENÇÃO!

Retome os assuntos que você estudou nesta Unidade. Verifique em quais teve dificuldade e converse com seu professor, buscando formas de reforçar seu aprendizado.

Autoavaliação

Algumas atitudes são fundamentais para melhorar o seu aprendizado e a convivência na escola. Questione-se e reflita sobre elas.

- Mantive organizada uma agenda de atividades individuais ou em grupo?
- Empenhei-me para que minha participação nas aulas e nas atividades com os colegas fosse proveitosa para todos?
- Fui pontual e assíduo nas aulas?
- Resolvi os exercícios indicados pelo professor e os apresentados neste livro?
- Esforcei-me para superar minhas dificuldades?
- Ampliei os meus conhecimentos de Matemática?

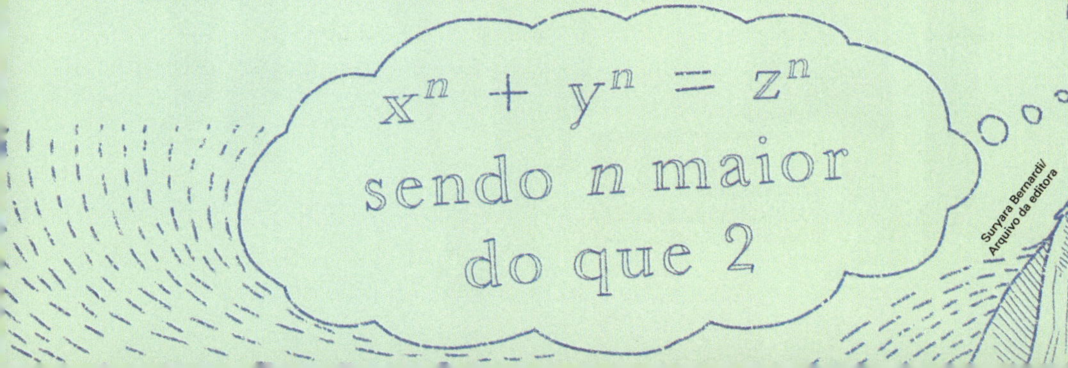

Suryara Bernardi/Arquivo da editora

Unidade 4

Tony V3112/Shutterstock/Glow Images

Em 2014 a China era o país mais populoso do mundo, com cerca de 1,4 bilhão de habitantes.

Grandezas e medidas e Estatística

Segundo a Divisão de População da Organização das Nações Unidas (ONU), no dia 31 de outubro de 2011 a população mundial chegou a 7 bilhões de habitantes, e deve chegar aos 8 bilhões em 2024. As características mais comuns de um habitante no planeta de 7 bilhões (com base nas médias mundiais): homem, chinês, 28 anos, casado, 1 filho, ensino fundamental incompleto, possui celular, não tem carro nem conta bancária e vive em um centro urbano.

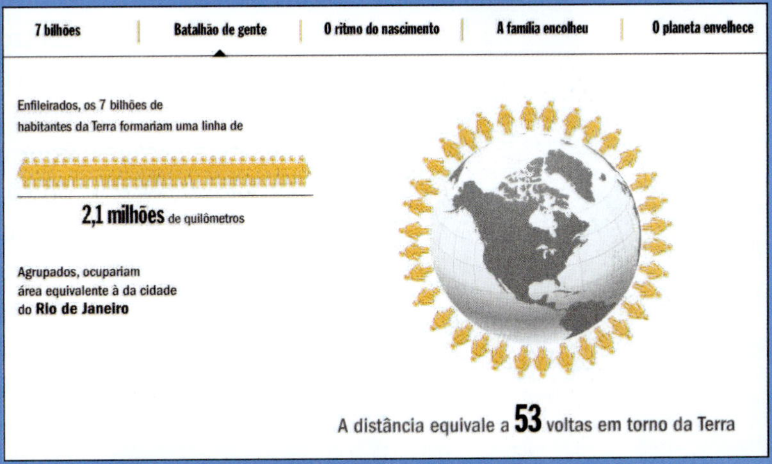

Fonte: *Veja*. Disponível em: <veja.abril.com.br/multimidia/infograficos/voce-entre-os-7-bilhoes--2>. Acesso em: 18 maio 2015.

Ponto de partida

Sob a orientação do professor, converse com os colegas e responda:

1. O infográfico acima utiliza duas formas geométricas principais para representar a população mundial. Quais são?
2. Relacionando os dados fornecidos, calcule o diâmetro aproximado da Terra. (Use calculadora e $\pi = 3$.)
3. Quantos campos de futebol retangulares de 100 m por 80 m são necessários para acomodar 7 bilhões de pessoas, em pé, dispondo 5 pessoas por metro quadrado?
4. No dia 31 de outubro de 2011, a população estimada do Brasil era de 192 milhões de habitantes, aproximadamente. Nesse dia, qual era a probabilidade de, ao escolher uma pessoa do planeta aleatoriamente, ela ser brasileira?

Capítulo 8
Perímetros, áreas e volumes

Kartheinz Weichert/Tyba

Catedral Basílica de Maringá (PR). Foto de 2014.

1 Introdução

Acompanhe a situação a seguir.

A Catedral de Maringá, no Paraná, construída entre julho de 1959 e maio de 1972, é a mais alta catedral da América Latina. Foi idealizada por Dom Jaime Luiz Coelho e projetada pelo arquiteto José Augusto Bellucci.

De forma cônica, a catedral possui um diâmetro externo de 50 m e uma nave única, também circular, com diâmetro interno de 38 m. O cone possui altura externa de 114 m [...]. Esse cone envolve um segundo cone com altura livre de 84 m. A catedral tem capacidade para 3 500 pessoas, que podem se distribuir em duas galerias internas superpostas.

Fonte: MARINGA.COM. O portal da cidade. Disponível em: <www.maringa.com/turismo/catedral.php>. Acesso em: 18 maio 2015.

A partir dessas informações, responda: qual é o volume aproximado da Catedral Basílica de Maringá?

Para resolver essa situação, é necessário empregar as noções de comprimento, área e volume, que estão entre as mais antigas da Matemática.

Neste capítulo, vamos retomar as ideias de perímetro, área e volume. Vamos também aprofundar o estudo, por exemplo, calculando a área de um círculo a partir da medida de seu raio.

2 Retomando e aprofundando o cálculo de perímetros

Perímetro de um polígono

Pense rápido: como se calcula o perímetro de um losango? E o perímetro de um paralelogramo?

Nos exercícios seguintes, vamos trabalhar com a ideia de perímetro de polígonos.

A praça representada abaixo, por exemplo, tem a forma triangular com lados de 30 m, 20 m e 12 m.

Seu perímetro é calculado assim:

$P = 30\text{ m} + 20\text{ m} + 12\text{ m} = 62\text{ m}$

Exercícios e problemas

1. Carlos quer colocar uma cerca, do tipo alambrado, no pasto onde fica seu gado. O pasto tem forma retangular de dimensões 100 m por 140 m. Ele pretende pôr um mourão a cada 20 m para prender a cerca. Quantos metros de cerca e quantos mourões Carlos precisa comprar?

2. Escreva uma fórmula para determinar o perímetro em relação às medidas dos lados (em centímetros) de cada polígono. Antes, atribua letras para representar essas medidas.

a) Paralelogramo

b) Losango

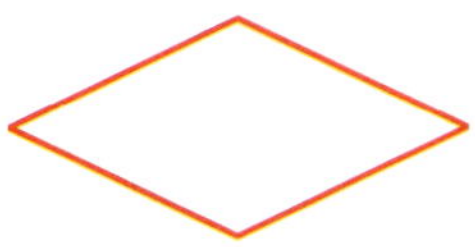

c) Triângulo equilátero

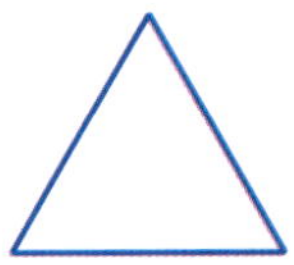

d) Hexágono regular

3. Observe estes polígonos e faça os cálculos necessários para determinar o perímetro de cada um.

a)

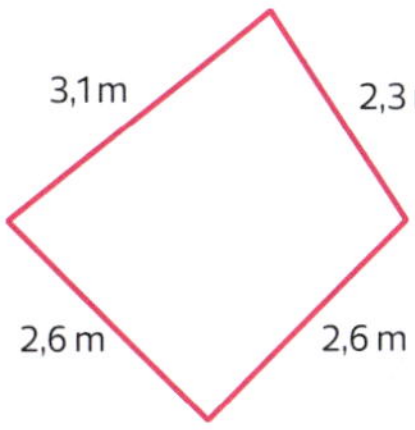

b)

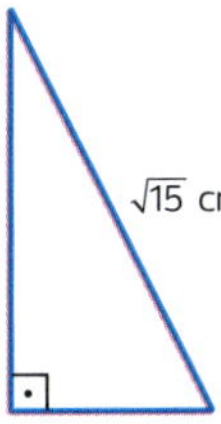

c) Triângulo equilátero cuja altura mede $6\sqrt{3}$ dm.

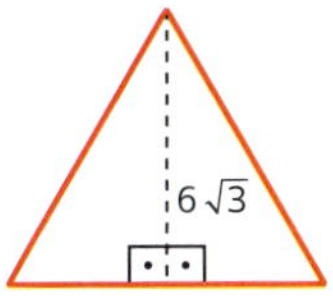

Perímetro de uma circunferência

DeAgostini/Getty Images

Vista aérea do Coliseu, em Roma, Itália. Sua construção foi iniciada em 72 d.C. Foto de 2011.

Há mais de 2 000 anos, o ser humano descobriu uma relação entre a medida do comprimento de uma circunferência (C) e a medida de seu diâmetro (d).

Antigos povos usaram essa descoberta para desenhar suas construções.

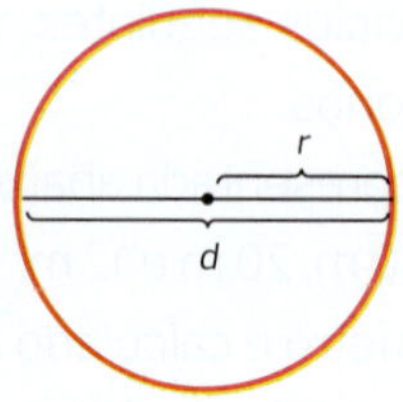

A primeira relação usada foi: $\frac{C}{d} = 3$ ou $C = 3 \cdot d$.

No século XVIII a.C., no Egito, o escriba Ahmes utilizou o valor $3 + \frac{13}{81}$ para o quociente $\frac{C}{d}$. Já os babilônios usavam o valor $3 + \frac{1}{8}$.

Em 250 a.C., Arquimedes de Siracusa (287 a.C.-212 a.C.) provou que o quociente $\frac{C}{d}$ está entre $\frac{223}{71}$ e $\frac{22}{7}$ (ou seja, entre 3,1408 e 3,1429).

Durante séculos, os seres humanos tentaram encontrar um valor exato para esse número. Primeiro, usaram fração; depois, a forma de número decimal; mas não tiveram êxito. A expressão decimal que eles encontravam era sempre 3 inteiros e uma parte decimal que continuava sempre sem que aparecesse uma dízima periódica ou uma decimal exata:

3,14159265358979323846...

Em 1874, o matemático inglês William Shanks (1812-1882) calculou esse quociente ($C : d$) com 707 algarismos para a parte decimal.

Com o uso da informática, nos séculos XX e XXI, foram alcançadas quantidades cada vez maiores de casas decimais para esse número. Em 2010, o engenheiro japonês Shigeru Kondo e o estudante americano Alexander Yee, com a ajuda de um computador especial construído em casa, alcançaram uma precisão de 5 trilhões de casas decimais, sem que se obtivesse uma dízima periódica ou uma decimal exata.

Para evitar o uso dessa forma decimal complicada, foi adotado o símbolo π (pi), primeira letra da palavra grega *perímetros* (περιμετρος). Assim, a fórmula que representa a relação entre a medida do comprimento da circunferência e a medida do diâmetro é:

$$\frac{C}{d} = \pi \quad \text{ou} \quad C = \pi \cdot d \quad \text{ou ainda} \quad C = 2\pi r$$

Hoje sabemos que π é um número irracional. Entretanto, para efetuar cálculos, usamos valores racionais aproximados para π, como 3,14 ($\pi \simeq 3{,}14$) ou $3\frac{1}{7}$ $\left(\pi \simeq 3\frac{1}{7}\right)$.

Curiosidade matemática

Uma maneira de memorizar o valor aproximado de π

No livro *Maravilhas da Matemática*, de Malba Tahan, há uma frase do escritor e poeta Modesto de Abreu elaborada para facilitar a memorização do valor aproximado do π com 10 casas decimais, observando-se a quantidade de letras de cada palavra da frase:

Sim,	é	útil	e	fácil	memorizar	um	número	grato	aos	sábios.
3,	1	4	1	5	9	2	6	5	3	6

Nesse caso, o valor aproximado para π foi 3,1415926536.

Exercícios e problemas

4. A base de uma lata de biscoitos tem a forma de um círculo. Para calcular o comprimento da circunferência desse círculo, Maurício contornou a lata com uma fita métrica e obteve 63 cm. Regina mediu o raio desse círculo, obteve 10 cm, usou a fórmula e também chegou a 63 cm para o comprimento da circunferência. Que valor aproximado Regina usou para π?

5. Para ir de *A* até *B* pela linha verde, quantos centímetros a mais se gasta do que indo pela linha vermelha? Use $\pi = 3,1$.

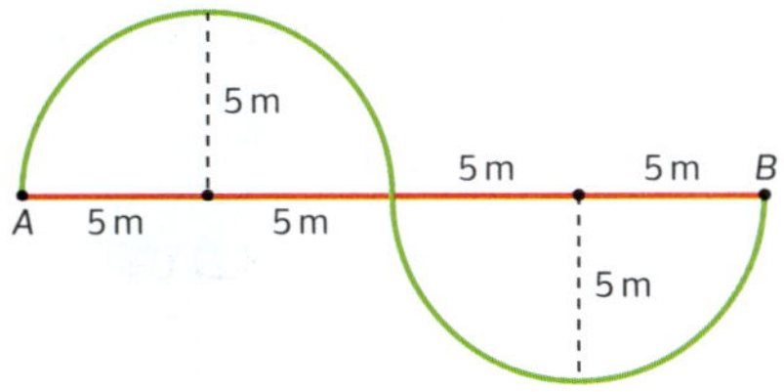

6. Determine a medida da diagonal de um quadrado inscrito em uma circunferência de 31,40 m de comprimento. Use $\pi = 3,14$.

7. A roda de um veículo tem 0,36 m de raio. Quantas voltas essa roda dá quando o veículo percorre 4 521,6 m?

8. Um quadrado tem 60 cm de perímetro. Determine a medida aproximada do comprimento da circunferência inscrita nesse quadrado. Use $\pi = 3,14$.

9. Se aumentarmos a medida do raio de uma circunferência em 1 cm, em quanto aumenta o comprimento dessa circunferência? E se aumentarmos 2 cm?

10. Em uma circunferência de raio *r*, o comprimento da circunferência é $C = 2\pi r$. Responda:

a) Triplicando a medida do raio de uma circunferência, o que ocorre com seu comprimento?

b) E se dividirmos a medida do raio por 3, o que ocorre com o comprimento dessa circunferência?

c) Comprimento do raio e comprimento da circunferência são grandezas proporcionais?

11. Uma formiga encontra-se no ponto *A* do cilindro aberto, conforme figura abaixo. Que distância ela percorrerá de *A* a *C* seguindo o caminho indicado? Dados: figura planificada; altura do cilindro: 12 cm, raio: 3 cm, $\pi = 3$, *AB* = diâmetro e *C* = projeção de *B*.

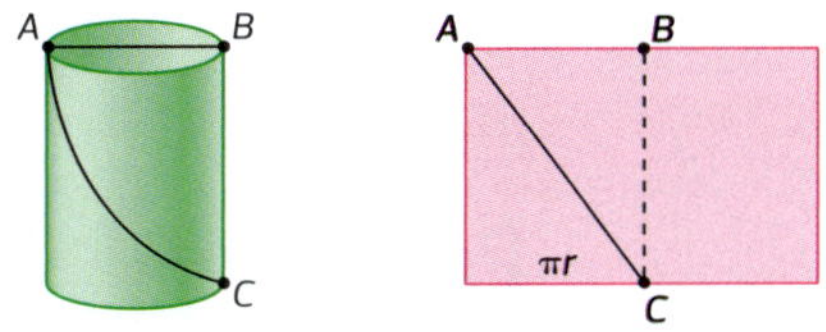

Desafio

Um triângulo equilátero está inscrito em uma circunferência cujo comprimento mede 6π cm. O perímetro desse triângulo é de:

a) $3\sqrt{3}$ cm.

b) $6\sqrt{3}$ cm.

c) $9\sqrt{3}$ cm.

d) $12\sqrt{3}$ cm.

Comprimento de um arco de uma circunferência

Lembre-se de que:

- o comprimento do arco cujo ângulo central associado mede 90° é igual a $\frac{1}{4}$ do comprimento da circunferência de raio r. Veja a representação na figura abaixo.

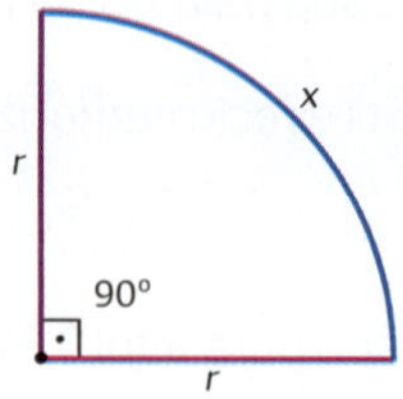

Se $360° : 90° = 4$, então $x = \frac{2\pi r}{4}$ ou $\frac{\pi r}{2}$.

- o comprimento de uma semicircunferência é igual à metade do comprimento da circunferência de raio r. Observe a figura.

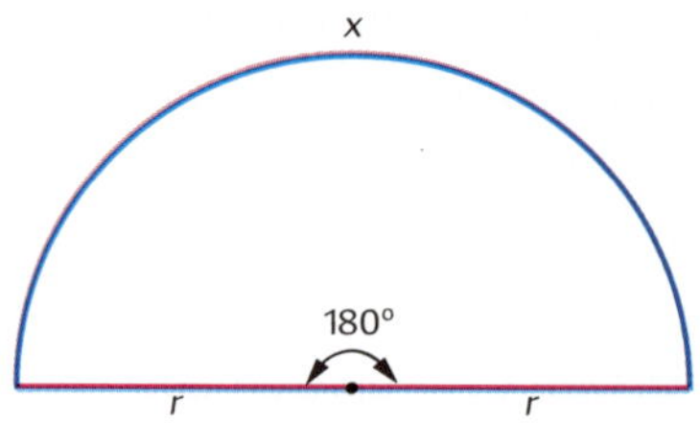

Se $360° : 180° = 2$, então $x = \frac{2\pi r}{2} = \pi r$.

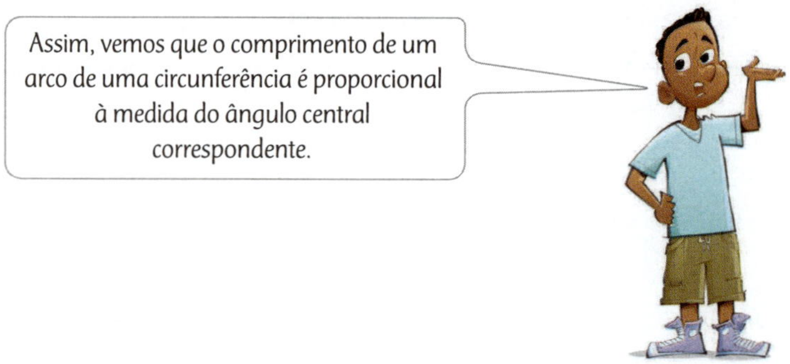

Perímetro de um setor circular

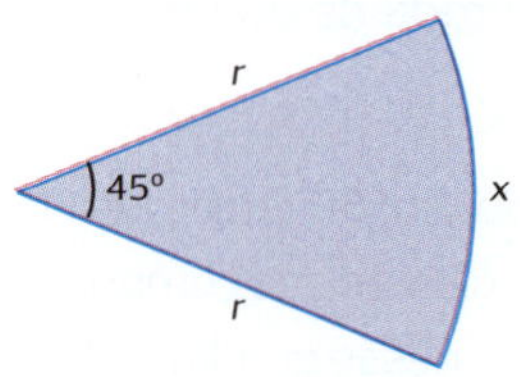

$$\begin{array}{r|l} 360° & 45° \\ \hline 00 & 8 \end{array}$$

Neste exemplo, $P = r + r + x$, em que $x = \frac{2\pi r}{8}$ ou $P = 2r + \frac{\pi r}{4}$ ou $P = \left(2 + \frac{\pi}{4}\right)r$.

Exercícios e problemas

Nestes exercícios utilize a seguinte aproximação: $\pi = 3{,}14$.

12.

a) A medida do comprimento aproximado dessa circunferência.

b) A medida do comprimento aproximado do arco da circunferência cujo ângulo central associado mede 120°.

c) A medida do ângulo central associado ao arco que mede 6,28 cm de comprimento.

13. Calcule o perímetro de cada setor circular abaixo. Use $\pi = 3{,}14$.

a)

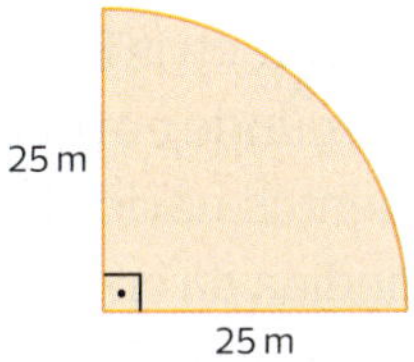

b)

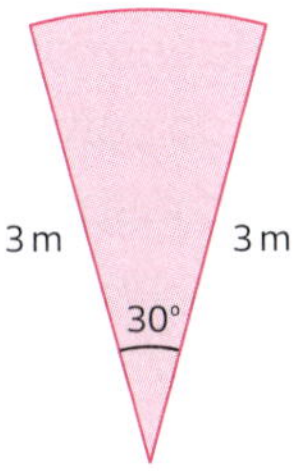

c)

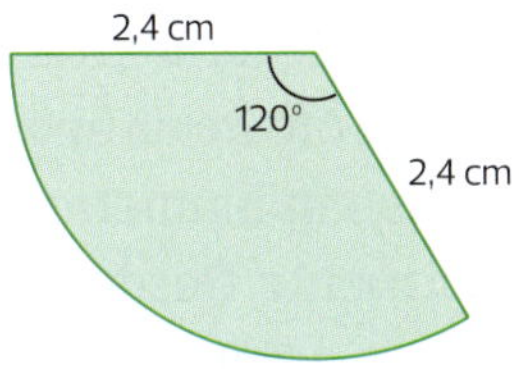

14. Paulo e seu avô costumam caminhar em volta da praça representada na figura abaixo. Se eles derem 12 voltas completas, percorrerão mais ou menos do que 1,5 km? Justifique sua resposta.

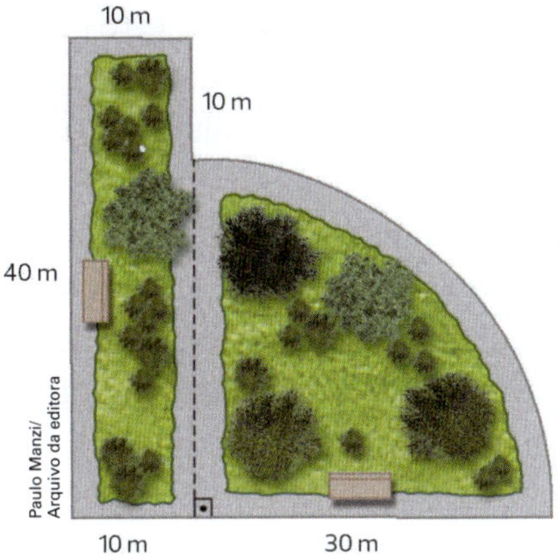

15. A medida do comprimento da circunferência abaixo é de aproximadamente 25,12 cm. Determine o perímetro do quadrado *ABCD*.

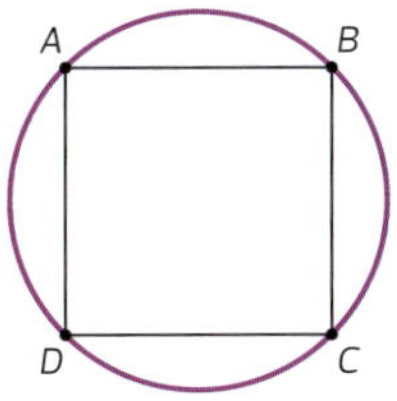

16.

Leitura

Áreas de figuras planas

CONTEÚDO DIGITAL

O estudo da área de figuras planas está ligado aos conceitos relacionados à Geometria Euclidiana, que surgiu na Grécia antiga embasada no estudo do ponto, da reta e do plano. No mundo em que vivemos, existem inúmeras formas planas, que são construídas a partir dos elementos básicos citados anteriormente. Desde a Antiguidade, o ser humano necessitou determinar a medida da superfície de áreas, com o objetivo voltado para a plantação e a construção de moradias. Dessa forma, ele observou uma melhor organização na ocupação do terreno.

Atualmente, o processo de expansão ocupacional utiliza os mesmos princípios criados nos séculos anteriores. A diferença é que hoje as medidas são padronizadas de acordo com o Sistema Internacional de Medidas. Dentre as medidas de área existentes, temos:

- km^2: quilômetro quadrado;
- hm^2: hectômetro quadrado;
- dam^2: decâmetro quadrado;
- m^2: metro quadrado;
- dm^2: decímetro quadrado;
- cm^2: centímetro quadrado;
- mm^2: milímetro quadrado.

Uma área com 1 km^2 equivale a uma região quadrada com lados medindo 1 km; para as outras medidas segue-se o mesmo raciocínio. De acordo com o Sistema Internacional de Medidas, a unidade padrão para a representação de áreas é o m^2 (metro quadrado). Utiliza-se o km^2 em situações relacionadas à medição de áreas de cidades, estados, países, continentes, etc.

Em Geometria, as formas mais conhecidas são: triângulo, quadrado, retângulo, paralelogramo, losango, trapézio e círculo. Para todas essas formas há fórmulas matemáticas para o cálculo da medida de suas superfícies. Para o cálculo de área de figuras mais complexas desenvolvemos cálculos matemáticos específicos, entre outras técnicas.

Para as superfícies irregulares, podemos fazer várias subdivisões em figuras notáveis como quadrado, retângulo, etc. Mesmo aquelas cujos limites não são trechos retos podem ser subdivididas em figuras conhecidas e, então, calculamos sua área.

Fonte: Mundo Educação. Áreas de figuras planas, de Marcos Noé Pedro da Silva. Disponível em: <www.mundoeducacao.com/matematica/areas-figuras-planas.htm>. Acesso em: 26 jan. 2015.

③ Retomando e aprofundando o cálculo de áreas

É muito importante sabermos calcular a área de uma superfície, ou seja, a medida da parte de um plano ocupada por uma figura, pois muitas situações do dia a dia exigem esse tipo de cálculo. Por exemplo, o orçamento de alguns serviços, como a pintura de uma casa ou a colocação de pisos nos cômodos, é feito com base no cálculo de áreas.

Como esse cálculo é feito?

Para medir uma região do plano ocupada por uma figura *F* qualquer, comparamos *F* com uma unidade de área, previamente fixada.

O resultado dessa comparação – a área de *F* – indicará quantas vezes a unidade de área escolhida cabe em *F*.

Por exemplo, fixada a unidade de área **u**, a medida da superfície da região plana *F* (ou seja, a área de *F*) é de 6 unidades de área ou 6 u. Já a área da região *G* é de 4 u.

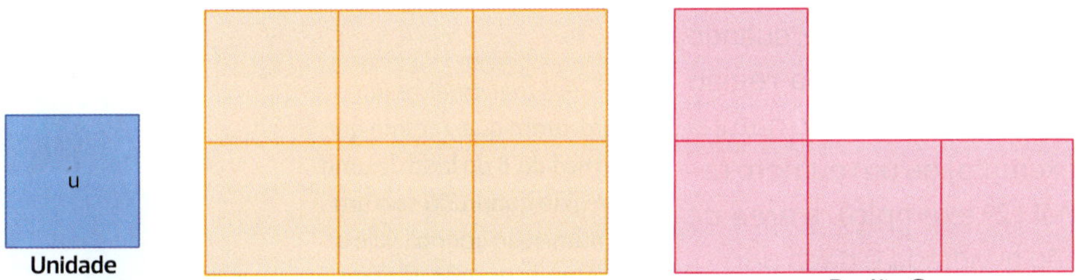

Unidade de área **Região *F*** **Região *G***

Área de uma região quadrada

Uma unidade de área bastante usada e que você estudou é o centímetro quadrado (cm^2). Fixada essa unidade de área, acompanhe como calcular a área da região quadrada *Q*.

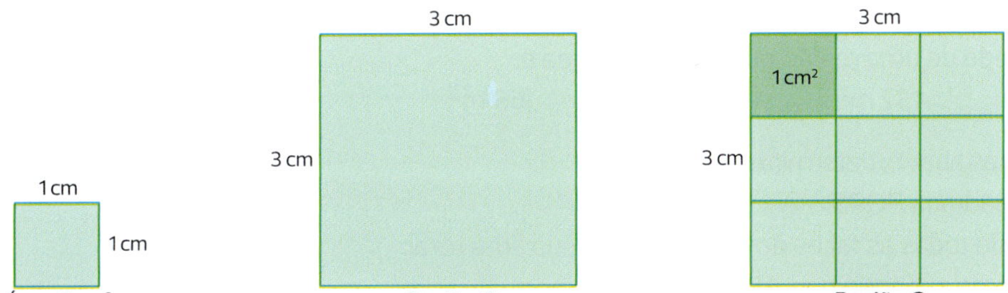

Área: 1 cm² **Região *Q*** **Região *Q***

É possível decompor a região quadrada *Q* em 9 regiões quadradas, justapostas, iguais à unidade de área fixada. Assim, essa região quadrada fica formada por 9 unidades de área. Portanto, sua área é de 9 cm^2. Observe que $3^2 = 9$. Logo, temos:

$$\text{Área da região } Q = 3^2 = 9 \text{ cm}^2$$

Acompanhe, agora, como calcular a área da região quadrada R, novamente fixando o centímetro quadrado (cm^2) como unidade de área.

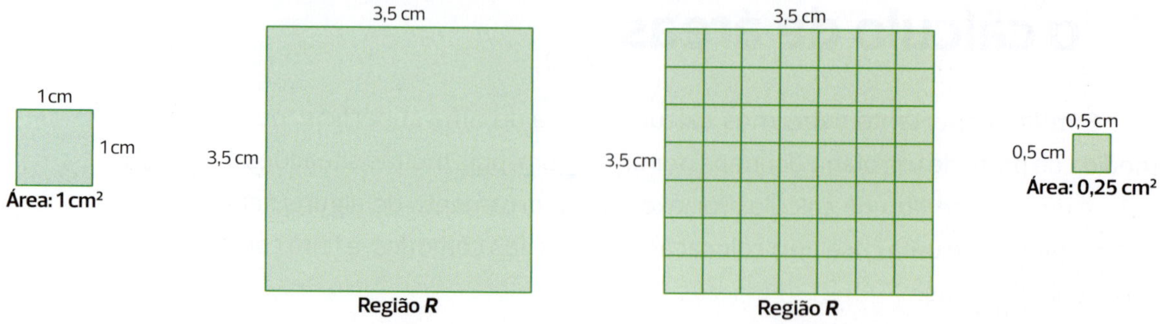

Não é possível decompor a região R em um número exato de regiões quadradas de 1 cm^2 de área.

Mas é possível decompor a região quadrada R em 49 $(7 \cdot 7)$ regiões quadradas justapostas, cada uma com 0,25 cm^2 de área. Assim, a área da região quadrada R é dada por 12,25 cm^2 $(49 \cdot 0{,}25)$.

Observe que $(3{,}5)^2 = \left(3\frac{1}{2}\right)^2 = \left(\frac{7}{2}\right)^2 = \frac{49}{4} = 12{,}25$.

Portanto, podemos escrever:

$$\text{Área da região quadrada } R = (3{,}5)^2 = 12{,}25 \text{ cm}^2$$

Vimos, então, que, quando a medida ℓ do lado da região quadrada é um número natural (1º exemplo) ou um número racional (2º exemplo), a área da região quadrada é dada por:

$$A = \ell \cdot \ell \text{ ou } A = \ell^2$$

Exercícios

17. Determine a área de uma região quadrada sabendo que seu lado mede:

a) 17 cm; b) 8,5 cm; c) $\sqrt{7}$ cm; d) $2\sqrt{3}$ cm.

18. Calcule a medida do lado de uma região quadrada cuja área é:

a) 45 cm^2; b) 432 m^2; c) 169 m^2; d) 42,25 cm^2.

19. De acordo com as figuras abaixo, determine:

a) a área da região quadrada $PQRS$;

b) a soma das áreas de todas as faces do cubo, ou seja, sua área total;

c) a área da região verde sabendo que $ABCD$ é um quadrado.

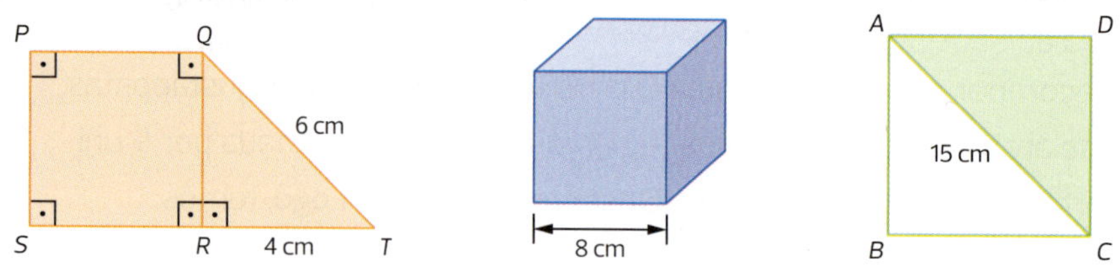

Área de uma região retangular qualquer

Acompanhe como determinar a área da região retangular *S*, tendo fixado 1 cm² como unidade de área.

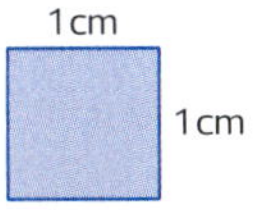

Unidade de área: 1 cm²

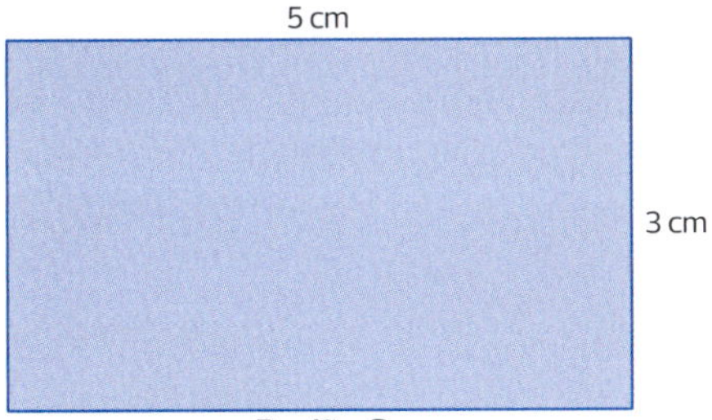

Região *S*

Delfim Martins/Pulsar Imagens

Vista aérea de plantações

Da mesma maneira como fizemos com as regiões quadradas *R* e *Q*, é possível decompor a região retangular *S* em 15 regiões quadradas justapostas, iguais à unidade de área.

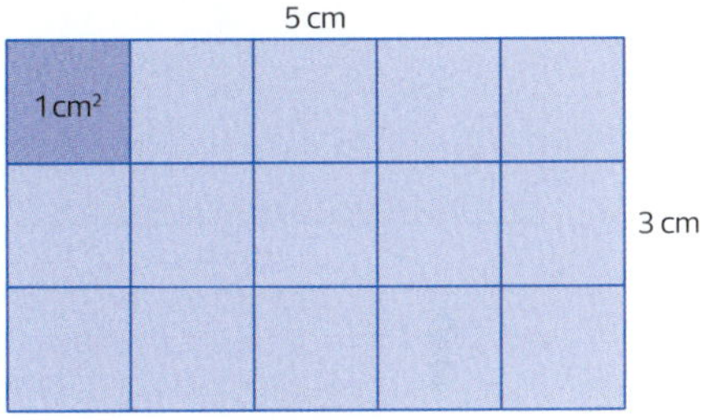

Região *S*

Assim, essa região retangular fica formada por 15 unidades de área e, portanto, sua área é de 15 cm². Observe que $15 = 3 \cdot 5$. Logo:

$$\text{Área da região retangular } S = 3 \cdot 5 = 15 \text{ cm}^2$$

Vamos agora calcular a área da região retangular *T*, também tendo 1 cm² como unidade de área.

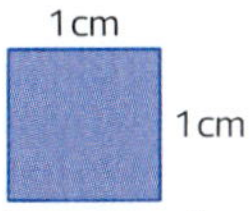

Unidade de área: 1 cm²

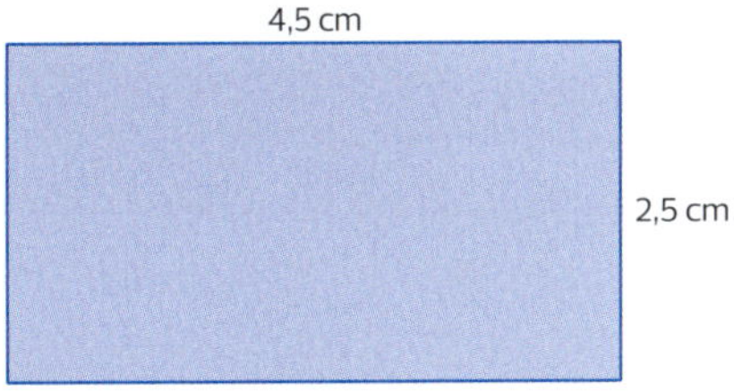

Região *T*

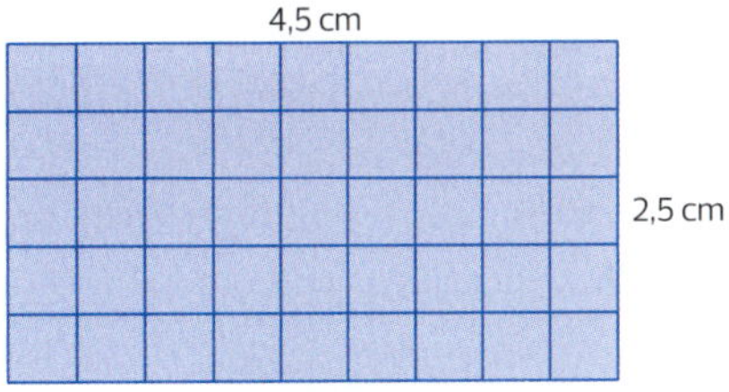

Região *T*

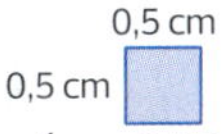

Área: 0,25 cm²

Não é possível decompor a região retangular *T* em um número exato de regiões quadradas de 1 cm² de área. Mas é possível decompor a região retangular *T* em 45 regiões quadradas justapostas, cada uma com 0,25 cm² de área. Assim, a área da região retangular *T* é dada por 11,25 cm² ($45 \cdot 0{,}25$).

Observe que $2{,}5 \cdot 4{,}5 = \left(2\frac{1}{2}\right) \cdot \left(4\frac{1}{2}\right) = \frac{5}{2} \cdot \frac{9}{2} = \frac{45}{4} = 11{,}25$.

Assim, podemos escrever:

$$\text{Área da região retangular } T = 2{,}5 \cdot 4{,}5 = 11{,}25 \text{ cm}^2.$$

Estudamos então que, quando as dimensões são dadas por números naturais (3 e 5) ou por números racionais (2,5 e 4,5), a área da região retangular é dada pelo produto da medida da base pela medida da altura.

$$A = a \cdot b$$

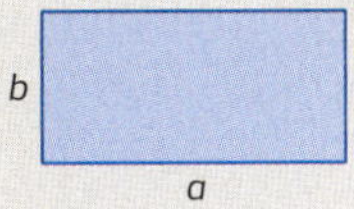

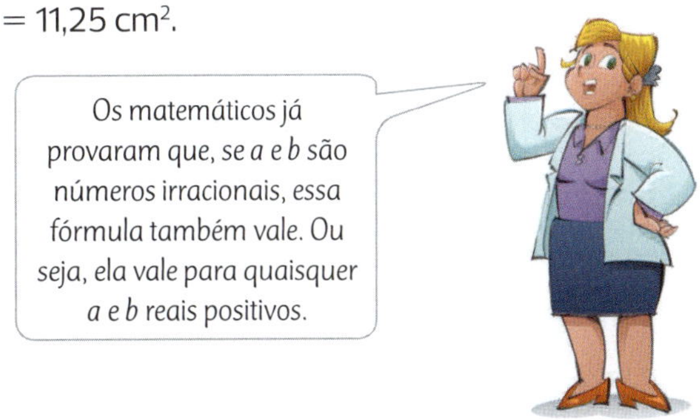

Exercícios

20. A área de um sítio retangular é de 414 200 m². O comprimento desse sítio mede 760 m. Quanto mede a sua largura?

21. Nair vai colocar carpete em seu consultório, que mede 4,5 m por 3,5 m. O preço do metro quadrado do carpete é R$ 54,00. Quanto Nair vai gastar?

22. Determine a área aproximada da região retangular, em cada um dos casos. Use calculadora.

a)

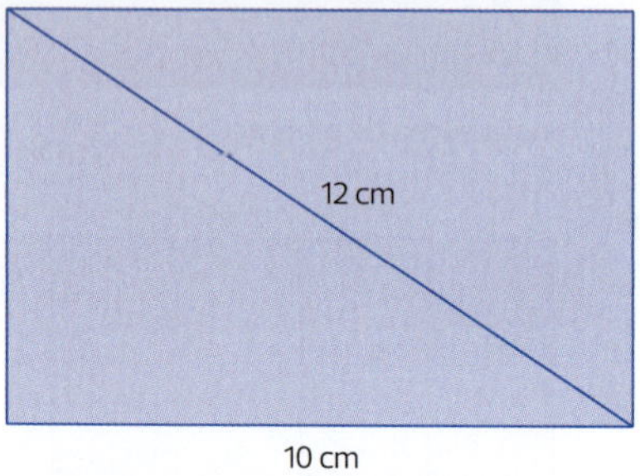

b)

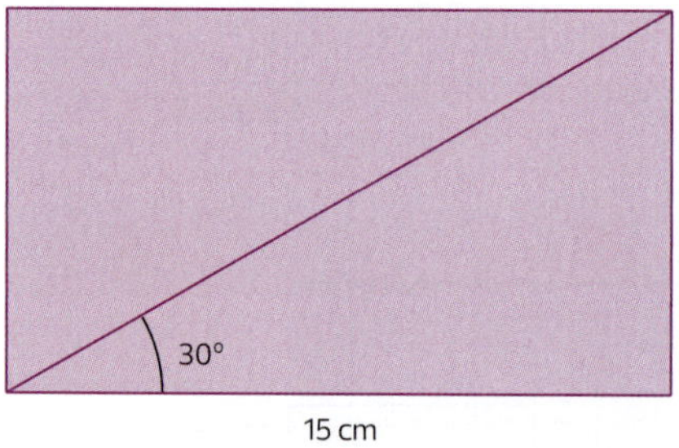

c)

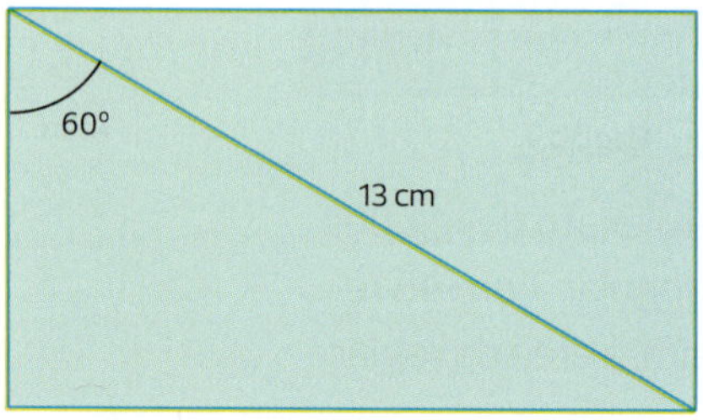

23. A bandeira da Finlândia, país situado no norte da Europa, está representada abaixo. Ela é azul e branca.

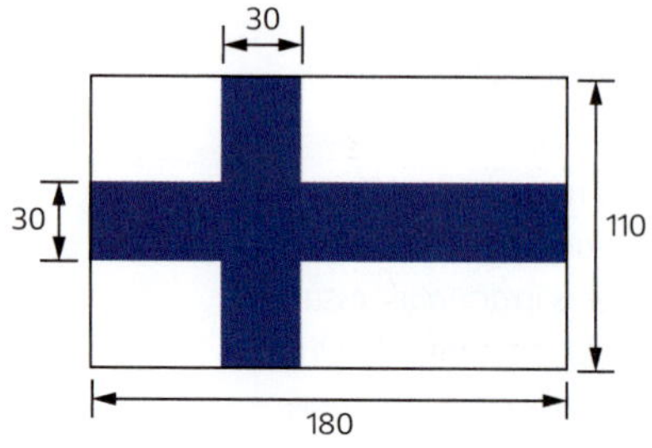

As dimensões estão indicadas em centímetros. Calcule a área da parte azul e a área da parte branca da bandeira.

24. Uma caixa de creme dental com a forma de um bloco retangular tem as seguintes dimensões: 3 cm, 4 cm e 18 cm. Determine a área da caixa planificada.

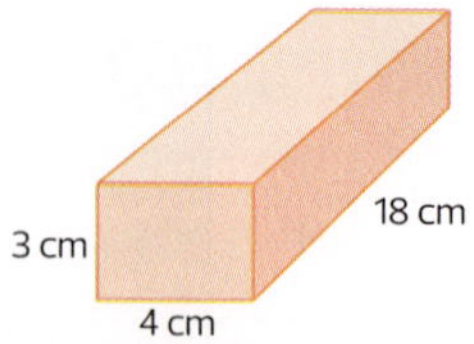

25. Para construir uma caixa aberta com a forma de um bloco retangular, Júlia recortou uma região poligonal de papelão como está indicado na figura, dobrou e colocou fita-crepe. Quantos centímetros quadrados de papelão ela usou?

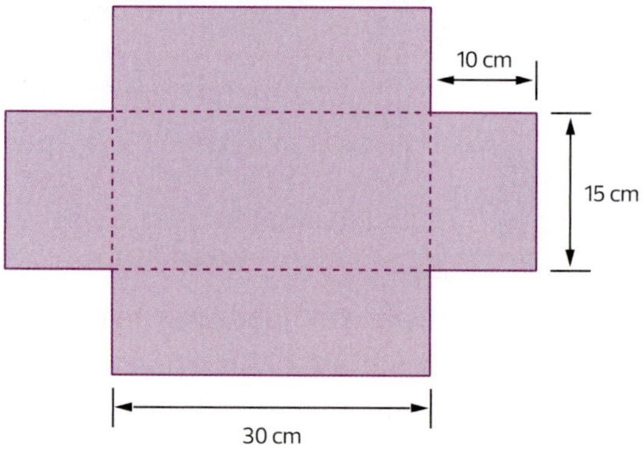

Desafio

(Fuvest-SP) O retângulo *ABCD* representa um terreno retangular cuja largura é $\frac{3}{5}$ do comprimento. A parte hachurada representa um jardim retangular cuja largura também é $\frac{3}{5}$ do comprimento. Qual a razão entre a área do jardim e a área total do terreno?

a) 30%
b) 36%
c) 40%
d) 45%
e) 50%

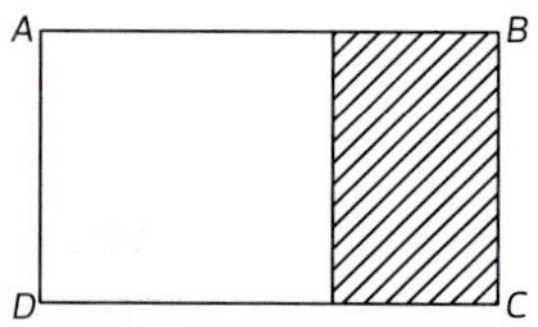

Área de uma região limitada por um paralelogramo

Vamos calcular a área da região plana limitada pelo paralelogramo *ABCD* tomando como base $\overline{AB}$ de medida *b* e a altura $\overline{DE}$ (perpendicular a $\overline{AB}$) de medida *h*.

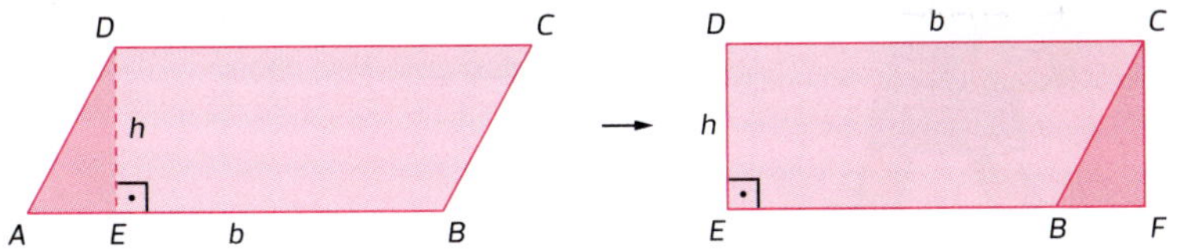

A área da região *ABCD* é igual à área da região retangular *EFCD*, obtida quando removemos a região triangular *DAE* para a posição *CBF*.

Observe que não alteramos a medida da base nem a medida da altura.

Logo, a área da região *ABCD* é igual a $b \cdot h$.

Área da região limitada pelo paralelogramo = bh

Ou seja, a área da região limitada por um paralelogramo é igual ao produto da medida de uma de suas bases pela medida da altura correspondente a essa base.

Você sabia?

Se tivermos duas retas paralelas *r* e *s* e tomarmos um segmento de reta *AB* sobre *r*, todas as regiões limitadas por paralelogramos *ABCD* com *C* e *D* sobre a reta *s* terão a mesma área.

Esse fato pode ser observado em uma figura como esta.

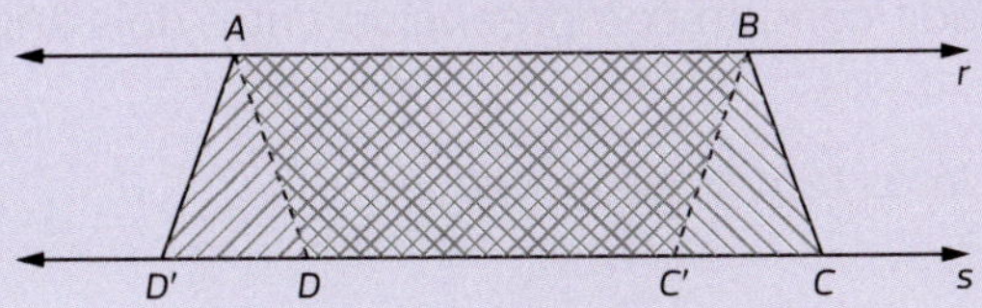

A região *ABCD* tem a mesma área que a região *ABC'D'*.

Exercícios

26. A área de uma região limitada por um paralelogramo é de 58,80 m². Considerando-se que uma de suas bases mede 10,50 m, qual é a medida da altura correspondente a essa base?

27. Determine a área da região limitada pelo paralelogramo em cada um dos casos.

a)

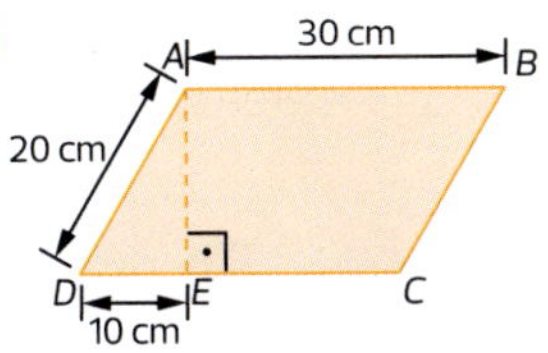

b)

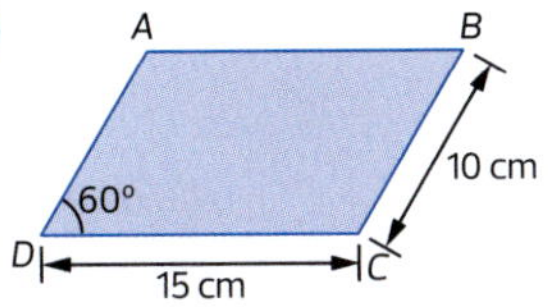

28. Trace duas retas paralelas *r* e *s*. Marque dois pontos, *A* e *B*, sobre *r*. Marque mais dois pontos, *C* e *D*, sobre *s*, de modo que *ABCD* seja um paralelogramo. Constate que a área da região plana determinada será a mesma, quaisquer que sejam as posições de *C* e *D*, conforme explicado no *Você sabia?*.

Área de uma região triangular

Dada a região triangular ABC cuja área queremos determinar, traçamos paralelas aos lados $\overline{AB}$ e $\overline{BC}$, determinando o ponto D e a região limitada pelo paralelogramo $ABCD$.

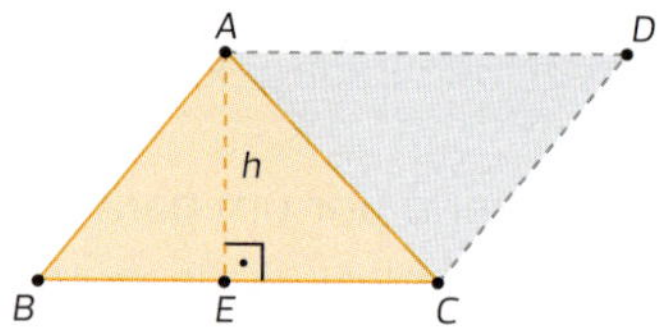

Consideremos a altura $\overline{AE}$ de medida h desse paralelogramo.

Já sabemos que, se a medida de $\overline{BC}$ é b, a área da região limitada pelo paralelogramo é bh.

Mas as regiões triangulares ABC e ADC são congruentes (pelo caso de congruência de triângulos ALA: têm um lado comum compreendido entre dois ângulos de mesma medida).

Logo, essas regiões triangulares têm áreas iguais.

Assim, temos:

Área da região $ABCD = 2 \cdot$ área da região triangular ABC

ou

$bh = 2 \cdot$ área da região triangular ABC

Portanto:

Área da região triangular $ABC = \dfrac{bh}{2}$ ou $\dfrac{1}{2}bh$

Exercícios

29. Determine a área de cada uma destas regiões.

a)

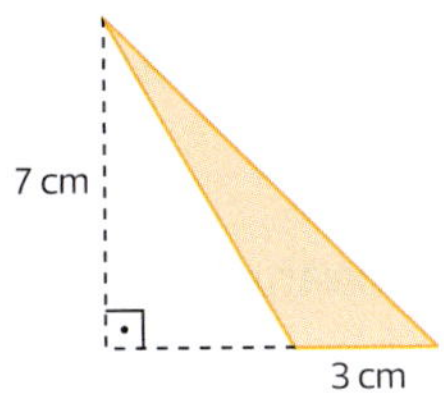

b)

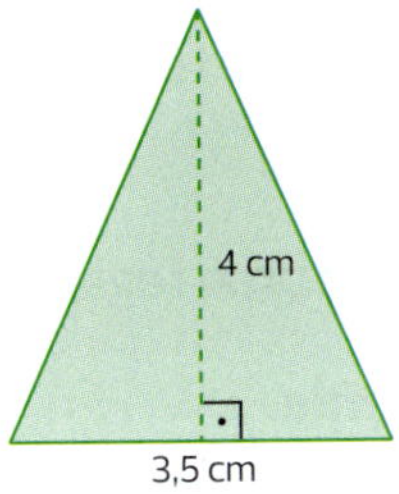

c)

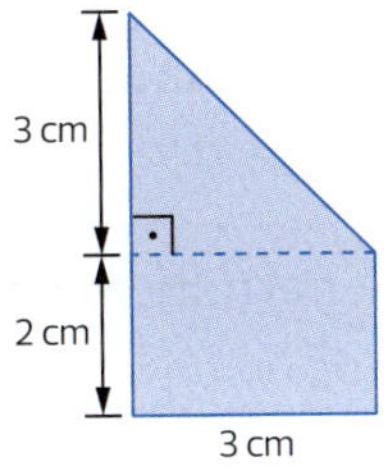

d)

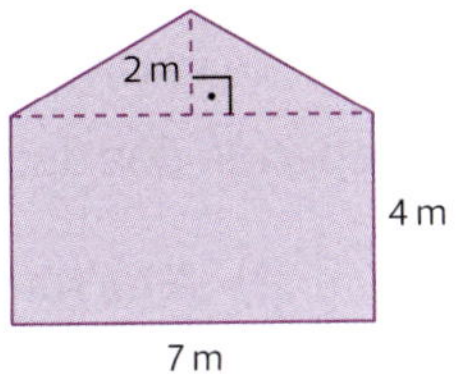

30. Determine a área da região triangular equilátera cuja medida do lado é 10 cm.

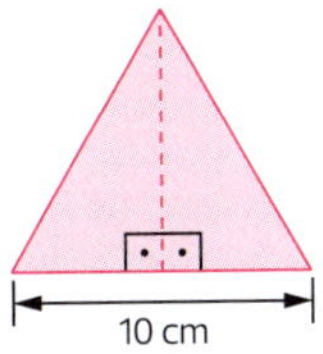

31. Em um triângulo isósceles, os lados congruentes medem 10 centímetros cada um e a base mede 6 centímetros. Determine a área da região triangular limitada por esse triângulo.

32. As medidas, em centímetros, da base e da altura de uma região triangular formam respectivamente o par ordenado (x, y), solução do sistema $\begin{cases} x + y = 13 \\ 5x - 2y = 30 \end{cases}$. Determine a área dessa região triangular.

33. Determine a área das seguintes regiões triangulares:

a)

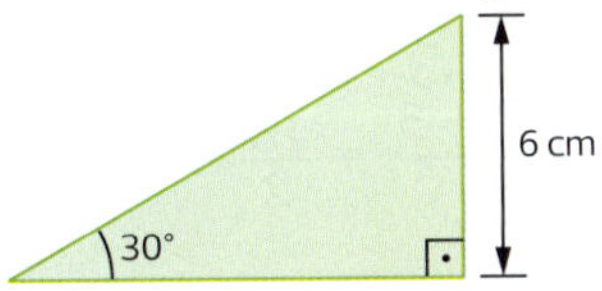

b)

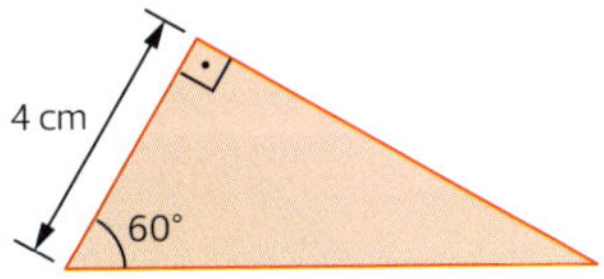

c)

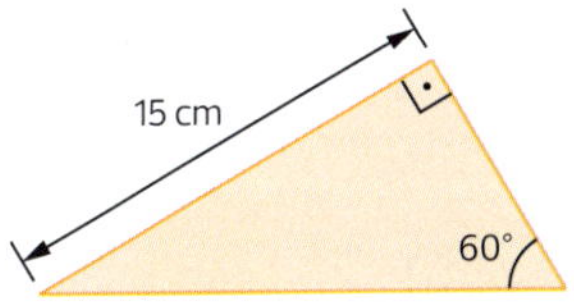

34. Examine cada uma das figuras abaixo.

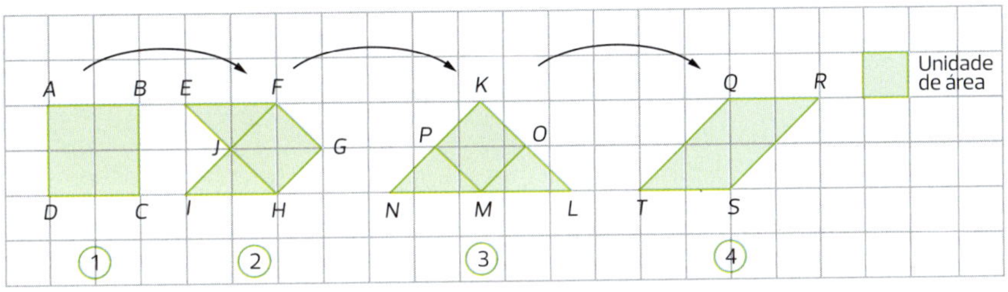

Passamos da figura (1) para a (2), da (2) para a (3) e da (3) para a (4).

a) As áreas dessas quatro figuras são iguais? Justifique sua resposta.

b) Podemos transportar os lados dessas figuras sobre uma reta. Observe como fazemos com a figura (1).

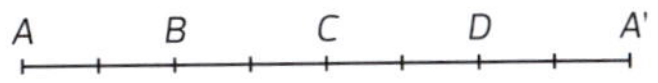

A medida do segmento de reta AA' é o perímetro da figura (1).

Em seu caderno, desenhe uma reta para cada uma das demais figuras e, com a ajuda de um compasso, repita o procedimento. Compare os perímetros obtidos com o da figura (1).

c) Agora, complete as frases.

- Duas figuras de formas ____________________ podem ter áreas ____________________.
- Duas figuras de áreas ____________________ podem ter perímetros ____________________.

d) Com uma régua, meça os valores aproximados para os perímetros determinados no item **b** e escreva-os.

e) Agora, calcule os mesmos perímetros usando $\sqrt{2} = 1,4$.

Leitura

Fórmulas para o cálculo da área de uma região triangular

Há várias fórmulas para o cálculo da área de uma região triangular. A escolha de cada uma delas depende dos dados do problema.

1ª) A fórmula $A = \frac{b \cdot h}{2}$ permite calcular a área de uma região triangular, conhecidas as medidas de um lado (base) e da altura correspondente.

2ª) A partir das medidas a, b e c dos lados, podemos calcular a área da região triangular pela fórmula de Heron:

$$A = \sqrt{p(p-a)(p-b)(p-c)}, \text{ sendo } p = \frac{a+b+c}{2}$$

3ª) Se conhecermos as medidas de dois lados (a e b, por exemplo) e a medida do ângulo formado por eles $(\hat{C})$, a área da região triangular pode ser calculada pela fórmula seguinte, cuja demonstração você verá no Ensino Médio:

$$A = \frac{a \cdot b \cdot \text{sen } \hat{C}}{2}$$

Veja alguns exemplos:

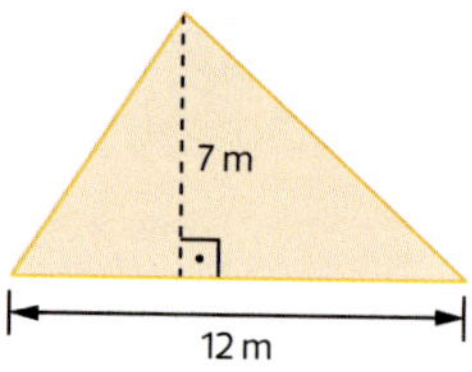

$A = \frac{12 \cdot 7}{2}$

$A = 42 \text{ m}^2$

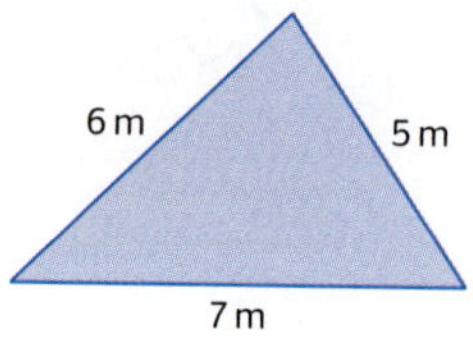

$p = \frac{6+7+5}{2} = \frac{18}{2} = 9$

$A = \sqrt{9 \cdot 3 \cdot 2 \cdot 4} \text{ m}^2 = 6\sqrt{6} \text{ m}^2$

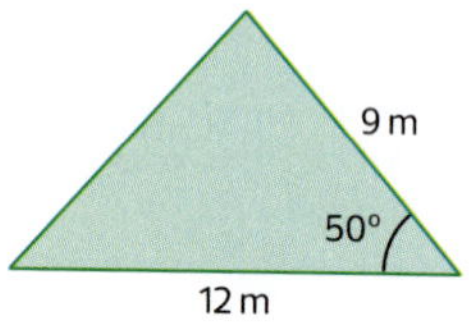

$A = \frac{12 \cdot 9 \cdot \text{sen } 50°}{2} \Rightarrow A \simeq \frac{12 \cdot 9 \cdot 0{,}76}{2} \Rightarrow A \simeq 41 \text{ m}^2$

1. Calcule a área de uma região triangular:

a) com lados de 10 cm, 26 cm e 24 cm;

b) com um lado de 12,4 cm e altura correspondente de 5 cm;

c) que tem um ângulo de 30° formado por lados de 6 cm e 10 cm.

2. Lembre-se de que, se uma região triangular equilátera tem lados de 6 cm, a altura mede $3\sqrt{3}$ cm e cada ângulo interno mede 60°. Calcule a área dessa região triangular de três formas diferentes.

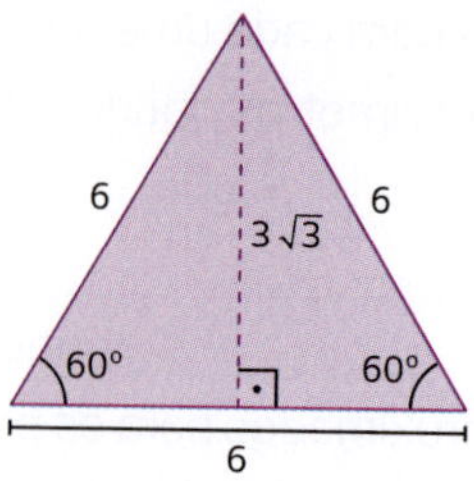

Área de uma região limitada por um trapézio

Podemos decompor uma figura plana em regiões cujas áreas já sabemos calcular. A área dessa figura plana será a soma das áreas das regiões em que a figura foi decomposta.

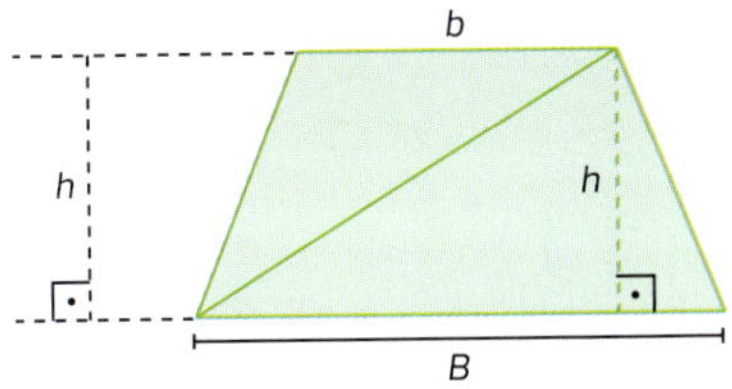

Por exemplo, vamos decompor a área da região limitada por um trapézio traçando uma de suas diagonais.

Dividimos a região limitada por um trapézio em duas regiões triangulares: uma de base *B* e altura *h* e outra de base *b* e altura *h*.

A área de uma região triangular você estudou como calcular. Portanto, a área da região trapezoidal é dada por:

$$A = \frac{Bh}{2} + \frac{bh}{2} = \frac{Bh + bh}{2} = \frac{(B+b)h}{2}, \text{ ou seja: } A = \frac{(B+b)h}{2}$$

$$\text{Área da região trapezoidal} = \frac{(B+b)h}{2}$$

Exercícios e problemas

35. Determine a área da região limitada pelo trapézio, em cada caso.

a)

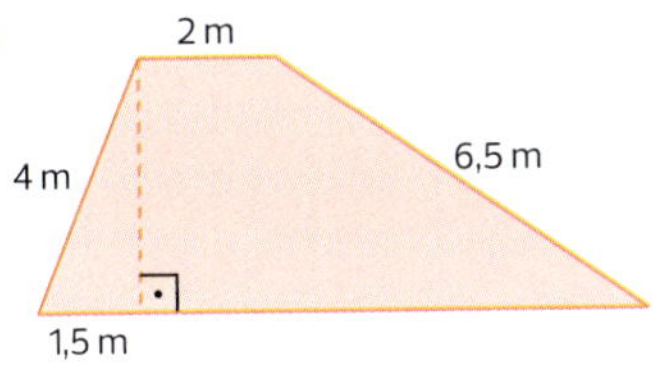

b)

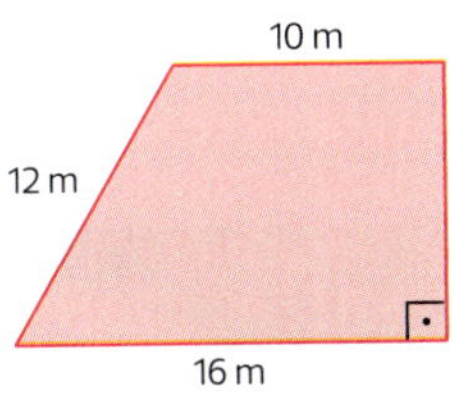

c)

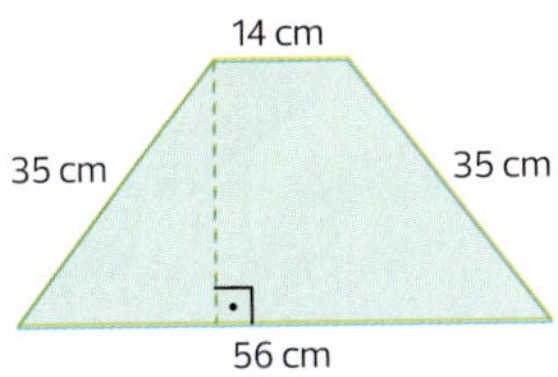

36. Uma placa de propaganda tem a forma de um trapézio. Sua área é de 11,16 m². As medidas das suas bases são 4 m e 3,20 m. Qual é a medida de sua altura?

37. Determine a área de cada uma das regiões planas.

a)

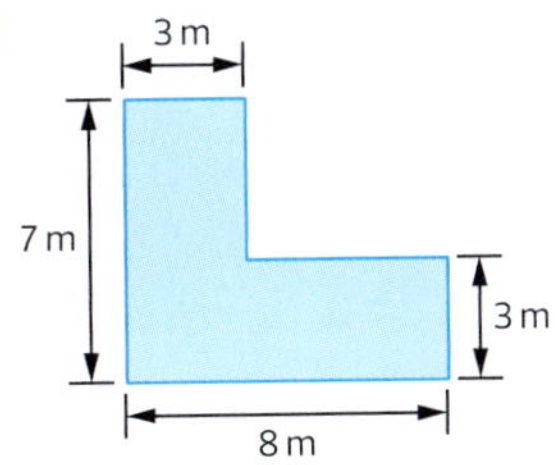

b)

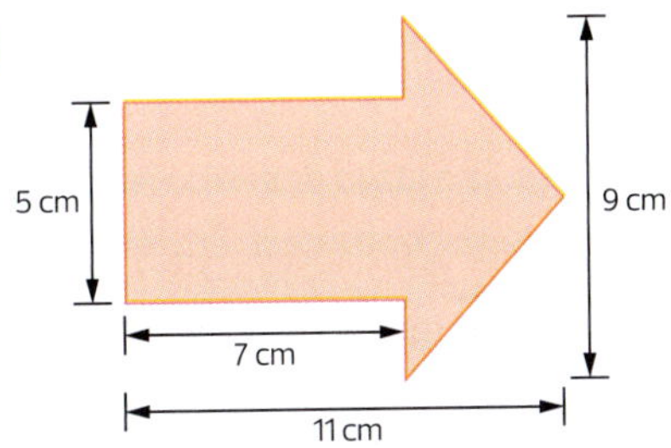

38. Um terreno tem a forma de um trapézio retângulo de bases medindo 10 m e 18 m, respectivamente. Sabendo-se que o lado perpendicular às bases mede 6 m, calcule o perímetro do terreno.

Área de uma região limitada por um losango

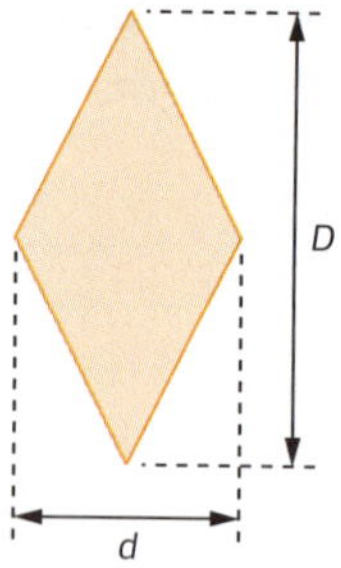

A área da região determinada por um losango é igual à metade do produto das medidas das diagonais (maior e menor).

Área da região limitada por um losango $= \dfrac{Dd}{2}$

Exercícios

39. Use o método de decompor uma figura plana em regiões cujas áreas você sabe calcular. Mostre que a área da região limitada por um losango (cuja medida da diagonal maior é D e a da diagonal menor é d) é dada por: $A = \dfrac{Dd}{2}$.

40. Sabendo que a área de uma região limitada por um losango é de 6,67 m^2 e a medida da diagonal maior é de 5,8 m, qual é a medida da diagonal menor?

41. Determine a área aproximada da região limitada pelos losangos representados abaixo.

a)

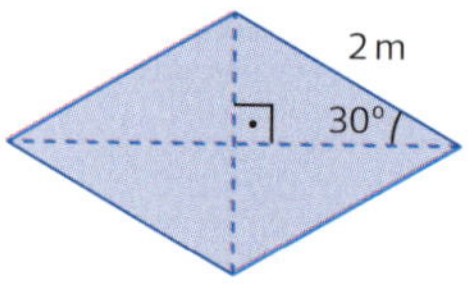

b)

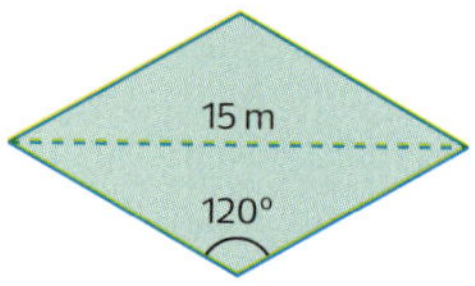

Você sabia?

Um dos desenhos mais antigos feitos pelo ser humano foi um losango.
Leia a reportagem abaixo.

Achado o mais antigo desenho humano

Arqueólogos encontraram em uma caverna sul-africana o exemplar mais antigo de imagem – abstrata ou figurativa – feita pelo *Homo sapiens*, com 77 mil anos.

Os objetos similares mais antigos tinham 35 mil anos. Para o pesquisador Christopher Henshilwood, os rabiscos numa rocha, formando losangos, são propositais.

"A superfície gravada foi preparada com uma raspagem", disse. O achado indica, para ele, que os habitantes da caverna já tinham linguagem oral desenvolvida.

Fonte: *Folha de S.Paulo*. 11 jan. 2002, p. A14.

Science Magazine/Arquivo da editora

Exemplar mais antigo de imagem feita pelo *Homo sapiens*.

Área de uma região limitada por um polígono regular

Lembre-se de que todo polígono regular pode ser inscrito em uma circunferência. Vamos considerar regiões limitadas por polígonos regulares e calcular suas áreas.

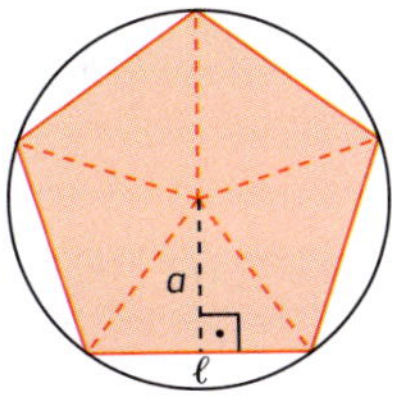

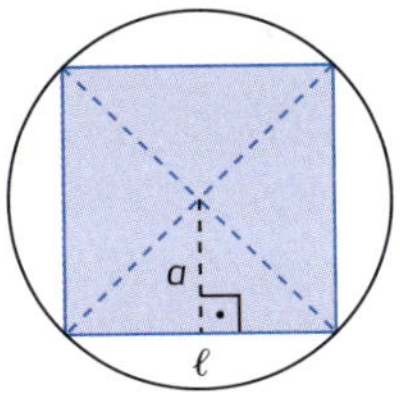

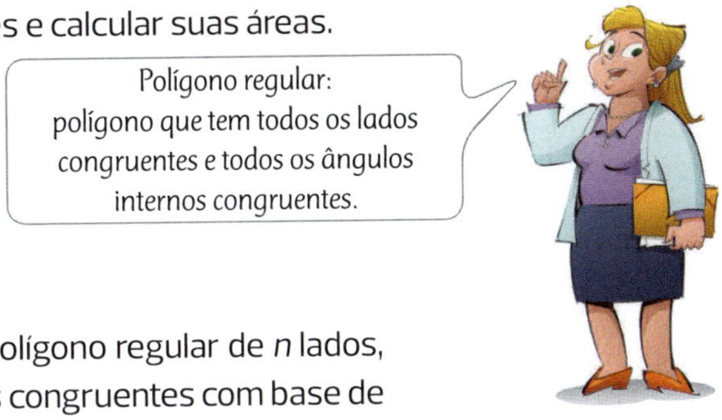

Para calcular a área de uma região limitada por um polígono regular de n lados, podemos decompor essa região em n regiões triangulares congruentes com base de medida ℓ (lado do polígono) e altura de medida a (apótema do polígono). A área desejada é n vezes a área de cada região triangular.

Vejamos, por exemplo, uma região limitada por um hexágono regular, como na figura ao lado.

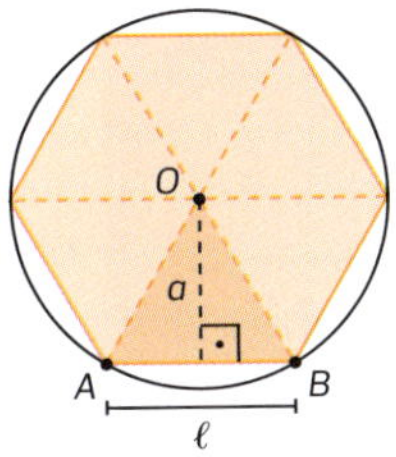

Cada uma das regiões triangulares tem área igual à da região triangular AOB:

$$A_{\triangle AOB} = \frac{\ell \cdot a}{2}$$

A região hexagonal regular é composta de 6 regiões triangulares congruentes. Logo, sua área é: $A = 6 \cdot \frac{\ell \cdot a}{2} = \frac{(6\ell) \cdot a}{2}$.

Como 6ℓ é seu perímetro (P), podemos escrever uma fórmula que permite calcular a área A da região limitada pelo hexágono regular:

$$A = \frac{P \cdot a}{2}$$

Você sabia?

Em muitas obras de arte podemos identificar regiões poligonais regulares. Veja um exemplo nesta obra do artista holandês M. C. Escher (1898-1972).

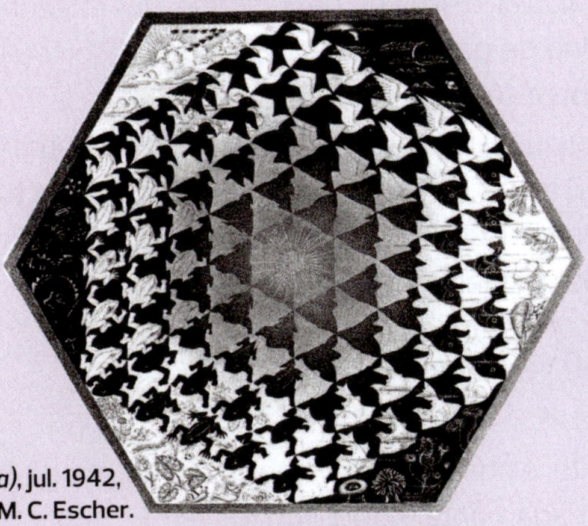

M.C.Escher/Cordon Art B. V., Baarn, Países Baixos

***Verbum (terra, céu e água)*, jul. 1942, litografia de M. C. Escher.**

Exercícios

42. A figura abaixo mostra uma região plana limitada por um hexágono regular com lados de 8 cm. Calcule a área dessa região plana.

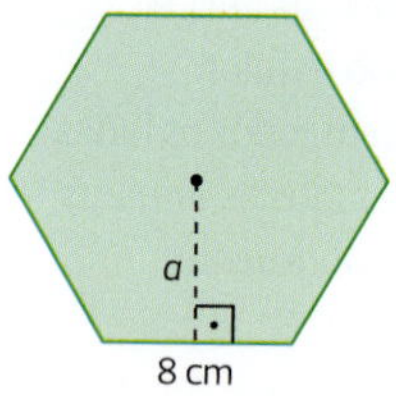

43. Determine a área aproximada da região limitada por um pentágono regular com as medidas indicadas na figura abaixo. (Use a tabela da página 260.)

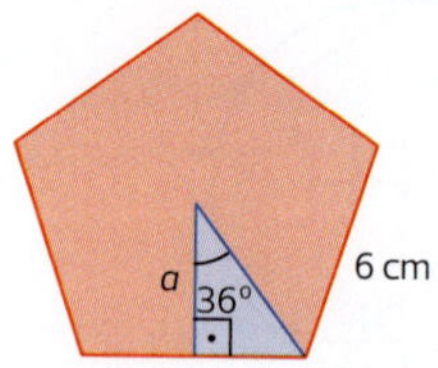

Desafio

Em uma circunferência de raio r, inscreve-se uma região hexagonal regular. Qual é a fórmula que fornece a área dessa região hexagonal em relação a r?

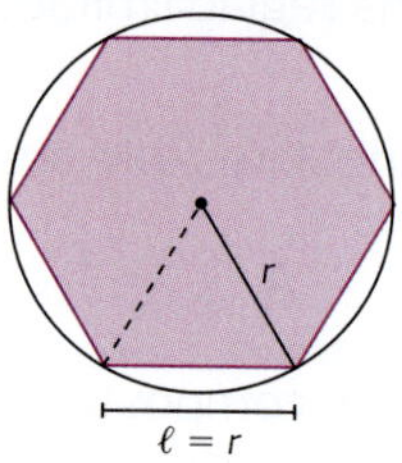

Cálculo aproximado de áreas

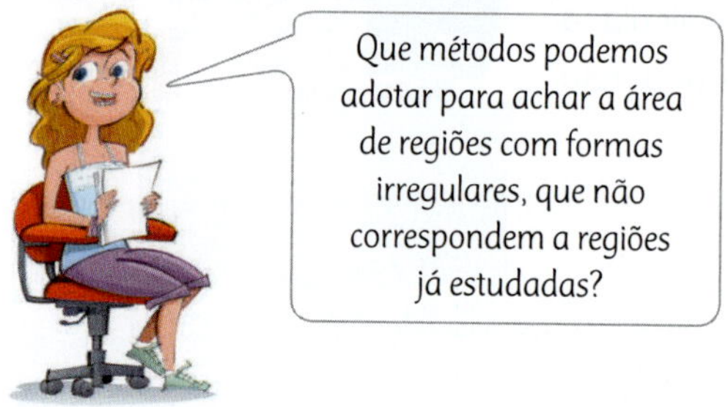

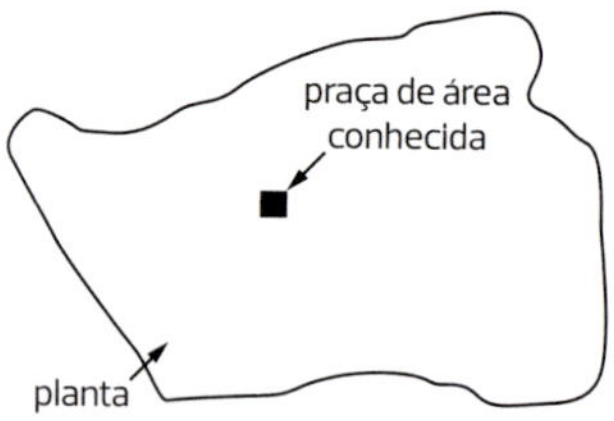

Mauro Souza/Arquivo da editora

Acompanhe a seguir um exemplo que utiliza um método bastante original, extraído de uma questão do Exame Nacional do Ensino Médio (Enem).

Para calcular a área de uma cidade, um engenheiro copiou sua planta em uma folha de papel de boa qualidade, recortou-a e pesou-a em uma balança de precisão, obtendo 40 g.

Em seguida, recortou, do mesmo desenho, uma praça cujas dimensões reais são 100 m × 100 m, pesou o recorte na mesma balança e obteve 0,08 g.

É possível resolver essa situação utilizando regra de três, que você deve ter estudado nos anos anteriores.

$$\begin{array}{ccc} \mathbf{m^2} & & \mathbf{g} \\ 100 \cdot 100 & \text{———} & 0{,}08 \\ x & \text{———} & 40 \end{array} \Rightarrow x = \frac{400\,000}{0{,}08} = 5\,000\,000$$

Portanto, é possível dizer que a área da cidade, em metros quadrados, é de aproximadamente 5 000 000 m².

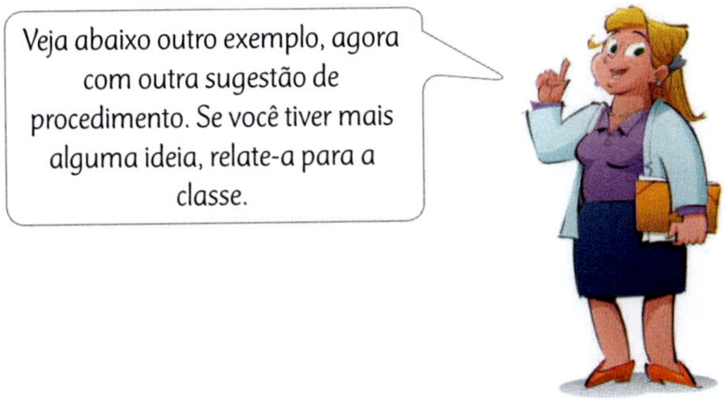

Vamos calcular a área da região R abaixo.

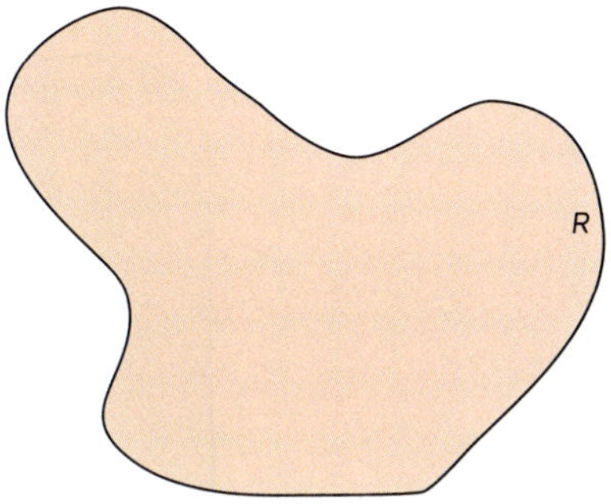

- Primeiro, decalcamos essa região em uma malha quadriculada e contamos o maior número possível de regiões quadradas inteiras que cabem no interior dela.
  Assim, cabem 34 regiões quadradas inteiras no interior da região R.
  Dizemos que a **área por falta** da região R é de 34 □.

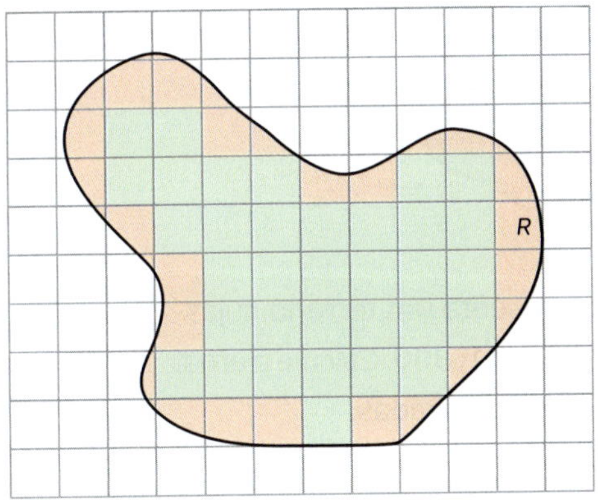

- Em seguida, contamos o menor número possível de regiões quadradas inteiras que cobrem totalmente a região R:
  67 regiões quadradas inteiras cobrem a região R.
  Dizemos que a **área por excesso** da região R é de 67 □.

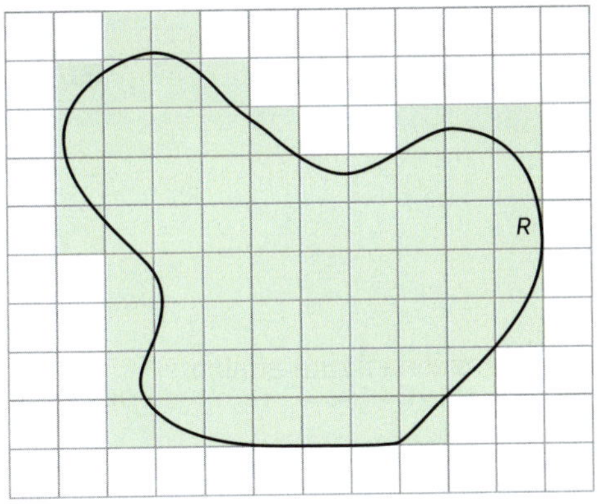

- Como descobrir qual é a área aproximada de R?
  A área da região R é maior do que 34 □ e menor do que 67 □.
  Uma razoável aproximação para essa área é dada pela **média aritmética** dos dois valores encontrados:
  Área aproximada: $A \simeq \dfrac{34 + 67}{2} \Rightarrow A \simeq 50{,}5$ □
  Como a área da região quadrada □ da malha quadriculada é de $(0{,}5)^2$ cm², ou 0,25 cm², então a área aproximada da região R é dada por:
  $A \simeq 50{,}5 \cdot 0{,}25 \Rightarrow A \simeq 12{,}63 \text{ cm}^2$

Exercícios e problemas

44. Calcule a área aproximada de cada uma destas regiões, em centímetros quadrados.

a)

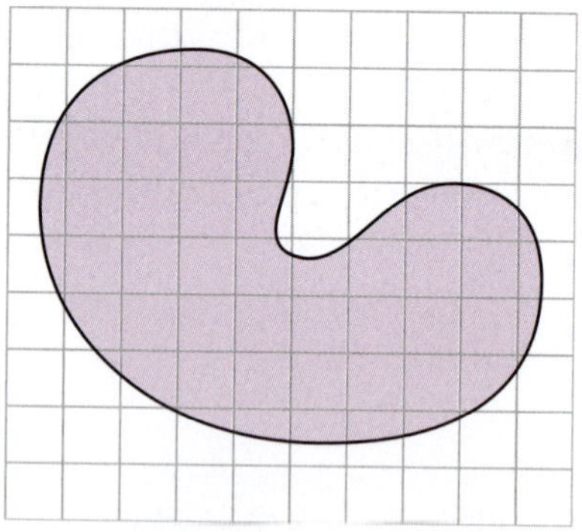

b)

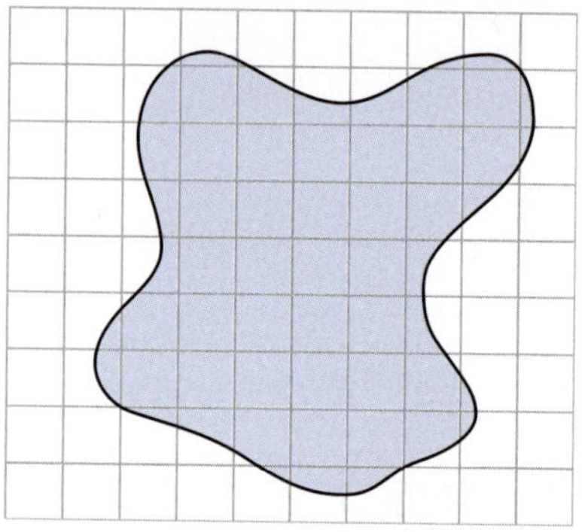

45. O desenho abaixo representa um terreno cujas dimensões estão na escala 1: 800. Calcule a área desse terreno em metros quadrados.

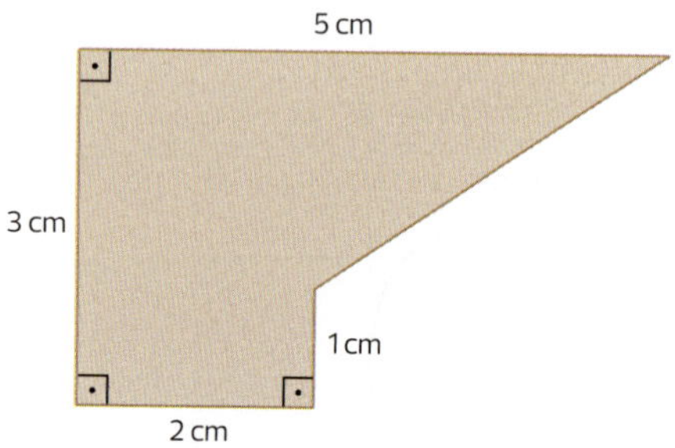

46. Observe a parte pintada de azul na figura abaixo. Qual é a área dessa parte?

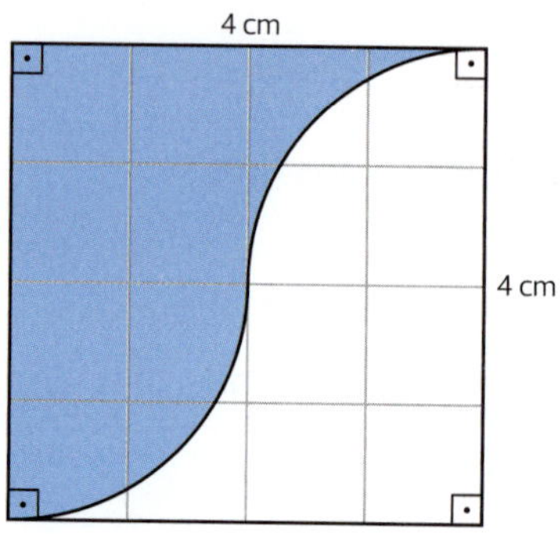

47. Calcule a área de cada uma das regiões pintadas.

a)

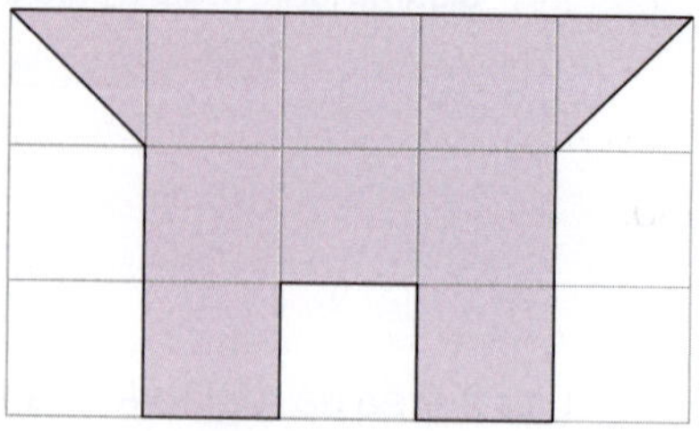

b)

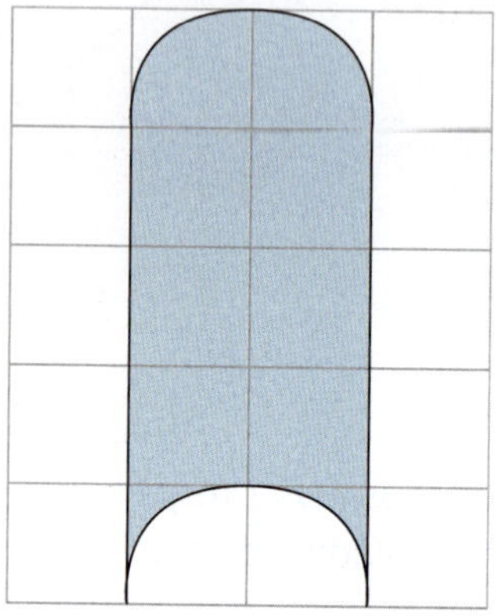

c)

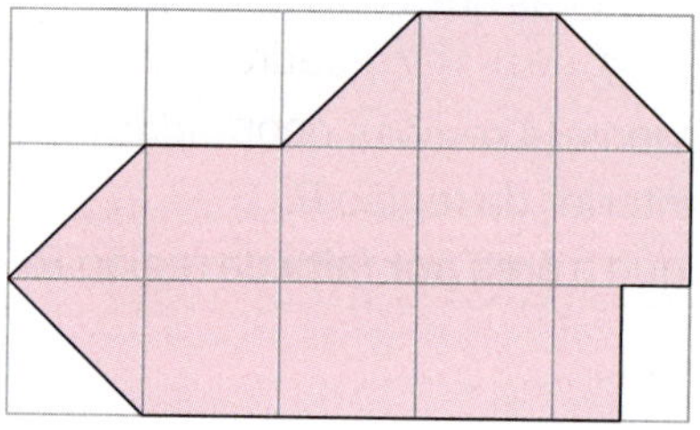

48. Em um $\triangle ABC$, retângulo em A, temos: $m(\hat{B}) = 30°$ e $m(\overline{AC}) = 4$ dm. Determine a área da região triangular, em decímetros quadrados, com aproximação de duas casas decimais. Use calculadora.

49. Os organizadores de um *show* de *rock* fizeram uma estimativa para saber quantas pessoas cabem em uma praça retangular de 30 m por 42 m, considerando 5 pessoas por metro quadrado. Faça o cálculo e descubra quantas pessoas cabem nessa praça.

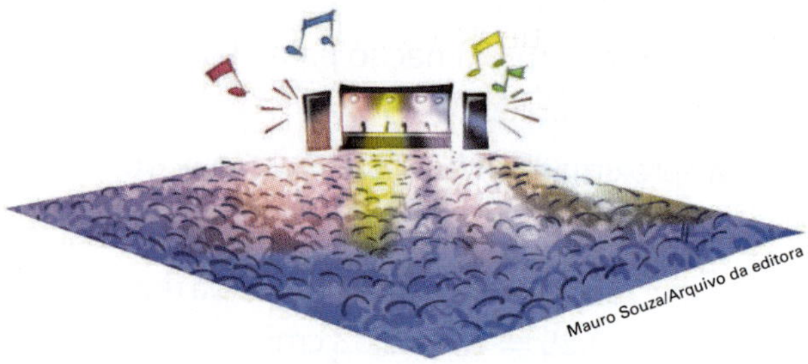

Área de um círculo

Imagine agora que o *show* de *rock* fosse acontecer em uma praça circular, com 20 m de raio. Como faríamos para saber quantas pessoas cabem nessa praça?

Haveria, nesse caso, a necessidade do cálculo da área de um círculo.

Vamos ver duas situações que sugerem o cálculo da área de um círculo a partir da medida do raio e que permitem que se obtenha um valor bastante aproximado dessa área.

Mauro Souza/Arquivo da editora

1ª) Imagine a medida do raio do círculo ao lado igual a 4 cm.

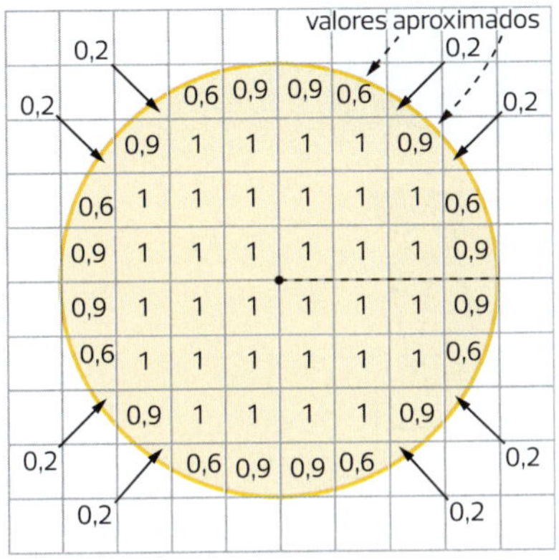

Área aproximada do círculo:

$A = 32 \cdot 1 + 12 \cdot 0{,}9 + 8 \cdot 0{,}6 + 8 \cdot 0{,}2$

$A = 32 + 10{,}8 + 4{,}8 + 1{,}6$

$A = 49{,}2\ \text{cm}^2$

2ª) Considere uma região quadrada verde, um círculo lilás e uma região quadrada rosa sobrepostas, como mostra a primeira figura abaixo.

a) Podemos ver, no diagrama, que a área do círculo é:
- menor do que a área da região quadrada verde;
- maior do que a área da região quadrada rosa.

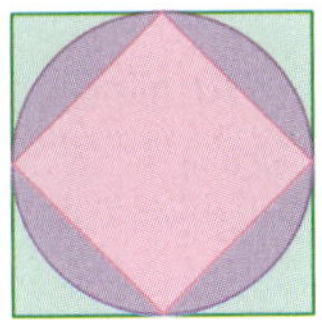

b) A parte hachurada da região quadrada verde é uma região quadrada cujo lado é igual ao raio do círculo.
- A área da região hachurada é dada por $r \cdot r = r^2$.
- Assim, a área da região quadrada verde é $4 \cdot r^2$ ou $4r^2$.

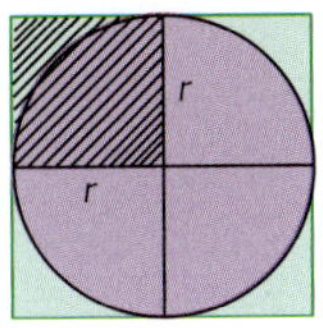

c) Agora, observe o diagrama com a região quadrada rosa inscrita no círculo.
- A área da região hachurada é $\frac{r \cdot r}{2} = \frac{r^2}{2}$.
- A área da região quadrada rosa é $4 \cdot \frac{r^2}{2} = 2r^2$.

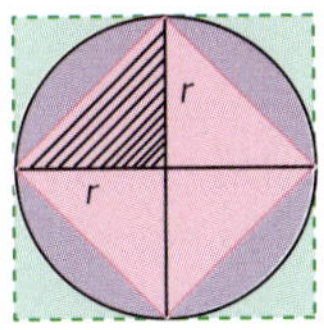

Analisando as afirmações dos itens **a**, **b** e **c**, podemos concluir que a área do círculo é maior do que $2r^2$ e menor do que $4r^2$.

Como a média de 4 e 2 é 3 $\left(\frac{4+2}{2} = \frac{6}{2} = 3\right)$, a área do círculo está próxima de $3r^2$.

A seguir, você verá dois exemplos que sugerem que esse número próximo de 3, multiplicado por r^2, é o número irracional conhecido por pi ($\pi = 3{,}141592...$), ou seja, a área de um círculo com raio de medida r é dada por:

$$A = \pi r^2$$

Exemplos:

a) **Usando círculo dividido em setores**

O círculo abaixo foi dividido em um número par de setores circulares que formaram uma figura cujo contorno lembra um paralelogramo. Sua base mede a metade do comprimento da circunferência $\left(\frac{2\pi r}{2} = \pi r\right)$ e sua altura mede r.

A área dessa figura, que é também a área do círculo, é $A = (\pi r)r = \pi r^2$.

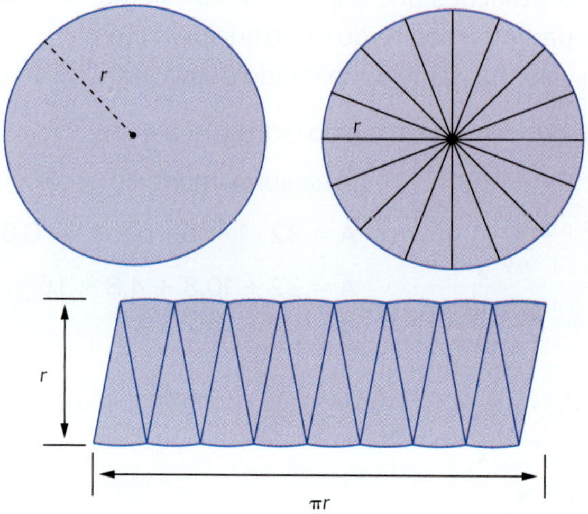

b) **Usando polígonos regulares**

Já estudamos que a área da região determinada por um polígono regular é dada por $A = \frac{aP}{2}$, em que a é a medida do apótema e P é o perímetro.

Analise esta sequência.

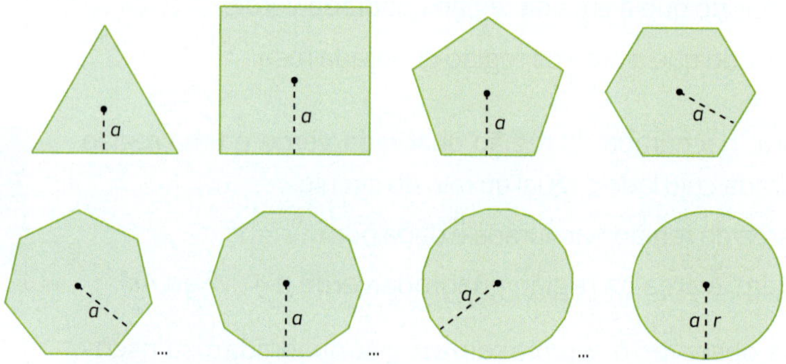

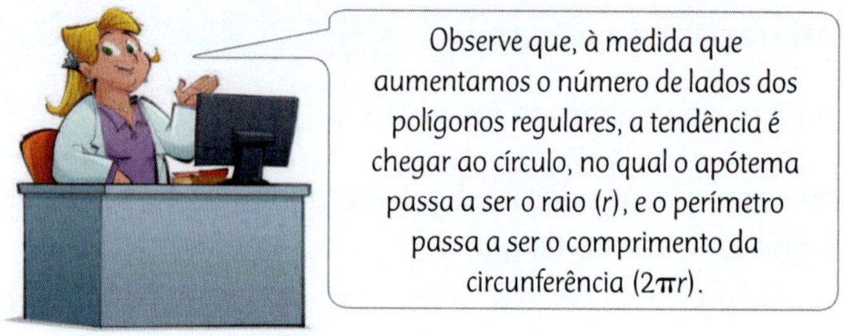

Assim, a área do círculo pode ser indicada por:

$$A = \frac{aP}{2} = \frac{r \cdot \cancel{2}\pi r}{\cancel{2}} = \pi r^2\text{, ou seja, } A = \pi r^2$$

Considere um círculo cujo raio mede 3 cm.

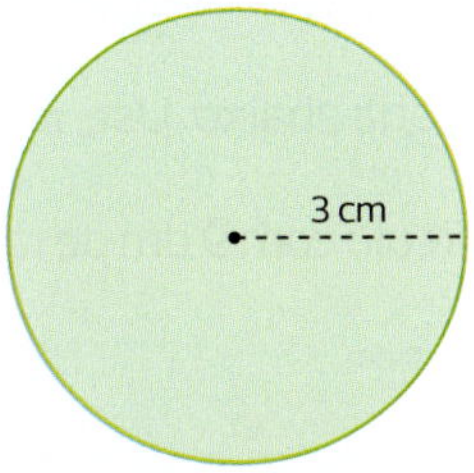

O valor exato de sua área pode ser indicado assim: $A = \pi \cdot 3^2$ ou $A = 9\pi$ cm^2.

Usando um valor aproximado para π, por exemplo 3,14, podemos indicar a área aproximada desse círculo por $A \simeq 3{,}14 \cdot 3^2$, ou seja, $A \simeq 28{,}26$ cm^2.

Observação: Devemos estar sempre atentos para não confundir o comprimento da circunferência com a área do círculo. Veja:

Comprimento da circunferência

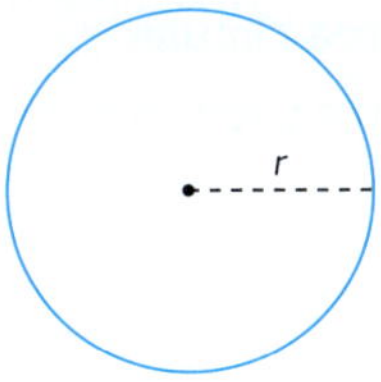

$C = 2\pi r$

C: produto do dobro da medida do raio por π, na unidade **u** de medida de comprimento.

Por exemplo, raio de 6 cm:

- comprimento da circunferência: $C = 12\pi$ cm (12: dobro de 6)

Área do círculo

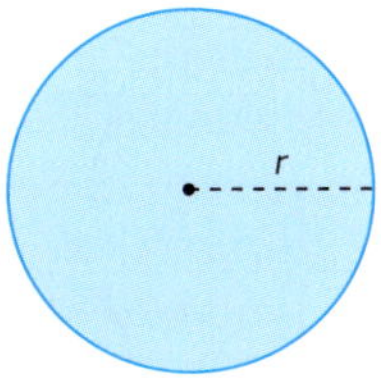

$A = \pi r^2$

A: produto do quadrado da medida do raio por π, na unidade **u²** de área.

Por exemplo, raio de 6 cm:

- área do círculo: $A = 36\pi$ cm^2 (36: quadrado de 6)

Exercícios e problemas

50. Verifique usando a figura ao lado se, para um círculo de 3 metros de raio, o valor aproximado da área do círculo, em metros quadrados, fica próximo de $3^2 \cdot 3{,}1$.

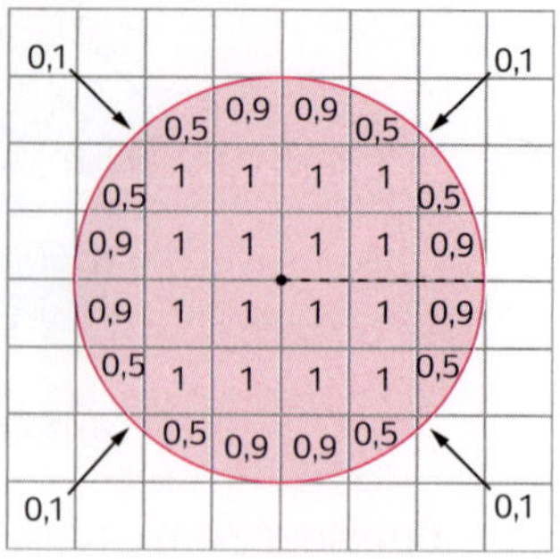

51. Voltemos à questão do *show* de *rock* na praça circular. Agora, diante do que foi estudado, calcule quantas pessoas cabem, aproximadamente, em uma praça circular de 20 metros de raio, considerando 5 pessoas por metro quadrado. Use $\pi = 3{,}14$.

52. Calcule o valor aproximado da área de cada figura indicada abaixo. Use $\pi = 3{,}14$.

a) Semicírculo com 7 cm de raio.

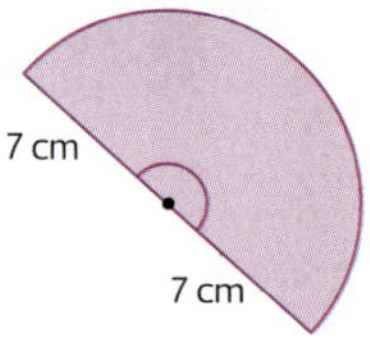

b) Quarto de círculo com 9 dm de raio.

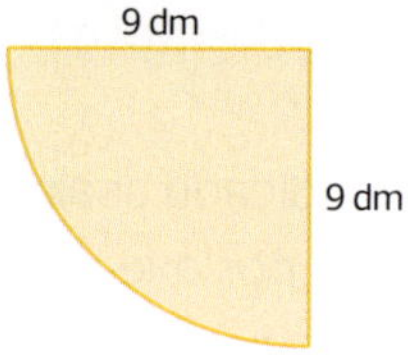

c)

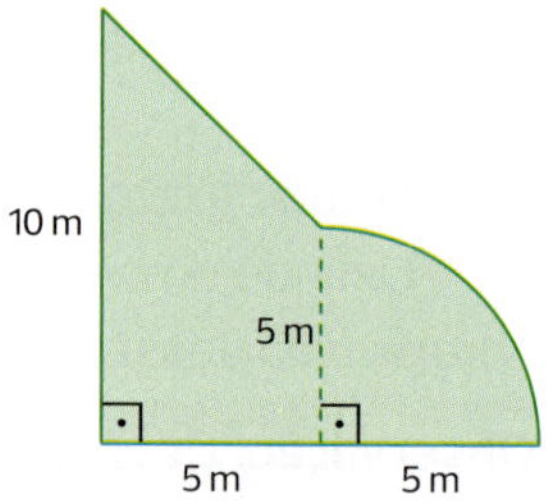

53. A parte pintada de verde na figura ao lado é conhecida por **coroa circular**. Calcule sua área sabendo que o raio do círculo maior mede 6 cm e o raio do círculo menor mede 3 cm. Use $\pi = 3{,}14$.

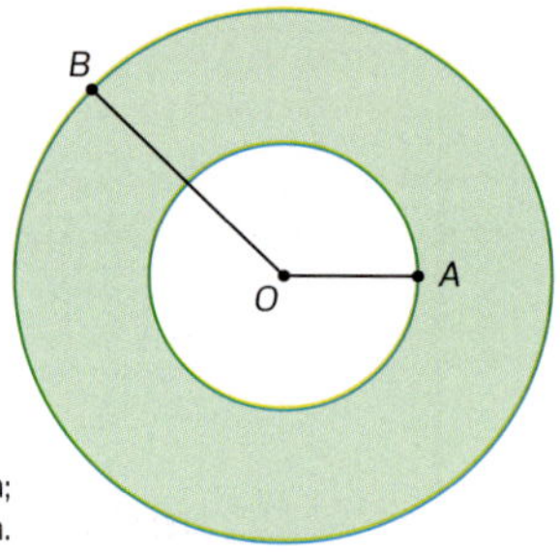

$OA = 3$ cm;
$OB = 6$ cm.

54. Calcule a área da região colorida nas figuras abaixo:

a)

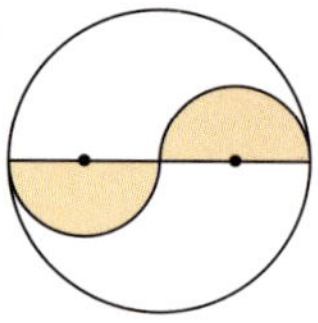

Raio da circunferência maior = 4 cm

b)

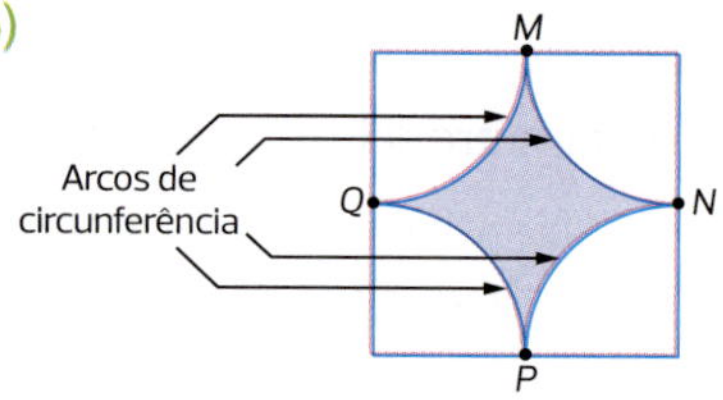

Quadrado de lado 4 cm
M, *N*, *P* e *Q* são pontos médios

55. Examine as figuras **A**, **B** e **C** abaixo. As partes curvas são semicircunferências.

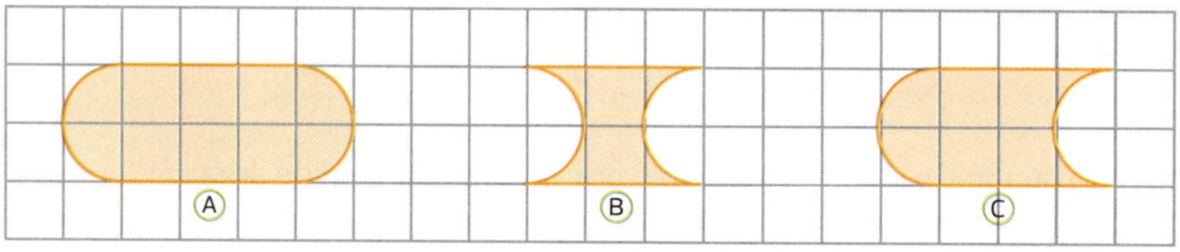

a) Compare os perímetros dessas figuras.

b) Coloque as áreas das figuras acima em ordem crescente.

56. Atividade em dupla

Façam as medidas necessárias e calculem a área gravável de um CD (*compact disc*) ou de um DVD (*digital versatile disc*).

Troquem ideias entre si.

57. Considere que o quadrado das duas figuras tem lado com medida de 6 cm. Faça o que se pede apresentando a resposta sem aproximar π, ou seja, em termos de π.

a) Na figura (I), o quadrado é um polígono inscrito na circunferência. Calcule a área da região pintada.

b) Na figura (II), o quadrado é um polígono circunscrito à circunferência. Calcule a área da região pintada.

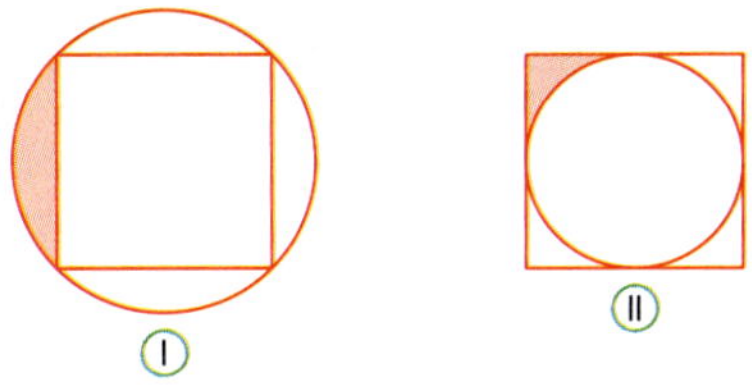

58. Complete esta tabela.

Medida do raio do círculo	Valor exato do perímetro	Valor aproximado do perímetro para $\pi = 3{,}1$	Valor exato da área	Valor aproximado da área para $\pi = 3{,}1$
9 cm	18π cm	55,8 cm	81π cm^2	251,1 cm^2
0,7 m				
	16π cm			
			16π cm^2	
		13,02 dm		

59. Observe os círculos C_1 e C_2 representados ao lado. Calcule e depois escreva na forma de fração irredutível:

a) a razão entre as medidas dos raios de C_1 e C_2;

b) a razão entre os perímetros de C_1 e C_2;

c) a razão entre as áreas de C_1 e C_2.

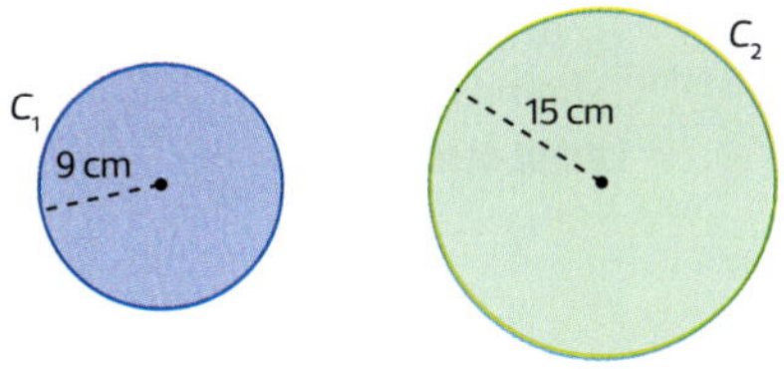

60. Atividade em dupla

Discutam estas questões:

Se k é o valor da razão entre as medidas de grandezas lineares correspondentes em duas regiões planas semelhantes:

a) qual é o valor da razão entre os perímetros?

b) qual é o valor da razão entre as áreas?

Agora, verifiquem se as conclusões a que vocês chegaram se confirmam com os valores referentes aos círculos do exercício anterior.

61. A relação de Pitágoras permite deduzir uma relação de áreas para semicírculos cujos diâmetros estão sobre os lados de um triângulo retângulo.

Veja as figuras e faça essa demonstração. Depois, comprove que a afirmação é verdadeira no caso $BC = 5$ cm, $AB = 3$ cm e $AC = 4$ cm.

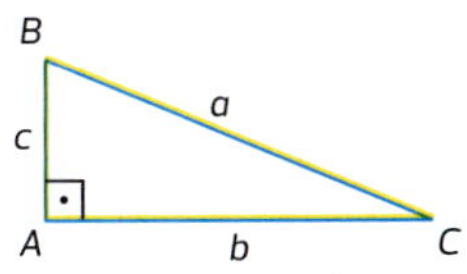

$a^2 = b^2 + c^2$

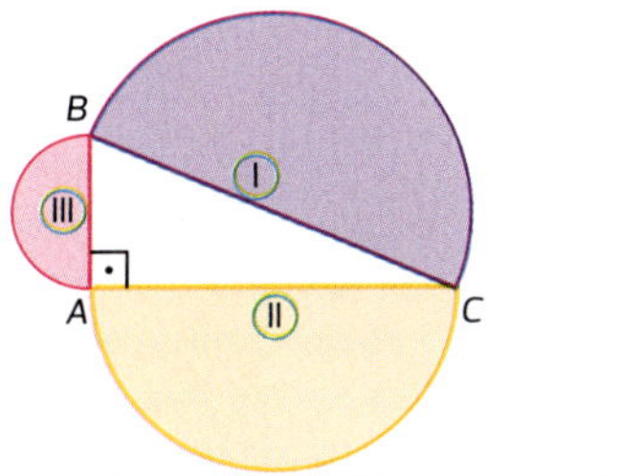

Área de (I) = área de (II) + área de (III)

Área lateral e área total de um sólido geométrico

Agora, você vai estudar novas noções de área envolvendo sólidos geométricos. Para isso, resolva os exercícios a seguir, sempre que possível discutindo e trocando ideias com os colegas.

Exercícios e problemas

Nestes exercícios use $\pi = 3{,}14$.

62. Área lateral de um cilindro

Considere uma lata de ervilhas como a da figura ao lado.

Paulo Manzi/ Arquivo da editora

a) Se tirarmos o rótulo dessa lata cilíndrica e o esticarmos sobre um plano, qual é a forma geométrica que vamos obter?

b) Quais são as dimensões desse rótulo?

c) Qual é a área desse rótulo?

d) Qual é a área lateral do cilindro cuja altura é 8 cm e cuja base é um círculo com um raio de 4,1 cm?

Um cilindro de altura h, cuja base é um círculo de raio r, tem como área lateral $2\pi rh$.

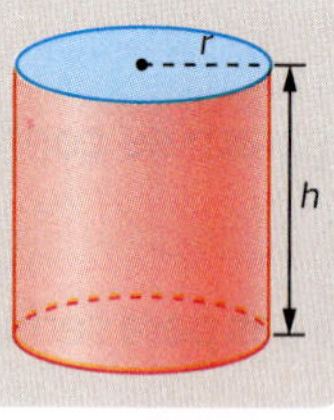

63. Área lateral de um prisma

A figura ao lado é um **prisma de base triangular**.

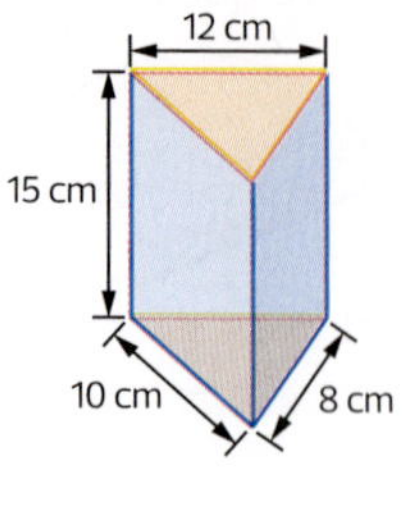

a) Quantas faces laterais ele tem?

b) Qual é a forma geométrica de cada face lateral?

c) Calcule a área de cada face lateral.

d) Adicione as três áreas obtidas no item anterior para obter a área lateral do prisma.

e) Qual é o perímetro de uma das bases?

f) Agora, use o resultado encontrado no item **e** para determinar a área lateral do prisma.

A área lateral de um prisma é dada pelo produto do perímetro de uma das bases pela altura do prisma.

64. Área total da superfície de um cilindro

Considere o cilindro da figura ao lado e use $\pi = 3{,}14$.

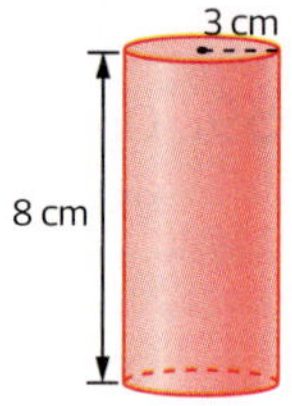

a) Qual é a área lateral desse cilindro?

b) Qual é a área de cada uma das suas bases?

c) Qual é a área total da superfície do cilindro?

A área total da superfície de um cilindro é dada pela soma da área lateral com as áreas das duas bases.

65. Área total da superfície de um prisma

A figura ao lado é um **prisma de base quadrada**.

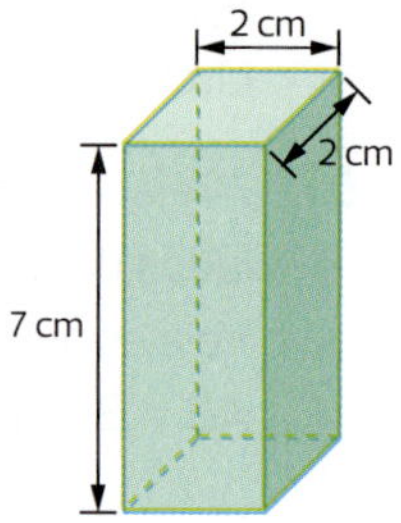

a) Qual é a área lateral desse prisma?

b) Qual é a área de cada uma das suas bases?

c) Qual é a área total da superfície desse prisma?

A área total da superfície de um prisma é dada pela soma da área lateral com as áreas das duas bases.

66. Moacir é marceneiro e quer construir uma caixa de madeira com a forma e as dimensões indicadas na figura abaixo. De quantos centímetros quadrados de madeira Moacir vai precisar para construir essa caixa?

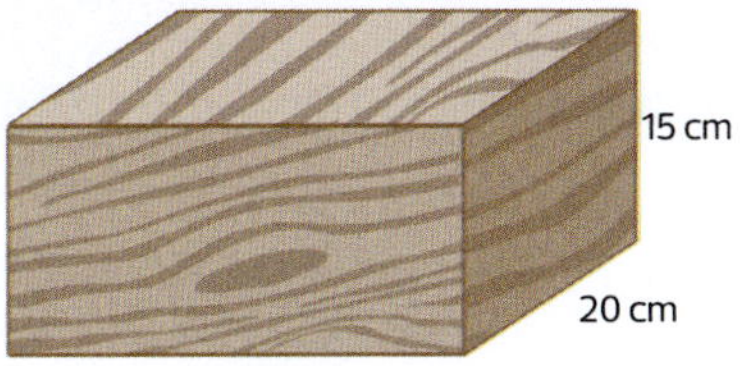

Casa de Tipos/ Arquivo da editora

67. Determinada embalagem de leite em pó tem forma cilíndrica, como mostra a figura a seguir. O fundo e a superfície arredondada são feitos de material metálico; a tampa, que apresenta uma borda com altura de 0,5 cm, é de material plástico. Tanto o fundo quanto a tampa possuem raio de 5 cm. Use $\pi = 3,14$.

Paulo Manzi/ Arquivo da editora

a) Quantos centímetros quadrados de plástico serão usados para fabricar a tampa de cada lata como essa?

b) Quantos centímetros quadrados de material metálico serão usados em cada lata?

68. Determine a área total aproximada da superfície do prisma pentagonal abaixo, formado por duas regiões pentagonais regulares e cinco regiões retangulares.

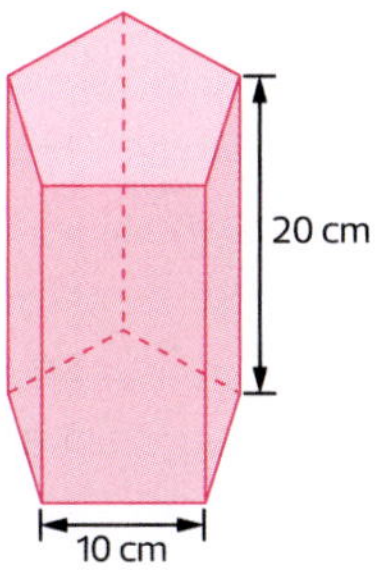

69. Calcule a área total da superfície de uma caixa cúbica com arestas de 5 cm.

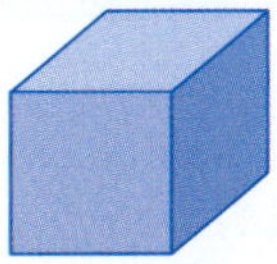

70. Um prisma de base triangular tem as seguintes características:

- Cada base é uma região triangular com um ângulo reto e lados de 6 cm, 8 cm e 10 cm.
- Altura com medida de 8 cm.

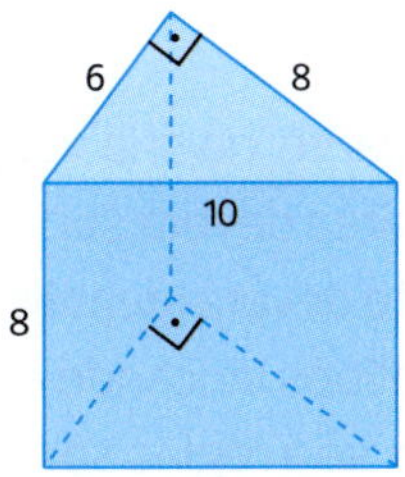

Calcule:

a) a área da base;

b) a área da maior face lateral;

c) a área total desse prisma.

71. Uma caixa de fósforos é composta de duas peças. Observe as dimensões da caixa de fósforos da figura abaixo e responda: em qual das peças, **a** ou **b**, se usa mais material na confecção?

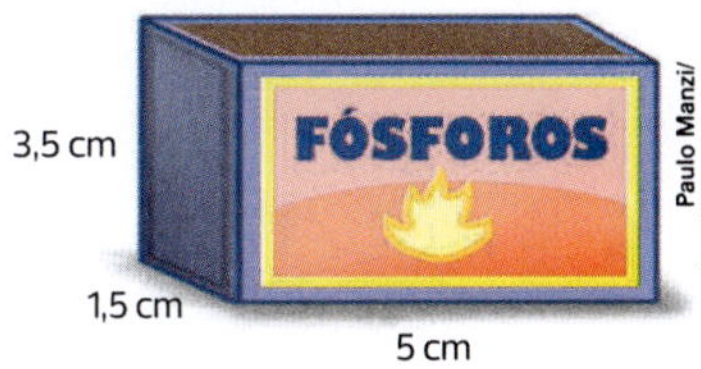

Paulo Manzi/ Arquivo da editora

A

B

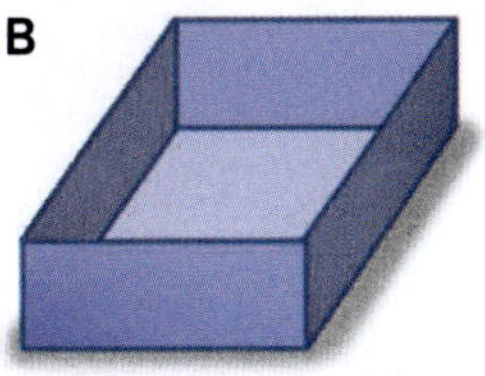

Jogos

Qual é a área?

Com este jogo você vai aplicar o que estudou sobre área. Preste atenção nas orientações e bom jogo!

Orientações:

Número de participantes: 2

Material necessário: um dado.

Como jogar:

Cada participante, na sua vez, deverá girar um clipe na roleta com auxílio de um lápis para determinar a região plana cuja área deverá ser calculada.

O participante deverá identificar a fórmula para cálculo da área da região plana sorteada, e os valores para o cálculo serão obtidos lançando-se o dado tantas vezes quantas forem necessárias.

Por exemplo, se a região sorteada na roleta for uma região triangular, o participante deverá lançar o dado duas vezes para obter o valor da medida da altura e da base da região.

O valor encontrado no cálculo da área corresponderá aos pontos obtidos na rodada.

Os participantes devem elaborar uma tabela com seus nomes e marcar os pontos obtidos em cada rodada.

O vencedor será aquele que fizer mais pontos após 4 rodadas.

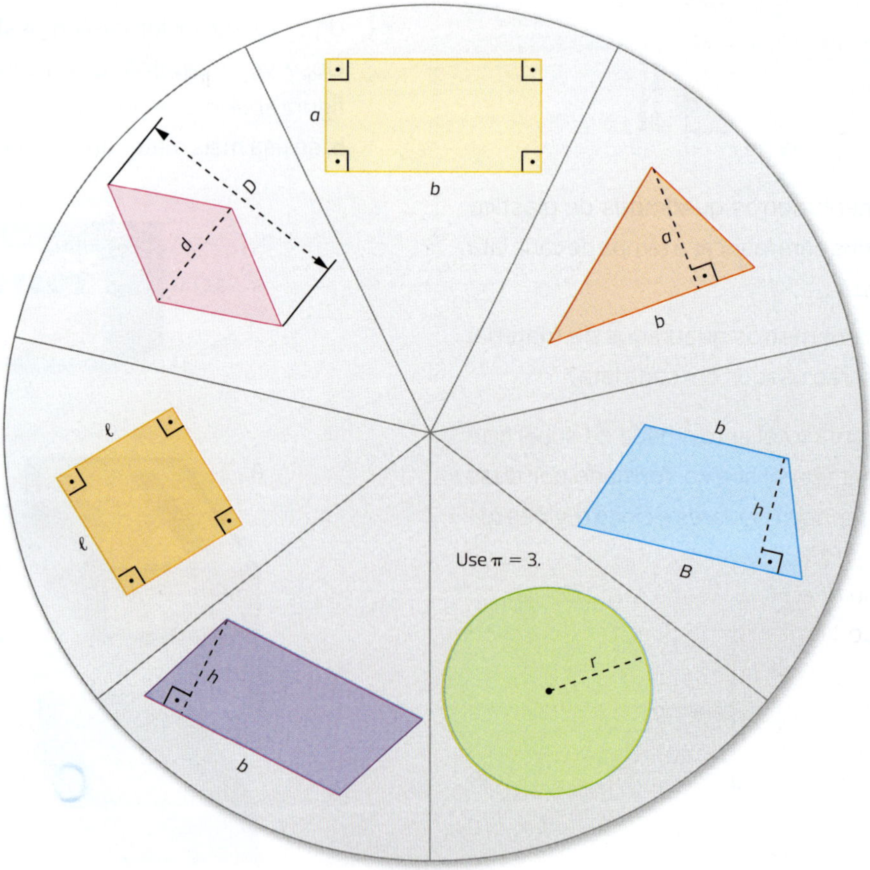

4 Retomando e aprofundando o cálculo da medida de volume

Você provavelmente estudou a ideia intuitiva de volume de um sólido geométrico nos anos anteriores. Trata-se da quantidade de espaço que esse sólido ocupa. Vamos retomar essa ideia e aprofundá-la calculando a medida do volume de alguns sólidos geométricos.

Exercícios e problemas

72. Volume de um cubo

A medida do volume de um cubo com arestas de 1 cm é igual a 1 cm^3 (figura 1). Fixamos esse cubo como unidade de medida de volume.

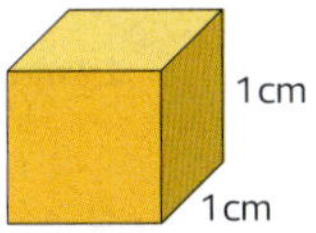

Unidade de medida de volume: 1 cm^3
Figura 1

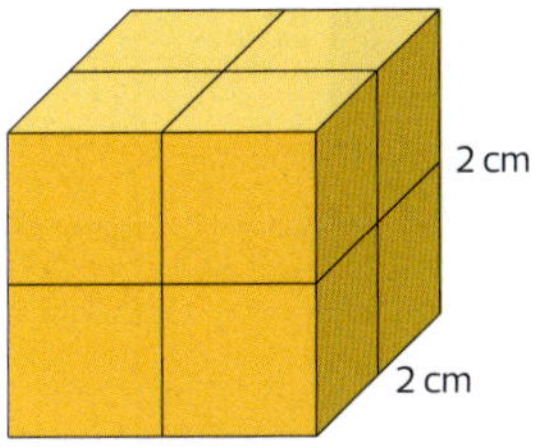

Volume: ?
Figura 2

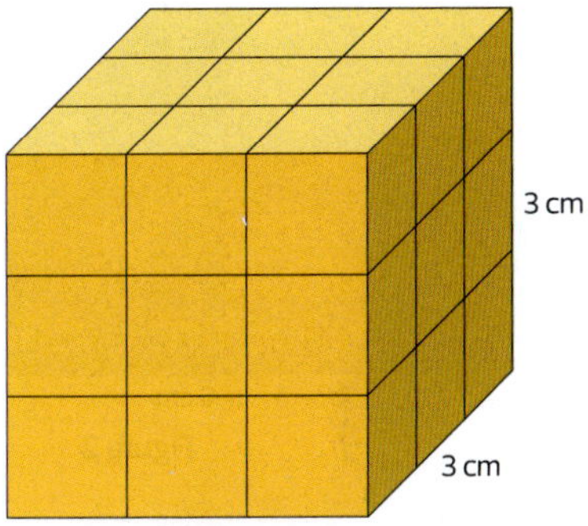

Volume: ?
Figura 3

Observe as figuras acima e faça o que se pede.

a) Há quantos cubinhos de 1 cm^3 no cubo da figura 2? Qual é o volume do cubo da figura 2?

b) Há quantos cubinhos de 1 cm^3 no cubo da figura 3? Qual é o volume do cubo da figura 3?

c) Há alguma outra maneira de calcular o volume desses cubos sem contar os cubinhos que formam o cubo maior? Explique.

d) Qual é a medida do volume de um cubo com arestas de 5 cm?

O que você constatou nas conclusões dos itens acima vale para todo valor real positivo da medida da aresta. Logo, podemos escrever:

A medida do volume de um cubo cuja aresta mede a é dada por

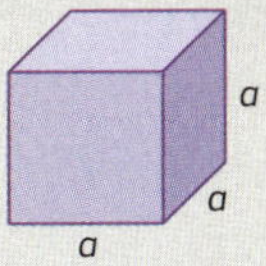

$$V = a^3$$

73. Você estudou que, se um cubo tem arestas de 1 dm (10 cm), seu volume é de 1 dm^3 (1 000 cm^3) e sua capacidade é de 1 litro. Complete as correspondências:

Volume	Capacidade
1 dm^3	1 L
1 cm^3	
1 m^3	

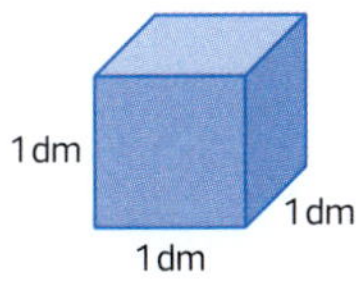

Capacidade: 1 L

74. Volume de um paralelepípedo

Consideremos o paralelepípedo abaixo com dimensões de 6 cm, por 2 cm, por 3 cm e a unidade de medida de volume de 1 cm³. Vamos calcular o volume desse paralelepípedo.

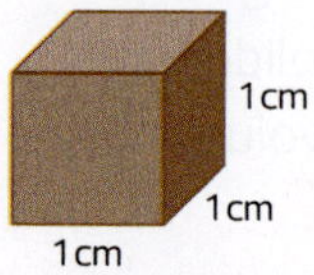

Unidade de medida de volume: 1 cm³

Figura 1

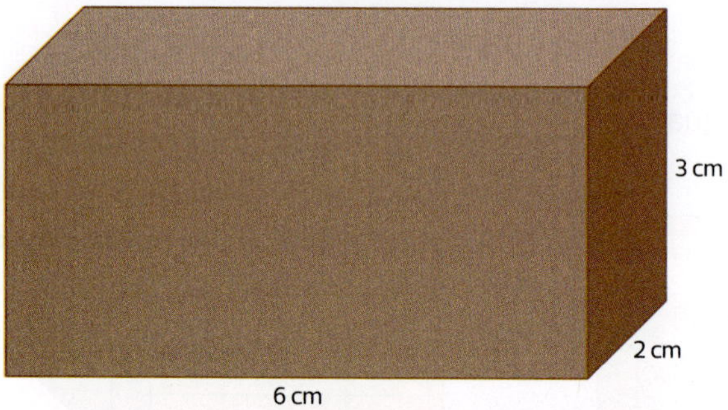

Figura 2

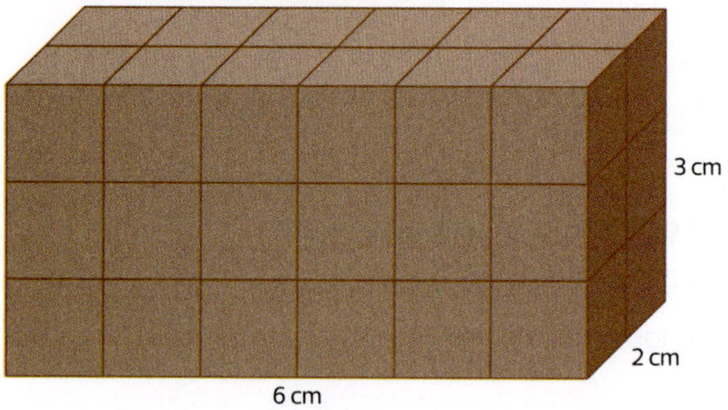

Figura 3

Considerando as figuras acima, responda:

a) Há quantos cubinhos de 1 cm³ no paralelepípedo da figura 3? Qual é o volume do paralelepípedo da figura 3?

b) Há alguma outra maneira de calcular o volume desse paralelepípedo sem contar os cubinhos que o formam? Explique.

A partir das conclusões dos itens acima, podemos escrever:

> A medida do volume do paralelepípedo é igual ao produto da área da base ($a \cdot b$) pela medida da altura (c).
>
> 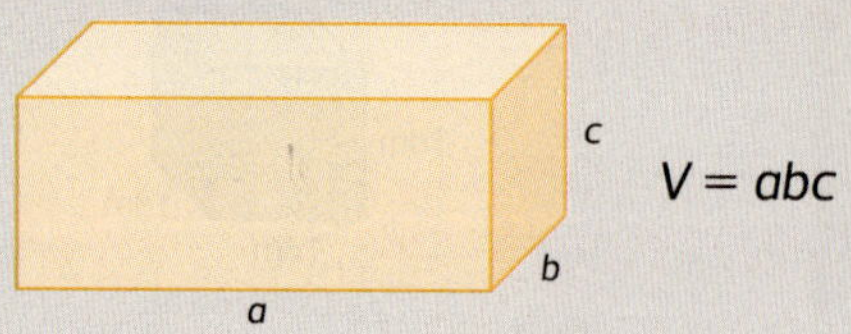
>
>
> $V = abc$

75. Calcule a medida do volume de cada um dos sólidos abaixo.

a)

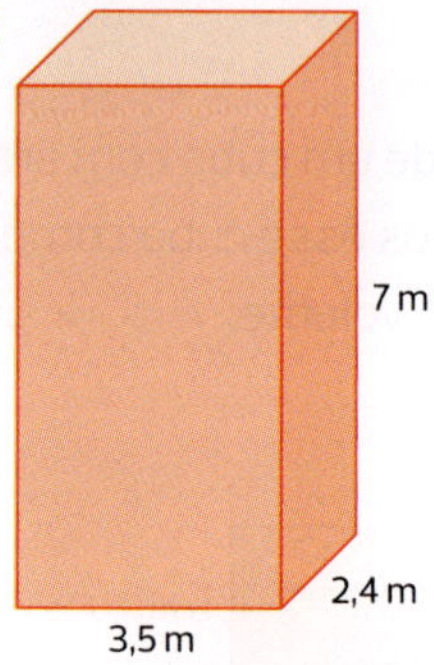

b)

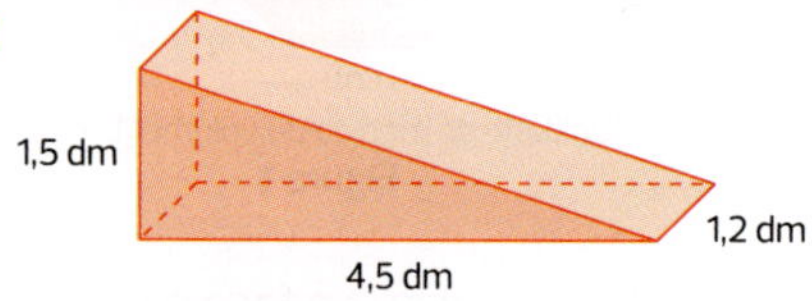

c)

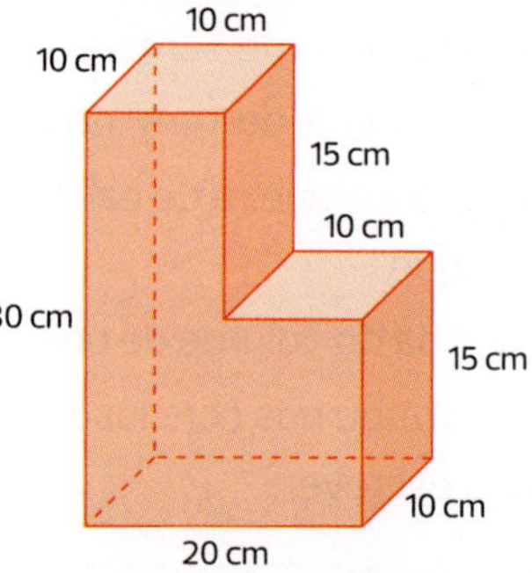

76. Uma caixa-d'água tem a forma de um paralelepípedo de dimensões 80 cm por 90 cm por 60 cm. Qual é a medida de seu volume? E de sua capacidade?

Paulo Manzi/Arquivo da editora

77. Volume de um prisma

- Inicialmente, resolva os exercícios a seguir.

a) Determine a área, em centímetros quadrados, da região retangular abaixo.

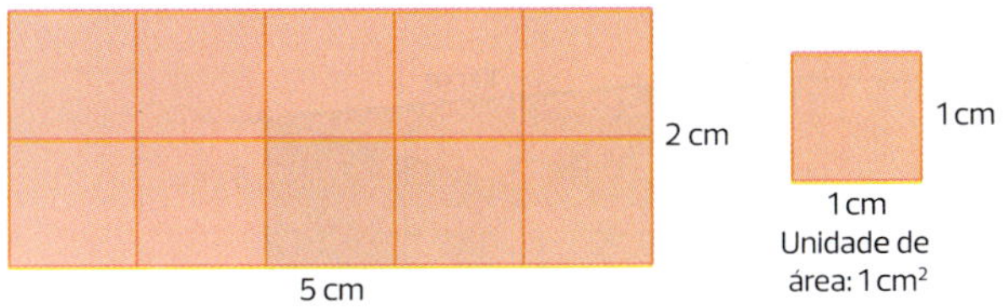

b) Quantos cubinhos de 1 cm de aresta são necessários para cobrir a região retangular acima?

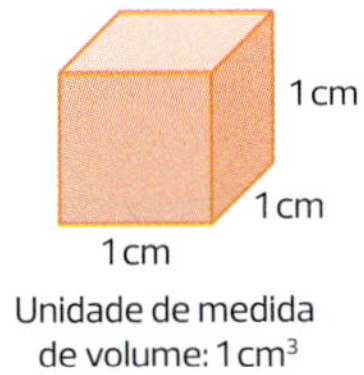

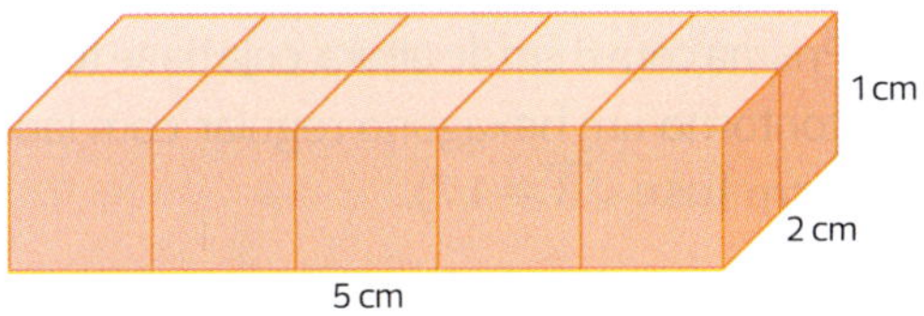

c) Quantos cubinhos de 1 cm de aresta são necessários para encher completamente o prisma abaixo? Esse valor corresponde à medida do volume do prisma.

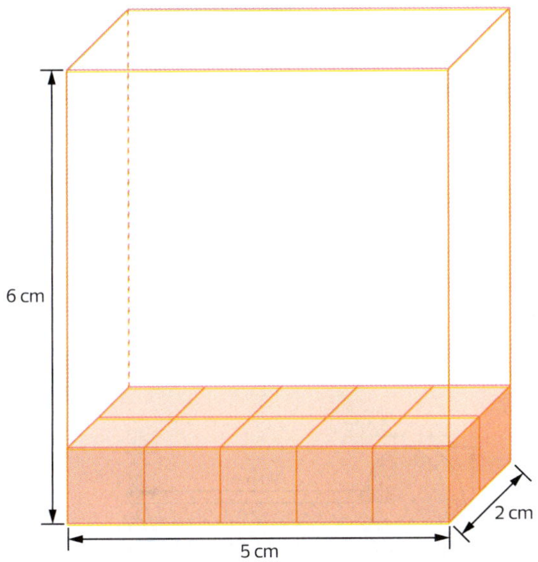

d) Como podemos obter o volume desse prisma relacionando a área da sua base e a sua altura?

- Vamos agora calcular o volume deste outro prisma. Para isso, resolva os exercícios a seguir.

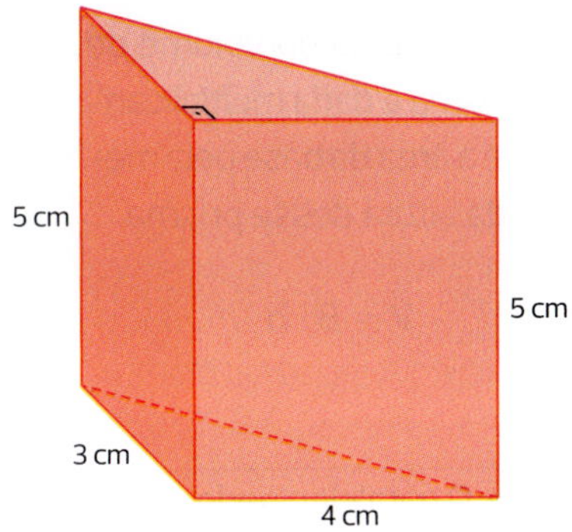

e) Determine a área, em centímetros quadrados, da região limitada pelo triângulo retângulo abaixo.

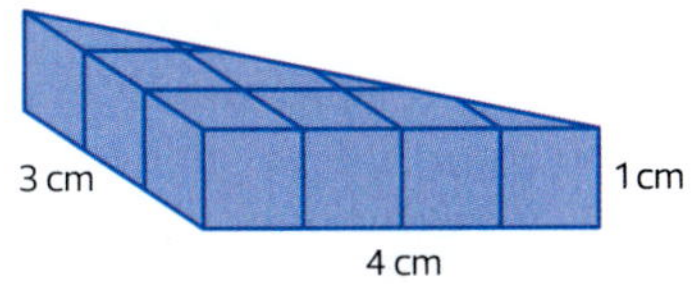

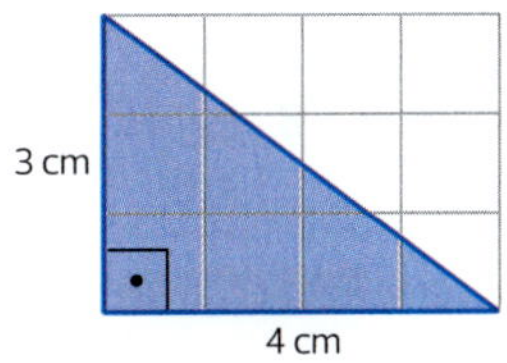

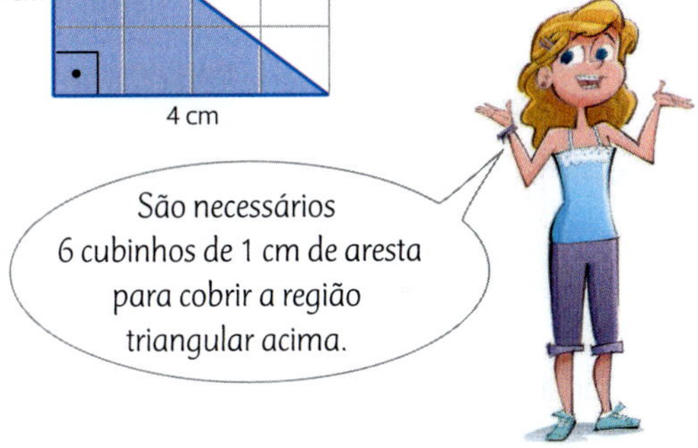

f) Quantos cubinhos de 1 cm de aresta são necessários para encher completamente o prisma abaixo? Esse valor corresponde à medida do volume do prisma.

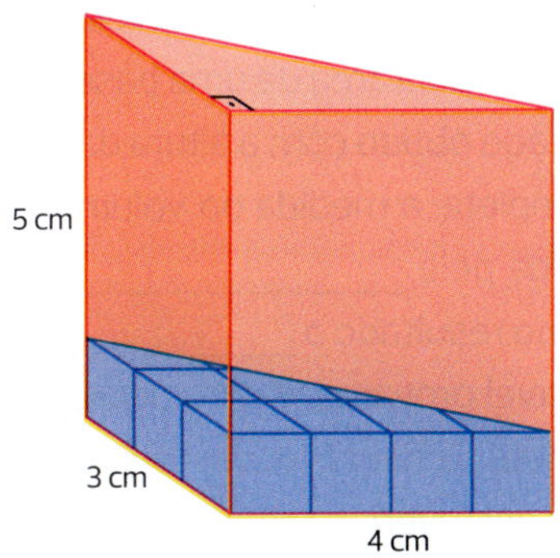

g) Como podemos obter o volume do prisma acima relacionando a área da base e a altura desse prisma?

A partir das conclusões dos itens anteriores, podemos escrever:

> A medida do volume de um prisma é dada multiplicando-se a área da base pela medida da altura desse prisma.
>
> $V = B \cdot h$

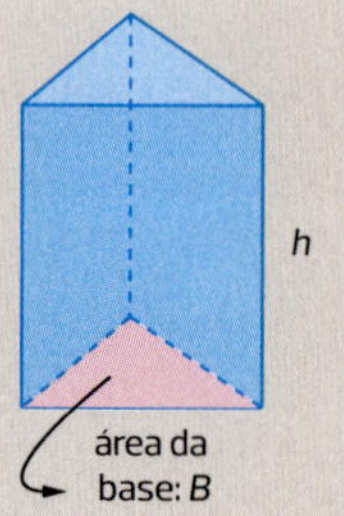

Observação: O paralelepípedo e o cubo são casos particulares de prisma. Como você estudou, temos:

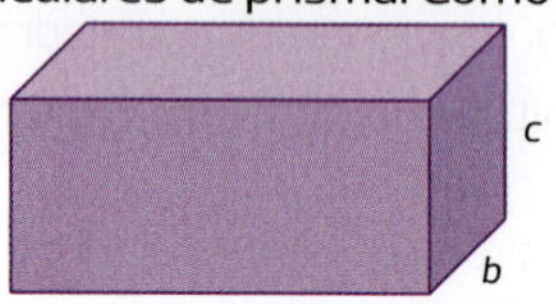

medida da altura

$V = \underbrace{a \cdot b}_{B\text{: área da base}} \cdot c$

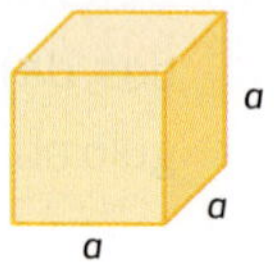

medida da altura

$V = \underbrace{a \cdot a}_{B\text{: área da base}} \cdot a = a^3$

78. **Volume do cilindro**

Observe as latas cilíndricas **A** e **B** abaixo.

Lata **A** Lata **B**

a) Transforme em centímetros cúbicos as medidas dadas em mililitros, que indicam o conteúdo das latas. Lembre-se: $1\ dm^3 = 1\,000\ cm^3 = 1\ L$.

b) Determine a área da base, em centímetros quadrados, na lata **A** e na lata **B**, com aproximação de décimos. Use $\pi = 3,1$.

c) Para cada lata, efetue a divisão da medida do volume pela área de uma base. Compare o resultado obtido com a altura da respectiva lata.

d) Complete: a medida do volume do cilindro dividida pela ______________________ dá como resultado a ____________ do cilindro.

É possível provar que o que ocorreu com essas duas latas cilíndricas ocorre sempre. Por isso, podemos escrever:

> A medida do volume do cilindro (V) é igual à área da base (B) multiplicada pela medida da altura (h).
>
> $V = B \cdot h$

79. Calcule a medida do volume de cada sólido indicado abaixo.

a) Prisma com 5 cm de altura, cuja base tem como contorno um triângulo retângulo com lados de 6 cm, 8 cm e 10 cm.

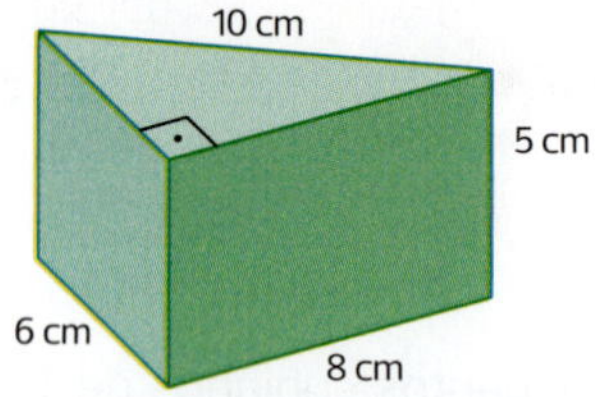

b) Cilindro com diâmetro da base de medida igual a 8 cm e altura de medida igual a 5 cm.

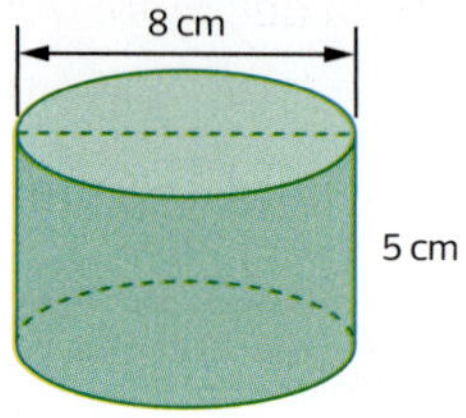

c) Prisma com 6 cm de altura, cuja base tem como contorno um hexágono regular com lados de 8 cm (use $\sqrt{3} = 1,7$).

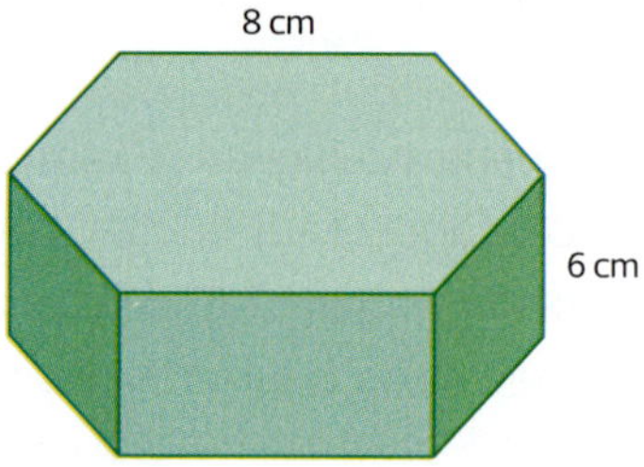

80. Uma indústria recebeu um pedido para fabricar 2 500 peças de ferro maciço, com a forma e as dimensões indicadas na figura abaixo. Quantos centímetros cúbicos de ferro serão usados na fabricação dessas peças? Use calculadora e considere $\pi = 3,14$.

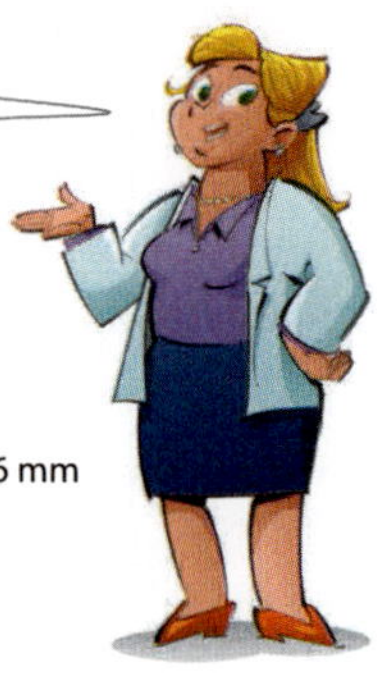

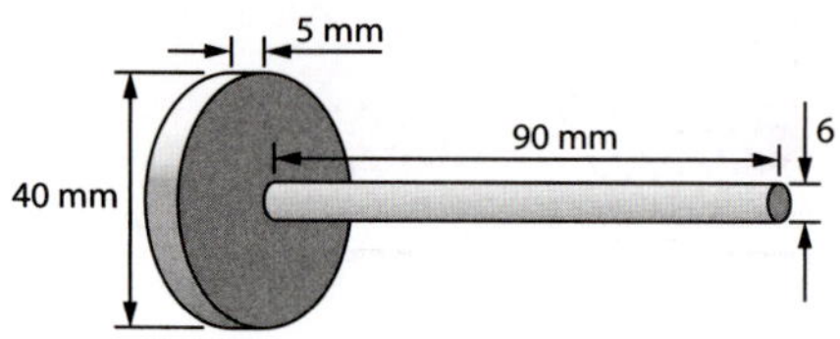

81. Um cilindro tem $225\pi\ cm^3$ de volume e o diâmetro de sua base mede 10 cm. Quanto mede a altura desse cilindro?

82. As figuras mostram dois bolos cilíndricos. Descubra quanto pesa e quanto custa o bolo da direita. Use $\pi = 3{,}14$.

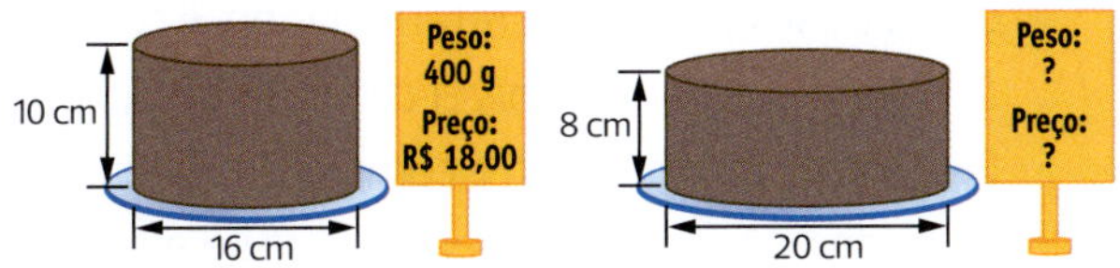

83. **Volume do cone**

O professor Manuel deu a Ana uma tarefa que, a princípio, parecia difícil: relacionar o volume de um cone com o de um cilindro de mesma base e altura. Para descobrir, Ana fez o experimento abaixo, usando cones iguais:

Paulo Manzi/Arquivo da editora

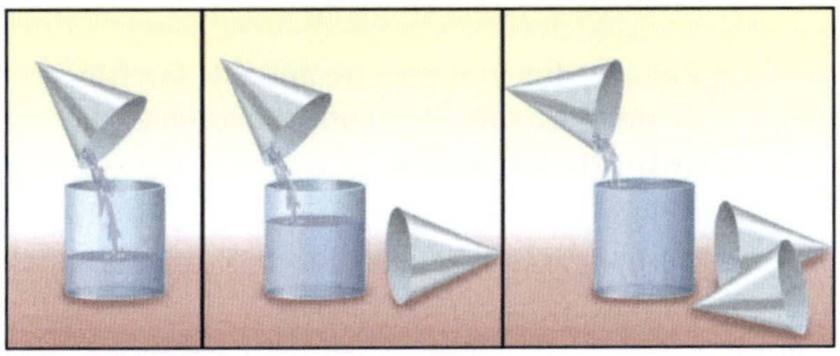

- Responda: quantos cones Ana utilizou para preencher o cilindro? O que se pode concluir, então, a respeito do volume de cada cone que ela utilizou, em relação ao volume do cilindro?

O que é possível observar acima vale sempre e pode ser demonstrado. Por isso, podemos escrever:

> O volume de um cone é igual a $\frac{1}{3}$ do volume de um cilindro de mesma área da base e mesma altura.

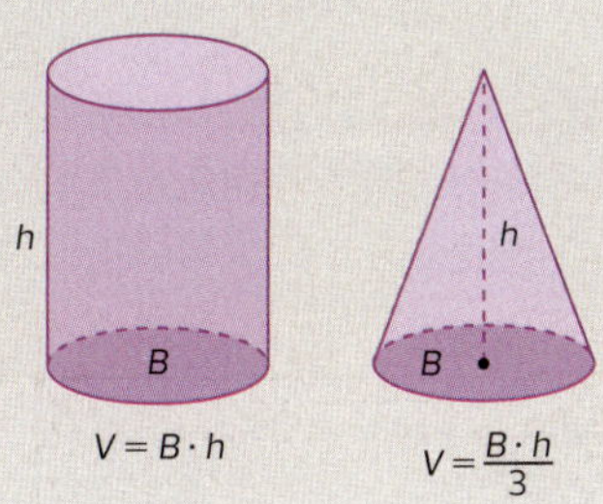

- Agora, resolva: se um cone tem altura de 6 cm e o raio da sua base tem 5 cm, qual é a medida de seu volume? Use $\pi = 3{,}14$.

84. **Volume da pirâmide**

Assim como no experimento de Ana do exercício anterior, também é possível constatar experimentalmente que:

> O volume de uma pirâmide é igual a $\frac{1}{3}$ do volume de um prisma de mesma área da base e mesma altura.

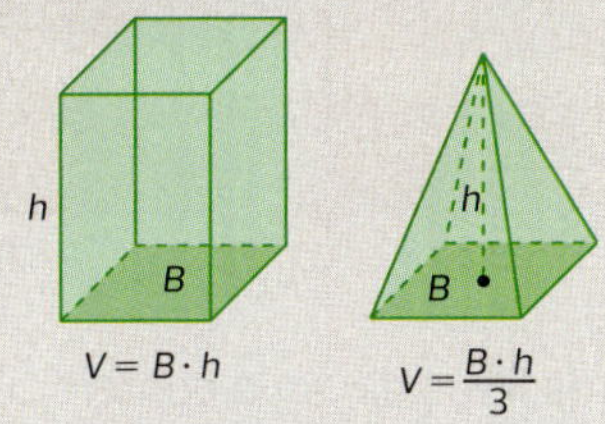

Agora, resolva: se uma pirâmide de base quadrada tem altura de 13 cm e sua base tem 2,5 cm de lado, qual é a medida de seu volume?

85. Qual destes sólidos tem volume maior? Considere $\pi = 3{,}14$.

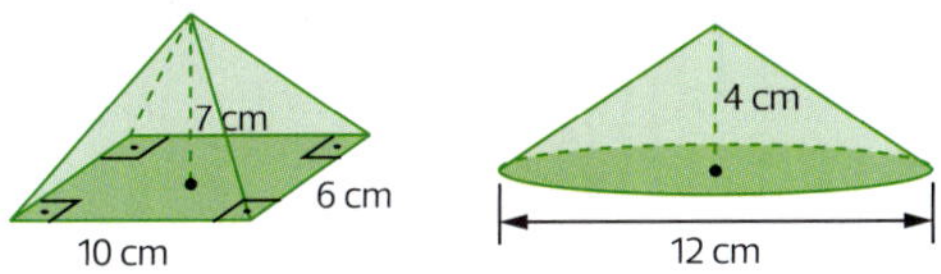

86. **Volume da esfera**

Estas fórmulas você já estudou:

- $C = 2\pi r$ é a fórmula do comprimento de uma circunferência com raio de medida r.
- $A = \pi r^2$ é a fórmula da área de um círculo com raio de medida r.

Veja agora mais estas duas fórmulas, que serão demonstradas no Ensino Médio:

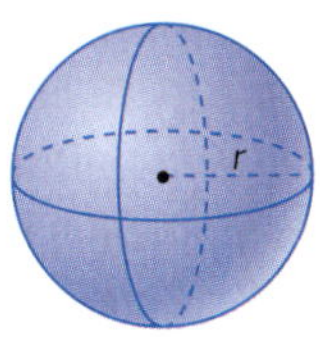

$A = 4\pi r^2$

Área da superfície esférica ("casca" da esfera)

$V = \frac{4\pi r^3}{3}$

Volume da esfera

Considere o raio do planeta Terra com medida 6 370 km. Use as fórmulas acima e, com a ajuda de uma calculadora e adotando $\pi = 3{,}14$, determine o valor aproximado:

a) da área da superfície do planeta Terra;

b) do volume do planeta Terra.

87. Na figura 1, temos $h = 6$ cm e $r = 3$ cm. Calcule o volume do cone inscrito no cilindro. Na figura 2, temos um cubo com 9 cm de aresta. Calcule o volume da pirâmide inscrita no cubo. Use $\pi = 3{,}14$.

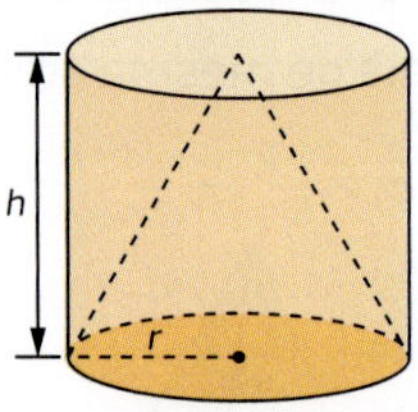

Figura 1

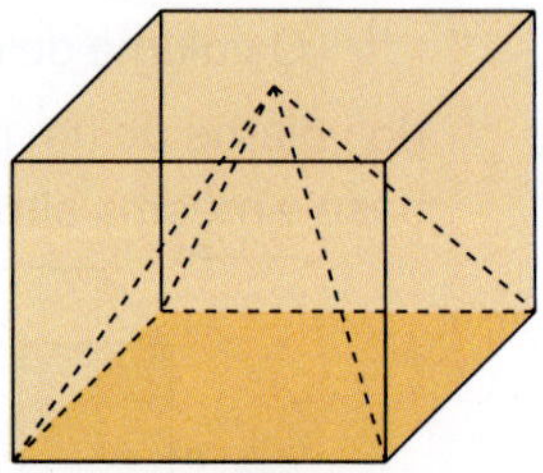

Figura 2

88. Quantos litros de água contém o reservatório da figura abaixo quando está com 80% de sua capacidade? Use $\pi = 3{,}14$.

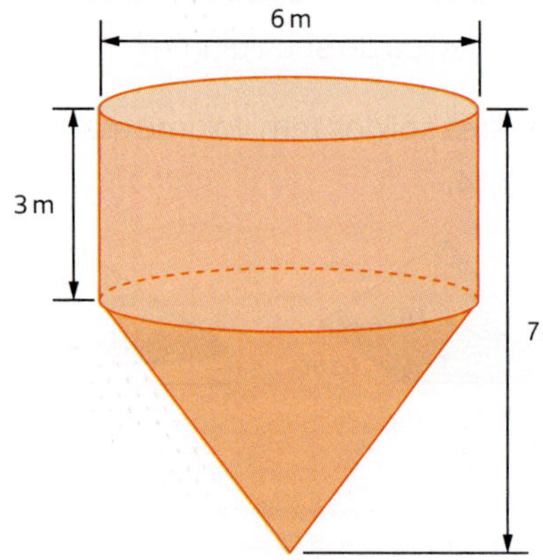

89. Retome e resolva a situação da introdução do capítulo, que está na página 284. Use $\pi = 3{,}14$.

90. Um tanque em forma de paralelepípedo tem como base uma região retangular de 30 cm por 20 cm. Ele está com nível de água de 7,5 cm. Quando um cubo sólido é completamente mergulhado no tanque, o nível de água se eleva em 0,5 cm. Quanto mede, aproximadamente, a aresta do cubo?

91. O volume de água que é armazenado em uma caixa-d'água é uma função das dimensões da caixa. Por exemplo, para um reservatório com formato esférico, o volume pode ser calculado usando-se a fórmula $V = \frac{4\pi R^3}{3}$, em que $\pi = 3{,}141592...$

a) Observe a tabela seguinte:

Valores dos volumes de água, *V*, em função do valor do raio, *R*, de uma caixa-d'água de formato esférico

V (m³)	0	0,9	7,2	17,2	33,5
R (m)	0	0,6	1,2	1,6	2,0

Represente esses valores graficamente.

b) Use $\pi = 3$ e determine, aproximadamente, quantos litros de água cabem em uma caixa-d'água esférica cujo raio é igual a 1,4 m.

Leitura

As pirâmides do Egito

Das pirâmides do Egito, as três mais famosas são as que serviram de túmulos aos faraós Quéops, Quéfren e Miquerinos. A de Quéops foi concluída no reinado de Rededef em cerca de 2580 a.C. Sua altura original era de 146,7 m (atualmente, após a perda de suas pedras do topo e do *piramidion*, reduziu para 137,5 m), com 230 m em cada lado da base quadrada, cobrindo pouco mais de 5 ha. Estima-se ter sido necessária uma força-trabalho permanente de 4 000 pessoas em 30 anos para manobrar 2,3 milhões de blocos de pedra calcária de até 15 t (média 2,5 t), totalizando cerca de 5 480 000 t e volume de 2 595 000 m³.

Sculpies/Shutterstock/Glow Images

Pirâmides de Gizé, no Egito.

1. Com as informações dadas, descubra a área da base da pirâmide de Quéops. Use calculadora.

2. Crie um problema com dados do texto. Peça a um colega para resolvê-lo. Você resolve o problema que ele criou.

Leitura

Princípio de Cavalieri

Você já ouviu falar no princípio de Cavalieri? Vejamos o que ele estabelece.

Fixamos um plano α que chamaremos de plano horizontal.

Qualquer plano paralelo a ele também será chamado de plano horizontal.

Sejam S_1 e S_2 dois sólidos quaisquer. Cada plano horizontal α determina nos sólidos S_1 e S_2 seções planas que indicaremos, respectivamente, por $\alpha \cap S_1$ e $\alpha \cap S_2$. Elas são as intersecções do plano α com os dois sólidos dados S_1 e S_2.

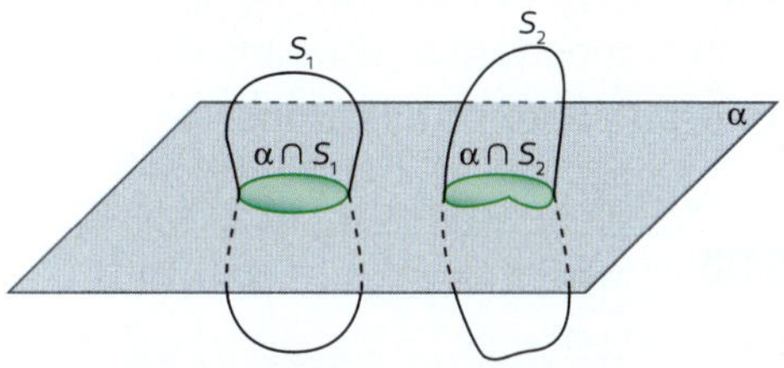

Se, para qualquer plano horizontal π, a figura $\pi \cap S_1$ tiver a mesma área que a figura $\pi \cap S_2$, os volumes dos sólidos S_1 e S_2 serão iguais. Esse é o chamado **princípio de Cavalieri**, muito útil no cálculo de volumes.

O italiano Bonaventura Francesco Cavalieri, que foi discípulo de Galileu, publicou em 1635 sua *Teoria do indivisível*, contendo o que hoje é conhecido como princípio de Cavalieri.

Entretanto, sua teoria, que permitia encontrar rapidamente e com exatidão a área e o volume de muitas figuras geométricas, foi duramente criticada na época.

Em 1647, Cavalieri publicou a obra *Exercitationes geometricae sex*, na qual apresentou de maneira mais clara sua teoria. Esse livro transformou-se em fonte importante para os matemáticos do século XVII.

Leemage/Universal Images Group/Getty Images

Bonaventura Cavalieri (1598-1647)

Fonte: Centro de Ensino e Pesquisa Aplicada do Instituto de Física da USP. Disponível em: <www.cepa.if.usp.br/e-calculo/historia/cavaliere.htm>. Acesso em: 18 maio 2015.

Exercício

92. **Projeto em equipe – perímetro, área e volume em nosso dia a dia**

Você e seus colegas podem:

- calcular o perímetro da sala de aula ou do terreno da escola;
- calcular a área da sala de aula ou do terreno da escola;
- descobrir qual é a área aproximada da cidade onde vocês moram e também a do estado;
- pesquisar dados e calcular a densidade demográfica da cidade e do estado onde vocês moram;
- determinar a área total, o volume e a capacidade de uma caixa-d'água (ou um reservatório) da sua cidade;
- pesquisar quanto se gasta para fazer um aquário.

Raciocínio lógico

Qual é a interpretação que você deve dar à expressão "um terço e meio de cem" para que a resposta à pergunta "Quanto é um terço e meio de cem?" seja 50?

Tratamento da informação

93. A divisão do estado do Pará

Em 5 de maio de 2011, a Câmara dos Deputados aprovou os projetos legislativos que autorizavam a realização do plebiscito para a criação de dois novos estados no Brasil: Tapajós e Carajás, que seriam desmembrados do Pará.

Observe o mapa abaixo e entenda a proposta de divisão do estado do Pará.

Desmembramento do Pará em Tapajós e Carajás

Fonte: UFPA - Universidade Federal do Pará, 2010.

Como ficariam os novos estados de acordo com o projeto de desmembramento:

Desmembramento do Pará em Tapajós e Carajás

	Pará	Tapajós	Carajás
Capital	Belém	Santarém	Marabá
Municípios	78	27	39
População – 2010	4 686 138 habitantes	1 230 935 habitantes	1 663 978 habitantes
Área – 2010	214 598 km²	736 732 km²	296 620 km²
Densidade demográfica	21,8 hab./km²	1,7 hab./km²	5,6 hab./km²
Bandeira			

Os partidários da separação argumentavam principalmente que o estado do Pará (atualmente o segundo maior do Brasil) tem um território muito grande, o que faz com que o governo estadual acabe não dando a devida atenção às áreas mais distantes da capital (Belém). Já aqueles contrários à divisão alegavam, sobretudo, que a criação dos novos estados seria economicamente inviável, pois levaria ao empobrecimento do que restaria do estado do Pará e faria com que Tapajós e Carajás produzissem *deficits* anuais gigantescos.

No plebiscito realizado em 11 de dezembro de 2011, os eleitores responderam a duas perguntas: "Você é a favor da divisão do estado do Pará para a criação do estado de Carajás?" e "Você é a favor da divisão do estado do Pará para a criação do estado de Tapajós?" Os gráficos abaixo mostram o resultado do plebiscito, que indicou a rejeição das propostas.

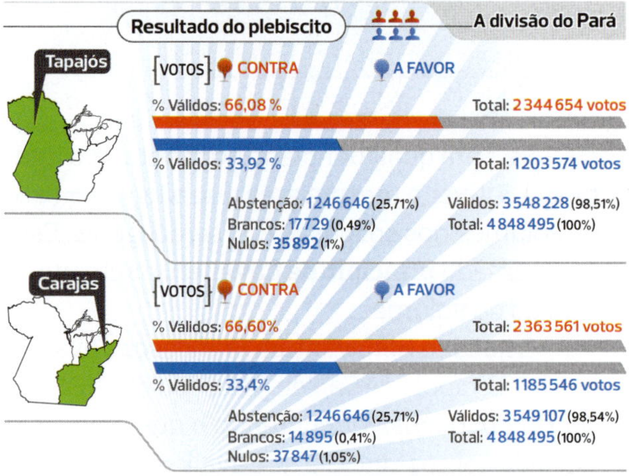

Casa de Tipos/Arquivo da editora

Fonte: Portal G1 – Política. Disponível em: <http://g1.globo.com/politica/noticia/2011/12/em-plebiscito-eleitores-do-para-rejeitam-divisao-do-estado.html>. Acesso em: 18 maio 2015.

A partir dos dados acima, responda às questões a seguir. Use calculadora quando necessário.

a) Para qual estado houve maior número de votos contrários à criação do novo estado?

b) Qual foi a diferença percentual entre os votos a favor e contra para Tapajós? E em número de votos?

c) Qual é a razão entre o número de votos brancos para Tapajós e o número de votos brancos para Carajás?

d) Escolhendo-se ao acaso um município dos três estados resultantes do desmembramento do Pará, qual seria a probabilidade de ele pertencer a Tapajós?

e) Sorteando-se ao acaso um habitante desses três estados, qual é a probabilidade de ele pertencer a Carajás?

Outros contextos

94. Paisagismo

Ao se contratar um paisagista, ele elabora um projeto detalhado com tipos, quantidades de plantas e materiais necessários para a construção de um jardim, apresentando o orçamento ao interessado.

Mauricio Simonetti/Pulsar Imagens

Jardim Botânico, Curitiba (PR), onde é possível observar um projeto de paisagismo com motivos geométricos. Foto de 2013.

A Associação Brasileira de Arquitetos Paisagistas (Abap) tem uma fórmula para determinar o valor dos honorários pagos, em reais, a esse profissional, a partir da dimensão da área do projeto:
honorários $= 2{,}21 \times \left(2\,400 + 240 \times \sqrt{\text{área } (m^2)}\right)$

Fonte: Abap. Disponível em: <www.abap.org.br/honorarios.htm>. Acesso em: 26 jan. 2015.

Calcule o valor que um paisagista vai cobrar pela elaboração do projeto de cada uma das praças indicadas abaixo. No item **b**, use calculadora e considere $\pi = 3{,}14$.

a) Praça formada por uma região quadrada com lados de 50 m e quatro regiões em forma de trapézio, com base menor de 30 m e altura de 15 m.

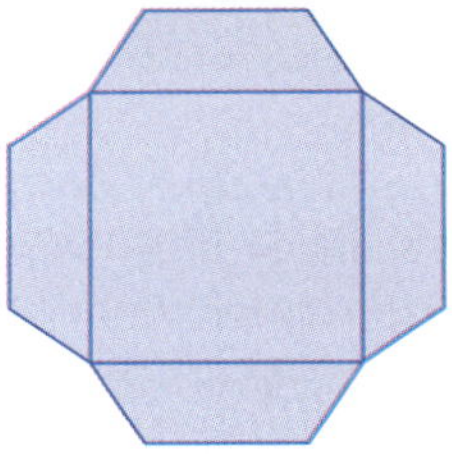

b) Praça formada por uma região quadrada com lados de 40 m e quatro semicírculos.

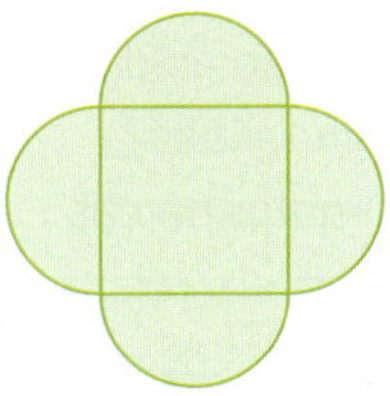

95. Realizando uma obra

Na figura abaixo, temos parte da planta de uma casa, na qual aparecem a cozinha e uma sala. As medidas estão dadas em metros, e a área da cozinha corresponde a 80% da área da sala.

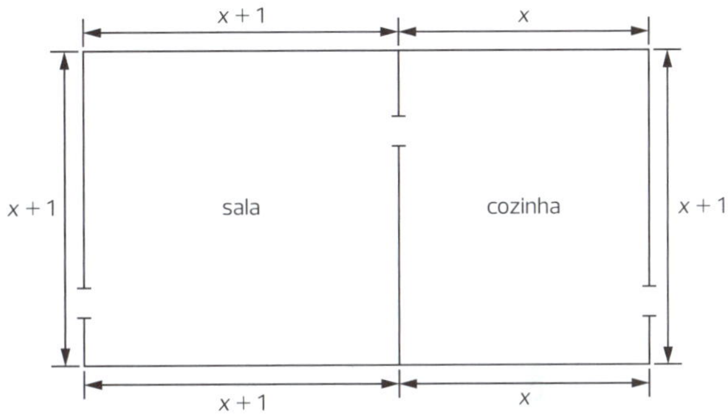

No piso da cozinha serão colocadas lajotas de R$ 70,00 o metro quadrado; no piso da sala, serão colocadas peças de R$ 75,00 o metro quadrado. Qual será o custo do material para o piso dos dois cômodos?

96. Fabricação de medalhas

Um fabricante de joias vai fazer medalhas circulares como as que aparecem na placa desenhada abaixo. Depois de recortadas as peças circulares, as sobras serão derretidas e "planificadas" para que novas peças circulares de mesmo tamanho sejam recortadas. Assim, no total, qual é o número máximo de medalhas que poderão ser fabricadas? Use $\pi = 3{,}14$.

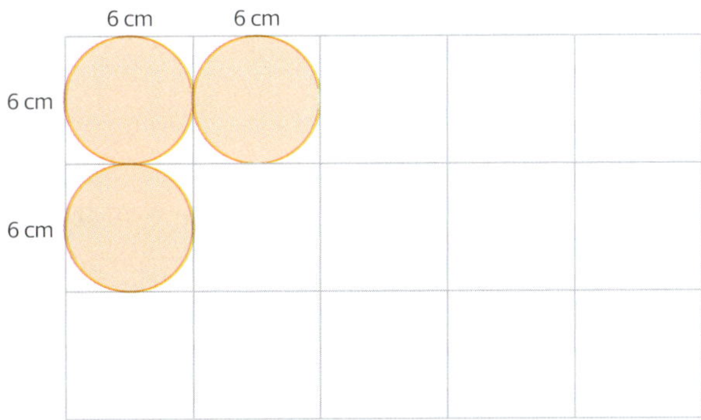

97. Cálculo de áreas – “fórmula dos camponeses brasileiros”

O método prático usado por várias comunidades camponesas no Brasil para o cálculo de área de terrenos “quase” quadrados ou “quase” retangulares é calcular o produto entre a média aritmética das “larguras” e a média aritmética das “alturas” (fórmula conhecida pelos egípcios e encontrada no *Papiro de Ahmes*).

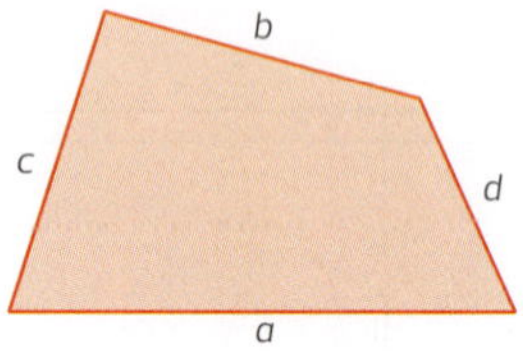

$$\text{área} = \frac{a+b}{2} \cdot \frac{c+d}{2}$$

a) Mostre que essa fórmula fornece o valor exato da área para terrenos com forma retangular ou quadrada.

b) Calcule, em termos percentuais, o erro cometido quando se usa a fórmula acima no cálculo da área da região limitada pelo trapézio retângulo abaixo.

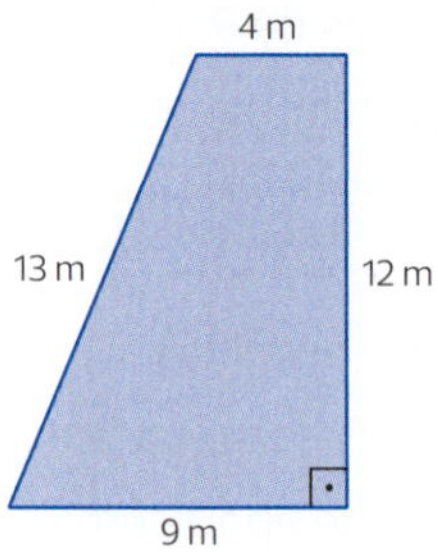

c) O ângulo A do paralelogramo mede 60°. Utilizando-se o método prático para calcular a sua área, qual é o erro cometido em termos percentuais?

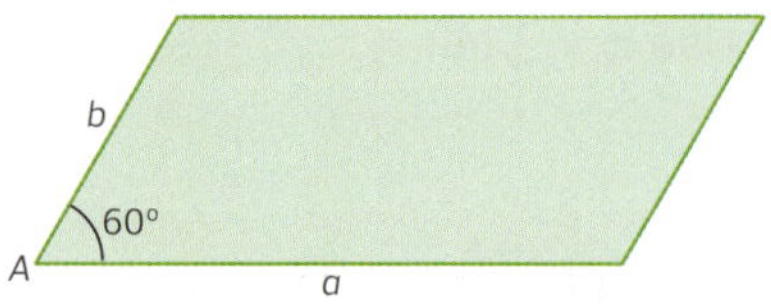

98. Na fazenda de Aldair...

Dispondo de 160 m de tela de arame, Aldair, que é fazendeiro, pretende construir um cercado para seu pomar com a maior área possível. Ele está em dúvida entre a forma retangular e a forma circular.

Gary Emord-Netzle/Associated Press/Glow Images

Homens construindo cerca

Adote $\pi = 3{,}14$.

a) O que você sugere que o fazendeiro escolha? Convença-o matematicamente.

b) Mostre ao fazendeiro quanto a mais, em área, ele vai ganhar ao aceitar a sua sugestão.

99. A horta de Belarmino

Belarmino vai fazer alterações em um canteiro retangular de sua horta para o plantio de alface. Se o comprimento do canteiro aumentar 10%, o seu perímetro crescerá 1,6 m. Porém, se a largura desse canteiro diminuir 30%, a sua área diminuirá 15,36 m².

João Prudente/Pulsar Imagens

Plantação de alface.

Considerando essas informações, responda:

a) Quais são as dimensões desse canteiro?

b) Quais serão as dimensões se for feita apenas a alteração do comprimento?

c) Quais serão as dimensões se for feita apenas a alteração da largura?

d) Quais serão as dimensões se forem feitas as duas alterações?

e) O perímetro no caso do item **d** aumentará ou diminuirá em relação ao item **a**? Em quantos metros?

Praticando um pouco mais

1. (UFPE) Uma pirâmide tem base quadrada e faces laterais congruentes, como ilustrado a seguir. Se as arestas laterais da pirâmide medem 10 cm, e a altura da pirâmide mede 8 cm, qual o volume da pirâmide?

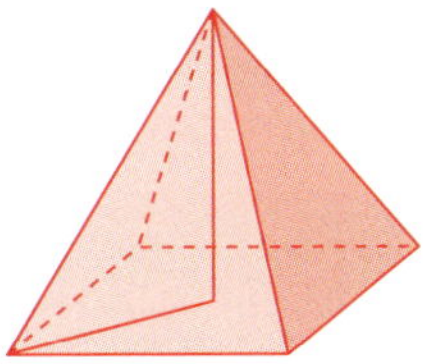

a) 190 cm^3
b) 192 cm^3
c) 194 cm^3
d) 196 cm^3
e) 198 cm^3

2. (UFABC-SP) Para fabricar um único microchip de 32 *megabytes* de memória (figura 1) usam-se 1,6 kg de combustível fóssil e 72 gramas de substâncias químicas (*Enciclopédia do Estudante*, Estadão). É necessária ainda toda a água contida em um prisma reto de base quadrada (figura 2), com sua capacidade total preenchida.

Figura 1

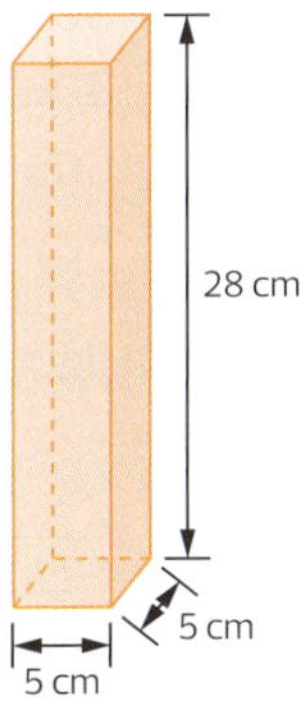

Figura 2

Sabendo-se que a densidade da água, ou massa por unidade de volume, é de 1 g/mL, pode-se concluir que a massa da água usada para fabricar esse microchip é igual a:

a) 400 g.
b) 500 g.
c) 550 g.
d) 600 g.
e) 700 g.

3. (UFPR) A soma das áreas dos três quadrados abaixo é igual a 83 cm^2. Qual é a área do quadrado maior?

a) 36 cm^2
b) 20 cm^2
c) 49 cm^2
d) 42 cm^2
e) 64 cm^2

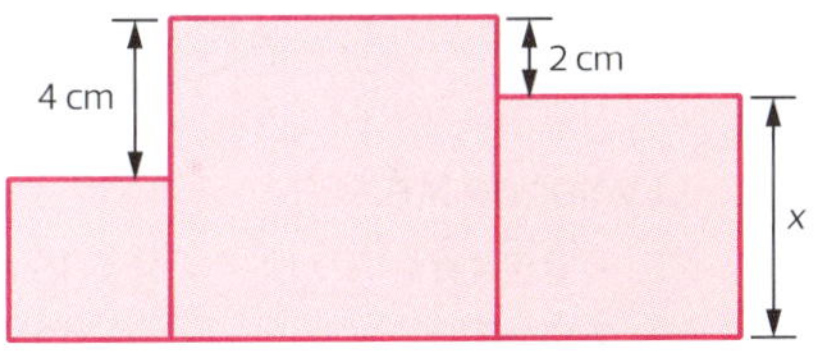

4. (Uece) Se um prisma triangular reto é tal que cada uma de suas arestas mede 2 m, então a medida do seu volume é:

a) $3\sqrt{2}$ m^3
b) $2\sqrt{3}$ m^3.
c) 6 m^3.
d) 8 m^3.

5. (Unifor-CE) Ao se inscrever para participar de uma feira, um expositor recebeu a informação de que seu estande deveria ocupar uma área de 21,25 m^2, ter formato retangular e perímetro igual a 22 m. Com essas condições, podemos afirmar que as dimensões do estande do expositor são:

a) 8,0 m × 2,0 m
b) 8,2 m × 2,4 m
c) 8,5 m × 2,5 m
d) 8,5 m × 2,4 m
e) 8,6 m × 2,5 m

6. (FGV-RJ) De um retângulo de lados 20 cm e 14 cm foram retirados dois quadrados iguais, como mostra a figura a seguir:

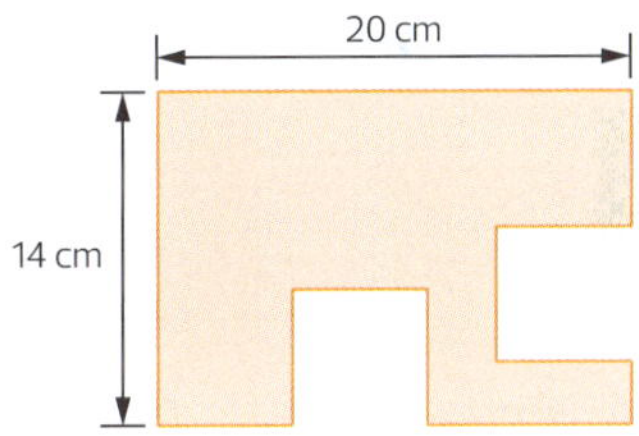

Se o perímetro da figura acima é de 92 cm, sua área é igual a:

a) 152 cm^2.
b) 182 cm^2.
c) 208 cm^2.
d) 230 cm^2.
e) 248 cm^2.

7. (UFPB) Na figura abaixo, se o diâmetro do círculo mede 8 cm e os raios dos semicírculos medem 2 cm, a área e o perímetro da região pintada valem, respectivamente:

a) 8π cm^2 e 8 cm
b) 16π cm^2 e 8π cm
c) 8π cm^2 e 8π cm
d) 16 cm^2 e 8π cm
e) 16π cm^2 e 8 cm

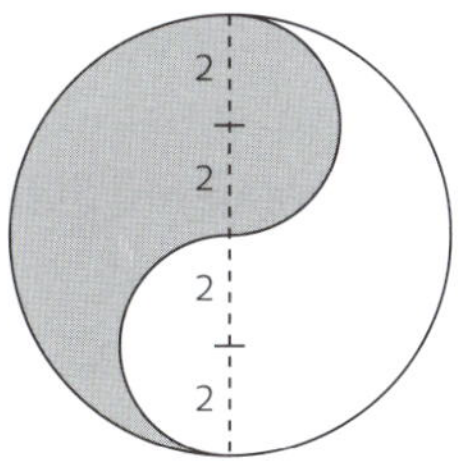

Revisão cumulativa

1. Calcule o perímetro e a área da parte pintada de cada figura, sem aproximar o valor de π.

a)

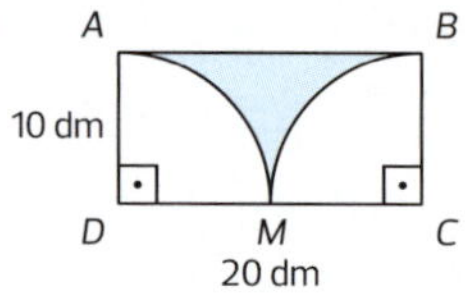

ABCD é um retângulo, e M é o ponto médio de $\overline{CD}$.

b)

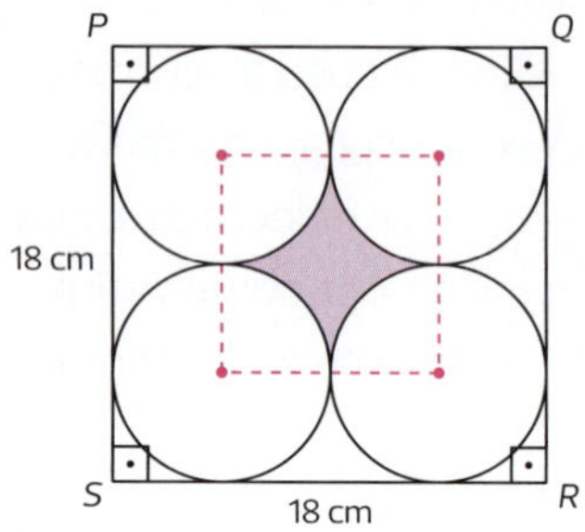

PQRS é um quadrado, e as circunferências têm o mesmo raio.

c)

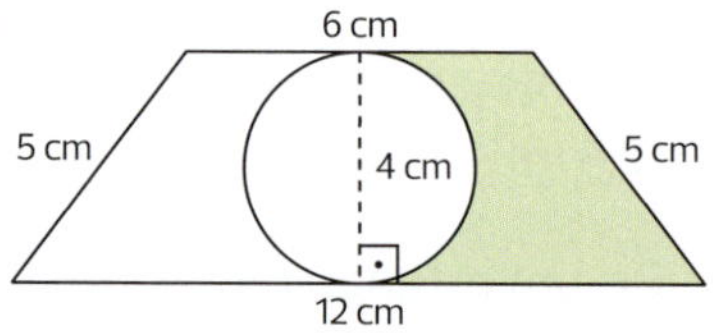

2. Considere dois cubos cujas arestas medem 4 cm e 6 cm, nessa ordem.

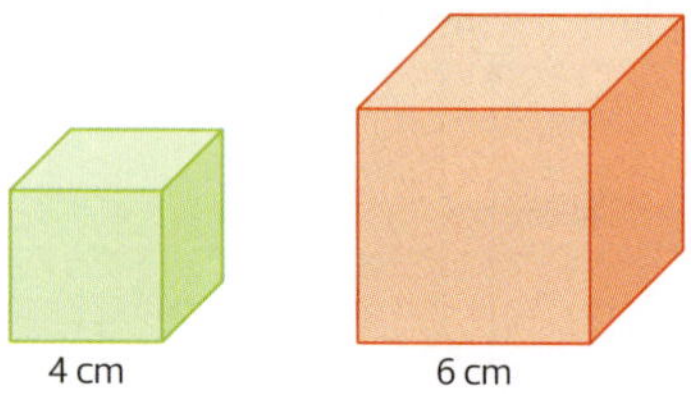

Calcule e indique com frações irredutíveis a razão entre:

a) as medidas de comprimento das arestas;

b) os perímetros das faces;

c) as áreas das faces;

d) as áreas totais;

e) os volumes.

3. (Fuvest-SP) Num triângulo retângulo *T*, os catetos medem 10 m e 20 m. A altura relativa à hipotenusa divide *T* em dois triângulos, cujas áreas, em metros quadrados, são:

a) 10 e 90.

b) 20 e 80.

c) 25 e 75.

d) 36 e 64.

e) 50 e 50.

4. Na figura abaixo, observa-se um $\triangle ABC$, retângulo em *A*.

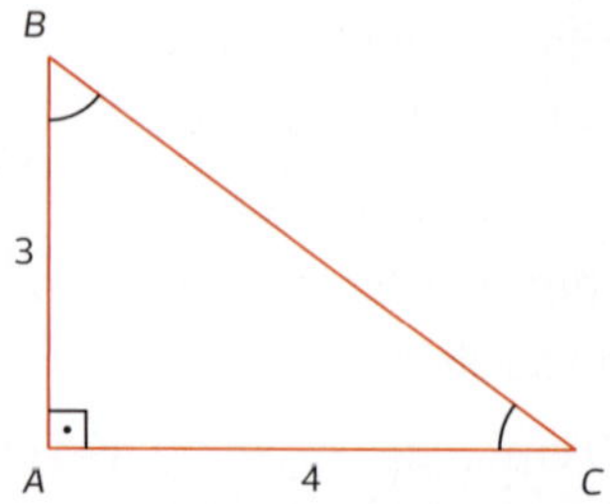

Qual dessas afirmações é verdadeira?

a) $\cos \hat{B} = 0{,}8$

b) $\text{tg } \hat{B} = 0{,}75$

c) $\text{tg } \hat{C} = 1{,}333...$

d) $\text{sen } \hat{C} = 0{,}6$

5. Em um cilindro que tem a medida do diâmetro da base igual a 8 cm e a altura igual a 6 cm, a área total e o volume têm, respectivamente:

a) 80π cm² e 96π cm³.

b) 80π cm² e 84π cm³.

c) 60π cm² e 96π cm³.

d) 60π cm² e 84π cm³.

6. Na figura, *a* // *b* // *c*. Calcule as medidas *m* e *n*.

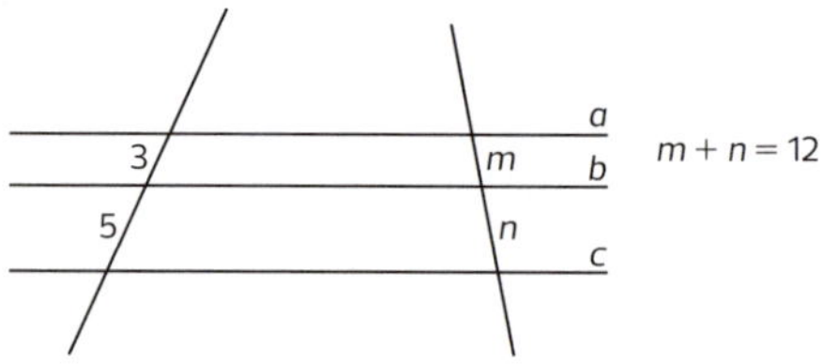

7. Um terreno retangular tem 216 m² de área, e a razão entre as medidas da largura e do comprimento é igual a $\frac{2}{3}$. O perímetro desse terreno é de:

a) 56 m.

b) 60 m.

c) 64 m.

d) 68 m.

8. Na figura abaixo, *x* vale o triplo de *y*, $\overline{AB}$ mede 14 cm e $\overline{EB}$ mede 2 cm a mais do que *y*.

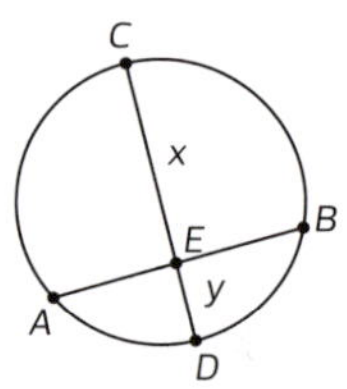

O valor de *x* é:

a) $\sqrt{26}$ cm.

b) 24 cm.

c) 15 cm.

d) 12 cm.

Capítulo 9

Estatística, Combinatória e Probabilidade

1 Introdução

Ao longo de sua vida escolar, você estudou que estamos cercados por informações na forma de tabelas e gráficos, seja nas revistas e jornais, seja na televisão, nos computadores, celulares e em vários outros meios de comunicação.

Observe, por exemplo, a figura abaixo, que relaciona, na forma de gráficos, informações sobre a Copa do Mundo de Futebol que ocorreu no Brasil em 2014.

A Copa como ela foi

Editoria de Arte/Folhapress

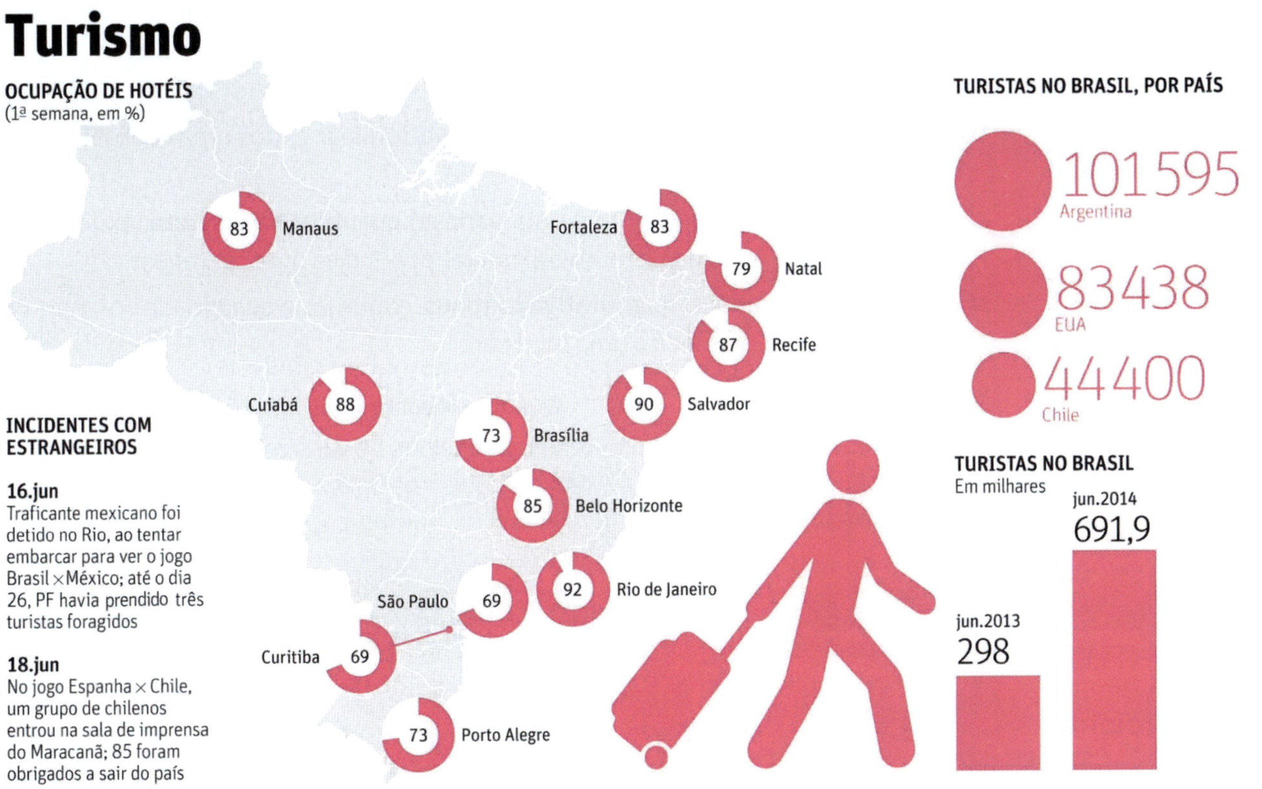

Fonte: *Folha de S.Paulo*. 12 jul. 2014. Disponível em: <www1.folha.uol.com.br/infograficos/2014/07/84976-a-copa-como-ela-foi.shtml>. Acesso em: 18 maio 2015.

Neste capítulo, vamos retomar grande parte do que já foi estudado sobre Estatística e aprofundar o assunto com novas informações. Vamos, ainda, explorar o raciocínio combinatório e novas noções relacionadas à Probabilidade.

2 Estatística

Pesquisa estatística e termos relacionados a ela

Nos anos anteriores, você estudou alguns termos relacionados a uma pesquisa estatística. Vamos retomá-los e aprofundar os estudos sobre eles.

Variável e valor da variável

Considere que a questão formulada em uma pesquisa seja esta: "Qual é a sua disciplina escolar favorita?".

Neste caso, "disciplina" escolar é a **variável** da pesquisa.

Língua Portuguesa, Matemática, Ciências, História e Geografia são alguns valores dessa variável.

Veja agora esta pergunta: "Qual é seu grau de instrução?".

Neste caso, a variável é "grau de instrução". Possíveis valores dessa variável são: Ensino Fundamental, Ensino Médio, Ensino Superior, Mestrado, Doutorado, etc.

Tipos de variável

A partir de alguns exemplos, veja os tipos de variável que podemos ter.

a) "Grau de instrução" é uma **variável qualitativa ordinal**: expõe uma qualidade e seus valores seguem uma ordem (Ensino Fundamental, Ensino Médio, Ensino Superior, e assim por diante).

b) "Disciplina escolar" é uma **variável qualitativa nominal**: expõe uma qualidade, mas seus valores não seguem uma ordem.

c) "Idade (em anos completos)" é uma **variável quantitativa discreta**: expõe uma quantidade por meio de um número natural, pois indica uma contagem.

d) "Altura" é uma **variável quantitativa contínua**: expõe uma quantidade por meio de um número real, pois indica uma medida.

Quadro-resumo

Podemos fazer um quadro-resumo dos tipos de variável de uma pesquisa:

$$\text{Variável}\begin{cases}\text{qualitativa}\begin{cases}\text{ordinal}\\ \text{nominal}\end{cases}\\ \text{quantitativa}\begin{cases}\text{discreta}\\ \text{contínua}\end{cases}\end{cases}$$

Exercícios

1. Identifique a variável e alguns de seus possíveis valores nas questões a seguir:

a) Qual é seu "peso"?

b) Qual é o seu sabor de sorvete predileto?

c) Você prefere que gênero de música?

d) Quantos computadores há em sua casa?

2. Informe o tipo de variável dos exemplos dos itens do exercício anterior.

Frequência absoluta e frequência relativa de uma variável

No item sobre o sabor de sorvete predileto, do exercício 1, considere que foram entrevistados 20 alunos, ou seja, a amostra da pesquisa era composta de 20 indivíduos, e a variável "sabor de sorvete" apresentou quatro valores: chocolate, morango, coco e limão.

Pessoa chupando sorvete de limão.

Assim, nesse caso, por exemplo, podemos ter:

Variável: "sabor de sorvete"

- valor chocolate → frequência absoluta: 5
- valor morango → frequência absoluta: 4
- valor limão → frequência absoluta: 10
- valor coco → frequência absoluta: 1

Podemos também falar em **frequência relativa** de cada valor da variável. Por exemplo:

a) O valor chocolate tem frequência relativa de 5 em 20, ou $\frac{5}{20}$ ou $\frac{1}{4}$ ou 0,25 ou 25%.

b) O valor limão tem frequência relativa de 10 em 20, ou $\frac{10}{20}$ ou $\frac{1}{2}$ ou 0,5 ou 50%.

Observações:

1ª) Note que a frequência relativa pode ser dada na forma de fração, na forma de número decimal ou em porcentagem.

2ª) Chama-se **tabela de frequências** uma tabela que contém a variável e seus valores, com as frequências absolutas (FA) e as frequências relativas (FR).

Exercícios

3. Considerando ainda a situação sobre o sabor de sorvete predileto, determine:

a) a frequência absoluta dos sabores morango e coco;

b) as frequências relativas dos sabores morango e coco.

4. Construa a tabela de frequências para a situação da variável "sabor de sorvete".

Tabela de frequências por intervalos

Há casos em que a variável apresenta um número elevado de valores e, por isso, é inviável colocar uma linha da tabela para cada valor. Em casos assim, recorremos ao agrupamento dos valores em **intervalos** ou **classes**.

Monkey Business Images/Shutterstock/Glow Images

Meninos jogando futebol.

Veja um exemplo:

Na pesquisa da altura dos alunos do 9º ano que participam do time de futebol da escola, os valores registrados foram:

1,73 m   1,70 m   1,62 m   1,62 m   1,74 m   1,70 m   1,74 m   1,66 m
1,68 m   1,76 m   1,80 m   1,63 m   1,75 m   1,65 m   1,81 m

Acompanhe o procedimento:

1º) Calculamos a diferença entre a maior e a menor altura registrada e obtemos a **amplitude total**: $1{,}81 - 1{,}62 = 0{,}19$.

2º) Escolhemos o número de intervalos (geralmente superior a 3), consideramos um valor conveniente (um pouco acima da amplitude total) e determinamos a amplitude de cada intervalo. No exemplo, para 5 intervalos: $0{,}20 : 5 = 0{,}04$.

3º) Elaboramos a tabela de frequências.

Altura dos alunos do 9º ano

Altura em metros (em classes)	**Contagem**	**FA**	**FR**	**FR** (%)
$1{,}62 \vdash 1{,}66$		4	$\frac{4}{15}$	26,7
$1{,}66 \vdash 1{,}70$		2	$\frac{2}{15}$	13,3
$1{,}70 \vdash 1{,}74$		3	$\frac{1}{5}$	20
$1{,}74 \vdash 1{,}78$		4	$\frac{4}{15}$	26,7
$1{,}78 \vdash 1{,}82$		2	$\frac{2}{15}$	13,3
	Total	15	1	100

Dados fictícios.

O intervalo $1{,}62 \vdash 1{,}66$ indica fechado à esquerda e aberto à direita. Por isso, o valor 1,66 não deve ser registrado em $1{,}62 \vdash 1{,}66$, e sim em $1{,}66 \vdash 1{,}70$.

Observação: A desvantagem de agrupar dados em intervalos é não podermos dizer a frequência de um dado particular. Por exemplo, observando apenas a tabela de frequências, não podemos dizer quantos alunos têm altura 1,62 m.

Exercícios e problemas

5. Rafael lançou um dado 25 vezes e registrou cada resultado:

1: 

2: 

3: 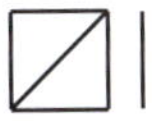

4: 

5: 

6: 

Dado

Stillfx/Shutterstock/Glow Images

a) Construa uma tabela de frequências para os resultados obtidos. Nesse caso, é necessário usar intervalos?

b) Qual foi a frequência relativa para um escore (ou resultado) de 5?

c) Qual foi a frequência relativa para um escore de 4 ou mais?

d) Qual foi a frequência relativa para um escore de pelo menos 3?

e) Qual é a variável nesta situação e de que tipo ela é?

6. As alturas das jogadoras de basquete da seleção brasileira de 2014 são:
Adriana Pinto (1,70 m); Clarissa Santos (1,82 m); Damiris Dantas (1,90 m); Débora da Costa (1,64 m); Érika de Souza (1,97 m); Isabela Ramona (1,80 m); Jaqueline (1,78 m); Joice Coelho (1,81 m); Nádia Colhado (1,93 m); Patrícia Ribeiro (1,78 m); Tainá da Paixão (1,72 m) e Tatiane Pacheco (1,80 m).

Mehmet Murat Onel/Anadolu Agency/Getty Images

Atletas da seleção feminina de basquete. Foto de 2014.

a) Construa uma tabela de frequências (em 3 intervalos) com esses dados.

b) Qual classe tem maior frequência relativa? E menor?

7. Use os valores da massa dos alunos do grupo de teatro de uma escola para elaborar a tabela de frequências. Agrupe os valores em 4 classes (intervalos). Dê as frequências relativas em frações irredutíveis.

47 kg	48,3 kg	44 kg	49 kg	46,6 kg
46,8 kg	45,8 kg	45,5 kg	50,3 kg	51,1 kg
45 kg	43,7 kg	48,1 kg	44 kg	46,3 kg

Em seguida, responda:

a) Que tipo de variável é a massa?

b) Qual é a frequência relativa do intervalo de valores 47,5 ⊢ 49,4 em porcentagem?

8. Os números abaixo indicam idades de pessoas que visitaram uma biblioteca em determinado dia. Construa e complete a tabela de frequências para os números usando os intervalos 11 a 20, 21 a 30, 31 a 40, 41 a 50, 51 a 60, 61 a 70 e 71 a 80.

32, 61, 72, 20, 21, 12, 45, 17, 23, 19, 17, 19, 30, 54, 45, 39, 48, 27, 62, 19, 37, 54, 76, 37, 21, 21, 15, 63, 48, 14, 20, 44, 37, 16, 16, 32, 19, 71, 52, 60, 35, 55, 63, 18, 60, 39, 56, 40, 41, 58, 55, 61, 31, 70, 17, 31, 32, 16, 18, 14

Idades de pessoas que visitaram a biblioteca

Idade em anos (intervalos)	Contagem	FA	FR (%)
11 a 20	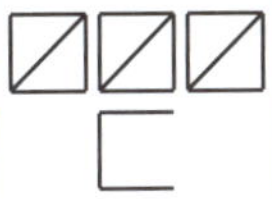	18	30
21 a 30		6	10

Dados fictícios.

9. Entre um grupo de funcionários de uma empresa foi feita uma pesquisa sobre salários tomando-se como referência o salário mínimo. Veja os dados obtidos: 5,1; 2,5; 7; 4,3; 3,1; 6; 3,3; 5,5; 4; 6,5; 5; 2,8; 5,7; 4,5; 2; 5; 5,5; 2,9; 5; 1,7; 7; 3; 5,6; 4,2; 3,9. Elabore a tabela de frequências considerando a variável "salário" com seus valores em 6 classes (intervalos).

Gráficos

Nesta coleção, há uma seção chamada *Tratamento da informação*, na qual abordamos temas atuais e, em sua maioria, ilustrados por tabelas ou gráficos estatísticos.

Neste tópico do capítulo, vamos retomar os tipos de gráficos e aprofundar um pouco mais o assunto, conhecendo os histogramas.

Gráfico de segmentos ou gráfico de linhas

A bibliotecária de uma escola registrou em uma tabela o número de livros emprestados mês a mês, de fevereiro a junho de um ano letivo. Depois, registrou os valores obtidos em um gráfico que chamamos de **gráfico de segmentos** ou de **linhas**.

Empréstimos da biblioteca

Mês	Número de livros emprestados
Fevereiro	150
Março	300
Abril	250
Maio	250
Junho	200

Dados fictícios.

Empréstimos da biblioteca

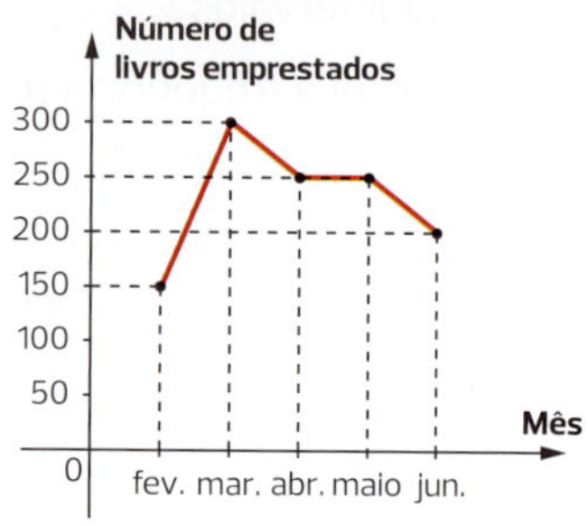

Dados fictícios.

Existe nessa situação uma correspondência: para cada mês, temos um número de livros emprestados. Por isso, em um sistema de eixos cartesianos, podemos marcar os pares ordenados e, a partir deles, o gráfico de segmentos.

Pares: (fevereiro, 150), (março, 300), ..., (junho, 200).

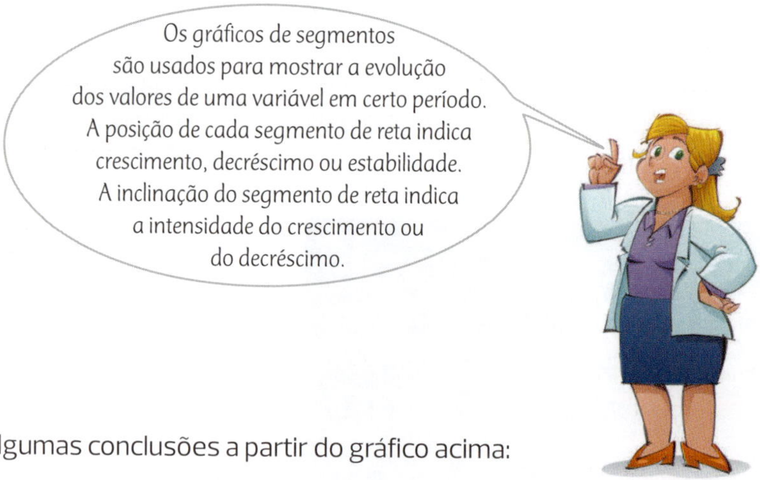

Algumas conclusões a partir do gráfico acima:

- de fevereiro a março, o número de empréstimos de livros aumentou;
- de março a abril, diminuiu o número de empréstimos;
- de abril a maio, o número de empréstimos permaneceu estável;
- em março, verificou-se o maior número de empréstimos (300 livros).

Observação: Os pontos de um gráfico de linhas podem ser ligados por linhas que são segmentos de reta. Por isso, recebe também o nome gráfico de segmento.

Exercícios e problemas

10. Atividade em equipe

Escrevam pelo menos mais três conclusões sobre o gráfico de segmentos do exemplo da página anterior. Relatem-nas para seus colegas.

11. Examine o gráfico abaixo e responda:

Valor da venda do dólar comercial 2005-2015 com base no primeiro dia útil de cada ano

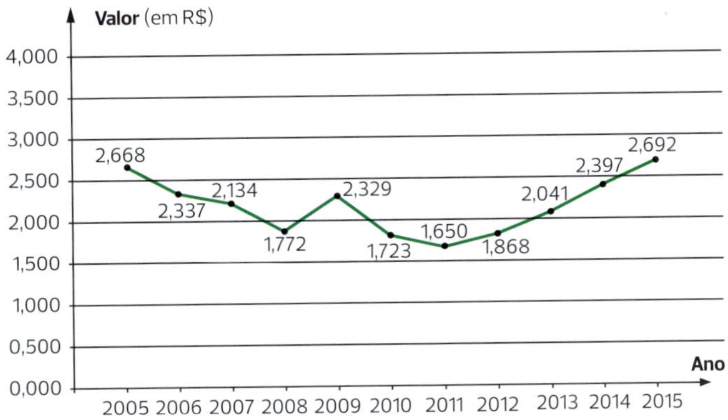

Fonte: Finance One. Cotações do dólar. Disponível em: <financeone.com.br/moedas/cotacoes-do-dolar>. Acesso em: 18 maio 2015.

a) O que indica o eixo horizontal?

b) O que indica o eixo vertical?

c) Nesse período, em qual ano o dólar teve maior cotação?

d) Em que período(s) o dólar comercial manteve sua cotação em crescimento?

e) Em que período(s) o dólar comercial apresentou decréscimo em sua cotação?

f) De quanto por cento foi o decréscimo da cotação do dólar comercial do primeiro dia útil de 2005 para o primeiro dia útil de 2008? Use calculadora.

12. Atividade em equipe

A célebre frase "Gráficos não mentem, mas mentirosos usam gráficos" foi dita por Mark Twain. É possível enganar as pessoas mudando a escala do eixo vertical (o que é matematicamente correto).

Crescimento das vendas da empresa X

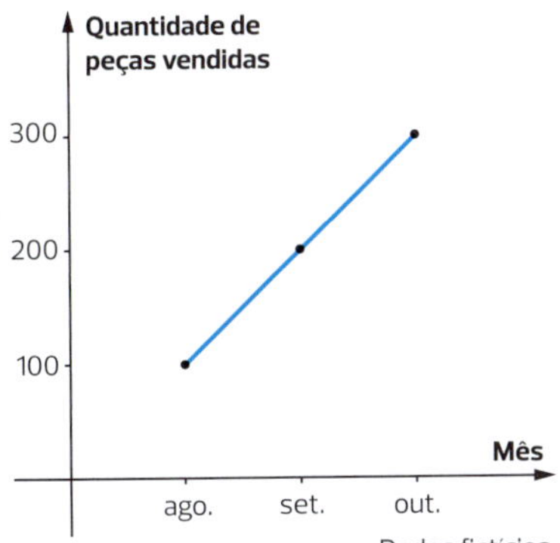

Dados fictícios.

Crescimento das vendas da empresa X

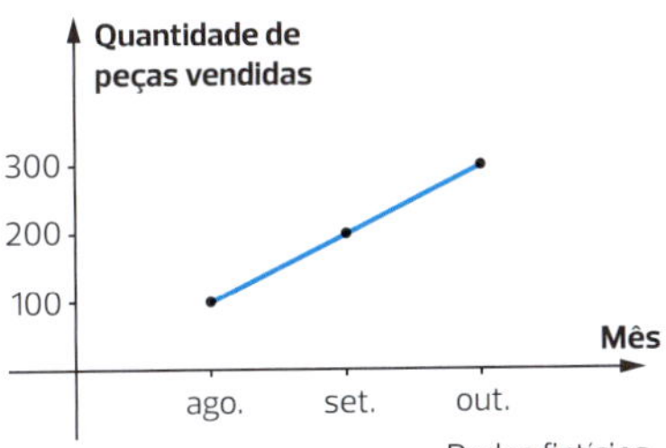

Dados fictícios.

Discutam com seus colegas sobre as escalas utilizadas nos dois gráficos.

a) Qual gráfico vocês acham que indica maior crescimento? Por quê?

b) A quem poderia interessar o gráfico da esquerda: ao proprietário ou ao concorrente?

c) E o gráfico da direita, a quem interessaria divulgar os dados da empresa dessa maneira?

d) Pesquisem e descubram quem foi Mark Twain.

Gráfico de barras ou colunas

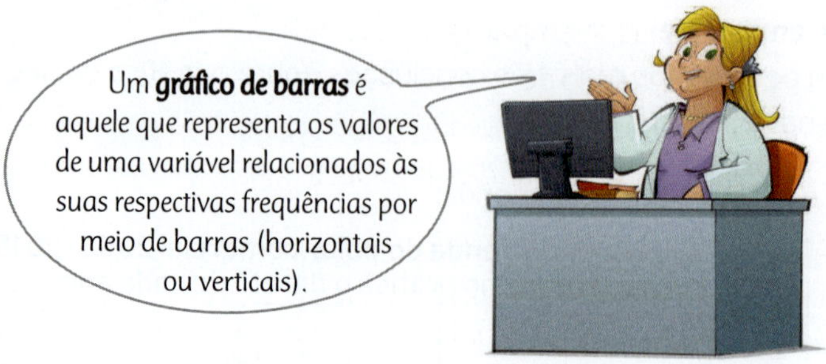

Observe o gráfico de barras abaixo:

Importação brasileira de trigo – principais países exportadores

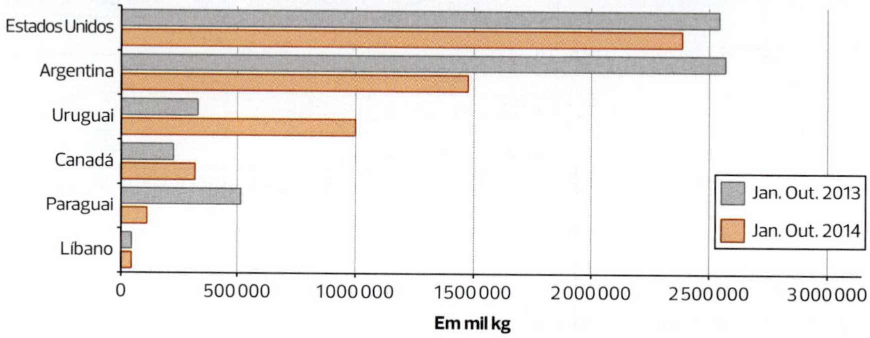

Fonte: AgroSat Brasil/SECEX/MIDIC. Acompanhamento da Safra Brasileira – Grãos. V. 2. Safra 2014/15. Companhia Nacional de Abastecimento (Conab). p. 20. Disponível em: <www.conab.gov.br/OlalaCMS/uploads/arquivos/14_12_10_08_51_33_boletim_graos_dezembro_2014.pdf>. Acesso em: 18 maio 2015.

Observe que as barras têm a mesma largura e se diferem pelo comprimento. Os espaços entre as barras devem ser iguais e suficientes para a identificação da variável. Se a variável representada for qualitativa, é importante que as barras sejam desenhadas observando-se sua ordem de grandeza, com o objetivo de se obter uma interpretação mais rápida.

Analise este exemplo.

Maria Rita é gerente da loja de roupas "Gola de Ouro" e registrou as vendas das peças de roupas dessa loja de 2009 a 2015, considerando apenas o mês de agosto de cada ano.

Peças de roupas vendidas no mês de agosto (2009 a 2015)

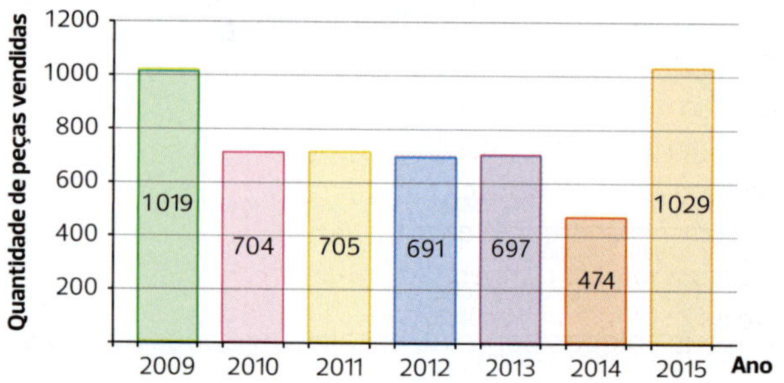

Dados fictícios.

Veja que, neste exemplo, a variável é quantitativa, e os dados não são organizados em ordem de grandeza, mas na ordem natural.

Analisemos outro exemplo.

Em um campeonato de futebol, um time disputou 20 jogos, registrando neles 10 vitórias, 4 empates e 6 derrotas.

Veja como elaborar a tabela de frequências referente a essa situação e como construir um gráfico de barras verticais e um gráfico de barras horizontais a partir dessa tabela.

Garotas jogando futebol.

muzsy/Shutterstock/Glow Images

Resultado dos jogos disputados

Resultado	FA	FR
Vitória	10	50%
Empate	4	20%
Derrota	6	30%

Dados fictícios.

- Gráfico de barras verticais usando as frequências absolutas.

Resultado dos jogos disputados

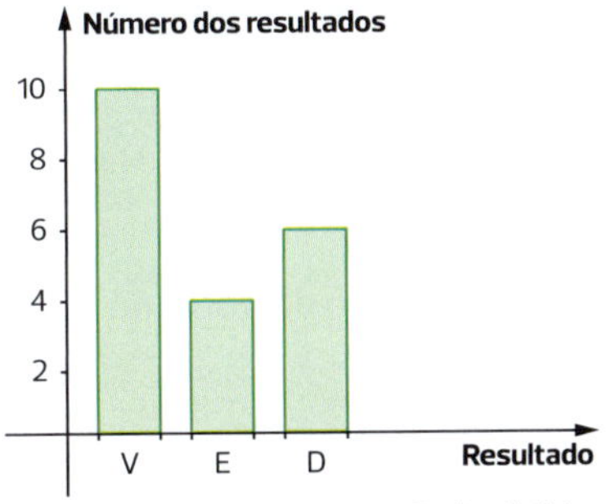

Dados fictícios.

- Gráfico de barras horizontais usando as frequências relativas.

Resultado dos jogos disputados

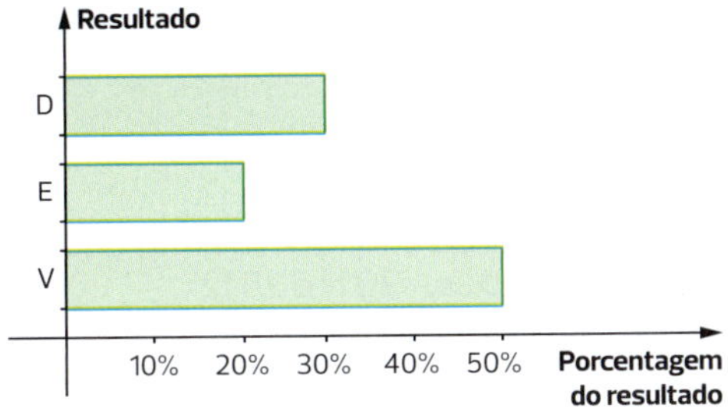

Dados fictícios.

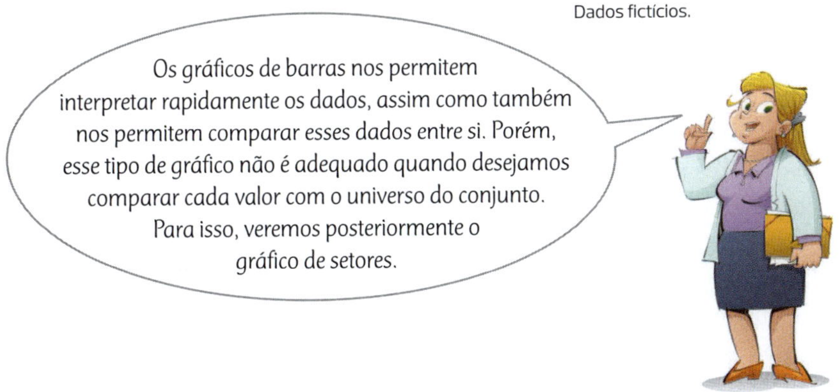

13. Todos os meses, recebemos a conta de consumo de energia elétrica. Nela, aparecem vários dados e um gráfico de barras com o gasto mensal (em kWh) dos últimos 12 meses. Examine os dados e o gráfico desse cliente e faça o que se pede.

a) Identifique o mês/ano em que o consumo foi maior.

b) Em que mês/ano o consumo foi de 85 kWh?

c) Qual foi o consumo em abril de 2015?

d) De fevereiro a março de 2015, o consumo aumentou ou diminuiu?

e) De outubro a novembro de 2015, o consumo aumentou ou diminuiu? De quanto por cento, aproximadamente?

HISTÓRICO DE CONSUMO

Mês/Ano	01/16	12/15	11/15	10/15	09/15	08/15	07/15	06/15	05/15	04/15	03/15	02/15	01/15
KWh	75	91	69	77	84	87	72	85	75	68	74	61	69

DADOS DE LEITURA DO MEDIDOR

Anterior	Leitura	Atual	Leitura	Próxima	Entrega
12 DEZ	2159	11 JAN	2234	10 FEV	16 JAN

DADOS TÉCNICOS DA INSTALAÇÃO

Medidor	Fator Multiplicador	Classe	Faturamento	Tipo de Tarifa
4116228	1	Residencial	Monofásico	B1_RESID

Tensão Nominal	Tensão Mínima	Tensão Máxima
115/230 (BT) V	108/216 V	127/241 V

INDICADORES DE QUALIDADE DO SERVIÇO Mês de Referência NOV 15

Conjunto Elétrico		Limite Permitido Ano	Limite Permitido Trimestre	Limite Permitido Mês	Verificado Mês
Horas que o cliente ficou sem energia	DIC	19,82	9,91	4,95	0,00
Vezes que o cliente ficou sem energia	FIC	12,70	6,35	3,17	0,00
Máx. de horas contínuas que o cliente ficou sem energia	DMIC	-	-	2,77	0,00

Atenção: o cliente tem direito de solicitar apuração do DIC, FIC e DMIC e ser compensado em caso de ultrapassagem do limite permitido. O processo de apuração dos indicadores técnicos é certificado pela norma ISO 9001:2008.

Paulo Manzi/Arquivo da editora

Conta de consumo de energia elétrica

14. Em uma eleição para representante de classe, os candidatos foram Ricardo, Paula e Fausto. Observe o resultado da votação no gráfico de colunas, em que estão especificados os votos das mulheres e os dos homens. Em seguida, responda:

a) Quantos alunos votaram? Desses, quantas mulheres e quantos homens?

b) Quantos votos obteve a candidata Paula?

c) Quantas mulheres votaram em Ricardo?

d) Qual é a porcentagem de votos recebidos por Fausto?

Resultado da votação

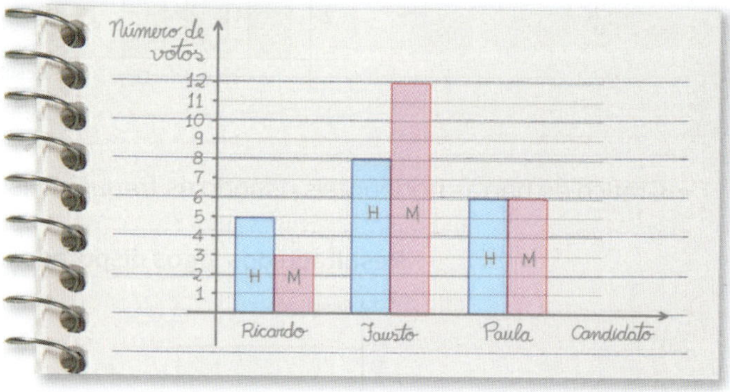

Paulo Manzi/Arquivo da editora

Dados fictícios.

15. Examine o gráfico ao lado, que apresenta o número de analfabetos brasileiros entre 15 e 17 anos de idade, de 2011 a 2012. Em seguida, responda:

a) O que ocorreu com o número de analfabetos no Brasil de 2011 para 2012?

b) Qual foi o número de analfabetos em 2012 na região Centro-Oeste? Houve aumento ou diminuição em relação ao ano de 2011? De quanto?

c) Em qual região houve aumento do número de analfabetos de 2011 para 2012?

d) Em qual região o número de analfabetos teve a maior diminuição de 2011 para 2012? Na sua opinião, por que isso aconteceu?

Total de analfabetos entre 15 e 17 anos por grandes regiões – 2011 e 2012

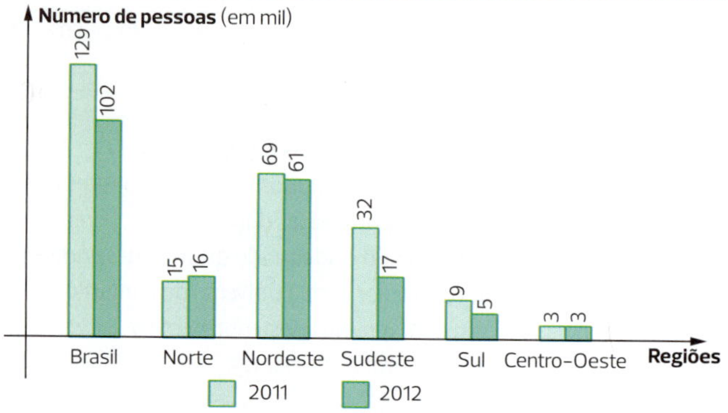

Fonte: Síntese de Indicadores 2013 [arquivos 2011-2012]. IBGE, Diretoria de Pesquisas, Coordenação de Trabalho e Rendimento, Pesquisa Nacional por Amostra de Domicílios 2011-2012. Disponível em: <www.ibge.gov.br/home/estatistica/populacao/trabalhoerendimento/pnad2013/default_reponderadas.shtm>. Acesso em: 18 maio 2015.

Gráfico de setores

Gráficos de setores são aqueles cujas frequências dos valores das variáveis são associadas a setores circulares. A maior vantagem desse tipo de gráfico é o fato de que podemos comparar imediatamente a frequência do valor de uma variável com o universo do conjunto, algo que não podemos fazer, por exemplo, em um gráfico de barras ou em um gráfico de segmentos.

Acompanhe o exemplo:

Em uma escola, foram oferecidas aos alunos três atividades extras: natação, dança e informática.

Observe o número de escolhas de cada uma dessas atividades entre todos os alunos do 9º ano.

Kuzmin Andrey/Shutterstock/Glow Images

Natação

42 escolhas

Design Pics/Ron Nickel/Getty Images

Informática

30 escolhas

Ayakovlev.com/Shutterstock/Glow Images

Dança

48 escolhas

Essas escolhas estão representadas na tabela de frequências ao lado.

Veja como construir um gráfico de setores correspondente a essa tabela. Para isso, dividimos o círculo em três setores, determinando o ângulo de cada um de acordo com a porcentagem correspondente em relação a 360°.

Natação: 35% de 360° = 126°

Dança: 40% de 360° = 144°

Informática: 25% de 360° = 90°

Escolha das atividades extras

Atividade	FA	FR
Natação	42	$\frac{42}{120} = \frac{7}{20} = \frac{35}{100} = 35\%$
Dança	48	$\frac{48}{120} = \frac{4}{10} = \frac{40}{100} = 40\%$
Informática	30	$\frac{30}{120} = \frac{1}{4} = 25\%$
Total	120	

Dados fictícios.

Podemos usar também as frequências absolutas:

$\frac{42}{120} = \frac{x}{360°} \Rightarrow x = 126°$ $\frac{48}{120} = \frac{y}{360°} \Rightarrow y = 144°$

$$\begin{array}{r} 126° \\ +144° \\ \hline 270° \end{array} \qquad \begin{array}{r} 360° \\ -270° \\ \hline 90° \leftarrow z \end{array}$$

Escolha das atividades extras

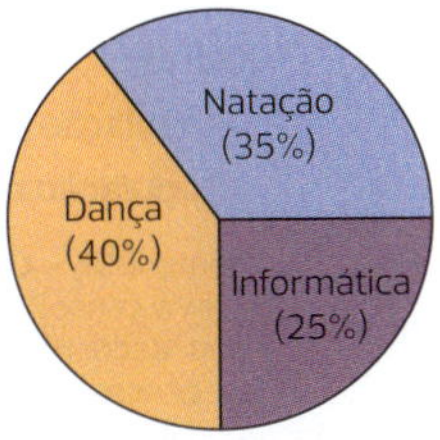

ou

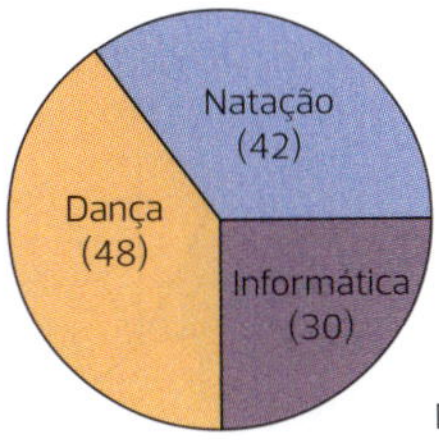

Dados fictícios.

Observação: O setor pode ter ângulo maior do que 180°. Para a sua construção com transferidor de 180°, fazemos uma decomposição. Por exemplo: 210° = 180° + 30°.

Exercícios e problemas

16. O gráfico de setores ao lado mostra a preferência dos clientes de uma locadora de filmes quanto ao gênero de filme em um fim de semana em que foram retirados 240 filmes.

Responda ao que se pede.

a) Quantos filmes do gênero "comédia" foram retirados?

b) Qual é a porcentagem e o número de filmes referentes a "drama"?

c) Responda sem usar transferidor: qual é a medida do ângulo do setor correspondente a "aventura"?

Preferência dos clientes de uma locadora quanto ao gênero durante um fim de semana

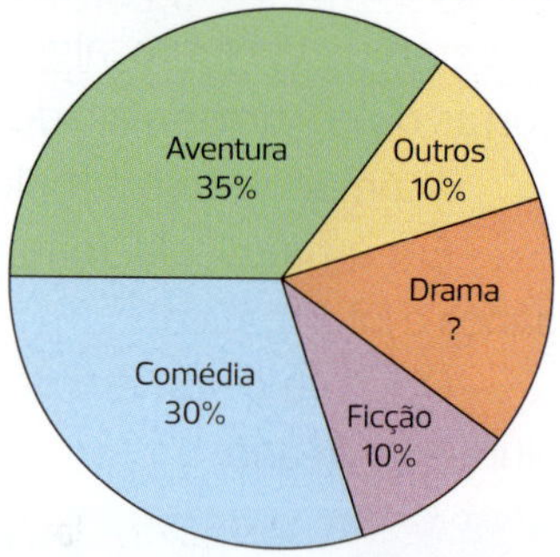

Dados fictícios.

17. Examine o gráfico a seguir e responda:

Matriz Elétrica Brasileira (2013)

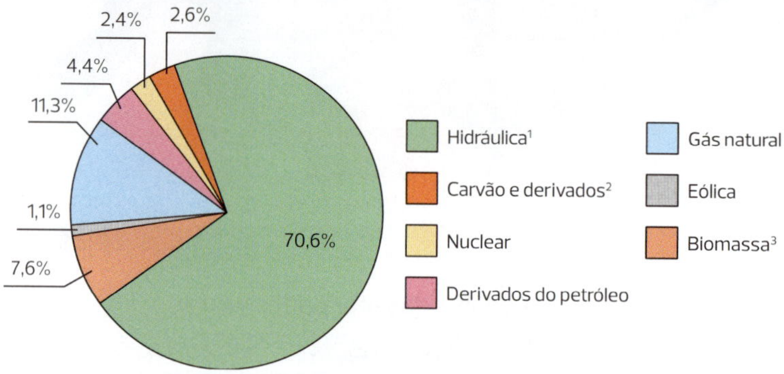

Notas:

[1] Inclui importação.

[2] Inclui gás de coqueria.

[3] Inclui lenha, bagaço de cana, lixívia e outras recuperações.

Fonte: BRASIL. Ministério de Minas e Energia – Balanço Energético Nacional 2014. Disponível em: <https://ben.epe.gov.br/downloads/S%C3%ADntese%20do%20Relat%C3%B3rio%20Final_2014_Web.pdf>. Acesso em: 28 jan. 2015.

a) Qual é o assunto que o gráfico aborda?

b) Qual é a fonte desse gráfico?

c) De quanto por cento é a oferta de energia que provém de carvão e derivados?

d) Qual é a fonte de energia de menor participação na oferta total?

e) Existe alguma fonte que participa com mais da metade no total da oferta de energia? Justifique sua resposta.

f) Responda sem usar transferidor: qual é a medida do ângulo correspondente ao setor da energia que provém de derivados do petróleo?

18. Atividade em dupla

Observem os gráficos de setores abaixo e discutam sobre o que cada um deles indica. Tirem conclusões, registrando-as. Em seguida, formulem questões sobre esses gráficos para outra dupla responder.

Distribuição percentual da população brasileira por região – 1872 e 2012

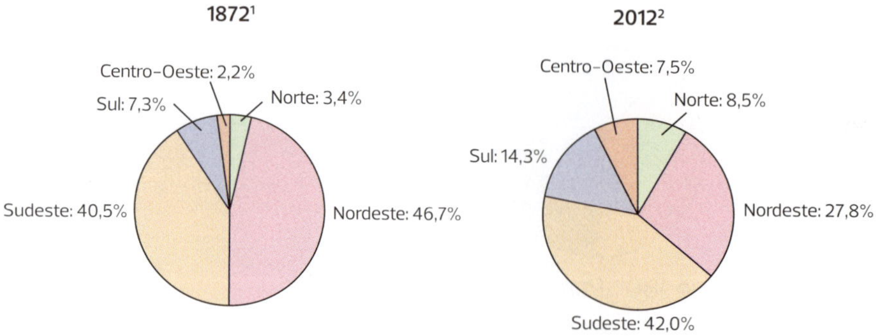

Notas:

[1] População presente.

[2] População residente.

Fonte: IBGE – Censo 2010. Disponível em: <www.censo2010.ibge.gov.br/sinopse/index.php?dados=5&uf=00>; Retrato das desigualdades de gênero e raça. Distribuição percentual da população, por sexo, segundo cor/raça - Unidades da Federação, 1995 a 2012. Disponível em: <www.ipea.gov.br/retrato/indicadores_populacao.html>. Acesso em: 18 maio 2015.

Histograma

Histograma é uma das maneiras de apresentar graficamente os dados de uma pesquisa quando eles estão agrupados em classes. O histograma é formado por um conjunto de retângulos justapostos, cujas bases se apoiam no eixo horizontal. Os pontos médios das bases dos retângulos devem coincidir com os pontos médios dos intervalos de classes. Esses intervalos devem ter a mesma amplitude. As alturas dos retângulos deverão ser proporcionais às frequências das classes nas quais os intervalos têm a mesma amplitude.

Observe a seguir uma distribuição de frequências com seu respectivo histograma.

Notas de Matemática dos alunos do 9º ano

Nota	Frequência
0 ⊢ 2	1
2 ⊢ 4	2
4 ⊢ 6	7
6 ⊢ 8	12
8 ⊢ 10	8

Dados fictícios.

Notas de Matemática dos alunos do 9º ano

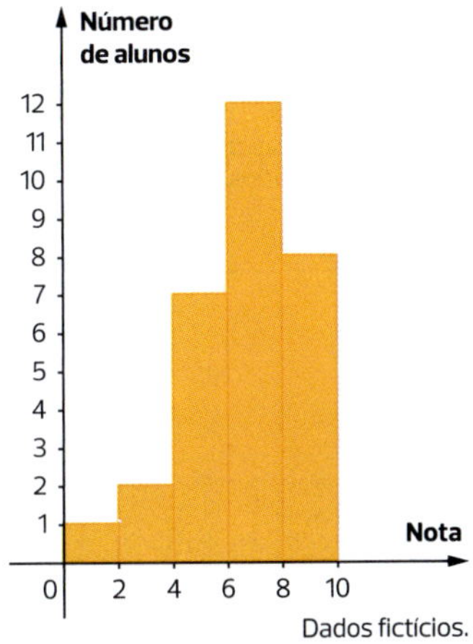

Dados fictícios.

Observe mais este exemplo.

Considerando as alturas (em centímetros) dos alunos da classe **X**, temos ao lado a tabela de frequências e os histogramas, um em relação às frequências absolutas e outro em relação às frequências relativas.

Altura dos alunos da classe X

Altura (cm)	FA	FR
140 ⊢ 150	6	15%
150 ⊢ 160	10	25%
160 ⊢ 170	12	30%
170 ⊢ 180	8	20%
180 ⊢ 190	4	10%

Dados fictícios.

Altura dos alunos da classe X

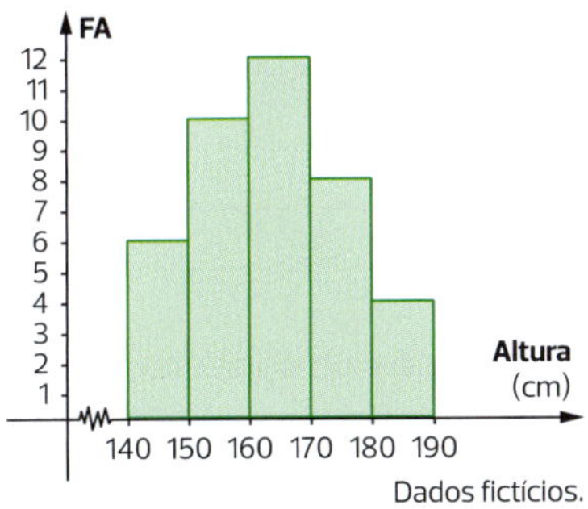

Dados fictícios.

Altura dos alunos da classe X

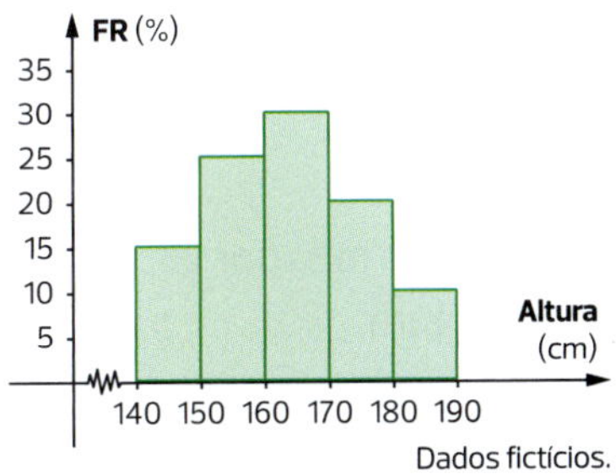

Dados fictícios.

Ligando os pontos médios das bases superiores de cada barra, em sequência, obtemos uma linha (vermelha) conhecida como **polígono do histograma**.

Altura dos alunos da classe X

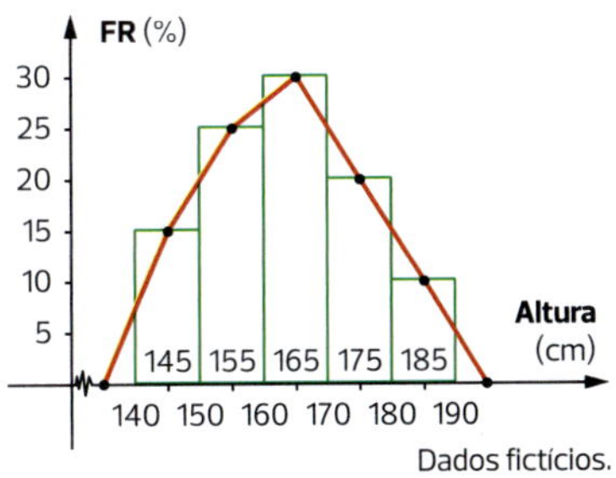

Dados fictícios.

Exercícios e problemas

19. Analise a tabela e o histograma das notas de Matemática e responda:

Notas de Matemática

Nota	Frequência
0 ⊢ 2	1
2 ⊢ 4	2
4 ⊢ 6	7
6 ⊢ 8	12
8 ⊢ 10	8

Dados fictícios.

Notas de Matemática

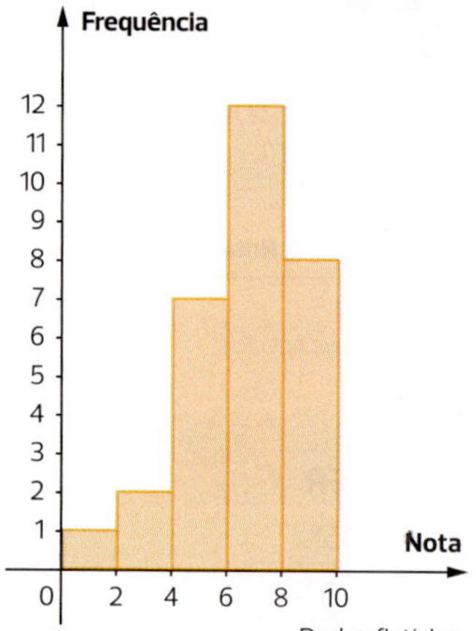

Dados fictícios.

a) Qual é o intervalo de classe de maior frequência?

b) Quantos alunos há nessa sala?

c) Qual é a frequência do intervalo de classe 8 ⊢ 10?

d) Quantos alunos tiveram nota 6 ou maior do que 6?

e) Ronaldo tirou nota 8. Em que intervalo de classe a nota de Ronaldo foi computada?

20. Considere uma prova de Matemática feita por 25 alunos. Os resultados obtidos foram:

8,0	6,0	1,0	2,5	4,0
3,0	3,5	1,0	10,0	9,5
4,5	3,0	2,5	3,0	1,0
0,0	3,0	4,5	7,0	8,0
7,5	4,5	2,0	1,0	9,0

a) Construa uma tabela de frequências com seis classes, sendo 1,7 a amplitude de cada classe.

b) Construa o histograma que representa essa tabela.

21. Foi realizada uma pesquisa com certo número de famílias sobre o consumo de energia elétrica, em quilowatts-hora, durante o mês de janeiro. O resultado da pesquisa está registrado no histograma a seguir.

Consumo de energia elétrica durante o mês de janeiro

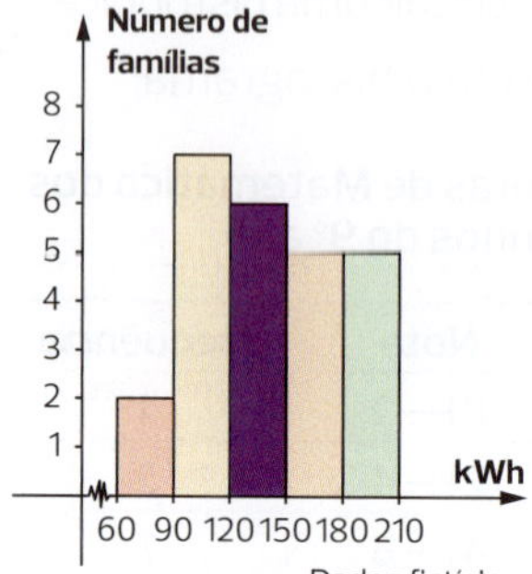

Dados fictícios.

a) O que indica a coluna lilás?

b) Quantas famílias gastaram menos do que 90 kWh?

c) Quantas famílias gastaram 150 kWh ou mais?

d) Qual é o número total de famílias pesquisadas?

Agora, complete a tabela de frequências correspondente.

Consumo de energia elétrica durante o mês de janeiro

Classe	Frequência absoluta	Frequência relativa (em %)
___ ⊢ ___		
___ ⊢ ___		
___ ⊢ ___		
___ ⊢ ___		
___ ⊢ ___		

Dados fictícios.

22. Os salários, em reais, de vinte funcionários de uma empresa estão relacionados a seguir:

850	820	800	880
940	1 000	970	950
890	920	950	900
840	920	880	980
1 048	830	880	910

a) construa a tabela de frequências com esses dados divididos em 5 classes;

b) construa o histograma correspondente relacionando a faixa salarial com a frequência absoluta;

c) trace também o polígono do histograma.

Pictogramas ou gráficos pictóricos

Estudamos os vários tipos de gráficos utilizados para representar e interpretar dados estatísticos. É importante que se escolha o mais adequado à situação analisada.

É comum, em publicações como revistas e jornais, ilustrar os vários tipos de gráficos com figuras relacionadas ao assunto, tornando-os mais atraentes. Trata-se dos **gráficos pictóricos** (ou **pictogramas**).

Veja a seguir alguns exemplos.

Raio X do Trabalho no Brasil

Editoria de Arte/Folhapress

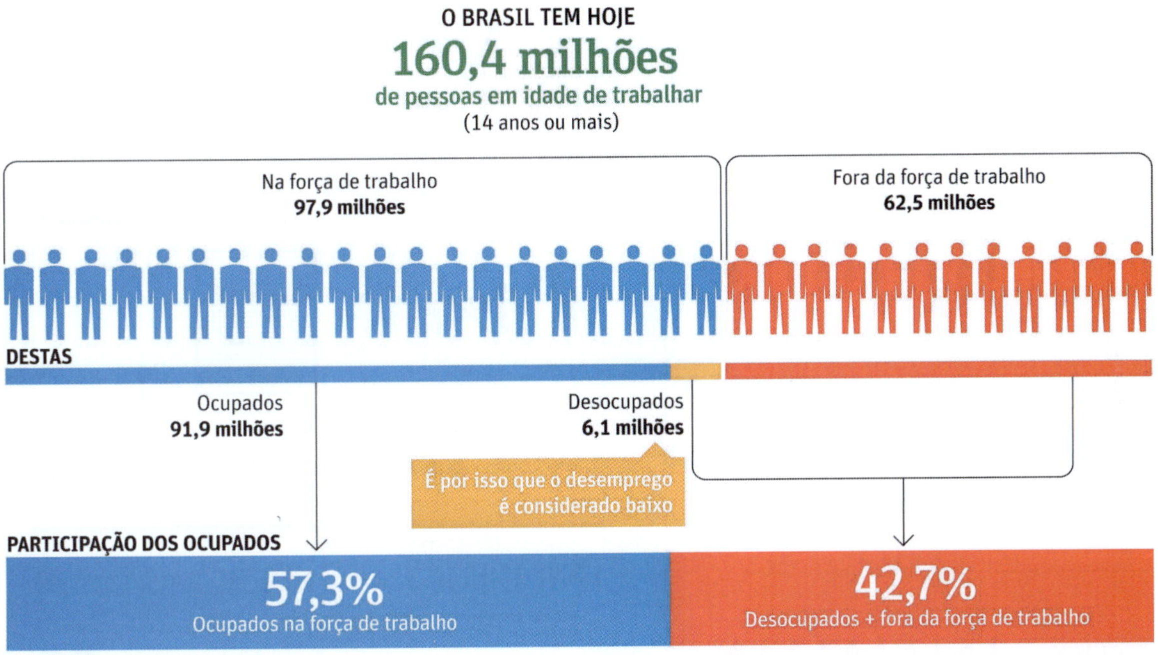

Fonte: *Folha de S.Paulo*. Dinheiro público & Cia. Disponível em: <www1.folha.uol.com.br/infograficos/2014/05/82458-raio-x-do-trabalho-no-brasil.shtml>. Acesso em: 28 jan. 2015.

Reprodução/Planeta Sustentável

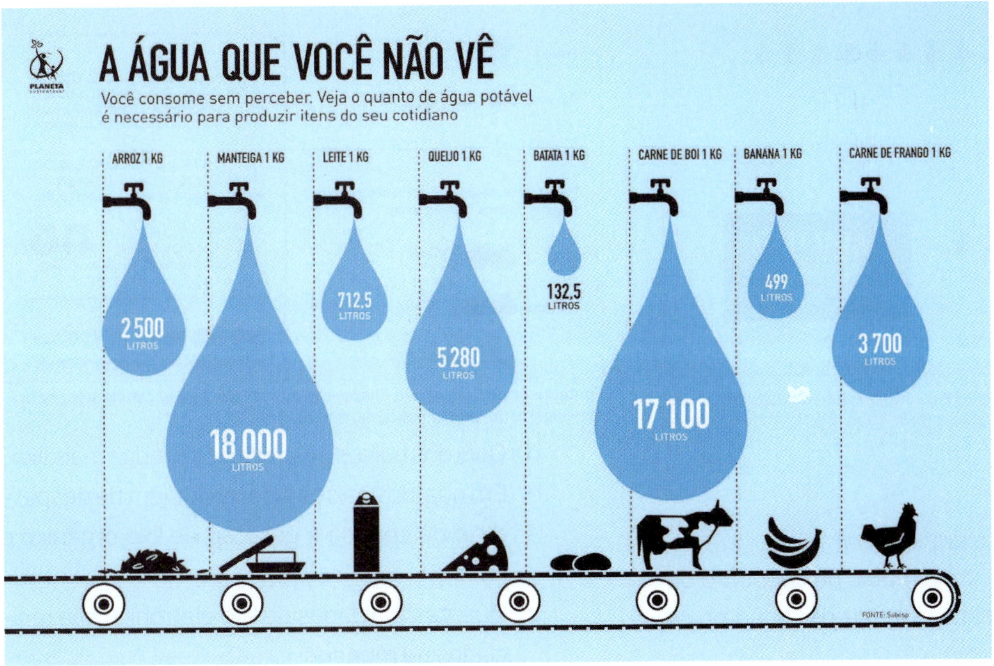

Fonte: PLANETA Sustentável. Disponível em: <http://planetasustentavel.abril.com.br/download/stand2-painel4-agua-virtual.pdf>. Acesso em: 18 maio 2015.

Exercícios e problemas

23. Pesquise gráficos pictóricos em revistas ou jornais. Recorte-os, cole-os no caderno e examine-os.

24. Leia as informações dadas pelo gráfico abaixo.

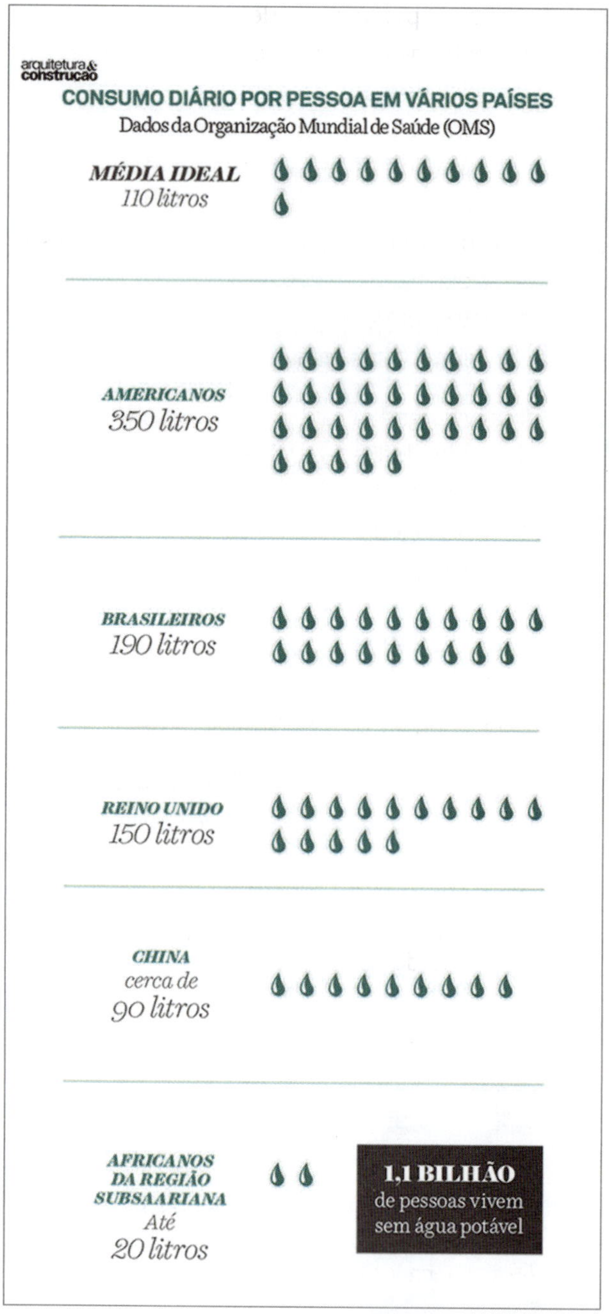

Reprodução/Planeta Sustentável

Fonte: PLANETA Sustentável. Disponível em: <http://planetasustentavel.abril.com.br/noticia/casa/nao-deixe-a-agua-ir-pelo-cano-813157.shtml>. Acesso em: 18 maio 2015.

Agora, responda:

a) Que informação o gráfico traz?

b) Qual é a razão entre a média de consumo de água no Reino Unido e a média de consumo de água no Brasil?

25. **A produção de lixo é muito grande no mundo e traz graves consequências para a natureza**

Analise o gráfico abaixo e responda às questões propostas. Use calculadora.

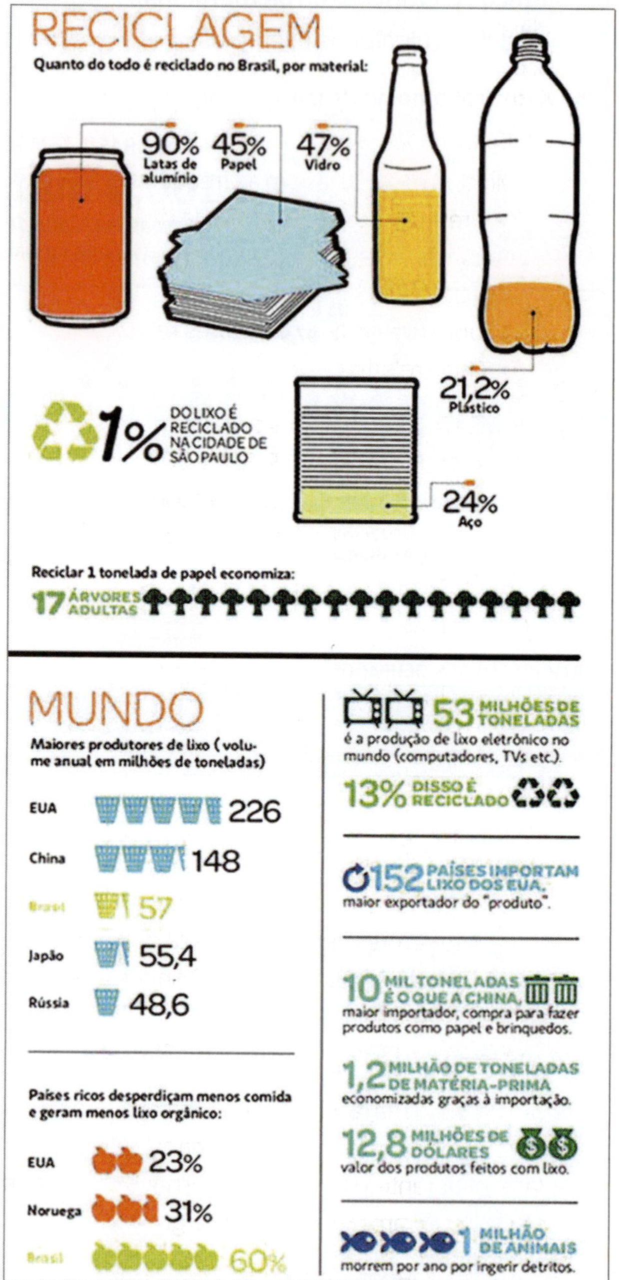

Reprodução/Planeta Sustentável

Fonte: Instituto Caranguejo. Disponível em: <http://www.caranguejo.org.br/reciclagem-no-brasil/>. Acesso em: 18 maio 2015.

a) Qual dos países pesquisados produz mais lixo?

b) Em qual dos países a porcentagem de desperdício de comida e geração de lixo orgânico é maior?

c) Quantas toneladas de lixo eletrônico são recicladas no mundo?

Outras atividades que envolvem gráficos

CONTEÚDO DIGITAL

Exercícios e problemas

26. Considere os 50 valores a seguir descrevendo o número de dias que cada aluno do 9º ano passou viajando nas suas férias.

6, 6, 6, 6, 6, 6, 6, 7, 7, 7, 7, 7, 7, 8, 8, 8, 8, 8, 8, 8, 8, 8, 9, 9, 9, 9, 9, 9, 10, 10, 10, 10, 10, 10, 10, 10, 10, 10, 13, 13, 13, 13,13, 18, 18, 18, 18, 18, 18, 18

a) Monte uma tabela com as frequências absoluta e relativa desse conjunto de dados.

b) Construa um gráfico de colunas para a frequência absoluta.

c) Elabore um gráfico de setores referente à frequência relativa.

27. (UFRGS-RS) As questões de Matemática do Concurso Vestibular da UFRGS-RS de 2004 foram classificadas em categorias quanto ao índice de facilidade, como mostra o gráfico de barras abaixo.

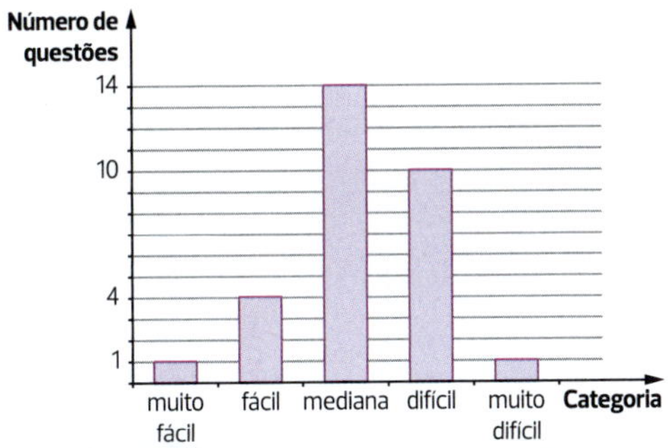

Se esta classificação fosse apresentada em um gráfico de setores circulares, a cada categoria corresponderia um setor circular. O ângulo do maior desses setores mediria:

a) 80° b) 120° c) 157° d) 168° e) 172°

28. Um instituto realizou uma pesquisa com 5 000 turistas estrangeiros que estavam na cidade do Rio de Janeiro durante o período de Carnaval. Os dados coletados foram organizados nos gráficos abaixo.

Perfil do turista estrangeiro Rio de Janeiro – Carnaval

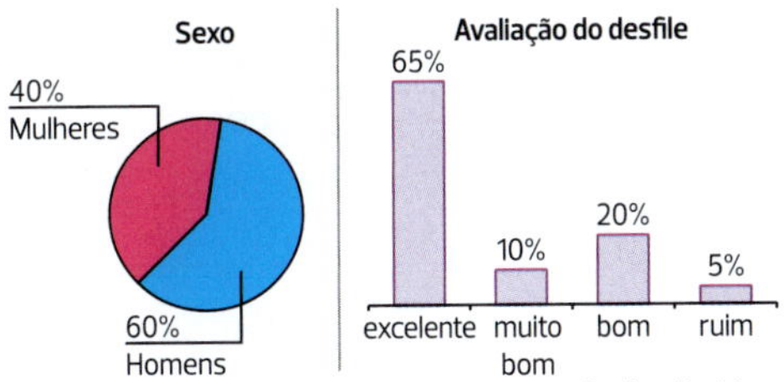

Dados fictícios.

Supondo que, em cada critério da avaliação do desfile, os percentuais de homens e mulheres mantenham-se os mesmos que os apresentados no gráfico de setores, determine:

a) o número de homens;

b) o número de pessoas que acharam o desfile bom;

c) o número de mulheres que acharam o desfile excelente.

- Construa um gráfico de setores para representar a avaliação do desfile.

29. Observe o gráfico ao lado e indique quantas são as embalagens de 500 mL.

a) 9

b) 10

c) 14

d) 16

Distribuição de uma amostra de 120 embalagens de detergente e suas respectivas capacidades em mililitros

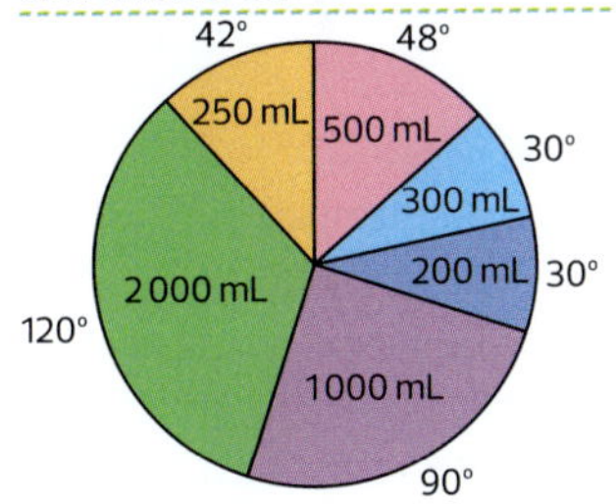

30. (Vunesp) O número de ligações telefônicas de uma empresa, mês a mês, no ano de 2005, pode ser representado pelo gráfico abaixo.

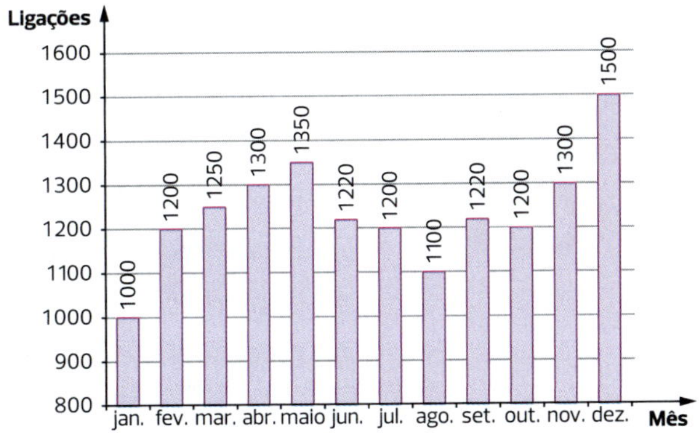

Com base no gráfico, pode-se afirmar que a quantidade total de meses em que o número de ligações foi maior ou igual a 1 200 e menor ou igual a 1 300 é:

a) 2

b) 4

c) 6

d) 7

e) 8

Medidas de dispersão

Você deve ter estudado nos anos anteriores as **medidas de tendência central**: a média aritmética (simples e ponderada), a mediana e a moda.

Elas têm como objetivo concentrar em um único número os diversos valores de uma variável quantitativa. Em outras palavras, essas medidas são utilizadas para encontrar um número que represente um conjunto de dados.

Porém, há casos em que as medidas de tendência central são insuficientes para representar um conjunto, porque os elementos desse conjunto estão bastante dispersos.

Amplitude

A **amplitude** de um conjunto de dados numéricos mostra a faixa de variação entre os elementos desse conjunto.

Variância

A **variância** é determinada a partir das diferenças entre cada elemento e a média do conjunto. Por isso, é mais significativa que a amplitude.

Para calcular a variância, seguimos as etapas abaixo:

1º) Encontramos a média aritmética do conjunto de dados ($\overline{x}$).

2º) Determinamos as diferenças entre a média aritmética e cada elemento do conjunto ou vice-versa.

3º) Elevamos ao quadrado essas diferenças.

4º) Somamos todos os quadrados obtidos.

5º) Dividimos o resultado da soma pelo número de elementos do conjunto.

Consideremos, por exemplo, o seguinte conjunto de dados:

68, 58, 67, 63, 64, 64, 68, 63, 67, 63, 63, 63, 69, 56

Média aritmética:

$$\overline{x} = \frac{68 + 58 + 67 + 63 + 64 + 64 + 68 + 63 + 67 + 63 + 63 + 63 + 69 + 56}{14} = \frac{896}{14} = 64$$

Média: 64

Diferenças:

4, −6, 3, −1, 0, 0, 4, −1, 3, −1, −1, −1, 5, −8

Quadrados:

16, 36, 9, 1, 0, 0, 16, 1, 9, 1, 1, 1, 25, 64

Soma dos quadrados:

$16 + 36 + 9 + 1 + 0 + 0 + 16 + 1 + 9 + 1 + 1 + 1 + 25 + 64 = 180$

Variância:

$$V = \frac{180}{14} \simeq 12{,}9$$

Observação: Um conjunto que tem dados mais dispersos tem maior variância.

Desvio padrão

O **desvio padrão** é obtido extraindo a raiz quadrada do valor encontrado para a variância. Ele é representado pela letra grega minúscula sigma (σ):

σ^2: variância

σ: desvio padrão

No exemplo anterior, $\sigma^2 = 12{,}9$ e daí $\sigma = \sqrt{12{,}9} \simeq 3{,}59$.

O desvio padrão serve para dimensionar a dispersão dos dados.

Acompanhe o exemplo a seguir.

Vamos usar os conjuntos de dados a seguir.

$A = \{14, 11, 12, 10, 13\}$ $C = \{12, 12, 12, 12, 12\}$

$B = \{2, 5, 20, 7, 26\}$ $D = \{1, 13, 11, 10, 25\}$

A média aritmética em cada um desses conjuntos de dados é 12, ou seja, 12 foi escolhido para ser o representante dos quatro conjuntos. A questão é: **em qual conjunto essa representação é suficiente?**.

Vamos calcular as medidas de dispersão amplitude, variância e desvio padrão.

Amplitude:

Conjunto	Dados	Amplitude
A	14, 11, 12, 10, 13	14 − 10 = 4
B	2, 5, 20, 7, 26	26 − 2 = 24
C	12, 12, 12, 12, 12	12 − 12 = 0
D	1, 13, 11, 10, 25	25 − 1 = 24

Observando o quadro, podemos concluir:

- amplitude nula significa que não há dispersão. Assim, no conjunto *C*, não há dispersão;
- os conjuntos *B* e *D* têm amplitudes iguais, mas dispersões diferentes. Por isso, não podemos adotar a amplitude como única medida de dispersão.

Variância e desvio padrão:

Conjunto	Dados (x)	Soma dos dados	Média ($\overline{x}$)
A	14, 11, 12, 10, 13	60	12
B	2, 5, 20, 7, 26	60	12
C	12, 12, 12, 12, 12	60	12
D	1, 13, 11, 10, 25	60	12

Conjunto	Média ($\overline{x}$)	Diferenças ($x - \overline{x}$)	Quadrados das diferenças $(x - \overline{x})^2$
A	12	2, −1, 0, −2, 1	4, 1, 0, 4, 1
B	12	−10, −7, 8, −5, 14	100, 49, 64, 25, 196
C	12	0, 0, 0, 0, 0	0, 0, 0, 0, 0
D	12	−11, 1, −1, −2, 13	121, 1, 1, 4, 169

Conjunto	Média ($\overline{x}$)	Soma dos quadrados das diferenças	Variância (σ^2)	Desvio padrão (σ)
A	12	10	2	1,41
B	12	434	86,8	9,32
C	12	0	0	0
D	12	296	59,2	7,69

O conjunto *B* é o de maior dispersão. O conjunto *C* é o conjunto mais homogêneo, com desvio padrão zero.

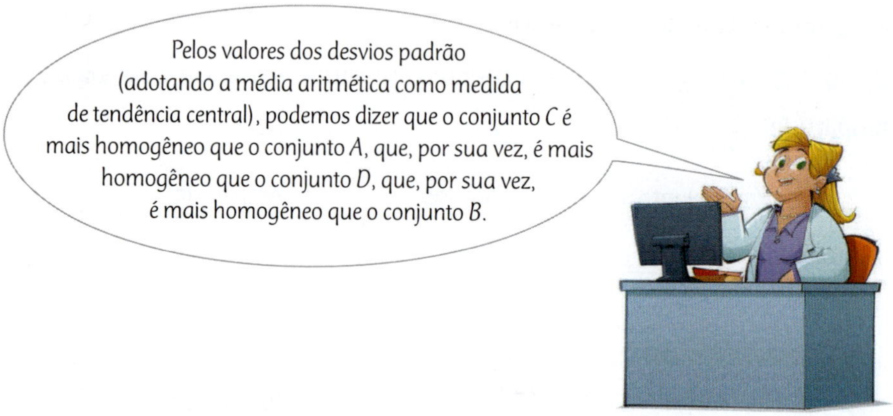

Vejamos outro exemplo.

Em um treinamento de salto com vara, os atletas realizaram quatro saltos cada um. Veja as marcações obtidas.

Atleta *A*: 148 cm, 170 cm, 155 cm e 131 cm.

Atleta *B*: 145 cm, 151 cm, 150 cm e 152 cm.

Atleta *C*: 146 cm, 151 cm, 143 cm e 160 cm.

Considere as atividades a seguir.

a) Calcular a média e a mediana das medidas dos saltos de cada atleta.

b) Verificar qual deles obteve a melhor média e qual obteve a melhor mediana.

c) Calcular os desvios padrão dos dados dos três atletas, usando a média aritmética como medida de tendência central e indicando o atleta com o desempenho mais regular.

d) Calcular os desvios padrão dos dados dos três atletas, usando a mediana como medida de tendência central e indicando o atleta com o desempenho mais regular.

Veja como podemos resolvê-las.

a) As médias aritméticas dos três atletas são dadas por:

$$\overline{x}_A = \frac{148 + 170 + 155 + 131}{4} = 151 \qquad \overline{x}_C = \frac{146 + 151 + 143 + 160}{4} = 150$$

$$\overline{x}_B = \frac{145 + 151 + 150 + 152}{4} = 149{,}5$$

Logo, as médias aritméticas são:
Atleta *A*: 151 cm; atleta *B*: 149,5 cm; atleta *C*: 150 cm.
As medianas dos três atletas são calculadas da seguinte forma:

- Atleta *A*: 131 cm, 148 cm, 155 cm e 170 cm. $\rightarrow M_A = \frac{148 + 155}{2} = 151{,}5$
- Atleta *B*: 145 cm, 150 cm, 151 cm e 152 cm. $\rightarrow M_B = \frac{150 + 151}{2} = 150{,}5$
- Atleta *C*: 143 cm, 146 cm, 151 cm e 160 cm. $\rightarrow M_C = \frac{146 + 151}{2} = 148{,}5$

Logo, as medianas são:
Atleta *A*: 151,5 cm; atleta *B*: 150,5 cm; atleta *C*: 148,5 cm.

b) O atleta *A* obteve tanto a melhor média como a melhor mediana.

c) Desvio padrão usando a média aritmética como medida de tendência central:

Atleta	**Média ($\overline{x}$)**	**Diferença ($x - \overline{x}$)**	**Quadrado da diferença ($(x - \overline{x})^2$)**
A	151	−3, 19, 4, −20	9, 361, 16, 400
B	149,5	−4,5; 1,5; 0,5; 2,5	20,25; 2,25; 0,25; 6,25
C	150	−4; 1; −7; 10	16; 1; 49; 100

Atleta	**Média ($\overline{x}$)**	**Soma dos quadrados das diferenças**	**Variância (σ^2)**	**Desvio padrão (σ)**
A	151	786	196,5	14,02
B	149,5	29	7,25	2,7
C	150	166	41,5	6,44

O atleta *B* apresentou o desempenho mais regular, pois teve o menor desvio padrão em seus dados.

d) Desvio padrão usando a mediana como medida de tendência central:

Atleta	Mediana (M)	Diferenças ($x - M$)	Quadrados das diferenças $(x - M)^2$
A	151,5	$-3{,}5$; 18,5; 3,5; $-20{,}5$	12,25; 342,25; 12,25; 420,25
B	150,5	$-5{,}5$; 0,5; $-0{,}5$; 1,5	30,25; 0,25; 0,25; 2,25
C	148,5	$-2{,}5$; 2,5; $-5{,}5$; 11,5	6,25; 6,25; 30,25; 132,25

Atleta	Mediana (M)	Soma dos quadrados das diferenças	Variância (σ^2)	Desvio padrão (σ)
A	151,5	787	196,75	14,03
B	150,5	33	8,25	2,87
C	148,5	175	43,75	6,61

Novamente, o atleta *B* teve o desempenho mais regular.

Observações:

1ª) Podemos perceber que, tanto usando a média quanto a mediana, os desvios mostraram resultados muito semelhantes.

2ª) O atleta *A* obteve a melhor média. Porém, por ter apresentado o maior desvio padrão, ele é o atleta com o desempenho menos regular (ou seja, ele é o menos confiável para se fazer uma previsão).

3ª) É possível mostrar matematicamente que o desvio padrão gera um resultado com a menor quantidade de erros possível quando é usada a mediana como medida de tendência central, e não a média aritmética.

Exercícios e problemas

31. Dados três conjuntos de 10 valores cada um, determine a média, a amplitude, a variância e o desvio padrão de cada um.

Conjunto	Valores									
A	1010	815	1002	950	1007	1008	1009	1040	1001	903
B	888	900	1050	1000	1080	1230	920	1113	1117	902
C	995	880	1041	1112	1215	1093	991	940	1053	1058

32. Em um concurso, as notas finais dos candidatos foram as apresentadas a seguir.

Notas finais dos candidatos no concurso

Número de candidatos	Nota final
7	4,0
2	5,0
1	7,0

Dados fictícios.

Com base na tabela acima, calcule a variância e o desvio padrão usando a média como medida de tendência central.

33. (UFPR) Considere as seguintes medidas descritivas das notas finais dos alunos de três turmas.

Turma	Número de alunos	Média	Desvio padrão
A	15	6,0	1,31
B	15	6,0	3,51
C	14	6,0	2,61

Com base nesses dados, considere as seguintes afirmativas.

1. Apesar de as médias serem iguais nas três turmas, as notas dos alunos da turma *B* foram as que se apresentaram mais heterogêneas.
2. As três turmas tiveram a mesma média, mas com variação diferente.
3. As notas da turma *A* se apresentaram mais dispersas em torno da média.

Assinale a alternativa correta.

a) Somente a afirmativa 3 é verdadeira.
b) Somente a afirmativa 2 é verdadeira.
c) Somente as afirmativas 2 e 3 são verdadeiras.
d) Somente as afirmativas 1 e 2 são verdadeiras.
e) Somente as afirmativas 1 e 3 são verdadeiras.

34. (Unicamp-SP) Para um conjunto $X = \{x_1, x_2, x_3, x_4\}$ a média aritmética de X é definida por:

$$\bar{x} = \frac{x_1 + x_2 + x_3 + x_4}{4}$$

e a variância de X é definida por: $v = \frac{1}{4}[(x_1 - \bar{x})^2 + ... + (x_4 - \bar{x})^2]$.

Dado o conjunto $X = \{2, 5, 8, 9\}$, pede-se:

a) calcular a média aritmética de X.
b) calcular a variância de X.
c) quais elementos de X pertencem ao intervalo $[\bar{x} - \sqrt{v}, \bar{x} + \sqrt{v}]$?

Leitura

Combinatória: um pouco de história

A **Combinatória** (ou Análise Combinatória) é uma área de estudo da Matemática relacionada ao desenvolvimento de métodos que permitam contar, de forma indireta, o número de elementos de um conjunto, estando esses elementos agrupados sob certas condições.

Os estudos de Combinatória começaram com a necessidade de calcular o número de possibilidades existentes em alguns tipos de jogos (como os jogos de dados). Esses estudos foram iniciados já no século XVI pelo matemático italiano Niccollo Fontana (1500-1557), conhecido como Tartaglia. Ainda nessa época, destacaram-se também outros estudiosos, como os franceses Pierre de Fermat (1601-1665) e Blaise Pascal (1623-1662).

Porém, o estudo dos métodos de contagem só ganhou maior notoriedade em 1915, após a publicação de *Análise Combinatória* pelo matemático britânico Percy Alexander MacMahon (1854-1929). No século XX, um dos principais combinatorialistas foi o filósofo e matemático italiano Gian-Carlo Rota (1932-1999), que ajudou a formalizar o assunto a partir da década de 1960.

Os métodos de contagem possuem inúmeras aplicações no cotidiano, sendo utilizados para resolver várias situações-problema. Você poderá fazer essa constatação a seguir.

New York Public Library Picture/Photoresearchers/Latinstock

Niccollo Fontana, conhecido como Tartaglia, com quem se iniciaram os estudos de Combinatória.

Royal Astronomical Society/Science Photo Library/Latinstock

Percy Alexander MacMahon, cujos estudos ajudaram a conceder maior notoriedade ao campo da Análise Combinatória.

③ Combinatória: métodos de contagem

Princípio multiplicativo ou princípio fundamental da contagem

Acompanhe a resolução desta situação-problema.

Luciana estava indecisa sobre qual combinação de roupa utilizaria para ir a uma festa. Ela tinha à sua disposição 2 saias nas cores cinza e bege e 3 blusas nas cores rosa, verde e laranja. Sabendo disso, de quantas formas diferentes Luciana pode escolher um conjunto composto por uma saia e uma blusa para ir à festa?

Karkas/Shutterstock/Glow Images

Saia cinza

Karkas/Shutterstock/Glow Images

Blusa rosa

Karkas/Shutterstock/Glow Images

Blusa verde

Karkas/Shutterstock/Glow Images

Saia bege

Ssagir/Shutterstock/Glow Images

Blusa laranja

Para resolver esse problema simples do cotidiano, podemos montar uma tabela.

Opção de combinações das roupas de Luciana

Opções	Saia	Blusa
1ª	Cinza	Rosa
2ª	Cinza	Verde
3ª	Cinza	Laranja
4ª	Bege	Rosa
5ª	Bege	Verde
6ª	Bege	Laranja

Dados fictícios.

Há 2 possibilidades de saias (cinza e bege) e 3 possibilidades de blusas (rosa, verde e laranja), totalizando 6 possibilidades para o conjunto.

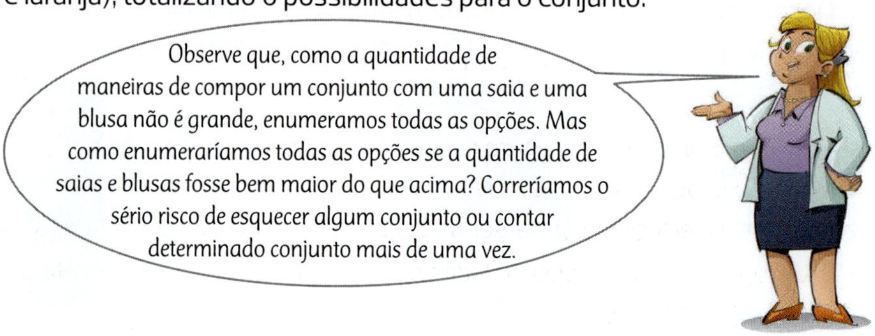

Para resolver esse problema, os matemáticos descobriram o seguinte princípio, denominado **princípio multiplicativo** ou **princípio fundamental da contagem**:

> Se uma decisão D_1 pode ser tomada de m modos e qualquer que seja essa escolha, a decisão D_2 pode ser tomada de n modos, então o número de maneiras distintas de se tomar consecutivamente as decisões D_1 e D_2 é igual a $m \cdot n$.

No exemplo da página anterior, tivemos duas decisões: D_1 (escolher a saia, na qual há 2 opções) e D_2 (escolher a blusa, na qual há 3 opções). Portanto, o número de maneiras distintas de tomarmos consecutivamente as decisões D_1 e D_2 é 6 $(2 \cdot 3)$.

Podemos representar essa situação por meio de um diagrama chamado **árvore de possibilidades** (ou **diagrama da árvore** ou **árvore de enumeração**). Trata-se de uma maneira muito útil para apresentar todos os modos de uma decisão.

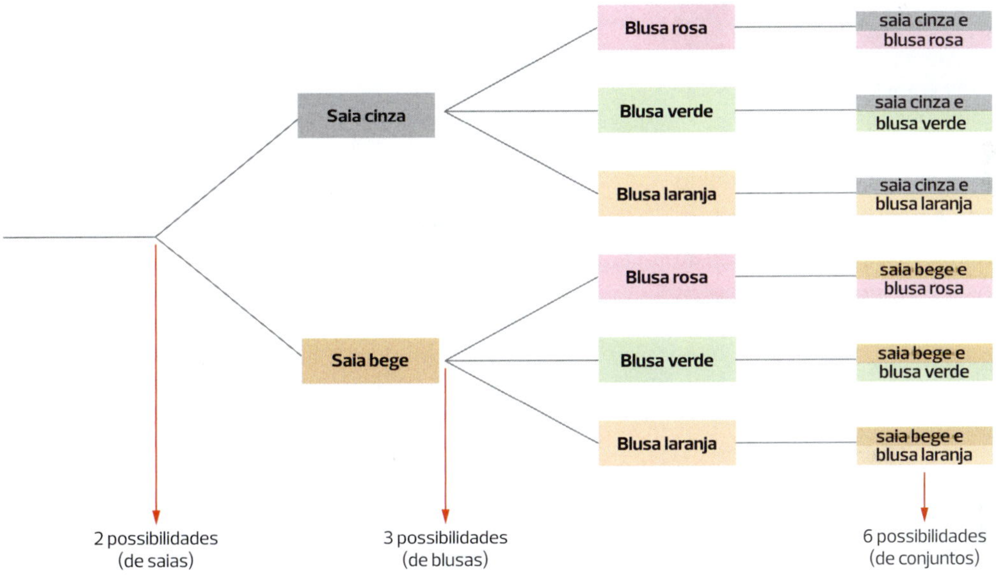

As imagens desta página não estão representadas em proporção.

O princípio multiplicativo pode ser estendido para mais de duas decisões. Acompanhe o exemplo a seguir.

Após o último dia de aula, os alunos do 9º ano combinaram de se encontrar em uma sorveteria para comemorar o início das férias. A sorveteria dispunha de 50 sabores diferentes, que podiam ser colocados em casquinha ou copinho. Oferecia-se, como cortesia, uma cobertura, que podia ser de caramelo, morango ou chocolate. De quantas formas diferentes um aluno podia montar um sorvete contendo uma bola e uma cobertura?

Christopher Elwell /Shutterstock/Glow Images

Sorvete de casquinha

Alexandre Belem/kino.com.br

Sorvete de copinho

Para resolver essa situação, vamos aplicar o princípio multiplicativo. Desta vez, são 3 decisões:

- D_1: escolher o recipiente, ou seja, se casquinha ou copinho (2 opções);
- D_2: escolher o sabor, entre 50 opções;
- D_3: escolher a cobertura, que pode ser de caramelo, morango ou chocolate (3 opções).

Portanto, o número de possibilidades de um aluno escolher um sorvete da forma descrita é 300 $(2 \cdot 50 \cdot 3)$.

Problemas

35. Uma cliente chega a um restaurante para jantar. Ela pode escolher entre 3 pratos principais (carne, peixe e frango) e 2 sobremesas (sorvete e salada de frutas). De quantas maneiras diferentes essa cliente pode fazer a escolha de um prato principal e uma sobremesa?

Aleksandr Markin/Shutterstock/Glow Images

Cliente observando cardápio de restaurante.

36. A professora Heloísa deseja escolher um menino e uma menina do 9º ano **A** para representar a turma em um evento. Sabendo que, nessa sala, estão presentes 20 meninos e 25 meninas, de quantos modos distintos a professora Heloísa poderá escolher a dupla para representar a turma?

Tyler Olson/Shutterstock/Glow Images

Dupla de alunos

37. O quadro de funcionários de uma empresa apresenta 5 administradores, 3 advogados, 2 contadores e 3 economistas. Deseja-se formar uma equipe com esses funcionários para analisar um projeto, e essa equipe deve ser composta por um economista, um contador, um advogado e um administrador. De quantas maneiras diferentes essa equipe poderá ser formada?

38. Uma escola tem 5 professores de Língua Portuguesa, 6 de Matemática e 3 de História. Há quantas possibilidades diferentes de se formar uma comissão que contenha um professor de cada uma dessas três disciplinas?

39. Quantos são os resultados possíveis para os 3 primeiros classificados de uma final olímpica de natação que é disputada por 8 atletas?

Ernesto Zelada/LatinContent/Getty Images

Atletas em prova de natação

40. A Copa do Mundo de Futebol de 2014 foi realizada no Brasil e contou com 32 países participantes. Quantas eram as possibilidades de campeão e vice-campeão?

Mauricio Simonetti/Pulsar Imagens

Arena Corinthians, em São Paulo, onde ocorreu a abertura da Copa do Mundo de Futebol de 2014.

41. Uma pessoa tem 3 opções de meio de transporte para ir da cidade **A** à cidade **B** (trem, ônibus ou avião); 2 opções para ir da cidade **B** à cidade **C** (barco ou carro); e 2 opções para ir da cidade **C** à cidade **D** (bicicleta ou a cavalo). De quantas formas diferentes essa pessoa pode sair da cidade **A** e chegar à cidade **D**, passando pelas cidades **B** e **C**, nessa ordem?

Outros problemas de contagem

Agora, acompanhe outros exemplos de situações que envolvem contagem.

1º) Em muitas situações do dia a dia, é necessário criar senhas com letras e/ou números. Por exemplo, para a abertura de uma conta bancária, para a proteção de um cofre, para a criação de um endereço de *e-mail*, em *videogames* e outros jogos eletrônicos, etc.

Paulo Manzi/Arquivo da editora

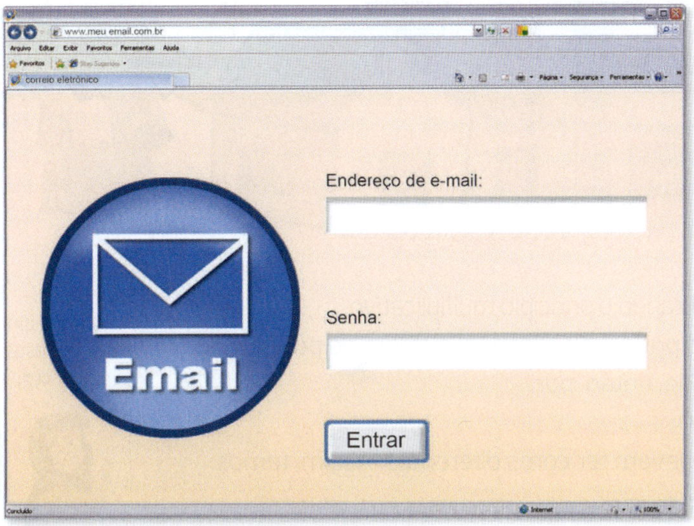

Exemplo de uma tela de *e-mail*, na qual se deve inserir o endereço pessoal de *e-mail* e a senha.

Rogério Reis/Tyba

Pessoas usando caixa eletrônico.

Vamos determinar, por exemplo, quantas senhas podemos formar com 2 vogais diferentes.

- Começando com **A**: AE, AI, AO, AU
- Começando com **E**: EA, EI, EO, EU
- Começando com **I**: IA, IE, IO, IU
- Começando com **O**: OA, OE, OI, OU
- Começando com **U**: UA, UE, UI, UO

Também podemos determinar o total de senhas utilizando o princípio multiplicativo. Nesse caso, é muito útil montar tabelas para escrever o número de possibilidades de cada decisão. Observe que, para a 1ª escolha, temos 5 opções (**a**, **e**, **i**, **o** e **u**). Para a 2ª escolha, temos apenas 4 opções, pois a vogal não pode ser repetida. Note que, independentemente da vogal da primeira escolha, restarão 4 opções para a vogal da segunda escolha.

Assim, temos:

Número de possibilidades de senhas com 2 vogais diferentes

	1ª vogal	2ª vogal
Número de possibilidades	5	4

Total: $5 \times 4 = 20$

Logo, é possível formar 20 senhas do tipo descrito.

2º) Renato é pintor e vai pintar 5 casas vizinhas. Para isso ele dispõe de 5 cores diferentes de tinta. Vamos calcular de quantos modos ele pode realizar essa pintura em cada um dos casos abaixo:

a) não havendo repetição de cor;

b) as casas vizinhas tendo cores diferentes.

Mauro Souza/Arquivo da editora

a) Vamos resolver utilizando o princípio multiplicativo.

Como as cores não podem se repetir, o número de possibilidades será dado, então, por:

$5 \cdot 4 \cdot 3 \cdot 2 \cdot 1 = 120$

b) As casas vizinhas devem ter cores diferentes. Assim, temos:

- 1ª casa: 5 opções de cor;
- 2ª casa: 4 opções, pois a cor da casa anterior não pode ser repetida;
- 3ª casa: 4 opções, pois a cor da segunda casa não pode ser utilizada, mas a cor da 1ª casa sim;
- 4ª casa: 4 opções;
- 5ª casa: 4 opções.

Aplicando o princípio multiplicativo, vem:

$5 \cdot 4 \cdot 4 \cdot 4 \cdot 4 = 1280$

Exercícios e problemas

42. Descubra quantas senhas é possível criar em cada item, considerando as regras descritas.

a) Senhas de 4 caracteres utilizando apenas vogais;

b) Senhas de 4 caracteres distintos utilizando apenas vogais.

43. Com os algarismos 1, 2, 3, 4, 5, 6 e 7, quantas senhas podem ser formadas:

a) com 5 algarismos?

b) com 5 algarismos distintos?

c) com 3 algarismos pares?

44. A fotografia abaixo mostra um tipo de cofre eletrônico, muito comum em hotéis. Quantas senhas de 4 algarismos podem ser formadas para este cofre usando apenas algarismos ímpares distintos?

S. Togulev/Shutterstock/Glow Images

Cofre eletrônico

45. Dóris dispõe de 5 cores diferentes de lápis: azul, verde, laranja, amarelo e vermelho. Ela quer pintar o desenho de uma bandeira de 5 listras horizontais. Responda às questões a seguir:

a) De quantas maneiras Dóris poderá pintar a bandeira se as listras adjacentes não puderem ter a mesma cor?

b) De quantas maneiras Dóris poderá pintar a bandeira se quiser que todas as listras tenham cores diferentes?

46. Um turista europeu pretende viajar para o Brasil e passar as férias no Rio de Janeiro. Ao organizar sua viagem, ele fez uma relação dos pontos turísticos que deseja conhecer: Praia de Ipanema, Pão de Açúcar, Cristo Redentor, Estádio do Maracanã e Jardim Botânico. Sabendo que o último ponto turístico a ser visitado será o Estádio do Maracanã, de quantas formas ele pode organizar a sequência de pontos turísticos a serem visitados?

Eduardo Zappia/Pulsar Imagens

Vista aérea da praia de Ipanema, RJ. Foto de 2014.

Ismar Ingber/Pulsar Imagens

Vista aérea da estátua do Cristo Redentor, RJ. Foto de 2013.

Ismar Ingber/Pulsar Imagens

Enseada do Botafogo na Baía de Guanabara, morro do Pão de Açúcarn e morro da Urca, RJ. Foto de 2014.

Gabrielle & Michel Therin-Weise/Robert Harding/ Agência France-Presse

Jardim Botânico, RJ. Foto de 2013.

Bruno Veiga/Pulsar Imagens

Estádio do Maracanã, RJ. Foto de 2014.

47. Uma escola organizou um torneio de futebol entre quatro equipes: 9os anos **A**, **B**, **C** e **D**. Cada equipe enfrenta as outras uma única vez. Calcule o número de jogos realizados por equipe e o total de jogos desse torneio.

48. José é dono de um pequeno restaurante que oferece, entre as opções de seu cardápio, o prato popularmente conhecido como "prato feito" ou simplesmente "PF". O cliente pode escolher entre carne ou frango e tem direito a 3 acompanhamentos distintos, que podem ser escolhidos entre arroz, macarrão, salada e omelete. Quantos tipos diferentes de "PF" são oferecidos?

49. Três ou mais notas musicais tocadas simultaneamente em um instrumento formam um acorde. Quantos acordes diferentes de três notas simultâneas podem ser formados utilizando as notas dó, ré, mi, fá e sol?

Piti Tan/Shutterstock/Glow Images

Jovem tocando piano.

50. Ana, Bia, Carol e Dani são amigas. Elas resolveram formar uma sigla utilizando as iniciais de seus nomes para estampar em suas camisetas. ABCD e BADC são duas siglas possíveis. Qual é o total de siglas distintas que podem ser formadas?

51. Andressa decidiu ir à praia no fim de semana. Em sua mala, entre outras roupas, ela colocou 4 biquínis, 3 pares de chinelo e 2 chapéus de praia. De quantos modos diferentes Andressa poderá se vestir colocando biquíni, chapéu e chinelo?

52. Nas lojas e supermercados, os produtos geralmente apresentam um código em formato de barras retangulares.

Ao serem lidos por um equipamento especial, esses códigos fornecem várias informações sobre determinado produto, como seu nome, descrição, empresa fabricante e preço. Além disso, quando compramos determinado produto e o vendedor passa o código de barras no leitor de códigos, isso permite atualizar o estoque do estabelecimento rapidamente, o que reduz as chances de erro.

O sistema que é mais comumente empregado nos produtos utiliza 13 algarismos. Observe a figura abaixo e o que significa cada algarismo ou grupo de algarismos.

Leo Burgos/Acervo do fotógrafo

Código de barras

A: indicam o país de origem do produto (789 indica que o produto é de origem brasileira);

B: identificam a empresa responsável pela fabricação daquele produto;

C: identificam o produto;

D: corresponde ao dígito de verificação (ou dígito verificador), calculado a partir dos outros 12 algarismos. Tem como objetivo garantir a autenticidade do código como um todo.

Cada produto de uma marca, com determinadas características, possuirá um código de barras específico e único, que outro produto não possui. Assim, todas as caixas de suco de laranja da marca **X** produzidas em um país possuirão certo código de barras; já as caixas de suco de limão da marca **X** produzidas nesse mesmo país possuirão outro código.

Sabendo que os três primeiros dígitos de um código de barras de um produto (identificação do país de origem) não serão modificados, qual será o número máximo de produtos que poderão ser licenciados para esse país? Considere o código de barras com 12 algarismos, desconsiderando o último dígito (pois, como dito anteriormente, ele é calculado em função dos outros 12, a partir de várias multiplicações e divisões).

53. As saladas de frutas estão se tornando uma opção muito comum para o lanche nas cantinas escolares. Nutritivas e saborosas, suas receitas são incrementadas com a opção de diversos ingredientes e acompanhamentos.

Em determinada cantina escolar, os alunos podem montar suas saladas de frutas escolhendo entre as seguintes opções:

- Frutas: maçã, manga, banana, melão ou mamão.
- Iogurtes: morango, coco, ameixa ou natural.
- Sorvetes: creme, milho verde ou flocos.
- Sucos: laranja, melão ou caju.
- Cobertura: mel, chocolate, chantili.
- Cereais: aveia ou granola.

Considerando as opções disponíveis, se uma pessoa comer uma salada de frutas por dia e a cada dia quiser provar algo diferente, depois de quantos dias terá de repetir alguma salada já escolhida?

Walid Nohra/Shutterstock/Glow Images

Opções de frutas para montar uma salada de frutas.

4 Probabilidade

Acompanhe os exemplos a seguir.

1º) Lançando-se uma moeda, qual é a probabilidade de ocorrer o evento "sair cara"?

Casa da Moeda do Brasil/ Ministério da Fazenda

Face "coroa" de moeda

Casa da Moeda do Brasil/ Ministério da Fazenda

Face "cara" de moeda

Chamando esse evento de A, ele será dado por $A = \{\text{cara}\}$. Logo, o número de resultados favoráveis é 1. Representamos esse número por $n(A) = 1$.

O espaço amostral, isto é, o conjunto de resultados possíveis, é $U = \{\text{cara, coroa}\}$. Então, o número de resultados possíveis é 2. Representamos esse número por $n(U) = 2$.

Portanto, a probabilidade de sair cara será dada por:

$$P(A) = \frac{n(A)}{n(U)} = \frac{1}{2} \text{ ou } 50\%$$

2º) Girando a roleta representada a seguir, qual é a probabilidade de sair a cor amarela?

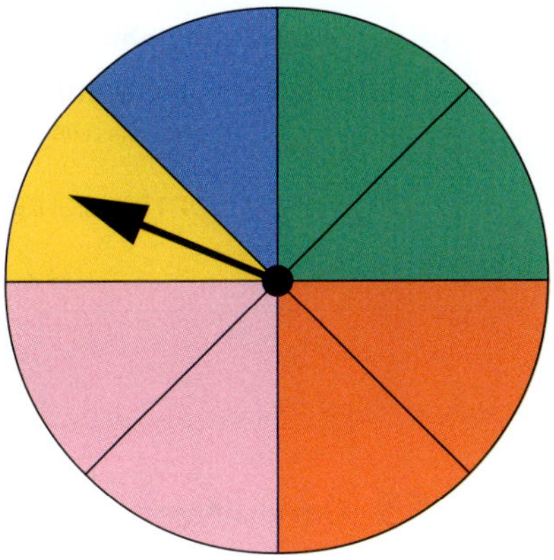

Chamando o evento "sair cor amarela" de evento B, ele será dado por $B = \{\text{amarelo}\}$. Logo, o número de resultados favoráveis é 1, ou seja, $n(B) = 1$.

Já o espaço amostral é {amarelo, azul, verde, verde, vermelho, vermelho, rosa, rosa}. Então, o número de resultados favoráveis é $n(U) = 8$. A probabilidade de sair a cor amarela será.

$$P(B) = \frac{n(A)}{n(U)} = \frac{1}{8} \text{ ou } 12{,}5\%$$

Os exemplos acima envolvem várias ideias relacionadas à noção de probabilidade, entendida como a medida da chance de determinado evento ocorrer.

Você deve ter estudado essas ideias nos anos anteriores e, agora, vai aprofundar seus conhecimentos sobre esse assunto.

Chaiwat Subprasom/Reuters/Latinstock

Crianças praticando equoterapia.

Probabilidade condicional

A probabilidade de ocorrer um evento *A* **condicionado** ao fato de um evento *B* que já ocorreu é denominada **probabilidade condicional**.

Analise a seguinte situação:

Uma estrebaria possui 18 animais em treinamento, que são destinados à terapia de crianças, entre eles cavalos e éguas. Dos 9 animais que já estão com ferraduras, 5 são éguas. Dos cavalos, 6 ainda não receberam ferraduras.

a) Sorteando um animal desse grupo, qual é a probabilidade de ele estar sem ferradura?

b) No mesmo grupo, qual é a probabilidade de se ter uma égua com ferradura?

Para resolver essa situação, podemos montar uma tabela. Observe.

Animais da estrebaria em treinamento

	Com ferradura	Sem ferradura	Total
Cavalos	4	6	10
Éguas	5	3	8
Total	9	9	18

Dados fictícios.

A probabilidade de, tomado ao acaso, um animal estar sem ferradura é:

$$P\,(\text{sem ferradura}) = \frac{9}{18} = \frac{1}{2}$$

A probabilidade de esse animal, tomado ao acaso, ser égua com ferradura é **condicionada**. Assim:

$$P\,(\text{com ferradura/égua}) = \frac{5}{8}$$

(5: total de éguas com ferradura; 8: total de éguas)

Exercícios e problemas

54. Na classe em que Leandro estuda, 20% dos meninos e 30% das meninas usam óculos.

a) Complete a tabela abaixo.

Uso de óculos em uma classe

	Não usam óculos	Usam óculos	Total
Meninos			15
Meninas			
Total			35

Dados fictícios.

b) Sorteando ao acaso um aluno que usa óculos, qual é a probabilidade de que seja menino?

55. Um levantamento estatístico revela informações sobre um grupo de pessoas.

Profissões em um grupo de pessoas

	Professor	Advogado	Dentista
Homens	60	80	50
Mulheres	90	40	30

Dados fictícios.

Responda às perguntas abaixo:

a) Qual é a probabilidade de ser escolhido nesse grupo, ao acaso, um advogado, dado que essa pessoa é homem?

b) Qual é a probabilidade de ser escolhida nesse grupo, ao acaso, uma professora?

Distribuição probabilística

Suponha todas as possibilidades da soma de pontos no lançamento de dois dados diferentes: são 6 possibilidades para o primeiro número e 6 possibilidades para o segundo, portanto $6 \cdot 6 = 36$ possibilidades para as somas. Algumas somas aparecem só uma vez, como é o caso da soma 2 $(1 + 1)$ e da 12 $(6 + 6)$. A soma 6 aparece cinco vezes: $1 + 5$, $5 + 1$, $2 + 4$, $4 + 2$ e $3 + 3$. A organização dos eventos em uma tabela, com sua frequência e probabilidades, é chamada **distribuição probabilística**.

Exercícios e problemas

56. Faça uma distribuição probabilística da soma de pontos obtidos no lançamento de dois dados diferentes. Complete a tabela abaixo.

Soma dos pontos obtidos no lançamento de dois dados

Soma	Frequência	Probabilidade
2	1	$\frac{1}{36}$
3	2	$\frac{2}{36}$ ou $\frac{1}{18}$

Dados experimentais.

57. (Unicamp-SP) Um dado é jogado três vezes, uma após a outra. Pergunta-se:

a) Quantos são os resultados possíveis em que os três números são diferentes?

b) Qual é a probabilidade de a soma dos resultados ser maior ou igual a 16?

58. Na escola "Aprender e Viver", há 250 alunos no Ensino Médio e 160 no Ensino Fundamental. O total de meninos é 107 e o de meninas é 303.

a) Complete a tabela abaixo com os dados que faltam.

Alunos da escola "Aprender e Viver"

Alunos matriculados	Ensino Fundamental	Ensino Médio	Total
Meninas	128		
Meninos		75	
Total	160	250	

Dados fictícios.

b) Qual é a probabilidade de, sorteando-se ao acaso um aluno dessa escola, ele ser:

- do Ensino Fundamental?
- do Ensino Médio?
- menino?
- menina?

59. Construa dois gráficos de setores de acordo com os dados da escola "Aprender e Viver": um deve mostrar os percentuais de alunos no Ensino Médio (EM) e no Ensino Fundamental (EF) da escola "Aprender e Viver"; o outro deve mostrar os percentuais de meninos e meninas dessa escola.

Desafio

Qual seria a probabilidade de um aluno da escola "Aprender e Viver", escolhido ao acaso, ser um menino do Ensino Médio?

5 Estatística e Probabilidade

Muitos dos fenômenos estudados pela Estatística são de natureza aleatória. Desse modo, os estudos de Estatística e de Probabilidade complementam-se.

Exercícios e problemas

60. Uma pesquisa sobre peças com defeito foi realizada em uma fábrica de parafusos. Em um lote de 600 peças, constatou-se que 30 estavam com defeito.

Responda ao que se pede.

a) Qual é o percentual de peças defeituosas?

b) Construa um gráfico de setores representando peças defeituosas e não defeituosas. Qual é o ângulo do setor referente a peças com defeito?

c) Sendo retirada uma peça desse lote ao acaso, qual é a probabilidade de que ela tenha defeito?

Raisa Kanareva/Shutta Basov Mikhail/Shutterstock/Glow Images Erstock/Glow Images

Parafusos

61. (Vunesp) Num grupo de 100 pessoas da zona rural, 25 estão afetadas por uma parasitose intestinal **A** e 11 por uma parasitose intestinal **B**, não se verificando nenhum caso de incidência conjunta de **A** e **B**.

Duas pessoas desse grupo são escolhidas, aleatoriamente, uma após a outra.

Determine a probabilidade de que, dessa dupla, a primeira pessoa esteja afetada por **A** e a segunda por **B**.

62. Em uma pesquisa sobre meios de transporte, 80 trabalhadores foram entrevistados e responderam à pergunta: "Qual transporte você utiliza para ir ao trabalho?".

As respostas foram assim tabuladas:

- 42 usam ônibus;
- 28 usam carro;
- 30 usam moto;
- 12 usam ônibus e carro;
- 14 usam carro e moto;
- 18 usam ônibus e moto;
- 5 usam os três meios: carro, ônibus e moto;
- os demais vão a pé para o trabalho.

Para organizar os dados da pesquisa, foi feito o seguinte diagrama:

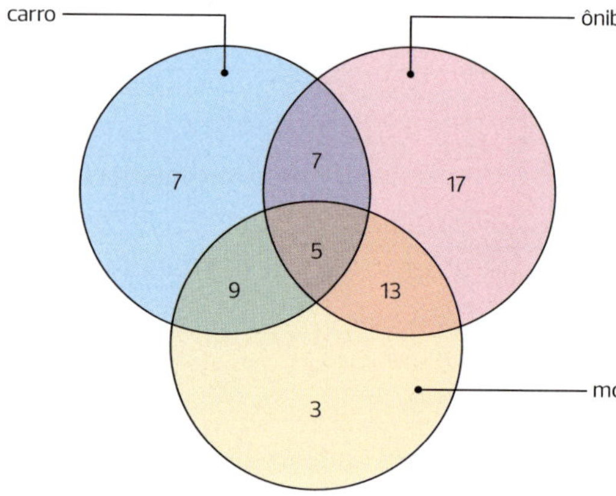

Qual é a probabilidade de que um desses trabalhadores, selecionado ao acaso, utilize:

a) somente ônibus?

b) somente carro?

c) carro e ônibus, mas não moto?

d) nenhum dos três veículos?

e) apenas um desses veículos?

f) carro?

63. Os 36 alunos da classe de Júlio foram consultados para saber se praticam algum destes esportes: voleibol (V) e handebol (H). Vinte alunos afirmaram que praticam voleibol, 15 handebol e 4 não praticam nenhum deles. Escolheu-se um dos alunos da classe e constatou-se que ele joga voleibol. Qual é a probabilidade de que esse aluno também pratique handebol?

Complete o diagrama abaixo com os valores correspondentes. Depois, descubra a resposta.

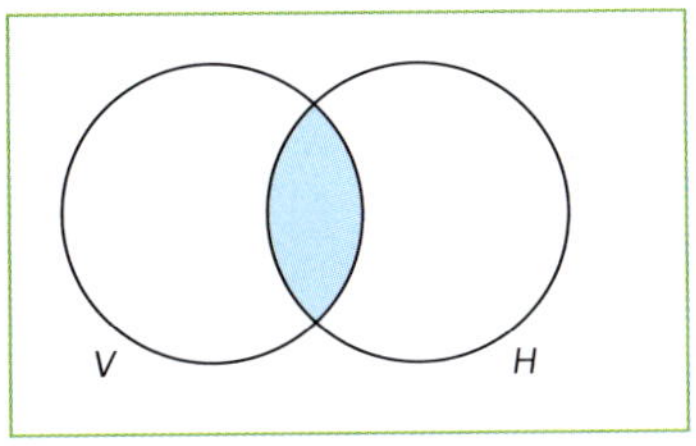

64. (Enem) Em um concurso de televisão, apresentam-se ao participante 3 fichas voltadas para baixo, estando representadas em cada uma delas as letras **T**, **V** e **E**. As fichas encontram-se alinhadas em uma ordem qualquer. O participante deve ordenar as fichas ao seu gosto, mantendo as letras voltadas para baixo, tentando obter a sigla TVE. Ao desvirá-las, para cada letra que esteja na posição correta ganhará um prêmio de R$ 200,00.

A) A probabilidade de o participante não ganhar qualquer prêmio é igual a:

a) 0
b) $\frac{1}{3}$
c) $\frac{3}{4}$
d) $\frac{1}{2}$
e) $\frac{1}{6}$

B) A probabilidade de o concorrente ganhar exatamente o valor de R$ 400,00 é igual a:

a) 0
b) $\frac{1}{3}$
c) $\frac{1}{2}$
d) $\frac{2}{3}$
e) $\frac{1}{6}$

65. (Enem) Uma empresa de alimentos imprimiu em suas embalagens um cartão de apostas do seguinte tipo:

Frente do cartão

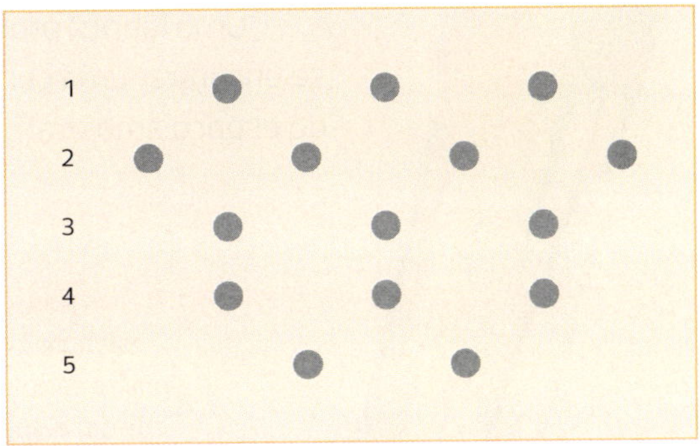

Verso do cartão

- Inicie raspando apenas uma das alternativas da linha de início (linha 1).
- Se achar uma bola de futebol, vá para a linha 2 e raspe apenas uma das alternativas.
- Continue raspando dessa forma até o fim do jogo.
- Se encontrar um **X** em qualquer uma das linhas, o jogo está encerrado e você não terá direito ao prêmio.
- Se encontrar uma bola de futebol em cada uma das linhas, terá direito ao prêmio.

Cada cartão de apostas possui 7 figuras de bolas de futebol e 8 sinais de **X** distribuídos entre os 15 espaços possíveis, de tal forma que a probabilidade de um cliente ganhar o prêmio nunca seja igual a zero. Em determinado cartão, existem duas bolas na linha 4 e duas bolas na linha 5. Com esse cartão, a probabilidade de o cliente ganhar o prêmio é:

a) $\frac{1}{27}$
b) $\frac{1}{36}$
c) $\frac{1}{54}$
d) $\frac{1}{72}$
e) $\frac{1}{108}$

66. A Copa do Mundo de Futebol de 2014, que foi realizada no Brasil, contou com a participação de 32 seleções. Suponha que uma empresa de sucos imprimiu nas tampinhas de suas embalagens um possível resultado com os dois primeiros colocados da competição. Por exemplo, Brasil como 1º colocado e Argentina como 2ª colocada. A empresa produziu apenas uma tampinha para cada resultado possível e premiou o consumidor que possuía a tampinha com o palpite correto. Qual era a probabilidade de uma pessoa que guardou apenas uma tampinha ter sido premiada?

Estimando probabilidades a partir de dados estatísticos

Farres/Shutterstock/Glow Images

Canetas

Considere a seguinte situação:

Uma fábrica produz 1 milhão de canetas por mês. Como saber a probabilidade de se encontrar uma caneta defeituosa se conhecemos apenas o número de elementos do espaço amostral?

Suponha que um funcionário da fábrica de canetas da situação acima tenha reunido uma amostra de canetas coletadas aleatoriamente e tenha construído a tabela abaixo.

Produção de canetas

	Data	Tamanho da amostra de canetas	Canetas defeituosas (Frequência absoluta)	Frequência relativa
1	3/10/15	1200	9	0,75% ou $\frac{3}{400}$
2	4/10/15	2 000	22	1,10%
3	5/10/15	1500	13	0,86%
4	6/10/15	3 000	33	1,10%
5	7/10/15	800	9	1,13%
6	10/10/15	900	10	1,11%
7	11/10/15	1400	6	0,43%
8	12/10/15	2 200	30	1,36%
9	13/10/15	3 400	25	0,74%
10	14/10/15	1000	14	1,40%
11	17/10/15	600	6	1,00%
12	18/10/15	700	8	1,14%
13	19/10/15	1000	13	1,30%
14	20/10/15	1 100	9	0,81%
15	21/10/15	2 300	18	0,78%
16	24/10/15	1200	14	1,16%
17	25/10/15	600	7	1,16%
18	26/10/15	1400	16	1,14%
19	27/10/15	2 000	20	1,00%
20	28/10/15	1 700	18	1,06%
Total		**30 000**	**300**	

Dados fictícios.

Observe que a probabilidade, na última coluna, oscila, na maioria das vezes, entre 0,80% e 1,20%. No entanto, para termos uma estimativa mais real da probabilidade de encontrar uma caneta defeituosa, usamos a soma das amostras e a soma das canetas defeituosas. Logo, como a soma das amostras é 30 000 e a soma das canetas defeituosas é 300, temos:

$$P(A) = \frac{300}{30\,000} = \frac{1}{100} = 1\%$$

Portanto, a probabilidade estimada de encontrarmos uma caneta defeituosa é de 1%. Por exemplo, em um lote com 10 000 canetas, o valor estimado do número de canetas defeituosas é 1% de 10 000, ou seja, 100 canetas $\left(\frac{1}{100} \cdot 10\,000\right)$.

Problemas

67. Atividade em dupla

Usando sua classe como uma amostra representativa da sua escola, completem a tabela abaixo com os dados solicitados.

Informações sobre a classe

	Frequência absoluta	Frequência relativa
Meninos		
Meninas		
Filhos únicos		
Canhotos		
Alunos com óculos		

Dados fictícios.

Agora, estimem qual é a probabilidade de vocês selecionarem ao acaso um(a) aluno(a) da sua escola que:

a) seja menino;
b) seja menina;
c) seja filho(a) único(a);
d) seja canhoto(a);
e) use óculos.

68. Uma bula de remédio informa que, após diversas pesquisas com milhares de usuários de um medicamento, foram detectados os seguintes efeitos colaterais em 5% dos pacientes: boca seca, sonolência e tontura. Com base nessa informação estatística e sabendo que esse medicamento foi aplicado em 1820 pacientes de determinada rede hospitalar, qual é o número estimado desses pacientes que sofrerão efeitos colaterais com o uso do medicamento?

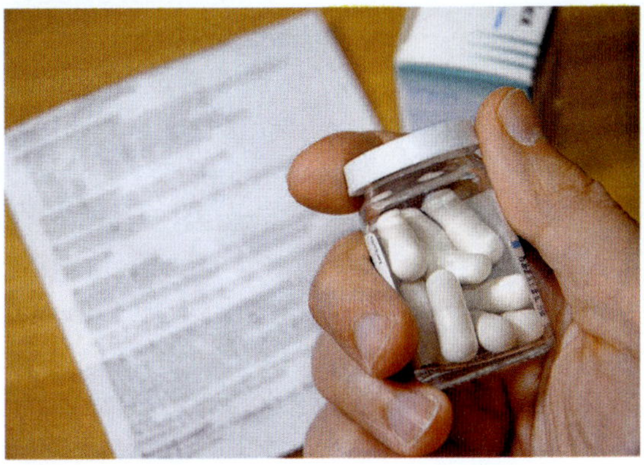

Massimo Petranzan/Shutterstock/Glow Images

Medicamento e respectiva bula

Atenção: Nunca utilize medicamentos sem indicação e orientação médica.

Raciocínio lógico

(Fatec-SP) Considere verdadeiras todas as três seguintes afirmações:

I) Todos os amigos de João são amigos de Mário.
II) Mário não é amigo de nenhum amigo de Paulo.
III) Antônio só é amigo de todos os amigos de Roberto.

Se Roberto é amigo de Paulo, então:

a) Antônio é amigo de Mário.
b) João é amigo de Roberto.
c) Mário é amigo de Roberto.
d) Antônio não é amigo de João.

Conexões

Enem 2014 terá participação de 15 500 candidatos idosos

Homem idoso realizando prova.

Blend Images/Shutterstock/Glow Images

Número é 42% maior que o da prova realizada em 2013

Aproximadamente 15 500 idosos vão fazer o Exame Nacional do Ensino Médio (Enem) este ano. O número de inscritos com 60 anos ou mais cresce anualmente e é 42% maior que o do ano passado. Segundo o Instituto Nacional de Estudos e Pesquisas Educacionais Anísio Teixeira (Inep), em 2013 esses inscritos somaram 10 900. Em 2009, foram 4 700 idosos. O Enem é a porta de entrada para instituições de ensino superior e técnico, além do financiamento estudantil e intercâmbio acadêmico. Neste ano [2014], as provas serão aplicadas nos dias 8 e 9 de novembro. Mais de 8,7 milhões de pessoas se inscreveram.

"O aumento de idosos está sendo identificado em várias instituições de ensino superior. São pessoas aposentadas, que por vezes já têm diploma de ensino superior e buscam outros cursos. Procuram uma mudança de carreira ou a realização de um sonho", diz o superintendente-geral de Educação a Distância do Centro Universitário Iesb, em Brasília. [...]

EDUCAÇÃO. *Veja*. 12 out. 2014. Disponível em: <http://veja.abril.com.br/noticia/educacao/enem-2014-tera-participacao-de-15500-candidatos-idosos>. Acesso em: 18 maio 2015.

1. Qual é a sua opinião sobre a participação de pessoas idosas no Enem? Discuta com seus colegas.
2. Se escolhermos ao acaso uma das 8,7 milhões de pessoas inscritas no Enem 2014, qual é a probabilidade de ela ser idosa? E qual é a probabilidade de ela não ser idosa?
3. O que tem mais chances de acontecer: escolher ao acaso uma pessoa com mais de 60 anos ou uma pessoa com menos de 60 anos?
4. De quanto foi o aumento percentual de idosos inscritos no Enem 2009 para o Enem 2013?

População envelhece e não há crescimento demográfico, alerta Ipea

O envelhecimento da população brasileira segue em ritmo acelerado, mas a preocupação do Instituto de Pesquisa Econômica Aplicada (Ipea) é que esse envelhecimento ocorre conjuntamente com a redução do crescimento populacional.

"Por um lado, cresce o segmento idoso, que vai demandar Previdência, outros cuidados, gastos de saúde, e do outro lado, diminui a população trabalhadora, que é a que contribui para pagar esses custos. Então, você tem uma balança desequilibrada", avaliou, em entrevista à Agência Brasil, a técnica de Planejamento e Pesquisa do Ipea [...].

GANDRA, Alana. Agência Brasil. Disponível em: <www.ebc.com.br/noticias/economia/2014/11/populacao-envelhece-e-nao-ha-crescimento-demografico-alerta-ipea>. Acesso em: 18 maio 2015.

Crianças de até 4 anos

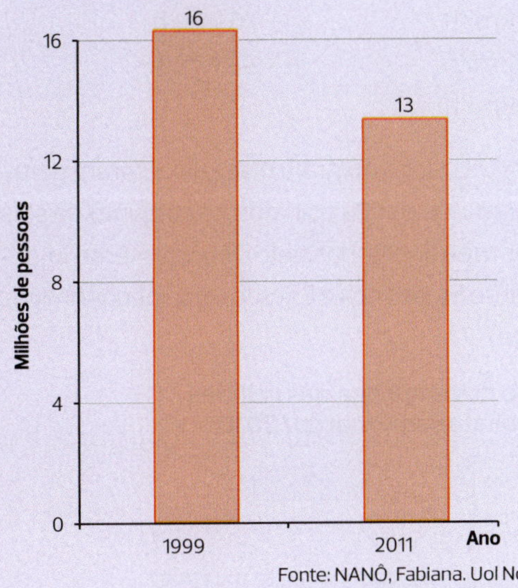

Idosos com 60 anos ou mais

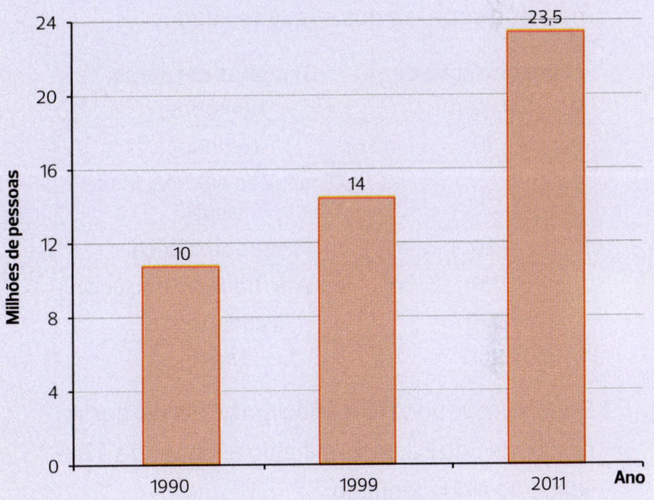

Fonte: NANÔ, Fabiana. Uol Notícias Cotidiano. Disponível em: <http://noticias.uol.com.br/cotidiano/ultimas-noticias/2012/09/21/numero-de-idosos-com-mais-de-60-anos-dobrou-nos-ultimos-20-anos-aponta-ibge.htm>. Acesso em: 18 maio 2015.

5. O número de crianças de até 4 anos aumentou ou diminuiu de 1999 a 2011? E o número de idosos, nesse mesmo período?

6. Qual é a diferença entre o número de idosos e o número de crianças de até 4 anos em 2011?

7. Faça uma pesquisa para saber o número de crianças de até 4 anos e o número de idosos atualmente. Com os dados coletados, faça um gráfico de segmentos utilizando também os dados apresentados para os anos de 1999 e 2011. Compare os dados coletados e verifique se houve aumento ou queda em cada um dos números, de 2011 ao ano corrente.

8. Em grupos, façam uma pesquisa sobre o envelhecimento da população e o crescimento demográfico do Brasil. Organizem uma tabela e um gráfico para apresentar os dados para a turma. Discutam as causas e consequências do não crescimento demográfico e o aumento da expectativa de vida.

Tratamento da informação

Questões do Enem

69. (Enem) Um dos índices de qualidade do ar diz respeito à concentração de monóxido de carbono (CO), pois esse gás pode causar vários danos à saúde. A tabela abaixo mostra a relação entre a qualidade do ar e a concentração de CO.

Qualidade do ar	Concentração de CO – ppm* (média de 8 h)
Inadequada	15 a 30
Péssima	30 a 40
Crítica	Acima de 40

* ppm (parte por milhão) = 1 micrograma de CO por grama de ar = 10^{-6} g.

Para analisar os efeitos do CO sobre os seres humanos, dispõe-se dos seguintes dados:

Concentração de CO (ppm)	Sintomas em seres humanos
10	Nenhum
15	Diminuição da capacidade visual
60	Dores de cabeça
100	Tonturas, fraqueza muscular
270	Inconsciência
800	Morte

Suponha que você tenha lido em um jornal que na cidade de São Paulo foi atingido um nível de qualidade do ar inadequado.

Uma pessoa que estivesse nessa área poderia:

a) não apresentar nenhum sintoma.
b) ter sua capacidade visual alterada.
c) apresentar fraqueza muscular e tontura.
d) ficar inconsciente.
e) morrer.

70. (Enem) Um sistema de radar é programado para registrar automaticamente a velocidade de todos os veículos trafegando por uma avenida, onde passam em média 300 veículos por hora, sendo 55 km/h a máxima velocidade permitida. Um levantamento estatístico dos registros do radar permitiu a elaboração da distribuição percentual de veículos de acordo com sua velocidade aproximada.

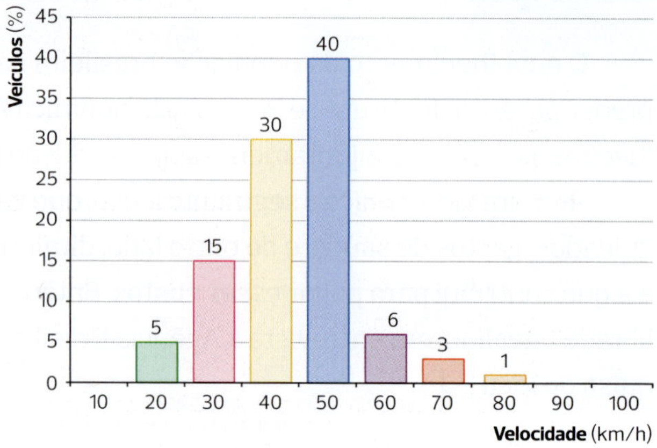

A velocidade média dos veículos que trafegam nessa avenida é de:

a) 35 km/h
b) 44 km/h
c) 55 km/h
d) 76 km/h
e) 88 km/h

71. (Enem) Os dados do gráfico seguinte foram gerados a partir de dados colhidos no conjunto de seis regiões metropolitanas pelo Departamento Intersindical de Estatística e Estudos Socioeconômicos (Dieese).

Taxas de desemprego nas regiões metropoliatanas – março/2010

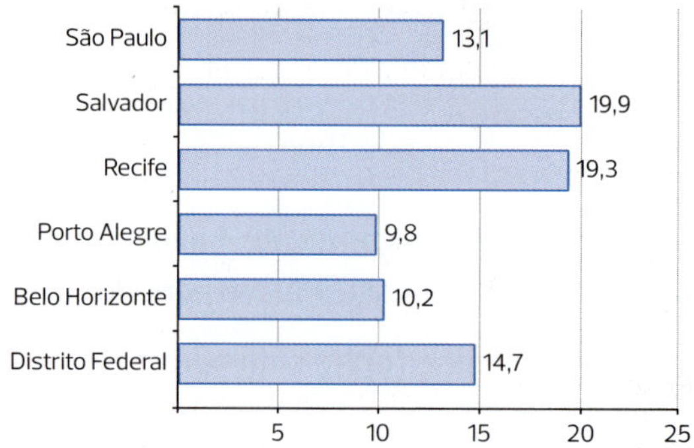

Disponível em: <http://g1.globo.com>. Acesso em: 28 abr. 2010 (adaptado).

Supondo que o total de pessoas pesquisadas na região metropolitana de Porto Alegre equivale a 250 000, o número de desempregados em março de 2010, nessa região, foi de:

a) 24 500
b) 25 000
c) 200 500
d) 223 000
e) 227 500

Outros contextos

72. **Recursos humanos**

O departamento de recursos humanos de uma empresa (comumente chamado de RH) é responsável, entre outros aspectos, pela organização, planejamento e execução de trabalhos e atividades que envolvem o relacionamento dessa empresa com seus funcionários. Algumas atividades que fazem parte da responsabilidade de um departamento de recursos humanos são: administrar e conceder os benefícios trabalhistas dos funcionários; elaborar a folha de pagamento dos empregados; cuidar dos procedimentos relacionados à contratação e demissão de pessoas; etc.

Goodluz/Shutterstock/Glow Images

Funcionários do RH de uma empresa

Por isso, dentro da área de RH, é muito importante analisar qualitativa e quantitativamente tabelas e gráficos estatísticos. Acompanhe a situação a seguir. Douglas é consultor de recursos humanos da empresa **A** e elaborou uma tabela de cadastro de alguns dos funcionários dessa empresa, conforme mostrado abaixo.

Cadastro de funcionários

Nome do funcionário	Sexo	Salário (R$)	Grau de escolaridade	Tempo de serviço (anos)
Rose	F	850,00	Ensino Fundamental	2
Ana	F	1350,00	Ensino Médio	2,5
Carla	F	1600,00	Ensino Médio	8
Márcio	M	2800,00	Ensino Superior	3,5
Pedro	M	3000,00	Ensino Superior	5
Vera	F	3200,00	Ensino Superior	7
Rita	F	4100,00	Especialização	8
Rogério	M	5600,00	Mestrado	8

Dados fictícios.

Analise a tabela e faça o que se pede.

a) Identifique quais são as variáveis qualitativas e quais são as variáveis quantitativas.

b) Qual é a média salarial dos funcionários da empresa **A**?

c) Os funcionários citados na tabela vão participar de um sorteio. Qual é a probabilidade de o ganhador ser do sexo feminino?

d) Escolhendo aleatoriamente um desses funcionários, qual é a probabilidade de ele ter mais de três anos de tempo de serviço na empresa?

e) Qual é a moda no tempo de serviço trabalhado na empresa para esses funcionários? E qual é a média do tempo de serviço trabalhado na empresa para eles?

73. **Probabilidade geométrica**

Suponha que uma figura plana *A* seja parte de outra figura plana *F* e que se escolha ao acaso um ponto de *F*. Então, a probabilidade (geométrica) de que o ponto selecionado esteja em *A*, será:

$$P = \frac{\text{área de } A}{\text{área de } F}$$

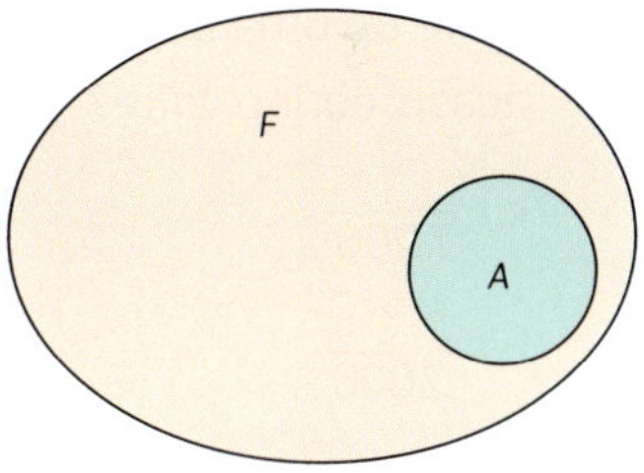

Com base no conceito apresentado acima, resolva a situação a seguir:

Um alvo tem a forma da figura ao lado, em que um círculo está inscrito em um quadrado, cujos vértices são os pontos médios dos lados de outro quadrado de lado 40 centímetros. Se um dardo é arremessado no alvo e o atinge, qual é a probabilidade de acertar um ponto do círculo? Dê a resposta em forma de porcentagem.

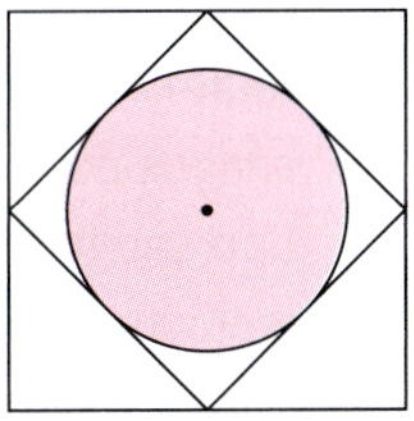

Praticando um pouco mais

1. (Uece) Na cidade de Ocalândia, foram abertas cinco ruas, as quais estão sem nome. A denominação para estas ruas deve ser escolhida entre os nomes de oito personalidades ilustres, todas com igual mérito. De quantas maneiras esta escolha pode ser feita?

a) 40
b) 56
c) 5 040
d) 6 720

2. (Ufam) A senha de acesso a um jogo de computador consiste em quatro caracteres alfabéticos ou numéricos, sendo o primeiro necessariamente alfabético. O número de senhas possíveis será:

a) $10 \cdot 36^3$
b) 26^4
c) 36^4
d) $26 \cdot 36^3$
e) $10 \cdot 26^3$

3. (Vestibular unificado-RJ) O dispositivo que aciona a abertura do cofre de uma joalheria apresenta um teclado com nove teclas, sendo cinco algarismos (0, 1, 2, 3, 4) e quatro letras (x, y, z, w). O segredo do cofre é uma sequência de três algarismos seguidos de duas letras. Qual a probabilidade de uma pessoa, numa única tentativa, ao acaso, abrir o cofre?

a) $\frac{1}{7\,200}$
b) $\frac{1}{2000}$
c) $\frac{1}{1\,500}$
d) $\frac{1}{720}$
e) $\frac{1}{200}$

4. (UFJF-MG) Respondendo a um chamado de um centro de hemodiálise, 140 pessoas se apresentaram imediatamente. Um levantamento do tipo sanguíneo dessas pessoas indicou que 27 tinham tipo sanguíneo O, 56 o tipo A, 29 o tipo AB, e o restante, o tipo B. A probabilidade de que uma pessoa deste grupo, selecionada ao acaso, tenha o tipo sanguíneo B é:

a) 32%
b) 28%
c) 16%
d) 25%
e) 20%

5. (Vestibular unificado-RJ) Um dado foi lançado 50 vezes. A tabela abaixo mostra os seis resultados possíveis e as suas respectivas frequências de ocorrências:

Resultado	1	2	3	4	5	6
Frequência	7	9	8	7	9	10

A frequência de aparecimento de um resultado ímpar foi de:

a) $\frac{2}{5}$
b) $\frac{11}{25}$
c) $\frac{12}{25}$
d) $\frac{1}{2}$
e) $\frac{13}{25}$

6. (UFGD-MS) Considerando a figura abaixo, que relaciona as notas obtidas e a quantidade de alunos de uma classe, a probabilidade de um aluno escolhido ao acaso ter tirado nota igual a 7,0 (sete) é:

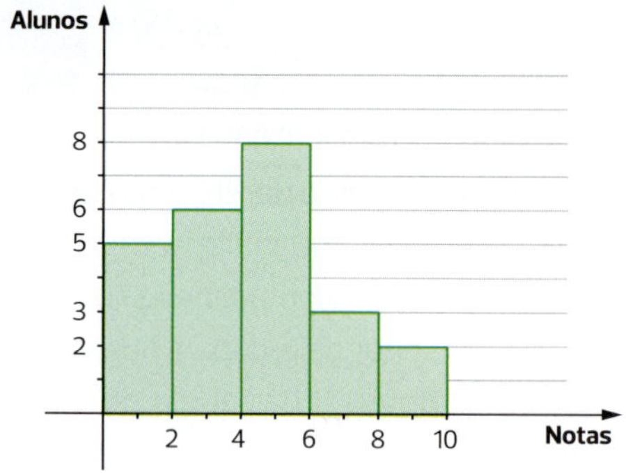

a) 22,0%
b) 16,4%
c) 17,1%
d) 20,0%
e) 12,5%

7. (UFPEL-RS) Em um concurso, as notas finais dos candidatos foram as seguintes:

Número de candidatos	Nota final
7	6,0
2	7,0
1	9,0

Com base na tabela acima, é correto afirmar que a variância das notas finais dos candidatos foi de:

a) 0,75
b) 0,65
c) $\sqrt{0{,}65}$
d) $\sqrt{0{,}85}$
e) 0,85

Revisão cumulativa

1. Na realização de uma prova, foi anotado o tempo que cada aluno gastou para concluí-la (em minutos):

56	44	47
51	57	46
57	53	54
49	50	52
51	43	55
51	55	45
46	48	49
50	56	50
50	49	48
47	51	51

A partir desses dados, construa:

a) a tabela de frequências com os valores em 5 classes;

b) o histograma relacionando as classes e suas frequências absolutas.

2. Em um trapézio, uma das bases mede 10 cm, e a outra tem medida igual à da altura. A região determinada por esse trapézio tem área de 48 cm^2. Então, podemos afirmar que a medida da altura fica entre:

a) 2 cm e 5 cm.

b) 5 cm e 8 cm.

c) 8 cm e 11 cm.

d) 11 cm e 14 cm.

3. Quando sorteamos um mês do ano, a probabilidade de que saia um mês cujo nome comece e termine com vogal é de:

a) $\frac{1}{3}$

b) $\frac{1}{4}$

c) $\frac{1}{6}$

d) $\frac{1}{12}$

4. Determine as três medidas estatísticas de tendência central (média aritmética, moda e mediana) a partir desta tabela de frequências:

Tabela de frequências

Idade (anos)	**Frequência**
13	3
14	2
15	4
16	1

Dados fictícios.

5. No bloco retangular da figura abaixo, a medida de $E\hat{C}F$ é:

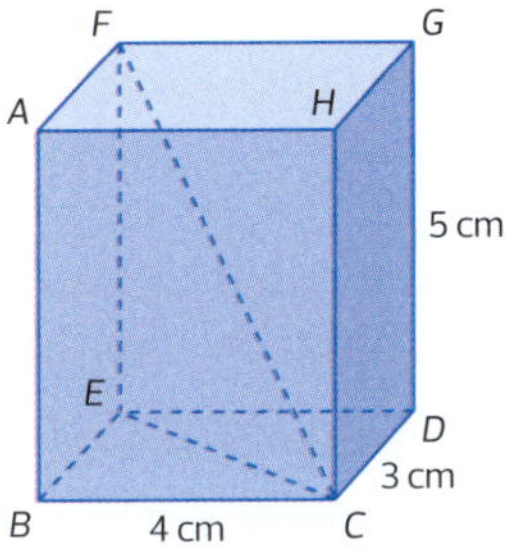

a) 30°

b) 45°

c) 60°

d) 90°

6. Considerando sen $\hat{B} = 0{,}8$, no $\triangle ABC$ da figura abaixo, temos:

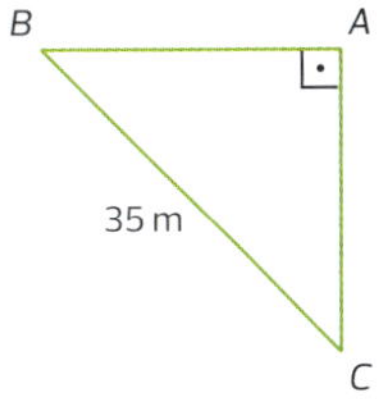

a) $AB = 21$ m

b) $AB = 28$ m

c) $AB = 25$ m

d) $AB = 22$ m

7. No lançamento de dois dados de cores diferentes, a probabilidade de saírem dois números primos é de:

a) 20%

b) 25%

c) 30%

d) 50%

8. Santos, Flamengo, Bahia e Vitória vão disputar um torneio de futebol no qual cada time jogará contra todos os outros em um único turno, isto é, em uma só vez. Quantos jogos você acha que serão realizados? Escreva todos eles e confira sua resposta.

Ponto de chegada

A Matemática no texto

A quadratura do círculo

Você sabia que, há cerca de 3 000 anos, os egípcios tentaram encontrar uma maneira de desenhar, com régua e compasso, uma região quadrada que tivesse área igual à área de um círculo dado?

Ou seja, eles tentavam construir uma região quadrada de lado ℓ tal que $\ell^2 = \pi r^2$.

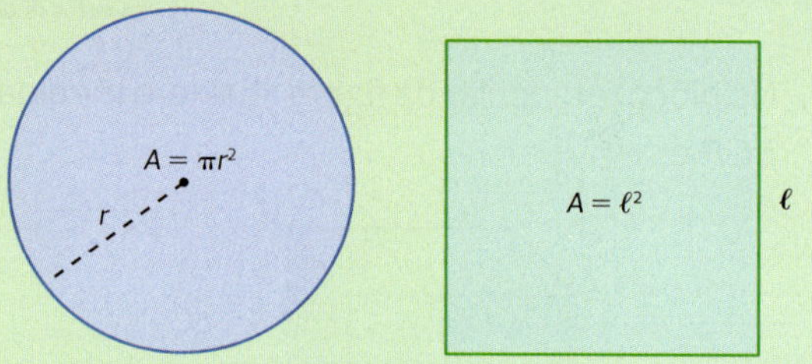

Esse desafio, chamado "quadratura do círculo", foi um dos mais famosos problemas clássicos da Antiguidade.

Por volta de 1800 a.C., os egípcios acreditavam que já tinham "resolvido" o problema, considerando a medida do lado do quadrado igual a $\frac{8}{9}$ da medida do diâmetro do círculo dado. Assim:

$$\ell = \frac{8}{9} \cdot d = \frac{8}{9} \cdot 2r = \frac{16}{9} \cdot r = 1{,}777... \cdot r$$

Observe que:

$$\ell^2 = \pi r^2 \Rightarrow \ell = \sqrt{\pi r^2} \Rightarrow \ell = r\sqrt{\pi}$$

Como π é um número irracional, o valor de $\ell = r\sqrt{\pi}$ só pode ser obtido de modo aproximado. Por exemplo, para uma aproximação racional de π para 3,14 ($\pi = 3{,}14$), temos $\ell = r\sqrt{\pi} = 1{,}772 \cdot r$.

Somente no século XIX, mais de 2 000 anos depois de esse problema ser proposto, o matemático alemão Ferdinand von Lindemann (1852-1939), em 1882, provou que é impossível construir, com régua e compasso, uma região quadrada com área exatamente igual à de um círculo dado. Isso não significa que a região quadrada proposta não exista. Ela existe, mas não pode ser construída usando apenas régua e compasso, como foi apresentado pelos geômetras da Antiguidade.

Departamento de Matemática Aplicada e Ciência da Computação/Universidade de Haute-Alsace, França

Ferdinand von Lindemann

Fonte: EVES, Howard. *Introdução à história da Matemática*. Tradução de Hygino H. Domingues. Campinas: Ed. da Unicamp, 1995.

Trabalhando com o texto

1. Explique com suas próprias palavras a ideia principal do texto.
2. Usando $\pi = 3{,}14$, Luciana calculou a área de um círculo e obteve 379,94 cm^2.
   a) Quanto mede o raio desse círculo?
   b) Quanto mede o lado de um quadrado que determina uma região de área aproximadamente igual à desse círculo?

Verifique o que estudou

Forme dupla com um colega para trocar ideias e solucionar todas as questões propostas.

Quando necessário, usem a aproximação 3,14 para π.

Capítulo 8

1. Em um terreno retangular de 8 m por 12 m, será construído um jardim, projetado como mostra a figura a seguir.

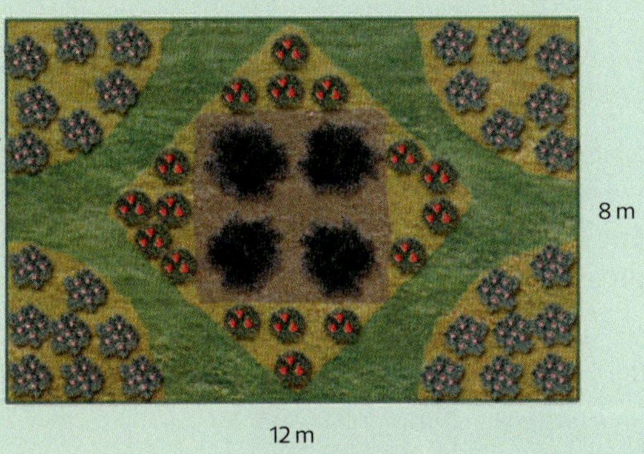

Paulo Manzi/Arquivo da editora

Em uma região quadrada de 4 m de lado, centralizada no terreno, serão plantados quatro pinheiros. Em quatro regiões triangulares idênticas, serão plantadas roseiras. Os vértices do terreno são centros de circunferências de raio igual a 2 m.

Nos setores circulares dos cantos do terreno serão plantadas azaleias. O restante do terreno será gramado. Qual é, aproximadamente, a área do terreno que será gramada?

Capítulo 9

2. Pesquisem em revistas, jornais ou na internet e selecionem uma notícia que apresente algum tipo de gráfico.

a) Escrevam um breve texto que apresente todas as informações fornecidas pelo gráfico, indicando a fonte e o tipo de gráfico.

b) Recortem e colem o gráfico em uma folha de papel sulfite. Elaborem algumas questões relativas a ele e troquem com outra dupla. Ela responde às de vocês e vocês às dela.

ATENÇÃO!

Retome os assuntos que você estudou nesta Unidade. Verifique em quais teve dificuldade e converse com seu professor, buscando formas de reforçar seu aprendizado.

Autoavaliação

Algumas atitudes são fundamentais para melhorar o seu aprendizado e a convivência na escola. Questione-se e reflita sobre elas.

- Empenhei-me em resolver os exercícios passados em sala ou apresentados neste livro?
- Recorri ao professor e aos colegas buscando superar as dificuldades encontradas?
- Participei das aulas com atenção, acompanhando as explicações e realizando as atividades?
- Tive atitudes de respeito e solidariedade com o professor e os colegas?
- Ampliei meus conhecimentos de Matemática?

Suryara Bernardi/Arquivo da editora

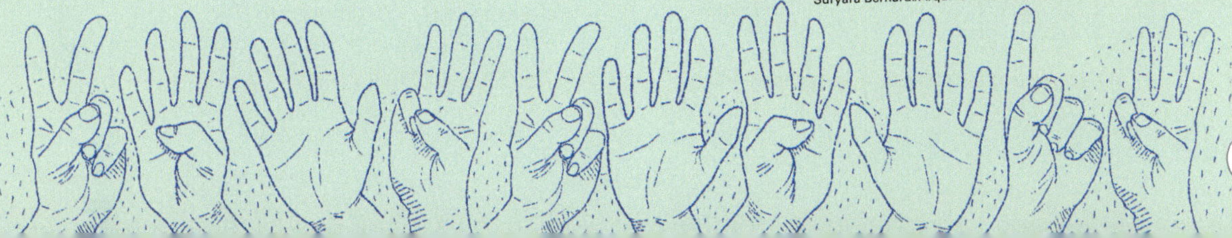

Glossário

A

Ampliação de uma figura: Aumento proporcional de uma figura.

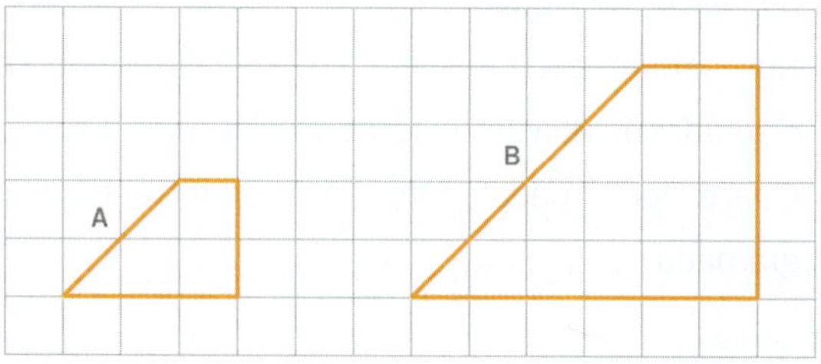

A figura **B** é uma ampliação da figura **A**. Os ângulos permaneceram os mesmos, e os lados de **A** tiveram suas medidas multiplicadas por um número maior do que 1 (nesse caso, por 2).

Apótema de um polígono regular: Segmento de reta com extremidades no centro da circunferência circunscrita ao polígono e no ponto médio de um lado do polígono.

Ver *polígono regular* e *polígono inscrito em uma circunferência*.

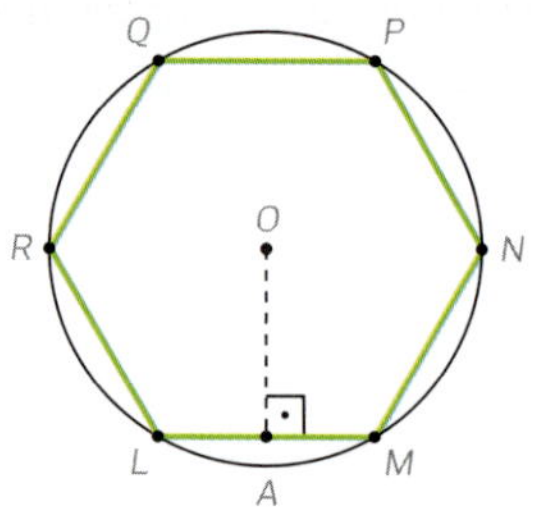

LMNPQR: hexágono regular inscrito na circunferência de centro *O*.

A: ponto médio do lado $\overline{LM}$.

$\overline{OA}$ é um apótema do hexágono regular.

O apótema é sempre perpendicular ao lado do polígono regular ($\overline{OA} \perp \overline{LM}$).

Área: Nome dado à medida de uma superfície.

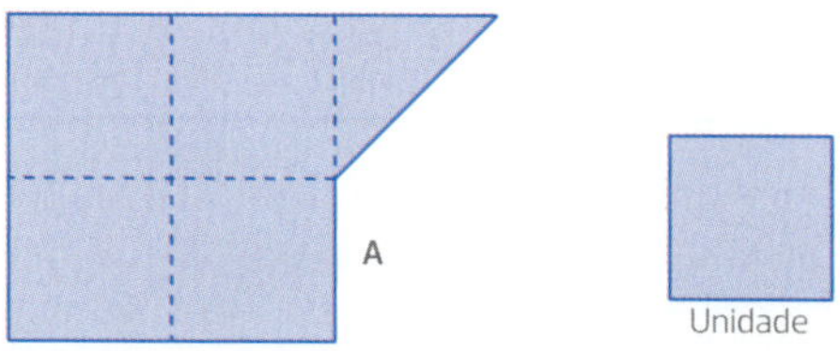

A superfície A tem área de 4,5 unidades.

Área lateral de um sólido geométrico: Em um cilindro, a área lateral corresponde à área da região retangular obtida a partir da planificação desse cilindro.

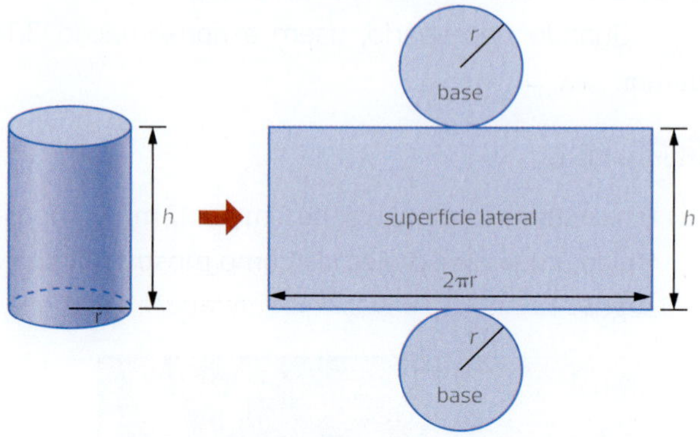

Assim, um cilindro de altura *h*, cuja base é um círculo de raio *r*, tem como área lateral $2\pi rh$.

Em um prisma, a área lateral é dada pelo produto do perímetro de uma das bases pela altura do prisma.

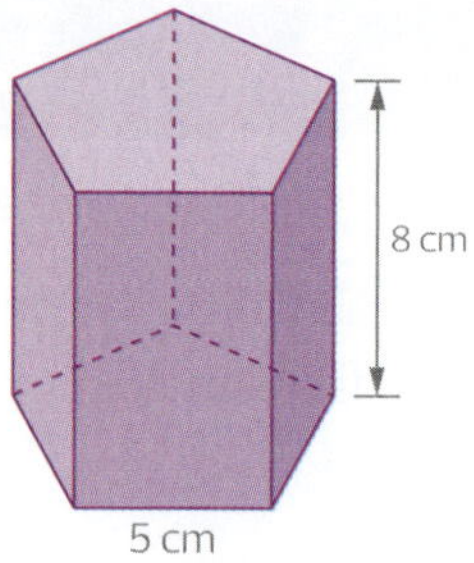

Um prisma, cuja base é uma região pentagonal regular de lado 5 cm e cuja altura é de 8 cm, tem área lateral $A_\ell = 200$ cm²: $(5 + 5 + 5 + 5 + 5) \cdot 8 = 25 \cdot 8 = 200$.

Área total de um sólido geométrico: Área da superfície correspondente à "casca" de um sólido geométrico.

Em um cilindro, a área total da superfície é dada pela soma da área lateral com as áreas das suas bases.

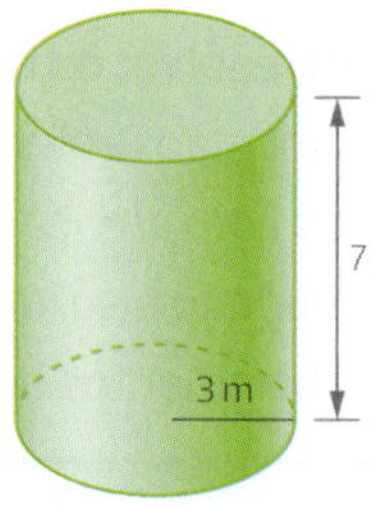

O cilindro com raio da base 3 m e altura 7 m tem área total aproximada, considerando $\pi = 3{,}14$, $A_t = 188{,}4 \text{ m}^2$ $[(2 \cdot \pi \cdot 3 \cdot 7) + (2 \cdot \pi \cdot 3^2) = (42\pi) + (18\pi) = 60\pi \simeq 60 \cdot 3{,}14 = 188{,}4 \text{ m}^2]$.

Ilustrações técnicas desta página: Banco de imagens/Arquivo da editora

Nos poliedros, a área total é a soma das áreas de todas as faces.

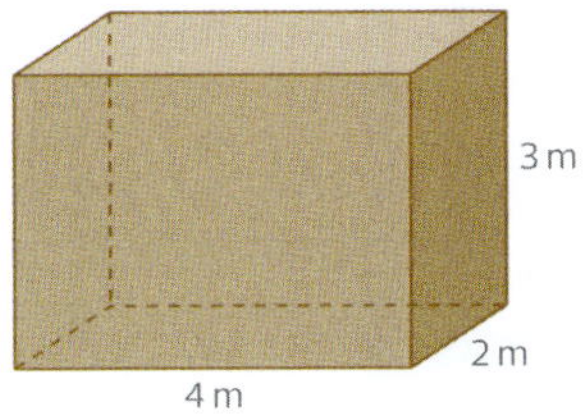

O bloco retangular com dimensões de 4 m, 3 m e 2 m tem área total $A_t = 52\ m^2$:
$2(3 \cdot 2) + 2(2 \cdot 4) + 2(3 \cdot 4) = 12 + 16 + 24 = 52$.

B

Base em uma figura: Nome dado a partes de determinadas figuras, que podem ser segmentos de reta ou regiões planas.

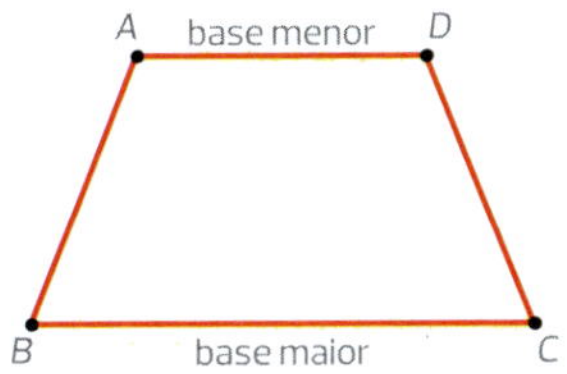

No trapézio *ABCD*, com $\overline{AD} \parallel \overline{BC}$, temos:

$\overline{AD}$: base menor

$\overline{BC}$: base maior

No cilindro, as duas bases são círculos.

C

Caso de semelhança de triângulos: Situação na qual é possível garantir a semelhança de dois triângulos sem a necessidade de verificar se as medidas dos três lados de um são respectivamente proporcionais às medidas dos três lados do outro, e se os três ângulos internos de um são respectivamente congruentes aos três ângulos internos do outro.

"Se dois ângulos internos de um triângulo são respectivamente congruentes a dois ângulos internos de outro triângulo, então, esses triângulos são semelhantes" (caso AA).

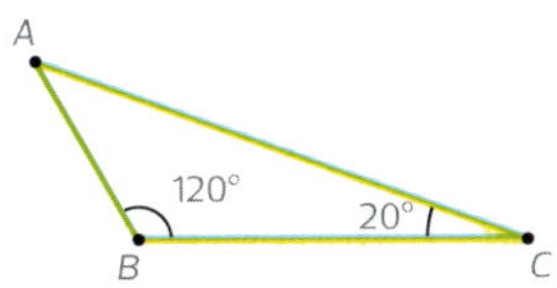

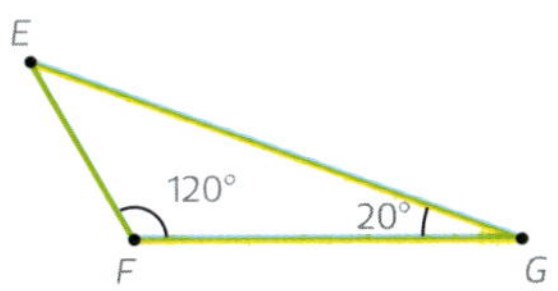

Como $\hat{B} \cong \hat{F}$ e $\hat{C} \cong \hat{G}$, podemos afirmar que $\triangle ABC$ e $\triangle EFG$ são semelhantes ($\triangle ABC \sim \triangle EFG$).

Há outros casos de semelhança de triângulos.

Cateto: Cada um dos lados que formam o ângulo reto de um triângulo retângulo.

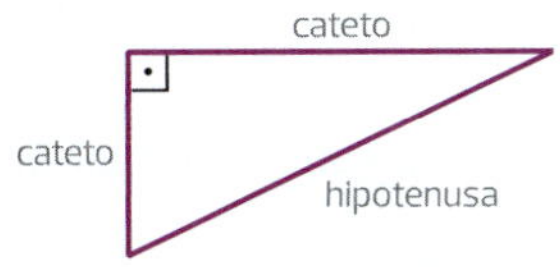

Centro de uma homotetia: Ver *homotetia* e *figuras homotéticas.*

Coeficientes de uma equação do 2º grau: Em uma equação do 2º grau, de incógnita *x*, escrita na forma geral $ax^2 + bx + c = 0$, com $a \neq 0$, os números representados por *a*, *b* e *c* são os coeficientes.

Ver *equação do 2º grau com uma incógnita.*

Na equação $x^2 - 4x + 7 = 0$, os coeficientes são 1, -4 e 7.

Comprimento da circunferência: Nome dado à medida da circunferência.

Se *r* é a medida do raio de uma circunferência, seu comprimento é obtido pela fórmula: $C = 2\pi r$.

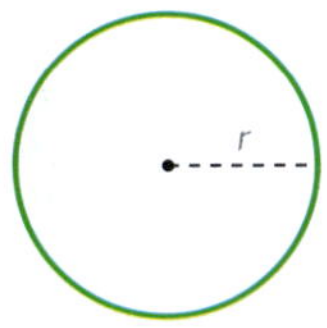

Congruência: Ver *figuras congruentes.*

Coroa circular: Dados dois círculos concêntricos (de mesmo centro), a região do círculo maior que não contém pontos do interior do círculo menor é uma coroa circular.

A parte pintada mostra uma coroa circular.

Cosseno de um ângulo agudo: Número associado a um ângulo agudo. Pode ser obtido da seguinte forma: considerando um ângulo agudo de um triângulo retângulo, o cosseno desse ângulo é o quociente da medida do cateto adjacente a ele pela medida da hipotenusa.

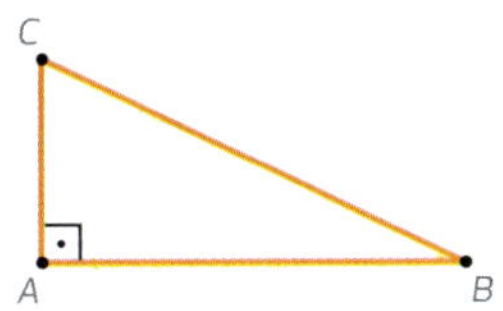

Indicamos o cosseno do ângulo *B* por $\cos \hat{B} = \dfrac{AB}{BC}$.

Ilustrações técnicas desta página: Banco de imagens/Arquivo da editora

D

Demonstração: Procedimento no qual, a partir de uma ou mais informações, por um encadeamento de argumentos lógicos, chega-se a outra informação.

Discriminante em uma equação do 2º grau: Valor da expressão $\Delta = b^2 - 4ac$ na equação $ax^2 + bx + c = 0$, com $a \neq 0$.
Quando a, b e c são números reais, o valor de Δ (maior do que zero, menor do que zero ou igual a zero) determina quantas raízes reais tem a equação do 2º grau associada.

E

Equação: Igualdade que contém letras, chamadas incógnitas, que representam números desconhecidos.

$3x - 1 = 4x - 7$ é exemplo de equação cuja incógnita é x.

$2x - y = 9$ é uma equação de incógnitas x e y.

Equação do 1º grau com uma incógnita: Toda equação que pode ser escrita na forma $ax + b = 0$, com a e b números reais e $a \neq 0$.
Ver *equação*.

$4x - 7 = x + 1$ é uma equação do 1º grau de incógnita x, pois pode ser escrita como $3x - 8 = 0$.

Equação do 2º grau com uma incógnita: Toda equação que pode ser escrita na forma $ax^2 + bx + c = 0$, com a, b e c números reais e $a \neq 0$.
Ver *equação*.

$y(y + 4) = 3$ é uma equação do 2º grau de incógnita y, pois pode ser escrita na forma $y^2 + 4y - 3 = 0$.
$a = 1$, $b = 4$ e $c = -3$ são os coeficientes dessa equação.

Equação do 2º grau completa: Equação da forma $ax^2 + bx + c = 0$, que tem $a \neq 0$, $b \neq 0$ e $c \neq 0$.
Ver *equação do 2º grau com uma incógnita*.

$2x^2 - x + 7 = 0$ ($a = 2 \neq 0$, $b = -1 \neq 0$ e $c = 7 \neq 0$) é uma equação do 2º grau completa.

Equação do 2º grau incompleta: Equação da forma $ax^2 + bx + c = 0$, com $a \neq 0$, e com $b = 0$ ou $c = 0$.
Ver *equação do 2º grau com uma incógnita*.

$3x^2 = 0$, $7x^2 + 2x = 0$ e $-5x^2 + 20 = 0$ são equações do 2º grau incompletas.

Escala: Razão entre as medidas dos segmentos de reta em um mapa ou em uma planta e as medidas correspondentes na realidade, na mesma unidade de medida.

Se a planta de uma casa é feita na escala 1 : 150, significa que 1 cm no desenho corresponde a 150 cm (1,5 m) na casa real.

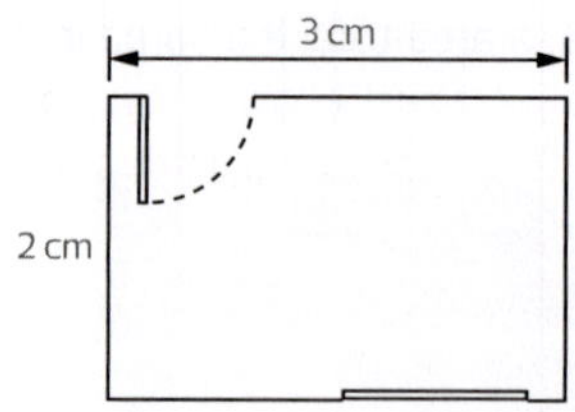

Na escala 1 : 150, o desenho acima representa um cômodo de 4,5 m por 3 m.

$3 \cdot 150\text{ cm} = 450\text{ cm} = 4{,}5\text{ m}$

$2 \cdot 150\text{ cm} = 300\text{ cm} = 3\text{ m}$

Espiral pitagórica: Figura que permite obter segmentos de reta com medidas de $\sqrt{2}$, $\sqrt{3}$, $\sqrt{4}$, $\sqrt{5}$, $\sqrt{6}$, ... unidades a partir de segmentos de reta de 1 unidade.

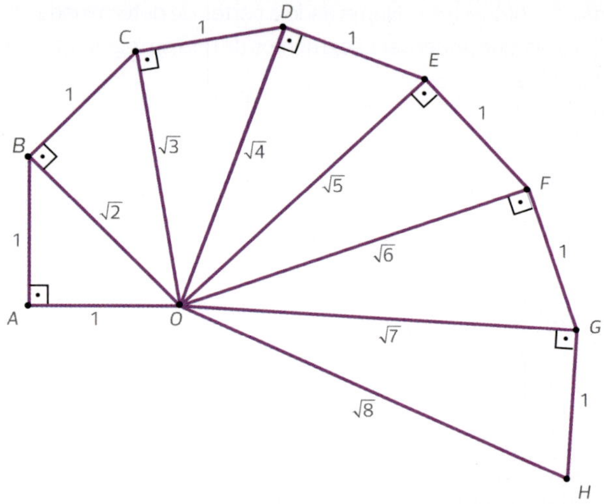

Estatística: Parte da Matemática que fornece métodos para coleta, organização, análise e interpretação de dados.

Uma pesquisa sobre as opiniões dos clientes que adquiriram um determinado produto de uma empresa é uma atividade relacionada à Estatística.

F

Fatoração: Transformação de uma expressão algébrica ou de um número em uma multiplicação.

Uma fatoração de $x^2 - 9$ é $(x + 3)(x - 3)$.

Uma fatoração do número 28 é $2 \cdot 2 \cdot 7$ ou $2^2 \cdot 7$.

Feixe de retas paralelas: Conjunto de retas paralelas duas a duas.

As retas r, s, t e u da figura formam um feixe de retas paralelas. Indicamos assim: $r \parallel s \parallel t \parallel u$.

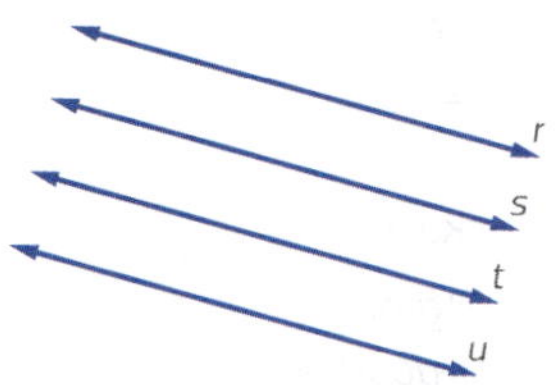

Ilustrações técnicas desta página: Banco de imagens/Arquivo da editora

Figuras congruentes: Se, ao transportar uma figura sobre outra, é possível fazer com que elas coincidam, dizemos que essas figuras são congruentes ou que existe congruência entre elas.

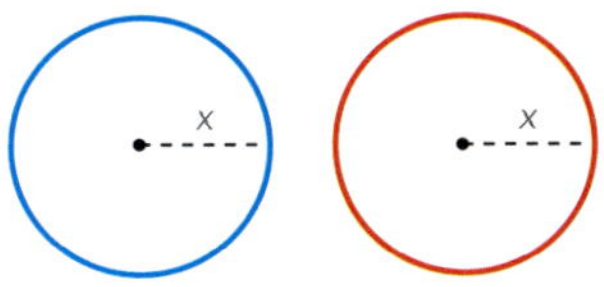

Duas circunferências com raios de mesma medida são figuras congruentes.

Figuras homotéticas: Figuras que se correspondem por homotetia. Figuras homotéticas são sempre semelhantes.
Ver homotetia.

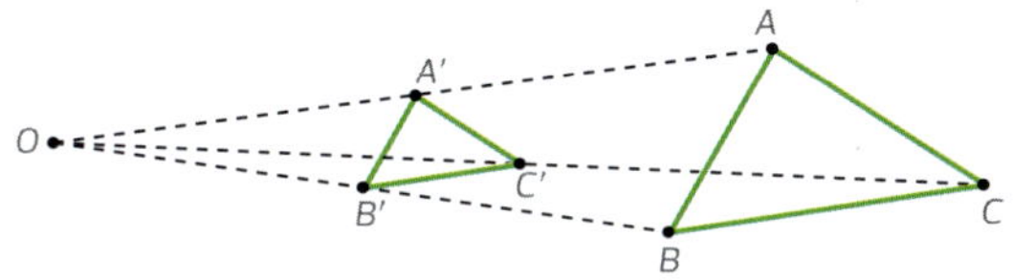

O $\triangle ABC$ e o $\triangle A'B'C'$ são figuras homotéticas.

O ponto O é o centro, e o número $\frac{1}{2}$, a razão.

A' pertence à semirreta OA e $OA' = \frac{1}{2} \cdot OA$.

B' pertence à semirreta OB e $OB' = \frac{1}{2} \cdot OB$, e assim por diante.

Figuras semelhantes: Se uma figura é obtida de outra por meio de uma ampliação, redução ou reprodução (cópia), dizemos que essas figuras são semelhantes ou que existe semelhança entre elas.

Ver *ampliação, redução* e *reprodução de uma figura.*

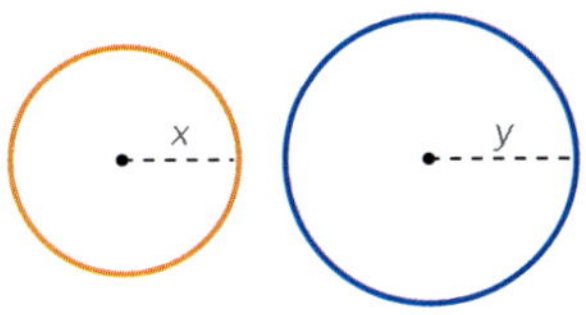

Duas circunferências são figuras semelhantes.

A razão entre as medidas de seus raios $\left(\frac{x}{y}\right)$ é a razão de semelhança.

Se a razão de semelhança é 1, as figuras são semelhantes e congruentes.

Fórmula de Bháskara: Fórmula que leva o nome do matemático indiano Bháskara (1114-1185) e que permite descobrir as raízes de uma equação do 2º grau com uma incógnita a partir de seus coeficientes. Embora leve seu nome, essa fórmula não é de sua autoria.
Equação: $ax^2 + bx + c = 0$, com $a \neq 0$.
Coeficientes: a, b, c.
Discriminante: $\Delta = b^2 - 4ac$.

Fórmula de Bháskara: $x = \dfrac{-b \pm \sqrt{\Delta}}{2a}$.
Ver equação do 2º grau com uma incógnita e discriminante em uma equação do 2º grau

Frequência absoluta: Número de vezes que um valor de uma variável é citado em uma pesquisa estatística.

Se o bolo de chocolate recebeu 12 votos entre 30 votantes em uma pesquisa sobre sabor de bolo preferido, 12 é a frequência absoluta do valor chocolate da variável sabor de bolo.
A frequência absoluta é sempre indicada por um número natural.

Frequência relativa: Representação da frequência de um valor de uma variável, por meio de uma razão. A frequência relativa pode ser indicada por uma fração, um número decimal ou uma porcentagem.
Ver frequência absoluta.

Se considerarmos 12 votos entre 30 votantes, a frequência relativa é $\frac{12}{30}$ ou $\frac{4}{10}$ ou 0,4 ou 40%.

Função: Dados os conjuntos A e B, função de A em B é uma correspondência que associa cada elemento de A a um, e somente um elemento de B.
Essa correspondência pode ser expressa de várias formas, como, por exemplo, uma fórmula (lei) ou um gráfico.

A lei $y = x^2$ define uma função de $\mathbb{R}$ em $\mathbb{R}$, que, para cada número real, associa seu quadrado.
Por essa função, dizemos que a imagem de 3 é 9 e a imagem de -3 também é 9.

Função afim: Função cuja lei de formação é dada por uma equação do tipo $y = ax + b$, com a e b reais, para qualquer x real.
Seu gráfico é sempre uma reta.
Ver *função.*

$y = 3x - 2$ indica uma função afim.

Função linear: Função cuja lei de formação é dada por uma equação do tipo $y = ax$, com a real e diferente de zero, para qualquer x real.
A função linear tem como gráfico uma reta oblíqua ao eixo x, que passa pela origem (0, 0).
A função linear é um caso particular de função afim ($y = ax + b$, com $a \neq 0$ e $b = 0$).
Ver *função.*

$y = 3x$ define uma função linear.

Função quadrática: Função cuja lei de formação é dada por uma equação do tipo $y = ax^2 + bx + c$, com a, b e c reais e $a \neq 0$, para qualquer x real.
Seu gráfico é uma parábola cujo eixo de simetria é perpendicular ao eixo x.
Ver *função.*

$y = 3x^2 - 2x + 1$ indica uma função quadrática.

G

Geometria: Parte da Matemática que estuda as figuras e suas propriedades.

O teorema de Pitágoras é um assunto da Geometria, pois estuda uma propriedade dos triângulos retângulos.

Ilustrações técnicas desta página: Banco de imagens/Arquivo da editora

Gráfico de uma função: Uma das formas usadas para representar no plano cartesiano os valores correspondentes de *x* e *y* em uma função.
Ver *função*

Este é o gráfico da função que a cada número real *x* associa o seu dobro ($y = 2x$).

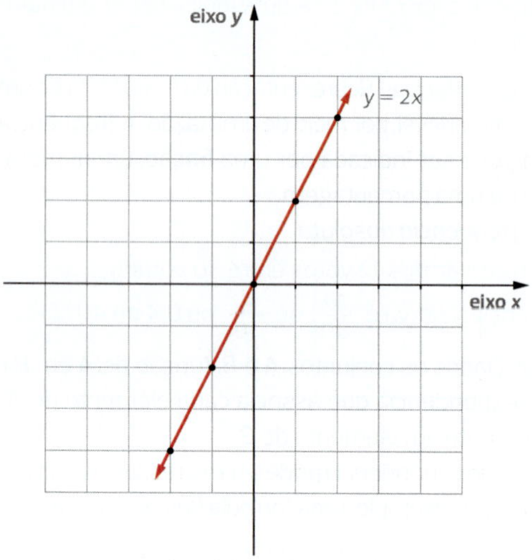

H

Hipotenusa: Lado oposto ao ângulo reto em um triângulo retângulo.
A hipotenusa é sempre o lado de maior medida no triângulo retângulo.

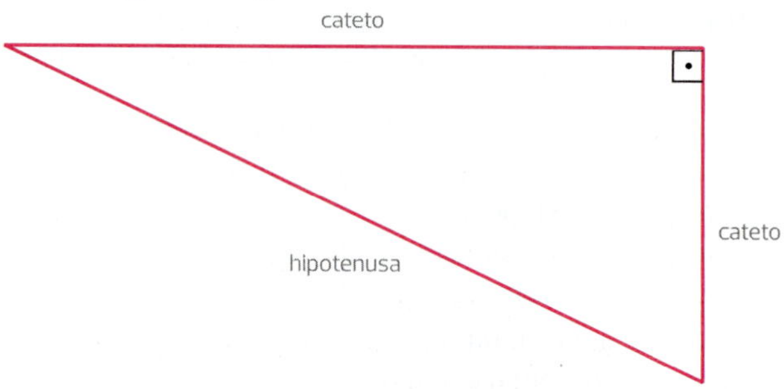

Histograma: Tipo de gráfico no qual os valores da variável são indicados por intervalos.

Em uma classe, foi organizada uma tabela e um histograma a partir de uma pesquisa com a altura dos alunos:

Altura dos alunos

Altura (cm)	Frequência
140 ⊢—— 150	6
150 ⊢—— 160	9
160 ⊢—— 170	15
170 ⊢—— 180	3

Dados fictícios.

Altura dos alunos

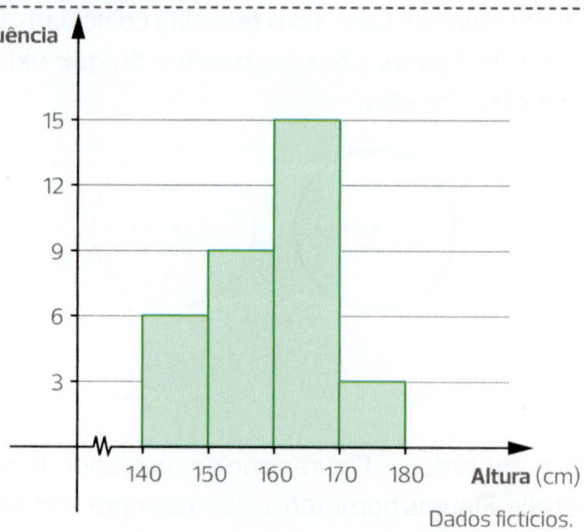

Dados fictícios.

Homotetia: Tipo de transformação que leva uma figura geométrica a outra, a partir de um ponto (centro da homotetia) e de um número *k* (razão da homotetia).
Ver *transformação geométrica.*

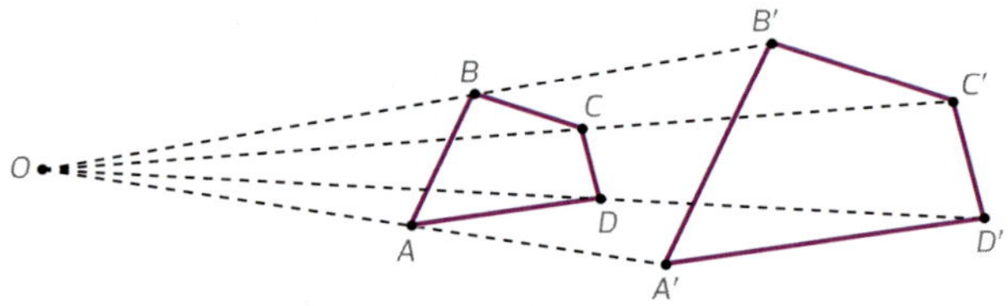

O polígono *ABCD* foi transformado no polígono *A'B'C'D'* por uma homotetia de centro *O* e razão $k = \frac{5}{3}$.

A' pertence à semirreta *OA* e $OA' = \frac{5}{3} \cdot OA$.

B' pertence à semirreta *OB* e $OB' = \frac{5}{3} \cdot OB$, e assim por diante.

I

Incógnita: Ver *equação.*

Índice: Um dos termos da radiciação.
Ver *radiciação.*

Em $\sqrt[3]{125} = 5$, o índice é o número 3.

N

Número irracional: Número cuja representação decimal é infinita e não periódica.

O quociente entre o comprimento de uma circunferência e a medida de seu diâmetro é o número 3,141592... representado por π (pi).

A medida da diagonal de um quadrado com lados de 1 cm é $\sqrt{2}$ cm ou 1,4142135... cm.

π e $\sqrt{2}$ são exemplos de números irracionais. Eles não podem ser obtidos como quociente de um número inteiro por outro número inteiro e sua representação decimal é sempre infinita e não periódica.

Ilustrações técnicas desta página: Banco de imagens/Arquivo da editora

Número racional: Número que pode ser obtido pela divisão de dois números inteiros, com o segundo diferente de zero.
O conjunto formado por todos os números racionais é indicado por $\mathbb{Q}$.

0,75 é um número racional, pois $3 : 4 = 0{,}75$.

$1\frac{1}{5}$ é um número racional, pois $6 : 5 = \frac{6}{5} = 1\frac{1}{5}$.

Número real: Nome que pode ser dado a qualquer número racional ou irracional.
O conjunto dos números reais é indicado por $\mathbb{R}$.
Ver *número irracional* e *número racional*

$-\frac{1}{2}$ é um número real racional.

$\sqrt{5}$ é um número real irracional.

P

Perímetro: Medida do comprimento de um contorno.

O perímetro de um polígono é obtido pela soma das medidas do comprimento dos lados.

Pi: Ver *número irracional.*

Pictograma: Tipo de gráfico no qual se utilizam figuras relativas ao que foi pesquisado para torná-lo mais atraente, mais sugestivo.

Livros vendidos em jan./2017

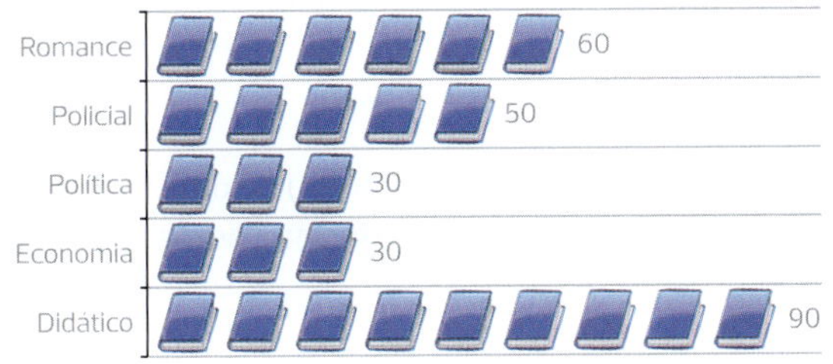

Dados fictícios.

O pictograma acima representa a quantidade de livros vendidos em uma livraria em um dado mês (jan./2017).

Polígono circunscrito em uma circunferência: Polígono que tem todos os lados tangentes a uma circunferência.

O quadrilátero *ABCD* é circunscrito a uma circunferência.

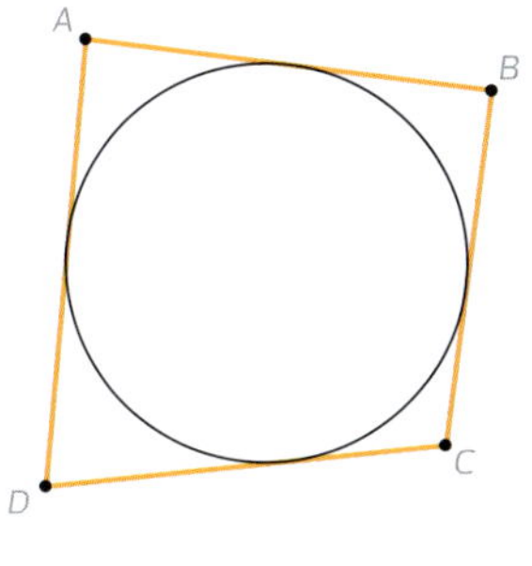

Polígono inscrito em uma circunferência: Polígono que tem todos os vértices sobre uma circunferência.

O quadrilátero *EFGH* está inscrito em uma circunferência.

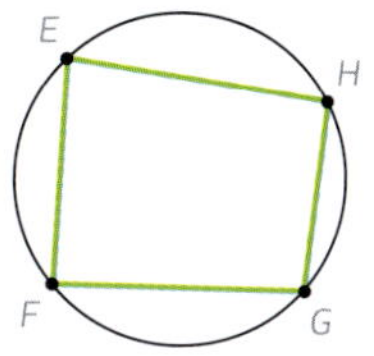

Polígono regular: Polígono no qual todos os lados têm medidas iguais e todos os ângulos internos têm medidas iguais.

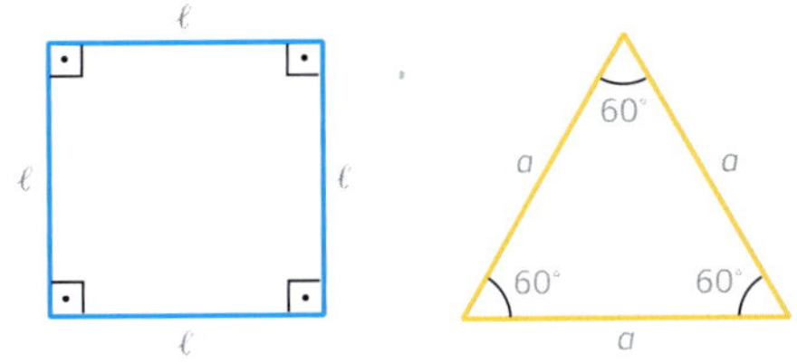

O quadrado e o triângulo equilátero são exemplos de polígonos regulares.

Potenciação: Nome de uma operação com números.

$$9^3 = 9 \cdot 9 \cdot 9 = \underbrace{729}$$

expoente: 3; base: 9; potência: 729

- $4^{-2} = \frac{1}{4^2} = \frac{1}{16}$
- $3^{\frac{2}{5}} = \sqrt[5]{3^2} = \sqrt[5]{9}$

Princípio multiplicativo: Também chamado de **princípio fundamental da contagem.**
É a ferramenta que permite a contagem de agrupamentos que podem ser descritos por uma sequência de eventos.
Pode ser enunciado da seguinte maneira:
Se uma decisão D_1 pode ser tomada de *m* modos e, qualquer que seja essa escolha, a decisão D_2 pode ser tomada de *n* modos, então, o número de maneiras distintas de se tomar consecutivamente as decisões D_1 e D_2 é igual a $m \cdot n$.

Se Fabiano possui 3 camisetas, preta, bege e marrom, e 4 bermudas, azul, branca, verde e laranja, ele pode se vestir de 12 maneiras diferentes, pois $3 \cdot 4 = 12$.

Probabilidade: Medida da chance de uma possibilidade ocorrer.

Quando sorteamos uma letra da palavra AMIGO, a probabilidade de sair uma consoante é de $\frac{2}{5}$ ou 40% $\left(2 \text{ em } 5 = \frac{2}{5} = \frac{40}{100} = 40\%\right)$.

Proporcionalidade: Propriedade apresentada pelos valores correspondentes de certas grandezas, chamadas grandezas proporcionais.

Distância percorrida e litros de gasolina gastos em uma velocidade constante são grandezas diretamente

Ilustrações técnicas desta página: Banco de imagens/Arquivo da editora

proporcionais (quando uma dobra ou triplica, a outra faz o mesmo).

Velocidade média e tempo gasto para percorrer uma distância são grandezas inversamente proporcionais (quando uma dobra ou triplica, a outra fica reduzida à metade ou à terça parte).

Idade e altura de uma pessoa não são grandezas proporcionais.

Propriedade: Característica comum a todos os elementos de certo grupo (de números, de operações, de figuras, etc.).

"Ter as diagonais perpendiculares" é uma propriedade dos losangos.

"Ter elemento neutro" é uma propriedade da adição de números reais.

"Terminar em 0 ou 5" é uma propriedade dos números naturais múltiplos de 5.

R

Racionalização de denominador: Transformação de uma fração com denominador irracional em outra equivalente, mas com denominador racional.

$$\frac{4}{\sqrt{6}} = \frac{4 \cdot \sqrt{6}}{\sqrt{6} \cdot \sqrt{6}} = \frac{4\sqrt{6}}{\sqrt{36}} = \frac{4\sqrt{6}}{6} = \frac{2\sqrt{6}}{3}$$

Radical: Representação da operação de radiciação. Ver *radiciação*.

Radicando: Um dos termos da radiciação. Ver *radiciação*.

Em $\sqrt[4]{81} = 3$, o radicando é o número 81.

Radiciação: Nome de uma operação com números.

Veja alguns exemplos de radiciação:

$\sqrt[3]{64} = 4$, pois $4^3 = 64$.

$\sqrt{25} = 5$, pois 5 é número positivo e $5^2 = 25$.

$\sqrt[5]{-1} = -1$, pois $(-1)^5 = -1$.

$\sqrt[4]{-16}$ é impossível nos números reais, pois nenhum número real elevado à quarta potência resulta -16.

$\sqrt{3} = 1{,}7320508...$ é um número irracional.

Em $\sqrt[3]{125} = 5$, dizemos que 125 é o radicando, 3 é o índice, 5 é a raiz e $\sqrt[3]{125}$ é o radical.

Raiz de uma equação com uma incógnita: Número que, colocado no lugar da incógnita em uma equação com uma incógnita, torna a igualdade verdadeira. Ver *equação*.

3 é raiz da equação $2x - 1 = x + 2$, pois $2 \cdot 3 - 1 = 3 + 2$. Dizemos também que 3 é uma solução da equação, em $\mathbb{R}$.

Raiz em uma radiciação: Resultado da radiciação. Ver *radiciação*.

Em $\sqrt[3]{64} = 4$, a raiz é o número 4.

Razão de semelhança: Razão entre as medidas dos comprimentos correspondentes em duas figuras semelhantes. Ver *figuras semelhantes*.

Razão de uma homotetia: Razão que determina a transformação por homotetia. Ver *homotetia* e *figuras homotéticas*.

Redução de uma figura: Diminuição proporcional de uma figura.

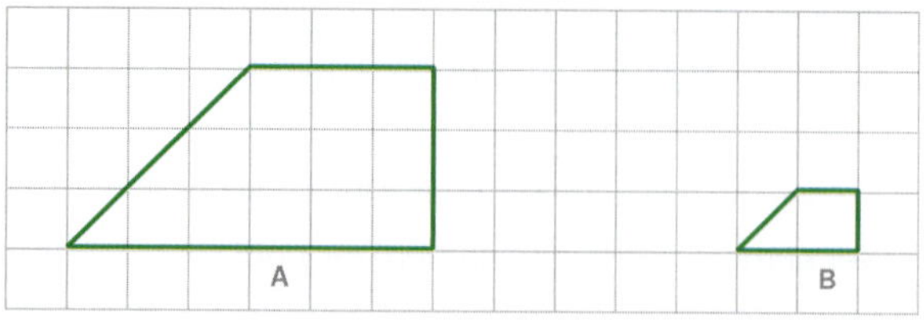

A figura **B** é uma redução da figura **A**. Os ângulos foram conservados, e as medidas dos segmentos de reta foram todas multiplicadas por um número entre 0 e 1 (neste caso, por $\frac{1}{3}$, ou seja, reduzidas à terça parte).

Reflexão: Transformação geométrica na qual uma figura é obtida, a partir de outra, buscando os pontos simétricos em relação a um ponto, uma reta ou um plano. Ver *transformação geométrica*.

Reflexão em relação a uma reta:

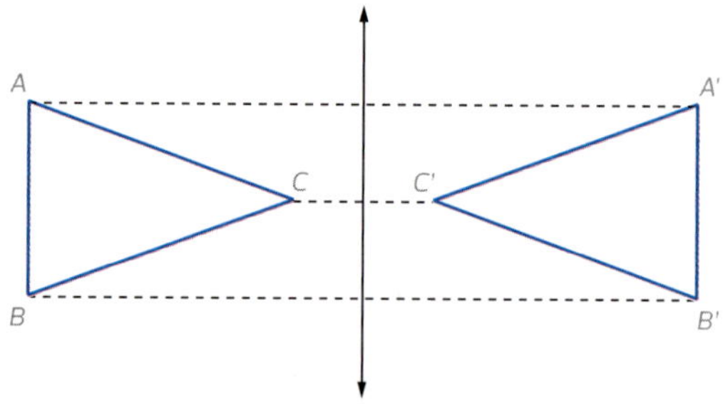

Reprodução de uma figura: Obtenção de uma figura a partir de outra mantendo a mesma forma e as mesmas dimensões (mesmo que cópia).

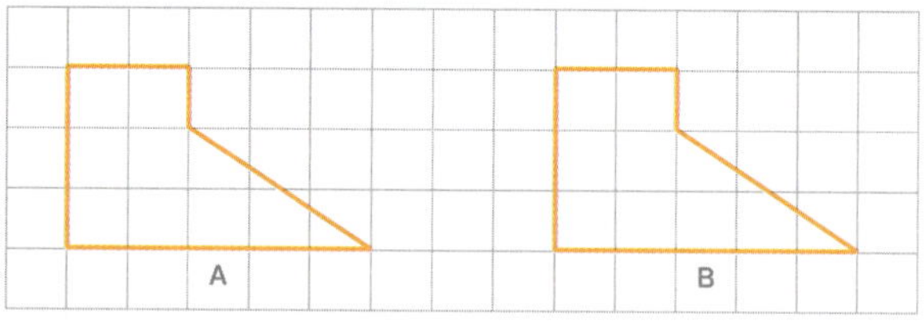

A figura **B** é uma reprodução da figura **A**.
A e **B** são figuras semelhantes e congruentes.

Resolução de uma equação: Determinação de todas as raízes de uma equação. Ver *raiz de uma equação com uma incógnita*.

Veja a resolução da equação $3x^2 - x = 0$, em $\mathbb{R}$:

$3x^2 - x = 0 \Rightarrow x(3x - 1) = 0 \Rightarrow x = 0$ ou $3x - 1 = 0 \Rightarrow x = 0$ ou $x = \frac{1}{3}$

Resolver uma equação com duas incógnitas significa descobrir pares ordenados.

$x - y = 3$ tem como soluções $(3, 0)$; $(0, -3)$; $(5, 2)$; $(1, -2)$; ...

Ilustrações técnicas desta página: Banco de imagens/Arquivo da editora

Rotação: Transformação geométrica na qual uma figura é obtida, a partir de outra, girando os pontos por meio de um centro e um ângulo, em um determinado sentido.
Ver *transformação geométrica*.

Rotação de centro *O* e ângulo de 90°, no sentido horário.

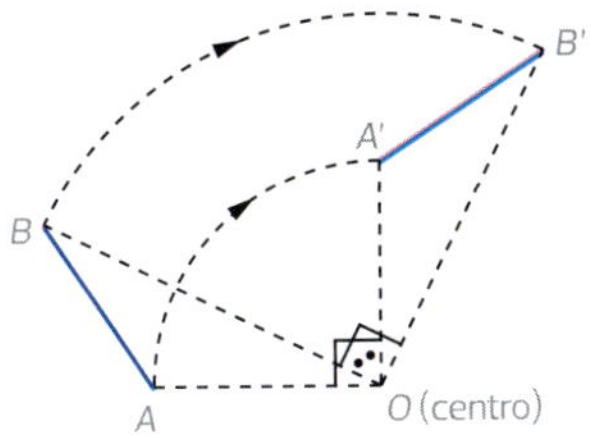

S

Segmento de reta secante a uma circunferência: Segmento de reta que tem uma extremidade fora da região circular e dois pontos comuns com a circunferência, sendo um deles a outra extremidade.

$\overline{AB}$ é um segmento de reta secante à circunferência.

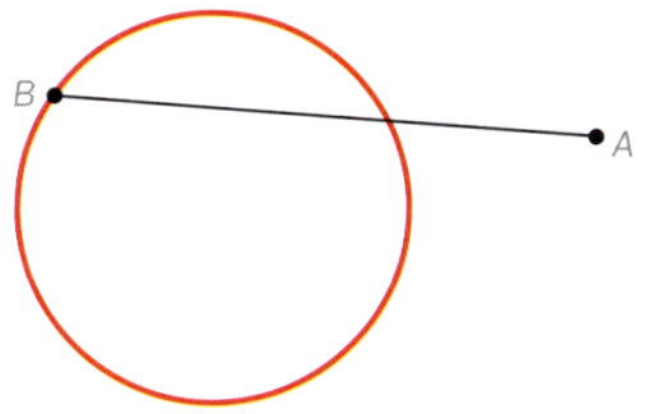

Segmento de reta tangente a uma circunferência: Segmento de reta que está sobre uma reta tangente à circunferência e tem o ponto de tangência como uma de suas extremidades.

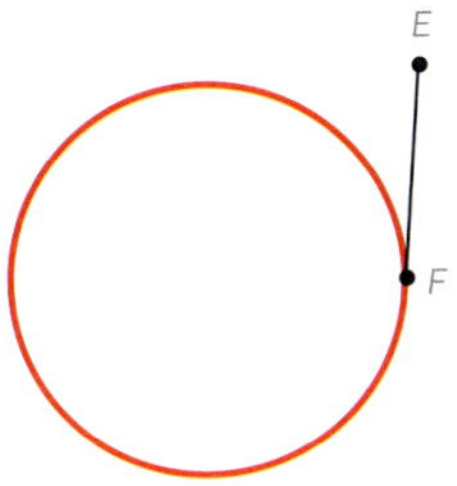

$\overline{EF}$ é um segmento de reta tangente à circunferência.

Semelhança: Ver *figuras semelhantes*.

Seno de um ângulo agudo: Número associado a um ângulo agudo. Pode ser obtido da seguinte forma: considerando um ângulo interno agudo de um triângulo retângulo, seu seno será obtido pelo quociente da medida do cateto oposto a ele pela medida da hipotenusa.

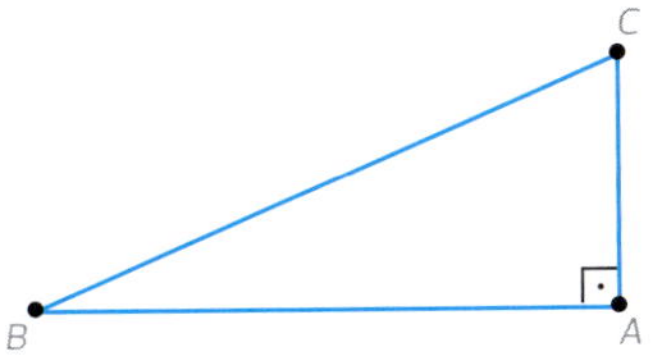

O seno do ângulo *B* é: $\text{sen}\,\hat{B} = \dfrac{AC}{BC}$.

Sistema de equações: Conjunto de duas ou mais equações, das quais se procuram as soluções comuns.

$\begin{cases} xy = 6 \\ x - y = 1 \end{cases}$ é um sistema de equações com duas incógnitas que tem duas soluções: (3, 2) e (−2, −3).

Solução de uma equação com uma incógnita: Ver *raiz de uma equação com uma incógnita*.

O número 5 é solução da equação $x + 3 = 8$, pois $5 + 3 = 8$.

Nas equações com duas incógnitas as soluções são pares ordenados.

(3, 7) e (9, 1) são soluções da equação $x + y = 10$.

T

Tangente de um ângulo agudo: Número associado a um ângulo agudo. Pode ser obtido da seguinte forma: considerando um ângulo interno agudo de um triângulo retângulo, a tangente desse ângulo será obtida fazendo o quociente da medida do cateto oposto a ele pela medida do cateto adjacente.

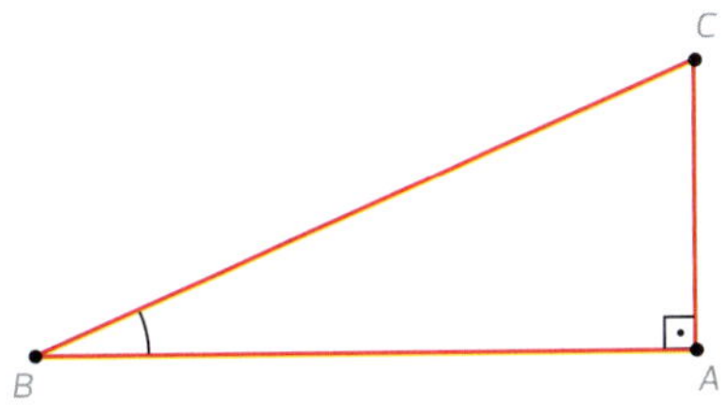

Indicamos a tangente do ângulo *B* assim: $\text{tg}\,\hat{B} = \dfrac{AC}{AB}$.

Teorema: Propriedade matemática que pode ser provada por meio de uma demonstração.
Ver *demonstração*.

Teorema de Pitágoras: Teorema que teve seus primeiros estudos atribuídos ao matemático grego Pitágoras (século V a.C.): em todo triângulo retângulo o quadrado da medida da hipotenusa é igual à soma dos quadrados das medidas dos catetos.
Ver *teorema*, *cateto* e *hipotenusa*.

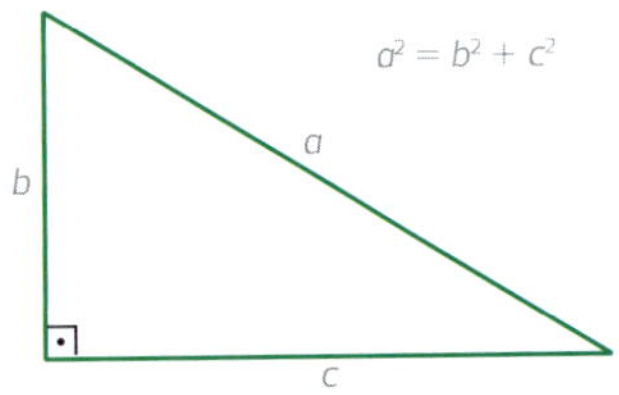

Teorema de Tales: Teorema atribuído ao matemático grego Tales de Mileto, que viveu no século VI a.C.: "Se um feixe de retas paralelas é cortado por duas transversais, as medidas dos segmentos de reta determinados em uma delas são proporcionais às medidas dos segmentos de reta correspondentes na outra".
Ver *feixe de retas paralelas* e *teorema*.

Ilustrações técnicas desta página: Banco de imagens/Arquivo da editora

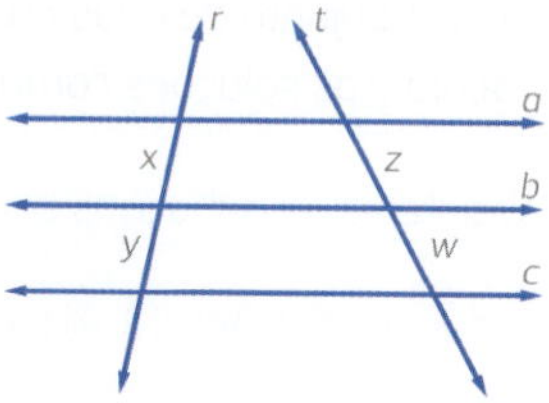

Se as retas a, b e c formam um feixe de paralelas, os segmentos de reta de medidas x, y, z e w são tais que:
$\frac{x}{z} = \frac{y}{w}$ e $\frac{x}{y} = \frac{z}{w}$.

Teoria das Probabilidades: Ramo da Matemática que trata de situações que envolvem probabilidade.
Ver *probabilidade*.

O estudo das chances de se ganhar na loteria, por exemplo, faz parte da Teoria das Probabilidades.

Terno pitagórico: Três números naturais que podem ser as medidas de comprimento dos lados de um triângulo retângulo considerando-se uma mesma unidade de medida.

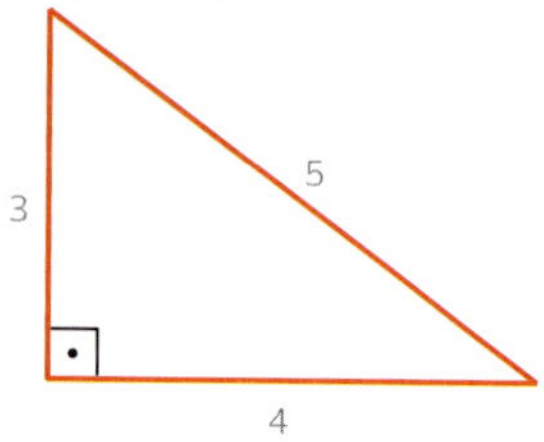

3, 4 e 5 formam um terno pitagórico ($5^2 = 3^2 + 4^2$).
Outros ternos pitagóricos: 5, 12 e 13; 9, 12 e 15.

Transformação geométrica: Movimento em que uma figura é levada a outra.
Ver *translação, reflexão, rotação e homotetia.*

Existem transformações geométricas que mantêm a congruência, como, por exemplo, a translação, a reflexão e a rotação no plano.
A homotetia é uma transformação na qual a figura inicial e a figura obtida são semelhantes, mas não necessariamente congruentes.

Translação: Transformação na qual uma figura é obtida, a partir de outra, deslocando todos os pontos na mesma direção, no mesmo sentido e na mesma distância.
Ver *transformação geométrica.*

Translação do quadrilátero $ABCD$.

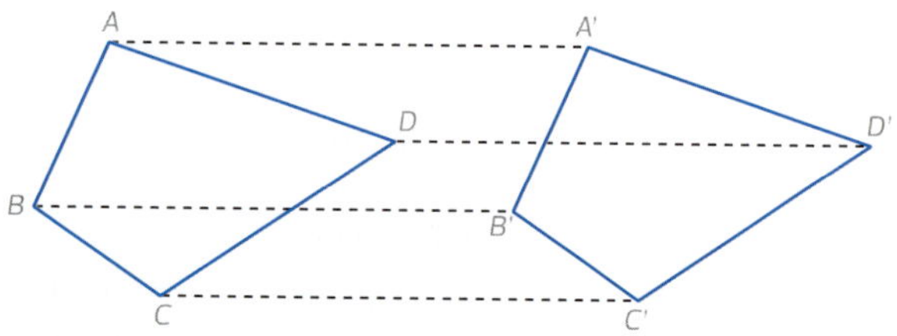

Trigonometria: Estudo que relaciona medidas de lados e de ângulos em um triângulo.
Trigono quer dizer "triângulo", e *metria*, "medida".

Seno, cosseno e tangente de um ângulo são assuntos estudados em Trigonometria.

V

Valor de uma variável: Ver *variável* (em *Estatística*).

A variável "número de peças produzidas" tem como valores os números naturais: 0, 50, 100, 279, etc.
A variável "disciplina escolar" tem como valores Língua Portuguesa, Matemática, Geografia, Arte, etc.

Variável (em Estatística): Aquilo que é focalizado em uma pesquisa estatística.

"Altura", "número de votos", "sabor de suco" são exemplos de variável.

Variável qualitativa: Variável cujos valores não são indicados por números.
Ver *variável* (em *Estatística*).

Em Estatística, variáveis como "sexo" (masculino ou feminino), "grau de instrução" e "esporte" são chamadas variáveis qualitativas, pois indicam qualidades.
"Grau de instrução" é uma variável qualitativa ordinal, pois seus valores seguem uma ordem. "Sexo" e "esporte" são variáveis qualitativas nominais, pois seus valores não seguem uma ordem.

Variável quantitativa: Variável cujos valores são indicados por números.

Em Estatística, características como "massa", "altura", "quantidade de irmãos", "taxa de desemprego" e "inflação" são indicadas por números.
"Quantidade de irmãos" é uma variável quantitativa discreta, pois seus valores são obtidos por contagem e por isso são indicados com números naturais.
"Massa" é uma variável quantitativa contínua, pois seus valores são obtidos por medidas e, por isso, são indicados com números reais.

Volume: Tipo de grandeza que indica o espaço ocupado por um sólido geométrico.

Milímetro cúbico (mm^3), centímetro cúbico (cm^3) e metro cúbico (m^3) são algumas unidades de medida de volume.
Um aquário com a forma e dimensões da figura abaixo tem a medida de seu volume calculada assim: $50 \cdot 20 \cdot 30$.
Indicamos por $V = 30\,000\ cm^3 = 0{,}03\ m^3$.

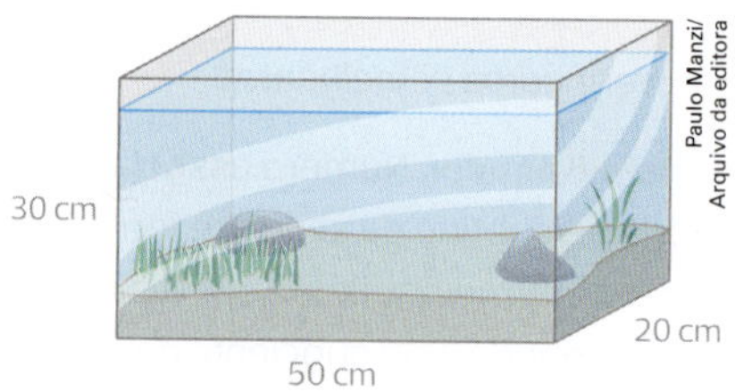

Paulo Manzi/Arquivo da editora

Z

Zero de uma função:
Em uma função de A em B, zero da função é todo elemento de A cuja imagem, em B, é zero, quando existir.
Ver *função*.

6 é zero da função definida em $\mathbb{R}$ por $y = \frac{x}{2} - 3$, pois para $x = 6$ temos $y = 0$ $\left(y = \frac{6}{2} - 3 = 3 - 3 = 0\right)$.

Ilustrações técnicas desta página: Banco de imagens/Arquivo da editora

Respostas

Unidade 1

Capítulo 1

1. a) 81
b) +16
c) −27
d) $\frac{25}{64}$
e) 29,791
f) 18
g) $5\frac{1}{16}$
h) +64
i) 0
j) +0,0016
k) $-\frac{1}{243}$
l) 529

2. a) $4^5 = 1024$
b) $5^4 = 625$
c) $(-3)^6 = +729$
d) $\left(\frac{2}{7}\right)^3 = \frac{8}{343}$
e) $(-0{,}3)^2 = +0{,}09$
f) $3^3 = 27$

3. a) 1296
b) +32
c) +11,56
d) 10 000 000
e) 1
f) $+\frac{8}{27}$
g) −8
h) −5
i) −1
j) $-\frac{1}{32}$
k) −0,343
l) −10 000 000
m) +25
n) +15,21
o) $+\frac{1}{16}$
p) +1 000 000
q) +81
r) +6,25

4. a) =
b) ≠
c) =
d) =

5. a) −13
b) $8\frac{1}{4}$

6. Sim

7. a) −1
b) +4

Leitura

Aproximadamente 0,1%

8. a) 3^6
b) 2^4
c) 2^6
d) 2^{12}
e) $(-1{,}2)^6$
f) 5^{12}

9. a) $2^2 \cdot 3^2$
b) $3^3 \cdot 4^3 \cdot 5^3$
c) $a^3 \cdot b^3$
d) $x^4 \cdot y^6$

10. a) 1
b) 1
c) −1
d) 2

11. a) −2
b) $-2\frac{2}{3}$
c) $\frac{1}{2}$
d) −7

12. a) $\frac{1}{16}$
b) $\frac{1}{25}$
c) $1\frac{7}{9}$
d) $2\frac{2}{49}$
e) $-91\frac{1}{8}$

13. a) $\frac{17}{12}$
b) 29
c) 1
d) $3\frac{1}{2}$
e) $5\frac{1}{3}$
f) $\frac{16}{25}$

14. a) 0,01
b) 0,00001
c) 0,000001
d) 0,1
e) 0,00000001
f) 0,00000000001

15. a) 10^{-3}
b) 10^{-9}
c) 10^{-4}
d) 10^{-7}

16. a) $1\frac{7}{11}$
b) 7
c) $-\frac{5}{11}$
d) $\frac{11}{12}$

17. a) $\frac{y}{z}$, $x \neq 0$, $y \neq 0$ e $z \neq 0$
b) $\frac{9a}{8b}$, $a \neq 0$ e $b \neq 0$

18. a) 10^{-4}
b) 1

19. a) $\frac{2}{a+2b}$, $a \neq 0$, $b \neq 0$ e $a + 2b \neq 0$
b) $\frac{1}{y}$, $x \neq 0$ e $y \neq 0$

20. a) 5
b) $-\frac{1}{2}$

21. d

Desafio

a

22. a) 9 cm²
b) 64 dm²
c) 6,25 mm²
d) x^2 m²

23. a) 4 cm
b) 9 cm
c) 1,5 cm
d) ℓ cm

24. a) 7
b) 10
c) 8
d) 3,5

25. a) 11
b) Impossível
c) 1
d) Impossível

26. a) 10
b) 0,8
c) 27
d) $1\frac{1}{4}$

27. a) 1,4142135...
b) 3,1622776...
c) 31,622776...

28. a) ≃ 4,5
b) ≃ 10,2
c) ≃ 1,7

29. a) 25; aproximadamente 72,3; aproximadamente 51,9; aproximadamente 79,2.
b) 6; aproximadamente 5,5; aproximadamente 4,4; aproximadamente 9,2.
c) Aproximadamente 3,9; 9; aproximadamente 8,3; aproximadamente 7,3.

30. a) 3
b) 0
c) 7
d) −4
e) 1
f) 10

31. a) Entre 2 e 3.
b) Entre 4 e 5.
c) Entre 1 e 2.
d) Entre 5 e 6.
e) Entre −4 e −3.
f) Entre 10 e 11.

32. Raízes quadradas: $\sqrt{0} = 0$; $\sqrt{1} = 1$; $\sqrt{4} = 2$; $\sqrt{9} = 3$; $\sqrt{16} = 4$; $\sqrt{25} = 5$; $\sqrt{36} = 6$; $\sqrt{49} = 7$; $\sqrt{64} = 8$; $\sqrt{81} = 9$ e $\sqrt{100} = 10$.
Raízes cúbicas: $\sqrt[3]{0} = 0$; $\sqrt[3]{1} = 1$; $\sqrt[3]{8} = 2$; $\sqrt[3]{27} = 3$ e $\sqrt[3]{64} = 4$.

33. a) $\sqrt[6]{729} = 3$
b) $\sqrt[4]{-625}$ não existe em $\mathbb{R}$.
c) $\sqrt[5]{-1} = -1$
d) $\sqrt[5]{1024} = 4$
e) $\sqrt[4]{\frac{1}{16}} = \frac{1}{2}$
f) $\sqrt[7]{0} = 0$

34. a) $\sqrt[3]{343} = 7$
b) $(-2)^3 = -8$
c) $\sqrt[9]{0} = 0$
d) $10^5 = 100\,000$
e) $2^{10} = 1024$
f) $\sqrt[3]{-27} = -3$

35. a) 9 b) -13 c) -6 d) -3 e) -1 f) -5

36. a) 1 b) -1

37. $A = 3$

38. a) 11 b) 0,7 c) -1 d) $\frac{3}{8}$

39. a) $x = 7^4$ b) $x = 6$

40. a) 3
b) 13
c) 2
d) 5

41. a) $\sqrt[4]{7} \cdot \sqrt[4]{6}$
b) $\sqrt{11} \cdot \sqrt{8}$
c) $\sqrt[3]{a} \cdot \sqrt[3]{b} \cdot \sqrt[3]{c}$

42. a) $\frac{\sqrt[4]{17}}{\sqrt[4]{3}}$
b) $\sqrt[3]{-10} : \sqrt[3]{-2}$
c) $\frac{\sqrt{21}}{\sqrt{5}}$

43. a) 7^4 b) $\sqrt{5^3}$ c) $\sqrt{ab}$ d) $\sqrt{5}$

44. a) $\sqrt{2}$ b) $\sqrt{2}$ c) 3 d) $\sqrt[3]{7}$

45. a) $\sqrt[12]{7}$ b) $\sqrt[10]{11}$ c) $\sqrt[4]{18}$ d) $\sqrt[9]{2}$ e) $\sqrt[8]{3}$ f) $\sqrt[8]{10}$

46. a) $x = 1$ b) $x = 3$ c) $x = 4$ d) $x = 3$

47. a) a b) $\sqrt[3]{b}$ c) $\sqrt{ab}$ d) $\sqrt{a}$

48. $\sqrt[8]{40}$

49. a) $\sqrt[9]{6}$ b) $2\sqrt{3}$ c) $2\sqrt[4]{2}$ d) $\sqrt[3]{4}$ e) $2\sqrt[3]{10}$ f) $2\sqrt[5]{4}$ g) $6\sqrt{5}$ h) $\sqrt[5]{9}$

50. a) $\sqrt[40]{32}$ e $\sqrt[40]{625}$
b) $\sqrt[15]{243}$ e $\sqrt[15]{8}$
c) $\sqrt[4]{49}$ e $\sqrt[4]{5}$
d) $\sqrt[24]{81}$ e $\sqrt[24]{343}$
e) $\sqrt[6]{27}$ e $\sqrt[6]{4}$
f) $\sqrt[60]{2^{10}}$, $\sqrt[60]{3^{15}}$ e $\sqrt[60]{5^6}$

51. a) 5
b) $\sqrt{3}$

52. a) 15 b) 75 c) 6 d) -27

53. a) $ab\sqrt{b}$
b) $xyz\sqrt{xz^2}$
c) $5x^2y\sqrt{xy}$
d) $2xy^2\sqrt[3]{2x}$

54. a) $a + b$
b) $\frac{a-3}{a}$, $a \neq 0$

55. a) $\sqrt[4]{6}$
b) $3\sqrt{3}$
c) $\sqrt[9]{121}$
d) $\frac{1}{\sqrt{3}}$

56. a) $64^{\frac{1}{3}}$
b) $2^{\frac{6}{3}}$ ou 2^2
c) $8^{\frac{2}{3}}$
d) $4^{\frac{3}{3}}$ ou 4^1

57. a) 10^5
b) 10^{-3}
c) 10^{-2}
d) $10^{\frac{1}{3}}$
e) $10^{\frac{3}{2}}$
f) $10^{-\frac{2}{5}}$

58. a) $\sqrt{32}$
b) $\sqrt{90}$
c) $\sqrt[3]{27b^3a^2}$
d) $\sqrt[8]{y^{11}}$
e) $\sqrt[3]{3^3x^7y^4}$
f) $\sqrt[5]{4^5a^{11}b^{17}}$

59. a) $\sqrt[21]{y^5}$
b) $\sqrt[8]{x^5y}$

60. a) $<$ b) $<$ c) $>$ d) $=$ e) $<$ f) $<$

61. $\sqrt[5]{3}$, $\sqrt[15]{30}$, $\sqrt[10]{10}$, $\sqrt[3]{2}$, $\sqrt[6]{5}$

62. a) $\sqrt[7]{10}$
b) $\sqrt[3]{-2}$
c) $\sqrt{5}$
d) $\sqrt[20]{800}$
e) $\sqrt[9]{24}$
f) $\sqrt[6]{7}$
g) $\sqrt[10]{24300}$
h) $\sqrt[30]{2}$
i) $\sqrt[12]{240000}$

63. a) $6\sqrt{30}$
b) $6\sqrt[6]{2^3 \cdot 3^5}$
c) $\sqrt[4]{a^7}$
d) $\sqrt[18]{a^{20}b^{21}}$

64. a) $2\sqrt{40} - 4$
b) $9 + 3\sqrt{10}$

65. a) $\sqrt{5}$ b) $\sqrt[3]{x}$ c) $2\sqrt{3a^4}$ d) $\sqrt[12]{xy^2}$

66. a) $13\sqrt{11}$
b) $7\sqrt[3]{5}$
c) $6\sqrt{5}$
d) $5\sqrt{6}$
e) $4\sqrt[3]{5}$
f) $5\sqrt{7}$
g) $5\sqrt{2} + 3\sqrt{3}$
h) $2\sqrt{7}$
i) $5\sqrt{3} - \sqrt[3]{3}$

67. a) $3\sqrt{a}$
b) $(3xy + 3x^2)\sqrt[3]{xy}$

68. b

69. a) $\frac{4}{3}$ ou $1\frac{1}{3}$
b) $\frac{1}{7}$
c) $\frac{1}{4}$
d) $-\frac{5}{42}$

70. a) $\frac{\sqrt{5}}{5}$
b) $\frac{\sqrt{7}}{1}$ ou $\sqrt{7}$
c) $\frac{3\sqrt{11}}{11}$
d) $\frac{\sqrt{a}}{a}$

e) $\frac{\sqrt{p}}{1}$ ou $\sqrt{p}$

f) $\frac{2\sqrt{5}}{3}$

g) $\frac{\sqrt[3]{4}}{2}$

h) $\frac{3\sqrt[9]{16}}{2}$

i) $\frac{\sqrt[8]{10^5}}{2}$

j) $\frac{\sqrt[10]{32}}{3}$

k) $\frac{\sqrt[7]{27}}{6}$

l) $\sqrt[10]{a^4}$

71. a) $\frac{5\sqrt{2}+\sqrt{6}}{22}$

b) $\frac{\sqrt{15}+\sqrt{3}}{2}$

c) $\frac{5\sqrt{11}-5\sqrt{3}}{4}$

d) $\sqrt{6}-2$

e) $\frac{3\sqrt{5}-2\sqrt{3}}{3}$

f) $\frac{3\sqrt{5}-\sqrt{10}-6+2\sqrt{2}}{7}$

72. a) $\sqrt{2}$

b) $\frac{8+\sqrt{2}}{2}$

73. a) $<$ b) $<$

74. a) Aproximadamente 1,15333...

b) Aproximadamente 2,115

c) Aproximadamente 1,858

d) Aproximadamente 3,91

75. $\frac{4}{\sqrt{6}}$

76. $\frac{12+4\sqrt{2}}{7}$

Raciocínio lógico

$13 \cdot 4 = 52$

Tratamento da informação

78. c

79. c

80. b

Outros contextos

81. a) 10^{92} milhões de dólares

b) 10^{50}

c) A raiz cúbica de um centilhão

d) **A-III; B-I; C-V; D-II; E-IV.**

e) $n = 25$

82. a) $5{,}12 \cdot 10^{41}$

b) 512 seguido de 39 zeros

c) $2^3 \cdot 10^{13}$ ou $8\underbrace{000...0}_{13\ \text{zeros}}$

83. I) a) Aproximadamente 0,813

b) 0,800

II) Educação: 0,676; longevidade: 0,338; renda: 0,169.

Praticando um pouco mais

1. d **2.** d **3.** b **4.** d **5.** d **6.** d **7.** d **8.** d **9.** d **10.** b

Revisão cumulativa

1. b

2. b

3. d

4. a-D; b-C; c-A; d-B.

5. a) 9 frações: $\frac{2}{2}$, $\frac{2}{5}$, $\frac{2}{6}$, $\frac{5}{2}$, $\frac{5}{5}$, $\frac{5}{6}$, $\frac{6}{2}$, $\frac{6}{5}$, $\frac{6}{6}$

b) • $\frac{1}{3}$

• $\frac{4}{9}$

• $\frac{1}{9}$

6. c

7. 9 cm²

8. a) Gráfico de setores

b) Distribuição da área total do Brasil por regiões – 2012

c) Brasil em números. IBGE. Vol. 22. 2014.

d) A Região Norte.

9. b

10. c

Capítulo 2

1. a) Incógnitas: x e y.

d) Incógnita: x.

e) Incógnita: x.

f) Incógnita: y.

2. a) 1º grau

b) 3º grau

c) 2º grau

d) 4º grau

e) 2º grau

f) 2º grau

3. a; d; e; f; h; i; j; k.

4. a) $a = 1, b = -5$ e $c = 0$; incompleta.

c) $a = 3, b = -3$ e $c = 1$; completa.

d) $a = -3, b = 5$ e $c = -6$; completa.

e) $a = -8, b = 0$ e $c = 7$; incompleta.

g) $a = k, b = 2k$ e $c = 1$; completa.

5. $m \neq 0$

6. a) $2(x + 3) + 2(x + 1) = 16$ ou $4x + 8 = 16$ ou $2x + 4 = 8$ ou $x + 2 = 4$

b) $(x + 3)(x + 1) = 15$

c) $(x + 3)(x + 1) = 15$

d) 5 cm e 3 cm

7. a) $x^2 + 5x - 4 = 0$

b) $3x^2 = 0$

c) $\frac{1}{3}x^2 + \sqrt{3}x - 1 = 0$

8. a) Não

b) Não

c) Sim

d) Sim

10. a-IV; b-I; c-II; d-III.

11. Sim

12. a) Raízes: -5 e 5.

b) Não existe valor real para x.

c) Raízes: $-4\sqrt{2}$ e $4\sqrt{2}$.

d) $x = -1$ ou $x = 1$

e) $x = -\sqrt{2}$ ou $x = +\sqrt{2}$

f) $x = -35$ ou $x = +35$

13. a) $x' = 2\frac{1}{2}$ e $x'' = -2\frac{1}{2}$

b) $x' = \frac{3\sqrt{2}}{2}$ e $x'' = -\frac{3\sqrt{2}}{2}$

c) $x' = \frac{\sqrt{7}}{4}$ e $x'' = -\frac{\sqrt{7}}{4}$

d) $x' = -2$ e $x'' = 2$

14. a) $x' = x'' = 0$

b) $x' = x'' = 0$

c) $x' = x'' = 0$

d) $x' = x'' = 0$

15. a) $(2 + x)^2 = 9$ ou
$x^2 + 4x - 5 = 0$
b) Em 1 m

16. a) -2 e -8
b) Não existe raiz real.
c) 5
d) 2 e -1
e) 9 e -3
f) $\frac{2}{7}$

17. $x = 8$ cm

18. a) $y' = 0$ e $y'' = \frac{3}{5}$
b) $x' = 0$ e $x'' = 5$
c) $x' = 0$ e $x'' = -\frac{15}{4}$
d) $t' = 0$ e $t'' = -4$
e) $x' = 0$ e $x'' = 14$
f) $x' = 0$ e $x'' = \frac{\sqrt{5}}{5}$

19. $x = 13$ m

20. $x = 7$ cm

21. a) $x = \pm\sqrt{15}$
b) $x = 0$
c) Não existe valor real para x.
d) $x = 0$ ou $x = 5$
e) $y = 0$ ou $y = 3$
f) $x = -\frac{1}{3}$ ou $x = \frac{1}{3}$

22. a) $(2x + 1)^2$
b) $(y - 7)^2$
c) $(10x - 4)^2$
d) $\left(x + \frac{1}{2}\right)^2$

23. a) $x = -7$
b) $x = \frac{1}{6}$
c) $y = 11$
d) $x = 2\frac{1}{2}$

24. $x^2 + 10x + 25 = 0$

25. $x^2 + 4x + 4 = 0$; $x = -2$

26. É o número 1.

Desafio

$x = -3\frac{1}{4}$ ou $x = 3\frac{1}{4}$

27. a) $x' = -4$ e $x'' = -2$
b) $x' = -1$ e $x'' = 11$
c) $x' = 2$ e $x'' = -2\frac{2}{3}$
d) $x' = -3$ e $x'' = -5$
e) $y' = 3$ e $y'' = -1$
f) Impossível em $\mathbb{R}$

28. 11

29. a) $x' = 0$ e $x'' = 2\frac{2}{3}$
b) $y' = 4$ e $y'' = -4$
c) $t = 0$
d) $x = 8$
e) $z' = 1$ e $z'' = -13$
f) $x' = 3$ e $x'' = -3$

30. 30 m e 50 m²

31. a) $a = 1$, $b = -1$ e $c = -6$.
b) 25
c) 3
d) -2
e) $x' = 3$ e $x'' = -2$
f) Sim.

32. a) $a = 9$, $b = 9$ e $c = 2$.
b) 9
c) $-\frac{1}{3}$ e $-\frac{2}{3}$
d) $x' = -\frac{1}{3}$ e $x'' = -\frac{2}{3}$
e) Sim.

33. a) $x' = 1$ e $x'' = -\frac{1}{3}$
b) $y' = 6$ e $y'' = 1$
c) $x' = x'' = -\frac{1}{4}$
d) Impossível em $\mathbb{R}$

34. $x' = 6$ e $x'' = -3$

35. a) $x' = 1$ e $x'' = \frac{3}{4}$
b) $x' = x'' = 6$
c) $x' = 3$ e $x'' = -5$
d) Impossível em $\mathbb{R}$
e) $m' = 2$ e $m'' = \frac{3}{5}$
f) $x' = -3$ e $x'' = -1$

36. 64 m

Leitura

a) $\frac{\sqrt{5} + 1}{2}$
b) 1,6

37. a) $\Delta = -11$; nenhuma raiz real.
b) $\Delta = 0$; uma raiz real (ou duas raízes reais iguais).
c) $\Delta = 21$; duas raízes reais distintas.

38. $x' = 5$ e $x'' = -5$

39. Impossível em $\mathbb{R}$

40. a) $x = 1$ ou $x = \frac{1}{2}$
b) $x = -1$ ou $x = 3$
c) $x = 3$ ou $x = \frac{1}{3}$
d) Impossível em $\mathbb{R}$
e) $x = 0{,}2$ ou $x = 0{,}4$
f) $y = -2$ ou $y = 2$
g) $t = -2$ ou $t = 1$
h) $x = 5$ ou $x = -\frac{1}{2}$

41. 30 unidades de comprimento

42. 8 cm

43. Em aproximadamente 1 h 18 min.

44. 6 cm, 8 cm e 10 cm.

45. 1 dm

46. R$ 545,00

47. Daqui a 3 anos

48. 18 alunos

49. Entre 3 e 4

Desafio

$x = -2$ ou $x = 0$ ou $x = 4$

50. a) $-\frac{10}{3}$
b) $-\frac{8}{3}$
$x' = \frac{2}{3}$ e $x'' = -4$;
$S = -\frac{10}{3}$; $P = -\frac{8}{3}$.

51. $m = -4$; $x' = 4$ e $x'' = -7$; $S = -3$.

52. a) -5 e 2
b) 1 e 4
c) -2 e -2
d) 3 e -2
e) -2 e -6
f) 4 e -5

53. Equação: $x^2 - 9x + 14 = 0$ (ou qualquer outra equivalente); $x' = 7$ e $x'' = 2$.

54. a) $x^2 - 11x + 30 = 0$
b) $2x^2 + 3x = 0$

56. a) $x^2 + 5x - 24 = 0$
b) $x^2 - 25 = 0$
c) $8x^2 + 10x + 3 = 0$
d) $5x^2 - 13x + 6 = 0$
e) $9x^2 - 12x + 4 = 0$
f) $x^2 - 6x + 7 = 0$

58. a) $2x(4x - 5)$
b) $(x - 6)^2$
c) $(5x + 3y)(5x - 3y)$
d) $(2a + 5b)^2$

59. a) $(x + 4)(x + 1)$
b) $(5x + 4)(2x - 3)$
c) $(x - 3)(3x - 1)$
d) $(y - 5)(y + 6)$

60. $\dfrac{3(x+5)}{x-5}$ ou $\dfrac{3x+15}{x-5}$

61. a) Raízes: $-1, -\dfrac{2}{3}; \dfrac{2}{3}; 1$
b) Não tem raiz real.
c) $x = -\sqrt{2}$ ou $x = \sqrt{2}$
d) $x = -2$ e $x = 2$
e) Raízes: $\pm\sqrt{5}$ e $\pm\sqrt{2}$
f) Não tem raiz real.

62. $-\sqrt{15}$

63. a) $+\dfrac{3}{5}, -\dfrac{3}{5}, +\dfrac{2\sqrt{15}}{15}, -\dfrac{2\sqrt{15}}{15}$.
b) $+2\sqrt{3}, -2\sqrt{3}$.

64. a) $x = 6$
b) $x = 0$ ou $x = 5$
c) $x = 3$
d) $x = -2$ ou $x = 2$

65. $x = 2$

66. $x' = 1$ e $x'' = -2$

67. a) $\left(\dfrac{11}{3}, -\dfrac{7}{3}\right)$ e $(3, -1)$
b) $(8, 1)$ e $(-2, -4)$
c) Não existe par de números reais que seja solução deste sistema.
d) $\left(\dfrac{5}{3}, -1\right)$
e) $(0, -2)$ e $\left(1\dfrac{1}{9}, 1\dfrac{1}{3}\right)$
f) $(1, -1)$ e $\left(-\dfrac{3}{5}, \dfrac{7}{5}\right)$

68. 30 cm^2

69. 12 e 3

70. a) 300 °C b) 10 min ou 20 min

71. 6 retas

Desafio

a) 4 horas
b) 60 km/h

Conexões

2. 80% 4. IMC = 25 6. 1,5 m

Tratamento da informação

72. a) De segmentos (ou linhas)
b) À produção de pescado no Brasil, por modalidade, de 1999 a 2011.
c) MPA – Boletim Estatístico da Pesca e Aquicultura 2008, 2009 e 2011.
d) Pesca marinha, pesca continental, cultivo marinho e cultivo continental.
e) Pesca marinha
f) Aproximadamente 1 400 000 toneladas
g) 2003; começou a se estabilizar.

Outros contextos

73. 96 m^2

74. a) $\dfrac{3x^2}{20} + 30x + 1500$ ou $0{,}15x^2 + 30x + 1500$
b) R$ 1 881,60
c) Taxa de 10% ao ano

75. 3 anos

76. $x = 2$ m

77. I) a) 1,60 m
b) 0,8 m
c) 2,0 m
II) a) 0,74 m por 1,48 m
b) 0,5 m por 1 m
c) 0,34 m por 0,68 m

78. a) $80x^2 + 1600x$
b) $x = 4$

Praticando um pouco mais

1. a
2. a
3. c
4. c
5. c
6. e
7. d
8. a
9. b
10. d

Revisão cumulativa

1. Marta tem 9 anos.
2. R$ 155, 52
3. 81 m^2
4. b
5. a
6. e
7. 35 e 27
8. 0 e 6
9. $\dfrac{1}{15}$ e $-\dfrac{11}{15}$
10. a) $x' = 6$ e $x'' = -5{,}6$
b) $x' = 20$ e $x'' = -20$
11. c
12. c

Unidade 2

Capítulo 3

1. $A(3, 3)$; $B(-3, 2)$; $C(2, 0)$; $D(-2, -4)$; $E(4, -3)$; $F(0, -2)$

3. $x = 3$ 4. $x = 3$ e $y = 5$

Oficina de Matemática

Palitos, regularidades e funções

- 11 palitos
- $P = 2t + 1$
- 21 palitos
- 31 palitos
- 51 palitos

5. Variável dependente: preço a pagar; variável independente: número de caixas de suco.

6. b) $y = 2x - 1$
c) O número de saída: y.
d) 19
e) 15
f) Não

7. a) Sim c) 25
b) $y = 4x - 3$ d) 20

8. b) A distância (d) em função do tempo (t).
c) Sim
d) A distância percorrida
e) $d = 100t$

9. a) S (salário)
b) $S = 1200 + 0{,}07x$ ou $S = 0{,}07x + 1200$
c) R$ 1 900,00
d) Não

10. b) $A = x^2$
c) Não
e) O gráfico será uma curva contínua.

11. a) $y = 40 + 0{,}3x$
b) R$ 340,00
c) R$ 800,00
d) 80 parafusos
e) Lucro; R$ 60,00.

12. **a**, **b**, **d**, **f**

13. É função.

14. a) {3, 4, 5, 6}
b) {1, 3, 7}
c) $f(4) = 1$
d) $y = 7$
e) $x = 6$
f) $x = 3$ ou $x = 4$
g) $f(x) = 3$
h) $y = 1$
i) $x = 5$

15. b) $D(g) = \{1, 3, 4\}$;
$CD(g) = \{3, 9, 12\}$;
$Im(g) = \{3, 9, 12\}$
c) $g(3) = 9$
d) $x = 4$

16. a) 95 milhões de habitantes
b) 95 milhões de habitantes

17. a) 600 L c) Não
b) 100 L

19. a) Sim f) Não
b) Não g) Não
c) Sim h) Sim
d) Sim i) Sim
e) Sim

21. a) Não
b) $x \in \mathbb{R}, x \geqslant -1$ e $x \leqslant 2$
c) $x = 1$ ou $x = -1$
d) $y = 2$

22. a) $8\ g/cm^3$ d) Sim

23. a) $A: y = 50x + 100$;
$B: y = 40x + 180$
b) • Para $x < 8$
• Para $x > 8$
• Para $x = 8$

24. a) O pai ganhou a corrida; 3 s.
b) Cerca de 70 m
c) Após 10 s

25. a) $P = 3x + 1$
b) 28 palitos
c) 5 quadrados
d) $x = \dfrac{P-1}{3}$ ou $x = \dfrac{1}{3}P - \dfrac{1}{3}$

26. **a**; **c**; **d**; **f**; **g**; **h**.

27. a) $y = 8 + 0{,}50x$
b) Sim
c) R\$ 58,00
d) R\$ 81,20
e) 174 peças

28. a) $y = 25x + 300$
b) 425 litros

29. a) A reta cruza o eixo x no ponto $(3, 0)$ e o eixo y no ponto $(0, 3)$.
b) A reta cruza o eixo x no ponto $(0{,}5; 0)$ e o eixo y no ponto $(0; -0{,}5)$.

31. a) α é agudo.
b) α é obtuso.
c) α é obtuso.
d) α é agudo.

32. **a**; **c**; **e**; **g**; **i**.

33. a) $y = 20x + 50$; função afim, mas não indica função linear.
b) $S = (n - 2) \cdot 180°$; função afim, mas não indica função linear.
c) $y = 3x$; função afim e função linear.
d) $r = \dfrac{C}{2\pi}$; função afim e função linear.
e) $L = 8x$; função afim e função linear.
f) $V = x^3$; não indica função afim.

36. a) f_2 c) f_3
b) f_1

37. $y = 2x$

38. **a**; **c**; **f**.

39. a) $y = 2\pi x$; sim.
b) $y = \pi x^2$; não.
c) $y = 3x$; sim.
d) $y = x$; sim.
e) $y = 2x + 10$; não.

40. a) Não
b) $m = 10$
c) $\left(0, -\dfrac{1}{3}\right)$
d) $(-4, -12)$
e) $\left(\dfrac{2}{3}, 0\right)$
f) É o número $\dfrac{2}{3}$.

41. $y = \dfrac{4}{3}x + 4$

Função linear e proporcionalidade
• $y = 80x$

42. a) $y = 8x$

43. a) Sim b) Sim

44. a) R\$ 12,90 b) 21 km

45. a) Sim
b) 15
c) -6
d) $y = \dfrac{3x}{2}$
e) $(14, 21)$
$(-4, -6)$; $(18, 27)$;
$(12, 18)$; $(-8, -12)$

46. a) $C = 1000V$
b) $V = \dfrac{C}{1000}$
c) Sim

47. a) Eixo x: $(5, 0)$; eixo y: $(0, -5)$.
b) Eixo x: $(4, 0)$; eixo y: $(0, 4)$.
c) Eixo x: $\left(-\dfrac{1}{4}, 0\right)$; eixo y: $(0, 1)$.
d) Eixo x: $(6, 0)$; eixo y: $(0, 2)$.

48. a) $f(x) = 0$ para $x = -4$; $f(x) > 0$ para $x > -4$; $f(x) < 0$ para $x < -4$
b) $f(x) = 0$ para $x = \dfrac{1}{2}$; $f(x) > 0$ para $x < \dfrac{1}{2}$; $f(x) < 0$ para $x > \dfrac{1}{2}$
c) $f(x) = 0$ para $x = 2$; $f(x) > 0$ para $x > 2$; $f(x) < 0$ para $x < 2$
d) $f(x) = 0$ para $x = \dfrac{1}{3}$;
$f(x) > 0$ para $x < \dfrac{1}{3}$;
$f(x) < 0$ para $x > \dfrac{1}{3}$

49. a) $x < 1$
b) $x < -4$

50. Não existe valor real de x.

51. $x = \dfrac{17}{3}$

52. a) $S = \left\{x \in \mathbb{R} \mid x \geqslant \dfrac{4}{3}\right\}$
b) $S = \{x \in \mathbb{R} \mid x > 4\}$
c) $S = \{x \in \mathbb{R} \mid x < 2\}$
d) $S = \{x \in \mathbb{R} \mid x \geqslant -14\}$

53. **a**; **b**; **d**; **f**; **g**; **h**; **i**.

54. a) $d = \dfrac{n(n-3)}{2}$
b) Sim
c) 35 diagonais
d) 14 lados

55. a) $a = 3, b = -4$ e $c = 1$
b) $y = 1$ para $x = 0$; $y = 0$ para $x = 1$; $y = 8$ para $x = -1$; $y = 0$ para $x = \dfrac{1}{3}$.
c) $x = 1$ ou $x = \dfrac{1}{3}$
d) $x = 0$ ou $x = \dfrac{4}{3}$

56. a) Sim
b) $a = 1, b = -6$ e $c = 9$
c) $y = 9$ para $x = 0$ e $y = 12{,}25$ para $x = -0{,}5$
d) Existe apenas um valor para x, ou seja, para $y = 0$, temos $x = 3$.

57. a) 2 e 4

b) $\frac{1}{2}$ e $\frac{1}{3}$

c) 3

d) Não há zeros.

59. a) Quadrática

b) Uma parábola

c) Sim, em (1, 0) e $\left(-\frac{1}{3}, 0\right)$.

d) Sim, no ponto (0, −1).

e) Sim

f) $\left(\frac{1}{3}, -\frac{4}{3}\right)$

60. c) Reta vertical paralela ao eixo *y*, passando por $x = 3$.

d) $x = 3$

e) 1 e 5

61. a) Em um único ponto

b) Em dois pontos

c) Não cruza.

d) Em dois pontos

• Valor máximo: **a**, **d**; valor mínimo: **b**, **c**; deve-se analisar o coeficiente *a*.

62. $A = \frac{1}{2}x^2 + 4x + 6$

63. a) Vértice: (−2, −6); valor mínimo: −6.

b) Vértice: (3, 0); valor mínimo: 0.

c) Vértice: (2, 0); valor máximo: 0.

d) Vértice: (−3, 1); valor máximo: 1.

64. a) Uma parábola

b) Reta vertical paralela ao eixo *h*, passando por $t = 3$.

c) Aos 3 s

d) 9 m

e) (3, 9)

65. Uma região quadrada cujo lado mede 50 m.

66. a) $f(x) = 0$ para $x = -1$ ou $x = 4$; $f(x) > 0$ para $x < -1$ ou $x > 4$; $f(x) < 0$ para $-1 < x < 4$.

b) $f(x) = 0$ para $x = -\frac{1}{3}$ ou $x = 1$; $f(x) > 0$ para $-\frac{1}{3} < x < 1$; $f(x) < 0$ para $x < -\frac{1}{3}$ ou $x > 1$.

c) $f(x) = 0$ para $x = -2$, $f(x) > 0$ para $x \neq -2$.

67. $x < -5$ ou $x > -2$

68. a) $S = \left\{x \in \mathbb{R} \mid 1 < x < \frac{7}{3}\right\}$

b) $S = \left\{x \in \mathbb{R} \mid x \leqslant -1 \text{ ou } x \geqslant \frac{1}{2}\right\}$

c) $S = \varnothing$

d) $S = \left\{x \in \mathbb{R} \mid -\frac{3}{2} \leqslant x \leqslant \frac{3}{2}\right\}$

69. a) $S = \varnothing$

b) $S = \{x \in \mathbb{R} \mid x \leqslant -1 \text{ ou } x \geqslant 2\}$

A Ponte JK.

a) O topo do arco

b) 28 800 m²

c) Aproximadamente 10 950 000 veículos

d) Aproximadamente 1621 pessoas

e) Aproximadamente 1 minuto

f) Aproximadamente 23 825 m²

70. Para $x \leqslant 100$, temos:
$y = 50 + 0{,}37x$;
para $100 < x < 300$, temos:
$y = 63 + 0{,}37x$;
para $300 \leqslant x \leqslant 500$, temos:
$y = 75 + 0{,}37x$;
para $x > 500$, temos:
$y = 80 + 0{,}37x$.

Conexões

6. a) Aumentou.

b) 4 cm

c) 9 horas

Tratamento da informação

72. a) No 4º ano de funcionamento

c) $N = 3A^2 + 3A + 190$

d) • 910 funcionários
• Em 2017

Outros contextos

73. É vantajosa se, durante o ano, forem alugados mais de 30 DVDs.

74. a) A quantidade *Q* arrecadada por dia é dada em função do número *x* de clientes sem hora marcada.

b) $Q = 225 + 40x$

c) R$ 625,00

d) 25 clientes

e) $C = x + 5$

75. a) R$ 55,56

b) $v = 17 + 0{,}74x$

c) O plano de 100 minutos.

d) A partir de aproximadamente 169 minutos de ligações.

76. a) $C = \frac{x^2 + 14\,400}{x}$

b) 400 m

c) 150 m ou 96 m

d) 240 m

77. a) $h = 40t - 5t^2$

c) $t = 2$ s

d) 80 m

Praticando um pouco mais

1. c **2.** d **3.** b **4.** e **5.** d

Revisão cumulativa

1. b

2. c

3. d

4. d

5. R$ 960,00

7. Lados: 4 cm, 4 cm, 7,5 cm e 7,5 cm; ângulos internos: 72°, 72°, 108° e 108°.

8. d

9. a

10. 6

Capítulo 4

1. a) $\frac{4}{7}$

b) $\frac{3}{4}$

c) $\frac{4}{3}$

• 1

2. a) 10 : 25 ou $\frac{10}{25}$; o valor é $\frac{2}{5}$.

b) 12 : 20 ou $\frac{12}{20}$; o valor é $\frac{3}{5}$.

c) 6 : 15 ou $\frac{6}{15}$; o valor é $\frac{2}{5}$.

• $\frac{10}{25}$ e $\frac{6}{15}$

3. Além das três já mostradas temos ainda:
$\frac{10}{15} = \frac{4}{6}$; $\frac{6}{15} = \frac{4}{10}$;
$\frac{6}{4} = \frac{15}{10}$; $\frac{15}{10} = \frac{6}{4}$;
$\frac{15}{6} = \frac{10}{4}$.

4. a) $\frac{20}{30} = \frac{14}{21}$

b) $\frac{14}{20} = \frac{21}{30}$

c) $\dfrac{30}{21} = \dfrac{20}{14}$

d) $\dfrac{21}{14} = \dfrac{30}{20}$

6. a) $\dfrac{4}{6} = \dfrac{2}{3}$

b) $\dfrac{2}{3}$

c) $\dfrac{3}{4,5} = \dfrac{2}{3}$

7. $\dfrac{2}{3}$; sim.

8. a) $\dfrac{2}{3}$

b) $\dfrac{4}{6} = \dfrac{2}{3}$

c) $\dfrac{3}{3} = 1$

d) $\dfrac{1}{6}$

e) $\dfrac{4}{2} = 2$

f) $\dfrac{6}{10} = \dfrac{3}{5}$

9. a) Sim c) Sim
b) Não

10. $\dfrac{7}{15}$

11. 6 cm ou 60 mm

12. a) **A** e **B**; **A** e **C**; **B** e **C**.
b) **A** e **C**

13. a) Sim
b) São congruentes; os ângulos correspondentes são congruentes.

14. a) Lados: $\dfrac{2}{4} = \dfrac{1}{2}$;
perímetros: $\dfrac{8}{16} = \dfrac{1}{2}$;
áreas: $\dfrac{4}{16} = \dfrac{1}{4}$.

b) Lados: $\dfrac{2}{6} = \dfrac{1}{3}$;
perímetros: $\dfrac{8}{24} = \dfrac{1}{3}$;
áreas: $\dfrac{4}{36} = \dfrac{1}{9}$.

c) Lados: $\dfrac{4}{6} = \dfrac{2}{3}$;
perímetros: $\dfrac{16}{24} = \dfrac{2}{3}$;
áreas: $\dfrac{16}{36} = \dfrac{4}{9}$.

15. a) 10 048 m ou 10,048 km
b) 24 min

16. 2,5 m

17. 3,14 cm

18. a) 1,6
b) 21 por 13; 34 por 21 e 55 por 34.
c) 1,6
d) 89, 144, 233

19. a) Sim

20. a) 3,5 cm
b) 8,96 cm
c) 32 cm; 20 cm

21. b) 2,5 cm e 4,0 cm; 3,0 cm e 1,5 cm; 4,0 cm e 2,5 cm.
c) 0,625; 2; 1,6.

22. a) $\triangle PQR$

24. $\dfrac{d}{\ell} \simeq 1{,}6$; $(3\sqrt{5} + 3)$ cm.

25. a) 17 km b) 40 cm

26. a) 1 : 200
b) 5 m por 4 m
• 2,4 cm por 1,8 cm

27. a) 98,4 cm c) 1,5 mm
b) 1,95 m

28. a) 30°, 60° e 90°
b) 1,5 cm; 2 cm; 3 cm.
c) A razão é sempre igual a $\dfrac{1}{2}$.

29. 2 500 m

30. 32 m e 60 m^2

31. 100 m

32. a) $x = 12{,}6$ b) $x = 9$

33. **a**; **b**; **c**; **d**; **f**; **g**

34. 30 m

35. **a**, **d** e **e**

36. $x = 6$ cm; $y = 9$ cm; $z = 12$ cm.

38. $XQ = 4$ cm; $PY = 9$ cm; $YR = 6$ cm.

39. a) $x = 5$ c) $x = 12$
b) $x = 20$

40. Base de 1,60 m e altura de 1,20 m.

41. 84 cm

42. $x = 15$ e $y = 6$

Raciocínio lógico

No dia 9.

Tratamento da informação

44. b) 55,5 vitórias
c) Mo = 25

Outros contextos

45. 841 mm e 1189 mm

46. a) Base da porta: 200 cm; altura da porta: 320 cm; lado da janela: 160 cm.

47. 858 km

48. a) 10 cm, 15 cm e 25 cm.
b) Na fabricação de 100 caixas grandes
c) $\dfrac{125}{343}$

49. a) A sala de 15 cabines deve ter 30 m^2; a de 10 cabines, 20 m^2; e a de 20 cabines, 40 m^2.

50. a) 450 cm ou 4,5 m; 22,5 cm; 36 cm.
b) 1 : 16

Praticando um pouco mais

1. 90° **4.** **b**
2. **d** **5.** **c**
3. **e** **6.** **b**

Revisão cumulativa

1. $a = 3$ cm e $b = 4{,}5$ cm

2. Aproximadamente 15 m

3. a) 12 números
b) 24 números
c) 18 números

4. $x = 5$; $\dfrac{15}{20} = \dfrac{6}{8}$

5. 45 m

6. 54 cm^2

8. a) $x = 4$ e $y = 5$ ou $x = 2$ e $y = -1$
b) $x = 2$ e $y = \dfrac{1}{2}$ ou $x = -1$ e $y = -1$

9. **b**

Capítulo 5

1. a) Retos, retos.
b) 2,7 cm
c) 80°

2. a) 2 cm c) Sim
b) Iguais

8. Não há dois retângulos semelhantes.

9. **A** e **C**

10. Semelhantes: **a** e **h**, **c** e **k**, **f** e **i**, **g** e **l**; semelhantes e congruentes: **f** e **i**.

Semelhança de polígonos

a) São iguais.

11. Não

12. a) Não são semelhantes.

b) São semelhantes; coeficiente: $\frac{1}{2}$.

c) São semelhantes; coeficiente: $\frac{5}{4}$.

d) Não são semelhantes.

e) São semelhantes; coeficiente: $\frac{3}{2}$.

13. Não são semelhantes.

14. a) Verdadeira b) Falsa

15. 9 cm

16. Sim

17. **c** e **d**

- **a** e **b**
- **a** e **c**; **a** e **d**

18. a) 120° c) 8 cm

b) 120°

19. m($\overline{A'B'}$) = 10 u; perímetro: 50 u; razão $\frac{3}{5}$.

20. Sim

22. 50%

23. a) Sim b) Não

24. a) Sim b) Não

26. a) $\frac{10}{7}$ c) $\frac{10}{7}$

b) $\frac{10}{7}$ d) $\frac{100}{49}$

27. a) $\frac{AB}{A'B'} = \frac{1}{2}$; $\frac{AC}{A'C'} = \frac{1}{2}$; $\frac{BC}{B'C'} = \frac{1}{2}$

b) $\frac{1}{2}$ c) $\frac{1}{4}$

28. a) $\frac{1}{3}$ c) $\left(\frac{1}{3}\right)^3$

b) $\left(\frac{1}{3}\right)^2$

29. 125 cm²

30. a) 44 cm c) 25 cm e 20 cm

b) 16 cm d) $\frac{16}{25}$

31. $P_1 = 52$ cm; $P_2 = 78$ cm; $\frac{A_1}{A_2} = \frac{4}{9}$

32. a) $\frac{3}{5}$ c) $\frac{9}{25}$

b) $\frac{3}{5}$ d) $\frac{27}{125}$

33. Não

34. $AB = 10$ cm; $CD = 36$ cm; $DE = 15$ cm.

35. a) São semelhantes.

b) Não são semelhantes.

c) Não são semelhantes.

d) São semelhantes.

37. $m(\hat{C}) = 65°$; $m(\hat{D}) = 65°$; $m(\hat{A}) = 65°$; $m(\hat{B}) = 65°$; $m(A\hat{E}B) = 50°$

Oficina de Matemática

Fazendo a gente aprende

I e **II**: não são semelhantes; **III** e **IV**: são semelhantes.

38. $x = 15$ e $y = 35$

39. $RB = 5$; $SC = 11$; $AC = 55$.

40. Não

41. 5,25 m

42. b) $x = 9$ e $y = 28$

43. Não

44. $x = 24$ cm, $y = 21$ cm e $m = 7$ cm.

45. **a**

Desafio

a

46. a) São semelhantes.

b) São semelhantes.

c) Não são semelhantes.

d) Não é possível afirmar ou negar se os triângulos são ou não semelhantes.

e) São semelhantes.

47. a) $x = 10$

b) $\frac{16}{25}$

48. a) Os triângulos são semelhantes.

b) Os triângulos não são semelhantes.

c) Os triângulos são semelhantes.

d) Os triângulos podem ser ou não semelhantes.

e) Os triângulos são semelhantes.

f) Os triângulos podem ser ou não semelhantes.

g) Os triângulos não são semelhantes.

h) Os triângulos são semelhantes.

49. Sim

50. Não

52. $\triangle ABC \sim \triangle ADB$

53. Dois triângulos congruentes são semelhantes.

54. $\frac{1}{3}$ ou 3; $\frac{1}{9}$ ou 9.

55. b) $AE = 5$ cm

56. a) $\frac{4}{3}$ c) 6

b) $\frac{4}{3}$

57. Área = π m²

Desafios

1. Não é possível.

2. É possível quando os ângulos nos dois triângulos forem de 30°, 75° e 75°.

58. 480 cm ou 4,80 m

60. 50,1 m

61. a) Ensolarado

b) Fita métrica ou trena

d) 72 m

62. $ABB'A'$; $ACC'A'$ e $BCC'B'$

63. **a**; **c**.

65. São paralelos e são congruentes.

66. Todos são paralelogramos: quadriláteros com dois pares de lados paralelos.

73. Não apresenta eixo de simetria.

74. 6 eixos de simetria

78. a) $k = \frac{1}{2}$ c) $k > 1$

b) $0 < k < 1$ d) $k = 1$

79. a) Ampliação b) 24 cm

80. a) Quando a razão da homotetia é 1.

b) Sim

c) Não

81. A e A' são semelhantes, mas não são homotéticas.

82. Uma rotação e uma homotetia

83. Uma translação e uma reflexão

85. Sim

86. 90 m de comprimento por 36 m de largura

87. Sim

88. Mais; 9 cm. **89.** Sim

Raciocínio lógico

23 degraus

Tratamento da informação

91. a) Composição étnica da população do Suriname.
b) Maior: descendentes de indianos; menor: brancos.
c) Aproximadamente 11 466 habitantes
d) *Maroons*: 36°; javaneses: 54°.
e) Em 2015: 579 732 habitantes; em 2016: 586 225 habitantes.

92. $2\ m^2$

93. R$ 38,75

94. a) "Ronaldo está certo em parar agora?"
b) Sim: 302,4°. Não: 57,6°.
c) Sim: 4 872 pessoas. Não: 928 pessoas.
d) 84%
e) 5,25

95. a) Sim
b) Razão de semelhança: $\frac{5}{6}$; envergadura: 62,88 m; altura: 6,24 m; área (asas): $668{,}88\ m^2$.
c) Unidimensionais: 20%; bidimensionais: 44%.

96. 16% do terreno

Praticando um pouco mais

1. d **3.** a **5.** d
2. d **4.** d **6.** a

Revisão cumulativa

2. c **6.** e
3. a **7.** b
4. b **8.** b) 21 cm
5. b **9.** c

10. 1º quadrilátero: $108\ cm^2$; 2º quadrilátero: $48\ cm^2$.

11. a

Unidade 3

Capítulo 6

1. a) $x = 13$
b) $x = \sqrt{13}$
c) $x = 3\sqrt{2}$
d) $x = 3\sqrt{2}$
e) $x = 6$
f) $x = 3$

2. c **3.** $9\ cm^2$

4. 26 cm

5. a) $3\sqrt{2}$ m
b) $5\sqrt{2}$ m
c) $7\sqrt{2}$ mm
d) $2\sqrt{3}$ m
e) $5\sqrt{3}$ m

6. 29,58 m ou 29 m e 58 cm

7. $P = 6\sqrt{3}$ cm; $d = \sqrt{15}$ cm; $A = 6\ cm^2$

8. BC: $2\sqrt{6}$ cm;
perímetro: $(10 + 2\sqrt{2} + 2\sqrt{6})$ cm;
área: $10\sqrt{2}\ cm^2$;
diagonal $\overline{BD}$: $\sqrt{17}$ cm;
diagonal $\overline{AC}$: $\sqrt{57}$ cm.

9. O caminho mais longo é o que passa por *B*: aproximadamente 55,8 m.

10. a) $x = 3$ cm d) $x = 4$ cm
b) $x = 6$ cm e) $x = 8$ cm
c) $x = 3{,}6$ cm f) $x = 5$ cm

11. $x = 31{,}2$; $e = 33{,}8$; $p = 5$; $q = 28{,}8$

12. 4,8 cm

13. a) $x = \sqrt{77}$ cm $\simeq$ 8,8 cm
b) $x = \sqrt{23}$ cm $\simeq$ 4,8 cm

14. a) $a = 12{,}5$ cm; $b = 10$ cm; $c = 7{,}5$ cm; $n = 4{,}5$ cm
b) $37{,}5\ cm^2$

15. a) 48 mm
b) 60 mm e 80 mm
c) $2\ 400\ mm^2$ ou $24\ cm^2$

16. Aproximadamente 5,2 m

17. a

Desafios

1. $m = 5$ e $n = 20$

2. b **3.** e

18. a) $5\sqrt{2}$ cm
b) 10 cm
c) $15\sqrt{2}$ cm

19. a) 4 cm
b) $\frac{5\sqrt{2}}{2}$ cm

20. 16 cm

21. a) $4\sqrt{3}$ cm
b) $\frac{3}{2}$ cm ou 1,5 cm
c) 9 cm
d) $\frac{9\sqrt{3}}{2}$ cm

22. Aproximadamente 4,3 cm

24. a) Aproximadamente $0{,}97\ cm^2$
b) Aproximadamente $6{,}92\ cm^2$
c) Aproximadamente $2{,}92\ cm^2$

25. $\ell = 8$ cm

26. 7 cm

27. $5\sqrt{3}$ cm $\simeq$ 8,66 cm

28. Aproximadamente 4,9 dm

29. 4 m

30. 5 cm

31. 3 cm

32. $24\ m^2$ e 24 m

33. 82 cm

34. 4 000 m

35. 64 cm ou 0,64 m

36. $2\sqrt{5}$ cm e $4\sqrt{5}$ cm

37. 36 km

38. 16 m e $12\ m^2$

39. Aproximadamente 26 m

40. 48 km **41.** $x = 3$

42. a) 27 e 48
b) 108 unidades de comprimento
c) 1 350 unidades de área

Desafio

$A = 24$

43. a) $x = 5$; terno: 5, 12 e 13.
b) $x = 7$; terno: 7, 24 e 25.
c) $x = 17$; terno: 8, 15 e 17.

44. 11, 60 e 61

Leitura

São ternos: 14, 48, 50; 20, 21, 29; 16, 30, 34; 10, 24, 26; 20, 12, 16; 40, 9, 41; etc., incluindo os múltiplos dos ternos.

45. a) Triângulo retângulo.
b) Triângulo obtusângulo.
c) Triângulo acutângulo.
d) Triângulo acutângulo.
e) Triângulo retângulo.
f) Triângulo obtusângulo.

Desafio

10 cm $< x <$ 14 cm

46. a) $\overline{IJ}$ ou $\overline{FH}$ ou $\overline{BC}$
b) $\overline{OG}$ ou $\overline{OF}$ ou $\overline{OH}$
c) $\overline{FH}$
d) $\overline{DE}$
e) $\overline{AC}$
f) $\overline{AB}$

47. 13 cm

48. a) $x = 16$
b) $x = 2\sqrt{10}$
c) $x = 2$
d) $x = 1$

49. a) $x = 4$ c) $x = 6$
b) $x = 4$ d) $x = 4$

50. a) $x = 4$ c) $x = 6\sqrt{3}$
b) $x = 5$

51. $4\sqrt{6}$ cm

52. 8 cm

53. $r = 9$

Leitura

$\sqrt{13}$

Tratamento da informação

55. 455 126 passageiros

56. Classe **A**: 2,8; classe **B**: 2,7.

57. 13,7 anos

58. a) 15%
b) 2 000 pessoas
c) 900 pessoas
d) 700 pessoas
e) 10%

Outros contextos

59. R$ 23 874,00

60. 12 m

61. 15 846 pessoas

62. Perímetro: $4\sqrt{6}$ m $\simeq$ 9,6 m; área: $4\sqrt{2}$ m² $\simeq$ 5,6 m².

63. 9 km

Praticando um pouco mais

1. a **3.** d **5.** e
2. a **4.** e **6.** b

Revisão cumulativa

1. c **4.** b **7.** e
2. a **5.** b **8.** d
3. c **6.** e **9.** a

Capítulo 7

Índice de subida

A razão é constante: $\frac{1}{2}$.

1. *A*: $\frac{2}{3}$; *B*: $\frac{2}{3}$; *C*: $\frac{2}{3}$; índice de subida: $\frac{2}{3}$.

3. a) $x = 6$
b) $x = 2\sqrt{10}$

4. A de índice 1

5. 15 m

6. Índice de subida: 2.

7. 10 m

8. 1

9. $\frac{3}{4}$; menor.

10. a) Sim b) $\frac{5}{12}$

11. 45°

12. 28 m

13. a) Na de ângulo maior (α)
b) sen α
c) A de ângulo menor (β)
d) cos β

Desafio

$\text{tg } 60° = \sqrt{3}$; $\text{sen } 60° = \frac{\sqrt{3}}{2}$; $\cos 60° = \frac{1}{2}$.

15. a) $\frac{3}{5}$ d) $\frac{4}{5}$
b) $\frac{4}{5}$ e) $\frac{3}{5}$
c) $\frac{3}{4}$ f) $\frac{4}{3}$

16. Sim

17. a) $x = 15$ c) $x = 24$
b) $x = 6{,}4$ d) $x = 3$

18. a) 25 cm e $5\sqrt{11}$ cm
b) $\text{sen } \hat{G} = \frac{\sqrt{11}}{6}$; $\cos \hat{G} = \frac{5}{6}$; $\text{tg } \hat{G} = \frac{\sqrt{11}}{5}$.
c) • 1
• $\frac{5\sqrt{11}}{11}$
• $\frac{\sqrt{11}}{5}$
• 1
d) $\text{sen } \hat{F} = \cos \hat{G}$, e $\cos \hat{F} = \text{sen } \hat{G}$.
e) São números inversos.
f) Os valores são iguais.

19. $x = 9$

20. a) $\frac{\sqrt{22}}{5}$; $\frac{\sqrt{66}}{22}$
b) $\frac{8}{3}$ ou $2\frac{2}{3}$
c) 0,6

21. sen 40° $\simeq$ 0,64; cos 40° $\simeq$ 0,76; tg 40° $\simeq$ 0,84.

22. 50°; sen 50° = 0,76; cos 50° = 0,64; tg 50° $\simeq$ 1,19.

23. a) $\text{sen } \alpha = \frac{5}{13}$ e $\text{tg } \alpha = \frac{5}{12}$
b) 41,6 m

24. $\text{sen } 30° = \cos 60° = \frac{1}{2}$; $\cos 30° = \text{sen } 60° = \frac{\sqrt{3}}{2}$; $\text{tg } 30° = \frac{\sqrt{3}}{3}$; $\text{tg } 60° = \sqrt{3}$; $\text{sen } 45° = \cos 45° = \frac{\sqrt{2}}{2}$; $\text{tg } 45° = 1$.

25. $x = 3$

27. $BC \simeq 2{,}6$ cm

Conexões

3. Getúlio Vargas
4. Aproximadamente 38 metros

28. a) $x = 3{,}25$ b) $x \simeq 8{,}4$

29. 33°

30. $\hat{B} \simeq 37°$ e $\hat{C} \simeq 53°$

31. 5,22 m

32. 24,13

33. 5,052 m

34. Aproximadamente 33,5°

35. Aproximadamente 35 m

36. Raio: 8 cm; segmento de reta secante: $(8 + \sqrt{89})$ cm.

37. Aproximadamente 59,4 m

38. Não

39. Aproximadamente 22 m

Desafio

Aproximadamente 138°

40. a) $\frac{\sqrt{2}}{2}$ c) $\frac{1}{2}$
b) $-\frac{\sqrt{2}}{2}$ d) $-\frac{\sqrt{3}}{2}$

41. a) −0,643 d) −0,743
b) 0,940 e) 0,485
c) 0,087 f) −0,174

42. a) $x = 0$ b) $x = 0$

43. $x = 8$ cm

44. De 78°

45. $5\sqrt{7}$ cm

47. Aproximadamente 122,47 m

48. $x = 2$ e $y \simeq 0{,}73$

49. Aproximadamente 5,07 cm

50. 41

51. $\alpha \simeq 47°$

52. $\alpha = 68°$; $x \simeq 12{,}65$; $y \simeq 12{,}47$.

53. $x = 100\sqrt{2}$

54. $c = \sqrt{10}$

55. 14 cm

56. a) 45° c) 22,5°
b) 67,5° d) 90°

58. $\ell = 4\sqrt{3}$ cm e $r = 4\sqrt{3}$ cm

59. $r = 6\sqrt{2}$ cm e $a = 6$ cm

62. a) $a_3 = 8$ cm e $\ell_3 = 16\sqrt{3}$ cm
b) $r = 8\sqrt{3}$ dm e $\ell_6 = 8\sqrt{3}$ dm
c) $a_4 = 9$ cm e $r = 9\sqrt{2}$ cm

63. 9,4 cm e 6,84 cm

64. 12 cm

65. a) 135°
b) $P\hat{O}Q$: 45°; $O\hat{A}Q$: 90°; $P\hat{Q}O$: 67,5° ou 67°30′; $A\hat{O}P$: 22,5° ou 22°30′.
c) $\ell \simeq 7{,}6$ cm e $a \simeq 9{,}2$ cm
d) $r \simeq 26{,}3$ cm

Tratamento da informação

67. a) 126,2 milhões de cabeças de gado
b) 46,17 kg de carne por pessoa
c) Média: 30 360 000 litros; mediana: 30 715 000 litros; não existe moda.
d) Aproximadamente 0,012%

Outros contextos

68. a) 20 cm b) 116,7 cm

69. 120 cm

70. a) 2 400 m b) $1200\sqrt{3}$ m

71. R$ 47 970,00

72. 8,25 m

Praticando um pouco mais

1. c **4.** c **7.** c **10.** b
2. e **5.** d **8.** b
3. b **6.** d **9.** a

Revisão cumulativa

1. a) $x = 6$ c) $x = 6$
b) $x = 6$ d) $x = 10$

2. a

3. a **6.** a
4. e **7.** b
5. c **8.** e

9. Aproximadamente 12,4 m.

Unidade 4

Capítulo 8

1. 480 m de cerca e 24 mourões

2. a) $P = 2a + 2b$ (cm)
b) $P = 4x$ (cm)
c) $P = 3y$ (cm)
d) $P = 6\ell$ (cm)

3. a) 10,6 m
b) $(3\sqrt{3} + \sqrt{15})$ cm
c) 36 dm

4. 3,15 **5.** 11 cm **6.** 10 m

7. 2 000 voltas

8. Aproximadamente 47,1 cm

9. 2π cm; 4π cm.

10. a) Triplica também.
b) Fica dividido por 3.
c) Sim

11. 15 cm

Desafio

c

12. a) Aproximadamente 62,8 cm
b) Aproximadamente 20,9 cm
c) 36°

13. a) 89,25 m c) 9,824 cm
b) 7,57 m

14. Mais

15. Aproximadamente 22,56 cm

16. 12,56 m

17. a) 289 cm² c) 7 cm²
b) 72,25 cm² d) 12 cm²

18. a) $3\sqrt{5}$ cm c) 13 m
b) $12\sqrt{3}$ cm d) 6,5 cm

19. a) 20 cm²
b) 384 cm²
c) Aproximadamente 56,25 cm²

20. 545 m

21. R$ 850,50

22. a) Aproximadamente 66 cm²
b) Aproximadamente 129,8 cm²
c) Aproximadamente 73,2 cm²

23. Parte azul: 7 800 cm²; parte branca: 12 000 cm².

24. 276 cm²

25. 1 350 cm²

Desafio

b

26. 5,60 m

27. a) Aproximadamente 519 cm²
b) Aproximadamente 130,5 cm²

29. a) 10,5 cm² c) 10,5 cm²
b) 7 cm² d) 35 m²

30. Aproximadamente 43,3 cm²

31. Aproximadamente 28,5 cm²

32. 20 cm²

33. a) Aproximadamente 31,2 cm²
b) Aproximadamente 13,6 cm²
c) Aproximadamente 65 cm²

34. a) Sim
c) • diferentes; iguais
• iguais; diferentes

Leitura

Fórmulas para o cálculo da área de uma região triangular

1. a) 120 cm²
b) 31 cm²
c) 15 cm²

2. $9\sqrt{3}$ cm²

35. a) Aproximadamente 20 m²
b) Aproximadamente 135,2 m²
c) 980 cm²

36. 3,1 m

37. a) 36 m² b) 53 cm²

38. 44 m

40. 2,3 m

41. a) Aproximadamente 3,4 m²
b) Aproximadamente 64,5 m²

42. $96\sqrt{3}$ cm²

43. Aproximadamente 61,5 cm²

Desafio

$$A = \frac{3r^2\sqrt{3}}{2}$$

44. a) 10,38 cm² b) 10,63 cm²

45. 576 m²

46. 8 cm²

47. a) 9 cm² c) 10,5 cm²
b) 8 cm²

48. 13,80 dm²

49. Aproximadamente 6 300 pessoas

50. Sim

51. 6 280 pessoas

52. a) 76,93 cm² c) 57,125 m²
b) 63,585 dm²

53. 84,78 cm²

54. a) Área = 4π cm²
b) Área = $4(4 - \pi)$ cm²

55. a) Os perímetros são todos iguais.
b) Área de Ⓑ < área de Ⓒ < área de Ⓐ.

57. a) $\frac{9\pi - 18}{2}$ cm²
b) $\frac{36 - 9\pi}{4}$ cm²

59. a) $\frac{3}{5}$
b) $\frac{3}{5}$
c) $\frac{9}{25}$

60. a) k
b) k^2
c) Sim

62. a) Uma região retangular
b) 10 cm por 23,55 cm
c) 235,5 cm²
d) 206 cm²

63. a) 3 faces laterais
b) Região retangular
c) 150 cm²; 180 cm²; 120 cm²
d) 450 cm²
e) 30 cm
f) 450 cm²

64. a) 150,72 cm²
b) 28,26 cm²
c) 207,24 cm²

65. a) 56 cm²
b) 4 cm²
c) 64 cm²

66. 2 700 cm²

67. a) Aproximadamente 94,2 cm²
b) 486,7 cm²

68. Aproximadamente 1 345 cm²

69. 150 cm²

70. a) 24 cm²
b) 80 cm²
c) 240 cm²

71. Na peça **a**

72. a) 8 cubinhos; 8 cm³.
b) 27 cubinhos; 27 cm³.
c) Sim
d) 125 cm³

74. a) 36 cubinhos; 36 cm³.
b) Sim

75. a) 58,8 m³
b) 4,05 dm³
c) 4 500 cm³

76. 432 000 cm³; 432 litros.

77. a) 10 cm²
b) 10 cubinhos ou 10 cm³
c) 60 cubinhos ou 60 cm³
e) 6 cm²
f) 30 cubinhos ou 30 cm³

78. a) 502,9 cm³
b) Lata **A**: 52,7 cm²; lata **B**: 62,8 cm².
c) Lata **A**: 9,5; lata **B**: 8.
d) área da sua base; altura

79. a) 120 cm³
b) 80π cm³
c) 979,2 cm³

80. 22 058,5 cm³

81. 9 cm

82. 500 g; R$ 22,50.

83. • 3 cones • 157 cm³

84. Aproximadamente 27,08 cm³

85. O cone

86. a) 509 645 864 km²
b) 1 082 148 051 226 km³

87. 18π cm³ ou aproximadamente 56,52 cm³ e 243 cm³

88. 97 968 L

89. Aproximadamente 74 575 m³

90. Aproximadamente 6,7 cm

91. b) 10 976 L

Leitura

As pirâmides do Egito

1. 52 900 m²

Raciocínio lógico

Um terço mais a metade de um terço.

Tratamento da informação

93. a) Carajás
b) 32,16%; 1 141 080 votos.
c) Aproximadamente 1,19
d) 18,75%
e) Aproximadamente 20,67%

94. a) R$ 42 432,00
b) R$ 39 302,64

95. R$ 3 275,00

96. 19 medalhas

97. b) O valor encontrado é 4% maior do que o valor exato.
c) O valor encontrado é 15,5% maior do que o valor exato.

98. a) A forma circular é a melhor escolha.
b) Aproximadamente 27,4% em relação à forma retangular

99. a) 8 m e 6,4 m
b) 8,8 m e 6,4 m
c) 8 m e 4,48 m
d) 8,8 m e 4,48 m
e) Diminuirá em 2,24 m.

Praticando um pouco mais

1. b
2. e
3. c
4. b
5. c
6. c
7. c

Revisão cumulativa

1. a) (20 + 10π) dm e (200 − 50π) dm²
b) 9π cm e (81 − 20,25π) cm²
c) (14 + 2π) cm e (18 − 2π) cm²

2. a) $\frac{2}{3}$
b) $\frac{2}{3}$
c) $\frac{4}{9}$
d) $\frac{4}{9}$
e) $\frac{8}{27}$

3. b
4. d
5. a
6. $m = 4,5$ e $n = 7,5$
7. b
8. d

Capítulo 9

1. a) Variável: "peso".
b) Variável: sabor de sorvete.
c) Variável: gênero de música.
d) Variável: número de computadores.

2. a) variável quantitativa contínua;
b) variável qualitativa nominal;
c) variável qualitativa nominal;
d) variável quantitativa discreta.

3. a) Morango: FA = 4; coco: FA = 1.
b) Morango: 20%; coco: 5%.

5. a) Não
b) 12%
c) 40%
d) 64%
e) "Resultado no lançamento de um dado"; variável quantitativa discreta.

6. b) Maior frequência relativa: a classe 1,79 ⊢ 1,84; menor frequência relativa: as classes 1,84 ⊢ 1,88 e 2,04 ⊢ 2,08.

7. a) Variável quantitativa contínua
b) 20%

11. a) Anos, em seu primeiro dia útil.
b) Valores, em reais, de venda do dólar comercial.

c) Em 2015.
d) De 2008 a 2009; de 2011 a 2015.
e) De 2005 a 2008; de 2009 a 2011.
f) Aproximadamente 33,6.

12. b) Ao proprietário
c) Ao concorrente

13. a) Dezembro/2015
b) Junho/2015
c) 68 kWh
d) Aumentou.
e) Diminuiu aproximadamente 10%.

14. a) 40 alunos; 21 mulheres e 19 homens.
b) 12 votos
c) 3 mulheres
d) 50%

15. a) Reduziu de 129 mil para 102 mil.
b) Foi de 3 mil; permaneceu estável.
c) A região Norte.
d) Na região Sudeste.

16. a) 72 filmes
b) 15%; 36 filmes
c) 126°

17. a) Matriz Elétrica Brasileira em 2013
b) BRASIL. Ministério de Minas e Energia – Balanço Energético Nacional 2014.
c) De 2,6%.
d) A energia eólica
e) Sim, a energia hidráulica.
f) 15,84°

19. a) 6 ⊢ 8
b) 30 alunos
c) 8
d) 20 alunos
e) 8 ⊢ 10

21. a) Indica que 6 famílias consumiram de 120 a 150 kWh, excluído o valor de 150 kWh.
b) 2 famílias
c) 10 famílias
d) 25 famílias

24. b) Aproximadamente 0,79.

25. a) Os Estados Unidos
b) No Brasil
c) 6 890 000 toneladas

27. **d**

28. a) 3 000 homens
b) 1 000 pessoas
c) 1 300 mulheres

29. **d**

30. **e**

31. Conjunto *A*: amplitude: 225; média: 974,5; variância: 64,44; desvio: 67,93.
Conjunto *B*: amplitude: 342; média: 1 020; variância: 110,82; desvio: 116,81.
Conjunto *C*: amplitude: 335; média: 1 037,8; variância: 88,93; desvio: 93,74.

32. Média: 4,5; variância: 0,85; desvio padrão: 0,92.

33. **d**

34. a) 6 b) 7,5

35. 6 maneiras

36. 500 modos

37. 90 maneiras

38. 90 possibilidades

39. 336 resultados

40. 992 possibilidades

41. 12 formas

42. a) 625 senhas b) 120 senhas

43. a) 7^5 ou 16 807 senhas
b) 2 520 senhas
c) 27 senhas

44. 120 senhas

45. a) 1 280 maneiras
b) 120 maneiras

46. 24 formas

47. Jogos realizados por equipe: 3 jogos; total de jogos do torneio: 6 jogos.

48. 8 tipos

49. 10 acordes

50. 24 siglas

51. 24 modos

52. 1 000 000 000 ou 1 bilhão de produtos

53. 1 080 dias

54. b) $\frac{1}{3} \simeq 33{,}3\%$

55. a) $\frac{8}{19}$ b) $\frac{9}{16}$

57. a) 120 resultados.
b) Aproximadamente 4,6%

58. b) 39%; 61%; 26%; 74%.

Desafio

$\frac{75}{410} \simeq 18\%$

60. a) 5%
b) 18°
c) $\frac{1}{20}$

61. Aproximadamente 2,8%

62. a) $\frac{17}{80}$ b) $\frac{7}{80}$
c) $\frac{7}{80}$
d) $\frac{19}{80}$
e) $\frac{27}{80}$
f) $\frac{28}{80}$ ou $\frac{7}{20}$

63. $\frac{3}{20}$

64. A) **b** B) **a**

65. **c**

66. $\frac{1}{992}$

68. 91 pacientes

Raciocínio lógico

d

Conexões

2. 0,18%; 99,82%
3. Uma pessoa com menos de 60 anos
4. Aproximadamente 132%
5. O número de crianças diminuiu e o número de idosos aumentou.
6. 10,5 milhões

Tratamento da informação

69. **b**
70. **b**
71. **a**

Outros contextos

72. a) Qualitativas: sexo e grau de escolaridade; quantitativas: salário e tempo de serviço.
b) R$ 2 812,50
c) 62,5%
d) 75%
e) Moda: 8 anos; média: 5,5 anos.

73. Aproximadamente 39%

Praticando um pouco mais

1. **d**
2. **d**
3. **b**
4. **e**
5. **c**
6. **e**
7. **e**

Revisão cumulativa

2. **b**
3. **c**
4. Média aritmética: 14,3 anos; moda: 15 anos; mediana: 14,5 anos.
5. **b**
6. **a**
7. **b**
8. 6 jogos

Sugestões de leituras complementares e de *sites*

Indicamos a seguir algumas leituras relacionadas com os assuntos de Matemática que você está estudando, além de outras, para ampliar seus conhecimentos gerais. Procure, sempre que possível, complementar seus estudos com estas leituras. Reserve um tempinho para elas.

ADAMS, Simon. *Mundo antigo – Atlas ilustrado*. Tradução: Wellington Mattos. São Paulo: Zastras, 2009.

ÁTICA. Coleção A descoberta da Matemática. São Paulo, 2002.

BARCINSKI, Philippe. *O rapto do professor de Matemática*. São Paulo: Girafinha, 2007.

BIEMBENGUT, Maria Salett. *Número de ouro e secção áurea*: considerações e sugestões para a sala de aula. Blumenau: Furb, 1996.

BOOTH, Charlotte. *Guia do viajante pelo mundo antigo* – Egito. São Paulo: Ciranda Cultural, 2010.

CARROLL, Lewis. *Alice no País das Maravilhas*. Tradução: Nicolau Sevcenko. São Paulo: Cosac Naify, 2009.

CHALINE, Eric. *Guia do viajante pelo mundo antigo* – Grécia. São Paulo: Ciranda Cultural, 2010.

COLLINS, Fergus; STROUD, Jonathan. *Livro dos recordes e curiosidades*. São Paulo: Girassol, 2002.

ENZENSBERGER, Hans Magnus. *O diabo dos números*. Tradução: Sérgio Tellaroli. São Paulo: Companhia das Letras, 1997.

GORDON, Hélio. *A história dos números*. São Paulo: FTD, 2002.

GREEN, Dan. *Álgebra e Geometria*: um livro nada quadrado. São Paulo: Girassol, 2011. (Coleção Ciência fácil).

JULIUS, Edward H. *Aritmetruques*. 50 dicas de como somar, subtrair, multiplicar e dividir sem calculadora. 5. ed. São Paulo: Papirus, 1997.

LAURENCE, Ray. *Guia do viajante pelo mundo antigo* – Roma. São Paulo: Ciranda Cultural, 2010.

LEE, Roger. *Tangram* – Mais de mil figuras. São Paulo: Isis, 2003.

LOBATO, Monteiro. *Aritmética da Emília*. São Paulo: Globo, 2009.

MAJUNGMUL; LEE, Ji Won. *A origem dos números*. Tradução: Kim Elizabeth. São Paulo: Callis, 2010.

MENEZES, Silvana de. *O quadrado mágico* – A escola pitagórica. São Paulo: Cortez, 2009.

MILLIES, Francisco C.; BUSSAB, José Hugo de Oliveira. *A Geometria na Antiguidade Clássica*. São Paulo: FTD, 2000.

NETO, Egidio Trambaiolli. *A Jaçanã*. São Paulo: FTD, 1997. (Coleção O contador de histórias e outras histórias da Matemática).

__________. *A revelação*. São Paulo: FTD, 1997. (Coleção O contador de histórias e outras histórias da Matemática).

__________. *O aprendiz*. São Paulo: FTD, 1997. (Coleção O contador de histórias e outras histórias da Matemática).

__________. *Os exploradores*. São Paulo: FTD, 1999. (Coleção O contador de histórias e outras histórias da Matemática).

POSKITT, Kjartan. *Medidas desesperadas*: comprimento, área e volume. São Paulo: Melhoramentos, 2005.

REDE, Marcelo. *A Mesopotâmia*. 2. ed. São Paulo: Saraiva, 2002. (Coleção Que História é esta?).

STRATHERN, Paul. *Pitágoras e seu teorema em 90 minutos*. Rio de Janeiro: Zahar, 1998.

TAHAN, Malba. *O homem que calculava*. 55. ed. Rio de Janeiro: Record, 2001.

__________. *Matemática divertida e curiosa*. 7. ed. Rio de Janeiro: Record, 1991.

__________. *Meu anel de sete pedras*. 5. ed. Rio de Janeiro: Record, 2002.

THOMSON, Michael. *Em busca dos números perdidos*. Tradução: Adazir Almeida Carvalho. 14. ed. São Paulo: Melhoramentos, 2010.

Você também pode complementar seus estudos acessando alguns sites relacionados a Matemática e outros assuntos gerais. Todos os sites foram acessados em 04 de março de 2015.

Arte & Matemática

www2.tvcultura.com.br/artematematica/home.html

Um *site* que explora a relação entre diversos assuntos da Matemática e da arte. Com diversos jogos, obras de arte, animações e outros recursos.

Atractor – Matemática Interactiva

www.atractor.pt

Site português que apresenta vários textos e atividades interativas relacionados à Matemática.

Discovery Channel na Escola

www.discoverynaescola.com

Contém conteúdos interessantes de diferentes disciplinas. Especialmente na aba *Passatempos*, no *link* "Quanto você sabe?", há jogos com números e desafios lógicos.

IBGE Países

www.ibge.gov.br/paisesat/amin.php

Seção especial do *site* do IBGE na qual você pode visualizar um mapa-múndi interativo e obter várias informações interessantes a respeito dos diferentes países do mundo. Você pode pesquisar sobre bandeiras, capitais, áreas, populações, PIB (Produto Interno Bruto) e outros dados estatísticos sobre economia, meio ambiente, etc.

Jogos Educacionais

http://universoneo.com.br/fund

Contém vários jogos educativos para todas as disciplinas. Em Matemática, há atividades com operações, Geometria, quebra-cabeças e muito mais.

Kademi

www.kademi.com.br

Um ambiente digital educativo que apresenta atividades digitais de diferentes disciplinas, separadas por nível de ensino.

Mingau Digital

www.mingaudigital.com.br

Um divertido portal educativo para crianças de 7 a 13 anos. Possui também espaço para pais e professores. Contém almanaques sobre diferentes assuntos, contos, jogos e muitas outras atividades.

Olimpíada Brasileira de Matemática

www.obm.org.br/opencms

Página oficial da competição. Nela você encontra as provas anteriores com os gabaritos, dicas de como se preparar, artigos, etc.

O Pequeno Cientista

www.on.br/pequeno_cientista/nave.html

Site ligado ao Observatório Nacional, com várias atividades sobre Astronomia. Descubra, por exemplo, qual seria o seu "peso" nos outros planetas do Sistema Solar.

IBGE Teen!

www.ibge.gov.br/ibgeteen

Site com estatísticas sobre o Brasil e outros países, inclusive com dados do Censo 2010. Contém também informações históricas e culturais.

Racha Cuca – Jogos de Matemática

http://rachacuca.com.br/jogos/tags/matematica

Inclui quebra-cabeças, como *sudoku* e *mahjong*, além de enigmas, *quizzes* e testes de lógica. É possível selecionar as atividades por faixa etária, nível de dificuldade e tempo de duração.

Só Matemática

www.somatematica.com.br/efund.php

Textos e exercícios sobre os assuntos estudados em Matemática no Ensino Fundamental.

Universidade Federal Fluminense (Rio de Janeiro) – Conteúdos Digitais em Matemática para o Ensino Médio

www.uff.br/cdme

Apesar de serem voltados especificamente para o Ensino Médio, vários dos conteúdos digitais de Matemática presentes nesse *site* podem ser muito úteis para alunos do Ensino Fundamental.

Bibliografia

AABOE, Asger. *Episódios da história antiga da Matemática*. Tradução: João Bosco Pitombeira. 2. ed. Rio de Janeiro: Sociedade Brasileira de Matemática (SBM), 2002. (Coleção Fundamentos da Matemática).

ABRANTES, Paulo. *Avaliação e educação matemática*. 1995. Dissertação (Mestrado em Educação) – Universidade Santa Úrsula - Gepem. Rio de Janeiro, 1995. v. 1.

__________ et al. *Investigar para aprender Matemática*. Lisboa: Associação de Professores de Matemática (APM), 1996.

ARTIGUE, Michèle et al. *Ingeniería didáctica en educación matemática*. Bogotá: Grupo Educacional Iberoamérica, 1995.

ASSOCIAÇÃO DE PROFESSORES DE MATEMÁTICA (APM). *Educação e Matemática*. Lisboa, 1986.

BARBOSA, Ruy Madsen. *Descobrindo padrões pitagóricos:* geométricos e numéricos. São Paulo: Atual, 1993.

BOLETIM GEPEM. Rio de Janeiro, 1976.

BOYER, Carl B. *História da Matemática*. Tradução: Helena Castro. 3. ed. São Paulo: Edgard Blucher, 2012.

BRASIL, Luiz Alberto S. *Aplicações da teoria de Piaget ao ensino de Matemática*. Rio de Janeiro: Forense Universitária, 1977.

BRASIL. Ministério da Educação. *Guia de livros didáticos:* PNLD 2014. Brasília, 2013.

BRASIL. Ministério da Educação e do Desporto. Secretaria de Educação Fundamental. *Parâmetros Curriculares Nacionais (PCN):* terceiro e quarto ciclos do Ensino Fundamental - Matemática. Brasília, 1998.

CARAÇA, Bento de Jesus. *Conceitos fundamentais de Matemática*. 3. ed. Lisboa: Gradiva, 2000.

CARRAHER, Terezinha Nunes (Org.). *Aprender pensando:* contribuições da psicologia cognitiva para a educação. 20. ed. Petrópolis: Vozes, 2008.

__________; CARRAHER, David; SCHLIEMANN, Ana Lúcia. *Na vida dez, na escola zero*. 16. ed. São Paulo: Cortez, 2011.

CARVALHO, João Bosco Pitombeira de. As propostas curriculares de Matemática. In: BARRETO, Elba Siqueira de Sá (Org.). *Os currículos do Ensino Fundamental para as escolas brasileiras*. 2. ed. São Paulo: Autores Associados/ Fundação Carlos Chagas, 2000. (Coleção Formação de Professores).

CASTELNUOVO, Emma. *Didáctica de la matemática moderna*. Tradução: Felipe Robledo Vázquez. 2. ed. México: Trillas, 1990.

COURANT, Richard; ROBBINS, Herbert. *O que é Matemática?* Rio de Janeiro: Ciência Moderna, 2000.

D'AMBROSIO, Ubiratan. *Educação matemática:* da teoria à prática. 23. ed. Campinas: Papirus, 1996. (Coleção Perspectivas em educação matemática).

DANTE, Luiz Roberto. *Formulação e resolução de problemas de Matemática:* teoria e prática. São Paulo: Ática, 2010.

DANTZIG, Tobias. *Number*: the language of science. EUA: Pluma, 2007.

DAVIS, Phillip J.; HERSH, Reuben. *A experiência matemática*. Lisboa: Gradiva, 1995.

DIENES, Zoltán P. *As seis etapas do processo de aprendizagem em Matemática*. São Paulo: EPU, 1975.

DINIZ, Maria Ignez de Souza Vieira; SMOLE, Kátia Cristina Stocco. *O conceito de ângulo e o ensino de geometria*. São Paulo: Instituto de Matemática e Estatística da USP/Spec/ PADCT/Capes, 2002.

EVES, Howard. *Introdução à história da Matemática*. Tradução: Hygino H. Domingues. Campinas: Unicamp, 2004.

FLETCHER, Trevor James. *Ensino moderno da Matemática*. Rio de Janeiro: Ao Livro Técnico, 1972. 4 v.

FREUDENTHAL, Hans. *Perspectivas da Matemática*. Rio de Janeiro: Zahar, 1975.

GARDNER, Martin. *Divertimentos matemáticos*. 4. ed. São Paulo: Ibrasa, 1998.

BLOCH, Isabelli; CONNE, Françoise. *Nouvelles perspectives en didactique des Mathématiques*: la géométrie, les documents pour l'enseignement, le métier de chercheur en didactique. Paris: La Pensée Sauvage Éditions, 2009.

IFRAH, Georges. *História universal dos algarismos:* a inteligência dos homens contada pelos números e pelo cálculo. Tradução: Alberto Muñoz e Ana Beatriz Katinsky. Rio de Janeiro: Nova Fronteira, 2000. Tomos 1 e 2.

__________. *Os números:* a história de uma grande invenção. 11. ed. São Paulo: Globo, 2005.

KALEFF, Ana Maria M. R. *Vendo e entendendo poliedros*. 2. ed. Niterói: Eduff, 1998.

KAMII, Constance; JOSEPH, Linda A. *Aritmética:* novas perspectivas: implicações da teoria de Piaget. 6. ed. Campinas: Papirus, 1995.

LAKATOS, Imre. *A lógica do descobrimento matemático:* provas e refutações. Rio de Janeiro: Zahar, 1978.

LINDQUIST, Mary Montgomery; SHULTE, Albert P. (Org.). *Aprendendo e ensinando Geometria.* São Paulo: Atual, 1994.

LINS, Rômulo Campos; GIMENEZ, Joaquim. *Perspectivas em aritmética e álgebra para o século XXI.* 3. ed. Campinas: Papirus, 1997.

LOPES, Maria Laura Mouzinho (Coord.). *Tratamento da informação:* explorando dados estatísticos e noções de probabilidade a partir das séries iniciais. Rio de Janeiro: UFRJ (Instituto de Matemática), Projeto Fundão, Spec/PADCT/Capes, 1997.

________; NASSER, Lilian (Org.). *Geometria na era da imagem e do movimento.* Rio de Janeiro: UFRJ (Instituto de Matemática), Projeto Fundão, Spec/ PADCT/Capes, 1996.

LUCKESI, Cipriano. *Avaliação da aprendizagem escolar.* 22. ed. São Paulo: Cortez, 2011.

MOYSÉS, Lúcia. *Aplicações de Vygotsky à educação matemática.* 11. ed. Campinas: Papirus, 1997.

NASSER, Lilian; SANT'ANNA, Neide F. Parracho (Coord.). *Geometria segundo a teoria de Van Hiele.* Rio de Janeiro: UFRJ (Instituto de Matemática), Projeto Fundão, Spec/ PADCT/Capes, 1997.

NOVA ESCOLA. São Paulo: Abril, 1986.

OCHI, Fusako Hori et al. *O uso de quadriculados no ensino da Geometria.* 5. ed. São Paulo: USP (Instituto de Matemática e Estatística), CAEM/Spec/PADCT/Capes, 2006.

PARRA, Cecília; SAIZ, Irma (Org.). *Didática da Matemática:* reflexões psicopedagógicas. Porto Alegre: Artes Médicas, 1996.

PERELMANN, Iakov. *Aprenda álgebra brincando.* Tradução: Milton da Silva Rodrigues. São Paulo: Hemus, 2001.

PIAGET, Jean et al. *La enseñanza de las matemáticas modernas.* Madrid: Alianza, 1986.

POLYA, George. *A arte de resolver problemas.* Tradução: Heitor Lisboa de Araújo. Rio de Janeiro: Interciência, 1995.

SANTOS, Vânia Maria Pereira (Coord.). *Avaliação de aprendizagem e raciocínio em Matemática:* métodos alternativos. Rio de Janeiro: UFRJ (Instituto de Matemática), Projeto Fundão, Spec/PADCT/Capes, 1997.

________; REZENDE, Jovana Ferreira (Coord.). *Números:* linguagem universal. Rio de Janeiro: UFRJ (Instituto de Matemática), Projeto Fundão, Spec/PADCT/Capes, 1996.

SÃO PAULO (estado). Secretaria de Educação. *Proposta curricular do Estado de São Paulo – Matemática:* Ensino Fundamental – Ciclo II e Ensino Médio. 3. ed. São Paulo, 2008.

SCHLIEMANN, Ana lúcia et al. *Estudos em Psicologia da Educação Matemática.* Recife: Editora Universitária da UFPE, 1997.

________; CARRAHER, David (Org.). *A compreensão de conceitos aritméticos:* ensino e pesquisa. Campinas: Papirus, 1998. (Coleção Perspectivas em Educação Matemática).

SOCIEDADE BRASILEIRA DE EDUCAÇÃO MATEMÁTICA. *Educação matemática em revista.* São Paulo, 1993.

________. *Revista do Professor de Matemática.* Rio de Janeiro, 1982.

________. *Temas & Debates.* São Paulo, 1988.

SOUZA, Eliane Reame; DINIZ, Maria Ignez de Souza Vieira. *Álgebra:* das variáveis às equações e funções. 2. ed. São Paulo: USP (Instituto de Matemática e Estatística), Caem/ Spec/Capes, 1996.

STRUIK, Dirk Jan. *História concisa das matemáticas.* Tradução: João Cosme Santos Guerreiro. 3. ed. Lisboa: Gradiva, 1997.

TAHAN, Malba. *As maravilhas da Matemática.* 6. ed. Rio de Janeiro: Bloch, 1987.

________. *Didática da Matemática.* São Paulo: Saraiva, 1961.

________. *O homem que calculava.* 55. ed. Rio de Janeiro: Record, 2001.

TINOCO, Lúcia A. *A geometria euclidiana por meio da resolução de problemas.* Rio de Janeiro: UFRJ (Instituto de Matemática), Projeto Fundão, 1999.

________. *Razões e proporções.* Rio de Janeiro: UFRJ (Instituto de Matemática), Projeto Fundão, Spec/ PADCT/ Capes, 1996.

UNICAMP (FACULDADE DE EDUCAÇÃO). *Revista Pro--Posições.* São Paulo.

UNICAMP (FACULDADE DE EDUCAÇÃO)/Cempem. *Zetetiké.* Campinas, 1993.

VERGNAUD, Gérard. La théorie des champs conceptuels. *Recherches en didactique des Mathématiques.* Grenoble: La Pensée Sauvage Éditions, v. 10, n. 23, 1990. p. 133-170.

Malha quadriculada